Fragen an die Geschichte

Geschichtliches Arbeitsbuch
Herausgegeben von Heinz Dieter Schmid und Eberhard Wilms

Das 20. Jahrhundert

Bearbeitet von Heinz Grosche, Joachim Betz, Hermann de Buhr,
Gertrud Bühler, Margarete Dörr, Horst Gies, Annette Hesse,
Gottfried R. Leuthold, Udo Margedant, Günther Peternek,
Rudolf Renz, Eberhard Sieber und Eberhard Wilms

D1725677

Cornelsen

Redaktion: Bernhard Lutz, Regensburg

Grafiken und Karten: Carlos Borrell; Skip G. Langkafel, Berlin
Umschlaggestaltung: Knut Waisznor
Technische Umsetzung: Gerlinde Bauer und Bernhard Lutz, Regensburg

1. Auflage ✔   Druck 4 3 2 1   Jahr 02 01 2000 99

Alle Drucke dieser Auflage können im Unterricht nebeneinander verwendet werden.

© 1999 Cornelsen Verlag, Berlin
Das Werk und seine Teile sind urheberrechtlich geschützt.
Jede Verwertung in anderen als den gesetzlich zugelassenen Fällen
bedarf deshalb der vorherigen schriftlichen Einwilligung des Verlages.

Druck: CS-Druck Cornelsen Stürtz, Berlin

ISBN 3-464-64276-3

Bestellnummer 642763

 gedruckt auf säurefreiem Papier, umweltschonend
hergestellt aus chlorfrei gebleichten Faserstoffen

An alle Benutzer

Musste bei dem zuerst 1978/79 herausgekommenen 4. Band von *Fragen an die Geschichte* noch begründet werden, warum einzelne Lehrgänge verfasst worden sind und welche Fragestellungen mit ihnen bearbeitet werden können, so erscheint dies 1998 in der vorliegenden aktualisierten Ausgabe nicht mehr erforderlich. Denn das Werk als Ganzes, also auch sein 4. Band, hat in den vergangenen zwei bis drei Jahrzehnten viele Diskussionen hervorgerufen und den Geschichtsunterricht maßgeblich beeinflusst. Es wird selbst von Gegnern des fragend-forschenden Lernens intensiv genutzt. Um Band 4 weiterhin im Geschichtsunterricht einsetzen zu können, wurde insbesondere wegen der Wende 1989/90 eine Aktualisierung notwendig. Dabei blieb die Grundstruktur der ersten Lehrgänge erhalten; erweitert worden sind die Lehrgänge II, IV, V und VI. Die Probleme außerhalb Deutschlands, Russlands und der USA werden im Teil VII zusammengefasst, die Friedensbemühungen im Teil VIII, wobei jeweils der neueste Stand berücksichtigt wurde – jedoch so, dass zukünftige Strukturen der Geschichte bzw. Politik sichtbar werden.

An die Lernenden

a) Lernen und Entdecken

Wollen Sie eine Epoche selbst entdecken, dann schauen Sie sich zuerst die Bilder bzw. Bildserien und Karten an, formulieren im Anschluss daran die Überschrift in eine Frage um und beantworten diese mithilfe der Materialien. Die Überschriften zu den Materialien und die Aufgaben zu Quellen, Texten und Tabellen geben Ihnen Anregungen zum Überdenken. Anschließend lesen Sie die gelb unterlegten, mit T gekennzeichneten Texte; sie bieten jeweils die Zusammenfassung eines Lernschritts. Zum Einprägen eignen sich diese ebenfalls, ebenso die blau unterlegten Texte mit ihren fett gedruckten Hervorhebungen. Ihr eigenes kritisches Urteil können Sie sich in Auseinandersetzung mit den Standpunkten der Zeitgenossen oder der Historiker, die in fast jedem Kapitel zu finden sind, bilden.

b) Lernen als Selbstinformation

Wollen Sie sich über eine Epoche nur selbstständig informieren, dann lesen Sie zuerst die gelb unterlegten T-Texte. Es handelt sich bei ihnen stets um Zusammenfassungen bzw. Übersichten. Die blau unterlegten Texte sind ebenfalls Übersichten, die jedoch in den Arbeitsprozess einbezogen sind; mit ihnen können die Fragen der Überschriften bzw. der Aufgaben beantwortet werden. Sind T-Texte nicht farbig unterlegt, so sind sie wie Quellen, Bilder, Tabellen zu behandeln; sie sind also Material zur Erarbeitung von Einzelheiten, von denen Sie sich eine oder zwei pro Epoche auswählen sollten. In den gelb bzw. blau unterlegten T-Texten sind wichtige Begriffe und Ereignisse durch Fettdruck hervorgehoben, so dass man sie sich leichter merken kann. Benutzen Sie, wenn erforderlich, die Worterklärungen ab Seite 334. Erfolgreiche Selbstinformation geschieht also durch einen Dreischritt: orientierendes Durchlesen (der gelben und blauen T-Texte) – vertiefendes Durcharbeiten (der Quellen, Bilder, Tabellen, weißen T-Texte) – Wiederholen und Zusammenfassen (gelbe T-Texte).

An die Lehrenden

Das Anliegen von *Fragen an die Geschichte* bleibt mit dieser aktualisierten Ausgabe dasselbe wie vor 20 Jahren: Die selbstständige Erarbeitung der Geschichtsepochen soll ermöglicht werden durch historisches Material, das auf den Laien zugeschnitten ist, also auch mithilfe gekürzter Quellen; vollständige Quellen sind für den Unterricht und das Selbststudium unpraktisch und viel zu zeitaufwendig. Nur auf diesem Wege erscheint den Autoren eine interessierte Beschäftigung mit Geschichte durch Heranwachsende und Laien möglich. Das Werk ist kein wissenschaftliches Buch, erhebt aber den Anspruch, sich die Geschichtswissenschaft nutzbar gemacht zu haben, um didaktisch fruchtbar wirken zu können. Dabei geht es um geistig selbstständige Erarbeitung und Beurteilung historischer Zusammenhänge und Sachverhalte.

Fragen an die Geschichte ist vor allem dem fragend-forschenden Ansatz nach Dewey und Bruner verpflichtet. Die Autoren sind sich aber darüber im Klaren, dass rezeptives Lernen ebenso erforderlich ist. Der didaktisch-methodische Spannbogen reicht also vom episch-narrativen über das demonstrierende Lernen zum gelenkten und fragend-forschenden Lernen, wobei auch Mischformen in der praktischen Durchführung ihre Berechtigung haben. Einzelheiten sind im *Lehrerbegleitband 4* nachzulesen, in dessen Einführung die didaktische Konzeption umfangreicher als hier möglich verdeutlicht wird.

Wenige Zitate aus der Einführung sind jedoch an dieser Stelle angebracht, um auch den Benutzer, der sich nicht allzu intensiv mit den theoretischen Grundlagen dieses Werks beschäftigen will, zu informieren: „Das Arbeitsbuch *Fragen an die Geschichte* ist vor allem für die Verwendung **im** Unterricht selbst [gedacht. … Es] ist deshalb kein allgemeines Quellenwerk zur Weltgeschichte, vielmehr ist die Auswahl, Schwerpunktbildung und Anordnung bereits didaktisch, methodisch und unterrichtsorganisatorischen Vorüberlegungen verpflichtet. … Es entspricht ebenfalls der didaktischen Intention des Unterrichtswerks, größtmögliche Anschaulichkeit, Konkretheit und Offenheit durch Kontrastierung und Multiperspektivität der Überlieferung selbst herzustellen. … Das **Baukastenprinzip** … ermöglicht es, die Dokumente vielseitig, auch lehrgangsübergreifend (z. B. längsschnitthaft oder durch Vergleich der einzelnen Materialien aus verschiedenen Lehrgängen) zu benutzen." Die Unterrichtsvorschläge, die im Lehrerband beschrieben werden, können (bei neuer Nummerierung der Materialien im Schülerbuch) weiterhin verwendet werden, wobei die aktualisierten Bestandteile der Lehrgänge im gleichen Sinne wie bisher erschlossen werden sollten.

Eberhard Wilms

INHALT

I. DAS ENDE DES ERSTEN WELTKRIEGES

1. Entwürfe einer besseren Welt?

Q 1 Botschaft des amerikanischen Präsidenten Wilson an den Kongress zum Kriegseintritt der USA, 2. April 1917

Der … deutsche Unterseeboot-Krieg gegen den Handelsverkehr ist ein Krieg gegen die Menschheit. Unser Beweggrund [ist] allein die Vertretung des Menschenrechtes … Ein ständiges Zusammenspiel für den Frieden kann nicht anders erhalten werden als durch eine Partnerschaft demokratischer Nationen. Keiner autokratischen Regierung könnte man vertrauen … [Wir kämpfen] für den … Frieden der Welt und für die Befreiung ihrer Völker, die deutschen Völker eingeschlossen … Die Welt muss sicher gemacht werden für die Demokratie. Ihr Friede muss auf den erprobten Grundlagen politischer Freiheit errichtet werden. Wir haben keine [egoistischen] Ziele … Wir sind lediglich … Vorkämpfer für die Rechte der Menschheit … Wir werden … kämpfen … für die Demokratie, für das Recht jener, die der Autokratie unterworfen sind, auf ein Mitspracherecht bei ihrer Regierung, für die Rechte und Freiheiten kleiner Nationen, für eine allgemeine Herrschaft des Rechts durch ein Konzert der freien Völker, das allen Nationen Frieden und Sicherheit bringen und die Welt selbst endlich frei machen wird. (1)

Vergleichen Sie mit Q 10.

Q 2 Friedensprogramm des Präsidenten Wilson (die so genannten 14 Punkte), 8. Januar 1918

I. … Friedensverträge, öffentlich beschlossen … Die Diplomatie [soll] … frei und vor aller Öffentlichkeit sich abspielen.

II. Absolute Freiheit der Schifffahrt auf der See …

III. … Aufhebung sämtlicher wirtschaftlicher Schranken und die Festsetzung gleichmäßiger Handelsbedingungen zwischen sämtlichen Nationen …

IV. … Garantien …, dass die nationalen Rüstungen auf den niedrigsten Grad der … inneren Sicherheit … herabgesetzt werden …

VI. Die Räumung des gesamten **russischen Gebietes** …

VII. Belgien [soll] geräumt und wiederhergestellt werden …

VIII. Das gesamte **französische Gebiet** müsste befreit und die verwüsteten Teile wiederhergestellt …, Elsass-Lothringen [zurückgegeben werden].

IX. … Berichtigung der **Grenzen Italiens** … gemäß den klar erkennbaren Nationalitäten …

X. Den Völkern **Österreich-Ungarns** … sollte die freieste Möglichkeit autonomer Entwicklung gewährt werden.

XII. Dem **türkischen Teil** des **Ottomanischen Reiches** sollte eine gesicherte Souveränität …, den anderen **Nationalitäten**, die sich jetzt unter türkischer Herrschaft befinden, sollte eine … absolute … Möglichkeit der autonomen Entwicklung verbürgt … werden.

XIII. Ein **unabhängiger polnischer Staat** sollte errichtet werden, der die von unbestreitbar polnischer Bevölkerung bewohnten Gebiete umfassen soll, [ihm soll] freier und sicherer Zugang zum Meere …, politische und ökonomische Unabhängigkeit …, territoriale [Unverletzlichkeit] … garantiert werden …

XIV. Eine … **Gesellschaft der Nationen** muss aufgrund eines besonderen Bundesvertrages gebildet werden zum Zweck der Gewährung gegenseitiger Garantien für politische Unabhängigkeit und territoriale [Unverletzlichkeit] … für die großen und kleinen Staaten … Gerechtigkeit allen Völkern und Nationalitäten …, Recht …, unter den gleichen Bedingungen der Freiheit und Sicherheit miteinander zu leben, [ob] stark oder schwach … Das Volk der Vereinigten Staaten … [ist] zur Verteidigung dieses Grundsatzes … bereit … alles zu opfern … Der höchste und letzte Krieg für menschliche Freiheit ist gekommen. (2)

Stellen Sie die Veränderungen in Europa zusammen, die in diesen Vorschlägen vorausgesetzt sind. Vgl. K 2, S. 14.

Q 3 Lenin: Das neue Russland

a) Die Frage der imperialistischen Kriege, jener … internationalen Politik des Finanzkapitals, die unvermeidlich neue imperialistische Kriege erzeugt …, [die] eine unerhörte Verstärkung der nationalen Unterdrückung, der … Ausraubung, Erdrosselung der schwachen, rückständigen, kleinen Völkerschaften durch eine Hand voll „fortgeschrittener" Mächte mit sich bringt …, ist seit 1914 zum Eckstein der gesamten Politik aller Länder des Erdballs geworden … Man kann dem imperialistischen Krieg und der … imperialistischen Welt …, dieser Hölle, nicht anders entrinnen als durch den bolschewistischen Kampf und durch die bolschewistische Revolution. (3)

b) Wenn das Proletariat … einen Krieg führt zur Festigung und Entwicklung des Sozialismus, dann ist dieser Krieg berechtigt und heilig. (4)

c) … Den russischen werktätigen und ausgebeuteten Klassen ist die ehrenvolle Rolle des Vortrupps der internationalen sozialistischen Revolution zugefallen … Der Russe hat begonnen, der Deutsche, der Franzose, der Engländer werden vollenden und der Sozialismus wird siegen. (5)

1. Fassen Sie die Grundsätze und Voraussagen Lenins zusammen.
2. Erläutern Sie, welche Politik er daraus ableitet.

Q 4 Hitler: Mein Kampf, 1924

a) Die völkische Weltanschauung [erkennt] die Bedeutung der Menschheit in deren rassischen Urelementen … Sie glaubt … keineswegs an die Gleichheit der Rassen, sondern erkennt … ihren höheren und minderen Wert und fühlt sich durch diese Erkenntnis verpflichtet gemäß dem ewigen Wollen, das dieses Universum beherrscht, den Sieg des Besseren, Stärkeren zu fördern, die Unterordnung des Schlechteren und Schwächeren zu verlangen ... (6)

b) Siegt der Jude mithilfe seines marxistischen Glaubensbekenntnisses über die Völker dieser Welt ..., dann ... wird dieser Planet wieder wie einst vor Jahrmillionen menschenleer durch den Äther ziehen ... Indem ich mich des Juden erwehre, kämpfe ich für das Werk des Herrn. (7)

1. Erläutern Sie, auf welche Grundprinzipien sich Q 2–4 jeweils zurückführen lassen und in welcher Tradition sie stehen.
2. Stellen Sie dar, welchen zeitgeschichtlichen Erfahrungen sie erwachsen und welche Folgerungen für die Weltpolitik jeweils daraus abzuleiten sind.

2. Das Gesicht des Ersten Weltkrieges

Q 5 Aus Kriegsbriefen gefallener Studenten

a) Was kann uns denn Größeres treffen, als so voller junger Lebenskraft mitzubauen an einem Werk, von dem noch die spätesten Geschlechter staunend berichten werden ...

b) Verdun 1916: Auf die Sekunde pünktlich brüllten mehr als 1 200 Geschütze auf. Noch nie gab es das ... Stundenlang geht das so ... Wir schießen, schießen, schießen ohne Unterbrechung. Mittags beginnen die Minenwerfer ..., das Getöse wird noch größer ... Nachmittags zwischen 4 und 5 Uhr steigert sich unser Artilleriefeuer zum Trommelfeuer. Unsere Batterie schießt in der Stunde etwa 200 Schuss. Der Befehl kommt: „Von 4 Uhr 40 bis 5 Uhr Schnellfeuer." Die Hölle bricht los, der Lärm ... ist unbeschreiblich. (8)
Die „Materialschlacht" vor Verdun von Februar bis September 1916 forderte schätzungsweise 240 000 Tote und Verwundete unter den deutschen und 275 000 unter den französischen Soldaten.

Q 6 Der Schriftsteller und ehemalige Offizier Ernst Jünger in seinem Kriegstagebuch: In Stahlgewittern, 1924
Wir sind nicht gewillt, diesen Krieg aus unserem Gedächtnis zu streichen, wir sind stolz auf ihn. Wir sind durch Blut und Erinnerung unlöslich verbunden ... Wir brauchen für die kommenden Zeiten ein eisernes, rücksichtsloses Geschlecht. Wir werden wieder die Feder durch das Schwert ... ersetzen ..., sonst treten uns andere in den Dreck. Wir haben aus der Revolution gelernt ... Uns ... leite über alles Niederträchtige hinweg unsere große ... Idee: das Vaterland. (9)

1. Beschreiben Sie den Kampf, der diesen Krieg kennzeichnet.
2. Stellen Sie die Folgerungen dar, die Augenzeugen aus dem Kriegserlebnis ziehen.

B 1 Die „Heimatfront", 1917

B 2 Englische Tanks im Angriff gegen die deutschen Linien in Flandern

3. Den Krieg beenden – aber wie?

Q 7 Deutsche Kriegsziele 1914 – Aus einem Schreiben des Reichskanzlers Bethmann Hollweg an Staatssekretär Delbrück, 9. September 1914
1. Frankreich. Abtretung von Belfort, des Westhangs der Vogesen, des Küstenstrichs von Dünkirchen bis Boulogne … Abzutreten, weil für die Erzgewinnung unserer Industrie nötig, das Erzbecken von Briey … Kriegsentschädigung … muss so hoch sein, dass Frankreich nicht imstande ist in den nächsten achtzehn bis zwanzig Jahren erhebliche Mittel für Rüstungen aufzuwenden … Ein Handelsvertrag, der Frankreich in wirtschaftliche Abhängigkeit von Deutschland bringt …
2. Belgien. Angliederung von Lüttich … an Preußen … Belgien … [muss] zu einem Vasallenstaat herabsinken …
4. … Gründung eines mitteleuropäischen Wirtschaftsverbandes durch … Zollabmachungen … unter deutscher Führung …
5. … Schaffung eines zusammenhängenden mittelafrikanischen Kolonialreichs …
6. Holland. … Erwägen …, [wie] Holland in ein engeres Verhältnis zu dem Deutschen Reich gebracht werden kann. (10)
Zum historischen Zusammenhang s. T 3a.

Q 8 Aus der Friedensresolution des deutschen Reichstags, 19. Juli 1917
Der Reichstag erstrebt einen Frieden der Verständigung und der dauernden Versöhnung der Völker. Mit einem solchen Frieden sind erzwungene Gebietserwerbungen und politische, wirtschaftliche oder finanzielle Vergewaltigungen unvereinbar. (11)

Q 9 Aus der Note des russischen Außenministers an den französischen Botschafter in Petersburg, 14. Februar 1917
Euer Exzellenz [waren] so freundlich der kaiserlichen Regierung mitzuteilen, dass die Regierung der Republik beabsichtige …
1. Elsass-Lothringen wird an Frankreich zurückgegeben.
2. … Das ganze Eisenerzrevier Lothringens und das ganze Kohlenbecken des Saarreviers [werden] einverleibt …
3. Die übrigen linksrheinischen Gebiete … sollen von Deutschland ganz abgetrennt [werden] …
4. Die linksrheinischen Gebiete, die … nicht einverleibt werden, sollen ein autonomes und neutrales Staatswesen bilden und von französischen Truppen besetzt bleiben, bis die feindlichen Reiche endgültig alle Bedingungen [des Friedensvertrages] erfüllt haben werden … (12)

Q 10 Interessen der amerikanischen Wirtschaft?
1914 war in den USA eine Rezession eingetreten, deren Ausweitung zu einer bedrohlichen Depression befürchtet wurde. Seit 1915 trugen die Kriegsaufträge der Alliierten zu einer fühlbaren Belebung der Wirtschaft bei, die bis 1917 bereits einen Umfang von 2 Mrd. Dollar erreicht hatten (s. auch Q 1 und 2.).

W. H. Page, amerikanischer Botschafter in London, an Präsident Wilson, 5. März 1917
Vielleicht ist unser Eingreifen in den Krieg der einzige Weg, auf dem unsere hervorragende geschäftliche Lage erhalten und eine Panik abgewendet werden kann. Das Unterseeboot hat den letzten Ausschlag gegeben für die Gefahr eines Weltfinanzkrachs. (13)

T 1 Der Friede von Brest-Litowsk zwischen den Mittelmächten und Sowjetrussland
Nach der Oktoberrevolution in Russland (s. S. 140 ff.) nahmen die Mittelmächte das an alle Krieg Führenden gerichtete Waffenstillstandsangebot der Bolschewiki vom 15. Dezember 1917 an. Die Friedensverhandlungen in Brest-Litowsk wurden aber durch die Sowjets hinausgezögert, weil die Mittelmächte die Vertreter der Ukraine, die noch nicht bolschewistisch war, als Verhandlungspartner anerkannten. Am 9. Februar 1918 schlossen die Mittelmächte einen Friedensvertrag mit der Ukraine. Daraufhin brachen die Sowjets die Friedensverhandlungen ab. Doch die deutsche Heerführung erzwang die Annahme des Vertrages von Brest-Litowsk (3. März 1918), indem sie den deutschen Vormarsch wieder aufnahm.
Die Sowjetunion musste auf ihre Hoheitsrechte in Polen, Kurland und Litauen verzichten. Die künftige Stellung dieser Gebiete sollte von den Nationalitäten im Einvernehmen mit Deutschland nach dem Selbstbestimmungsrecht gelöst werden. Die russischen Truppen mussten unverzüglich die Ukraine, Estland, Livland und Finnland räumen. Die Mittelmächte verpflichteten sich, nach der russischen Demobilisierung und dem allgemeinen Friedensschluss die besetzten Gebiete zu räumen. Beide Seiten verzichteten auf einen Ersatz der Kriegskosten.
Zur weiteren Entwicklung in Osteuropa s. T 6, S. 17 ff.

Vergleichen Sie diese Bedingungen mit den Gebietsveränderungen des Vertrages von Versailles (Q 1, S. 13).

Q 11 Telegramme aus dem großen Hauptquartier

a) 1. Oktober 1918
General Ludendorff bat … seine dringende Bitte zu übermitteln, dass unser Friedensangebot sofort hinausgehe. Heute halte die Truppe, was morgen geschehen könne, sei nicht vorauszusehen …

b) 3. Oktober 1918
Der Gegner … führt ständig neue, frische Reserven in die Schlacht … Die Lage verschärft sich täglich … Unter diesen Umständen ist es geboten, den Kampf abzubrechen um … nutzlose Opfer zu ersparen.

c) Hindenburg an die Deutsche Waffenstillstandskommission, 10. November 1918

In den Waffenstillstandsbedingungen muss versucht werden Erleichterungen … zu erreichen … Gelingt Durchsetzung … nicht, so wäre trotzdem abzuschließen … Flammenden Protest unter Berufung auf Wilson … erheben. (14)

Q 12 Ultimatum der Siegermächte an die deutsche Regierung, 16. Juni 1919

Während langer Jahre haben die Regierenden Deutschlands, getreu der preußischen Tradition, die Vorherrschaft in Europa angestrebt … um ein unterjochtes Europa zu beherrschen … Der Weltkrieg ist unvermeidlich geworden …, den sie angezettelt hatten und für den Deutschland allein … vorbereitet war … Deshalb haben die alliierten … Mächte nachdrücklichst erklärt, Deutschland müsse als grundlegende Bedingung des Vertrags ein Werk der Wiedergutmachung bis zur äußersten Grenze seiner Fähigkeit unternehmen; ist doch die Wiedergutmachung des Unrechts, das man verursacht hat, das eigentliche Wesen der Gerechtigkeit. (15)

T 2 Die Kriegsopfer des Ersten Weltkrieges

Die Gesamtzahl der Gefallenen betrug rund 10 Mio., die der Verwundeten rund 20 Mio. Die Gesamtverluste im deutsch-französischen Krieg von 1870/71 hatten dagegen 215 000 Gefallene betragen.
Die Verluste der Krieg führenden Hauptmächte in Mio.:

	Gefallene	Verwundete	Gefangene
Deutschland	1,8	4,2	0,6
Österreich-Ungarn	1,2	3,6	2,2
Frankreich	1,4	3,0	0,4
Großbritannien	0,9	2,1	0,2
Italien	0,5	0,9	0,5
Russland	1,7	5,0	2,5
USA	0,1	0,2	–

Die Gesamtkosten des Krieges – zerstörtes Kriegsmaterial, Zerstörungen durch den Krieg und sonstige Ausgaben – betrugen ungefähr 732 Mrd. Mark an direkten und 606 Mrd. an indirekten Kosten.
Die Staatsausgaben des Deutschen Reiches hatten 1913 7,5 Mrd. Mark, die Gold- und Devisenbestände der Reichsbank 1,13 Mrd. Mark betragen. (16)

4. Wie teuer wird der Frieden?

a. Selbstbestimmung und Demokratie?

Q 13 Aus den Friedenskundgebungen des Präsidenten der Vereinigten Staaten, Woodrow Wilson

a) 11. Februar 1918

Jede durch den Krieg aufgeworfene territoriale Regelung [muss] im Interesse und zugunsten der beteiligten Bevölkerungen getroffen werden … und nicht als Teil … eines Kompromisses der Ansprüche rivalisierender Staaten. (Vier Grundsätze für Friedensverhandlungen)

b) 27. September 1918

Es muss eine Gerechtigkeit sein, die keine Begünstigungen und Abstufungen kennt, sondern nur die gleichen Rechte der beteiligten Völker. (Fünf Friedenspunkte) (17)

Vergleichen Sie mit Q 1.

Q 14 Aus dem Notenwechsel der Reichsregierung mit Wilson

a) Ersuchen um Waffenstillstand und Frieden, 3. Oktober 1918

Die deutsche Regierung ersucht den Präsidenten der Vereinigten Staaten von Amerika die Herstellung des Friedens in die Hand zu nehmen … Sie nimmt das von dem Präsidenten der Vereinigten Staaten von Amerika in der Kongressbotschaft vom 8. Januar 1918 und in seinen späteren Kundgebungen … aufgestellte Programm als Grundlage für die Friedensverhandlungen an.

b) Wilsons erste Antwort, 8. Oktober 1918

[Kein] Waffenstillstand …, solange die fremden Heere auf [fremdem] Boden stehen …

c) Wilsons dritte Note, 23. Oktober 1918

[Der] Waffenstillstand [muss] … eine Wiederaufnahme der Feindseligkeiten seitens Deutschlands unmöglich … machen … Die … Vereinigten Staaten [werden nur] … mit Vertretern des Deutschen Volkes verhandeln … Wenn mit den militärischen Beherrschern und monarchistischen Autokraten Deutschlands jetzt verhandelt werden muss …, kann Deutschland über keine Friedensbedingungen verhandeln, sondern muss sich ergeben. (18)

Erläutern Sie, warum die Reichsregierung ihr Ersuchen an den amerikanischen Präsidenten richtet.

Q 15   Gesetz zur Abänderung der Reichsverfassung, 28. Oktober 1918

Am 24. Oktober wurde in Preußen das seit 1849 gültige **Dreiklassenwahlrecht** durch das gleiche Wahlrecht ersetzt, am 26. Oktober wurde Ludendorff entlassen.

Zur Erklärung des Krieges im Namen des Reichs ist die Zustimmung des Bundesrats und des Reichstags erforderlich. Friedensverträge sowie … Verträge mit fremden Staaten … bedürfen der Zustimmung des Bundesrats und des Reichstags … Der Reichskanzler bedarf zu seiner Amtsführung des Vertrauens des Reichstags. Der Reichskanzler trägt die Verantwortung für alle Handlungen von politischer Bedeutung, die der Kaiser … vornimmt. Der Reichskanzler und seine Stellvertreter sind für ihre Amtsführung dem Bundesrat und dem Reichstag verantwortlich. (19)

b.   Verhandlungsfriede oder Friedensdiktat?

Q 16   Note des französischen Marschalls Foch, Oberbefehlshaber der alliierten Heere, an die Bevollmächtigten der alliierten Mächte, 10. Januar 1919

Deutschland bleibt noch für lange Zeit, bis zu einer völligen Wandlung seiner Politik und seiner Weltanschauung, eine furchtbare Bedrohung für die Zivilisation …

Die Natur hat nur eine Schranke über den Weg des einbrechenden Feindes gezogen: den Rhein. Er muss … schon im Frieden besetzt und befestigt werden … (20)

1. Vergleichen Sie Q 16 mit den französischen Vorstellungen von 1917 (Q 9).
2. Vergleichen Sie die Note mit den Erklärungen Wilsons (Q 2, 13, 14).

Q 17   Amerikanischer Bericht über die Verhandlungen der Alliierten in Paris im Frühjahr 1919

Auf der Friedenskonferenz der Alliierten zwischen Januar und April 1919 wurden die wesentlichen Entscheidungen von den drei Großmächten Vereinigte Staaten (Woodrow Wilson), Großbritannien (David Lloyd George) und Frankreich (Georges Clémenceau) getroffen.

Der Präsident [Wilson] hatte die Ärmel hochgekrempelt. Es gab keinen, dem er vertrauen durfte … Als Erstes begann er ein zähes Ringen um die Minderung der französischen Forderungen nach dem linken Rheinufer, einer rheinischen Republik und nach den Kohlengruben der Saar. Keiner dieser Ansprüche ließ sich mit der in den 14 Punkten enthaltenen Zusicherung der Selbstbestimmung in Einklang bringen. Ende März gipfelte die Konferenz in einem persönlichen Streit mit Clémenceau …

Nach einer Erkrankung Wilsons, zehn Tage später:

Er [Wilson] bewilligt Frankreich die Saar und das linke Rheinufer …

Er stimmt der Forderung nach unbegrenzten Reparationszahlungen Deutschlands zu …

In den Staaten sind die Mitglieder des Senats und … [das] Komitee für auswärtige Fragen empört, weil niemand daran gedacht hatte,

ihnen den offiziellen Wortlaut [des Vertrages] zugehen zu lassen. Sie müssen die Einzelheiten aus den Zeitungen entnehmen. Die weiter blickenden Amerikaner in Paris nehmen den Vertrag beinahe mit der gleichen Bestürzung auf wie die Deutschen. (21)

1. Vergleichen Sie den Bericht mit den Bestimmungen des Versailler Vertrags (Q 1, S. 13).
2. Vergleichen Sie die Haltung Wilsons mit seinen Äußerungen aus den Jahren 1917/18 (Q 1, 2, 13, 14).

Q 18   Unterschiedliche Meinungen

a) Reichsaußenminister Graf Brockdorff-Rantzau bei Überreichung des Friedensvertragsentwurfes durch die Alliierten, 7. Mai 1919

Wir sind fern davon, jede Verantwortung dafür, dass es zu diesem Weltkrieg kam und dass er so geführt wurde, von Deutschland abzuwälzen …, aber wir bestreiten nachdrücklich, dass Deutschland, dessen Volk überzeugt war einen Verteidigungskrieg zu führen, allein mit der Schuld belastet ist. (22)

b) Jacques Bainville, französischer Historiker, 1939

Der Friede ist mild für das, was er an Härten enthält … Der Vertrag nimmt Deutschland alles, außer der Hauptsache, dem politischen Dasein als Staat … Und was die Leidenschaften angeht …, so enthält der Friedensvertrag alles, wessen es bedarf um [die Deutschen] aufs Äußerste zu reizen … Der Friedensvertrag hat die deutsche Einheit bewahrt … Darin liegt das, was wir seine Milde nannten … Der Vertrag … häuft Schwierigkeiten auf und verschiebt die Lösungen auf später. Er hinterlässt der Zukunft Streitigkeiten … mit Deutschland … [und] zwischen den Alliierten … Der Friedensvertrag versetzt uns nicht einmal in … günstige Bedingungen, wenn wir Krieg führen müssen … Die Meinung der Heerführer, die eine strategische Grenze forderten, ist nicht berücksichtigt worden. (23)

T 3   Der Erste Weltkrieg und seine Folgen

a) Der Verlauf des Ersten Weltkrieges

Die **militärischen Operationen** Deutschlands im Westen (Schlieffenplan) sahen für den Fall eines Zweifrontenkrieges vor, dass die deutschen Heere unter Verletzung der belgisch-luxemburgischen Neutralität durch Nordfrankreich bis Paris vorstoßen, das französische Feldheer umfassen und vernichten, während im Osten nur die Grenzen verteidigt werden sollten. Aber der Schlieffenplan scheiterte in der Marneschlacht (September 1914).

Der **Bewegungskrieg** fraß sich in den Schützengräben fest (**Stellungskrieg**). Der überraschend frühe Einbruch der Russen in Ostpreußen konnte in den Schlachten bei **Tannenberg** und an den **Masurischen Seen** durch Hindenburg im August/September gestoppt werden. In der Gegenoffensive stießen die deutschen Truppen 1914/15 in Polen, Litauen und Kurland vor. 1916 gab es nach schweren Kämpfen auch in Rumänien Erfolge. Die russische Armee erlitt hohe Verluste. Ihre Kampfkraft war seitdem erschüttert. Großbritannien blockierte – in völkerrechtswidriger Weise – die Handelswege zur See zwischen den Shetland-Inseln und Norwegen, vermied aber größere Seegefechte. Die einzige große **Seeschlacht, vor dem Skagerrak,** 1916 brachte Großbritannien zwar erhebliche Verluste, führte aber keine Entscheidung herbei. Auch der seit Februar 1916 verschärfte und seit Februar 1917 **uneingeschränkte deutsche U-Boot-Krieg** brachte nicht den erwünschten Erfolg. Dagegen veranlasste er die USA zum Kriegseintritt. In den **deutschen Kolonien** in Afrika wurden die schwachen deutschen Schutztruppen – außer in Deutsch-Ostafrika – schnell besiegt. Die **großen Materialschlachten im Westen** – Ypern (1915), Verdun, Douaumont und an der Somme (1916) – wurden unter Einsatz von massiertem Trommelfeuer und Giftgas geführt, verursachten riesige Verluste auf beiden Seiten, brachten aber kaum Geländegewinne und keine militärische Entscheidung.

Im August 1916 wurde **Hindenburg** zum Chef des Generalstabs ernannt, **Ludendorff** zum ersten Generalquartiermeister. Die Oberste Heeresleitung (OHL) errang eine fast diktatorische Machtstellung auch in der Innenpolitik (z. B. Hilfsdienstpflicht für alle Männer in der Heimat). Im Frühjahr 1917 mussten die Lebensmittelrationen stark gekürzt werden. Die **katastrophale Versorgungslage**, v. a. in den Industriestädten, führte zu ersten **Arbeiterstreiks**.

Friedensbemühungen blieben zunächst ohne Erfolg (deutsches Friedensangebot im Dezember 1916). In **Russland** führte nach der Abdankung von Zar Nikolaus II. am 15. März 1917 eine bürgerliche Regierung den Krieg fort. Nach der **Oktoberrevolution** schlossen die Bolschewiki am 15. Dezember 1917 einen **Waffenstillstand** mit den Mittelmächten ab und mussten am 3. März 1918 unter dem militärischen Druck Deutschlands den **Friedensvertrag von Brest-Litowsk** unterzeichnen.

Nach dem erzwungenen Rücktritt des Kanzlers Bethmann Hollweg im Juli **1917** wurden die politischen Entscheidungen in Deutschland praktisch von der OHL getroffen. Die neue **Reichstagsmehrheit** aus Zentrum, Fortschrittlicher Volkspartei und Sozialdemokraten verabschiedete am 19. Juli 1917 eine **Frie-** **densresolution**; sie blieb jedoch ohne Wirkung. Die OHL hielt weiter am **„Siegfrieden"** fest.

Der Kriegseintritt der USA nach der Erklärung des Kriegszustandes am 6. April 1917 verlieh den Alliierten eine gewaltige Übermacht. Inzwischen wuchsen die **Kriegsverdrossenheit** und die Erschöpfung in Deutschland immer mehr. Im Januar 1918 weiteten sich die Hungerstreiks zu politischen Streiks gegen die Fortführung des Krieges aus. Besonnene Politiker und Gewerkschaftsführer konnten sie für dieses Mal rasch beenden. Der Waffenstillstand im Osten erlaubte es der OHL, dort Divisionen abzuziehen. Aber ein entscheidender Durchbruch im Westen scheiterte in den **Frühjahrsoffensiven**, März–Juli 1918, an der wachsenden amerikanischen Verstärkung der alliierten Streitkräfte in Frankreich und am Masseneinsatz alliierter Panzerwagen. Nachdem 450 englische Tanks bei Amiens tief in die deutsche Front eingebrochen waren, erklärte die OHL am 14. August 1918 die Fortführung des Krieges für aussichtslos.

b) Kriegsende und Revolution in Deutschland (s. S. 23 ff.)
Am 29. September 1918 forderte die Oberste Heeresleitung ein sofortiges Waffenstillstandsangebot. Der neue Reichskanzler Max von Baden bildete am 3. Oktober 1918 eine Regierung, an der auch die Mehrheitsparteien des Reichstags beteiligt waren. Am gleichen Tage sandte die neue Regierung ein Waffenstillstandsangebot an den amerikanischen Präsidenten, in dem sie sich auf dessen 14 Punkte berief. Im anschließenden Notenwechsel forderte Wilson als Vorleistung eine parlamentarische Regierung. Am 24. Oktober wurde in Preußen das Dreiklassenwahlrecht aufgehoben, am 26. Oktober Ludendorff entlassen, am 28. Oktober die Reichsverfassung geändert und das parlamentarische Regierungssystem eingeführt.

Nachdem die Hochseeflotte am 28. Oktober den Befehl zum Auslaufen verweigert hatte, brach am 4. November in Kiel ein Aufstand der Matrosen aus, der in wenigen Tagen auf das ganze Reich übergriff. Überall wurden Soldaten- und Arbeiterräte gebildet. Der Kaiser trat am 9. November zurück und in Berlin wurde die Republik ausgerufen. Der Reichskongress der Arbeiter- und Soldatenräte (16. bis 19. November 1918) entschied in Berlin, eine verfassunggebende Nationalversammlung wählen zu lassen.

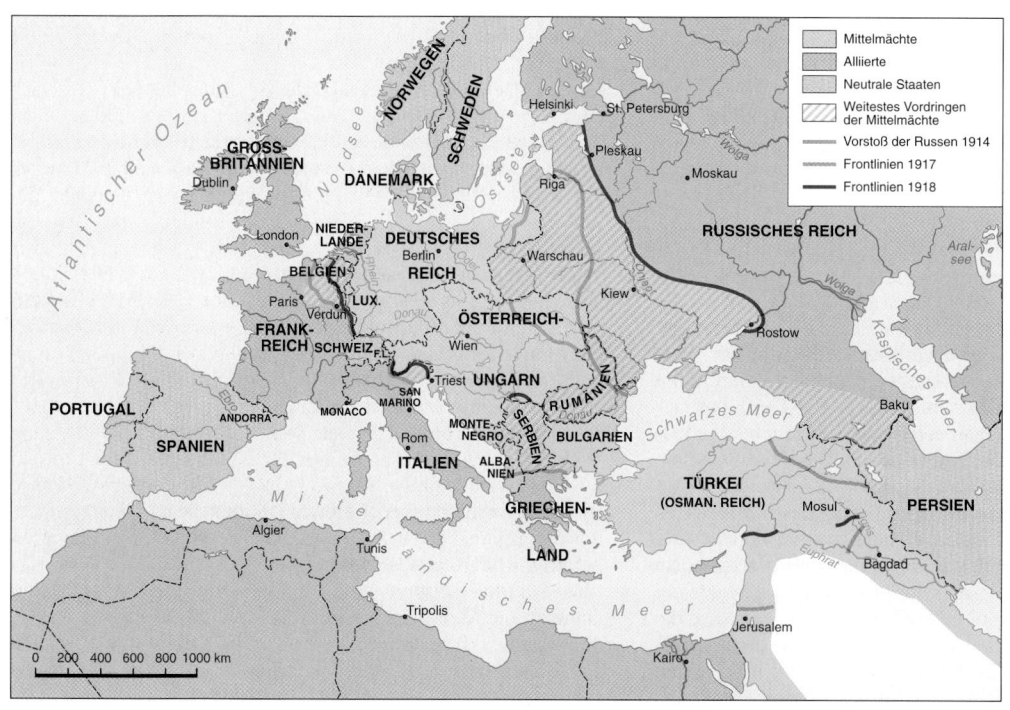

K 1 Der Erste Welt-krieg

Legend:
- Mittelmächte
- Alliierte
- Neutrale Staaten
- Weitestes Vordringen der Mittelmächte
- Vorstoß der Russen 1914
- Frontlinien 1917
- Frontlinien 1918

NORWEGEN, SCHWEDEN, GROSS-BRITANNIEN, Dublin, London, DÄNEMARK, NIEDER-LANDE, BELGIEN, Paris, Verdun, LUX., FRANKREICH, SCHWEIZ, ANDORRA, PORTUGAL, SPANIEN, MONACO, SAN MARINO, Rom, ITALIEN, ALBANIEN, MONTE-NEGRO, SERBIEN, Triest, Wien, ÖSTERREICH-UNGARN, DEUTSCHES REICH, Berlin, Warschau, Kiew, RUMÄNIEN, BULGARIEN, GRIECHEN-LAND, Helsinki, St. Petersburg, Pleskau, Riga, Moskau, RUSSISCHES REICH, Rostow, Baku, Aralsee, Kaspisches Meer, Schwarzes Meer, TÜRKEI (OSMAN. REICH), Mosul, Bagdad, PERSIEN, Jerusalem, Kairo, Tripolis, Tunis, Algier, Atlantischer Ozean, Nordsee, Ostsee, Mittelländisches Meer, Donau, Euphrat

0 200 400 600 800 1000 km

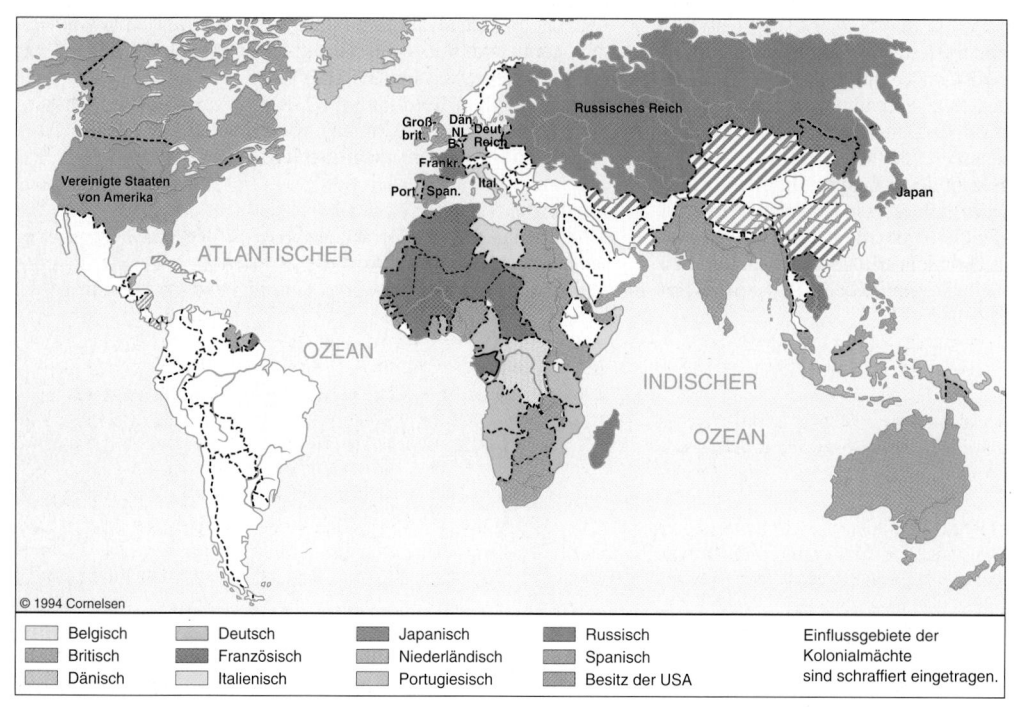

K 2 Kolonialreiche vor dem Ersten Welt-krieg

© 1994 Cornelsen

Vereinigte Staaten von Amerika, ATLANTISCHER OZEAN, INDISCHER OZEAN, Groß-brit., Dän., NL, B., Deut. Reich, Frankr., Port., Span., Ital., Russisches Reich, Japan

Legend:
- Belgisch
- Britisch
- Dänisch
- Deutsch
- Französisch
- Italienisch
- Japanisch
- Niederländisch
- Portugiesisch
- Russisch
- Spanisch
- Besitz der USA
- Einflussgebiete der Kolonialmächte sind schraffiert eingetragen.

II. EUROPA ZWISCHEN DEN BEIDEN WELTKRIEGEN

1. Die Neuordnung Europas

Q 1 Der Friedensvertrag von Versailles

Teil I. Völkerbundsatzung
In der Erwägung, dass es … zur Gewährleistung des internationalen Friedens und der … Sicherheit wesentlich ist …, nicht zum Kriege zu schreiten …, auf Gerechtigkeit … gegründete internationale Beziehungen zu unterhalten, die Vorschriften des internationalen Rechts … [und] die Gerechtigkeit herrschen zu lassen, … nehmen die vertragschließenden Teile die gegenwärtige Satzung … an …
Art. 12. Alle Bundesmitglieder kommen überein eine etwa zwischen ihnen entstehende Streitfrage … der Schiedsgerichtsbarkeit oder Prüfung durch den [Völkerbunds-]Rat zu unterbreiten …
Art. 16. Schreitet ein Bundesmitglied entgegen den … übernommenen Verpflichtungen zum Kriege, so wird es … angesehen, als hätte es eine Kriegshandlung gegen alle anderen … begangen. Diese verpflichten sich unverzüglich alle Handels- und Finanzbeziehungen zu ihm abzubrechen …
Art. 22. [Über Kolonien und Territorien, die infolge des Krieges ihre Selbstständigkeit erlangt haben, sich aber noch nicht selbst regieren können:] Das Wohlergehen … dieser Völker bilde[t] eine heilige Allianz der Zivilisation … [Deshalb] Übertragung der Vormundschaft über diese Völker an die fortgeschrittenen Nationen, die aufgrund … ihrer Erfahrung … am besten imstande sind eine solche Verantwortung auf sich zu nehmen …; sie hätten die Vormundschaft als Mandatare [Beauftragte] des Bundes und in seinem Namen zu führen …

Teil III. Politische Bestimmungen über Europa
Gebietsabtretungen Deutschlands: Moresnet an Belgien; Elsass-Lothringen an Frankreich; Posen, Westpreußen, Teile von Ostpreußen und Hinterpommern an Polen; Hultschiner Ländchen an die Tschechoslowakei; Danzig wird „freie Stadt"; Memelland an die Alliierten (Abstimmungsgebiete s. T 1).
Art. 42. Es ist Deutschland untersagt, auf dem linken Ufer des Rheins und auf dem rechten Ufer westlich einer 50 km … breiten Linie Befestigungen beizubehalten oder anzulegen …
Art. 45. Als Ersatz für die Zerstörung der Kohlengruben in Nordfrankreich und als Anzahlung … der … Wiedergutmachung … tritt Deutschland … [die] Kohlengruben im Saarbecken … an Frankreich ab.
Art. 49. Nach Ablauf … von fünfzehn Jahren … soll die Bevölkerung [des Saargebietes] … entscheiden, unter welche Souveränität sie zu treten wünscht. [Bis dahin wird die Saar dem Völkerbund unterstellt.]
Art. 80. Deutschland erkennt die Unabhängigkeit Österreichs [an] … [und] …, dass diese Unabhängigkeit unabänderlich ist, es sei denn, dass der Rat des Völkerbundes einer Abänderung zustimmt.

Teil IV. Deutsche Rechte außerhalb Deutschlands
Art. 119. Deutschland verzichtet zugunsten der alliierten … Mächte … auf alle seine Rechte … bezüglich seiner überseeischen Besitzungen.

Teil V. Militärische Bestimmungen
[Totale Abrüstung Deutschlands. Es ist nur ein leicht bewaffnetes Heer von 100 000 Mann erlaubt. Kriegsverbrecher – u. a. der Kaiser – sollen an alliierte Gerichte ausgeliefert werden.]

Teil VIII. Wiedergutmachungen
Art. 231. Die alliierten … Regierungen erklären und Deutschland erkennt an, dass Deutschland und seine Verbündeten als Urheber für alle Verluste und Schäden verantwortlich sind, die die alliierten … Regierungen und ihre Staatsangehörigen infolge des Krieges, der ihnen durch den Angriff Deutschlands und seiner Verbündeten aufgezwungen wurde, erlitten haben.
Art. 233. Der Betrag der … Schäden, deren Wiedergutmachung Deutschland schuldet, wird durch einen interalliierten Ausschuss festgesetzt … [Außer den Reparationen in Geld wurden große Materiallieferungen vorgeschrieben.]

Teil XIV. Bürgschaften für die Durchführung des Friedensvertrages
Art. 428. Um die Durchführung des … Vertrages … sicherzustellen, werden die deutschen Gebiete westlich des Rheins … [und die] Brückenköpfe … besetzt gehalten.
Art. 429. Nach … fünf Jahren … [wird] Köln geräumt …, nach zehn Jahren … Koblenz …, nach fünfzehn Jahren … Mainz …, Kehl und das übrige besetzte deutsche Gebiet. (1)

T 1 Abstimmungen über die Zugehörigkeit deutscher Gebiete nach dem Versailler Friedensvertrag
1920 Schleswig I. (nördliche Zone): 75 % für Dänemark.
Schleswig II. (südliche Zone): 80 % für Deutschland.
1920 Eupen und Malmedy: auf Beschluss des Völkerbundes an Belgien. Anstelle einer Volksabstimmung musste sich die Bevölkerung in öffentliche Listen eintragen, in die sich nach massiver belgischer Einschüchterung nur 271 der 33 700 Stimmberechtigten einschrieben.
1921 Oberschlesien: Obwohl sich 60 % der abstimmenden Bevölkerung und 55 % der Gemeinden für das Verbleiben im Deutschen Reich aussprachen, wurde Oberschlesien im Oktober 1921 durch den Obersten Rat der Alliierten geteilt. Der wirtschaftlich wertvollste Teil des Industrieviers (Kattowitz, Tarnowitz, Pleß, Königshütte, Lublinitz, Rybnik, Myslowitz) fiel an Polen, das damit 91 % der Kohlevorkommen in Oberschlesien erhielt.
1935 Saargebiet: 91 % der Bevölkerung stimmten für Deutschland. Daraufhin kam das Gebiet an Deutschland zurück (s. S. 78).

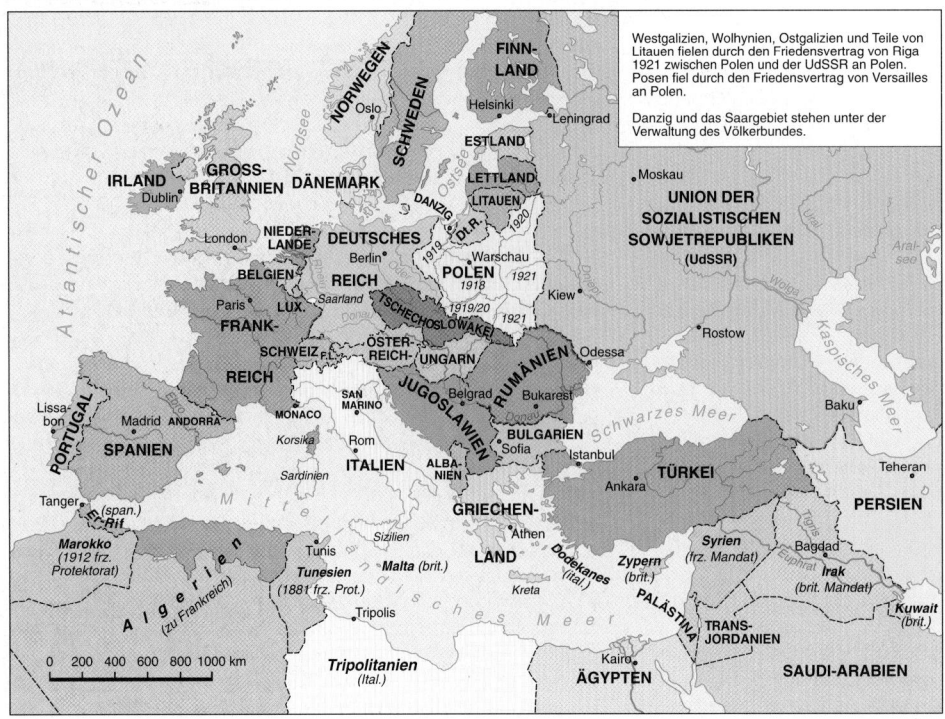

Westgalizien, Wolhynien, Ostgalizien und Teile von
Litauen fielen durch den Friedensvertrag von Riga
1921 zwischen Polen und der UdSSR an Polen.
Posen fiel durch den Friedensvertrag von Versailles
an Polen.

Danzig und das Saargebiet stehen unter der
Verwaltung des Völkerbundes.

K 2   Europa 1923
Regelung der polnischen Grenzen:
1919 Westpreußen/Posen
1920 Wilna
1921 Teil Oberschlesiens
1921 Teil von Teschen (Westgalizien)
1921 Westukraine, Wolhyni-
en, Ostgalizien

1. *Vergleichen Sie K 1 mit K 2
und stellen Sie die wesentlichen Unterschiede fest.*
2. *Arbeiten Sie aus K 2 die neu
entstandenen Staaten in Europa und im Vorderen Orient
heraus sowie die Staaten
des neuen „zwischeneuro-
päischen" Staatengürtels.*
3. *Fassen Sie die Gründe für die
Entstehung dieses neuen
Staatengürtels zusammen.*

Legende:
Albaner, Bosniaken, Bulgaren, Dänen, Deutsche, Griechen, Italiener, Kaschuben, Kroaten, Letten, Litauer, Makedonier, Polen, Rumänen, Russen, Schweden, Serben, Slowaken, Slowenen, Sorben, Tschechen, Türken, Ukrainer, Ungarn, Weißrussen

– – – Grenzen von 1923

→ Umsiedlung von Türken
→ Umsiedlung von Griechen
80 Zahlen in Tausend

Verhältnis von Staatsvolk und Minderheit in…
… Polen, Anteil der Polen 69%
… Jugoslawien, Anteil der Serben 46%
… Tschechoslowakei, Anteil der Tschechen 46%

0   200   400   600 km

K 3 Verteilung der Sprachen in Südosteuropa vor dem Ersten Weltkrieg

K 4 „Deutschlands Verstümmelung". Eine im Auftrag der Reichsregierung um 1928 für den Schulgebrauch herausgegebene Lehrkarte

T 2 Die Friedensverträge – Ende des alten Europa

Zwischen dem 8. und 11. November 1918 fanden **Waffenstillstandsverhandlungen** des Deutschen Reiches mit den Alliierten in Compiègne statt. Die deutschen Truppen mussten innerhalb von 15 Tagen die besetzten Gebiete im Westen, Elsass-Lothringen und das linke Rheinufer räumen; Deutschland hatte sofort eine so große Menge an Kriegsmaterial und an Verkehrsmitteln abzuliefern, dass die Wiederaufnahme des Kampfes unmöglich werden sollte. Es musste weiterhin auf den Friedensvertrag von Brest-Litowsk verzichten und sollte seine Truppen im Osten und Südosten hinter die Grenzen von 1914 zurückführen.

Am 18. Januar 1918 wurde die **Friedenskonferenz in Versailles** eröffnet, an der nur die Siegermächte beteiligt waren. Die Besiegten konnten in schriftlichen Noten zu den Friedensbedingungen Stellung nehmen. Nachdem die Vollversammlung am 29. April 1919 die **Völkerbundssatzung** angenommen hatte, wurden am 7. Mai die Friedensbedingungen an die deutschen Bevollmächtigten übergeben. Nach der Annahme durch die deutsche Nationalversammlung wurde der **Versailler Vertrag** am 28. Juni 1919 unterzeichnet.

Deutschland und seine Verbündeten wurden als Urheber des Krieges zur Wiedergutmachung aller Schäden und finanziellen Belastungen der Alliierten (Reparationen, s. auch S. 34) verurteilt. Deutschland musste neben Elsass-Lothringen (an Frankreich) Gebiete an Polen, an die Tschechoslowakei und an **Belgien** abtreten und teilweise umstrittene Abstimmungsverfahren hinnehmen.

Die Siegermächte nahmen im Versailler Vertrag das Recht für sich in Anspruch die von ihnen als Kriegsverbrecher bezeichneten Personen vor ihre Militärgerichte zu stellen. Die deutsche Regierung lehnte ein solches Verfahren ab und stellte die Beschuldigten vor deutschen Gerichten unter Anklage. Die meisten Verhandlungen endeten mit Freispruch oder Einstellung des Verfahrens, nur sehr wenige mit geringfügigen Freiheitsstrafen. Die gegen den ehemaligen Kaiser Wilhelm II. (gest. 1941 in Doorn, Niederlande) erhobene Anklage der Siegermächte blieb ohne Folgen, da die Niederlande die Auslieferung ablehnten.

Österreich und **Ungarn** wurden von den Alliierten als Rechtsnachfolger der Donaumonarchie und damit als Anstifter des Krieges angesehen. Die in der einstigen Doppelmonarchie lebenden Minderheiten – Tschechen, Südslawen, siebenbürgische Rumänen u. a. – wurden den Siegern zugerechnet. Im Friedensvertrag zu **St. Germain** mit **Deutsch-Österreich** 1919 mussten die wiederhergestellten bzw. neu geschaffenen Staaten Polen, Tschechoslowakei, Jugoslawien und Ungarn anerkannt werden, ebenso die Völkerbundssatzung und die Bestimmungen des Versailler Vertrages über Wiedergutmachung, Kriegsverbrecher und Abrüstung. An **Italien** fielen neben Teilen Dalmatiens und Kärntens vor allem Südtirol, Triest und Istrien. Durch Vereinigung der österreichisch-ungarischen Südslawen mit dem Königreich Montenegro und Serbien wurden **Jugoslawien** und aus den Ländern der böhmischen Krone die **Tschechoslowakei** geschaffen. **Ungarn** musste im Frieden von **Trianon** 1920 die Slowakei, das Burgenland, Kroatien, Slowenien und Siebenbürgen abtreten und auch

die Friedensregelungen von Versailles und St. Germain anerkennen. **Bulgarien** verlor im Frieden von **Neuilly** 1919 durch Gebietsabtretung den Zugang zur Ägäis.

Das **Türkische Reich** wurde im Friedensvertrag von **Sèvres** 1920 aufgeteilt. Der neue türkische Staat umfasste nur noch Kleinasien (Anatolien) und das Gebiet um Konstantinopel, insgesamt $1/10$ des bisherigen Gebiets und $1/5$ der bisherigen Bevölkerung. Frankreich bekam vor allem Syrien; an England fielen der Irak, Palästina, Ägypten und die Schutzherrschaft über Arabien. Griechenland erhielt die Ägäischen Inseln und Smyrna in Kleinasien zugesprochen. Die Meerengen kamen unter internationale Kontrolle. Als Griechenland Smyrna und die griechisch besiedelten Gebiete im westlichen Kleinasien zu besetzen versuchte, wurde das griechische Heer im **griechisch-türkischen Krieg** 1920–1922 von der revolutionären türkischen Befreiungsarmee unter General Kemal Pascha (Atatürk) nahe Ankara besiegt und zurückgeschlagen. Im Frieden von **Lausanne** 1923 musste Griechenland auf die kleinasiatischen Gebiete verzichten. Über 1,5 Mio. Griechen wurden aus den türkischen Gebieten vertrieben oder ausgesiedelt; 380 000 Türken mussten Nordgriechenland verlassen. Mit den Flüchtlingen und Umsiedlern aus Bulgarien und von der sowjetischen Schwarzmeerküste bestand die griechische Bevölkerung 1923 zu 22 % aus mittellosen Vertriebenen.

Aus den Westgebieten des Zarenreichs lösten sich 1917 **Finnland**, 1918 die drei baltischen Länder **Estland, Lettland und Litauen** als selbstständige Staaten heraus. Nach 125 Jahren erstand **Polen** erneut als souveräner europäischer Staat.

1. *Erläutern Sie, inwieweit in den Verträgen die 14 Punkte Wilsons (vgl. Q 2, S. 6) berücksichtigt wurden.*
2. *Erörtern Sie die Problematik des Art. 231 (s. auch Q 12, S. 9).*
3. *Prüfen Sie anhand von K 4, Q 1, T 1 und 2 die Folgen des Ersten Weltkrieges für Deutschland und für die Staatenwelt Europas (K 2).*
4. *Beurteilen Sie die Verträge aus der Sicht der am Krieg beteiligten Mächte.*

T 3 Grenzkorrekturen

Europa kam mit den Friedensschlüssen noch keineswegs zur Ruhe. Grenzfragen belasteten in vielen Teilen Europas den Frieden. **Italien** sah seine Ansprüche auf Fiume erst 1924 eingelöst. Jugoslawische Truppen fielen in Kärnten ein; Österreich musste noch nachträglich unter ungarischem Druck auf das östliche Burgenland verzichten. Oberschlesien, wo sich 60 % der Bevölkerung für **Deutschland** entschieden hatten, wurde 1921 geteilt. Litauische Freischärler besetzten im Januar 1923 das Memelgebiet; 1924 gaben es die Alliierten an Litauen. Heftig umstritten blieben die Grenzen des wiederhergestellten **polnischen Staates**. Der sog. polnische Korridor trennte Ostpreußen und Danzig vom Reich.

Die vom englischen Außenminister Curzon vorgeschlagene polnische Ostgrenze (**Curzon-Linie**, Memel-Grodno-Bug) lehnte sich an die polnische Staatsgrenze an, deckte sich aber nicht mit der polnischen Ostgrenze aus der Zeit vor der ersten Teilung Polens 1772 und wurde deshalb von der polnischen Regierung abgelehnt. So drangen polnische Streitkräfte 1920 nach Weißrussland und in die Ukraine bis Kiew vor, wurden aber von der Roten Armee bis Warschau zurückgeworfen. Nur französische Militärhilfe bewahrte Polen vor dem Zusammenbruch. Im Friedensschluss 1921 behauptete Polen über die Curzon-Linie hinaus einen 150 km breiten Streifen weißrussischen Gebiets und der westlichen Ukraine. Polen wurde seit 1920 von Frankreich gegen die Sowjetunion gestützt und trat der **Kleinen Entente** bei.

Der **Türkei** gelang es nach dem griechisch-türkischen Krieg von 1920–1922, die Gebietsabtretungen des Friedensvertrages von Sèvres zu korrigieren.

2. Wirtschaftliche und soziale Veränderungen in Europa

T 4 Die wirtschaftliche Entwicklung

Durch den Ersten Weltkrieg waren die internationalen Wirtschaftsbeziehungen schwer gestört. Der russische Wirtschaftsraum wurde dem europäischen Güterverkehr in der bisherigen Form entzogen, seitdem das bolschewistische System staatlicher Planwirtschaft errichtet worden war. Die europäischen Industriestaaten verloren wichtige überseeische Exportmärkte an die USA und an Japan. Großbritannien behielt die Einfuhrzölle bei und räumte den Commonwealthstaaten wirtschaftliche Vergünstigungen ein. Die Auflösung des mittel- und osteuropäischen Wirtschaftsgebiets in zahlreiche Mittel- und Kleinstaaten erschwerte ebenfalls den Güterverkehr. Das **Deutsche Reich** hatte wichtige Rohstoff- und Produktionsgebiete verloren.

Das wirtschaftliche Gleichgewicht in Europa wurde außerdem durch die Kriegsschulden der europäischen Siegermächte und die **Reparationsverpflichtungen** der Verlierer belastet. Die Bezahlung dieser Schulden löste in Europa eine **Inflationswelle** aus, da die Kriegskosten durch Vermehrung der Geldmenge finanziert werden mussten. Selbst Großbritannien und Frankreich gelang es erst seit 1925, ihre Währungen zu festigen. Seit 1927 setzte ein Aufschwung der europäischen Wirtschaft ein; doch dieser wurde schon **1929/30** durch die in den USA entstandene **Weltwirtschaftskrise** unterbrochen. Bis 1929 war die Industrieproduktion durch den Wiederaufbau, den technischen Fortschritt und durch den Nachholbedarf an Konsumgütern und Wohnungen stark angestiegen. Der Warenaustausch wurde jedoch zunehmend durch Zollschranken erschwert. Der Welthandel verlagerte sich auf die Vereinigten Staaten.

T 5 Sozialer und technischer Wandel

Der europäische Adel verlor in den zusammengebrochenen Großmächten Deutschland, Österreich-Ungarn und Russland seinen Rückhalt in der Monarchie. Die politische Führung ging an bürgerliche, im Südosten Europas z. T. auch an kleinbürgerliche Gruppen über. In den ost- und südosteuropäischen Staaten war die Machtstellung des Adels auch durch Agrarreformen zer-

schlagen worden. In den Industriestaaten traten nach dem Krieg neben die bisherige Führungsschicht der großen Familienunternehmer die leitenden Angestellten (später Manager genannt) in den Großbetrieben und Konzernen. Aus Handwerk und Gewerbe, aus dem Kreis der Angestellten, der gehobenen und mittleren Beamten und der freien Berufe stiegen neue Führungseliten auf. Die Zahl der gewerblichen Klein- und Mittelbetriebe nahm durch die Zunahme wirtschaftlicher Großbetriebe (Konzerne) und durch die Modernisierung der Produktionsformen (Rationalisierung) ab. Aus Amerika wurden die neuen Formen der Massenfertigung, z. B. das Fließband, übernommen. Gleichzeitig entstanden im Zusammenhang mit der raschen Motorisierung neue Industriezweige: Auto- und Flugzeugbau, Elektroindustrie. Die technologische Entwicklung förderte die sozialen Unterschiede innerhalb der Arbeiterschaft, da die Zahl der besser bezahlten, hoch qualifizierten Facharbeiter zunahm. Mit den verbesserten Verdienst- und Aufstiegsmöglichkeiten in den am weitesten industrialisierten Ländern West- und Mitteleuropas stieg auch der politische Einfluss der Arbeiterschaft. Die Macht der sozialistischen Parteien und Gewerkschaften weitete sich aus. In Deutschland, Großbritannien und z. T. auch in Frankreich schlossen sich die Gewerkschaften zu zentral gelenkten Organisationen zusammen. Hier wurde weitgehend der Achtstundentag gesetzlich eingeführt. Durch den Ausbau des Versicherungssystems (Unfall-, Kranken-, Invaliden-, Arbeitslosenversicherung, Altersrente) wurde die materielle Lage der Arbeiter weiter verbessert.

3. Krise der europäischen Demokratie?

T 6 Demokratien und Diktaturen

a) Der Erste Weltkrieg wurde von den Westmächten auch mit dem Ziel geführt, das Selbstbestimmungsrecht und die Demokratie in Europa durchzusetzen. Mit der Niederlage der Mittelmächte 1918 brachen die alten autoritären Systeme in Deutschland und Österreich-Ungarn zusammen. In Russland war die Monarchie bereits in der Revolution 1917 beseitigt worden. Bis auf wenige Ausnahmen wurden in Europa parlamentarisch-demokratische Regierungssysteme eingeführt. In den neu gebildeten Nationalstaaten aber stellte sich die Frage, ob sich die Demokratie auf Dauer würde halten können, da starke staatstragende Mittelschichten fehlten und die staatliche Einheit größtenteils durch starke Minderheiten belastet war.

b) Zuerst brach das parlamentarische System in **Ungarn** zusammen. Nach der Niederschlagung einer Räterepublik wurde Admiral Horthy 1920 zum Reichsverweser mit monarchischer Machtfülle gewählt. In **Polen** regierte Marschall Piłsudski, gestützt auf einen Kreis von Offizieren, nach einem Staatsstreich 1926 mit diktatorischen Vollmachten. Dagegen blieb die **ČSR** bis zu ihrer Zerschlagung 1938 demokratisch.

c) Nach dem für **Italien** enttäuschenden Ausgang des Ersten Weltkrieges wurde das Land von heftigen Spannungen zwischen Kleinbauern und Landarbeitern auf der einen und Großgrundbesitzern auf der anderen Seite erschüttert. Letztere bildeten Kampfgruppen, die 1920–1922 sozialistische Landbesetzungen durch Terror systematisch zerschlugen. Diese **faschistische Bewegung** (von fascio = Rutenbündel = Kampfbund) griff auch auf die Städte über. Dort organisierten sich klein- und besitzbürgerliche Gruppen gegen kommunistische Tendenzen und Aktionen. Sie fanden in Militär, Polizei und Justiz Unterstützung. Obwohl die Faschisten bei den Wahlen erfolglos blieben (1921: von 535 nur 35 Abgeordnete), wurde ihrem **„Duce"** (= Führer) **Mussolini** 1922 nach einem **„Marsch auf Rom"** vom König die Regierungsgewalt übertragen. Immer noch in der Minderheit und in einer Koalitionsregierung mit konservativen Parteien gelang es den Faschisten, durch Propaganda und Terror die Macht im Staat völlig an sich zu reißen. Seit 1925 gab es nur noch eine Staatspartei, die Gewerkschaften waren mit den Unternehmerverbänden zu „Korporationen" unter staatlicher Aufsicht zusammengeschlossen. 1935/36 eroberte Italien in Afrika Kolonialbesitz **(Abessinien)**, die Gegenmaßnahmen des Völkerbundes (Waffen- und Handelsembargo) blieben erfolglos. Die Anerkennung der kolonialen Besitzerweiterung durch Deutschland belohnte Mussolini mit der Zustimmung zum Anschluss Österreichs 1938 **(„Achse" Berlin–Rom)**. Mussolini regierte Italien, gestützt auf Kirche, Königshaus und konservative Kräfte in Militär, Wirtschaft und Verwaltung, bis 1943. Antisemitismus spielte im italienischen Faschismus nicht die beherrschende Rolle wie in Deutschland. Auch ist Mussolinis Absicht, ein **„imperio Romano"** rund um das Mittelmeer („mare nostro") aufzubauen, nicht mit Hitlers Ziel einer Weltherrschaft rassischer Herrenmenschen gleichzusetzen.

d) In **Spanien** brachen nach dem Tod des Generals Primo de Rivera, der in den 20er Jahren mit diktatorischen Vollmachten regiert hatte, Spannungen zwischen einer konservativen Oberschicht von Großgrundbesitzern und einer sich zunehmend radikalisierenden Land- und Industriearbeiterschaft auf. 1931 fanden vor dem Hintergrund revolutionärer Unruhen Wahlen zur Nationalversammlung statt. Sie brachten eine republikanisch-sozialistische Mehrheit und führten zur Abdankung der Monarchie. Gegen die sozialrevolutionären Bestrebungen der **republikanischen Regierung** formierte sich die konservative Rechte, die bei Kirche und Militär Unterstützung fand und in Neuwahlen 1933 die Mehrheit errang. Gegen diesen Kurswechsel nach rechts protestierten Republikaner, Sozialisten und Kommunisten mit Aufständen, Streiks und Unruhen. Sie gewannen die Wahlen 1936 und schlossen sich zu einer **Volksfrontregierung** zusammen. Die Rechte organisierte dagegen einen Militärputsch, der von Spanisch-Marokko ausging und von **General Franco** geleitet wurde. In dem dreijährigen **Bürgerkrieg** (1936–1939) wurden beide Lager vom Ausland unterstützt. **Italien** und **Deutschland** (Legion Condor) griffen heimlich durch „Freiwilligenverbände" auf Seiten der Rechten ein; die neu aufgebaute deutsche Luftwaffe legte bei Truppentransporten aus Afrika ihre erste „Bewährungsprobe"

ab. **Frankreich**, die **Sowjetunion** und **„Internationale Brigaden"** der kommunistischen Weltbewegung unterstützten die Linken. „Generalissimus" Franco behielt die Oberhand. Er vereinigte 1937 den nationalen Kampfverband der **Falangisten** (falange = Kampfschar) mit katholisch-konservativen Bewegungen und baute nach Beendigung des Bürgerkrieges auf der Basis dieser **Staatspartei** ein **diktatorisches Regime** auf. Franco führte seit 1937 als Staatschef Spaniens den Titel „Caudillo" (= Anführer). Obwohl er der deutschen und italienischen Hilfe seinen Sieg verdankte, hielt er Spanien während des **Zweiten Weltkrieges neutral**. Er regierte das Land bis zu seinem Tod 1975 als Diktator. Der von ihm als Nachfolger bestimmte Prinz Juan Carlos leitete nach seiner Thronbesteigung als König schrittweise Spaniens Übergang zur Demokratie ein.

e) Auch in **Portugal** wurde 1933 eine Diktatur errichtet. In der konstitutionellen Monarchie **Rumäniens** regierte König Carol II. seit 1930 autoritär; 1940 folgte eine faschistische Militärdiktatur unter General Antonescu. In **Jugoslawien** wurde das parlamentarische System nach dem Staatsstreich König Alexanders 1929 aufgehoben. **Bulgarien** erhielt nach einem Offiziersputsch 1934 eine autoritäre Regierung. In **Griechenland** (seit 1924 Republik) regierte seit 1936 Ministerpräsident Metaxas diktatorisch. **Litauen** ging 1926, **Lettland** 1934 zur Diktatur über. In **Estland** gab es seit dem Staatsstreich von 1933/34 eine autoritäre Demokratie. In **Österreich** wurde die parlamentarische Demokratie 1933 nach bürgerkriegsähnlichen Zuständen durch eine christlich-konservative autoritäre Regierung unter Bundeskanzler Dollfuß abgelöst, die sozialdemokratische, die kommunistische und die nationalsozialistische Partei wurden verboten. In **Deutschland** brach die Weimarer Republik 1933 zusammen.

Die parlamentarische Demokratie in **Frankreich** hatte den Ersten Weltkrieg trotz neuer sozialer Konflikte einigermaßen unbeschadet überstanden. Mitte-rechts-Koalitionen des Nationalen Blocks und Koalitionen aus Radikaldemokraten und Sozialisten wechselten in der Zwischenkriegszeit häufig. Jedoch blieben bis 1932 radikale Oppositionsparteien relativ schwach. Stabil blieb auch die parlamentarische Monarchie in **England**. Neben die Konservativen und die Liberalen trat als dritte politische Kraft die Labour Party. Das Mehrheitswahlrecht begünstigte weiterhin ein Zweiparteiensystem. Die Liberalen konnten zwar einen Wählerstamm halten, mussten aber ihre Rolle als Vertreter des Bürgertums an die Konservativen abtreten. 1928 erhielten alle Frauen das allgemeine Wahlrecht. Die führende Rolle des Landadels übernahmen Männer aus Industrie und Wirtschaft. Konstitutionelle bzw. parlamentarische Monarchien hielten sich ungefährdet in den **skandinavischen Staaten**, wobei Regierungen und Koalitionen aus Sozialdemokraten, Konservativen und Liberalen wechselten. Die demokratischen Systeme in **Belgien**, in den **Niederlanden** und in **Luxemburg** wurden durch die Einführung des allgemeinen und gleichen Wahlrechts gefestigt, die politischen Parteien und die Gewerkschaften gestärkt. Die Sowjetdiktatur in **Russland** blieb bis zum Zweiten Weltkrieg weitgehend isoliert.

Q 2   Maurice Barrès, einer der Führer der rechtsradikalen nationalistischen Opposition in Frankreich: Die Zukunft gehört dem Nationalismus, 1923

Hüten wir uns davor, den Nationalismus zu entstellen. Der Nationalismus fordert, dass man alles im Hinblick auf Frankreich beurteilt …

Man muss das Naturalisierungsgesetz ändern um die Einmischung von Fremden in unsere Politik zu erschweren.

Man muss die Eigentumsverhältnisse ändern, indem man verhindert, dass Fremde französischen Boden besitzen und indem man ihre Ansprüche auf industrielle und kommerzielle Ausbeutung beschränkt.

Man muss die Einheit der Rasse und des Landes sichern, indem man jeder Familie einen kleinen unantastbaren Besitz gibt. Man muss unsere einheimischen Arbeiter durch ein Steuergesetz schützen, das ihre ausländischen Konkurrenten belastet.

Man muss ihr Recht der Assoziation und der Dezentralisation gewähren, so dass Gewerkschaften und Gemeinden Rechtspersönlichkeiten werden.

Die Menge der kleinen Kapitalisten und auch die Menge der kleinen Arbeiter ist bunt durcheinander wie Staub über das riesige Land verstreut: Diese sind über ihre Arbeit gebeugt, jene sind eingeschlossen in den engen Kreis ihrer Existenz …

Früher war es den politischen Gewalten nicht gelungen, die Wirtschaft zu beherrschen, deren Funktionieren sich ihrer unwissenden Macht entzog, und ein großer Teil der menschlichen Freiheiten war geschützt durch eine Art Unabhängigkeit, die blind ist für die Kraft der Dinge. Unserer Zeit war es vorbehalten, zu sehen, wie Geldmacht politische Macht unterjocht. Daher kommt die häufige Straflosigkeit für finanzielle Gaunereien. Daher die schändliche Korruption unseres Parlaments.

Welcher Einfaltspinsel könnte noch glauben, dass unsere Regierungsform eine Demokratie ist? Wir leben in einer Plutokratie. (2)

Q 3   Benito Mussolini: Was ist Faschismus?, 1934

Der Faschismus ist gegen den klassischen Liberalismus … Der Liberalismus negierte den Staat im Interesse des Einzelwesens; der Faschismus bejaht den Staat als die wahre Daseinsform des Individuums. Und wenn unter Freiheit die Rechte des in der Wirklichkeit lebenden Menschen verstanden werden und nicht jenes schattenhafte Phantom, an das der individualistische Liberalismus dachte, dann ist es der Faschismus, der die wahre Freiheit herbeiführt und garantiert. Und nur diese Freiheit kann wirklich ernst genommen werden: die Freiheit des Staates und die des Individuums im Staate. Für den Faschisten existiert nun überhaupt nichts außerhalb des Staates, weder materiell noch geistig …

Vor allem betrachtet der Faschismus die Zukunft und die Entwicklung der Menschheit nur vom Standpunkt der politischen Realität aus und glaubt weder an die Möglichkeit noch an die Nützlichkeit eines ewigen Friedens. Er verwirft daher den Pazifismus, der unter scheinbarem Edelmut den Verzicht auf Kampf und die Feigheit verbirgt …

Die „Bevölkerungspolitik" der Regierung ist die logische Folgerung

aus diesen Voraussetzungen. Auch der Faschist liebt unerschütterlich seinen Nächsten, aber dieser „Nächste" ist für ihn keineswegs eine vage und schattenhafte Gestalt: Die Liebe zum Nächsten verhindert nicht die aus erzieherischen Gründen notwendige und noch weniger die deutlichen und gesellschaftlichen Unterscheidungen und Distanzierungen. (3)

Q 4   Aus den zehn Geboten des italienischen Milizsoldaten

1. Der Faschist … darf nicht an einen ewigen Frieden glauben.
2. Strafen sind immer verdient …
7. Gehorsam ist der Gott der Heere; ohne ihn ist kein Soldat denkbar, wohl aber Unordnung und Niederlagen.
8. Mussolini hat immer Recht …
10. Eines muss dir über allem stehen: Das Leben des Duce. (4)

Q 5   Primo de Rivera, Führer der spanischen Falange, 1934

Die Falange, 1933 gegründete rechte Staatspartei, forderte in ihrem Programm 1934 u. a. Abschaffung der Demokratie, Erfassung aller Arbeitenden in staatlichen Zwangsgewerkschaften, Verstaatlichung der Banken und des öffentlichen Dienstes, radikale Agrarreform, vormilitärische Erziehung der Jugend, Führungsanspruch im Staat.

[Der] Grundsatz für alle unsere Handlungen … erhebt sich über die Interessen der Klassen und der Parteien, er … dokumentiert unsere Vorstellung von einer totalen Schicksalsgemeinschaft … Ist ein starker Staat nichts anderes als das Instrument im Dienste des Vaterlandes, dann fügt sich der Staat weder einer Klasse noch einer Partei, dann siegt nur ein Interesse, nämlich das der Schicksalsgemeinschaft, und nicht das … vorübergehende, partikuläre Interesse irgendeines [politischen] Siegers … Schließlich wirft man uns vor, wir hätten ja kein Programm … Das Einzige, was man braucht, ist eine umfassende Vorstellung von dem, was man will. Eine ganzheitliche Auffassung von Vaterland, vom Leben, von der Geschichte, dieses totale Gefühl sagt uns in jedem Augenblick, was wir zu tun und zu lassen haben. (5)

Q 6   Józef Piłsudski, Oberbefehlshaber der polnischen Armee, begründet in einer Rede im Sejm (Parlament) seinen Staatsstreich, 29. Mai 1926

Marschall Józef Piłsudski (1867–1935) war Mitbegründer der Polnischen Sozialistischen Arbeiterpartei (1893), 1918–1923 Oberbefehlshaber; er führte mit ihm ergebenen militärischen Verbänden und unterstützt von Sympathiestreiks der Arbeiterschaft einen Staatsstreich durch. In dem von ihm errichteten autoritären System hatte Piłsudski das Amt des Kriegsministers und des Generalinspekteurs und nur vorübergehend dasjenige des Ministerpräsidenten inne. Die Verfassung wurde nach dem Staatsstreich nicht aufgehoben; das Parlament blieb formal bestehen.

Die Hauptursache der gegenwärtigen Verhältnisse in Polen – der Not, der inneren und äußeren Schwäche – waren Schurkereien, die ungestraft blieben. Über allem herrschte in Polen das Interesse der Einzelnen und der Parteien, es bestand Straflosigkeit für alle Missbräuche und Verbrechen …

In Polen wuchs die Niedertracht der Leute. Die demokratischen Freiheiten wurden so stark missbraucht, dass man die ganze Demokratie hassen möchte. Das Interesse der Parteien überwog alles andere …

Sejm [Parlament] und Senat besitzen ein Übermaß an Privilegien; diejenigen, die zur Regierung berufen werden, sollten mehr Rechte erhalten. Das Parlament muss in Ferien gehen. Geben Sie den Regierenden die Möglichkeit, das zu verantworten, was sie durchführen. Der Präsident soll die Regierung bilden, aber ohne den Druck der Parteien. Das ist sein Recht … (6)

Q 7   Edvard Beneš: Der Aufstand der Nationen, 1928

Edvard Beneš (1884–1948) war 1918–1935 tschechoslowakischer Außenminister und 1935–1938 sowie 1945–1948 Staatspräsident. Auf der Pariser Friedenskonferenz setzte er die Errichtung eines Nationalstaates unter Einschluss aller im Lande lebenden Minderheiten durch. Wie der erste Staatspräsident Masaryk (1850–1938) war Beneš westlich orientiert und genoss hohes internationales Ansehen. Er war ein Garant für den Fortbestand und die Stabilität der parlamentarischen Demokratie in der Tschechoslowakei.

Indem der Weltkrieg im Laufe der Zeit ein grandioser Kampf um die fortschreitende Demokratisierung der Menschheit auf allen Gebieten wurde, rief er einige Grundfragen der Nachkriegswelt hervor …

Im innerpolitischen Leben äußerte sich dieser Prozess vor allem darin, dass die politischen Einrichtungen aller neuen Staaten, aller ehemals absolutistischen oder halb demokratischen Staaten demokratisiert [wurden]; die Kontrolle der Exekutivmacht wurde durch die gesetzgebenden Körperschaften verstärkt – sehr oft übertrieben und unrichtig, so dass sie heute eine Reaktion hervorbringt (man ruft nach Diktaturen) – und man macht wieder Versuche mit der Vervollkommnung des Vertretungssystems (Verhältniswahlrecht usw.) Vielfach kam es zu Übertreibungen und Übergriffen, die eine starke, leidenschaftliche und gewaltsame Reaktion verursachten (Faschismus). Es ist eine vorläufige und vorübergehende Reaktion. Die Jahrtausende alte Erfahrung der Menschheit hat kein besseres Regierungssystem zu finden vermocht als die Demokratie …

In der internationalen Politik äußerte sich die durch den Krieg beschleunigte Demokratisierung darin, dass das Prinzip der nationalen Selbstbestimmung verkündet wurde, die neuen Nationalstaaten in Europa sich bildeten und die Dezentralisation und Autonomisation der Staaten oder der zusammengesetzten Imperien (Großbritannien und Sowjetrussland) sich geltend machte …

Die nationale Idee ist ein Produkt der modernen Zeit, ein Ergebnis der Renaissance- und Reformationsphilosophie und der Humanitätsphilosophie der Französischen Revolution, die die Menschen- und Bürgerrechte verkündete. Sie wendet die Grundsätze der Demokratie nicht nur auf den Einzelmenschen, sondern auch auf die Nation als Ganzes an. Die Zeit unserer Wiedergeburt schöpfte aus der Humanitätsphilosophie der Französischen Revo-

lution ihre Theorien von der nationalen Freiheit, wie es auch andere slawische Völker taten und wie einige andere Völker aus ihr die Prinzipien ihrer nationalen Einigung schöpften … Als Kampf des westlichen Demokratismus wurde der Weltkrieg darum notwendigerweise der Höhepunkt der europäischen Entwicklung, soweit es sich um das Ringen der unterdrückten Nationen nach Selbstständigkeit handelt …

Ein echter Patriot ist mir daher derjenige, der begreift, dass die Nation und die nationale Kultur ein Ausdruck des Menschentums ist und zu sein hat … Darum gibt es keinen Gegensatz zwischen ihnen: Das nationale Gefühl und das Gefühl der Menschlichkeit ergänzen sich. Sie sind zwei Seiten ein und derselben reinen, goldenen Medaille. (7)

4.   Die internationalen Beziehungen in der Zwischenkriegszeit

T 7   Kollektive Friedenssicherung oder Bündnissysteme?

In der europäischen Nachkriegsordnung, die als Ergebnis der Pariser Friedenskonferenz entstand, sollte mit der Gründung des Völkerbunds erstmals in der Geschichte der Gedanke der kollektiven Sicherheit verwirklicht werden. Der **Völkerbund** konnte jedoch den Frieden nicht dauerhaft sichern, die Rechte der nationalen Minderheiten nicht wirkungsvoll schützen, internationale Streitigkeiten nur selten schlichten und Kriege nicht verhindern. Negativ wirkte sich aus, dass der Völkerbund von den Siegermächten nach deren Vorstellungen eingerichtet worden und nicht die weltumspannende Organisation gleichberechtigter Staaten war, die im liberalen Modell der Friedenssicherung vorgesehen war. Der Völkerbund erschien vielmehr als Instrument der Verfestigung des Status quo der Nachkriegszeit. Die Verlierer des Krieges waren zunächst ausgeschlossen; die Sowjetunion verstand den Völkerbund als imperialistisches Zwangsmittel; die USA blieben ihm fern und zogen sich aus ihrer weltpolitischen Verantwortung zurück (Isolationismus). Der **Kellogpakt** (Kriegsächtungspakt) enthielt zwar die moralische Verurteilung des Krieges, konnte aber damit nicht den Frieden erzwingen.

Da das Prinzip kollektiver Sicherheit mangels einlösbarer Sanktionen nicht zu realisieren war, trat an seine Stelle der Versuch regionale Sicherheitspakte zu vereinbaren. Diese fanden ihren Ausdruck im **Locarnopakt**, der die Anerkennung der deutsch-französischen und deutsch-belgischen Grenzen und Schiedsabkommen Deutschlands mit seinen Nachbarn beinhaltete, ohne jedoch einen stabilen Frieden zu begründen. Die Diplomatie der Konfliktlösung durch Annäherung der vier europäischen Großmächte – England, Frankreich, Deutschland und Italien – sollte nach englischer Überzeugung zum Vorbild für alle europäischen Angelegenheiten werden. Austen Chamberlain betrachtete Locarno als Erfolg seiner Politik des „appeasement and reconciliation", Locarno sollte ein „piece of appeasement" sein. Diese Politik der Friedenssicherung und Entspannung wurde ab

1927 zunehmend Belastungen ausgesetzt durch sich verschärfende Interessengegensätze der europäischen Mächte, in denen der Nationalismus stärker in den Vordergrund trat. Bereits vor der Weltwirtschaftskrise herrschte der Nationalismus in der Sicherheitspolitik und auch in der Außenhandelspolitik vor, wo die meisten Länder eine Politik des Protektionismus verfolgten. In den besiegten Staaten wuchs zudem der Wunsch nach einer Revision der Friedensverträge. Die zwischen Russland und Deutschland liegenden Klein- und Mittelstaaten fühlten sich von ihren starken Nachbarn bedroht und suchten durch den Abschluss von Bündnisverträgen ihr Sicherheitsbedürfnis zu befriedigen. Sie fanden hierin eine starke Unterstützung in Frankreich.

Frankreich betrieb auch nach dem Weltkrieg eine klassische Bündnispolitik, die auf die Sicherung des Status quo ausgerichtet war. Es errichtete mit den neuen bzw. kleineren Staaten in Mittel- und Südosteuropa, die auf sich alleine gestellt wirtschaftlich und militärisch schwach waren, einen Sperrgürtel (**Cordon sanitaire**) gegen das bolschewistische Russland und gegen eine erneute Großmachtpolitik Deutschlands. Das Bündnissystem umfasste Verträge mit Polen (1921), mit der Tschechoslowakei (1924) und mit Jugoslawien (1927) sowie einen Freundschaftsvertrag mit Rumänien (1926). Unter französischem Schutz schlossen sich Rumänien, die Tschechoslowakei und Jugoslawien gegen die revisionistische Politik Ungarns zur Kleinen Entente (1921) zusammen. Streitigkeiten der Staaten untereinander verhinderten jedoch größere regionale Zusammenschlüsse. Die 1934 geschlossene Baltische Entente (Estland, Litauen und Lettland) und der Balkanpakt (Jugoslawien, Griechenland, Rumänien und Türkei) vermochten weder die Stellung der mittel- und osteuropäischen Staaten zu stärken noch Konfliktherde zu beseitigen.

England, das seine Kriegsziele mit der Zerstörung der deutschen Seemacht und dem Ende der deutschen Kolonialpolitik erreicht hatte, rückte nach dem Ende des polnisch-russischen Krieges 1920 von der Politik eines gegen Russland gerichteten Sperrgürtels ab und schloss 1921 einen Handelsvertrag mit der Sowjetunion. Die Gefahr einer russischen Großmacht in Europa und Asien war durch die Oktoberrevolution zunächst abgewendet. Daher stand den englischen Interessen in den ersten Nachkriegsjahren nur die Gefahr einer französischen Hegemonie auf dem Kontinent entgegen. In den 20er Jahren konnte England zunächst seine Sicherheitsinteressen weitgehend realisieren. In den 30er Jahren wurde die Interessenwahrnehmung vor allem durch die deutsche Revisionspolitik gefährdet.

Deutschland war nach dem Ende des Ersten Weltkrieges zunächst aus dem Kreis der europäischen Mächte ausgeschieden, gewann aber bald durch seine Politik gegenüber der Sowjetunion und Frankreich wieder außenpolitischen Handlungsspielraum und kehrte in den Kreis der europäischen Mächte zurück (s. S. 34 ff.).

Das faschistische **Italien** unter Mussolini verfolgte anfänglich eine auf Ausgleich und Versöhnung gerichtete Außenpolitik. Es schloss einen Freundschaftsvertrag mit Jugoslawien und löste den beiderseitigen Streitfall Fiume (1924 Teilung der Region).

Aber bereits 1923 brach der alte Nationalismus wieder durch (vorübergehende Besetzung der Insel Korfu). Nach 1933 verfolgte Mussolini eine Politik der wirtschaftlichen Autarkie und versuchte das rohstoffarme Italien durch eine expansive Kolonialpolitik in Nordafrika unabhängig zu machen (1936 Annexion von Abessinien). Die Römischen Protokolle mit Österreich und Ungarn im März 1934 verstärkten den italienischen Einfluss in Südosteuropa. Im Oktober 1936 wurde die Achse Berlin–Rom begründet. Trotz einiger Differenzen (Südtirolfrage) rückten das nationalsozialistische Deutschland und Italien enger zusammen. Beide Mächte griffen gemeinsam in den spanischen Bürgerkrieg auf die Seite Francos ein.

Japan, Italien und Deutschland bedrohten mit ihrer revisionistischen Machtpolitik in den 30er Jahren das internationale Kräftefeld. Mit der Ernennung Adolf Hitlers zum Reichskanzler 1933 stellte sich die Frage, ob es weiterhin gelingen könnte, Deutschland nach dem Muster des Locarnopakts international einzubinden. Die **britische Politik des Appeasement** konnte das deutsche Großmachtstreben nicht aufhalten. Mit dem deutschen Einmarsch in Österreich und der Besetzung der Tschechoslowakei (1938) stand Europa wieder an der Schwelle zu einem neuen Krieg.

Q 8 Premierminister Neville Chamberlain begründet die britische Appeasementpolitik: Auszug aus einer Rede im Unterhaus, 21. Februar 1938

Ich kann nicht glauben, dass es bei ein wenig gutem Willen und Entschlossenheit unmöglich sein sollte, Beschwerden zu beseitigen und vielleicht gänzlich unbegründete Verdachtsmomente aus dem Wege zu räumen …

Was wir zu erreichen versuchen, ist eine allgemeine Befriedung in ganz Europa, die uns den Frieden geben wird. Der Friede Europas muss auf der Haltung der vier Großmächte Deutschland, Italien, Frankreich und Großbritannien beruhen.

Wir selbst sind mit Frankreich durch gemeinsame Ideale der Demokratie, Freiheit und parlamentarischen Regierungsform verbunden … Auf der anderen Seite finden wir Italien und Deutschland durch Verwandtschaft der Ansichten und der Regierungsform verbunden. Die Frage, die wir zu überlegen haben, ist die: Sollen wir dulden, dass diese beiden Staatengruppen fortfahren sich über die Grenzen hinweg anzustarren, die Gefühle zwischen ihnen bitterer und bitterer werden, bis schließlich die Barrieren fallen und ein Streit ausbricht, der nach Meinung vieler das Ende der Zivilisation bedeuten würde? Oder können wir sie zu einer Verständigung über die wechselseitigen Ziele und Ansichten und zu einer Aussprache, die zu einer schließlichen Regelung führt, veranlassen? Wenn wir das tun können, wenn wir diese vier Nationen zu einer freundschaftlichen Aussprache, zu einer Beilegung der Meinungsverschiedenheiten bringen können, werden wir den Frieden Europas für eine Generation gerettet haben. (8)

Q 9 Deutsche Historiker zur internationalen Politik der Zwischenkriegszeit

a) Gottfried Niedhart zum Begriff „appeasement", 1972

Mit Appeasement verbinden sich allzu viele Assoziationen und Meinungen. Appeasement ist zur Chiffre geworden für eine Politik des kurzsichtigen Zurückweichens, der Beschwichtigung und der schwächlichen Reaktion auf die Herausforderung einer expansiven Macht, eine Politik der Aufrechterhaltung des Friedens um jeden Preis unter Opferung eigener Prinzipien. Wie „München" gehört „Appeasement" zum „historischen Beweisarsenal" (Wendt), das formelhaft und losgelöst von seinem historischen Ursprung immer dann benutzt wird, wenn es gilt, eine Politik des Ausgleichs gegenüber Diktaturen zu geißeln oder vor einer solchen Politik zu warnen. Appeasement ist zum Synonym für einseitige Zugeständnisse an einen potentiellen Aggressor geworden, die den Kriegsausbruch letztlich begünstigen. (9)

b) Hagen Schulze über den totalen Nationalstaat zwischen 1914 und 1945, 1994

Starke Demokratie? So konnte es scheinen, aber die Wirklichkeit sah anders aus. Die Ausweitung der Staatstätigkeit, der immer tiefere Eingriff des Staates in Wirtschaft und Gesellschaft war auch die Antwort auf ein Problem, das sich nach dem Ersten Weltkrieg für die meisten Staaten Europas stellte: Das rasante Legitimitätsdefizit der Demokratie, deren Institutionen anscheinend nicht imstande waren die tiefen gesellschaftlichen Verwerfungen zu glätten, die der Weltkrieg verursacht hatte ...

Die meisten Nachkriegsdemokratien wurden von Extremen der Linken und der Rechten in die Zange genommen, während zugleich die sozialen und wirtschaftlichen Probleme eskalierten; und zudem trauten die Demokraten ihrer eigenen Legitimation nicht mehr und weigerten sich in den Bürgerkrieg einzutreten und die Revolution mit revolutionären Mitteln zu bekämpfen. Die Demokratien wirkten nicht nur schwach und von sich selbst wenig überzeugt, sondern auch hässlich, denn ihr Appell richtete sich an die Vernunft, kaum an die Gefühle, sie waren grau und langweilig ... Die Demokratie hatte in dieser Generation [die zu Kriegsende aus den Schützengräben kam] von vornherein verspielt, nicht, weil sie liberal, sondern weil sie uninteressant war und den seelischen Erregungen im Wege stand, nach denen der Geist der Zeit dürstete. Darin waren sich die rechten mit den linken Extremen einig, denn rechts und links unterschieden sich nicht in ihren Einstellungen zur Gegenwart, sondern in der Gestaltung von Zukunftsvisionen, und selbst die waren insofern ähnlich, als sie allesamt einen starken, mit eiserner Faust regierenden Staat voraussetzten. (10)

c) Karl Dietrich Bracher über die Chancen der Demokratie nach dem Ersten Weltkrieg, 1979

Im veränderten Staatensystem Europas bildete sich schon in den 20er Jahren jene Konfrontation heraus, die charakteristischer erscheint als die umstrittene Alternative von Revolution und Gegenrevolution: die Konfrontation von Demokratie und Antidemokratie. In ihr treten die Unterschiede zwischen den alten und den neuen Demokratien, zwischen den west- und nordeuropäischen Staaten einerseits und den mittel-, ost- und südeuropäischen Staaten andererseits, nicht zuletzt zwischen den Siegermächten und den Besiegten oder mit dem Sieg Unzufriedenen, wie Italien und Japan, hervor. Diese Gruppierungen haben in den 30er Jahren dann eine entscheidende Rolle bei der Frontbildung gespielt, in der sich außenpolitisch die Vorgeschichte des Zweiten Weltkrieges entwickelte. Denn neben der Revisionsdebatte war es die Demokratiedebatte, die politisch wie ideologisch die großen Lager innerhalb und zwischen den Staaten formiert hat.

Der äußere und innere Wirkungsbereich der modernen Demokratie ist durch den Ersten Weltkrieg geradezu ruckartig erweitert worden. Das gilt sowohl für ihre geographische Ausdehnung über Europa als auch für den Ausbau der Institutionen und Verfassungen, für die Entfaltung des Parteiwesens, die Durchsetzung politischer Gleichheit, auch im Wahlrecht für Frauen, für die Bemühungen um Sicherung bürgerlicher Freiheit und politischer Partizipation. Doch mit dieser Ausdehnung und Vertiefung der Demokratisierung Europas traten, wie nach dem Zweiten Weltkrieg bei der Übertragung demokratischer Formen in die Dritte Welt, die großen Strukturprobleme hervor, die selbst in den alten Demokratien existierten. Sie mussten umso schärfer und kritischer erscheinen, je weniger die historischen, sozialen und ideellen Voraussetzungen vorhanden waren, welche den Aufstieg und die starke Verwurzelung der modernen Demokratie in einigen wenigen Staaten ... möglich machten. Das Experiment ihrer Übernahme oder Übertragung nach Mittel-, Süd- und Osteuropa musste davon abhängen, inwieweit es möglich sein würde, in einem Nachholprozess durch günstige politische und institutionelle Vorkehrungen sowie durch soziale Reformen die meist noch schmale Basis zu erweitern und gleichsam zu popularisieren, auf der demokratisch orientierte Politiker und Parteien die Bewährung des neuen politischen Systems herbeiführen konnten. So schwierig diese Aufgabe erscheinen mochte im Elend und Chaos der Nachkriegszeit diese Pionierarbeit zu leisten, so stellte doch die offenbare Überlegenheit der Demokratien im Krieg und auch die Niederlage der radikalen Revolution außerhalb Russlands einen positiven Antrieb dar. (11)

1. Kennzeichnen Sie die grundlegenden Veränderungen in Europa zwischen den beiden Weltkriegen: in der Staatenwelt, in der Wirtschafts- und Sozialentwicklung, im Bereich der politischen Systeme und in den internationalen Beziehungen.

2. Die wissenschaftliche Diskussion betont in der Zwischenkriegszeit die Konfrontation zwischen Demokratie und Diktatur. Nehmen Sie hierzu Stellung und skizzieren Sie die Positionen, die vor allem in Q 9b und c vertreten werden.

3. Vergleichen Sie die politischen Leitlinien miteinander, die in Q 2–6 zum Ausdruck gebracht werden. Greifen Sie auch auf die Aussagen in Q 1–4, S. 6 f. zurück.

III. DEUTSCHLAND ZWISCHEN DEN BEIDEN WELTKRIEGEN

A. DIE WEIMARER REPUBLIK

1. Rätestaat oder parlamentarische Demokratie?

a. Von der Monarchie zur Republik

Arbeiter, Bürger!

Das Vaterland ist dem Untergang nahe.
Rettet es!
Es wird nicht bedroht von außen, sondern von innen:

Von der Spartakusgruppe.

Schlagt ihre Führer tot!
Tötet Liebknecht!

Dann werdet ihr Frieden, Arbeit und Brot haben!

Die Frontsoldaten

**B 1   Berlin,
Januar 1919**

Aufruf!
Diktatur des Proletariats!

Wir haben mit unseren roten Truppen den Ort besetzt und verhängen hiermit das proletarische Standrecht, das heißt, daß

jeder Bürger erschossen wird,

der sich nicht den Anordnungen der militärischen Oberleitung fügt. Im selben Augenblick, wo uns gemeldet wird, daß Sipo oder Reichswehr im Anmarsche ist, werden wir sofort

die ganze Stadt anzünden
und die Bourgeoisie abschlachten,

ohne Unterschied des Geschlechtes und Alters. Solange keine Sipo oder Reichswehr anrücken, werden wir das Leben der Bürger und ihre Häuser schonen.
Alle Waffen, Hieb- und Stichwaffen, Schießwaffen aller Art, müssen sofort an die militärische Oberleitung abgegeben werden. Bei wem durch Haussuchung noch Waffen gefunden werden, wird auf der Stelle erschossen. Alle Autos, Personen- und Lastwagen, müssen sofort zur militärischen Oberleitung gebracht werden. Geschieht dies nicht, so werden die Betreffenden erschossen.

Militärische Oberleitung

**B 2   Sachsen,
April 1920**

Wer hat im **Weltkrieg** dem deutschen Heere den Dolchstoß versetzt? Wer ist schuld daran, daß unser Volk und Vaterland so tief ins Unglück sinken mußte? Der Parteisekretär der Sozialdemokraten **Vater** sagt es nach der Revolution 1918 in Magdeburg:

"**Wir** haben unsere Leute, die an die Front gingen, zur Fahnenflucht veranlaßt. Die Fahnenflüchtigen haben wir organisiert, mit falschen Papieren ausgestattet, mit Geld und unterschriftslosen Flugblättern versehen. **Wir** haben diese Leute nach allen Himmelsrichtungen, hauptsächlich wieder an die Front geschickt, damit sie die Frontsoldaten bearbeiten und die Front zermürben sollen. Diese haben die Soldaten bestimmt, überzulaufen, und so hat sich der Verfall allmählich, aber sicher vollzogen."

Wer hat die Sozialdemokratie hierbei unterstützt? Die Demokraten und die Leute um Erzberger. Jetzt, am 7. Dezember, soll das Deutsche Volk den

zweiten Dolchstoß

erhalten. Sozialdemokraten in Gemeinschaft mit den Demokraten wollen uns

zu Sklaven der Entente machen,

wollen uns für immer zugrunde richten.

Wollt ihr das nicht,
dann

Wählt deutschnational!

B 3   DNVP, 1924

1. Erläutern Sie die Aussagen der Plakate aus der Anfangsphase der Weimarer Republik.
2. Ordnen Sie die Aussagen bestimmten politischen Richtungen zu und bestimmen Sie den jeweiligen politischen Gegner.
3. Überlegen Sie, welche Plakate sich direkt gegen den Staat wenden, und begründen Sie Ihre Meinung.

Q 1   Aus einem zeitgenössischen Bericht über den Matrosenaufstand in Kiel

Admiral Scheer befahl für den 30. Oktober 1918, „die Hochseestreitkräfte sollen zu Angriff und Schlägen gegen die englische Flotte eingesetzt werden". Die Flotte, die seit der **Seeschlacht am Skagerrak** (s. T 3a, S. 11) untätig in den Häfen gelegen hatte, sollte in den Kanal vorstoßen. Daraufhin legten am Abend des 29. Oktober die Matrosen und Heizer auf verschiedenen Schiffen die Arbeit nieder. Am 4. November brach in Kiel ein **Aufstand der Matrosen** aus.

Mit Gewalt sollten alle Zusammenkünfte der Matrosen, die ja nicht das „Versammlungsrecht" hatten, verhindert werden. Schon um 6 Uhr früh wurde am Sonnabend, dem 2. November, die 2. Kompagnie des 1. E.S.B. [Ersatzbataillons] alarmiert … Am Nachmittag erhielt jeder Mann 30 scharfe Patronen und dann wurde ausmarschiert um eine Zusammenrottung von Matrosen zu zerstreuen. Als aber unterwegs gar Laden und Sichern befohlen wurde, verweigerte die Kompagnie die Ausführung dieses Befehls … Am Abhalten von Versammlungen verhindert kamen die Matrosen auf den Gedanken zu demonstrieren …

Mit krachenden Gewehrsalven hatte man das stürmische Rechtsbegehren der Matrosen und Arbeiter zurückgewiesen. Eine maßlose Wut zitterte in Zehntausenden … Zuerst bewaffneten sich die Matrosen der Werftdivision. Nach einer kurzen Schießerei mit einer Kompagnie der Torpedodivision ging auch diese auf die Seite der Revolutionäre über. Inzwischen hatte sich im Gewerkschaftshaus spontan ein Soldatenrat gebildet …

Nach den Matrosen waren im Gewerkschaftshaus die Obmänner und Vertrauensleute der Kieler Arbeiterschaft unter Hinzuziehung beider sozialdemokratischen Parteien versammelt. Sie beschlossen in einen allgemeinen Sympathiestreik … einzutreten. [Am 5. November:] … Über der deutschen Flotte, vom Kieler Rathaus und dem Schlossturm wehte die rote Fahne der Revolution … Und in wenigen Stunden war eine unblutige Revolution vollzogen … Der Sieg war so vollständig gewesen, dass die „Schleswig-Holsteinische Volkszeitung" schon am 5. November ausrufen konnte: „Die Revolution ist auf dem Marsche" … (1)

Q 2   Aufruf des Arbeiter- und Soldatenrates in Berlin, 8. November 1918

… Wir fordern nicht Abdankung einer Person, sondern Republik! Die sozialistische Republik mit allen ihren Konsequenzen. Auf zum Kampf für Frieden, Freiheit und Brot. Heraus aus den Betrieben! Heraus aus den Kasernen! … (2)

1. Skizzieren Sie die Forderungen, die erhoben wurden.
2. Analysieren Sie die Folgen, die sich mit der Ausweitung des Aufstandes abzeichnen. S. auch Q 3 und 4.

Q 3   Die Abdankung des Kaisers, 9. November 1918

Der Kaiser und König hat sich entschlossen dem Throne zu entsagen … Er beabsichtigt, dem Regenten die Ernennung des Abgeordneten Ebert zum Reichskanzler und die Vorlage eines Gesetzesentwurfes wegen der sofortigen Ausschreibung allgemeiner Wahlen für eine verfassunggebende deutsche Nationalversammlung vorzuschlagen, der es obliegen würde, die künftige Staatsform des deutschen Volkes … endgültig festzustellen. Der Reichskanzler: Max, Prinz von Baden. (3)

Überlegen Sie, wie sich der Reichskanzler vermutlich den Gang der weiteren Entwicklung vorstellte.

Q 4   Zweimal Ausrufung der Republik, 9. November 1918

a) Philipp Scheidemann (SPD) gegen 14 Uhr vom Balkon des Reichstagsgebäudes

Arbeiter und Soldaten!
Das deutsche Volk hat auf der ganzen Linie gesiegt. Das Alte und Morsche ist zusammengebrochen, der Militarismus ist erledigt! Die Hohenzollern haben abgedankt! Es lebe die deutsche Republik! Der Abgeordnete Ebert ist zum Reichskanzler ausgerufen worden. Ebert ist damit beauftragt worden, eine neue Regierung zusammenzustellen. Dieser Regierung werden alle sozialistischen Parteien angehören. Jetzt besteht unsere Aufgabe darin, diesen glänzenden Sieg … des deutschen Volkes nicht beschmutzen zu lassen, und deshalb bitte ich Sie, sorgen Sie dafür, dass keine Störung der Sicherheit eintrete! … Ruhe, Ordnung und Sicherheit, das ist das, was wir jetzt brauchen! … (4)

b) Karl Liebknecht (Spartakusbund) gegen 16 Uhr vor dem Berliner Schloss

Parteigenossen, ich proklamiere die freie sozialistische Republik Deutschlands …, in der es keine Knechte mehr geben wird, in der jeder ehrliche Arbeiter den ehrlichen Lohn seiner Arbeit finden wird. Die Herrschaft des Kapitalismus, der Europa in ein Leichenfeld verwandelt hat, ist gebrochen.
Wir müssen alle Kräfte anspannen um die Regierung der Arbeiter und Soldaten aufzubauen und eine neue staatliche Ordnung des Proletariats zu schaffen, eine Ordnung des Friedens, des Glücks und der Freiheit unserer deutschen Brüder und unserer Brüder in der ganzen Welt. Wir reichen ihnen die Hände und rufen sie zur Vollendung der Weltrevolution auf. (5)

b.   Alte oder neue Machtträger?

Q 5   Regierungsprogramm des Rates der Volksbeauftragten, 12. November 1918

Die Vollversammlung der Berliner Arbeiter- und Soldatenräte hatte am 10. November diese neue (vorläufige) Regierung aus SPD und USPD gewählt.
An das deutsche Volk!
Die aus der Revolution hervorgegangene Regierung, deren politische Leitung rein sozialistisch ist, setzt sich die Aufgabe, das sozialistische Programm zu verwirklichen. Sie verkündet schon jetzt mit Gesetzeskraft Folgendes: … 2. Das Vereins- und Versamm-

lungsrecht unterliegt keiner Beschränkung ... 3. Eine Zensur findet nicht statt ... 4. Meinungsfreiheit in Wort und Schrift ist frei ... 6. Für alle politischen Straftaten wird Amnestie gewährt ... 9. Die bei Beginn des Krieges aufgehobenen Arbeiterschutzbestimmungen werden hiermit wieder in Kraft gesetzt ... Die Regierung wird die geordnete Produktion aufrechterhalten, das Eigentum gegen Eingriffe Privater sowie die Freiheit und Sicherheit der Person schützen. – Alle Wahlen ... sind fortan nach dem gleichen, geheimen, direkten, allgemeinen Wahlrecht aufgrund des proportionalen Wahlsystems für alle mindestens zwanzig Jahre alten männlichen und weiblichen Personen zu vollziehen. – Auch für die konstituierende Versammlung, über die nähere Bestimmung noch erfolgen wird, gilt gleiches Wahlrecht. (6)

1. Erläutern Sie den Sozialismus, den dieses Programm meint.
2. Vergleichen Sie hiermit die Proklamation Liebknechts (Q 4b).

Q 6 Das Angebot der OHL an Friedrich Ebert durch Generalquartiermeister Wilhelm Groener, 10. November 1918

Am Abend rief ich [Groener] die Reichskanzlei an und teilte Ebert mit, dass das Heer sich seiner Regierung zur Verfügung stelle, dass dafür der Feldmarschall [Hindenburg] und das Offizierskorps von der Regierung Unterstützung erwarteten bei der Aufrechterhaltung der Ordnung und Disziplin im Heer. Das Offizierskorps verlange von der Regierung die Bekämpfung des Bolschewismus und sei dafür zum Einsatz bereit. Ebert ging auf meinen Bündnisvorschlag ein. Von da an besprachen wir uns täglich abends auf einer geheimen Leitung. (7)

Q 7 Erlass der Reichsregierung, 11. November 1918

Die Staatssekretäre und die Chefs der Reichsbehörden sind von der Reichsregierung mit der vorläufigen Weiterführung der Geschäfte beauftragt worden. Das Eindringen unbefugter Personen in die Geschäftsräume der Reichsbehörden und die Übernahme amtlicher Geschäfte durch solche Personen ist nicht gestattet. (8)

Q 8 Friedrich Ebert auf der Reichskonferenz der Ministerpräsidenten der deutschen Länder in Berlin, 25. November 1918

Wir [die sechs Volksbeauftragten] mussten, nachdem wir die politische Macht in die Hand genommen hatten, dafür Sorge tragen, dass diese Maschine weiterläuft um unsere Ernährung und Wirtschaft aufrechterhalten zu können ... Dazu brauchten wir die erfahrene Mitarbeit der Fachleute. (9)

1. Prüfen Sie anhand von Q 6–8, weshalb und wem gegenüber sich Ebert rechtfertigt.
2. Vergleichen Sie den Inhalt von Q 6–8 mit den Äußerungen in Q 2–4b.

c. Vorschläge zur Neugestaltung

Q 9 Max Cohen (SPD) auf dem Reichskongress der Arbeiter- und Soldatenräte in Berlin, 16. bis 19. Dezember 1918

Es gibt nur ein einziges Organ, das [den] Volkswillen feststellen kann, das ist die allgemeine deutsche Nationalversammlung ... Es wird nicht mehr Sozialismus durchführbar sein, als die Mehrheit des Volkes will ... Die deutsche Bourgeoisie ... wird ihre Kräfte, die für die Produktion unentbehrlich sind, nur dann zur Verfügung stellen, wenn der Mehrheitswille des Volkes hinter uns steht. Wenn wir aber diesen Streik der Bourgeoisie bekommen ..., dann ist die Folge der Einmarsch der Entente ...
Wir Sozialdemokraten müssen uns ... wehren, dass unsere reine, klare, gute sozialistische Gedankenwelt durch bolschewistische Verschrobenheiten diskreditiert wird. (10)

Q 10 Ernst Däumig: Der Rätegedanke, 1920

Das Wesen des Rätegedankens beruht auf folgenden Grundsätzen:
1. Träger des Rätegedankens kann nur das Proletariat sein ...
2. Da das ... Proletariat ausgesprochen antikapitalistische Ziele verfolgt, kann es in seinen Räteorganisationen **keine kapitalistischen Vertreter** dulden.
3. Da die ... formalen demokratischen Parlamente so lange kapitalistischen Tendenzen dienstbar gemacht werden, solange die kapitalistische Produktionsform besteht, [muss] der Rätegedanke ... in ... den **Betrieben**, dann aber auch in den verschiedenen Einrichtungen des Obrigkeitsstaates ... zur Anwendung gebracht werden.
4. Da die Verwirklichung des Rätegedankens die ständige aktive Anteilnahme des Proletariats an allen wirtschaftlichen und politischen Fragen fordert, [müssen] ... die Organe der Räteorganisation ... stets der Kontrolle ihrer Wähler unterstehen und jederzeit abberufen werden können, wenn sie das Vertrauen ihrer Wähler nicht mehr haben.
5. ... Die Räteorganisation ... muss das Proletariat als Ganzes umfassen ... (11).
Weitere Merkmale des Rätegedankens sind:
Die Organisationen entstehen und **legitimieren sich „von unten nach oben"**; alle gesellschaftlich wichtigen Positionen, z. B. Beamte, werden durch **Wahl** bestellt; alle Mandatsträger haben ein **gebundenes Mandat** (vgl. Punkt 4); die Rätebewegung fordert **Ämterrotation**, d. h. kurzfristige und wechselnde Bekleidung eines Amtes; sie **verwirft** das **Gewaltenteilungsschema** des Liberalismus.
Zur Fortwirkung des Rätegedankens s. Q 11 (Art. 165) und T 14a.

d. Die Verfassung der neuen Republik

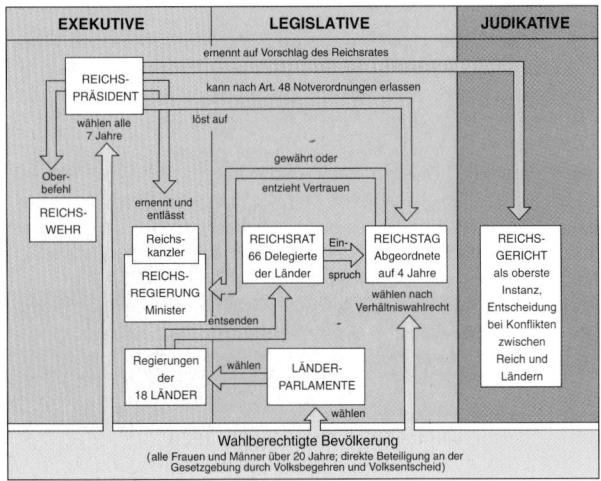

B 4   Die Weimarer Reichsverfassung

Q 11   Aus der Weimarer Reichsverfassung vom 11. August 1919 (s. auch T 15, S. 188)

Art. 25: Der **Reichspräsident** kann den Reichstag auflösen, jedoch nur einmal aus dem gleichen Anlass. (Vgl. Art. 63 und 68 GG.)

Art. 41: Der Reichspräsident wird vom ganzen deutschen Volk gewählt.

Art. 48: Der Reichspräsident kann, wenn die öffentliche Sicherheit und Ordnung erheblich gestört oder gefährdet wird, die zur Wiederherstellung ... erforderlichen Maßnahmen treffen, erforderlichenfalls mithilfe der bewaffneten Macht einschreiten. Zu diesem Zwecke darf er vorübergehend die in den Artikeln 114 (Freiheit der Person), 115 (Unverletzlichkeit der Wohnung), 117 (Postgeheimnis), 118 (freie Meinungsäußerung), 123 (Versammlungsfreiheit), 124 (Vereinsfreiheit) und 153 (Eigentum) festgesetzten Grundrechte ganz oder zum Teil außer Kraft setzen ... [Davon] hat der Reichspräsident unverzüglich dem Reichstag Kenntnis zu geben. Die Maßnahmen sind auf Verlangen des Reichstages außer Kraft zu setzen.

Art. 50: Alle Anordnungen und Verfügungen des Reichspräsidenten ... bedürfen zu ihrer Gültigkeit der Gegenzeichnung durch den Reichskanzler oder den zuständigen Reichsminister.

Art. 53: Der **Reichskanzler** und auf seinen Vorschlag die Reichsminister werden vom Reichspräsidenten ernannt und entlassen. (Vgl. Art. 63 und 67 GG.)

Art. 54: Der Reichskanzler und die Reichsminister bedürfen zu ihrer Amtsführung des Vertrauens des Reichstages. Jeder von ihnen muss zurücktreten, wenn ihm der Reichstag durch ausdrücklichen Beschluss sein Vertrauen entzieht. (Vgl. Art. 68 und 81 GG.)

Art. 56: Der Reichskanzler bestimmt die Richtlinien der Politik und trägt dafür gegenüber dem Reichstag die Verantwortung. (Vgl. Art. 65 GG.)

Art. 68: ... Die Reichsgesetze werden vom **Reichstag** beschlossen.

Art. 73: Ein vom Reichstag beschlossenes Gesetz ist vor seiner Verkündigung zum **Volksentscheid** zu bringen, wenn der Reichspräsident binnen eines Monats es bestimmt.

Ein Gesetz, dessen Verkündigung auf Antrag von mindestens einem Drittel des Reichstages ausgesetzt ist, ist dem Volksentscheid zu unterbreiten, wenn ein Zwanzigstel der Stimmberechtigten es beantragt.

Ein Volksentscheid ist ferner herbeizuführen, wenn ein Zehntel der Stimmberechtigten das Begehren nach Vorlegung eines Gesetzentwurfs stellt. (Vgl. Art. 29 GG.)

Art. 76: Die Verfassung kann im Wege der Gesetzgebung [mit Zweidrittelmehrheit im Parlament] geändert werden ..., [außerdem] auf Volksbegehren durch Volksentscheid ... mit der Mehrheit der Stimmberechtigten. (Vgl. Art. 79 GG.)

Den zweiten Hauptteil der Verfassung bilden die **„Grundrechte und Grundpflichten der Deutschen"** (Art. 109–165).

Art. 165: Die Arbeiter und Angestellten sind dazu berufen, gleichberechtigt in Gemeinschaft mit den Unternehmern an der Regelung der Lohn- und Arbeitsbedingungen ... mitzuwirken ... Die Arbeiter und Angestellten erhalten ... gesetzliche Vertretungen in den Betriebsarbeiterräten ..., Bezirksarbeiterräten und in einem Reichsarbeiterrat ...

Sozialpolitische und wirtschaftspolitische Gesetzentwürfe von grundlegender Bedeutung sollen von der Reichsregierung ... dem Reichswirtschaftsrat [bestehend aus Reichsarbeiterrat, Vertretungen der Unternehmer und sonst beteiligter Volkskreise] zur Begutachtung vorgelegt werden.

Zur Stellung der Grundrechte vgl. Art. 1 (3) GG. Zum Wahlrecht s. Q 5.

T 1   Beispiele für die Anwendung der Machtbefugnisse des Reichspräsidenten (s. T 24)

Zeitlich eng befristete Ermächtigungsgesetze waren in der Weimarer Republik zwischen 1919 und 1923 wiederholt erlassen worden, in der Mehrzahl zur Ausrufung des Ausnahmezustandes, um Putschversuche und Aufstände radikaler Gruppen abzuwehren.

a) Heinrich Brüning, 1. April 1930

Das neue Reichskabinett ist entsprechend dem mir vom Herrn Reichspräsidenten erteilten Auftrag an keine Koalition gebunden. (12) (Vgl. Art. 48, 53, 54, 68.)

Da die Regierung keine parlamentarische Mehrheit fand um ihr Programm durchzusetzen, setzte der Reichspräsident geplante Gesetze als **Notverordnung** in Kraft.

b) Hindenburg entließ am 30. Mai 1932 den Reichskanzler Brüning, obwohl kein Misstrauensantrag gegen ihn vorlag, und ernannte von Papen, der keine Aussichten auf ein parlamentarisches Vertrauen besaß. (Vgl. Art. 53, 54.)

c) Nachdem der Regierung von Papen das Misstrauen ausgesprochen worden war, verfügte der Reichspräsident die Auflösung des Parlaments (vgl. Art. 25), weil die Gefahr bestünde, dass der Reichstag die Aufhebung seiner Notverordnung vom 4. September des Jahres 1932 verlange. (13)

1. Überprüfen Sie anhand von B 4 den Grundsatz „Die Staatsgewalt geht vom Volke aus" (s. Q 11 und T 1).
2. Stellen Sie die Rechte des Reichspräsidenten, der Reichsregierung, des Reichstags und des Volkes in einer Tabelle zusammen (s. auch T 15, S. 188).
3. Überprüfen Sie nach T 1, ob die gegenseitige Kontrolle der Organe in der Praxis funktioniert hat.
4. Skizzieren Sie die Stellung der Menschenrechte in der Weimarer Verfassung im Vergleich zum Grundgesetz.

T 2   Die deutsche Revolution 1918/19
Die revolutionären Ereignisse seit der Parlamentarisierung der Reichsverfassung am 28. Oktober 1918 und dem Streik der Matrosen, der am 4. November zum offenen Aufstand führte, fanden bereits am 9. November mit der Abdankung des Kaisers und der Ausrufung der Republik einen ersten Abschluss. Verordnungen des Rates der Volksbeauftragten lenkten die revolutionäre Bewegung rasch in gesetzmäßige Bahnen, jedoch blieb zunächst die Rolle der Arbeiter- und Soldatenräte offen. Der Spartakusbund auf dem linken Flügel der USPD und die so genannten Revolutionären Obleute – Vertreter der Arbeiter in den großen Berliner Fabriken – sahen in der bisherigen Entwicklung nur das Anfangsstadium der Revolution. Die Entscheidung über die politische Zukunft Deutschlands fiel auf dem Reichskongress der Arbeiter- und Soldatenräte in Berlin vom 16. bis 19. Dezember 1918. Von den 489 Delegierten entschieden 400 bei 50 Gegenstimmen, am 19. Januar 1919 die Wahl zu einer verfassunggebenden Nationalversammlung durchzuführen. Der linke Flügel der USPD führte den Kampf jedoch weiter. Bei Auseinandersetzungen im Dezember 1918 ließ Ebert (SPD) Truppen gegen Arbeiter vorgehen. Am 24. Dezember kam es in Berlin zur Straßenschlacht. Am 27. Dezember trat die USPD aus Protest gegen Eberts Vorgehen aus dem Rat der Volksbeauftragten aus. Der Spartakusbund und Teile der USPD gründeten am 30. Dezember die Kommunistische Partei Deutschlands (KPD). Zusammen mit den Revolutionären Obleuten entfachten sie zwischen dem 6. und 12. Januar 1919 einen Aufstand in Berlin (156 Tote), der ebenso wie die Streiks und Aufstände im Frühjahr 1919 in verschiedenen Teilen Deutschlands durch die Regierungstruppen niedergeschlagen wurde. Zu diesen Regierungstruppeneinheiten zählten auch Freikorps, die von ehemaligen Offizieren aus eigener Initiative gegründet worden waren. Die Spartakusführer Karl Liebknecht und Rosa Luxemburg wurden von Freikorpssoldaten ermordet.
Am 6. Februar wählte die Nationalversammlung Friedrich Ebert zum Reichspräsidenten. Am 11. August 1919 wurde die Weimarer Verfassung (s. B 4 und S. 188) unterzeichnet.

Diskutieren Sie, ob es sich bei den Ereignissen von 1918 um eine Revolution oder um einen Wechsel des politischen (Regierungs-)Systems handelt.

2.   Parteien und antidemokratische Gruppen

a.   Die Parteien

B 5   (undatiert)

B 6   1920

Wacht auf! und wählt:
den Völkischen Block

Großdeutsche-Volksgemeinschaft (im
Völkischen-Block) Geschäftsst.

B 7   1924. Nach dem NSDAP-Verbot
1923 schlossen sich die radikalen rechten
Gruppen zum „Völkischen Block" zusammen. Ihr Wahlergebnis 1924: 2 Mio.
Stimmen, 32 Reichstagssitze.

Frei von Versailles!
Los von jüdisch-sozialistischer Frau!
für freiheit u. Vaterland!

Deine Losung
Deutschnational!

B 8   1924

KPD
LISTE
3

Schluss mit diesem System

B 9   1932. Mit der Tischrunde sind die Regierung Papen und ihre politischen Freunde gemeint.

DAS SIND DIE FEINDE DER
DEMOKRATIE!

HINWEG DAMIT!
DESHALB WÄHLT LISTE 1
SOZIALDEMOKRATEN!

B 10   1930

WÄHLT
ZENTRUM
LISTE
4

BRÜNING
DER FREIHEIT
UND ORDNUNG
LETZTES BOLLWERK
WAHRHEIT FREIHEIT RECHT

B 11   1932

B 10 und B 11   Das Reichstags-
wahlgesetz von 1924 behandelte –
nach dem reinen Verhältniswahlrecht –
das Reich als einen einzigen Wahlkör-
per. Auf je 60 000 für eine Liste abge-
gebene Stimmen musste ein Mandat
entfallen. Abgestimmt wurde nur über
die Liste, also über Parteien, nicht über
Kandidaten in den einzelnen Wahlkrei-
sen. Mit dem reinen Verhältniswahlrecht sollte sichergestellt werden, dass
jede politische Meinung gleichermaßen berücksichtigt wurde. Eine
5 %-Klausel wie heute bei der Bundestagswahl gab es nicht.

1. *Vergleichen Sie die Wahlparolen mit-
   einander und ziehen Sie daraus
   Rückschlüsse auf das Verhältnis der
   Parteien zur Weimarer Republik.*
2. *Überlegen Sie, wodurch die Parteien
   Wähler gewinnen wollen.*

B 12   Die Entwicklung der wichtigsten deutschen Parteien

Der **BHE** (Bund der Heimatvertriebenen und Entrechteten), gegr. 1950, bis etwa 1957 als Partei der Heimatvertriebenen von Bedeutung, war im Bundestag (bis 1957) und in den Landtagen vertreten.

Rechtsradikale Parteien: die **SRP** (Sozialistische Reichspartei), 1951 verboten; 1946 bis 1965 die **DRP** (Deutsche Reichspartei). Aus den Anhängern beider ging 1964 die **NPD** (Nationaldemokratische Partei) hervor, die zwischen 1966 und 1970 in einigen Landtagen vertreten war. Ab ca. 1990 wurden die „**Republikaner**" bedeutsam. Seit 1983 sind „**Die Grünen**" im Bundestag. (14)

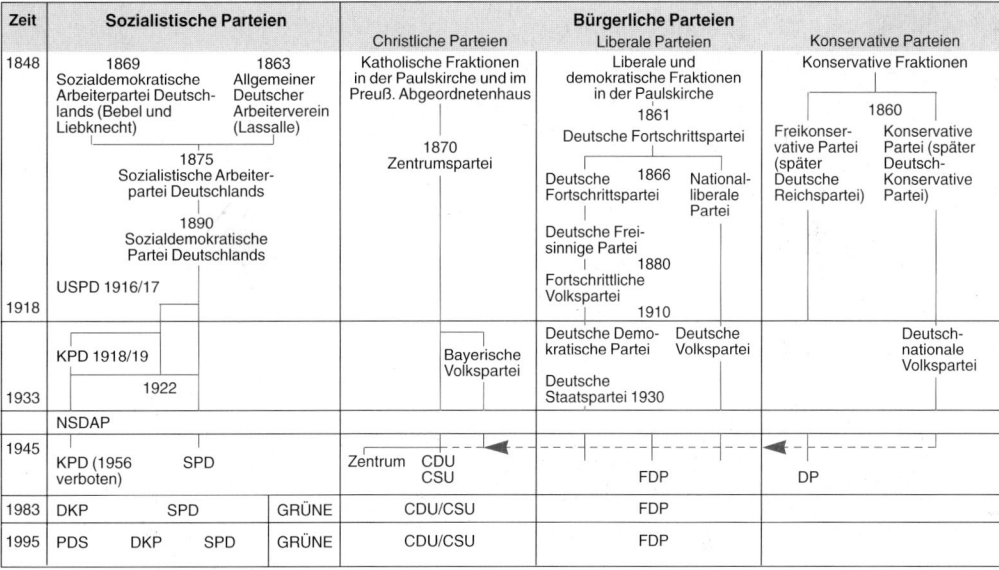

T 3   Politische und wirtschaftliche Vorstellungen der Parteien in der Weimarer Republik

Partei	Grundlagen des Staates/Innenpolitik	Außenpolitik	Wirtschaft
KPD 24.8.1930 (s. B 9)	Aufbau des Sozialismus; Zerschlagung des Machtapparates; Sowjetdemokratie; Klassenkampf; Sturz der Macht der Kapitalisten und des Großgrundbesitzes; brüderliches Bündnis mit den Proletariern aller Länder	Annullierung aller internationalen Schulden und Reparationsleistungen; politisches und wirtschaftliches Bündnis mit der Sowjetunion; Selbstbestimmungsrecht aller Nationen	Enteignung der Industriebetriebe, des großen Haus- und des Großgrundbesitzes; Übergabe ihres Bodens an landarme Bauern, Abschaffung der Unternehmerprofite
SPD 18.9.1925 (s. B 10)	Einheitsrepublik mit dezentralisierter Selbstverwaltung; Abwehr monarchistischer und militärischer Bestrebungen; Demokratisierung der Verwaltung; Schutz des Koalitions- und Streikrechts; weltliche Schulen	gegen Imperialismus; Verwirklichung des Sozialismus; friedliche Lösung internat. Konflikte; Selbstbestimmungsrecht; internat. Abrüstung; europäische Wirtschaftseinheit	wirtschaftliches Rätesystem; Kontrolle des Reichs über Kartelle; Förderung der Genossenschaften; Verstaatlichung von Grund und Boden
Zentrum 16.1.1922 (s. B 11)	Einigung starker Parteienkoalition auf festes Arbeitsprogramm; gegen gewaltsamen Umsturz; Vereinheitlichung der Verwaltung; Selbstverwaltung; Unparteilichkeit der Justiz; Bekenntnisschule	Gleichberechtigung Deutschlands; internat. Prüfung der Kriegsschuldfrage; Befreiung der besetzten Gebiete mit rechtmäßigen Mitteln	Gewährleistung des Rechts der Privatunternehmen und Genossenschaften; Verstaatlichung gegen Entschädigung; Schutz des Mittelstandes; Aufsicht über Kartelle
DDP 13.–15.12.1919 (s. B 6)	Bekenntnis zur Weimarer Verfassung; Erziehung des Volkes zur staatsbürgerlichen Gesinnung; Volksstaat; gleiches Recht für alle in Gesetzgebung und Verwaltung; kommunale Selbstverwaltung	Revision der Friedensverträge; Selbstbestimmungsrecht; Gleichberechtigung Deutschlands; gegen Absplitterung deutscher Volksteile	gegen Vergesellschaftung der Produktionsmittel; Privatwirtschaft; gegen Monopole; Aufteilung des Großgrundbesitzes; Schutz von Handwerk und Kleinhandel
DVP 19.10.1919 (s. B 5)	gesetzmäßig aufgerichtetes Kaisertum als geeignetste Staatsform; verantwortliche Mitarbeit der Volksvertretung; Verwaltungsreform; Selbstverwaltung; Stärkung der Familie; gegen Überflutung durch Fremdstämmige; nationale Einheitsschule; Koalitionsfreiheit	Völkerversöhnung erstrebenswert, jedoch unmöglich, solange die Ehre des Volkes von Feinden zertreten; Vereinigung aller Deutschen einschließlich Österreichs; gegen aufgezwungenen Frieden	Privateigentum; vorzugsweise stattdessen Beteiligung des Staates an freien Betrieben; Genossenschaftswesen; Förderung der Landwirtschaft und des Mittelstandes
DNVP 1920 (s. B 3 und 8)	Monarchie sichert Einheit des Volkes; starkes Preußen; Mitwirkung der Volksvertretung bei der Gesetzgebung; starke Exekutive; für Berufsbeamtentum (Justiz), kommunale Selbstverwaltung, starkes deutsches Volkstum; gegen undeutschen Geist (Antisemitismus)	Befreiung von fremder Zwangsherrschaft; starke Außenpolitik; feste Vertretung der deutschen Interessen; Volksgemeinschaft mit allen Deutschen im Ausland; Selbstbestimmungsrecht	Privateigentum; gegen Kommunismus; berufliche und genossenschaftliche Zusammenschlüsse; Förderung der Landwirtschaft und des Mittelstandes; Sozialisierung nur mit erhöhter Vorsicht
NSDAP 24.2.1920 (s. B 7)	als Staatsbürger gelten nur Volksgenossen deutschen Blutes, keine Juden; gegen korrumpierende Parlamentswirtschaft; starke Zentralgewalt; unbedingte Autorität des Zentralparlaments über das gesamte Reich und seine Organisation	Zusammenschluss aller Deutschen auf der Grundlage des Selbstbestimmungsrechts; Aufhebung der Friedensverträge; Kolonien zur Ernährung und Ansiedlung des Volkes; gegen Einwanderung Nichtdeutscher	Verstaatlichung aller bereits vergesellschafteten Betriebe; Gewinnbeteiligung an Großbetrieben; gesunder Mittelstand; Bodenreform; Kommunalisierung der Großwarenhäuser

T 4   Die Reichsregierungen 1919–1933 und ihre Zusammensetzung

Beginn	Koalition	Reichskanzler	Zahl der von den Parteien gestellten Minister									
			USPD/KPD	SPD	DDP	Zentrum	DVP	BVP	DNVP	NSDAP	X[1]	parteilos
10. 11. 1918	SPD–USPD	(Rat der Volksbeauftragten)	3	3	0	0	0	0	0	0	0	0
29. 12. 1918	SPD	(Rat der Volksbeauftragten)	0	5	0	0	0	0	0	0	0	0
13. 2. 1919	SPD–Z–DDP	Scheidemann (SPD)	0	6	4	4	0	0	0	0	0	1
21. 6. 1919	SPD–Z–(DDP)	Bauer (SPD)	0	7 (6)	2 (3)	6	0	0	0	0	0	0
27. 3. 1920	SP–Z–DDP	Müller (SPD)	0	5 (6)	3	4 (3)	0	0	0	0	0	0
21. 6. 1920	Z–DDP–DVP	Fehrenbach (Z)	0	0	2	4	3	0	0	0	0	2
10. 5. 1921	SPD–Z–DDP	Wirth (Z)	0	3	3	4	0	0	0	0	0	2
26. 10. 1921	SPD–Z–DDP	Wirth (Z)	0	4	2	4	0	0	0	0	0	1
22. 11. 1922	Z–DDP–DVP	Cuno (parteilos)	0	0	2	2	2	1	0	0	0	4
13. 8. 1923	SPD–Z–DDP–DVP	Stresemann (DVP)	0	4	2	3	2	0	0	0	0	1
6. 10. 1923	SPD–Z–DDP–DVP	Stresemann (DVP)	0	3	2	3	1	0	0	0	0	3
30. 11. 1923	Z–DDP–DVP–BVP	Marx (Z)	0	0	3	3	1	1	0	0	0	3 (4)
3. 6. 1924	Z–DDP–DVP	Marx (Z)	0	0	3 (2)	3	1	(1)	0	0	0	4
15. 1. 1925	Z–DDP–DVP–DNVP	Luther (parteilos)	0	0	1 (2)	3 (2)	2 (3)	1	(3)	0	0	1 (3)
20. 1. 1926	Z–DDP–DVP–BVP	Luther (parteilos)	0	0	3	4	3	1	0	0	0	0
17. 5. 1926	Z–DDP–DVP	Marx (Z)	0	0	3	4	3	1	0	0	0	0
29. 1. 1927	Z–DVP–BVP–DNVP	Marx (Z)	0	0	(1)	3	2	1	4	0	0	(1)
29. 6. 1928	SPD–Z–DDP–DVP–BVP	H. Müller (SPD)	0	3	2 (1)	2 (3)	2 (3)	2 (1)	0	0	0	0
30. 3. 1930	Präsidialkabinett	Brüning (Z)	0	0	1 (2)	3 (4)	2 (1)	1	1	0	3 (2)	1 (3)
9. 10. 1931	Präsidialkabinett	Brüning (Z)	0	0	1	2	0	1	0	0	3	4
1. 6. 1932	Präsidialkabinett	von Papen (parteilos, vorher Z)	0	0	0	0	0	0	4	0	0	9
3. 12. 1932	Präsidialkabinett	von Schleicher (parteilos)	0	0	0	0	0	0	2	0	2	9
30. 1. 1933	DNVP–NSDAP	Hitler (NSDAP)	0	0	0	0	0	0	4	3	1	5

1 X = Splitterparteien.   Zahlen in Klammern beziehen sich auf Regierungsumbildungen innerhalb der Amtsdauer.

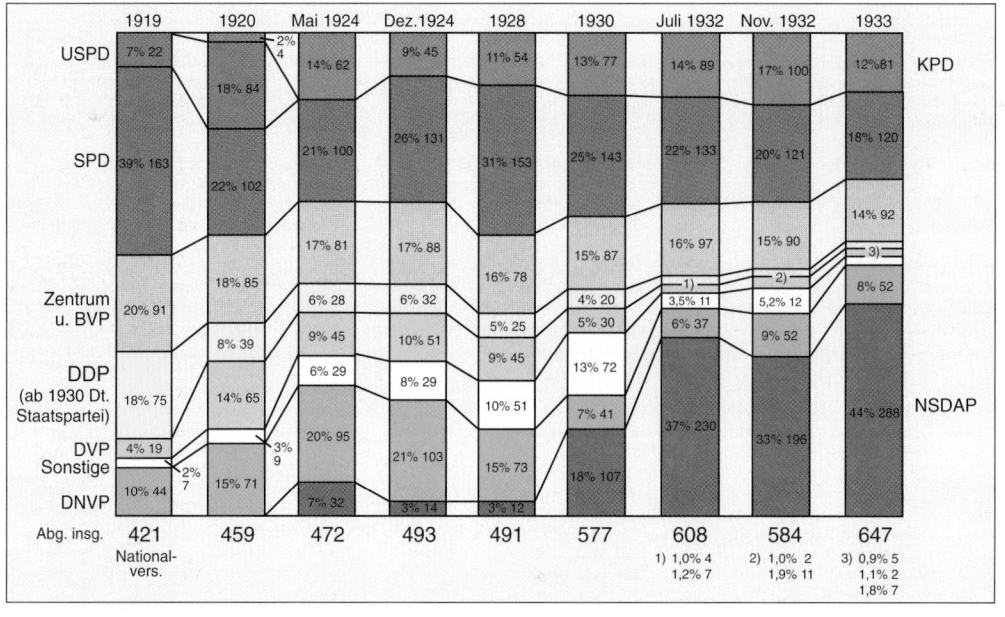

B 13 Ergebnisse der Reichstagswahlen 1919–1933 (zum Wahlrecht s. B 10, 11)

Untersuchen Sie anhand der Wahlergebnisse die Chancen möglicher Koalitionen unter den Gesichtspunkten demokratisch, totalitär, faschistisch und stellen Sie fest, welche dieser Gruppierungen über eine Mehrheit in der Endphase der Weimarer Republik hätte verfügen können.

b. Offene oder heimliche Gegner der Demokratie?

– Die Reichswehr

T 5 Das Offizierskorps (Angaben in Prozent)

Stand des Vaters	1913	1926	
aktive und inaktive Offiziere	23,7	44,3	
höhere Beamte, Anwälte, Ärzte, Professoren, Geistliche	39,1	41,5	
Gutsbesitzer	9,1	4,7	
Gutspächter	2,4	1,0	
Kaufleute, Fabrikbesitzer	15,6	6,1	
kleine Beamte, Unteroffiziere	4,2	1,4	
Sonstige	6,0	1,0	(15)

Q 12 Die Reichswehr als politische Kraft?

a) Erlass des Chefs der Heeresleitung General von Seeckt, 18. April 1920
Mit allen Kräften soll die politische Betätigung jeder Art von dem Heere fern gehalten werden. Politische Kämpfe innerhalb der Reichswehr vertragen sich weder mit dem Geist der Kameradschaft noch mit der Disziplin. (16)
Während des Kapp-Putsches in Berlin 1920 (T 9) vertrat die Reichswehrführung die Auffassung: „Reichswehr schießt nicht auf Reichswehr."

b) Der SPD-Reichstagsabgeordnete Julius Leber (1944 hingerichtet) über die Reichswehr, 19. März 1931
Die Reichswehr ist auf dem gewaltigen Irrtum des Herrn von Seeckt aufgebaut, der glaubte, die Disziplin genüge und die Unterordnung unter den Willen des Führers sei schon Unterpfand genug für das Funktionieren einer Armee ... Es genügt nicht, dass man dem Soldaten befehle; der Soldat muss für seine Aufgabe auch einen ideellen Inhalt haben ... Unbedingt gilt in unserer Zeit der Grundsatz, dass Staatsvolk und Staatsmacht in ihren Ideen und Zielen eine Einheit bilden. (17)

1. Definieren Sie das Selbstverständnis der Reichswehr im neuen Staat. S. dazu auch Q 6, T 9 und Q 42.
2. Fassen Sie zusammen, wie die Reichswehr von Außenstehenden beurteilt wird.

– Die Justiz

Q 13 Wilhelm Hoegner (1930–1933 Reichstagsabgeordneter der SPD): Die politische Justiz, 1934
Die hohe Staatsbürokratie, insbesondere auch die Justizbürokratie ... war im Grunde ein Fremdkörper im demokratischen Staat. Ihre Vertreter hingen zum größten Teil den Idealen an, die mit dem

Zusammenbruch der kaiserlichen Macht ... außer Geltung gekommen schienen: wirtschaftliche und politische Vorherrschaft der besitzenden Klassen, Obrigkeitsstaat und militärischer Machtstaat ...
Ein großer Teil der höheren Justizbeamten hatte dem Offizierskorps angehört. In ihnen wirkte die Erinnerung nach, dass die Zugehörigkeit zur Sozialdemokratie oder die Billigung ihrer Forderungen ehemals den Ausschluss aus dem Offizierskorps und den Standesvereinen nach sich gezogen hatte ... Der Nachwuchs, der von den Universitäten kam, gehörte überwiegend der völkischen Richtung an. (18)

T 6 Politische Morde 1919–1922

	Politische Morde, begangen von	
	Linksstehenden	Rechtsstehenden
Gesamtzahl der Morde	22	354
davon ungesühnt	4	326
Verurteilungen	38	24
geständige Täter freigesprochen	–	23
Dauer der Inhaftierung je Mord	15 Jahre	4 Monate
Hinrichtungen	10	–

Von im Zusammenhang mit dem Kapp-Putsch begangenen Verbrechen wurden 705 amtlich bekannt. Davon fielen 412 unter Amnestie, 176 Verfahren wurden eingestellt, eine Strafe wurde vollzogen. (19)

Q 14 Antidemokratisches Denken

a) Bund der Frontsoldaten
Der Nationalismus kennt keine Trennung der Menschen nach Klassen und keine Internationale gleicher Menschen ... [Er] sieht die treibende Kraft alles Geschehens in einem gesunden Volk ... [Er] allein hat die Kraft, die soziale Frage, die Krise des Kapitalismus und die Seuche der Demokratie im Rahmen des eigenen Volkes und auf dem Boden des eigenen Reiches zu lösen. (20)

b) Ernst Müller-Meiningen, ehemaliger bayerischer Justizminister, 1931
Interessenhaufen, nicht Staatsbürger ... Freies, denkendes Führertum ist erdrückt, machtlos. „Staat" nennt sich heute etwas, was ... nichts anderes ist als die jeweiligen gerade an der Macht sitzenden Parteien und ihre Führer ... Ekel vor dem ganzen politischen Treiben ... hat die weitesten Kreise erfasst ... [Die] politische Vernunft – verdrängt durch bloße, gemeine Parteitaktik und politisches Literatentum – war zu Grabe getragen. (21)

1. Erläutern Sie die Beziehung der Justiz zum Staat und kennzeichnen Sie, wodurch ihre Einstellung bestimmt wird.
2. Charakterisieren Sie die politischen Auffassungen, die sich hinter der Sammelbezeichnung „antidemokratisches Denken" in Q 14a und b verbergen. S. dazu auch Q 41 und 46.

3. Die erste Krise der Republik: 1923

a. Inflation

Zur europäischen Wirtschaftsentwicklung s. T 4, S. 17.

T 7 Die Mark, 1919–1923

Wert der Mark, gemessen an einer Goldmark im Jahr 1914

Dezember 1919	10
31. Oktober 1922	1 000
20. Juli 1923	100 000
16. August 1923	1 Million
2. Oktober 1923	100 Millionen
15. Oktober 1923	1 Milliarde
19. Oktober 1923	10 Milliarden
15. November 1923	1 Billion
	(1 000 000 000 000)
16. November 1923: Einführung der Rentenmark	1 RM = 1 Billion

Q 15 Augenzeugenbericht

Die Mark rutschte, fiel, überstürzte sich, verlor sich im Bodenlosen. Städte, Fabriken, Handelsunternehmungen druckten Assignaten [Papiergeld] nach eigenem Belieben, ließen Milliardenflocken auf die Straße schneien. Keiner wollte die bunten Zettel wirklich haben. Wer wusste denn, ob sie gedeckt waren? Die Inflation machte aus dem Geld einen Unsinn. Wer etwas davon in die Tasche bekam, stopfte es am Vormittag in irgendeine Geschäftskasse, um etwas zu erstehen, das er nicht brauchte; der Kaufmann stürzte mit dem Papier in ein anderes Geschäft, nur fort damit, es war, als ob die Geldzettel giftig oder feurig wären; ein Mann kaufte 20 Badewannen. Das Wort „Sachwerte" wurde Trumpf. (22)

Q 16 Auswirkungen der Inflation

a) Der Historiker Arthur Rosenberg, 1935

Die ... Nutznießer der Inflation, die Finanzspekulanten, Großindustriellen und Großgrundbesitzer, hatten goldene Zeiten. Da die deutschen Unternehmen mit lächerlich geringen Unkosten produzieren konnten, waren auf dem Weltmarkt die deutschen Preise niedriger als die Angebote jeder Konkurrenz. Darum wurde in Deutschland im Jahre 1923 ziemlich viel produziert und die Waren gingen als Schleuderexport ins Ausland. Die Opfer der Inflation waren die deutschen Mittelschichten, die Lohn- und Gehaltsempfänger. Die deutschen Sparer verloren nun das Letzte ... Die deutsche Arbeiterschaft ... litt in anderer Art genauso schwer wie der Mittelstand. Zwar war die Zahl der Arbeitslosen in Deutschland 1923 verhältnismäßig gering. Jedoch schrumpfte vom April bis Oktober der Reallohn immer mehr zusammen ... Die Folge war eine ungeheuerliche Notlage der breiten Volksmassen. (23)

b) Gustav Stresemann bei der Verleihung des Friedensnobelpreises, 1927

Dieser schwerste Verlust bestand meiner Auffassung nach darin, dass jene geistige und gewerbliche Mittelschicht, die traditionsgemäß Trägerin des Staatsgedankens war, ihre völlige Hingabe an den Staat im Kriege mit der völligen Aufgabe ihres Vermögens bezahlte und proletarisiert wurde. (24)

1. Fassen Sie die Faktoren zusammen, welche die inflationäre Entwicklung in Deutschland beschleunigen (s. auch T 9d), und erläutern Sie ihre tieferen Ursachen.
2. Erläutern Sie die Auswirkungen der Inflation auf die sozialen und politischen Verhältnisse (s. T 9).

b. Ruhrkampf

Q 17 Aufruf der Reichsregierung, 26. September 1923

Am 11. Januar haben französische und belgische Truppen wider Recht und Vertrag das deutsche Ruhrgebiet besetzt. Seit dieser Zeit hatten Ruhrgebiet und Rheinland schwerste Bedrückungen zu erleiden ... Die Reichsregierung hatte es übernommen, nach ihren Kräften für die leidenden Volksgenossen zu sorgen. In immer steigendem Maße sind die Mittel des Reiches dadurch in Anspruch genommen worden ... Die einstige Produktion des Rheinlandes und des Ruhrgebiets hat aufgehört. Das Wirtschaftsleben im besetzten und unbesetzten Deutschland ist zerrüttet ... Mit furchtbarem Ernst droht die Gefahr, dass ... die Schaffung einer geordneten Währung, die Aufrechterhaltung des Wirtschaftslebens und damit die Sicherung der nackten Existenz für unser Volk unmöglich wird. (25)

T 8 Die Ruhrbesetzung aus französischer Sicht

Der **deutsche Historiker Karl Dietrich Erdmann** nennt folgende Beweggründe für die französische Ruhrbesetzung:
1. Mit der Ablehnung des Versailler Vertrags durch die USA wurden die zwischen Frankreich–USA und Frankreich–England geschlossenen Sicherheitspakte gegen Deutschland hinfällig.
2. Das französische Sicherheitsbedürfnis war daher nicht befriedigt; denn Frankreich hatte auch die strategisch günstige Rheingrenze nicht erhalten und Russland war als militärischer Partner ausgefallen.
3. Deutschland war nicht zerstückelt worden, das Ruhrgebiet blieb in deutscher Hand.
4. Deutschland blieb deshalb an industrieller Kraft, aber auch an Einwohnerzahl (60 Mio. : 39 Mio.) Frankreich überlegen.
5. Die Rheinlandbesetzung war zeitlich befristet, obgleich französische Schwerindustrielle die Vereinigung des ostfranzösischen Industriegebiets mit dem Ruhrgebiet betrieben.

1. Vergleichen Sie die Tatsachen und Überlegungen, die aus deutscher bzw. aus französischer Sicht zum Ruhrkampf geführt haben.
2. Stellen Sie einen Zusammenhang zwischen Weltkrieg, Ruhrkampf und Inflation her.

c. Auflösung des Deutschen Reiches?

Proklamation!

Der Tag der rheinischen Freiheit ist angebrochen!

Die Rheinische Republik ist proklamiert.

Im Auftrage der vorläufigen Regierung haben wir die öffentliche Gewalt übernommen. Wir werden für Recht und Ordnung sorgen

Gehe jeder an seine Arbeit!

Die Lebensmittelversorgung ist reichlich sichergestellt!

Rhein. Währung folgt in Bälde!

Verordnungen der vorläufigen Regierung folgen.

B 14 Mainz, 22. Okt. 1923

Proklamation an das deutsche Volk!

Die Regierung der Novemberverbrecher in Berlin ist heute für abgesetzt erklärt worden.

Eine **provisorische deutsche Nationalregierung** ist gebildet worden, diese besteht aus **Gen. Ludendorff Ad. Hitler, Gen. v. Lossow Obst. v. Seisser**

B 14 Mainz, 22. Oktober 1923

B 15 München, 9. November 1923

Q 18   Hitler nach dem Putschversuch vom 9. November 1923 und nach seiner Festungshaft (s. T 9c)
Wenn ich meine Tätigkeit wieder aufnehme, werde ich eine neue Politik befolgen müssen. Statt die Macht mit Waffengewalt zu erobern, werden wir zum Verdruss der katholischen und marxistischen Abgeordneten unsere Nasen in den Reichstag stecken. Zwar mag es länger dauern, sie zu überstimmen als sie zu erschießen, am Ende aber wird uns ihre eigene Verfassung den Erfolg zuschieben. Jeder legale Vorgang ist langsam …, doch werden wir früher oder später die Mehrheit haben – und damit Deutschland. (26)

Ziehen Sie hierzu Q 47 heran.
1. *Schildern Sie den Eindruck, den die Proklamationen B 14 und 15 von der Situation in Deutschland im Herbst 1923 erwecken.*
2. *Identifizieren Sie die politischen Gruppen, die hinter der Proklamation vom 8. November 1923 stehen (vgl. auch B 1–3 und T 3).*

T 9   Die innenpolitische Entwicklung (1920–1924) und die Frage der Reparationen

a) In den Reichstagswahlen 1920 verloren die staatstragenden Parteien SPD, Zentrum und DDP die absolute Mehrheit (B 13). Der **Kapp-Putsch:** Im Frühjahr 1920 sollten die **Freikorps** (militärische Freiwilligenverbände) aufgelöst werden. Die **Marine-Brigade Ehrhardt** widersetzte sich und marschierte am 13. März in **Berlin** ein. Der deutschnationale **Wolfgang Kapp** aus Ostpreußen ernannte sich selbst zum **Reichskanzler**. Die Gewerkschaften aber riefen den **Generalstreik** aus, der auch von der Berliner Beamtenschaft befolgt wurde, und der Putsch brach am 17. März zusammen.
Im **Ruhrgebiet** sorgte ein von Kommunisten stark beeinflusster

Arbeiteraufstand für Unruhe. Eine **Rote Armee** wurde gebildet; sie wurde aber von Reichswehreinheiten blutig zerschlagen. Zur gleichen Zeit rief in **Thüringen** und **Sachsen** der Kommunist **Max Hoelz** die **Räterepublik** aus. Auch hier schritt die Reichswehr, unterstützt von Freikorps, ein. **Rechtsradikale Terrororganisationen** ermordeten 1921 den Finanzminister **Matthias Erzberger** (Zentrum; er hatte den Waffenstillstand unterschrieben) und 1922 den (jüdischen) Außenminister **Walther Rathenau** (DDP).

b) Der **Ruhrkampf** (s. Q 17): Am 11. Januar 1923 marschierten französische und belgische Truppen unter dem Vorwand eines geringfügigen Rückstandes der Reparationslieferungen ins Ruhrgebiet ein. Der rechtsrepublikanische französische Ministerpräsident Poincaré suchte sich damit gegenüber dem zahlungsunwilligen deutschen Schuldner „produktive Pfänder" zu verschaffen (s. T 8). Die Reichsregierung rief zum **passiven Widerstand** auf. 140 000 Deutsche wurden ausgewiesen. Das Wirtschaftsleben an der Ruhr erlahmte völlig, die Währung des Reiches wurde erschüttert, da die Industrie und die zwei Mio. Arbeitslosen im Ruhrgebiet unterstützt werden mussten. Am 26. September musste die Reichsregierung den Ruhrkampf abbrechen.

c) Der **Hitler-Putsch:** In Bayern war es unter rechtsradikalen Regierungen zu Auseinandersetzungen mit der Reichsregierung gekommen, in die auch die bayerischen Reichswehreinheiten verwickelt wurden. Hitler, der seit 1921 Führer der **Nationalsozialistischen Arbeiterpartei** war, versuchte die Lage zu nutzen und von München aus die Macht zu ergreifen. Am Abend des 8. November 1923 rief er in München die **nationale Revolution** aus und erklärte die Reichsregierung für abgesetzt (B 15). Als die Reichswehr einzugreifen drohte, versuchte er die Bevölkerung zu mobilisieren. Sein Putschversuch brach aber am 9. November auf dem Marsch zur Feldherrnhalle im Feuer der Polizei zusammen. Während die Reichswehr die Entwicklung in Bayern abwartend beobachtete, griff sie gegen **Volksfrontregierungen** und **halbmilitärische Arbeiterverbände** in **Thüringen** und **Sachsen** hart durch (s. auch Q 12).

d) Mit dem Ruhrkampf trieb die **Inflation** ihrem Höhepunkt zu (s. T 7). Durch die hohen Kriegskosten war der **Staatshaushalt** völlig verschuldet; bei Kriegsende war der Wert der Mark gegenüber 1914 um die Hälfte gesunken. Die Umstellung auf die Friedenswirtschaft musste über Kredite finanziert werden. Die Regierung brachte immer mehr Papiergeld in Umlauf und vermehrte die Kredite. So stiegen die Reichsschulden noch mehr an. Auch die hohen Reparationsforderungen beschleunigten die Geldentwertung. Durch den Ruhrkampf sanken die Einnahmen des Reiches; die Industrieproduktion ging zurück. Im Juli konnte nur noch etwa 4 % der Ausgaben gedeckt werden. (Ein US-Dollar kostete im Januar 1920 42 Mark, im Oktober 1923 25 Mrd. Mark). Am 16. November 1923 wurde die Inflation durch die Einführung der **Rentenmark** beendet. Eine Grundschuld der Landwirtschaft und der Industrie musste die neue Währung decken.

Durch die Inflation hatten große Teile der **bürgerlichen Mittelschichten** ihre Geldanlagen eingebüßt. Gewinner der Inflation war die Industrie, da die Investitionen während der Inflation leicht zu tilgen waren und die realen Arbeitslöhne unter dem Stand von 1913 blieben.

e) Die **Reparationen**: Auf der **Konferenz von Boulogne** im Juni 1920 wurden die Reparationen zunächst auf 269 Mrd. Goldmark festgelegt, im Mai 1921 auf 132 Mrd., zahlbar in 37 Jahren (sog. Londoner Ultimatum). Die Londoner Regelung war mit der Drohung verbunden das Ruhrgebiet zu besetzen. Nach dem sog. **Dawesplan** (April 1924) sollte „Deutschland bis an die äußerste Grenze seiner Leistungsfähigkeit" gehen. An Reparationsquellen waren vorgesehen: Verpfändung von Reichseinnahmen aus Zöllen und indirekten Steuern, eine Schuldverschreibung von 16 Mrd. Goldmark auf die deutsche Industrie. Bis 1928/29 sollte das Reich in ansteigenden Raten von 1 bis 2,5 Mrd. Goldmark jährlich seine Schulden tilgen. Die endgültige Höhe und die Dauer der Kriegsentschädigungen wurden nicht festgelegt; dagegen erhielt die deutsche Wirtschaft nun ausländische Kredite, die einen deutlichen Wirtschaftsaufschwung einleiteten. Das besetzte Ruhrgebiet wurde geräumt. Erst im **Youngplan** von 1929 wurden die Reparationsforderungen endgültig geregelt: Deutschland sollte in 59 Jahresraten – bis 1988 – jeweils 0,7–2,1 Mrd. Goldmark bezahlen; dafür würden 1930 die seit 1919 besetzten Gebiete im Rheinland vorzeitig geräumt. Gegen diesen Plan setzten die Rechtsparteien unter der Führung von DNVP, „Stahlhelm" und NSDAP einen Volksentscheid durch, scheiterten aber bei der Abstimmung.
Im August 1931 setzte das Reich wegen der Weltwirtschaftskrise die Zahlungen aus. Im Juli 1932 wurden die Reparationen auf eine endgültige Schlusszahlung von 3 Mrd. begrenzt; 1934 stellte Deutschland die Überweisungen wegen Zahlungsschwierigkeiten – für immer – ein.

kann um ihm die Annahme des Dawesabkommens [s. T 9] zu empfehlen, ohne dass über den Hauptpunkt, der die Gemüter in Deutschland … bewegt, die Ruhrfrage und ihre [Bereinigung], etwas von mir gesagt wird.
Stresemann … schilderte …, wie ihm die Rechtsopposition … Schwierigkeiten bereitet habe. Deshalb müsse hier in London mit der Reparationsvereinbarung auch die Aufhebung der Besetzung des Ruhrgebiets beschlossen werden …
Herriot: Ich habe überhaupt nur an der Londoner Konferenz teilnehmen können, … weil ich in der Kammer und im Senat versprach, dass hier in London von der Ruhr nicht gesprochen würde … Die unausbleibliche Folge wäre der Sturz meiner Regierung. Und damit wäre der Sache … der Verständigung zwischen Frankreich und Deutschland ein schlechter Dienst geleistet, denn mein Nachfolger wäre … ein Politiker der Rechten.
Stresemann: … Das beste Mittel, den nationalistischen Bestrebungen in Deutschland entgegenzuarbeiten, besteht für Frankreich darin, Deutschland gegenüber eine vernünftige Politik zu verfolgen …
Schließlich geriet das Gespräch vollends ins Stocken, minutenlang saßen sich die beiden Männer schweigend gegenüber … Sie … hatten dabei erkennen müssen, wie fast hoffnungslos groß die Schwierigkeiten waren … [Schließlich sagte]
Herriot: Auf jeden Fall verspreche ich Ihnen …, dass ich alles … tun werde Ihren … Wunsch nach irgendeiner Abmachung über die Ruhrräumung zu erfüllen … (27)
Einige Tage später brachte Herriot von Paris die Zusicherung mit, dass die Ruhr in einem Jahr geräumt werde. Als Stresemann dennoch erklärte, dass Regierung und Parteien dieser späten Räumungsfrist nicht zustimmen könnten, sicherte Herriot die sofortige Räumung des Dortmunder Bezirks nach der Unterzeichnung des Vertrages zu. Das Abkommen wurde daraufhin von der deutschen Regierungsmehrheit angenommen.

4. Verständigung mit den europäischen Mächten?

Q 19 Wie frei waren die Staatsmänner?
Auf der **Londoner Konferenz im Juli/August 1924** trafen der deutsche Außenminister Gustav **Stresemann** und sein französischer Kollege Eduard **Herriot** (kleinbürgerlich-demokratische Reformpartei der Radikalsozialisten) zu persönlichen Gesprächen zusammen, die Paul Schmidt, der Chefdolmetscher im deutschen Auswärtigen Amt, festgehalten hat.
Die erste persönliche Begegnung … zwischen dem deutschen und dem französischen Außenminister … [musste] vor der Öffentlichkeit geheim gehalten werden. Es wurde uns gesagt, dass Herriot der öffentlichen Meinung seines Landes gegenüber [diese] persönliche Aussprache … nicht vertreten könne …
Stresemann: Gerade Sie als alterfahrener Parlamentarier … werden verstehen …, dass ich unmöglich vor den Reichstag hintreten

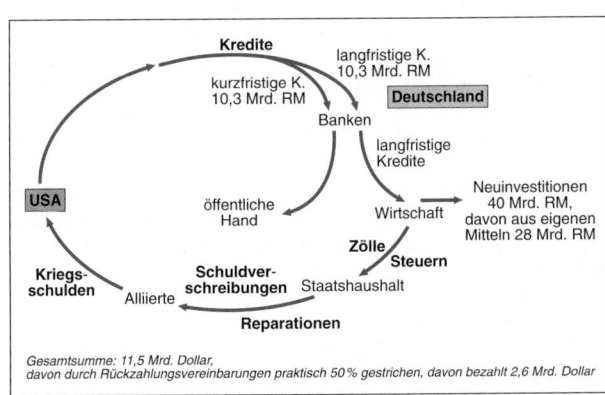

Gesamtsumme: 11,5 Mrd. Dollar,
davon durch Rückzahlungsvereinbarungen praktisch 50% gestrichen, davon bezahlt 2,6 Mrd. Dollar

B 16 Internationaler Wirtschaftskreislauf, 1924–1931/32

Deutschland zwischen den beiden Weltkriegen

a.   Deutsch-französische Aussöhnung?

Q 20   Der Locarno-Pakt, 16. Oktober 1925

Der sog. Locarno-Pakt besteht aus einem allgemeinen Schluss-protokoll der Konferenz von Locarno und den als Anlagen beige-fügten Bestimmungen.

Anlage A: Vertrag zwischen Deutschland, Belgien, Frankreich, Großbritannien und Italien

Art. 1. Die ... [Vertragschließenden] garantieren, jeder für sich und insgesamt ..., die Aufrechterhaltung des sich aus den Grenzen zwischen Deutschland und Belgien und zwischen Deutschland und Frankreich gegebenen territorialen Status quo, die Unverletz-lichkeit dieser Grenzen, wie sie durch den in Versailles am 28. Ju-ni 1919 unterzeichneten Friedensvertrag ... festgesetzt sind ...
Art. 2. [Sie] verpflichten sich gegenseitig in keinem Falle zu einem Angriff ... oder zum Krieg gegeneinander zu schreiten. Diese Be-stimmung findet jedoch keine Anwendung, wenn es sich handelt
1. um eine Ausübung des Rechts der Selbstverteidigung ...
2. um eine Aktion aufgrund des Artikels 16 der Völkerbundssat-zung ... (s. Q 1, S. 13; Q 5, S. 323 f.)
Art. 4. Ist einer der ... [Vertragschließenden] der Ansicht, dass eine Verletzung des Artikels 2 ... begangen worden ist, ... so wird er die-se Frage sofort vor den Völkerbundsrat bringen ...
Art. 6. Die Bestimmungen des ... Vertrages lassen die Rechte und Pflichten unberührt, die sich ... aus dem Friedensvertrag von Ver-sailles ... ergeben.

Anlage B: Schiedsabkommen Deutschlands mit Belgien (und Frankreich, Polen, Tschechoslowakei)

Alle Streitfragen ... sollen ... dem Ständigen Internationalen Ge-richtshof zur Entscheidung unterbreitet werden. (28)

Q 21   Reichstagsdebatte über die Annahme des Vertrages von Locarno, 24. November 1925

Wels (SPD): Die west- und mitteleuropäischen Staaten sind wirt-schaftlich und politisch heute so eng miteinander verbunden, dass jede politische, jede wirtschaftliche Erschütterung in einem dersel-ben in ihren Folgewirkungen allgemein schwer empfunden wird ... Was ... in Europa fehlte, das Bedürfnis nach europäischer Solida-rität, das ist heute ein sichtbares Bedürfnis aller europäischen Völ-ker geworden ...
Graf von Westarp (DNVP): Die Grundgedanken unseres Wider-spruchs gegen ... Locarno: Jeder Verzicht auf deutsches Land, jede erneute und freiwillige Anerkenntnis des Versailler Diktats sollte durch ... Verträge ausgeschlossen sein ... Deutschland [muss] als Land der Mitte Europas sich seine Handlungsfreiheit und die Möglichkeit seiner Neutralität wahren ... Wir müssen uns die Handlungsfreiheit nach Osten freihalten, auch im Hinblick auf die östlichen Grenzen Deutschlands ...
Thälmann (KPD): Locarno ist nicht der Weg zum Frieden, Locar-no ist nicht der Versuch ... durch Abschluss von Verträgen den

Krieg zu verhindern, sondern Locarno ist der Versuch der Einbe-ziehung Deutschlands in eine europäische Konzentration unter der Führung Englands gegen Sowjetrussland und gegen die ... er-wachenden unterdrückten Völker im Fernen Osten und in Afrika.
Stresemann (DVP): So zeigt sich die Bedeutung des Geistes von Locarno vor allem in dem Gedanken der Notwendigkeit eines ge-meinschaftlichen Zusammenwirkens, in dem Gedanken, dass ein Zusammenbrechen Deutschlands ... eine europäische und eine Weltfrage ist ... Dieser Geist wird am besten fundiert sein, wenn Idealismus und reale Interessen sich dazu verbinden, den Weg aus dem europäischen Zusammenbruch gemeinschaftlich zu su-chen ... (29)

Der Reichstag stimmte am 27. November 1925 den Verträgen mit 292 gegen 174 Stimmen zu.

Q 22   Lord d'Abernon, englischer Botschafter in Berlin, in einer Tagebuchnotiz, 16. Oktober 1925

Der Locarno-Vertrag bringt Deutschland gewaltige Vorteile: ... die Gleichstellung mit den anderen Großmächten, ... das Verschwin-den der Kriegskonstellation und der Kriegspsychose, ... den Schutz gegen eine französische Invasion ... Der Vertrag ist eine ... Dokumentierung eines grundlegenden Umschwungs. (30)

Erklären Sie die grundlegende Bedeutung des Locarno-Pakts für das Verhältnis zwischen Deutschland und v. a. Frankreich. Ziehen Sie dazu auch Q 23 heran.

b.   Deutschland im Völkerbund

Q 23   Deutschlands erstes Auftreten im Völkerbund, 10. September 1926

Bei [Stresemanns Erscheinen] setzte im gleichen Saal ein wahrer Beifallssturm ... ein ... Von allen Seiten wurde geklatscht und Bra-vo gerufen. Nur mit Mühe konnten sich die drei deutschen Dele-gierten durch die herandrängende Masse der ausländischen Völ-kerbundsvertreter den Weg zu ihren Plätzen bahnen. Alle wollten ihnen die Hände schütteln und ihnen persönlich zu diesem großen Ereignis Glück wünschen. Inzwischen tobte das Publikum auf den Tribünen ...
„Es kann nicht der Sinn einer göttlichen Weltordnung sein, dass die Menschen ihre nationalen Höchstleistungen gegeneinander keh-ren und damit die allgemeine Kulturentwicklung immer wieder zurückwerfen ... [begann Stresemann.] Wir sehen ... nach den grundstürzenden Ereignissen eines furchtbaren Krieges ... in vie-len Staaten den Niederbruch wertvoller, für den Staat unent-behrlicher geistiger und wirtschaftlicher Schichten." Deshalb müs-se man auch im internationalen Zusammenleben ganz besonderes Augenmerk auf die Wirtschaft lenken, „die die alten Grenzen der Länder sprengt und neue Formen internationaler Zu-sammenarbeit erstrebt." ...
Dann betrat Briand die Bühne ... „Es ist jetzt Schluss mit jener lan-

B 17 Stresemann während seiner ersten Rede im Völkerbund am 10. September 1926. Die **Aufnahme Deutschlands in den Völkerbund** war in Locarno verabredet worden. Deutschland erhielt einen ständigen Sitz im Völkerbundsrat und wurde damit als europäische Macht wieder anerkannt. Der Locarno-Pakt und der Eintritt Deutschlands in den Völkerbund steigerten die Hoffnungen auf Frieden und Abrüstung. Aristide Briand und Gustav Stresemann erhielten 1926 den **Friedensnobelpreis.**

gen Reihe schmerzlicher und blutiger Auseinandersetzungen, die die Seiten unserer Geschichte beflecken ... Keine Kriege, keine brutalen Gewaltlösungen soll es von jetzt ab mehr geben ... Fort mit ... den Kanonen! Freie Bahn für die Versöhnung, die Schiedsgerichtsbarkeit und den Frieden! ... Ihnen aber, meine Herren Vertreter Deutschlands, möchte ich ... sagen: Was Heldentum und Kraft betrifft, brauchen sich unsere Völker keine Beweise mehr zu liefern. Auf den Schlachtfeldern der Geschichte haben beide eine reiche und ruhmvolle Ernte gehalten. Sie können sich von jetzt ab um andere Erfolge auf anderen Gebieten bemühen." Jetzt war kein Halten mehr. Viele der Delegierten erhoben sich von den Sitzen, schrien ihre Begeisterung in irgendeiner Sprache hinaus. (31)

Q 24 Stresemann an den ehemaligen deutschen Kronprinzen, 7. September 1925

Zu der Frage des Eintritts in den Völkerbund möchte ich Folgendes bemerken: Die deutsche Außenpolitik hat nach meiner Auffassung für die nächste absehbare Zeit drei große Zeile: Einmal die Lösung der Reparationsfrage in einem für Deutschland erträglichen Sinne und die Sicherung des Friedens, die die Voraussetzung für eine Wiedererstarkung Deutschlands ist.

Zweitens rechne ich dazu den Schutz der Auslandsdeutschen, jener 10 bis 12 Millionen Stammesgenossen, die jetzt unter fremdem Joch in fremden Ländern leben.

Die dritte große Aufgabe ist die Korrektur der Ostgrenzen: die Wie-

dergewinnung von Danzig, vom polnischen Korridor und eine Korrektur der Grenze in Oberschlesien ... Im Hintergrund steht der Anschluss von Deutsch-Österreich. (32)

Die 1918 von Restösterreich beschlossene Angliederung an das Deutsche Reich war durch die Alliierten verhindert worden. Der von Stresemann seit 1927 betriebene Versuch einer deutsch-österreichischen Zollunion musste unter dem Druck der Großmächte 1931 aufgegeben werden.

1. *Überlegen Sie, warum viele Deutsche den Eintritt in den Völkerbund ablehnten (s. Q 1, S. 13).*
2. *Skizzieren Sie die Hoffnungen, die Stresemann und Briand mit dem Eintritt Deutschlands in den Völkerbund verbanden.*

c.   Ein vereintes Europa?

Q 25 Briands Europaplan, 17. Mai 1930

Die Verwirklichung einer europäischen Bundesorganisation würde stets in Verbindung mit dem Völkerbund erfolgen als ein Element des Fortschritts ... Notwendigkeit eines repräsentativen und verantwortlichen Organs in Gestalt ... der „Europäischen Konferenz", die aus Vertretern aller dem Völkerbund angehörenden europäischen Regierungen bestehen ... würde ..., Zusammenwirken mit dem Endzweck: ein Bund auf der Grundlage ... der Einigung, nicht der Einheit; d. h. er muss elastisch genug sein um die ... nationale Souveränität jedes Staates zu wahren ... Gedanke der wirtschaftlichen Organisation Europas mit dem Endzweck: gegenseitige Annäherung der europäischen Volkswirtschaften unter der politischen Verantwortung der solidarischen Regierungen. (33)

Q 26 Antwort der deutschen Regierung auf Briands Plan, 11. Juli 1930

Die französische Regierung betont die Notwendigkeit die europäische Aufgabe von der politischen Seite aus in Angriff zu nehmen und erst nach Erfüllung bestimmter politischer Voraussetzungen an die wirtschaftlichen Probleme heranzutreten ... Die deutsche Regierung [möchte] ... betonen: Alle Versuche einer Verbesserung der politischen Lage in Europa werden davon abhängen, dass die Grundsätze der vollen Gleichberechtigung, der gleichen Sicherheit für alle und des friedlichen Ausgleichs der natürlichen Lebensnotwendigkeiten der Völker zur Anwendung kommen. Wo bestehende Verhältnisse diesen Grundsätzen widersprechen, müssen wirksame Mittel für ihre Änderung gefunden werden. (34)

1. *Nennen Sie die Grundgedanken des Europaplans (Q 25, 26). Charakterisieren Sie die unterschiedlichen Auffassungen zwischen Q 25 und Q 26.*
2. *Überlegen Sie, welche Gründe die Antwort der deutschen Regierung bestimmt haben könnten.*

d.   Verständigung mit der Sowjetunion und Polen?

Q 27   Der deutsch-sowjetische Vertrag von Rapallo, 16. April 1922

Im April 1922 sollten auf der **Konferenz von Genua** Probleme der Reparationen und des internationalen Handels behandelt werden. Obwohl Deutschland und die Russische Sozialistische Föderative Sowjetrepublik (RSFSR) offiziell vertreten waren, fanden ihre Vorstellungen kaum Gehör. Die Sowjets weigerten sich die Vorkriegsschulden Russlands zu übernehmen. Die Alliierten wollten das sozialistische Russland juristisch nicht anerkennen. Während der Konferenz entfernten sich **Tschitscherin** und **Rathenau** für einen Tag und unterzeichneten in Rapallo einen Vertrag. Zwischen beiden Ländern bestanden schon vorher eine geheime militärische Zusammenarbeit und wirtschaftliche Verbindungen.
Art. 1. … Das Deutsche Reich und die Russische Sozialistische Föderative Sowjetrepublik verzichten gegenseitig auf Ersatz der Kriegskosten sowie der Kriegs- … [und] der Zivilschäden …
Art. 4. Die beiden Regierungen sind sich ferner auch darüber einig, dass … für die allgemeine Regelung der beiderseitigen Handels- und Wirtschaftsbeziehungen der Grundsatz der Meistbegünstigung gelten soll. (35)

Q 28   Schreiben Poincarés zum Rapallo-Vertrag an den französischen Botschafter in London, 2. Mai 1922
Es liegt auf der Hand, dass ganz Deutschland … darin den ersten Schritt zu einer engen Annäherung an Russland sieht, das ihm helfen soll die Westmächte in Schach zu halten und seine Revanche vorzubereiten. (36)

Q 29   General von Seeckt zur Ostpolitik an den Reichskanzler, 11. September 1922
Eine Verbindung Deutschlands mit Russland ist der erste und bisher fast einzige Machtzuwachs, den wir seit dem Friedensschluss erreichten … Mit Polen kommen wir zum Kern des Ostproblems. Polens Existenz ist unerträglich … Es muss verschwinden … Polen ist für Russland noch unerträglicher als für uns … Mit Polen fällt eine der stärksten Stützen des Versailler Friedens, die Vormachtstellung Frankreichs. (37)

Q 30   Stresemann über das deutsch-polnische Grenzproblem an den deutschen Botschafter in London, 19. April 1926
Eine friedliche Lösung der polnischen Grenzfrage … wird nicht zu erreichen sein, ohne dass die wirtschaftliche und finanzielle Notlage Polens den äußersten Grad erreicht und den gesamten polnischen Staatskörper in einen Zustand der Ohnmacht gebracht hat. (38)

Q 31   Vertrag zwischen dem Deutschen Reich und der Sowjetunion (Berliner Vertrag), 24. April 1926
Art. 1. Die Grundlage der Beziehungen … bleibt der Vertrag von Rapallo …
Art. 2. Sollte einer der vertragschließenden Teile trotz friedlichen Verhaltens von einer dritten Macht … angegriffen werden, so wird der andere vertragschließende Teil … Neutralität beobachten.
Art. 3. Sollte aus Anlass eines Konflikts der in Artikel 2 erwähnten Art … zwischen dritten Mächten eine Koalition … geschlossen werden [um] gegen einen der vertragschließenden Teile einen wirtschaftlichen oder finanziellen Boykott zu verhängen, so wird sich der andere vertragschließende Teil einer solchen Koalition nicht anschließen.
Art. 4. … Der Vertrag … gilt für die Dauer von fünf Jahren. (39)

Überlegen Sie, warum Deutschland 1922 und 1926 Verträge mit der Sowjetunion abschloss, nicht aber mit Polen und der Tschechoslowakei. S. dazu K 3, 4, S. 15.

T 10   Die Außenpolitik der Weimarer Republik
Die Außenpolitik nach dem Ersten Weltkrieg wurde in erster Linie durch die angestrebte **Revision des Versailler Vertrages** bestimmt: Frage der Reparationen, der deutschen Ostgrenze und der einseitigen Abrüstung Deutschlands.
Außenminister Walther Rathenau suchte die Isolation Deutschlands durch die **sog. Erfüllungspolitik** aufzubrechen, d. h. er wollte durch die Erfüllung der Reparationsforderungen bis an die Grenze des Möglichen beweisen, dass die Reparationsforderungen der Alliierten illusorisch wären.
Gleichzeitig suchten die Ostabteilung des Auswärtigen Amtes und die Heeresleitung die **Verständigung mit der Sowjetunion**, die ebenfalls in Europa isoliert war, um gemeinsam zu einer Revisionspolitik gegenüber Polen zu kommen.
Im **Vertrag von Rapallo 1922** verzichteten Deutschland und die Sowjetunion gegenseitig auf die Erstattung der Kriegsschäden und räumten einander Wirtschaftsbegünstigungen ein. Der Vertrag durchbrach erstmals das System von Versailles. Bereits vorher hatten die Reichswehr und die Rote Armee Abmachungen getroffen. Die Reichswehr konnte in der Sowjetunion Waffen erproben, die nach dem Friedensvertrag verboten waren. Außenminister Gustav Stresemann (DVP; s. T 22) kam mit Frankreich zu einer Verständigung, indem er das französische Sicherheitsbedürfnis im **Locarno-Pakt 1925** zu befriedigen suchte. Aber eine ähnliche Garantie der deutsch-polnischen Grenze lehnte Stresemann ab um die Handlungsfreiheit für eine spätere Revision der deutsch-polnischen Grenze nicht einzuschränken.
Der **Berliner Vertrag 1926** sollte parallel zum Vertrag von Locarno auch ein gutes Verhältnis zur Sowjetunion herstellen. Die Verträge hatten zum Ziel, Deutschlands Außenpolitik nicht einseitig festzulegen. **1926** wurde **Deutschland** in den **Völkerbund** aufgenommen.
Durch das Entgegenkommen in der **Reparationsfrage** (Dawesplan 1924, Youngplan 1929, s. T 9e) erreichte Stresemann die vorzeitige Räumung des Rheinlandes (1930). (S. auch K 4, S. 15.)

5. Verschärfungen in der Innenpolitik

a. Präsidentenwechsel – Tendenzwende?

B 18   Wilhelm II. (1859–1941), Erblicher Kaiser 1888–1918

B 19   Friedrich Ebert (1871–1925), Reichspräsident 1919–1925

T 11   Reichspräsidentenwahlen 1925 und 1932

Bewerber	1. Wahlgang[1] Kandidat von	Anteil in %	2. Wahlgang[2] Kandidat von	Anteil in %
1925				
Jarres	DNVP, DVP	38,8		
Held	BVP	3,7		
Ludendorff	NSDAP	1,1		
Braun	SPD	29,0		
Hellpach	DDP	5,8		
Marx	Zentrum	14,5	Zentrum, SPD, DDP[3]	45,3
Thälmann	KPD	7,0	KPD	6,4
Hindenburg			DNVP, DVP, BVP, NSDAP[4]	48,3
1932				
Hindenburg	SPD, Zentrum, DVP, BVP, DStP[5]	49,6	SPD, Zentrum, DVP, BVP, DStP	53,0
Hitler	NSDAP	30,1	NSDAP	36,8
Thälmann	KPD	13,2	KPD	10,2
Duesterberg	DNVP	6,8		

1 Erforderlich ist absolute Mehrheit 2 Gewählt ist, wer die meisten Stimmen erhält 3 „Volksblock" 4 „Reichsblock" 5 DStP = Deutsche Staatspartei

B 20   Adolf Hitler (1889–1945) und Paul von Hindenburg (1847–1934), Reichspräsident 1925–1934, am 21. März 1933 vor der Garnisonskirche in Potsdam, in der der neu gewählte Reichstag eröffnet wurde.

1. *Charakterisieren Sie das Selbstverständnis des jeweiligen politischen Systems, das B 18–20 vermitteln.*
2. *Analysieren Sie das Wählerverhalten bei den Reichspräsidentenwahlen von 1925 und 1932. Vergleichen Sie hierzu die Reichstagswahlen (B 13).*

T 12   Friedrich Ebert (1871–1925)

Friedrich Ebert wurde als viertes Kind eines Schneidermeisters in Heidelberg geboren. Aus finanziellen Gründen konnte er trotz Begabung keine höhere Schule besuchen. Nach seiner Sattlerlehre ging er als Handwerksgeselle auf Wanderschaft und warb am jeweiligen Arbeitsplatz für die SPD und die Gewerkschaftsbewegung. Von Freunden der Familie wurde sein Einsatz für die Sozialisten missbilligt. 1893 wurde er Lokalredakteur der sozialdemokratischen Bremer Bürgerzeitung und übernahm ein Jahr später eine Gastwirtschaft, die Zentrum der sozialdemokratischen Bewegung in Bremen wurde. Zu dieser Zeit heiratete er eine Arbeiterin. Seine politische Laufbahn begann er 1896 als Abgeordneter in der Bremer Bürgerschaft. 1905 wurde er als Parteisekretär nach Berlin berufen und übernahm 1913, nach dem Tod Bebels, den Parteivorsitz. 1916 wurde er mit Scheidemann Fraktionsvorsitzender im Reichstag. Am 9. November 1918 übergab ihm Reichskanzler Prinz Max von Baden das Kanzleramt, am 10. November 1918 wurde Ebert Mitglied des Rats der Volksbeauftragten. Am 11. Februar 1919 wählte ihn die Nationalversammlung zum Reichspräsidenten. 1922 wurde sein Amt durch den Reichstag auf drei weitere Jahre verlängert. Ebert sah sich ständigen Hetzkampagnen und Verleumdungen durch linksradikale und nationalistische Gruppen ausgesetzt, die ihn gesundheitlich aufrieben. Als Friedrich Ebert am 28. Februar 1925 starb, stimmten Kommunisten und Nationalsozialisten gegen ein Staatsbegräbnis.

T 13   Paul von Hindenburg (1847–1934)

Paul von Beneckendorff und von Hindenburg entstammte einem alten preußischen Adelsgeschlecht. Sein Vater, Offizier, unterrichtete ihn zunächst zu Hause. Nach dem Besuch eines Gymnasiums besuchte er die Kadettenanstalt. Er nahm an den Kriegen 1866 und 1870/71 teil, heiratete 1879 Wilhelmine von Sperling und wurde schließlich 1903 Kommandierender General eines Armeekorps. 1911 schied er aus dem aktiven Dienst aus. 1914 wurde er Oberbefehlshaber der 8. Armee, schlug im August/September die nach Ostpreußen vorgedrungene russische Armee in den Schlachten bei Tannenberg und an den Masurischen Seen entscheidend und wurde zu einem der volkstümlichsten Heerführer des Ersten Weltkrieges. 1916 übernahm er die Oberste Heeresleitung und bestimmte zusammen mit Ludendorff bis zum Kriegsende die deutsche Politik. Nach dem Waffenstillstand führte er das Westheer in die Heimat zurück, legte aber nach Unterzeichnung des Versailler Vertrages den Oberbefehl nieder. Der Stahlhelm, Bund der ehemaligen Frontsoldaten, ernannte ihn zu seinem Ehrenvorsitzenden. 1925 wurde Hindenburg als Kandidat der Rechtsparteien, 1932 von der politischen Mitte und den gemäßigten Linken zum Reichspräsidenten gewählt. Am 30. Januar 1933 berief er Hitler zum Reichskanzler. Nach seinem Tod, am 2. August 1934, ging das Reichspräsidentenamt an Hitler über, der sich nun „Führer und Reichskanzler" nannte.

Vergleichen Sie die Biographien der beiden Reichspräsidenten im Hinblick auf Herkunft und politische Laufbahn.

T 14   Sozialpolitik – wirtschaftliche und technische Entwicklung

a) Unmittelbar nach Ausrufung der Republik versuchte der Rat der Volksbeauftragten ein „sozialistisches Programm" zu verwirklichen: den **Achtstunden-Arbeitstag**, Aufhebung der Gesindeordnungen, Einführung des Frauenwahlrechts u. a.
Am 15. November 1918 wurde eine „Zentralarbeitsgemeinschaft" zwischen den industriellen Arbeitgeberverbänden (Hugo Stinnes) und den Freien Gewerkschaften (Carl Legien) gegründet. Dieses sog. **Stinnes-Legien-Abkommen** verhinderte eine überstürzte Sozialisierung der Industriebetriebe. Es erlaubt den Gewerkschaften, als legitime Arbeitnehmervertreter **Tarifverträge** mit den Arbeitgeberverbänden abzuschließen.
4. Februar 1920: **Betriebsrätegesetz** (s. Art. 165 der Verfassung), das Arbeiterausschüsse in allen Betrieben, auch in den Verwaltungen, mit mehr als 20 Beschäftigten einführte. Seit 1922 gab es Arbeitnehmervertreter in Aufsichtsräten.
Schlichtungsausschüsse bei Streitigkeiten zwischen Arbeitnehmern und Arbeitgebern über Arbeitsverträge bestanden seit 1918 in paritätischer Besetzung. Als letztes Mittel bei Arbeitsstreitigkeiten wurde 1923 die Zwangsschlichtung eingeführt, deren Letztinstanz der Reichsarbeitsminister war. 1926 wurden Arbeitsgerichte als Sondergerichte geschaffen.
16. Juli 1927: **Gesetz über Arbeitsvermittlung und Arbeitslosenversicherung**, das Unterstützungsanspruch – bei Arbeitsfähigkeit und Arbeitswilligkeit – im Falle unfreiwilliger Arbeitslosigkeit garantiert. Der Höchstbetrag der zwangsweisen Arbeitslosenpflichtversicherung, von Arbeitgeber und Arbeitnehmer je zur Hälfte getragen, betrug 1930 3 % des Grundlohns. Die Arbeitslosigkeit lag 1924–1928 durchschnittlich unter einer Mio.; Löhne und Gehälter erreichten wieder den Vorkriegsstand. Die Beiträge der (seit 1883/89 bestehenden) **Kranken-, Unfall- und Invalidenversicherungen** wurden heraufgesetzt, die Leistungen erhöht. 1927 wurden **Mehrarbeitszuschläge** für Überstunden eingeführt.

b) Für die deutsche Wirtschaft begann 1924 eine Zeit der **wirtschaftlichen Blüte**. Mithilfe amerikanischer Anleihen wurde die **Produktion ausgeweitet**. **Rationalisierung** und moderne technische Errungenschaften (z. B. Fließband) wurden verstärkt eingeführt. Parallel bildeten sich **Konzerne, Kartelle und Trusts** (auch auf internationaler Ebene), was gleichzeitig die Einflussmöglichkeiten der Gewerkschaften erschwerte.
Die vor dem Kriege führenden Industriezweige erreichten wieder eine Spitzenstellung (Chemie, Textil, Elektrotechnik, Maschinenbau, Optik). **Neue Wirtschaftszweige** blühten auf (Auto- und Flugzeugbau, Film und Rundfunk). Mithilfe staatlicher Unterstützung wurde der **Wohnungsbau** gefördert.

1. Fassen Sie zusammen, durch welche Leistungen und Abmachungen die Rechte der Arbeitnehmer in der Weimarer Republik gestärkt wurden.
2. Nennen Sie Gründe für den Aufschwung der Wirtschaft (s. B 16).

B 21 Aufmarsch der SA, um 1933 (s. T 16)

B 22 1.-Mai-Aufmarsch des kommunistischen Rotfrontkämpferbundes, 1924 gegründet

T 15 Bürgerkriegsähnliche Zustände?

Die Auseinandersetzungen verschärften sich nach 1930 zunehmend. Während des Reichstagswahlkampfes im Juli 1932 starben bei politischen Auseinandersetzungen in Preußen 99 Menschen, 129 wurden schwer verletzt. Allein am 17./18. Juli 1932 forderten Straßenkämpfe zwischen Kommunisten und Nationalsozialisten 18 Tote und 68 Verletzte. Im Reich starben im Juli und August 1932 über 300 Personen durch politischen Terror.

Mitgliederzahlen halbmilitärischer, politischer Kampfverbände:

Reichsbanner Schwarz-Rot-Gold, Bund deutscher Kriegsteilnehmer und Republikaner (offiziell überparteilich, aber SPD, Zentrum und DDP nahe stehend), zeitweilig bis zu 3,5 Mio. Mitglieder.

Stahlhelm, Bund der „unbesiegt heimgekehrten deutschen Frontsoldaten", 1927/28 ca. 1 Mio. Mitglieder (DNVP nahe stehend).

Rotfrontkämpferbund (KPD), 1926 150 000 Mitglieder.

SA (Sturmabteilungen der NSDAP), 1932 200 000 Mitglieder.

Der Anteil der Parteimitglieder zwischen 18 und 32 Jahren betrug bei der NSDAP (1931) 37,6 % (1933: 42,2 %), bei der KPD (1927) 31,8 %, während er bei der SPD bei 19,3 % lag.

Q 32 Der SA-Führer Franz Pfeffer, 3. November 1926

Die einzige Form, in der sich die SA an die Öffentlichkeit wendet, ist das geschlossene Auftreten. Dieses ist zugleich eine der stärksten Propagandaformen. Der Anblick einer starken Zahl innerlich und äußerlich gleichmäßiger, disziplinierter Männer, deren restloser Kampfwille unzweideutig zu sehen … ist, macht auf jeden Deutschen den tiefsten Eindruck und spricht zu seinem Herzen eine überzeugendere und mitreißendere Sprache, als Schrift und Rede und Logik je vermag.

Ruhiges Gefasstsein … unterstreicht den Eindruck der Kraft … der marschierenden Kolonnen und der … Sache … Die innere Kraft der Sache lässt den Deutschen gefühlsmäßig auf deren Richtigkeit schließen … Wo ganze Scharen planmäßig … Leib, Leben, Existenz für eine Sache einsetzen, da muss die Sache groß und wahr sein … Der SA-Mann ist der heilige Freiheitskämpfer … [Die SA] kennt keine Konzessionen. Sie geht aufs Ganze. Sie kennt nur das Motto: … du oder ich! (40)

T 16 Harzburger Front – Gegner von rechts formieren sich

1931 schlossen sich die **DNVP**, der **Stahlhelm** und **Vaterländische Verbände** mit der **NSDAP** (s. auch T 15) zur **Harzburger Front** gegen die Weimarer Republik zusammen, nachdem diese Gruppen bereits 1929 gemeinsam ein Volksbegehren gegen den Youngplan (s. T 9e) erreicht hatten. Am 11. Oktober 1931 sollte eine Tagung der „Nationalen Opposition" in Bad Harzburg die Einheit dieser Gruppen zeigen. Außer den militanten Verbänden und Parteien waren u. a. H. Schacht (Q 36, S. 70), der Chef der Reichswehr, Generale der alten Armee, zwei Kaisersöhne, Vertreter der Schwerindustrie und der Großbanken anwesend.
Die Harzburger Veranstaltung war ein großer Erfolg für **Adolf Hitler**, da er sich durch das gemeinsame Auftreten mit bürgerlichen Rechtspolitikern, Wirtschaftsführern, Generälen und Prinzen allgemein anerkannt sah. Bei der Wahl des Reichspräsidenten 1932 zerbrach jedoch die Harzburger Front wieder (s. auch T 11).

Q 33 Ernst Thälmann, 1. Vorsitzender der KPD, auf der Plenartagung des Zentralkomitees, 19. Februar 1932

Am klarsten hat Genosse Stalin schon im Jahre 1924 die Rolle dieser beiden Flügel [SPD und NSDAP] gekennzeichnet, indem er von ihnen als Zwillingen sprach, die einander ergänzten … Warum müssen wir den Hauptstoß gegen die Sozialdemokratie richten? … Sie ist … die gefährlichste Stütze der Feinde der Revolution …, die soziale Hauptstütze der Bourgeoisie …, der aktivste Faktor der Faschisierung … Die Sozialdemokratie schlagen, das ist gleichbedeutend damit …, die proletarische Revolution zu schaffen … Verhandlungen der KPD mit der SPD … darf es nicht geben! (41)

1. Fassen Sie die Aufgaben der SA zusammen (Q 32).
2. Überlegen Sie, warum die KPD gerade die SPD angriff (Q 33).
3. Suchen Sie Gründe für die Radikalisierung in den politischen Auseinandersetzungen. Beachten Sie neben T 15 und 16 auch B 21 und 22.

c. Die Weltwirtschaftskrise

T 17 Entwicklung der Arbeitslosigkeit in Deutschland (in Mio.)[1]

	Januar	Juli		Januar	Juli
1927		1,00	1931	4,89	3,99
1928	1,86	1,01	1932	6,04	5,39
1929	2,85	1,25	1933	6,01	4,46
1930	3,22	2,76	1934	3,77	2,42

1 Gesamtzahl der Erwerbstätigen (Berufszählung 1925): 32 Mio.   (42)

T 18 Arbeitslose, Kurzarbeiter und Vollbeschäftigte nach den Gewerkschaftsmeldungen, 1928–1932 (in Prozent der erfassten Mitglieder[1])

Jahresdurchschnitt	1928	1929	1930	1931	1932
Arbeitslose	8,4	13,1	22,2	33,7	43,7
Kurzarbeiter	5,6	7,5	13,4	19,7	22,6
Vollbeschäftigte	90,4	85,2	74,5	61,2	50,6

1 Freie, Christliche und Hirsch-Duncker'sche Gewerkschaften.   (43)

T 19 Beschäftigungsstand der Industrie (Zahl der Beschäftigten in Prozent der Arbeitsplatzkapazität)

	Gesamt-industrie	Bergbau	Bau-wirtschaft	Kultur-bedarf[1]
Juli 1929	73,2	93,7	71,2	61,4
Dez. 1932	42,1	57,5	18,8	34,4
Mai 1933	45,5	57,4	28,6	33,0

1 Lederwaren, Pianos, Fotoindustrie, Funkgeräte, Edelmetall- und Schmuckwaren, Spielwaren, Papierwaren, Kosmetik.   (44)

T 20 Welthandel 1930–1932: Außenhandel der vier größten Handelsmächte (in Mrd. RM)

	Einfuhr		Ausfuhr	
	1930	1932	1930	1932
Deutsches Reich	10,4	4,7	12,0	5,7
Frankreich	8,6	4,9	7,0	3,3
Großbritannien	21,3	10,4	11,6	5,4
USA	12,8	5,6	16,1	6,8
Welthandel insg.	120,0	57,8	108,7	52,0
Anteil der vier größten Handelsmächte	42,6 %	42,6 %	42,8 %	40,4 %

(45)

1. Nennen Sie die Auswirkungen der Weltwirtschaftskrise auf Deutschland (T 17–19; s. auch B 16 und T 21).
2. Erklären Sie, warum man von einer Weltwirtschaftskrise spricht (s. auch T 4, S. 17 und T 4, S. 98).

T 21 Die Weltwirtschaftskrise und der Beginn der politischen Radikalisierung

a) 1932 brachte zwar die **Wiederwahl Hindenburgs** als Reichspräsident, aber der 84-jährige Generalfeldmarschall, der von allen staatstragenden Parteien der Weimarer Republik unterstützt wurde, konnte sich erst im zweiten Wahlgang gegen die Kandidaten der radikalen Rechten und der Linken durchsetzen (s. T 11).

b) Bei Ausbruch der **Weltwirtschaftskrise** hatte es trotz großer innerer Spannungen noch einmal eine **Große Koalition** gegeben, die hauptsächlich durch die Persönlichkeit Gustav Stresemanns zusammengehalten wurde. Dann aber brach die Weltwirtschaftskrise über Deutschland herein, die durch den **Börsenkrach in den USA** (s. S. 100 f.) am 25. Oktober 1929 ausgelöst wurde und fast die ganze Welt erschütterte. Der Zustrom von Anleihen, Krediten und Investitionsgeldern nach Europa hörte auf, während gleichzeitig die Amerikaner auf der Tilgung der Schulden bestanden, die Zolltarife erhöhten und dadurch die Importe drosselten. Die anderen Industriestaaten griffen zu ähnlichen Maßnahmen. Die **deutsche Wirtschaft** reagierte sehr empfindlich, da die Landwirtschaft seit dem Winter 1928/29 unter sinkenden Preisen litt und die kleinen und mittelständischen bäuerlichen Betriebe wegen hoher Zinsen, steigender Abgaben und Steuern verschuldet waren. 1930 wurde die gesamte deutsche Volkswirtschaft von der Krise erfasst: Die Produktion ging stark zurück; der Warenexport sank um die Hälfte; das Volkseinkommen schrumpfte von etwa 76 Mrd. RM (1929) auf 45 Mrd. (1932); die Zahl der Arbeitslosen stieg sprunghaft an. Da die kurzfristigen ausländischen Anleihen abgezogen wurden, brachen Mitte 1931 viele Banken zusammen.

c) Gleichzeitig verschärften sich die **innenpolitischen Auseinandersetzungen**. Die politischen Gegner der Weimarer Republik auf der äußersten Rechten und Linken bekämpften die Republik und suchten den Reichstag lahm zu legen. Untereinander lieferten sie sich bürgerkriegsähnliche Straßen- und Saalschlachten. Gegen die militärisch organisierten **Kampfverbände** der Radikalen stellten auch die Parteien der Weimarer Koalition halbmilitärische Organisationen auf. In der **Harzburger Front** 1931 fanden sich erstmals die rechts stehenden Gegner der Republik zusammen.

6. Das Ende der Weimarer Republik

a. Von Stresemann zu Brüning

T 22 Dr. Gustav Stresemann (1878–1929)
Gustav Stresemann wurde 1878 als Sohn eines Bierwirts in einem Berliner Arbeiterviertel geboren. Nach dem Besuch des Realgymnasiums und dem Studium der Volkswirtschaft war er Syndikus des Verbandes sächsischer Industrieller. 1903 heiratete er die Tochter eines wohlhabenden jüdischen Fabrikanten. Im gleichen Jahr trat er in die Nationalliberale Partei ein, die er 1907–1912 und ab 1914 im Reichstag vertrat und deren Parteivorsitz er 1917 übernahm. Außerdem war er Mitglied des Alldeutschen Verbandes. Im Krieg trat er für einen „Siegfrieden" ein und lehnte im Juli 1917 die Friedensnote des Reichstags ab. Innenpolitisch setzte sich Stresemann für die Abschaffung des Dreiklassenwahlrechts in Preußen ein.

Ende 1918 war er Mitbegründer der DVP, 1920 übernahm er den Fraktionsvorsitz im Reichstag. Später wurde er Vorsitzender des Außenpolitischen Ausschusses. Als Reichskanzler beendete er 1923 den Ruhrkampf und schuf die Voraussetzungen für eine langfristig angelegte Verhandlungspolitik mit den Siegermächten. Von Ende 1923 bis zu seinem Tod 1929 war er ununterbrochen Außenminister. Seine Verständigungspolitik, v. a. mit Frankreich im Zusammenwirken mit Briand, die im Vertrag von Locarno und in der Aufnahme Deutschlands in den Völkerbund gipfelte, gehörte zu den größten Erfolgen der Weimarer Republik. 1926 erhielt er zusammen mit Briand und Chamberlain den Friedensnobelpreis.

Obwohl Stresemann nur kurz (Ende 1923) Reichskanzler war, blieb er als Außenminister die bestimmende Persönlichkeit der deutschen Politik zwischen 1924 und 1929.

T 23 Dr. Heinrich Brüning (1885–1970)
Heinrich Brüning wurde 1885 als Sohn eines Weinhändlers in Münster/Westfalen geboren. Nach dem Studium nahm er als Freiwilliger am Ersten Weltkrieg teil und wurde Infanterieoffizier. 1919 ging er als Referent ins preußische Wohlfahrtsministerium. Zwischen 1920 und 1930 war er Geschäftsführer des Christlichen Deutschen Gewerkschaftsbundes, 1924 bis 1933 Zentrumsabgeordneter im Reichstag, ab 1929 Fraktionsvorsitzender. Er galt als einer der besten Kenner des Etats und der Steuergesetzgebung und beschäftigte sich mit Fragen der Reichsreform und der Außenpolitik.

Zwischen dem 30. März 1930 und dem 30. Mai 1932 bildete Brüning zwei Kabinette „von Persönlichkeiten", auf ausdrücklichen Wunsch des Reichspräsidenten ohne Bindung an Fraktionen. Um der Wirtschaftskrise und der wachsenden Arbeitslosigkeit zu begegnen, versuchte Brüning vergeblich den Haushalt durch Sonderbesteuerungen, Anhebung der Arbeitslosenversicherungsbeiträge, Kürzung der Pensionen und Gehälter der Beamten und durch die Unterstützung von Landwirtschaft und Kleingewerbe zu decken.

Bei der Handlungsunfähigkeit des Reichstags konnte Brüning seine wichtigsten Gesetzesvorhaben nur im Zusammenspiel mit dem Reichspräsidenten auf dem Wege von Notverordnungen durchsetzen. Im Mai 1932 ließ Hindenburg Brüning fallen. Er floh 1934 vor den Nationalsozialisten nach Holland und wurde 1939 Professor für Politische Wissenschaften an der Harvard Universität in den USA.

Q 34 Warum brach die letzte Große Koalition auseinander? – Aus den Erinnerungen eines sozialdemokratischen Journalisten über den Sturz der Regierung Müller am 27. März 1930

Die Reichsanstalt für Arbeitslosenversicherung war wegen der hohen Arbeitslosigkeit verschuldet, so dass eine Erhöhung der Beiträge notwendig wurde, wenn man nicht dem Vorschlag der industriefreundlichen DVP folgen und die Leistungen senken wollte. Obwohl der Kabinettsvorschlag den Beitragssatz von 3 auf 4 % des Lohns zu erhöhen auch die Zustimmung der SPD-Fraktion fand, wurde er von der DVP abgelehnt. Ein neuer Kompromiss Brünings sah eine Erhöhung auf 3,5 % vor. Die jeweiligen Defizite sollte das Reich tragen. Diesmal stimmte der Arbeitsminister (SPD) mit Unterstützung der Gewerkschaften dagegen.

Aber in der Feuerlinie standen nicht [die Gewerkschaften], sondern die [SPD] … Es wäre ihre Aufgabe gewesen, zwischen den nur gewerkschaftlichen und den allgemeinen politischen Gesichtspunkten den notwendigen Ausgleich zu schaffen … Die Partei war aber dazu nicht imstande, denn eine Minderheit bekämpfte die Koalitionspolitik Hermann Müllers heftig und wünschte ihr baldiges Ende. Die Parteiführung sah sich, zwischen dem linken Parteiflügel und den Gewerkschaften eingeklemmt, jeder Bewegungsfreiheit beraubt. Ein Eingehen auf den Kompromiss hätte den Ausbruch eines offenen Konfliktes zur Folge gehabt, in dem Wissell [SPD-Arbeitsminister] gegen seine drei [SPD-]Ministerkollegen, Gewerkschaften und Parteilinke vereint gegen die Parteirechte gestanden hätten. Ein solcher Konflikt konnte [nicht] … riskiert werden, [da] die Partei von Feinden rings umgeben war, denn die bürgerliche Mitte ging immer weiter nach rechts, im Rücken der Partei aber standen die Kommunisten …

Die entscheidenden Verhandlungen in der sozialdemokratischen Fraktion verliefen in nervöser Stimmung … Der Redner der Gewerkschaften erklärte …, dass der Kompromiss über die Arbeitslosenversicherung völlig unannehmbar sei. Sollte die Fraktion zu einer anderen Auffassung kommen, so würden die Gewerkschaften … ihren abweichenden Standpunkt im Reichstag, in der Presse und in der Partei nachdrücklich geltend machen. Man beschloss fast einstimmig den Kompromiss abzulehnen. Gleich darauf trat das Kabinett zusammen. Der Reichskanzler vertrat den Standpunkt, dass das Kabinett nun, nachdem die Einigung der Parteien gescheitert war, mit seiner ursprünglichen Vorlage vor den Reichstag treten müsse. Der Vorschlag stieß auf Widerspruch … Der volksparteiliche Reichsfinanzminister … [erklärte], sollte das Kabinett beschließen sie dennoch in den Reichstag einzubringen, müsse das seinen Rücktritt zur Folge haben. Danach hielten auch die Zentrumsminister die Voraussetzungen für ihr Bleiben nicht mehr für gegeben, man beschloss die Gesamtdemission des Kabinetts. (46)

1. Nennen Sie die Gründe, die zum Sturz der Großen Koalition führten (s. auch T 21).
2. Erklären Sie die geschilderten innerparteilichen Schwierigkeiten der SPD (s. auch T 3 und 4).

b.   Übergang zur Diktatur des Reichspräsidenten

T 24   Wer herrscht in Berlin? – Die drei letzten Kabinette

Programm	besondere Maßnahmen
Heinrich Brüning, 30. März 1930–30. Mai 1932 (s. T 4, 23)	
Starke, vom Parlament weitgehend unabhängige Regierung (T 1); Förderung des gewerblichen Mittelstandes; Entschuldung der Landwirtschaft; Steuererholung; Sparmaßnahmen in der öffentlichen Verwaltung; Gehaltskürzungen und Lohnsenkungen	1. Auflösung des Reichstags 1930 (T 1) um Programm (Q 35) als Notverordnung durchzusetzen. Sanierung der ostpreußischen Landwirtschaft durch Subventionen 2. Ab Sommer 1931 ersetzen Notverordnungen die parlamentarische Verabschiedung des Etats. 3. März 1931: Notverordnung zur Bekämpfung politischer Ausschreitungen
Entlassung: durch Hindenburg (ohne parlamentarischen Misstrauensantrag) nach Einspruch von Großgrundbesitzern gegen die ungleiche Behandlung der Wehrverbände (SA-Verbot, dagegen kein Verbot des Reichsbanners)	4. Regierungsumbildung im Oktober 1931: „Fachkabinett" ohne parteimäßige Bindung 5. Verbot der SA am 13. April 1932 durch Notverordnung Zahl der Notverordnungen: 1930: 5; 1931: 44; 1932: 60 Sitzungen des Reichstags: 1930: 94; 1931: 41; 1932: 13
Franz von Papen, 1. Juni 1932–1. Dezember 1932 (s. Q 40, 41)	
„Der neue Staat" (Staatsstreichplan): Lösung des Staates von den Fesseln parteipolitischen Denkens; Regierung nur vom Präsidenten abhängig; Entmachtung des Reichstags durch Volksentscheide (vgl. Art. 73 WRV; s. Q 11) in wichtigen Fragen; kapitalistische Privatwirtschaft unter Leitung des Staates (Q 41).	1. Regierung nur über Notverordnungen: Herabsetzung der Sozial- und Fürsorgeleistungen; Auflösung des Tarifrechts (T 14), Steuerbegünstigungen der Privatwirtschaft 2. Auflösung des Reichstags am 4. Juni 1932 3. Aufhebung des SA-Verbotes am 16. Juni 4. Unter Berufung auf Art. 48 WRV wird von Papen am 20. Juli 1932 zum Reichskommissar für Preußen ernannt, nachdem er die Landesregierung abgesetzt hatte (Verluste der Mehrheit in den Landtagswahlen). 5. Auflösung des Reichstags am 12. September 1932, nach einer Abstimmung mit 512 : 42 gegen v. Papen (s. Q 11, Art. 25, 54). Staatsstreichpläne

General Kurt von Schleicher, 2. Dezember 1932–29. Januar 1933
Siedlungsprojekte im Osten; Förderung der Landwirtschaft; Bindung an den Boden wiederherstellen; Entballung der Großstädte; allgemeine Wehrpflicht; Ausnahmebestimmungen gegen Kommunisten; Spaltung der NSDAP und Herstellung einer Regierungsmehrheit.

Skizzieren Sie die Entwicklung des Verhältnisses zwischen Reichspräsident, Reichskanzler und Reichstag seit 1930. Ziehen Sie hierzu T 1, Q 11 (Art. 25, 48, 53, 54) heran.

c. Die Politik Brünings (s. T 23, 24)

Q 35 Reichskanzler Brünings Vorschläge zur Haushaltssanierung, 15. Juli 1930

Zur Deckung des Fehlbetrages im Reichshaushalt von über 700 Mio. RM legte die Regierung Brüning dem Reichstag ein umfangreiches Deckungsprogramm vor, das folgende Vorlagen enthielt: 1. Reichshilfe der Personen des öffentlichen Dienstes von 22 % für die Bezüge. 2. Zuschlag zur Einkommensteuer von 5 % für alle Einkommen über 8 000 RM. 3. Ledigensteuer von 10 %. 4. Abstriche am Haushalt. ... 6. Erhöhung der Beiträge zur Arbeitslosenversicherung von 3,5 auf 4,5 %. 7. Ersparnisse bei der Arbeitslosenversicherung ... Vorschlag an die Gemeinden ... neue Steuern einzuführen ..., Getränkesteuer ... und Bürgersteuer, sog. Kopfsteuer. (47)

Q 36 Der SPD-Abgeordnete Hertz, 7. Juli 1930

„Die Regierungsvorschläge sind von der Absicht geleitet den Besitz zu schonen." Er forderte Ersparnisse beim Wehretat, Pensionskürzungen, die Aufhebung der Subventionen an die Länder, die ... Einführung eines Bierhandelsmonopols, eine schärfere Erfassung der Erbschaftsteuer und eine wesentliche Erhöhung des Zuschlags zur Einkommensteuer. Pläne für eine allgemeine Lohnsenkung lehnte er entschieden ab. (48)

1. Nennen Sie Gründe für die Finanznot der Regierung. S. auch T 17–20.
2. Arbeiten Sie die Unterschiede in den Vorstellungen der SPD und Brünings heraus.
3. Charakterisieren Sie diese Finanzpolitik.

Q 37 Rede Brünings vor dem Reichstag, 30. April 1930

[Ich habe gesagt,] dass von ... dem Mittel des Artikels 48 erst dann und nur dann Gebrauch gemacht werden wird, wenn die Regierung keine Hoffnung mehr hat, dass das Parlament und die Parteien ihre Mission selbst erfüllen ... Ob der Artikel 48 überhaupt zur Anwendung gelangen muss, das ist eine Entscheidung, die dieses Hohe Haus in kurzer Zeit selbst zu treffen haben wird. (49)

Q 38 Brüning zu Hitler, 6. Oktober 1930

Ich hoffe [später] zusammen mit der Rechten an die Verfassungsreform herangehen zu können, die nach meinen persönlichen Wünschen in einer ... monarchischen Restauration enden [muss] ... (50)

1. Beschreiben Sie anhand von T 24, Q 37 und 38 die politischen Ziele Brünings.
2. Erläutern Sie, aus welchen Erfahrungen sich Brünings Absicht aus Q 38 herleitet.

d. Papens Versuch

Q 39 Der Parteivorstand der SPD nach der Ernennung von Papens zum Reichskanzler im Juni 1932

Das ... „Kabinett der nationalen Konzentration" [ist] in Wahrheit ... ein Kabinett der reaktionären Konzentration. Die übergroße Mehrheit der Kabinettsmitglieder entstammt dem Adel. Kein Arbeiter gehört dem Kabinett an. Auch der Mittelstand ist ausgeschaltet. Dieses Kabinett ist die erste Reichsregierung seit 1918, in der die organisierte Arbeitnehmerschaft, ganz gleich welcher Richtung, ohne jede Vertretung geblieben ist. Mit dem Sturz der Regierung Brüning soll die Bahn frei gemacht werden für die Aufhebung des Versicherungscharakters der Arbeitslosenversicherung ..., für die Beseitigung eines bindenden Tarifvertragsrechtes [s. T 14], d. h. für die Herabsetzung der Löhne im größten Maßstab. Einer der Hauptgründe für den Sturz der Regierung Brüning ist es gewesen, dass diese sich geweigert hat, dem ostelbischen Großgrundbesitz für seine im Siedlungsverfahren aufzuteilenden bankrotten Güter die von den Junkern geforderten phantastischen Überpreise zu zahlen. Es ist bezeichnend, dass dieses Kabinett auf die Tolerierung der Nationalsozialisten spekuliert. Zu den Bedingungen der Nationalsozialisten gehört u. a. die Aufhebung des SA-Verbots, die Aufhebung aller Strafverfahren gegen den politischen Terror und die baldige Neuwahl des Reichstags. Nach Erfüllung ihrer Bedingungen erhoffen sie unter Anwendung des blutigsten Terrors durch rücksichtsloseste Einsetzung der hitlerschen Privatarmee den künftigen Reichstag nach ihren Wünschen zu gestalten. (51)

Q 40 Papen oder Schleicher? – Aus den Erinnerungen von Papens, 1952 (s. T 24)

[Hindenburg] beruft am 1. Dezember [1932] ... den General von Schleicher und mich [Reichskanzler v. Papen] zu einer Aussprache ... Ich führe aus: Der Versuch, die Nationalsozialisten verantwortlich in die Regierung einzuschalten, sei zweimal misslungen. Hitler lehne auch jede Koalition mit anderen Parteien ab ... Die Maßlosigkeit und Demagogie der NS-Bewegung in den letzten Monaten hätten das Vertrauen in die staatsmännischen Fähigkeiten Hitlers ... nicht erhöht ... [So] bestehe offensichtlich heute ein Staatsnotstand, der außerordentliche Maßnahmen erfordere ... Ich schlug daher vor ..., es müsse während einer kurzen Periode der Reichstag ausgeschaltet werden. Die Verfassungsreform müsse einem Referendum oder einer neu zu berufenden Nationalversammlung zur Billigung vorgelegt werden ... Die Lage sei so ernst, dass der Staatsnotstand ein Abweichen von der Verfassung rechtfertige ...
Herr von Schleicher ... führte aus, er sehe eine Möglichkeit, die es dem Reichspräsidenten ersparen würde, den Eid auf die Verfassung zu brechen ... Sein Gedanke sei, in diesem neu gewählten Reichstage dennoch eine parlamentarische Mehrheit herzustellen, und zwar durch eine Spaltung der NSDAP ... Er glaube, dass es ihm gelinge, unter Führung von Strasser einige 60 Abgeordnete von Hitler zu trennen. Strasser und seine Leute wolle er an der

Regierung beteiligen und mit ihrer Hilfe eine „Gewerkschafts-achse" durch alle bürgerlichen Parteien und die SPD bilden. (52)

1. *Fassen Sie zusammen, wie die SPD den Regierungswechsel beurteilt (Q 39). Vergleichen Sie mit Q 40. S. auch T 3 und 4.*
2. *Überlegen Sie, warum man die letzten Regierungen der Weimarer Republik als „Präsidialkabinette" bezeichnet. S. auch T 1.*

e. Wer ebnete Hitler den Weg?

Q 41 Der Kölner Bankier Freiherr Kurt von Schroeder in einer eidesstattlichen Erklärung über ein Gespräch in seinem Haus mit Hitler, von Papen, Heß und Himmler am 4. Januar 1933
Papen [führte] aus, dass er für das Beste halte, eine Regierung zu formen, bei der die konservativen und nationalen Elemente … zu-sammen mit den Nazis vertreten seien. Er schlug vor, dass diese neue Regierung womöglich von Hitler und von Papen zusammen geführt werden sollte … Hitler … sagte, dass, wenn er zum Kanz-ler ernannt würde, Anhänger von Papens als Minister an seiner (Hitlers) Regierung teilnehmen könnten … Er skizzierte … Ände-rungen, einschließlich der Entfernung aller Sozialdemokraten, Kommunisten und Juden von führenden Stellungen in Deutsch-land … Von Papen und Hitler erzielten eine prinzipielle Einigung … Diese Zusammenkunft … wurde von mir arrangiert, nachdem Papen mich ungefähr am 10. Dezember 1932 darum ersucht hat-te … Bevor ich diesen Schritt unternahm, besprach ich mich mit ei-ner Anzahl von Herren der Wirtschaft … Die allgemeinen Bestre-bungen der Männer der Wirtschaft gingen dahin, einen starken Führer in Deutschland an die Macht kommen zu sehen … Ein ge-meinsames Interesse der Wirtschaft bestand in der Angst vor dem Bolschewismus und der Hoffnung, dass die Nationalsozialisten … eine beständige politische und wirtschaftliche Grundlage in Deutschland herstellen würden. Ein weiteres gemeinsames Inter-esse war der Wunsch, Hitlers wirtschaftliches Programm in die Tat umzusetzen … Weiterhin erwartet man, dass eine wirtschaftliche Konjunktur durch das Vergeben von größeren Staatsaufträgen [möglich] würde … Zu erwähnen [sind] eine von Hitler projektierte Erhöhung der deutschen Wehrmacht … auf 300 000 Mann, das Bauen von Reichsautobahnen und die Kredite, die der öffentlichen Hand … gegeben werden sollten, … Aufträge zur Verbesserung … der Reichsbahn und Förderung [von] Automobil- und Flugzeug-bau …
Es war allgemein bekannt, dass einer der wichtigsten Programm-punkte Hitlers die Abschaffung des Vertrages von Versailles dar-stellte und die Wiederherstellung eines sowohl in militärischer als auch in wirtschaftlicher Hinsicht starken Deutschlands. Es war klar, dass in einem starken Deutschland auch die Wirtschaft aufblühen werde … Das wirtschaftliche Programm Hitlers war der Wirtschaft allgemein bekannt und wurde von ihr begrüßt. (53)

Q 42 Reichswehrminister Groener an Generalmajor a. D. von Gleich, 2. April 1932
Die Legalitätserklärungen der SA-Führer am laufenden Bande … lassen sich taktisch recht gut verwerten. Die SAs untergraben sich dadurch selbst ihre Existenzberechtigung … Man wird … daran-gehen müssen die Nazis regierungsfähig zu machen, da die sicherlich noch mehr anwachsende Bewegung durch Gewalt nicht mehr unterdrückt werden kann. Die Nazis dürfen selbstverständ-lich nirgends allein an die Regierung gelassen werden, schon gar nicht im Reich. Aber in den Ländern wird der Versuch … gewagt werden müssen … Die Reichsregierung steht unerschütterlich …, freilich sollte er [Brüning] auf außenpolitischem und wirtschaft-lichem Gebiet bald einige Erfolge erringen … Wenn es den Men-schen in Stadt und Land wirtschaftlich besser ginge, würde der Nazispuk schnell zerstoben sein. (54)

T 25 Finanzquellen der NSDAP im April 1932

Quelle	Betrag in Mio. RM	einzelne Geldgeber
Beiträge, Versammlungs-erträge, Broschürenverkauf	15	
Leistungen deutscher Indus-trieller u. a. Unternehmer	5	Fritz Thyssen, Kirdorf, Warenhaus H. Tietz[1]
Spenden Auslandsdeutscher	2–3	gesammelt u. a. in den USA
ausländische Geldgeber	40–45	über die Schweizer Kreditanstalt, u. a. von dem schwedischen Ban-kier I. Kreuger, den Rüstungs-fabrikanten Vickers und Zaharoff und dem Generaldirektor des Royal Dutch Shell Konzerns, Deterding. (55)

1 Warenhaus Tietz und Schapiro vom Sportpalast waren jüdische Unternehmer, die sich durch derartige Tribute vor den Übergriffen der SA zu schützen suchten.

T 26 Die soziale Schichtung der NSDAP im Vergleich zur Gesellschaft in Deutschland 1930 (in Prozent)

Berufsgruppe	NSDAP	Gesellschaft	Gesellschaft = 100
Arbeiter	28,1	45,9	62,2
Angestellte	25,6	12,0	213,5
Selbstständige	20,7	9,0	230,0
Beamte	8,3	5,1	162,7
Bauern	14,0	10,6	132,0
Sonstige	3,3	17,4	18,9

(56)

Diskutieren Sie das Verhalten gesellschaftlich wichtiger Gruppen gegenüber Hitler (s. auch T 5, 6 und Q 12, 13).

Q 43   Völkische Weltanschauung nach H. Meyer, 1925

Der völkische Gedanke baut sich auf dem Begriff des deutschen Menschen auf, der durch keine andere Tatsache zur Entstehung kommt als durch die Abstammung von Deutschen und in seinem Wesen bestimmt wird von seinem Blut, d. h. seinen von den Ahnen her in ihn eingegangenen Erbanlagen. (57)

Q 44   „Ist Rasse Schicksal?" – Grundgedanken der völkischen Bewegung: H. Konopacki-Konopath, 1926

Nicht nur zahlenmäßig, sondern auch an Bedeutung der wichtigste ist der nordisch-germanische Blutsteil. Der nordischen Rasse werden folgende Eigenschaften zugeschrieben: geistige Schöpferkraft …, bisweilen gesteigert bis zum Genie, hohe geistige Beweglichkeit, Staaten bildende Befähigung. Ihr Geist ist beweglich, ruhelos, strebt zur Unendlichkeit und umfasst das Firmament …

Der ostische Mensch ist nicht schöpferisch veranlagt … Er ist das typische Merkmal für die Demokratie, der Massenmensch …

Die bis zur Revolution herrschende Schicht war vorwiegend nordisch … Vorwiegend nordisch kann der Adel aber nur bleiben, wenn er den Vermischungsprozess nicht weiter fortsetzt … Im deutschen Volk findet ständig eine negative Auslese in Richtung auf eine Ausmerzung des edlen nordischen Blutes statt …

Gewiss verführt der Jude … das Volk zur materialistischen Weltanschauung. Nie aber könnte ihm dies gelingen, wenn nicht ein großer Teil des Volkes, eben jener ostisch bestimmte, entsprechend veranlagt wäre. Mit der Ausschaltung des jüdischen Einflusses allein ist es also keineswegs getan. Es gilt, dem nordischen Gedanken im deutschen Volke wieder zur Herrschaft zu verhelfen … Es ist notwendig, endlich zu erkennen, dass im Germanentum die Wurzel unseres Wesens und das Geheimnis unserer Kraft ruhen. (58)

1. Analysieren Sie anhand von Q 43 und 44 Grundzüge antisemitischen Denkens.
2. Überlegen Sie, auf welche Wurzeln der Antisemitismus zurückgeführt werden kann. Ziehen Sie dazu Q 40 und 41, S. 73 heran.

f.   Hitler-Propaganda

Q 45   Wahlkampf – Hitler in der Kreisstadt Reutlingen

Hitler sprach am 29. Juli 1932 vor 20 000 Zuhörern, die Stadt hatte 32 000 Einwohner.

a) Aus der Rede Hitlers

Deutsche Volksgenossen!

… Das deutsche Volk geht seiner entscheidenden Schicksalsstunde entgegen … Es ist unser Ziel und eine Lebensaufgabe, die ich mir gestellt habe, diese 30 Parteien bürgerlicher und proletarisch-marxistischer Observanz zu beseitigen *(stürmischer Beifall)*. Ein Ziel …, das erreicht werden muss, wenn nicht sonst die deutsche Nation über diese lächerliche Parteizerrissenheit zugrunde gehen soll … Ich nehme also an, dass ihr [die Gegner] mit tausend Programmen die Wirtschaft ruiniert habt, und ich sage für uns, dass wir mit einem Programm die Wirtschaft wieder aufrichten werden, und dieses Programm lautet: Rettet die Kraft eines Volkes, und dieses Volk wird auch die Kraft finden sich wirtschaftlich wieder zu retten … Wenn jemand Deutschland wieder zum wirtschaftlichen Blühen zurückführen will, dann ist die Voraussetzung wieder die Blüte eines Deutschen Reiches, der Kraft und der Macht und der Stärke. (59)

b) Pressekommentar

Um den ganzen Platz wehen Hitlerfahnen. Auf der Stirnseite des Riesenzeltes steht in Riesenlettern schwarz auf weißem Grund: „Das ganze Deutschland soll es sein!" Auf beiden Seiten prächtige Blumenzusammenstellungen mit dem Hakenkreuz. Auf den beiden Enden der Frontseite die Aufschrift: „Deutschland erwache!" Es zieht ein Flugzeug über die Rennwiese. Auf der Unterseite der Tragflächen „Heil Hitler!" … Punkt $1/2$ 4 Uhr trifft Hitler mit einem Wagen … ein … Dann schreitet Hitler – in SA-Uniform mit dem E. K. 1. Klasse – langsamen Schrittes die Front der zu beiden Seiten aufgestellten Braunhemden ab. Man erkennt in ihm den Mann aus dem Volke im besten Sinne des Wortes. Mag sein, dass er etwas ermattet aussieht. Auch für einen Hitler gibt es Grenzen der physischen Kraft … Eine ganze Anzahl von Reden an einem Tag …

Im Zelt wird Hitler mit Jubel und Heilrufen begrüßt. Tausende von Händen erheben sich … Mädchen bringen Sträuße, tragen Kränzchen auf dem Haar. Ein kleiner Knabe überreicht Hitler … ein Tablett, in dem rote und weiße Nelken das Hakenkreuz zeichnen … Seine Rede hob sich weit hinaus über die übliche Parteipolemik … Kein gegenteiliger Zwischenruf ist zu hören. Was Hitler spricht, kommt aus heißem Herzen. Man fühlt, dass er sich seiner Verantwortung als Führer einer solchen Volksbewegung bewusst ist … So wäre der Hitlertag … vorüber. Sein erster Teil war jedenfalls ein Höhepunkt im politischen Leben Reutlingens, mag man sich zur Hitlerbewegung nun stellen, wie man will. Wäre auch die Frage interessant, ob die anderen 24 noch auf dem Reichstagswahlzettel stehenden Parteien zusammen eine solche Wahlveranstaltung … zusammenbrächten … Einer solchen Bewegung mit verbrauchten Kampfmitteln beizukommen, erscheint ziemlich aussichtslos. (60)

c) Amtlicher Polizeibericht

Anlässlich der gestrigen Hitlerversammlung kam es schon mittags bei der Anfahrt zu Zusammenstößen zwischen Nationalsozialisten, Kommunisten und herumstehenden Leuten … Ein Trupp Stuttgarter Nationalsozialisten, welcher durch sein Anhalten eine große Verkehrsstörung verursacht und den polizeilichen Anordnungen keine Folge leistete, schlug mit Schulterriemen auf das Publikum ein, nachdem aus demselben Schmährufe und Beschimpfungen gefallen waren. Als die Polizei eingriff, nahmen sie gegen diese Stellung. Dabei wurde ein Polizeibeamter blutig geschlagen. Nach der Versammlung musste die Polizei fast ohne Unterlass bis abends 7 Uhr eingreifen … Zwei Polizeibeamte erhielten Kopfverletzungen durch Nazi. Drei weitere Polizeibeamte wurden verletzt … Abends kurz nach 7 Uhr [gab es] noch eine weitere Schlägerei, wobei ein Nationalsozialist durch einen Stich verletzt wurde. Ein zweiter erhielt leichte Kopf- und Fingerverletzungen. (61)

d) Reichstagswahlergebnisse in der Stadt Reutlingen, 1930–1932 (in Prozent; s. auch T 3, S. 61)

	SPD	KPD	NSDAP	DNVP	Zentrum	christl. soz. Volksdienst	DVP	DDP (DStP)
14.9.1930	36,3	9,7	6,0	5,6	4,2	9,8		20,0
31.7.1932	32,0	12,3	25,4	5,9	5,4	8,0	2,2	5,5

Vgl. damit die Reichstagswahlergebnisse (B 13).
1. *Skizzieren Sie die politischen Gruppen und die gesellschaftlichen Schichten, die Hitler unterstützten und die ihm eher ablehnend gegenüberstanden (Q 41, T 25, 26).*
2. *Nennen Sie Motive, weshalb diese Gruppen und Schichten Hitler unterstützten bzw. ablehnten.*
3. *Untersuchen Sie die Gründe, die den Aufstieg der NSDAP begünstigten (T 15–19, 21, 24, Q 45, 46).*
4. *Charakterisieren Sie die Mittel der Nationalsozialisten, um an die Macht zu kommen (Q 32, 45).*
5. *Schildern Sie die Reaktion der örtlichen Presse auf das Auftreten der NSDAP (Q 45b). Ordnen Sie den Pressekommentar einer politischen Richtung zu.*

Q 46 Leitideen der antidemokratischen Rechten

a) Der „wahre Staat": Albrecht Erich Günther, Mitherausgeber der Zeitschrift „Deutsches Volkstum", 1932
Das deutsche Volk ringt um die echte deutsche Staatlichkeit, um die Herausbildung einer Regierung, die unabhängig ist von den Wünschen und Drängen der Interessengruppen, die den Staat zum Werkzeug ihres Machtwillens machen anstatt sich dienend dem Ganzen der Nation einzugliedern. (62)

b) Das dritte Reich: Moeller van den Bruck, 1923
Leben im Bewusstsein seiner Nation heißt leben im Bewusstsein ihrer Werte … Eine Nation ist eine Wertungsgemeinschaft … Der nationalistische Mensch geht von den Werten als dem Eigentümlichsten aus, das die Nation besitzt. (63)

c) Der neue Staat: Heinrich von Gleichen, 1922
Entscheidend bleibt, ob die [heutige] Krisis den deutschen Menschen stark macht. Dann wird der Weg zur Nation frei werden. Die Form der Nation, den neuen Staat aber bildet das staatsmännische Genie. (64)

d) Organismus: NS-Studentenschaft, 1932
Das Element, die Wurzel, aus der unsere Weltanschauung kommt, ist der Organismusgedanke, der Wachstumsgedanke. Das heißt, die Anschauung, die Auffassung alles Seins als eines Gewordenen und Wachsenden, als ein organisches Ganzes. (65)

e) „Deutscher Sozialismus": Moeller van den Bruck, 1931
Wir verstehen unter deutschem Sozialismus eine körperschaftliche Auffassung von Staat und Wirtschaft … Sozialismus ist für uns: Verwurzelung, Staffelung, Gliederung. Nur der Marxismus bekennt einen Sozialismus, der international ist. (66)

f) „Was wir vom Nationalsozialismus erwarten": Albrecht Erich Günther, 1932
In diesem Band sind Beiträge nichtnationalsozialistischer Verfasser vereint. Im Vorwort fasst der Herausgeber die Erwartungen zusammen:
Was erwarten die Millionen, die sich dem Nationalsozialismus zugewandt haben, vom Siege der Bewegung? Wenn wir durch alle Äußerlichkeiten hindurchsehen, so scheint es uns, als ob der innerste Kern dieser Erwartung auf die Aufrichtung einer echten Obrigkeit gerichtet sei, die nicht nur das Machtmittel der Gewalt, sondern Autorität besitzt. Der Parteienstaat, den wir vor Augen hatten, hat jede Autorität verloren. (67). S. auch Q 14.

Fassen Sie die Leitideen der antidemokratischen Rechten mit eigenen Worten zusammen.

g. Warum zerbrach die Weimarer Republik? – Urteile deutscher Historiker

Q 47 Karl Dietrich Bracher zum Problem der legalen Machtergreifung, 1955
Auch heute noch geistert … die Behauptung, Hitler sei am 30. Januar 1933 völlig „legal" nach den Grundsätzen der parlamentarischen Republik zur Macht gekommen, herum: der Republik also, auf die er seinen dann tausendfach gebrochenen Eid geschworen hat. Die Berufung auf den formalen Vorgang verfälscht den wahren Charakter dieses Regierungswechsels. Es waren durchaus … außerverfassungsmäßige Exponenten, die Hitler die Macht in die Hände spielten. Die rechtmäßig politisch verantwortlichen Instanzen dagegen, vor allem die Parteien, der Reichstag und der Reichspräsident, ließen sich von diesen Vorgängen ausschalten oder irreführen. Der Geist dieses Regierungswechsels war dem Sinn der Verfassung gänzlich zuwider. Man war sich gerade auf nationalsozialistischer Seite … klar, dass die Legalität „nur die äußere Ordnungsmäßigkeit der Ereignisse" betreffe und „ihren wahrhaft revolutionären Charakter nicht infrage" stelle. (68)

Q 48 Hans Herzfeld, 1966
Diese … Demokratie begann … ihre Laufbahn mit einer verhängnisvollen Verspätung gegen die im Weltkrieg siegreichen Demokratien des Westens. Sie war … zugleich mit allen Folgen eines Krieges belastet, dessen Erbitterung einen maßvollen Abschluss zwischen Siegern und Besiegten … so gut wie unmöglich machte. Dass ihre Laufbahn … durch die Verkettung innerdeutscher Schwierigkeiten des Übergangs von der tief in der deutschen Vergangenheit wurzelnden Monarchie zum Staate der modernen De-

mokratie mit den außenpolitischen Belastungen … mit einer Niederlage endete, dass die Machtergreifung Adolf Hitlers … mehr als nur ein „Betriebsunfall" der jüngeren deutschen Geschichte war, ist unbestreitbar …

Die eine Seite vermag nur die oft so handgreiflich zutage liegende politische oder soziale Schwäche dieses großen Experimentes einer Demokratie zu sehen, der sie vorwirft, dass sie als Exportgut des Auslands ihren Einzug auf deutschem Boden gehalten habe; die andere Seite betont ihre unvermeidliche Notwendigkeit und … ihre grundsätzliche Fruchtbarkeit, so dass ihre Kritik gegen die Schranke wendet, die an entscheidenden Schalthebeln der Macht im Namen der Freiheit viel zu duldsam die Kräfte der Vergangenheit in Beamtentum, Heer und Wirtschaft in der Illusion belassen habe, ihr Können und ihre Erfahrung im Dienste des neuen Staates benutzen zu dürfen, ohne die damit verknüpften Gefahren für die neue Ordnung zureichend zu erkennen und ihnen vorzubauen … Ein volles historisches Verständnis … ist … nur im Rahmen der ganzen – auch internationalen – Entwicklung dieser Epoche möglich. (69)

Q 49 Gerhard Schulz, 1975

Der Aufstieg des Nationalsozialismus in Deutschland lässt sich nicht monokausal aus einer eindeutigen und einheitlichen Interessenlage oder unter bestimmten wirtschaftspolitischen Strukturverhältnissen aus einer Interessenallianz herleiten. Anders verhielt es sich indessen mit der politischen Haltung einzelner wirtschaftlicher Gruppen, auch Interessengruppen, gelegentlich auch einzelner Unternehmer. Sie sind unter günstigen Umständen nachweisbar und zum Teil auch nachgewiesen worden. (70)

Q 50 Hagen Schulze, 1982

Woran ist also Weimar gescheitert? Die Antwort ist nicht mit letzter wissenschaftlicher Präzision zu geben, aber einiges lässt sich doch ausmachen: Die wichtigsten Gründe liegen auf dem Feld der Mentalitäten, der Einstellungen und des Denkens. In der Mitte des Ursachenbündels finden sich eine Bevölkerungsmehrheit, die das politische System von Weimar auf die Dauer nicht zu akzeptieren bereit war, sowie Parteien und Verbände, die sich den Anforderungen des Parlamentarismus nicht gewachsen zeigten. Die Ursachen für diese Defekte dürften überwiegend in langfristigen, aus den besonderen Bedingungen der preußisch-deutschen Geschichte zu erklärenden Zusammenhängen zu suchen sein, verstärkt durch die Entstehungsbedingungen des Weimarer Staatswesens und seiner außenpolitischen Belastungen … Die antirepublikanischen Tendenzen in Armee, Bürokratie und Justiz waren grundsätzlich beherrschbar, eine Frage des Machtbewusstseins von Parteien und Regierung. Die gesellschaftlichen und wirtschaftlichen Rahmenbedingungen waren hauptsächlich langfristig wirksam, indem sie auf die Mentalitäten von Bevölkerung und einzelnen Gruppen einwirkten; aktuelle ökonomische Krisen verstärkten die destabilisierenden Momente, verursachten sie aber nicht.

Lapidar lässt sich also schließen: Bevölkerung, Gruppen, Parteien und einzelne Verantwortliche haben das Experiment Weimar scheitern lassen, weil sie falsch dachten und deshalb falsch handelten. (71)

1. Vergleichen Sie die Begründungen für den Zusammenbruch der Weimarer Republik miteinander. Versuchen Sie mit eigenen Worten Unterschiede und Gemeinsamkeiten in den Begründungen zu nennen.

2. Diskutieren Sie, welches Gewicht antidemokratisches Denken für das Scheitern der Weimarer Republik hatte. Ziehen Sie auch T 27 heran.

T 27 Das Ende der Weimarer Republik

a) Nach dem Auseinanderbrechen der Großen Koalition unter dem Sozialdemokraten Hermann Müller im März 1930 gab es keine Regierung mehr, die über eine parlamentarische Mehrheit verfügte. Seit **Brüning** wurden die Regierungen gemäß der Verfassung durch die außerordentlichen Vollmachten des Reichspräsidenten eingesetzt. In den Wahlen von 1932 verloren die staatstragenden Parteien so viele Stimmen, dass nun die Mehrheit bei den staatsfeindlichen radikalen Rechts- und Linksparteien lag.

b) Die **Gründe für den raschen Aufschwung der NSDAP** lagen v. a. im mangelnden und schwindenden demokratischen Bewusstsein breiter Bevölkerungsschichten und einflussreicher politischer und gesellschaftlicher Gruppen, in den Auswirkungen der Weltwirtschaftskrise und in den Regierungskrisen seit 1930. Dazu kam u. a. die politische und wirtschaftliche Belastung der Republik durch die Folgen des Ersten Weltkrieges.

c) In der **Staatskrise seit 1930** versuchte Brüning Gesetze, die im Reichstag keine Mehrheit fanden, durch Notverordnungen (Art. 48) zu erlassen. Die Wirtschaftskrise wollte er mithilfe einer Deflationspolitik bekämpfen, d. h. die Staatsausgaben durch Sparmaßnahmen den sinkenden Einnahmen anpassen. Das hieß für den Staatshaushalt: Senkung der Löhne und Gehälter auf den Stand von 1927; Senkung der Preise um zweimal je 10 %; Drosselung der Einfuhren. Im Gegensatz dazu unterstützte Brüning großzügig die ostdeutsche Landwirtschaft und entschuldete dadurch die ostelbischen Gutsbesitzer, die erbitterte Gegner der Weimarer Republik waren. Denn obwohl die deutschen Getreidepreise durch Schutzzölle gestützt wurden, waren die Großgrundbesitzer nicht zufrieden. Die Mittel- und Kleinbauern in Westdeutschland hatten von diesen Maßnahmen keinen Nutzen. Die Verbraucher waren unzufrieden, weil bei sinkendem Einkommen die Grundnahrungsmittel nicht verbilligt wurden. So waren die Wirtschaftsmaßnahmen Brünings ein Fehlschlag.

d) Als Brüning nach der Reichspräsidentenwahl schärfer gegen die radikale Rechtsopposition vorgehen wollte, wurde er gestürzt. Sein Nachfolger, der parteilose **von Papen**, wurde im Reichstag nur noch von der DNVP gestützt und von der NSDAP geduldet, nachdem er das Verbot der SA und SS aufgehoben hatte, das von Brüning im April 1932 erlassen worden war. Am 20. Juli 1932 setzte von Papen in einem **Staatsstreich** die preußische Landesregierung (eine Minderheitsregierung der Weimarer Koalition) ab. Damit hatte er die unmittelbare Verfügung über die Verwaltung und die Polizei in Preußen. Die NSDAP ging aus den Reichstagswahlen im Juli 1932 als stärkste Fraktion hervor und stellte den Reichstagspräsidenten (Hermann Göring). Das Angebot von Papens, sich an der Regierung zu beteiligen, lehnte die NSDAP ab. Reichskanzler General von **Schleicher** entwickelte den Plan, durch Zugeständnisse an die Gewerkschaften und durch Arbeitsbeschaffungspolitik eine Einheitsfront der Gewerkschaftsmitglieder aller Reichstagsfraktionen herzustellen, in die er auch die Gruppe um Gregor Strasser aus der NSDAP einbeziehen wollte. Sein Plan scheiterte am Misstrauen der Gewerkschaften. Hindenburg ließ Schleicher nach knapp zwei Monaten fallen und berief trotz anfänglichen Widerstrebens am 30. Januar 1933 **Hitler** zum **Reichskanzler**.

T 28   Die Weimarer Republik – Zeittafel

	Innenpolitik	Außenpolitik
1918	Verfassungsänderung (**parlamentarisches System**; 28. Okt.) Revolution/Ausrufung der **Republik** (3.–9. Nov.) **Rat der Volksbeauftragten** (10. Nov.) Kongress der Arbeiter- u. Soldatenräte in Berlin (16.–19. Dez.)	Unterzeichnung des **Waffenstillstandes** (11. Nov.)
1919	**Ebert Reichspräsident** (11. Febr.) Unterzeichnung der Weimarer Reichsverfassung (11. Aug.)	Unterzeichnung des **Versailler Vertrages** (28. Juni)
1920	**Kapp-Putsch** (13.–16. März) Kämpfe in Mitteldeutschland und im Ruhrgebiet gegen kommunistische Umsturzversuche (März–April)	
1921	Abstimmung in Oberschlesien (20. März)	Londoner Konferenz (21. Febr.–14. März)
1922	Mord an Außenminister Rathenau (24. Juni)	**Rapallo-Vertrag** (16. April)
1923	**Passiver Widerstand** im Ruhrgebiet (Jan.–Sept.) Separatistenbewegung im Rheinland, Einmarsch der Reichswehr in Sachsen und Thüringen gegen Volksfrontregierungen (Okt.) Höhepunkt der **Inflation** (Nov.) Hitler-Putsch in München (8.–9. Nov.) Ende der Inflation; Einführung der **Rentenmark** (15. Nov.)	**Ruhrbesetzung** durch die Franzosen und Belgier (11. Jan.)
1924	Konjunkturaufschwung, Auslandskredite	**Dawesplan** (9. April) Londoner Konferenz (16. Juli–16. Aug.)
1925	Wahl **Hindenburgs** zum Reichspräsidenten (26. April)	Beginn der Räumung des Ruhrgebiets (Juli) Vertrag von **Locarno** (mit Frankreich; 5.–16. Okt.)
1926	Gesetz über Arbeitslosenversicherung (16. Juli)	**Berliner Vertrag** mit Russland (24. April) **Aufnahme in den Völkerbund** (9. Sept.)
1929	Tod Stresemanns (3. Okt.)	**Youngplan** (7. Juni) Zusammenbruch der New Yorker Börse; Beginn der **Weltwirtschaftskrise** (23.–29. Okt.)
1930	Verabschiedung des Youngplans im Reichstag (12. März) **Präsidialkabinett Brünings**, Notverordnungen (29. März)	Räumung des Ruhrgebiets abgeschlossen (30. Juni)
1931	akute **Wirtschaftskrise**, Massenarbeitslosigkeit **Harzburger Front** (11. Okt.)	Plan einer deutsch-österreichischen Zollunion scheitert am Einspruch der Alliierten (19. März)
1932	Wiederwahl Hindenburgs (10. April) Rücktritt Brünings, Präsidialkabinett **von Papen** (30. Mai) Reichstagswahl (Regierungsbildung ohne Stimmen der Radikalen unmöglich; 31. Juli) Kabinett des Reichswehrministers **von Schleicher** (2. Dez.)	Konferenz in Lausanne: Festsetzung der Reparationen auf 3 Mrd. RM (16. Juni–9. Juli; 15. Juni 1934 Zahlungen eingestellt)
1933	Hindenburg beruft **Hitler** zum **Reichskanzler** (30. Jan.)	

B. DAS NATIONALSOZIALISTISCHE DEUTSCHLAND

1. „Machtergreifung" und Gleichschaltung

T 1   Hitlers Koalitionskabinett, 30. Januar 1933
Reichskanzler: Hitler (NSDAP)
Vizekanzler (und Reichskommissar für das Land Preußen):
von Papen (bis 1932 Zentrum)
Innenminister: Dr. Frick (NSDAP)
Wirtschaftsminister und Minister für Ernährung und Landwirtschaft: Dr. Hugenberg (DNVP)
Justizminister: Dr. Gürtner (DNVP)[1]
Arbeitsminister: Seldte (Stahlhelm)
Wehrminister: Generalleutnant von Blomberg
Außenminister: Freiherr von Neurath (parteilos)[1]
Finanzminister: Graf Schwerin von Krosigk (parteilos)[1]
Post- und Verkehrsminister: Freiherr Eltz-Rübenach (parteilos)[1]
Minister ohne Geschäftsbereich: Göring (NSDAP)

1 aus der vorangegangenen Regierung übernommen

Was
der König eroberte,
der Fürst formte,
der Feldmarschall verteidigte,
rettete und einigte der Soldat.

B 2   Postkarte, 1933

B 1   Fackelzug der Nationalsozialisten am 30. Januar 1933
Rundfunkkommentar von Dr. J. Goebbels, Gauleiter von Berlin-Brandenburg und Reichspropagandaleiter der NSDAP. „Das, was wir unten erleben, diese Tausende und Tausende und Zehntausende und Zehntausende von Menschen, die in einem sinnlosen Taumel von Jubel und Begeisterung der neuen Staatsführung entgegenrufen, das ist wirklich die Erfüllung unseres geheimsten Wunsches. Das ist die Krönung unserer Arbeit. Man kann mit Fug und Recht sagen: Deutschland ist im Erwachen!"

B 3   Die Zeitung der NSDAP, 1. März 1933 (s. auch Q 3)

1. Vergleichen Sie die Zusammensetzung der Regierungskoalition Hitler (T 1) mit ihren Vorgängern (T 4, S. 30) und stellen Sie eine Verbindung zu Q 47, S. 47 her.
2. Erklären Sie, wie die Nationalsozialisten die Regierungsübernahme interpretierten (vgl. B 1) und nehmen Sie dazu Stellung.
3. Erläutern Sie anhand von B 2, wie die NS-Propaganda Hitlers Stellung in der deutschen Geschichte sieht.
4. Beurteilen Sie die nationalsozialistische Propaganda zum Reichstagsbrand (s. B 3).
5. Schildern Sie die Eindrücke, die vom Staatsakt der Reichstagseröffnung in der Potsdamer Garnisonskirche am Grab Friedrichs des Großen ausgingen (s. B 4).

B 4   Der „Tag von Potsdam" – Eröffnung des neu gewählten Reichstags in der Potsdamer Garnisonskirche am Grab Friedrichs des Großen, 21. März 1933. Am Rednerpult Reichskanzler Hitler; ihm gegenüber Reichspräsident Hindenburg und Reichstagspräsident Göring; links und rechts von ihnen, ebenfalls im Altarraum sitzend, die Mitglieder der Reichsregierung.

B 5   Angehörige der SA werden als Hilfspolizisten für den Wahltag vereidigt, März 1933 (s. auch Q 10a, b)

B 6   Konzentrationslager Oranienburg bei Berlin, 1933 (s. auch Q 10d, e)

a. Warum eine Koalitionsregierung?

Q 1 Franz von Papen, 1933
Wir haben uns Herrn Hitler engagiert … Ich habe das Vertrauen Hindenburgs. In zwei Monaten haben wir Hitler in die Ecke gedrückt, dass er quietscht. (1)

Q 2 Rudolf Breitscheid (SPD), 31. Januar 1933
Die Reaktion hat ihre letzte Karte ausgespielt, die Söldnerscharen des Faschismus eingesetzt. Wenn sie nicht sticht, und sie wird nicht stechen, dann ist die Stunde gekommen, in der die Arbeiterschaft das entscheidende Wort spricht … Für die Entscheidungsstunde gilt es, alle Kräfte zu sammeln um sie entschlossen einzusetzen. (2)

Q 3 Aus der „Verordnung des Reichspräsidenten zum Schutz von Volk und Staat", 28. Februar 1933
Aufgrund des Art. 48 Abs. 2 der Reichsverfassung wird zur Abwehr kommunistischer staatsgefährdender Gewaltakte Folgendes verordnet:
§ 1 … Es sind … Beschränkungen der persönlichen Freiheit, des Rechtes der freien Meinungsäußerung einschließlich der Pressefreiheit, des Vereins- und Versammlungsrechtes, Eingriffe in das Brief-, Post-, Telegrafen- und Fernsprechgeheimnis, Anordnungen von Haussuchungen und von Beschlagnahme sowie Beschränkungen des Eigentums außerhalb der sonst hierfür bestimmten gesetzlichen Grenzen zulässig.
§ 2 Werden in einem Lande die zur Herstellung der öffentlichen Sicherheit und Ordnung nötigen Maßnahmen nicht getroffen, so kann die Reichsregierung insoweit die Befugnisse der obersten Landesbehörde vorübergehend wahrnehmen. (3)

Q 4 Hitler im Berliner Sportpalast, 10. Februar 1933
Deutsches Volk, gib uns vier Jahre Zeit, dann richte und urteile über uns! … Und ich schwöre dir, so wie … ich in dieses Amt eintrat, so will ich dann gehen … Ich kann mich nicht lösen von dem Glauben an mein Volk …, von der Überzeugung, dass diese Nation wieder einst auferstehen wird, kann mich nicht entfernen von der Liebe zu diesem meinem Volk und hege felsenfest die Überzeugung, dass eben doch einmal die Stunde kommt, in der die Millionen, die uns heute hassen …, mit uns dann begrüßen werden das gemeinsam geschaffene, mühsam erkämpfte, bitter erworbene neue Deutsche Reich der Größe und Ehre und der Kraft und der Herrlichkeit und der Gerechtigkeit. Amen. (4)
Diese Rede wurde im Rundfunk übertragen.

b. Was bleibt dem Parlament noch?

Q 5 Aus dem Ermächtigungsgesetz, 23. März 1933
Art. 1. Reichsgesetze können … auch durch die Reichsregierung beschlossen werden.
Art. 2. Die von der Reichsregierung beschlossenen Reichsgesetze können von der Reichsverfassung abweichen.
Art. 4. Die Reichsregierung kann Verträge mit fremden Staaten ohne Zustimmung des Reichstags beschließen.
Art. 5. Das Gesetz tritt am 1.4.1937 außer Kraft. (5)
Das Ermächtigungsgesetz blieb bis zum Ende des „Dritten Reiches" in Kraft. Der Reichstag verlängerte es zweimal, Hitler 1943 durch einfachen Erlass „bis auf weiterhin". (Zur weiteren Rolle des Reichstags im „Dritten Reich" s. auch B 13 und Q 43).
Art. 76 der Verfassung der Weimarer Republik bestimmte für Verfassungsänderungen, dass zwei Drittel der Mitglieder des Reichstags anwesend sein und mindestens zwei Drittel der Anwesenden zustimmen müssen. Zur Abstimmung waren von insgesamt 647 Reichstagsmitgliedern 538 Abgeordnete anwesend. Den 81 KPD-Abgeordneten war vorher das Mandat abgesprochen worden. Von 120 SPD-Abgeordneten fehlten 26. Abstimmungsergebnis: 444 Ja-Stimmen; 94 Nein-Stimmen (von der SPD-Fraktion). Bei der Abstimmung war die Tribüne von SA-Leuten besetzt.

Q 6 Aus der Debatte zum Ermächtigungsgesetz im Reichstag, 23./25. März 1933

a) Adolf Hitler
Es würde dem Sinn der nationalen Erhebung widersprechen …, wollte die Regierung sich für ihre Maßnahmen von Fall zu Fall die Genehmigung des Reichstages erhandeln … Die Regierung wird dabei nicht von der Absicht getrieben, den Reichstag … aufzuheben; … sie behält sich vor …, wenn zweckmäßig …, seine Zustimmung einzuholen … Weder die Existenz des Reichstages noch des Reichsrates soll dadurch bedroht sein. Die Stellung und Rechte des Herrn Reichspräsidenten bleiben unberührt … Der Bestand der Länder wird nicht beseitigt, die Rechte der Kirchen werden nicht geschmälert, ihre Stellung zum Staate nicht geändert.
Da die Regierung an sich über eine klare Mehrheit verfügt, ist die Zahl der Fälle, in denen eine innere Notwendigkeit vorliegt, zu einem solchen Gesetz Zuflucht zu nehmen, an sich eine begrenzte. Umso mehr aber besteht die Regierung der nationalen Erhebung auf der Verabschiedung dieses Gesetzes … Sie bietet den Parteien des Reichstages die Möglichkeit einer … Verständigung; sie ist aber ebenso entschlossen und bereit die Bekundung der Ablehnung und damit die Ansage des Widerstandes entgegenzunehmen. Mögen Sie, meine Herren, nunmehr selbst die Entscheidung treffen über Frieden oder Krieg. (6)

b) Otto Wels (SPD)
Nach den Verfolgungen, die die Sozialdemokratische Partei in der

letzten Zeit erfahren hat, wird billigerweise niemand von ihr verlangen oder erwarten können, dass sie für das hier eingebrachte Ermächtigungsgesetz stimmt. Die Wahlen vom 5. März haben den Regierungsparteien die Mehrheit gebracht und damit die Möglichkeit gegeben streng nach Wortlaut und Sinn der Verfassung zu regieren. Wo diese Möglichkeit besteht, besteht auch die Pflicht … Wir deutschen Sozialdemokraten bekennen uns in dieser geschichtlichen Stunde feierlich zu den Grundsätzen der Menschlichkeit und der Gerechtigkeit, der Freiheit und des Sozialismus. Kein Ermächtigungsgesetz gibt Ihnen die Macht Ideen, die ewig und unzerstörbar sind, zu vernichten. Sie selbst haben sich ja zum Sozialismus bekannt. Das Sozialistengesetz hat die Sozialdemokratie nicht vernichtet. Auch aus neuen Verfolgungen kann die deutsche Sozialdemokratie neue Kraft schöpfen.
Wir grüßen die Verfolgten und Bedrängten. Wir grüßen unsere Freunde im Reich. Ihre Standhaftigkeit und Treue verdienen Bewunderung. Ihr Bekennermut, ihre ungebrochene Zuversicht verbürgen eine hellere Zukunft. (7)

c) Dr. Reinhold Maier für die linksliberale Deutsche Staatspartei[1] (5 Reichstagsabgeordnete)

Wir fühlen uns in den großen nationalen Zielen durchaus mit der Auffassung verbunden, wie sie heute vom Reichskanzler vorgetragen wurde … Wir verstehen, dass die gegenwärtige Regierung weitgehende Vollmachten verlangt um ungestört arbeiten zu können … Wir vermissen in dem vorliegenden Gesetzentwurf, dass den verfassungsmäßigen Grundrechten und den Grundlagen der bürgerlichen Rechtsordnung keine ausdrückliche Sicherung vor Eingriffen gegeben wurde … Im Interesse von Volk und Vaterland und in der Erwartung einer gesetzmäßigen Entwicklung werden wir unsere ernsten Bedenken zurückstellen und dem Gesetz zustimmen. (8)

1 1930 hatte sich die Deutsche Demokratische Partei (DDP) in Deutsche Staatspartei umbenannt.

d) Prälat Dr. Ludwig Kaas (Zentrum)

Die gegenwärtige Stunde kann für uns nicht im Zeichen der Worte stehen; ihr einziges, ihr beherrschendes Gesetz ist das der raschen, aufbauenden und rettenden Tat. Und diese Tat kann nur geboren werden in der Sammlung. Die Deutsche Zentrumspartei, die den großen Sammlungsgedanken schon seit langem und trotz aller vorübergehenden Enttäuschung mit Nachdruck und Entschiedenheit vertreten hat, setzt sich zu dieser Stunde, wo alle kleinen und engen Erwägungen schweigen müssen, bewusst und aus nationalem Verantwortungsgefühl über alle parteipolitischen und sonstigen Gedanken hinweg … Im Angesicht der brennenden Not, in der Volk und Staat gegenwärtig stehen, im Angesicht der riesenhaften Aufgaben, die der deutsche Wiederaufbau an uns stellt, im Angesicht vor allem der Sturmwolken, die in Deutschland und um Deutschland aufzusteigen beginnen, reichen wir von der Deutschen Zentrumspartei in dieser Stunde allen, auch früheren Gegnern, die Hand um die Fortführung des nationalen Aufstiegswerkes zu sichern. Die Wiederherstellung eines geordneten Staats- und Rechtslebens zu beschleunigen, chaotischen Entwicklungen einen festen Damm entgegenzusetzen, zusammen mit allen denen,

gleich aus welchen Lagern und Gruppen der deutschen Volksgenossen sie kommen mögen, mit allen denen, die ehrlichen, auf Aufbau und Ordnung gerichteten Willens sind … Manche der von Ihnen, Herr Reichskanzler, abgegebenen sachlichen Erklärungen geben … bezüglich einzelner wesentlicher Punkte des deutschen Staats-, Rechts- und Kulturlebens … die Möglichkeit eine Reihe wesentlicher Bedenken, welche die zeitliche und sachliche Ausdehnung des Ermächtigungsbegehrens bei uns ausgelöst hatten und auslösen mussten, anders zu beurteilen.
In der Voraussetzung, dass diese von Ihnen abgegebenen Erklärungen die grundsätzlichen und praktischen Richtlinien für die Durchführung der zu erwartenden Gesetzgebungsarbeit sein werden, gibt die Deutsche Zentrumspartei ihre Zustimmung. (9)

e) Karl Bachem, Historiker und Mitglied der Zentrumspartei

Das Ermächtigungsgesetz ist also angenommen … Das Gesetz [wäre] selbst dann durchgegangen, wenn das Z[entrum] dagegen gestimmt oder … sich enthalten hätte. Hätte das Z[entrum] dagegen gestimmt, so wäre es wohl … sofort zerschlagen worden, gerade wie die … Sozialdemokratie. Alle Beamten, welche sich zum Z[entrum] bekennen, wären wohl sofort beseitigt worden. Im Reichstag [wären] … die Zentrumsleute … vielleicht sofort verprügelt und hinausgeschmissen worden …, aber ohne dass der katholischen Sache … genützt worden wäre … Jede Möglichkeit einer Einflussnahme auf [die Politik der NSDAP] (wäre) von vornherein unmöglich geworden. (10)

Bei einer Probeabstimmung sprachen sich von 73 Mitgliedern der Fraktion 13 gegen die Zustimmung zum Ermächtigungsgesetz aus (u. a. Brüning), während der Parteivorsitzende Kaas Exponent der Mehrheit war.

c.   Wie war es möglich?

Q 7   Dr. Joseph Goebbels, seit dem 14. März 1933 Reichsminister für Volksaufklärung und Propaganda, 1934

Wir Nationalsozialisten haben … niemals behauptet, dass wir Vertreter eines demokratischen Standpunktes seien, sondern wir haben offen erklärt, dass wir uns demokratischer Mittel nur bedienen, um die Macht zu gewinnen, und dass wir nach der Machteroberung unseren Gegnern alle die Mittel versagen würden, die man uns in Zeiten der Opposition zugebilligt hatte. (11)

Q 8   Aus dem Erlass des kommissarischen preußischen Innenministers Hermann Göring an alle Polizeibehörden, 17. Februar 1933

Dem Treiben staatsfeindlicher Organisationen ist mit den schärfsten Mitteln entgegenzutreten. Polizeibeamte, die in Ausübung dieser Pflichten vom Schusswaffe Gebrauch machen, werden ohne Rücksicht auf die Folgen des Schusswaffengebrauchs von mir gedeckt; wer hingegen in falscher Rücksichtnahme versagt, hat strafrechtliche Folgen zu gewärtigen. (12) S. dazu Q 6a.

Q 9 André François-Poncet, französischer Botschafter in Berlin, über die Haltung der deutschen Bevölkerung zum Nationalsozialismus, 1933

Das Erstaunliche an dieser Revolution ist die Schnelligkeit, mit der sie vor sich ging, aber auch die Leichtigkeit, mit der sie sich überall vollzog, der geringe Widerstand, dem sie begegnete ...

Die Vorstellung, dass eine Regierung lügen könne, geht nicht leicht in die Köpfe der Deutschen ein. Die angeborene Achtung, die sie vor der gesetzmäßigen Autorität haben, bringt sie dazu, sich allem unterzuordnen, was von ihr ausgeht, und dies erst recht, wenn es sich um einen so besonderen Mann handelt, den der Marschall als Reichskanzler berief und der sich als Retter der Bedrängten ausgibt ... (13)

1. Nehmen Sie zu Inhalt und Begründung des Ermächtigungsgesetzes Stellung. Vergleichen Sie die Erklärung Hitlers zum Ermächtigungsgesetz mit den gesetzlichen Maßnahmen seiner Regierung 1933/34 (T 2).

2. Fassen Sie zusammen, wie die verschiedenen Beobachter die Erfolge der nationalsozialistischen Regierung erklären (v. a. Q 6e, Q 7 und Q 9).

2. Eine „nationale Revolution"?

T 2   Gesetze der „nationalen Revolution" 1933/34

Datum/Gesetz	Bestimmungen	Verfassungsmäßige Grundlagen
1933		
28.2. „Verordnung zum Schutz von Volk und Staat" (Reichstagsbrandverordnung)	„Zur Abwehr kommunistischer, staatsgefährdender Gewaltakte": Einschränkung der Grundrechte (u. a. persönliche Freiheit, freie Meinungsäußerung, Pressefreiheit, Vereins- und Versammlungsfreiheit. Eingriffe in Brief- und Fernsprechgeheimnis, Haussuchungen und Beschränkung des Eigentums zulässig).	Art. 48 der Weimarer Reichsverfassung
23.3. „Gesetz zur Behebung der Not von Volk und Staat" (Ermächtigungsgesetz)	Reichsgesetze können von der Regierung beschlossen werden und dürfen von der Verfassung abweichen.	Art. 48 [u. 76] der Weimarer Reichsverfassung
31.3. Erstes Gesetz „zur Gleichschaltung der Länder mit dem Reich"	Alle Landtage und kommunalen Selbstverwaltungsorgane werden aufgelöst und entsprechend dem Reichstagswahlergebnis neu zusammengesetzt.	Regierungsbeschluss
7.4. Zweites Gleichschaltungsgesetz	„Reichsstatthalter" sind für die Durchführung der Richtlinien des Reichskanzlers in den Ländern verantwortlich.	Regierungsbeschluss
7.4. Gesetz „zur Wiederherstellung des Berufsbeamtentums"	Beamte können entlassen werden, wenn sie „nichtarischer Abstammung sind" und wenn sie „nach ihrer bisherigen politischen Betätigung nicht die Gewähr dafür bieten, dass sie jederzeit rückhaltlos für den nationalen Staat eintreten".	Regierungsbeschluss
14.7. Gesetz „gegen die Neubildung von Parteien"	Als „einzige politische Partei in Deutschland" wird die NSDAP zugelassen.	Regierungsbeschluss
1.12. Gesetz „zur Sicherung der Einheit von Partei und Staat"	Die NSDAP wird „nach dem Sieg der nationalsozialistischen Revolution" als „die Trägerin des deutschen Staatsgedankens und mit dem Staat unlöslich verbunden" anerkannt; „Stellvertreter des Führers" und SA-Chef werden Mitglieder der Reichsregierung.	Regierungsbeschluss
1934		
30.1. Gesetz „über den Neuaufbau des Reiches"	Volksvertretungen der Länder werden aufgehoben, die Hoheitsrechte der Länder gehen auf das Reich über, die Landesregierungen unterstehen der Reichsregierung, die neues Verfassungsrecht setzen kann.	Regierungsbeschluss
14.2. Gesetz „über die Aufhebung des Reichsrates"	Der Reichsrat als Verfassungsorgan wird aufgehoben.	Regierungsbeschluss
1.8. Gesetz „über das Staatsoberhaupt des Deutschen Reiches"	„Das Amt des Reichspräsidenten wird mit dem des Reichskanzlers vereinigt." Die „bisherigen Befugnisse des Reichspräsidenten [gehen] auf den Führer und Reichskanzler Adolf Hitler über".	Regierungsbeschluss

Q 10 Was der Bürger in der Zeitung las: Auszüge aus dem „Reutlinger Generalanzeiger" und aus der „Schwarzwälder Kreiszeitung" (später „Reutlinger Tageblatt"), 1933

a) 11. März: Flaggenhissung auf dem Rathaus ... unter Führung von [SA-]Sturmbannführer Sch... Da, wo am 9. November 1918 die roten Fahnen hingen, [wurde] die Hakenkreuzfahne gehisst. Einbeziehung von 50 Mann Hilfspolizei, die sich aus SA, SS und Stahlhelm rekrutieren.

b) 24. März: Polizeiaktion gegen „Freie Presse" und Gewerkschaftshaus ... SA ... Kriminalbeamte ... drang[en] in die Räumlichkeiten der „Freien Presse" [SPD] ein ..., in die des Gewerkschaftshauses ... Redakteur B... von der „Freien Presse" ... aus seiner Wohnung geholt ... In beiden Häusern ... Haussuchungen ... Haussuchung in der Wohnung des Stadtrats K... [SPD]. – Dringlichkeitsantrag der Rathausfraktion der NSDAP. – Die derzeitige Zusammensetzung des Gemeinderates steht in krassestem Widerspruch zu dem Ergebnis der Reichstagswahl am 5. März ds. Jahres ... Wir beantragen ... aus Gründen der Ruhe und Ordnung und ... der öffentlichen Sicherheit ... [dass] sich der Gemeinderat so lange jeder weiteren Betätigung [enthält], bis die von der Regierung beabsichtigte ... Zusammensetzung ... des Gemeinderats herbeigeführt ist.

c) 27. März: Gleichschaltung des Gemeinderats: … Unter Zugrundelegung des Reichstagswahlergebnisses vom 5. März [werden] die politischen Vertretungen der Länder und Gemeinden neu zusammengestellt … Eine Wahl wird nicht erfolgen, da die Beanspruchung öffentlicher Gelder und der Bevölkerung durch einen abermaligen Wahlgang nicht mehr erträglich erscheint. [Nach diesem Verhältnis stieg der Anteil der NS-Fraktion von 2 auf 10 Sitze. Sie war nach dem Verbot der SPD – 10 Sitze – stärkste Fraktion.]

d) 4. April: Auf dem Heuberg [Schwäbische Alb]: Großzügig angelegtes Militärlager – Das größte **Konzentrationslager** in Deutschland – Wundervolle Hochlage – Zur Zeit 1 750 Internierte und 450 Mann Bewachung – Gute Verpflegung und Behandlung – Hinter Stacheldraht – Nichts arbeiten den ganzen Tag …
Absonderung der „Allerärgsten". Die Rädelsführer, die ganz Schlimmen, sind in einem besonderen Hause untergebracht.

e) April 1933: Der ehemalige Häftling, damals SPD-Stadtrat K… berichtet [über die Vorgänge in einem Konzentrationslager]:
„Im [Strafbau stellte man sie] an die Wand – Nase und Fußspitzen mussten die Wand berühren –, bis die Leute rückwärts auf die scharfkantigen Steinbrocken fielen, die hinter ihnen aufgeschichtet waren. Das … wurde so lange fortgesetzt, bis der Häftling liegen blieb. Darauf wurde er unter Knüppelschlägen weggeschleift … Mein Freund, Geschäftsführer des Metallarbeiterverbandes, … sagte zu mir: ‚Ich kann nicht mehr, ich nehme mir das Leben!' Bald nach seiner Entlassung starb er … Er war in den wenigen Wochen seiner KZ-Haft körperlich und seelisch ruiniert worden … Als ich entlassen wurde, musste ich mich verpflichten draußen kein Wort über meine Internierung zu sprechen, andernfalls hätte ich mit verschärfter Haft zu rechnen." (Interview)

f) 5. April: Für den Oberamtsbezirk Reutlingen sind vom … Innenministerium ernannt worden als **politische Sonderkommissare** die Landtagsabgeordnete H… [Kreisleiter der NSDAP] und … [SA-]Sturmbannführer Sch…

g) 13. April: Aktion gegen die Allgemeine Ortskrankenkasse Reutlingen … Auf Veranlassung der Württembergischen Regierung … Besetzung der Allgemeinen Ortskrankenkasse und der Wohnungen ihrer Beamten … Direktor M… wurde vorläufig beurlaubt. Der Besetzung folgte die Herbeischaffung von Aktenmaterial und die Vernehmung der Beamten … Auf dem Gebäude … zwei Hakenkreuzfahnen gehisst … An der Besetzung waren etwa 100 Mann der Schutzpolizei, der SS und SA beteiligt.

h) 15. April: Weitere Verhaftungen – In **Schutzhaft** genommen wurde aus Gründen seiner eigenen Sicherheit Rechtsrat R…, wegen Verdunklungsgefahr Direktor M… von der Ortskrankenkasse, aus politischen Gründen erneut Redakteur B… von der „Freien Presse" [SPD]. Weitere Verhaftungen … Stadtrat K… [SPD], Obersekretär K… und Stadtrat S… Die Verhafteten wurden aufs Amtsgericht gebracht.

i) 18. April: Reichsrat R… auf dem [KZ] Heuberg … Die Vernehmungen von R… und die Sichtung des Materials ergaben, dass Rechtsrat R… der Verbindungsmann der Sozialdemokratischen Partei war; seine Mitgliedschaft bei dieser Partei konnte allerdings nicht festgestellt werden. Die Untersuchungen ließen … zu der Überzeugung gelangen, dass ein großer Teil der Zwistigkeiten innerhalb der Stadtverwaltung … der Haltung … von … R… zuzuschreiben ist. Amtsgerichtsrat Dr. D… erließ einen Haftbefehl … und Oberbürgermeister Dr. H… wird … ein Disziplinarverfahren wegen Dienstverfehlung einleiten. Rechtsrat R… ist vorläufig beurlaubt … In nationalen Kreisen [ist] die Erregung gegen R… so groß, dass man es für zweckmäßig fand, ihn … in **Schutzhaft** auf den Heuberg zu verbringen … Er musste damit teilen das heutige Schicksal so vieler, die ihr Emporstreben stützten auf eine Partei, die sich ihrem ganzen Wesen nach noch immer als gesellschaftsfeindlich und antinational erwiesen hat und über die nun das Gericht der nationalen Revolution hereingebrochen ist.

j) 22. April: Weitere **Verhaftungen** … die Stadträte K… [SPD] und V… [Vorsitzender der Ortskrankenkasse], Gewerkschaftssekretär H…, auf besondere Anordnung … Druckereibesitzer F… vom „Reutlinger Generalanzeiger". Außerdem … 13 Funktionäre der Kommunistischen Partei und des Reichsbanners …

k) 24. April: Herr F… [Generalanzeiger] … wegen Magenblutungen ins Bezirkskrankenhaus eingeliefert.
28. April: Krankenkassendirektor M… † – Der Direktor aus dem Leben geschieden: Er wurde heute früh erhängt in seiner Krankenzelle im Bezirkskrankenhaus vorgefunden. Direktor M… [wurde] bekanntlich im Zuge der Aktion gegen die Allgemeine Ortskrankenkasse … in Schutzhaft genommen …

l) 23. April: Aufruf! – Der **1. Mai** muss auch in Reutlingen … **Riesenkundgebung** … werden … Wer … glaubt, er müsse sich … fern halten, der stellt sich … außerhalb unserer Volksgemeinschaft. NS-Betriebszellenorganisation.
Programm zum 1. Mai 1933
6.45 Flaggenhissung in den Reutlinger Betrieben durch 3 SA-Kolonnen unter Begleitung von Musikkapellen.
8.30 Festgottesdienste. Die SA und andere Formationen nehmen in Uniform geschlossen an den Gottesdiensten teil.
10.15 Marsch der uniformierten Verbände durch die Stadt zum Marktplatz.
11.00 Übertragung der Reichssendung vom Lustgarten in Berlin.
13.15 Sammeln der Betriebsangehörigen vor ihren Betrieben.
15.00 Großer Festzug unter Beteiligung aller nationalsozialistischen Formationen, des Stahlhelm, der Arbeiterschaft in den Industriebetrieben, der Handwerkerinnungen, Behörden usw.
17.00 Riesenkundgebung auf dem Marktplatz.
19.00 Abendkundgebung auf dem Marktplatz mit großer Festbeleuchtung.
20.00 Marktplatz: Übertragung der Feier auf dem Tempelhofer Feld in Berlin. Manifest Hitlers: Verkündigung des 1. Jahresplans der deutschen Aufbauarbeit.

24. April: Bundesausschuss des Allgemeinen Deutschen Gewerkschaftsbundes begrüßt den 1. Mai 1933 als gesetzlichen Feiertag der nationalen Arbeit und fordert die Mitglieder … auf … sich … an den … Feiern … zu beteiligen …i

m) 3. Mai: Inbesitznahme des Gewerkschaftshauses durch die „nationale Erhebung" – [Im Rahmen der] Vereinheitlichung der Gewerkschaften durch das ganze Reich … wurde gestern … durch die SA das hiesige Gewerkschaftshaus aufs Neue und für immer besetzt. Auch die Gewerkschaftsbüros, die in Privatwohnungen verlegt wurden, [sind durchsucht worden], doch nicht im Sinne einer Aktion gegen die organisierte Arbeiterschaft. Die Leitung dieser Gleichschaltung liegt in den Händen des Kreisleiters der NSBO [Nationalsozialistische Betriebszellenorganisation] … Mit der Leitung des Allgemeinen Deutschen Gewerkschaftsbundes wurde Parteigenosse K. beauftragt.

Was nicht in der Presse stand:
Geheime Weisung des preußischen Innenministeriums … vom 2. Mai 1933: An alle Oberpräsidenten, Landräte, Regierungspräsidenten. – Der … Aktion der NSDAP gegen die freien Gewerkschaften ist … nicht entgegenzutreten. (14)

n) 2. Mai: Reutlinger Ortsgruppe der **DDP löst sich auf.**
3. Mai: Gleichschaltung im Musikverein Reutlingen – Zu einer außerordentlichen Mitgliederversammlung zum Zwecke der Umstellung auf nationale Grundlage hat der Musikverein … seine Mitglieder … eingeladen. In Anwesenheit des Kommissars waren als Vertreter die Herren S… und K… von der NSDAP erschienen. Nach Erledigung der allgemeinen Tagesordnung trat der geschäftsführende Vorstand zurück … Mit begeisterten Worten für Volk und Vaterland und dem dreifachen „Sieg Heil!" auf Adolf Hitler konnte der Vertreter der NSDAP die Leitung des Vereins dem von ihm benannten Vorstand übergeben. Derselbe begrüßte dann die inzwischen erschienene Kapelle, die geschlossen zum Stahlhelm übergetreten ist, und konnte nach kurzer Ansprache die harmonisch verlaufene Versammlung schließen. „Gut Klang!"

> **Bekanntmachung**
> 1. Sämtliche Gaststätteninhaber werden ersucht, künftighin in ihren Lokalen **keine Jazzmusik** mehr spielen zu lassen. Entstehen hinsichtlich des Begriffes „Jazzmusik" Zweifel, so entscheidet SA-Obermusikmeister K… endgültig.
> 2. Sämtliche Gaststätteninhaber werden ersucht, in ihren Lokalen an gut sichtbarer Stelle Plakate mit folgender Aufschrift aufzuhängen: **Die deutsche Frau raucht nicht!** – Der Sonderkommissar. Sch… – Sturmbannführer.

o) 16. Mai: Auflösung der Deutschen Volkspartei – Die Vertreterversammlung sieht angesichts der politischen Verhältnisse … keine Möglichkeit mehr, die Landesorganisation der Partei aufrechtzuerhalten … Möge es der Regierung der nationalen Front gelingen, auf dem von ihr eingeschlagenen Weg Deutschland einer glücklichen Zukunft entgegenzuführen.

Keine Sozialdemokraten mehr auf dem Reutlinger Rathaus – Mandatsniederlegung infolge Parteiauflösung …

p) 27. Mai: Demonstration gegen den Stadtvorstand – Gestern Abend um ¾ 10 Uhr umstellten etwa 100 Bürger … das Haus des Oberbürgermeisters … zum Zwecke einer Demonstration … Sprechchöre lauteten: „Herr Bürgermeister! Wir fordern, dass Sie das Rathaus verlassen! … Unser Vertrauen haben Sie nicht mehr." … Als die Demonstranten abzogen, begegneten ihnen etwa sechs Polizeibeamte, z. T. auf Fahrrädern, die aber nicht mehr einzugreifen brauchten … Es scheinen gewisse Vorkommnisse … das Missfallen der Kreise, denen die gestrigen Demonstranten angehörten, erregt zu haben …

q) 6. Juli: Eine aus der Reichshauptstadt Berlin übernommene Meldung: **Der Auflösungsbeschluss des Zentrums** … Die politische Umwälzung hat das deutsche Staatsleben auf eine völlig neue Grundlage gestellt, die für eine bis vor kurzem mögliche parteipolitische Betätigung keinen Raum mehr lässt. Die Deutsche Zentrumspartei löst sich daher … auf. [Sie] gibt ihren Anhängern die Möglichkeit ihre Kräfte und Erfahrungen der … nationalen Front zur Mitwirkung zum Neuaufbau einer rechtsstaatlichen Ordnung rückhaltlos zur Verfügung zu stellen. Die Zentrumspartei vollzieht den … organisatorischen Abbau mit … Beschleunigung. Sie darf hierbei … damit rechnen, dass die Abwicklungsarbeiten nicht gestört werden, dass die Beschlagnahme von bisherigem Parteigut sowie politisch bedingte Verhaftungen von ehemaligen Parteiangehörigen in Zukunft unterbleiben und bereits verhaftete wieder freigelassen werden, soweit nicht Verdacht strafbarer Handlungen vorliegt. Sie gibt ferner der berechtigten Forderung Ausdruck, dass die bisherigen Anhänger der Zentrumspartei von dem Führer der nationalsozialistischen Bewegung in Zukunft vor Diffamierung geschützt werden und dass die katholische, zum nationalsozialistischen Staat positiv eingestellte Presse die gleiche Behandlung erfährt wie die übrige nationale Presse. – Die Reichsleitung des Deutschen Zentrums.

r) 28. Juli: Oberbürgermeister Dr. H… **seines Amtes enthoben** … Die Führung der Amtsgeschäfte ist … in die Hand des Fraktionsgeschäftsführers der NSDAP … gelegt … [worden].

s) 31. Juli: Das Kultusministerium hat … angeordnet, dass Schüler … den Lehrern … **in der Schule** künftig den **Hitlergruß** zu erweisen haben …
3. August: Der stellvertretende Stadtvorstand erklärt vor dem mit dem **„Hitlergruß" eröffneten Gemeinderat:** „… Ich bekam am Freitag von der Regierung in Stuttgart den Auftrag auf das Rathaus zu gehen und die Geschäfte der Stadt zu übernehmen. Dies geschah dann auch im Beisein des stellvertretenden Kreisleiters …" Aus dem Sitzungsbericht: „Eine besondere Begründung für die Dienstentlassung des bisherigen Stadtvorstandes zu geben, habe man keine Veranlassung … Man habe sich davon überzeugt, dass Oberbürgermeister Dr. H… nicht für den Nationalsozialismus in der gegebenen Weise einzutreten bereit war."

t) 6. Oktober: Der [demokratisch gewählte] Oberbürgermeister wird in den Ruhestand versetzt.

u) 25. Oktober:

Aus der Rede des Regierungspräsidenten zur Amtseinsetzung des neuen Stadtvorstandes
Wenn jetzt [der] Vertrauensmann der nationalsozialistischen Bewegung [bisher Regierungsrat des Wirtschaftsministeriums] in das Rathaus einzieht, … übernimmt [er] sein Amt in einer Zeit, in der die neue nationalsozialistische Gemeindegesetzgebung auch für die Gemeindeverwaltung den Grundsatz des Führertums und der Führerverantwortung aufgestellt hat, der dem alten Offizier gewiss besonders liegt …

Aus der Rede des neuen Oberbürgermeisters
Heute ist der Stadtvorstand nicht mehr der Kuhhandelspartner der Parteien des Gemeinderats, sondern der Führer des Gemeinderats und der Stadt …

1. *Erläutern Sie mithilfe von Q 8 und 10f, wer nach dem 30. Januar 1933 praktisch die Polizeigewalt innehatte und weswegen die Nationalsozialisten Wert auf die Besetzung der Innenministerien legten.*
2. *Überlegen Sie, warum offiziell von „Schutzhaft" gesprochen wurde (Q 10h), und stellen Sie fest, auf welcher gesetzlichen Grundlage jemand in Schutzhaft genommen werden konnte. S. dazu auch B 5, 6.*
3. *Berichten Sie über das Schicksal einzelner Persönlichkeiten des öffentlichen Lebens in Reutlingen.*
4. *Der Gewerkschaftsbund erklärte am 30. Januar 1933: „Organisation, nicht Demonstration ist die Parole der Stunde" und gab am 20. März 1933 eine Loyalitätserklärung zur Regierung Hitler ab. Nennen Sie Gründe für dieses Verhalten und erörtern Sie vor diesem Hintergrund die Ereignisse des 1./2. Mai 1933 (Q 10m).*
5. *Lesen Sie in der Redaktion Ihrer Lokalzeitung oder im Stadtarchiv über die Ereignisse in Ihrem Wohnort nach und vergleichen Sie mit Q 10.*

B 7 Der neue Oberbürgermeister
Pressemitteilung: Am 26. September hat das Staatsministerium dem einstimmigen Vorschlag des Gemeinderats entsprechend den Regierungsrat Dr. D… beim Wirtschaftsministerium … zum Oberbürgermeister … ernannt … Jetzt tritt an die Spitze der Stadt ein alter Offizier (s. Q 10p, r, t, u).

Feierliche Amtseinsetzung des Reutlinger Oberbürgermeisters

Reichsstatthalter Murr gibt ihr das besondere Gepräge – Allgemeine freudige Anteilnahme der Bürgerschaft – Ende der Arbeitslosigkeit in Reutlingen auf die Jahreswende angekündigt – Gleichzeitige Einführung der neuen Gemeinderäte – Gemeinderat zählt jetzt 26 Mitglieder – Besichtigung der Ausstellung „Das alte Handwerk" – Imposanter Fackelzug mit Vorbeimarsch am Reichsstatthalter – Stadt festlich geschmückt – Marktplatz abends prächtig illuminiert – Abendfeier in der „Bundeshalle" mit zahlreichen Ansprachen

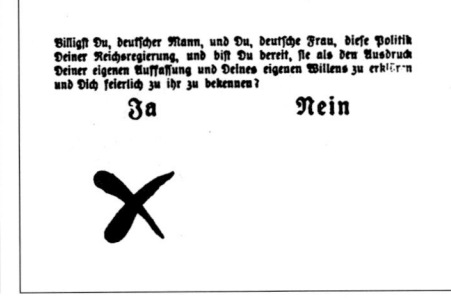

B 9 Stimmzettel zur Reichstagswahl am 5. März 1933

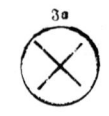

B 10 Wahlplakat zur Reichstagswahl am 12. November 1933

B 8 Stimmzettel zur Reichstagswahl am 14. September 1930

B 12 Stimmzettel, 10. April 1938. B 11 und B 12 waren Wählerinformationen in der Tagespresse (vgl. mit B 9, S. 190; s. auch B 12 und T 3, S. 29).

B 11 Stimmzettel zur Reichstagswahl und Wahlschein zur Volksabstimmung über den Austritt Deutschlands aus dem Völkerbund am 12. November 1933

3. Volksbefragung und Herrschaftstechnik

a. Wie mobilisierte man 1933 über 90 % der Wähler?

Q 11 Aus einem Wahlkampfplakat der NSDAP, März 1933
Wenn HINDENBURG sein Vertrauen ADOLF HITLER schenken kann, dann kannst auch DU es! – Für Euch, deutsche Volksgenossinnen und Volksgenossen, arbeitet er! Nicht für sich. Er hat als Reichskanzler auf Gehalt und Pension verzichtet! 4 Wochen erst regiert Adolf Hitler. Und was hat er in diesen 4 Wochen alles vollbracht? – **Für den Bauern:** Zwangsversteigerungen … dürfen bis zum 31. Oktober 1933 nicht durchgeführt werden … – **Für den Arbeiter:** … Der 50-Pfennig-Krankenkassenschein wird abgeschafft! … Kinderzulage und Waisenrente wird bis zur Vollendung des 16. Lebensjahres gewährt. Die Riesengehälter der Generaldirektoren … von staatlich subventionierten Großbetrieben und Banken … werden radikal abgebaut. – **Für den Mittelstand:** … 38 Millionen Mark Zuschüsse an mittelständische Kreditinstitute sind zur Verfügung gestellt. – **Für uns alle:** Der Kampf gegen den alles zerstörenden Bolschewismus hat begonnen … Sämtliche Bolschewistenführer in Preußen sind bereits verhaftet! … Auf Anschlag auf das Leben und die Gesundheit führender Männer der erwachenden Nation steht Zuchthaus und Todesstrafe. – Das schuf Adolf Hitler in 4 Wochen! – Wähler! Gebt ihm 4 Jahre Zeit! Dann wird Deutschland von Gaunern, Wucherern … und Brandstiftern gesäubert sein! (15)

Q 12 Wahlkampf in der Reutlinger Lokalpresse, 1933

a) 10. Oktober: Bischof Sproll zum 12. November – Rottenburg. Die deutsche Regierung hat den Völkerbund verlassen, weil er die Gleichberechtigung unserem Volke vorenthielt … Es ergibt sich deswegen als vaterländische Pflicht …, am 12. November die Einmütigkeit mit den übrigen Volksgenossen zu beweisen. Dabei vertrauen wir auf des Herrn Reichskanzlers Wort, dass unter die für so viele treue Staatsbürger schmerzliche Vergangenheit ein Strich gezogen ist und das Friedenswerk des Konkordats uns Katholiken unter Ausschluss von Abstrichen, Umdeutungen und Überschriften gesichert bleibt.
Weitere Aufrufe zur Wahl im November 1933 wurden veröffentlicht von: Kyffhäuserbund (Kriegervereinigung), Turnern und Sportlern, Landesbauernführer, Post und Eisenbahn, Handwerkskammer, Kriegsopfervereinigung, Verein deutscher Zeitungsverleger u. a.

b) 8. November: Anordnung der Kreisleitung – Der Führer und die deutsche Arbeiterschaft demonstrieren für Friede und Gleichberechtigung … Adolf Hitler spricht … am 10. November im Siemenswerk Berlin … Anordnung an alle! Punkt 13 Uhr heult die Sirene im Siemenswerk und Punkt 13 Uhr sind in ganz Deutschland sämtliche Sirenen und andere Alarmgeräte in Tätigkeit zu setzen

… In allen Fabriken, Betrieben, … Amtsstuben, Kaufhäusern, Werkstätten versammeln sich um 13 Uhr … die Belegschaften um die Lautsprecher … und hören die Rede des Führers gemeinsam mit ihren Arbeitgebern an …

c) 13. November: Wahlbericht: … Vor den Wahllokalen, die um 9 Uhr geöffnet wurden, standen die Wähler bereits Schlange … Mancher Wahlbezirk konnte schon um 12 Uhr feststellen, dass nahezu 90 % aller Wahlberechtigten ihrer Pflicht genügt haben. Umso intensiver konnten die Wahlhelfer der NSDAP [dar]angehen die restlichen Wähler zur Urne zu holen … [Es wurde] ein großartiger Schlepperdienst organisiert … Ganze Familien sah man [vor der Wahlkoje] Schlange stehen … Wer einen Bleistift bei sich hatte …, schrieb auf dem nächsten besten Fenstergesims seine beiden Kreuze in die richtigen Kreise. Vor dem Wahllokal wurden dann wie angekündigt schöne Plaketten abgegeben, die die Wähler sichtbar ansteckten. Auf diese Weise konnte jedermann kontrolliert werden … In unermüdlichem Eifer waren die SA- und SS-Leute sowie die übrigen Formationen der NSDAP und des Stahlhelms bestrebt den letzten Mann zur Wahl zu bewegen, insbesondere standen auf dem Bahnhof und an den Ortsausgängen Kontrollposten um die Wegreisenden an ihre Pflicht zu gemahnen. (s. B 16).

b. … und fünf Jahre später

Q 13 „Wahlen" 1938 (s. T 12)

a) 10. April 1938: Wahlsondernummer des „Reutlinger Tageblatts": Der Gründer des Großdeutschen Reiches sprach zur Nation – Adolf Hitlers feierlicher Schlussappell – Im Bann eines geschichtlichen Augenblickes …
„Deutsches Volk! Steh jetzt auf! Unterschreibe es! Halte es fest in Händen!" – „Möge jeder Deutsche die Stunde erkennen, sie ermessen und sich in Demut verbeugen vor dem Willen des Allmächtigen, der in wenigen Wochen ein Wunder an uns vollzogen hat!"

b) 11. April 1938: Wahlbericht: Reutlingen steht zum Führer … – Mehr und mehr füllen sich die Abstimmungslokale … – Gegen 14 Uhr … hatten die Männer vom Schlepperdienst zu tun … Sanitäter trugen die Kranken auf Bahren oder stützten sie … beim Laufen. SA-Männer halfen alten Müttern die Stufen zum Wahllokal empor, gaben ihnen die letzten Belehrungen und mit zittriger Hand wird dann das Kreuz in den großen Kreis gesetzt: das Bekenntnis zu Großdeutschland und seinem Führer.

c) 3. Mai 1938: Nichtwähler Bischof Sproll – von Gauleiter Murr (Titelseite des „Reutlinger Tageblatts"): … Unser Volk empfand ehrfürchtig die Größe der geschichtlichen Stunde und bewunderte die geniale Großtat des Führers, die die ungestillte Sehnsucht eines Jahrtausends erfüllte … Bischof Sproll [ist] als einziger am Bischofssitz Rottenburg nicht zur Wahl gegangen … Er will nicht

B 13   Wahlkundgebung vor dem Rathaus

B 15   Wahlschleppdienst, November 1933. Mit 90 Jahren zur Wahlurne

B 14   Betriebsappell, November 1933

B 16   Wahlplakette, November 1933
„Wer am Sonntag gewählt hat, erhält eine Wahlplakette …
Für jeden wahlberechtigten Deutschen muss es ein Stolz
sein, dieses Abzeichen tragen zu dürfen … Heil Hitler!"
(Kreisleitung) (s. Q 12c)

erkennen, dass die göttliche Vorsehung Adolf Hitler und die von
ihm geprägte Weltanschauung des Nationalsozialismus sichtbar
dazu ausersehen hat, unser Volk vor dem grauenhaften Chaos des
Bolschewismus und Antichristen zu retten … Bischof Sproll … hat
die Verpflichtung, die ihm das Konkordat auferlegt, verletzt …
Nach dem Konkordat ist jeder Bischof zur Treue dem Deutschen
Reich gegenüber verpflichtet …, außerdem … die verfassungsgemäß gebildete Regierung zu achten und … in der Ausübung des
ihm übertragenen Amtes jeden Schaden zu verhüten, der [das
Reich] bedrohen könnte …

Q 14   Hirtenbrief des Bischofs von Rottenburg, 28. Juli 1938
Es wird mir zum Vorwurf gemacht, dass ich am 10. April nicht abgestimmt und mich dadurch einer staatsfeindlichen Handlung
schuldig gemacht und mich selbst aus der Volksgemeinschaft ausgeschlossen habe. Ich weise diese Vorwürfe … zurück, bis ein ordentliches Gericht festgestellt hat, dass ich mich dadurch schuldig
gemacht habe. Eine gesetzliche Wahlpflicht besteht nicht … Nicht der
Gegensatz zum Volk und Staat hat mich zur Nichtwahl veranlasst.
Der Hauptinhalt der Wahl war doch der Anschluss Österreichs an

Deutschlandfahrt des Führers

Es muß eine heilige Wahl sein...

„Ganz Deutschland" — ruft der Führer den Ostpreußen zu — „muß die Größe des Erfolges wissen"
Die Vorgänge in Österreich sind der stärkste Beweis für die Stärke der nationalsozialistischen Idee

B 17a „Reutlinger Generalanzeiger", 26. März 1938 (s. B 12)

Der Führer hat zur ersten Etappe auf seiner neuen Deutschlandfahrt im Wahlkampf zur Volksabstimmung über die Schaffung eines Großdeutschen Reiches gestartet. Wie schon seit den Jahren vor der Machtergreifung stellt sich der Führer auch diesmal wieder selbst an die Spitze der Wahlpropaganda und gibt durch seine triumphalen Fahrten und Flüge durch ganz Deutschland auch dem neuen Wahlkampf im Großdeutschen Reich sein Gepräge.

Ostpreußen wisse am besten die Tat zu würdigen, die der deutsche Ostmark Österreich mit dem großen Deutschen Reich wieder vereinigt habe. Für die Krönung Ostpreußens gab der Gauleiter dem Führer den Dank für seine Tat abzustatten. Der Führer erinnert in seiner Antwort da-[...]

Deutschlands im Kampf um die deutschen Herzen beendet hat, erst recht diesmal bis zur letzten Stimme ja sagen mit h. „Ich bin glücklich", so schließt der Führer seine kurze Ansprache, „daß ich wieder einmal nach Ostpreußen kommen konnte, um zu bekunden, daß dieses Grenzland mir besonders heilig und teuer ist."

Wir sind neue Menschen geworden

Die Voraussetzungen für den gewaltigen Aufstieg des Reiches: Adolf Hitler hat den deutschen Menschen gewandelt

B 17b „Reutlinger Generalanzeiger", 1938: „Gemeinnutz geht vor Eigennutz."

NSK [...]

Im Schutz der Gemeinschaft

[...]

Durch Bewährung zur Verantwortung

[...]

Restloses Vertrauen

[...]

Deutschland. [Den] Anschluss [Österreichs] habe ich warm begrüßt ... Was mich aber von der Wahl zurückhielt, ist die Tatsache, dass ich durch die Wahl gleichzeitig Männern meine Stimme [hätte] geben und mein Vertrauen [hätte] aussprechen müssen, deren grundsätzliche feindselige Stellung gegen die katholische Kirche und gegen das Christentum von Jahr zu Jahr immer klarer zutage tritt ...

kommen, so lange, bis Bischof Sproll weicht ... Wir werden rascher erreichen, was wir wollen, wenn wir Disziplin halten ..." Gegen 23.30 Uhr herrschte auf dem Platz vor der bischöflichen Wohnung vollständige Ruhe. In die bischöfliche Wohnung ist bei dieser Demonstration niemand eingedrungen [jedoch bei einer späteren]. Dagegen wurden ... mehrere Fenster der bischöflichen Wohnung eingeworfen ... (16)

Q 15 Bischöflicher Bericht über eine Demonstration

Der Demonstration am 16. Juli ... folgte gestern Abend, den 18.7. eine weitere ... Wir schätzen [die Demonstranten] auf 1 500 bis 2 000. Wiederum war die Mehrheit von auswärts ... Die Demonstration selbst machte ... den Eindruck einer wohl organisierten Kundgebung. Sie begann Punkt 21 Uhr und endigte kurz nach 22 Uhr. In Sprechchören wurde der Bischof als Volksverräter, schwarzer Zigeuner ... u. Ä. bezeichnet und zum Verlassen der Stadt aufgefordert. Zum Schluss hielt einer der Demonstranten ... eine Rede ... [in der er etwa ausführte:], Bischof Sproll habe zwar zur Teilnahme an der Wahl aufgefordert, aber sich dann doch am 10. April der Wahl enthalten. Dadurch habe er das Recht verwirkt noch länger in Rottenburg zu bleiben. Wenn ein gewöhnlicher einfacher Mann aus dem Volke nicht abstimme, so gehöre er ins Irrenhaus oder auch ins Zuchthaus. „Was soll aber mit Bischof Sproll geschehen?" Zurufe: „Er soll gehängt werden!" Die Rede ... war ... gespickt ... mit Ausdrücken wie: „Gemeiner, gewissenloser Schuft", ..., „Volksverräter", „charakterloser Lump". Der Redner betonte, dass Deutschland ein Rechtsstaat sei, und forderte zum Schluss auf Disziplin zu haben. Er sagte: „... Wir werden wieder-

T 3 Ergebnisse der Reichstagswahlen und Volksabstimmungen im „Dritten Reich". In Klammern die Ergebnisse des Stadtbereichs Reutlingen (s. auch Q 45d, S. 47)

	5.3.33		12.11.33[1]	19.8.34[2]	29.3.36	10.4.38[3]
NSDAP	(32,2)	43,9 %	(96,0) 92 %	84 %	99 %	99 %
DNVP	(8,8)	8,0 %	—	—	—	—
Zentrum	(5,2)	11,2 %	—	—	—	—
SPD	(28,2)	18,3 %	—	—	—	—
KPD	(10,2)	12,3 %	—	—	—	—
DVP	(1,7)	1,1 %	—	—	—	—
DStP	(4,1)	0,9 %	—	—	—	—

1 Für den Austritt Deutschlands aus dem Völkerbund stimmten gleichzeitig 95 %.
2 Abstimmung über die Vereinigung der Ämter des Reichspräsidenten und des Reichskanzlers
3 Für den „Anschluss" Österreichs stimmten gleichzeitig 99 %.

1. Nennen Sie Gründe für die Selbstdarstellung Hitlers in den Wahlplakaten und nehmen Sie zu den Erfolgsmeldungen Stellung (B 10, 30).
2. Rekonstruieren Sie die Haltung des Bischofs von Rottenburg. Stellen Sie seine Argumente und die des Gauleiters gegenüber und kennzeichnen Sie das unterschiedliche Verständnis von Wahlen.

T 4   Die entscheidenden Ereignisse der „Machtergreifung" in Berlin

Am 30. Januar 1933 berief Reichspräsident **Hindenburg** den „Führer" der NSDAP, die die stärkste Fraktion im Reichstag stellte, Adolf **Hitler**, zum **Reichskanzler**. Dabei hatte eine Gruppe von Beratern, zu denen auch der ehemalige Reichskanzler und neue Vizekanzler von Papen gehörte, maßgeblichen Einfluss. Am 1. Februar wurden, entgegen einer entsprechenden Koalitionsvereinbarung, der Reichstag aufgelöst und Neuwahlen angesetzt. Die Wahlpropaganda der NSDAP machte aus dem Regierungswechsel eine „Revolution" und knüpfte gleichzeitig an vordemokratische Traditionen an. Politische Gegner wurden mit Terror verfolgt. Dabei nutzte die NSDAP Görings Stellung als kommissarischer preußischer Innenminister aus.

Am 27. Februar 1933 **brannte** das **Reichstagsgebäude** völlig aus. Der bis heute ungeklärte Brand wurde von der NSDAP propagandistisch genutzt und den Kommunisten angelastet. Die „Reichstagsbrandverordnung" vom 28. Februar hob die Grundrechte auf. Der nationalsozialistische Terror, der sich seit der Machtübernahme ständig verstärkt hatte, erreichte nun seinen ersten Höhepunkt. Er wurde von einer gewaltigen Propagandawelle begleitet. „Linke" Presseorgane wurden verboten, kommunistische Funktionäre verhaftet und in „Schutzhaft" genommen. Die **Reichstagswahlen** am 5. März brachten der NSDAP aber nur zusammen mit der „Kampffront Schwarz-Weiß-Rot" (DNVP und Bayerische Volkspartei) die absolute Mehrheit. Der neue Reichstag wurde am 21. März, dem **„Tag von Potsdam"**, eröffnet. Er schaltete sich als gesetzgebende Gewalt sogleich selbst aus, indem er am 23. März gegen die Stimmen der SPD das **„Ermächtigungsgesetz"** annahm.

Am 13. März 1933 wurde Goebbels (Reichspropagandaleiter der NSDAP) Reichsminister für „Volksaufklärung und Propaganda". Im Mai wurde der preußische Ministerpräsident Göring Reichsminister für Luftfahrt. In den Ländern regierten nationalsozialistische „Staatskommissare", seit dem 7. April als **„Reichsstatthalter"**, entsprechend den Weisungen Hitlers. Die **Länderparlamente** und kommunalen Selbstverwaltungsorgane waren seit dem 31. März entsprechend dem Reichstagswahlergebnis neu zusammengesetzt worden und wurden am 30. Januar 1934 **aufgelöst** bzw. der Reichsregierung unterstellt.

Nach **Verbot und Selbstauflösung aller anderen Parteien** war die NSDAP am 14. Juli 1933 die einzige politische Partei in Deutschland. Den 1. Mai feierte man mit großem propagandistischen Aufwand als „Tag der Arbeit", besetzte einen Tag später die Gewerkschaftshäuser, die Gewerkschaften, zunächst unter nationalsozialistische Führung gestellt, löste man auf. Arbeiter und Unternehmer wurden in der **Deutschen Arbeitsfront** zusammengefasst.

Am 12. November 1933 stimmten in einer propagandistisch und organisatorisch manipulierten „Wahl" 92 % für die Einheitsliste der NSDAP und gleichzeitig bestätigten 95 % der Wähler Deutschlands Austritt aus dem Völkerbund. Die „Bewegung" der nationalsozialistischen „Revolution" wurde durch eine „Säuberungsaktion" anlässlich der **angeblichen „Röhm-Revolte"** der

SA nach dem 30. Juni 1934 diszipliniert; gleichzeitig wurde durch die Schwächung der SA die Reichswehr für das neue Regime gewonnen. Nach Hindenburgs Tod (2. August 1934) übernahm **Hitler** als **„Führer und Reichskanzler"** auch das Reichspräsidentenamt. Seine Alleinherrschaft wurde durch eine „Volksbefragung" nachträglich bestätigt.

4.   Führer und Geführte

a.   Führerverehrung

Q 16   Rudolf Heß, Stellvertreter des Führers, auf dem „Parteitag der Freiheit" in Nürnberg, 1935

Mein Führer! Sie haben durch den Sieg über den Bolschewismus in Deutschland uns die innere Freiheit erkämpft. Sie haben ... Deutschland die Freiheit nach außen errungen ..., uns den Glauben und die Freude am Leben wiedergegeben. Ergriffen steht die Nation vor dem Schauspiel eigener Auferstehung. Deutschland wurde frei, weil Sie ... die Ideale der Front, kameradschaftliches Einstehen füreinander, Einordnen um der höheren Gemeinschaft willen, Klassenüberwindung, Opferbereitschaft, zu Idealen der gesamten Nation gemacht haben. Deutschland ist frei, weil unter diesen Idealen Hunderttausende Deutscher im Braunhemd ... die Voraussetzungen zur Erringung der Freiheit schufen. Deutschland ist frei, weil Sie der Führer sind, Adolf Hitler: Sieg Heil! (17)

Q 17   Viktor Lutze, Stabschef der SA, auf dem „Parteitag der Freiheit" in Nürnberg, 1935

Mein Führer! Ihr Glaube ist unser Glaube, Ihr Wille ist unser Wille, Ihr Kampf ist unser Kampf. Wir haben Ihnen bedingungslos gehört in der Zeit des Kampfes ..., wir werden Ihnen gehören ... auch im Tode. Unser Führer Adolf Hitler: Sieg Heil! (17)

Q 18   Aus dem Programm des „NSDAP-Reichsparteitages der Freiheit", Nürnberg 1935
Dienstag, 10. September

17.30–18.00 Einläuten des Parteitages durch die Glocken sämtlicher Kirchen Nürnbergs

18.00 Empfang der Spitzen von Partei und Staat im Rathaussaal

19.30 Festaufführung „Die Meistersinger von Nürnberg" im Opernhaus

Mittwoch, 11. September

11.00 Feierliche Eröffnung des Parteikongresses der Nationalsozialistischen Deutschen Arbeiterpartei in der Luitpoldhalle

16.30 Grundsteinlegung zur Kongresshalle

Der Führer trifft ein ..., Standarten- und Fahneneinmarsch ..., Ansprache des Oberbürgermeisters, der Führer spricht, Deutschland- und Horst-Wessel-Lied, der Führer verlässt

B 18 „Jungvolk" in der „Hitlerjugend" (HJ), 1935

B 19 Bund Deutscher Mädel (BDM), 1936

B 20 Reichsarbeitsdienst (RAD), um 1935

B 21 Ehrung der nationalsozialistischen „Blutzeugen" durch die SA auf dem Reichsparteitag in Nürnberg. Die „Blutfahne" wurde beim Hitler-Putsch am 9. November 1923 (B 15, S. 33) vorangetragen.

den Platz, Ausrücken der Standarten und Fahnen (je eine Abordnung Politische Leiter, SA, Reichsarbeitsdienst, NSKK, Flieger, SS, Hitlerjugend. Das Reichsheer … [stellt] eine Ehrenkompanie.)

20.00 Kulturtagung im Opernhaus. Es spricht der Führer.

Donnerstag, 12. September

10.00 Appell des Reichsarbeitsdienstes auf der Zeppelinwiese, Rede des Führers und Vorbeimarsch

20.30 Abrücken des Fackelzuges zum Marsch durch die Straßen

21.00 Abnahme des Fackelzuges der Politischen Leiter durch den Führer (jeder Gau stellt … 300 Politische Leiter)

Freitag, 13. September

[8.00–17.00 Tagung der verschiedenen Organisationen]

17.00 Appell der Politischen Leiter auf der Zeppelinwiese (20 000 Fahnen, Rede des Führers)

20.00 NS-Frauenschaftstagung

Samstag, 14. September

10.00 Der Führer spricht [im Stadion] zur Hitlerjugend.

11.30 Jahrestagung der Deutschen Arbeitsfront (Redner: Der Führer, Dr. Ley …)

12.00 Tagung der NSV …

16.00 Vorführung der … SA …, der Wehrmacht … [und der] Turner-Nationalmannschaft

20.00 Feuerwerk

Sonntag. 15. September

8.00 Appell der SA, SS und NSKK in der Luitpoldarena (Heldenehrung …, Rede des Führers, Weihe der Feldzeichen)

11.30 Vorbeimarsch vor dem Führer am Adolf-Hitler-Platz

20.00 Tagung des Deutschen Reichstages im Kulturvereinshaus

Montag, 16. September

[9.00–12.00 Tagungen der Parteigliederungen]

14.00 Vorführungen der Wehrmacht

16.10 Ansprache des Führers

17.00 Vorbeimarsch der Truppen vor dem Führer …

18.30 Schluss des Parteikongresses: Rede des Führers

21.30 Großer Zapfenstreich aller [Teilnehmer] am Reichsparteitag vor dem Führer

Zu den Organisationen s. B 24.

T 5 Adolf Hitler

1889 in Braunau am Inn, Oberösterreich, als Sohn eines Zollbeamten geboren, besuchte die Volksschule mit sehr guter Beurteilung, dann die Realschule ohne Abschluss. Er wollte Kunstmaler werden, wurde aber an der Kunstakademie Wien nicht angenommen und ging keiner geregelten Arbeit nach. In diesen Jahren entwickelte er eine mit missionarischem Eifer vertretene Weltanschauung, in der Vorstellungen von „germanischer Herrenrasse" und „jüdischer Weltgefahr" bereits eine Rolle spielten. Seit 1913 lebte Hitler in München, meldete sich 1914 als Kriegsfreiwilliger im deutschen Heer, erlebte den Krieg in hartem Einsatz im Westen (Gefreiter, Eisernes Kreuz 1. Klasse, mehrere Verwundungen). Unmittelbar nach dem Krieg wurde Hitler von der Reichswehrführung als Schulungsredner für Soldaten eingesetzt. Er trat

1920 in die (bedeutungslose) „Deutsche Arbeiterpartei" ein und wurde ihr Propagandaredner gegen den „jüdisch-marxistischen Novemberverrat" und das „Versailler Schanddiktat". Hitler formte diese Partei als Vorsitzender (seit 1921) zur „Nationalsozialistischen Deutschen Arbeiterpartei" (NSDAP) um, scheiterte aber zunächst am 8./9. November mit einem Staatsstreichversuch in München. Daraus zog er die Lehre, mit den Mitteln des parlamentarischen „Systems" an die Macht zu gelangen. Hitler musste ein Jahr Festungshaft absitzen und schrieb während dieser Zeit sein Buch „Mein Kampf" (Auflagen: 1933: 300 000, 1943: 9,8 Mio.). Darin forderte er einen von rassischem Sendungsbewusstsein getragenen nationalsozialistischen Führerstaat als „Weltmacht". Die nach dem Putschversuch verbotene NSDAP wurde seit 1925 neu aufgebaut und gewann nun auch in Nord- und Westdeutschland Anhänger. 1932 wurde Hitler Braunschweigischer Regierungsrat um die deutsche Staatsbürgerschaft zu erwerben und für das Amt des Reichspräsidenten kandidieren zu können. Am 30. Januar 1933 wurde er nach anfänglichem Zögern von Reichspräsident Hindenburg zum Reichskanzler berufen. Nach dessen Tod vereinigte Hitler am 1. August 1934 die Ämter des Partei- und Regierungschefs mit denen des Staatsoberhaupts und Oberbefehlshabers der Wehrmacht in seiner Person. Am 30. April 1945 beendete er sein Leben durch Selbstmord im Bunker der Reichskanzlei von Berlin während der Kämpfe um das Regierungsviertel.

Q 19 Diktat in der 3. Volksschulklasse an der Blumenschule in München, 16. März 1934

Wie Jesus die Menschen von der Sünde und Hölle befreite, so rettete Hitler das deutsche Volk vor dem Verderben. Jesus und Hitler wurden verfolgt, aber während Jesus gekreuzigt wurde, wurde Hitler zum Kanzler erhoben. Während die Jünger Jesu ihren Meister verleugneten und ihn im Stiche ließen, fielen die 16 Kameraden für ihren Führer. Die Apostel vollendeten das Werk ihres Herrn. Wir hoffen, dass Hitler sein Werk selbst zu Ende führen darf. Jesus baute für den Himmel, Hitler für die deutsche Erde. (18)

b. Der „Röhm-Putsch" – Meuterei gegen Hitler?

T 6 SA und SS

a) Die Ausschaltung der SA

Ernst Röhm, Sohn eines Eisenbahnbeamten, Berufsoffizier im Ersten Weltkrieg, Freikorpsführer, Reichswehroffizier, mit Hitler seit 1919 befreundet und Gründer der „Sturmabteilung" (SA) der NSDAP, kehrte 1931 von einem Südamerika-Aufenthalt zurück und wurde „Stabschef" der SA. Als halbmilitärischer Kampfverband (1933: 300 000 Mitglieder) leistete die SA einen wichtigen Beitrag zur „Machtergreifung". Röhm hatte die Absicht Reichswehr und SA zu verschmelzen; viele SA-Leute erstrebten eine „zweite", d. h. soziale „Revolution". Gegnern Röhms gelang es,

1934 den Eindruck eines unmittelbar bevorstehenden Putsches der SA zu erwecken. Am 30. Juni nahm Hitler persönlich Röhm in Bad Wiessee fest und ließ ihn ohne Gerichtsurteil erschießen. Eine dreitägige Mordaktion gegen andere SA-Führer und Oppositionelle aus der Reichswehr und dem Bürgertum (u. a. General und Reichskanzler a. D. von Schleicher) folgte. Als Machtfaktor war die SA damit ausgeschaltet. Die Gefahr für die Reichswehr, dass sie Teil eines von Röhm geführten „Volksheeres" (Miliz) werden würde, war damit gebannt und ihre Zustimmung zur Übernahme des Reichspräsidentenamtes durch Hitler gewonnen.

b) Himmler und der Aufstieg der SS
Heinrich Himmler, Sohn eines Oberstudiendirektors, Offiziersanwärter im Ersten Weltkrieg, dann Freikorpsmitglied, Studium, Diplomlandwirt, Mitglied eines von Ernst Röhm gegründeten Wehrverbandes, Teilnehmer am Hitler-Putsch 1923, baute seit 1929 die Schutzstaffel (SS) zur persönlichen Leibwache Hitlers innerhalb der SA auf. Im Laufe der Zeit machte er aus der Leibwache eine rassische „Elite-Truppe" der NSDAP, die dem Führer absolut ergeben war. 1931 wurde Reinhard Heydrich, der spätere Leiter des „Reichssicherheitshauptamtes" (RSHA), mit dem Aufbau des „Sicherheitsdienstes" (SD) als innerparteilichem Kontrollorgan beauftragt. 1932 gründete Himmler einen „Freundeskreis", dem zahlreiche Männer der Wirtschaft angehörten. Bei der „Machtergreifung" war die SS bereits 52 000 Mann stark und die SS-Führer verdrängten die als „Politische Polizeikommandeure" eingesetzten SA-Führer. Im April 1934 wurde Himmler Chef der Geheimen Staatspolizei (Gestapo) in Berlin. Die SS war maßgeblich an den Säuberungen anlässlich des „Röhm-Putsches" beteiligt, wurde danach von der SA unabhängig und übernahm die Bewachung der Konzentrationslager. Die gesamte Polizei verschmolz allmählich weitgehend mit Himmlers SS. Im Krieg (1943) erreichte Himmler mit der Übernahme des Reichsinnenministeriums den Gipfel seiner Macht; er war nun der mächtigste Mann hinter Hitler. 1944 wurde er Befehlshaber des Ersatzheeres und 1945 erfolgloser Oberbefehlshaber zweier Heeresgruppen. Er organisierte in der Endphase des Krieges den „Volkssturm", ein letztes Aufgebot der nicht zur Wehrmacht eingezogenen Männer zwischen 15 und 60 Jahren, und die Partisanenorganisation des „Werwolfs", die jedoch durch den raschen Zusammenbruch kaum zum Einsatz gelangte. Hitler enthob ihn in seinem politischen Testament aller politischen Ämter und schloss ihn aus der NSDAP aus. Am 5. Mai 1945 wurde er durch die Regierung Dönitz entlassen. Er versuchte inkognito zu fliehen, geriet aber in britische Gefangenschaft und beging dort Selbstmord.

c) Der „SS-Staat"
Nach außen hin trat die SS v. a. durch drei Formationen in Erscheinung, zuerst als allgemeine SS im Rahmen der Parteigliederungen; den sog. SS-Totenkopfverbänden waren u. a. die Konzentrationslager unterstellt; im Kriege wurde mit der „Waffen-SS" eine eigene SS-Armee aufgestellt, die 1944 auf 900 000 Mann angewachsen war und an den Brennpunkten des Kampfgeschehens z. T. unter hohen Verlusten eingesetzt wurde.

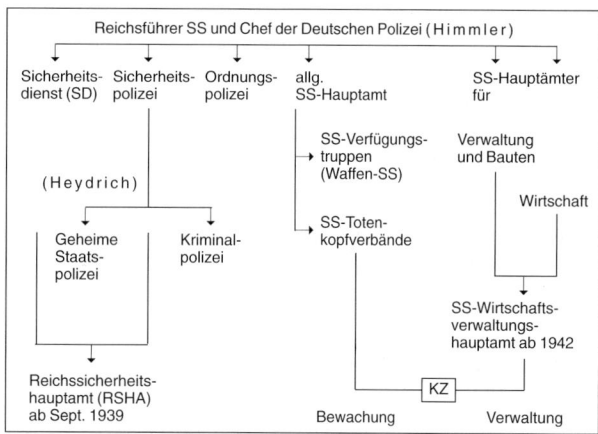

B 22   Die Organisation der SS

B 23   Werbeplakat zu dem 1935/36 in Firmenkooperation entwickelten „Volksempfänger" (Preis: 76 Reichsmark = ca. 100 Stundenlöhne)

Auch Volksdeutsche, Nordwest- und Osteuropäer wurden in die Waffen-SS angeworben oder gepresst und gegen Ende des Krieges zog man viele junge Wehrpflichtige direkt zur Waffen-SS ein. Neben diesen militärischen und halbmilitärischen Einheiten baute die SS allmählich eine nach außen weniger sichtbare Verwaltungsorganisation auf, die immer weitere Befugnisse an sich zog. Von besonderer Bedeutung war das 1939 gegründete „SS-Reichssicherheitshauptamt", das organisatorisch und verwaltungsmäßig alle der SS unterstellten Dienststellen der Sicherheitspolizei, des Sicherheitsdienstes der Partei (SD) und der parteieigenen SS in einzelnen Ämtern zusammenfasste.

Amt 1 bildete Funktionäre, Spitzel und Geheimagenten aus. Amt 2, Verwaltung und Recht, war für Ausbürgerungen oder z. B. für die Konstruktion von Fahrzeugen für die Judenvergasung zuständig. In Deutschland und in den besetzten Gebieten besonders gefürchtet war der Inlandsnachrichtendienst, Amt 3. Er überwachte die Stimmung der Bevölkerung, beeinflusste Ernennungen und Beförderungen in Verwaltung, Wirtschaft und Wissenschaft. Dem Amt 4 (anfangs Geheime Staatspolizei) waren die zentrale Verfolgung aller Gegner übertragen, Schutzhaftbefehle, Einweisung in KZs. Es war auch für die Erschießung von Kriegsgefangenen aller Nationen verantwortlich. Eichmann betrieb von hier aus die Deportation der Juden in die Vernichtungslager. Amt 5, das Reichskriminalpolizeiamt, war mit sog. vorbeugender Verbrechensbekämpfung beauftragt; es lieferte z. B. Asoziale in die KZs ein. Dem Amt 6, Auslandsnachrichtendienst, war die Spionage und Sabotage im Ausland zugeteilt. Es bezog 1944 auch die militärische Spionageabwehr der Wehrmacht mit ein. Amt 7 verwaltete die weltanschauliche Forschung, u. a. Rasseforschung. Nachgeordnete Ämter und Dienststellen waren in den besetzten oder angegliederten Gebieten die Einsatzgruppen und Befehlshaber der Sicherheitspolizei und des Sicherheitsdienstes, die hinter den deutschen Linien Massenerschießungen durchführten. Im Krieg unterstanden der SS neben den KZs und Vernichtungslagern auch die Volkstums- und Siedlungspolitik, die Rückführung deutscher Volksgruppen ins Reich und die Deportation von Millionen von Fremdarbeitern zum Arbeitseinsatz ins Reich. In den KZs unterhielten die SS eigene Wirtschaftsbetriebe (z. T. Rüstungsbetriebe). SS-Lagerärzte nahmen medizinische Versuche an Menschen vor. In Heilanstalten wurden Geisteskranke und Behinderte getötet (Euthanasie). Vielen KZs waren Arbeitslager angegliedert. An der Ausnutzung dieser Arbeitskräfte waren große Rüstungsbetriebe beteiligt. Bei Kriegsende durchdrang Himmler mithilfe der vielfältigen SS-Organisationen fast alle Lebensbereiche, Staat und Partei, Wirtschaft, Verwaltung, Außenpolitik, Wissenschaft und Kultur. Die Machtvollkommenheit der SS-Organisationen war fast unbeschränkt und v. a. das Reichssicherheitshauptamt entwickelte sich zum bösartigsten Werkzeug des NS-Terrors. Die SS wurde 1946 vom Internationalen Militärgerichtshof in Nürnberg zur **verbrecherischen Organisation** erklärt.

Q 20   Gesetz über Maßnahmen der Staatsnotwehr, 3. Juli 1934

a) Die Reichsregierung hat das folgende **Gesetz** beschlossen …: Die zur Niederschlagung hoch- und landesverräterischer Angriffe am 30. Juni, 1. und 2. Juli 1934 vollzogenen Maßnahmen sind als Staatsnotwehr rechtens. (19)

b) Hitler vor dem Reichstag, 13. Juli 1934
Meutereien bricht man nach ewiggleichen eisernen Gesetzen. Wenn mir jemand den Vorwurf entgegenhält, weshalb wir nicht die ordentlichen Gerichte zur Aburteilung herangezogen hätten, dann kann ich ihm nur sagen: In dieser Stunde war ich verantwortlich für das Schicksal der deutschen Nation und damit des deutschen Volkes oberster Gerichtsherr … Wenn mir die Meinung entgegengehalten wird, dass nur ein gerichtliches Verfahren ein genaues Abwägen von Schuld und Sühne hätte ergeben können, so lege ich gegen diese Auffassung Protest ein. (20)

c) Göring vor den General- und Oberstaatsanwälten, 12. Juli 1934
Wir sehen das Recht nicht als etwas Primäres an, sondern das Primäre ist und bleibt das Volk … Keine Stelle [kann] mehr das Recht zu irgendeiner Nachprüfung dieser Aktion [der Niederschlagung der sog. Röhm-Revolte] für sich in Anspruch nehmen … Es kann nur eine Rechtsauffassung gelten, und zwar die, die der Führer selbst festgelegt hat. (21)

c.   Führerstaat oder Führungschaos? (S. auch T 6c)

Q 21   Robert Ley in der Zeitung der Deutschen Arbeitsfront, 13. August 1933
Unser Staat ist ein autoritärer Staat … Während der alte Staat ein Nachtwächterstaat war, ist unser Staat ein Erziehungsstaat … Er lässt die Menschen nicht los, von der Wiege bis zum Grabe. Und so fangen wir schon beim Kinde von drei Jahren an, sobald es anfängt zu denken, bekommt es ein Fähnchen zu tragen. Alsdann folgt die Schule, die HJ, die SA, der Wehrdienst. Wir lassen die Menschen nicht los, und wenn das alles vorbei ist, kommt die Deutsche Arbeitsfront und nimmt die Menschen immer wieder auf und lässt sie nicht mehr los bis zum Grabe, mögen sie sich auch dagegen wehren. (22) S. auch B 24.

Q 22   Der Historiker K. D. Erdmann zum „Führerstaat", 1976
So zeigte das Herrschaftssystem des Führerstaates in den ersten Jahren des „Dritten Reiches" ein Nebeneinander von Staat und Partei, das vielfach zu einem Gegeneinander wurde. Auf allen Stufen der Verwaltung standen sich Ämter des Staates und der Partei gegenüber, die Zuständigkeit für die gleichen Bereiche beanspruchten und sich in ihrer Legitimation alle auf den Führer beriefen. Das System wurde … dadurch zusätzlich kompliziert, dass im

Laufe der Zeit durch Führerbefehl für verschiedene Aufgaben Sonderbeauftragte mit weit reichenden Vollmachten eingesetzt wurden. Eine Abgrenzung wurde von Hitler bewusst unterlassen. Die Partei konnte … immer wieder Aufgaben aus dem Bereich der staatlichen Stellen an sich heranziehen und in eigene oder zumindest konkurrierende Verwaltung übernehmen. Nach außen wirkte der von einer Propagandawolke umhüllte Staat Hitlers als ein monolithisches Gebilde. In Wirklichkeit jedoch war er gekennzeichnet durch chaotische Machtkämpfe innerhalb der Führungsschicht. (23) S. auch T 6b, c.

d. Geführte

Q 23 Ein „Hitlerjunge" erinnert sich
Wir waren Hitlerjungen, Kindersoldaten, längst ehe wir mit zehn Jahren für wert befunden wurden das Braunhemd (der HJ-Uniform) zu tragen … Wir sammelten Altpapier und Altmetalle, … führten zur Erheiterung der Soldatenfrauen politische Spielchen auf („In England wohnt ein alter Mann, der nie die Wahrheit sagen kann"), waren aufs „Dienen" vorbereitet, ehe wir als Pimpfe zwei- oder dreimal die Woche und oft auch noch am Sonntag zum „Dienst" befohlen wurden: „Du bist nichts, dein Volk ist alles!" …
In unserem Fähnlein [Einheit des „Jungvolks", B 18] bestanden die Jungvolk-Stunden fast nur aus „Ordnungsdienst", das heißt aus sturem militärischem Drill …
Mit dreizehn hatte ich es geschafft: Ich wurde „Jungzugführer" in einem Dörflein, wo es nur zwölf Pimpfe gab. Beim Sport und beim Geländespiel vertrugen wir uns prächtig, und wenn ich zum Dienstschluss mein „dreifaches Sieg Heil auf unseren geliebten Führer Adolf Hitler" ausrief, strahlten die Augen … (24)

Q 24 Eine Schülerin ist begeistert von der „Volksgemeinschaft"
Keine Parole hat mich je so fasziniert wie die von der Volksgemeinschaft. Ich habe sie zum ersten Mal aus dem Mund der verkrüppelten und verhärmten Schneiderin gehört und am Abend des 30. Januar bekam sie einen magischen Glanz. Die Art dieser Begegnung bestimmte ihren Inhalt: Ich empfand, dass sie nur im Kampf gegen die Standesvorurteile der Schicht verwirklicht werden konnte, aus der ich kam, und dass sie vor allem den Schwachen Schutz und Recht gewähren musste. Was mich an dieses phantastische Wunschbild band, war die Hoffnung, es könnte ein Zustand herbeigeführt werden, in dem die Menschen aller Schichten miteinander leben würden wie Geschwister. (25)

Q 25 Inge Scholl, Schwester von Sophie und Hans Scholl, erinnert sich
Wir hörten, dass wir für eine große Sache leben sollten. Wir wurden ernst genommen, in einer merkwürdigen Weise ernst genommen, und das gab uns einen besonderen Auftrieb. Wir glaubten Mitglieder einer großen, wohl gegliederten Organisation zu sein, die alle umfasste und jeden würdigte, vom Zehnjährigen bis zum Erwachsenen. Wir fühlten uns beteiligt an einem Prozess, an einer Bewegung, die aus der Masse Volk schuf …
Hans hatte sich einen Liederschatz gesammelt und seine Jungen hörten es gerne, wenn er zur Klampfe sang. Es waren nicht nur die Lieder der Hitlerjugend, sondern auch Volkslieder aus allerlei Ländern und Völkern …
Aber nach einiger Zeit ging eine merkwürdige Veränderung in Hans vor, er war nicht mehr der Alte. Etwas Störendes war in sein Leben getreten. Nicht die Vorhaltungen des Vaters waren es, nein, denen gegenüber konnte er sich taub stellen. Es war etwas anderes. Die Lieder sind verboten, hatten ihm die Führer gesagt. Und als er darüber lachte, hatten sie ihm mit Strafen gedroht. Warum sollte er diese Lieder, die so schön waren, nicht singen dürfen? Nur weil sie von anderen Völkern ersonnen waren? Er konnte es nicht einsehen; es bedrückte ihn und seine Unbekümmertheit begann zu schwinden.
Zu dieser Zeit wurde er mit einem ganz besonderen Auftrag ausgezeichnet. Er sollte die Fahne seines Standorts zum Parteitag nach Nürnberg tragen. Seine Freude war groß. Aber als er zurückkam, trauten wir unseren Augen kaum. Er sah müde aus und in seinem Gesicht lag eine große Enttäuschung. Irgendeine Erklärung durften wir nicht erwarten. Allmählich erfuhren wir aber doch, dass die Jugend, die ihm dort als Ideal vorgesetzt wurde, völlig verschieden war von dem Bild, das er sich von ihr gemacht hatte. Dort Drill und Uniformierung bis ins persönliche Leben hinein – er aber hätte gewünscht, dass jeder Junge das Besondere aus sich mache, das in ihm steckte. (26)

Q 26 Mathematik im Dienst nationalsozialistischer Erziehung
Aufgabe 97: Ein Geisteskranker kostet täglich etwa 4 RM, ein Krüppel 5,50 RM, ein Verbrecher 3,50 RM. In vielen Fällen hat ein Beamter täglich nur etwa 4 RM, ein Angestellter kaum 3,50 RM, ein ungelernter Arbeiter noch keine 2 RM auf den Kopf der Familie. a) Stelle diese Zahlen bildlich dar. – Nach vorsichtigen Schätzungen sind in Deutschland 300 000 Geisteskranke, Epileptiker usw. in Anstaltspflege. b) Was kosten diese jährlich insgesamt bei einem Satz von 4 RM? c) Wie viel Ehestandsdarlehen zu je 1 000 RM könnten – unter Verzicht auf spätere Rückzahlung – von diesem Geld jährlich ausgegeben werden? (27)

e. Wer darf schreiben und malen?

Q 27 „Feuersprüche" anlässlich der Bücherverbrennung in Berlin, 10. Mai 1933
Im Mai 1933 fanden in vielen Städten öffentliche Bücherverbrennungen statt, die von Fackelzügen der Studenten und Reden nationalsozialistischer Professoren begleitet waren. Öffentliche Bibliotheken wurden darauf von „undeutscher" Literatur gesäubert.

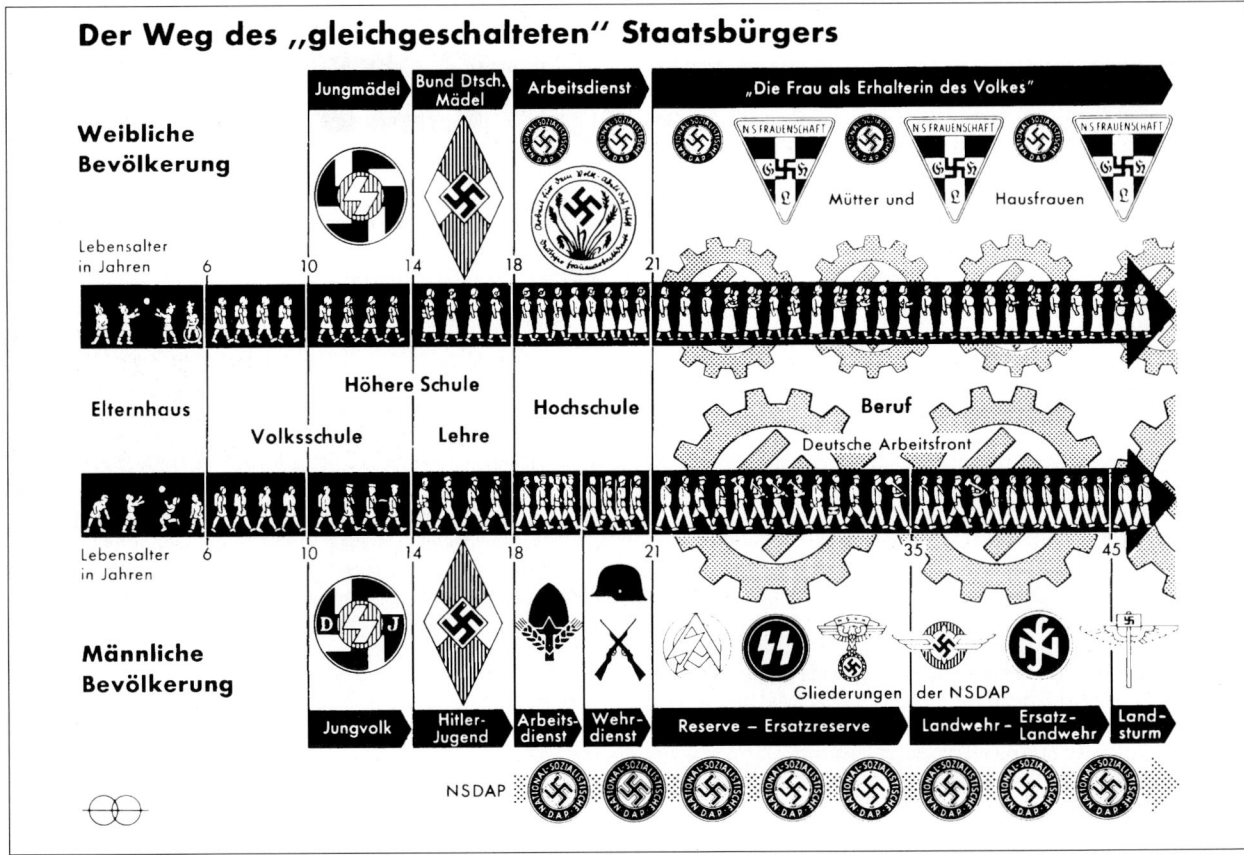

B 24 Die „Betreuung" des Staatsbürgers
Parteiorganisationen und angeschlossene Verbände: Nationalsozialistisches Kraftfahrerkorps (**NSKK**), Sturmabteilungen (**SA**), Schutzstaffeln (**SS**), Hitlerjugend (**HJ**), **NS-Frauenschaft, NS-Deutscher Studentenbund** und **NS-Deutscher Dozentenbund: Gliederungen der NSDAP** zur Organisation propagandistischer Massenveranstaltungen und paramilitärischer Ausbildung.
NSV: Nationalsozialistische Volkswohlfahrt, wie **NS-Lehrer-, Ärzte-, Beamten-, Rechtswahrer- und Techniker-Bund** sowie Deutsche Arbeitsfront (**DAF**), **angeschlossener Verband der NSDAP** mit sozial- und gesundheitspolitischen Aufgaben.
Politische Leiter: führende Funktionäre der NSDAP, wie z. B. Blockwarte, Zellen- und Sektionsleiter, Kreis- und Gauleiter, die die Durchsetzung der weltanschaulich-politischen Grundsätze der Partei zu überwachen hatten. S. Q 21.

Deutsche Studenten! Wir haben unser Handeln gegen den undeutschen Geist gerichtet. Übergebt alles Undeutsche dem Feuer! Gegen Klassenkampf und Materialismus, für Volksgemeinschaft und idealistische Lebensauffassung. – Ich übergebe dem Feuer die Schriften von Heinrich Mann, Ernst Gläser, Erich Kästner ... Gegen seelenzersetzende Überschätzung des Trieblebens, für den Adel der menschlichen Seele. – Ich übergebe dem Feuer die Schriften der Schule Sigmund Freud ... Gegen literarischen Verrat am Soldaten des Weltkrieges, für Erziehung des Volkes im Geiste der Wehrhaftigkeit. – Ich übergebe dem Feuer die Schriften des Erich Maria Remarque ... Gegen Frechheit und Anmaßung, für

Achtung und Ehrfurcht vor dem unsterblichen deutschen Volksgeist. – Verschlinge, Flamme, auch die Schriften der Tucholsky und Ossietzky. (28)

Q 28 Aus dem Brief des Präsidenten der „Reichskammer der bildenden Künste" an den Maler Schmidt-Rottluff, 3. April 1941
Anlässlich der mir seinerzeit vom Führer aufgetragenen Ausmerzung der Werke entarteter Kunst in den Museen mussten von Ihnen allein 608 Werke beschlagnahmt werden ... Aus dieser Tatsa-

che mussten Sie ersehen, dass Ihre Werke nicht der Förderung deutscher Kultur in Verantwortung gegenüber Volk und Reich entsprechen … [Ich] schließe … Sie aus der Reichskammer der bildenden Künste aus und untersage Ihnen mit sofortiger Wirkung jede berufliche – auch nebenberufliche – Betätigung auf den Gebieten der bildenden Künste. Gez. [Unterschrift.] (29)

f.　Frauen im „Dritten Reich"

Q 29　Mütter und Frontsoldaten

Die deutsche kinderreiche Mutter soll den gleichen Ehrenplatz in der deutschen Volksgemeinschaft erhalten wie der Frontsoldat, denn ihr Einsatz für Leib und Leben, für Volk und Vaterland war der gleiche wie der des Frontsoldaten im Donner der Schlachten. (30) Für kinderreiche Mütter wurde 1939 ein „Ehrenzeichen" geschaffen, das Mutterkreuz. Am Muttertag 1939 verlieh der Staat drei Millionen Frauen für herausragende Gebärleistungen feierlich dieses neue Ehrenzeichen. Auch finanziell wurden kinderreiche Familien mit Kindergeld und Steuerfreibeträgen unterstützt.

Heiratsanzeige

Zweiundfünfzig Jahre alter, rein arischer Arzt, Teilnehmer an der Schlacht bei Tannenberg, der auf dem Lande zu siedeln beabsichtigt, wünscht sich männlichen Nachwuchs durch eine standesamtliche Heirat mit einer gesunden Arierin, jungfräulich, jung, bescheiden, sparsame Hausfrau, gewöhnt an schwere Arbeit, breithüftig, flache Absätze, keine Ohrringe, möglichst ohne Eigentum. (31)

g.　Existenzkampf der Kirchen

Q 30　Aus dem Vertrag zur Regelung kirchlicher Angelegenheiten (Konkordat) zwischen dem Vatikan und dem Deutschen Reich, 20. Juli 1933

Artikel 1: Das Deutsche Reich gewährleistet die Freiheit des Bekenntnisses und der öffentlichen Ausübung der katholischen Religion. Es anerkennt das Recht der katholischen Kirche ihre Angelegenheiten selbstständig zu ordnen und zu verwalten und im Rahmen ihrer Zuständigkeit für ihre Mitglieder bindende Gesetze und Anordnungen zu erlassen …
Artikel 4: Der Heilige Stuhl genießt in seinem Verkehr … mit den Bischöfen, dem Klerus und den übrigen Angehörigen der katholischen Kirche in Deutschland volle Freiheit. Dasselbe gilt für die Bischöfe und sonstigen Diözesanbehörden für ihren Verkehr mit den Gläubigen in allen Angelegenheiten des Hirtenamtes. Anweisungen, Verordnungen, Hirtenbriefe, amtliche Diözesanblätter … können ungehindert veröffentlicht und in den bisher üblichen Formen zur Kenntnis der Gläubigen gebracht werden …
Artikel 21: Der katholische Religionsunterricht in den Volksschu-

B 25　Cuxhaven, Straße vor der NS-Kreisleitung, 1933

len, Berufsschulen, Mittelschulen und höheren Lehranstalten ist ordentliches Lehrfach und wird in Übereinstimmung mit den Grundsätzen der katholischen Kirche erteilt …
Artikel 23: Die Beibehaltung und Neueinrichtung katholischer Bekenntnisschulen bleibt gewährleistet …
Artikel 31: Diejenigen katholischen Organisationen und Verbände, die ausschließlich religiösen, rein kulturellen und karitativen Zwecken dienen, … werden in ihren Einrichtungen und in ihrer Tätigkeit geschützt … (32)

Q 31　Das Reichskonkordat aus der Sicht Hitlers

Er, der Reichskanzler, hätte es noch vor kurzer Zeit nicht für möglich gehalten, dass die Kirche bereit sein würde die Bischöfe auf diesen Staat zu verpflichten. Dass das nunmehr geschehen wäre, wäre zweifellos eine rückhaltlose Anerkennung des derzeitigen Regiments … [Er sah einen großen Vorteil darin,] dass mit dem Konkordat sich die Kirche aus dem Vereins- und Parteileben herauszöge, z. B. auch die christlichen Gewerkschaften fallen ließe … Auch die Auflösung des Zentrums wäre erst mit Abschluss des Konkordats als endgültig zu bezeichnen, nachdem nunmehr der Vatikan die dauernde Entfernung der Priester aus der Parteipolitik angeordnet hätte. (33)

Q 32 Die nationalkirchliche Bewegung „Deutsche Christen", 11. Dezember 1933

Deutschland ist unsere Aufgabe, Christus ist unsere Kraft! ...
Wie jedem Volk, so hat auch unserem Volk der ewige Gott ein art-eigenes Gesetz eingeschaffen. Es gewann Gestalt in dem Führer Adolf Hitler und in dem von ihm geformten nationalsozialistischen Staat ...
Der Weg zur Erfüllung des deutschen Gesetzes ist die gläubige deutsche Gemeinde. In ihr regiert Christus, der Herr, als Gnade und Vergebung. In ihr brennt das Feuer heiliger Opferbereitschaft. In ihr allein begegnet der Heiland dem deutschen Volke und schenkt ihm die Kraft des Glaubens. Aus dieser Gemeinde „Deut-scher Christen" soll im nationalsozialistischen Staat Adolf Hitlers die das ganze Volk umfassende „Deutsche Christliche Nationalkir-che" erwachsen.
Ein Volk! – Ein Gott! – Ein Reich! – Eine Kirche! (34)

Q 33 Aus einer Erklärung der evangelischen „Bekennenden Kirche", 4./5. März 1935

Die neue Religion [der deutschen Christen] ist Auflehnung gegen das erste Gebot.
1. In ihr wird die rassisch-völkische Weltanschauung zum Mythus. In ihr werden Blut und Rasse, Volkstum, Ehre und Freiheit zum Abgott.
2. Der in dieser neuen Religion geforderte Glaube an das „ewige Deutschland" setzt sich an die Stelle des Glaubens an das ewige Reich unseres Herrn und Heilandes Jesus Christus.
3. Dieser Wahnglaube macht sich seinen Gott nach des Men-schen Bild und Wesen. In ihm ehrt, rechtfertigt und erlöst der Mensch sich selbst. Solche Abgötterei hat mit positivem Christen-tum nichts zu tun. Sie ist Antichristentum. (35)

Q 34 Reaktion der Partei, 1937

Am Mittwoch, dem 23. Juni, fand in der Kirche am Friedrich-Wer-derschen-Markt zu Berlin eine Reichsbruderratssitzung statt ... Alle Türen waren verschlossen. Nachdem etwa 12 Stunden lang von den verschiedenen Seiten die bedrängte Lage der Kirche ge-schildert worden war ..., nahm die Sitzung eine überraschende Wendung. Aus dem Halbdunkel der Kirche tauchte eine Abteilung von Männern auf; sie schritt auf den Chorraum zu, ihr Führer stell-te sich als ein Beamter der Geheimen Staatspolizei vor und for-derte alle Anwesenden auf sich zu legitimieren ... Nachdem alle Personalien festgestellt waren ..., schritten [sie] zur Verhaftung von acht unserer Brüder ... (36)
Auch der Religionsunterricht und kirchliche Bibelstunden wur-den überwacht. S. auch Q 86 f.

1. Arbeiten Sie aus den Biographien Hitlers, Röhms und Himmlers Gemeinsamkeiten heraus, die für die Erlebnisse dieser Generation bezeichnend sind (T 5, 6).
2. Diskutieren Sie über den Zweck des „Erziehungsstaates" (Q 21). S. auch B 18–20.

5. Überwindung der Wirtschaftskrise?

Q 35 Hitlers Aufruf an das deutsche Volk, 1. Februar 1933

Die nationale Regierung wird das große Werk der Reorganisation der Wirtschaft unseres Volkes mit zwei großen Vierjahresplänen lösen: Rettung des deutschen Bauern zur Erhaltung der Ernäh-rungs- und damit der Lebensgrundlage der Nation; Rettung des deutschen Arbeiters durch einen gewaltigen und umfassenden An-griff gegen die Arbeitslosigkeit.
In 14 Jahren haben die November-Parteien den deutschen Bau-ernstand ruiniert. In 14 Jahren haben sie eine Armee von Millionen Arbeitslosen geschaffen. Binnen vier Jahren muss der deutsche Bauer der Verelendung entrissen sein. Binnen vier Jahren muss die Arbeitslosigkeit endgültig überwunden sein ... Deutsches Volk, gib uns die Zeit von vier Jahren und dann urteile und richte uns! (37)

Q 36 Reichsbankpräsident Schachts Rüstungsfinanzierung

Die Geldmittel für die Arbeitsbeschaffung aufzubringen, war die große Aufgabe, vor die ich gestellt war ... An ein Aufbringen durch Steuern oder Anleihen war bei der heruntergewirtschafteten Finanz- und Produktionslage nicht zu denken ... Die Mittel einfach aus vermehrtem Notendruck hervorzuzaubern, hätte nichts ande-res bedeutet als Inflation ... Es musste etwas anderes gefunden werden ...: das System der „Mefo-Wechsel" ...
Die Mefo-Papiere waren Wechsel, gezogen in der Hauptsache von Heereslieferanten auf eine mit geringem Kapital ausgestattete „Metallforschung GmbH" (abgekürzt Mefo), deren Akzeptunter-schrift der Reichsbank gegenüber vom Reich garantiert war. (38) Jeder Wechsel hatte eine Laufzeit von höchstens fünf Jahren. Nach Ablauf dieser Frist finanzierte die Regierung diese und ande-re Schulden durch langfristige Anleihen im Hinblick auf die er-hofften Kriegsgewinne. Schacht wurde 1939 wegen Kompetenz-schwierigkeiten mit Göring entlassen.

Q 37 „Betriebsgemeinschaft"

a) Aus dem „Gesetz zur Ordnung der nationalen Arbeit", 20. Januar 1934

§ 1. Im Betrieb arbeiten die Unternehmer als Führer des Betriebes, die Angestellten und Arbeiter als Gefolgschaft ...
§ 2. Der Führer des Betriebs entscheidet ... in allen betrieblichen Angelegenheiten ... [Die Gefolgschaft] hat ihm die in der Betriebs-gemeinschaft begründete Treue zu halten ... (39)

b) Der Führer der Deutschen Arbeitsfront, Dr. Ley, 9. Dezem-ber 1934

Oberstes Gesetz der Gemeinschaft ist die Disziplin, ausgedrückt durch die Begriffe „Führer" und „Gefolgschaft" ... Damit die Ge-meinschaft den Kampf mit dem Schicksal bestehen kann, muss sie zur Höchstleistung erzogen werden ... Unser Vorbild ist der Soldat

B 26 Werbung für „Kraft durch Freude" (KdF), eine NS-Organisation, 1937

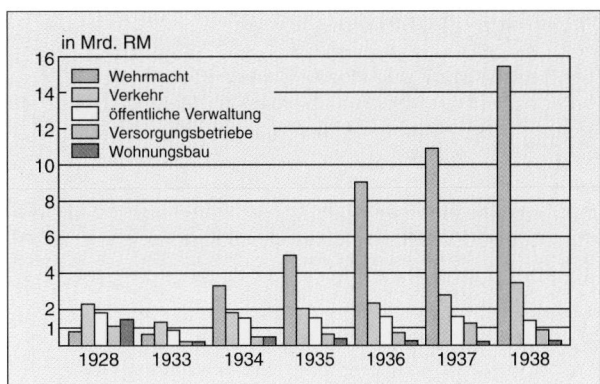

B 27 Öffentliche Ausgaben im Deutschen Reich

Vergleichen Sie die deutschen Maßnahmen mit der Krisenbewältigung in den USA (T 6, S. 102).

… Die Begriffe „Führer" und „Gefolgschaft" … haben allein Sinn …, wenn aus dem liberalistischen Begriff „Arbeitgeber" ein Offizier der Wirtschaft und aus dem „Prolet" sein Gefolgsmann wird und beide zusammen den neuen Typ, den Soldaten der Arbeit, darstellen. (40)

Q 38 Hitler in einer geheimen Denkschrift über den Vierjahresplan, 1936

Wir sind übervölkert und können uns auf der eigenen Grundlage nicht ernähren … Die endgültige Lösung liegt in einer Erweiterung des Lebensraumes bzw. der Rohstoff- und Ernährungsbasis unseres Volkes. … Die Erfüllung dieser Aufgabe in der Form … der Unabhängigmachung unserer nationalen Wirtschaft vom Ausland wird es … ermöglichen, vom deutschen Volk auf wirtschaftlichem Gebiet und auf dem Gebiet der Ernährung Opfer zu verlangen … Ich stelle damit folgende Aufgabe:
I. Die deutsche Armee muss in vier Jahren einsatzfähig sein.
II. Die deutsche Wirtschaft muss in vier Jahren kriegsfähig sein. (41)

Q 39 „Die wahre Volksgemeinschaft" als „praktische Tatsache", 1938

Aufruf!
Reife Getreidefelder harren der Einbringung. Der Bauer … ist auf zusätzliche Erntehilfe angewiesen. Keiner soll sich verschließen dazu beizutragen, dem Bauern … die Arbeit zu erleichtern.
An alle Volksgenossen und Volksgenossinnen geht daher der Ruf:
„Stellt euch in eurer Freizeit, sei es auch erst nach eurem Feier-abend, dem Bauern zur Verfügung; ihr beweist dadurch, dass die wahre Volksgemeinschaft zur praktischen Tatsache geworden ist …" (42)

T 7 Die sozialen Verhältnisse im „Dritten Reich"

a) „Beseitigung" der Arbeitslosigkeit
Im Januar 1933 gab es amtlich 6 013 612 Arbeitslose.

Oktober	Beschäftigte	Arbeitslose (in Mio.)
1933	15,5	3,7
1934	16,1	2,3
1935	17,0	1,8
1936	18,3	1,1
1937	19,7	0,5
1938	20,8	0,2 (43)

b) Entwicklung des Arbeiter-Jahreseinkommens

Lohn (RM)	Prozent-Anteil aller Arbeiter	
	1932	1940
unter 1 500	31	35
1 500–2 400	35	27
2 400–4 800	28	34
über 4 800	6	4 (44)

c) Entwicklung der Renten (in RM)

Durchschnittliche Monatsrenten	1931	1933	1936	1938	1939
Sozialrentner-Fürsorge	18,47	16,22	16,37	17,05	16,96
Invaliden-Witwenrente	37,20	33,40	30,90	31,25	32,10
Angestelltenrente	65,51	56,98	54,69	54,01	68,46

(44)

d) Lebenshaltungskosten (1913/14 = 100)

	1929	1932	1933	1935	1936	1939
Gesamt	154,0	120,6	118,0	123,0	124,5	126,2
Ernährung	155,7	115,5	113,3	120,4	122,4	122,8
Kleidung	172,0	112,2	106,7	117,8	120,3	133,3

(44)

e) Krankenhausbetten im Deutschen Reich bzw. in der Bundesrepublik Deutschland auf je 10 000 Einwohner

1877	24,6	1933	90,7	1970	112,0
1905	57,0	1939[1]	87,1	1995	97,0
1931	91,0	1955	108,0		

1 Gebiet wie am 31.12.1937

(45)

f) Durchschnittlicher Jahresverbrauch in einem Vier-Personen-Arbeiterhaushalt

	Fleisch[1]	Eier (Stück)	Milch (Liter)	Butter[1]
1928	146,5	472	481	17,9
1937	118,5	258	358	19,1

	Fette[1]	Kartoffeln[1]	Gemüse[1]	Obst[1]	Bohnenkaffee
1928	55,4	507,8	127,3	96,2	–
1937	37,3	530,3	117,8	64,9	–

(46)

1 in Kilogramm

g) Brutto-Stundenlöhne der Arbeiter und Arbeitszeit (1928 = 100)

	Arbeitsverdienst	Tariflohn Facharbeiter (Rpf)	Arbeitszeit Wochendurchschnitt (Std.)
1913	53	66	50–60
1929	106	101	46
1931	95	97	42
1933	77	79	
1935	80	78	44
1937	83	79	46
1939	89	79	47
1941	95	80	49
1943	97	81	

(47)

h) Brutto-Monatsverdienst der Angestellten (in RM)

1929	1932	1936	1939
207,–	182,–	199,–	231,–

(46)

T 8   Gesellschaft und Wirtschaft unter dem Nationalsozialismus

a) Die propagandistische **Selbstdarstellung des Nationalsozialismus** baute nach außen ein Bild auf, das durch Militarismus, Geschlossenheit und Einheitlichkeit nach dem Führer-Gefolgschaftsprinzip gekennzeichnet war. Durch die brutale Niederschlagung der sog. Röhm-Revolte und den Aufbau eines SS-Polizeistaates, durch die Ablösung des Rechtsstaates von einem Willkür- und Maßnahmestaat, durch den Anspruch des nationalsozialistischen Herrschaftssystems auf den ganzen Menschen trat dem Bürger ein **„totaler Staat"** gegenüber. Hinter dieser äußeren Fassade jedoch gab es Macht- und Zuständigkeitskämpfe der Führerrivalen, bei denen nur Hitler unangefochten blieb.

b) Von diesem Totalitarismus waren auch das **Erziehungswesen** und das **Kulturleben** nicht ausgenommen. Presse und Vereine waren gleichgeschaltet; am 10. Mai 1933 wurden die Bücher solcher Schriftsteller verbrannt, die die Nationalsozialisten zur sog. weltbürgerlich-jüdisch-bolschewistischen Zersetzungsliteratur rechneten (u. a. Kafka, Kästner, Zuckmayer). Werke der bildenden Kunst, die als „entartet" galten (u. a. von Barlach, Kollwitz), wurden aus Museen und Ausstellungen verbannt; ihre Schöpfer erhielten Berufsverbot. In die im September 1933 gegründete **„Reichskulturkammer"** wurden nur „Kulturschaffende" mit arischer Abstammung aufgenommen. Ihr Präsident war Reichspropagandaminister Goebbels.

c) In den **christlichen Kirchen** glaubte man zunächst mit den Ordnungsvorstellungen des Nationalsozialismus übereinzustimmen. Die Bereitschaft der katholischen Kirche zur Zusammenarbeit kam im **Reichskonkordat** zwischen dem Vatikan und der Regierung vom 20. Juli 1933 zum Ausdruck und hatte vor allem die Sicherung der Rechte und Einflussmöglichkeiten der Kirche zum Ziel. Die Gegensätze in Grundsatzfragen jedoch blieben unüberbrückbar und fanden ihren Niederschlag in der Enzyklika Pius' XI. „Mit brennender Sorge". In der evangelischen Kirche hatte der Nationalsozialismus schon seit 1932 in der „Glaubensbewegung Deutsche Christen" einen Stützpunkt. Mithilfe der NSDAP gelang ihren Anhängern die Durchsetzung einer „Reichskirchenverfassung" (14. Juli 1933). Gegen den Treueid auf Hitler organisierte Pastor Martin Niemöller Ende 1933 einen „Pfarrernotbund", aus dem die **„Bekennende Kirche"** hervorging. 1935 wurde ein „Reichskirchenminister" berufen. Gegen die Tötung unheilbar Kranker in Heil- und Pflegeanstalten protestierten Bischöfe beider Kirchen.

d) Mit der **„Deutschen Arbeitsfront"** wurde im Mai 1933 eine nationalsozialistische Wirtschaftsorganisation aufgebaut, in der Arbeitnehmer und Arbeitgeber vereinigt waren. Es gelang der Regierung zwar, die Arbeitslosigkeit zu beseitigen und die Landwirtschaft zu sanieren, aber diese Ankurbelung der Wirtschaft war vornehmlich der militärischen Aufrüstung zu verdanken. Während die Einkommensverhältnisse der Arbeitnehmer sich kaum veränderten, stiegen die Lebenshaltungskosten an.

e) Ein wichtiges Element der Gesellschafts- und Wirtschaftspolitik war von 1933 an die Verfolgung von politischen Gegnern und angeblich rassisch „Minderwertigen". Das Eigentum von Kommunisten, Sozialdemokraten, Juden, Zeugen Jehovas und Homosexuellen wurde willkürlich enteignet und verkauft.

6. Judenverfolgung – Judenvernichtung

T 9 Der nationalsozialistische Antisemitismus als Beispiel

Neben der Verfolgung der Juden wurden zwischen 1933 und 1945 die politischen Gegner, insbesondere Kommunisten, Sozialdemokraten, aber auch besonders aufrechte Christen Opfer des Terrorsystems. Darüber hinaus versuchten Partei und Staat, im Krieg auch mithilfe der Wehrmacht, ihre rassistischen Ziele durchzusetzen: Zigeuner, Geisteskranke, Zeugen Jehovas, Homosexuelle, Intellektuelle in den besetzten Ländern, vor allem aber Kriegsgefangene aus Osteuropa wurden systematisch verfolgt und auch getötet.

In einem Schulgeschichtsbuch ist es nur möglich, *ein* Beispiel zu dokumentieren, und zwar das extremste.

a. Das nationalsozialistische Bild vom „Juden"

Q 40 Aus Hitlers „Mein Kampf", 1924

So ist der Jude heute der große Hetzer zur restlosen Zerstörung Deutschlands. Wo immer wir in der Welt Angriffe gegen Deutschland lesen, sind Juden ihre Fabrikanten …

Er [der Marxismus] schuf die wirtschaftliche Waffe, die der internationale Weltjude anwendet zur Zertrümmerung der wirtschaftlichen Basis der freien, unabhängigen Nationalstaaten … und damit zur Versklavung freier Völker im Dienste des überstaatlichen Weltfinanz-Judentums. (48)

S. auch Q 4, S. 6 f.

Q 41 Aus einer Schrift der SS-Führung, 1935

Der Untermensch … ist … tiefer stehend als jedes Tier. Im Inneren dieses Menschen [ist] ein grausames Chaos wilder, hemmungsloser Leidenschaften: namenloser Zerstörungswille, primitivste Begierde, unverhüllteste Gemeinheit … Er hasste das Werk des anderen. Er wütete dagegen, heimlich als Dieb, öffentlich als Lästerer – als Mörder … Die Bestie rief die Bestie. Nie wahrte der Untermensch Frieden … Er braucht zur Selbsterhaltung den Sumpf, die Hölle … Und diese Unterwelt der Untermenschen fand ihren Führer: den ewigen Juden! (49)

Q 42 Judenkinder in der Schule: Runderlass des Reichserziehungsministers Rust, 10. September 1935

Kinder jüdischer Abstammung bilden für die Einheitlichkeit der Klassengemeinschaft und die ungestörte Durchführung der nationalsozialistischen Jugenderziehung auf den allgemeinen öffentlichen Schulen ein starkes Hindernis … Die Herstellung nationalsozialistischer Klassengemeinschaften als Grundlage einer auf dem deutschen Volkstumsgedanken beruhenden Jugenderziehung ist nur möglich, wenn eine klare Scheidung nach der Rassenzugehörigkeit der Kinder vorgenommen wird. (50)

B 28 Straßenszene in deutschen Städten, April 1933

Q 43 Die „Nürnberger Gesetze", 15. September 1935 (S. auch Q 18)

Die auf dem Reichsparteitag 1935 vom Reichstag verabschiedeten Gesetze gaben den schon seit 1933 praktizierten Maßnahmen gegen jüdische Bürger eine gesetzliche Grundlage.

Reichsbürgergesetz

§ 2. Reichsbürger ist nur der Staatsangehörige deutschen oder artverwandten Blutes, der durch sein Verhalten beweist, dass er gewillt und geeignet ist in Treue dem deutschen Volk und Reich zu dienen …

Der Reichsbürger ist der alleinige Träger der vollen politischen Rechte …

Gesetz „zum Schutze des deutschen Blutes und der deutschen Ehre"

§ 1 Eheschließungen zwischen Juden und Staatsangehörigen deutschen oder artverwandten Blutes sind verboten …

§ 4 Juden ist das Hissen der Reichs- und Nationalflagge und das Zeigen der Reichsfarben verboten. (51)

Q 44 Aus den Tagebucheintragungen eines jungen Juden, April 1933

Die Lage der deutschen Juden ist trostlos. Universitäten gesperrt, Hochschulen gesperrt, Numerus clausus, Dozenten entlassen, Ärzte entlassen, Rechtsanwälte entlassen (von 2 500 wurden

2 465 entlassen!), Sichtvermerkzwang, Einziehung von Vermögen, Boykott aller jüdischen Waren, Ausschluss aus allen Gremien
und Ausschüssen etc. etc. Nein, nein und nochmals nein! Wir werden keine Nachsicht zeigen, wie wir keine Nachsicht finden, … we-
he ihnen, wenn wir mal Gelegenheit haben sollten ihnen das in ge-
bührendem Maße heimzuzahlen. (52)

b.   9. November 1938 – Die Synagogen brennen

Q 45 SA-Befehl zur „Reichskristallnacht", 9./10. November 1938

Sämtliche jüdische Geschäfte sind sofort von SA-Männern in Uniform zu zerstören … Jüdische Synagogen sind sofort in Brand zu
stecken … Die Feuerwehr darf nicht eingreifen … Der Führer
wünscht, dass die Polizei nicht eingreift … An den zerstörten jüdischen Geschäften, Synagogen usw. sind Schilder anzubringen mit
etwa folgendem Text: Rache für Mord an vom Rath.
Tod dem internationalen Judentum … (53)

Q 46 Geheime Anweisung der Staatspolizei Potsdam, 10. November 1938, 7.10 Uhr

Als Folge des Attentats in der deutschen Botschaft in Paris werden
… Aktionen gegen Juden erwartet. [Sie] sind nicht zu stören, jedoch haben Plünderungen und Diebstähle zu unterbleiben. Werden bei den Aktionen gegen Juden Waffen in deren Besitz ange-
troffen, so sind die Juden festzunehmen. Ich ersuche die Landräte
sofort mit den Kreisleitungen in Verbindung zu treten und eine Besprechung über die Durchführung der Demonstrationen zu vereinbaren. Es sind bei den Demonstrationen nur solche Maßnahmen
zulässig, die Gefährdung deutschen Lebens oder Eigentums nicht
mit sich bringen. Auf keinen Fall darf es zu Brandstiftungen kommen. Geschäfte und Wohnungen von Juden dürfen nur zerstört,
nicht geplündert werden. Die Polizei ist anzuweisen die Durchführung dieser Anordnung zu überwachen und Plünderer festzunehmen. Ausländische Juden dürfen von der Aktion nicht betroffen
werden. In Synagogen und Geschäftsräumen der jüdischen Kul-
tusgemeinden ist das vorhandene Archivmaterial zu beschlagnah-
men … Misshandlungen Festgenommener haben zu unterbleiben.
Die Aktion hat sofort zu beginnen. (54)

Q 47 Vermerk der Kreisverwaltung Beeskow-Storkow zum gleichen Vorfall, 2. Dezember 1938

Schon Anfang November ds. Js. wurde hier festgestellt, dass bei
dem einzigen jüdischen Geschäft in Storkow, dem Kaufmann Felix
Todtenkopf gehörig, die Schaufenster mehrere Male in einigen
Nächten mit Farbe mit „Judas heraus" usw. beschriftet wurden.
Die Beschriftung … wurde … durch den Juden selbst entfernt. In
der Nacht nach der Ermordung des Gesandtschaftsrats vom Rath
wurden wiederum die Schaufensterscheiben sowie die Firmenauf-
schrift des Juden Todtenkopf beschmiert. Daraus ist zu erkennen,

dass die Erregung über die Juden auch in Storkow einen derartigen Umfang angenommen hat, dass man mit Gewaltaktionen
gegen die hiesigen Juden rechnen konnte. Dies geschah dann
auch am nächstfolgenden Tage, dem 10. November 1938 …
gegen 8.00 Uhr vormittags, in der Weise, dass etwa 15–20 Einwohner von Storkow das jüdische Geschäft betraten und die vorhandenen Waren (Herren- und Damenkonfektion, Wäsche und
Wollwaren) auf dem in der Nähe befindlichen Marktplatz am Rathaus auf einen Haufen ablegten. Gegen 9 Uhr vormittags erschien
der Gend[armerie]-Obermeister Matuszewski und ließ die heraus-
getragenen Sachen durch einige Beamte der Polizei überwachen,
während die Pol. Hptw. Voß und Baake die Wohnung des T. nach
Waffen und verbotenen Schriften durchsuchten … Es wurde lediglich eine jüdische Zeitschrift und zwei Bücher („Die Stadt ohne
Juden" und „Die erste jüdische Republik") vorgefunden und beschlagnahmt. Diese Sachen wurden dem Gend.-Obermeister
Matuszewski übergeben. Die auf dem Markt liegenden Waren wurden auf meine Veranlassung durch den Juden wieder in sein Geschäft gebracht. Bei dieser Arbeit wurde Todtenkopf durch Polizeibeamte überwacht …
Die in der Nacht vom 9. zum 10. November ds. Js. beschmierten
Schaufenster hat Todtenkopf wieder gesäubert und von innen mit
einem weißen Kalkanstrich versehen, nur der Name Felix Todtenkopf ist noch mit der schwarzen Farbe überstrichen. Im Übrigen ist
von der begangenen Beschriftung und Ausräumung des jüdischen
Geschäftes nichts mehr zu sehen.
Am 10. November wurden der Sohn Harry Todtenkopf und der
Schwiegersohn Leide aus Berlin auf meine Veranlassung in
Schutzhaft genommen. Auf Anordnung des Herrn Regierungspräsidenten wurden die beiden Juden mit noch drei in Schutzhaft befindlichen Juden aus Saarow durch den Gend.-Obermeister Matuszewski nach Potsdam gebracht. Todtenkopf hat sein Geschäft
seit diesem Tage nicht mehr geöffnet. (55)

c.   Die „Endlösung der Judenfrage"

Q 48 Besprechungsprotokoll, 20. Januar 1942

Berlin, Am Großen Wannsee Nr. 56–58
Der Chef der Sicherheitspolizei und des SD, SS-Obergruppenfüh-
rer Heydrich …
[Es] sollen im Zuge der Endlösung die Juden in geeigneter Weise
im Osten zum Arbeitseinsatz kommen. In großen Arbeitskolonnen,
unter Trennung der Geschlechter, werden die arbeitsfähigen Juden straßenbauend in diese Gebiete geführt, wobei zweifellos ein
Großteil durch natürliche Verminderung ausfallen wird.
Der … verbleibende Restbestand wird, da es sich bei diesen zweifellos um den widerstandsfähigsten Teil handelt, entsprechend behandelt werden müssen, da dieser, eine natürliche Auslese dar-
stellend, bei Freilassung als Keimzelle eines neuen jüdischen
Aufbaues anzusprechen ist.
Im Zuge der praktischen Durchführung der Endlösung wird Europa von Westen nach Osten durchkämmt … (56)

B 29 Auf der Rampe bei der Ankunft im KZ Auschwitz (s. auch B 77, S. 244).

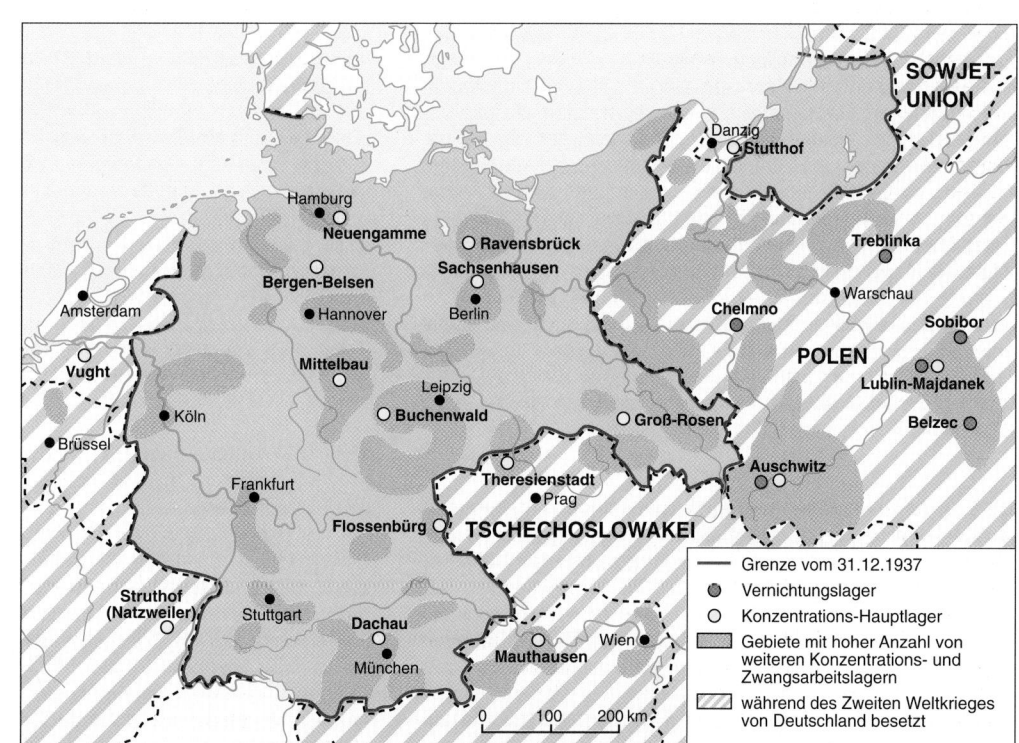

K 1 Konzentrations- und Vernichtungslager 1933–1945 (Auswahl). Es gab in Deutschland ab 1938/39 kaum einen Landkreis, in dem nicht ein Außenlager eines KZs eingerichtet worden war.

Map labels:
SOWJET-UNION
Danzig
Stutthof
Hamburg
Neuengamme
Ravensbrück
Treblinka
Sachsenhausen
Bergen-Belsen
Warschau
Amsterdam
Hannover
Berlin
Chelmno
Sobibor
Vught
POLEN
Lublin-Majdanek
Köln
Mittelbau
Leipzig
Buchenwald
Brüssel
Groß-Rosen
Belzec
Auschwitz
Frankfurt
Theresienstadt
Prag
Flossenbürg
TSCHECHOSLOWAKEI
Struthof (Natzweiler)
Stuttgart
Dachau
Wien
München
Mauthausen

Legend:
Grenze vom 31.12.1937
Vernichtungslager
Konzentrations-Hauptlager
Gebiete mit hoher Anzahl von weiteren Konzentrations- und Zwangsarbeitslagern
während des Zweiten Weltkrieges von Deutschland besetzt

0 100 200 km

Q 49 Tagebuch des Schriftstellers Jochen Klepper, der mit einer Jüdin verheiratet war

24. August 1942: Die schweren, schweren Angstträume, immer wieder von Zwangstrennung, Deportation und SS, von denen jeder so leicht Wirklichkeit werden könnte, lasten oft über dem ganzen Tag. Man geht nicht nur geängstigt und gebeugt durch die Tage, sondern auch durch die Nächte und erwacht vor Entsetzen, wie schwer und fremd das eigene Leben geworden ist …

28. September 1942: Deportationen, Deportationen – die Alten, die Kranken. Und nicht mehr Gerücht, sondern Menschen, die man kennt … (57)

Q 50 Rudolf Höß, Kommandant von Auschwitz

a) Ich befehligte Auschwitz [vom 1. Mai 1940] bis zum 1. Dezember 1943 und schätze, dass mindestens 2 500 000 Opfer dort durch Vergasung und Verbrennung hingerichtet … wurden; mindestens eine weitere halbe Million starben durch Hunger und Krankheit … Ungefähr 400 000 ungarische Juden wurden allein in Auschwitz im Sommer 1944 von uns hingerichtet. (58)

b) Die zur Vernichtung bestimmten Juden wurden … zu den Krematorien geführt. Im Auskleideraum wurde ihnen … gesagt, dass sie hier nun zum Baden und zur Entlausung kämen … Nach der Entkleidung gingen die Juden in die Gaskammer, die … völlig den Eindruck eines Baderaumes machte. Zuerst kamen die Frauen mit den Kindern hinein, hernach die Männer …
Die Tür wurde nun schnell zugeschraubt und das Gas sofort durch … die Decke der Gaskammer in eine[m] Luftschacht bis zum Boden ge[leitet] … Durch das Beobachtungsloch in der Tür konnte man sehen …, dass ungefähr ein Drittel sofort tot war. Die andern fingen an zu taumeln, zu schreien und nach Luft zu ringen … [I]n wenigen Minuten lagen alle. Nach spätestens 20 Minuten regte sich keiner mehr. Je nach Witterung … dauerte die Wirkung des Gases fünf bis zehn Minuten …

c) Ich stellte damals keine Überlegung an. Ich hatte den Befehl bekommen und hatte ihn durchzuführen … Wenn der Führer selbst die „Endlösung" … befohlen hatte, gab es für einen alten Nationalsozialisten keine Überlegungen, noch weniger für einen SS-Führer. (59) (S. auch T 75a, S. 245).

Q 51 Konnte man der „mörderischen Pflicht" entrinnen? – Aus der Urteilsbegründung eines Schwurgerichtes der Nachkriegszeit in einem Prozess gegen fünf ehemalige Aufseher des Vernichtungslagers Sobibor

Alle Angeklagten haben sich darauf berufen, sie seien gezwungen gewesen den Befehlen zur Mitwirkung an der Judenvernichtung zu folgen, weil sie andernfalls gemaßregelt, bestraft [worden wären] …
Das Schwurgericht hat hierzu unter dem Stichwort „Befehlsnotstand" … festgestellt …: Es konnte … kein Fall ausfindig gemacht werden, in dem ein in einem Vernichtungs- oder Konzentrationslager tätiger SS- oder sonstiger Aufseher wegen einer Weigerung, an einer widerrechtlichen Tötung teilzunehmen, selbst getötet oder in ein „KZ" eingewiesen worden wäre. (60)

d. Wiedergutmachung?

Q 52 Aus der Präambel des Abkommens zwischen der Bundesrepublik Deutschland und Israel, 10. September 1952

In der Erwägung, dass während der nationalsozialistischen Gewaltherrschaft unsagbare Verbrechen gegen das jüdische Volk verübt worden sind und dass die Regierung der Bundesrepublik Deutschland in ihrer Erklärung vom 27. September 1951 ihren Willen bekundet hat, in den Grenzen der deutschen Leistungsfähigkeit die materiellen Schadenfolgen dieser Taten wiedergutzumachen …, sind der Staat Israel und die Bundesrepublik Deutschland zu folgender Vereinbarung gelangt … (61)
Die Bundesrepublik zahlte 3,45 Mrd. DM Eingliederungskosten für jüdische Flüchtlinge. Die DDR zahlte keine Wiedergutmachungsleistungen.

Q 53 Der erste Beauftragte Israels in Bonn, Felix E. Shinnar, über die wirtschaftliche Bedeutung dieses Abkommens für Israel

Von der Gesamtleistung … von 3 450 Millionen DM wurden 30 % zur Zahlung des Rohöls verwendet …, von dem Rest … für 70 % Investitionsgüter aller Art … gekauft … Unsere Handelsflotte vergrößerte sich dadurch um rund 40 000 Tonnen … 1948 auf 450 000 Tonnen … Schiffsraum … Die Erweiterung des Elektrizitätsnetzes, der Eisenbahn und des [Fernsehens] konnten … [finanziert] werden … 1 400 … Fabriken konnten ihre Anlagen … erweitern und modernisieren. [Es wurden auch] Röhren zur Erweiterung der bewässerten Fläche und damit der landwirtschaftlichen Produktion bezogen. [Dies] machte den steigenden Export von Zitrusfrüchten … möglich … Israel konnte aus dem Abkommen 12–15 % seines Jahresimports decken und aus Abkommensmitteln bezahlen. (62)

T 10 Der Antisemitismus

a) Ein Rückblick

Seit den Aufständen gegen die **römische Herrschaft** in den Jahren 66–73 und 132–135 n. Chr. lebten die Juden als religiöse und kulturelle Minderheit überall im Römerreich zerstreut. Da sie an ihrem Glauben und an ihren Sitten festhielten und sich weigerten zum Christentum überzutreten, wurden die jüdischen Minderheiten vor allem im **christlichen Mittelalter** als gesellschaftliche Fremdkörper empfunden und in eine Außenseiterrolle gedrängt. Die Kirche gab ihnen die Schuld am Opfertod Christi, andererseits standen die jüdischen Gemeinden in den Städten unter dem

Schutz des Kaisers und zahlten dafür eine Judensteuer. Dennoch wurden sie in abgeschlossene Stadtgebiete (Gettos) verbannt. Da ihnen der Erwerb von Grundbesitz und die Ausübung des Handwerks innerhalb der Zünfte untersagt war, drängte sie die Obrigkeit in den Handel und Geldverleih ab, zumal den Christen das Zinsnehmen als Wucher verboten war. Religiöse Vorurteile, wirtschaftlicher Neid und das Bedürfnis der Gesellschaft, Sündenböcke für Schwierigkeiten, Schuld und Not namhaft zu machen, führten besonders seit den Kreuzzügen im 11. Jahrhundert zu antijüdischen Legendenbildungen. Man warf den Juden Hostienschändung, Brunnenvergiftung und die Verantwortung für die Pest vor. Vor allem seit den Kreuzzügen brachen immer wieder Verfolgungen und Austreibungen über die jüdischen Gemeinden herein.

In der Zeit des **Absolutismus** zogen die Fürsten reiche jüdische Geldgeber häufig zur Finanzierung der aufwendigen Hof- und Staatsausgaben heran, was ihnen wiederum den Hass der Bevölkerung einbrachte. Die Gleichberechtigung, die den Juden endlich unter dem Einfluss des Toleranzdenkens der Aufklärung zuerkannt und z. B. in der Verfassung der USA (1787), der Französischen Revolution (1791) und in den preußischen Reformgesetzen (1812) garantiert wurde, kam aber im Allgemeinen nur denjenigen zugute, die sich taufen ließen. Doch selbst die getauften (assimilierten) Juden konnten nicht Offiziere werden oder Staatsämter wahrnehmen. Nach der Öffnung der Hochschulen blieben den Juden daher nur die sog. freien Berufe – Ärzte, Juristen, Journalisten, Kunst- und Geisteswissenschaftler –, weiterhin der Handel und das Bankgeschäft zugänglich. Hier errangen sie z. T. eine vergleichsweise starke Stellung.

Gegen diese neue Position des Judentums in der Gesellschaft des 19. Jahrhunderts richtete sich im nationalen Bürgertum eine neue antisemitische Bewegung, der **Rassenantisemitismus**. Die Juden wurden zum rassisch minderwertigen Fremdkörper gestempelt, der die germanische Rasse vernichten, das deutsche Kulturleben zersetzen und vor allem über seine Stellung im internationalen Finanzjudentum nach der Weltherrschaft streben wolle, während sich gleichzeitig in den liberalen Parteien und in der Sozialdemokratie jüdische Journalisten und Politiker (z. B. Marx, Lassalle, Bernstein) für Demokratie und Arbeiterbewegung einsetzten. 1897 gab es im Reichstag 16 antisemitische Abgeordnete, die aus Teilen des Zentrums, der evangelischen christlich-sozialen Partei oder nationalvölkischen Gruppen kamen. Antisemitisch war auch der Kreis um den Opernkomponisten Richard Wagner eingestellt. In Wien, wo sich Hitlers politische Vorstellungen formten, wandten sich Deutsch-Nationale vor allem gegen die Ostjuden, die seit den wiederholten Judenverfolgungen in Russland und Polen im Anschluss an die Ermordung des Zaren Alexander II. (1881) in großer Zahl in Österreich einwanderten. In der Weimarer Republik machte der deutsch-nationale, völkische und nationalsozialistische Antisemitismus die Juden für die Revolution, den Zusammenbruch 1918 und für den Vertrag von Versailles verantwortlich.

b) Der nationalsozialistische Antisemitismus

Die nationalsozialistische Rassenlehre übernahm die traditionellen antisemitischen Vorurteile vor allem des Rassenantisemitismus („arisches Blut" werde durch Vermischung mit jüdischem zersetzt, es gebe eine internationale Verschwörung des Judentums mit Weltherrschaftsabsichten) und weitete sie zur Propaganda gegen den angeblich jüdischen Liberalismus und Marxismus aus. Als erste Antwort auf Proteste aus dem Ausland gegen die nationalsozialistische Machtübernahme organisierten Aktionskomitees der NSDAP am 1. April 1933 einen **Boykott jüdischer Geschäfte** (Grundsatz: „Kein Deutscher kauft noch bei einem Juden!"), Ärzte, Rechtsanwälte und Zeitungen. Einzelverordnungen auf der Grundlage des **Gesetzes „zur Wiederherstellung des Berufsbeamtentums"** (11. April 1933) führten nach und nach zur Ausschaltung der Juden aus allen Berufszweigen außerhalb von Handel, Industrie und Gewerbe. Im Falle der jüdischen Kaufhäuser wurden allerdings aus volkswirtschaftlichen und arbeitsmarktpolitischen Gründen zunächst Stützungsmaßnahmen ergriffen. Daneben förderte der Staat schon frühzeitig Auswanderungsabsichten von Juden; ihr Vermögen wurde bei Auswanderung eingezogen.

Die gesetzlichen Maßnahmen gegen die Juden fanden ihren Höhepunkt in den **Nürnberger Gesetzen**, verkündet auf dem „Reichsparteitag der Freiheit" 1935: Für alle Juden galt das Ausnahmerecht. Zum **Reichspogrom** (von den Nationalsozialisten höhnisch „Reichskristallnacht" genannt) kam es, als 1938 in Paris ein junger Jude den deutschen Gesandtschaftsrat ermordete. Durch eine Goebbels-Rede aufgehetzt zündeten in einer organisierten Racheaktion SA-Leute und Parteimitglieder am 9./10. November 600 jüdische Gotteshäuser an, demolierten jüdische Geschäfte und Wohnungen: „91 Fälle von Tötungen" (Oberstes Parteigericht der NSDAP) wurden registriert, der Sachschaden betrug mehrere Millionen RM. Über 26 000 Juden wurden verhaftet und in Konzentrationslager gebracht. Aus ihrem und dem Vermögen anderer jüdischer Mitbürger erhob man eine „Bußzahlung" von einer Milliarde RM. Juden durften Theater, Konzerte, Museen usw. nicht mehr besuchen, sie mussten einen „Judenstern" tragen und erhielten ein „J" in ihren Pass eingestempelt.

Ihren grausigen Höhepunkt erreichten die Verfolgungen im Krieg. Seit Beginn des Polenfeldzugs übernahmen **Einsatzgruppen der SS** in den von deutschen Truppen besetzten Gebieten Europas die Erfassung, Deportation und Erschießung von Juden. Unter sorgfältiger Geheimhaltung schleuste nach der **Wannsee-Konferenz** 1942 eine perfekt organisierte Mordmaschinerie die Juden aus allen besetzten Ländern in Vernichtungslager. Die Zahl der Menschen, die dieser **„Endlösung der Judenfrage"** (erst seit ca. 1990 allgemein **„Holocaust"** genannt) und den vorausgegangenen Maßnahmen zum Opfer fielen, wird auf fünf bis sechs Millionen geschätzt.

Vor allem die SS versuchte außer den Juden noch **andere Minderheiten** (s. T 8e, 9) „auszumerzen". In den besetzten Gebieten wurden „fremdvölkische" Minderheiten und Kriegsgefangene planmäßig dezimiert, insbesondere polnische und russische Intellektuelle.

7. Revisionspolitik, Kampf um „Lebensraum" oder Weltherrschaft?

a. Was konnte man 1933 wissen?

Q 54 Aus dem Programm der NSDAP, 24. Februar 1920

1. Wir fordern den Zusammenschluss aller Deutschen aufgrund des Selbstbestimmungsrechtes der Völker zu einem Groß-Deutschland.
2. Wir fordern die Gleichberechtigung des deutschen Volkes gegenüber den anderen Nationen, Aufhebung der Friedensverträge von Versailles und St. Germain.
3. Wir fordern Land und Boden (Kolonien) zur Ernährung unseres Volkes und zur Ansiedlung unseres Bevölkerungsüberschusses. (63)

Q 55 Adolf Hitler: Mein Kampf, 1925

Die Außenpolitik des völkischen Staates hat die Existenz der durch den Staat zusammengefassten Rasse auf diesem Planeten sicherzustellen …

Die Forderung nach Wiederherstellung der Grenzen des Jahres 1914 ist ein politischer Unsinn … Wir Nationalsozialisten [müssen] unverrückbar an unserem außenpolitischen Ziel festhalten, nämlich dem deutschen Volk den ihm gebührenden Grund und Boden auf dieser Erde zu sichern, … auf dem dereinst deutsche Bauerngeschlechter kraftvolle Söhne zeugen können … Wie unsere Vorfahren den Boden, auf dem wir heute leben, … erkämpfen mussten, so wird auch uns in Zukunft … nur die Gewalt eines siegreichen Schwertes [den Boden zuweisen] …

Deutschland wird entweder Weltmacht oder überhaupt nicht sein …

Wir setzen dort an, wo man vor sechs Jahrhunderten endete. Wir stoppen den ewigen Germanenzug nach Süden und Westen Europas und weisen den Blick nach dem Land im Osten …

Wenn wir aber heute in Europa von neuem Grund und Boden reden, können wir in erster Linie nur an Russland und die ihm untertanen Randstaaten denken. (64)

b. Reden – Pläne – Taten

Q 56 Aufruf der Reichsregierung zur Wiedereinführung der allgemeinen Wehrpflicht, 16. März 1935

In dieser Stunde erneuert die deutsche Regierung vor dem deutschen Volke und vor der ganzen Welt die Versicherung ihrer Entschlossenheit, über die Wahrung der deutschen Ehre und der Freiheit des Reiches nie hinauszugehen und insbesondere in der nationalen deutschen Rüstung kein Instrument kriegerischen Angriffs als vielmehr ausschließlich der Verteidigung und damit der Erhaltung des Friedens bilden zu wollen. (65)

Q 57 Reichstagsrede Hitlers nach der Kündigung des Locarno-Vertrages, der Besetzung des Rheinlandes und dem Einspruch des Völkerbundes dagegen, 7. März 1936 (Rundfunkübertragung)

Wir haben in Europa keine territorialen Forderungen zu stellen. Wir wissen vor allem, dass alle die Spannungen, die sich entweder aus falschen territorialen Bestimmungen oder aus den Missverhältnissen der Völkerzahlen mit ihren Lebensräumen ergeben, in Europa durch Kriege nicht gelöst werden können. (66)

T 11 Saar- und Rheinland

a) Rückkehr des Saargebiets, 1935

Im Vertrag von Versailles waren das Ausbeutungsrecht an den Kohlegruben Frankreich zugesprochen, die Bevölkerung einer Regierungskommission des Völkerbundes unterstellt worden. Nach 15 Jahren sollte die Bevölkerung über ihre endgültige Zugehörigkeit entscheiden. Am 31. Januar 1935 sprach sich die Saarbevölkerung mit 90 % für den Anschluss an Deutschland aus. Die NS-Propaganda feierte die „Heimkehr des Saarlandes" als Sieg im Kampf gegen Versailles.

b) Besetzung des entmilitarisierten Rheinlands

Im Februar 1936 hatte das französische Parlament einen französisch-sowjetischen Beistandspakt bestätigt (ratifiziert). Hitler ließ daraufhin drei Bataillone der Wehrmacht in die laut Versailler Vertrag, Art. 42 ff. entmilitarisierte Zone einmarschieren; am gleichen Tag kündigte er die Locarno-Verträge. Die Soldaten hatten Befehl sich bei Feindberührung sofort zurückzuziehen. Hitler sagte später, die 48 Stunden nach dem Einmarsch seien die aufregendsten in seinem Leben gewesen. „Wären die Franzosen damals … eingerückt, hätten wir uns mit Schimpf und Schande wieder zurückziehen müssen, denn [unsere] militärischen Kräfte … hätten keineswegs [zum Widerstand] ausgereicht."

Q 58 Hitler zu führenden Generälen der Reichswehr, 3. Februar 1933

Einstellung … des ganzen Volkes auf den Gedanken, dass nur der Kampf uns retten kann … Stärkung des Wehrwillens mit allen Mitteln … Vielleicht … Eroberung neuen Lebensraums im Osten und dessen rücksichtslose Germanisierung … (67)

Q 59 Besprechung Hitlers mit den Spitzen der Wehrmacht und dem Reichsaußenminister, 5. November 1937 („Hoßbach-Protokoll")

Äußerer Anlass für die Besprechung waren Schwierigkeiten bei der Rohstoffzuteilung (an die drei Wehrmachtteile) im Rahmen des forcierten Aufrüstungsprogramms. Hitler nutzte die Gelegenheit zu einer langen außenpolitischen Erklärung, die er sogar als sein „persönliches Testament" bezeichnete. In seiner Rede demonstrierte Hitler seinen Kriegswillen und legte seine Kriegsziele dar. An Hitlers Ausführungen schloss sich eine Diskussion an, in der einige Teilnehmer nachdrücklich vor einem Kriegsrisiko warnten.

Oberst Friedrich Hoßbach war als Hitlers Adjutant der Wehrmacht ebenfalls Teilnehmer dieser Konferenz. Er notierte sich mit Wissen Hitlers Stichworte und fertigte später aus dem Gedächtnis eine Niederschrift an, die unter der – nicht ganz korrekten – Bezeichnung „Hoßbach-Protokoll" bekannt geworden ist.

Diese Aufzeichnungen wurden u. a. von den Alliierten im Nürnberger Hauptkriegsverbrecherprozess als Beleg für den Kriegs- und Expansionswillen Hitlers und des NS-Regimes herangezogen.

Der Führer stellt einleitend fest … Seine nachfolgenden Ausführungen seien das Ergebnis eingehender Überlegungen und der Erfahrungen seiner 4½-jährigen Regierungszeit; er wolle den anwesenden Herren seine grundlegenden Gedanken über die Entwicklungsmöglichkeiten und -notwendigkeiten unserer außenpolitischen Lage auseinander setzen, wobei er im Interesse einer auf weite Sicht eingestellten deutschen Politik seine Ausführungen als seine testamentarische Hinterlassenschaft für den Fall seines Ablebens anzusehen bitte.

Der Führer führte sodann aus: Das Ziel der deutschen Politik sei die Sicherung und Erhaltung der Volksmasse und deren Vermehrung. Somit handele es sich um das Problem des Raumes … Gewinnung eines größeren Lebensraumes … von landwirtschaftlich nutzbarem Raum … in Europa … Zur Lösung der deutschen Frage könne es nur den Weg der Gewalt geben …

Fall 1: Zeitpunkt 1943–1945

Nach dieser Zeit sei nur noch eine Veränderung zu unseren Ungunsten zu erwarten. Die Aufrüstung der Armee, Kriegsmarine, Luftwaffe sowie die Bildung des Offizierskorps seien annähernd beendet. Die materielle Ausstattung und Bewaffnung seien modern, bei weiterem Zuwarten läge die Gefahr ihrer Veralterung vor …

Wenn wir bis 1943/45 nicht handelten, könne infolge des Fehlens von Reserven jedes Jahr die Ernährungskrise bringen, zu deren Behebung ausreichende Devisen nicht verfügbar seien. Hierin sei ein „Schwächungsmoment" des Regimes zu erblicken. Zudem erwarte die Welt unseren Schlag und treffe ihre Gegenmaßnahmen von Jahr zu Jahr mehr …

Sollte der Führer noch am Leben sein, so sei es sein unabänderlicher Beschluss spätestens 1943/45 die deutsche Raumfrage zu lösen. Die Notwendigkeit zum Handeln vor 1943/45 käme im Fall 2 und 3 in Betracht.

Fall 2: Wenn die sozialen Spannungen in Frankreich sich zu einer … Krise auswachsen sollten, dass … die französische Armee für eine Kriegsverwendung gegen Deutschland ausgeschaltet würde, sei der Zeitpunkt zum Handeln gegen die Tschechei gekommen.

Fall 3: Wenn Frankreich durch einen Krieg mit einem anderen Staat so gefesselt ist, dass es gegen Deutschland nicht vorgehen kann.

B 30   Plakat zur Volksabstimmung am 10. April 1938

Die Verbesserung unserer militärpolitischen Lage müsse in jedem Fall einer kriegerischen Verwicklung unser erstes Ziel sein, die Tschechei und gleichzeitig Österreich niederzuwerfen, um die Flankenbedrohung eines etwaigen Vorgehens nach Westen auszuschalten.

An sich glaube der Führer, dass … England, voraussichtlich aber auch Frankreich, die Tschechei bereits im Stillen abgeschrieben und sich damit abgefunden hätten, dass diese Frage eines Tages durch Deutschland bereinigt würde. Die Schwierigkeiten des Empire und die Aussicht, in einen langwährenden europäischen Krieg erneut verwickelt zu werden, seien bestimmend für die Nichtbeteiligung Englands an einem Krieg gegen Deutschland … Ein Vorgehen Frankreichs ohne die englische Unterstützung … sei wenig wahrscheinlich. (68)

B 31 Deutsche Truppen in Salzburg, 1938

c. „Anschluss" Österreichs – oder Einmarsch?

Q 60 Hitler „verhandelt" mit dem österreichischen Bundeskanzler Schuschnigg, 12. Februar 1938
Und ich sage Ihnen, Herr Schuschnigg: Ich bin fest dazu entschlossen, mit dem allen ein Ende zu machen. Das Deutsche Reich ist eine Großmacht und es kann und wird ihm niemand dreinreden wollen, wenn es an seinen Grenzen Ordnung macht ... Ich habe einen geschichtlichen Auftrag und den werde ich erfüllen, weil mich die Vorsehung dazu bestimmt hat ... Ich sage Ihnen, ich werde die ganze so genannte österreichische Frage lösen, und zwar so oder so! ... Glauben Sie nur nicht, dass mich jemand in der Welt in meinen Entschlüssen hindern wird! ... Mit Mussolini bin ich im Reinen ... England wird keinen Finger für Österreich rühren ... Alle Welt muss wissen, dass es für eine Großmacht einfach unerträglich ist, wenn an ihren Grenzen jeder kleine Staat glaubt sie provozieren zu können ... Entweder wir kommen zu einer Lösung oder die Dinge sollen laufen ... Ich habe nur mehr Zeit bis heute Nachmittag. Wenn ich Ihnen das sage, dann tun Sie gut daran, mich wörtlich zu nehmen. Ich bluffe nicht ... Ich habe noch alles erreicht, was ich wollte ... Hier ist der Entwurf. Verhandelt wird nicht. (69)

Q 61 Telefongespräche nach Wien

a) Gespräch Görings mit Seyß-Inquart, dem nationalsozialistischen Minister für innere Verwaltung und Sicherheit in der Regierung Schuschnigg, 11. März 1938, 17.26 Uhr
Göring: Also bitte Folgendes: Sie möchten sich sofort ... zum Bundespräsidenten begeben und ihm sagen, wenn nicht unverzüglich die Forderungen ... angenommen werden, dann erfolgt heute noch der Einmarsch ... Der Einmarsch wird nur dann aufgehalten ..., wenn wir bis 7.30 Uhr die Meldung haben, dass der Miklas

[österreichischer Bundespräsident] die Bundeskanzlerschaft Ihnen übertragen hat ... (70)

b) Gespräch Görings mit dem nach Wien gesandten Staatssekretär Keppler, 11. März 1938, 20.48 Uhr
Keppler: Wir haben jetzt die Regierung [Seyß-Inquart]. Göring: ... Nun passen Sie auf: Folgendes Telegramm soll der Seyß-Inquart hersenden: ... „Die provisorische österreichische Regierung, die nach der Demission der Regierung Schuschnigg ihre Aufgabe darin sieht, die Ruhe und Ordnung in Österreich wiederherzustellen, richtet an die deutsche Regierung die dringende Bitte, sie in ihrer Aufgabe zu unterstützen und ihr zu helfen, Blutvergießen zu verhindern. Zu diesem Zweck bittet sie die deutsche Regierung um baldmöglichste Entsendung deutscher Truppen." ... [L]egen Sie ihm das Telegramm vor und sagen Sie ihm, wir bitten – er braucht das Telegramm ja gar nicht zu schicken, er braucht nur zu sagen: einverstanden. (71)

T 12 Die Entwicklung in Österreich seit 1919 (s. auch T 2, S. 16)
Im Friedensvertrag von St. Germain 1919 wurde den Deutsch-Österreichern das **Selbstbestimmungsrecht** verweigert und ihnen die Gründung eines Bundesstaates außerhalb des Deutschen Reiches auferlegt. Weitere Volksabstimmungen wie in Tirol und Salzburg 1921 waren untersagt. Wehrverbände linker und rechter Parteien belasteten die Innenpolitik des neuen Staates. Der **Plan einer Zollunion** mit Deutschland 1931 scheiterte vor allem am Widerstand Frankreichs; eine Völkerbundsanleihe zur Sanierung der österreichischen Staatsfinanzen war mit der Auflage verbunden, keine wirtschaftliche oder politische Union mit Deutschland einzugehen. **Bundeskanzler Dollfuß** wandelte die Präsidialdemokratie in eine **Diktatur** um, um so dem wachsenden nationalsozialistischen und kommunistischen Einfluss zu begegnen. Er verbot 1933/34 alle Parteien außer der „Vaterländischen Front".

B 32   Deutsche Truppen in Prag, 1939

Am 25. Juli 1934 scheiterte ein **nationalsozialistischer Putsch-versuch**. Dollfuß wurde ermordet. An seine Stelle trat der bishe-rige Unterrichtsminister Schuschnigg, der die Politik seines Vor-gängers fortsetzte. Ab 1938 war Mussolini nicht mehr bereit Österreich gegen Deutschland zu unterstützen. Schuschnigg musste Hitler in Berchtesgaden Zugeständnisse machen. Die ver-urteilten Nationalsozialisten wurden begnadigt, ihr Führer Seyß-Inquart zum Innenminister ernannt. Die Absicht Schuschniggs, noch im letzten Moment durch eine Volksabstimmung Öster-reichs Selbstständigkeit zu erhalten, scheiterte am Ultimatum Hitlers (11. März 1938). Deutsche Truppen rückten ein. Der **„Anschluss" Österreichs** an das Deutsche Reich erfolgte am 13. März 1938 und wurde am 10. April durch Volksabstimmung (s. B 12, Q 13–15) bestätigt.

1. Stellen Sie die Argumente zusammen, mit denen die nationalsozialis-tische Außenpolitik gerechtfertigt wurde (Q 56–59). Vergleichen Sie diese mit dem Programm Hitlers und der NSDAP (Q 54, 55).

2. Versetzen Sie sich in das Jahr 1937 und bestimmen Sie ausgehend vom Hoßbach-Protokoll die Zukunft Europas in den Vorstellungen Hitlers.

3. Kennzeichnen Sie die Methode der Außenpolitik Hitlers am Beispiel Österreichs (Q 60).

d.   Die Tschechoslowakei – Prüfstein für Hitlers Ziele?

Q 62   Weisung Hitlers zum „Fall Grün" (Angriff auf die ČSR), 30. Mai 1938

Es ist mein unabänderlicher Entschluss die Tschechoslowakei in absehbarer Zeit durch eine militärische Aktion zu zerschlagen. Den politisch und militärisch geeigneten Zeitpunkt abzuwarten oder herbeizuführen, ist Sache der politischen Führung … Die rich-tige Wahl und entschlossene Ausnützung eines günstigen Augen-blicks ist die sicherste Gewähr für den Erfolg. Dementsprechend sind die Vorbereitungen unverzüglich zu treffen … (72)

Q 63   Aus dem Protokoll von Hitlers Verhandlungen mit Chamberlain in der Sudetenkrise

In einer Verhandlungsaktion, die ihn dreimal nach Deutschland führte, versuchte der britische Premierminister Chamberlain zu vermitteln.

15. September 1938:

Den drei Millionen Deutschen in der Tschechoslowakei werde er unter allen Umständen die Rückkehr ins Reich ermöglichen. Er würde jeden Krieg und sogar das Risiko eines Weltkrieges dafür in Kauf nehmen … Er würde keinen Schritt zurückweichen … Die tschechoslowakische Frage wäre allerdings das letzte größere Problem, das zu lösen wäre … (73)

Q 64   Marschiert ihr mit uns?

a) Vertrauliche Anfrage des französischen Außenministers, 10. September 1938

Deutschland kann morgen die Tschechoslowakei angreifen. In die-sem Falle würde Frankreich sofort mobilisieren … Marschiert ihr mit uns? Was wird die Antwort Großbritanniens sein?

b) Brief des Außenministers Halifax an den britischen Bot-schafter in Paris, 21. September 1938

Seiner Majestät Regierung [wird] niemals zulassen …, dass die Sicherheit Frankreichs bedroht wird …, sie [ist] aber nicht in der Lage … zu sagen, wie und wann sie unter Umständen handeln wird … (74)

Q 65   Note der tschechoslowakischen Regierung an die Westmächte, 21. September 1938

1. … Auf äußerstes Drängen der französischen und englischen Regierung akzeptiert die Regierung der tschechoslowakischen Republik mit Bitternis die französisch-englischen Vorschläge …

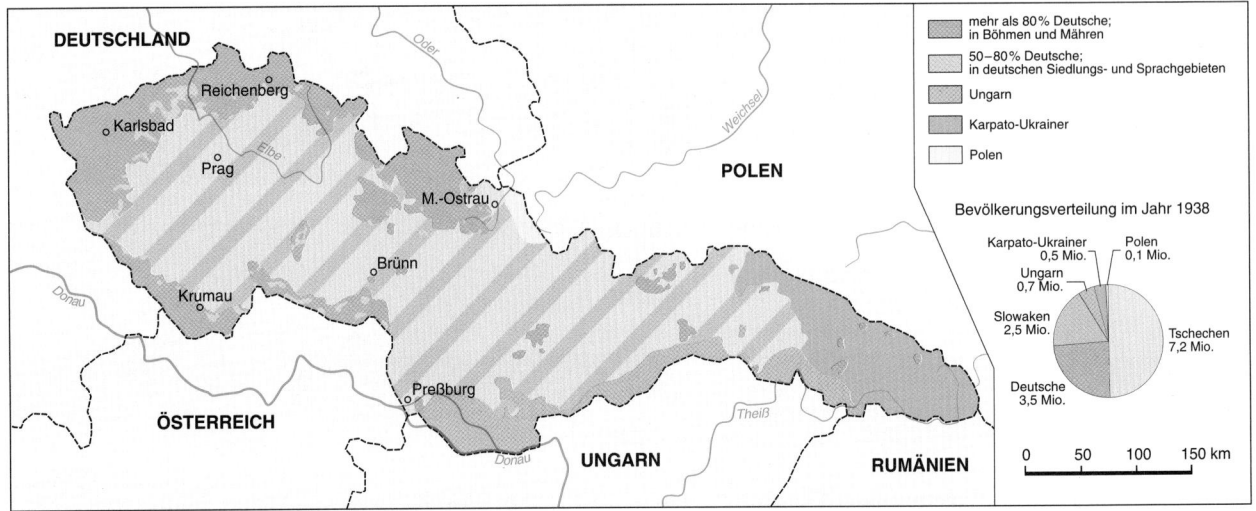

K 2   Die Nationalitäten in der Tschechoslowakei, 1938

Legend (map):
- mehr als 80 % Deutsche; in Böhmen und Mähren
- 50–80 % Deutsche; in deutschen Siedlungs- und Sprachgebieten
- Ungarn
- Karpato-Ukrainer
- Polen

Bevölkerungsverteilung im Jahr 1938
- Karpato-Ukrainer 0,5 Mio.
- Polen 0,1 Mio.
- Ungarn 0,7 Mio.
- Slowaken 2,5 Mio.
- Deutsche 3,5 Mio.
- Tschechen 7,2 Mio.

2. [Sie] konstatiert mit Betrübnis, dass sie bei der Ausarbeitung dieser Vorschläge nicht einmal vorher befragt wurde … (75)

Q 66   Rede Hitlers im Berliner Sportpalast, 26. September 1938 (Rundfunkübertragung)
Ich habe [dem englischen Premierminister Chamberlain bei seinen zwei Besuchen im September] versichert, dass das deutsche Volk nichts anderes will als Frieden … Ich wiederhole es hier, dass es – wenn dieses Problem gelöst ist – für Deutschland in Europa kein territoriales Problem mehr gibt …, dass ich dann am tschechischen Staat nicht mehr interessiert bin … Wir wollen keine Tschechen! (76)

Q 67   Verlautbarung der britischen Regierung (Chamberlain) auf Hitlers Sportpalastrede, 26. September 1938
Ich kann die Anstrengungen nicht aufgeben, weil es mir undenkbar erscheint, dass die Völker Europas, die keinen Krieg wünschen, in einen blutigen Kampf wegen einer Frage gestürzt werden sollten, über die ein Übereinkommen bereits weitgehend erzielt worden ist … Wenn dieser Vorschlag [der friedlichen Übergabe der sudetendeutschen Gebiete durch die Tschechoslowakei] angenommen wird, wird er den deutschen Wunsch nach einer Vereinigung der Sudetendeutschen mit dem Reich befriedigen, ohne dass Blut in irgendeinem Teile Europas vergossen wird. (77)

T 13   Die Entwicklung in der Tschechoslowakei seit 1919
Die Tschechoslowakei wurde **1918** ein **selbstständiger Staat**, dessen Unabhängigkeit 1919 von den alliierten Siegermächten garantiert wurde. In ihm lebten neben Polen, Magyaren und Ukrainern noch 46 % Tschechen, 13 % Slowaken und 28 % Deutsche. An die Spitze der Republik wurde als Präsident **Tomáš Masaryk** gewählt. Dem Außenminister **Edvard Beneš** (s. Q 7, S. 20) gelang es ab 1920, durch Bündnisverträge (**Kleine Entente** mit Jugoslawien und Rumänien; Frankreich; Polen) die Existenz des neuen Staates weiter abzusichern. Er wurde 1935 Nachfolger Masaryks als Staatspräsident.
Seit 1933 hatte die **nationalsozialistische Bewegung im Sudetenland** großen Einfluss erlangt. Konrad Henleins „Sudetendeutsche Partei" hatte 1935 68 % der deutschen Wähler hinter sich. Gesteuert aus dem Reich forderte die SdP nicht nur (wie andere sudetendeutsche Parteien) die Gleichberechtigung und die Selbstständigkeit (Autonomie) der deutschen Volksgruppe in der ČSR, sondern den **Anschluss an das Deutsche Reich**.

T 14   Das Münchener Abkommen
Am 29. September 1938 beschlossen die Vertreter Englands, Frankreichs, Italiens und Deutschlands in München folgendes Abkommen:
1. Die ČSR hat die sudetendeutschen Gebiete zu räumen. Das Gebiet wird von deutschen Truppen besetzt.
2. Eine Volksabstimmung und die endgültige Festlegung der Grenzen soll ein internationaler Ausschuss aus deutschen, tschechoslowakischen, englischen, französischen und italienischen Vertretern vornehmen.
3. England und Frankreich erklären ihre Absicht einer Garantie „der neuen Grenzen des tschechoslowakischen Staats gegen einen unprovozierten Angriff". Deutschland und Italien wollen dieser Garantie beitreten, „sobald die Frage der polnischen und ungarischen Minderheiten in der Tschechoslowakei geregelt ist".

K 3 Die Entstehung Großdeutschlands und die Erweiterung des deutschen Machtbereichs bis 1939

Q 68 Gemeinsame Erklärung Hitlers und Chamberlains nach dem Abschluss des Abkommens, 30. September 1938

Wir sind entschlossen auch andere Fragen, die unsere beiden Länder angehen, nach der Methode der Konsultation zu behandeln ..., um auf diese Weise zur Sicherung des Friedens Europas beizutragen. (78)

Q 69 Hitlers Weisung an die Wehrmacht, 21. Oktober 1938

Geheime Kommandosache

... muss die Wehrmacht jederzeit auf folgende Fälle vorbereitet sein:

1. Sicherung der Grenzen des Deutschen Reiches und Schutz gegen überraschende Luftangriffe.
2. Erledigung der Rest-Tschechei.
3. Inbesitznahme des Memellandes ... (79)

Q 70 Protokoll der Unterredung Hitlers mit dem tschechoslowakischen Staatspräsidenten Hacha, 15. März 1939

Der Führer ... habe den Befehl gegeben zum Einmarsch der deutschen Truppen und zur Eingliederung der Tschechoslowakei ins Deutsche Reich ...

Es gäbe zwei Möglichkeiten. [1.], dass sich das Einrücken der deutschen Truppen zu einem Kampf entwickelt. Dann wird dieser Widerstand mit allen Mitteln ... gebrochen. [2.], dass sich der Einmarsch der deutschen Truppen in erträglicher Form abspielt, dann würde ... der Tschechoslowakei ein großzügiges Eigenleben ..., Autonomie und eine gewisse nationale Freiheit [gegeben werden] ...

Käme es morgen zum Kampf ..., [würde] die tschechische Armee in zwei Tagen nicht mehr existieren ... Um 6 Uhr würden die Truppen einmarschieren ...

Hacha sagt, dass für ihn die Situation völlig klar und dass hier jeder Widerstand sinnlos sei ... (80)

Q 71 Die Reaktion Englands: Rede Chamberlains in Birmingham, 17. März 1939

Wie viel Rücksicht hat man genommen auf den Grundsatz der Selbstbestimmung ..., als er die Trennung des Sudetengebietes von der Tschechoslowakei und dessen Einverleibung in das Reich forderte?

Deutschland hat der Welt unter seinem jetzigen Regime eine Serie von unangenehmen Überraschungen bereitet. Das Rheinland, der Anschluss Österreichs, die Lostrennung des Sudetengebietes ... Jedoch, so viel wir auch einwenden mögen gegen die Methoden ..., etwas ließ sich doch sagen – entweder wegen der rassenmäßigen Zugehörigkeit oder wegen allzulang missachteter gerechter Ansprüche – … zugunsten der Notwendigkeit einer Änderung der vorhandenen Lage. Aber die Dinge, die sich diese Woche unter völliger Missachtung der von der deutschen Regierung selbst aufgestellten Grundsätze ereignet haben, scheinen zu einer anderen Kategorie zu gehören …

Ist dies der letzte Angriff auf einen kleinen Staat …? Ist dies sogar ein Schritt in der Richtung … die Welt durch Gewalt zu beherrschen? …

Ich fühle mich verpflichtet zu wiederholen …, dass … kein größerer Fehler begangen werden könnte als der, zu glauben, unsere Nation habe, weil sie den Krieg für eine sinnlose und grausame Sache hält, so sehr ihr Mark verloren, dass sie nicht bis zur Erschöpfung ihrer Kraft einer solchen Herausforderung entgegentreten werde, sollte sie jemals erfolgen. (81)

1. *Erläutern Sie die Methoden der Gewaltpolitik Hitlers zwischen Februar 1938 und März 1939.*
2. *Beurteilen Sie das Verhalten Englands, Frankreichs und der Tschechoslowakei im gleichen Zeitraum.*

T 15   Das Schicksal der „Resttschechei"
Im Mai 1938 mobilisierte die ČSR ihre Truppen. Die Sudetendeutsche Partei verschärfte auf Hitlers Veranlassung ihre Forderungen. England und Frankreich suchten durch Selbstbestimmung für die Sudetendeutschen den Konflikt friedlich beizulegen. Hitler aber forderte in Gesprächen mit Chamberlain ultimativ den **Anschluss der sudetendeutschen Gebiete an das Deutsche Reich**. Die ČSR lehnte ab, musste aber dem Ergebnis der **Münchener Konferenz** zwischen England, Frankreich, Italien und Deutschland vom 29. September 1938 zustimmen. Nach einer deutsch-englischen Nichtangriffserklärung glaubte Chamberlain, der Friede sei gerettet.

Polen annektierte kurz darauf das tschechische Olsagebiet (Teschen), Ungarn den südlichen Teil der Slowakei („Oberungarn"). Im März 1939 erklärten die Slowakei und die Karpato-Ukraine auf Veranlassung Hitlers ihre Unabhängigkeit. Während Ungarn die Karpato-Ukraine besetzte, musste Hacha am 15. März 1939 in Berlin unter Drohungen einen Vertrag über die Schaffung eines **„Reichsprotektorats Böhmen und Mähren"** unterzeichnen. Gleichzeitig marschierten deutsche Truppen ein; die Slowakei stellte sich „unter den Schutz des Deutschen Reiches".

e.   Warum Angriff auf Polen?

Q 72   Protokoll einer Besprechung Hitlers mit der Wehrmachtsführung, 23. Mai 1939
Danzig ist nicht das Objekt, um das es geht. Es handelt sich für uns um die Arrondierung des Lebensraumes im Osten und die Sicherstellung der Ernährung. Aufrollen des Ostsee- und Baltikumproblems … (82)

Q 73   Hitler zu den Befehlshabern der Wehrmacht, 22. August 1939

a) Die Gründung Großdeutschlands war politisch eine große Leistung, militärisch war sie bedenklich, da sie erreicht wurde durch einen Bluff der politischen Leitung. Es ist notwendig, das Militär zu erproben. Wenn irgend möglich nicht in einer Generalabrechnung, sondern bei der Lösung einzelner Aufgaben. Das Verhältnis zu Polen ist untragbar geworden …

b) Unsere wirtschaftliche Lage ist infolge unserer Einschränkungen so, dass wir nun noch wenige Jahre durchhalten können … Wir werden den Westen halten, bis wir Polen erobert haben … Der Gegner hatte noch die Hoffnung, dass Russland als Gegner auftreten würde nach der Eroberung Polens … Die persönliche Verbindung mit Stalin ist hergestellt. V. Ribbentrop wird übermorgen den Vertrag schließen. Nun ist Polen in der Lage, in der ich es haben wollte. Wir brauchen keine Angst vor Blockade zu haben. Der Osten liefert uns Getreide, Vieh, Kohle, Blei, Zink. Es ist ein großes Ziel, das vielen Einsatz fordert. Ich habe nur Angst, dass mir noch im letzten Moment irgendein Schweinehund einen Vermittlungsplan vorlegt.

Die politische Zielsetzung geht weiter … Zerstörung der Vormachtstellung Englands … Vernichtung Polens im Vordergrund … Ich werde propagandistischen Anlass zur Auslösung des Krieges geben, gleichgültig, ob glaubhaft. Der Sieger wird später nicht danach gefragt, ob er die Wahrheit gesagt hat oder nicht. Bei Beginn und Führung des Krieges kommt es nicht auf das Recht an, sondern auf den Sieg … Brutales Vorgehen … Der Stärkere hat das Recht … (83)

f.   Der Hitler-Stalin-Pakt

T 16   Die Vorgeschichte des Vertrages
In Verhandlungen mit London bot Moskau im April 1939 einen britisch-französisch-sowjetischen Beistandsvertrag unter Einschluss Polens an, leitete aber gleichzeitig auf diplomatischem Wege eine Annäherung an Deutschland ein. Die Verhandlungen Moskaus mit den Westmächten scheiterten u. a. daran, dass Polen der Roten Armee im Kriegsfalle den Durchmarsch verweigerte. Dagegen unterzeichneten die Außenminister v. Ribbentrop und Molotow am 23. August 1939 in Moskau überraschend einen Nichtangriffspakt zwischen Deutschland und der Sowjetunion mit einer Laufzeit von zehn Jahren.

Q 74   Aus dem deutsch-sowjetischen Vertrag, 23. Aug. 1939

a) Der öffentliche Teil
Artikel I. Die beiden vertragschließenden Teile verpflichten sich, sich … jeden Angriffs gegeneinander, und zwar sowohl einzeln als auch gemeinsam mit anderen Mächten, zu enthalten …

Artikel IV. Keiner der beiden vertragschließenden Teile wird sich an irgendeiner Mächtegruppierung beteiligen, die sich mittelbar oder unmittelbar gegen den anderen Teil richtet.

b) Der geheime Teil
1. Für den Fall einer territorial-politischen Umgestaltung in den zu den baltischen Staaten (Finnland, Estland, Lettland, Litauen) gehörenden Gebieten werden diese Länder der sowjetischen Interessensphäre zugehörig erklärt.
2. Polen wird längs einer Linie, die von der Ostgrenze Ostpreußens bis zur Karpato-Ukraine reicht und Warschau und Lublin einschließt, vollständig in eine deutsche und sowjetische Interessensphäre aufgeteilt.
3. Während Deutschland hinsichtlich des Südostens Europas sein Desinteresse erklärt, wird von sowjetischer Seite das Interesse an Bessarabien betont. (84)

Q 75 Der Vertrag aus der Sicht Stalins: Ein Mitarbeiter erinnert sich
Ich habe mit eigenen Ohren gehört, wie Stalin sagte: „Natürlich ist alles ein Trick, um zu sehen, wer wen zum Narren halten kann. Ich weiß, was Hitler im Schilde führt. Er glaubt, er ist schlauer als ich, aber in Wirklichkeit habe ich ihn überlistet!" Stalin sagte zu Woroschilow, Berija und mir sowie einigen anderen Mitgliedern des Politbüros, durch diesen Vertrag würden wir vom Krieg ein wenig länger verschont bleiben. Wir könnten neutral bleiben und unsere Kräfte sammeln. Im Übrigen heiße es abwarten. (85)

T 17 Dem Krieg entgegen
Im März 1939 marschierten deutsche Truppen mit Zustimmung Litauens ins Memelgebiet ein. Polen lehnte die deutsche Forderung nach Rückgabe Danzigs und einer exterritorialen Auto- und Eisenbahnverbindung durch den „Korridor" ab. Englisch-französische Garantieerklärungen für Polen, Rumänien und Griechenland wurden abgegeben, ein englisch-polnischer Beistandsvertrag wurde im August unterzeichnet. Die Haltung Englands sowie Mussolinis Mitteilung, Italien sei nicht kriegsbereit, veranlassten Hitler den Angriffsbefehl gegen Polen zu verschieben. Schwedische, italienische und vor allem englische Vermittlungsversuche Ende August 1939 scheiterten an ultimativen deutschen Forderungen und der Weigerung Polens unter diesen Umständen direkt mit Hitler zu verhandeln. Am 1. September 1939 begann der deutsche Angriff auf Polen.

Q 76 Die englische Reaktion auf den deutschen Angriff

a) Übergabe der englischen Kriegserklärung an Deutschland, 3. September 1939 – Bericht des Dolmetschers Dr. Schmidt
Ich blieb in einiger Entfernung vor Hitlers Tisch stehen und übersetzte ihm dann langsam das [soeben übergebene] Ultimatum der britischen Regierung. Als ich geendet hatte, herrschte völlige Stille … Wie versteinert saß Hitler da und blickte vor sich hin. [Dann] wandte er sich Ribbentrop zu, der wie erstarrt am Fenster stehen geblieben war. „Was nun?", fragte Hitler seinen Außenminister mit einem wütenden Blick … Im Vorraum herrschte Totenstille. Göring drehte sich zu mir um und sagte: „Wenn wir diesen Krieg verlieren, dann möge uns der Himmel gnädig sein!" Goebbels stand … niedergeschlagen … (86)

b) Der englische Premierminister Chamberlain bei der Bekanntgabe des Kriegszustandes vor dem Unterhaus, 3. September 1939
Für uns ist dies ein Trauertag und für niemanden mehr als für mich. Alles, wofür ich gearbeitet habe, alles, was ich hoffte, alles, woran ich in meinem öffentlichen Leben geglaubt habe, ist zertrümmert und zerbrochen … (87)

g. Das Fernziel

Q 77 Der deutsche Propagandaminister Joseph Goebbels über Hitlers Pläne, 8. Mai 1943
Das Kleinstaatengerümpel … in Europa … [muss] so schnell wie möglich liquidiert werden … Ziel unseres Kampfes … ein einheitliches Europa …, Gewissheit …, dass das Reich einmal ganz Europa beherrschen wird … Von da ab ist praktisch der Weg zu einer Weltherrschaft vorgezeichnet. Wer Europa besitzt, der wird damit die Führung der Welt an sich reißen. (88)

Q 78 Einschätzung der Lage des Jahres 1939 durch Diplomaten

a) Der französische Botschafter in Moskau an den Außenminister, 4. Oktober 1938
Die letzten Ereignisse … haben gezeigt, dass weder Frankreich noch England bereit sind sich einer deutschen Expansion in Mittel- und Osteuropa mit Waffengewalt zu widersetzen … Welcher Ausweg bleibt [der UdSSR], als auf die Politik einer Verständigung mit Deutschland zurückzukommen? … Eine Zerstückelung Polens … böte … eine Notlösung …, um das [deutsche] Reich von der Ukraine abzulenken – indem sie es nach Polen hineinführen, in der Hoffnung, es werde dort seinen Landhunger stillen … Ich habe Grund zu der Annahme, dass diese Idee bereits jetzt die sowjetischen Machthaber beschäftigt … [Der stellvertretende Außenminister sagte mir:] „Polen bereitet seine vierte Teilung vor." (89)

b) Bericht der britischen Botschaft, 20. Februar 1939
Die Sowjetpolitik [wird nicht] durch ideologische oder moralische … Erwägungen beeinflusst, sondern ausschließlich durch die unmittelbaren Interessen des Sowjetstaates und seiner gegenwärtigen Herrscher … Die Sowjetregierung [möchte] jegliches Vorgehen … vermeiden, das sie in Gegensatz zu Deutschland bringen könnte … Das erfreulichste Ergebnis eines … Konflikts [zwischen

Deutschland und den Westmächten wäre für sie] der … Zusammenbruch beider Seiten … Der Zusammenbruch Deutschlands … würde … zur Sowjetvorherrschaft in Osteuropa führen … (90)

Q 79 Beurteilung der Lage durch Historiker

a) Karl Dietrich Erdmann
Der Pakt bedeutete das Todesurteil für Polen … Für Stalin bedeutete der Pakt, dass dem Bolschewismus nun das Tor in das … östliche Mitteleuropa geöffnet wurde … Stalin hätte es in der Hand gehabt, den Krieg zu verhindern … Wenn er sich trotz der polnischen Bedenken [Ablehnung des russischen Durchmarschrechts durch Polen] mit den Westmächten verbündet hätte, wäre der deutsche Angriff auf Polen unterblieben … (91)

b) Aus einem sowjetischen Schulgeschichtsbuch über den deutsch-sowjetischen Vertrag, 1973
Überzeugt davon, dass England und Frankreich danach strebten, das faschistische Deutschland gegen die Sowjetunion zu benützen, entschloss sich die sowjetische Regierung dazu, einen Nichtangriffspakt mit Deutschland abzuschließen, der von der deutschen Regierung vorgeschlagen wurde. Dabei ging unsere Regierung von dem leninschen Prinzip aus, dass man Meinungsverschiedenheiten unter den imperialistischen Mächten ausnützen muss, damit sie sich nicht gegen die Sowjetunion zusammenschließen. (92)

Erläutern Sie, wer durch diese Urteile jeweils belastet und wer entlastet wird. Was ist in der sowjetischen Darstellung nicht erwähnt? Vergleichen Sie die Urteile und Einschätzungen mit Q 74 und formulieren Sie selbst ein Urteil.

T 18 Hitlers Außenpolitik
1933 verließ Deutschland die Abrüstungskonferenz und trat aus dem **Völkerbund** aus. 1934 schlossen Deutschland und Polen einen „Freundschafts- und Nichtangriffspakt". Ein Jahr später wurde die **allgemeine Wehrpflicht** wieder eingeführt. Die Verurteilung des deutschen Vertragsbruchs durch den Völkerbund blieb ohne Folgen. In einem **deutsch-englischen Flottenabkommen** erklärte sich Großbritannien 1935 mit einer deutschen Aufrüstung zur See bis zu 35 % der englischen Kriegsflotte einverstanden. Nachdem 1935 das **Saargebiet** an Deutschland zurückgegeben worden war, besetzten deutsche Truppen 1936 das **entmilitarisierte Rheinland**. Deutschland kündigte den Locarno-Vertrag. Ebenfalls 1936 erkannte das Deutsche Reich in einem Vertrag mit Italien dessen Annexion Abessiniens an; beide Seiten vereinbarten, gemeinsam General Franco im spanischen Bürgerkrieg zu unterstützen („**Achse Rom – Berlin**"). Der „**Antikominternpakt**" zwischen Deutschland und Japan, dem Italien 1937 beitrat, richtete sich gegen die KOMmunistische INTERNationale. Als Gastgeber der Olympischen Spiele 1936 hatte Deutschland hohes Ansehen in der Welt errungen. Der „**Anschluss**" Österreichs nach dem Einmarsch deutscher Truppen wurde 1938 durch Volksabstimmung bestätigt. Nach italienischen und besonders englischen Vermittlungsbemühungen in der Frage der (sudeten)deutschen Minderheit in der ČSR wurde im September **1938** in **München** ein englisch-französisch-italienisch-deutsches Abkommen geschlossen, das die deutsch besiedelten Randgebiete Böhmens, Mährens und Schlesiens dem Deutschen Reich zuerkannte. Gleichzeitig unterzeichneten Hitler und Chamberlain eine deutsch-britische Nichtangriffserklärung, der eine entsprechende deutsch-französische folgte. Aber vier Monate später besetzten deutsche Truppen die „**Resttschechei**", die nun deutsches „**Protektorat**" wurde, während die Slowakei sich „unter den Schutz des Reiches" begab.
Ebenfalls im März 1939 rückten deutsche Truppen ins litauische **Memelland** ein. Dieser offensive Bruch hitlerscher Versprechungen war Anlass für die Regierung Chamberlain, ihre Beschwichtigungspolitik (appeasement) gegenüber Deutschland aufzugeben. Doch Hitler hielt an seiner Absicht fest, mithilfe des Problems Danzig und der Trennung Ostpreußens vom Reich mit der Eroberung des „Lebensraums" im Osten zu beginnen. Nach einer englischen Initiative wurde im März 1939 eine britisch-französische **Garantieerklärung für Polen** abgegeben, der ebensolche für Rumänien, Griechenland und die Türkei folgten. Im Mai 1939 schlossen Deutschland und Italien ein Militärbündnis („**Stahlpakt**"), im August kam es zum Abschluss eines **deutsch-sowjetischen Nichtangriffspaktes** bei gleichzeitiger geheimer Aufteilung der beiderseitigen Interessengebiete in Ostmitteleuropa. England mobilisierte die Streitkräfte und unterzeichnete einen polnisch-britischen Beistandspakt. Dem **Einmarsch deutscher Truppen in Polen** am 1. September 1939 folgten zwei Tage später die **Kriegserklärungen** Großbritanniens und Frankreichs.

8. Der Zweite Weltkrieg

a. Der Angriff auf die Sowjetunion

Q 80 Warum greift Hitler Russland an? – Tagebucheintragung von Generaloberst Halder über eine Führungsbesprechung, 31. Juli 1940
Englands Hoffnung sind Russland und Amerika. Wenn Hoffnung auf Russland wegfällt, fällt auch Amerika weg … Ist aber Russland zerschlagen, dann ist Englands letzte Hoffnung getilgt. Der Herr Europas und des Balkans ist dann Deutschland. Entschluss: Im Zuge dieser Auseinandersetzung muss Russland erledigt werden. Frühjahr 41. Je schneller wir Russland zerschlagen, umso besser. Ziel: Vernichtung der Lebenskraft Russlands … 1. Stoß Kiew … 2. Stoß Randstaaten in Richtung Moskau. Schließlich Zusammenfassung aus Norden und Süden. Später Teiloperation auf Ölgebiet Baku … Ukraine, Weißrussland, baltische Staaten an uns … (93)

B 33 Ein deutscher Panzerangriff entfaltet sich

B 34 Amerikanische Bomber beim Angriff auf Berlin im Februar 1945

B 35 … und die Folgen: Dresden am 13./14. Februar 1945

B 36 Amerikanische Invasion in der Normandie, Juni 1944

B 37 Heimatfront: Frauen in einer Munitionsfabrik

B 38 Hiroshima nach dem Abwurf der ersten Atombombe, 6. August 1945: etwa 260 000 Tote, 160 000 Verletzte

Q 81 England und die USA – Telegramm des Präsidenten Roosevelt an den französischen Ministerpräsidenten, 13. Juli 1940

Unsere Regierung [tut] alles …, um den verbündeten Regierungen das Kriegsmaterial zugänglich zu machen, das sie so dringend brauchen …, weil wir an die Ideale glauben und die Ideale unterstützen … Ich selbst bin besonders beeindruckt …, dass Frankreich den Kampf im Namen der Demokratie fortsetzen will, selbst wenn die französische Armee zu einem langsamen Rückzug, sei es auch nach Nordafrika … gezwungen wird … Ermutigt haben mich auch die Worte Premierminister Churchills …, das Britische Empire werde den Widerstand fortsetzen. Diese Entschlossenheit trifft anscheinend auch auf das große französische Kolonialreich zu … (94) (S. auch T 10, S. 107).

Seit Mitte 1940 organisierte General de Gaulle an der Spitze des „Nationalkomitees der Freien Franzosen" die Weiterführung des Krieges von London und den französischen Kolonien aus, während die Regierung Pétain/Laval im unbesetzten Vichy mit Deutschland zusammenarbeitete.

T 19 Der Krieg in Zahlen

a) Der Bombenkrieg 1940–1945 (in Tonnen)

	1940	1941	1942	1943	1944	1945
auf						
Deutschland	10 000	30 000	40 000	120 000	650 000	500 000
England	36 844	21 858	3 260	2 298	9 151	761
(S. auch B 34, 35)						(95)

b) Die Versorgung mit wichtigen Rohstoffen 1944/45
(Deutsche Versorgung Mitte 1944 = 100)

	Deutschland		Alliierte	
	Mitte 1944	Anfang 1945	Mitte 1944	Anfang 1945
Treibstoffe	100	31	2 920	3 117
Eisen und Stahl	100	32	367	366
Kautschuk	100	69	748	748
Sprengstoffe	100	138	228	294
zum Vergleich:				
Kräfteeinsatz	100	44	136	192
(S. auch K 2, S. 106)				(96)

b. Der totale Krieg in Europa

Q 82 „Vernichtungskrieg" im Osten

a) Hitler vor den Befehlshabern der Wehrmacht, 31. März 1941 – Aus dem Kriegstagebuch von Generaloberst Halder

Kampf zweier Weltanschauungen gegeneinander … Bolschewismus ist gleich asoziales Verbrechertum … Wir müssen von dem Standpunkt des soldatischen Kameradentums abrücken … Es handelt sich um einen Vernichtungskampf … Vernichtung der bolschewistischen Kommissare und der kommunistischen Intelligenz … Das ist keine Frage der Kriegsgerichte … Kommissare und GPU-Leute [Geheimpolizei] sind Verbrecher und müssen als solche behandelt werden. (97)

b) Aus der Rede Himmlers vor den SS-Gruppenführern in Posen, 4. Oktober 1943

Ein Grundsatz muss für den SS-Mann absolut gelten: Ehrlich, anständig, treu und kameradschaftlich haben wir zu Angehörigen unseres eigenen Blutes zu sein und zu sonst niemandem. Wie es den Russen geht, wie es den Tschechen geht, ist mir total gleichgültig. Das, was in den Völkern an gutem Blut unserer Art vorhanden ist, werden wir uns holen, indem wir ihnen, wenn notwendig, die Kinder rauben und sie bei uns großziehen. Ob die anderen Völker in Wohlstand leben oder ob sie verrecken vor Hunger, das interessiert mich nur soweit, als wir sie als Sklaven für unsere Kultur brauchen … Ob bei dem Bau eines Panzergrabens 10 000 russische Weiber an Entkräftung umfallen oder nicht, interessiert mich nur insofern, als der Panzergraben für Deutschland fertig wird … Unsere Sorge, unsere Pflicht ist unser Volk und unser Blut; dafür haben wir zu sorgen. (98)

Q 83 Kampf bis zur Selbstvernichtung?

a) Aus dem Kriegstagebuch von Generaloberst Halder, 11. August 1941

In der gesamten Lage hebt sich immer deutlicher ab, dass der Koloss Russland, der sich bewusst auf den Krieg vorbereitet hat, mit der ganzen Hemmungslosigkeit, die totalitären Staaten eigen ist, von uns unterschätzt worden ist. Diese Feststellung bezieht sich ebenso auf die organisatorischen wie auf die wirtschaftlichen Kräfte, auf das Verkehrswesen, vor allem aber auf rein militärische Leistungsfähigkeit. Wir haben bei Kriegsbeginn mit etwa 200 feindlichen Div. gerechnet. Jetzt zählen wir bereits 360. Diese Div. sind sicherlich nicht in unserem Sinne bewaffnet und ausgerüstet, sie sind taktisch vielfach ungenügend geführt. Aber sie sind da. Und wenn ein Dutzend davon zerschlagen wird, dann stellt der Russe ein neues Dutzend hin. Die Zeit dazu gewinnt er dadurch, dass er nah an seinen Kraftquellen sitzt, wir immer weiter von ihnen abrücken. (99)

b) Wollt Ihr den totalen Krieg? – Goebbels im Berliner Sportpalast, 18. Februar 1943

Die Engländer behaupten, das deutsche Volk wehrt sich gegen die totalen Kriegsmaßnahmen der Regierung. Es will nicht den totalen Krieg, sondern die Kapitulation. Ich frage euch: Wollt ihr den totalen Krieg? Wollt ihr ihn, wenn nötig, totaler und radikaler, als wir ihn uns heute überhaupt noch vorstellen können? (Auf diese Frage scholl Goebbels aus dem Munde von Tausenden von Versammelten ein Ja entgegen, das den Sportpalast erdröhnen ließ.) Ich habe euch gefragt, ihr habt mir eure Antwort gegeben. Ihr seid ein

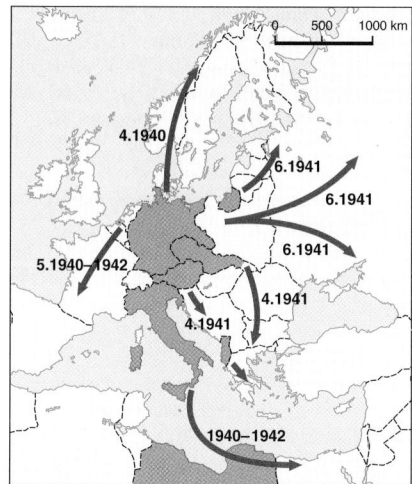
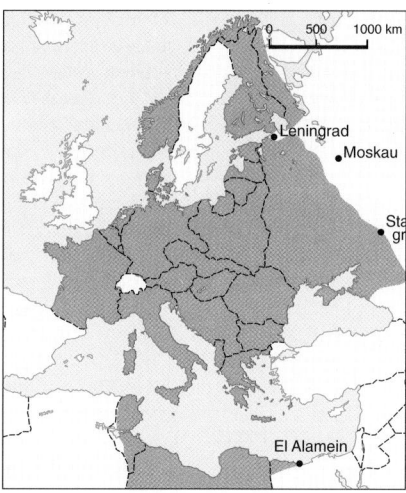
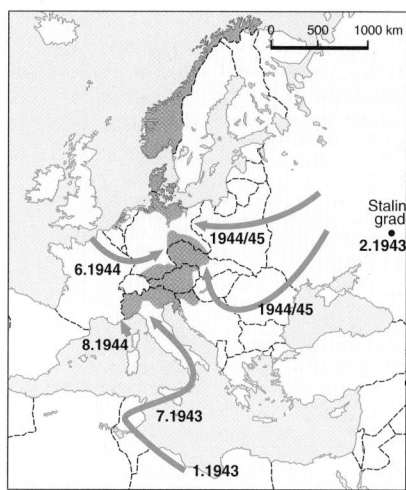

K 4   Die großen deutschen Operationen zu Beginn des Zweiten Weltkriegs

K 5   Die größte Ausdehnung des deutschen Machtbereichs im Zweiten Weltkrieg, 1942 (vgl. K 3, S. 163)

K 6   Die Invasionen und Offensiven der Alliierten seit 1943

Stück Volk, durch euren Mund hat sich damit die Stellungnahme des Deutschen manifestiert … (100)

c) Flugblatt aus Hannover, 14. Oktober 1943
Hannoveraner herhören!
Es ist eine Erfahrungstatsache, dass der Feind nach schweren Luftangriffen auf deutsche Städte und Dörfer durch üble Brunnenvergiftung die unerschütterliche Standhaftigkeit der Bevölkerung zu untergraben versucht. Englische und bolschewistische Sender sowie Agenten setzen Gerüchte und Verleumdungen in Umlauf … Daher verpflichte und ermächtige ich alle Volksgenossen, Gerüchtemacher und Gerüchteverbreiter vorläufig festzunehmen und dem nächsten Polizeibeamten bzw. einer Dienststelle der Partei oder des Staates zu übergeben. Soweit dies nicht möglich ist, sind Anschriften mit Sachverhalt zu melden.
Wer dies nicht tut, macht sich mitschuldig und wird entsprechend behandelt. (101)

d) Der Volkssturm – Erlass Hitlers, 25. September 1944
Dem uns bekannten totalen Vernichtungswillen unserer jüdisch-internationalen Feinde setzen wir den totalen Einsatz aller deutschen Menschen entgegen … Überall dort, wo der Feind den deutschen Boden betreten will, rufe ich daher alle waffenfähigen deutschen Männer zum Kampfeinsatz auf. Ich befehle: 1. Es ist in den Gauen des Großdeutschen Reiches aus allen waffenfähigen Männern im Alter von 16 bis 60 Jahren der Deutsche Volkssturm zu bilden. Er wird den Heimatboden mit allen Waffen und Mitteln verteidigen … (102)

e) „Kampf bis aufs Messer" – Wilhelm Murr, Gauleiter und Reichsverteidigungskommissar, 10. April 1945
In einem erbitterten Abwehrkampf verteidigt die deutsche Nation ihren Heimatboden, ihre Heimat. Die Vernichtungspläne unserer Feinde sind grausam und barbarisch … Wer sich dem Feind unterwirft, verfällt der Ächtung und Verachtung … Wer Feindparolen folgt, hat sein Leben verwirkt. Der Kampf um das Leben von 80 Millionen Deutschen kennt keine Rücksichten. Er kennt nur eines: Kampf bis aufs Messer den Feinden unseres Volkes. (103)

f) Verbrannte Erde – Befehl Hitlers, 19. März 1945
Alle militärischen, Verkehrs-, Nachrichten-, Industrie- und Versorgungsanlagen sowie Sachwerte innerhalb des Reichsgebietes, das sich der Feind für die Fortsetzung seines Kampfes irgendwie sofort oder in absehbarer Zeit nutzbar machen kann, sind zu zerstören. (104)

g) Selbstvernichtung? – Brief des Reichsministers Speer an Hitler, 19. März 1945
Mein Führer! … Sie machten mir … Ausführungen … Wenn der Krieg verloren geht, wird auch das Volk verloren sein … Es sei nicht notwendig, auf die Grundlagen, die das Volk zu seinem primitivsten Weiterleben braucht, Rücksicht zu nehmen … [Es] sei besser, selbst diese Dinge zu zerstören. Denn das Volk hätte sich als das schwächere erwiesen und dem stärkeren Ostvolk gehöre dann ausschließlich die Zukunft. Was nach dem Kampf übrig bleibe, seien ohnehin nur die Minderwertigen, denn die Guten seien gefallen! … Das, was Generationen aufgebaut haben, dürfen wir nicht zerstören … Ich bitte Sie daher, nicht selbst am Volk diesen Schritt der Zerstörung zu vollziehen. (105)

Ein hartes, unerbittliches
Schicksal nahm uns unseren geliebten, lebensfrohen,
einzigen Sohn meinen lieben
Bruder, Enkel, unseren Neffen
und Vetter, den Finanzanwärter, Gefreiten

Gerhard Jordan

Junker in einem Art.-Regiment.
Er gab sein junges Leben für
Großdeutschland in den schweren
Kämpfen im Osten am 7. 4. 44
im blühenden Alter von 18
Jahren.

In stiller Trauer und tiefem
Schmerz: Aug. Jordan und
Frau Marie, geb. Thöne,
Ruth Jordan (Schwester),
Elisabeth Jordan (Großmutter) und alle Verwandten.
Kassel, Ihringshäuser Str. 84.
Von Beileidsbesuchen bitte abzusehen.

B 39   Todesanzeige, 1944

Q 84   Brief aus Stalingrad, Januar 1943

Du bist mein Zeuge, dass ich mich immer gesträubt habe, weil ich Angst vor dem Osten hatte, vor dem Kriege überhaupt. Ich war nie Soldat, immer nur uniformiert. Was habe ich davon? Was haben die anderen davon, die sich nicht gesträubt haben und keine Angst hatten? Ja, was haben wir davon? Wir, die Statisterie des leibhaftigen Unsinns? Was haben wir vom Heldentod? … Der Tod muss immer heroisch sein, begeisternd, mitreißend, für eine große Sache und aus Überzeugung. Und was ist es in Wirklichkeit hier? Ein Verrecken, Verhungern, Erfrieren, nichts weiter wie eine biologische Tatsache, wie Essen und Trinken. Sie fallen wie die Fliegen und keiner kümmert sich darum und begräbt sie. Ohne Arme und Beine und ohne Augen, mit zerrissenen Bäuchen liegen sie überall. Man sollte davon einen Film drehen, um den „schönsten Tod der Welt" unmöglich zu machen. Es ist ein viehisches Sterben, das später einmal auf Sockeln aus Granit mit „sterbenden Kriegern", die Binde um den Kopf oder den Arm, veredelt wird … (106)

T 20   Menschenverluste im Zweiten Weltkrieg

Gefallene deutsche Soldaten	3 000 000
Vermisste deutsche Soldaten	1 300 000
Verluste der deutschen Zivilbevölkerung	500 000
Verluste durch Vertreibung und Verschleppung	2 251 500
Verluste der Deutschen durch politische, rassische und religiöse Verfolgung	300 000
Deutsche Verluste insgesamt	**7 351 500**
Verluste der Streitkräfte der westlichen Alliierten (ohne die Vereinigten Staaten)	610 000
Verluste der Streitkräfte der Vereinigten Staaten	229 000
Verluste der Zivilbevölkerung der westlichen Alliierten	690 000
Verluste der Streitkräfte der ost- und südosteuropäischen Länder (ohne die Sowjetunion)	1 000 000
Verluste der Zivilbevölkerung der ost- und südosteuropäischen Länder (ohne die Sowjetunion)	8 000 000
Verluste der sowjetischen Streitkräfte	13 600 000
Verluste der Zivilbevölkerung der Sowjetunion	6 700 000
Verluste der Streitkräfte der übrigen Welt, insbesondere Ostasiens	7 600 000
Verluste der Zivilbevölkerung der übrigen Welt, insbesondere Ostasiens	6 000 000
Vermisste des Zweiten Weltkrieges, soweit als verstorben anzusehen	3 000 000
Menschenverluste im Zweiten Weltkrieg insgesamt	**54 780 500**

(Die Schätzungen weichen z. T. erheblich voneinander ab.) (107)

T 21   Der Verlauf des Krieges

Gleichzeitig mit dem deutschen **Angriff auf Polen** rückten sowjetische Truppen in Ostpolen ein. Im September 1939 schlossen Deutschland und die Sowjetunion einen Grenz- und Freundschaftsvertrag. Im April 1940 besetzten deutsche Truppen **Dänemark** und **Norwegen** um den Engländern zuvorzukommen. Im Mai/Juni 1940 wurden die neutralen Länder Belgien, Niederlande und Luxemburg überrannt und **Frankreich** zur Kapitulation gezwungen („**Blitzkrieg**"). Die Sowjetunion annektierte Estland, Lettland, Litauen, Bessarabien und die Nordbukowina. Italien trat an der Seite Deutschlands in den Krieg ein; Ungarn, Rumänien, die Slowakei, Bulgarien und Kroatien erklärten ihren Beitritt zum faschistischen Bündnissystem. Im „**Dreimächtepakt**" anerkannte Japan im September 1940 „die Ordnung Europas", während umgekehrt „die Führung Japans bei der Schaffung einer neuen Ordnung im großasiatischen Raum" respektiert wurde. Deutschland, Italien und Japan verpflichteten sich zu gegenseitigem Beistand, wenn einer von ihnen von einer Macht angegriffen würde, die noch nicht in den Konflikt verwickelt war.

Die für das zweite Halbjahr 1940 geplante Landung deutscher Truppen in England wurde aufgegeben, die „**Luftschlacht um England**" ging verloren und brachte der deutschen Luftwaffe große Verluste. Nach dem Winterkrieg 1939/40 gegen die Rote Armee musste Finnland die Karelische Landenge und Teile Ostkareliens abtreten. Im deutschen **Balkanfeldzug** 1941 wurden Jugoslawien und Griechenland besiegt. Ein deutsches Expeditionskorps traf in **Nordafrika** ein. Am 22. Juni 1941 begann der deutsche **Angriff auf die Sowjetunion**.

Unter Verletzung des Kriegsvölkerrechts wurde der Russlandfeldzug als **Eroberungs-, Versklavungs- und Vernichtungskrieg** geführt. Von insgesamt 5,7 Mio. sowjetischen Kriegsgefangenen starben ca. 3,3 Mio. in deutscher Gefangenschaft an Unterernährung, Kälte und Seuchen. (Von insgesamt 3,2 Mio. deutschen Kriegsgefangenen in sowjetischer Gefangenschaft kamen ca. 1,2 Mio. ums Leben.) Neben dem organisierten **Massenmord an Juden, Kommunisten und Kriegsgefangenen** gab Stalins Aufruf zum **Partisanenkrieg** vom 3. Juli 1941 weiteren Anlass für die brutale Erschießung vieler Zivilisten in den Partisanengebieten.

Im November 1941 kam der deutsche Vormarsch vor Moskau

zum Stehen. Im Winter erlitt das deutsche Heer hohe Verluste. Im Frühjahr und Sommer 1942 stieß die deutsche Wehrmacht an die Wolga und zum Kaukasus vor um die Ölquellen zu besetzen. Die Offensive des deutschen Expeditionskorps in Nordafrika kam im August 1942 wegen Nachschub- und Versorgungsschwierigkeiten (Treibstoffmangel) bei El Alamein zum Erliegen. In **Stalingrad** wurde die deutsche 6. Armee, fast 300 000 Soldaten, eingeschlossen und geriet in Gefangenschaft.

Seit 1941 unterstützten die USA England, dann auch die Sowjetunion mit kriegswichtigen Gütern (**Pacht- und Leihgesetz**). Nach dem japanischen Überfall auf die amerikanische Flotte in **Pearl Harbor** (Hawaii, 7. Dezember 1941) erklärten Deutschland und Italien an die USA den Krieg. Im November 1942 landeten alliierte Truppen in Nordafrika. Auf der Konferenz in Casablanca (Marokko) im Januar 1943 beschlossen die USA und England bis zur „**bedingungslosen Kapitulation**" des Feindes zu kämpfen. Deutschland antwortete mit dem Aufruf zum „**totalen Krieg**". Nach der Kapitulation des deutsch-italienischen Afrikakorps und der Landung alliierter Truppen auf **Sizilien** (Juli 1943) schloss Italien mit den Westmächten einen Waffenstillstand. Während seit 1943 die Rote Armee unaufhaltsam nach Westen vordrang, landeten alliierte Truppen im Juni 1944 an der Kanalküste in **Nordfrankreich**. 1943 erreichte der Luftkrieg gegen deutsche Städte einen ersten Höhepunkt (Dresden, Februar 1945). Nach Italien schlossen sich Bulgarien, Rumänien, Finnland und Ungarn dem Krieg der Alliierten gegen Deutschland an. Im Februar 1945 wurden die Gespräche von **Teheran** (Nov./Dez. 1943) zwischen Roosevelt, Churchill und Stalin in **Jalta** auf der Krim fortgesetzt. Am 2. Mai 1945 kapitulierte die deutsche Wehrmacht in Italien, danach in Dänemark, Norwegen, den Niederlanden und Nordwestdeutschland. Am **7./8. Mai** unterschrieben deutsche Generäle in Reims (Frankreich) und Berlin-Karlshorst die **bedingungslose Kapitulation**. **Hitler** endete am 30. April 1945 im Bunker der Reichskanzlei in Berlin durch **Selbstmord**, die Regierung seines Nachfolgers Dönitz wurde am 23. Mai aufgelöst, ihre Mitglieder wurden verhaftet.

Nach dem Abwurf amerikanischer **Atombomben auf Hiroshima und Nagasaki** am 6./9. August 1945 kapitulierte auch Japan am 2. September 1945 bedingungslos. Der Zweite Weltkrieg kostete fast 55 Mio. Menschen das Leben.

9. Widerstand und Umsturzversuche in Deutschland

a. Aus der Arbeiterbewegung

T 22 Verhaftungen der Geheimen Staatspolizei in Berlin
Nach Berliner Gestapo-Akten wurden 1935 in der Reichshauptstadt 1 559 Links-Oppositionelle verhaftet; 1936 wurden im ganzen Reich 11 687 Personen wegen illegaler sozialistischer Betätigung festgenommen; im Jahre 1937 waren es 8 058. Ebenfalls laut Gestapo-Akten wurden 1941 weitere 11 405, im ersten Halbjahr 1944 nochmals 9 553 Kommunisten und Sozialdemokraten eingekerkert.

Q 85 Einer von vielen
Heinz Kapelle, ein junger Buchdrucker, der zuvor Leiter des KJVD [Kommunistischer Jugendverband Deutschlands] in Berlin-Neukölln gewesen war, organisierte zwischen März und Juli 1939, nach einem zweijährigen Aufenthalt im Gefängnis wegen illegaler Tätigkeit, eine größere Gruppe von etwa 60 jungen Kommunisten, Sozialdemokraten und Katholiken. Nach einer Serie erfolgreicher Antikriegs-Flugblattaktionen im Herbst 1939 wurden Kapelle und fünf seiner Mitarbeiter im Oktober 1939 von der Gestapo in einer Druckerei gefasst. Kapelle wurde zum Tode verurteilt und im Juli 1941 hingerichtet. (108)

b. Aus den Kirchen

Q 86 Brief des evangelischen Landesbischofs Wurm an den Reichsminister des Innern Dr. Frick, 17. Juli 1940
Seit einigen Monaten werden … geisteskranke, schwachsinnige oder epileptische Pfleglinge staatlicher und privater Heilanstalten in eine andere Anstalt verbracht … Alle Konfessionen sind sich darin einig, dass der Mensch oder das Volk die ihm durch das Vorhandensein pflegebedürftiger Menschen auferlegte Last als von Gott auferlegt zu tragen hat und nicht durch Tötung dieser Menschen beseitigen darf …
Wenn die Jugend sieht, dass dem Staat das Leben nicht mehr heilig ist, welche Folgerungen wird sie daraus für das Privatleben ziehen? Kann nicht jedes Roheitsverbrechen damit begründet werden …? Auf dieser schiefen Ebene gibt es kein Halten mehr … Entweder erkennt auch der NS-Staat die Grenzen an, die ihm von Gott gesetzt sind, oder er begünstigt einen Sittenverfall, der auch den Verfall des Staates nach sich ziehen müsste … (109)

Q 87 Der katholische Bischof Graf von Galen in Münster, 13. Juli 1941
Keiner von uns ist sicher …, dass er nicht eines Tages aus seiner Wohnung geholt …, in den Kellern und Konzentrationslagern der Gestapo eingesperrt wird.
Wie viele deutsche Menschen schmachten in Polizeihaft, in Konzentrationslagern, sind aus ihrer Heimat ausgewiesen, die niemals von einem ordentlichen Gericht verurteilt sind oder die nach Freispruch … oder nach Verbüßung der vom Gericht verhängten Strafe erneut von der Geheimen Staatspolizei … in Haft gehalten werden! … Die Pflicht meines bischöflichen Amtes …, meines Eides, in dem ich Gott und der Reichsregierung gelobt habe …, jeden Schaden zu verhüten, der das deutsche Volk bedrohen könnte, drängen mich, angesichts der Taten der Geheimen Staatspolizei diese Tatsache öffentlich warnend auszusprechen … (110)

c. Aus der Beamtenschaft

Q 88 Mündliche Botschaft des deutschen Geschäftsträgers in London an den englischen Außenminister Lord Halifax, 7. September 1938

Nach unserer genauen Kenntnis plant Hitler einen Angriff auf die Tschechoslowakei und nimmt an, dass der daraus entstehende Krieg lokalisiert werden könne … Hitler und Ribbentrop werden wahrscheinlich gar nicht wagen einen Krieg zu beginnen, wenn eine offene britische Erklärung es dem deutschen Volk klar vor Augen führt, dass ein Krieg mit Großbritannien im Falle eines Angriffes auf die Tschechoslowakei unvermeidlich ist … (111)

Q 89 Carl Goerdeler, Oktober 1939

Goerdeler war 1930–1937 Oberbürgermeister von Leipzig sowie 1931/32 und 1934/35 Reichskommissar für die Preisüberwachung.

Der Zustand, in dem sich mitten in einem großen Kriege Deutschlands die Mehrzahl der politisch klar denkenden, einigermaßen unterrichteten Leute befinden, die ihr Vaterland lieben …, ist geradezu tragisch. Sie können einen Sieg nicht wünschen und noch weniger eine schwere Niederlage, sie müssen einen langen Krieg fürchten und sie sehen keinen wirklich realen Ausweg. Letzteres deshalb, weil man nicht das Vertrauen haben kann, dass die Führung der Wehrmacht Einsicht und Willen genug besitzt um sich im entscheidenden Augenblick einzusetzen. (112)

d. Aus der Jugend

Q 90 Das letzte Flugblatt der „Weißen Rose", einer Studentengruppe um die Geschwister Scholl, München 1943

Der Tag der Abrechnung ist gekommen, der Abrechnung der deutschen Jugend mit der verabscheuungswürdigsten Tyrannis, die unser Volk je erduldet hat. Im Namen der deutschen Jugend fordern wir vom Staat Adolf Hitlers die persönliche Freiheit, das kostbarste Gut des Deutschen, zurück, um das er uns in der erbärmlichsten Weise betrogen. (113)

e. Aus der Wehrmacht

Q 91 Aus einer Vortragsnotiz des Generalstabschefs des Heeres Ludwig Beck, 16. Juli 1938

Es stehen hier letzte Entscheidungen über den Bestand der Nation auf dem Spiele. Die Geschichte wird die [militärischen] Führer mit einer Blutschuld belasten, wenn sie nicht nach ihrem fachlichen und staatspolitischen Wissen und Gewissen handeln. Ihr soldatischer Gehorsam hat dort eine Grenze, wo ihr Wissen, ihr Gewissen und ihre Verantwortung die Ausführung eines Befehls verbie-

ten. Finden ihre Ratschläge und Warnungen in solcher Lage kein Gehör, dann haben sie das Recht und die Pflicht vor dem Volk und vor der Geschichte, von ihren Ämtern abzutreten … Sie haben damit ihr Vaterland vor dem Schlimmsten, vor dem Untergang bewahrt … Außergewöhnliche Zeiten verlangen außergewöhnliche Handlungen! (114)

Q 92 Grundsätze für die Neuordnung Deutschlands, 9. August 1943

Aus dem Verfassungsentwurf des **„Kreisauer Kreises"**, genannt nach dem Gut Graf von Moltkes in Kreisau, Schlesien

1. Der Reichstag wird von den Landtagen gewählt … [Ihm] obliegen folgende Aufgaben: Beschlussfassung über den Reichshaushalt, die Reichssteuern und die Reichsgesetze. Fragerecht gegenüber dem Reichskanzler und Resolutionsrecht zu allen Fragen der Reichspolitik. Wahl des Reichsverwesers auf Vorschlag des Reichsrats.

2. Die Reichsregierung besteht aus dem Reichskanzler und den Fachministern. Der Reichskanzler wird von dem Reichsverweser, mit Zustimmung des Reichstags berufen; die Minister werden vom Reichsverweser auf Vorschlag des Reichskanzlers ernannt. Der Reichsverweser kann den Reichskanzler abberufen; die Abberufung wird mit der Ernennung eines neuen Reichskanzlers wirksam. Der Reichstag hat das Recht die Abberufung des Reichskanzlers mit qualifizierter Mehrheit zu verlangen, sofern er zugleich dem Reichsverweser die Berufung eines neuen Reichskanzlers vorschlägt.

3. Der Reichsrat besteht aus den Landesverwesern, den Präsidenten des Reichstags und der Reichswirtschaftskammer und aus vom Reichsverweser mit Zustimmung der Reichsregierung auf 8 Jahre berufenen Reichsräten …

4. Der Reichsverweser wird auf Vorschlag des Reichsrats vom Reichstag auf 12 Jahre gewählt. [Er] hat den Oberbefehl über die Wehrmacht und den Vorsitz im Reichsrat. Mit der Gegenzeichnung des Reichskanzlers vertritt er das Reich nach außen. Er vollzieht die Reichsgesetze, ernennt und entlässt die Reichsminister und Reichsbeamten. (115)

f. Emigration

Q 93 Willy Brandt in seinen Erinnerungen, 1982

Ich muss festhalten, was gewesen ist – unabhängig davon, ob dumme Menschen immer noch einmal plappern, „den Emigranten" sei es unverschämt gut gegangen. Führten sie nicht ein Leben ohne Not und Gefahr? An gut gefüllten Fleischtöpfen, während in Deutschland gehungert wurde? Im Krieg ohne russische Winter und alliierte Bombennächte? Und haben sie sich nicht abgewandt von ihrem Volk?

Die Abwendung von Hitler-Deutschland war für die meisten von uns unvermeidlich, doch sie war nicht bequem. Mit einem sorgenfreien Leben und den vollen Fleischtöpfen war es nicht weit her.

Wer aus politischen Gründen ins Exil ging, verstand diesen Schritt … als Dienst an der deutschen (und europäischen) Zukunft. Die Deutschen jüdischer Herkunft litten oft besonders an dem ihnen widerfahrenen Unrecht. Den Holocaust sahen sie so wenig voraus wie wir nichtjüdischen Antinazis. Viele lebten von kärglichen Unterstützungen. In fast allen europäischen Ländern … herrschte Arbeitslosigkeit …

Die Zahl der Menschen, die am eigenen und an dem sie umgebenden Elend zerbrachen, ist nicht klein. (116)

g.   Was ist Widerstand?

Q 94   Ein Diskussionsbeitrag aus dem Jahre 1974
Wer heute unter der Freiheitsgarantie von Art. 5 des Grundgesetzes ohne Bedenken seinen Unmut über die Regierung … öffentlichen Ausdruck gibt, wer sich über Akte und Entscheidungen der Verwaltung … beschwert, dem sollte eigentlich bewusst sein, dass dies alles unter der Herrschaft des Nationalsozialismus als „Widerstand" gewertet, verfolgt und bestraft wurde – und zwar nicht nach den Gesetzen eines Rechtsstaates, sondern nach den … Maßstäben einer Diktatur, in der schon ein politischer Witz ins Konzentrationslager führen konnte …

Kritik und politische Opposition – ob parlamentarisch oder außerparlamentarisch – lassen sich in einem Rechtsstaat nicht zum „Widerstand" hochstilisieren, aber ebenso wenig kann sich der auf das Vorbild der Widerstandskämpfer gegen das nationalsozialistische Gewaltregime berufen, der Verfassungsgrundsätze und Gesetze des Rechtsstaats verletzt und zu kriminellen Mitteln greift, wenn er sein Ziel mit politischen nicht erreichen kann. (117)

T 23   Widerstand, Attentatsversuch und 20. Juli 1944
Die Verfolgung politischer und weltanschaulicher Gegner begann sogleich nach der Machtübernahme 1933. Der Widerstand gegen Hitler bestand in **Einzel- und Gruppenaktionen**: mündlicher Meinungs- und Informationsaustausch im kleinen Kreis, Druck und Verteilung von Flugblättern, Sabotage in der Rüstungsindustrie. Tausende **aus allen Volksschichten**, Parteien, Gewerkschaften beteiligten sich daran aus politischen und moralischen Gründen. Viele hatten dabei aber auch **Gewissenskonflikte** zu überwinden.

Die Zerschlagung der Arbeiterparteien KPD und SPD machte den Aufbau auf sich allein gestellter kleiner Widerstandsgruppen und Zellen besonders schwer. So gab es ungezählte Gruppen, die aktiv Widerstand leisteten. Mit zunehmender Kriegsdauer wurde jedoch immer klarer, dass ein Umsturz nur nach vorheriger Beseitigung Hitlers möglich war.

Je mehr sich das Herrschaftssystem festigte, desto enger wurde das Operationsfeld für Widerstandsgruppen. Bald hatten fast nur noch **Kirchen** und zum Schluss die **Wehrmacht** einen gewissen Spielraum für Widerstand in unterschiedlicher Form. Bischöfe beider Konfessionen z. B. protestierten gegen die Verletzung der Rechtsstaatlichkeit, gegen die Verfolgung der Kirchen, gegen die Willkürjustiz und gegen die Vernichtung „unwerten Lebens".

Am 8. November 1939 explodierte eine in eine Säule des **Münchener Bürgerbräukellers** eingebaute Bombe. Sie war von dem Schreiner Georg **Elser** gelegt worden. Hitler hatte das Treffen „alter Kämpfer" der NSDAP vorzeitig verlassen.

Der Oberst Henning **von Tresckow**, Stabschef der Heeresgruppe Mitte in Russland, machte 1942 den Vorschlag, Hitler bei einem Frontbesuch zu verhaften und standrechtlich abzuurteilen. Der Plan wurde von Generalfeldmarschall von Kluge, seinem Vorgesetzten, abgelehnt. Eine Bombe, die Tresckow am 13. März 1943 in Hitlers Flugzeug schmuggeln ließ, zündete nicht. Der Versuch des Obersten **von Gersdorff** am 21. März 1943, sich mit Hitler bei der Besichtigung einer Ausstellung von Beutewaffen in die Luft zu sprengen, scheiterte, weil Hitler die Veranstaltung frühzeitig verließ.

Am **20. Juli 1944** tötete eine von Oberst Klaus Graf Schenk **von Stauffenberg** in das **„Führerhauptquartier"** in Ostpreußen eingeschmuggelte Bombe mehrere Personen, Hitler jedoch wurde nur leicht verletzt, weil die Lagebesprechung vom Bunker in eine leichte Baracke verlegt worden war. Der Einsatzplan für den Putsch der Wehrmacht u. a. in Berlin lief zwar an, scheiterte aber, als die Nachricht vom Überleben Hitlers bekannt wurde. Stauffenberg und drei weitere Offiziere wurden standrechtlich erschossen, Generaloberst **Beck** nahm sich selbst das Leben. Um Mitternacht war der Aufstand, der in Wien und Paris bereits zu Verhaftungen von SS-Führern durch Widerstandskämpfer geführt hatte, niedergeschlagen.

Der **Volksgerichtshof** unter Dr. **Freisler** verhängte in einer Reihe von Prozessen Hunderte von Todesurteilen. Unter anderem wurden hingerichtet: Generalfeldmarschall von Witzleben, Admiral Canaris, Dr. Goerdeler, der in der neuen Regierung als Reichskanzler vorgesehen war, die Sozialdemokraten Leuschner und Leber, Pater Delp, Dietrich Bonhoeffer und Helmuth von Moltke, Leiter des christlich-konservativen „Kreisauer Kreises". Einige entzogen sich dem Gericht durch Selbstmord, unter ihnen Generalmajor von Tresckow und – vor die Alternative „Gift oder Anklage" gestellt – Generalfeldmarschall Rommel. Das Ziel der Verschwörer war es gewesen, eine neue deutsche Regierung zu bilden, die für die Kriegsgegner als Verhandlungspartner annehmbar gewesen wäre.

10.   Wer trägt die Schuld?

Q 95   Der Politikwissenschaftler Reinhard Kühnl, 1975
Alle Legenden und Rechtfertigungen …, dass es allein oder hauptsächlich der Persönlichkeit Hitlers zuzuschreiben sei, dass er Reichskanzler wurde, dass er allein oder hauptsächlich für die Politik, den Terror, den Krieg und die Ausplünderung Europas verantwortlich sei, dass der Faschismus eine Diktatur gewesen sei, die alle Klassen und Schichten gleichermaßen unterdrückt habe,

oder dass es hauptsächlich eine Diktatur der faschistischen Partei und ihrer Anhänger aus dem Kleinbürgertum gewesen sei – und wie diese Irreführungen sonst noch lauten mögen –, [brechen vor der Klarheit und Aussagekraft der vorliegenden Dokumente zusammen.] Tatsächlich ist es beweisbar, dass die NSDAP-Führung nur durch die Unterstützung der maßgebenden Kräfte aus Wirtschaft, Militär und hoher Beamtenschaft die politische Macht übernehmen konnte. (118)

Q 96   Der Zeithistoriker Karl Dietrich Bracher, 1969
Ebenso wenig ist eine monokausale Erklärung möglich, ob sie nun von ökonomischen, politischen oder ideologischen Bedingungen ausgeht. Der Nationalsozialismus war wie Hitler ein direktes Produkt des Ersten Weltkrieges, aber er gewann sein Wesen und seine Wirkung aus jenen Grundproblemen der neueren deutschen Geschichte, die den Leidensweg der demokratischen Bewegung bestimmt haben. Dazu gehören: die Schwäche demokratischer Tradition und die machtvolle Fortdauer obrigkeitlicher Staats- und Gesellschaftsstrukturen vor und nach 1848; die aus der späten …, unvollständigen Verwirklichung eines deutschen Nationalstaates rührende Anfälligkeit für nationalistisch-imperialistische Ideologien; die Problematik einer unerwarteten Niederlage mit dem Resultat der Dolchstoßlegende und des allgemeinen Protests gegen den Frieden von Versailles; die Dauerkrise der von der Bevölkerungsmehrheit nie voll akzeptierten Republik; speziell dann die sprengende Wirkung, die die Weltwirtschaftskrise auf diesen hoch industrialisierten, sozial und konfessionell zerspaltenen …, belasteten Staat ausübte; … die Furcht des Kleinbürgertums vor einem Absinken ins Proletariat, die Furcht vor dem Kommunismus, die sich mit … der Panik einer vom Industriezeitalter bedrohten Agrarbevölkerung verband; zuerst in Bayern …, Schleswig-Holstein und Niedersachsen hat der Nationalsozialismus dann auch seine größten Wahlerfolge erzielt …
Zu den besonderen Voraussetzungen gehört freilich auch die entscheidende Rolle, die der spektakuläre Aufstieg und die pseudoreligiöse Verherrlichung eines „Führers" gespielt haben … Adolf Hitler repräsentierte … den deklassierten Kleinbürger, der mit Kriegsbegeisterung und politischem Radikalismus seine Minderwertigkeitsgefühle zu kompensieren suchte … Neben dem Führerkult, der im autoritären Ordnungsbedürfnis weiter Schichten Widerhall fand, wurde der vom Religiösen ins … Biologische übersetzte Antisemitismus früh zum … Orientierungspunkt Hitlers und seiner Bewegung. (119)

Q 97   Der Historiker Klaus Hildebrand, 1979
Zwei [Erklärungsmodelle] sind gegenwärtig für unser Verständnis der Geschichte des Dritten Reiches bestimmend. Zum einen handelt es sich dabei um den traditionell[en] biographischen Ansatz der [Geschichtsschreibung]. Ausgangspunkt [ist] dabei die Persönlichkeit und Politik Hitlers … Denn es war nun einmal Hitler, der seine „Bewegung" und seinen Staat in … ausschlaggebendem Maße repräsentiert und gestaltet hat.

[Diese Erklärung] hat … die allgemeinen Bedingungen vornehmlich wirtschaftlicher und sozialer Art, die zweifellos zur Erklärung … Hitlers und zum Verständnis seiner Politik und Kriegsführung beitragen können, manchmal nicht genügend berücksichtigt. Diesen Mangel hat eine eher „strukturell" orientierte Richtung in der zeitgeschichtlichen Forschung … zu beheben versucht … Der Nationalsozialismus [wurde] dabei in eine übernationale und vergleichende Perspektive gerückt und als Teil eines … europäischen Faschismus erklärt … Die sog. „Strukturgeschichte" [neigt allerdings dazu], die Hitler zukommende, für die Geschichte des Dritten Reiches ausschlaggebende … Rolle im historischen Zusammenhang seiner Zeit allzu gering einzuschätzen, ihn … in mancher Hinsicht sogar als „schwachen Diktator" misszuverstehen. (120)

Q 98   Der Hitler-Biograph Joachim Fest zum Streit um die Einzigartigkeit der NS-Verbrechen, 1986
Die These von der Singularität der NS-Verbrechen wird … durch die Überlegung in Frage gestellt, dass Hitler selber immer wieder die Praktiken der revolutionären Gegner von links als Lehre und Vorbild bezeichnet hat. Doch kopierte er sie nicht nur. Durchweg entschlossen, sich radikaler zu zeigen als sein erbittertster Widersacher, überbot er sie zugleich auch …
Man muss nicht der Auffassung sein, dass Hitlers Vernichtungswille ganz überwiegend von der Vernichtungsdrohung der russischen Revolution inspiriert war; er kam, dem Ursprung nach, doch eher aus den frühen Ängsten und Überwältigungsphantasien des Deutsch-Österreichers. Aber dass er ganz und gar unbeeinflusst davon blieb, lässt sich schwerlich denken. (121)

Q 99   Das Kriegsende in der Rückschau – Bundespräsident Richard von Weizsäcker im Deutschen Bundestag am 8. Mai 1985
Der 8. Mai ist für uns vor allem ein Tag der Erinnerung an das, was Menschen erleiden mussten …
Die meisten Deutschen hatten geglaubt, für die gute Sache des eigenen Landes zu kämpfen und zu leiden. Und nun sollte sich herausstellen: Das alles war nicht nur vergeblich und sinnlos, sondern es hatte den unmenschlichen Zielen einer verbrecherischen Führung gedient. Erschöpfung, Ratlosigkeit und neue Sorgen kennzeichneten die Gefühle der meisten …
Und dennoch wurde von Tag zu Tag klarer, was es heute für uns alle gemeinsam zu sagen gilt: Der 8. Mai war ein Tag der Befreiung. Er hat uns alle befreit von dem menschenverachtenden System der nationalsozialistischen Gewaltherrschaft.
Niemand wird um dieser Befreiung willen vergessen, welche schweren Leiden für viele Menschen mit dem 8. Mai erst begannen und danach folgten. Aber wir dürfen nicht im Ende des Krieges die Ursache für Flucht, Vertreibung und Unfreiheit sehen. Sie liegt vielmehr in seinem Anfang und im Beginn jener Gewaltherrschaft, die zum Krieg führte.
Wir dürfen den 8. Mai 1945 nicht vom 30. Januar 1933 trennen. (122)

IV. DIE USA IM 20. JAHRHUNDERT

1. Das moderne Amerika

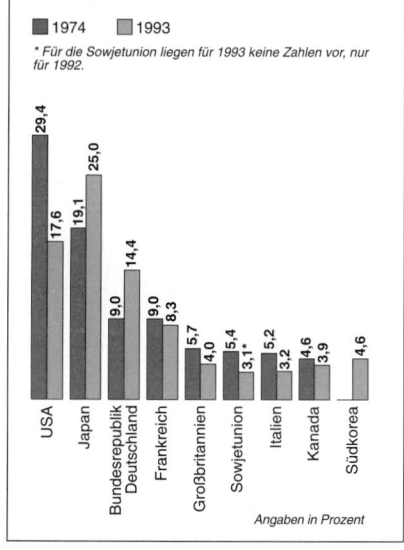

B 1   Kfz-Produktion, 1974 und 1993

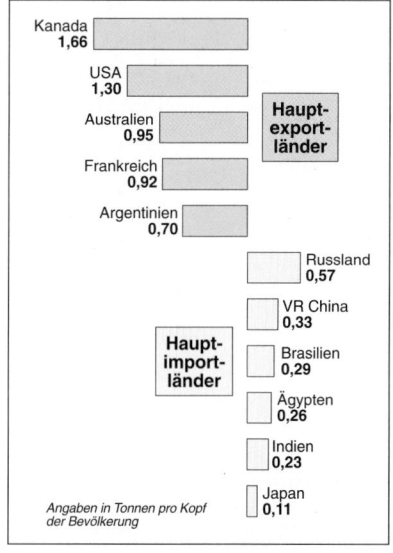

B 2   Getreideproduktion, 1994

B 3   Spaceshuttle

T 1   Erwerbstätige in den Hauptwirtschaftsbereichen
(in Prozent)

	Land- u. Forst-wirtschaft		Industrie (Produktion und Verarbeitung)		Dienstleistungen (Handel, Verkehr, Verwaltung usw.)	
	USA	Deutsch-land[1]	USA	Deutsch-land[1]	USA	Deutsch-land[1]
1920/25[2]	27	30	33	42	40	28
1950	12	23	35	43	53	34
1970	5	8	31	49	64	43
1980	4	5	31	44	65	51
1992	3	3	25	38	72	59

1 ab 1950 Bundesrepublik Deutschland bzw. alte Bundesländer
2 Angaben für USA 1920, für Deutschland 1925   (1)

T 2   Die größten Industrieunternehmen der Welt 1977 und 1996 (Angaben in Mrd. Dollar)

	1977			1996	
Rang	Gesellschaft	Umsatz	Rang	Gesellschaft	Umsatz
1	General Motors (USA)	54,96	1	General Motors (USA)	168,38
2	Exxon (USA)	54,13	2	Ford (USA)	146,97
3	Royal Dutch/ Shell (GB/NL)	39,68	3	Royal Dutch/ Shell (GB/NL)	128,22
4	Ford (USA)	37,84	4	Exxon (USA)	119,37
5	Mobil Oil (USA)	32,13	5	Toyota (Japan)	108,73
6	Texaco (USA)	27,92	6	General Electrics (USA)	79,20
7	British Petroleum (GB)	20,94	7	IBM (USA)	75,88
8	Standard Oil (USA)	20,92	8	Hitachi (Japan)	75,68
9	IBM (USA)	18,13	9	Mobil Oil (USA)	72,29
10	Gulf Oil (USA)	17,84	10	Daimler-Benz (D)	70,69
19	Siemens	10,64	13	VW	66,57
			15	Siemens	62,65
			25	VEBA	45,29

(2)

1. Beschreiben Sie die wirtschaftliche Stellung der USA in der Weltwirtschaft.
2. Vergleichen Sie insbesondere die deutsche mit der US-Wirtschaft.

3. Überprüfen Sie das auf dieser Seite vermittelte Bild von den USA und vergleichen Sie es mit der in Deutschland allgemein anzutreffenden Vorstellung.

B 4   Ein Sonntagnachmittag in St. Louis/Missouri, 1920

B 5   Deutsche Kleinstadt, 1920: Wittenberg in Sachsen-Anhalt

B 6   Amerikanischer Farmer, 1907

B 7   Deutscher Bauer, 1912

B 8   Montage von Karosserie und Fahrgestell am Fließband im amerikanischen Ford-Werk Highland Park, 1914

Der Ford Tourenwagen Modell T

Geschäfts-jahr	Preis (in $)	Produktion
1910/11	780,–	34.528
1912/13	600,–	168.220
1914/15	490,–	308.213
1916/17	360,–	785.432
1918/19	525,–	533.706
1920/21	440,– bis 355,–	1.250.000

(3)

Zum Vergleich: VW stellte 1976 1,3 Mio. Wagen her. In der Bundesrepublik wurden 1950 220 000, 1960 1,8 Mio. und 1995 4,36 Mio. Wagen produziert.

1. Erklären Sie den Zusammenhang zwischen Preis und Stückzahl.
2. Erläutern Sie das Prinzip der Fließbandarbeit.
3. Erörtern Sie Vor- und Nachteile dieser Produktionsform aus der Sicht der Unternehmer, der Arbeiter, der Verbraucher.

Q 1   Henry Ford berichtet über neue Methoden in der Autoindustrie, 1922

Im Oktober 1913 erforderte die Zusammensetzung eines Motors $9\frac{9}{10}$ Arbeitsstunden; sechs Monate später war die Zeit durch das System der gleitenden Montagebahnen auf $5\frac{14}{15}$ Arbeitsstunden gesunken. In unserer Fabrik ist jeder einzelne Arbeitsteil in Bewegung; entweder gleitet er an großen, über Mannshöhe befestigten Ketten in genauer Reihenfolge zur Montage oder er bewegt sich auf Rollbahnen oder durch die Schwerkraft fort …

So war es mit der Montage der Kolbenstange … Es standen dafür zwei Bänke und insgesamt 28 Mann zur Verfügung; in einem neunstündigen Arbeitstag setzten sie, alles in allem, 175 Kolbenstangen zusammen – das heißt, sie brauchte genau drei Minuten, fünf Sekunden pro Stück … Der Vorarbeiter unterzog den ganzen Vorgang einer genauen Untersuchung … mit einer Stoppuhr und fand, dass bei einem neunstündigen Arbeitstag vier Stunden mit dem Hinundhergehen vergingen. Die Arbeiter … mussten sich hin und her bewegen, um ihr Material heranzuholen und das fertige Stück beiseite zu schieben. Während des ganzen Vorganges hatte jeder Arbeiter acht verschiedene Handgriffe zu verrichten. Der Vorarbeiter … brachte an der Bank einen Schlitten an, stellte drei Mann an jeder Seite auf und einen Aufseher an das Ende. Statt dass ein Mann sämtliche Handgriffe tat, verrichtete er jetzt nur den dritten Teil – nur so viel als möglich war, ohne sich hin und her zu bewegen …:

Heute bringen sieben Mann bei achtstündiger Arbeitszeit 2 600 Stück pro Tag heraus …

Zum Erlernen der verschiedenen Beschäftigungsarten sind folgende Zeiten erforderlich: 43 % sämtlicher Arbeiten erfordern nicht über einen Tag Lehrzeit, 36 % einen bis acht Tage, 6 % ein bis zwei Wochen, 14 % einen Monat bis zu einem Jahr, 1 % ein bis sechs Jahre …

Unsere Taktik zielt auf Preisabbau, Produktionserhöhung und Vervollkommnung der Ware … Daher reduzieren wir vor allem den Preis erst einmal so weit, dass wir hoffen dürfen einen möglichst großen Absatz erzielen zu können. Dann legen wir uns ins Zeug und suchen die Ware für diesen Preis herzustellen …

Die Einführung des Mindestlohnes von 5 Dollar für einen achtstündigen Arbeitstag war einer der klügsten Schritte in der Preisabbaupolitik, den wir je getan haben …

Warum dann das viele Gerede über die „Verbilligung der Arbeitskraft", über den Vorteil, den ein Sinken der Löhne bringen würde – wäre das nicht gleichbedeutend mit einem Herabdrücken der Kaufkraft und einem Sinken des inneren Marktes? … (4)

1. Erläutern Sie die Gründe, warum Ford so billig produzieren konnte.
2. Errechnen Sie die Produktivitätssteigerung bei den Kolbenstangen.
3. Erklären Sie, welchen Zusammenhang Ford zwischen niedrigen Preisen und hohen Löhnen sieht.

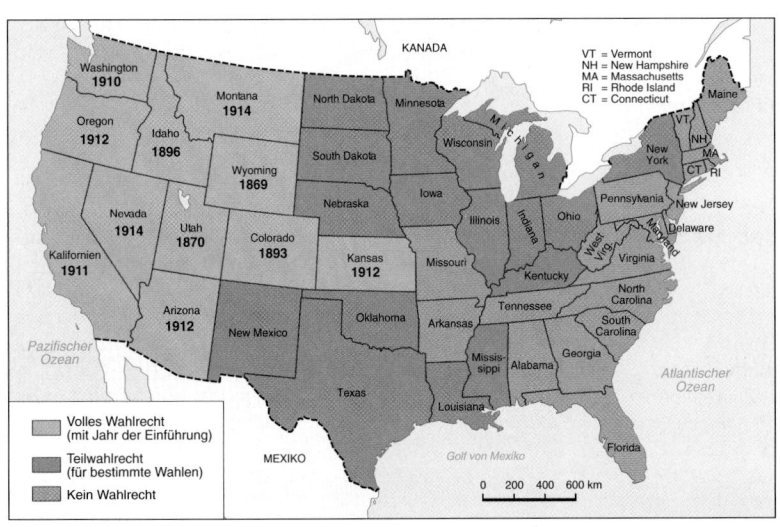

K 1   Wahlrecht für Frauen in den amerikanischen Einzelstaaten (Stand 1915). In den USA ist die Wahlgesetzgebung Sache der Einzelstaaten. 1920 wurde durch eine Verfassungsänderung das Frauenwahlrecht allgemein eingeführt (Deutschland und Großbritannien 1918, Frankreich 1944).

1. Suchen Sie nach Erklärungen für die regional unterschiedliche Entwicklung der Wahlrechtssituation in den USA.
2. Erläutern Sie den Zusammenhang zwischen Wahlrecht und „Fortschritt".

T 3   Die wirtschaftliche Entwicklung in Zahlen

	USA	Deutsches Reich
1920		
Zahl der Einwohner	105,7 Mio.	61,8 Mio.
Zahl der Telefonanschlüsse	13,3 Mio.	1,7 Mio.
Telefone je 1 000 Einwohner	123,9	28,6
1925		
Zahl der Autos	20,1 Mio.	0,25 Mio.
Pkws je 1 000 Einwohner	154,6	2,7
Durchschnittlicher Jahresverdienst eines Arbeitnehmers	1 336 Dollar	1 710 Mark
Durchschnittlicher Einzelhandelspreis für		
1 kg Brot	20,5 Cents	39 Pfennig
1 Ei	4,6 Cents	13 Pfennig
1 kg Zucker	77,1 Cents	68 Pfennig
1930		
Zahl der Einwohner	122,8 Mio.	65,1 Mio.
Telefone je 1 000 Einwohner	163,4	49,3
Pkws je 1 000 Einwohner	186	7,7
Jahresproduktion an Stahl	45,4 Mio. t	13,5 Mio. t
Jahresproduktion an Roheisen	34,8 Mio. t	11,6 Mio. t
1938		
Zahl der Rundfunkteilnehmer	41 Mio.	9,5 Mio.

Überlegen Sie, welche Daten für einen Vergleich des „Fortschritt" in beiden Ländern noch heranzuziehen wären.

T 4   Wirtschaftliche und politische Entwicklung

Gegen **Ende des 19. Jahrhunderts** hatten die USA eine Spitzenstellung in der Industrieproduktion der Welt erreicht. Die wirtschaftliche Entfaltung führte aber auch zur Konzentration von Unternehmen und Kapital in den Händen weniger Industriekapitäne des **„Big Business"**. Diese drängten auf Erschließung weiterer Rohstoffquellen und Absatzmärkte auch außerhalb der USA. Kuba (1898), Panama (1903) und andere lateinamerikanische Staaten gerieten in wirtschaftliche Abhängigkeit.

Gegen die Auswüchse der wirtschaftlichen Entwicklung entstanden um die Jahrhundertwende **Reformbewegungen**: Gewerkschaften wurden gegründet (A[merican] F[ederation of] L[abor] 1881); eine Populistenpartei (1890) forderte mehr Rechte für den „kleinen Mann"; die „Liga der Anti-Imperialisten" (1899) verlangte Abkehr von der Politik der Einmischung in Lateinamerika; Anti-Trust-Gesetze (1890, 1914) sollten die Macht der großen Konzerne begrenzen; direkte Wahl des Senats (1913) und Wahlrecht für Frauen (1920) stärkten das Mitspracherecht des Volkes.

Der **Erste Weltkrieg** hatte für die wirtschaftliche Entwicklung Amerikas zwiespältige Folgen. Einerseits flossen die Goldreserven der Welt in das Gläubigerland USA, dessen Industrie unter dem Schutz hoher Einfuhrzölle in den „goldenen 20er Jahren" massenhaft produzieren konnte. Andererseits wuchs die Kaufkraft der Bevölkerung nicht so rasch wie die Produktion und die Schutzzölle isolierten das Land vom Welthandel; besonders die Landwirtschaft geriet bald in Absatzschwierigkeiten. Der Umschwung begann **1929** mit einem plötzlichen Sturz der Aktienkurse am 29. Oktober (**„Schwarzer Freitag"**), der die amerikanischen Bankkunden 30 Mrd. Dollar kostete (s. auch T 5). Von 1929 bis 1933 fiel das Sozialprodukt von 104 Mrd. auf 56 Mrd. Dollar – gleichzeitig stieg die Arbeitslosigkeit von 1,5 Mio. auf 15 Mio. Der Verbrauch sank von 79 auf 49 Mrd. Dollar. Amerika erlebte die größte **Wirtschaftskrise** seiner Geschichte. Ihre Auswirkungen (s. auch S. 41 f.) dauerten bis 1942.

Auch in der Außenpolitik versuchten die Amerikaner zur Tradition des **Isolationismus** zurückzukehren: Der Senat lehnte 1920 den Beitritt der USA zum **Völkerbund** ab.

b. Was ist das „amerikanische System"?

Q 2 Der Industrielle Andrew Carnegie über den Fortschritt der Menschheit, 1889

Das Gesetz des Wettbewerbs … mag zwar für den Einzelnen gelegentlich hart sein, für die Menschheit ist es jedoch zum Besten, weil es auf jedem Gebiet das Überleben des Tüchtigsten sicherstellt. Daher akzeptieren und begrüßen wir große Ungleichheit der Lebensbedingungen, die Konzentration von Industrie und Handel in den Händen von wenigen und das Gesetz des freien Wettbewerbs zwischen ihnen …, da sie für den künftigen Fortschritt der Menschheit nicht nur günstig, sondern notwendig sind …
Der Sozialist oder Anarchist, der die gegenwärtigen Verhältnisse umstürzen will, greift in Wirklichkeit die Grundlage der Zivilisation überhaupt an, denn die Zivilisation begann mit jenem Tag, an dem der fähige, fleißige Arbeiter zu seinem unfähigen und faulen Gefährten sagte: „Wenn du nicht säest, sollst du nicht ernten." So wurde die Periode des primitiven Kommunismus beendet durch die Trennung der Drohnen von den Bienen … Die Zivilisation überhaupt beruht auf der Heiligkeit des Eigentums – das Recht des Arbeiters auf seine hundert Dollar bei der Sparkasse ebenso wie das Recht des Millionärs auf seine Millionen … Die Ansammlung von Reichtum durch jene, die über die Fähigkeit und Energie verfügen ihn hervorzubringen, hat der Menschheit nicht geschadet, sondern genützt. (5)

Q 3 Aus einer Wahlrede des republikanischen Präsidentschaftskandidaten Herbert Hoover, 22. Oktober 1928

Selbst wenn ein Tätigwerden des Staates im wirtschaftlichen Bereich die Leistungsfähigkeit steigern könnte, so würde der grundlegende Einwand dagegen doch unverändert und unvermindert gelten. Es würde die politische Gleichheit zerstören. Es würde Missbrauch und Korruption eher vergrößern als verkleinern. Es würde Unternehmungsgeist und Erfindungskraft ersticken. Es würde die Entwicklung von Führungsqualitäten untergraben. Es würde die geistigen und seelischen Energien unseres Volkes hemmen und lähmen. Es würde Gleichheit und Chancen vernichten. Es würde den Geist der Freiheit und des Fortschritts austrocknen. In erster Linie aus diesen Gründen muss dem widerstanden werden. Seit 150 Jahren hat der Liberalismus seinen wahren Geist im amerikanischen System gefunden …
Was verdanken wir denn unserem amerikanischen System? Unser Land ist nicht nur wegen seines natürlichen und industriellen Reichtums zum Land der großen Möglichkeiten für jene geworden, die ohne Erbschaft geboren wurden, sondern eben wegen dieser Freiheit der Initiative und des Unternehmertums …
Durch die Einhaltung der Grundsätze der dezentralisierten Selbstverwaltung, der geordneten Freiheit, der Chancengleichheit und der Freiheit des Individuums hat unser amerikanisches Experiment auf dem Gebiet der menschlichen Wohlfahrt ein Maß an Wohlergehen erbracht, das auf der ganzen Welt ohne Beispiel ist. Es ist der Beseitigung der Armut, der Beseitigung der Furcht vor

Not näher gekommen, als es der Menschheit jemals zuvor gelang. Der Fortschritt der vergangenen sieben Jahre ist der Beweis dafür. (6)

Q 4 Henry Ford über die Einstellung zur Arbeit, 1922

Zu den geistigen Wurzeln des amerikanischen Systems gehört die puritanisch-calvinistische Tradition des Landes. Danach ist wirtschaftlicher Erfolg zwar ein Zeichen der Auserwähltheit, darf aber nicht zu Müßiggang oder Genusssucht verleiten.
Denn es ist etwas Großes um unser Tagewerk – etwas ganz Großes! Die Arbeit ist der Eckstein, auf dem die Welt ruht, sie ist die Wurzel unserer Selbstachtung. Und der Arbeitgeber ist verpflichtet ein noch größeres Tagewerk zu leisten als seine Leute. Der Unternehmer, der seine Pflicht der Welt gegenüber ernst nimmt, muss auch ein tüchtiger Arbeiter sein. Er darf nicht sagen: „Ich lasse soundso viele tausend Menschen für mich arbeiten." In Wahrheit liegen die Dinge so, dass er für die Tausende von Menschen arbeitet … (7)

Q 5 Die Haltung der Gewerkschaften

a) Samuel Gompers, Vorsitzender des Amerikanischen Arbeiterbundes AFL, an einen Bundesrichter, 1894
Ich darf Sie daran erinnern, dass die Arbeiterschaft nicht gegen das Kapital als solches kämpft. Wir setzen uns lediglich mit denjenigen Kapitaleignern auseinander, die sich weigern den Arbeitern die Anerkennung, das Recht, die Gerechtigkeit zu gewähren, die ihnen zustehen … Mit welchem Recht kommen Sie zu der Annahme, dass sich die Arbeiterorganisationen bei ihrer Tätigkeit nicht an die gesetzlichen Grenzen halten oder dass sie eine Bedrohung für die gesetzmäßigen Einrichtungen des Landes darstellen? (8)

b) Die Satzung des AFL über die Ziele des Gewerkschaftsbundes, 1932
… gesetzgeberische Maßnahmen im Interesse der arbeitenden Menschen zu erreichen und mit friedlichen und gesetzlichen Mitteln die öffentliche Meinung zugunsten der Arbeiterorganisation zu beeinflussen … Die Kongresse des Amerikanischen Arbeiterbundes werden sich jeglicher Parteipolitik enthalten, gleichgültig, ob demokratischer, republikanischer, sozialistischer, populistischer, prohibitionistischer oder sonstiger Richtung. (9)

Q 6 William E. Borah, Senator aus Idaho, über die politischen Beziehungen zum Ausland, 19. November 1919

In den Friedensvertrag von Versailles (s. Q 1, S. 13) wurde auf Vorschlag Präsident Wilsons die Gründung eines Völkerbundes aufgenommen. Der US-Senat verweigerte die nach der Verfassung erforderliche Zustimmung. Zur Begründung erklärte Borah: Wenn wir erst einmal nachgegeben haben und uns in europäische Probleme verwickeln lassen, wo, meine Freunde, wird das aufhören? … Wir können die Monroe-Doktrin nur einhalten, wenn wir auch das Grundprinzip einhalten, auf dem sie beruht, und das ist die Politik Washingtons …

Dieser Vertrag gefährdet, was für mich die grundlegenden, allerersten Prinzipien dieser Republik sind. Er steht im Widerspruch zu dem Recht unseres Volkes sich selbst zu regieren, ohne irgendeine rechtliche oder moralische Beschränkung durch ausländische Mächte. (10)

G. Washington hatte 1796 gefordert sich von europäischen Bündnissen fern zu halten. Präsident Monroe hatte 1823 das Prinzip gegenseitiger Nichteinmischung für Amerika und Europa verkündet (Monroe-Doktrin).

Q 7 Präsident Harding über die wirtschaftlichen Beziehungen zum Ausland, 1921

Ich trete für den Schutz der amerikanischen Industrie ein und unsere Absicht ist es, zuerst einmal Amerika gedeihen zu lassen. Die Vorzüge des amerikanischen Marktes werden derzeit den ausländischen Produzenten zu billig angeboten und das bedeutet, dass wir uns in vielen Produktionsbereichen nicht mehr auf uns selbst verlassen – gerade darauf aber gründete sich das unabhängige und glückliche Schicksal unseres Volkes. Außerdem sollten die Importe ihren gerechten Anteil zu unserem Staatshaushalt beitragen. (11)

1. *Vergleichen Sie die Meinungen der Unternehmer Carnegie (Q 2) und Ford (Q 4) mit der Auffassung des Politikers Hoover (Q 3) und der Gewerkschaften (Q 5).*
2. *Arbeiten Sie aus Q 6 und 7 die außenpolitischen und außenwirtschaftlichen Vorstellungen der USA unmittelbar nach dem Ersten Weltkrieg heraus. Zu welchen Folgen führten sie (s. B 10 und 11)?*
3. *Stellen Sie die Hauptkennzeichen des „amerikanischen Systems" aus der Sicht führender Amerikaner zusammen (Q 2–7).*
4. *Erörtern Sie Vorzüge und Nachteile dieses Systems.*

c. Die Wirtschaftskrise – Versagt das „amerikanische System"?

Q 8 Der amerikanische Wirtschaftswissenschaftler Galbraith über die Krise, 1956

Gemessen an ihrer Dauerwirkung auf Handlungen und Haltungen ist die Wirtschaftskrise neben dem Bürgerkrieg zweifellos eines der beiden wichtigsten Ereignisse der amerikanischen Geschichte seit der Revolution. Für die große Mehrzahl der Amerikaner war der Zweite Weltkrieg im Vergleich dazu fast ein beiläufiges und angenehmes Erlebnis. (12)

Q 9 Amerika im Jahre 1932

Wenn man durch eine amerikanische Stadt ging, waren die Anzeichen der Krise für das flüchtige Auge kaum sichtbar, jedenfalls nicht auffällig. Man konnte bemerken, dass viele Läden geschlossen waren und Schilder an verstaubten Fenstern darauf hinwie-

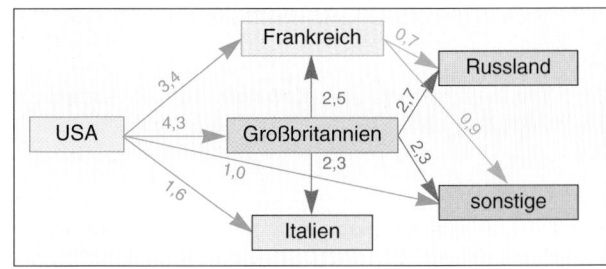

B 9   Kriegskredite an Alliierte 1914–1919 (in Mrd. Dollar)

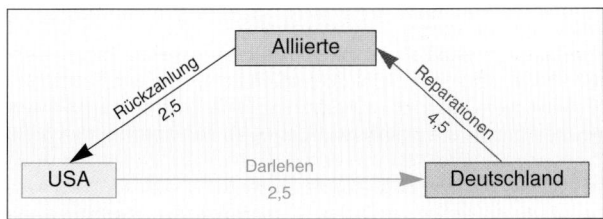

B 10   Internationale Geldströme 1919–1931 (in Mrd. Dollar)

1. *Vergleichen Sie B 9 und B 10. Überlegen Sie, ob die Zahlen zusammenpassen.*
2. *Charakterisieren Sie die Stellung der USA während des Krieges und nach dem Krieg.*

sen, dass sie zu verpachten wären; dass wenig Fabrikschornsteine rauchten; dass auf den Straßen weniger Lastwagen fuhren. Die wichtigsten Auswirkungen der Krise … sprangen nicht ins Auge. Wer aber wusste, wo es hinzusehen galt, der würde doch einiges zu Gesicht bekommen. Erstens, in ärmeren Vierteln die Menschenschlangen vor der Brotausgabestelle. Zweitens, … Bretterbuden, in denen Menschen, manchmal ganze Familien Ausgewiesener, auf Autositzen schliefen … Drittens, die Obdachlosen, die in Hauseingängen oder auf Parkbänken schliefen oder von Restaurant zu Restaurant zogen, um ihr Dasein mit halb gegessenen Brot- oder Kuchenresten oder irgendsonstwas zu fristen. Viertens, die gewaltig angewachsene Zahl von Anhaltern auf Überlandstraßen und besonders die vielen blinden Passagiere auf den Güterwaggons der Eisenbahnen; eine ganze Armee ziellos Umhergetriebener, irgendwie auf der Suche nach einem Ort, wo es einen Job geben könnte …

Die meisten der vergleichsweise Wohlhabenden im Lande mussten ihren Lebensstandard zurückschrauben … Diese Leute entließen Personal … oder „erlaubten" in manchen Fällen einem Bediensteten zu bleiben, ohne jede Entschädigung außer Essen und Unterkunft. In vielen feinen Häusern kochten und schrubbten Hausfrauen, die diese Arbeit noch nie zuvor selbst getan hatten … Ihre Ehemänner trugen die alten Anzüge länger, traten aus dem Golfclub aus, stellten … fest, dass es sich die Familie in diesem Jahr nicht leisten konnte, im Sommer an die See zu fahren. (13)

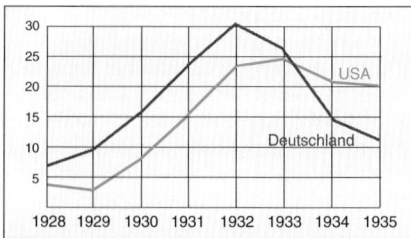

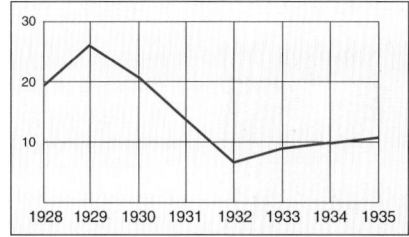

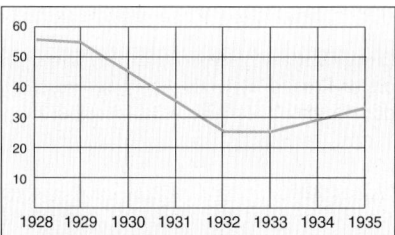

B 11   Arbeitslosenquote 1928–1935
(Jahresdurchschnitte in Prozent der Erwerbstätigen)

B 12   Aktienkurse 1928–1935
(Index 1942 = 10)

**B 13   Einzelhandelspreis für Butter 1928
bis 1935** (Durchschnittspreise für 1 Pfund
Butter in Cent)

1. *Vergleichen Sie Hoch- und Tiefpunkte in B 11–13. Ziehen Sie auch T 4 heran. Erklären Sie die Zusammenhänge.*
2. *Arbeiten Sie die Gemeinsamkeiten und die Unterschiede im Krisenverlauf zwischen den USA und Deutschland heraus und überlegen Sie, worauf sie zurückzuführen sein könnten. S. auch T 17–21, S. 41 f.*

T 5   Der Verlauf der Krise in Zahlen

	Bankeinlagen zur Jahresmitte (in Mrd. $)	Jahresproduktion von Roh- und Gussstahl (in Mio. am. t)	Durchschnittspreis für 1 Dutzend Eier (in Cents)
1928	21,8	51,5	50,3
1929	22,3	56,4	52,7
1930	21,7	40,7	44,5
1931	19,8	26,0	35,0
1932	15,6	13,7	30,2
1933	14,4	23,2	28,8
1934	16,7	26,0	32,5
1935	20,4	34,1	37,6 (14)

1. *Setzen Sie diese Zahlen nach dem Muster von B 12 und 13 in Kurven um.*
2. *Erläutern Sie die Zusammenhänge zwischen Preisen, Kursen, Produktionsmengen, Bankeinlagen, Arbeitslosigkeit.*
3. *Erklären Sie die Unterschiede im Verlauf der einzelnen Kurven.*

Q 10   Wie kann man die Krise erklären? – Aus einem amerikanischen Schulbuch

Erstens, die amerikanischen Farmer waren am Wirtschaftsaufschwung nicht beteiligt. Während des Krieges erhielten sie hohe Preise für Getreide und Vieh, weil für die Streitkräfte so viele Lebensmittel benötigt wurden. Die Farmer nahmen mehr Land unter den Pflug. Sie liehen Geld um neue Maschinen zu kaufen. Nach dem Krieg erzeugten sie mehr Weizen, Baumwolle und Fleisch, als sie verkaufen konnten. Ausländische Staaten, die amerikanischen Weizen gekauft hatten, waren jetzt nicht mehr in der Lage amerikanische Produkte zu bezahlen. Die Erzeugerpreise sanken und viele Farmer machten Bankrott. Banken, die den Farmern Geld geliehen hatten, gingen ebenfalls bankrott …

Zweitens, die Wirtschaft dehnte sich in den zwanziger Jahren außerordentlich rasch aus. Die Warenmenge, die die amerikanische Bevölkerung kaufen konnte, war aber begrenzt. Vor den zwanziger Jahren hatten die meisten Leute die Waren bar bezahlt, die sie kauften. Als nun das Bargeld knapp wurde, fingen die Kaufleute an ihre Waren auf Kredit zu verkaufen. Sie vereinbarten monatliche Ratenzahlungen mit ihren Kunden. Aber die Fabrikbesitzer konnten nicht abschätzen, wie viele Autos, Kühlschränke und Radios die Leute in der Lage sein würden zu kaufen. Die Geschäftsleute meinten, die Produkte der amerikanischen Industrie würden wie bisher immer so weiter gekauft werden. Die Fabriken liehen sich Geld und bauten neue Anlagen. Schon 1928 wurde es schwieriger die Waren an den Mann zu bringen. Die Käufer hatten weniger Geld.

Drittens, die Kurse an der Aktienbörse stiegen zu stark. Leute mit wenig Geschäftserfahrung begannen Aktien zu kaufen … Sie erwarteten, dass die Aktienkurse immer weiter steigen würden. Diese Leute waren zu optimistisch. Viele Firmen produzierten mehr, als sie verkaufen konnten … Einige wenige erkannten, dass die Aktien zu hoch bewertet waren …

Im Sommer 1929 begannen einige erfahrene Anleger ihr Geld aus dem Aktienmarkt zurückzuziehen. Gegen Ende Oktober versuchten alle ihre Aktien zu verkaufen. Die Kurse fielen so rasch, dass diejenigen, die ihre Aktien mit geliehenem Geld gekauft hatten, sie nicht schnell genug verkaufen konnten …

Die Leute hörten auf Dinge zu kaufen, die sie sich nicht leisten konnten. Die Fabriken mussten Arbeiter entlassen, einige mussten ganz schließen. Banken, die ihre Guthaben nicht eintreiben konnten, mussten ihre Schalter schließen. Konkurse häuften sich. Jeder neue Konkurs, jeder entlassene Arbeiter bedeuteten weniger Kaufkraft, weniger Arbeitsplätze und mehr Entmutigung. (15)

1. *Welche Zusammenhänge bestehen zwischen der amerikanischen und der deutschen Wirtschaftskrise? Beachten Sie B 10 und Q 7. Zum Verlauf der Krise in Deutschland s. S. 41 f.*
2. *Woran kann es liegen, dass die Krise in den USA nicht zu einer stärkeren politischen Radikalisierung geführt hat? Hatte nicht das „amerikanische System" versagt?*

d. New Deal – Krisenbewältigung oder Umbruch?

B 14   Franklin D. Roosevelt, 1882–1945
Roosevelt entstammte einer alteingesessenen, wohlhabenden New Yorker Familie holländischer Herkunft. Er studierte Jura und wurde 1910 demokratischer Senator. 1921 erkrankte er an Kinderlähmung und blieb sein Leben lang schwer gehbehindert. Nach einer Amtszeit als Gouverneur des Staates New York wurde er **1933** mitten in der Wirtschaftskrise **Präsident** – der einzige in der Geschichte der USA, der dreimal wiedergewählt wurde (1936, 1940, 1944). Er starb, ehe der Zweite Weltkrieg zu Ende war, am 12. April 1945.

Erläutern Sie anhand des Bildes mögliche Gründe für Roosevelts Popularität.

Q 11   Wie Präsident Roosevelt die Krise überwinden will

a) Wahlrede, 23. September 1932
Jetzt besteht unsere Aufgabe nicht darin, … mehr Güter zu produzieren. Vielmehr geht es um das … Geschäft, vorhandene Produktionsquellen und -anlagen zu verwalten, Auslandsmärkte für unsere Überschussproduktion wieder aufzubauen, das Problem des zu geringen Verbrauchs anzugehen, die Produktion nach dem Verbrauch auszurichten, Vermögen und Güter gleichmäßiger zu verteilen …
Falls wir – unter Beachtung des Rechts auf Eigentum – die Tätigkeit der Spekulanten, der Manipulateure und sogar der Financiers beschränken müssen, dann, glaube ich, müssen wir diese Einschränkungen akzeptieren, nicht weil dadurch der Individualismus behindert wird, sondern weil er nur dadurch geschützt werden kann …
Die Regierung sollte die Aufgabe der Wirtschaftslenkung nur als letztes Mittel übernehmen, das erst dann eingesetzt wird, wenn die private Initiative endgültig versagt hat … (16)

b) Rede zur Amtseinführung, 4. März 1933
Unsere größte und vordringliche Aufgabe ist es, der Bevölkerung Arbeit zu verschaffen. Dieses Problem ist … zum Teil zu bewältigen durch direkte Anwerbung von Arbeitskräften seitens der Regierung selbst, indem wir diese Aufgabe wie den Notstand eines Krieges behandeln, dadurch aber gleichzeitig dringend benötigte Projekte durchführen, die die Nutzung unserer Naturschätze anregen und reorganisieren …
Abhilfe kann auch geschaffen werden durch zentrale Planung und Überwachung von Transport und Verkehr in all ihren Formen sowie sonstiger Einrichtungen eindeutig öffentlichen Charakters … (17)

T 6   Roosevelts New Deal
Einen **New Deal** („Neuverteilung der Spielkarten") hatte Roosevelt seinen Wählern 1932 versprochen. Schon in den ersten Monaten seiner Amtszeit legte er dem Kongress eine Fülle von Gesetzesentwürfen vor. 1933–1935 verabschiedete der Kongress u. a. folgende Gesetze:
Landwirtschaft: Prämien für die Verringerung der Anbauflächen um die Agrarpreise zu heben; Umwandlung landwirtschaftlicher Darlehen in Bundesanleihen; Verlängerung landwirtschaftlicher Hypotheken; Entwicklung rückständiger Gebiete (z. B. Tennessee Valley Authority, TVA).
Industrie: Regeln des Wettbewerbs, die Preis- und Produktionskontrollen ermöglichen sollten; Sicherung des Tarifrechts der Gewerkschaften; Auflösung von Holding-Gesellschaften in der öffentlichen Energie- und Wasserversorgung.
Banken und Börsen: Auskunftspflicht bei der Ausgabe von Wertpapieren; Überwachung der Börse; Versicherung von Hypotheken; Garantie kleiner Bankguthaben.
Außenhandel und Währung: Gesetze, die den Präsidenten ermächtigten, Zölle herabzusetzen und Handelsverträge abzuschließen; Abwertung des Dollars und Übergang auf Silberwährung.
Soziale Sicherung: Einrichtung freiwilliger Arbeitsdienste; Arbeitslosen- und Altersversicherung; staatliche Darlehen an Hausbesitzer zur Umwandlung von Hypotheken.
Die meisten dieser Gesetze sahen gleichzeitig die Einrichtung zentraler Bundesämter und -behörden vor, die für die Durchführung der jeweiligen Programme zuständig waren.
Arbeitslosigkeit: Schaffung von Arbeitsplätzen lässt die Arbeitslosigkeit sinken: von 12,8 Mio. (1933) über 10,6 Mio. (1935) auf 7,7 Mio. (1937); 1938 aber wieder 10,4 Mio.

T 7   Neue Überlegungen zum Verhältnis von Staat und Wirtschaft: J. M. Keynes
Der englische Volkswirtschaftler John Maynard Keynes (1883–1946) vertrat in einer 1936 veröffentlichten Untersuchung über „Die allgemeine Theorie der Beschäftigung, des Zinses und des Geldes" die Auffassung, eine sich selbst überlassene freie Wirtschaft führe auf die Dauer zur Unterbeschäftigung. Seine Begründung: Der Verbrauch wächst nicht so rasch wie das Einkom-

men; es wird zwar mehr gespart, aber die Nachfrage stagniert, und es wird zu wenig investiert. Um Vollbeschäftigung zu erzielen, muss der Staat eingreifen. Es genügt aber nicht, die Zinssätze zu verändern; nur durch Steigerung der öffentlichen Ausgaben wird neue Nachfrage erzeugt. Diese Wirkung wird auch nur erreicht, wenn der Staat das Geld für die Investitionen nicht an anderer Stelle einspart, sondern Schulden macht („deficit spending").

Keynes meinte, Freiheit und Leistungsfähigkeit des marktwirtschaftlichen Systems ließen sich nur erhalten, wenn der Staat darin eine aktive Rolle übernehme, denn die Zeit des wirtschaftspolitischen Laisser-faire sei endgültig vorbei.

Q 12 Aus dem Bericht des Direktors der Tennesseetal-Behörde (TVA), 1944

In diesem Tal müssen mehr Menschen von 1 acre [= 40 Ar] Farmland leben als in jedem anderen Gebiet Amerikas. Die Farmen sind meist klein, im Durchschnitt 75 acres. Die Familien sind groß und die Geburtenrate ist die höchste in den Vereinigten Staaten. Viele Menschen auf ausgelaugtem Boden – das war das Bild vor zehn Jahren … TVA musste dafür sorgen, dass sich das Land veränderte …

Die Wunden der Bodenerosion vernarben langsam, aber stetig … Überall sieht man dunkles Grün, Weiden, saftige Wiesen und gut stehende Hafer- und Roggenfelder, Zeichen der Fruchtbarkeit und Ergiebigkeit. Tausende Hektar Land auf erodierten Abhängen sind besät, mit Rasen besetzt, abgeböscht, bepflanzt und dadurch geschützt worden. Verteilergräben und kleine Rückhaltedämme kontrollieren den Lauf des Wassers, halten es auf dem Land, bis es einsickert und die Wurzeln neu gepflanzter Bäume und Gräser nährt. Allein aus TVA-Baumschulen sind 150 Millionen Setzlinge gepflanzt worden … (18)

T 8 TVA – Ein Musterprojekt des New Deal

Die Tennessee Valley Authority wurde 1933 durch Gesetz als Bundesbehörde eingerichtet. Sie erhielt den Auftrag, die Gebiete um den Tennessee-Fluss, die in sieben verschiedenen Staaten liegen, wirtschaftlich zu erschließen und zu entwickeln.

Der Einzugsbereich des Tennessee ist fast so groß wie die Bundesrepublik Deutschland. In den ersten zehn Jahren investierte die TVA über 500 Mio. Dollar; insgesamt 200 000 Beschäftigte bauten 21 Staudämme mit Kraftwerken, einen schiffbaren Kanal von 650 Meilen Länge, 1 200 Meilen Straßen, 140 Meilen Eisenbahnen; sie bewegten dabei eine Erdmasse, in der die sieben größten ägyptischen Pyramiden mehr als zwölfmal Platz hätten. 1933 hatte im Staate Tennessee nur jede 25. Farm elektrischen Strom, in Georgia jede 36., in Mississippi jede 100.; 1 Kilowattstunde kostete 10 Cents. Pro Kopf der Bevölkerung wurden im ganzen Gebiet jährlich 400 kWh produziert; das entsprach 60 % des US-Durchschnitts.

Zehn Jahre später produzierte die TVA 12 Mrd. kWh in einem Jahr, 2 600 kWh pro Kopf, während der Durchschnitt in den USA bei 1 700 kWh pro Kopf lag. Nun hatte jede 5. Farm im Tennesseegebiet Elektrizität, zu einem Preis von 3 Cents pro kWh.

1. *Vergleichen Sie Roosevelts Darstellung der Ursachen der Krise (Q 11) mit Q 10.*
2. *Suchen Sie Unterschiede in den Darstellungen der Konkurrenten um das Amt des Präsidenten von 1933, Roosevelt (Q 11) und Hoover (Q 3).*
3. *Stellen Sie die Maßnahmen Roosevelts zur Krisenbewältigung zusammen und bewerten Sie deren Erfolg, auch im Vergleich mit den deutschen Methoden (s. S. 71 f.).*
4. *Bewerten Sie Roosevelts Maßnahmen auch vom Standpunkt der Unternehmer aus. S. dazu Q 15.*

e. Übermacht des Präsidenten?

Q 13 Der Präsident und der Kongress – Aus Roosevelts Rede zu seiner Amtseinführung, 4. März 1933

Es ist zu hoffen, dass das normale Gleichgewicht zwischen der ausführenden und der gesetzgebenden Gewalt durchaus ausreichend ist, um die vor uns liegende beispiellose Aufgabe zu meistern. Es kann aber auch sein, dass eine beispiellose Dringlichkeit und Notwendigkeit unverzüglichen Handelns eine zeitweilige Abkehr von diesem normalen Gleichgewicht öffentlicher Organe erforderlich machen …

Ich werde den Kongress um das einzige verbleibende Mittel zur Bewältigung der Krise bitten – weit reichende Vollmachten für die Regierung, um einen Krieg gegen die Not führen zu können, so umfangreiche Vollmachten, wie man sie mir im Falle des tatsächlichen Angriffs eines ausländischen Feindes geben würde … (19)

Q 14 Der Präsident und das Oberste Gericht

Das Oberste Gericht, dessen neun Mitglieder alle noch von Roosevelts Vorgängern auf Lebenszeit ernannt worden waren, erklärte eine Reihe von Maßnahmen des New Deal für verfassungswidrig, weil dadurch Rechte der Einzelstaaten verletzt und dem Präsidenten Gesetzgebungsrechte übertragen worden seien. Nach seiner Wiederwahl schlug Roosevelt vor, für jeden über 70 Jahre alten Richter einen weiteren zusätzlich zu ernennen. Dieser Plan wurde vom Kongress abgelehnt. Zwischen 1937 und 1943 hatte Roosevelt dann durch Rücktritt und Tod von Richtern des „Supreme Court" Gelegenheit, auf verfassungsmäßigem Wege insgesamt neun Richter selbst zu ernennen. – In einer Rundfunkansprache am 9. März 1937 begründete der Präsident seinen Vorschlag:

Ich habe die amerikanische Regierungsform als ein Dreigespann beschrieben, das die Verfassung dem amerikanischen Volk zur Verfügung stellt, damit sein Feld bestellt werde. Die drei Pferde sind natürlich die drei Staatsgewalten – der Kongress, die Regierung und die Gerichte. Zwei dieser Pferde ziehen derzeit in dieselbe Richtung, das dritte nicht … Das amerikanische Volk selbst, das

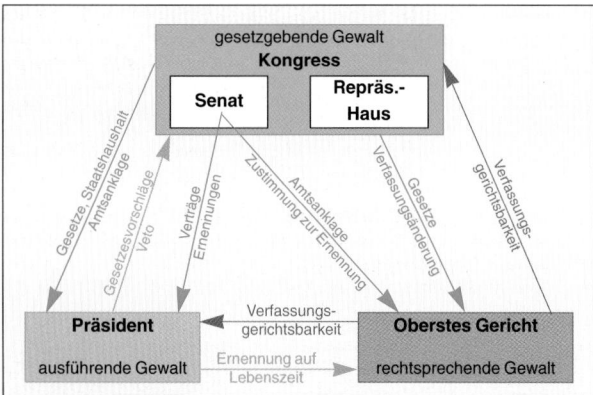

B 15 Das System der Gewaltenkontrolle („checks and balances") in der amerikanischen Verfassung

Skizzieren Sie die Stellung des Präsidenten und der beiden anderen Gewalten. S. auch Q 47–49.

den Fahrersitz einnimmt, erwartet, dass das dritte Pferd mit den beiden anderen gemeinsam zieht … Der Gerichtshof hat sich … als drittes Haus des Kongresses aufgespielt, als eine Superlegislative … Ich bin zu dem Schluss gekommen, dass außer einer Verfassungsänderung die einzige Methode, die eindeutig verfassungsgemäß ist …, darin besteht, allen Gerichten frisches Blut zuzuführen … (20)

Q 15 Aus dem Parteiprogramm der Republikaner zur Präsidentschaftswahl 1936

Der Präsident hat die Befugnisse des Kongresses widerrechtlich an sich gerissen. Die Integrität und Autorität des Obersten Gerichts sind angegriffen worden. Die Rechte und Freiheiten amerikanischer Bürger sind verletzt worden. Reglementierte Monopole sind an die Stelle freien Unternehmertums getreten …
Wir verpflichten uns, … das amerikanische System des freien Unternehmertums, des privatwirtschaftlichen Wettbewerbs und der Gleichheit der Chancen zu erhalten und seine ständige Vervollkommnung im Interesse aller anzustreben … (21)

Q 16 Die verfassungsrechtliche Stellung des Präsidenten – Aus der Verfassung der Vereinigten Staaten von 1787

Der Präsident ist Oberbefehlshaber der Armee und der Flotte der Vereinigten Staaten …
Er hat das Recht, nach Konsultation und mit Zustimmung des Senats Verträge zu schließen, wenn zwei Drittel der anwesenden Senatoren zustimmen. Er ernennt nach Konsultation und mit Zustimmung des Senats Botschafter, Gesandte und Konsuln, die Richter des Obersten Gerichts und alle anderen Beamten der Vereinigten Staaten …

Er hat von Zeit zu Zeit dem Kongress über die Lage der Union Bericht zu erstatten und Maßnahmen zur Beratung zu empfehlen, die er für notwendig und nützlich hält. Er kann bei außerordentlichen Anlässen beide oder eines der Häuser einberufen … Er empfängt Botschafter und sonstige Gesandte. Er hat dafür zu sorgen, dass die Gesetze getreulich ausgeführt werden … (Art. II, 2–3)
Niemand darf mehr als zweimal in das Präsidentenamt gewählt werden und wer mehr als zwei Jahre einer Wahlperiode, für die ein anderer gewählt war, das Präsidentenamt innehatte …, darf nicht mehr als einmal in das Präsidentenamt gewählt werden. (22. Zusatzartikel, 1951)

Q 17 Der Politikwissenschaftler Theodor Eschenburg über die amerikanischen Parteien

Die beiden großen Parteien, Republikaner und Demokraten, sind schwer voneinander zu unterscheiden. Der ideologische Charakter fehlt ihren Programmen. Staat und Kirche sind getrennt, so dass konfessionelle Gegensätze die Politik nicht bestimmen. Es gibt auch keine klassenorientierten Parteien im europäischen Sinn. Radikale und einseitige Strömungen tauchen hin und wieder auf, können sich aber nicht halten. Die demokratische Partei zeigt fortschrittlichere Tendenzen als die republikanische. In beiden Parteien bestehen aber starke Verschiedenheiten in den regionalen Gliederungen. Die Demokraten haben sich unter Roosevelt und Truman für ein umfassendes Sozialprogramm eingesetzt, das aber von einzelnen Landesverbänden abgelehnt wird. In der Rassenfrage (Neger) treten die Demokraten für völlige Gleichstellung ein, die jedoch von der Gruppe des Südens scharf bekämpft wird. Es gibt Fragen, in denen der Gegensatz zwischen den beiden Parteien geringer ist als der zwischen den Gruppen innerhalb der eigenen Partei. Die Parteien stimmen auch in beiden Häusern vielfach nicht einheitlich ab. Die Hauptaufgabe der Gesamtparteien ist die Aufstellung der Präsidentschaftskandidaten … Das Schwergewicht der Parteiorganisation liegt in den Einzelstaaten. (22)

Q 18 Der Politikwissenschaftler Ernst Fraenkel über die Entwicklung des Präsidentenamtes

Damit erhebt sich die Frage, ob sich nicht Anzeichen dafür geltend machen, dass dank dieser wohl einzigartigen Erweiterung der Funktionen eines Amtes nicht auch eine solche Steigerung der Macht seines Trägers eingetreten ist, dass die „checks and balances" von 1787 zu einem Schema verblasst sind, ohne dass neue wirksame Hemmungen und Gleichgewichte in Erscheinung getreten wären. Vielleicht noch bedeutsamer als die Erweiterung des Aufgabenkreises ist die umwälzende Veränderung der Größenordnungen, in denen die amtliche Tätigkeit des Präsidenten vorgenommen wird. Die … Zahlen werfen das Problem auf, ob durch das gigantische Wachstum der USA bedingte fantastische Zunahme des Betätigungsfeldes der Bundesregierung nicht zu einer Änderung des Charakters des Präsidentenamtes geführt habe … (23)

B 16 Wahlkampf 1996. Parteikongress des republikanischen Herausforderers von Präsident Clinton, Bob Dole. Clinton wurde wiedergewählt, die Republikaner behielten die Mehrheit im Kongress.

Erläutern Sie die Besonderheiten des amerikanischen Wahlkampfs.

T 9   Die amerikanischen Präsidenten im 20. Jahrhundert

	Jahr des Amtsantritts	Partei	Heimatstaat	Beruf des Vaters	Religion	erlernter Beruf	polit. Stellung vor Amtsantritt
Theodore Roosevelt	1901	Republikaner	New York	Kaufmann	Reformiert	Jurist	Vizepräsident
William H. Taft	1909	Republikaner	Ohio	Richter	Unitarisch	Jurist	Kriegsminister
Woodrow Wilson	1913	Demokrat	New Jersey	Geistlicher	Presbyterianer	Jurist	Gouverneur
Warren G. Harding	1921	Republikaner	Ohio	Arzt	Baptist	Journalist	Senator
Calvin Coolidge	1923	Republikaner	Massachusetts	Farmer	Kongregationalist	Jurist	Vizepräsident
Herbert Hoover	1929	Republikaner	Kalifornien	Schmied	Quäker	Ingenieur	Handelsminister
Franklin D. Roosevelt	1933	Demokrat	New York	Gutsbesitzer	Episkopalist	Jurist	Gouverneur
Harry S. Truman	1945	Demokrat	Missouri	Farmer	Baptist	Kaufmann	Vizepräsident
Dwight D. Eisenhower	1953	Republikaner	Kansas	Mechaniker	Presbyterianer	Offizier	NATO-Kommand.
John F. Kennedy	1961	Demokrat	Massachusetts	Diplomat	Katholik	Politologe	Senator
Lyndon B. Johnson	1963	Demokrat	Texas	Farmer	Jünger Christi	Lehrer	Vizepräsident
Richard M. Nixon	1969	Republikaner	Kalifornien	Kaufmann	Quäker	Jurist	(ehem. Vizepräs.)
Gerald R. Ford	1974	Republikaner	Michigan	Fabrikant	Episkopalist	Jurist	Vizepräsident
James E. Carter	1977	Demokrat	Georgia	Farmer	Baptist	Ingenieur	(ehem. Gouvern.)
Ronald Reagan	1981	Republikaner	Kalifornien	Handelsvertreter	Jünger Christi	Schauspieler	(ehem. Gouvern.)
George Bush	1989	Republikaner	Massachusetts	Geschäftsmann	Episkopalist	Ölmanager	Vizepräsident
Bill Clinton	1993	Demokrat	Arkansas	Autohändler	Baptist	Jurist	Gouverneur

3. Die USA als Weltmacht

a. Der Zweite Weltkrieg

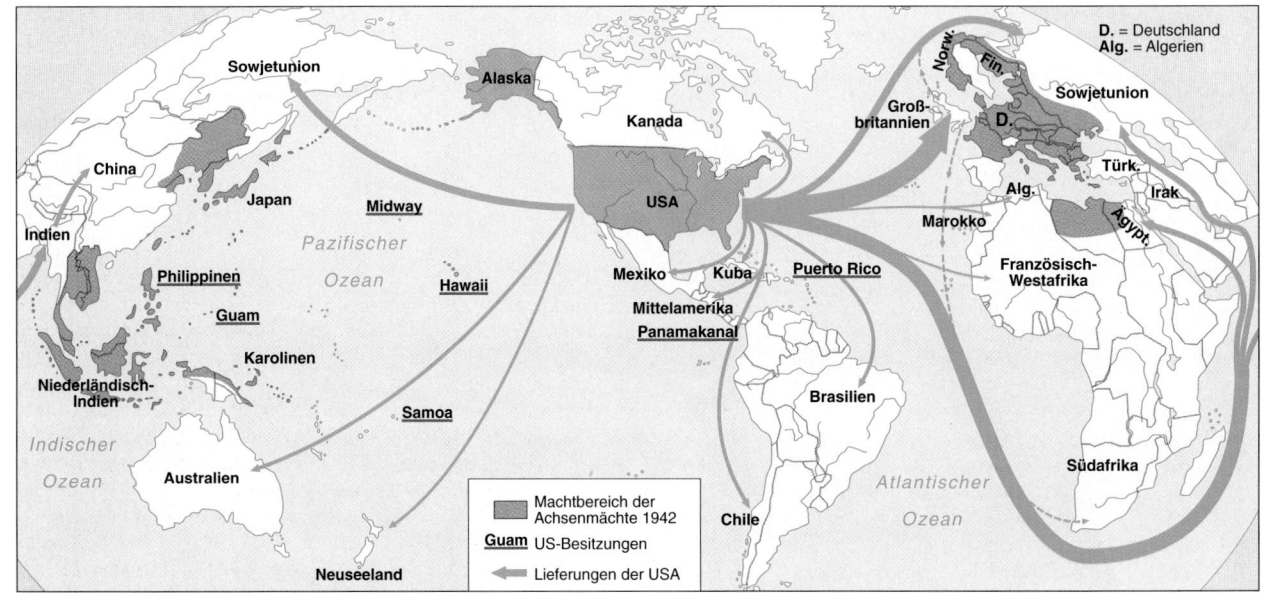

K 2 Amerikanische Lieferungen an die Alliierten (s. T 10)
Untersuchen Sie, wie sich die Lieferungen auf die einzelnen Länder verteilen, und vergleichen Sie mit B 9.

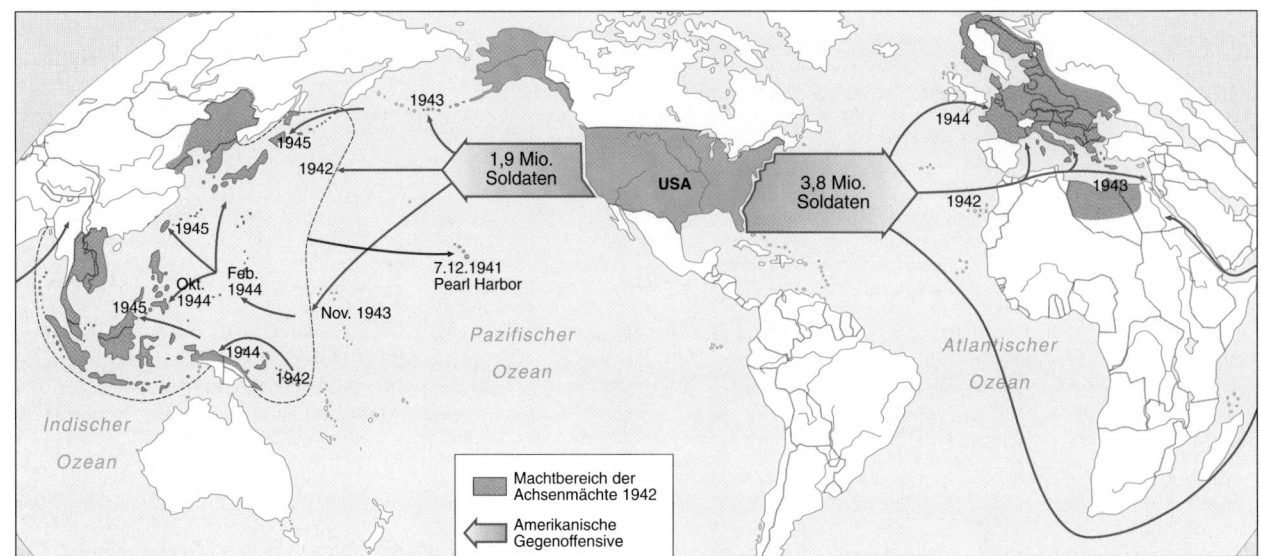

K 3 Militärischer Einsatz der USA im Zweiten Weltkrieg
Vergleichen Sie mit K 2 und erörtern Sie, ob sich wirtschaftlicher und militärischer Aufwand entsprechen.

T 10   Von Pearl Harbor bis Hiroshima – Der Krieg aus amerikanischer Sicht

Als Japan 1931 die chinesische Mandschurei besetzte und Hitler 1933 deutscher Reichskanzler wurde, befürchteten Kongress und Öffentlichkeit der USA, das Land könne erneut in internationale Auseinandersetzungen verwickelt werden. **Neutralitätsgesetze**, die Waffenlieferungen an Krieg führende Staaten untersagten, sollten dies verhindern (1935, 1937).

Präsident Roosevelt bezeichnete 1937 den Krieg als ansteckende Krankheit, die durch strenge **Quarantäne** (Isolierung) jedes Befallenen bekämpft werden sollte. 1940 wurde – zum ersten Mal in Friedenszeiten – die Wehrpflicht eingeführt.

Das **Pacht-Leih-Gesetz** (März 1941) ermöglichte uneingeschränkte Lieferungen unter dem Geleitschutz amerikanischer Schiffe. Angesichts der militärischen Erfolge Hitlers hatte sich der Kongress von Roosevelt mit dem Argument überzeugen lassen, wenn das Haus eines Nachbarn in Brand gerate, leihe man dem eigenen Gartenschlauch kostenlos zum Löschen, zumal dadurch ein Übergreifen des Feuers auf das eigene Hause verhindert werde. Bisher hatten die Alliierten das amerikanische Material bar bezahlen und auf eigenen Schiffen transportieren müssen („cash and carry"); nun erhielten sie es kostenlos „geliehen" („lend-lease").

Die japanische Besetzung Indochinas (Juli 1941, K 2, 3) beantwortete Roosevelt mit einer Handelsblockade. Er verlangte die Räumung sämtlicher seit 1931 besetzten Gebiete. Da griff Japan ohne Kriegserklärung den US-Flottenstützpunkt **Pearl Harbor** auf Hawaii an (7. Dez. 1941); die Amerikaner verloren über 3 000 Soldaten, 177 Flugzeuge und 18 Kriegsschiffe. Am nächsten Tag erklärte der Kongress Japan den Krieg. Am 11. Dezember 1941 erfolgten die Kriegserklärungen Deutschlands und Italiens an die USA.

Die Japaner eroberten Burma, die Philippinen und das niederländische Kolonialreich (K 2). Damit gewannen sie wichtige Rohölvorkommen, 80 % der Reiserträge, 70 % der Zinn- und 95 % der Kautschukproduktion der Welt. Im Juni 1942 begannen die USA den Gegenangriff im Pazifik (Schlacht bei den Midway-Inseln) und der Gegner wurde allmählich zurückgedrängt (s. K 3).

Im Nov. 1942 landeten 150 000 Amerikaner in Nordafrika. Roosevelt forderte in **Casablanca** die bedingungslose Kapitulation der Achsenmächte (Jan. 1943). Invasionen in Sizilien (Juli 1943), Italien (Sept. 1943), in der **Normandie** (Juni 1944) und in Südfrankreich führten schließlich zum **Sieg über das Deutsche Reich** (Mai 1945).

Nach Fertigstellung der ersten **Atombomben** erzwangen die USA durch den Abwurf je einer Bombe auf die Städte **Hiroshima** und **Nagasaki** (6./9. Aug. 1945) die **japanische Kapitulation** (s. auch T 21, S. 90 f.).

T 11   Kriegführung im Pazifik

a) 23.–26. Oktober 1944: **See-Luft-Schlacht** in der **Leyte-Bucht** bei der Landung der Amerikaner auf den Philippinen. Auf Seiten der USA waren beteiligt: 300 Truppentransporter und Landungsschiffe, 23 Flugzeugträger mit zusammen 1 400 Flugzeugen, 12 Schlachtschiffe, 23 Kreuzer, 90 Zerstörer. Auf japanischer Seite: 4 Flugzeugträger mit zusammen 116 Flugzeugen, 7 Schlachtschiffe, 17 Kreuzer, 34 Zerstörer. Die Amerikaner verloren 3 Flugzeugträger, 3 Zerstörer; die Japaner 3 Flugzeugträger, 3 Schlachtschiffe, 10 Kreuzer, 9 Zerstörer.

b) 19. Februar–26. März 1945: Eroberung der 10 qkm großen japanischen Felseninsel **Iwo Jima**. Von 22 000 japanischen Soldaten blieben 200 als Gefangene übrig. 6 821 Amerikaner fielen.

c) 1. April–21. Juni 1945: Eroberung der japanischen Insel **Okinawa**. Die Amerikaner setzten 1 321 Schiffe und 183 000 Mann Landetruppen ein, darunter 18 Schlachtschiffe, 200 Zerstörer, 40 Flugzeugträger. Von den 130 000 Japanern, die die Insel verteidigten, fielen 107 000. 7 613 Amerikaner starben.

d) 6./9. August 1945: Atombomben auf Hiroshima und Nagasaki. 2. September 1945: Japanische Kapitulation.

Erklären Sie die hohen Verluste der japanischen Verteidiger auf den Inseln.

T 12   Kriegskonferenzen der „Großen Drei"

	Militärische Lage	Militärische Ziele	Politische Ziele
Teheran 28.11.–1.12.1943 (Stalin, Roosevelt, Churchill)	Europa bis zum Dnjepr von Deutschen besetzt. **Ostfront:** erste russ. Erfolge. **Italien:** Kämpfe nördl. Neapel. **Pazifik:** Anfangsphase der US-Gegenoffensive	Da SU Hauptlast des Krieges trägt: Forderung nach **zweiter Front** im Westen (Normandie). Abstimmung der Angriffstermine	Grundsätzliche Übereinkunft: **„Westverschiebung"** Polens, **Aufteilung** Deutschlands in mehrere Staaten, Gründung der **UNO** als „Weltfamilie demokratischer Nationen"
Jalta 4.–11.2.1945 (Stalin, Roosevelt, Churchill)	**Ostfront:** Russen in Ostpreußen, Oberschlesien. **Westfront** an Westgrenze Deutschlands. **Pazifik:** Kampf um Philippinen	Dt. Kapitulation absehbar. USA: SU soll in Krieg gegen Japan eintreten; dafür Ansprüche in Mongolei, Mandschurei, Sachalin zugestanden	Beschlüsse: **„Westverschiebung"** Polens, **Besatzungszonen** in Deutschland, Stimmrecht (Veto) in der UNO, **Reparationen** für SU. Zerstückelungsplan für Deutschland aufgeschoben
Potsdam 17.7.–2.8.1945 (Stalin, Truman, Attlee)	**Deutschland** hat kapituliert. Sowjetisch besetzte Zone von Oder-Neiße bis Elbe, einschl. Thüringen, Sachsen. **Pazifik:** Invasionsvorbereitungen gegen japan. Hauptinseln	SU-Hilfe gegen Japan. 6.8.: Atombombe. 8.8.: **SU-Kriegserklärung** an Japan	Bestätigung der von SU geschaffenen sowjetischen und polnischen **Verwaltungsgrenzen**; übriges Deutschland als politische und wirtschaftliche Einheit unter **Alliiertem Kontrollrat** (Entmilitarisierung, Entnazifizierung, Demokratisierung, Reparationen)

– Wofür kämpft Amerika?

Q 19 Amerikanische Kriegsziele: Einer besseren Welt entgegen?

a) Roosevelt über die vier Freiheiten, 6. Januar 1941
Die Welt der Zukunft, die wir sichern wollen, gründet sich auf vier wesentliche menschliche Freiheiten.
Die erste ist die Freiheit der Rede und Meinungsäußerung – überall in der Welt.
Die zweite ist die Freiheit jedes Einzelnen, Gott auf seine eigene Weise zu verehren – überall in der Welt.
Die dritte ist die Freiheit von Not – dies bedeutet praktisch wirtschaftliche Vereinbarungen, die den Bewohnern jedes Landes ein gesundes, friedliches Leben sichern – überall in der Welt.
Die vierte ist die Freiheit von Furcht – dies bedeutet praktisch eine weltweite Abrüstung, so weit und derart, dass kein Land in der Lage ist, gegen einen Nachbarn einen Akt physischer Aggression zu begehen – irgendwo in der Welt. (24)

b) Roosevelt und Churchill in der Atlantik-Charta, 14. August 1941
1. Ihre Länder erstreben keine territoriale oder sonstige Erweiterung.
2. Sie wenden sich gegen territoriale Veränderungen, die nicht den frei geäußerten Wünschen der betroffenen Völker entsprechen.
3. Sie respektieren das Recht aller Völker, die Regierungsform zu wählen, unter der sie leben wollen …
4. Sie werden sich darum bemühen …, dass alle Staaten, groß oder klein, Sieger oder Besiegte, den gleichen Zugang zu den Märkten und Rohstoffen der Welt genießen, die für ihr wirtschaftliches Gedeihen nötig sind. (24)
Als weitere Ziele sind genannt: 5. internationale wirtschaftliche Zusammenarbeit, 6. Freiheit von Furcht und Not, 7. Freiheit der Meere, 8. internationale Abrüstung. (Vgl. auch mit Q 1, 2, S. 6)

1. Stellen Sie die Kriegsziele der USA zuammen und prüfen Sie, wie weit es gelungen ist, diese Ziele nach dem Krieg zu verwirklichen.
2. Vergleichen Sie mit den sowjetischen Zielen: K 3, S. 163; Q 57, S. 164.

– Die Atombombe

Q 20 Erklärung Präsident Trumans, 6. August 1945
Vor sechzehn Stunden hat ein amerikanisches Flugzeug eine Bombe auf Hiroshima, einen wichtigen japanischen Militärstützpunkt, abgeworfen. Diese Bombe hatte mehr Sprengkraft als 20 000 Tonnen TNT …
Es ist eine Atombombe. Es ist die Nutzung der Urkraft des Weltalls. Die Gewalt, aus der die Sonne ihre Kraft schöpft, ist losgelassen worden gegen jene, die den Fernen Osten in den Krieg gestürzt haben …

Wissenschaft und Industrie haben unter der Leitung der Armee der Vereinigten Staaten zusammengearbeitet, die in erstaunlich kurzer Zeit einen einzigartigen Erfolg mit der Bewältigung eines so komplizierten Forschungsproblems erzielt hat. Ich glaube nicht, dass es irgendwo in der Welt möglich wäre, einen derartigen Verbund zustande zu bringen. Was hier vollbracht wurde, ist die größte Leistung organisierter Wissenschaft in der Geschichte. (25)

Q 21 Hiroshima – ein militärischer Auftrag, 6. August 1945
Sieben B-29 waren an dem Auftrag beteiligt. Kurz nach Mitternacht am 5. August verließen drei Wetterflugzeuge die Marianen, eines für jedes Zielgebiet (Hiroshima, Kokura, Nagasaki). Um 2.45 Uhr am Morgen des 6. folgten drei weitere Superforts. Die siebte Maschine blieb auf Iwo Jima in Reserve, falls eine Landung und Neubeladung erforderlich wurde. Oberst Tibbets war Kommandant der Enola Gay, die die Bombe mitführte und zur Hauptstaffel gehörte. Die beiden anderen Flugzeuge enthielten Kameras, wissenschaftliche Instrumente und zivile und militärische Beobachter …
Aufgrund der günstigen Wetterlage wurde Hiroshima als Operationsziel bestätigt. Die Enola Gay erreichte ihr Zielgebiet in 31 600 Fuß Höhe und mit einer Grundgeschwindigkeit von 328 Meilen in der Stunde und der Bombardier Major Thomas W. Ferbee löste die Bombe aus. Fünfzig Sekunden später, als das Flugzeug etwa 15 Meilen entfernt war, explodierte die Bombe etwa 2000 Fuß über der todgeweihten Stadt … und nach kurzer Beobachtung der Detonation und der folgenden Feuersbrunst kehrten die Flugzeuge ohne Schwierigkeit nach Tinian zurück … (26)
Die Bombe tötete etwa 80 000 von den rund 300 000 Einwohnern der Stadt; weitere 20 000 starben an den Folgen der radioaktiven Strahlung. 62 000 Gebäude (von 90 000) wurden völlig zerstört; weitere 6 000 stark beschädigt (s. B 38, S. 87).

Q 22 Hiroshima – ein Überlebender berichtet
Der zehnjährige Toshio Nakamura, der 1,2 km vom Zentrum der Explosion gewohnt hatte, schrieb folgenden Aufsatz:
Am Tag vor der Bombe ging ich schwimmen. Am Morgen aß ich Erdnüsse. Ich sah ein Licht. Ich wurde auf den Schlafplatz meiner kleinen Schwester geworfen. Als wir gerettet waren, konnte ich nicht weiter sehen als bis zur Straßenbahn. Meine Mutter und ich begannen unsere Sachen einzupacken. Die Nachbarn gingen verbrannt und blutend umher. Hatayasan sagte mir, ich sollte mit ihr davonlaufen. Wir gingen in den Park. Ein Wirbelwind kam. Nachts brannte ein Gasometer und ich sah die Spiegelung im Fluss. Wir blieben eine Nacht im Park. Am nächsten Tag ging ich zur Taiko-Brücke und traf meine Freundinnen Kikuki und Murakami. Sie suchten ihre Mütter. Aber Kikukis Mutter war verwundet und Murakamis Mutter war leider tot. (27)

Q 23 Präsident Truman erläutert seine Entscheidung
Mir war … klar, dass die Explosion einer Atombombe unvorstellbare Schäden und Menschenverluste zur Folge haben würde …

Die endgültige Entscheidung, wo und wann die Atombombe eingesetzt werden sollte, lag bei mir. Eines möchte ich klarstellen. Ich betrachtete die Bombe als militärische Waffe und hatte nie den geringsten Zweifel, dass sie eingesetzt werden sollte. (28)

1. *Bewerten Sie Trumans Erklärung (Q 20) und diskutieren Sie über seine Erläuterung (Q 23).*
2. *Schätzen Sie die Bedeutung von Hiroshima für die US- und die Weltpolitik ein.*

b. Nach 1945: Frieden oder „Kalter Krieg"?

T 13 Die Weltmächte nach 1945 zwischen „Kaltem Krieg" und Entspannung

1945 Ausdehnung des sowjetischen Einflussbereichs in Europa (Satellitenstaaten). Potsdamer Konferenz über Deutschland. USA und UdSSR Gründungsmitglieder der UNO. Abwurf der Atombomben auf Hiroshima und Nagasaki.

1947 Bürgerkrieg in Griechenland; mit US-Hilfe (Truman-Doktrin) setzt sich die prowestliche Seite durch (1949). Die USA verkünden ein Aufbauprogramm für Europa (Marshallplan), die kommunistischen Staaten lehnen die Wirtschaftshilfe ab.

1948 Währungsreform in Deutschland und **sowjetische Blockade Berlins**. Beginn des Nahostkonflikts: Die USA unterstützen das neu gegründete Israel, die UdSSR hatte zwar für die Gründung gestimmt, stellt sich nun aber hinter die arabischen Länder.

1949 Die UdSSR zündet ihre erste Atombombe. China wird kommunistische Volksrepublik. Gründung der Bundesrepublik Deutschland und der DDR. Gründung der NATO.

1950 **Koreakrieg:** Der Waffenstillstand 1953 bestätigt die 1948 erfolgte Teilung, der Norden bleibt kommunistisch beeinflusst, der Süden westlich orientiert.

1954 Gründung der SEATO (Südostasienpakt).

1955 **Gründung des Warschauer Pakts. NATO-Beitritt der Bundesrepublik** in den Pariser Verträgen beschlossen.

1956 Sowjetische Truppen schlagen Aufstand in Ungarn nieder. UdSSR und USA wenden sich gegen Besetzung des Suezkanals durch britische und französische Truppen.

1958 Berlinkrise: Chruschtschow kündigt den Viermächtestatus, Berlin soll „Freie Stadt" werden. Westmächte lehnen das Ultimatum ab.

1960 Zuspitzung des ideologischen Konflikts zwischen der UdSSR und China, Abzug der sowjetischen Berater.

1961 **Bau der Berliner Mauer.**

1962 **Kubakrise:** Die USA erzwingen die Demontage sowjetischer Raketenstellungen auf Kuba.

1963 Die Einrichtung eines „heißen Drahtes" zwischen Moskau und Washington signalisiert erste Entspannungsbemühungen. Moskauer Abkommen über Einstellung der Kernwaffenversuche in der Atmosphäre, im Weltraum und unter Wasser. 1967 und 1968 folgen Verträge über die friedliche Erforschung und Nutzung des Weltraums und über die Nichtverbreitung von Kernwaffen (USA, UdSSR und Großbritannien).

1968 Militärische **Intervention der Warschauer-Pakt-Staaten in der ČSSR** (Breschnew-Doktrin).

1969 Beginn des Abzugs amerikanischer Truppen aus Vietnam; 1973 Waffenstillstand zwischen USA und Nordvietnam.

1970 Ostverträge der Bundesrepublik Deutschland.

1971 Viermächteabkommen über Berlin. Aufnahme der Volksrepublik China in die UNO, Taiwan verliert seinen Sitz.

1972 Grundlagenvertrag Bundesrepublik Deutschland – DDR. **Besuch Präsident Nixons in China** signalisiert erste Annäherungen. Mit SALT I beginnen **Abkommen über Rüstungsbegrenzung**. 1973 folgen Verhandlungen über Truppenverminderungen, 1979 wird SALT II unterzeichnet, allerdings nicht ratifiziert.

1975 **Sieg der Kommunisten in Vietnam,** Wiedervereinigung des Landes. Auch Laos und Kambodscha werden kommunistisch. Schlussakte der KSZE (Konferenz für Sicherheit und Zusammenarbeit in Europa) in Helsinki beschlossen.

1979 Aufnahme diplomatischer Beziehungen USA – Volksrepublik China.

1979–1989 Sowjetische Intervention in Afghanistan scheitert.

1983 Präsident Reagan kündigt SDI (Strategische Verteidigungsinitiative) an, treibt damit die 1981 begonnene **Aufrüstung** voran. Beginn der Stationierung von Pershing-II-Raketen (Nachrüstungsbeschluss der NATO) in der Bundesrepublik. Intervention in Grenada.

1985 Zuspitzung des Konflikts um Nicaragua, Handelsembargo der USA. Im März wird Gorbatschow KPdSU-Generalsekretär. **Gipfeltreffen Reagan – Gorbatschow in Genf.**

1986 „Reagan-Doktrin" stellt Auseinandersetzung mit der Sowjetunion in den Mittelpunkt der Außenpolitik. Im Oktober zweites Gipfeltreffen Reagan – Gorbatschow in Reykjavik, Abrüstungsmaßnahmen vereinbart.

1987 Abkommen über die globale Beseitigung aller landegestützten Mittelstreckenraketen.

1988 Waffenstillstand in Nicaragua. Beginn des sowjetischen Rückzugs aus Afghanistan.

1989 **Öffnung der Berliner Mauer.** US-Intervention in Panama.

1990 Irakischer Überfall auf Kuwait, die USA entsenden Truppen nach Saudi-Arabien.

1991 **Golfkrieg.** Auflösung der Sowjetunion und des Warschauer Pakts. Bei einem Gipfeltreffen in Moskau unterzeichnen Bush und Gorbatschow START I (Abrüstungsabkommen), 1993 folgt START II (1996 ratifiziert).

1992 Bush kündigt drastische Reduzierung des Rüstungshaushalts an. Scheitern der internationalen Friedenstruppen unter Führung der USA in Somalia.

1995 Eingreifen in den Konflikt um Ex-Jugoslawien. Friedensvertrag von Dayton. NATO-Truppen zur Überwachung des Friedensvertrages in Ex-Jugoslawien.

1997 Erste Verhandlungen zur **NATO-Osterweiterung** mit Polen, Tschechien und Ungarn.

Q 24 Aus Trumans Kongressbotschaft zur Bewilligung von Geldern für Griechenland und die Türkei („Truman-Doktrin"), 12. März 1947

Wir werden unsere Ziele nur verwirklichen können, wenn wir bereit sind, den freien Völkern zu helfen, ihre freiheitlichen Institutionen und ihre nationale Integrität gegen aggressive Bewegungen zu schützen, die ihnen totalitäre Regime aufzwingen wollen. Totalitäre Regime untergraben dadurch die Grundlagen des internationalen Friedens und damit auch die Sicherheit der Vereinigten Staaten ...

Ich bin der Überzeugung, dass die Vereinigten Staaten freien Völkern helfen müssen, die sich wehren gegen den Versuch der Unterjochung durch bewaffnete Minderheiten oder durch Druck von außen ... Ich bin der Auffassung, dass unsere Unterstützung in erster Linie als wirtschaftliche und finanzielle Hilfe erfolgen sollte, die Voraussetzung ist für wirtschaftliche Stabilität und geordnete politische Verhältnisse. (29)

Q 25 Außenminister Marshall über ein europäisches Wiederaufbauprogramm (Marshallplan), 5. Juni 1947

In Wahrheit liegen die Dinge so, dass Europas Bedarf an Nahrungsmitteln und andern lebenswichtigen Gütern aus dem Ausland – hauptsächlich aus Amerika – in den nächsten drei oder vier Jahren um so vieles höher liegt als seine derzeitige Zahlungsfähigkeit, dass es erhebliche zusätzliche Hilfe benötigt, wenn es nicht einen wirtschaftlichen, sozialen und politischen Verfall ernstester Art erleiden soll ...

Abgesehen von der demoralisierenden Wirkung auf die Welt insgesamt und der Möglichkeit, dass die Verzweiflung der betroffenen Bevölkerung zu Unruhen führt, sollten die Folgen für die amerikanische Wirtschaft jedem klar sein. Die Vereinigten Staaten sollten alles tun, um die Rückkehr zu gesunden wirtschaftlichen Verhältnissen in der Welt zu fördern, ohne die es keine politische Stabilität und keinen gesicherten Frieden geben kann. Unsere Politik richtet sich nicht gegen irgendein Land oder eine Ideologie, sondern gegen Hunger, Armut, Verzweiflung und Chaos. Ihr Ziel sollte die Wiederherstellung einer funktionierenden Weltwirtschaft sein, damit politische und gesellschaftliche Verhältnisse entstehen, in denen freiheitliche Institutionen existieren können ... Aber eine Regierung, die durch Machenschaften versucht, die Gesundung der anderen Länder zu hemmen, kann von uns keine Hilfe erwarten. (30)
(S. auch T 12, S. 185 und Q 3, S. 254)

Q 26 Der Diplomat George F. Kennan über die Beziehungen zur Sowjetunion, 1947

Jede amerikanische Politik gegenüber der Sowjetunion muss ein Hauptelement enthalten: eine langfristige, geduldige, aber entschlossene und wachsame Eindämmung der russischen Ausdehnungsbestrebungen ...

Die Politik entschlossener Eindämmung muss so konzipiert sein, dass die Russen an jeder Stelle, wo sie Anstalten machen, den Interessen einer friedlichen und stabilen Welt entgegenzuhandeln, auf unbeugsame Gegenwehr stoßen. (31)

Q 27 Präsident Truman über die Beziehungen zu den Entwicklungsländern, 1949

Die bedrückende Armut und der Mangel an wirtschaftlichen Möglichkeiten, unter denen viele Millionen Menschen in den wirtschaftlich unterentwickelten Teilen Afrikas, des Nahen und Fernen Ostens sowie bestimmter Gebiete Mittel- und Südamerikas leiden, stellen eine der größten Herausforderungen der heutigen Welt dar ...

Alle diese Gebiete haben ein gemeinsames Problem. Sie müssen eine sichere wirtschaftliche Grundlage schaffen für die demokratischen Bestrebungen ihrer Bürger. Ohne eine solche wirtschaftliche Grundlage werden sie nicht in der Lage sein, die Erwartungen zu erfüllen, die unsere moderne Welt in ihren Völkern geweckt hat. Wenn sie frustriert und enttäuscht werden, könnten sie sich falschen Lehrern zuwenden, die den Weg zum Fortschritt in der Diktatur sehen ...

Aus all diesen Gründen ist es ein wesentlicher Bestandteil unserer Außenpolitik geworden, den wirtschaftlich unterentwickelten Ländern bei ihrer Entwicklung zu helfen. (32)

Q 28 Die „Eisenhower-Doktrin", 1957

Ich schlage folgende Maßnahmen vor: 1. Die Vereinigten Staaten zu ermächtigen, mit jeder Nation oder Nationengruppe im Gebiet des Mittleren Ostens zusammenzuarbeiten und sie bei der Entwicklung wirtschaftlicher Stärke zum Zwecke der Erhaltung nationaler Unabhängigkeit zu unterstützen. 2. Die Regierung zu ermächtigen, in dem gleichen Gebiet mit jeder Nation oder Nationengruppe, die dies wünscht, Programme militärischer Hilfe und Zusammenarbeit durchzuführen. 3. Zu genehmigen, dass eine solche Hilfe und Zusammenarbeit die Verwendung der Streitkräfte der Vereinigten Staaten mit einschließt, um dadurch die territoriale Unversehrtheit und die politische Unabhängigkeit der Länder, die diese Hilfe wünschen, gegen einen offenen Angriff seitens irgendeines Landes, das vom internationalen Kommunismus beherrscht wird, zu sichern und zu schützen. (33)

1. *Charakterisieren Sie Unterschiede und Gemeinsamkeiten in der Eisenhower- und in der Truman-Doktrin und deren Begründungen. Zur Nahostkrise s. T 18, S. 298 f.*
2. *Vergleichen Sie den Marshallplan mit der Außenhandelspolitik der USA nach dem Ersten Weltkrieg (Q 7).*
3. *Diskutieren Sie über die Grundsätze der US-Entwicklungspolitik.*
4. *Kennzeichnen Sie das Verhältnis zwischen Wirtschaft und Politik aus der Sicht amerikanischer Politiker.*
5. *Fassen Sie Hintergründe und Auswirkungen der Politik des „Kalten Krieges" zusammen.*

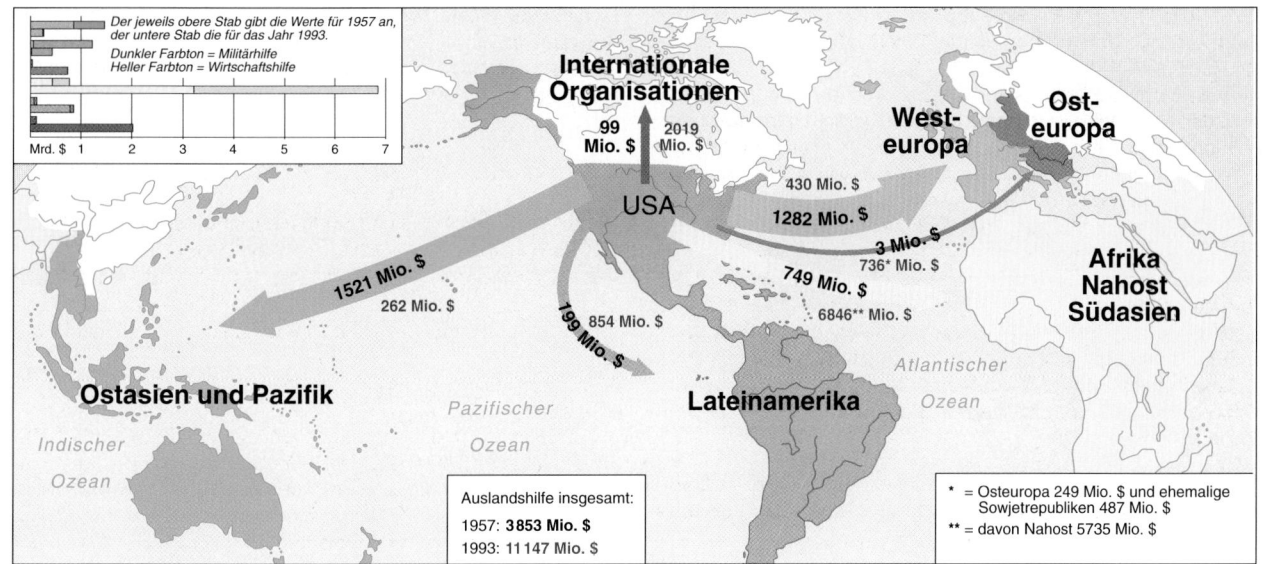

Der jeweils obere Stab gibt die Werte für 1957 an, der untere Stab die für das Jahr 1993.
Dunkler Farbton = Militärhilfe
Heller Farbton = Wirtschaftshilfe

Mrd. $ 1   2   3   4   5   6   7

Internationale Organisationen
99 Mio. $ 2019 Mio. $

USA

West-europa
430 Mio. $
1282 Mio. $

Ost-europa
3 Mio. $
736* Mio. $

Afrika Nahost Südasien

749 Mio. $
6846** Mio. $

1521 Mio. $
262 Mio. $

199 Mio. $

854 Mio. $

Ostasien und Pazifik

Lateinamerika

Pazifischer Ozean

Atlantischer Ozean

Indischer Ozean

Auslandshilfe insgesamt:
1957: **3853** Mio. $
1993: 11 147 Mio. $

* = Osteuropa 249 Mio. $ und ehemalige Sowjetrepubliken 487 Mio. $
** = davon Nahost 5735 Mio. $

K 4   Auslandshilfe der USA in den Jahren 1957 bzw. 1993

1. Ziehen Sie Rückschlüsse aus der Verteilung der Hilfen auf die einzelnen Regionen im Hinblick auf die Zielsetzung der Hilfsprogramme.
2. Vergleichen Sie mit K 2, 3 und 5 und erläutern Sie, inwieweit sich die Schwerpunkte des amerikanischen Engagements verlagert haben.

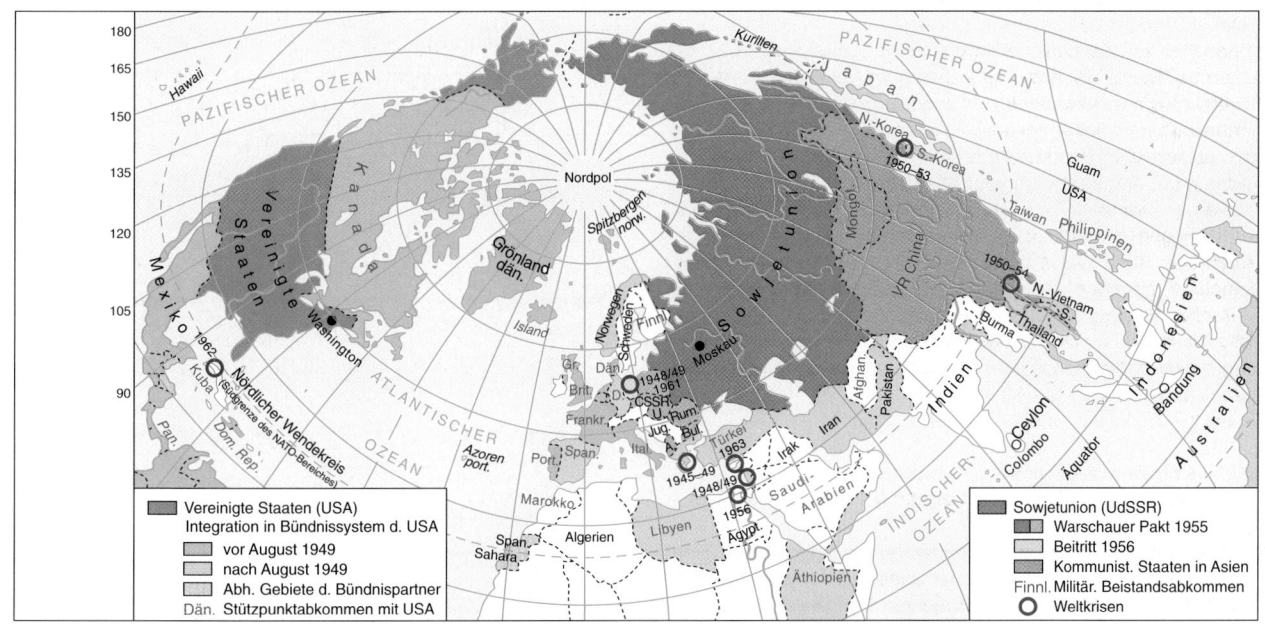

Vereinigte Staaten (USA)
Integration in Bündnissystem d. USA
vor August 1949
nach August 1949
Abh. Gebiete d. Bündnispartner
Dän. Stützpunktabkommen mit USA

Sowjetunion (UdSSR)
Warschauer Pakt 1955
Beitritt 1956
Kommunist. Staaten in Asien
Finnl. Militär. Beistandsabkommen
○ Weltkrisen

K 5   Militärische Blockbildung nach 1945

1. Charakterisieren Sie die hier dargestellte weltpolitische Lage.
2. Vergleichen Sie mit K 4 und erläutern Sie den Zusammenhang zwischen wirtschaftlichem, politischem und militärischem Engagement der USA.

c.   Die Kubakrise – eine Wende?

B 17 „Einverstanden, Herr Präsident, wir wollen verhandeln …": Chruschtschow und Kennedy während der Kubakrise, englische Karikatur, 1962

T 14   Die USA und Kuba
Seit dem spanisch-amerikanischen Krieg von 1898 stand Kuba unter dem wirtschaftlichen Einfluss der USA. Diktatoren regierten das Land, zusammen mit einer kleinen reichen Oberschicht. Nach dreijährigem Bürgerkrieg stürzten 1959 Guerillas, angeführt von **Fidel Castro**, dem Sohn eines Großgrundbesitzers, den Diktator Batista. Nationale Unabhängigkeit, Landreform und Demokratie mit freien Wahlen waren die erklärten Ziele der Revolutionäre. Nach seinem Sieg bekannte sich Castro zum Kommunismus und errichtete eine Einparteiendiktatur. Die Plantagen wurden in Produktionsgenossenschaften umgewandelt, das US-Vermögen beschlagnahmt. Die USA brachen die Beziehungen zu Kuba ab und versuchten 1961 Castro durch eine **militärische Invasion** zu stürzen; das Unternehmen in der „Schweinebucht" scheiterte jedoch. Als im Oktober 1962 die Errichtung **sowjetischer Raketenbasen** auf Kuba entdeckt wurde, verhängte Präsident Kennedy eine Seeblockade, entsandte Kriegsschiffe in die Gewässer um die Zuckerinsel und forderte von der Sowjetunion ultimativ den Abzug der Raketen.

Q 29   Präsident Kennedy zur Kubakrise, 1962

a) Rede am 22. Oktober 1962
Im Laufe der letzten Woche haben eindeutige Beweise die Tatsache erhärtet, dass derzeit auf dieser unterdrückten Insel mehrere Anlagen für Angriffsraketen errichtet werden. Der Zweck dieser Anlagen kann nur darin bestehen, die Möglichkeit eines Atomschlags gegen die westliche Hemisphäre zu schaffen … Wir werden das Risiko eines weltweiten Atomkriegs nicht voreilig oder ohne Not eingehen – wir werden dieses Risiko aber auch nicht

scheuen, falls es zu irgendeinem Zeitpunkt eingegangen werden muss. (34)

b) Brief an den sowjetischen Ministerpräsidenten Chruschtschow, 27. Oktober 1962
Wenn ich Ihren Brief recht verstehe, sind die entscheidenden Punkte Ihrer Vorschläge – die, so wie ich sie auffasse, grundsätzlich annehmbar erscheinen – die folgenden: 1. Sie wären bereit, diese Waffensysteme unter Beobachtung und Überwachung durch die Vereinten Nationen aus Kuba zu entfernen und den weiteren Transport solcher Waffensysteme nach Kuba unter angemessenen Garantien einzustellen. 2. Wir wären unsererseits bereit, wenn die Vereinten Nationen angemessene Vorkehrungen zur Sicherung der Durchführung und des Fortbestehens dieser Verpflichtungen getroffen haben, a) alsbald die gegenwärtig bestehenden Blockademaßnahmen aufzuheben und b) Zusicherungen gegen eine Invasion in Kuba zu geben. (35)

1. Beschreiben Sie die Methoden, mit denen die USA die sowjetische Herausforderung zurückwiesen.
2. Erläutern Sie, warum gerade diese Krise an den Rand eines Krieges zwischen den Weltmächten geführt hat.

d.   Eine neue Weltpolitik? – Entspannungspolitik, Reagan-Ära und das Ende des Kalten Krieges

Q 30   Präsident Kennedy über die Beziehungen zur Sowjetunion, 1963
Wir sollten unsere Haltung gegenüber der Sowjetunion überprüfen … Wir sind beide in einem gefährlichen Teufelskreis gefangen, in dem Misstrauen auf der einen Seite Misstrauen auf der anderen Seite hervorruft und neue Waffen Gegenwaffen erzeugen. Kurz, sowohl die Vereinigten Staaten und ihre Verbündeten als auch die Sowjetunion und ihre Verbündeten haben gleichermaßen ein starkes Interesse an einem gerechten und echten Frieden und an einer Beendigung des Rüstungswettlaufs …
Deshalb sollten wir … unsere Aufmerksamkeit auf die gemeinsamen Interessen lenken und auf die Mittel, mit denen die Meinungsverschiedenheiten überwunden werden können …
Denn schließlich liegt unsere fundamentalste Gemeinsamkeit darin, dass wir alle Bewohner dieses kleinen Planeten sind. Alle atmen wir dieselbe Luft. Alle sorgen wir uns um die Zukunft unserer Kinder. Und wir alle sind sterblich …
Besseres Verständnis erfordert bessere Kontakte und Verbindungen. Ein Schritt in diese Richtung ist die vorgesehene Einrichtung eines direkten Drahtes zwischen Moskau und Washington, um gefährliche Verzögerungen, Missverständnisse und Fehlinterpretationen der Aktionen der anderen Seite zu verhindern, die in Krisenzeiten vorkommen könnten. (36)

Vergleichen Sie mit Q 26 und erklären Sie die veränderte Haltung der USA. S. auch T 13.

T 15   Bestand ausgewählter Waffensysteme im Jahre 1975

	USA	übrige Staaten der NATO	UdSSR	übrige Staaten des Warschauer Pakts
Interkontinentalraketen	1 054	–	1 618	–
U-Boot-Raketen	656	112	784	–
Mittelstreckenraketen	–	18	600	–
Langstreckenbomber	432	–	135	–
Mittelstreckenbomber	66	50	780	–
Flugzeugträger Bomber	15	–	–	–
auf Flugzeugträgern	1 200	–	–	–
Kreuzer	27	7	34	–
U-Boote	116	138	415	8
Truppenstärke (in Mio.)	2,13	2,94	3,57	1,06
Rüstungsausgaben 1975 (in Mrd. US-Dollar)	92,8	57,1	103,8	7,6 (37)

T 16   Rüstungsexporte 1990–1992 (in Mrd. US-Dollar)

	1990	1991	1992
USA	17,5	18,9	13,7
UdSSR/Russland	15,7	6,7	3,3
Deutschland	2,7	4,1	3,1
China	2,0	2,8	2,5
Frankreich	3,4	1,3	1,9
Großbritannien	2,4	1,4	1,5 (38)

B 18   „Mein Alter kann deinen verhauen!" Die USA, die Sowjetunion und der Nahostkonflikt, amerikanische Karikatur, 1970

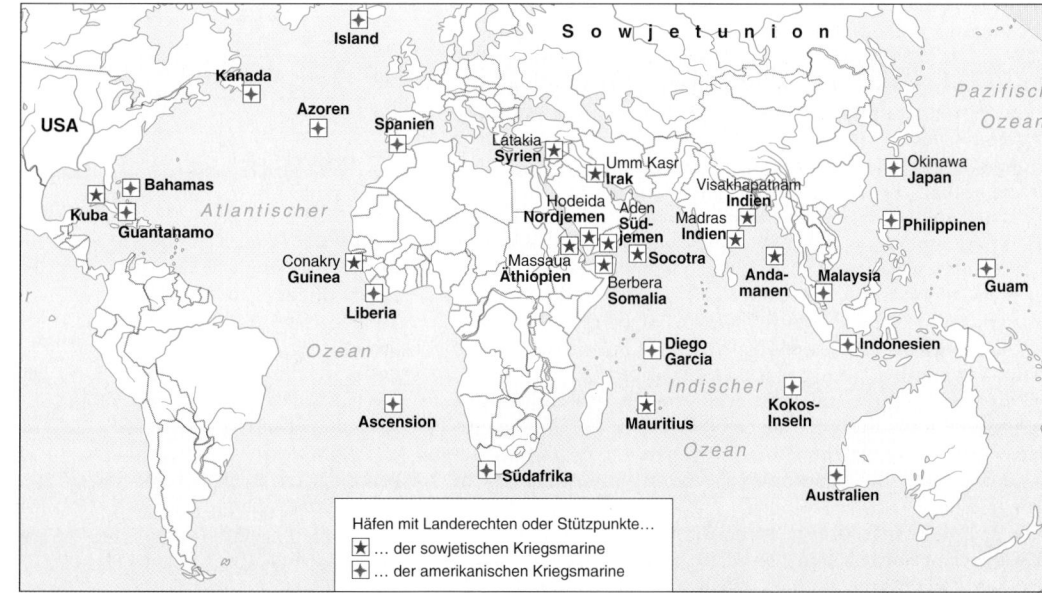

K 6   Flottenstützpunkte der Sowjetunion und der USA, 1975

Vergleichen Sie mit K 5. S. auch T 15.

B 19   Verteidigungsausgaben der USA 1960–1997 (prozentualer Anteil am Bruttosozialprodukt) (39)

Charakterisieren Sie die amerikanisch-sowjetischen Beziehungen nach der Kubakrise.

– Der Vietnamkrieg1964–1975 und das amerikanische Selbstverständnis

T 17   Kriegsführung in Vietnam

Aus dem ehemaligen französischen Kolonialgebiet Indochina wurden nach dem Ende der japanischen Besetzung drei Staaten innerhalb der „Französischen Union" gebildet: die Königreiche Laos und Kambodscha und das Kaiserreich Vietnam. 1946–1954 kämpfte die national-kommunistische Vietminh-Bewegung unter Führung Ho Tschi Minhs für ein unabhängiges Vietnam gegen die französischen Truppen. Nach dem Sieg der Vietminh beschlossen die USA, die UdSSR, die VR China, Großbritannien, Frankreich und 14 weitere Staaten auf der **Genfer Indochina-Konferenz 1954**, Vietnam vorläufig in zwei Zonen zu teilen. Die vorgesehene Volksabstimmung in ganz Vietnam fand nicht statt; aus den Zonen entstanden **zwei Staaten**. Das kommunistische Nordvietnam unterstützte den Guerillakrieg der „Nationalen Befreiungsfront" (Vietcong) gegen die prowestliche Regierung Südvietnams. Als 1964 amerikanische Kriegsschiffe im Golf von Tonking angeblich von nordvietnamesischer Marine beschossen wurden, entsandten die **USA Truppen nach Südvietnam** und begannen die Nachschubwege (Ho-Tschi-Minh-Pfad) der Vietcong und ab 1965 auch Nordvietnam selbst zu bombardieren. Aber die USA konnten sich gegen den Guerillakrieg der Vietcong nicht durchsetzen. Ab 1969 zog Präsident Nixon die 543 000 in Südvietnam stationierten Soldaten nach und nach wieder ab und schloss **1973** mit Nordvietnam einen **Waffenstillstand**. Die **Bilanz** des Krieges für die USA: 56 000 Tote, 150 Mrd. Dollar Kosten, 7 Mio. t Bomben wurden abgeworfen (im Zweiten Weltkrieg 2 Mio. t).
Die Konflikte in Indochina waren damit jedoch nicht beendet: 1974 begann Nordvietnam eine Offensive gegen den Süden, der 1975 kapitulieren musste. Ganz Vietnam wurde kommunistisch,

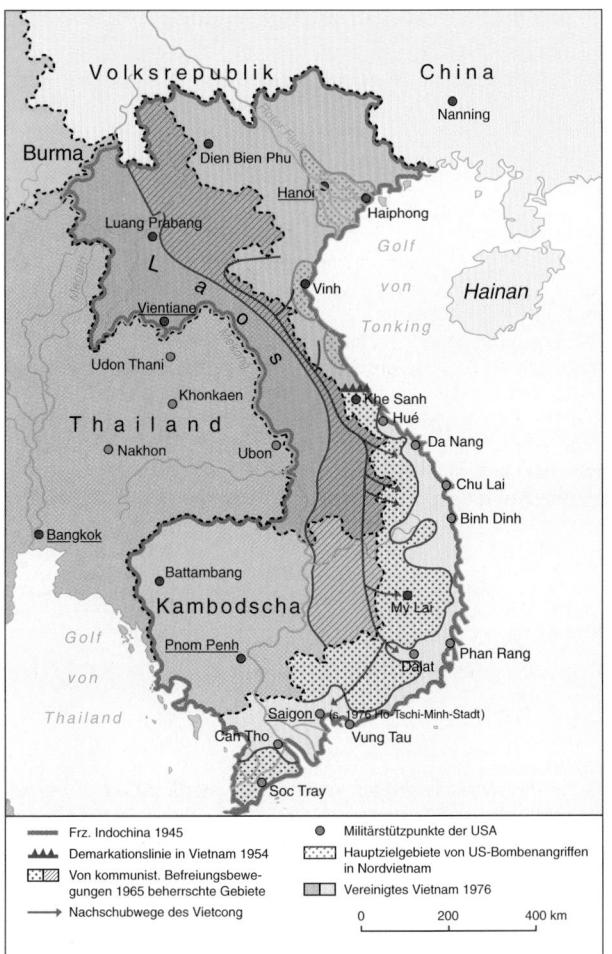

K 7 Der Vietnamkrieg 1963–1973

ebenso Laos und Kambodscha. Die Bevölkerung Südvietnams wurde „umerzogen" und z. T. umgesiedelt. Viele flohen aus dem Land („Boatpeople").
1979 marschierten vietnamesische Truppen in Kambodscha ein und stürzten die radikal kommunistischen Roten Khmer. Unter anderem führte dies 1984 zu militärischen Auseinandersetzungen mit der Volksrepublik China. 1989 zog Vietnam seine Truppen aus Kambodscha ab und öffnete sich westlichen Einflüssen; sogar marktwirtschaftliche Elemente wurden eingeführt, die dazu beitrugen, dass die USA 1994 ihr nach der Niederlage verhängtes Wirtschaftsembargo aufhoben. 1995 wurde Vietnam ASEAN-Mitglied; im gleichen Jahr nahmen die USA diplomatische Beziehungen auf.

Q 31 Vietnam und die Folgen für die USA

Die Militärs waren unsicher geworden, verkrampften sich in ihrem Bemühen, den Vietnamkrieg als einen Krieg wie jeden anderen aussehen zu lassen. Um der Verwirrung über Recht und Unrecht Herr zu werden, ließ die Armee eine Studie zu dem Problem anfertigen, was einen Helden ausmacht. Im Vergleich zu früheren Kriegen zeigten sich zunächst weniger Kriegsteilnehmer stolz darauf, ihrem Land gedient zu haben …

Eine neue und traumatische Erfahrung für die Amerikaner war, dass sie als die „bad guys" dastanden und international als „suckers" galten, als Hereingelegte, die tollpatschig in die Niederlage gestolpert waren …

Wenige Jahre später zeichnete sich ein erneuter Stimmungsumschwung ab … Präsident Ronald Reagan verabschiedete die Absolventen des Jahrgangs 1981 an der Offiziersschule West Point mit den Worten: „Die Ära des Selbstzweifels ist vorbei." … Aus einem 1988 veröffentlichten Regierungsbericht ging hervor, dass die Wiedereingliederung der Kriegsteilnehmer in die Gesellschaft gute Fortschritte gemacht habe. Am Ende der Amtszeit Reagans war es politisch wieder wichtig, in Vietnam gedient zu haben. (40)

Arbeiten Sie die Auswirkungen des Vietnamkrieges auf das Selbstverständnis der Amerikaner heraus und legen Sie die Gründe für die veränderte Einstellung ab der Reagan-Ära dar. Ziehen Sie dazu auch Q 33 und T 13 heran.

– Weltmachtpolitik oder Isolationismus?

Q 32 Pressekommentar über die amerikanische Außenpolitik, 1975

Ein neuer Isolationismus, so scheint es, ist die Antwort darauf, dass sich die Nation möglicherweise zu lange und zu intensiv auf die Außenpolitik konzentriert, zu wenig Erfolg und zu wenig Dankbarkeit geerntet hatte. Auch im Kongress ist … die Zahl derer groß, die jedem außenpolitischen Engagement der USA skeptisch gegenüberstehen. Ein amerikanischer Isolationismus wie in der Zeit vor dem Ersten Weltkrieg ist indes kaum zu erwarten. Eine Welt jedoch, in der die USA nicht immer dann sogleich ihre Truppen in Bewegung setzen, wenn in irgendeinem Land Granaten explodieren oder die Kommunisten sich anschicken zum Sprung auf die Macht, können sich viele Parlamentarier durchaus vorstellen. (41)

Q 33 Aus der Botschaft Präsident Reagans an den Kongress („Reagan-Doktrin"), 14. März 1986

Die zwei Werkzeuge der amerikanischen Politik, ohne die wenige amerikanische Interessen sicher sein werden, sind unsere eigene militärische Stärke und die Vitalität unserer Wirtschaft …

Das Versäumnis in den siebziger Jahren, unsere militärischen Fähigkeiten und unsere wirtschaftliche Stärke aufrechtzuerhalten, war für die Ermutigung des sowjetischen Expansionismus so wichtig wie irgendein Einzelfaktor. Durch die Wiederbelebung beider in den achtziger Jahren durchkreuzen wir unseren Gegnern Möglichkeiten und schrecken Aggression ab. (42)

Q 34 Energiepolitik der Zukunft – eine neue Runde im Kalten Krieg?

Trotz der heutigen sozialen und ökologischen Katastrophen Mittelasiens bilden Kasachstans Öl- und Turkmenistans Gasfelder bis hin zum Kaspischen Meer mit Aserbaidschans gewaltigen Offshore-Reserven an schwarzem Gold einen Raum, der für die nächste Jahrhunderthälfte die gleiche Bedeutung erlangen kann wie die Golfregion heute.

Vom geopolitisch spektakulärsten Jointventure der Ölgeschichte – dem in Baku im September 1994 besiegelten „Jahrhundertvertrag" über die Erschließung der drei Offshore-Felder vor Aserbaidschans Küste durch ein internationales Konsortium (AOIC) – entfallen 80 % der Anteile auf westliche Unternehmen, 44 % allein auf amerikanische. (43)

Q 35 Amerikanische Außenpolitik 1995 – drei Konzepte für die Zukunft

Dana Rohrabacher, ein Kongressabgeordneter aus Kalifornien, ist ein Isolationist. „In der Welt nach dem Ende des Kalten Krieges wollen wir nicht länger fordern, dass unser Volk eine unfaire Bürde für den Rest der Menschheit trägt", sagte Rohrabacher im Februar, als das Abgeordnetenhaus einen Gesetzesvorschlag einbrachte, um die Rolle der US-Streitkräfte bei UN-Friedensmissionen zu begrenzen. „Wir wollen nicht länger der Depp der Welt sein. Das war die Botschaft der letzten Wahl."

Bill Clinton ist ein Multilateralist. „Die neuen Isolationisten haben Unrecht. Sie würden uns allein mit der Zukunft konfrontieren", sagte Clinton … Isolationisten „würden den Vereinten Nationen jegliche Bedeutung absprechen, würden den Truppen in friedenserhaltenden Missionen jegliche Unterstützung verweigern und würden Hilfe verweigern für aufstrebende Demokratien" und bei anderen wertvollen Einsätzen in Übersee.

Newt Gingrich ist ein Unilateralist. „Die USA müssen führen, Punkt", sagt Gingrich, denn die Alternative im 21. Jahrhundert wäre ein „dunkler und blutiger Planet". Aber „ein Land, in dem Zwölfjährige Babys haben, Fünfzehnjährige einander umbringen, Siebzehnjährige Aids haben und Achtzehnjährige Diplome erhalten, die sie nicht lesen können, kann nicht länger irgendjemanden führen; deshalb müssen wir unsere Pflicht zu Hause erfüllen". Bei den seltenen Gelegenheiten, bei denen die USA einer Bedrohung begegnen müssten, sagt Gingrich, sollte man nicht zusammen mit der UNO handeln, sondern nach dem Grundsatz, nach dem das Römische Reich handelte: „Wir kommen erst, wenn wir wirklich getrieben werden, und wenn das geschieht, sind wir nicht aufzuhalten." (44)

1. Charakterisieren Sie die außenpolitischen Tendenzen in den USA.
2. Erklären Sie diese mithilfe der Geschichte der USA und mithilfe ihrer wirtschaftlichen Interessen.

4. Die USA im Wandel

a. Braucht Amerika Reformen?

B 20 Massendemonstration in Washington D. C., 1963. Über 200 000 Bürgerrechtler beteiligten sich an diesem Marsch in die Hauptstadt am 28. August 1963, unter ihnen der Führer der Schwarzen, Dr. Martin Luther King, der 1968 ermordet wurde.

B 21 Obdachlosigkeit, 1995

T 18 Sorgen der Amerikaner 1974 und 1995

Bei zwei Meinungsumfragen im April 1974 und im Januar 1995 wurde untersucht, welche Probleme den Amerikanern am meisten Sorgen bereiten. Es ergab sich jeweils folgende Rangordnung:

1974	1995
1. Preise und Inflation	1. Kriminalität
2. Problem der Gewalt	2. moralische Defizite
3. Kriminalität	3. Politiker
4. Korruption beim Staat	4. Staatsverschuldung
5. Drogensucht	5. Wirtschaft
6. Gesundheitswesen	6. Arbeitslosigkeit
7. Verbraucherschutz	7. Drogensucht
8. Wasserverschmutzung	8. Obdachlosigkeit

Die Hauptsorgen der Deutschen waren 1974: Preise und Inflation, Energieversorgung, Arbeitslosigkeit, Gewalt und Terror, Ostpolitik.

Die Deutschen gaben 1994 als Probleme Krieg, Wirtschaft, Armut, Umweltverschmutzung und Bosnien an.

(45)

Erörtern Sie, welche Probleme speziell amerikanisch und welche typisch für eine hoch industrialisierte Gesellschaft sind.

Q 36 Amerikanische Krise

a) Geld und Politik
Zwei Dinge seien wichtig in der amerikanischen Politik, sagte 1895 im Bundesstaat Ohio der Senator Mark Hanna: „Das erste ist Geld. Was das zweite ist, habe ich vergessen." … Die durchschnittlichen Kosten für [den Wahlkampf um] einen Senatssitz in Washington liegen bei 4,6 Mio. Dollar. Für die Verteidigung eines Abgeordnetenplatzes sind immerhin noch mehr als eine halbe Mio. Dollar fällig … Von den 100 Mitgliedern des Senats sind 29 Millionäre …
Verteidiger des Systems meinen, dass sich der Einfluss verschiedener Lobbyisten unterschiedlicher politischer Couleur gegenseitig neutralisiert. Doch gegenwärtig spenden Unternehmensgruppen rund siebenmal so viel Geld wie die Lobbys der Gewerkschaften …
Ellen Miller [Direktorin des Center for Responsive Politics] verbindet mit dieser Tatsache die Frage, ob „die Vereinigten Staaten eigentlich überhaupt eine repräsentative Demokratie sind" … Oder, wie es der Autor Michael Lind ebenso böse wie bitter formuliert: „Unseres ist ein System, das eine Regierung von Reichen durch Reiche für Reiche garantiert." (46)

b) Lobbyismus
Etwa 90 000 registrierte Interessenvertreter gibt es in der Hauptstadt … Niemand hat diese Einflussagenten gewählt, ihre beträchtlichen Wahlkampfspenden aber sichern ihnen Zugang und Gehör …
1994 glaubten ganze 6 % der Amerikaner, dass der Präsident die Bundesregierung in Washington wirklich kontrolliere, knapp ein Viertel traute dem Kongress die Kontrolle zu. Fast 60 % aber waren der Meinung, die heimlichen Herrscher in der Hauptstadt seien die Lobbyisten und die von ihnen vertretenen Spezialinteressen. Wer heute in der amerikanischen Politik etwas werden will, muss Wahlkampf gegen „Washington" machen. (47)

Vergleichen Sie die Aussage beider Texte mit T 18. Welche Schlüsse lassen sich aus Gemeinsamkeiten und Unterschieden ziehen?

b.   Minderheitenprobleme

T 19   Ethnische Minderheiten in den USA (Einwohnerzahlen im Vergleich)

	1979/80	1990/91
Insgesamt	530 600	1 827 200
darunter aus:		
Mexiko	56 700	946 200
Philippinen	42 300	63 600
Vietnam	43 500	55 300
Haiti	6 500	47 500
El Salvador	6 100	47 400
Polen	4 700	19 200
Großbritannien	15 500	13 900
Kuba	15 100	10 300 (48)

T 20   Rassische Minderheiten in den USA 1960–1990 (in Tausend)

	1960	1970	1980	1990
Gesamt	179 323	203 212	226 546	248 710
davon spanisch- sprachigen Ursprungs	–	9 100	14 609	22 354
Weiße	158 832	177 749	188 372	199 686
Schwarze	18 872	22 580	26 495	29 986
Indianer	524	793	1 420 [1]	1 878
Japaner	464	591	701	848
Chinesen	237	435	806	1 645
Filipinos	176	343	775	1 407
Sonstige (z. B. Koreaner, Inder)	219	721	–	2 229 (49)

1 Zahl der Indianer einschließlich Eskimos und Aleuten

Q 37   Gleichheit – Aus der Verfassung der USA
Weder Sklaverei noch Zwangsdienstbarkeit darf … in den Vereinigten Staaten … bestehen. (13. Zusatzartikel, 1865)
Alle Personen, die in den Vereinigten Staaten geboren oder eingebürgert und ihrer Hoheitsgewalt unterworfen sind, sind Bürger der Vereinigten Staaten und des Einzelstaates, in dem sie ihren Wohnsitz haben … Kein Einzelstaat darf irgendeiner Person Leben, Freiheit oder Eigentum entziehen ohne ordentliches gesetzliches Verfahren oder irgendeiner Person innerhalb seines Hoheitsgebietes den gleichen Schutz der Gesetze versagen. (14. Zusatzartikel, 1868)
Die Vereinigten Staaten oder ein Einzelstaat dürfen das Wahlrecht von Bürgern der Vereinigten Staaten nicht wegen deren Rasse, Hautfarbe oder früheren Sklavenstandes vorenthalten oder einschränken. (15. Zusatzartikel, 1870)
Die Vereinigten Staaten oder ein Einzelstaat dürfen das Wahlrecht von Bürgern der Vereinigten Staaten … nicht deshalb vorenthalten oder einschränken, weil sie eine Wahlsteuer oder sonstige Steuer nicht bezahlen. (24. Zusatzartikel, 1964)

Q 38   Das Oberste Gericht über die Gleichheit, 1896
Zweck des [13.] Verfassungszusatzes war es ohne Zweifel, die absolute Gleichheit beider Rassen vor dem Gesetz zu sichern. Aber es liegt in der Natur der Dinge, dass nicht beabsichtigt sein konnte Unterscheidungen abzuschaffen, die auf der Hautfarbe beruhen, oder gesellschaftliche Gleichheit im Unterschied zu politischer Gleichheit zu erzwingen oder eine Vermischung der beiden Rassen und Bedingungen, die für beide unbefriedigend sind. Gesetze, die ihre Trennung gestatten oder sogar verlangen …, bedeuten nicht notwendigerweise die Minderwertigkeit einer Rasse gegenüber der anderen. (50)

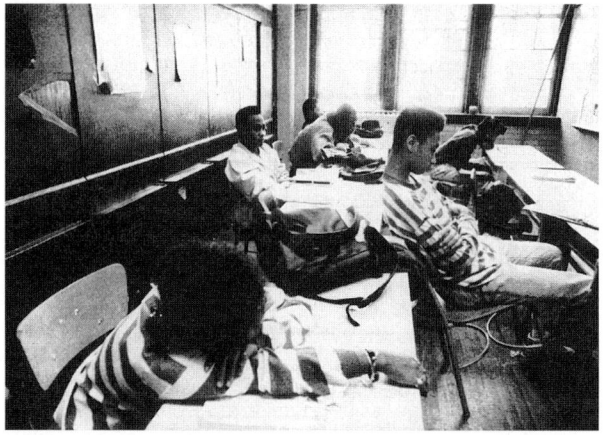

B 22 Schulunterricht im New Yorker Stadtteil South Bronx

B 23 Bibliothek an der Harvard-Universität

Q 39 Das Oberste Gericht über die Gleichheit, 1954

Heutzutage muss man füglich bezweifeln, dass ein Kind Aussicht auf Erfolg im Leben hat, wenn ihm die Gelegenheit zu einer Schulbildung verweigert wird. Wo der Staat es unternommen hat, eine solche Gelegenheit zu schaffen, ist sie ein Recht, das allen zu gleichen Bedingungen zur Verfügung gestellt werden muss … Wir kommen zu dem Schluss, dass der Grundsatz „getrennt, aber gleich" [seperate but equal] auf dem Gebiet des öffentlichen Schulwesens nicht gelten kann. Getrennte Bildungseinrichtungen sind ihrer Natur nach ungleich. (51)

Q 40 Aus dem Bürgerrechtsgesetz von 1964

[Die im Folgenden genannten Einrichtungen soll jeder Bürger gleichermaßen benützen dürfen, und zwar] ohne Diskriminierung oder Trennung [segregation] aufgrund von Rasse, Hautfarbe, Religion oder nationaler Abstammung: 1. Gasthäuser, Motels oder sonstige Beherbergungsbetriebe, die reisende Gäste aufnehmen … 2. Restaurants, Cafeterias, Imbissstuben, Kioske, Erfrischungsbars oder sonstige Einrichtungen, die vorwiegend dem Verkauf von Nahrungsmitteln zum Verzehr an Ort und Stelle dienen … 3. Kinos, Theater, Konzerthäuser, Sportplätze, Stadien oder sonstige Orte der Besichtigung oder Unterhaltung. (52)

1. *Stellen Sie die Entwicklung des Umfangs der Minderheiten in den USA seit 1900 fest. Überlegen Sie dabei, welche Schwierigkeiten bei der statistischen Erfassung auftreten können.*
2. *Beschreiben Sie die Verfassungsentwicklung (Q 37) und stellen Sie ihr die alltägliche Wirklichkeit gegenüber (Q 38, 39; T 21–23).*

T 21 Verteilung des jährlichen Familieneinkommens (in Prozent) und Durchschnittseinkommen (in Dollar) nach Ethnizität

	bis 15 000	15 000– 35 000	35 000– 50 000	50 000– 75 000	über 75 000	Durch- schnitt
Weiße						
1975	16,3	38,3	23,1	16,0	6,3	32 885
1980	16,2	37,9	22,7	16,0	7,3	32 962
1989	15,2	33,2	20,7	18,7	12,2	25 975
Schwarze						
1975	38,1	39,6	14,1	7,1	1,2	20 234
1980	40,3	37,0	13,6	7,5	1,7	19 073
1989	38,5	33,9	13,7	10,2	3,6	20 209
Latinos						
1975	32,6	23,9	15,4	6,4	1,7	22 013
1980	32,1	42,1	15,9	7,4	2,5	22 145
1989	30,7	38,4	16,2	10,2	4,5	23 446

(53)

T 22 Anteil der Beschäftigten an der Bevölkerung und an der Arbeitslosigkeit nach Ethnizität (in Prozent)

	Weiße		Schwarze		Latinos	
	Beschäf- tigte	ohne Arbeit	Beschäf- tigte	ohne Arbeit	Beschäf- tigte	ohne Arbeit
1970	57,5	4,5	53,7	8,2	–	–
1980	60,0	6,3	52,2	14,3	57,6	10,1
1985	61,0	6,2	53,4	15,1	57,8	10,5
1990	63,6	4,7	56,2	11,3	61,6	8,0 (54)

T 23 Der Bildungsstand in Zahlen

a) Durchschnittliche Schuljahre nach ethnischen Gruppen und Geschlecht

	Weiße		Schwarze		Latinos	
	männl.	weibl.	männl.	weibl.	männl.	weibl.
1960	10,7	11,2	7,7	8,6	–	–
1970	12,1	12,1	9,4	10,1	9,3	8,9
1986	12,8	12,6	12,3	12,4	11,8	11,5

b) Schulabschlüsse 1986 (in Prozent)

	Elementarschule (8 Jahre)	College (länger als 4 Jahre)
Weiße		
männlich	1,6	22,4
weiblich	12,7	11,7
Schwarze		
männlich	1,2	11,8
weiblich	12,9	5,6
Latinos		
Männlich	6,4	9.0
weiblich	13,0	4,9 (55)

Q 41 Antisemitismus in den USA

a) In den Südstaaten müssen 39 % der Bewohner als antisemitisch gelten, in Neuengland 31 %. Der Mittelwesten und der Nordwesten nehmen eine Mittelstellung ein. In den Städten pendelt sich der Anteil auf den Bundesdurchschnitt von einem Drittel der Bevölkerung ein. Im ländlichen Süden sind bis zu 60 % der Befragten judenfeindlich eingestellt, wobei niedrigerer Bildungsabschluss und fundamentalistische Religion zusammenkommen. Am stärksten ist der Antisemitismus bei konservativen Protestanten, gefolgt von Katholiken, bei denen der niedrigere soziale Status eine Rolle spielen kann. Die wenigsten offenen Antisemiten finden sich unter liberalen Protestanten, aber insgesamt halten noch 69 % aller Protestanten die Juden für Christusmörder. (56)

b) Der schwarze Führer der „Nation for Islam" (Louis Farrakhan, 62) glaubt nicht an eine „farbenblinde" Gesellschaft; er träumt nicht, wie einst King, von einem Amerika ohne Rassenunterschiede. Farrakhan will nur die Schwarzen mobilisieren, vor allem die Männer.
Als Hauptgegner der Afro-Amerikaner hat er die Juden ausgemacht – und scheut dabei nicht vor übelstem Antisemitismus zurück. So nannte Farrakhan jüdische Geschäftsleute „Blutsauger", weil sie in den Schwarzen-Gettos ihre Waren verkaufen, aber niemals dort investieren würden … Von der Allianz mit den Schwarzen während der Bürgerrechtsbewegung hätten nur die Juden profitiert. Farrakhan schürt den Hass seiner Klientel. (57)

Q 42 Probleme der schwarzen Bevölkerung

Gewaltverbrechen von Schwarzen sind an der Tagesordnung: Jeder dritte Mann zwischen 20 und 30 sitzt im Gefängnis oder ist nur auf Bewährung frei. Über 60 % der Haushalte mit Kindern werden von einer Frau geführt.
Als einzige demographische Gruppe in den USA haben schwarze Männer in den Gettos heute eine kürzere Lebenserwartung als 1980, infolge von Drogensucht und Gewaltkriminalität …
Zwar garantieren Gesetze allen Schwarzen das Wahlrecht und die Anzahl ihrer Abgeordneten im Repräsentantenhaus entspricht fast ihrem Bevölkerungsanteil von 12 %; zwar kann sich heute fast ein Drittel aller schwarzen Familien der Mittelklasse zurechnen. Die Vision von der Verbrüderung der Menschen verschiedener Hautfarbe aber hat sich als Trugbild erwiesen …
[Das] Durchschnittseinkommen [der Schwarzen] erreicht immer noch gerade 60 % der weißen Einkommen, die Arbeitslosigkeit ist mehr als doppelt so hoch. Und während nur gut 10 % der Weißen unterhalb der Armutsgrenze leben, sind es bei den Afro-Amerikanern ein Drittel.
… Das wenige Geld, das für die Afro-Amerikaner übrig bleibt, solle nicht für die Integration verschwendet werden, fordern immer mehr schwarze Politiker. Statt beispielsweise die schwarzen Kids mit Bussen in weit entfernte gemischtrassige Lehrstätten zu karren, sollten lieber die Schulen in den Schwarzen-Gettos auf „weißes Niveau" gebracht werden – bessere Ausstattung, bessere Lehrer …
Echte Vorbilder finden junge Schwarze in neuen afro-amerikanischen Wohlstandsenklaven. Die entstehen …, weil erfolgreiche Farbige integrierte Stadtteile verlassen.
„In überwiegend weißen Wohngebieten hält dich immer wieder die Polizei an, besonders wenn du einen BMW fährst", sagt ein Anwalt, der eine gemischte Gegend verlassen hat … In der neuen Nachbarschaft – Bungalows mit Swimmingpool, Doppelgaragen und gepflegten Vorgärten – würden die Kinder unter Menschen aufwachsen, denen nachzueifern sich lohne: „ein Pilot, eine Professorin, ein Geschäftsmann – alle schwarz". (58)

Q 43 Situation der Indianer

a) „Pocahontas", die Kinokassen füllende neueste Disney-Geschichte, verärgert viele Indianer. Sie empfinden den Streifen als kommerzielle Ausbeutung ihrer Kultur. „Abscheulich, wieder diese historischen Verzerrungen!", meutert Tim Giago, Amerikas bekanntester indianischer Journalist … Seine Artikel … sind voller Beispiele dafür, wie die indianische Kultur, von der weißen Rasse so gnadenlos zerschlagen, nun als deren Spielzeug missbraucht wird. (59)

b) Das erbärmliche Dasein einer unangepassten Minderheit führen [die Indianer] zumeist teils als verirrte Existenzen in der Fremde der großen Städte, teils gebeutelt von Armut und Drangsal, von Arbeitslosigkeit und Dämon Alkohol in den entlegenen Einöden ihrer Reservationen, den kommunalen Elendsidyllen der

Bruchbuden, Baracken und aufgebockten Wohnmobile, zwischen denen die abgewrackten Pickups rosten ... „In den vergangenen zwei Präsidentschaftsperioden ... sind die Etatmittel für Gesundheitswesen, Wohlfahrt und Rechtsbeistand in den Reservaten dramatisch geschrumpft. Da es an [Unterstützung, Stipendien] fehlt, ist auch die Zahl der indianischen Highschool- und Universitätsstudenten stark zurückgegangen. Die Indianer in diesem Land werden mit ihren Problemen einfach nicht zur Kenntnis genommen." (60)

Q 44 Hispanics in den USA

a) [In den 60er Jahren änderten die USA] die Einwanderungspolitik. Zu dieser Zeit hatten Europäer, vor allem ausgebildete, die sofort in der Industrie arbeiten konnten, Vorrang bei der Immigration. Doch die Lobby der hoch subventionierten Farmer, die billige Arbeitskräfte suchten, setzte durch, dass verstärkt Ungelernte aus Lateinamerika ins Land strömten, die mit Mindestlöhnen zufrieden waren.
Die Masseneinwanderung von Hispanics und Asiaten aber beschränkte sich nicht aufs Land, sie verwandelte besonders die großen Einwandererstädte, wie New York, Miami und Los Angeles, in latente Kriegsschauplätze. (61)

b) Die Augen brennen Maria, die Trauben werden mit giftigen Pflanzenschutzmitteln besprüht. Die Haut bricht auf, der Schweiß, der Staub klebt in den Wunden. Beklag dich nicht, zieh ein Tuch über dein Gesicht. Hunderte, Tausende aus deiner Heimat arbeiten für die Hälfte deines kargen Lohnes.
Es sind nur vier Dollar die Stunde, sicher, nur – welche Alternative bleibt dir? Erinnere dich an deine „Compañeros", die gestern von den Agenten der „Migra", der Einwanderungsbehörde, abgeführt wurden: Ya pasó el sueño, vorbei der Traum. Du willst nicht mehr in der Baracke hausen, Manuel, lass es. Schlaf draußen in der Holzkiste, im Pappkarton. Wasch dich im Fluss – die Eltern, die sieben Brüder warten in Zacatecas auf deine Überweisung. Du bist ihre Zukunft. Du allein. Deine Haut ist braun, du kommst aus Mexiko. El norte, der Norden, das hat dir irgendjemand eingeflüstert, ist die Erlösung von der Armut. Viva el norte.
Ein Blick zurück in die Vergangenheit, in das Amerika der Baumwollfelder, der Sklaven und der weißen Herren? Nein, ... Maria, Manuel sind Gegenwart. 300 000, vielleicht sogar 500 000 Landarbeiter sind Kaliforniens neue Kulis. Ihre Welt, ihr Amerika ist das Feld ...
Diese Frauen und Männer zählen zu den Ärmsten Amerikas und zugleich zu den Fleißigsten; vor allem wenn sie zu den „undocumented aliens" zählen, den Fremden ohne Papiere, den Illegalen.
... Die Kalifornier sehen durch den Zustrom der Fremden ihre Kultur bedroht, die Sprache, die nationale Identität ... Die Mehrheit votierte [bei einer Abstimmung] gegen Sozialhilfe für Illegale und gegen das Recht ihrer Kinder amerikanische Schulen zu besuchen. (61)

1. *Listen Sie die Probleme der Minderheiten auf und vergleichen Sie sie mit dem Bürgerrechtsgesetz von 1964 (Q 40).*
2. *Arbeiten Sie aus den Quellen heraus, wie die weiße Mehrheit mit den Minderheiten umgeht.*
3. *Untersuchen Sie den Zusammenhang von Wirtschaftsproblemen und Minderheitenfrage.*
4. *Beurteilen Sie das Verhältnis der Minderheiten untereinander.*

c. Die amerikanische Industriegesellschaft

T 24 Das Leben in den USA und in der Bundesrepublik Deutschland[1]

	USA	BRD
1. Durchschnittliche Lebenserwartung bei der Geburt[2]	76	76
2. Bevölkerungsdichte[2]	27 E/qkm	229 E/qkm
3. Säuglingssterblichkeit pro 1 000 Lebendgeburten[2]	8	6
4. Scheidungen in % der Eheschließungen[3]	48	30
5. Morde pro 100 000 männliche Erwachsene[3]	13,3	1,0
6. Zahl der Einwohner, die von einem Landwirt ernährt werden	75	71
7. Zahl der Traktoren je 100 ha landwirtschaftlicher Nutzfläche	1	8
8. Zahl der Kraftfahrzeuge je 100 Einwohner[4]	56	42
9. Zahl der Telefonanschlüsse je 100 Einwohner	56	45
10. Zahl der Fernsehgeräte je 100 Einwohner	81	39
11. Tageszeitungen pro 100 Einwohner[3]	25	39
12. Filmtheater pro 1 Mio. Einwohner[3]	80	47
13. Ausländische Besucher in in % der Einwohnerzahl[3]	16	22
14. Durchschnittlicher Bruttostundenlohn eines Arbeiters	11,74 $	24,01 DM (W) 12,64 DM (O)
15. Verbraucherpreise:		
1 kg Weißbrot in Scheiben	1,66 $	4,56 DM
1 kg Butter	4,00 $	8,48 DM
1 kg Zucker	0,84 $	1,93 DM
1 Ei	0,07 $	0,27 DM
1 kg Kaffee	5,50 $	15,42 DM
		(62)

1 Zahlen von 1992, wenn nicht anders angegeben
2 Zahlen von 1995
3 Zahlen von 1991
4 Zahlen von 1993

1. *Ziehen Sie Bilanz, in welchen Punkten die Amerikaner den Deutschen „voraus" sind.*
2. *Ziehen Sie aus diesen Befunden Rückschlüsse auf die Lebensweise.*
3. *Vergleichen Sie mit T 3.*

B 24 Die Situation in den Großstädten, Karikatur, 1966

B 25 Müllabfuhrstreik in New York, 1975

B 26 Der „Sputnik-Schock", Karikatur, 1957

Am 4. Oktober 1957 startete die Sowjetunion den ersten künstlichen Erdsatelliten „Sputnik". Der amerikanische „Explorer" folgte am 31. Januar 1958. Am 12. April 1961 umrundete der Russe Jurij Gagarin als erster Mensch die Erde in einem Raumschiff. Der erste Amerikaner in einer Erdumlaufbahn war John Glenn am 20. Februar 1962. Die Amerikaner Neil Armstrong und Edwin Aldrin betraten im Rahmen des Apollo-Programms am 21. Juli 1969 als erste Menschen den Mond. 24 Mrd. Dollar hatten die USA in das Projekt investiert. In den folgenden Jahren zwangen Geldkürzungen und veränderte Interessen die NASA zur Umorientierung: Das Apollo-Programm lief aus und es wurde zunehmend auf den wiederverwertbaren Raumtransporter Space Shuttle (Erststart 1981) gesetzt. Ziel wurde zunehmend die Erforschung der Erdatmosphäre und der Einsatz von Satelliten für die Telekommunikation. 1986 startete die Sowjetunion eine bemannte Raumstation (Mir), die seitdem die Erde umkreist. Nach Auflösung der Blöcke kommt es zu engerer Zusammenarbeit zwischen Russen und Amerikanern bis hin zur gemeinsamen Nutzung von Mir. Zunehmend beteiligen sich auch Europäer (mit dem Ariane-Programm) und die Volksrepublik China an der Forschung im Weltraum.

1. Fassen Sie zusammen, wie die Amerikaner auf die sowjetischen Raumfahrterfolge reagierten.
2. Nennen Sie Gründe dafür.

K 8 Bevölkerungsentwicklung 1980–1994

- Bevölkerungszuwachs von mehr als 10%
- Bevölkerungszuwachs von 10% bis zu einer Bevölkerungsabnahme von 10%
- Bevölkerungsabnahme von mehr als 10%

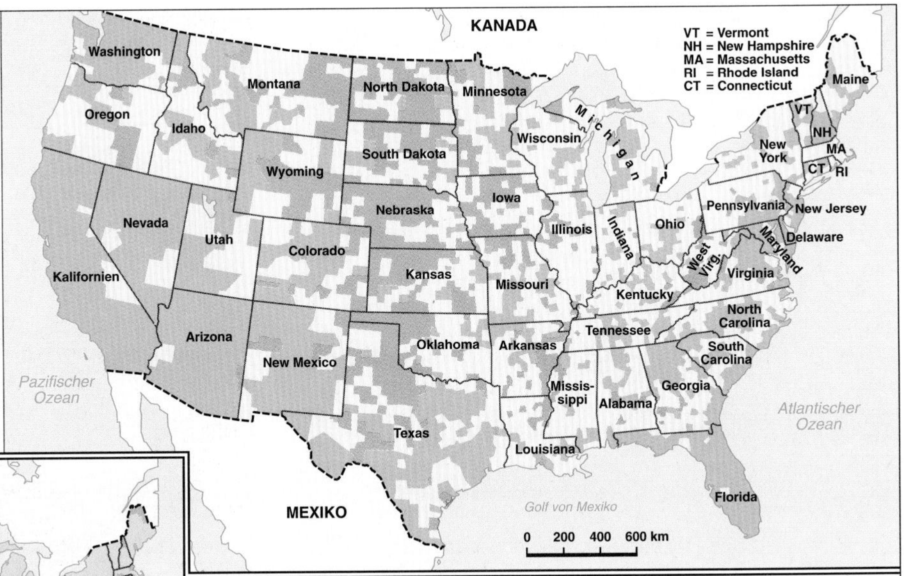

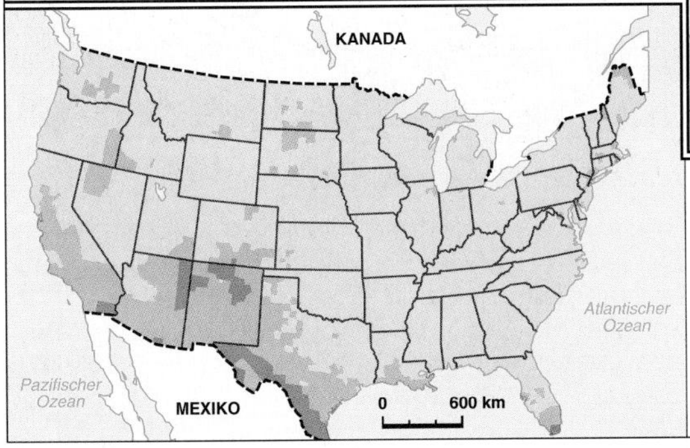

KANADA
VT = Vermont
NH = New Hampshire
MA = Massachusetts
RI = Rhode Island
CT = Connecticut
Washington
Oregon
Idaho
Montana
North Dakota
Minnesota
Maine
Wisconsin
Michigan
South Dakota
Wyoming
VT
NH
MA
CT
RI
New York
Nevada
Utah
Iowa
Nebraska
Pennsylvania
New Jersey
Illinois
Indiana
Ohio
Delaware
Maryland
Colorado
Kalifornien
Kansas
Missouri
West Virg.
Virginia
Kentucky
North Carolina
Tennessee
Arizona
Oklahoma
Arkansas
South Carolina
New Mexico
Pazifischer Ozean
Mississippi
Alabama
Georgia
Atlantischer Ozean
Texas
Louisiana
Florida
MEXIKO
Golf von Mexiko
0 200 400 600 km

KANADA
Atlantischer Ozean
Pazifischer Ozean
MEXIKO
0 600 km

K 9 Anteile der Bevölkerung, die nicht Englisch spricht

- mehr als 50%
- 10 bis 50%
- weniger als 10%

Überlegen Sie die Ursachen, die zu der jeweiligen Entwicklung geführt haben.

11
10
9
8
7
6
5
4
3
2
1
USA
Deutschland
1950 1955 1960 1965 1970 1975 1980 1985 1990 1992 1994 1997

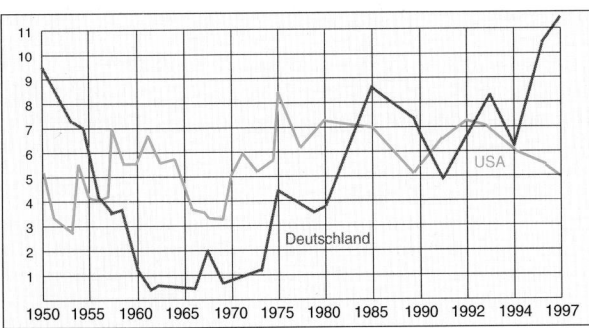

B 27 Arbeitslosigkeit in den USA und in der Bundesrepublik Deutschland 1950–1997 (in Prozent der Erwerbstätigen)

Arbeitslosenquoten der USA 1936–1949 (in Prozent):

1936	16,9	1941	9,9	1946	3,9
1937	14,3	1942	4,7	1947	3,6
1938	19,0	1943	1,9	1948	3,4
1939	17,2	1944	1,2	1949	5,5
1940	14,6	1945	1,9		

T 25 Daten zur wirtschaftlichen Lage der USA und der Bundesrepublik Deutschland

Handelsbilanz (in Mrd. Dollar)	1970	1980	1989	1996
USA	2,2	1,1	–110,0	–187.0
Deutschland	5,8	6,3	92,8	97,6
Devisenkurs des US-$ in DM	3,65	1,42	1,45	1,40[1]
Verschuldung der öffentlichen Haushalte			1971	1996
USA (in Mrd. $)			595	164[1]
Deutschland (in Mrd. DM)			137	2 133
Anstieg der Verbraucherpreise (in Prozent)			1970	1996
USA			5,9	3,3
Deutschland			3,4	2,0
Wirtschaftswachstum (in Prozent)			1970	1996
USA			–0,3	2,4
Deutschland			5,8	1,4
Bruttosozialprodukt je Einwohner (in Dollar)			1970	1995
USA			4 745	26 980
Deutschland			3 097	27 510

1 Angabe für 1995

Q 45 Billy Gates – eine amerikanische Karriere

„Billy the Computerkid" haben sie ihn schon in seiner Jugend genannt, als er am Lakeside College für Hochbegabte in Seattle meistens im Computerraum zu finden war. Die Eltern – der Vater Rechtsanwalt, die Mutter Lehrerin – überzeugten ihn zunächst vom Jurastudium an der Eliteuniversität Harvard, das Bill aber nicht ganz ernst nahm und bald aufgab. Stattdessen gründete er gemeinsam mit seinem Collegefreund Paul Allen, ebenfalls ein passionierter Elektronikbastler, die Firma Microsoft. Das war 1975 und Bill war gerade zwanzig. Irgendwie gelang es ihm, den Computerriesen IBM von seinem „Disc Operation System", kurz DOS genannt, zu überzeugen. Von nun an war der Erfolg nicht mehr aufzuhalten, eine amerikanische Karriere nahm ihren Lauf … Microsoft eilt von Umsatzrekord zu Umsatzrekord, von Gewinnrekord zu Gewinnrekord. Die jüngsten Daten: fast sechs Mrd. Dollar Umsatz, 1,46 Mrd. Dollar Gewinn, 18 000 Beschäftigte. Gates Vermögen wird auf 15 Mrd. Dollar geschätzt; so viel hat nicht mal Rockefeller. (63)

Q 46 Amerikanisches Selbstverständnis heute

a) Während des größten Teils unserer Geschichte und für den größten Teil unseres Volkes bestand der „amerikanische Traum" im Wesentlichen in wirtschaftlichem Erfolg, so wie er durch die Villa am Hang, den Cadillac in der Garageneinfahrt und den Swimmingpool hinter dem Haus sichtbar wird. (64)

b) Niedrige Arbeitslosigkeit, Wirtschaftswachstum, hohe Gewinne der Unternehmen – verglichen mit Deutschland sind die USA geradezu ein wirtschaftliches Traumland. Dennoch überwiegen bei den Menschen Skepsis und Pessimismus …
Der Kern des „amerikanischen Traumes", dass jeder, der nur hart arbeitet, in die Mittelschicht aufsteigen, sich dort halten und die berechtigte Hoffnung hegen kann, dass es seinen Kindern einmal noch besser gehen wird, dieser Kern ist zerbrochen … Seit annähernd zwanzig Jahren befinden sich die unteren und mittleren Einkommen in einem permanenten Sinkflug. Lag das statistische mittlere Familieneinkommen 1979 noch bei 38 250 Dollar im Jahr, so war es bis 1993 (inflationsbereinigt) auf 36 950 gesunken. Hält man die durchschnittliche Einkommensentwicklung im oberen Drittel der Einkommensskala dagegen, dann ergibt sich ein ganz anderes Bild: Dort stieg das durchschnittliche Einkommen von 46 280 (1979) auf 49 920 Dollar (1995), also um 7,9 %. Bei den obersten fünf Prozent der Einkommen liegt die Steigerung bei 29 % und bei dem einen Prozent der Gehaltsempfänger, die ganz oben stehen, erreicht sie sogar 78 % …
Eine Studie des Arbeitsministeriums ergab, dass der typische US-Haushalt im Jahre 1973 rund ein Drittel seines Einkommens für Miete, Gebrauchsgüter und Gesundheitsversorgung aufwandte. Im Jahre 1993 gab er bereits jeden zweiten Dollar dafür aus. (65)

Diskutieren Sie die amerikanischen Leitbilder, die hier erkennbar werden.

B 28   The great American cult, amerikanische Karikatur, 1993
Private Ausgaben für Waffenkäufe in den USA: 1980 ca. 1,4 Mrd. Dollar, 1990 ca. 2,2 Mrd. Dollar, 1995 ca. 3,1 Mrd. Dollar.
Von 100 000 amerikanischen Männern müssen statistisch gesehen 14,9 weiße und 164,4 schwarze damit rechnen, mit Pistole oder Revolver erschossen zu werden.   (66)

1. Legen Sie dar, welcher Zusammenhang zwischen der Aussage der Karikatur und dem amerikanischen Selbstverständnis besteht.
2. Überlegen Sie, worin die Ursachen für die Entwicklung liegen. Ziehen Sie auch T 23 und B 20 heran.

T 26   Nachrichten, die Amerika erregten

1963   Präsident John F. Kennedy ermordet
1967   Rassenunruhen in vielen Städten, vom Militär niedergeschlagen
1968   Martin Luther King ermordet. Präsidentschaftskandidat Robert Kennedy, Bruder von John F. Kennedy, ermordet. Demonstrationen gegen den Vietnamkrieg
1970   Enthüllungen amerikanischer Kriegsverbrechen in Vietnam (Massaker von My Lai); umstrittene Gerichtsverfahren
1973   Vizepräsident Agnew wegen Korruptionsverdachts angeklagt; muss zurücktreten. **Rückzug aus Vietnam:** Die USA verlieren erstmals einen Krieg.
1974   **Watergate-Affäre: Präsident Nixon** wird beschuldigt, einen Einbruch in das Hauptquartier der Demokratischen Partei gedeckt und die folgenden Gerichtsverfahren behindert zu haben. Drohende Amtsenthebung führt zu seinem freiwilligen Rücktritt.
1975   Öffentliche Untersuchung gegen den Geheimdienst CIA

wegen Beteiligung an Attentaten im Ausland und gesetzwidriger Bespitzelung von Amerikanern im Inland

1979 **Amerikaner als Geiseln:** In der US-Botschaft in Teheran werden 53 Amerikaner als Geiseln gefangen genommen, weil der gestürzte Schah von Persien in den USA aufgenommen wurde. Ein Befreiungsversuch im April 1980 missglückt.

1981 Präsident Reagan bei einem **Attentat** schwer verletzt

1983 Tod von 241 US-Soldaten bei Bombenanschlag in Beirut

1986 Bekanntwerden der „Iran-Contra-Affäre": Vom Kongress verbotene Hilfen für die Contras in Nicaragua wurden mit Waffenverkäufen an den Iran finanziert.

1989 Ölkatastrophe durch Tanker „Exxon Valdez" vor Alaska

1992 **Rassenunruhen** v. a. in Los Angeles nach dem Freispruch von vier weißen Polizisten, die einen Schwarzen misshandelt hatten: 52 Tote

1993 Beim Sturm des FBI in Waco/Texas auf die Davidianer-Sekte gibt es mehr als 80 Tote. Bombenattentat auf das World Trade Center in New York durch arabische Terroristen

1995 **Anschlag** in Oklahoma City auf Bürohochhaus

1997 Wiederwahl des Demokraten Bill Clinton zum Präsidenten, republikanische Mehrheit im Kongress

1998/99 Sex-Affäre und Amtsenthebungsverfahren gegen Präsident Clinton

d. Wandelt sich das politische System?

Q 47 Ist der Präsident zu mächtig?

Wie der Präsident der Vereinigten Staaten legal am Kongress vorbeiregieren kann: [1.] Der Präsident lässt Gesetzesvorschläge im Kongress einbringen und setzt sie durch, indem er wichtige Abgeordnete mit politischem Kuhhandel für sich gewinnt. [2.] Der Präsident weigert sich die Parlamentsakte zu unterzeichnen – erst mit seiner Unterschrift wäre sie Gesetz. Beide Kammern des Kongresses müssen nun den Präsidenten mit Zweidrittelmehrheit überstimmen. [3.] Der Präsident blockiert ein bereits unterzeichnetes Gesetz: Er „verwahrt" [sperrt] die Gelder, die der Kongress zur Durchführung des Gesetzes bewilligt hat. Das Gesetz ist damit auf Eis gelegt. [4.] Der Präsident regiert durch Verordnungen statt durch Gesetze. Nur in den seltensten Fällen legt er diese Verordnungen dem Kongress vor. [5.] Der Präsident schließt mit anderen Staaten Abkommen, die Verträgen gleichkommen. Verträge müssen vom Kongress bewilligt werden, Abkommen nicht. (67)

Q 48 Vorschläge zur Staatsreform in den 70er und 90er Jahren

a) Es ist eine heilsame Folge des Watergate-Skandals, dass man sich heute wieder Gedanken darüber macht, wie das richtige Gleichgewicht zwischen der ausführenden und der gesetzgebenden Gewalt in unserer Verfassung beschaffen sein sollte ... Der republikanische Senator Jacob K. Javits aus New York empfahl ...

Maßnahmen, die den Kongress in die Lage versetzen würden, „sich wieder als wirklich gleichberechtigtes Organ der Staatsgewalt zu behaupten". (68)

b) Präsident Reagan erreichte es, dass föderalstaatliche Routinen wieder in die politische Diskussion gerieten und die Idee des Föderalismus mit neuem Leben erfüllt wurde. Handlungsmöglichkeiten und -grenzen der Gebietskörperschaften wurden öffentlich erörtert. Zudem gab es ja bereits Ende der 70er Jahre Tendenzen, die sowohl auf eine Aufwertung der dezentralen Gebietskörperschaften als auch auf eine Neubestimmung der Rolle des Bundes im amerikanischen Wohlfahrtsstaat gerichtet waren. (69)

c) [Newt Gingrich, Sprecher des Repräsentantenhauses] beschwört eine Vorstellung, die jedem Volksvertreter schmeicheln muss: dass nach einem Menschenalter der präsidialen Vorherrschaft endlich „der Schwerpunkt der Regierungsmacht dorthin zurückkehrt, wo die Gründerväter ihn haben wollten: in den Kongress." ...

Es ist Reagans „staatsfeindlicher" Geist, der seine Rhetorik beherrscht: Alles, was der Staat anpackt, muss verrotten; alles, was private Initiative in die Hand nimmt, erblüht.

Der Wohlfahrtsstaat ist aus dieser Sicht die höchste der Perversionen, unamerikanisch dazu. Wer den Leuten unter die Arme greift und ihnen das verzweifelte, doch lebenstüchtigende Strampeln erspart, verstößt für Gingrich gegen die Menschenrechte. (70)

d) US-Präsident Bill Clinton hat das Zeitalter des Wohlfahrtsstaats alter Prägung für beendet erklärt. Besser als teure Regierungsprogramme bekomme dem Land die Eigenverantwortung der Familien und der Gemeinden ... Clinton plädierte für eine Reform des Sozialsystems, den Ausgleich des Bundeshaushalts sowie für moderate Steuersenkungen. (71)

Q 49 Erstarken rechtskonservativer Kräfte in den USA

Die neue Rechte ist populistisch, sie glaubt, dass viele Menschen durch Politiker und Bürokraten frustriert sind, dass das amerikanische Volk dieselben Werte und Vorstellungen besitzt wie sie selbst (die „moral majority") und dass der Volkswillen am besten mit vermehrter direkter und partizipatorischer Demokratie durchzusetzen ist ... Ein zweites charakteristisches Merkmal der neuen Rechten stellt ihr religiöser Fanatismus dar, ihre Attacken gegen Abtreibung, Homosexualität und einen unkonventionellen Lebensstil sowie die Forderung nach einer Verfassungsergänzung, durch die das obligatorische Schulgebet wieder eingeführt werden soll ... Ein drittes Element der neuen Rechten ist ihr Selbstverständnis als Repräsentant des kleinstädtischen Amerika, der „einfachen Männer und Frauen" des Südens und Westens der USA im Kampf gegen das Establishment der gehobenen Mittelschicht im Osten. (72)

1. Stellen Sie Zusammenhänge mit Q 16 und 18 her.
2. Vergleichen Sie die Entwicklung der präsidialen Machtstellung in den USA mit der des Bundeskanzlers in Deutschland.

5. Amerika und Europa – Partnerschaft oder Rivalität?

B 29 Präsident Kennedy zwei Jahre nach dem Mauerbau in Westberlin 1963. Neben Kennedy Berlins Regierender Bürgermeister Brandt und Bundeskanzler Adenauer.

T 27 Amerika und das deutsche „Wirtschaftswunder"

Nach 1945 erhielt die Bundesrepublik Deutschland amerikanische Wirtschaftshilfe in Höhe von 3,4 Mrd. Dollar, teils als Kredit, teils als Geschenk, und zwar in Form von Rohstoff- und Nahrungsmittellieferungen sowie Wiederaufbaumittel (insbes. Marshallplan-Gelder). Dies entsprach 11,3 % der gesamten bis 1957 von den USA geleisteten Auslandshilfe.
Die Bundesrepublik Deutschland bildete daraus das ERP (European Recovery Program)-Sondervermögen, aus dem noch bis heute Kredite gewährt werden, seit 1990 vor allem für ostdeutsche Mittelstandsfirmen.

1949 wurden 43 % der westdeutschen Importe aus ausländischen Hilfen finanziert, 1952 erreichte die Bundesrepublik Deutschland bereits einen Ausfuhrüberschuss von 4,3 %. (73)
Für viele Deutsche bestimmte vor allem die Erinnerung an private Hilfsaktionen (CARE-Pakete, Jugendaustausch) sowie an die amerikanische Luftbrücke zur Versorgung Westberlins während der sowjetischen Blockade 1948/49 (s. S. 189) das Bild, das sie sich von Amerika machten.

Prüfen Sie die Auswirkungen der US-Hilfe auf die Bundesrepublik Deutschland. S. dazu auch T 12, 14, S. 185 f.; Q 20, S. 189; B 17, 18, S. 193.

T 28 Auslandsinvestitionen (in Mrd. US-Dollar)

	1966 aus USA	nach USA	1980 aus USA	nach USA	1985 aus USA	nach USA	1989 aus USA	nach USA
Welt	51,8	9,1	213	65	230	165	373	401
davon:								
Europa	16	6,3	96	43	105	121	177	262
Japan	0,7	0,1	6	4	9	19	19	70
Kanada	16	2,4	45	10	47	17	67	32
Entwicklungsländer	14	–	53	–	53	–	91	–
davon:								
Lateinamerika	9	0,2	38	7	28	17	61	20

(74)

1. Erklären Sie, was die Höhe der Investitionen im Ausland bzw. aus dem Ausland über die wirtschaftliche Struktur eines Landes aussagt.
2. Untersuchen Sie anhand der Tabelle die Entwicklung der US-Investitionen und die Veränderungen in der Verteilung. S. auch K 4.
3. Definieren Sie das Verhältnis USA – Europa in Bezug auf den wirtschaftlichen Bereich.

T 29 Amerikanische und europäische Nobelpreisträger

Nobelpreise werden jährlich für Leistungen auf den Gebieten Physik, Chemie, Medizin und Physiologie, Literatur und Frieden vergeben, die der Menschheit besonderen Nutzen gebracht haben.

	1920–29	1950–59	1980–89
Insgesamt	53	71	89
USA	4	30	37
Europa (ohne UdSSR)	48	31	29
Deutschland	11	5	9
Übrige Länder	1	10	14

1976 fielen alle Preise mit Ausnahme des Friedensnobelpreises an die USA. (75)

1. Erklären Sie die Zunahme der Gesamtzahl der Preisträger.
2. Überlegen Sie, wie die geringe Zahl amerikanischer Nobelpreisträger in den zwanziger Jahren angesichts des hohen Standards der amerikanischen Wirtschaft und Technik (s. T 3) zu verstehen ist.
3. Diskutieren Sie, ob man aus der Tabelle Schlüsse auf die Stellung der genannten Länder in der Welt ziehen kann.

B 30   Die Amerikaner in Europa, Karikatur

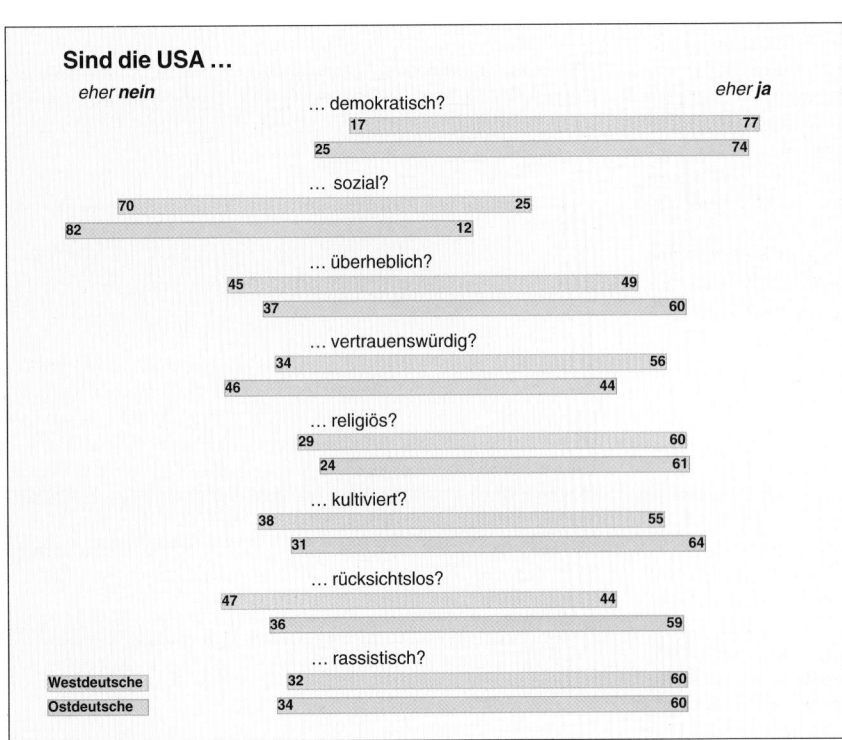

Sind die USA ...

eher **nein**   *eher* **ja**

... demokratisch?
17 — 77
25 — 74

... sozial?
70 — 25
82 — 12

... überheblich?
45 — 49
37 — 60

... vertrauenswürdig?
34 — 56
46 — 44

... religiös?
29 — 60
24 — 61

... kultiviert?
38 — 55
31 — 64

... rücksichtslos?
47 — 44
36 — 59

... rassistisch?
Westdeutsche 32 — 60
Ostdeutsche 34 — 60

B 31   Die USA und die Deutschen
Die beste Meinung über die USA haben die
Deutschen, die 60 Jahre oder älter sind.
Von ihnen halten 85 % die Amerikaner für
demokratisch ... Das positive Amerika-
bild der Älteren zeigt sich auch daran, dass
zwei Drittel die USA für vertrauenswürdig
... und nur ein gutes Drittel sie als überheblich einstuft ... Eher kritisch sehen vor
allem die 30- bis 44-Jährigen die USA.
Mehr als zwei Drittel halten sie für rassistisch, die Hälfte für rücksichtslos. Nur
46 % bezeichnen die Amerikaner als vertrauenswürdig. Ein ganz anderes Bild ergeben die Antworten auf die Frage nach
der populären amerikanischen Kultur:
Hier sind es gerade die älteren Jahrgänge,
die Hollywoodfilme, US-Fernsehserien
und Popmusik ablehnen. Dagegen finden
60 % der 18- bis 24-Jährigen und 65 % der
25- bis 29-Jährigen, dass die US-Populär-
kultur auf Deutschland einen positiven
oder sehr positiven Einfluss habe. (76)

*Überlegen Sie, welche Ursachen es für die
unterschiedliche Einschätzung der USA geben kann. Ziehen Sie dazu die Entwicklungen der Nachkriegszeit heran (s. S. 184 ff.).*

Q 50 Zitate aus einem Urlaubskatalog, 1973

Rufen Sie den Computer an!
Jeden Mittwoch von Mallorca mit Jets der Germanair
Bustransfer vom Flughafen Palma
Linienbus zur City
Ihr Hotel: Aircondition in allen Salons, großer Speisesaal, Bar, TV, Souvenirshop, Friseur. Abends quirliges Treiben in der Diskothek (Jockey und Band)!
Bungalowanlage mit großem Swimmingpool, Kinderspielplatz, Minigolf, Tennis, Bowling.
Snackbar; Grillroom; Nightclub; Shows.

Q 51 Der Einfluss des „Franglais" dauert an

Das berühmte Gesetz über den „Gebrauch der französischen Sprache" … strebte unter Strafandrohung an, den Gebrauch von englischen Ausdrücken in den Medien und in der Öffentlichkeit zu untersagen … Heute kann man [feststellen, dass es] keine großen Veränderungen gebracht zu haben scheint: Die französischen Radfahrer tragen weiter ihr „K-way" (trotz des Klangs eine französische Marke!) und für das neueste Modell von Renault ist der Name „Next" vorgeschlagen … Das Franglais – ist es die Zukunft der Sprache Molières? (77)

Q 52 Eine amerikanische Herausforderung?

Allein in der Ära Clinton sind 8,4 Mio. neue Jobs entstanden …
Die Angst vor den Teutonen und ihrem „Made in Germany" ist nun dem Spott gewichen. „Verboten", das Kommandowort deutscher Bürokraten, wird in angelsächsischen Zeitungen per Kursivdruck verhöhnt. An Sonntagen, mokiert sich die Los Angeles Times, sei „in Deutschland nicht nur kein Laden offen, sondern Gartenarbeit schlicht verboten". „Gute Nacht, Deutschland" und „Kündigungsschutz" haben den Sprachgebrauch angelsächsischer Deutschlandexperten bereichert …
In Amerika geht es anders zu. Ein lockerer Kündigungsschutz ermöglicht den schnellen Wechsel von Heuern und Feuern. Die Tariflöhne sind niedrig, die Lohnnebenkosten betragen nur 8,41 Mark – in Deutschland hingegen sind fast 20 Mark pro Stunde fällig. (78)

1. Beurteilen Sie die gegenseitige Beeinflussung der Sprache in Deutschland, Frankreich und den USA.
2. Versuchen Sie die Wertvorstellungen zu erläutern, die dahinter stehen.

Q 53 Zur europäisch-amerikanischen Zukunft

So frustrierend das auch für die Kalifornier, Texaner oder andere Populisten sein mag, die Außenpolitik [auch des Präsidenten Clinton] wird vornehmlich in der Hand einer Elite bleiben. Diese Elite, das hat sich seit dem Zweiten Weltkrieg gezeigt, ist an der Nordostküste Amerikas geboren oder erzogen worden …
Bill Clintons Entscheidung, sich in Bosnien zu engagieren und der NATO eine neue Lebenschance einzuhauchen, wird Amerika für die nächsten Jahrzehnte, wenn nicht sogar für die nächsten Generationen, politisch in Europa verankern. Statt „Sayonara" [japanischer Gruß] heißt es deshalb: „Wir sind wieder da, Europa." (79)

B 32 Die USA als Weltpolizist, französische Karikatur 1996

Q 54 Aus dem Weißbuch der deutschen Bundesregierung 1994

Militärische Konflikte, die Deutschlands Existenz gefährden können, sind [nach 1990] unwahrscheinlich geworden, vor allem solange sich Deutschland im Verbund mit der Nordatlantischen Allianz die Fähigkeit zu seinem Schutz bewahrt …
Vor diesem Hintergrund gilt es, Risiken schon am Ort ihres Entstehens und vor ihrer Eskalation zu einem akuten Konflikt aufzufangen. Sicherheitsvorsorge muss als erweiterte Schutzfunktion verstanden werden. Die Fähigkeit zur Verteidigung bleibt auch in diesem sicherheitspolitischen Konzept das Fundament der Sicherheit Deutschlands und der Nordatlantischen Allianz. Konfliktverhütung und Krisenbewältigung im erweiterten geographischen Umfeld unter einem völkerrechtlich legitimierenden Mandat müssen aber im Vordergrund der Sicherheitsvorsorge stehen. (80)

1. Erläutern Sie die Schlussfolgerungen, die sich aus den Ereignissen von 1989/90 für das europäisch-amerikanische Verhältnis ergeben.
2. Sammeln Sie Argumente zur Beurteilung der Innen- und Außenpolitik der USA.
3. Diskutieren Sie die Behauptung, dass die Bundesrepublik von morgen den USA von heute entsprechen wird.

Die Zeit des Imperialismus

Um die Jahrhundertwende hatten die USA durch Gebietserwerbungen (Hawaii 1897, Philippinen und Puerto Rico 1898, Panamakanalzone 1903) und Kapitalinvestitionen („Dollardiplomatie") eine beherrschende Stellung in der westlichen Hemisphäre eingenommen. Mittel- und Südamerika, Karibische See und Pazifik waren ihr Einflussgebiet geworden.

Der Erste Weltkrieg und seine Folgen

Der wirtschaftliche und militärische Einsatz der USA entschied den Ersten Weltkrieg und machte sie auch gegenüber Europa zur Gläubigernation. Zwar setzte sich noch einmal die traditionelle Politik des Isolationismus durch (Ablehnung des Eintritts in den Völkerbund 1920; Schutzzölle), doch wurden die weltwirtschaftlichen Verflechtungen immer enger (Reparationen, Dawesplan 1924, Youngplan 1929). Im Land selbst brachten die Nachkriegsjahre einen gewaltigen Wirtschaftsaufschwung („Prosperity"), der durch die **Große Depression** („Schwarzer Freitag" 1929) abrupt beendet wurde. Mit staatlichen Eingriffen in die bis dahin weitgehend freie, ungelenkte Wirtschaft („Laisser-faire") versuchte Präsident Franklin D. Roosevelt durch die Politik des **New Deal** die Krise zu bewältigen.

Die USA im Zweiten Weltkrieg

Auf die Eroberungen Japans und Deutschlands reagierten die USA zunächst mit wirtschaftlicher Unterstützung der Gegner der Achsenmächte (Pacht-Leih-Gesetz 1941); sie verhängten eine Handelsblockade gegen Japan, das von Öl- und Erzimporten abhängig war. Mit dem japanischen Überraschungsangriff auf den US-Stützpunkt **Pearl Harbor** (7. Dezember 1941) begann für die USA der Zweite Weltkrieg auch militärisch.

Japan konnte Burma, die Philippinen und das niederländische Inselreich erobern, ehe die USA zum wirksamen Gegenangriff bereit waren. Die Japaner wurden in langwierigen Kämpfen im Pazifik zurückgedrängt. Die Deutschen konnten nach verlustreichen Landemanövern (in Nordafrika 1942, Italien 1943 und in der Normandie 1944) im Mai 1945 besiegt werden. Der Krieg gegen Japan wurde durch den Abwurf von Atombomben beendet (Hiroshima und Nagasaki, August 1945).

In Konferenzen mit den Hauptverbündeten Großbritannien und Sowjetunion wirkten die USA bei der Bestimmung der Kriegsziele und Friedenspläne mit (Atlantik-Charta 1941, Casablanca 1943, Teheran 1943, Jalta 1945, Potsdam 1945), konnten aber ihre politischen Vorstellungen nur teilweise durchsetzen. Zur Sicherung des Friedens in der Welt gründeten die Siegerstaaten 1945 in San Francisco die Organisation der Vereinten Nationen (**UNO**) mit Sitz in New York.

Weltmacht nach 1945

Der Rüstungsvorsprung der USA (Atommonopol) sicherte auch nach dem Krieg ihre Stellung als Führungsmacht der westlichen Welt in der beginnenden Auseinandersetzung mit der Sowjetunion, die 1945 ihr Einflussgebiet ausgedehnt hatte. Ein System von Militärpakten (OAS 1948, NATO 1949, ANZUS 1951, SEATO 1954) sowie gezielte wirtschaftliche Unterstützung nichtkommunistischer Länder (Marshallplan) sollte der Eindämmung sowjetischer Macht dienen. Mit der Entwicklung eigener Kernwaffen durch die Sowjetunion (1949) trat der **Kalte Krieg** in die neue Phase (atomares Patt). Die Gefahr, dass sich internationale Krisen (Korea 1950, Berlin 1958, Kuba 1962) zu einem Atomkrieg ausweiten könnten, wuchs mit der Zunahme der Zahl der Atommächte (Frankreich 1960, China 1964) und trug dazu bei, dass die Großmächte Wege zur **Entspannung** (Koexistenz) suchten (Berlinabkommen 1971, SALT I 1972, KSZE 1975). Außenpolitische Rückschläge (Aufnahme der VR China in die UNO 1971, Rückzug aus Vietnam 1973–1975, Einmarsch sowjetischer Truppen in Afghanistan 1979) zeigten Grenzen der Weltmachtstellung der USA auf. Die USA strebten eine Verständigung mit China an (Aufnahme diplomatischer Beziehungen 1979) und waren seit 1969 bemüht, das amerikanische Engagement in der Welt zu begrenzen.

In der Reagan-Ära setzten die USA erneut auf eine Politik der (militärischen) Stärke (sog. Reagan-Doktrin, SDI) und sahen die weltweiten Probleme einzig unter dem Gesichtspunkt des Ost-West-Konflikts. Bedingt durch die Entwicklungen in der Sowjetunion und unter dem Druck der US-Friedensbewegung und der wachsenden Staatsverschuldung begann aber eine Serie von **Abrüstungsverhandlungen**. Nach der Auflösung der Sowjetunion sucht die USA als einzig verbliebene Supermacht ihre Rolle in einer Welt, die zunehmend von regionalen Konflikten und wirtschaftlichem Konkurrenzkampf geprägt ist (Golfkrieg, Bosnien-Engagement, Energiefragen).

Innere Entwicklung

Nach dem Zweiten Weltkrieg wurden sich verschiedene Bevölkerungsgruppen ihrer Benachteiligung in der amerikanischen Wohlstandsgesellschaft zunehmend bewusst. Besonders die Farbigen kämpften um politische und soziale Gleichstellung (**Rassenunruhen**) und erreichten wesentliche Verbesserungen (Aufhebung der Rassentrennung in Schulen 1954, Bürgerrechtsgesetz 1964).

Auf wirtschaftlichem und technischem Gebiet konnten die USA ihre führende Stellung ausbauen (1. Mondlandung 1969). Die **Energiekrise** verlangsamte seit 1973 die wirtschaftliche Entwicklung und schwächte die Stellung der USA in der Weltwirtschaft. Politische Erschütterungen (Attentate, Rückwirkungen der Niederlage in Vietnam 1973, Watergate-Affäre 1972/74, Amtsenthebungsverfahren gegen Präsident Clinton 1998/99) trugen zur **Krise des amerikanischen Selbstverständnisses** bei. Seit 1980 gibt es, bei sinkenden Arbeitslöhnen und Kürzung der Sozialprogramme, wieder einen wirtschaftlichen Aufschwung und erneut einen Glauben an die Überlegenheit des US-Systems. Die Bürgerrechtsbewegung der 60er und 70er Jahre hatte zwar die rechtliche Gleichstellung der Farbigen durchgesetzt, doch die soziale und wirtschaftliche Integration aller Minderheiten ist bis heute nur in geringem Maße geglückt.

V.   AUFSTIEG UND ZERFALL DER SOWJETUNION

1.   Zweimal „Russland"

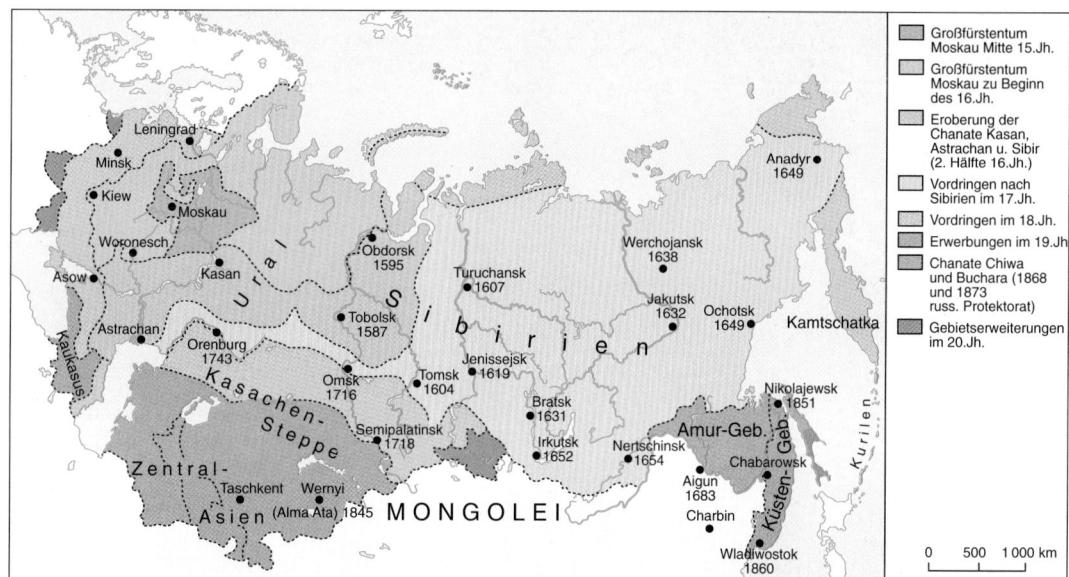

Legende:
- Großfürstentum Moskau Mitte 15.Jh.
- Großfürstentum Moskau zu Beginn des 16.Jh.
- Eroberung der Chanate Kasan, Astrachan u. Sibir (2. Hälfte 16.Jh.)
- Vordringen nach Sibirien im 17.Jh.
- Vordringen im 18.Jh.
- Erwerbungen im 19.Jh
- Chanate Chiwa und Buchara (1868 und 1873 russ. Protektorat)
- Gebietserweiterungen im 20.Jh.

0   500   1 000 km

K 1   Ausdehnung des Russischen Reiches

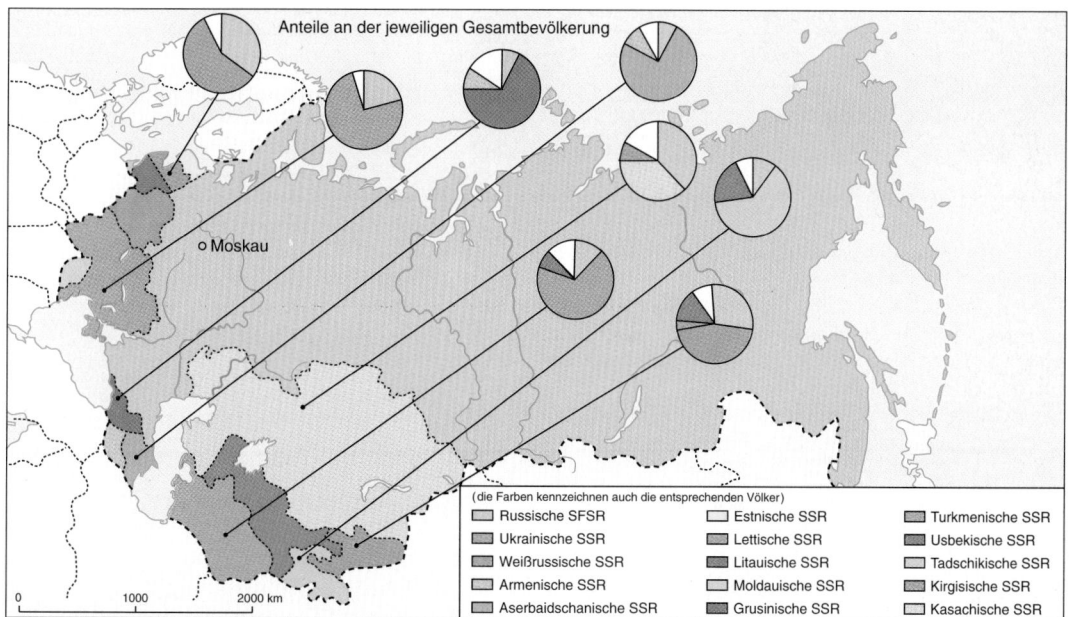

Anteile an der jeweiligen Gesamtbevölkerung

o Moskau

(die Farben kennzeichnen auch die entsprechenden Völker)

- Russische SFSR
- Ukrainische SSR
- Weißrussische SSR
- Armenische SSR
- Aserbaidschanische SSR
- Estnische SSR
- Lettische SSR
- Litauische SSR
- Moldauische SSR
- Grusinische SSR
- Turkmenische SSR
- Usbekische SSR
- Tadschikische SSR
- Kirgisische SSR
- Kasachische SSR

0   1000   2000 km

K 2   Sowjetrepubliken und Völker der Sowjetunion

Erläutern Sie mithilfe von B 1 Grundzüge der Staats- und Gesellschaftsordnung im Zarenreich. S. auch B 3.

Q 1   Die Sowjetunion: eine Völkerfamilie? – Aus einer amtlichen Erklärung, 1974

Die UdSSR ist die vollkommenste und lebensfähigste Form eines multinationalen Staates, in dem die Interessen der gesamten Gesellschaft mit den Interessen jeder Nation übereinstimmen. (1)

Überprüfen Sie diese Erklärung und nehmen Sie Stellung.

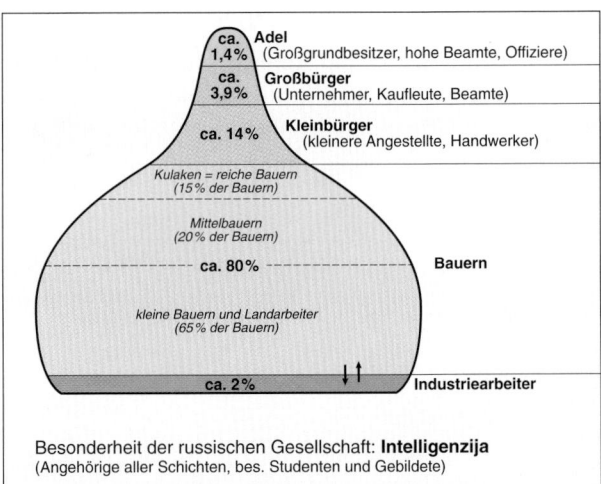

Besonderheit der russischen Gesellschaft: Intelligenzija
(Angehörige aller Schichten, bes. Studenten und Gebildete)

B 2   Die gesellschaftliche Schichtung 1913. Bei den Zahlen handelt es sich um grobe Näherungswerte. Gestrichelte Linien deuten an, dass sich seit der Bauernbefreiung von 1861 die alte geburtsständische Gliederung zu zersetzen begann. Ein Teil des Adels sank auf das Niveau mittlerer Bauern ab. (2)

Um die Jahrhundertwende gab es 76 % erwachsene Analphabeten; etwa 23 % hatten 3 bis 4 Klassen Elementarschule, etwa 1 % mehr als 3 bis 4 Klassen Elementarschule besucht, etwa 0,001 % waren Universitäts- und Hochschulabsolventen. (3)

1911 starben von 100 Kindern 24, die mittlere Lebenserwartung lag bei 35 Jahren.

1. *Beschreiben Sie die Graphik. Ziehen Sie dazu auch T 2 und Q 2 heran.*
2. *Vergleichen Sie mit der Gesellschaftsschichtung in Frankreich vor Beginn der Französischen Revolution.*
3. *Überlegen Sie, was der Pfeil bei „Intelligenzija" andeuten will. S. dazu Q 4–6.*

T 1   Die Völker des Zarenreichs (1913: 174 Mio.; in den Grenzen bis 1991: 159,2 Mio.)

Das großrussische Staatsvolk machte knapp die Hälfte der Bevölkerung aus. Im europäischen Teil (rund $^1/_4$ der Fläche) lebten etwa 95 % der Bevölkerung; im asiatischen Teil (rund $^3/_4$ der Fläche) lebten etwa 5 %.

Die russische Sprache war die Sprache der Verwaltung, der Armee, des Staates, der Schulen und der gesellschaftlichen Einrichtungen im ganzen Reich. Ziel war, alle nichtrussischen Völker zu einer großrussischen, orthodoxen Einheit zu verschmelzen. Diese zentralistische Russifizierungspolitik stieß auf den erbitterten Widerstand der Nationalitäten.

Vergleichen Sie die Grenzen der Sowjetunion mit den Grenzen des Zarenreichs.

B 3   Maiparade auf dem Roten Platz in Moskau

Beschreiben Sie das Bild und setzen Sie es in Beziehung zu B 10.

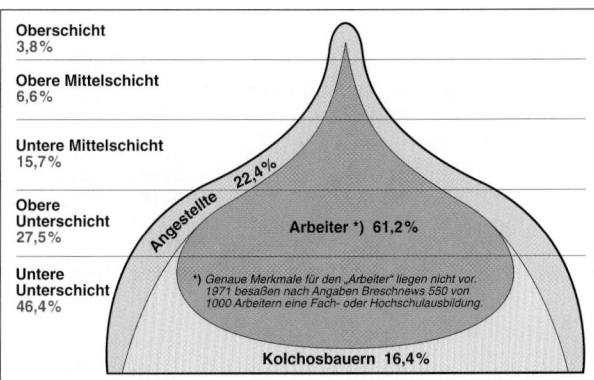

Oberschicht
3,8 %

Obere Mittelschicht
6,6 %

Untere Mittelschicht
15,7 %

Obere Unterschicht
27,5 %

Untere Unterschicht
46,4 %

Angestellte 22,4 %

Arbeiter *) 61,2 %

*) Genaue Merkmale für den „Arbeiter" liegen nicht vor.
1971 besaßen nach Angaben Breschnews 550 von
1000 Arbeitern eine Fach- oder Hochschulausbildung.

Kolchosbauern 16,4 %

Oberschicht: Führungskräfte in Partei, Verwaltung, Wirtschaft, Wissenschaft und Kunst

Obere Mittelschicht: Höhere Parteifunktionäre und Angestellte, hochqualifizierte „Spezialisten"

Untere Mittelschicht: Mittlere Angestellte, gehobenes Personal bei Bahn und Post, z.T. Lehrer, Ärzte, Facharbeiter, Meister, Brigadeführer

Obere Unterschicht: Mittlere Angestellte, Personal bei Bahn und Post, z.T. Lehrer und Ärzte, angelernte Arbeiter

Untere Unterschicht: Kleine und ländliche Angestellte, ungelernte Arbeiter, Kolchosbauern

B 4   Die Sowjetgesellschaft. Konstruktion der Graphik und Beschriftung nach westlichen soziologischen Merkmalen (Einkommen, Ansehen, Einfluss) um 1966, Bezeichnungen und Zahlen innerhalb der Graphik nach der offiziellen Sowjetstatistik für 1975.

Städtische Bevölkerung 1983: 64,4 % (USA: 73 %, Bundesrepublik Deutschland: 85 %)

In der Gruppe der unter 50-Jährigen gibt es keine Analphabeten mehr. 1981 hatten von 1 000 Einwohnern über 10 Jahre 74 einen Hochschulabschluss. 1968 hatten 47 % der damaligen Gesamtbevölkerung mindestens 7 bis 8 Schulklassen besucht. Seit 1975 war der Besuch der Zehnjahresschule Pflicht.

Säuglingssterblichkeit: 26,4 auf 1 000 (Bundesrepublik Deutschland: 22,7), mittlere Lebenserwartung: etwa 70 Jahre (entspricht annähernd der in der Bundesrepublik Deutschland und der in den USA). (4)

1. Stellen Sie den Anteil der Unterschichten an der Gesamtbevölkerung fest.
2. Vergleichen Sie mit der sozialen Schichtung in anderen Ländern.
3. Vergleichen Sie die sowjetische Einteilung mit der nach westlichen soziologischen Merkmalen und versuchen Sie eine Erklärung.
4. Erläutern Sie die Gründe, warum es schwierig ist, sich ein zutreffendes Bild von der sozialen Schichtung in modernen Industriegesellschaften, besonders in der Sowjetunion, zu machen.
5. Erklären Sie, warum es in sowjetischen Darstellungen graphische Schichtungsmodelle nicht gab.

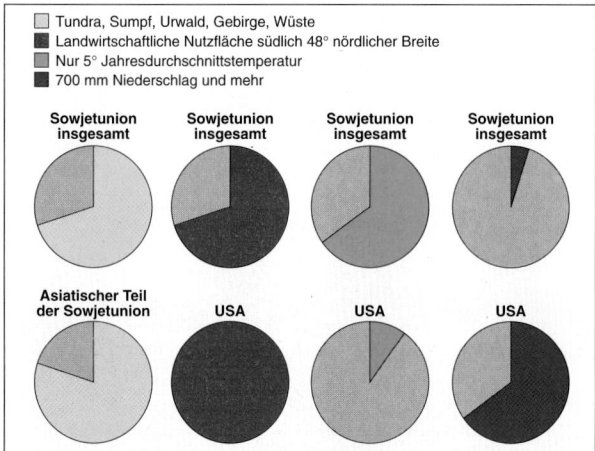

Legende:
- Tundra, Sumpf, Urwald, Gebirge, Wüste
- Landwirtschaftliche Nutzfläche südlich 48° nördlicher Breite
- Nur 5° Jahresdurchschnittstemperatur
- 700 mm Niederschlag und mehr

Sowjetunion insgesamt — Sowjetunion insgesamt — Sowjetunion insgesamt — Sowjetunion insgesamt

Asiatischer Teil der Sowjetunion — USA — USA — USA

B 5 Klima und Landschaft im Vergleich

T 2 Zur Lage der Landwirtschaft im Zarenreich

Trotz der Bauernbefreiung von 1861 hatte sich die wirtschaftliche Lage der Bauern kaum geändert. 1905 erwirtschafteten 66 % aller Bauern weniger als den eigenen Bedarf, nur 10 % erzielten einen Überschuss. Zum größten Teil arbeiteten die Bauern noch mit hölzernen Geräten. Etwa 30 % der Höfe verfügten über gar keine Geräte und kein Vieh. Die Bauern erzielten nur etwa ein Drittel der in Westeuropa üblichen Erträge. Man schätzt die landwirtschaftliche Überbevölkerung 1916 auf 84 Millionen. (5)

Der deutsche Historiker Geyer schreibt:

Seit den 90er Jahren herrschte in Russland eine agrarische Dauerkrise … Die Dauerkrise entlud sich in wiederkehrenden Katastrophen, in exzessiven Hungerepidemien, im Massenelend von so gewaltigen Dimensionen, dass den gesitteten Zeitungsleser schon jenes Schaudern überkam, das so manche von uns empfinden mögen, wenn Berichte vom Massensterben in Indien kommen. (6)

B 6 Anteil am landwirtschaftlich genutzten Boden, 1913 (in Mio ha) (7)

Seit 1906 wurden zwar Reformen in Angriff genommen, die es den

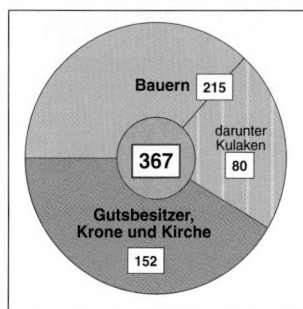

Bauern — 215
darunter Kulaken — 80
367
Gutsbesitzer, Krone und Kirche — 152

Bauern ermöglichen sollten, statt des genossenschaftlichen Eigentums an Boden eigenes Land zu erwerben. Aber nur ein kleiner Teil der Bauern profitierte davon und kam zu bescheidenem Wohlstand (die sog. Kulaken). Die Notlage der überwiegenden Mehrheit verschärfte sich noch. Der Erste Weltkrieg machte schließlich allen Reformansätzen ein Ende.

T 3 Die Landwirtschaft in der Sowjetunion

Der Anteil der Landwirtschaft am Bruttosozialprodukt betrug 1980 in der Sowjetunion 13,9 %, in den USA 2,9 %, in der Bundesrepublik Deutschland 2,2 %. 1970 erzeugte ein Werktätiger in der Landwirtschaft in den USA Nahrungsmittel für 45 Personen, in der Sowjetunion für 10 Personen, in China für 4 Personen. Für 1981–1985 werden Getreideimporte aus dem Westen auf durchschnittlich 18 Mio. Tonnen im Jahr geschätzt.

B 7 Industrialisierung und russische Industrieproduktion 1913 im Vergleich zu anderen Ländern

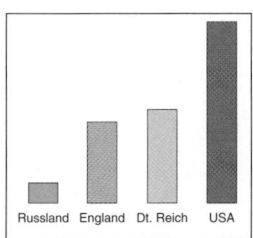

Russland — England — Dt. Reich — USA

Die Schwerindustrie in Russland ist hauptsächlich zwischen 1890 und 1905 entstanden, treibende Kraft dabei war der Eisenbahnbau. Von 1909 bis 1913 vergrößerte sich die industrielle Produktion fast um das Anderthalbfache. In der Zeit von 1900 bis 1913 stieg das Volkseinkommen aus der Industrie um 162 %. (8)

Der Anteil des ausländischen Kapitals am Gesamtkapitel aller russischen Aktiengesellschaften betrug 47 %. Die Verschuldung des Staates im Ausland erhöhte sich 1898–1914 von 2,4 Mrd. auf 4,6 Mrd. Rubel (etwa 7 % des Nationaleinkommens). Mit diesem Geld wurden im Ausland Maschinen gekauft und besonders der Eisenbahnbau finanziert. Die Summe der jährlichen Zahlungen Russlands an das Ausland betrug 250–300 Mio. Rubel, davon an Frankreich 8 %. (9)

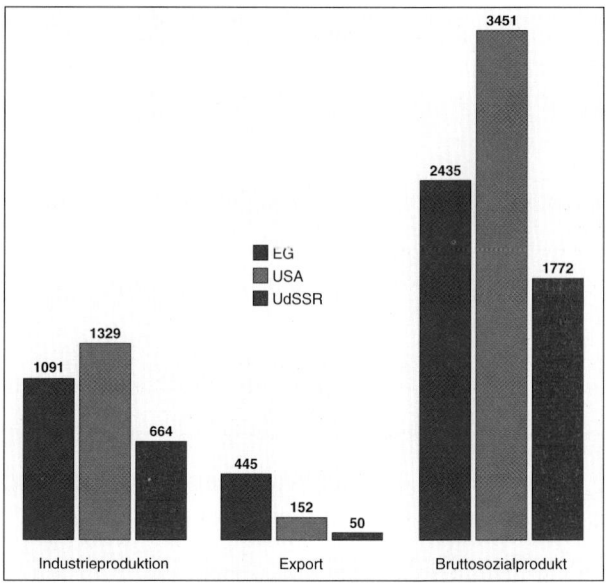

Legende: EG, USA, UdSSR

	Industrieproduktion	Export	Bruttosozialprodukt
EG	1091	445	2435
USA	1329	152	3451
UdSSR	664	50	1772

B 8 Industrieproduktion Ende 1971 (in Mrd. DM, z. T. geschätzt). Die Verschuldung der Sowjetunion betrug 1980 17 Mrd. US-Dollar (= 1,1 % des Bruttosozialprodukts).

B 9   Das zaristische Herrschaftssystem, um 1906

S. T 5. Die Duma, eine Volksvertretung, bestand seit der Revolution von 1905. Eingezeichnet ist die Sitzverteilung der wichtigsten Parteien nach der Wahl zur zweiten Duma (1906). Es galt folgender Zensus: 1 Wahlmann auf 230 Gutsbesitzer, auf 1 000 reiche Bürger, auf 15 000 Kleinbürger, auf 60 000 Bauern, auf 125 000 Arbeiter. Frauen, Matrosen und Soldaten hatten kein Wahlrecht. Der Zensus wurde später noch verschärft. Der Zar konnte die Duma jederzeit auflösen. Er hatte ein Vetorecht gegen ihre Entscheidungen. Zwei Drittel der Staatsausgaben (z. B. Heer, Marine, kaiserlicher Hof) waren der Kontrolle durch die Duma entzogen. Die Minister waren nur dem Zaren verantwortlich. Es gab keine Presse-, Versammlungs- und Koalitionsfreiheit. Parteien waren seit 1905 zwar zugelassen, wurden aber, wenn sie der Regierung kritisch gegenüberstanden, in ihrer Tätigkeit behindert und unterdrückt.
Zu den Sozialrevolutionären s. Q 5.
Zu den Sozialdemokraten s. Q 6.

1. *Überlegen Sie, warum man nicht von einer echten Volksvertretung sprechen kann.*
2. *Charakterisieren Sie dieses Herrschaftssystem.*

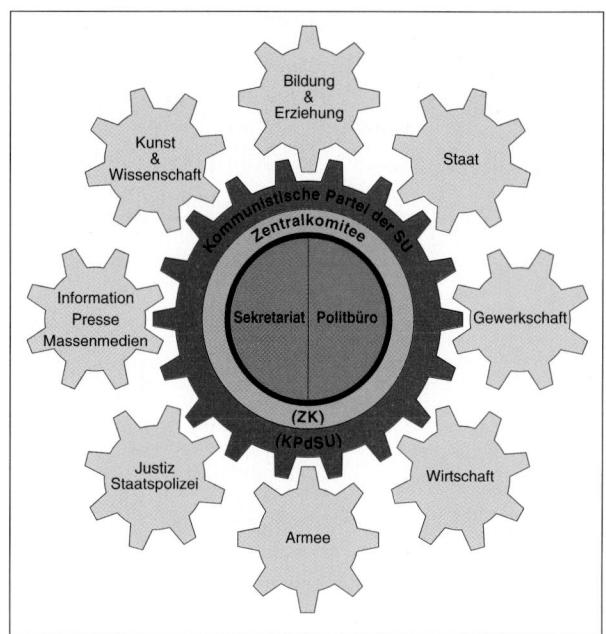

B 10   Das Herrschaftssystem der Sowjetunion

Art. 1 der sowjetischen Verfassung von 1977: Die Union der Sozialistischen Sowjetrepubliken ist ein sozialistischer Staat des gesamten Volkes, der den Willen und die Interessen der Arbeiter, der Bauern und der Intelligenz, der Werktätigen aller Nationen und Völkerschaften des Landes zum Ausdruck bringt.
Art. 2: Die ganze Macht in der UdSSR gehört dem Volk.
Art. 6: Die führende und lenkende Kraft der sowjetischen Gesellschaft, der Kern ihres politischen Systems, der staatlichen und gesellschaftlichen Organisation ist die Kommunistische Partei der Sowjetunion.

1. *Erklären Sie das Schaubild, indem Sie den Artikel 6 der Verfassung heranziehen.*
2. *Überlegen Sie, welcher Widerspruch zu Artikel 1 und 2 besteht.*

Q 2   Die Lage der Arbeiter im Zarenreich

Die Wohnverhältnisse der Proletarier waren fatal. Nur „gut situierte" Arbeiter … besaßen eine Ein- oder Zweizimmerwohnung. Der größte Teil der Arbeiterfamilien bewohnte nur eine „Ecke", d. h. den vierten Teil eines Zimmers oder Kellerraums. In kleinen Kammern hausten oft 10–12 Menschen. Es schliefen nicht selten drei bis fünf Menschen in einem Bett. Nicht gering war die Zahl jener Proletarier, die sich Nacht für Nacht eine Schlafstelle mieteten. Davon leisteten sich 50 % der Arbeiter eine halbe Pritsche.
Die Arbeitszeit betrug täglich etwa 12 Stunden, im Regierungsbezirk Moskau sogar 13–15 Stunden. Der Anteil der Kinder unter 15 Jahren an der Belegschaft betrug zwischen 24 und 38 %. Der Lohn betrug bei den Männern 30–50 Kopeken (1 Kopeke etwa

2 Pfg.) am Tag … Im Jahre 1886 sparte eine Fabrik aufgrund der Geldbußen für Verspätung usw. 24 % der auszuzahlenden Löhne ein. Viele Unternehmer entrichteten den Lohn in Form von Naturalien. Es gab keinen Kündigungsschutz, keine Unfall-, Krankheits- oder Altersversorgung. (10)

Zusammenfassende Aufgaben:
1. *Nennen Sie die wesentlichen Unterschiede zwischen dem Zarenreich und der Sowjetunion. Wo liegen Ihrer Ansicht nach Ähnlichkeiten?*
2. *Fassen Sie die gesellschaftlichen, wirtschaftlichen und politischen Probleme des Zarenreiches zusammen.*
3. *Kennzeichnen Sie die wichtigsten Probleme und Widersprüche in der Sowjetunion.*
4. *Vergleichen Sie den Stand der Landwirtschaft mit dem der Industrie.*

2. Zur Vorgeschichte der Revolution

a. Bauernaufstände, Streiks, revolutionäre Aktionen und Erhebungen

T 4   Politische Entwicklung Russlands 1825–1917[1]

	Streiks (bzw. Zahl der Streikenden)	Bauernaufstände	andere revolutionäre Aktionen	revolutionäre Erhebungen
Nikolaj I. 1825–1855		556 (umfassten ein Kirchspiel oder größere Gebiete)		**1825: Dekabristenaufstand** (= Dezemberaufstand): Aufstand junger russischer Adliger; Ziel: Sturz der Zarenherrschaft, Bauernbefreiung **1830: Polnische Erhebung** niedergeschlagen. Ende der polnischen Autonomie (Selbstverwaltung)
Alexander II. 1855–1881	1870–1879: 176 Streiks	1858–1860: 284 [März 1861: „Bauernbefreiung"] 1861: 1859 1862–1869: 1 928	1873: **Narodniki** (= die ins Volk Gehenden): Junge Intellektuelle rufen auf den Dörfern zum Kampf gegen die Staats- und Gesellschaftsordnung auf. Attentate von **Terroristen**. 1881: Ermordung Alexanders II.	**1863: Polnische Erhebung** niedergeschlagen
Alexander III. 1881–1894	1880–1890: 165 Streiks 1890–1894: 198 000 Streikende	1890–1894: 212	1887: Attentatsversuch auf den Zaren misslingt.	
Nikolaj II. 1894–1917	1896 (Krönung): 35 000 Streikende 1905: 2,8 Mio. 1912: 0,7 Mio. 1914: 1,3 Mio. 1915: 0,5 Mio. 1916: 0,9 Mio. 1917 (bis zur Rev.): 0,7 Mio.	1895–1904: rd. 1 000 1905: rd. 3 000 1906/07: rd. 4 000 1908/14: rd. 4 000 1914: rd. 180 1915: rd. 100 1916: rd. 260 1917 (bis Oktober): rd. 5 700	Zwischen 1902 und 1911 222 sozialrevolutionäre Attentate. 1910: Minister Stolypin durch Attentat getötet	**1905: Revolution** (s. T 5). Ergebnis: Scheinverfassung (s. B 9) **1916: Aufstand in Turkestan** für größere Autonomie, gegen Russifizierung niedergeschlagen

1   Die Angaben zu revolutionären Aktionen und Erhebungen sind nicht vollständig. Die Angaben zu Streiks und Bauernaufständen sind vollständig ab 1880.   (11)

T 5   Die Revolution von 1905

Anlass und Ausbruch: Die Niederlage im russisch-japanischen Krieg 1904/05 führte zu allgemeiner Unzufriedenheit mit der Regierung. Es kam zu Versorgungsschwierigkeiten in den Städten und zu Arbeiterstreiks. Eine friedliche Demonstration von Petersburger Arbeitern, die mit Bittschriften, Zaren- und Heiligenbildern vor das Winterpalais zogen, wurde blutig niedergeschlagen. 1 000 Demonstranten wurden getötet. Dieser **„Blutsonntag"** (22. Januar 1905) wurde zum Signal für die Revolution.
Verlauf: Beteiligt waren nahezu alle Gruppen der Bevölkerung, die verschieden weitgehende politische und soziale Ziele hatten. Auch Nationalitäten, die nach mehr Selbstverwaltung strebten, schlossen sich der Bewegung an. In den großen Städten wählten die Arbeiter spontan Vertretungen (**Sowjets = Räte**). Die sozialistischen Parteien versuchten, die Räte unter ihren Einfluss zu bringen; dabei hielten sich **Bolschewiken** und **Menschewiken** die Waage. Im Herbst 1905 weitete sich die Streikbewegung zu einem Generalstreik aus. Unter seinem Eindruck versprach der Zar Rede-, Presse-, Versammlungsfreiheit und eine Volksvertretung (**Duma**), die aus allgemeinen Wahlen hervorgehen sollte. Der Moskauer Sowjet rief zum bewaffneten Aufstand auf, zarentreue Garderegimenter schlugen ihn nieder, die Regierung löste die Sowjets auf. Die Duma trat zusammen, hatte aber praktisch keine Rechte. Die politische Opposition wurde weiterhin unterdrückt, Streiks blieben verboten.
Gründe für das Scheitern: Die Revolution scheiterte an der Uneinigkeit der revolutionären Gruppen, am taktischen Geschick der Regierung, die hinhaltende Versprechungen machte, und an der Treue des größten Teils der Armee, der Bürokratie, der Mehrheit des Landadels und der führenden Geschäfts- und Finanzleute zum Zaren.

1. Fassen Sie die revolutionären Ereignisse von 1905 zusammen und zeigen Sie Entwicklungstendenzen auf.
2. Nennen Sie die Bevölkerungsgruppen, die Hauptträger von Widerstand und revolutionärer Aktion waren.

b. Unterschiedliche politische Ziele

Q 3 Nikolaj II.

Die höchste autokratische Macht gebührt dem Kaiser aller Reussen … Seiner Gewalt zu gehorchen, nicht nur aus Furcht, sondern auch aus Gewissensgründen, hat Gott selber verordnet.

Mögen nun alle wissen, dass ich meine Kräfte dem Wohle des Volkes widmen, das Prinzip der Selbstherrschaft aber ebenso fest und unbeugsam hochhalten werde, wie es mein unvergesslicher Vater getan hat. (12)

Q 4 Denkschrift des Grafen Witte, 9. (22.) Oktober 1905

Witte wurde kurz darauf Ministerpräsident, 1906 vom Zaren entlassen.

Der historische Fortschritt ist unaufhaltsam. Entweder wird die bürgerliche Freiheit durch Reformen verwirklicht oder durch eine Revolution … Die Schrecken der russischen Revolution werden alles übertreffen, wovon die Geschichte berichtet. Es ist möglich, dass durch ausländische Einmischung das Reich in Stücke gerissen wird. Man wird versuchen, die Ideale des theoretischen Sozialismus zu verwirklichen; diese Versuche werden umsonst sein, aber dennoch von entscheidender Wirkung. Sie werden die Familien zerstören, das religiöse Leben vernichten, das Eigentum beseitigen und alle Rechtsgrundlagen untergraben … Die Staatsgewalt muss sich an die Spitze der Freiheitsbewegung stellen. Es bleibt keine andere Wahl. (13)

Q 5 Aus dem sozialrevolutionären Programm, 1905

Die Partei der Sozialrevolutionäre wurde 1901 illegal gegründet. Sie war bis 1917 die größte Partei. Ihre Mitglieder gehörten fast ausnahmslos der Intelligenzija an.

Die ganze Schwere des Kampfes mit dem Zarismus fällt … auf das Proletariat, das werktätige Bauerntum und die revolutionär-sozialistische Intelligenz. Angesichts solcher Machtverhältnisse … stellt sich die Partei eine unumgängliche Aufgabe: im revolutionären Moment diejenigen sozialen und Besitzveränderungen zu erweitern und zu vertiefen, mit denen die Niederwerfung der Autokratie verbunden sein muss … In Übereinstimmung mit ihren allgemeinen Ansichten zur Aufgabe der Revolution im Dorfe wird die Partei für die Sozialisierung des Bodens eintreten …, das heißt, … alle Ländereien kommen in die Verfügungsgewalt der zentralen und örtlichen Selbstverwaltung der Völker … Die Nutzung des Bodens soll der Arbeit daran entsprechen. (14)

Q 6 Was heißt Marxismus-Leninismus?

a) Lenin und die Bolschewiki

1898 wurde in Minsk die **„Allrussische Sozialdemokratische Arbeiterpartei"** gegründet. Nach einer zufälligen Abstimmung auf dem II. Parteikongress 1903 in Brüssel und London nannten sich die Anhänger Lenins **„Bolschewiki"** (von russ. „Mehrheit"), die zahlenmäßig an sich weit stärkere Gruppe **„Menschewiki"** (von russ. „Minderheit").

1912 trennten sich die beiden Gruppen endgültig. Die Menschewiki waren als Marxisten zunächst für eine bürgerliche und erst nach einer längeren Übergangsphase für eine sozialistische Revolution (Diktatur des Proletariats und Vergesellschaftung der Produktionsmittel).

Mitgliederzahl der bolschewistischen Partei: 1914 höchstens 25 000, 1917 (März) etwa 24 000.

b) Aus den Schriften von Marx, Engels und Lenin

Marx, 1874
Eine radikale soziale Revolution ist an gewisse historische Bedingungen der ökonomischen Entwicklung geknüpft; letztere sind ihre Voraussetzung. Sie ist also nur möglich, wo mit der kapitalistischen Produktion das industrielle Proletariat wenigstens eine bedeutende Stellung in der Volksmasse einnimmt. (15)

Engels, 1847
Die kommunistische Revolution wird … keine bloß nationale, sie wird eine in allen zivilisierten Ländern, das heißt wenigstens in England, Amerika, Frankreich und Deutschland gleichzeitig vor sich gehende Revolution sein … Sie wird auf die übigen Länder der Welt ebenfalls eine bedeutende Rückwirkung ausüben … Sie ist eine universelle Revolution und wird daher auch ein universelles Terrain haben. (17)

Lenin, 1915
Die Ungleichmäßigkeit der ökonomischen und politischen Entwicklung ist ein unbedingtes Gesetz des Kapitalismus. Hieraus folgt, dass der Sieg des Sozialismus ursprünglich in wenigen oder sogar in einem einzeln genommenen kapitalistischen Lande möglich ist. (16)

Lenin, 1905
[Der Sieg in der bürgerlich-demokratischen Revolution] … würde uns die Möglichkeit geben, Europa zur Erhebung zu bringen, und das sozialistische Proletariat Europas werde uns, nachdem es das Joch der Bourgeoisie abgeschüttelt habe, seinerseits helfen die sozialistische Umwälzung zu vollbringen. (18)

Marx/Engels, 1847/48

Alle bisherigen Bewegungen waren Bewegungen von Minoritäten oder im Interesse von Minoritäten. Die proletarische Bewegung ist die selbstständige Bewegung der ungeheuren Mehrzahl im Interesse der ungeheuren Mehrzahl. (19)

In welchem Verhältnis stehen die Kommunisten zu den Proletariern überhaupt? ... Sie haben keine von den Interessen des ganzen Proletariats getrennten Interessen. Sie stellen keine besonderen Prinzipien auf, wonach sie die proletarische Bewegung modeln wollen ... [Sie] sind also praktisch der entschiedenste, immer weiter treibende Teil der Arbeiterparteien aller Länder; sie haben theoretisch vor der übrigen Masse des Proletariats die Einsicht in die Bedingungen, den Gang und die allgemeinen Resultate der proletarischen Bewegung voraus. (21)

Lenin, 1905 bzw. 1902

Ein siegreicher Kämpfer für den Demokratismus kann das Proletariat nur unter der Bedingung werden, dass sich die Masse der Bauernschaft seinem revolutionären Kampf anschließt ... [Es gibt] kein anderes Mittel als die revolutionär-demokratische Diktatur des Proletariats und der Bauernschaft. (20)

Die Geschichte aller Länder zeugt davon, dass die Arbeiterklasse ausschließlich aus eigener Kraft nur ein trade-unionistisches (gewerkschaftliches) Bewusstsein hervorzubringen vermag, d. h. die Überzeugung von der Notwendigkeit, sich in Verbänden zusammenzuschließen, einen Kampf gegen die Unternehmer zu führen, der Regierung diese oder jene ... Gesetze abzutrotzen ... Wir müssen aktiv ans Werk gehen, um die Arbeiterklasse politisch zu erziehen ... Und nun behaupte ich: 1. Keine einzige revolutionäre Bewegung kann ohne eine stabile ...Führungsorganisation Bestand haben; 2. Je breiter die Masse ist, die spontan in den Kampf hineingezogen wird ..., umso fester muss diese Organisation sein; 3. Eine solche Organisation muss hauptsächlich aus Leuten bestehen, die sich berufsmäßig mit revolutionärer Tätigkeit befassen ... Gebt uns eine Organisation von Revolutionären und wir werden Russland aus den Angeln heben! (22)

1. *Vergleichen Sie die Revolutionstheorie Lenins mit der von Marx, indem Sie nach Gesichtspunkten gliedern.*
2. *Erklären Sie die Abweichungen Lenins von Marx.*
3. *Beurteilen Sie die Wortverbindung Marxismus-Leninismus.*

Zusammenfassende Aufgaben:
1. *Ordnen Sie die verschiedenen Äußerungen und Programme bestimmten Interessenlagen zu.*
2. *Beurteilen Sie die verschiedenen Programme hinsichtlich ihrer Popularität und ihrer sozialökonomischen Erfolgsaussichten.*
3. *Ordnen Sie die Sprecher einer bestimmten Schicht oder Gruppe zu.*

3. Warum zwei Revolutionen 1917?

T 6 Zusammensetzung der von der Duma (Volksvertretung) eingesetzten Provisorischen Regierung, März 1917
Wichtige Mitglieder waren: Fürst Lwow, Vorsitzender des Ministerrats; Professor M., Außenminister; Bankier G., Kriegsminister; Fabrikant K., Handels- und Justizminister; Fabrikant T., Finanzminister; Advokat Kerenskij, Justizminister, zugleich Vizepräsident des Arbeiter- und Soldatenrats.

Vergleichen Sie mit B 12 und 13.

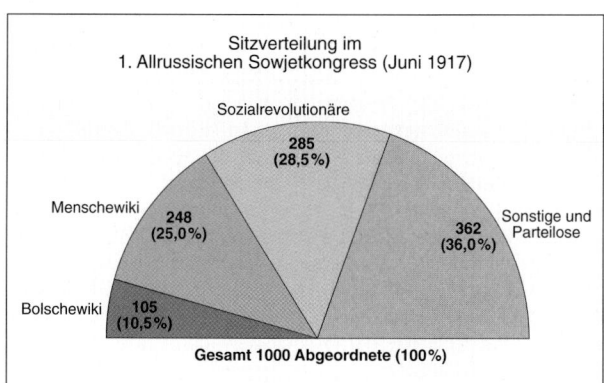

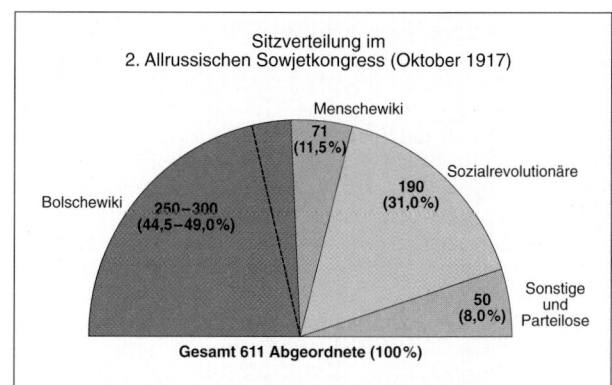

B 11 Die Zusammensetzung der Sowjets. Bei größeren Betrieben kam auf je 1 000 Arbeiter ein Deputierter, unter den Soldaten auf jede Kompanie ein Vertreter. Mitte März umfasste die Versammlung in Petrograd 2 000 Soldatendeputierte und 800 Arbeitervertreter. (23)

Rekonstruieren Sie die jeweiligen Mehrheitsverhältnisse.

Aufstieg und Zerfall der Sowjetunion

B 12 Sitzung des Petrograder Arbeiter- und Soldatenrats, April 1917

Erklären Sie mithilfe von B 12 Arbeitsweise und Entscheidungsprozesse in dieser Versammlung.

B 13a   Lenin auf dem Roten Platz

B 13b   Lenin spricht. Hinter Lenin: Stalin und Trotzki (mit Brille). Bei einer Demonstration in Petrograd (seit 1914 Name von St. Peterburg, das zwischen 1924 und 1991 Leningrad hieß) im Juni 1917 stand auf mitgeführten Spruchbändern: Land und Freiheit! Ende des Kriegs! Internationale! Volksrepublik! Alle Macht den Räten!

T 7   Anlass und Verlauf der Revolution

a) Der Erste Weltkrieg als Auslöser – die Lage im Februar 1917

Im August 1914 überrollten zwei russische Armeen Ostpreußen. Bei Tannenberg und in den Masuren wurden sie vernichtend geschlagen (August/September). Im Südabschnitt der Front konnten die russischen Truppen zunächst ganz Galizien erobern und der österreichisch-ungarischen Armee schwere Verluste zufügen. Im Verlauf des Jahres 1915 mussten sie jedoch den größten Teil der baltischen Staaten, Polens und Galiziens räumen. Die Front verlief jetzt im eigenen Lande in einer ungefähr geraden Linie von Riga bis Czernowitz. Sie konnte nur noch vorübergehend unbedeutend nach Westen verschoben werden; seit 1917 waren die deutschen Truppen wieder im Vormarsch.

Es war klar, dass der Krieg für Russland militärisch nicht mehr zu gewinnen war. Russland hatte die höchsten Menschenverluste aller Krieg führenden Länder: Man schätzt die Zahl der Toten, Verwundeten und Gefangenen auf etwa 8 Mio. (während des gesamten Verlaufes 1 700 000 Gefallene). 15 Mio. Männer wurden eingezogen. 40 % der Bauernhöfe hatten keine männlichen Arbeitskräfte. Dazu wurden 5 Mio. Pferde und 20 Mio. Stück Vieh beschlagnahmt. Die Ernteerträge sanken. Rohstoff-, Transport- und Versorgungsschwierigkeiten wurden immer größer, z. B. waren von 20 000 Lokomotiven in den Jahren 1914–1917 nur noch 9 000 betriebsfähig. Die Kriegskosten verschlangen ungeheure Summen, allein für 1916 beliefen sie sich auf 40 Mio. Rubel täglich. Die Inflation traf besonders die unteren Schichten. Die Temperaturen sanken im Winter 1916/17 in Petrograd auf minus 42 Grad. Die Streiks häuften sich. Die Regierung setzte sich aus unfähigen Günstlingen der Zarin zusammen. Diese geriet mehr und mehr unter den herrschenden Einfluss Rasputins, eines Bauern, der als Wanderprophet und Wundermönch auftrat (1916 ermordet).

B 15   „1. Mai 1920", Plakat. Auf den roten Fahnen sind unter dem Spruch „Proletarier aller Länder, vereinigt euch!" jeweils die Namen der kommunistischen Parteien verschiedener Länder zu lesen.

B 14   Die Erstürmung des Winterpalais in der Nacht vom 7. zum 8. November 1917, Gemälde von Kuznezow

B 16   An der Wolga, 1921 – erste große Hungersnot

b) Übersicht über die Revolution (s. auch T 9)

Die Daten werden nach dem westlichen (gregorianischen) Kalender angegeben, der gegenüber dem alten russischen (julianischen) um 13 Tage differiert. Z. B. fand die bolschewistische Revolution am 24./25. Oktober alter Rechnung, am 6./7. November neuer Rechnung statt, daher der Name Oktoberrevolution. Der gregorianische Kalender wurde nach der Revolution am 14. Februar 1918 in Russland eingeführt.

BOLSCHEWIKI (Lenin)	SOWJETS	DUMA
	Ende Februar (Anfang März) 1917: In Petrograd Streiks und Straßendemonstrationen, Truppen laufen z. T. über.	
Die Bolschewiki sind in den Räten in der Minderheit, die meisten ihrer Führer noch in der Emigration oder Verbannung.	12. März: Bildung von Arbeiter- und Soldatenräten in ganz Russland. An der Spitze steht Exekutivkomitee in Petrograd.	12. März: Duma befolgt Vertagungsbefehl des Zaren nicht, bildet im Einverständnis mit Sowjets Provisorische Regierung, zwingt am 15. März Zar zur Abdankung.

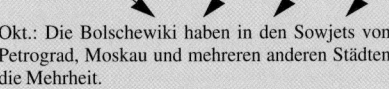

FEBRUARREVOLUTION
(Zusammenarbeit von Sowjets und Duma)

16. April: Lenin kehrt aus der Schweiz nach Petrograd zurück, verkündet „Aprilthesen".

Massenagitation: Friede, Land, Brot!

Juni: Schwere Niederlagen an der Front, Auflösungserscheinungen in der Armee. Wirtschaftlicher Zusammenbruch. Bauern gehen zur Landaneignung über.
Juli: Kerenskij Ministerpräsident

Okt.: Die Bolschewiki haben in den Sowjets von Petrograd, Moskau und mehreren anderen Städten die Mehrheit.
23. Okt.: Zentralkomitee der Bolschewiki beschließt bewaffneten Aufstand.
Petrograder Sowjet unter Trotzki bildet militärrevolutionäres Komitee und übernimmt Befehl über Petrograder Garnison.
6./7. Nov.: Die Bolschewiki übernehmen in Petrograd die Macht, am 15. Nov. in Moskau, am 3. Dez. im Hauptquartier der Armee.

OKTOBERREVOLUTION
(Bolschewiki mithilfe der Räte)

1. Setzen Sie B 11–16 in Beziehung zu den Materialien dieses Abschnitts, insbesondere zu Tabelle T 7b und rekonstruieren Sie anhand der Bilder den Revolutionsverlauf.
2. Beachten Sie bei Gemälden und Plakaten besonders die Perspektive der Darstellung.

a. Die Februarrevolution

Q 7 Aufruf des Arbeitersowjets an die Bevölkerung, 13. März 1917

Der Kampf hat begonnen und muss bis zu Ende durchgekämpft werden. Das alte Regime muss vollständig beseitigt und der Weg für eine Volksregierung frei gemacht werden. Dies ist die Rettung für Russland. Um in diesem Kampf um die Demokratie erfolgreich zu sein, muss das Volk sein eigenes Regierungsorgan wählen. Gestern … wurde in der Hauptstadt ein Sowjet der Arbeiterdeputierten gebildet, der aus Vertretern der Fabriken, der Werkstätten, der meuternden Truppen und aus demokratischen und sozialistischen Parteien und Gruppen besteht. Alle zusammen wollen wir vereint mit unseren Truppen die alte Regierung vollständig vernichten und eine Konstituierende Versammlung [verfassunggebendes Parlament] auf der Grundlage allgemeiner, gleicher, direkter und geheimer Wahlen einberufen. (24)

Q 8 Aus dem Befehl Nr. 1 des Petrograder Sowjets, 29. Februar (14. März) 1917

Der Sowjet der Arbeiter- und Soldatendelegierten hat beschlossen: …
3. In allen politischen Angelegenheiten untersteht jeder Truppenteil dem Sowjet der Arbeiter- und Soldatendelegierten …
4. Die Befehle der militärischen Kommission der Reichsduma sind nur in den Fällen auszuführen, wenn sie zu den Befehlen und Beschlüssen der Sowjets der Arbeiter- und Soldatendelegierten nicht in Widerspruch stehen. (25)

Q 9 Manifest der Provisorischen Regierung an das Volk, März 1917

Der revolutionäre Schwung eines ganzen … Volkes und der feste Wille der Reichsduma schufen die Provisorische Regierung, welche es als heilige Pflicht ansieht, die Wünsche des Volkes zu erfüllen und das Land auf den lichten Weg freier bürgerlicher Organisation zu führen … Die Regierung [ergriff] die unumgänglich notwendigen Maßregeln für die Verteidigung des Landes gegen den auswärtigen Feind … Sie wird baldmöglichst eine Konstituierende Versammlung aufgrund des allgemeinen Wahlrechts berufen … Die Konstituierende Versammlung wird auch ein Grundgesetz [Verfassung] veröffentlichen, welches dem Lande die unantastbaren Rechte der Freiheit und Gleichheit sichern wird. (26)

1. Erläutern Sie, inwiefern man von einer „Doppelregierung" in Russland sprechen kann.
2. Vergleichen Sie die Machtgrundlagen von Provisorischer Regierung und Sowjets und nennen Sie deren jeweilige Ziele.
3. Überlegen Sie, warum die Sowjets nicht selbst die ganze Macht übernehmen.
4. Erklären Sie den Beschluss zur Fortsetzung des Krieges und überlegen Sie die Folgen.

b. Die Oktoberrevolution

Q 10 Aus Lenins „Aprilthesen"

Mithilfe der deutschen Regierung wurden zunächst Lenin mit seinen Begleitern, danach mehrere hundert russische Revolutionäre aus der Schweiz durch Deutschland nach Schweden transportiert, von wo sie über Finnland nach Russland zurückkehren konnten.

1. Man muss [der Masse] beweisen, dass die Beendigung des Krieges durch einen wahrhaft demokratischen Frieden, nicht durch einen Gewaltfrieden, ohne den Sturz des Kapitalismus unmöglich ist …

2. Die Eigenart der gegenwärtigen Lage in Russland besteht in dem Übergang von der ersten Etappe der Revolution, die … die Bourgeoisie an die Macht brachte, zur zweiten Etappe, die die Macht in die Hände des Proletariats und der armen Schichten der Bauernschaft legen muss …

3. Keinerlei Unterstützung der Provisorischen Regierung, Aufdeckung der ganzen Verlogenheit aller ihrer Versprechungen …

4. Aufklärung der Massen darüber, dass die Arbeiterdeputiertenräte [d. h. die Sowjets] die einzig mögliche Form der Revolutionsregierung sind … [Schlagwort: Alle Macht den Räten!] …

6. Enteignung des gesamten adligen Grundbesitzes. Nationalisierung des gesamten Bodens im Lande; über ihn verfügen die örtlichen Landarbeiter- und Bauerndeputiertenräte …

8. … Sofortige Übernahme der Kontrolle der gesellschaftlichen Produktion und Verteilung der Erzeugnisse durch den Arbeiterdeputiertenrat … (27)

Q 11 Lenin an das Zentralkomitee der Partei, 13. (26.) September 1917

Nachdem jetzt die Bolschewiki in beiden hauptstädtischen Arbeiter- und Soldatendeputiertenräten [also in Petrograd und Moskau] die Mehrheit erhalten haben, können und müssen sie die Staatsmacht in ihre Hände nehmen … Es wäre naiv, eine „formelle" Mehrheit der Bolschewiki abzuwarten. Keine Revolution wartet das ab … Die Geschichte wird uns nicht verzeihen, wenn wir die Macht jetzt nicht ergreifen. (28)

Q 12 Zwei Darstellungen der Revolution am 24./25. Oktober (6./7. November) 1917

a) Eine sowjetische Darstellung, 1974

Die Seele des Aufstands waren die Arbeiter Petrograds. Seite an Seite mit der Roten Garde handelten die revolutionären Abteilungen der Petrograder Garnison und die Matrosen der baltischen Flotte.

Der Aufstand entwickelte sich mit ungewöhnlicher Schnelligkeit. Gegen Morgen des 25. Oktober befand sich die Hauptstadt praktisch in der Hand der aufständischen Proletarier und Soldaten. Nur das Winterpalais [der Sitz der Provisorischen Regierung] … und

einige andere Punkte waren unter der Kontrolle der Provisorischen Regierung verblieben.

Am 25. Oktober, 10 Uhr morgens, publizierte das militärrevolutionäre Komitee die von Lenin verfasste historische Erklärung „An die Bürger Russlands": „Die Provisorische Regierung ist gestürzt", hieß es in der Erklärung, „die Regierungsgewalt ging in die Hände des Organs des Petrograder Sowjets der Arbeiter- und Soldatendeputierten über … Die Sache, für die das Volk gekämpft hat: das unverzügliche Angebot eines demokratischen Friedens, die Abschaffung des gutsherrlichen Eigentums an Boden, die Arbeiterkontrolle über die Produktion, die Gründung einer Sowjetregierung, diese Sache ist Wirklichkeit geworden."

Am Tage des 25. Oktober wurde eine außerordentliche Sitzung des Petrograder Sowjets eröffnet. Auf dieser Sitzung ergriff W. I. Lenin das Wort: „Genossen!", sagte Lenin, „die Revolution der Arbeiter und Bauern, von deren Unausweichlichkeit die Bolschewiki immer gesprochen haben, ist Tatsache geworden.

Nun beginnt ein neuer Abschnitt in der Geschichte Russlands und die gegenwärtige dritte russische Revolution wird in ihrem Endergebnis zum Sieg des Sozialismus führen müssen …"

Gegen Abend war das Winterpalais eingeschlossen. Um Blutvergießen zu vermeiden, stellte das militärrevolutionäre Komitee der Provisorischen Regierung ein Ultimatum – innerhalb von 20 Minuten zu kapitulieren. Nachdem keine Antwort erfolgte, gab das militärrevolutionäre Komitee den Befehl zum Sturm. Das Signal zum Beginn des Sturms wurde durch eine blinde Salve des Panzerkreuzers „Aurora" gegeben. Die Armee der Revolution begann den Angriff. Die Junker und ihre „Schläger", die sich hinter Barrikaden verschanzt hatten, schossen hartnäckig zurück. Als die Nacht hereinbrach, ließ der Widerstand nach. Die ersten Reihen von Rotgardisten, Soldaten und Matrosen drangen in das Palais ein. In der Nacht wurde das Winterpalais genommen. Die Junker kapitulierten. Um 3 Uhr des 26. Oktober wurden die Mitglieder der Provisorischen Regierung verhaftet und in die Peter-Pauls-Festung gebracht. (29)

b) Eine westdeutsche Darstellung, 1973

Die Seele der Vorbereitungen war ein Mann, den die sowjetische Geschichtsschreibung zur „Unperson" gemacht hat – Trotzki. Als Termin war der 25. Oktober (7. November) vorgesehen, an dem der Zweite Allrussische Kongress [der Sowjets] zusammentreten sollte. Kein wesentliches Hindernis stellte sich dem Plan in den Weg. Schon am 22. Oktober (4. November) konnte das militärrevolutionäre Komitee … es wagen, offen die militärische Befehlsgewalt zu übernehmen …

Als Kerenskij mit ganz unzulänglichen Kräften – es standen ihm nur die Junker einiger Offiziersschulen und ein Frauenbataillon zur Verfügung – einen letzten Versuch machte, um das Gesetz des Handelns an sich zu reißen und die Druckerei der bolschewistischen Zeitung sowie die Neva-Brücken besetzen ließ, schlug Trotzki los. Während des Tages und der darauf folgenden Nacht besetzten bolschewistische Truppen und Rote Garden [bewaffnete Arbeitermilizen] alle wichtigen Punkte der Stadt, ohne auf Widerstand zu stoßen. Nur das Winterpalais, in dem sich die Regierung aufhielt ..., fiel erst in der nächsten Nacht – dabei verloren die Angreifer sechs Tote, die einzigen Opfer der Oktoberrevolution in Petrograd – und die anwesenden Minister wurden verhaftet ... Zur gleichen Zeit verkündete ein Aufruf Trotzkis den Bürgern Russlands: Die Provisorische Regierung ist abgesetzt. Als Organ des Petrograder Sowjets der Arbeiter- und Soldatendeputierten hat das militärrevolutionäre Komitee, das an der Spitze des Proletariats und der Garnison von Petrograd steht, die Staatsgewalt übernommen.

Die Unauffälligkeit des welthistorischen Ereignisses hat Akteure und Zuschauer gleichermaßen beeindruckt. Während der Sturm auf das Winterpalais stattfand, spielten die Theater und fuhren die Straßenbahnen. Trotzki schreibt von einer „Stille, schrecklicher als alle Donner der Welt. Lautlos verschob sich der soziale Boden, einer Drehbühne gleich, die die Volksmassen in den Vordergrund hob und die gestrigen Herren in die Unterwelt hinabtrug." Was emporgehoben wurde, waren in Wahrheit nicht die „Volksmassen", sondern die Partei der russischen Kommunisten unter der Führung Lenins und hinabgetragen „auf den Kehrichthaufen der Geschichte", wie derselbe Trotzki ihnen nachschrie, wurden fürs Erste die russischen Sozialisten – rechte Sozialrevolutionäre, Menschewisten ..., – die am Abend des 25. Oktober (7. November) den Sowjetkongress aus Protest gegen das Geschehen verließen. Damit waren die Bolschewisten unter sich – den linken Sozialrevolutionären, die sich ihnen angeschlossen hatten, kam keine selbstständige Bedeutung zu – und Lenin begann zu regieren. (30)

1. Arbeiten Sie die Unterschiede zwischen Lenins Zielsetzungen im April 1917 (Q 10) und den bisherigen Vorstellungen der Sowjets heraus (Q 7, 8).
2. Erklären Sie Lenins Meinung über die Missachtung der formellen Mehrheit (Q 11).
3. Untersuchen Sie die Darstellungen Q 12a und b im Hinblick darauf, was dargestellt, was weggelassen wird und wie die Akzente gesetzt werden. Erschließen Sie den politischen Standort der Verfasser.
4. Stellen Sie zwischen der Zusammensetzung der Sowjets in B 11 und der Darstellung am Ende von Q 12b einen Zusammenhang her.
5. Definieren Sie den Begriff „Revolution" und erklären Sie, inwiefern er für die Oktoberrevolution zutrifft.

c.   Machtsicherung der Revolution

T 8   Die Umsturzdekrete (Umsturzgesetze)
1. **Dekret über den Frieden:** Gefordert wird ein sofortiger Friede ohne Aneignung fremder Territorien (Annexionen) und Kriegsentschädigung (Kontributionen).
2. **Dekret über den Boden:** Es wurden 150 Mio. ha gutsherrlichen Landes (das Zweieinhalbfache der heutigen Agrarfläche Kanadas) entschädigungslos enteignet und vorläufig in die Verfügungsgewalt der Bauernsowjets überführt. Die Bauern durften den Boden individuell nutzen.
3. **Dekret über die Rechte der Völker Russlands:** Sicherte den Nationalitäten freie Selbstbestimmung bis zur Lostrennung und Bildung eines selbstständigen Staates zu.

Ende **1917** und im Laufe des Jahres **1918** wurden noch folgende **Verordnungen** erlassen:
– Nationalisierung der Banken
– Gleichberechtigung der Frau
– Trennung von Staat und Kirche (der Kirche wurde auch das Recht der Schulbildung entzogen)
– Verstaatlichung des Handels
– Verstaatlichung der Industrie

Q 13   Grundsätze des revolutionären Terrors: Dserschinskij, Chef der Tscheka (russ. „außerordentliche Kommission", Sonderpolizei und Sondergericht), Juni 1918
Wir treten für den organisierten Terror ein ... Terror ist in Zeiten der Revolution eine absolute Notwendigkeit ... Die Tscheka ist verpflichtet, die Revolution zu verteidigen und den Gegner zu vernichten, auch wenn das Schwert manchmal die Köpfe von Unschuldigen trifft. (31)
Es gibt nur Schätzungen über die Zahl der Hinrichtungen durch die Tscheka während der Bürgerkriegsperiode. Die Zahlen schwanken zwischen 12 733 (Tschekafunktionär Latsis) und 1,7 Mio. (General Denikin, der im Bürgerkrieg gegen die Bolschewiken kämpfte). Wissenschaftler geben als wahrscheinliche Zahl 50 000 an. (32)

–   Proletarier gegen Diktatur des Proletariats?

Q 14   Aufstand in Kronstadt (Inselfestung vor Petersburg): Aus den Forderungen der Aufständischen, 1. März 1921
1. Angesichts der Tatsache, dass die gegenwärtigen Sowjets nicht den Willen der Arbeiter und Bauern repräsentieren, sind sie bei vorangehender freier Wahlagitation und in geheimer Abstimmung sofort neu zu wählen.
2. Freiheit der Rede und Presse für Arbeiter, Bauern, Anarchisten und linkssozialistische Parteien
3. Freiheit der Versammlungen der Gewerkschaften und Bauernvereinigungen ...
5. Freilassung aller politischen Gefangenen aus den Reihen der sozialistischen Parteien ...
8. Beseitigung aller politischen Abteilungen in der Armee ...
9. Gleichstellung aller Rationen der Arbeiter ...
11. Freies Verfügungsrecht der Bauern über ihren Boden und das Recht, Vieh halten zu dürfen, sofern sie keine Lohnarbeiter beschäftigen (33)
Kronstädter Matrosen hatten 1917 das Winterpalais erstürmt und im Bürgerkrieg Petrograd gegen die Weißen verteidigt. Ihr Aufstand ist ein Beispiel für zahlreiche Bauernaufstände und Arbeiterstreiks in jenen Monaten. Am 1. März begann der Aufstand, am 18. März wurde er von den Bolschewiken blutig niedergeschlagen.

Q 15 General Tuchatschewski (er schlug zusammen mit Trotzki den Aufstand nieder)

Ich bin fünf Jahre im Krieg gewesen, aber ich kann mich an ein derartiges Gemetzel nicht erinnern. Es war keine Schlacht mehr, es war die Hölle. (34)

Von 15 000 Matrosen überlebten kaum 150.

Q 16 Parteidisziplin: Resolution des 10. Parteitags, 1921

Der Kongress tagte zur Zeit des Kronstädter Aufstands.

7. Um innerhalb der Partei und in der gesamten Sowjetarbeit strenge Disziplin herbeizuführen und die größte Einheit bei Ausmerzung jeglicher Fraktionsbildung zu erzielen, ermächtigt der Parteitag das Zentralkomitee in Fällen von Disziplinbruch oder von Wiederaufleben oder Duldung der Fraktionsbildung, alle Parteistrafen bis zum Ausschluss aus der Partei in Anwendung zu bringen. (35)

[Dazu Lenin:] Mit Worten wie „Freiheit der Kritik" wird man mich nicht hinters Licht führen … Wir brauchen jetzt keine Opposition, Genossen, es ist nicht die Zeit danach! Entweder hier oder dort mit dem Gewehr, aber nicht mit einer Opposition. Das ergibt sich aus der objektiven Lage, ob es Ihnen passt oder nicht … Und ich denke, der Parteitag wird die Schlussfolgerung ziehen müssen, dass es jetzt mit der Opposition zu Ende sein, ein für alle Mal aus sein muss, dass wir jetzt der Opposition müde sind. (36)

1. Fassen Sie die Gründe für die Erhebung der Kronstädter Matrosen und Soldaten zusammen und beurteilen Sie die Forderungen vom demokratischen Standpunkt aus.
2. Überlegen Sie, wie wohl die Bolschewiki ihr Vorgehen gegen die Kronstädter Aufständischen gerechtfertigt haben.
3. Erklären Sie den Begriff „Fraktionsverbot" (Q 16).
4. Beurteilen Sie die Methoden, mit denen die Bolschewiki ihre Macht durchsetzten, und schätzen Sie die Folgen für Russland und die kommunistische Bewegung ein.

4. Hat die Revolution ihr Ziel erreicht?

Q 17 Thesen des Zentralkomitees der Kommunistischen Partei der Sowjetunion zum 100. Geburtstag W. I. Lenins, 1970

Die große sozialistische Oktoberrevolution gab der Welt ein Modell für die Lösung der grundlegenden sozialen Probleme: Sturz der Macht der Ausbeuter und Errichtung der Diktatur des Proletariats; Verwandlung des Privateigentums, des Eigentums der Bourgeoisie und der Gutsbesitzer in gesellschaftliches, in sozialistisches Eigentum; gerechte Lösung der Agrarfrage zugunsten der Bauern; Befreiung der abhängigen Völker vom nationalen und kolonialen Joch; Schaffung der politischen und ökonomischen Voraussetzungen für den Aufbau des Sozialismus … Die große sozialistische Oktoberrevolution war der erste siegreiche Akt der sozialistischen Weltrevolution. Sie veränderte radikal das politische und das sozialökonomische Antlitz eines riesigen Reiches, hob die internationale Befreiungsbewegung auf eine neue, höhere Stufe und hat der

ganzen Welt, wie Lenin sagte, den Weg zum Sozialismus gewiesen und der Bourgeoisie gezeigt, dass es mit ihrer Herrlichkeit zu Ende geht. (37)

Q 18 Die Sozialistin Rosa Luxemburg, 1918

Lenin … vergreift … sich völlig im Mittel … Der einzige Weg zur Wiedergeburt ist die Schule des öffentlichen Lebens selbst, uneingeschränkteste breiteste Demokratie, öffentliche Meinung. Gerade die Schreckensherrschaft demoralisiert … Mit dem Erdrücken des politischen Lebens im ganzen Lande muss auch das Leben in den Sowjets immer mehr erlahmen. Ohne allgemeine Wahlen, ungehemmte Presse- und Versammlungsfreiheit, freien Meinungskampf erstirbt das Leben in jeder öffentlichen Institution, wird zum Scheinleben, in dem die Bürokratie allein das tätige Element bleibt. Das öffentliche Leben schläft allmählich ein, einige Dutzend Parteiführer von unerschöpflicher Energie und grenzenlosem Idealismus dirigieren und regieren, unter ihnen leitet in Wirklichkeit ein Dutzend hervorragender Köpfe und eine Elite der Arbeiterschaft wird von Zeit zu Zeit zu Versammlungen aufgeboten, um den Reden der Führer Beifall zu klatschen, vorgelegten Resolutionen einstimmig zuzustimmen, im Grunde also eine Cliquenwirtschaft – eine Diktatur allerdings, aber nicht die Diktatur des Proletariats, sondern die Diktatur einer Handvoll Politiker, d. h. eine Diktatur im bürgerlichen Sinne … Freiheit nur für die Anhänger der Regierung, nur für die Mitglieder einer Partei – mögen sie auch noch so zahlreich sein – ist keine Freiheit. Freiheit ist immer nur Freiheit des anders Denkenden. (38)

Antworten Sie Rosa Luxemburg aus der Sicht Lenins (s. auch Q 19).

T 9 Die russischen Revolutionen

a) Februarrevolution

Die Niederlagen an der Front, Hunger und Kälte führten Ende Februar in Petrograd zu Massenstreiks und Straßendemonstrationen. Die Soldaten, die Ruhe und Ordnung wiederherstellen sollten, liefen z. T. zum Volk über. Es bildeten sich spontan in vielen russischen Städten **Arbeiter- und Soldatenräte** (russ.: Sowjets). Die Mehrheit des ersten allrussischen Sowjetkongresses, der im Juni 1917 zusammentrat, bestand aus gemäßigten Sozialisten (Sozialrevolutionären, Menschewiki). Sie traten für einen ehrenvollen Frieden und für soziale Reformen auf demokratischem Weg ein. Viele Vertreter waren ohne feste politische Überzeugung. Die Bolschewiki bildeten in den Sowjets zunächst nur eine kleine Minderheit. Fast alle ihre Führer befanden sich noch in der Verbannung oder im Ausland.
Gleichzeitig mit der Bildung der Arbeiter- und Soldatenräte kam es auch in der **Duma** (Volksvertretung) zu revolutionären Meinungsäußerungen. Der Zar befahl die Auflösung der Duma, die Duma widersetzte sich (12. März). In Verhandlungen mit den Arbeiter- und Soldatenräten wurde eine **Provisorische Regierung** gebildet, die die Regierungsgeschäfte bis zu den Wahlen zu einer Nationalversammlung fortführen sollte. Außer dem gemä-

ßigten Sozialisten Kerenskij gehörten ihr nur Vertreter der bürgerlich-liberalen Parteien an. Die Provisorische Regierung wollte den Krieg an der Seite der Alliierten fortführen, im Innern eine parlamentarische Demokratie mit allen bürgerlichen Freiheiten verwirklichen und soziale Reformen durchführen. Es bestand also eine **„Doppelherrschaft"** von Sowjets und Provisorischer Regierung. Die eigentliche Macht aber hatten die Sowjets.

b) Oktoberrevolution

Am 16. April kehrte **Lenin** – mit Unterstützung der deutschen Reichsregierung – aus seinem Schweizer Exil nach Russland zurück. Er wollte die „bürgerliche Revolution" bis zur „sozialistischen Revolution" weitertreiben; er war gegen die Zusammenarbeit der Räte mit der Provisorischen Regierung und versprach den Massen Frieden, Land und Brot („Aprilthesen").

Die Provisorische Regierung konnte weder den Krieg beenden noch die versprochenen Reformen durchführen. In der Armee zeigten sich Auflösungserscheinungen. Die Bauern schritten zur Selbsthilfe und begannen das Land unter sich aufzuteilen. Die bolschewistische Propaganda fand dadurch einen immer besseren Boden. Ein erster Umsturzversuch im Juli 1917, an dem sich auch die Bolschewiki beteiligten, schlug fehl. Lenin musste vorübergehend nach Finnland fliehen, Kerenskij wurde Ministerpräsident. Er wollte die Revolution vor den Rechten und Linken schützen. Bei einem Putschversuch der Rechten (unter dem Oberbefehlshaber des Heeres, General Kornilow) unterstützten die Bolschewiki die Provisorische Regierung. Dadurch gewannen sie noch mehr Anhänger und konnten im Oktober im Petrograder und Moskauer Sowjet die Mehrheit erringen. Nun drängte Lenin seine Partei zum gewaltsamen Umsturz. Unter Führung Trotzkis bildete der Petrograder Sowjet das so genannte Militärrevolutionäre Exekutivkomitee, das den Befehl über die Petrograder Garnison übernahm. Auf diese Weise gelang der **Staatsstreich der Bolschewiki** in Petrograd (am 6./7. November) und einige Tage später in Moskau fast unblutig. Die Provisorische Regierung wurde abgesetzt und eine neue Regierung, der Rat der Volkskommissare, gebildet. Lenin übernahm den Vorsitz, Trotzki wurde Kommissar für Äußeres, Stalin für Nationalitäten. Sofort nach dieser Oktoberrevolution wurden die **„Umsturzdekrete"** erlassen.

Noch im Spätherbst 1917 fanden die **Wahlen zur Nationalversammlung** statt, die auch von den Bolschewiken versprochen worden waren. Sie trat im Januar 1918 zusammen. Die Sozialrevolutionäre erhielten als stärkste Partei 380 von insgesamt 703 Sitzen; die Bolschewiken erhielten 168 Sitze, die mit ihnen verbündeten linken Sozialrevolutionäre 39. Als die Nationalversammlung einen bolschewistischen Antrag auf vorbehaltlose Anerkennung der Sowjetmacht ablehnte, wurde sie gewaltsam aufgelöst. Lenin gab die Begründung: „Wir sind der Meinung, dass in der Periode des sozialistischen Aufbaus eine **Diktatur** bestehen muss, um den Sieg des Bolschewismus zu sichern."

T 10   Die Sicherung der Sowjetherrschaft

a) Die „Umsturzdekrete" 1917/18 veränderten das russische Gesellschaftssystem tiefgreifend, v. a. durch die Enteignung des Großgrundbesitzes und durch die Verstaatlichung der Industrie. Der **Friede von Brest-Litowsk** mit dem Deutschen Reich (März 1918) wurde von Lenin durchgesetzt, um eine „Atempause" für die Revolution zu gewinnen. Der neue Sowjetstaat musste Estland, Lettland, Litauen und Polen abtreten, die Selbstständigkeit Finnlands anerkennen. Die Türkei erhielt u. a. die Gebiete von Kars und Batum, Bessarabien kam an Rumänien. Gemessen an den Grenzen des alten russischen Reiches gingen damit verloren: 26 % des Eisenbahnnetzes, 33 % der Textilindustrie, 75 % der Eisen- und Stahlindustrie, 75 % der Kohlenbergwerke. Nach der Niederlage Deutschlands wurde der Friedensvertrag gekündigt.

b) In den Jahren 1918–1922 tobte in Russland der **Bürgerkrieg**. Alle antibolschewistischen Gruppen (Anhänger des Zaren, der bürgerlichen Demokratie, Sozialrevolutionäre, Menschewiki) und die nach mehr Autonomie oder völliger Unabhängigkeit strebenden Nationalitäten (baltische Randvölker, Polen, Ukrainer, Armenier, Aserbeidschaner, die Nationalitäten Zentralasiens) sammelten sich im Lager der **„Weißen"** gegen die **„Roten"**, d. h. gegen das kommunistische Sowjetregime. Sie wurden von **ausländischen Interventionstruppen** unterstützt. Im Juli/August 1918 landeten in Ostasien Japaner, im Norden (Archangelsk) und in Südrussland Engländer, Franzosen und Amerikaner. Die „Weißen" hatten kein einheitliches Programm; sie versprachen weder eine Agrarreform noch einen föderativen Staatsaufbau. In schwerster Bedrängnis schuf Trotzki ein Massenheer mit allgemeiner Wehrpflicht für Arbeiter und Bauern und mit straffer Disziplin und stellte fast 50 000 ehemalige zaristische Offiziere als „Militärspezialisten" ein. Obwohl sich die Kämpfe mit den Nationalitäten Zentralasiens und des Kaukasus noch weitere Jahre hinzogen, hatte sich 1922 der neue Staat in den auf K 1 eingezeichneten Grenzen behauptet. Er nannte sich **„Union der Sozialistischen Sowjetrepublik"/UdSSR**. Durch den Terror von „Rot" und „Weiß" und durch den Krieg starben in dieser Zeit schätzungsweise 6,4 Mio. Menschen, durch die Hungersnot von 1921 mindestens weitere 5 Mio.

T 11   Aufbau der neuen Gesellschaftsordnung

Die Staatswirtschaft des „Kriegskommunismus" (1918–1921), die während des Bürgerkrieges im Herrschaftsbereich der Bolschewiki durchgesetzt wurde, erwies sich als Fehlschlag. Die sowjetische Führung hatte geglaubt, mit Landaufteilung und privater Nutzung des Landes durch die Bauern, Verbot des Privathandels, Arbeiterkontrolle in den Betrieben und mit dem Versuch einer zentralen Lenkung das neue Zeitalter beginnen zu können.

Doch auf dem **10. Parteitag** (März 1921) mussten drei schwerwiegende Beschlüsse gefasst werden:

1. Die Niederschlagung des Aufstandes von Kronstadt: Gegen die Diktatur der bolschewistischen Partei hatten sich die Kron-

städter Matrosen, die als bolschewistische Elitetruppen galten, erhoben. Der Aufstand wurde brutal niedergeschlagen.

2. Das Fraktionsverbot sollte jede Opposition gegen die Parteilinie verhindern.

3. Die Neue Ökonomische Politik/NEP: Die wirtschaftliche Lage war durch die Politik des Kriegskommunismus und des Bürgerkrieges katastrophal. Während des Bürgerkrieges hatte man von den Bauern zwangsweise Lebensmittel und Getreide eintreiben müssen. Die NEP verfügte die Einführung einer Naturalsteuer für Bauern und den freien Verkauf von landwirtschaftlichen Überschüssen. Kleinere Geschäftsleute und Industrielle erhielten Handels- und Produktionserlaubnis. Der Einheitslohn wurde abgeschafft. Die Arbeiterkontrolle in den Betrieben wurde durch eine straffe Betriebsführung („Ein-Mann-Führung") ersetzt. Ausländische Unternehmer durften in der Sowjetunion investieren und produzieren. Zu den wirtschaftlichen Auswirkungen der NEP s. T 14 und 16.

Q 19 Lenin rechtfertigt sich

a) 1919: Dieses Ziel, den Sozialismus zu errichten …, jeglicher Ausbeutung der Menschen durch den Menschen den Boden zu entziehen, kann nicht auf einmal verwirklicht werden, es erfordert eine ziemlich lange Übergangsperiode … (39)

b) Vor dem Parteitag, 1920: Weiß etwa jeder Arbeiter, wie der Staat zu regieren ist? … Wir haben nicht einmal das Analphabetentum liquidiert … Wer von den Arbeitern hat eine Leitungstätigkeit ausgeübt? Einige tausend in ganz Russland, nicht mehr … (40)

c) Gespräch mit dem russischen Dichter Maxim Gorkij, wahrscheinlich Ende 1917: Was wollen Sie? Ist in einem so unerhört heftigen Kampfe Menschlichkeit überhaupt möglich? … Europa blockiert uns, die von Seiten des europäischen Proletariats erwartete Hilfe ist ausgeblieben – und wir? Einmal [wird] die Grausamkeit unseres Lebens, die durch die Umstände erzwungen ist, verstanden und gerechtfertigt werden. (41)

Q 20 Der Philosoph Karl Popper, 1958

Von allen politischen Idealen ist der Wunsch, die Menschen glücklich zu machen, vielleicht der gefährlichste. Ein solcher Wunsch führt unvermeidlich zu dem Versuch, anderen Menschen unsere Ordnung „höherer" Werte aufzuzwingen, um ihnen so die Einsicht in Dinge zu verschaffen, die uns für ihr Glück am wichtigsten zu sein scheinen … Wir alle haben das sichere Gefühl, dass jedermann in der schönen, der vollkommenen Gemeinschaft unserer Träume glücklich sein würde. Und zweifellos wäre eine Welt, in der wir uns alle lieben, der Himmel auf Erden. Aber … der Versuch, den Himmel auf Erden einzurichten, produziert stets die Hölle. (42)

1. Fassen Sie die Ergebnisse der bolschewistischen Revolution zusammen. Vergleichen Sie das Erreichte mit den Zielsetzungen (Q 10).
2. Analysieren Sie, wie die Verfasser von Q 17–20 die Revolution beurteilen und wie sie Abweichungen von den Zielsetzungen erklären.
3. Charakterisieren Sie das Verhältnis der NEP (T 11) zu den Prinzipien der Revolution (Q 10).
4. Beurteilen Sie die russischen Revolutionen.

5. Aufbau der Industriegesellschaft oder Diktatur Stalins?

T 12 Die Herrschaft Stalins 1925–1953

In der Auseinandersetzung um die Nachfolge Lenins konnte sich Stalin in den Führungsgremien der Partei durchsetzen und sich praktisch zum Alleinherrscher machen. Damit siegte seine Linie, der **„Aufbau des Sozialismus im Land"**, d. h. in der Sowjetunion, über die Linie Trotzkis, der weiterhin auf die Weltrevolution hinarbeiten wollte. Um die wirtschaftliche Rückständigkeit zu überwinden, wurde auf dem 15. Parteitag (1927) die **Kollektivierung der Landwirtschaft**, d. h. die Beseitigung der selbstständigen Bauernwirtschaften zugunsten von Kollektivwirtschaften (Kolchosen, Sowchosen), beschlossen und gegen den erbitterten Widerstand der Bauern durchgeführt. 1928 begann mit dem ersten **Fünfjahresplan** unter dem Motto „Maschinisierung, Motorisierung, Elektrifizierung" die verstärkte Industrialisierung des Landes. Von 1928 bis 1941 wurde die Industrieproduktion auf das Fünffache gesteigert. Dadurch schritt die Verstädterung rasch voran. Zwischen 1917 und 1941 entstanden 508 neue Städte und 2 000 Arbeitersiedlungen „städtischen Typs". Der Anteil der städtischen Bevölkerung verdoppelte sich während dieser Zeit. Das Bildungswesen wurde ausgebaut und das Analphabetentum nahezu beseitigt. Auch die medizinische und die soziale Versorgung wurden schrittweise verbessert. Die Industrialisierung bevorzugte jedoch die Schwer- und Produktionsmittelindustrie (v. a. Kohle, Stahl, Elektrizität, Maschinen, Fabrikanlagen) auf Kosten des Verbrauchs. Durch ein System von Druck und Anreizen und durch die Kultivierung eines neuen **„Sowjetpatriotismus"** wurde die Bevölkerung zur Hinnahme eines niedrigen Lebensstandards gebracht. Gleichzeitig bildete sich eine neue privilegierte Schicht aus Führungskräften in Partei, Verwaltung, Wirtschaft, Wissenschaft und Kunst. Seit 1934 fanden zunehmend „Säuberungen" in der Partei und Verhaftungen sog. konterrevolutionärer Gruppen statt. Als „Konterrevolutionäre" wurden alle Gruppen und Menschen bezeichnet, die sich der von Stalin festgesetzten „Generallinie" der Partei widersetzten. Mit den **Schauprozessen 1936/38** erreichte der Massenterror seinen Gipfel. Millionen von Menschen kamen in Arbeits- und Straflagern um. Zugleich erreichte der Stalinkult einen ersten Höhepunkt.

Im Zweiten Weltkrieg (**„Großer Vaterländischer Krieg"**) behauptete sich der Sowjetstaat gegen die deutschen Angreifer. Bei Kriegsende konnte er seinen Einflussbereich bis nach Mitteleuropa ausdehnen. Nach ungeheuren Kriegszerstörungen und

-verlusten wurde der Wiederaufbau der sowjetischen Wirtschaft in Angriff genommen. Gleichzeitig setzte aber auch neuer Terror ein. Erst Stalins Tod (1953) leitete eine Milderung der Verhältnisse ein. Auf dem 20. Parteitag (1956) begann die Auseinandersetzung um den Stalinismus.

a. Grundsätze einer neuen Wirtschaft

Q 21 Lenin
Kommunismus ist Sowjetmacht plus Elektrifizierung des gesamten Landes … Sowjetrussland wird … entweder untergehen oder die fortgeschrittenen Länder einholen und sie auch ökonomisch überholen. (43)

Q 22 Stalin auf dem XIV. Parteikongress, 1925
Also ist die Errichtung der sozialistischen Wirtschaft in unserem Lande möglich ohne den vorherigen Sieg des Sozialismus in anderen Ländern, ohne dass das siegreiche Proletariat direkte Hilfe mit Technik und Ausrüstung leistet? Ja, sie ist möglich. Und sie ist nicht nur möglich, sondern auch notwendig und unausbleiblich. (44)

Q 23 Stalin über den ersten Fünfjahresplan, 1928
Die grundlegende Aufgabe des Fünfjahresplans besteht darin, unser Land mit seiner rückständigen, mitunter mittelalterlichen Technik auf die Bahnen der neuen, der modernen Technik überzuleiten.
… die UdSSR aus einem Agrarland, einem machtlosen, von den Launen der kapitalistischen Länder abhängigen Land in ein Industrieland … zu verwandeln.
… durch Verwandlung der UdSSR in ein Industrieland die kapitalistischen Elemente restlos zu verdrängen, die Front der sozialistischen Wirtschaftsformen zu erweitern und die ökonomische Basis für die Aufhebung der Klassen in der UdSSR, für die Errichtung der sozialistischen Gesellschaft zu schaffen …, die kleine und zersplitterte Landwirtschaft auf die Bahnen des kollektiven Großbetriebs überzuleiten, dadurch die ökonomische Basis des Sozialismus im Dorfe sicherzustellen und auf diese Weise die Möglichkeit der Wiederherstellung des Kapitalismus in der UdSSR zu beseitigen.
… das Hauptkettenglied des Fünfjahresplans bestand in der Schwerindustrie mit ihrem Herzstück, dem Maschinenbau. (45)

Q 24 Stalin über die Rolle der Landwirtschaft, 1928
Mit der Bauernschaft verhält es sich bei uns … folgendermaßen: Sie zahlt dem Staat nicht nur die üblichen Steuern, direkte und indirekte, sondern sie muss außerdem überzahlen durch verhältnismäßig hohe Preise für Industriewaren – das als Erstes – und sie wird mehr oder minder unterbezahlt durch die Preise für landwirtschaftliche Erzeugnisse – das als Zweites … Das ist eine Art

„Tribut" …, zu deren zeitweiliger Erhebung wir gezwungen sind, um das gegenwärtige Entwicklungstempo der Industrie aufrechtzuerhalten und weiter zu steigern. (46)

1. *Nennen Sie die nach Stalin wesentlichen Ausgangsbedingungen für die Industrialisierung der Sowjetunion. Ergänzen Sie diese unter Berücksichtigung der geographischen, klimatischen und historischen Bedingungen (s. B 5, 7; T 2, 9, 14, 16).*
2. *Fassen Sie die Gründe für die forcierte Industrialisierung und Kollektivierung der Landwirtschaft zusammen, die Stalin anführt.*
3. *Erläutern Sie, mit welchen Mitteln die Ziele erreicht werden sollen. Arbeiten Sie den Zusammenhang zwischen Kollektivierung der Landwirtschaft und Industrialisierung heraus.*

b. Revolution von oben?

Q 25 Die Kollektivierung aus der Sicht eines Augenzeugen, niedergeschrieben 1962/63
Die durchgängige Kollektivierung wurde „auf der Basis der Liquidierung des Kulakentums als Klasse" durchgeführt, wobei eigentlich jeder beliebige wohlhabende Bauer als Kulak, ländlicher Ausbeuter, galt. Mehr als fünf Millionen solcher „wohlhabender" Bauern wurden „ausgemerzt". Man nahm ihr gesamtes Hab und Gut und verschickte sie in Gruppen mit der Bahn unter Bewachung nach Nordsibirien oder in den Fernen Osten. Die Familien wurden zerrissen, die Männer zu Waldarbeiten, zum Bau von Eisenbahnen, z. B. der Baikal-Amur-Bahn, die Frauen und Kinder zur Fischverarbeitung und anderen Arbeiten eingesetzt. Sie lebten in Zelten, in Schuppen oder Erdhütten. Wer nicht fliehen konnte, war nach spätestens drei Jahren dem Tode geweiht. Kein Wunder, dass ausländische Berichterstatter bei uns damals „keine Unzufriedenen" antrafen … Die „Liquidierung des Kulakentums" sollte die Masse der Bauernschaft terrorisieren und ihren Widerstand gegen den Plan der „durchgängigen Kollektivierung" brechen. Jeden, der sich wehrte oder auch nur Zweifel äußerte, erklärte man kurzerhand für einen Kulakenfreund, was entsprechende Folgen hatte. Bewaffnete Obrigkeit berief Bauernversammlungen unter Bewachung ein, überredete, drohte und zählte die Stimmen, wobei die Pistole als Wegweiser diente. Es wurde eine neue, vereinfachte Abstimmungsart erfunden – man fragte nur: „Wer ist dagegen?", manchmal wurde hinzugefügt: „gegen die Parteilinie und die Arbeiter- und die Bauernregierung?" Meldete sich niemand, weil er nicht noch in der gleichen Nacht nach Sibirien verschickt werden wollte, so galt der Antrag auf Errichtung einer Kolchose, einer Kollektivwirtschaft, als einstimmig angenommen, was im Protokoll festgelegt und den vorgesetzten Behörden zur Veröffentlichung in triumphalen statistischen Aufstellungen – bei uns liebt man Zahlen sehr – und in frohlockenden Zeitungsartikeln gemeldet wurde. (47)
Die Bauern setzten sich gegen die Kollektivierung zur Wehr, indem sie ihr Vieh abschlachteten (bis 1933 50–60 % des Gesamtbestandes, der bis 1941 nicht wieder erreicht wurde) und nur noch das Notwendigste anbauten und ernteten. Die letzten Vorräte der Bauern wurden noch eingetrieben, weil Stalin darauf bestand,

B 17   Kolchose im heute russischen Ostpreußen, nahe Kaliningrad/Königsberg

weiterhin Getreide ins Ausland zu exportieren. So kam es zur zweiten großen Hungersnot in der sowjetischen Geschichte, in der zwischen 5 und 10 Mio. Menschen verhungerten.

T 13   Was ist ein Kolchos, ein Sowchos?

Kolchos (Abkürzung von russ. „Kollektivwirtschaft"): Der gesamte Boden, das Vieh und die Geräte wurden vergesellschaftet und den Kolchosangehörigen zu gemeinsamer Dauernutzung überlassen. Etwa ¼ bis ½ ha Boden und etwas Vieh (zuletzt vor 1991: 1 Kuh und zwei Stück Jungvieh, 1 Sau mit Ferkeln, 10 Schafe und Ziegen, eine unbegrenzte Zahl von Geflügel und Kaninchen) durfte jede Kolchosfamilie seit 1934 privat bewirtschaften und die Erzeugnisse auf den Kolchosmärkten frei verkaufen. Jedes Kolchosmitglied musste eine bestimmte Norm an Arbeitsleistung erbringen; die beschränkte Arbeitspflicht begann schon mit zwölf Jahren. Jährlich hatte der Kolchos ein bstimmtes Soll von landwirtschaftlichen Produkten an den Staat zu verkaufen, der die Preise festsetzte. Beispiele für staatliche An- und Verkaufspreise: Vor dem Zweiten Weltkrieg kaufte der Staat das Kilogramm Roggen für 0,06 Rubel ein; das Kilo Roggenbrot wurde für 1,10 Rubel verkauft. Für 1 Liter Milch bezahlte der Staat 0,14 Rubel, Verkaufspreis: 1,80 Rubel. Erst nach Stalins Tod und insbesondere in den 60er Jahren wurden die Ankaufspreise beträchtlich, z. T. um das Zehn- bis Zwanzigfache erhöht. – Für Übersollproduktion wurden etwas höhere Preise bezahlt. Aus diesem Ertrag musste der Kolchos alle Investitionen bezahlen, also z. B. Saatgetreide, Viehfutter, Dünger, Bauvorhaben und Reparaturen, Beiträge zum Sozialversicherungsfonds, bei Großkolchosen Schulen, Krankenhäuser, Kindergärten, Wohnungen,

B 18   Eine Dorfsiedlung am Rande der Transsibirischen Eisenbahn

die feststehenden Zahlungen an das leitende Personal. Bis 1958 kam dazu noch die sehr hohe Miete für landwirtschaftliche Maschinen an die staatlichen Maschinen- und Motorenstationen (MTS). 1958 wurden die MTS aufgelöst, die Maschinen an die Kolchosen verkauft. Der Restbetrag, der nach Abzug all dieser Ausgaben übrig blieb, wurde entsprechend der Arbeitsleistung an die Kolchosmitglieder verteilt. Die Verrechnungseinheit waren die „Arbeitstage", die sich nach der Quantität und der Qualität der geleisteten Arbeit bemaßen. Die Arbeitseinheit hatte keinen festen Gegenwert, sondern war in entwickelten Kolchosen höher als in rückständigen. Seit 1966 erhielt jeder Kolchosangehörige einen garantierten Mindestlohn und eine Mindestrente. Das oberste Organ des Kolchos war die Vollversammlung aller über 16-jährigen Kolchosmitglieder. Sie wählte theoretisch den Vorstand. In der Praxis hatte sie lediglich die von höheren Partei- und Staatsinstanzen ausgewählten Kandidaten zu bestätigen. Neben dem Vorsitzenden gab es in der Regel vier oder fünf leitende Spezialisten, etwa den Agronom, den Veterinär, den Agro-Ingenieur, den Buchhalter. Bis 1956 durfte ein Kolchosbauer nicht ohne Erlaubnis von Kolchosvorstand und Lokalsowjet aus dem Kolchos wegziehen. In der Zeit zwischen 1976 und 1981 bekamen die Kolchosbauern Pässe. Ohne Pass können sie ihren Aufenthaltsort nicht verlassen.

Sowchos (Abkürzung von russ. „Sowjetwirtschaft") = Staatsgut: In der Regel handelte es sich um landwirtschaftliche Spezialbetriebe, z. B. Getreide„fabriken", Schweinemästereien, Rinder- und Schafzuchtbetriebe, Geflügelfarmen, Obst„plantagen". Der Sowchosarbeiter war dem Industriearbeiter gleichgestellt, bekam also einen feststehenden Lohn, ohne Rücksicht auf den Ausfall der Ernten. Jede Familie im Sowchos durfte maximal 0,15 ha privat nutzen.

1975 gab es 29 000 Kolchosen (1940 232 000), jeder im Durchschnitt mit 6 300 (1 500) ha; Sowchosen: 1975 18 064 (4 159), im Durchschnitt mit 20 000 (12 200) ha und 562 (330) Beschäftigten. Durchschnittsgröße eines Vollerwerbsbetriebes in der Bundesrepublik: 22,5 ha. Durchschnittlicher Landkreis: 30 000 ha.

T 14   Landwirtschaftliche Erzeugung in der Sowjetunion

	1913[1]	1928	1933	1940	1945	1966–70[2]	1981–85 Plan 1982 erreicht	USA 1981	D 1981
Getreide (Mio. t)	86	73,3	89,8	95,6	47,3	167,6	$\frac{238-243}{180-185}$	333,7	22,8
(dz/ha)	8,2			8,6	8,0	14	15,4	ca. 50	47
Rohbaumwolle (Mio. t)	0,74	0,79	1,3	2,24	1,16	6,1	9,2–9,3	8,9	
Fleisch (Mio. t)	1,3	0,68		1,5	0,7	11,6	$\frac{17,0-17,5}{15,2}$	24,8	4,7
(kg/Einw.)	7,5	?		7,7	4	47,9	56	92	76
Milch- u. Milchprodukte (Mio. t)	2,3	1,9		6,5	2,9	80,6	$\frac{97-99}{90,1}$	60	25
Eier (Mrd. Stück)	11,9	10,8		12,2	4,9	35,8	$\frac{72}{72,1}$		
Viehbestand (Rinder Mio. Stück)	59,5 (1916)	52,5 (1929)	38,6	57,0 (1941)	46,3 (1946)	102 (1972)	115,1	115	15 (48)

1 1920 sank die gesamte landwirtschaftliche Produktion auf 67 % von 1913.
2 1977 wurden auf privatem Hofland erzeugt (gemessen an der Gesamterzeugung): Gemüse, Fleisch und Milch je 30 %, Eier 35 %, Kartoffeln 60 %.

T 15   Neulanderschließung
Zwischen 1954 und 1963 wurden in einer großen Neu- und Brachlandaktion in Kasachstan, Sibirien, im Fernen Osten, im Wolgagebiet und anderen Gegenden 42 Mio. ha landwirtschaftliche Nutzfläche gewonnen; das entspricht mehr als der dreifachen landwirtschaftlichen Nutzfläche der Bundesrepublik Deutschland. Aus diesem Neuland kommen etwa 27 % des sowjetischen Getreides.

1. Charakterisieren Sie den Beitrag der Bauern zum Aufbau der Sowjetunion als Industriemacht.
2. Bestimmen Sie den Standort der Kollektivbauern in der Sowjetgesellschaft. S. dazu B 4, Q 41.
3. Überlegen Sie, warum nicht von Anfang an nur Sowchosen eingeführt wurden.
4. Erklären Sie die Schwankungen der landwirtschaftlichen Erzeugung und vergleichen Sie die sowjetischen mit den amerikanischen Ergebnissen (s. S. 95 f. und 101 f.).

T 16 Die sowjetische Industrieproduktion

	1913[1]	1928	1940	1945	1960	1972	1980	USA 1980	D 1980
Elektroenergie (Mrd. kwh)	2	5	48,3	43,3	292	857,4	1 294	2 286	369
(Strom in Kernkraftwerken)							(51)	(265)	(40)
Stahl (Mio. t)	4,3	4,3	18,3	12,3	65,3	125,6	147,9	103,8	43,8
Erdöl (Mio. t)	10,3	11,6	31,1	19,4	148	400	630	424	4,6
Kohle (Mio. t)	29,2	35,5	166	149	510	451	714,4	553	87,1
Mineraldünger (Mio. t)	0,09	0,14	3,2	1,1	13,9	54,8	97		
je ha landwirtschaftl. Nutzfläche						15,8		58[2]	311[2]
Traktoren (1 000 Stück)		1,3	31,6	7,7	239	500	2 540	4 350	1 456
ein Traktor pro ha landwirtschaftl. Fläche					150	93	48,6	8,3	
Computer in Betrieb						4–7 000		70 000[2]	7 000[2]
Kunststoffe (1 000 t)						2 042	3 640	12 420	6 710

(49)

1 1920 sank die gesamte Industrieproduktion auf $^1/_7$ von 1913.
2 1972
Zu den Konsumgütern s. T 25. Produktivität 1980: Sowjetunion insgesamt 40 % der USA, davon etwa 55 % in der Industrie, 20–25 % in der Landwirtschaft.

1. Beschreiben Sie die Entwicklung der einzelnen Industriezweige. Ziehen Sie auch die landwirtschaftliche Produktion heran (s. T 14, Q 25) und erklären Sie auffallende Phasen des Rückgangs und des Aufschwungs.
2. Welche Stellung hat die Sowjetunion im internationalen Vergleich?

Zu T 14 und 16: Überlegen Sie, welche Schwierigkeiten sich ergeben, wenn man aus Produktionsziffern auf die wirtschaftliche Leistungsfähigkeit eines Landes schließen und einen internationalen Vergleich anstellen will.

Q 26 „Helden der Arbeit", „Helden der Sowjetunion"

Das Beispiel Stachanows, der am 31. August 1935 in einer Schicht 102 Tonnen Kohle abbaute und damit die gewöhnlichen Normen der Kohlenförderung dermaßen übertraf, dass seine Leistung das Vierzehnfache betrug, legte den Grundstein zu der Massenbewegung der Arbeiter und Kollektivbauern für die Erhöhung der Leistungsnormen. (50)
Stachanow wurde mit dem „Leninorden" und dem „Orden des Roten Arbeitsbanners" ausgezeichnet. Seit 1938 wurde der Titel „Held der sozialistischen Arbeit" verliehen. Die höchste Auszeichnung war der Titel „Held der Sowjetunion". Er wurde 1934 zum ersten Mal sieben Piloten verliehen, die unter Einsatz ihres Lebens eine wissenschaftliche Expedition in der Arktis retteten. Zuletzt trugen 12 477 Sowjetbürger und 24 Ausländer, darunter Fidel Castro und Walter Ulbricht, diesen Ehrentitel. Den „zweifachen Helden der Sowjetunion" wurde schon zu ihren Lebzeiten in ihrem Geburtsort eine Büste errichtet.

Q 27 Stalin über das Tempo der Industrialisierung, 1931

Zuweilen wird die Frage gestellt, ob man nicht das Tempo etwas verlangsamen, die Bewegung zurückhalten könnte. Nein, das kann man nicht, Genossen! Das Tempo darf nicht herabgesetzt werden! Im Gegenteil, es muss nach Kräften und Möglichkeiten gesteigert werden ... Das Tempo verlangsamen, das bedeutet Zurückbleiben. Und Rückständige werden geschlagen. Wir aber wollen nicht die Geschlagenen sein ...
In der Vergangenheit hatten wir kein Vaterland und konnten keines haben. Jetzt aber, wo wir den Kapitalismus gestürzt haben und bei uns die Arbeiter an der Macht stehen, haben wir ein Vaterland und werden seine Unabhängigkeit verteidigen ... Wir sind hinter den fortgeschrittenen Ländern um fünfzig bis hundert Jahre zurückgeblieben. Wir müssen diese Distanz in zehn Jahren durchlaufen. Entweder bringen wir das zustande oder wir werden zermalmt. (51)

T 17 Sozialistischer Wettbewerb, 1974

Im Frühjahr 1974 beteiligten sich rund 78 Mio. Arbeiter aller Wirtschaftszweige am sozialistischen Wettbewerb (Gesamtzahl der Arbeiter und Angestellten rund 100 Mio.). Parolen: „Der eine arbeitet gut, der andere besser, ein Dritter bleibt zurück – eifre den Besten nach, hilf den Zurückgebliebenen, setzt euch gemeinsam für einen allgemeinen Aufschwung ein", „Erstürmung der Sollgipfel", „Wirtschaftskampagne", „Produktionssieg", „Das Jahr der Stoßarbeit", „Durchbruch der Frontlinie", „Dem Soll voraus", „Hoch das Banner des sozialistischen Wettbewerbs!", „Schlacht an der Getreidefront". (S. auch Q 75, S. 222)

B 19   Ausheben der Baugrube für einen Hochofen des Magnitogorsker Hüttenkombinats, 1930. Tausende arbeiteten hier ohne Hilfe von Maschinen, nur mit menschlicher Arbeitskraft. So entstand ein riesiges Industriekombinat. Bis 1959 wurden über 1 000 neue Städte und 2 922 „Siedlungen städtischen Typs" gegründet.

B 21   Eine Station der Moskauer Untergrundbahn. Die Moskauer Metro wurde am 15. Mai 1935 eingeweiht. Sie hatte 1990 ein Streckennetz von 130 km mit 70 Stationen. Eine Fahrt (beliebige Strecke) kostete noch 1998 zwei Rubel, etwa 20 Pfennig.

B 20   Unterkünfte von Arbeitern in den 30er Jahren

B 22   „Helden der Arbeit" – „Ehrentafel" vor einer Fabrik in Tula mit den Porträts von Bestarbeitern, 1931

1. *Beschreiben Sie B 19–22 und ziehen Sie aus den Bildern Rückschlüsse auf den Vorgang der Industrialisierung.*
2. *Suchen Sie aus einem Geographiebuch oder -atlas die wichtigsten Industriegebiete des heutigen Russlands heraus.*

Q 28 Der sowjetische Stalinkritiker R. A. Medwedjew zur Rolle der Zwangsarbeit, 1968

Die stalinschen KZ-Häftlinge haben fast sämtliche Kanäle und Wasserkraftwerke gebaut, viele Eisenbahnen, Industriewerke, Ölleitungen, sogar Hochhäuser in Moskau. (52)

Zu B 19–22, T 16, Q 28: Fassen Sie die Methoden zusammen, mit denen die Industrialisierung erreicht wurde.

c. Gab es einen anderen Weg?

Q 29 Der westliche Historiker Walter Laqueur, 1967

Obwohl Stalin 1929 und 1930 geglaubt haben mag, dass es nötig war, „die Landwirtschaft auszupressen", um die Industrie schnell aufzubauen, erscheint es mehr als drei Jahrzehnte später durchaus nicht sicher, dass er aus Gründen wirtschaftlicher Vernunft Recht hatte. Man hätte andere Wege zur Industrialisierung wählen können … Für Stalin war … die Industrialisierung und die Kollektivierung kein bloßer Kunstgriff der Wirtschaftspolitik, sondern Mittel, die unmittelbare Kontrolle des totalitären Staates innerhalb kürzester Frist auf die größtmögliche Zahl von Menschen auszudehnen. Die wirtschaftliche Sicht ist außerdem nicht die einzige; was wirtschaftlich vielleicht nötig erscheint, braucht nicht „wirklich notwendig" zu sein, wenn der Preis an Menschenleben und Verlust an Wohlstand zu hoch ist. (53)

Q 30 Der westdeutsche Historiker H. Raupach, 1964

1928 gab es in der Sowjetunion ca. 10 Mio. nicht produktiv beschäftigte Menschen in Landwirtschaft und Industrie. Um Arbeitsplätze zu schaffen, mussten Maschinen im Ausland gekauft und gleichzeitig die Ernährung der Arbeiter sichergestellt werden. Dafür waren etwa 50 Mrd. Rubel nötig. Dieses Kapital konnte nur aus der Landwirtschaft erwirtschaftet werden.

Die Kollektivierung lässt sich … auf die vereinfachte Formel bringen, dass die Sowjets im Grunde genommen in den Getreidesteppen nur die Form der Gutsherrschaft wiederhergestellt haben, welche ehedem hohe Überschüsse unter Verwendung von Großmaschinen ermöglicht hatte. Wenn Opfer an Arbeitsleid und Lebensdauer zu messen und zu vergleichen wären, so könnte man die Verluste der Kollektivierung gegen die Leiden sonst vermutlich fortbestehender Rückständigkeit, gegen Hunger und soziale Unruhen aufrechnen, darauf hinweisen, dass Bauernlegen und übermäßige Arbeitszeit für Frauen und Kinder während der frühen Industrialisierung auch in Westeuropa beklagenswertes Elend erzeugt haben … Das alte System war kaum weniger grausam gegenüber der Bauernschaft als Stalins Regierung … Das kann die Brutalität der stalinschen Politik nicht entschuldigen, aber es mag das Problem in die richtige Perspektive rücken. (54)

1. Diskutieren Sie die Argumente von Stalin (Q 24, 27), Laqueur (Q 29) und Raupach (Q 30).
2. Erörtern Sie, inwiefern man die Maßnahmen Stalins als „Revolution von oben" bezeichnen kann.

d. Das sowjetische Herrschaftssystem – eine sozialistische Demokratie?

Q 31 Was ist „demokratischer Zentralismus"? – Aus dem Parteistatut der KPdSU

Leitendes Prinzip des organisatorischen Aufbaus der Partei ist der demokratische Zentralismus; dieser bedeutet:
a) Wählbarkeit aller leitenden Organe der Partei von oben bis unten;
b) regelmäßige Rechenschaftsablegung der Parteiorgane vor ihren Parteiorganisationen;
c) straffe Parteidisziplin und Unterordnung der Minderheit unter die Mehrheit;
d) unbedingte Verbindlichkeit der Beschlüsse der höheren Organe für die unteren Organe und für alle Parteimitglieder. (55)

1. Suchen Sie den entscheidenden Widerspruch in der Formulierung des Parteistatuts.
2. Vergleichen Sie mit Q 79, S. 222.

– Warum gab es in der Sowjetunion nur eine Partei?

Q 32 Stalin zum Verfassungsentwurf, 1936

Was die Freiheit verschiedener politischer Parteien anbetrifft, so vertreten wir hier einigermaßen andere Ansichten. Die Partei ist ein Teil der Klasse, ihr fortgeschrittener Teil. Mehrere Parteien und folglich auch eine Freiheit der Parteien kann es nur in einer Gesellschaft geben, wo es antagonistische [feindliche] Klassen gibt …, wo es, sagen wir, Kapitalisten und Arbeiter, Gutsbesitzer und Bauern, Kulaken und Dorfarmut gibt … In der Sowjetunion gibt es nur zwei Klassen, die Arbeiter und die Bauern, deren Interessen einander nicht nur nicht feindlich gegenüberstehen, sondern im Gegenteil miteinander harmonisieren. Folglich gibt es in der Sowjetunion keinen Boden für die Existenz mehrerer Parteien, in der Sowjetunion gibt es Boden nur für eine Partei, die Kommunistische Partei … Man spricht von Demokratie. Was aber ist Demokratie? Die Demokratie in den kapitalistischen Ländern, wo es antagonistische Klassen gibt, ist in letzter Instanz eine Demokratie für die Starken, eine Demokratie für die besitzende Minderheit. Die Demokratie in der Sowjetunion ist im Gegenteil eine Demokratie für die Werktätigen, d. h. eine Demokratie für alle … Deshalb glaube ich, dass die Verfassung der UdSSR die einzige bis zum Letzten demokratische Verfassung der Welt ist. (56)

1. Setzen Sie sich mit Stalins Argumenten grundsätzlich auseinander.
2. Messen Sie Stalins Ausführungen an der sowjetischen Wirklichkeit. Ziehen Sie dazu auch Q 34 und 38 heran.

Q 33 Aus dem Parteiprogramm der KPdSU, 1961

Charakteristisch für den umfassenden Aufbau des Kommunismus ist das weitere Anwachsen der Rolle und Bedeutung der Kommunistischen Partei als der führenden und lenkenden Kraft der

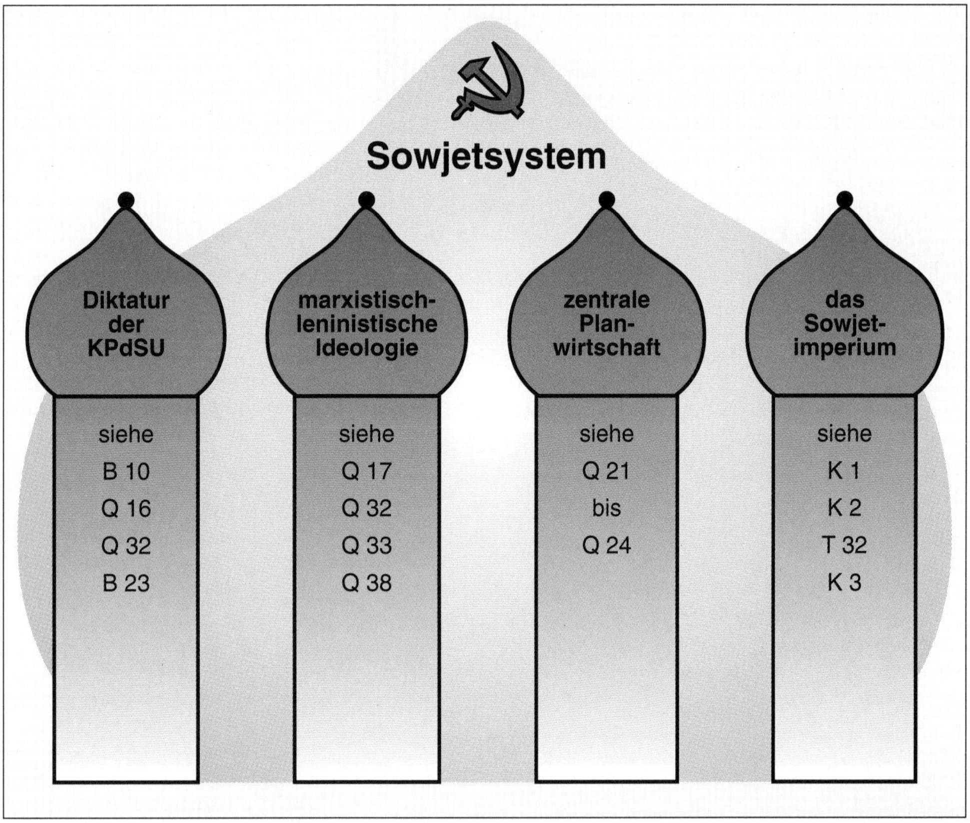

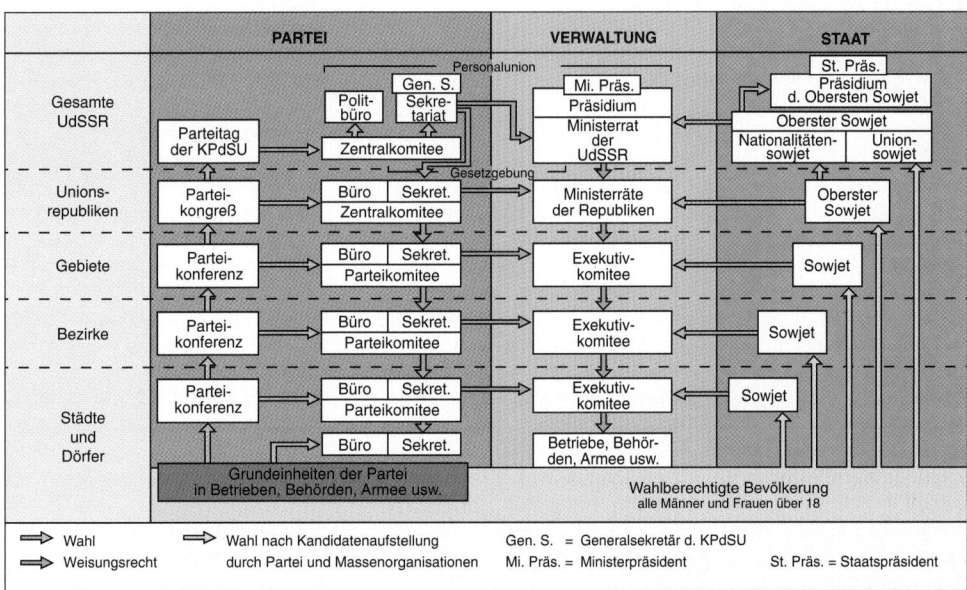

Sowjetsystem

Diktatur der KPdSU	marxistisch-leninistische Ideologie	zentrale Plan-wirtschaft	das Sowjet-imperium
siehe	siehe	siehe	siehe
B 10	Q 17	Q 21	K 1
Q 16	Q 32	bis	K 2
Q 32	Q 33	Q 24	T 32
B 23	Q 38		K 3

B 23 Säulen des Sowjetsystems

B 24 Der Aufbau von Staat und Partei

Das Zentralkomitee (ZK) trat etwa halbjährlich zusammen. Nur 2 % der Mitglieder waren Frauen; das Durchschnittsalter betrug 1981 62 Jahre. Das Sekretariat der Gesamtpartei tagte einmal wöchentlich. Im Politbüro wurden alle wichtigen Entscheidungen gefällt, das Durchschnittsalter der Mitglieder betrug 70 Jahre, es gab hier keine Frauen. Das Gremium tagte einmal wöchentlich unter der Leitung des Generalsekretärs. Im Politbüro und auch im ZK wurden meist nach den Beratungen Mehrheitsentscheidungen getroffen.

B 25 Vor dem Lenin-Mausoleum auf dem Roten Platz in Moskau, vor 1991. Rechts die Kremlmauer, im Hintergrund die Wassilij-Kathedrale, im Anschluss an das Gebäude links das Kaufhaus GUM.

Sowjetgesellschaft … Die Partei ist das Hirn, die Ehre und das Gewissen unserer Epoche … und weist dem Volk den wissenschaftlichen Weg des Fortschritts … Ihre spezielle Aufgabe ist, zur Formung und Erziehung des Menschen der kommunistischen Gesellschaft beizutragen. (57)

1. Erklären Sie, wo in der nachstalinistischen Zeit die Macht konzentriert war und wie sie gerechtfertigt wurde.
2. Messen Sie die Theorie (Q 32, 33) an der sowjetischen Wirklichkeit (Q 34–38).

– Wer gehörte zur Führungsspitze? Sozialbiographien führender sowjetischer Politiker

T 18 Wladimir I. Uljanow, genannt Lenin

wurde 1870 in Simbirsk (vor 1990 Uljanowsk) an der Wolga geboren. Der Vater kam als Schulinspektor in den erblichen Adelsstand. 1887 wurde der älteste Bruder wegen Beteiligung an einem Attentat auf den Zaren hingerichtet, die gesamte Familie diskriminiert. Im selben Jahr musste Lenin die Universität Kasan verlassen. 1891 legte er in Petersburg als Externer die juristische Prüfung mit Auszeichnung ab und wurde in Samara als Rechtsanwalt zugelassen, übte den Beruf aber kaum aus. 1896 wurde Lenin wegen politischer Betätigung – nach einem Jahr Haft – für drei Jahre nach Sibirien verbannt. 1899 trat er der „Russischen Sozialdemokratischen Arbeiterpartei" bei (Gründung 1898). 1901 emigrierte er nach Westeuropa. Abgesehen von einem kurzen Aufenthalt in Petersburg während der Revolution von 1905/06 verbrachte Lenin die Zeit bis 1917 in der Emigration (England, Deutschland, Schweiz). Er widmete sich den innerparteilichen Auseinandersetzungen (1903 Parteispaltung in Menschewiki und

Bolschewiki; Lenin wurde Führer der Bolschewiki) und bemühte sich darum, die russische revolutionäre Untergrundbewegung am Leben zu erhalten. Seine zahlreichen Schriften bildeten bis 1991 die Grundlage der Parteilehre. Nach seiner Rückkehr aus Zürich im April 1917 übernahm er die Führung der bolschewistischen Revolution. Er starb 1924 in Gorki bei Moskau. Sein Leichnam wurde einbalsamiert und in einem eigens dafür gebauten Mausoleum auf dem Roten Platz beigesetzt.

T 19 Josef W. Dschugaschwili, genannt Stalin („der Stählerne")

wurde 1879 als Sohn eines Arbeiters (Schuhfabrik) in Gori (Georgien, Kaukasus) geboren. Er wurde 1899 wegen revolutionärer Betätigung aus dem Priesterseminar in Tiflis ausgeschlossen. Von da ab widmete er sich der revolutionären Untergrundtätigkeit im Kaukasus. Er organisierte u. a. zahlreiche Raubüberfälle und „Expropriationen", um der Partei Geld zu verschaffen. 1904 schloss er sich der bolschewistischen Gruppe Lenins an. Zwischen 1908 und 1916 verbrachte Stalin den Großteil der Zeit im Gefängnis oder in Sibirien, wohin er sechsmal verbannt wurde. Seit 1912 gehörte er dem Zentralkomitee der Partei und der Redaktion der „Prawda" (Parteizeitung) an. Nach der Oktoberrevolution, bei der er keine Rolle spielte, wurde er Volkskommissar für Nationalitäten und Mitglied des Politbüros, 1922 Generalsekretär der Partei. In seinem Testament empfahl Lenin, Stalin aus diesem Amt zu entfernen. Das Testament wurde jedoch nicht veröffentlicht. Zunächst einigte sich die Parteiführung gegen Trotzki, den nach Lenin einflussreichsten Mann. Trotzki vertrat die These von der „permanenten Revolution"; er bezweifelte, dass der Sozialismus in der Sowjetunion siegen könne ohne erfolgreiche sozialistische Revolutionen in Westeuropa. Dem stellte Stalin seine Theorien vom „Sozialismus in einem Land" entgegen. Trotzki wurde 1925 als Kriegskommissar entlassen, 1926 aus dem Politbüro, 1927 aus dem Zentralkomitee ausgeschlossen, 1928 verbannt, 1929 aus der Sowjetunion ausgewiesen, 1940 im Auftrag Stalins in Mexiko ermordet. Mithilfe von wechselnden „antitrotzkistischen" Bündnissen, zunächst gegen die von Stalin so bezeichnete „linke Opposition", dann gegen die „rechte Opposition", gelang es Stalin bis 1929, alle Gegner auszuschalten. Seitdem übte er praktisch die Alleinherrschaft aus. Seit 1941 vereinigte er als Präsident des Rates der Volkskommissare, Generalsekretär der Partei und Generalissimus die Führung von Staat, Partei und Armee auch offiziell in seiner Hand. Nach seinem Tod 1953 setzte eine heftige Auseinandersetzung um das Herrschaftssystem des Stalinismus ein (Personenkult, Entstalinisierung). Zunächst wurde er neben Lenin im Mausoleum auf dem Roten Platz aufgebahrt. 1961 wurde sein Sarg aus dem Mausoleum entfernt und an der Kremlmauer beigesetzt.

T 20 Nikita S. Chruschtschow

wurde 1894 als Sohn eines sehr armen Bauern im russisch-ukrainischen Grenzgebiet geboren. Sein Großvater war noch Leibeigener und konnte weder lesen noch schreiben. Die Revolution von 1917 erlebte er als Schlosser im Donezgebiet, im Bürgerkrieg kämpfte er in den Reihen der Roten Armee. Ab 1938 war er Parteisekretär der Ukraine und unterstützte als Parteigänger Stalins aktiv die „große Säuberung". Seit 1939 war er Mitglied des Politbüros, im Zweiten Weltkrieg Politkommissar und aktiv am Partisanenkampf beteiligt. Nach dem Tode Stalins (1953) gelang es ihm mithilfe einer Mehrheit im Zentralkomitee, seinen Rivalen Malenkow aus dem Amt des Generalsekretärs zu verdrängen. Nach dem Prinzip der „kollektiven Führung" bildete er zusammen mit Ministerpräsident Bulganin eine Art „Doppelregierung". Er setzte 1954 das Neulanderschließungsprogramm in Gang. Auf dem 20. Parteitag 1956 leitete er mit seiner Rede die „Entstalinisierung" ein. Nachdem er, wieder durch Mehrheitsbeschluss des ZK, Bulganin gestürzt hatte, übernahm er 1958 auch das Amt des Ministerpräsidenten und stieg damit zum mächtigsten Mann der Sowjetunion auf. In der Kubakrise standen die USA und die UdSSR am Rand eines Atomkrieges. 1964 wurde er durch das Politbüro gestürzt. Er lebte bis zu seinem Tode 1971 als Rentner in Moskau.

T 21   Leonid I. Breschnew und seine Nachfolger Andropow und Tschernenko

Breschnew wurde 1906 in Kamenskoje (am Dnjepr) als Sohn eines Metallarbeiters geboren. 1931 trat er der Partei bei. Während des Zweiten Weltkrieges war er Politkommissar, zuletzt Chef der Politverwaltung der IV. ukrainischen Front. Als Generalmajor machte er den Vormarsch der Sowjettruppen bis zur Tschechoslowakei mit. 1950 wurde er Parteichef in der von der Sowjetunion 1944 angegliederten Moldaurepublik (Bessarabien), 1952 Mitglied des Zentralkomitees, als enger Gefolgsmann Chruschtschows 1957 Mitglied im Politbüro. Er war an Chruschtschows Sturz (1964) beteiligt und bekleidete von 1977 bis zu seinem Tod im November 1982, zunächst in einer Art Doppelregierung mit Ministerpräsident Kossygin, das Amt des Generalsekretärs der Partei; seit 1977 war er auch Vorsitzender im Obersten Verteidigungsrat und Staatspräsident.

Nachfolger Breschnews als Generalsekretär wurde Jurij Andropow (geb. 1914 als Sohn eines russischen Bankbeamten im Kaukasus), langjähriger Chef der Geheimpolizei KGB, neben Außenminister Gromyko außenpolitischer Experte im Politbüro, speziell für Osteuropa. Andropow starb im Februar 1984. Sein Nachfolger als Generalsekretär war Konstantin Tschernenko, geb. 1911 in der Krasnojarsker Region Sibiriens als Sohn eines Kleinbauern. Er war 1931 der KPdSU beigetreten und kam als treuer Gefolgsmann Breschnews 1978 ins Politbüro, zuletzt mit dem Aufgabenbereich „Ideologie".
Zu Gorbatschow s. T 39.

1. *Analysieren Sie die Biographien hinsichtlich Herkunft, Bildung, Beruf, Aufstieg und Generationszugehörigkeit der Spitzenpolitiker.*
2. *Erläutern Sie die im Westen im Bezug auf die Sowjetgeschichte gebräuchlichen Begriffe Ära Lenin, Stalin, Chruschtschow und Breschnew.*

T 22   Die Mitglieder des Zentralkomitees 1981

Berufliche Tätigkeit	Mitglieder	%
1. Parteiführung	138	43,3
2. Staats- und Wirtschaftsführung	98	30,7
3. Streitkräfte	24	7,5
4. Auswärtiger Dienst	16	5,0
5. Arbeiter und Bauern	16	5,0
6. Wissenschaft, Kultur	10	3,1
7. Gesellschaftliche Organisationen	9	2,8
8. Sicherheitsorgane (KGB)	5	1,6
9. Massenmedien, Propaganda, Ideologie	3	0,9
	319	100,0 (58)

1. *Analysieren Sie diese Angaben im Hinblick auf die Herrschaftsstruktur der Sowjetunion.*
2. *Setzen Sie sie in Beziehung zu B 4, 10 und 24.*

–   Warum Streit um den „Stalinismus"?

T 23 Terror und „Säuberungen" unter Stalin

„Säuberungen" in Partei und Staat:
Von den sieben Mitgliedern des leninschen Politbüros überlebte ein einziges – Stalin.
Von den 139 Mitgliedern des 1934 gewählten Zentralkomitees wurden 114 (= 82 %) liquidiert. Etwa 1 Mio. Parteimitglieder wurde hingerichtet.
„Säuberungen" in der Armee:
90 % aller Generäle, 80 % aller Obersten und die Hälfte aller Offiziere wurden hingerichtet. 1936–1938 fanden die drei Moskauer Schauprozesse statt. Man beschuldigte die Angeklagten, sie hätten im Bunde mit Trotzki den Tod Stalins und den Sturz der Regierung geplant oder sie hätten mit Deutschland und Japan die Teilung der Sowjetunion und die Rückkehr zum Kapitalismus betrieben. Die Angeklagten wurden zur Ablegung öffentlicher Schuldbekenntnisse gezwungen. Alle wurden hingerichtet oder starben im Gefängnis.
Terror gegen die Bevölkerung: s. Q 25 und 34.
Terror gegen die Nationalitäten: s. T 33.
Terror gegen alle, die während des **Zweiten Weltkrieges mit dem Westen** in Berührung gekommen waren: Kriegsgefangene, „Kollaborateure" in den von Deutschen besetzten Gebieten u. a. (s. Q 56). Es wurden 1¹/₂ Mio. Russen vom Westen an Stalin ausgeliefert und inhaftiert.
Gesamtzahlen:
Es gab keine offiziellen sowjetischen Angaben; auch heute sind nur Schätzungen möglich. Zwischen 1936 und 1950 sollen etwa 12 Mio. Menschen allein in den Lagern umgekommen sein. Bei Stalins Tod befanden sich etwa 15 Mio. Gefangene in Lagern. (59)

1. *Erläutern Sie den amtlichen Begriff „Säuberung".*
2. *Skizzieren Sie Motive und Auswirkungen der „Säuberungen".*
3. *Bewerten Sie die öffentlichen Schuldbekenntnisse.*

Лучшему
другу
детей

Великому
Сталину
Слава!

B 26 „Dem besten Freund der Kinder, dem großen Stalin: Ruhm!", zwischen 1931 und 1953 oft verwendetes sowjetisches Plakat.

Ordnen Sie das Bild in den historischen Zusammenhang ein. Vergleichen Sie mit T 23.

Q 34 Massenterror in der Darstellung des amerikanischen Historikers Carmichael

Die Verfolgung jedoch, die nun in der zweiten Hälfte des Jahres 1937 begann, nahm in jeder Hinsicht fantastische Ausmaße an. Es wurden auch Menschen davon betroffen, die niemals Mitglieder einer politischen Partei gewesen waren … Monatelang schien die politische Polizei 24 Stunden am Tag zu arbeiten: In den Städten und auf dem Lande riss sie Menschen aus ihren Häusern, Werkstätten, Laboratorien, Fabriken, Universitäten, Kasernen und Regierungsbüros. Nicht eine Wirtschaftsbranche, nicht eine Berufsgruppe blieb verschont: Bauern, Arbeiter, Funktionäre, Fachleute, Intellektuelle, Künstler, Offiziere – alle wurden in dieselben Zellen gesperrt … Die große Säuberung führte praktisch zur Beseitigung aller führenden Persönlichkeiten in buchstäblich allen Fabriken, Eisenbahnstationen, Schulen und schulischen Einrichtungen, wobei die Kollektivwirtschaften, Regierungsstellen und die Armeehierarchie noch nicht berücksichtigt sind. (60)

Q 35 Bericht des sowjetischen Stalinkritikers R. A. Medwedjew aus einem stalinistischen Lager (Goldbergwerk)

Im Lager dauerte es 20 bis 30 Tage, bis aus einem gesunden Mann ein Wrack wurde. 17 Stunden Arbeit im Schacht ohne Ruhetag, systematische Aushungerung, zerfetzte Kleidung, Schlaf in durchlöcherten Zelten bei 60° unter null bewirkten das. Schläge von Vorarbeitern, von den Rädelsführern der Diebe, von den Wärtern beschleunigten diesen Prozess noch … Das Goldbergwerk spuckte seinen Abfall regelmäßig in die Lazarette, die sog. Genesungsheime, die Invalidensiedlungen und die brüderlichen Friedhöfe (Massengräber) aus. Der Verschleiß an Gefangenen war so groß, dass in den ersten Nachkriegsjahren von 2 000 bis 3 000 im Bergwerk gemeldeten Gefangenen nur etwa 100 wirklich arbeiten konnten. (61)

Q 36 Stalinkult

a) Aus der Sowjetpresse der 30er Jahre
Du bist die helle Sonne des Volkes, die Sonne unserer Zeit, die niemals untergeht, und mehr noch als unsere Sonne, denn die Sonne hat keine Weisheit. (62)

b) Ein Dichter in der „Prawda", 1950
Fällt dir die Arbeit schwer, zweifelst du plötzlich an deinen Fähigkeiten, so gedenke seiner, gedenke Stalins, und das nötige Selbstvertrauen wird sich einstellen. Bist du müde …, gedenke seiner, Stalins, und die Arbeit wird flink von der Hand gehen. Ringst du um den richtigen Entschluss, so gedenke seiner, gedenke Stalins, und der Entschluss wird sich einstellen. (63)

Q 37 Aus dem Beschluss des ZK „Über die Überwindung des Personenkults und seiner Folgen", 30. Juni 1956

Unser Land musste in historisch kürzester Frist ohne jegliche wirtschaftliche Hilfe von außen seine jahrhundertelange Rückständigkeit beseitigen und die gesamte Volkswirtschaft auf neuen sozialistischen Grundlagen umgestalten.
Die komplizierte internationale und innere Lage erforderte eiserne Disziplin und ständige Erhöhung der Wachsamkeit sowie strengste Zentralisierung der Führung … Zweifellos besagen die Tatsachen, dass Stalin an vielen Ungesetzlichkeiten schuld ist, die besonders in der letzten Zeit seines Lebens begangen wurden.

Gleichzeitig darf man jedoch nicht vergessen, dass die Sowjetmenschen Stalin als einen Menschen kannten, der stets für den Schutz der Sowjetunion … und für die Sache des Sozialismus kämpft … Jedes Auftreten gegen ihn wäre unter diesen Bedingungen vom Volk nicht verstanden worden … Darüber hinaus wäre ein derartiges Auftreten … als ein Auftreten gegen den Aufbau des Sozialismus, als in der Atmosphäre der kapitalistischen Einkreisung äußerst gefährliche Untergrabung der Einheit der Partei und des ganzen Staates angesehen worden. (64)

1. *Charakterisieren Sie Standpunkt und Absicht der Erklärung.*
2. *Fassen Sie die Schlussfolgerungen zusammen, die das ZK aus den Erfahrungen der Stalinzeit zieht. Ziehen Sie dazu auch T 24 heran.*

Q 38   Der deutsche Historiker H. Weber: Was versteht man unter „Stalinismus"?

Die Kennzeichen des Stalinismus [waren] das nunmehr auch theoretisch sanktionierte Einparteiensystem, die Konzentrierung der gesamten politischen Macht in den Händen einer kleinen Zahl von Parteiführern [und die immer größere Verlagerung der Entscheidungsgewalt in die Hände von Stalin], die Ausschaltung des Volkswillens (bloße Scheinfunktionen der Volksvertretungen), das Fehler jeder über den bescheidensten Rahmen hinausgehenden politischen Freiheit und Diskussion in Staat und Partei, der straffe Zentralismus, die Beherrschung des Lebens durch die Geheimpolizei, das System der Zwangsarbeitslager, schließlich chauvinistische Nationalitätenpolitik und eine rigoros dogmatische Ideologie, mit der die Herrschaft der Bürokratie verschleiert werden sollte. (65)
Eine weitere wesentliche Stütze des stalinistischen Systems war der Sowjetpatriotismus (s. Q 49).

1. *Überprüfen und konkretisieren Sie diese Ausführungen anhand der Materialien zu Abschnitt 5 (s. auch T 12, 32 und 33).*
2. *Beurteilen Sie, ob der Stalinismus eine Entartung des Leninismus darstellt. Ziehen Sie dazu Q 6, T 8 und Q 16 heran.*

T 24   „Entstalinisierung" – eine grundlegende Korrektur?

Stalins Sarg wurde im Zuge der „Entstalinisierung" aus dem Mausoleum entfernt und an der Kremlmauer beigesetzt. Stalindenkmäler wurden zerstört, Städte umbenannt, z. B. Stalingrad in Wolgograd. Wahrscheinlich gibt es heute nur noch im Stalinmuseum in Stalins Geburtsstadt Gori ein Denkmal.
An die Stelle des „Personenkults" eines Einzelnen trat das Prinzip der „kollektiven Führung" durch die Parteispitze. Aber institutionelle Sicherungen gegen das Übergewicht eines einzelnen Mannes fehlten nach wie vor. Die Staatspolizei wurde „gesäubert" und – nach sowjetischen Angaben – wurden alle Mitglieder entfernt, die an Verbrechen unter Stalin beteiligt gewesen waren. Der Chef des KGB, Berija, wurde hingerichtet, aber die politische Polizei selbst nicht abgeschafft. Der Vorsitzende des KGB, Andropow, trat 1982 das Amt des Generalsekretärs der Partei an.
Viele Straflager wurden aufgelöst, etwa zwei Drittel der politischen Häftlinge nach Stalins Tod amnestiert, ein Teil der Stalin-

opfer erfuhr eine Wiedergutmachung. Aber es gab bis ca. 1988 noch zahlreiche Lager und politische Gefangene. Längst nicht alle Stalinopfer sind rehabilitiert worden. Man führte die „neue Gesetzlichkeit" ein, d. h. genauere verfahrensrechtliche Vorschriften zum Schutz des Angeklagten. Massenterror gab es noch 1956. Häuserblockversammlungen und „Kameradschaftsgerichte" in den Betrieben konnten auch noch nach Stalins Zeiten Urteile gegen „Parasiten" fällen, wobei der Begriff des Parasiten bewusst unscharf gehalten wurde.
Auf dem Gebiet der Kunst und Wissenschaft trat „**Tauwetter**" ein, d. h. es gab eine beschränkte Zulassung von Werken, die nicht den Grundsätzen des „sozialistischen Realismus" entsprachen. Sozialistischer Realismus heißt: „Künstlerisches Schaffen wird unmittelbar zu einem geistigen Bestandteil der revolutionären Umgestaltung und Mitgestaltung der Wirklichkeit." (S. dazu B 13, 14, 15, 21, 26, 27 und 28.) Aber ab 1956 wurden Künstler und Wissenschaftler, die gegen die offizielle Linie verstießen und Kritik übten, wieder stärker verfolgt oder ausgebürgert. Dies änderte sich erst unter Gorbatschow.

Versuchen Sie die Frage der Überschrift zu beantworten. Ziehen Sie dazu nochmals die Materialien des gesamten Abschnitts c heran, besonders B 24 und B 10.

6.   Sowjetgesellschaft in der Zeit nach Stalin

a.   Wirtschaftsplanung

T 25   Entwicklung der sowjetischen Volkswirtschaft
(1913 = 1)

	Industrie insges.	Schwer- u. Produktionsmittel-industrie	Konsum-güter-industrie	Land-wirt-schaft	Arbeitsproduktivität	
					Indus-trie	Landwirt-schaft
1940	7,7	13	4,6	1,4	3,8	1,9
1945	7,1	15	2,7	0,9	4,3	1,3
1950	13,0	27	5,7	1,4	5,5	2,1
1965	61,0	142	20,0	2,5	14,0	4,0
1975	131,0	311	42,0	3,2	24,7	5,6

(66)

1. *Ziehen Sie die absoluten Produktionsziffern seit 1913 heran (s. T 14 und 16).*
2. *Skizzieren Sie die Probleme der sowjetischen Wirtschaft, die hier deutlich werden. S. dazu auch T 14 und 16.*

Q 39 Rechenschaftsbericht des Generalsekretärs der KPdSU, L. Breschnew, auf dem 25. Parteitag, Februar 1976

[Man hat den 10. Fünfjahresplan 1976–1980] als Plan der Effektivität [Produktivität] und der Qualität bezeichnet … Gleichzeitig wurde das Wachstumstempo für eine Reihe Positionen etwas

niedriger angesetzt als im 9. Planjahrfünft … Hier haben sich zu einem gewissen Teil die Schwierigkeiten der vergangenen Jahre ausgewirkt … Wir strebten vor allem danach, in diesem Planjahrfünft eine große Ausgewogenheit der Volkswirtschaft zu sichern … Angesichts des Gesagten sind solche Mängel besonders untragbar wie Arbeitszeitverluste, Stillstandszeiten, Unregelmäßigkeiten im Arbeitsrhythmus, schwache Arbeitsdisziplin, große Kaderfluktuation in einer Reihe von Betrieben … Jeden Rubel, jede Arbeitsstunde, jede Tonne Erzeugnisse genau zu berechnen und effektiv zu nutzen, Misswirtschaft und Schlendrian restlos auszumerzen – das ist unsere hohe Parteipflicht … Eine erstrangige Aufgabe bleibt die Beschleunigung des wissenschaftlich-technischen Fortschritts. Es ist noch viel zu tun, damit die Erkenntnisse der Wissenschaft schnell nicht nur in einzelnen – wenn auch noch so glänzenden – Experimenten und Ausstellungsstücken realisiert werden, sondern auch in Tausenden und Abertausenden neuen Erzeugnissen, die der Verbesserung der Arbeits- und Lebensbedingungen der Menschen dienen …
Eine umfangreiche Arbeit steht auf dem Gebiet der Landwirtschaft bevor. Hier verfolgt die Partei zwei … Ziele: … eine stabile Versorgung des Landes mit Lebensmitteln und Agrarrohstoffen zu erreichen und stets über hinreichende Reserven zu verfügen. Und das zweite: immer weiter auf dem Weg der Annäherung der materiellen und kulturellen Lebensbedingungen von Stadt und Land voranzuschreiten … Wir haben es einstweilen noch nicht gelernt, unter Gewährleistung eines hohen Entwicklungstempos der Schwerindustrie auch die Abteilung II [Konsumgüterindustrie] und die Dienstleistungssphäre beschleunigt zu entwickeln …
[Wir müssen] noch mehr Ressourcen für die beschleunigte Entwicklung der … Infrastruktur [bereitstellen] …
Es gilt …, eine durchgreifende Vervollkommnung der Planung zu sichern …
Je höher sich unsere Gesellschaft entwickelt, desto unzulässiger werden noch vorhandene Abweichungen von den Normen der sozialistischen Moral. Gewinnsucht, Besitzgier, Rowdytum, Bürokratismus und Gleichgültigkeit den Mitmenschen gegenüber widersprechen dem ganzen Wesen unserer Ordnung …
Man kann an die leninschen Worte erinnern, dass in unserer Gesellschaft alles moralisch ist, was den Interessen des Aufbaus des Kommunismus dient. In Anlehnung daran können wir sagen, dass für uns alles demokratisch ist, was den Interessen unseres Volkes und den Interessen des kommunistischen Aufbaus dient. (67)
In seinem Rechenschaftsbericht auf dem 26. Parteitag 1981 nannte Breschnew fast dieselben Probleme.

1. Charakterisieren Sie die behördlich gelenkte Wirtschaft sowjetischen Typs, indem Sie die Modelldarstellung B 24, S. 198 heranziehen, und diskutieren Sie Vor- und Nachteile.

2. Untersuchen Sie alle Materialien zur sowjetischen Wirtschaftspolitik (S. 132, 145–149) nach den Gesichtspunkten a) Leistungen, b) gesellschaftliche Kosten und c) Probleme.

b.   Leben in der Sowjetunion

Q 40   Aus der bis 1977 gültigen sowjetischen Verfassung von 1936

Art. 14: … Entsprechend dem Prinzip des Sozialismus „Jeder nach seinen Fähigkeiten, jedem nach seiner Leistung" kontrolliert der Staat das Maß der Arbeit und des Verbrauchs … Die gesellschaftlich nützliche Arbeit und ihre Ergebnisse bestimmen die Stellung des Menschen in der Gesellschaft. Der Staat trägt … dazu bei, dass die Arbeit in das erste Lebensbedürfnis eines jeden Sowjetmenschen umgewandelt wird.
Art. 19: Der Staat trägt zur … Beseitigung der Klassenunterschiede und der wesentlichen Unterschiede zwischen Stadt und Land und zwischen geistiger und körperlicher Arbeit [bei]. (68)

T 26   Renten vor 1991

Altersrenten für Arbeiter wurden ab 1928 gezahlt, und zwar zunächst nur an Textilarbeiter, im folgenden Jahr auch an Arbeiter einiger anderer Wirtschaftszweige. Das Rentengesetz von 1956 gewährte allen – mit Ausnahme der Kolchosbauern – Versicherungsschutz im Alter, bei Invalidität und beim Verlust des Ernährers. Bis 1965 hatte der Kolchosbauer keinen Anspruch auf Staatsrente oder irgendeine Sozialversicherung und Urlaub. Ab 1971 wurde die Mindesthöhe der Altersrenten für Arbeiter und Angestellte auf 45 Rubel, für Kolchosbauern auf 20 Rubel festgesetzt. Die Rente betrug 1974 zwischen 53 und 120 Rubel (50–75 % des letzten Monatsverdienstes). (69)

Q 41   Leben eines Kolchosbauern um 1960 (Danilowskoje bei Kalinin)

Die Kolchose dort gilt als reich, das Leben der Bauern als gut … Es gibt in D. Elektrizität und im Büro der Kolchose ein Telefon, beides Annehmlichkeiten, die 60 % aller russischen Dörfer nicht aufzuweisen haben. [1976 sind – nach amtlichen Aussagen – fast alle Kolchosen elektrifiziert] … Wasserleitungen [gibt es aber] nicht … Von ganz vereinzelten Ausnahmen abgesehen werden in allen russischen Dörfern Brunnen benützt und keines der Häuser hat eine Toilette … Natürlich ist es ein Jammer, dass es im Ort keine Schule gibt, aber im Dorf N., sechs Kilometer entfernt, gibt es eine. Die Kinder von D. gehen jeden Tag zu Fuß dorthin und wieder zurück … Es gibt … eine hölzerne Kapelle an der Straße, in der sich jetzt aber das Klublokal des Dorfes befindet. Dort treffen einander abends die Burschen und Mädchen (die wenigen, die in D. geblieben sind) und tanzen auf dem eingefallenen Bretterboden zu kratzenden, abgespielten Schallplatten. Hin und wieder ist das Klublokal überfüllt. Das Thema des Vortrages ist völlig nebensächlich, in den ländlichen Gegenden ist jede Art von Abwechslung willkommen …
In D. wohnte ich bei einem älteren Kolchosbauern, der eine etwas privilegierte Stellung einnahm. Erstens war er Mitglied der Partei und zweitens Vorsitzender der Rechnungsprüfungskommission

der Kolchose. Als ich eine Unterkunft suchte, wusste ich das noch nicht, ich suchte mir einfach die – relativ – sauberste Hütte aus. Die Einrichtung des einzigen großen Raumes ..., der dem russischen Bauern als Schlafzimmer, Esszimmer und Wohnzimmer dient, bestand aus einem langen selbstgezimmerten Tisch und zwei Bänken, mehreren Hockern und einigen Liegebetten. Ein Leintuch wurde nur mir, dem Mieter, bewilligt. (70)

Der Autor hat 1966 anlässlich einer Auslandsreise die UdSSR verlassen und lebt seither in London.

Q 42 Leben in der Stadt um 1968

Für die große Mehrheit sowjetischer Frauen und ihrer Familien bedeutet „Heim" eine enge, düstere, unzureichend möblierte, „moderne" Mietwohnung, für die 5–10 Rubel (ca. 22–44 Mark) monatlich zu zahlen sind. [In den meisten Teilen des Landes muss man mehrere Jahre auf eine Wohnung warten und selbst dann wird einer vierköpfigen Familie nur eine Zweizimmerwohnung mit Küche und Bad zugeteilt.] Man schätzt, dass 90 % der Frauen in der Stadt einem Beruf außerhalb des Hauses nachgehen ...

Die sowjetische Frau kocht in einer kleinen Küche, die sie oft noch mit mindestens einer anderen Frau teilen muss ... Wenn sie Glück hat, ist ihre Küche mit einem Kühlschrank ausgestattet – aber nur mit einem kleinen ... [Beim Einkaufen] muss sie in langen Schlangen warten und häufig ist das, was sie haben möchte oder sich leisten kann, nicht zu bekommen. Mehr als die Hälfte [des monatlichen Einkommens] wird für Essen verbraucht ... Die sowjetische Frau muss auch den Aufwasch machen (häufig muss sie das Wasser erst auf dem Herd heiß machen), ... sauber machen (fast immer ohne Staubsauger) und die Wäsche der Familie waschen (fast immer ohne Waschmaschine).

Eine Untersuchung zeigte, dass vier Fünftel der Arbeiterinnen die Hausarbeit allein besorgen mussten. Nur 12 % der Kinder unter drei Jahren konnten in Kinderkrippen untergebracht werden, 20 % der Kinder fanden einen Kindergartenplatz.

Fernsehprogramme sind staatlich überwacht. Wie Zeitungen und Zeitschriften bringen sie die wichtigsten politischen und wirtschaftlichen Nachrichten aus der Sicht der politischen Führer ...

Ob sie zu den wenigen gehört, denen es leidlich gut geht, oder zu den vielen Armen, die sowjetische Frau findet, die Regierung solle mehr tun, um ihr Lebensmittel, Einrichtungsgegenstände, schönere Kleidung, arbeitssparende Haushaltsmaschinen zu bieten ...

Die meisten Sowjetbürger, insbesondere diejenigen, die in den großen Städten leben, werden zustimmen, dass es genug zu essen und genügend Kleider zu kaufen gibt ... Die Kaufhäuser der Sowjetunion sind stets überfüllt. Die Menschen haben Geld zum Einkaufen ..., aber ... sie wünschen sowohl Quantität als auch Qualität. (71)

Q 43 Gleichheit für alle?

Es gibt ein ganzes Netz von nichtöffentlichen Verteilungsstellen, die nicht als Laden bezeichnet sind. Zu diesen haben nur Angehörige der Sowjetelite mit Sonderausweisen Zutritt. Man kann dort kaufen, was das Volk nie zu Gesicht bekommt, die feinsten Spezialitäten, auch zollfreie Importwaren zu ermäßigten Preisen: französischen Cognac, schottischen Whisky, amerikanische Zigaretten, Schweizer Schokolade, italienische Krawatten, pelzgefütterte Stiefel aus Österreich, englische Wollstoffe, französische Parfums, deutsche Kurzwellenradios, japanische Tonbandgeräte und Stereoanlagen.

Über ganz Moskau verteilt sind Schneider, Friseure, Wäschereien, Reinigungen u. a. Dienstleistungsbetriebe – einschließlich der Lebensmittelläden rund hundert –, die nur einen ausgewählten Kreis von Kunden bedienen, und zwar im Geheimen.

Die Höhe der Gehälter besagt wenig über das Ausmaß der Privilegien. Heute befasst sich eine ganze Institution, die sich harmlos „Geschäftsführung" nennt, mit der Verteilung von Privilegien. Sie hat ein geheimes Budget, verwaltet einen großen Bestand an erlesenen Wohnhäusern, Datschen (Landhäusern), Regierungsgästehäusern und Erholungsheimen. Außerdem verfügt sie über einen gewaltigen Fuhrpark und unterhält ein Bataillon von Dienstboten.

Das sichtbarste Zeichen von Rang und Vorrecht sind die Limousinen mit Chauffeur. Das Auto mit Chauffeur ist zwar ein besonders auffälliges Kennzeichen der Privilegierten, doch eigentlich ist es atypisch. Im Allgemeinen lebt die Sowjetelite zurückgezogen und genießt ihren Luxus so im Verborgenen, dass der gewöhnliche Sowjetbürger nichts davon zu sehen bekommt. Die Oberschicht wohnt in exklusiven Wohnvierteln wie Gettos, verbringt ihre Freizeit in eigenen Wochenend- und Ferienverstecken oder in Klubhäusern, in denen nur Ranggleiche verkehren. Für die Mitglieder der Oberschicht stehen besondere Kliniken, Krankenhäuser und Ärzte bereit, die weit besser sind als der Durchschnitt. Für die Prominenz gibt es ganze Siedlungen von versteckt liegenden Datschas. In fast jedem größeren Urlaubsort und in vielen kleinen Feriendörfern gibt es für die Elite gesonderte staatliche Gästehäuser. Die Sowjetelite, die in den versteckt liegenden Datschakolonien von gleich zu gleich miteinander verkehrt, genießt das Leben, das für den normalen Sowjetbürger völlig unvorstellbar ist. Ob die Privilegierten Inlands- oder Auslandsreisen unternehmen, westliche Musik hören oder westliche Filme sehen wollen, ob sie ihre Nachkömmlinge auf gute Hochschulen schicken wollen oder auch nur in Ruhe auswärts essen möchten – für alles ist gesorgt.

In jedem Eisenbahnzug, bei jedem Flug der Aeroflot, in jedem Hotel, bei jeder Veranstaltung wissen die Geschäftsführer, dass sie eine Anzahl von Plätzen für die „wlasti" (die Mächtigen) reservieren müssen. Außerdem stehen der Oberschicht eine Unmenge von Klubhäusern mit nichtöffentlichen Restaurants zur Verfügung, wo die Herrschaften in aller Behaglichkeit essen können, ohne sich wie gewöhnliche Sowjetbürger draußen anstellen und drinnen die unhöfliche Bedienung ertragen zu müssen, wie es in den ständig überfüllten Restaurants in Moskau sonst die Regel ist.

Für viele erweitert sich das System unmittelbarer Vorrechte durch das formlose Netz der Beziehungen. Von bestimmten Universitäten und Instituten weiß man, dass sie die Domäne der Sprösslinge aus Partei-, Regierungs- und Militärelite sind. (72)

T 27 Bildungs- und Aufstiegschancen vor 1991

Der Schulbesuch war kostenlos. (Unter Stalin musste Schulgeld bezahlt werden; erst 1956 wurde die Schulgeldfreiheit wieder eingeführt.) Schulmaterial und Bücher mussten selbst bezahlt werden. Etwa 18 % der Abiturienten wurden vor 1991 zu einem Tagesstudium zugelassen. Die Auswahl erfolgte nach Prüfungsergebnissen und Beurteilungen von Partei und anderen Organisationen. Praktische Arbeit von mindestens zwei Jahren in Industrie, Landwirtschaft oder Militärdienst wurden besonders angerechnet. Jedem Schüler standen aber eine Reihe von verschiedenen Ausbildungswegen von verschiedenen Stufen offen. Alle Aufstiegslinien liefen über zahlreiche Prüfungen und Fleißnachweise. Sehr viele wählten den Weg des Abend- und Fernunterrichts. 1981/82 gab es 5 284 000 Hochschulstudenten, darunter 3 011 000 Direktstudenten, 648 000 Abendstudenten, 1 625 000 Fernstudenten.

Die Kosten des Studiums streckte der Staat vor. Die Höhe der Stipendien richtete sich nach den Leistungen. In der Regel reichten sie nicht für den Lebensunterhalt, so dass das Elternhaus einspringen oder der Student sich einen Nebenverdienst suchen musste. Alle Stipendiaten bekamen nach Abschluss des Studiums Listen mit verschiedenen Einsatzorten zur Auswahl vorgelegt, an denen sie drei Jahre arbeiten mussten. Diese lagen in der Regel in Gebieten jenseits des Ural, in Mittelasien oder im hohen Norden. Viele Studenten verzichteten daher lieber auf das Stipendium.

Bei den Bildungschancen wirkte sich vor allem der Stadt-Land-Gegensatz aus, ebenso die soziale Herkunft. Zahlreiche Untersuchungsergebnisse belegen, dass Kinder überwiegend in Berufe und soziale Schichten ihrer Väter hineinwuchsen.

1. Vergleichen Sie die Lebensbedingungen sowjetischer Bürger mit der Verfassungstheorie. Ziehen Sie auch B 17, 18 und T 13 heran.
2. Nennen Sie charakteristische Probleme der Sowjetgesellschaft.
3. Vergleichen Sie die Lebenschancen Jugendlicher in der Sowjetunion mit denen in der Bundesrepublik Deutschland in den 60er und 70er Jahren. S. dazu B 16–18, S. 193.

c. Erziehung des sozialistischen Menschen

T 28 Erfassung

Im Kindergarten gehörte das Kind zur Schar „Kleine Oktobristen". (1974 beschloss der Oberste Sowjet, für jedes zweite Kind in der Stadt und für jedes dritte auf dem Land einen Kindergartenplatz zu schaffen.) Mit neun Jahren wurde man Jungpionier, mit 10 bis 15 Jahren Pionier. Zu den Pionieren gehörten fast alle Jugendlichen dieser Altersgruppe. Zwischen dem 15. und 27. Lebensjahr konnte man Komsomolze (Mitglied des Leninschen Kommunistischen Jugendverbands) werden; dieser umfasste etwa 30 % dieser Altersstufe. Die Besten nahm die Kommunistische Partei als Mitglieder auf. Darüber hinaus gab es etwa 30 „gesellschaftliche Organisationen" (z. B. Gewerkschaften, Berufsverbände), in denen sich der Sowjetbürger organisieren konnte. Sie alle standen unter der Leitung der Partei.

Es wurde versucht, alle nicht parteilichen Beeinflussungsmöglichkeiten auszuschalten. Dies galt insbesondere für die Kirchen. Zwar herrschte in der Sowjetunion formal Religionsfreiheit, aber „religiöse Propaganda" war verboten. Bis zum Zweiten Weltkrieg wurden rund drei Viertel der Kirchen des Landes mit Gewalt geschlossen und zweckentfremdet; eine fast ebenso große Zahl von Priestern und Mönchen wurde getötet oder kam in Zwangsarbeitslagern um. Im Zweiten Weltkrieg schloss Stalin ein Zweckbündnis mit der orthodoxen Kirche, um den Widerstandswillen der Gläubigen zu stärken. Aber 1959–1964 setzte eine neue große Verfolgungswelle ein. Prinzipiell wurde mit dem „Absterben der religiösen Vorurteile" gerechnet. Trotzdem blieben ca. 70–80 % gläubig. Etwa 15 bis 20 Mio. bekannten sich zu kommunistischen Zeiten zum Islam. Seit 1991 entwickelt sich wieder ein breites religiöses Leben; die Kirchen und Moscheen werden – soweit noch vorhanden – den Religionsgemeinschaften zurückgegeben.

Q 44 Die Pionierregeln

Die Pionierorganisation umfasste nahezu alle Schüler zwischen 10 und 15 Jahren.

1. Ein Pionier liebt seine Heimat und die Kommunistische Partei der Sowjetunion. 2. Ein Pionier bereitet sich darauf vor, der Komsomolorganisation beizutreten. 3. Ein Pionier ehrt das Andenken an diejenigen, die ihr Leben im Kampf um die Freiheit und die Wohlfahrt der Sowjetheimat geopfert haben. 4. Ein Pionier ist zu den Kindern aller Länder freundlich. 5. Ein Pionier liebt die Arbeit und schont das öffentliche Eigentum ... 8. Ein Pionier ist ein guter Kamerad; er sorgt für die Jüngeren und hilft den Älteren. 9. Ein Pionier ist mutig und scheut sich nicht vor Schwierigkeiten. 10. Ein Pionier ist ehrlich und achtet die Ehre seiner Einheit. 11. Ein Pionier stählt sich, trainiert täglich seinen Körper und liebt die Natur. (73)

Q 45 Politische Aufklärung

Die Partei verfügt über die verschiedenartigsten Formen der ideologischen Arbeit ... Viele Kommunisten und auch Parteilose lernen in Zirkeln, Seminaren ... die Grundsätze des Marxismus-Leninismus ... Die allerkräftigste Waffe in der ideologischen Arbeit ist die Presse ... Wichtigste Form der kommunistischen Erziehung ist die agitatorische Massenarbeit. Bei jeder Grundorganisation der Partei besteht ein Agitkollektiv, in jeder Siedlung, ... in den Fabrikabteilungen qualifizierte Agitationspunkte ... Die grundsätzlichen Formen der agitatorischen Massenarbeit sind: die Unterhaltung, der politische Vortrag, Wandzeitungen, Versammlungen, Diskussionsabende usw. ... Die größte erzieherische Bedeutung hat die kulturelle Massenarbeit: Laiengruppen, literarische Abende, ... Festtage des Liedes ... In unserem Lande existieren weitverbreitete Netze der Kulturinstitutionen wie Lesesäle, Klubs, Bibliotheken, Kulturpaläste, Parks für Kultur und Erholung usw. Weit verbreitet und in ihrer Wirkung beinahe die ganze Bevölkerung umspannend sind solche Mittel der ideologischen Arbeit wie Radio und Fernsehen. Einen wichtigen Platz in der kommunistischen Erziehung ... nehmen Kino, Theater, Literatur und Kunst ein. (74)

1. *Fassen Sie die Mittel der Beeinflussung, die der Partei zur Verfügung standen, zusammen und diskutieren Sie diese. Ziehen Sie auch B 24 und 27 heran.*
2. *Deuten Sie den Ausspruch Stalins: „Der Schriftsteller ist ein Ingenieur der menschlichen Seele."*

d. Die USA ein- und überholen?

T 29 Erfolge der sowjetischen Wissenschaft: Beispiel Atomwaffen und Raumfahrt

1949 Erste sowjetische **Atombombe** – vier Jahre nach den USA

1952 Erste sowjetische **Wasserstoffbombe** – ein Jahr nach den USA

1957 Erster sowjetischer Erdsatellit (**Sputnik**) – ein Jahr vor den USA

1961 Der sowjetische Kosmonaut **Jurij Gagarin** umkreist als erster Mensch die Erde – fast ein Jahr vor den USA.

1965 Ein sowjetischer Kosmonaut unternimmt einen „Weltraumspaziergang" – elf Wochen vor den USA.

1967 Die unbemannte sowjetische Raumsonde Venera 4 erreicht die Venus; sie ist der erste Planet, der von Menschen direkt erkundet wird.

1969 Der Amerikaner **Neil Armstrong** betritt als erster Mensch den Mond. Weitere fünf Mondlandungen folgen bis 1972.

1972 – heute Amerikanische Sonden erkunden Jupiter, Saturn, Uranus und Neptun. Bisher keine sowjetischen bzw. russischen Sonden im äußeren Sonnensystem

1973 Zwei Himmelslaboratorien sollen um die Erde kreisen; doch das sowjetische Experiment misslingt, das amerikanische ist erfolgreich (Skylab). Seitdem keine amerikanischen Raumstationen mehr

1975 Gemeinsames sowjetisch-amerikanisches Weltraummanöver **Sojus – Apollo**. Die Astronauten besuchen sich gegenseitig in ihren Raumkapseln. Erste sowjetische Raumstation; seitdem folgen weitere.

1976 Amerikanische Sonde Viking erkundet den Mars. Ein sowjetischer Versuch scheitert.

1981 Erster Start des amerikanischen wiederverwertbaren Raumschiffs **Spaceshuttle**

Seit 1986 russische **Raumstation Mir (Frieden)** mit vielen Aufenthalten von langer Dauer (bis 438 Tage). Seit 1994 finanziell von den USA unterstützt; seitdem auch gemeinsame russisch-amerikanische Besatzungen, z. T. auch mit Astronauten anderer westlicher Staaten

1994 Russischer Kosmonaut nimmt an Spaceshuttle-Mission teil.

Bilanz bis 1997: 85 Spaceshuttle-Flüge, 140 Sojus-Flüge; Gesamtflugzeit russischer Kosmonauten: 12 303 Tage, amerikanischer Astronauten: 5 293 Tage.

B 27 Sowjetisches Plakat. „Ruhm dem sowjetischen Volk! Dem Pionier des Kosmos!" Die Weltraumraketen „Wostok" (= Osten) sind angedeutet.

Q 46 Aus dem Parteiprogramm der Kommunistischen Partei der Sowjetunion, 1961

Die Voraussetzung zur Errichtung des Kommunismus ist die Schaffung des sog. materiell-technischen Fundaments, d. h. nach den ökonomischen Voraussetzungen soll im ersten Jahrzehnt, also von 1961 bis 1970, die Sowjetunion die USA in der Produktion pro Kopf der Bevölkerung überflügeln. Alle Werktätigen sollen ein gutes Auskommen haben, komfortable Wohnungen erhalten und Kollektivwirtschaften und Staatsgüter sollen sich in hoch produktive Betriebe mit hohen Einkünften verwandeln; die schwere körperliche Arbeit soll verschwinden und die Sowjetunion soll … das Land mit dem kürzesten Arbeitstag der Welt werden. Im darauf folgenden Jahrzehnt von 1970 bis 1980 soll der Gesamtbevölkerung ein Überfluss an materiellen und kulturellen Gütern zur Verfügung stehen, damit soll der Übergang zum Prinzip der Verteilung nach den Bedürfnissen verwirklicht werden und die kommunistische Gesellschaft im Wesentlichen aufgebaut sein.

Bis 1980 sollen die Unterschiede zwischen Stadt und Land überwunden sein, die Kolchosdörfer werden sich in Ortschaften städtischen Typs verwandeln, so dass allmählich zwischen den Lebensverhältnissen der Dorfbevölkerung und der Stadtbevölkerung kein Unterschied mehr besteht. Die sozialen Unterschiede sollen dadurch verringert werden, dass zwischen den hohen und verhältnismäßig niedrigen Einkommen ein Mittelwert für alle gefunden wird.

Der letzte Satz des Parteiprogramms lautet, in Großbuchstaben gesetzt: Die Partei verkündet feierlich: Die heutige Generation der Sowjetmenschen wird im Kommunismus leben! (75)

Vergleichen Sie dieses Programm mit der sowjetischen Wirklichkeit, soweit sie aus den Materialien von Abschnitt a und b greifbar wird.

e. Gab es Kritik?

Q 47 Aus dem Memorandum Andrej Sacharows an den Generalsekretär der Partei, Leonid Breschnew, März 1971

Andrej Sacharow, geb. 1921, Kernphysiker, Mathematiker, Kosmologe. An der Konstruktion der ersten sowjetischen Wasserstoffbombe war er entscheidend beteiligt; er erhielt den Leninorden, den Stalinpreis und wurde mit 32 Jahren Vollmitglied der Akademie der Wissenschaften der UdSSR. Er war „dreifacher Held der sozialistischen Arbeit". 1970 begründete er mit anderen das „Komitee der Menschenrechte" in der Sowjetunion. 1975 erhielt er den Friedensnobelpreis, den seine Frau in Stockholm entgegennahm, weil ihm die Ausreise verweigert wurde.

Sacharow erhielt auf das Memorandum keine Antwort und übergab es im Juni 1972 westlichen Korrespondenten. Er galt in der UdSSR als Oppositioneller (Dissident) und war vier Jahre lang nach Gorki (heute wieder Nischni-Nowgorod) verbannt, von Gorbatschow rehabilitiert.

1. Politische Verfolgungen:
Ich halte es für ein längst gereiftes Problem, eine allgemeine Amnestie der politischen Häftlinge zu erlassen …, einschließlich der in psychiatrischen Anstalten Eingeschlossenen, einschließlich der Personen, die wegen versuchter Grenzüberschreitung verurteilt wurden …

2. Öffentlichkeit, Freiheit des Informationsaustausches und der Überzeugungen …

3. Nationale Probleme, Probleme der Ausreise aus unserem Land:
a) Verordnungen und Gesetze sollten zur vollen Wiederherstellung der Rechte der unter Stalin umgesiedelten Völker ergehen.
b) Gesetze sollten erlassen werden, die den Bürgern einfach und ungehindert ihres Rechtes auf Ausreise aus dem Landesgrenzen und freie Rückkehr gewährleisten … Unsere Gesellschaft ist verseucht von Apathie, Heuchelei, kleinlichem Egoismus, verdeckter Grausamkeit … Damit das Land seelisch gesunden kann, müssen Bedingungen aufgehoben werden, die die Menschen zu Heuchelei und zur opportunistischen Anpassung verleiten, die ihnen das Gefühl der Machtlosigkeit, des Unbefrie-

digtseins und der Enttäuschung geben. Allen muss in der Wirklichkeit – und nicht nur in Worten – die gleiche Möglichkeit des Fortkommens im Beruf, in der Ausbildung und der kulturellen Bildung gegeben werden; das Privilegiensystem muss auf allen Gebieten des Bedarfs abgeschafft werden. (76)

T 30 Straflager und politische Gefangene bis 1991

Geschätzte Zahl der Lager (sie hießen zuletzt „Arbeitsbesserungskolonien"): ca. 1 000. Zahl der Gefangenen: etwa 1,2 Mio. = 0,5 % der Bevölkerung (England: 0,07; USA: 0,2), davon politische Gefangene: mindestens 10 000. (77)

Art. 54 der sowjetischen Verfassung: Den Bürgern wird die Unverletzlichkeit der Person gewährleistet. Niemand kann anders als auf Gerichtsbeschluss oder mit Genehmigung des Staatsanwalts verhaftet werden.

1. Vergleichen Sie die Verfassung (B 10, Q 40) mit der Verfassungswirklichkeit der Sowjetunion. Wie werden Widersprüche erklärt?
2. Bestimmen Sie die wesentlichen Verfassungsmerkmale einer westlichen parlamentarischen Demokratie.
3. Charakterisieren Sie die Rolle Sacharows in der ehemaligen Sowjetunion. Diskutieren Sie die Konsequenzen der Forderungen Sacharows für das Sowjetsystem und vergleichen Sie sie mit der Perestroika Gorbatschows (Q 60).

7. Von der Großmacht zur Weltmacht – Die Außenpolitik der Sowjetunion

a. Leitlinien

Q 48 Lenin

a) Weltrevolution
Europa geht nicht denselben Weg zur Revolution wie wir, aber Europa macht im Wesentlichen dasselbe durch. Jedes Land muss auf seine eigene Weise den inneren Kampf durchführen … Und dieser Kampf hat bereits begonnen …
Der Sieg der kommunistischen Revolution in allen Ländern [ist] unausbleiblich. (78)

b) Gerechte Kriege
Die Sozialisten haben die Kriege unter den Völkern stets als eine barbarische und tierische Sache verurteilt. Aber unsere Stellungnahme zum Krieg ist grundsätzlich anders als die der bürgerlichen Pazifisten [Friedensfreunde und Friedensprediger] … [Wir unterscheiden uns von ihnen] durch die Erkenntnis der Unmöglichkeit, den Kriegen ohne die Aufhebung der Klassen und den Sieg des Sozialismus ein Ende zu bereiten; wir unterscheiden uns von ihnen ferner dadurch, dass wir die Berechtigung, den fortschrittlichen Charakter, die Notwendigkeit der Bürgerkriege voll und ganz anerkennen, d. h. der Kriege der unterdrückten Klasse gegen die un-

terdrückende, der Sklaven gegen die Sklavenhalter, der leibeigenen Bauern gegen die Gutsbesitzer, der Lohnarbeiter gegen die Bourgeoisie. (79)

Q 49 Stalin: Sowjetpatriotismus
Der Sieg des Sozialismus [in der Sowjetunion] … bedeutet eine neue, gewaltige Verschiebung im Kräfteverhältnis der Klassen im Weltmaßstab zugunsten des Sozialismus, zuungunsten des Kapitalismus, den Beginn einer neuen Etappe in der Entwicklung der proletarischen Weltrevolution. Aus dieser … historischen Bilanz … ersteht für die Arbeiterklasse und die Werktätigen der ganzen Welt … die alles überragende Pflicht: Aus allen Kräften und mit allen Mitteln die Festigung der Sowjetunion zu fördern, die Feinde der Sowjetunion zu bekämpfen. (80)

Q 50 „Friedliche Koexistenz": Aus dem Parteiprogramm der KPdSU von 1961
Die friedliche Koexistenz bildet die Grundlage des friedlichen Wettbewerbs zwischen Sozialismus und Kapitalismus im internationalen Maßstab und stellt eine spezifische Form des Klassenkampfes zwischen ihnen dar. Indem die sozialistischen Länder sich konsequent für die friedliche Koexistenz einsetzen, streben sie nach unablässiger Festigung der Position des sozialistischen Weltsystems in seinem Wettstreit mit dem Kapitalismus. Bei friedlicher Koexistenz hat die Arbeiterklasse der kapitalistischen Länder günstigere Kampfmöglichkeiten, fällt es den Völkern der kolonialen und abhängigen Länder leichter, für ihre Befreiung zu kämpfen. (81)

Q 51 „Proletarischer Internationalismus": Rede Breschnews vor dem 5. Parteitag der Polnischen Vereinigten Arbeiterpartei, 1968 („Breschnew-Doktrin")
Die KPdSU ist stets dafür eingetreten, dass jedes sozialistische Land die konkreten Formen seiner Entwicklung auf dem Wege des Sozialismus unter Berücksichtigung der Spezifik seiner nationalen Bedingungen bestimmt. Bekanntlich bestehen aber auch allgemeine Gesetzmäßigkeiten des sozialistischen Aufbaus. Eine Abkehr von ihnen könnte zu einer Abkehr vom Sozialismus führen. Und wenn die inneren und äußeren, dem Sozialismus feindlichen Kräfte die Entwicklung irgendeines sozialistischen Landes auf die Restauration der kapitalistischen Ordnung zu wenden versuchen, wenn eine Gefahr für den Sozialismus in diesem Land, eine Gefahr für die Sicherheit der gesamten sozialistischen Staatengemeinschaft entsteht, ist das nicht nur ein Problem des betreffenden Landes, sondern ein allgemeines Problem, um das sich alle sozialistischen Staaten kümmern müssen. (82)

Q 52 Aus dem Rechenschaftsbericht vor dem 25. Parteitag, 1976
Die Kommunisten sind weit davon entfernt, einen „automatischen Zusammenbruch" des Kapitalismus zu prophezeien. Er verfügt noch über beträchtliche Reserven. Aber die Ereignisse der letzten Jahre bestätigen mit neuem Nachdruck, dass der Kapitalismus eine Gesellschaft ohne Zukunft ist. (83)

1. *Erläutern Sie die Auswirkungen der Formel von der UdSSR als „Vaterland aller Werktätigen" für die kommunistischen Parteien der Welt.*
2. *Bringen Sie diese außenpolitischen Prinzipien in Beziehung zu Stalins Innenpolitik.*
3. *Umschreiben Sie mit eigenen Worten, was die Sowjetunion unter „friedlicher Koexistenz" verstand (Q 50).*
4. *Arbeiten Sie den Kernpunkt dieser außenpolitischen Leitlinie heraus und informieren Sie sich über den Hintergrund der Rede Breschnews (s. Q 59).*
5. *Beschreiben Sie die außenpolitischen Prinzipien von Lenin bis Breschnew hinsichtlich ihrer Gemeinsamkeiten und Unterschiede. Erklären Sie die Veränderungen.*
6. *Messen Sie die faktische sowjetische Außenpolitik an den jeweils geltenden theoretischen Grundlagen.*

b. Sowjetische Außenpolitik 1917–1945

T 31 Von der Revolution bis zum Ende des Zweiten Weltkriegs
Kurz nach der Machtergreifung erließ die bolschewistische Regierung das **„Dekret über den Frieden"**, in dem sie einen sofortigen Frieden ohne Aneignung fremder Territorien (Annexionen) und Kriegsentschädigungen (Kontributionen) forderte. 1918 schloss sie mit Deutschland den **Frieden von Brest-Litowsk**, der nach der Niederlage Deutschlands gekündigt wurde. Im **Bürgerkrieg** zwischen „Weiß" und „Rot" 1918–1922 behaupteten sich die Bolschewiki. Die 1922 gegründete **Sowjetunion** umfasste nahezu das Territorium des Zarenreiches. Finnland und die baltischen Staaten Estland, Lettland und Litauen hatten ihre Unabhängigkeit erkämpft, Rumänien hatte sich Bessarabien einverleibt. 1920 war es der Roten Armee gelungen, bis Warschau vorzudringen. Im Gegenschlag stießen die polnischen Truppen bis Kiew vor; die Sowjetunion musste ukrainische und weißrussische Gebiete an den neu gegründeten polnischen Staat abtreten. Zwischen 1919 und 1933 nahm die Sowjetunion diplomatische Beziehungen zu fast allen Staaten auf, zuerst zu Deutschland (Rapallo 1922), zuletzt zu den USA (1933). Sie schloss 1921 das erste Handelsabkommen mit Großbritannien; im Rapallo-Vertrag mit Deutschland verzichteten beide Vertragspartner auf den Ersatz ihrer Kriegsschäden und vereinbarten Meistbegünstigung im Außenhandel. 1926 folgte das Neutralitätsabkommen mit Deutschland. Dem schlossen sich zahlreiche weitere Nichtangriffsverträge an (1932 mit Finnland, Lettland, Estland, Polen, Frankreich, 1933 mit Italien). Nach dem Angriff Japans auf die Mandschurei 1931 schloss die Sowjetunion einen Bündnisvertrag mit China. 1934 trat sie in den **Völkerbund** ein. In einem Beistandspakt mit Frankreich und mit der Tschechoslowakei 1935 sicherten sich die Vertragspartner Hilfeleistung für den Fall von „Drohungen oder Gefahr durch einen europäischen Staat" zu

(gegenüber der Tschechoslowakei aber nur, wenn militärischer Beistand durch Frankreich erfolgte).

1936 unterstützte die Sowjetunion die Kommunisten im **spanischen Bürgerkrieg**. Am 23. August 1939 schloss sie einen **Nichtangriffspakt mit Deutschland**. Im geheimen Zusatzprotokoll wurden die beiderseitigen Interessensphären abgegrenzt: Finnland, Estland, Lettland (später auch Litauen) und Polen östlich der Linie Weichsel-Narew-San sowie Bessarabien wurden zum sowjetischen Einflussgebiet erklärt. Im September 1939 marschierten sowjetische Truppen in Ostpolen ein und besetzten ihr „Einflussgebiet"; die baltischen Staaten mussten der Sowjetunion militärische Stützpunkte einräumen und wurden 1940 annektiert. Im selben Jahr musste Rumänien Bessarabien und die Nordbukowina abtreten. Nur Finnland weigerte sich der Sowjetunion Stützpunkte einzuräumen. Im Winterkrieg 1939/40 konnte Finnland seine Unabhängigkeit behaupten, musste aber einige Grenzgebiete (Petsamo, Karelien) an die Sowjetunion abtreten. Am 22. Juni 1941 begann der **deutsche Überfall auf die Sowjetunion**. Das deutsche Heer drang weit in das Land ein und erreichte im Dezember 1941 die Vorstädte Moskaus. Die Kampfkraft der Roten Armee konnte aber nicht – wie geplant – in einem „Blitzfeldzug" gebrochen werden. Die brutale Behandlung und Ausbeutung der sowjetischen Zivilbevölkerung gemäß Hitlers rassischen Vorstellungen vom „slawischen Untermenschen" mobilisierte den härtesten Widerstandswillen im **„Großen Vaterländischen Krieg"** (u. a. Partisanenkrieg, Verlegung großer Teile der Rüstungsindustrie hinter den Ural). Die deutschen Truppen stießen Ende 1942 noch bis Stalingrad an der Wolga und zum Kaukasus vor; dann aber begann mit der Kapitulation der 6. Armee im Kessel von **Stalingrad** (31. Januar 1943) die Kriegswende. Im Gegenstoß erreichte die Rote Armee bis 1945 die Elbe, wo sich am 25. April 1945 russische und amerikanische Soldaten bei Torgau die Hand reichten.

Auf der **Potsdamer Konferenz** der „Großen Drei" 1945 (Truman für die USA, Stalin für die Sowjetunion, Churchill, später Attlee für Großbritannien) erhielt die Sowjetunion das nördliche Ostpreußen mit Königsberg (seitdem Kaliningrad). Nachdem die UdSSR noch am 8. August 1945 Japan den Krieg erklärt hatte, bekam sie nach Kriegsende die Kurilen-Inseln und Südsachalin.

Zur Sowjetunion im Zweiten Weltkrieg s. auch T 33; K 3; S. 84 ff.; T 19, S. 88; T 12, S. 107; T 1, S. 178.

c.   Sowjetische Nationalitätenpolitik

T 32   Die Nationalitäten 1917–1941

Lenin trat zunächst für das Recht auf nationale Selbstbestimmung ein. Als sich jedoch nach der Revolution die Nationalitäten in den Randgebieten, besonders die baltischen Völker, die Polen, Ukrainer, die Völker des Kaukasus und Zentralasiens, tatsächlich unabhängig machen wollten und dabei z. T. von ausländischen Mächten unterstützt wurden, versuchte die neue Sowjetregierung dies mit Waffengewalt zu verhindern. Es gelang Finnland, Lett-

land, Estland und Litauen sich freizukämpfen; Polen konnte seine Ostgrenze sogar über seine Volkstumsgrenze hinaus nach Osten verschieben. Im Übrigen deckten sich die Grenzen der 1922 gegründeten „Union der Sozialistischen Sowjetrepubliken" (UdSSR) nahezu mit denen des alten Zarenreiches. Der Name sollte den bundesstaatlichen Charakter zum Ausdruck bringen. Die Sowjetunion war also von Anfang an ein Vielvölkerstaat, in dem die slawischen Volksgruppen (Großrussen, Ukrainer, Weißrussen) zusammen etwa 75 % ausmachten, die Großrussen allein 53 %. Der Sowjetstaat war anfänglich aus sechs (später 15) Sowjetrepubliken zusammengesetzt, darunter die weitaus größte Russische Föderative Sowjetrepublik (RSFSR). Die Sowjetverfassung von 1936 gewährte den einzelnen Bundesstaaten völlige Selbstverwaltung bis hin zum freien Recht des Austritts aus der UdSSR. Die einzelnen Republiken hatten eine eigene Verfassung nach dem Vorbild der Gesamtverfassung und entsandten Vertreter in die eine der beiden Kammern des Obersten Sowjet, den Nationalitätensowjet. In Wirklichkeit handelte es sich um einen Scheinföderalismus. Die „Autonomie" der Nationalitäten stand ebenso wie das gesamte politische und wirtschaftliche Leben unter der strengen zentralistischen Kontrolle der Partei. Den einzelnen Völkern wurde besonders die Pflege ihrer Sprache und Kultur überlassen; diese wurde z. T. durch planmäßige Schulbildung (etwa in Zentralasien) sogar gefördert. Jeder berufliche Aufstieg war aber an die Kenntnis der russischen Sprache gebunden. Mit der Industrialisierung wanderten auch zahlreiche Russen in überwiegend nichtrussische Gebiete ein. Dennoch war es der Sowjetunion bis zum Kriegsausbruch nicht gelungen, alle Randvölker fest in das Sowjetsystem einzugliedern und den von Stalin gewünschten „Sowjetpatriotismus" zu erzeugen; dies bewies der Jubel, mit dem die deutschen Truppen zunächst als „Befreier" begrüßt wurden. Angesichts der nationalsozialistischen „Nationalitätenpolitik" schlug die anfangs freundliche Einstellung gegenüber den deutschen Besatzungstruppen rasch ins Gegenteil um.

T 33   Deportation und Massenvernichtungen während und nach dem Zweiten Weltkrieg

Während des Zweiten Weltkriegs wurden sieben Nationalitäten aus ihrer Heimat deportiert und in Sibirien und Zentralasien verstreut; die Wolgadeutschen (ca. 500 000), die Krimtataren, die Kalmücken und vier kleinere kaukasische Nationalitäten. Ihre Gesamtzahl betrug mehr als 1 Mio.

Polen: Aus den 1939 besetzten polnischen Gebieten wurden insgesamt 1,5 Mio. Menschen in knapp 21 Monaten deportiert. Die polnische „herrschende Klasse" in diesen Gebieten wurde weitgehend vernichtet. Bei Katyn (westlich von Smolensk) wurde ein Massengrab mit 4 000 erschossenen polnischen Offizieren gefunden.

Bessarabien: 1941 rund 200 000 Menschen deportiert

Baltische Provinzen: mindestens ebenso viele. Etwa 24 % der litauischen Bevölkerung waren zur Deportation vorgesehen. (84)

Q 53 Nationalsozialistische Nationalitätenpolitik – Aus der Denkschrift des Reichsführers SS Himmler, 25. Mai 1940

Für die nichtdeutsche Bevölkerung des Ostens darf es keine höhere Schule geben als die vierklassige Volksschule. Das Ziel dieser Volksschule hat lediglich zu sein: einfaches Rechnen bis höchstens 500, Schreiben des Namens, eine Lehre, dass es göttliches Gebot ist, den Deutschen gehorsam zu sein und ehrlich, fleißig und brav zu sein. Lesen halte ich nicht für erforderlich …

Die Eltern der Kinder guten Blutes werden [gezwungen], das Kind herzugeben – sie werden dann wahrscheinlich keine weiteren Kinder mehr erzeugen, so dass die Gefahr, dass dieses Untermenschenvolk des Ostens durch solche Menschen guten Blutes eine für uns gefährliche, da ebenbürtige Führerschicht erhält, erlischt. (85)

Q 54 Aus der bis 1977 geltenden sowjetischen Verfassung von 1936

Art. 17: Jeder Unionsrepublik bleibt das Recht auf freien Austritt aus der UdSSR gewahrt.

Art. 123: Die Gleichberechtigung der Bürger der UdSSR auf sämtlichen Gebieten des wirtschaftlichen, staatlichen, kulturellen, gesellschaftlichen und politischen Lebens, unabhängig von ihrer Nationalität und Rasse, ist unverbrüchliches Gesetz.

Q 55 Stalin beim Empfang der Befehlshaber der Roten Armee im Kreml, 24. Mai 1945

Genossen …, ich möchte einen Toast auf das Wohl unseres Sowjetvolkes und vor allem auf das Wohl des russischen Volkes ausbringen. Ich trinke vor allem auf das Wohl des russischen Volkes, weil es die hervorragendste Nation unter allen zur Sowjetunion gehörenden Nationen ist. (86)

Q 56 Das Schicksal der Bevölkerung in den von den Deutschen befreiten Gebieten

Die NKWD-Organe [sowjetischer Staatssicherheitsdienst] hatten gewaltige Arbeit beim „Durchkämmen" der Bevölkerung in den von der Sowjetarmee befreiten, eben noch okkupierten Gebieten der UdSSR … Um nicht zu verhungern, waren diese Menschen gezwungen … zu arbeiten. Ihre Kinder brauchten Unterricht. Nach der damaligen Terminologie bedeutete das, „mit den Okkupanten kollaborieren". Natürlich waren alle zu bestrafen, die den unter Befehl der deutschen Behörden stehenden Straftrupps, der Polizei, der Wlassowarmee [die auf deutscher Seite gegen die Sowjetarmee gekämpft hatte], angehörten, in den Goebbels-Presseorganen und anderen Institutionen mitarbeiteten … Es gab [aber] … viele Menschen, deren Arbeit in Betrieben, Kolchosen, bei der Bahn die einzige Möglichkeit bot nicht Hungers zu sterben … Praktisch allen, die unter das Besatzungsregime gelangt waren, wurden ihre Rechte beschnitten und ein nicht geringer Teil doch in die Lager geschickt, die sich während des Krieges infolge der hohen Sterblichkeit merklich geleert hatten. (87)

d. Der Zweite Weltkrieg und seine Folgen für die Sowjetunion

K 3 Ostmitteleuropa 1939–1952

Gebietserwerbungen der Sowjetunion: Allein in Europa wurde ein Territorium von 472 000 qkm mit 23,8 Mio. Menschen direkt der Sowjetunion einverleibt.

Einflussbereich der Sowjetunion: Damit gerieten (ohne Jugoslawien, s. T 35) 1 017 330 qkm (Fläche Deutschlands und Frankreichs zusammen: 900 987 qkm) mit einer Bevölkerung von nahezu 93 Mio. in die Einflusssphäre Moskaus.

Zu Aufbau, Zielen, Leistungen und Problemen des **Warschauer Paktes** und des **Rates für gegenseitige Wirtschaftshilfe** s. S. 264 f.

1. Vergleichen Sie Größe und Bevölkerungszahl der Sowjetunion mit denen anderer europäischer Länder.
2. Charakterisieren Sie das Militärbündnis und den wirtschaftlichen Zusammenschluss, indem Sie zeigen, wessen Interessen dabei berücksichtigt wurden.

deutscher Gefangenschaft kamen fast 60 % zumeist an Unterernährung um. (Alle Schätzungen gehen erheblich auseinander.) Die Sowjetunion verlor schätzungsweise ein Drittel ihres Nationalvermögens, d. h. es wurden (ganz oder teilweise) zerstört: 1 700 Städte, über 70 000 größere und kleinere ländliche Siedlungen, 32 000 Industrieanlagen, 65 000 km Eisenbahnlinien, 15 000 Lokomotiven, 98 000 Kolchosen (über 40 %), 1 876 Sowchosen, 2 890 MTS-Stationen.
In Tausenden von Dörfern und Siedlungen lebten die Menschen in Erdhöhlen und primitiven Hütten. Auf dem Land gab es 20 % weniger Arbeitskräfte, die Saatfläche verminderte sich um 25 %. Die gesamte Produktion der Landwirtschaft sank auf 60 % des Vorkriegsstandes, die von Verbrauchsgütern auf 50 %. (88)

Q 57 Stalin in einem Gespräch über die Zielsetzung der sowjetischen Außenpolitik, Frühjahr 1945
Dieser Krieg ist nicht wie in der Vergangenheit; wer immer ein Gebiet besetzt, erlegt ihm auch sein eigenes gesellschaftliches System auf. Jeder führt sein eigenes System ein, so weit seine Armee vordringen kann. Es kann gar nicht anders sein. (89)

1. Zeigen Sie an einem Beispiel, auf welche Weise dies geschah (s. auch S. 182 f.).
2. Überlegen Sie die innen- und außenpolitischen Folgen, die sich für die Sowjetunion aus den im Zweiten Weltkrieg erlittenen Verlusten ergaben.

e. Spaltung im Weltkommunismus

Q 58 Die Kritik Titos an der Sowjetunion, 1957 zusammengestellt von Iring Fetscher
1. Die Sowjetunion ist unter Stalin ein **imperialistischer** Staat geworden und treibt daher eine unsozialistische Außenpolitik.
2. In der Sowjetunion herrscht ein Verhältnis der Ungleichheit und der Unterdrückung zwischen den Nationen, da in Theorie und Praxis die Lehre von der **„führenden Nation"**, den Großrussen, vertreten wird.
3. In der Sowjetunion hat sich ein **neuer Klassenstaat** mit einer (wirtschaftlich und politisch bevorrechteten) bürokratischen Oberschicht herausgebildet. Der Weg zur klassenlosen Gesellschaft ist daher verlassen worden.
4. In der Sowjetunion herrscht ein **zentralistischer Bürokratismus**, der sich auf dem Gebiet der Wirtschaft als **Staatskapitalismus**, auf politischem Gebiet als Herrschaft der Verwaltungsbehörden und der politischen Polizei ausdrückt. Der Weg zur sozialistischen Demokratie wurde also verlassen und der wirkliche Sozialismus verraten.
5. Die **Ideologie** der Sowjetunion hat vom Marxismus-Leninismus nur noch den Namen, in Wahrheit handelt es sich um eine dogmatisch erstarrte, wirklichkeitsfremde Lehre, die den Machthabern zur **Verschleierung der wahren Verhältnisse** dient. (90)

B 28 „Mutter Heimat", Teil des Denkmals von Wolgograd (Name seit 1961, von 1925 bis 1961 Stalingrad). 200 Tage und Nächte dauerte die Schlacht um Stalingrad (1941/42). Auf dem am meisten umkämpften Mamajew-Hügel wurden auf jedem Quadratmeter Erde bis zu 1 250 Granat , Bomben und Geschosssplitter gefunden. Der gesamte Hügel ist eine Gedenkstätte. Immer neue Skulpturengruppen feiern den Sieg des sowjetischen Volkes über den Faschismus. Die Schlacht wird für die Besucher über Lautsprecher nachgespielt. Das Bild zeigt die 30 m hohe „Mutter Heimat" auf dem höchsten Punkt des Hügels.

Nehmen Sie zum Sinn solcher Gedenkstätten Stellung.

T 34 Kriegsopfer und Kriegszerstörungen in der Sowjetunion
Die Sowjetunion verlor 20 Mio. Menschen, d. h. 10 % der Vorkriegsbevölkerung.
Allein bei der Belagerung Leningrads verhungerten in zweieinhalb Jahren zwischen 300 000 und 800 000 Menschen.
Von den mindestens 5,7 Mio. sowjetischen Kriegsgefangenen in

T 35 Übersicht über die Spaltungen im Weltkommunismus

Ereignis	Ziele	Ergebnis
1948 Bruch **Jugoslawiens** (Tito) mit Moskau	Kritik am Kommunismus der Sowjetunion. Aufbau eines „wahren Sozialismus"	Jugoslawien „blockfrei", „eigener Weg zum Sozialismus"
1953 **Volksaufstand** in der DDR (17. Juni)	Höhere Löhne, Demokratisierung, deutsche Einheit	Sowjetische Truppen schlagen die Erhebung nieder
1956 Posener Aufstand (Juni) „**Polnischer Frühling**" (Okt,)	Gegen Stalinismus, für mehr demokratische Freiheit	Aufstand unter Einsatz sowjetischer Truppen erstickt. Vorübergehendes „Tauwetter", dann wieder härterer Kurs unter Parteichef Gomulka
Aufstand in Ungarn (Okt.), Unruhen in Rumänien und Bulgarien	Abzug der sowjetischen Truppen, Austritt aus dem Warschauer Pakt, Auflösung der Geheimpolizei, freie Wahlen	Sowjetische Truppen werfen den Aufstand nieder (nach Hilferuf ungarischer Parteifunktionäre); moskauhörige Regierung Kádár
1960 Bruch mit **China**; Abzug der sowjetischen Techniker aus China	China beansprucht den „wahren Marxismus" zu vertreten (s. S. 312)	China beharrt auf seiner Lehre
1961 **Albanien** bricht seine Beziehungen zur UdSSR ab	Zusammenarbeit mit China	Albanien kann seine Sonderstellung bis 1990 behaupten
1968 „**Prager Frühling**"	S. Q 59	Einmarsch der Warschauer-Pakt-Staaten in die ČSSR (20./21.8.); Ende der Reformen
1969 Kriegerische Auseinandersetzung zwischen China und der Sowjetunion am Ussuri	Streit um Grenzgebiete	Konflikt bleibt ungelöst
1970 **Polnische Arbeiterrevolution** (Dez.)	Mehr Demokratie, Preissenkungen	Neuer Parteichef, keine Reformen
1980 Unabhängige Gewerkschaft „**Solidarität**" in Polen, unterstützt von der Mehrheit der Arbeiter und der Kirche (Aug.)	Gegen Preiserhöhungen, für mehr demokratische Freiheiten Eigenständige Vertretung der Interessen der Arbeiterschaft	Ausrufung der Militärherrschaft unter General Jaruzelski (Dez. 1981), danach Runder Tisch und grundlegende Reformen

1. Die Entwicklung des Weltkommunismus wurde häufig mit dem Schlagwort „Vom monolithischen Block zum Polyzentrismus" bezeichnet. Deuten Sie das Schlagwort anhand der Tabelle.
2. Überlegen Sie, welche Voraussetzungen und Folgen die Ereignisse des Jahres 1956 in der sowjetischen Innenpolitik hatten (s. T 20 und 24).

T 36 Die kommunistischen Parteien der Welt um 1980 (Mitglieder in Mio.)
15 regierende Parteien: rund 70
79 nichtregierende Parteien: rund 5
Regionale Verteilung der nichtregierenden Parteien:
  Westeuropa: 3,1
  (darunter Italien: 1,75. 30 % wählten 1976 die Kommunistische Partei.
  Frankreich: 0,7. 20,6 % wählten 1978 die Kommunistische Partei.)
Asien und Ozeanien: 1,2
Afrika: 0,06
Lateinamerika: 0,75
Nordamerika: 0,02   (91)

Q 59 Aus dem Aktionsprogramm der KPČ, 5. April 1968
In der ČSSR (Tschechoslowakische Sozialistische Republik) kam es mit der Absetzung des Stalinisten Novotný und der Ernennung Alexander Dubčeks zum ersten Parteisekretär im Januar 1968 zu einer Reformbewegung. Eine Reihe von hohen Funktionären wurde entlassen, die Pressezensur aufgehoben. Breiteste Bevölkerungskreise beteiligten sich an der offen geführten Diskussion. Das nachstehende Aktionsprogramm wurde vom ZK der Partei gebilligt. Sein offizieller Titel lautet: „Der Weg der Tschechoslowakei zum Sozialismus".
Die grundsätzliche Orientierung der tschechischen Außenpolitik ist das Bündnis und die Zusammenarbeit mit der Sowjetunion und den anderen sozialistischen Ländern …
Es ist nicht möglich, von einer Position der Macht aus … vorzuschreiben, welche Informationen den werktätigen Menschen zugänglich gemacht werden, welche Auffassungen öffentlich bekundet und wo die öffentliche Meinung eine Rolle spielen könne. Die Gesetze müssen auch die Redefreiheit von Minderheiten nachhaltiger garantieren. Die verfassungsrechtliche Freizügigkeit, insbesondere die Reisen von Bürgern ins Ausland müssen durch Gesetz garantiert werden … Weiter Spielraum für die gesellschaftliche Initiative, offener Meinungsaustausch und Demokratisierung des ganzen Gesellschafts- und politischen Systems werden … zu einer Vorbedingung dafür, dass wir im Wettbewerb vor der Welt bestehen und unsere Pflichten gegenüber der internationalen Arbeiterbewegung redlich erfüllen.
Das Programm der Demokratisierung in der Wirtschaft umfasst namentlich die Verwirklichung der Selbstständigkeit der Unternehmen … sowie ihre relative Unabhängigkeit von den Organen des Staates, die volle und reale Möglichkeit verschiedener Gruppen, ihre ökonomischen Interessen bei der Bildung der Wirtschaftspolitik zu formulieren und zu verteidigen. (92)

1. Vergleichen Sie die Zielsetzungen mit den Beurteilungen aus der Sicht der Sowjetunion (Q 51) und der DDR (Q 90, S. 228).
2. Fassen Sie nach den eigenen Zielsetzungen der Reformkommunisten die Kennzeichen eines „demokratischen und humanen Sozialismus" zusammen.

1. Die Sowjetunion und die westliche Welt

Die Kriegskoalition der Sowjetunion mit den USA zerbrach infolge des machtpolitischen und ideologischen Gegensatzes zwischen den beiden Supermächten. Das Ergebnis war die Teilung Deutschlands, Europas und der Welt in zwei Machtblöcke, von denen jeder seinen Einflussbereich zu sichern bzw. auszubauen versuchte (Bipolarität). Die Jahre zwischen 1947 und 1990 werden als die Zeit des **„Kalten Krieges"** bezeichnet. Zwar kam es nicht zu einem direkten militärischen Zusammenstoß zwischen den beiden Weltmächten, aber zu dauernder gegenseitiger Bedrohung durch Wettrüsten, Bündnisse, Propaganda und Unterstützung der jeweils eigenen Partei in Konflikten und Kriegen (z. B. Berlin, Korea, Nahost). In der **Kubakrise** 1962 stand die Welt am Rande eines Atomkrieges. Die Gefahr der gegenseitigen nuklearen Vernichtung („Gleichgewicht des Schreckens") zwang die beiden Lager, Spannungen auf dem Verhandlungswege abzubauen. Diese **„Entspannungspolitik"** seit 1964 blieb auf beiden Seiten umstritten und wurde besonders durch den sowjetischen Einmarsch in Afghanistan (Dezember 1979) bedroht. Trotz einiger Teilerfolge gelang es erst unter Gorbatschow endgültig, das Wettrüsten zu beenden und „Stellvertreterkriege" zu vermeiden.

Seit den 60er Jahren spaltete sich das System zweier Machtblöcke in ein System der Weltpolitik mit mehreren Kraftzentren: China, größeres Eigengewicht Westeuropas, blockfreie Länder der Dritten Welt. Nach dem Ende des Ost-West-Gegensatzes tritt der Nord-Süd-Konflikt wieder stärker in den Vordergrund.

2. Die Sowjetunion und die „Dritte Welt"

Die Sowjetunion leistete erheblich weniger Entwicklungshilfe als die westlichen Industrieländer, da sie sich nicht für die „imperialistische Kolonialpolitik" und deren Folgen verantwortlich fühlte. Sie orientierte ihre Hilfe v. a. an eigenen außenpolitischen und wirtschaftlichen Zielen; der größte Teil ging in einen schmalen Gürtel, der vom Nahen Osten bis nach Südasien reichte. In den letzten Jahren der Sowjetunion wuchs das Interesse an den Rohstoffquellen der Dritten Welt zunehmend, insbesondere an den arabischen Ölvorkommen. Die Sowjetunion unterstützte überall „Befreiungsbewegungen gegen den Imperialismus" und sozialistische Regierungen oder Parteien und versuchte auf diese Weise, ihren Einflussbereich in Asien, Afrika und Lateinamerika auszuweiten.

3. Die Sowjetunion und China

Die Sowjetunion unterstützte die chinesischen Revolutionäre, aber nicht die Guerillastrategie Mao Tse-tungs. Nach Ausrufung der Chinesischen Volksrepublik (1949) schloss die Sowjetunion ein Bündnis mit China (1950). Als China jedoch mit dem „Großen Sprung nach vorn" einen „eigenen Weg" zum Sozialismus beschritt, zog die Sowjetunion 1960 alle Ingenieure und Techniker ab. Der sowjetisch-chinesische Gegensatz beruhte auf unterschiedlichen ideologischen Positionen (jede Seite beanspruchte für sich die richtige Auslegung und Anwendung des Marxismus-

Leninismus) und auf der machtpolitischen Konkurrenz um die Führung im Weltkommunismus. Die Spannungen steigerten sich bis zu Schießereien im Grenzgebiet am Ussuri (1969).

8. Von der Sowjetunion zur Gemeinschaft Unabhängiger Staaten (GUS)

T 38 Das Ende der Sowjetunion
Die Sowjetunion löste sich zum Jahresende 1991 auf. In der Nacht zum 27. Dezember wurde die sowjetische Flagge über dem Kreml eingeholt und durch die russische Trikolore ersetzt. Boris Jelzin zog an Stelle des zurückgetretenen Präsidenten der UdSSR Gorbatschow als Präsident Russlands in den Kreml ein.

1. *Vergleichen Sie die „Außenansicht" der Sowjetunion (Q 1, B 3, Q 46, 51) mit der „Innenansicht" (B 8, T 3, 14, 16, 25, 32, Q 39, 47) und stellen Sie eine Liste von Problemen zusammen.*
2. *Diskutieren Sie wiederholend die grundsätzlichen Schwierigkeiten einer Planwirtschaft.*

a. Michail Gorbatschow und das neue Denken

T 39 Michail S. Gorbatschow
Beide Nachfolger Breschnews (gest. 1982) als Generalsekretäre der KPdSU, Andropow und Tschernenko, waren bei ihrem Amtsantritt die ältesten Parteiführer der Parteigeschichte. Sie galten als Verlegenheitslösung und hinterließen in den knapp drei Jahren ihrer Amtsführung keine bleibenden Spuren in der Geschichte der Sowjetunion.

Michail Gorbatschow wurde 1931 als Sohn eines Bauern im Nordkaukasus (Stawropol) geboren. Nach dem Krieg war er von 1946 bis 1950 Arbeiter in einer Maschinen- und Traktorenstation. Er studierte zunächst Jura in Moskau, später am Agrarinstitut in Stawropol Landwirtschaft bis zum Diplom-Agraringenieur. Seine Frau schrieb ihre wissenschaftliche Abschlussarbeit über die Lage der Bauern in der Sowjetunion als eine der ersten auf der Grundlage konkreter Beobachtungen und Daten. Gorbatschow stieg als Parteifunktionär rasch zum Ersten Sekretär des Gebietskomitees von Stawropol auf. In diesem kaukasischen Kurort hatte er Gelegenheit, gute Beziehungen zu hohen Funktionären aus Moskau zu knüpfen. Besonders Andropow förderte Gorbatschows Karriere. 1978 wurde er ZK-Sekretär für Landwirtschaft und 1980 ins Politbüro berufen. 1985 wurde der 54-Jährige „einmütig" (nicht einstimmig) vom Politbüro zum Generalsekretär der KPdSU gewählt. In den ersten zehn Monaten seiner Amtszeit wurden drei Dutzend Minister und mehr als 50 Gebietsparteisekretäre ausgewechselt. Er besuchte viele Betriebe und verkündete den „Kampf gegen den Alkoholismus".

Vergleichen Sie Gorbatschows Werdegang mit denen seiner Vorgänger seit Lenin (T 18–21).

Q 60 Perestroika und das neue Denken: Kernsätze aus Gorbatschows Buch, 1987

Gorbatschow entwickelte zwei Jahre nach seinem Amtsantritt als Generalsekretär der KPdSU sein Programm in einem Buch, das in viele Sprachen übersetzt und in der ganzen Welt bekannt wurde. Er überschrieb es mit „Perestroika und neues Denken für unser Land und die ganze Welt".

In vielen Reden in und außerhalb der Sowjetunion vertrat er dieselben Gedanken. Die Begriffe Perestroika und Glasnost wurden zu allseits bekannten Schlagworten.

Perestroika heißt übersetzt Umbau; Glasnost bedeutet Offenheit, Öffentlichkeit, Transparenz, wirklichkeitsgemäße Darstellung eines Sachverhalts.

Perestroika bedeutet, sich auf die schöpferische Kraft der Massen zu verlassen, Entwicklung einer umfassenden Demokratie sozialistischer Selbstverwaltung, Ermutigung eigener Initiativen und Selbstständigkeit, Stärkung von Ordnung und Disziplin, mehr Offenheit, mehr Kritik und Selbstkritik in allen Bereichen des gesellschaftlichen Lebens. Sie bedeutet ein hohes Maß an Achtung des Individuums und seiner persönlichen Würde.

Perestroika bedeutet die allseitige intensive Entwicklung der sowjetischen Wirtschaft, … die durchgängige Einführung ökonomischer Methoden, die Abkehr von der Kommandowirtschaft und von bürokratischen Methoden, die Ermutigung zu Innovationen und sozialistischem Unternehmergeist.

Das Wesen der Perestroika besteht darin, dass sie Sozialismus und Demokratie miteinander verbindet und das leninsche Konzept des sozialistischen Aufbaus sowohl in der Theorie als auch in der Praxis wieder einführt.

Das Charakteristische an der Perestroika ist, dass sie zugleich eine Revolution von oben und eine von unten ist. Darin liegt ihr sicherer Erfolg und ihre Unumkehrbarkeit.

Nötig ist eine weit greifende Demokratisierung des gesamten gesellschaftlichen Lebens.

Ohne Offenheit (Glasnost) kann es keine Demokratie geben. Und ohne Demokratie kann es keinen zeitgemäßen Sozialismus geben.

Man muss den Massen die Wahrheit sagen.

Wir brauchen Offenheit (Glasnost) wie die Luft.

Erst die Geschichte kann ein Urteil über die Errungenschaften der verschiedenen Systeme fällen.

Niemand hat die absolute Wahrheit gepachtet.

Bei meinen Reisen durch die Republiken und die nationalen Regionen der Sowjetunion habe ich viele Menschen getroffen und bin immer aufs Neue davon überzeugt worden, dass sie es schätzen und darauf stolz sind, dass ihre Völker zu einer großen internationalen Familie gehören, dass sie ein notwendiger Bestandteil des großen Staates sind, der einen solch wichtigen Platz in der Entwicklung der Menschheit einnimmt. Darin besteht der Sowjetpatriotismus.

Die politischen Beziehungen zwischen den sozialistischen Staaten müssen auf der Grundlage vollkommener Selbstständigkeit entwickelt werden. Jede (sozialistische) Partei hat das Recht, die Fragen ihres Landes souverän zu lösen …

B 29 Gorbatschow als Redner

Universale Sicherheit beruht in unserer Zeit auf der Anerkennung des Rechts jeder Nation, den Weg ihrer sozialen Entwicklung selbst zu bestimmen, auf dem Verzicht der Einmischung in die inneren Angelegenheiten anderer Staaten und auf der Achtung anderer Staaten in Verbindung mit einer objektiven, selbstkritischen Einschätzung der eigenen Gesellschaft. Eine Nation mag sich entweder für den Kapitalismus oder für den Sozialismus entscheiden… Nationen können und sollen ihr Leben nicht nach dem Muster der USA oder der Sowjetunion ausrichten. Politische Positionen sollen deshalb frei sein von ideologischer Intoleranz.

Es gibt heute keine Sicherheit mehr durch militärische Überlegenheit, sondern nur noch durch Partnerschaft.

Möge die Geschichte entscheiden, auf wessen Seite die Wahrheit ist.

Wir werden uns nicht zum Kapitalismus bekehren.

Wir sind Europäer.

Die Vorstellung eines gemeinsamen europäischen Hauses ist die Verbindung von Notwendigkeit und Möglichkeit.

Der Westen, v. a. die USA, muss sich von der Selbsttäuschung freimachen, dass die Sowjetunion Abrüstung nötiger brauche als der Westen, dass ein wenig Druck genüge, damit wir das Prinzip des Gleichgewichts aufgeben. Das werden wir nicht tun.

Die gesamte Menschheit sitzt in einem Boot und wir können nur zusammen schwimmen oder untergehen.

Wir haben kein Patentrezept. (93)

1. *Gliedern Sie die Aussagen nach übergeordneten Gesichtspunkten (Wirtschaft, politische Ordnung, Beziehungen zu anderen Staaten) und drücken Sie mit eigenen Worten aus, was Gorbatschow meint.*
2. *Erläutern Sie, mit welchen Aussagen Gorbatschow an den Säulen des Sowjetsystems rüttelt (s. B 23).*
3. *Stellen Sie Widersprüche oder Unklarheiten in Gorbatschows Denken fest.*
4. *Worin hat sich Gorbatschow ganz offensichtlich getäuscht?*

B 30   Jelzin auf dem Panzer, August 1991
Der frei gewählte Präsident Russlands, Boris Jelzin, stellte sich an die Spitze des demokratischen Widerstands gegen die Putschisten. Hunderttausende demonstrierten in Moskau und Leningrad für Demokratie, darunter besonders viele Jugendliche. Die Mehrheit der Bevölkerung und Teile der Armee, insbesondere das mittlere Offizierskorps, standen hinter Jelzin.

Vergleichen Sie mit B 13.

T 40   Der Putsch vom 19. August 1991
In der Wirtschaftspolitik Gorbatschows war kein klarer Kurs erkennbar. Den Menschen ging es zusehends schlechter, die Nationalitäten begehrten auf. Gorbatschow ließ sich vom neu geschaffenen „Kongress der Volksdeputierten", der nur z. T. frei gewählt war, zum Präsidenten mit großen Machtbefugnissen wählen. Am 19. August 1991 wurde er an seinem Urlaubsort auf der Krim gefangen genommen. An der Spitze des selbst ernannten „Notstandskomitees" stand der von Gorbatschow ins Amt berufene Vizepräsident Janajew; unter den acht Putschisten waren der Innenminister, der Verteidigungsminister, der Ministerpräsident, der Chef des KGB und ein ehemaliger Kommandeur der Roten Armee in Afghanistan. Ziel der Verschwörer war die Erhaltung des Sowjetimperiums und des Herrschaftsmonopols der Kommunistischen Partei.

T 41   Boris N. Jelzin
wurde 1931 als Sohn eines Bauern im Ural geboren. Er studierte Bauingenieur und übernahm mit 32 Jahren die Leitung eines großen Baukombinats. 1976 wurde er zum Ersten Sekretär des Gebietskomitees der Partei von Swerdlowsk (heute wieder Jekaterinburg) ernannt. Von Gorbatschow 1985 ins Zentralkomitee berufen wurde er auch Kandidat des Politbüros und Parteichef von Moskau. Dort unterstützte er den Reformkurs; er ging kompromisslos gegen Korruption und Amtsmissbrauch vor. Der Parteiapparat zwang Gorbatschow, ihn fallen zu lassen. 1990 trat er

demonstrativ aus der Kommunistischen Partei aus und galt als demokratischer Radikalreformer. Er gewann am 12. Juni 1991 die ersten freien Präsidentenwahlen in Russland. Durch seine entscheidende Rolle bei der Abwehr des Putsches vom 19. bis 21. August wurde er zum mächtigsten Mann. Er entmachtete Gorbatschow, indem er am 12. Dezember 1991 in Minsk das Abkommen über die Auflösung der Sowjetunion und die Schaffung der Gemeinschaft Unabhängiger Staaten (GUS) unterzeichnete und vom russischen Parlament ratifizieren ließ. Die Kommunistische Partei wurde aufgelöst. Eine neue Präsidialverfassung sichert ihm auch innenpolitisch große Macht. Im Juni 1996 fanden in Russland Präsidentenwahlen statt, die Jelzin trotz schwerster gesundheitlicher Probleme mit absoluter Mehrheit gewann. Sein Konkurrent im zweiten Wahlgang war der Kommunist Sjuganow, nachdem im ersten Wahlgang der nationalistische und der demokratische Bewerber nicht genügend Stimmen erhalten hatten.

Q 61   Gorbatschow – ein Mann des Jahrhunderts?

a) Der ehemalige russische Dissident Lew Kopelew, ein Freund Sacharows
Mit Michail Gorbatschow begann die Zerstörung des totalitären, partokratischen [von der Partei beherrschten] Sowjetreichs; doch diese „Revolution von oben" war inkonsequent, Gorbatschow hat zwar erfolgreich vieles zerstört, aber nichts Neues aufzubauen vermocht. Sein eindeutig historisches Verdienst bleibt: die Abschaffung der Zensur und der unkontrollierbaren Macht des Geheimdienstes – alle politischen Häftlinge kamen frei, Sacharow wurde Abgeordneter im Kongress der Volksdeputierten. Erstmals seit 1917 durfte man in Russland wieder frei sprechen, frei schreiben und frei publizieren.
Doch die Wirtschaft und die administrativen Strukturen waren hoffnungslos verschlissen, zersetzt und ruiniert. Die unstillbare Machtgier des stalinschen Imperiums, die auch noch die Politik Chruschtschows und Breschnews mitbestimmte, die maßlose Aufrüstung zu Land, zu Wasser, in der Luft und im Kosmos und der zehnjährige Afghanistankrieg zerstörten nicht nur die Grundmauern der Volkswirtschaft, sondern auch die Moral, die Seelen der Menschen …
Mit den Militärs und mit dem militärisch-industriellen Komplex konnte Gorbatschow nicht zurechtkommen. Die brutalen, mörderischen Ausschreitungen der Sondertruppen gegen friedliche Demonstranten in Tblissi (Georgien), in Vilnius (Litauen) und in Baku (Aserbaidschan) machten den Zerfall der Sowjetunion unvermeidlich. Der Stalinisten-Putsch im August 1991 hat ihn sprunghaft beschleunigt. (94)

b) Ein westlicher Journalist
Michail Sergejewitsch Gorbatschow … hoffte zweifellos selbst bei seinem Amtsantritt und noch Jahre darüber hinaus, den schon von schwerer Krankheit gezeichneten Patienten Sowjetunion heilen zu können. So hielt er bis zuletzt am „guten" Lenin fest, verurteilte in erster Linie Stalin und Breschnew, glaubte weiterhin an den End-

sieg der sozialistischen Idee. Doch offenbar konnte das politische und ökonomische Zwangssystem Sowjetunion nur mit Gewalt zusammengehalten werden. Als Gorbatschow mit Glasnost die Freiheit wagte, brach es zusammen. Und so wurde der Partei- und Staatschef, der ein Arzt hatte sein wollen, de facto [tatsächlich], wenn auch wider Willen, zum Totengräber der Sowjetunion. (95)

1. *Fassen Sie zusammen, warum Gorbatschow scheiterte (s. dazu auch B 31 und Q 61).*
2. *Überlegen Sie, nach welchen Gesichtspunkten die Autoren (Q 61) die Politik Gorbatschows beurteilen.*
3. *Skizzieren Sie die weltpolitischen Auswirkungen der Politik Gorbatschows und erläutern Sie, inwiefern man von einem weltpolitischen Einschnitt sprechen kann (s. dazu bes. Abschnitt d).*
4. *Erklären Sie, warum Gorbatschow im Westen, besonders in Deutschland, ein weit höheres Ansehen genießt als in Russland? S. dazu S. 232 ff.*

b. **Die Auflösung der Sowjetunion und die Gründung der Gemeinschaft Unabhängiger Staaten (GUS)**

Q 62 Aus der Erklärung von Alma Ata, 21. Dezember 1991
Vorausgegangen war am 8. Dezember der Vertrag zwischen der Ukraine, Weißrussland (Belarus) und Russland in Minsk über die Auflösung der Sowjetunion. Diese drei Republiken und die damalige Transkaukasische Föderation hatten 1922 die UdSSR gegründet (s. T 32).
Die unabhängigen Staaten [es folgt die Aufzählung der ehemaligen Unionsrepubliken, außer den baltischen Staaten. Georgien trat erst 1993 bei] geben im Bemühen um
– den Aufbau demokratischer Rechtsstaaten, zwischen denen sich die Beziehungen auf der Grundlage gegenseitiger Anerkennung und des Respekts für staatliche Souveränität und souveräne Gleichheit entwickeln werden; …
– in Anerkennung und Achtung der territorialen Integrität eines jeden … folgende Erklärung ab:
Die Zusammenarbeit zwischen den Mitgliedern der Gemeinschaft wird gestaltet gemäß dem Grundsatz der Gleichberechtigung mithilfe koordinierender Institutionen, die auf paritätischer Grundlage gebildet sind und gemäß den Regeln tätig werden, die die Gemeinschaft – die weder ein Staat noch ein überstaatliches Gebilde ist – vereinbart hat. Um strategische Stabilität und Sicherheit auf internationaler Ebene sicherzustellen, bleibt das gemeinsame Kommando … und eine einheitliche Kontrolle für die Atomwaffen erhalten …
Bekräftigt wird die unverbrüchliche Verpflichtung zur Kooperation bei der Herausbildung und Entwicklung eines gemeinsamen Wirtschaftsraumes …
Mit der Schaffung der Gemeinschaft Unabhängiger Staaten hört die Union der Sozialistischen Sowjetrepubliken auf zu existieren. (96)

1. *Überlegen Sie, inwiefern man bei der GUS weder von einem Staatenbund noch von einem Bundesstaat sprechen kann.*
2. *Charakterisieren Sie die GUS.*

B 31 Sowjetischer Sisyphos

Erschließen Sie die Karikatur und nehmen Sie Stellung (s. auch Q 61a).

3. *Vergleichen Sie die Auflösung der Sowjetunion mit dem Zerfall anderer Kolonialreiche, etwa Großbritanniens und Frankreichs.*

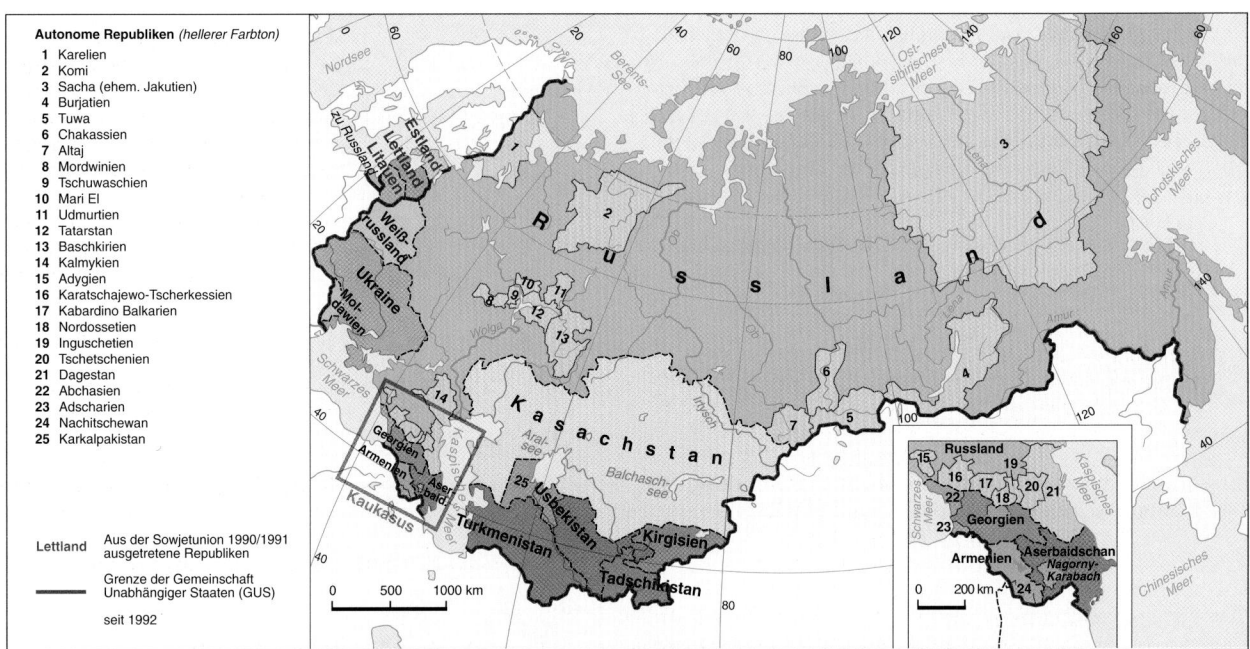

Autonome Republiken *(hellerer Farbton)*

1 Karelien
2 Komi
3 Sacha (ehem. Jakutien)
4 Burjatien
5 Tuwa
6 Chakassien
7 Altaj
8 Mordwinien
9 Tschuwaschien
10 Mari El
11 Udmurtien
12 Tatarstan
13 Baschkirien
14 Kalmykien
15 Adygien
16 Karatschajewo-Tscherkessien
17 Kabardino Balkarien
18 Nordossetien
19 Inguschetien
20 Tschetschenien
21 Dagestan
22 Abchasien
23 Adscharien
24 Nachitschewan
25 Karkalpakistan

Lettland   Aus der Sowjetunion 1990/1991
            ausgetretene Republiken

——————   Grenze der Gemeinschaft
            Unabhängiger Staaten (GUS)

            seit 1992

K 4   Die Auflösung der Sowjetunion und die Gemeinschaft Unabhängiger Staaten (GUS). In den nächsten Jahren ist die Verlegung von Öl-pipelines vom erdölreichen Zentralasien durch Tschetschenien in die Türkei und ans Mittelmeer geplant. Eine Leitung führt von Baku nach dem sibirischen Tjumen. S. auch T 45.

1. Schildern Sie die Auflösung der Sowjetunion (s. dazu K 1, 2; T 1, 8, 32).
2. Überlegen Sie, worauf sich die Nationalitäten berufen konnten (s. Q 60) und erklären Sie, dass die baltischen Staaten als erste ihre Unabhängig-keit erklärten und sich der GUS nicht anschlossen (s. T 31 und 32).

	Fläche in 1 000 qkm	Einwohner in Millionen	Staatsnation in Prozent der Gesamtbevölkerung	Russen in Prozent der Gesamtbevölkerung	Anteil in Prozent an der Industrieproduktion der UdSSR	Anteil in Prozent an der Agrarproduktion der UdSSR	Einkommen in Prozent des Durchschnittseinkommens	Religion überwiegend (Christen/Moslems)	Atomwaffen
Armenien	30	3,3	93	1,5	1,2	0,7	86	†	
Aserbaidschan	87	7,1	78	7,9	1,7	2,3	71	☾	
Belarus	208	10,2	79	13,2	4,2	5,1	102	†	☢
Georgien (seit 1993)	70	5,4	69	7,4	1,5	2,1	108	†	
Kasachstan	2 717	16,7	42	38,0	2,5	6,4	93	☾	☢
Kirgistan	199	4,3	54	21,5	0,6	1,4	72	☾	
Moldawa	34	4,3	64	12,8	1,1	1,9	84	†	
Russland	17 000	148,0	82,6	82,6	63,7	50,3	110	†	☢
Tadschikistan	143	5,2	59	10,4	0,6	1,3	54	☾	
Turkmenistan	488	3,6	68	12,6	0,5	1,3	71	☾	
Ukraine	604	51,8	71	20,3	17,2	17,9	96	†	☢
Usbekistan	447	20,3	69	10,8	2,4	5,5	62	☾	

B 32   Strukturda-ten der GUS-Staa-ten

T 42 Weitere Problembereiche

Nationalitäten und Grenzen:
60 Mio. Menschen leben außerhalb ihrer Heimatrepubliken, darunter 25 Mio. Russen (über 17 % der russischen Bevölkerung, meist Fachkräfte und in Führungspositionen), 40 Mio. in ethnischen Mischehen. In den meisten GUS-Republiken sind die Russen nach den so genannten Titularvölkern die zahlenstärkste der Minderheiten. Bereits vor dem endgültigen Zerfall haben Moskauer Politologen und Geographen 79 Nationalitätenkonflikte (davon 46 im Kaukasus und in Mittelasien) lokalisiert. Seit 1991 hat es zahlreiche weitere Konflikte gegeben, z. B. zwischen Moldawien und „Dnjestr-Russen", in Usbekistan gegen türkische Minderheiten usw.
Das Geographische Institut der Akademie der Wissenschaften hat von 23 Grenzen zwischen den Republiken nur drei für nicht umstritten angesehen. Russland bezeichnet die anderen sowjetischen Nachfolgestaaten als „nahes Ausland". Russland erhielt die UN-Mitgliedschaft der Sowjetunion und ihren Sitz im Sicherheitsrat. Die GUS-Staaten sind Mitglieder der OSZE und der UNO.

Wirtschaftliche Lage:
Einschätzung nach industrieller Entwicklung, landwirtschaftlicher Produktion, Ressourcen, Marktbeziehungen, Infrastruktur, Ausbildungsstand der Bevölkerung: Zu den wirtschaftlich starken Regionen zählen die Ukraine, die baltischen Republiken, Russland und Georgien. Wirtschaftlich mäßig stark sind Weißrussland, Kasachstan, Moldawien, Armenien und Aserbaidschan. Wirtschaftlich schwach mit besonders vielen Problemen sind Usbekistan, Turkmenistan, Kyrgistan und Tadschikistan. Es besteht ein starkes Gefälle zwischen den westlichen Regionen und den sibirischen und mittelasischen Gebieten. (97).
S. dazu auch die wirtschaftliche Situation in der DDR (T 62, Q 96, S. 229 f.; T 73, S. 240 f.) und in anderen Ostblockstaaten (T 1, S. 267).

Ökologie:
In einer Studie der Akademie der Wissenschaften wurden 1992 300 Regionen (3,7 Mio qkm) der zerfallenen Sowjetunion ausgewiesen, in denen die Umweltbelastungen akute Gefahren für das Leben der Bewohner bedeuten.
Die katastrophale Lage gehört in der Sowjetunion [bzw. in den GUS-Staaten] zu den gravierendsten Erblasten der administrativen Planwirtschaft. In 130 Städten wurden 1990 die Grenzwerte der zulässigen Konzentration der Luft zeitweise bei einzelnen Schadstoffen um das Zehn- und Mehrfache überschritten. Nur 25 % des Abwassers wird den sowjetischen Grenzwerten entsprechend gereinigt. Die Existenz zahlreicher Binnengewässer ist durch die überhöhte Inanspruchnahme für die Bewässerung gefährdet, der Aral-See ist schon weitgehend ausgetrocknet. Giftmüll wird meist auf ungesicherten Deponien gelagert. Die jährlichen Umweltschäden werden auf bis zu 70 Mrd. Rubel geschätzt. Noch völlig unbewältigt sind die Folgewirkungen der Reaktorkatastrophe von Tschernobyl … Weite Teile der Ukraine, Weißrusslands und Russlands sind seither ökologisches Katastrophengebiet. 20 % der landwirtschaftlichen Nutzfläche in Weißrussland und 12 % der Ukraine gelten als radioaktiv verseucht. Die Betonhülle des Reaktors hält der radioaktiven Strahlung auf Dauer nicht stand, außerdem wird eine radioaktive Verseuchung des Grundwassers und des Dnjepr befürchtet. (98)
Zunehmend werden … radioaktive Partikel aus dem Boden geschwemmt … Selbst noch 250 km vom Katastrophenreaktor entfernt ist die Radioaktivität von Speisefischen 80-mal höher, als die europäischen Sicherheitsstandards vorsehen. (99)

1. Man hat die GUS eine „Ehe in Scheidung" genannt. Erklären und diskutieren Sie die Bezeichnung.
2. Ziehen Sie Parallelen zum Zerfall Österreich-Ungarns nach dem Ersten Weltkrieg (s. K 2, S. 14; K 4, S. 15; T 2, S. 16).

c. Der schwierige Wandel: Probleme Russlands heute

– Von der Planwirtschaft zur Marktwirtschaft?

T 43 Daten zur Wirtschaftsentwicklung

a) Wirtschaftliche Rahmendaten (in Prozent)

	1985	1990	1992	1994	1996
Bruttoinlandsprodukt (BIP)	3,5	–2,0	–18,5	–15,0	–1,0
Industrieproduktion	4,5	–0,1	–18,8	–20,9	0,0
Inflation (Verbraucherpreise)	–	5,3	2 600	220–360	120
Arbeitslosenquote	–	–	0,8	7,1	12
Haushaltsdefizit (in Prozent des BIP)	–	–1,3	–5,2		–5,0
Wechselkurs (Rubel : US-Dollar)	–	1,8	419	3 587	– (100)

b) 1994 beliefen sich die Schulden Russlands gegenüber dem Ausland auf annähernd 120 Mrd. US-Dollar. Außerdem gibt es eine riesige Kapitalflucht; sie wird auf 18 Mrd. US-Dollar geschätzt. Vielfach werden auch Einnahmen verheimlicht, um der Steuer zu entgehen. Mehr als 40 verschiedene föderale und etwa 70 regionale Steuern müssen Bürger und Wirtschaft heute zahlen. Die Kosten des Tschetschenienkrieges sind noch gar nicht abzusehen und belasten den Haushalt mit Billionen Rubel. (101).

T 44 Aufgaben für die Zukunft
– Verzicht auf staatliche Planvorschriften nach 60 Jahren und Schaffung der Rahmenbedingungen für einen funktionierenden Markt: Recht auf Privateigentum, Wettbewerb, Vertragsfreiheit
– Schaffung einer neuen Unternehmermentalität: Menschen, die

so lange in der staatlich gelenkten Wirtschaft gelebt haben, kennen und verstehen das freie Unternehmertum nicht. Begriffe wie „Kapital", „Kapitalist", „Profit", „Privateigentum an den Produktionsmitteln" u. a. sind für sie Schimpfworte gewesen.

– Modernisierung der Landwirtschaft durch Überführung der Kolchosen und Sowchosen in Privateigentum
– Modernisierung des Transportwesens
– Modernisierung der veralteten Produktionsanlagen, Umstellung der überhöhten Rüstungsproduktion auf Güter für den Zivilbedarf
– Schaffung einer vertrauenswürdigen Währung
– Abbau der Staatsverschuldung, auch der Schulden gegenüber dem Ausland; möglichst Erwirtschaftung eines Devisenüberschusses zur Finanzierung lebenswichtiger Importe
– Sicherung eines Existenzminimums und einer sozialen Grundversorgung (bes. im Gesundheits- und Bildungswesen) für alle
– Senkung der Arbeitslosigkeit
– Bekämpfung der Umweltschäden

1. Stellen Sie Trends und Probleme der wirtschaftlichen Entwicklung fest.
2. Erklären Sie, warum die Lösung jedes einzelnen Problems so wichtig ist. Überlegen Sie Zielkonflikte, auf die jedes wirtschaftliche Reformprogramm stoßen muss.
3. Vergleichen Sie mit dem wirtschaftlichen Aufbau in den neuen Bundesländern nach der Vereinigung Deutschlands (s. T 73, S. 240 f.).

– Die Armen und die Reichen, der mühsame und unsichere Alltag

Q 63 Wer sind die neuen Reichen?

a) Deutsche Wissenschaftler
1995 war das Durchschnittseinkommen des obersten Zehntels der Bevölkerung 16-mal so hoch wie das des untersten Zehntels (Vergleichswert 1991: 4,5). Es entstand eine Schicht von Neureichen, die Händler, Bankangestellte, Betriebsdirektoren, Vorsitzende von landwirtschaftlichen Großbetrieben sowie korrupte Staatsbedienstete umfasst …
Durch den Wegfall staatlicher Kontrollmechanismen und durch den Werteverfall in einer Umbruchzeit kam es außerdem zu einem kaum vorstellbaren Anwachsen von Korruption und Wirtschaftskriminalität, wofür sich in den GUS-Ländern der Ausdruck „Mafia" einbürgerte. In einer frühen Phase, gegen Ende der Perestroika, ging es um Schutzgelderpressung bei neu gegründeten Kooperativen und Privatunternehmen, um Manipulationen im Bankbereich (Geld- und Scheckfälschungen) oder um den privaten Verkauf staatlicher Rohstoffe. Später kamen groß angelegte Außenhandelstransaktionen, die unrechtmäßige Aneignung von Kapital im Privatisierungsprozess sowie die Zusammenarbeit von mafiaähnlichen Gruppierungen über die Grenzen hinzu. Steigende Bedeutung hat der Handel mit Narkotika über die zentralasiatischen GUS-Staaten bis hin nach Westeuropa gewonnen. (102)

B 33 Bettler vor dem Kaufhaus GUM am Roten Platz in Moskau. Auf dem Schild, das die Frau hält, steht: „Helfen Sie um Christi willen mit dem, was Ihnen möglich ist. Ich lebe mit meinem Sohn auf dem Bahnhof."
1995 musste mehr als ein Viertel der Bevölkerung mit weniger als dem amtlich festgesetzten Existenzmimimum von etwa 300 000 Rubel (etwa 90 DM) monatlich leben. Die Lohnzahlungsrückstände waren auf 11,6 Billionen Rubel (ca. 3,8 Mrd. DM) gewachsen. Bezahlt wurde z. T. in Naturalien oder Waren, die der Betrieb herstellt. (103)

b) Die deutsche Journalistin und langjährige Korrespondentin der ARD in Moskau Gabriele Krone-Schmalz, 1993
Wir müssen dringend zur Kenntnis nehmen, dass die russische Gesellschaft nicht nur politisch, sondern auch wirtschaftlich mehr zu bieten hat als zwei Extreme: einerseits die anständigen Armen, die heute nicht wissen, wovon sie morgen leben sollen, und andererseits die mafiotischen Neureichen, die sich amüsieren und zweifelhafte Geschäfte betreiben … [Sie berichtet dann über eine Reihe von Fallbeispielen kluger, energischer und erfolgreicher „Bisnessmeni"] … Zur Zeit – und ich schreibe das hier im Juni 1993 – herrscht in Russland zwar nicht die zügellose Aufbruchstimmung vom Ende der achtziger Jahre, aber auch nicht mehr die Depression der Jahre 1990/91. Es bewegt sich was, es passiert viel; in Moskau und auch in der Provinz ist es an allen Ecken zu spüren. (104)

Q 64 Stimmen aus der Bevölkerung

a) Ein deutscher Gastprofessor in Petersburg und Moskau fasst die Äußerungen seiner vielen Gesprächspartner zusammen, 1995
Früher … hatten wir alle genug zum Leben. Es war oft nicht viel, aber man wusste, was man zu erwarten hatte …, und viele lebten

nicht so schlecht. Heute wissen wir oft nicht, was wir morgen oder übermorgen haben werden, ob wir uns überhaupt bestimmte Dinge noch leisten können. Alles ist unsicher geworden: die Löhne, die Preise …, unsere Arbeit, unsere Pläne fürs Leben, der Weg der Kinder, das Leben auf den Straßen, die Regeln des Zusammenlebens und die Moral, unsere Zukunft überhaupt … Wir sind skeptisch, ob und wann sich das alles wirklich verbessern wird. In fünf Jahren? Nein, sicher erst in zehn oder zwanzig Jahren, vielleicht auch gar nicht. Russland ist so anders, als ihr euch das im Westen vorstellt. (105)

b) Brief einer Frau aus Moskau, Herbst 1995

Ich habe in diesem Jahr keinen Urlaub, weil ich öfters außerhalb meiner Dienststelle arbeiten musste, um etwas zusätzlich zu meinem Gehalt zu verdienen. Diese Tage wurden von meinem Urlaub abgezogen – also der Urlaub ist um. Sie baten, über unser Leben zu erzählen: Es ist für uns alle schwer. Die Preise steigen unaufhaltsam, es gibt immer weniger Möglichkeiten für die Kinder sich zu entwickeln (alle Zirkel und Interessengemeinschaften sind geschlossen oder müssen bezahlt werden).

Unser Gehalt in der Frauenunion ist niedriger, als das offizielle Existenzminimum ist, deswegen sind wir alle gezwungen, irgendwo noch etwas zu machen. Mein Mann hat noch theoretisch seine Arbeitsstelle, bekommt aber praktisch kein Geld, denn alle Betriebe sind beim Staat verschuldet und der Staat ist seinerseits bei den Betrieben verschuldet … (106)

1. *Fassen Sie mit eigenen Worten die Stimmung in der Bevölkerung zusammen.*
2. *Überlegen Sie, welche politischen Auswirkungen sie haben können.*
3. *Vergleichen Sie die gesellschaftliche und wirtschaftliche Situation mit den Lebensbedingungen vor der Perestroika (s. Q 40–43).*
4. *Inwiefern kann man die Frauen als „Lasttiere der sowjetischen und der russischen Gesellschaft" bezeichnen (s. auch Q 42)?*

– Russland auf dem Weg zur Demokratie?

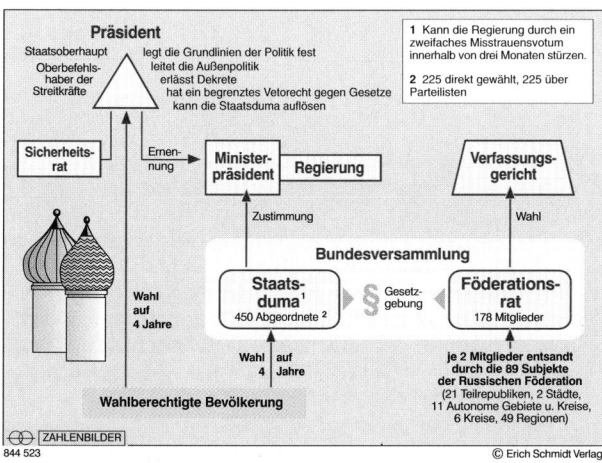

B 34 Die Präsidialverfassung der Russischen Föderation vom Dezember 1993

Vorausgegangen war im September/Oktober 1993 der Staatsstreichversuch des Parlamentspräsidenten Chasbulatow und der kommunistischen und nationalistischen Mehrheit im Parlament (sog. Oktober-Putsch). Jelzin, der die Republiken und Regionen Russlands hinter sich wusste, ließ das Parlament auflösen. Die Armee beendete den Putsch gewaltsam durch die Beschießung des Weißen Hauses (des Parlamentssitzes). Die Verfassung wurde in einer Volksbefragung von 60 % der Abstimmenden angenommen. Die Wahlbeteiligung lag allerdings nur bei 53 %.

1. *Beschreiben Sie die Machtverteilung.*
2. *Vergleichen Sie die Rechte des russischen Präsidenten mit denen des amerikanischen (s. B 15, S. 104).*
3. *Erklären Sie die geringe Wahlbeteiligung.*

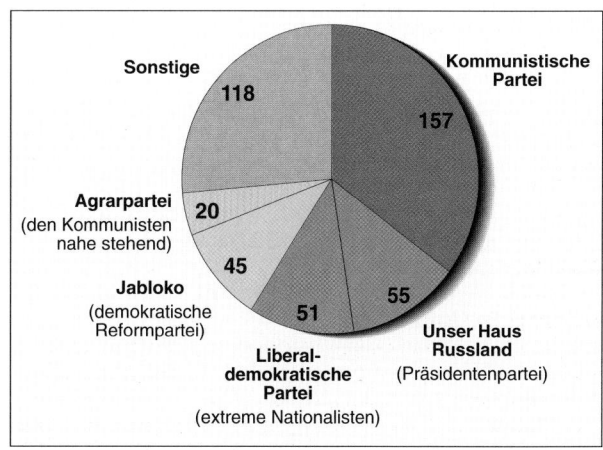

B 35 Die Wahlen zur Staatsduma am 16. Dezember 1995 – eine politische Momentaufnahme

Es traten 43 Parteien zur Wahl an. Die vorgeschriebene 5 %-Hürde haben acht übersprungen. Die einzelnen Gruppierungen lassen sich nicht mit westlichen Parteien vergleichen. Es fehlt an ausgearbeiteten, umfassenden Parteiprogrammen und (mit Ausnahme der Kommunisten) an einer straffen, über das Land hinweg funktionierenden Parteiorganisation. Es werden v. a. Perönlichkeiten nach sehr spezifischen Gruppeninteressen oder Vorlieben gewählt. Deshalb lassen sich die wichtigsten politischen Richtungen nur ungefähr beschreiben und darstellen.

1. *Analysieren Sie, welche Bevölkerungsteile hinter den einzelnen politischen Richtungen standen.*
2. *Erklären Sie, warum die Kommunisten die stärkste Partei wurden (s. dazu die bisher beschriebenen Probleme des Wandels).*

T 45   Russland – ein Nationalitätenstaat

In Russland leben mehr als 100 Nationalitäten, die zu verschiedenen Kulturkreisen, Sprachen und Religionen gehören. Die Aufteilung in 89 „Subjekte der Russischen Föderation" (21 Teilrepubliken, 2 Städte: Moskau und St. Petersburg; 11 Autonome Gebiete und Kreise, 6 Kreise, 49 Regionen) zeigt die Unübersichtlichkeit der föderalen Gliederung. Von einem echten Föderalismus mit klar abgegrenzten Rechten von Zentral- und Partikulargewalten ist Russland noch weit entfernt. Die einzelnen Einheiten sind ihrerseits ethnisch nicht einheitlich, sondern vielfach gemischt und „verschachtelt" besiedelt. Einige Gebiete haben sich als „souverän" und unabhängig erklärt, z. B. Tatarstan und 1992 Tschetschenien. Es besteht noch keine Reglung für die Republik der Wolgadeutschen, die 1941 von Stalin aufgelöst wurde. Die Wolgadeutschen wurden in viele Gegenden der damaligen Sowjetunion verschleppt, besonders in die zentralasiatischen Republiken (s. T 33). Von 1968 bis 1993 sind etwa 900 000 Spätaussiedler in die Bundesrepublik ausgewandert. Die Bundesrepublik Deutschland hat 1993 die Zahl der jährlich aufzunehmenden Aussiedler auf 225 000 begrenzt. 1989 lebten noch etwa 2 Mio. Deutsche in der Sowjetunion, die meisten in Kasachstan und Russland. 1994 bis 1996 führte Russland Krieg gegen Tschetschenien, musste sich jedoch aus der Republik zurückziehen. Der Status des Landes, d. h. der Grad seiner Selbstständigkeit, ist aber noch ungeklärt.

T 46   Worum geht es im Tschetschenienkrieg?

Der offizielle russische Standpunkt: Präsident Jelzin erließ einen Erlass über „Maßnahmen zur Unterbindung der Tätigkeit ungesetzlicher Banden auf dem Territorium Tschetscheniens", der vom Russischen Verfassungsgericht als verfassungsgemäß bestätigt wurde, mit der Begründung, die Russische Föderation müsse in ihrer Gesamtheit erhalten werden – notfalls mit Gewalt. Die Mehrheit der Staatsduma hatte den Einmarsch russischer Truppen in Tschetschenien abgelehnt. Amtliche Bezeichnungen für die tschetschenischen Kämpfer sind „Rebellen", „Terroristen", „Banditen", „bewaffnete Extremisten".

Der tschetschenische Standpunkt: Die Tschetschenen berufen sich auf das Selbstbestimmungsrecht der Völker. Die gewaltsame Annexion ihres Gebietes in der Zarenzeit müsse rückgängig gemacht werden. 20 Jahre lang hatten die ostkaukasischen Bergvölker gegen die zaristischen Truppen gekämpft, auch im Namen ihrer Religion. Erst 1859 mussten sie sich ergeben. Es gab immer wieder Aufstände, v. a. gegen die bolschewistische Herrschaft, die sich bis in die 30er Jahre hinzogen. Stalin ließ 1944 die Tschetschenen und die ihnen verwandten Inguschen wegen angeblicher oder wirklicher Kollaboration mit dem nationalsozialistischen Deutschland nach Mittelasien deportieren. Nach dem Krieg durften sie wieder in ihre Heimat zurückkehren, doch nicht alle kamen. Sie beanspruchen dieselben Rechte wie die anderen Nach-

folgestaaten der Sowjetunion. Die Tschetschenen sprechen von ihrem „Freiheitskampf" und vom russischen „Kolonialismus".

Der Krieg forderte mehr als 30 000 Menschenleben, überwiegend Zivilisten. Die Hauptstadt Grosnij wurde fast völlig zerstört. Über 500 000 Menschen der 1,3 Mio. Einwohner Tschetscheniens verließen ihre Heimat. Die Kosten für den Wiederaufbau werden auf rund 4 Mrd. DM geschätzt. In zähen Verhandlungen erreichte der Präsidentenberater Lebed die Einstellung der Kämpfe. Im Januar 1997 wählte die Bevölkerung zum ersten Mal nach dem Krieg ein neues Parlament und einen Präsidenten. Beide bestehen auf der Unabhängigkeit von der Russischen Föderation; doch die russische Zentralregierung und Präsident Jelzin erkennen diese nicht an.

1. *Fassen Sie die Ursachen des Tschetschenienkonflikts zusammen.*
2. *Untersuchen Sie die innen- und außenpolitischen Rückwirkungen des Tschetschenienkriegs.*
3. *Erläutern Sie, warum solche Kriege nur schwer zu beenden sind. Vergleichen Sie mit dem Krieg im ehemaligen Jugoslawien, in Afghanistan, zwischen Israel und den Palästinensern; s. dazu S. 274, 298 ff.*
4. *Überlegen und diskutieren Sie anhand dieses und ähnlicher Konflikte grundsätzliche Lösungsmöglichkeiten von Nationalitätenkonflikten.*

d.   Weltpolitische Auswirkungen des Zerfalls der Sowjetunion

T 47   Die Auflösung des Ostblocks

Der Zerfall der Sowjetunion führte zum Zusammenbruch des Ostblocks. Die Satellitenstaaten schieden friedlich aus dem Warschauer Pakt und dem Rat für gegenseitige Wirtschaftshilfe aus. Beide Organisationen wurden 1991 aufgelöst.

In den ehemals von der Sowjetunion abhängigen Staaten Ost- und Südosteuropas fanden große Veränderungen in Richtung auf Demokratisierung und Marktwirtschaft statt. Sie orientierten sich politisch mehr und mehr nach Westen, so dass Russland eine Isolierung zu fürchten begann.

Der Zusammenbruch des sozialistischen Systems in der DDR 1989 machte die Einigung Deutschlands 1990 möglich.

An die Stelle des alten Ost-West-Gegensatzes traten neue weltpolitische Beziehungen und Schwerpunkte.

–   Vom Kalten Krieg zur Partnerschaft für den Frieden?

T 48   Außenpolitik der Sowjetunion bzw. Russlands seit Gorbatschow

1986   Die Konferenz für vertrauens- und sicherheitsbildende Maßnahmen in Europa (KVAE) beschließt gegenseitige Kontaktaufnahmen, Manöverbeobachtung und Notenwechsel bezüglich geplanter Truppenbewegungen (Sept.).

1989   Gorbatschow erklärt sich bereit, einen Vertrag über die Reduzierung der strategischen Atomwaffen und der Mittel-

streckenraketen auch ohne vorherigen Verzicht der Amerikaner auf ihr Programm eines atomaren Raketenabwehrsystems (SDI) zu unterzeichnen (Febr.).
Die Sowjetunion zieht sich aus Afghanistan zurück.
Gorbatschow kündigt eine einseitige Truppenverringerung von 500 000 Mann an. Der sowjetische Rüstungsetat wird um 20 % gekürzt.
Sowjetische Truppen greifen nicht ein, als in der DDR das kommunistische System gestürzt wird (Okt./Nov.).
Gorbatschow stimmt der deutschen Vereinigung zu.
1989 ff. Die Sowjetunion greift nicht ein, als der gesamte Ostblock sich auflöst und die Länder sich von der kommunistischen Parteidiktatur befreien (Ausnahmen s. K 4).
1991 Gorbatschow erhält den Friedensnobelpreis (Juni).
Auf einem Gipfeltreffen in Moskau unterzeichnen die Präsidenten Bush (USA) und Gorbatschow (Sowjetunion) den START-Vertrag über die Reduzierung der strategischen Atomwaffen um 30 %.
1992 Der Abzug sowjetischer Truppen aus den Ländern Osteuropas und Deutschlands ist abgeschlossen.
1993 ff. Russland beteiligt sich seither aktiv und konstruktiv an der internationalen Krisenbewältigung, z. B. im Nahen Osten, in Namibia, Nicaragua, im Golfkrieg, in Bosnien (hier auch mit Truppenkontingenten).
1994 In Weißrussland und in der Ukraine werden russlandfreundliche Präsidenten gewählt.
1994–1996 Der Krieg in Tschetschenien belastet die Beziehungen zu den USA und den westlichen Staaten.
1997 Eine NATO-Studie analysiert den Verfall der russischen Armee, z. B. reagierten 1996 nur 13 % der Wehrpflichtigen auf den Musterungsbescheid.
Jelzin und US-Präsident Clinton vereinbaren eine Sicherheitspartnerschaft zwischen Russland und der NATO.
Russland wird in den sog. G 7-Club aufgenommen (jetzt G 8), der die acht wirtschaftlich wichtigsten Staaten der Welt umfasst.
Die NATO beschließt die Osterweiterung um Polen, Tschechien und Ungarn.

Q 65   Eine russische Stimme: Soll die NATO Staaten des ehemaligen Waschauer Pakts aufnehmen?

Die NATO muss sich von einem Instrument der Eindämmung zu einer Organisation für Friedenssicherung verwandeln und damit der Sicherheit in ganz Europa dienen, nicht nur in einem Teil. Das setzt die Einbeziehung Russlands in die europäischen Sicherheitsstrukturen voraus. Das Gegenteil wäre unheilvoll für Europa und auch für die USA … Am besten wäre es, eine gesamteuropäische Sicherheitsorganisation zu schaffen unter der Teilnahme der USA und Russlands, und zwar mit einem europäischen Sicherheitsrat, mit paneuropäischen Friedenstruppen sowie verschiedenen Organisationen der Zusammenarbeit. (107)

Q 66   Zum Vertrag Russlands mit der NATO, 27. Mai 1997

In der Grundsatzakte … wird bekräftigt, dass es nicht geplant ist, Nuklearwaffen und eine diesbezügliche Infrastruktur in den neuen NATO-Mitgliedstaaten zu stationieren; aufgenommen wurde auch der Verzicht, ständig ausländische Streitkräfte in diesen Ländern zu stationieren … Viel wichtiger [aber] ist die Übereinkunft in Bezug darauf, den Mechanismus des Dialogs und des Zusammenwirkens zwischen Russland und der NATO zu verbessern … Die militärische Tätigkeit und ihre Planung sollen bei beiden Seiten transparenter werden … Aufschlussreich ist auch die Bestimmung, dass für beide Seiten wichtige Fragen erörtert werden sollen, bevor die NATO diesbezüglich endgültige Entscheidungen trifft.
… Viele sehen in dieser Akte eine „Niederlage" im Kalten Krieg. Besonders heftig kritisieren die „Antiwestler", dass Russland mit der … bevorstehenden Erweiterung der Allianz … dem Westen Mittel- und Osteuropa endgültig ausgeliefert hat.
Wieder hörte man die Forderung Gegenmaßnahmen zu ergreifen, indem man der erweiterten NATO einen Anti-NATO-Block unter Schirmherrschaft der GUS entgegensetzen solle (zusammen mit China, Indien, Iran usw.) … Wieder andere vertreten die Auffassung, dass man die Grundsatzakte Russland – NATO als ein unnützes Dokument schlechterdings vergessen sollte.
[Die Kritiker vergessen: Russland und die NATO] betrachten sich nämlich längst nicht mehr durch das Visier eines Gewehrs. Sie haben die Grundlagen für eine Partnerschaft gelegt, mit deren Umsetzung und Entwicklung das gegenseitige Misstrauen … nach Ende des Kalten Krieges … ausgeräumt werden soll. (108)

1. Erläutern Sie, inwiefern man 1990/91 von einer weltpolitischen Wende in der Außenpolitik sprechen kann.
2. Überlegen Sie, welche innenpolitischen Rückwirkungen sich aus der neuen Außenpolitik für Russland und für die GUS-Staaten ergaben.

–   Russland – ein Teil Europas?

Q 67   Galina Starowojtowa, zu Beginn der Präsidentschaft Jelzins Beraterin in Nationalitätenfragen

Vor einem Jahr, in den Tagen des August-Putsches ist wohl der ganzen Welt klar geworden, dass für das russische Volk die Werte der europäischen Demokratie Priorität haben. Wir können nicht künstlich den lebendigen Leib des russischen Volkes durch das Uralgebirge teilen, wie uns die Lehrbücher der Geographie vorschreiben. Ralf Dahrendorf hat 1990 davon gesprochen, dass die Grenze Europas an der sowjetischen Grenze enden müsse. Und ich bin mit ihm einverstanden, in Bezug auf das Jahr 1990. Aber es gibt keine sowjetische Grenze mehr. Heute lässt sich Europa nicht mehr auf das Territorium von Brest am Atlantik bis Brest-Litowsk an der sowjetisch-polnischen Grenze oder sogar zum Uralgebirge beschränken. Wahrscheinlich erstreckt sich heute Europa vom Atlantik bis nach Kamtschatka, bis zum Pazifik. So paradox es vielleicht klingen mag, wir Russen können es uns anders nicht vorstellen. (109)

Q 68 Der deutsche Politikwissenschaftler Klaus von Beyme, 1992

Auch in Russland wächst der Wunsch nach engeren assoziativen Bindungen an die EG: 79 % wünschen sogar die Mitgliedschaft ... Aber die Mehrzahl scheint auch zu ahnen, dass diese Hoffnung erst in ferner Zukunft realisierbar ist. Die dumpfe Ahnung ist weit verbreitet, dass das neue Europa nicht die Form des gemeinsamen Hauses von Lissabon bis Wladiwostok haben wird, das Gorbatschow einst proklamierte, sondern weit bescheidenere Ausmaße, etwa von „Brest bis Brest". (110)

T 49 Was kann der Westen, was kann Deutschland tun?

Neben der Beratung auf verschiedenen Gebieten leistete der Westen 1989–1995 finanzielle Hilfe von etwa 100 Mrd. Dollar. Private Direktinvestitionen von Unternehmen aus westlichen Ländern betrugen 5–10 Mrd. Dollar. 1995 gab es 9 900 Joint-Ventures (Gemeinschaftsunternehmen zwischen ausländischen Firmen und Firmen der GUS-Staaten). Darüber hinaus erhält die GUS – unter strengen wirtschaftspolitischen Auflagen – Kredite vom Internationalen Währungsfonds und von der Weltbank.

Q 69 Ein Marshallplan für die GUS?

Angesichts der dramatischen Lage in der GUS ist jedoch eine wesentliche Ausweitung von Umfang und Reichweite der Hilfsmaßnahmen notwendig. Baldige zusätzliche Reformhilfen werden den Westen aller Voraussicht nach weniger kosten als Aktionen zu einem späteren Zeitpunkt, wenn die labile Krisenlage auf dem Territorium der GUS möglicherweise zum vollen Desaster – vor allem im wirtschaftlichen Sinne – eskaliert ist. Zu den Maßnahmen mit höchster Priorität gehört neben der humanitären insbesondere die technische Hilfe und die Beratung vor Ort ...

Der gezielte Einsatz von westlichen Ressourcen in Schlüsselbereichen könnte darüber hinaus in vergleichsweise kurzen Zeiträumen schnellen Nutzen bringen. So z. B. durch die Förderung des landwirtschaftlichen Sektors, der Konversion [Umwandlung] der Rüstungsindustrie, durch Investitionen in den Energiesektor sowie in die veralteten Transport- und Kommunikationssysteme. Der Westen sollte sich in seiner Wirtschaftshilfe vor allem auf die Förderung des kleinen und mittleren Gewerbes konzentrieren, weil die Republiken der GUS aus eigener Kraft nicht in der Lage sein werden, einen Konsumentenmarkt zu schaffen und ihn ausreichend zu versorgen ... Darüber hinaus gehört die gemeinsame Sanierung der Kernkraftwerke in der GUS zu den vordringlichen Aufgaben ... Die Erfahrungen mit der Nachkriegshilfe für das zerstörte Westeuropa nach dem Zweiten Weltkrieg können wichtige Orientierungen geben. Der Marshallplan bzw. das European Recovery Program, für das die USA zwei Prozent ihres Nationaleinkommens bereitstellten, leistete einen entscheidenden Beitrag zum wirtschaftlichen Wiederaufbau Westeuropas. (111)

Q 70 Russland gehört zu Europa – Aus einem „Spiegel"-Interview mit dem Sekretär des russischen Sicherheitsrates, Iwan Rybkin, Mai 1997

Wie sehen Sie künftig Russlands Verhältnis zur NATO – funktioniert die Partnerschaft für den Frieden?

Rybkin: Wir wollen in europäische Strukturen integriert sein. Versuche, uns auszugrenzen, wären sinnlos ...

Wäre es für Sie ein gravierender Unterschied, wenn die NATO nicht nur Polen, sondern auch ehemalige Sowjetrepubliken, etwa die baltischen Staaten, aufnähme?

Rybkin: Die Sowjetunion ist vor kaum sechs Jahren auseinandergebrochen. Geistig haben viele unserer Bürger das noch nicht verarbeitet. Sie haben Verwandte in den jetzt unabhängigen Ländern der GUS und den baltischen Republiken. Wenn morgen NATO-Schiffe in die unseren Menschen so vertrauten Häfen ... einlaufen, kann ich mir die öffentliche Reaktion lebhaft ausmalen. Extremistische Aufrührer aller Schattierungen würden durch Fehlentscheidungen der NATO reanimiert [wiederbelebt] werden ...

Wann wird Russland endgültig seinen Frieden mit der NATO machen?

Rybkin: Das müssen wir sehen. Das politische Schlüsselwort ist für mich (sagt auf deutsch): Zusammen. Wir sind für eine blockfreie Welt, ohne Trennlinien, für ein Sicherheitssystem von Vancouver bis Wladiwostok. Es soll unsere Erde wie ein Friedensgürtel umfassen ... Das böte eine wirklich zuverlässige kollektive Sicherheit. (112)

1. *Informieren Sie sich über den Marshallplan (s. Q 25, S. 110 und T 12, S. 185).*
2. *Diskutieren Sie über die Wirtschaftshilfe für die GUS-Staaten. Vergleichen Sie sie mit der Hilfe nach 1945 für Deutschland.*
3. *Stellen Sie (auch mithilfe von Band 3) die Beziehungen Russlands zu Europa in Form eines Überblicks zusammen.*
4. *Überlegen Sie, was Russland mit Europa verbindet und was es trennt.*

Q 71 Lew Kopelews Forderungen

Kopelew wurde 1981 aus der UdSSR ausgebürgert, lebte seitdem in Deutschland. Er starb 1997.

Was kann, was soll getan werden? Entscheidend ist die Volksdiplomatie: unmittelbare Verbindungen zwischen Menschen – zwischen Schulen, wissenschaftlichen Institutionen, Betrieben, Kirchengemeinden, Theatern, Krankenhäusern, Familien. Überall, nicht nur in Moskau und St. Petersburg, muss man Brückenköpfe bauen und endlich erkennen, dass Europa heute bis an den Pazifischen Ozean reicht. (113)

Es bestanden 1993 56 Städtepartnerschaften deutscher Städte mit Städten in Russland und weitere 37 zu den übrigen GUS-Staaten (zum Vergleich: zum westlichen und südlichen Europa 3 119).

1. *Wo gibt es in Ihrer Nähe Kontakte zu Russland und zu anderen GUS-Staaten?*
2. *Überlegen Sie, welche Bedeutung der „Volksdiplomatie" zukommt.*

B 1   Flüchtlingstreck, 1945

VI. DEUTSCHLAND NACH DEM ZWEITEN WELTKRIEG

A. DEUTSCHLAND 1945–1949

1. Wer ist schuld am Zusammenbruch?

Q 1   Anzeigen aus der Heidelberger „Rhein-Neckar-Zeitung" und dem Berliner „Telegraph", 1946

Wer ist aus Sewastopol zurück und kennt den Schützen Otto Bender, geb. 19.7.01 i. Heidelberg. Nachr. an Fr. Klara Bender, Pforzheim ...

Tausche elektrischen Heizofen gegen Herrenhut (Gr. 57), evtl. Verkauf ...

Bürotischlampen, Glühbirnen dringend gesucht ...

Geschirr, Teller, Tassen u. Lampen gesucht. Union Werkskantine.

B 2   **Deutsche Szene, April 1945.** S. auch B 35, S. 87.

B 3 Personenzug, 1945

B 4 Straßenszene in Hannover, 1950

T 1 **Europäische Bevölkerungsbewegungen 1939–1952**

1. Infolge der Kriegsereignisse wurden **1939–1945** folgende bedeutende Umsiedlungsaktionen durchgeführt:
   a) Evakuierungen im Bombenkrieg (z. B. Mütter mit Kindern; etwa 5 Mio. Menschen) in Deutschland
   b) Umsiedlung deutscher Volksgruppen 1939 aus dem Baltikum und bis 1943 aus dem Balkan in das Reichsgebiet (636 000)
   c) Fremdarbeiter, besonders aus Frankreich (2,1 Mio.), Polen (2,5 Mio.) und der UdSSR (1,9 Mio.) nach Deutschland
   d) Es flohen vor der deutschen Armee, vor allem in Frankreich, ca. 5 Mio., in der Sowjetunion ca. 12 Mio.

2. **1944–1952** flohen viele Menschen vor den anrückenden Armeen und den neuen Machthabern bzw. sie wurden um- oder ausgesiedelt oder vertrieben:
   a) Deutsche aus den Gebieten östlich von Oder und Neiße (ca. 7,1 Mio.) in die vier deutschen Besatzungszonen
   b) Deutsche, vor allem aus Zentralpolen (ca. 1 Mio.), der Tschechoslowakei (ca. 3 Mio.), aus dem Memelland, den baltischen Staaten, Russland, Rumänien, Ungarn und Jugoslawien (ca. 0,9 Mio.) in die vier Besatzungszonen
   c) Deutsche, die aus dem Osten in die SBZ (sowjetische Besatzungszone) gelangt waren, sowie einheimische Bewohner der SBZ bzw. DDR (etwa 1,9 Mio.) in die Westzonen bzw. in die Bundesrepublik Deutschland
   d) Einweisung von ca. 2,5 Mio. Russen in das Baltikum, in das ehemalige deutsche Nord-Ostpreußen, in die ehemals polnischen Gebiete Weißrusslands und in die Moldau
   e) Einweisung von ca. 3,5 Mio. Polen aus Zentralpolen und von 1,5 Mio. Ostpolen in die ehemaligen deutschen Ostgebiete
   f) Einweisung von ca. 1,9 Mio. Tschechen und Slowaken in die ehemals sudetendeutschen Gebiete

3. **Gesamtbilanz** der betroffenen Deutschen aus dem Osten:
   Im Mai 1939 lebten in den Ostgebieten des Deutschen Reiches rund 9,6 Mio. Deutsche, in den anderen Staaten Ostmitteleuropas von der Ostsee bis nach Rumänien 7,4 Mio. Deutsche, zusammen 17 Mio. Davon galten nach der amtlichen Statistik 1950 als Vertriebene rund 7,1 Mio. (aus den Ostgebieten) bzw. 4,9 Mio. (aus anderen Staaten), zusammen rund 12 Mio.

S. auch T 33, S. 162 und S. 244–251.

– Das deutsche Volk bestrafen?

Q 2 **Aufruf an die sowjetische Luftwaffe zu Beginn der Offensive gegen Ostpreußen, 1944**
Die Rote Armee ist zur Offensive angetreten, um … der deutschen Bestie den Todesstoß in ihrer Höhle zu versetzen … Mit glühendem Hass im Herzen betreten wir das Land des verhassten Feindes. Wir kommen als Richter und Rächer. Der Feind muss ohne Gnade vernichtet werden …, das befiehlt die Heimat. – Die Führung. (1)

Q 3   Feldmarschall Montgomery an die deutsche Bevölkerung der britischen Zone, 10. Juni 1945
Ihr habt euch oft gewundert, warum unsere Soldaten … nicht mit euren Kindern spielen. [Sie] handeln gemäß ihren Befehlen … Als eure Führer [zum zweiten Mal einen] Krieg mutwillig auslösten, habt ihr ihnen Beifall gezollt … Dieses Mal sind die Alliierten entschlossen, dass ihr eure Lektion lernen sollt … Die Nation ist verantwortlich für ihre Führer. Solange sie erfolgreich waren, habt ihr frohlockt, gefeiert und gelacht … Ihr sollt dies euren Kindern vorlesen, wenn sie alt genug sind. (2)

T 2   Entnazifizierung und Kriegsverbrecherprozesse
Gleich nach dem Einmarsch der Sieger wurden ca. 235 000 Personen verhaftet. Ehemalige Mitglieder der NSDAP durften bei der Justiz, in der Verwaltung oder in den Schulen nicht mehr arbeiten. In der SBZ wurden 80 % des staatlichen Personals entlassen. Bald danach richteten die Militärregierungen **„Spruchkammern"** ein, deren Mitglieder (ohne juristische Vorbildung) alle ehemaligen Befürworter des NS-Regimes aufgrund von „Befreiungsgesetzen" aburteilten. In den westlichen Zonen behandelten die Kammern 3,6 Mio. Fälle. 1948/49, als sich die politischen Ziele der Sieger geändert hatten, wurde die Aktion eingestellt. Die Gemaßregelten durften ihre Berufe wieder ausüben.
Die **Entnazifizierung** ist bis heute umstritten. Der Philosoph Karl Jaspers z. B. sah die Notwendigkeit dieser Verfahren ein und sprach 1946 von einer „kollektiven Schuld", weil in der deutschen Geschichte „etwas steckt, mächtig und drohend, das unser sittliches Verderben ist". Der amerikanische Beauftragte W. L. Dorn kritisierte 1949, sie sei „viel zu kompliziert". Der deutsche Historiker Robert Fritzsch erklärte 1972: „Es ist … gelungen, die frühere Führungsschicht … für einige Jahre hinsichtlich ihrer direkten politischen Einflussmöglichkeit auszuschalten." Andreas Hillgruber schrieb 1972, infolge mangelhafter Durchführung sei „der angestrebte Effekt einer Reinigung" ausgeblieben. Historiker der DDR lobten die Entnazifizierung in der SBZ, weil sie mit der „Enteignung des Großgrundbesitzes, der Nazi- und Kriegsverbrecherbetriebe" gekoppelt worden sei. Die „Wurzeln für Faschismus, Militarismus und Krieg" seien beseitigt worden.
1945/46 fand in Nürnberg vor einem Gericht der Siegermächte (die Sieger traten als Ankläger und Richter auf) der **Hauptkriegsverbrecherprozess** statt, nachdem sich die vier Großmächte vertraglich auf drei Verbrechenstatbestände geeinigt hatten, die bislang im Völkerrecht noch nicht existierten: das Verbrechen gegen den Frieden („Planung, Vorbereitung, Veranlassung oder Führung eines Angriffskrieges"), das Kriegsverbrechen („Verletzung von Gesetzen oder Gebräuchen des Krieges … Mord, Misshandlung oder Verschleppung der Zivilbevölkerung …") und das Verbrechen gegen die Menschlichkeit (z. B. „Verfolgung aus politischen, rassischen oder religiösen Gründen"). Von 177 Angeklagten wurden 24 zum Tode verurteilt, davon zwölf hingerichtet. Außerdem verurteilten andere Besatzungsgerichte in den vier Zonen 4 848 Angeklagte; 462 Personen wurden hingerichtet.

1945–1965 wurden in den Westzonen bzw. in der Bundesrepublik Deutschland 6 115 Personen verurteilt, in der Ostzone bzw. in der DDR 12 807. Seitdem haben nur noch wenige Prozesse stattgefunden, weil die Suche nach den Angeklagten erfolglos verlief bzw. die Täter inzwischen verstorben waren.
Der Nürnberger Prozess wurde seit 1945/46 sehr unterschiedlich bewertet. Der Philosoph Karl Jaspers kritisierte 1962, dass die totalitäre Sowjetunion als Ankläger und Richter gegen das totalitäre NS-Regime auftrat und Sieger über Besiegte urteilten. Die sowjetischen Vertreter verhinderten u. a. auch, dass das geheime Zusatzprotokoll zum Hitler-Stalin-Pakt mit seinen völkerrechtswidrigen Bestimmungen im Gerichtsverfahren verwendet wurde. Andere hoben hervor, dass dem Recht nur durch Richter aus neutralen Staaten Genüge getan worden wäre und dass durch den Prozess die Chance für ein internationales Recht vertan worden sei.
Im Zusammenhang mit den Verbrechen während der Kriegshandlungen in Ex-Jugoslawien ist die Diskussion über das Recht der internationalen Öffentlichkeit, über Kriegsverbrecher zu richten, erneut ausgelöst worden. In Den Haag standen mehrere Täter vor einem internationalen Gerichtshof.

Beschreiben Sie das anfängliche Verhalten der Besatzungsmächte gegenüber der deutschen Zivilbevölkerung und versuchen Sie es zu erklären.

2.   Was soll aus Deutschland werden?

a.   Die Pläne der Alliierten

Q 4   Aus der „Mitteilung über die Berliner Konferenz der Drei Mächte" (Potsdamer „Abkommen"), 2. August 1945
Nach dem Selbstmord Hitlers und der bedingungslosen Kapitulation der deutschen Streitkräfte am 8. Mai 1945 wurde die letzte deutsche Regierung unter Admiral Dönitz gefangen genommen. Die vier Siegermächte verkündeten im Juni in mehreren „Deklarationen" die Übernahme der Regierungsgewalt. Zur Potsdamer Konferenz war Frankreich nicht eingeladen worden.

III. Über Deutschland
Der deutsche Militarismus und Nazismus werden ausgerottet und die Alliierten treffen … auch andere Maßnahmen, die notwendig sind, damit Deutschland niemals mehr seine Nachbarn oder [den Weltfrieden] bedrohen kann …
A. Politische Grundsätze
1. [Errichtung des Kontrollrates; jeder Oberbefehlshaber regiert seine Zone nach den Weisungen seiner Regierung.]
2. Die Behandlung der deutschen Bevölkerung in ganz Deutschland [soll] gleich sein …
6. Alle [aktiv tätigen] Mitglieder der nazistischen Partei … und alle anderen Personen, die den alliierten Zielen feindlich gegenüber-

B 5   Die „Großen Drei", Attlee (Großbritannien), Truman (USA), Stalin (Sowjetunion), auf der Potsdamer Konferenz, 1945

stehen, sind aus den öffentlichen … Ämtern und … verantwortlichen Posten in wichtigen Privatunternehmungen zu entfernen …

7. Das Erziehungswesen in Deutschland muss so überwacht werden, dass die … Entwicklung der demokratischen Ideen möglich gemacht wird.

8. Das Gerichtswesen wird entsprechend den Grundsätzen der Demokratie … reorganisiert …

9. Dezentralisierung der politischen Struktur und … Entwicklung einer örtlichen Selbstverwaltung …

II. In ganz Deutschland sind alle demokratischen Parteien zu erlauben …

IV. Bis auf weiteres wird keine zentrale deutsche Regierung er-

richtet … Jedoch werden … zentrale deutsche Verwaltungsabteilungen … unter der Leitung des Kontrollrates tätig sein …

B. Wirtschaftliche Grundsätze

11. Vernichtung des deutschen Kriegsmaterials …

12. Vernichtung der … übermäßigen Konzentration der Wirtschaftskraft …, insbesondere Kartelle … und andere Monopolvereinigungen.

13. Die Hauptaufmerksamkeit [ist] auf die Entwicklung der Landwirtschaft und der Friedensindustrie für den inneren Bedarf … zu richten.

14. Während der Besatzungszeit ist Deutschland als ein wirtschaftliches Ganzes zu betrachten …

19. Nach Erfüllung der Wiedergutmachungsleistungen müssen dem deutschen Volk ausreichend Hilfsquellen überlassen bleiben, damit es ohne Unterstützung von außen existieren kann …

IV. Reparationen aus Deutschland

[Jede Besatzungsmacht entnimmt ihre Reparationen aus ihrer Zone. Die Sowjetunion erhält zusätzlich] aus den westlichen Zonen [bestimmte Güter.]

IX. Polen

Die endgültige Festlegung der Westgrenze Polens [soll] bis zur Friedenskonferenz zurückgestellt werden … Bis [dahin sollen] die früher deutschen Gebiete östlich der Linie, die von der Ostsee … die Oder entlang bis zur Einmündung der westlichen Neiße … zur tschechoslowakischen Grenze verläuft, einschließlich des Teiles Ostpreußens, der nicht unter die Verwaltung der [UdSSR] … gestellt wird, und einschließlich des Gebietes des früheren Freien Stadt Danzig unter die Verwaltung des polnischen Staates kommen und … nicht als Teil der sowjetischen Besatzungszone in Deutschland betrachtet werden … [Das Gebiet von Königsberg wird an die Sowjetunion übergeben.]

XIII. Ordnungsgemäße Überführung deutscher Bevölkerungsteile

Die Überführung der deutschen Bevölkerung …, die in Polen, Tschechoslowakei und Ungarn zurückgeblieben [ist], nach Deutschland … muss … in ordnungsgemäßer und humaner Weise [erfolgen] … (3)

B 6   Die Hauptangeklagten im Nürnberger Prozess, 1945/46

Vorne die Verteidiger, dahinter die Angeklagten, von links nach rechts, vordere Reihe: Göring † (Reichsmarschall), Heß, v. Ribbentrop † (Außenminister), Keitel † (Oberkommando der Wehrmacht), Kaltenbrunner † (Chef des Sicherheitsdienstes), Rosenberg † (Minister für die Ostgebiete), Frank † (Generalgouverneur für Polen), Frick † (Reichsprotektor Böhmen und Mähren), Streicher † (Herausgeber des antisemitischen „Stürmer"), Funk; dahinter: Dönitz, Raeder, v. Schirach, Sauckel † (Bevollmächtigter für Fremdarbeiter), Jodl † (Hitlers Stabschef), v. Papen, Seyß-Inquart † (Reichskommissar der Niederlande), Speer, v. Neurath
(† = zum Tod verurteilt)

**K 1a Deutsche Besatzungszonen, ehemalige deutsche Ostgebie-
te, Polen und westliche Gebiete der Sowjetunion 1945** (s. Q 4)

K 1b Ländergründungen in den Besatzungszonen Deutschlands
(s. Q 4, 113, 114)

1952 traten in der DDR an die Stelle der historischen Länder (Brandenburg, Meck-
lenburg, Sachsen, Sachsen-Anhalt, Thüringen) 15 Verwaltungsbezirke: Rostock,
Schwerin, Neubrandenburg, Magdeburg, Potsdam, Frankfurt/Oder, Halle, Leipzig,
Cottbus, Erfurt, Suhl, Gera, Karl-Marx-Stadt (Chemnitz), Dresden, Berlin (Ost).
Rechtslage: Aus dem Warschauer Vertrag vom 7. Dezember 1970: Beide Staaten
„stellen ... fest, dass die bestehende Grenzlinie ... die westliche Staatsgrenze der
Volksrepublik Polen bildet ... Sie bekräftigen die Unverletzlichkeit." Urteile des
Bundesverfassungsgerichts zum Grundvertrag 1973 und zum Warschauer Vertrag
1975 stellen fest, dass die Ostverträge eine friedensvertragliche Regelung für ganz
Deutschland, einschließlich der Ostgebiete, nicht vorwegnähmen (s. Potsdamer Abkommen IX) und dass der Grundlagenvertrag 1972 keine völkerrechtliche Anerkennung der DDR durch die Bundesregierung bedeute.

T 3   Deutschland – ein Weideland?

a) Der Plan des amerikanischen Finanzministers Morgenthau, 1944

Die Regierungschefs der USA und Großbritanniens einigten sich 1944 auf den Plan des amerikanischen Politikers Morgenthau: Nord-Süd-Teilung Deutschlands etwa an der Mainlinie, Abtretung Nord-Ostpreußens an die Sowjetunion, der übrigen Ostgebiete an Polen, der Pfalz (einschließlich des Saarlandes) an Frankreich, des Ruhrgebiets an eine internationale Verwaltung. Die Industrie sollte vollständig zerstört, die Ruhrindustrie für immer demontiert werden. Noch 1944 zogen beide Regierungschefs ihre Unterschriften zurück.

b) Der Industrieplan des Kontrollrats, 26. März 1946

Rüstungsindustrie beseitigen, chemische und Stahlindustrie beschränken. Kraftfahrzeugproduktion: pro Jahr 40 000 Pkw und 40 000 Lkw (1950 wurden in der Bundesrepublik Deutschland 219 000 Pkw, 1994 4,1 Mio. Pkw und 264 000 Lkw hergestellt).

1. *Arbeiten Sie die Gegensätze und die Gemeinsamkeiten zwischen den siegreichen Staaten heraus, die sie in ihren Plänen für Deutschland vertraten.*
2. *Vergleichen Sie die Pläne mit den tatsächlich eingetretenen Verhältnissen (s. dazu K 1a und b, B 16, 42, 46 und T 56).*

b.   Besatzungspolitik im Westen

T 4   Auf dem Weg zum demokratischen Staat

Nach der Besetzung wurden in der französischen Zone 19 000, in der britischen 64 000 und in der amerikanischen 95 000 Menschen in Internierungslager eingeliefert. Sofort begann die Demontage von Industriebetrieben bzw. die Lieferung von Gütern zur Bezahlung der Reparationen.

Nach einigen Monaten wurden in der amerikanischen Zone deutsche **politische Parteien** erlaubt und eine **deutsche Regierung** für die verschiedenen Länder eingesetzt, ebenso in den neu errichteten Ländern (Nordrhein-Westfalen, Niedersachsen, Schleswig-Holstein) der britischen Zone. Die Franzosen beteiligten die Deutschen an der Verwaltung ihrer Zone erst im Herbst 1946. Neue Länder: Rheinland-Pfalz, Baden(-Südbaden), Württemberg(-Hohenzollern). Gegen den Willen aller anderen Besatzungsmächte schloss Frankreich das Saarland seinem Zollgebiet an.

Die ersten freien Wahlen seit 1933 – Gemeinderatswahlen – fanden im Januar 1946 in der amerikanischen Zone, dann in den anderen Zonen statt, im November 1946 – ebenfalls zuerst in der amerikanischen Zone – **Landtagswahlen**. Die Ergebnisse zeigten fast überall ein Gleichgewicht zwischen den neu gegründeten Parteien CDU und CSU auf der einen und SPD auf der anderen Seite. Die KPD gewann durchschnittlich 9,4 %, die FDP 8,8 % der Stimmen; kleinere Parteien, wie Bayernpartei oder Deutsche Volkspartei (v. a. in Niedersachsen), erhielten über 8 %.

T 5   Sozialisierung der Großindustrie? – Das Beispiel Nordrhein-Westfalen

Am 17. Juni 1947 erklärte der Ministerpräsident von Nordrhein-Westfalen Arnold (CDU) dass die Grundstoffindustrie (Kohle, Stahl, Chemie) in Gemeineigentum überführt werden müsse, um die Macht des „privaten Großkapitals" zu zerstören. Der Landtag stimmte am 11. August 1948 einem entsprechenden Gesetz zu. Der britische Militärgouverneur entschied noch am gleichen Tag, „dass die Frage der Sozialisierung der Kohleindustrie nicht von einer Landesregierung behandelt werden sollte". – Nach Gründung der Bundesrepublik Deutschland fand ein Volksentscheid über die Landesverfassung, die die Sozialisierung von Großbetrieben (Art. 27) und die gleichberechtigte Mitbestimmung der Arbeitnehmer (Art. 26) vorsah, statt. Dabei stimmten 3,6 Mio. Wähler der Verfassung zu, 2,2 Mio. lehnten sie ab.

c.   Besatzungspolitik in der sowjetischen Zone

Q 5   Die Methode der „Gruppe Ulbricht"

Noch vor Ende der letzten Kampfhandlungen entsandte Stalin Mitglieder der deutschen Exil-KPD in Moskau nach Mecklenburg, Berlin, Brandenburg und Sachsen, die den Kommandeuren der Roten Armee in Deutschland als politische Berater beistehen sollten.

Die Bezirksverwaltungen [von Berlin] müssen politisch richtig zusammengestellt werden. Kommunisten als Bürgermeister können wir nicht brauchen … [Sie] sollen in den Arbeiterbezirken in der Regel Sozialdemokraten sein. In den bürgerlichen Vierteln … müssen wir an die Spitze einen bürgerlichen Mann stellen … Für den stellvertretenden Bürgermeister, für Ernährung, Wirtschaft und Soziales sowie für Verkehr nehmen wir am besten Sozialdemokraten, die verstehen was von Kommunalpolitik. Für Gesundheitswesen antifaschistisch eingestellte Ärzte, für Post … parteilose Spezialisten … Der erste stellvertretende Bürgermeister, der … [Beauftragte] für Personalfragen und … für Volksbildung – das müssen unsere Leute sein. Dann müsst ihr noch einen ganz zuverlässigen Genossen in jedem Bezirk ausfindig machen, den wir für den Aufbau der Polizei brauchen. (4)

T 6   Weichenstellung für eine sozialistische Gesellschaft 1945/46

Gleich nach dem Einmarsch der Roten Armee begann eine große Verhaftungsaktion: 67 000 Personen wurden in **Internierungslager** eingeliefert, oft später auch in Gefangenschaft in die Sowjetunion gebracht. Aus dem Staatsdienst (Verwaltung, Schule, Polizei, Justiz) wurden alle ehemaligen Anhänger des Nazi-Regimes, etwa 520 000 Personen (= 80 % des Personals) entfernt. In den Schulen unterrichteten fortan „Junglehrer" mit nur einmonatiger Ausbildung. Alle ehemaligen Offiziere, SA-, SS- und Gestapo-Mitglieder wurden registriert, oft in ein sowjetisches Lager gebracht.

Als erste Besatzungsmacht forderte die Sowjetunion die Deutschen auf, **Parteien** zu gründen. Im Juli 1945 schlossen sich KPD, SPD, CDU und LDP (Liberaldemokratische Partei) zum „Block der antifaschistisch-demokratischen Parteien" in der SBZ zusammen.

Zwölf deutsche Zentralverwaltungen lenkten die Zonenwirtschaft, an der Spitze standen meist Fachleute, oft auch „bürgerliche" Mitglieder der CDU und LDP. Die Personalabteilungen führten KPD-Mitglieder. Industriebetriebe wurden demontiert, Eisenbahnlinien abgebaut und in die Sowjetunion transportiert, alle größeren Industriebetriebe und Handelsunternehmen enteignet und dies – in Sachsen – durch eine Volksabstimmung bestätigt. Ein Teil dieser Betriebe wurde in Volkseigene Betriebe (**VEB**) umgewandelt, ein anderer in Sowjetische Aktiengesellschaften (**SAG**), um die Reparationen zu bezahlen. Privatbanken löste man auf.

1945 begann die **Bodenreform**. Sie wurde damit begründet, dass die ostelbischen Junker einen „verderblichen Einfluss" auf die deutsche Geschichte ausgeübt und „jede freiheitliche Entwicklung" verhindert hätten. Der landwirtschaftliche Grundbesitz über 100 ha wurde enteignet und an landlose Bauern und Flüchtlinge aus den Ostgebieten verteilt. Jeder Neubauer erhielt etwa 5 ha und musste in jedem Monat ein Ablieferungssoll erfüllen. Ein Drittel der enteigneten Fläche ging in den Besitz der Gemeinden oder des Staates über, die Volkseigene Güter (VEG) errichteten.

Im April 1946 mussten sich unter massivem Druck der sowjetischen Ortskommandanten in Berlin und in der sowjetischen Zone KPD und SPD zur **SED** vereinigen. Die SPD-Mitglieder der Westsektoren lehnten in einer Abstimmung die Vereinigung ab.

Q 6 Oberst Tulpanow (Sowjetische Militäradministration – SMAD) leitet eine Sitzung des CDU-Vorstandes, Dezember 1945 (Augenzeugenbericht)

Tulpanow beklagt, dass die Vorsitzenden der CDU, Hermes und Schreiber, eine reaktionäre Politik betrieben.
Tulpanow: … Treten Sie zurück! Hermes: Ich bitte um eine Begründung. Solange Sie mir diese nicht geben, trete ich nicht zurück. Tulpanow: Ich sage Ihnen nochmals: Treten Sie zurück! Hermes: Ist das ein Befehl? Tulpanow: Ja, es ist ein Befehl der SMAD. Hermes: Einem Befehl muss ich mich beugen. (5)
Tulpanow verlangte eine Neuwahl. Jakob Kaiser und Ernst Lemmer wurden zu neuen CDU-Vorsitzenden gewählt, zwei Jahre später aber ebenfalls zum Rücktritt gezwungen (s. T 17, 18).

Q 7 SPD und KPD – Kurt Schumacher, 21. Februar 1946

Eine Einigung beider Parteien ist bisher noch nirgends in der Welt erfolgt … Die Kommunistische Partei ist unlösbar an … Russland als nationalen und imperialistischen Staat und an seine außenpolitischen Ziele gebunden … In der Ostzone … hat jetzt die Periode eines … nicht gekannten Zwanges bei der Eroberung der Partei für die Zwecke der Besatzungsmacht eingesetzt … Die

Kommunistische Partei ist … eine Partei, die eine rücksichtslose Meinungsdiktatur von oben herab verhängt und keine Abweichung von der befohlenen Linie duldet … Die Kommunistische Partei [sieht die] … Vereinigung als … Eroberung an … (6)

Q 8 Geheimer Befehl der SMAD, 1945

Urabstimmungen sozialdemokratischer Grundorganisationen über die Frage der Vereinigungen der Arbeiterparteien sind verboten. Man kann die Entscheidung … nicht größtenteils neuen Mitgliedern überlassen, sondern allein den erfahrenen Funktionären der deutschen Arbeiterbewegung. (7)

T 7 Gemeinde- und Landtagswahlen in der SBZ

Im Juni 1946 kündigte die Militärregierung für den September Gemeindewahlen und für den Oktober Landtagswahlen an. Wahlvorschläge durften nur jene Ortsgruppen der Parteien einreichen, die bei der örtlichen SMAD-Dienststelle registriert waren. Während in allen 11 623 Gemeinden der SBZ Ortsgruppen der SED bestanden und auch registriert waren, gab es nur in ungefähr 4 200 Orten CDU- und in 2 200 Gemeinden LDP-Gruppen. Von diesen 6 400 Parteigruppen der beiden „bürgerlichen" Parteien wurden von den SMAD-Behörden 3 103 offiziell anerkannt. Neben den „antifaschistisch-demokratischen" Blockparteien wurde noch einer Bauernorganisation, dem FDGB (Freier Deutscher Gewerkschaftsbund) und Frauenausschüssen die Kandidatenaufstellung erlaubt. Von den für Wahlpropaganda bereitgestellten 800 t Papier erhielten LDP und CDU zusammen 9 t. Plakate, Flugblätter und Wahlveranstaltungen der beiden Parteien wurden oft nicht oder zu spät genehmigt.

T 8 Wahlergebnisse der Landtagswahlen im Oktober 1946

SED	4 658 483 = 47,5 %
CDU	2 397 975 = 24,5 %
LDP	2 410 146 = 24,6 %
Massenorganisationen	331 909 = 3,4 %

Rechnet man die Ergebnisse der Gemeindewahlen in allen Orten der SBZ zusammen und vergleicht sie mit den Landtagswahlergebnissen, so stellt man folgende Veränderungen des Stimmverhältnisses vom September zum Oktober 1946 fest:

	SED	CDU und LDP
Brandenburg	−185 813	+255 916
Mecklenburg	−125 583	+253 212
Sachsen	+7 212	+253 665
Sachsen-Anhalt	−165 417	+391 463
Thüringen	+66 571	+133 773 (8)

Nach den Landtagswahlen wurden in allen Ländern Allparteienregierungen gebildet. Die SED besetzte dabei von 41 vergebenen Ministerien 22, stellte – mit Ausnahme von Sachsen-Anhalt – überall den Ministerpräsidenten und daneben die Minister für Inneres (Polizei) und Volksbildung.

d.   Erste Zielvorstellungen deutscher Parteien

T 9   Parteigründungen

Am 11. Juni 1945 stellte die erste in Deutschland zugelassene Partei, die KPD, fest: „Es ist falsch, Deutschland das Sowjetsystem aufzuzwingen", denn es entspräche nicht den „gegenwärtigen Entwicklungsbedingungen". Die Partei forderte die „Aufrichtung eines antifaschistischen, demokratischen Regimes". Bald darauf genehmigten die Besatzungsbehörden auch die Gründung der SPD, der CDU und der LDP, in anderen Zonen FDP genannt.

Da die Zonengrenzen den Kontakt untereinander behinderten, waren nicht allein die Berliner Gründungen wichtig. So erlangte z. B. die CSU in Bayern, die CDU in Köln mit Konrad Adenauer, in Berlin mit Jakob Kaiser, die SPD in Hannover mit Kurt Schumacher und die FDP in Stuttgart mit Theodor Heuss größere Bedeutung. In der KPD spielten Walter Ulbricht und Wilhelm Pieck die entscheidenden Rollen. Beide konnten Otto Grotewohl und viele andere SPD-Mitglieder in der SBZ unter deutlicher Mitwirkung der sowjetischen Militärregierung zur Vereinigung bewegen, so dass am 21./22. April 1946 in Berlin die SED entstand (Zwangsvereinigung; s. T 6).

T 10   Ziele der Parteien 1946–1948

	Britische Zone			Sowjetische Zone
	CDU	**SPD**	**FDP**	**SED**
allgemeine politische Grundsätze	Demokratie, christliche Weltanschauung, Freiheit der Person	demokratischer Sozialismus, Unabhängigkeit	Demokratie, kein Klassen- oder Obrigkeitsstaat	antifaschistische, parlamentarische, demokratische Republik, Aufbau des Sozialismus, Einheit der Arbeiterbewegung, für den Block der antifaschistisch-demokratischen Parteien
Wirtschaftsgrundsätze	gegen unumschränkte Herrschaft des Privat- und Staatskapitalismus (dritter Weg zwischen Sozialismus und Kapitalismus), für Vergesellschaftung von Bergwerken, gegen Monopole, für Kartellgesetze und Mitbestimmung der Arbeitnehmer	sozialistische Wirtschaft durch planmäßige Lenkung, für Vergesellschaftung der Produktionsmittel bei mannigfaltigen Betriebsarten, für Bodenreform und wirtschaftliche Selbstbestimmung	für freie Initiative des Unternehmers, nur unentbehrliche Planung und Lenkung, Rechte der Mitarbeiter sichern, für freien Bauernstand	Planwirtschaft
Außenpolitik	Einheit Deutschlands erhalten bzw. Bündnis mit den USA anstreben und Abbau der Gegensätze zu Frankreich	Deutschland in den Grenzen von 1937 unabhängiger und gleichberechtigter Teil Europas	unabhängiges Deutschland	Einheit Deutschlands herstellen, Deutschland als Bündnispartner der UdSSR

3.   Eine neue Politik der Westmächte

Q 9   Privatnotiz des amerikanischen Geschäftsträgers in Moskau, George F. Kennan, Sommer 1945

Die Idee, Deutschland gemeinsam mit den Russen regieren zu wollen, ist ein Wahn. Ein ebensolcher Wahn ist es, zu glauben, die Russen und wir könnten uns eines schönen Tages höflich zurückziehen und aus dem Vakuum werde ein gesundes und friedliches, stabiles und freundliches Deutschland steigen. Wir haben keine andere Wahl, als unseren Teil … zu einer Form von Unabhängigkeit zu führen … Besser ein zerstückeltes Deutschland, von dem wenigstens der westliche Teil als Prellbock für die Kräfte des Totalitarismus wirkt, als ein geeintes Deutschland, das diese Kräfte wieder bis an die Nordsee vorlässt. (9)

Q 10   Brief des amerikanischen Präsidenten Truman an seinen Außenminister Byrnes, 5. Januar 1946

Schon in Potsdam wurden wir vor vollendete Tatsachen gestellt und … gezwungen, der russischen Besetzung Ostpolens und der Besetzung des östlich der Oder liegenden Teils von Deutschland zuzustimmen … Damals war uns sehr daran gelegen, dass Russland sich dem Krieg gegen Japan anschloss … [Wir] wurden [mit Persien] wiederum vor eine vollendete Tatsache gestellt … Kein Zweifel, dass Russland vorhat …, sich der Meerengen [Bosporus und Dardanellen] … zu bemächtigen … Nur eine Sprache verstehen die Russen – „Wie viele Divisionen habt ihr?" … Wir [sollten] uns [nicht] länger auf Kompromisse einlassen. (10)
Die Sowjetregierung hatte trotz Abmachungen mit den USA beschlossen, ihre seit Kriegsende in Persien stehenden Truppen nicht zurückzuziehen.

Q 11 Rede des amerikanischen Außenministers Byrnes in Stuttgart, 6. September 1946

Wir treten für die wirtschaftliche Vereinigung Deutschlands ein. Wenn eine völlige Vereinigung nicht erreicht werden kann, werden wir alles tun …, um eine größtmögliche Vereinigung zu sichern … Die Gesundung in Europa und besonders in den Nachbarstaaten Deutschlands wird nur langsam voranschreiten, wenn Deutschland mit seinen großen Bodenschätzen an Eisen und Kohle in ein Armenhaus verwandelt wird … Es war niemals die Absicht der amerikanischen Regierung, dem deutschen Volk das Recht zu versagen, seine eigenen inneren Angelegenheiten wahrzunehmen, sobald es … dies auf demokratische Art und unter … Achtung der Menschenrechte und grundsätzlichen Freiheiten tun [würde] … Deutschland [soll kein] Vasall … einer Macht … [werden] oder unter einer in- oder ausländischen Diktatur [leben]. (11)

– Die Schaffung der Bizone, 2. Dezember 1946

Q 12 Stellungnahme Großbritanniens zur Bildung eines Vereinigten Wirtschaftsgebietes

Während Amerika und wir Lebensmittel und andere lebenswichtige Güter in unsere Zonen in Deutschland eingeführt und bezahlt haben, sind die Erträge aus Exporten der russischen und französischen Zone nicht für eine gemeinschaftliche Verwendung bereitgestellt worden … Der britische Steuerzahler hat genug bezahlen müssen, um den Zusammenbruch unserer Zone zu verhindern … Deutschland [soll] selbst die Kosten tragen … In der britisch-amerikanischen Zone [soll] die Industrie so schnell wie möglich wieder in Gang gebracht werden. (12)

T 11 Gemeinsame deutsche Wirtschaftsverwaltung in den westlichen Besatzungszonen: Bi- und Trizone

Am 2. Dezember 1946 wurden für die amerikanische und britische Zone gemeinsame Verwaltungsräte für die Wirtschaft beschlossen und im Mai 1947 zum Exekutivrat zusammengefasst. Die acht Landtage wählten im Juni 1947 ihre Vertreter in einen Wirtschaftsrat, der die Gesetze zusammen mit dem Zweizonenamt der Siegermächte ausarbeitete. Im Februar 1948 entstand ein Länderrat, dessen Mitglieder von den Landesregierungen bestimmt wurden. Frankreich trat erst am 1. Juli 1948 (nach dem Angebot des Marshallplans) der Bizone bei („Trizone"). Das Saarland blieb französisches Zollgebiet und außerhalb der Trizone.

T 12 Der Marshallplan (Europäisches Wiederaufbauprogramm/ERP; s. Q 25, S. 110 und Q 3, S. 254)

Das Aufbauprogramm für Europa, am 5. Juni 1947 vom amerikanischen Außenminister Marshall entwickelt, wurde von einem Washingtoner Büro aus geleitet, aus dem 1948 die Organisation für europäische wirtschaftliche Zusammenarbeit/OEEC hervorging. Insgesamt leisteten die USA 12,4 Mrd. Dollar Wirtschaftshilfe; die Westzonen bzw. die Bundesrepublik Deutschland erhielten davon bis zum Auslaufen der Kreditvergabe 1,7 Mrd. Dollar. Diese Gelder verwendeten die Empfängerländer vor allem zum Einkauf von Rohstoffen, Nahrungsmitteln und Investitionsgütern in den USA. Die Bundesrepublik Deutschland musste nur 1 Mrd. Dollar an die USA zurückzahlen. Aus dem durch den Plan entstandenen ERP-Fonds werden bis heute u. a. Wiederaufbauhilfen und Lastenausgleichszahlungen geleistet, außerdem die Wirtschaft in den neuen Bundesländern unterstützt.
Neben den Zahlungen nach dem Marshallplan hat die Bundesrepublik Deutschland aus den USA noch 3,4 Mrd. Dollar andere Hilfsgelder erhalten. Dies entspricht 11,3 % der gesamten bis 1957 von den USA geleisteten Auslandshilfen.

Fassen Sie die Gründe für den Kurswechsel der Westmächte zusammen.

Q 13 Wann begann die Spaltung?

a) Der westdeutsche Journalist Richard Thilenius, 1957

[Die] Sowjetunion [wollte] … sich den Beitritt ihrer Zone [zur Bizone] … offen halten, [wenn] ihr die Entnahme von Reparationen aus der laufenden Produktion zugesichert werden sollte. Hätte sich in diesem Punkt eine Kompromisslösung finden lassen, so wäre … [vielleicht] die Spaltung … [vermieden worden]. Es scheint aber, dass zu diesem Zeitpunkt die beiden Westmächte nach allen Erfahrungen an einem Zusammengehen mit der Sowjetunion … nicht mehr interessiert waren. (13)

b) Der westdeutsche Historiker Karl Dietrich Erdmann im „Handbuch der deutschen Geschichte", 1976

1. Die Motive für den Marshallplan müssten vor allem in der amerikanischen Überproduktion, im Willen zur Liberalisierung (Erleichterung) des Welthandels, aber auch im politischen und ideologischen Bereich gesucht werden.
2. Der einzige bedeutende Versuch deutscher Politiker aus allen Zonen, miteinander ins Gespräch zu kommen, sei mit der Münchner Ministerpräsidentenkonferenz im Juni 1947 vor allem durch das Verhalten der Ministerpräsidenten aus der Sowjetzone gescheitert.
3. Der Westen habe sich nach der Entwicklung in der Sowjetzone (Volkskongressbewegung; s. T 17) und dem Scheitern einer Konferenz der Außenminister der vier Großmächte in London (auf der die Sowjetunion eine Beteiligung an der Kontrolle des Ruhrgebietes und Reparationen gefordert hatte) zum Ausbau der Bizone durch eine „staatsähnliche Verwaltung" im Dezember 1947 entschlossen. Daraufhin hätten auch die Vorbereitungen für die Währungsreform und die Gründung eines westdeutschen Teilstaates eingesetzt.

Schließlich fragt Erdmann: Hätte sich die Spaltung Deutschlands vermeiden lassen? In der politischen Propaganda und Geschichtsliteratur der Sowjetunion und der DDR gibt es keinen Zweifel über die Antwort: Schuldig sei der Westen. In der Politik und der historischen Wissenschaft des Westens hingegen ist die Frage umstritten. So wurde in den USA die Politik Trumans von zwei entgegengesetzten Seiten her angegriffen … [Die einen warfen] ihm mangelndes Eingehen auf berechtigte sowjetische Interessen und eine zu starre Haltung vor …, [die anderen] hielten ihn für nicht entschieden genug. In der Geschichtswissenschaft des Westens wird das Thema in mannigfaltigen Abstufungen variiert. In der Periode des „Kalten Krieges" war das Motiv vorherrschend, die sowjetische Politik für die Spaltung verantwortlich zu machen. Wissenschaftlich ergiebiger als die Frage nach der Schuld ist die Frage nach den Ursachen. (14)

Q 14 Not – Bericht der amerikanischen Erziehungskommission, 1946

Nirgends in der Welt ist es möglich gewesen, das Gebäude einer erfolgreichen demokratischen Selbstregierung auf der Grundlage des Hungers und der wirtschaftlichen Unordnung zu errichten … Im Juli [betrug] das Durchschnittsgewicht der 10-jährigen Knaben beinahe 10 % unter der Altersnorm … Das erschreckende Ansteigen der Tuberkulose … beleuchtet die Ernährungskrise sehr eindringlich, während das Auftreten der Krätze die Aufmerksamkeit auf die Folgen des Mangels an Seife und warmem Wasser lenkt. (15)

T 13 Wer bezahlt den Zweiten Weltkrieg?

1945 betrugen die deutschen Staatsschulden 387 Mrd. RM. Der Umlauf an Geld erhöhte sich immer mehr, weil die deutsche Regierung zu viele Banknoten gedruckt hatte und weil nach Kriegsende die Siegermächte Besatzungsgeld ausgaben, das die Deutschen als Zahlungsmittel annehmen mussten. Die Waren wurden immer knapper; ein „Schwarzer Markt" entstand, auf dem Ware gegen Ware („Zigarettenwährung") eingetauscht wurde. Im deutschen Währungsgebiet (in den Oder-Neiße-Gebieten galt polnische bzw. russische Währung) lebten viel mehr Menschen als vor 1939. Dazu kam, dass die Sieger ihre Reparationsforderungen durch den Abbau von Industriebetrieben, Eisenbahngleisen usw. (Demontagen) befriedigten.

Q 15 Die Währungsreform in Schulbüchern

a) Westdeutsche Darstellung, 1966

Eine wirtschaftliche Gesundung Deutschlands war ohne eine Währungsreform nicht möglich. Die umlaufende Geldmenge musste radikal verringert werden … Ein weiteres Hinauszögern hätte die Wirksamkeit der Marshallplanhilfe gefährdet. (16)

b) Ostdeutsche Darstellung, 1953

Ein schwerer Schlag gegen die Einheit Deutschlands … Daraus ergaben sich verhängnisvolle Schwierigkeiten für die Wirtschaftsbeziehungen zwischen Ost- und Westdeutschland. Diese künstliche Abschnürung brachte … den Werktätigen Arbeitslosigkeit, Verarmung und Elend. (17)

T 14 Zwei Währungen in Deutschland – Die Währungsreform

Westzonen	SBZ
Die Währungsreform trat in den drei Westzonen (Trizone) am 20. Juni 1948, in den Berliner Westsektoren am 24. Juni 1948 in Kraft.	Die Währungsreform trat in der SBZ einschließlich von ganz Groß-Berlin (durchgeführt nur im sowjetischen Sektor) am 24. Juni und 25. Juli 1948 in Kraft.
Angeordnet von den drei Militärregierungen	Angeordnet von der SMAD
Kopfgeld: 60 RM pro Person werden 1:1 in DM-West umgetauscht, weiteres Bargeld 10:1, Sparguthaben 10:0,65.	Kopfgeld: 70 RM pro Person werden 1:1 in DM-Ost eingetauscht, weiteres Bargeld 10:1, Sparguthaben bis 100 RM 1:1, bis 1 000 RM 5:1, darüber 10:1.
Überprüfung aller Konten auf Rechtmäßigkeit des Erwerbs (z. B. Schwarzhandel)	Überprüfung aller Konten mit höheren Beträgen. „Beträge, die faschistischen Verbrecher und Kriegsverbrecher gehören, [sind] zu konfiszieren."
Alle Betriebe erhalten eine Übergangshilfe, im Höchstfall nach dem Kurs 1:1.	Betriebe der staatlichen Verwaltungen und VEB tauschen 1:1, private Unternehmen in der Höhe des Umsatzes der 1. Woche 1:1, Kredite der Neubauernhöfe (Bodenreform 1945) 5:1 abgewertet.
Grundbesitz, Produktionsstätten, Aktien behalten ihren Wert und werden weiter frei gehandelt.	Grundbesitz ist volkseigen. Produktionsstätten behalten ihren Wert. Freier Handel ist in keinem Fall erlaubt.
Lastenausgleich zugunsten von Flüchtlingen aus den Ostgebieten und Bombengeschädigten erst später	Kein Lastenausgleich
Staatsschulden 10:1 abgewertet	Staatsschulden müssen 1:1 zurückgezahlt werden, z. B. an die Sowjetunion 55–65 Mrd. Dollar in Preisen von 1953.
Demontagen werden 1947 vorübergehend, 1950 endgültig eingestellt.	Demontagen, Reparationszahlungen erst 1953 von der Sowjetunion eingestellt
Absicherung der Währungsreform durch Hilfszahlungen aus den USA nach dem Marshallplan	Die Besatzungsmacht verbietet der DWK (Deutsche Wirtschaftskommission der SBZ) die Annahme von Marshallplangeldern.
Rationierung, Zwangsbewirtschaftung vieler Produkte und Preiskontrollen entfallen weithin sofort.	Rationierung, Zwangsbewirtschaftung und totale Preiskontrolle bleiben.

1. *Fassen Sie die wirtschaftlichen und politischen Ziele zusammen, die die Westmächte bzw. die UdSSR mit der Währungsreform verfolgten.*
2. *Vergleichen Sie die Bewältigung wirtschaftlicher Probleme in Deutschland nach 1918 (s. S. 32) mit der nach 1945.*

4. Die Errichtung der Bundesrepublik Deutschland

Q 16 Die Oberbefehlshaber der drei westlichen Besatzungsmächte an die Ministerpräsidenten der westdeutschen Länder („Frankfurter Dokumente"), 1. Juli 1948

Die Militärgouverneure [bevollmächtigen] die Ministerpräsidenten der Länder …, eine verfassunggebende Versammlung einzuberufen [bis] 1. September 1948 … [Sie] wird eine demokratische Verfassung [und] eine Regierungsform des föderalistischen Typs [schaffen] … Angemessene Zentralinstanz … und Garantien der individuellen Rechte und Freiheiten … Die Ratifizierung in jedem … Land erfolgt durch [eine Volksabstimmung mit] einfacher Mehrheit … Sobald die Verfassung von zwei Dritteln der Länder ratifiziert ist, tritt sie in Kraft … [Die Militärgouverneure bestimmen die Außenpolitik, kontrollieren den Außenhandel, das Ruhrgebiet, die Industrie, die Reparationen, die Rechte ihrer Streitkräfte in Deutschland usw.] … Jede Verfassungsänderung ist den Militärgouverneuren zur Genehmigung vorzulegen … [Es] treten alle Gesetze und Bestimmungen der … Regierung … innerhalb von 21 Tagen in Kraft, wenn sie nicht von den Militärgouverneuren verworfen werden. (18)

Q 17 Die Ministerpräsidenten der elf Länder äußern sich zu den „Frankfurter Dokumenten" („Koblenzer Beschlüsse"), 7. Juli 1948

[Es müsste] alles vermieden werden, was [der Bundesrepublik] den Charakter eines Staates verleihen würde … [Es müsste] zum Ausdruck kommen …, dass es sich lediglich um ein Provisorium handelt … Ein Volksentscheid würde dem Grundgesetz ein Gewicht verleihen, das nur einer endgültigen Verfassung zukommen sollte … Eine deutsche Verfassung [sollte] erst dann geschaffen werden …, wenn das gesamte deutsche Volk … sich in freier Selbstbestimmung [äußern kann]; bis [dahin] können nur vorläufige … Maßnahmen getroffen werden … [Eine] deutsche Nationalversammlung …, eine deutsche Verfassung sollen zurückgestellt werden, bis die Voraussetzungen für eine gesamtdeutsche Regierung gegeben sind … Die Ministerpräsidenten werden den Landtagen … empfehlen, eine Vertretung zu wählen [sog. Parlamentarischer Rat], die … ein Grundgesetz für … [das] Besatzungsgebiet der Westmächte ausarbeiten [soll] … [Den Verfassungsentwurf] werden die Ministerpräsidenten nach Anhörung der Landtage … den Militärgouverneuren zuleiten … [Die Rechte der Besatzungsmächte sollen in einem Besatzungs- und einem Ruhrstatut festgelegt werden.] (19)

Q 18 Die Ziele der deutschen Verfassungen von 1949

a) Präambel des Bonner Grundgesetzes

[Um] seine nationale und staatliche Einheit zu wahren und als gleichberechtigtes Mitglied in einem vereinten Europa dem Frieden der Welt zu dienen, hat das deutsche Volk in den Ländern … [elf Ländernamen] … für eine Übergangszeit … dieses Grundgesetz … beschlossen. Es hat auch für jene Deutsche gehandelt, denen mitzuwirken versagt war. Das gesamte deutsche Volk bleibt aufgefordert, in freier Selbstbestimmung die Einheit und Freiheit Deutschlands zu vollenden.

b) Präambel der DDR-Verfassung

Vom Willen erfüllt, die Freiheit und die Rechte des Menschen zu verbürgen, das Gemeinschafts- und Wirtschaftsleben in sozialer Gerechtigkeit zu gestalten, dem gesellschaftlichen Fortschritt zu dienen, die Freundschaft mit allen Völkern zu fördern und den Frieden zu sichern, hat sich das deutsche Volk diese Verfassung gegeben.

Stellen Sie Unterschiede und Gemeinsamkeiten in den Präambeln fest und vergleichen Sie die Präambel der DDR-Verfassung mit denen von 1968 und 1974 (Q 65).

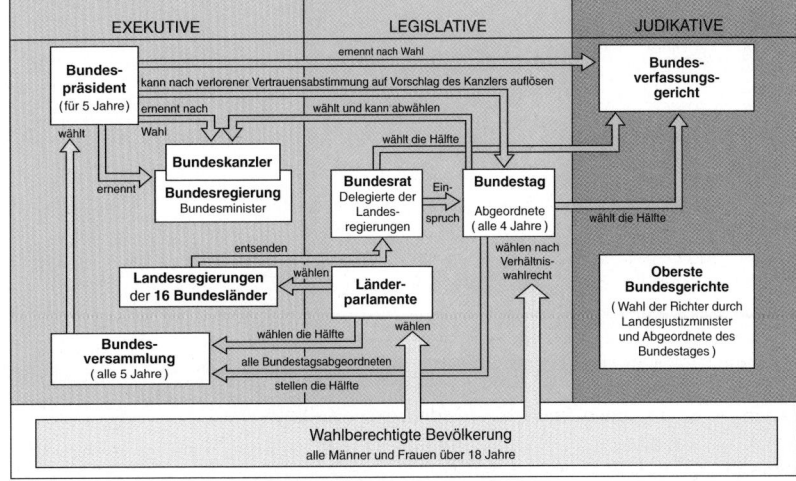

B 7 Der Staatsaufbau der Bundesrepublik Deutschland nach dem Grundgesetz (ausgearbeitet vom Parlamentarischen Rat 1948/49) in der Fassung von 1990

1. Zeichnen Sie nach dem Muster von B 7 mithilfe der Informationen von T 15 die Verfassungen der DDR von 1949 und 1968/74.

2. Diskutieren Sie die Einwände der Ministerpräsidenten gegen die „Frankfurter Dokumente".

T 15 Übersicht über die deutschen Verfassungen im 20. Jahrhundert

Institution	Reichsverfassung 1919	Grundgesetz der Bundesrepublik Deutschland 1949	Verfassung der DDR 1949	Verfassung der DDR 1968/74
Staatsoberhaupt	**Reichspräsident;** vom Volk für 7 Jahre gewählt; Oberbefehl; ernennt und entlässt Reichsregierung (Kanzler und Minister); kann Volksentscheid herbeiführen; kann Grundrechte aufheben, Notverordnungen erlassen (Art. 48), zusammen mit Reichskanzler Reichstag auflösen	**Bundespräsident;** von Bundesversammlung (= Bundestag + Ländervertreter) für 5 Jahre gewählt; schlägt dem Bundestag Kanzlerkandidat vor, ernennt Kanzler und vom Kanzler bestimmte Minister	**Präsident** (ab 1960 **Staatsrat**); von Volks- und Länderkammer für 4 Jahre gewählt; verpflichtet die von der Volkskammer gewählte Regierung	**Staatsrat;** von Volkskammer für 5 Jahre gewählt; organisiert Verteidigung mit von ihm berufenen Nat. Verteidigungsrat, verkündet Verteidigungszustand; Vorsitzender vereidigt Ministerrat; Staatsrat übernimmt zwischen den Tagungen Aufgaben der Volkskammer
Regierung	**Reichsregierung;** vom Präsidenten ernannt, entlassen; jedes Mitglied muss bei Misstrauensvotum zurücktreten; Richtlinienbefugnis bei Reichskanzler	**Bundesregierung;** Bundeskanzler vom Bundestag gewählt; Abwahl durch konstruktives Misstrauensvotum möglich; Kanzler bestimmt Minister und Richtlinien der Politik; Oberbefehl bei Verteidigungsminister, im Verteidigungsfall bei Bundeskanzler	**Regierung;** Ministerpräsident (von der stärksten Fraktion der Volkskammer benannt) bildet Allparteienregierung; eine Fraktion kann sich ausschließen	**Ministerrat;** Vorsitzender, von stärkster Fraktion vorgeschlagen, bildet den Ministerrat; Volkskammer wählt ihn auf 5 Jahre
Ländervertretung	**Reichsrat** (= Mitglieder der Länderregierungen); eingeschränkte Mitwirkung bei Gesetzgebung, Reichstag kann ihn überstimmen	**Bundesrat** (= Mitglieder der Länderregierungen); Mitbestimmung bei Gesetzgebung; Veto bei Gesetzen, die Belange der Länder betreffen, z. B. Bildungswesen; beteiligt bei Erklärung des Verteidigungsfalles; stellt ¹/₃ der Mitglieder des Gemeinsamen Ausschusses für den Notstand	**Länderkammer** (nur bis 1958); Mitglieder von Landtagen (ab 1952 von Bezirkstagen) gewählt; bei Präsidentenwahl beteiligt; eingeschränkte Mitwirkung bei Gesetzgebung, Volkskammer kann Länderkammer überstimmen	
Volksvertretung	**Reichstag** beschließt Gesetze, kann Rücktritt der Minister verlangen (s. Regierung), Beschlüsse des Reichspräsidenten nach Art. 48 außer Kraft setzen; erklärt Krieg, beschließt über Frieden	**Bundestag** bestimmt mit Bundesrat Gesetze; beteiligt bei Präsidentenwahl; Wahl und Abwahl des Kanzlers (s. dort); erklärt Verteidigungsfall (zus. mit Bundesrat), notfalls durch Gemeinsamen Ausschuß (²/₃ der Mitglieder aus dem Bundestag)	**Volkskammer** beschließt Gesetze; bestimmt Grundsätze der Politik; bei Präsidentenwahl, Regierungsbildung beteiligt (s. dort)	**Volkskammer** beschließt Gesetze; bestimmt Grundsätze der Politik von Minister- und Staatsrat; Führung der SED, Verbot privatwirtschaftlicher Macht, Sozialismus, Bündnis mit der Sowjetunion; bei Bildung von Staats- und Ministerrat beteiligt (s. dort), bestimmt Verteidigungsnotstand (notfalls der Staatsrat), Grundsätze für Nat. Verteidigungsrat; tagt nicht ständig
Wahlbürger	wählen Reichspräsidenten (absol. Mehrheitswahl) und Reichstag (Verhältniswahl); Volksbegehren, Volksentscheid über Gesetze auf Antrag des Präsidenten	wählen Bundestag (personalisierte Verhältniswahl)	wählen Volkskammer (Einheitsliste der Nationalen Front); Volksbegehren und -entscheid	wählen Volkskammer (Einheitsliste der Nationalen Front); Volksabstimmungen auf Beschluss der Volkskammer
Hauptstadt	Berlin	Bonn (vorl.), Berlin (offiziell)	Berlin	Berlin
Farben	schwarz-rot-gold, Handelsfarbe: schwarz-weiß-rot/schwarz-rot-gold	schwarz-rot-gold	schwarz-rot-gold	schwarz-rot-gold mit Hammer, Zirkel, Ährenkranz

1. Vergleichen Sie die vier Verfassungen miteinander und bestimmen Sie die Institution mit der jeweils größten Machtfülle.
2. Klären Sie die Begriffe föderalistisch, zentralistisch, parlamentarisch, demokratisch, freiheitlich, sozialistisch und ordnen Sie sie den Verfassungen zu.
3. Fertigen Sie nach dem Muster der Verfassungsskizze B 7 Zeichnungen für den Notstand 1919, 1949 (Bundesrepublik Deutschland), 1968/74 (DDR) an und vergleichen Sie diese miteinander.

Deutschland nach dem Zweiten Weltkrieg

5. Warum Berliner Blockade und Luftbrücke?

B 8   Amerikanische Luftbrücke nach Berlin
Als die Westmächte die Währungsreform auf Berlin ausdehnten, blockierte die Sowjetunion die Zufahrtswege zu Wasser und zu Lande. Noch am 27. Juni war von der amerikanischen Regierung der Rückzug aus Berlin vorgesehen worden, da die USA nur eine einsatzfähige Division zur Verfügung hatten. Dann aber entschloss man sich zur Luftbrücke, durch die vom 27. Juni 1948 bis zum 11. Mai 1949 Westberlin von den Westzonen aus versorgt wurde. Die Flugzeuge trafen in Abständen von ein bis zwei Minuten auf den drei Flugplätzen der Stadt ein. 31 Amerikaner, 39 Briten und 8 Angehörige des deutschen Hilfspersonals verloren dabei ihr Leben.

Q 19   Präsident Truman über General Clays Vortrag im Nationalen Sicherheitsrat der USA, 28. Juli 1948
Der Abzug aus Berlin hätte für unsere Pläne in Westdeutschland die katastrophalsten Folgen und würde die Erholung ganz Europas verzögern … Die Deutschen … fürchteten … die Räumung Berlins seitens der Westmächte weit mehr als diese selber … Die Berliner seien entschlossen, auch unter den größten Entbehrungen auszuharren … Ich [Truman] fragte Clay, welches Risiko bestehe, falls wir bewaffnete Lastwagenkolonnen nach Berlin schickten. Der General meinte, die Russen würden vermutlich vorerst mit der Errichtung von Straßensperren reagieren, doch sei bestimmt mit Gewaltanwendung zu rechnen, falls unsere Pioniere diese zu beseitigen versuchten … Ich fragte Clay, ob er irgendwelche Anhaltspunkte für eine [kriegerische] Absicht des Kremls … besitze. Er verneinte, denn … [sie] hofften …, uns auch ohne Ausweitung des Konflikts zum Verlassen Berlins zwingen zu können. (20)

Q 20   General Clay, Befehlshaber der US-Landstreitkräfte in Europa und Organisator der Luftbrücke, zur Bedeutung Berlins, 16. April 1948
Wir haben die Tschechoslowakei verloren, Norwegen ist in Gefahr … Wenn Berlin fällt, wird Deutschland als Nächstes an die Reihe kommen. Wenn wir Europa gegen den Kommunismus halten wollen, dürfen wir nicht weichen. Treten wir den Rückzug an, ist unsere Stellung in Europa bedroht. Ich glaube, dass die Zukunft der Demokratie von uns verlangt, dass wir bleiben. (21)
Zur weiteren Geschichte Berlins s. S. 209 f.

6. Die Entstehung der DDR

T 16   Deutsche zentrale Wirtschaftsverwaltungen in der SBZ
Bereits im Juli 1945 befahl die sowjetische Militärregierung die Einrichtung von zwölf deutschen Zentralverwaltungsstellen in Berlin, deren Leiter zumeist nach Absprachen mit der KPD bzw. SED berufen wurden. Nach Errichtung der Bizone wurden auch die deutschen Verwaltungsorgane der SBZ langsam zusammengefasst und ihnen weitere Befugnisse übertragen. Vor der Staatsgründung bestand die „Deutsche Wirtschaftskommission (DWK)" aus 101 Mitgliedern, die durch die fünf Landtage und die Blockparteien nach Genehmigung durch die Militärregierung bestimmt worden waren.

T 17   Welche Aufgaben sollte die Volkskongressbewegung erfüllen?
Der 1. „Deutsche Volkskongress für Einheit und gerechten Frieden" im Dezember 1947 sollte zeigen, dass dem Aufruf der SED Vertreter von allen Parteien, Massenorganisationen, Betrieben usw. aus der SBZ und teilweise auch aus den Westzonen folgten. Er entsandte eine Delegation an den Rat der Außenminister der vier Großmächte, um die Herstellung der Einheit zu verlangen.
Der 2. Volkskongress, von der SED im März 1948 zusammengerufen, wählte den 1. Deutschen Volksrat. Dieser führte eine Unterschriftensammlung, das sog. Volksbegehren für die deutsche Einheit, durch. Der Kongress regte die Diskussion der künftigen Verfassung an, deren Entwurf bereits 1946 von der SED ausgearbeitet worden war.
Die Mitglieder des 3. Volkskongresses wurden durch eine allgemeine Wahl am 15./16. Mai 1949 ermittelt, für die zum ersten Mal eine gemeinsame Liste von Parteien und Massenorganisationen aufgestellt wurde.
Der 3. Volkskongress bestätigte am 30. Mai 1949 den Verfassungsentwurf und wählte den 2. Deutschen Volksrat, der die Verfassung am 7. Oktober 1949 in Kraft setzte und sich selbst zur Provisorischen Volkskammer machte. Aufgrund der neuen Verfassung wurde dann wieder durch eine gemeinsame Liste von Parteien und Massenorganisationen 1950 die Volkskammer gewählt.

STIMMZETTEL

für den Stimmkreis 3 Land Sachsen-Anhalt zum 3. Deutschen Volkskongreß

Ich bin für die Einheit Deutschlands
und einen gerechten Friedensvertrag

Ich stimme darum für die nachstehende Kandidatenliste
zum Dritten Deutschen Volkskongreß

1. Prof.Agricola, Rudolf, SED Halle/Saale	39 Lahne, Gustav, FDGB . . Muldenstein
2. Beck, Arnold, FDGB . . Halle/Saale	40 Dr. Lautz, Hermann, LDP Bitterfeld
3. Biering, Walter, VdgB . . Söhesten	41 Lehnig, Walter, SED . . . Halle/Saale
4. Bierka, Hans, SED . . . Zschornewitz	42 Lorenz, Ernst, LDP . . . Naumburg
5. Bininda, Robert, CDU . . Düben	43 Dr. Maaß, Hans, LDP . . Halle/Saale
6. Bock, Erich, LDP . . . . Halle/Saale	44 Maier, Inge, SED . . . . Halle/Saale
7. Böhland, Max, FDGB . . Merseburg	45 Prof. Dr. Menner, Erich,
8. Büttner, Thekla, LDP . . Zeitz	KB . . . . Bitterfeld
9. Dr. Damerow, Erich, LDP Halle/Saale	46 Mertke, Willi, SED . . . Ammendorf
31. Horn, Richard, KB . . . . Halle/Saale	71 Walther, Alfred, CDU . . Weißenfels
32. Jünger, Emanuel, SED . . Weißenfels	72 Weidner, Fritz, LDP . . . Naumburg
33. Kammerahl, Heinz, SED . Halle/Saale	73 Werner, Wilhelm, LDP . . Naumburg
34. Kamps, Otto, LDP . . . . Düben	74 Wiesenthal, Hans, CDU . Zeitz
35. Kern, Käte, DFD . . . . Berlin	75 Prof. Dr. Winter, Ed., . . Halle/Saale
36. Prof. Dr. Klemperer, Vik-	76 Dr. Wirth, Gustav, SED . Leuna
tor, KB . . . . Dresden	77 Prof. Dr. Zetkin, Maxim.,
37. Knauf, Christa, LDP . . Dölau	SED . . . . Berlin
38. Prof.Koenen, Bernard,SED Halle/Saale	

JA ◯

◯

B 9 Stimmzettel für die Wahl zum 3. Deutschen Volkskongress in der SBZ, Mai 1949

Q 21 Das Wahlergebnis in der SBZ, 15./16. Mai 1949

Trotz der … Propaganda wurden nach dem zuerst bekanntgegebenen vorläufigen Ergebnis bei einer Wahlbeteiligung von 95,2 % nur 61,1 % der Stimmen für die Einheitsliste gezählt; der Anteil der Gegenstimmen betrug 38,9 % (davon 31,7 % Nein-Stimmen und 7,2 % Ungültige). Dieses Ergebnis befriedigte die Machthaber in Ostberlin so wenig, dass es einer „nochmaligen Überprüfung" unterzogen wurde …

[Dabei waren] alle Zweifelsfälle und alle Nein-Stimmen, auf denen die Ablehnung in irgendeiner abweichenden Form zum Ausdruck gebracht wurde, als Ja-Stimmen zu zählen. Das mit diesem Verfahren erzielte Endergebnis der Wahlen … lautete dann: 66,1 % Ja-Stimmen, 33,9 % Nein-Stimmen und Ungültige. (22)

Q 22 Wolfgang Leonhard über die neue Parteilinie, 1948

Im Frühjahr 1948 spürten wir [in der SED-Parteihochschule], dass eine Wendung der „Linie" bevorstand. Besuche von Grotewohl, Pieck und Ulbricht fanden häufiger statt. Am 16. November 1948 hielt Walter Ulbricht ein fünfstündiges Referat über die allgemeine Situation in der Sowjetzone … [Er sagte:] In der Zeit von 1945 bis 1947 konnten viele Fragen nicht offen gestellt werden. Die SED musste schrittweise vorgehen, sowohl aufgrund der ideologisch-politischen Rückständigkeit in der Partei als auch aus außenpolitischen Gründen. Bis 1947 wurden die Grundlagen einer anti-faschistisch-demokratischen Ordnung geschaffen. Jetzt, im Frühjahr 1948, da 40 % der Produktion in den Händen volkseigener Betriebe liegt und der Kapitalismus entscheidend geschwächt ist,

kann man diese Periode als beendet betrachten … „Wir haben jetzt die Möglichkeit, unsere Forderungen mithilfe des Staatsapparates durchzusetzen …" Unsere Partei ist zu einer Staatspartei geworden … Die „Blockpolitik" hat in der ersten Phase eine große Rolle gespielt. Jetzt werden jedoch die reaktionären Kräfte in den bürgerlichen Parteien wieder lebendig, um unter dem Vorwand der „Überprüfung" unsere Maßnahmen rückgängig zu machen. Wir werden auch jetzt noch nicht den Weg zum Einparteiensystem beschreiten, aber dafür sorgen, dass unsere Partei die führende und tragende Kraft im Staate ist … Durch dieses Instruktionsreferat von Ulbricht wurden wir auf der Parteihochschule bereits Mitte April auf jenen politischen Kurswechsel vorbereitet, der im Sommer und Herbst 1948 das gesamte Leben in der Sowjetzone weitgehend verändern sollte. Nunmehr wurde das bis Ende 1947 übliche „Bremsen" der Entwicklung der Zone mit Rücksicht auf die Situation im übrigen Deutschland und die Beziehungen mit den westlichen Alliierten aufgegeben. [Die SBZ wurde zur] Volksdemokratie …

[Leonhard erläutert, dass] dadurch meine Zweifel und Bedenken [wuchsen]. Bald stellte ich fest, dass ich keineswegs allein stand … Zunächst war unsere ganze Hoffnung darauf gerichtet [gewesen], dass eine zukünftige sozialistische Entwicklung in Deutschland sich nicht in jenen Methoden und Formen vollziehen würde, wie wir sie in der stalinistischen Sowjetunion kennen gelernt hatten. [Jedoch:] Je mehr die Bindung an die sowjetische Besatzungsmacht und die Sowjetunion offensichtlich wurde, umso größer wurden die „politischen Bauchschmerzen". (23)

Leonhards Zweifel wurden insbesondere durch die Verdammung von Titos Weg zum Sozialismus durch Stalin schließlich so groß, dass er im März 1948 die SBZ verließ und nach Jugoslawien flüchtete.

T 18 Die SED – „Partei neuen Typs"

Auf mehreren Tagungen des SED-Vorstandes wurde 1948/49 beschlossen, aus der SED eine „Partei neuen Typs" zu machen. Die bisher übliche paritätische Besetzung von Parteistellen mit ehemaligen SPD- und KPD-Mitgliedern wurde aufgehoben, die Partei von „klassenfremden und feindlichen Elementen" gesäubert. Die SED beanspruchte die führende Rolle im staatlichen, wirtschaftlichen und kulturellen Leben (zum demokratischen Zentralismus s. Q 79–81, Q 31 und 33, S. 150 ff.).

Nach der Gründung zweier neuer Parteien, der Nationaldemokratischen Partei (NDPD) für die Mittelschicht und für Angestellte einschließlich ehemaliger „kleiner" Nazis und der Demokratischen Bauernpartei (DBD) für die Landbevölkerung, gab es nun **fünf Blockparteien**, die ihrerseits mit den Massenorganisationen in der Volkskongressbewegung verbunden wurden. Die neuen Parteien „schwächten den Einfluss reaktionärer bürgerlicher Politiker in den … Mittelschichten und … der Bauernschaft … In dem innerparteilichen Ringen in CDU und LDP gewannen die fortschrittlichen Kräfte … sichtlich an Boden", heißt es in einer DDR-Darstellung. Lemmer und Kaiser wurden aus der CDU ausgeschlossen und gingen in den Westen.

B 10 „Freiwillige" Demonstration, April 1949

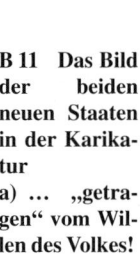

B 11 Das Bild der beiden neuen Staaten in der Karikatur

a) … „getragen" vom Willen des Volkes!

b) „Vorschlag für das Wappen der Bonner Kolonialregierung"

Im Herbst 1948 leitete die SED auch eine Kampagne zur Erhöhung der Arbeitsproduktivität nach sowjetischem Vorbild ein: Der Bergmann Adolf Hennecke förderte in einer Oelsnitzer Grube mehr als 24 m³ Steinkohle und erfüllte damit die Tagesnorm mit 387 %. Überall wurden jetzt **„Aktivisten"** den Arbeitern als Vorbilder hingestellt (s. Q 75). Die DWK ordnete die Errichtung von **HO-Läden** an (staatliche Handelsorganisation), in denen ohne Lebensmittelmarken zu sehr hohen Preisen eingekauft werden konnte. Dadurch sollte der „Schwarze Markt" bekämpft werden.

Auf dem Land sollten seit November 1948 **Maschinenausleihstationen (MAS)** den genossenschaftlichen Gedanken der privaten Kleinbauern stärken.

Noch vor der Gründung der DDR wurde die dauernde Zusammenarbeit aller Parteien und Massenorganisationen verkündet (**„Nationale Front"**). Sie legte fortan bei allen Wahlen eine einheitliche Liste vor und teilte den Parteien und Massenorganisationen bereits vor der Wahl die Sitze zu (s. B 50, 51).

1. *Charakterisieren Sie die Zielsetzungen, die die SED 1948/49 verfolgte.*
2. *Beurteilen Sie den demokratischen Charakter der Volkskongressbewegung und die Wahlen zum 3. Volkskongress.*

Q 23 Eine Folge der Teilung: Welches Bewusstsein prägte die Deutschen in Ost und West?

Die Solidargemeinschaft aller Deutschen blieb zwar als Idee erhalten, erschöpfte sich aber in der Praxis in der Verweigerung der Anerkennung des SED-Regimes, in Päckchen nach drüben und in der Unterstützung für die Flüchtlinge. Die Bereitschaft, eigene Risiken einzugehen, um der höchst ungleichen Verteilung der Kos-

ten für den verlorenen Krieg und die Verbrechen der Vergangenheit abzuhelfen, tendierte gegen Null. Die Gesellschaft der Bundesrepublik entwickelte sich zu einer Staatsnation, die keine sein wollte … Für die Bevölkerung der DDR ergab sich daraus eine doppelte Heimatlosigkeit: Das Plebiszit für den Weststaat konnte sie nicht mitvollziehen und das Plebiszit für den erzwungenen Sozialismus im Osten wollte sie nicht mitvollziehen, jedenfalls in ihrer Mehrheit nicht. Zu einer Staatsnation konnte sie damit noch viel weniger werden als die Bevölkerung der Bundesrepublik. Vom westlichen way of life fasziniert und zugleich daran gehindert, sich als Gesellschaft zu artikulieren, schwankte sie vielmehr zwischen Solidaritätseinforderung und trotzigem Beharren auf dem Eigenen hin und her, ohne eine klare gesellschaftliche Perspektive zu entwickeln. Viele stellten das Nachdenken über eine künftige Gesellschaft auch ganz ein. Das westdeutsche Votum für den Weststaat führte somit nicht zu zwei deutschen Nationen …, wohl aber zu zwei höchst unterschiedlichen Gesellschaftsverfassungen und Bewusstseinslagen. (24)

B. DIE BUNDESREPUBLIK DEUTSCHLAND 1949–1990

1. Blick auf die Gesamtentwicklung

B 12 Wahlkampf – im Gespräch mit Bürgern

B 13 DGB-Demonstration zum 1. Mai

B 14 Warnstreik der IG Metall in Berlin

B 15 Einkaufszentrum

Diskutieren Sie, ob diese Bilder die politischen und gesellschaftlichen Verhältnisse der Bundesrepublik Deutschland treffend kennzeichnen, und ergänzen Sie die Auswahl durch Ihnen bekannte Bilder.

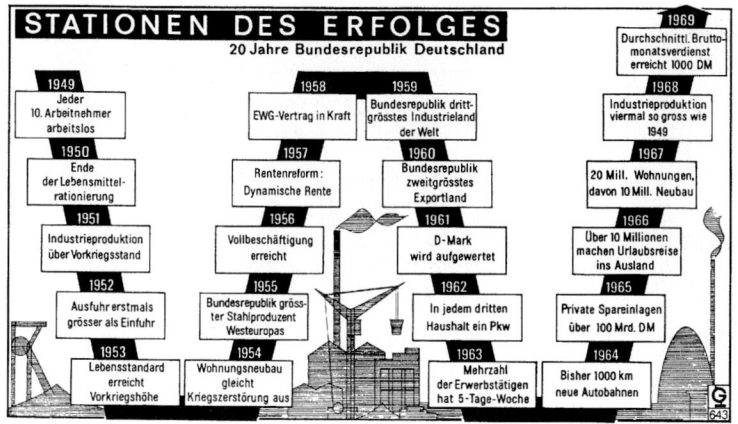

B 16 20 Jahre Bundesrepublik Deutschland

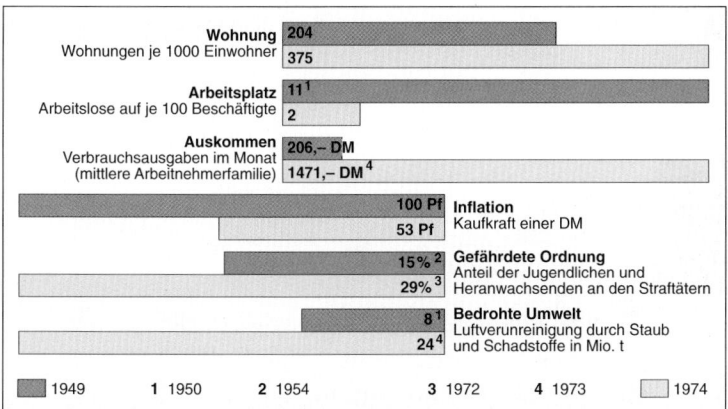

| | 1949 | 1 1950 | 2 1954 | 3 1972 | 4 1973 | 1974 |

B 18 25 Jahre Bundesrepublik Deutschland

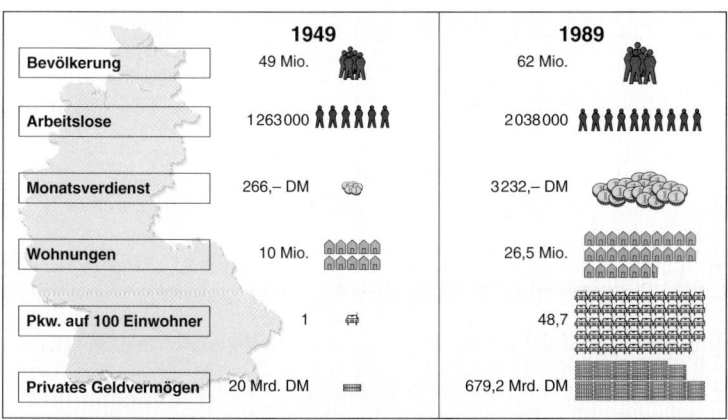

B 19 40 Jahre Bundesrepublik Deutschland

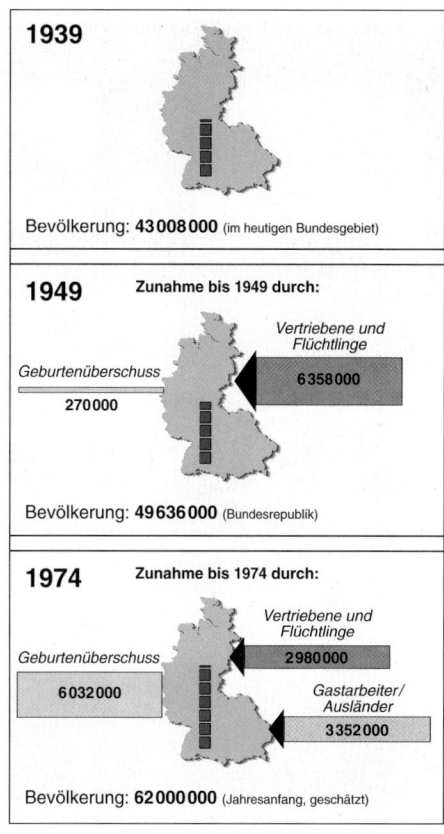

B 17 25 Jahre Bundesrepublik Deutschland

T 19 Bonn und Weimar

1956 Buch von Fritz René Allemann: „Bonn ist nicht Weimar". Anlass: Untersuchung der ersten sieben Jahre der Bundesrepublik Deutschland

1966 Leitartikel in der Wochenzeitung „Die Zeit": „Ist Bonn doch Weimar?" Anlass: In Bonn regiert die erste Minderheitsregierung seit 1933.

1972 Leitartikel in der „Zeit": „Bonn ist doch nicht Weimar". Anlass: Scheitern des konstruktiven Misstrauensvotums gegen Bundeskanzler Brandt

1975 Überschrift in der „Südwestpresse": „Wer hat Weimar ruiniert?" Anlass: Vorwurf des CSU-Vorsitzenden Strauß gegenüber dem Vorsitzenden der SPD-Bundestagsfraktion Wehner während einer Bundestagsdebatte über die „neue Linke"

1983 Überschrift in der „Frankfurter Allgemeinen Zeitung": „Bonn ist nicht Weimar". Anlass: Zunahme der Arbeitslosigkeit und weltweite Wirtschaftskrise

B 20a/b Bundestagswahlkampf 1998

Stimmzettel

für die Wahl zum Deutschen Bundestag im Wahlkreis 165 Esslingen am 27. September 1998

Sie haben 2 Stimmen

B 21 Stimmzettel für die Bundestagswahl 1998

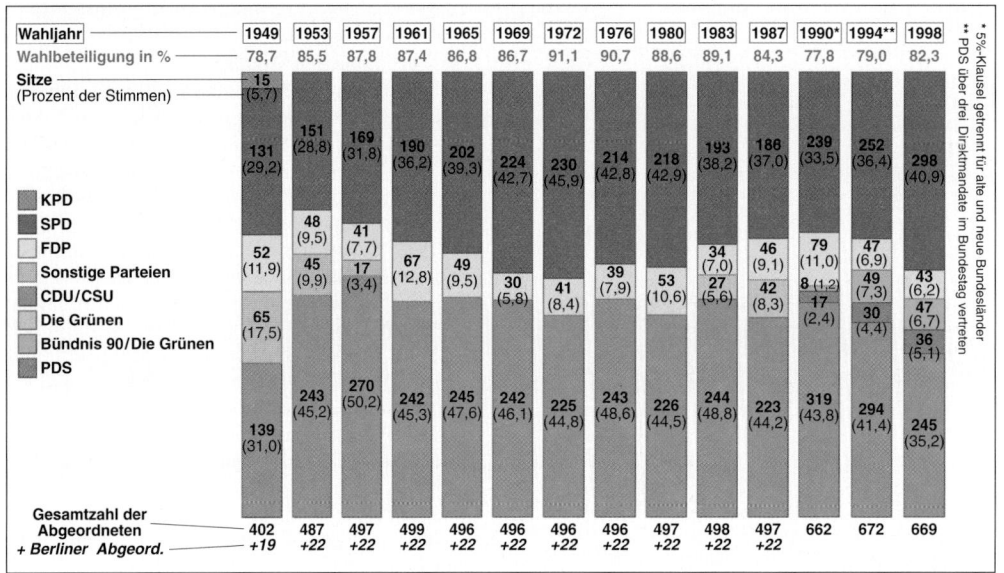

Wahljahr	1949	1953	1957	1961	1965	1969	1972	1976	1980	1983	1987	1990*	1994**	1998
Wahlbeteiligung in %	78,7	85,5	87,8	87,4	86,8	86,7	91,1	90,7	88,6	89,1	84,3	77,8	79,0	82,3
Sitze (Prozent der Stimmen)	15 (5,7)													
KPD	131 (29,2)	151 (28,8)	169 (31,8)	190 (36,2)	202 (39,3)	224 (42,7)	230 (45,9)	214 (42,8)	218 (42,9)	193 (38,2)	186 (37,0)	239 (33,5)	252 (36,4)	298 (40,9)
SPD		48 (9,5)	41 (7,7)							34 (7,0)	46 (9,1)	79 (11,0)	47 (6,9)	
FDP	52 (11,9)	45 (9,9)	17 (3,4)	67 (12,8)	49 (9,5)	30 (5,8)	41 (8,4)	39 (7,9)	53 (10,6)	27 (5,6)	42 (8,3)	8 (1,2) 17 (2,4)	49 (7,3) 30 (4,4)	43 (6,2) 47 (6,7) 36 (5,1)
Sonstige Parteien	65 (17,5)													
CDU/CSU														
Die Grünen														
Bündnis 90/Die Grünen														
PDS	139 (31,0)	243 (45,2)	270 (50,2)	242 (45,3)	245 (47,6)	242 (46,1)	225 (44,8)	243 (48,6)	226 (44,5)	244 (48,8)	223 (44,2)	319 (43,8)	294 (41,4)	245 (35,2)
Gesamtzahl der Abgeordneten	402	487	497	499	496	496	496	496	497	498	497	662	672	669
+ Berliner Abgeord.	+19	+22	+22	+22	+22	+22	+22	+22	+22	+22	+22			

* 5%-Klausel getrennt für alte und neue Bundesländer
** PDS über drei Direktmandate im Bundestag vertreten

B 22 Ergebnisse der Bundestagswahlen 1949–1998 (Fraktionsstärke und prozentualer Anteil der Parteien an den Zweitstimmen).
Zur Geschichte der Parteien s. B 12, S. 29.

T 20   Die Berufe der Abgeordneten des 13. Deutschen Bundestages, 1994–1998 (Auswahl)

	SPD	CDU/CSU	FDP	zus.
Regierungsmitglieder, auch ehemalige	29	7	9	45
Beamte und Angestellte des öffentlichen Dienstes	99	95	9	203
Angestellte politischer und gesellschaftlicher Organisationen (z. B. Parteien, Gewerkschaften)	49	22	–	71
Angestellte in der Wirtschaft	25	28	9	62
Selbstständige (Unternehmer, Handwerker, Landwirte)	5	50	11	66
Angehörige freier Berufe (Rechtsanwälte, Ärzte usw.)	17	23	3	43
Hausfrauen	13	5	1	19
Sonstige	13	5	1	19
Mitglieder des Bundestages insg.	252	294	47	672 (25)

T 21   Die Schulbildung der Abgeordneten des 13. Deutschen Bundestages, 1994–1998 (Auswahl)

	CDU/CSU	SPD	FDP	Bündnis '90/ Die Grünen	gesamt
Haupt- und Realschule	25	30	2	0	57
Höhere Schule	212	164	39	41	456
Fach-/Fachhochschule und Universität	225	192	39	41	497
					(26)

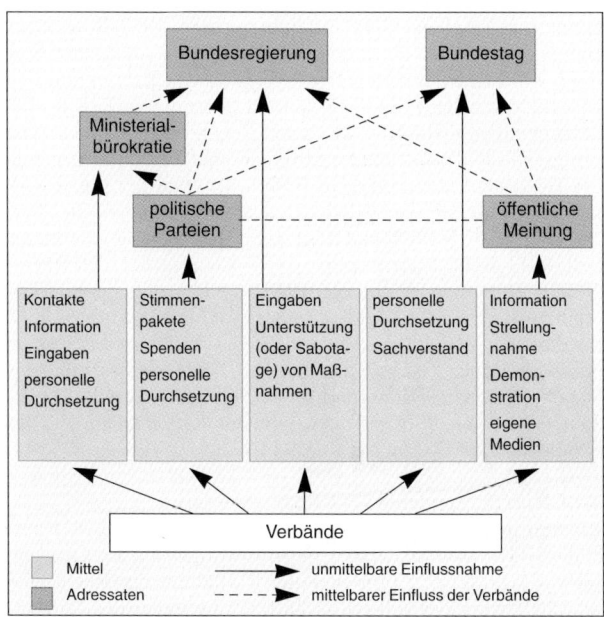

B 23   Beeinflussung von Mitgliedern des Bundestages und der Bundesregierung

T 22   Bundesregierungen 1949–1994 (in Klammern die Anzahl der Abgeordneten der Koalitionen)

1949   Bundeskanzler Adenauer
Koalition aus CDU/CSU, FDP, DP (Deutsche Partei) (208)
1953   Bundeskanzler Adenauer
Koalition aus CDU/CSU, FDP, DP, GB/BHE (Gesamtdeutscher Block/Bund der Heimatvertriebenen und Entrechteten) (333)
1957   Bundeskanzler Adenauer
Koalition aus CDU/CSU, DP (287)
1961   Bundeskanzler Adenauer
Koalition aus CDU/CSU, FDP (309)
1963   Bundeskanzler Erhard
Koalition aus CDU/CSU, FDP (309)
1965   Bundeskanzler Erhard
Koalition aus CDU/CSU, FDP (294)
1966   Bundeskanzler Kiesinger
Große Koalition aus CDU/CSU, SPD (447)
1969   Bundeskanzler Brandt
Sozialliberale Koalition aus SPD, FDP (254)
1972   Bundeskanzler Brandt
Sozialliberale Koalition aus SPD, FDP (271)
1974   Bundeskanzler Schmidt
Sozialliberale Koalition aus SPD, FDP (271)
1976   Bundeskanzler Schmidt
Sozialliberale Koalition aus SPD, FDP (253)
1980   Bundeskanzler Schmidt
Sozialliberale Koalition aus SPD, FDP (271)
1982   Bundeskanzler Kohl
Christlich-liberale Koalition aus CDU/CSU, FDP (279)
1983   Bundeskanzler Kohl
Christlich-liberale Koalition aus CDU/CSU, FDP (278)
1987   Bundeskanzler Kohl
Christlich-liberale Koalition aus CDU/CSU, FDP (269)
1990   Bundeskanzler Kohl
Christlich-liberale Koalition aus CDU/CSU, FDP (398)
1994   Bundeskanzler Kohl
Christlich-liberale Koalition aus CDU/CSU, FDP (341)
1998   Bundeskanzler Schröder
Rot-grüne Koalition aus SPD, Bündnis '90/Die Grünen (345)

T 23   Bundespräsidenten

1949–1959	Theodor Heuss (FDP)
1959–1969	Heinrich Lübke (CDU)
1969–1974	Gustav Heinemann (SPD)
1974–1979	Walter Scheel (FDP)
1979–1984	Karl Carstens (CDU)
1984–1994	Richard v. Weizsäcker (CDU)
seit 1994	Roman Herzog (CDU)

Q 24 Die freiheitlich-demokratische Grundordnung

a) Aus der Urteilsbegründung für das Verbot der KPD durch das Bundesverfassungsgericht, 17. August 1956

Die freiheitliche demokratische Grundordnung nimmt die bestehenden historisch gewordenen staatlichen und gesellschaftlichen Verhältnisse und die Denk- und Verhaltensweisen zunächst als gegeben hin … [Sie geht davon aus], dass sie verbesserungsfähig und -bedürftig [ist. Sie] lehnt die Auffassung ab, dass die geschichtliche Entwicklung durch ein wissenschaftlich anerkanntes Endziel [vorausbestimmt] sei … Vielmehr gestalten die Menschen selbst ihre Entwicklung durch Gemeinschaftsentscheidungen, die immer nur in größter Freiheit zu treffen sind … [Als Bestandteil dieser freiheitlichen Ordnung werden weiter genannt:] Sozialstaat …, politische Meinungs- und Diskussionsfreiheit …, Mehrparteiensystem …, Recht auf organisierte Opposition, freie Wahlen …, die Regierung ist der Volksvertretung gegenüber verantwortlich …, Prinzip der Aufteilung der Staatsmacht auf … sich … kontrollierende … Träger … Dem Bürger wird eine freie Sphäre durch die Anerkennung von Grundrechten und ein weitgehender Schutz durch unabhängige Gerichte gesichert. Dem Schutz des ganzen Systems dient … die Verfassungsgerichtsbarkeit. (27)

b) Rechtsstaat – Sozialstaat – Bundesstaat

Elemente der freiheitlich demokratischen Grundordnung sind, interpretiert man die Grundsätze des Art. 20 des Grundgesetzes:
– die Gewährleistung der Grundrechte
– die Gewaltenteilung, die heute freilich insbesondere die Unabhängigkeit der Gerichte meint, weil Legislative und Exekutive sehr stark verschränkt sind
– der Föderalismus, der die Gewaltenteilung verstärkt
– die Bindung aller staatlichen Organe an die Verfassung
– die Gesetzmäßigkeit der Verwaltung
– der Sozialstaat, der sich um die soziale Absicherung des Einzelnen durch Renten, Krankenversicherung usw. bemüht. Es gehört hierzu aber auch die „soziale Teilhabe" in der Form der Gesellschaftspolitik, durch die Tarifautonomie, Arbeits- und Sozialgerichtsbarkeit, Steuerprogression, Wettbewerbspolitik usw. gewährleistet sein müssen.
Die freiheitlich demokratische Grundordnung schützt sich durch die Möglichkeit des Parteienverbots nach Art. 21 und die ständige Beobachtung von Links- und Rechtsradikalismus durch den Verfassungsschutz. Stand zur Zeit des Kalten Krieges die Observierung des Linksradikalismus im Vordergrund, insbesondere in den 70er Jahren, als terroristische Gruppen wie die RAF (Rote-Armee-Fraktion) durch Entführungen und Anschläge den Staat gefährdeten, gilt seit der Vereinigung dem Rechtsextremismus in Ost und West die größte Aufmerksamkeit.

c) Abkommen der Regierungschefs von Bund und Ländern, 28. Januar 1972

Nach den Beamtengesetzen … darf in das Beamtenverhältnis nur berufen werden, wer die Gewähr dafür bietet, dass er jederzeit für die freiheitliche demokratische Grundordnung im Sinne des Grundgesetzes eintritt … Gehört ein Bewerber einer Organisation an, die verfassungsfeindliche Ziele verfolgt, so begründet diese Mitgliedschaft Zweifel daran, ob er jederzeit für die freiheitliche demokratische Grundordnung eintreten wird. Diese Zweifel rechtfertigen in der Regel eine Ablehnung des Anstellungsantrages. (28)
Dieser sog. Radikalenerlass war stark umstritten; in den 70er Jahren lehnten ihn immer mehr Bundesländer ab.

T 24 Führende Politiker der ersten Stunde

a) Dr. Konrad Adenauer

geboren in Köln, 1876–1967, Sohn eines ehemaligen Unteroffiziers, dann Kanzleirats; Gymnasium, Jurastudium mithilfe eines Stipendiums, Gerichtsassessor; Mitglied der Zentrumspartei; 1906 Beigeordneter, 1909 Erster Beigeordneter der Kölner Stadtverwaltung, 1917 Oberbürgermeister von Köln; 1921–1933 Präsident des Preußischen Staatsrats, 1922 des Deutschen Katholikentags; 1933 als Oberbürgermeister von den Nationalsozialisten abgesetzt; 1933/34 zeitweilig im Kloster Maria Laach; 1934 und 1944 von der Gestapo verhaftet; Mai 1945 von den Amerikanern, die das Rheinland zunächst besetzt hatten, wieder als Oberbürgermeister von Köln eingesetzt, im Oktober 1945 von der britischen Militärregierung aus dem Amt entfernt; 1946 Vorsitzender der CDU der britischen Zone, CDU-Fraktionsvorsitzender im Landtag von Nordrhein-Westfalen; 1948 Präsident des Parlamentarischen Rates, 1949 (73-jährig) mit einer Stimme Mehrheit zum Bundeskanzler gewählt; Bundeskanzler bis 1963; 1950–1966 Parteivorsitzender der Bundes-CDU.

b) Dr. Theodor Heuss

geboren in Brackenheim/Württemberg, 1884–1963, Sohn eines Bauingenieurs und Regierungsbaumeisters; Gymnasium, Studium der Staatswissenschaften, Mitglied des Kreises um den christlich-sozialen Politiker Friedrich Naumann in Berlin, verheiratet mit der Lehrerin Elly Knapp, Tochter eines Universitätsprofessors; Journalist und Schriftleiter einer Zeitung, Dozent an der Hochschule für Politik in Berlin, Mitglied der Fortschrittlichen Volkspartei, seit 1918 der Deutschen Demokratischen Partei (DDP), 1924–1928 und 1930–1933 Reichstagsabgeordneter. Seit 1933 freier Schriftsteller. 1945 Herausgeber der Rhein-Neckar-Zeitung in Heidelberg, 1945/46 Kultusminister in Württemberg-Baden, 1946 Mitbegründer der FDP und 1948 deren Vorsitzender, seit 1947 Professor für Geschichte und Politik an der Technischen Hochschule Stuttgart, Mitglied des Landtags von Württemberg-Baden und im Parlamentarischen Rat. 1949 zum ersten Bundespräsidenten gewählt (Gegenkandidat Kurt Schumacher, SPD), blieb bis 1959 im Amt.

c) Dr. Kurt Schumacher

geboren in Kulm/Westpreußen, 1895–1952, Sohn eines Kaufmanns; Gymnasium, 1914 Kriegsfreiwilliger an der Ostfront, schwerkriegsverletzt (armamputiert), Studium der Rechtswissenschaften und der Volkswirtschaft, 1918 Mitglied des Arbeiter-

und Soldatenrates in Berlin, Mitglied der SPD, 1920–1924 Redakteur einer sozialdemokratischen Zeitung in Stuttgart, 1924–1931 Landtagsabgeordneter in Württemberg, Mitbegründer des Reichsbanners Schwarz-Rot-Gold, 1930–1933 Reichstagsabgeordneter, dem linken Parteiflügel der SPD zugehörig, erbitterter Feind der Nationalsozialisten im Reichstag. Nach der „Machtergreifung" illegale politische Betätigung, deshalb 1933–1943 und 1944 in verschiedenen Konzentrationslagern; dadurch schwere gesundheitliche Schäden. 1945 Wiederaufbau der SPD in den Westzonen von Hannover aus, seit 1946 Vorsitzender der SPD. Er verhinderte die Vereinigung der SPD mit der KPD in den Westzonen. 1948 Mitglied des Parlamentarischen Rats, 1949 des Bundestags; unterlag bei der Wahl zum ersten Bundespräsidenten seinem Gegenkandidaten Theodor Heuss. Fraktionsvorsitzender der SPD und Oppositionsführer im Bundestag. 1948 Beinamputation. Er war ein entschiedener Gegner des Beitritts zum Europarat, zur Montanunion und zur Europäischen Verteidigungsgemeinschaft (EVG), weil er dadurch die Wiedervereinigung gefährdet sah.

d) Dr. Ludwig Erhard

geboren in Fürth/Bayern, 1897–1977, Sohn eines Weißwarenhändlers; Realschule, kaufmännische Lehre, Militärdienst, Handelshochschule Nürnberg, Studium der Nationalökonomie in Frankfurt, 1925 Promotion. Ab 1928 im Nürnberger Wirtschaftsforschungsinstitut der Hochschule tätig, seit 1942 im eigenen Industrieforschungsinstitut, das sich u. a. mit Fragen der Kriegsfinanzierung und der Planung von währungswirtschaftlichen Folgen des Krieges beschäftigte. 1945/46 bayerischer Wirtschaftsminister, 1947 Honorarprofessor an der Münchener Universität und Vorsitzender der „Sonderstelle Geld und Kredit" des Frankfurter Wirtschaftsrates, der Vorschläge für die notwendig gewordene Währungsreform erarbeitete. 1948 vom Bizonen-Wirtschaftsrat zum Direktor der Verwaltung der Wirtschaft gewählt. Er verband die von den westlichen Alliierten vorgesehene Währungsreform mit den Grundsätzen einer liberalen Wirtschaftsreform durch Aufhebung von Bewirtschaftungsmaßnahmen und Preisvorschriften. Er verwendete zum ersten Mal den Begriff „sozial-verpflichtete Marktwirtschaft", den er bald, darin dem Nationalökonomen Alfred Müller-Armack folgend, zum Begriff „soziale Marktwirtschaft" verkürzte. Adenauer übernahm Erhards Gedankengänge und machte ihn zum ersten Bundeswirtschaftsminister. Dieses Amt hatte er bis zum Rücktritt Adenauers 1963 inne. Mit seinem Namen wurde das so genannte Wirtschaftswunder gleichgesetzt. 1963 gegen Adenauers Bedenken Bundeskanzler. Er trat 1966 nach Kritik in den Reihen seiner Partei und nach Aufkündigung der Koalition durch die FDP zurück.

Q 25 Wo standen die Parteien? – Aus Grundsatzprogrammen

CDU (1971): Die Bundesrepublik ist der freiheitliche soziale Rechtsstaat der deutschen Nation ... Kritisches Engagement ... ist ein wesentlicher Beitrag zur dynamischen Weiterentwicklung der Demokratie ... Wir wollen die soziale Marktwirtschaft so fortentwickeln, dass die persönliche Initiative gestärkt ... wird ... [Sie] ist wie keine andere Ordnung geeignet, persönliche Freiheit ... für alle zu verwirklichen und zu sichern. (29)

CSU (1968): Die CSU ... ist auch eine konservative Kraft und gerade deshalb entschlossen, die Lebendigkeit europäischer Tradition voll zu entfalten ... [Sie] will den starken demokratischen, freiheitlichen und sozial gefestigten Staat ... Nur er garantiert die Menschen- und Bürgerrechte ... Die CSU ist entschlossen, die soziale Marktwirtschaft auszubauen ... Unternehmerische Entscheidungen dürfen nicht sachfremden Gesichtspunkten unterworfen werden. (30)

FDP (1972): Liberalismus fordert Demokratisierung der Gesellschaft ... Er tritt ein für entsprechende Mitbestimmung an der Ausübung der Herrschaft in der Gesellschaft ... Liberalismus fordert Reform des Kapitalismus ... Freiheit braucht Eigentum ... Eigentum schafft Freiheit ... [In] einem sozialen Rechtsstaat ... [ist] die reale Chance jedes Bürgers zur Eigentumsbildung [zu schaffen] ... [Die] Verfügungsmacht über Eigentum [muss] durch Gesetz [begrenzt werden]. (31)

SPD (1959): Die Sozialisten wollen Freiheit und Gerechtigkeit verwirklichen, während die Kommunisten die Zerrissenheit der Gesellschaft ausnutzen, um die Diktatur ihrer Partei zu errichten. Im demokratischen Staat muss sich jede Macht öffentlicher Kontrolle fügen ... In der von Gewinn- und Machtstreben bestimmten Wirtschaft und Gesellschaft sind Demokratie, soziale Sicherheit und freie Persönlichkeit gefährdet. Der demokratische Sozialismus erstrebt darum eine neue Wirtschafts- und Sozialordnung ... Freie Konsumwahl und freie Arbeitsplatzwahl sind entscheidende Grundlagen, freier Wettbewerb und freie Unternehmerinitiative sind wichtige Elemente sozialdemokratischer Wirtschaftspolitik, [ebenso] die Autonomie der Arbeitnehmer- und Arbeitgeberverbände beim Abschluss von Tarifverträgen ... Totalitäre Zwangswirtschaft zerstört die Freiheit. Deshalb bejaht die [SPD] den freien Markt, wo immer wirklich Wettbewerb herrscht ... Wettbewerb so weit wie möglich – Planung so weit wie nötig! (32)

Neben den großen Parteien hatten zeitweise auch kleine Parteien Bedeutung erreicht, vor allem der Zusammenschluss von Heimatvertriebenen im Bund der Heimatlosen und Entrechteten (BHE), die Bayernpartei und die niedersächsische Deutsche Partei (DP). Großes Aufsehen erregten auch die 1952 und 1956 verbotenen Parteien, die Sozialistische Reichspartei, die z. T. NS-Ziele vertrat, und die KPD. Die 1965 entstandene NPD konnte in viele Landtage einziehen und erreichte 1969 bei den Bundestagswahlen beinahe die 5 %-Grenze. Seit 1983 sind „Die Grünen" im Bundestag vertreten, nachdem sie bereits vorher in verschiedene Länderparlamente eingezogen waren (Bremen 1970, Baden-Württemberg 1980, Hessen, Hamburg 1982).

1. *Charakterisieren Sie die Haltung der Parteien seit 1959 zum demokratischen System und zur Wirtschaftsordnung.*
2. *Kennzeichnen Sie die Veränderungen seit 1945 (s. T 10).*
3. *Arbeiten Sie heraus, in welcher Tradition die Parteien stehen, wenn man sie mit denen der Weimarer Zeit vergleicht.*

2. Die Bundesrepublik Deutschland in den 50er und 60er Jahren

a. Die Weichenstellung: soziale Marktwirtschaft

Q 26 Ludwig Erhard: Wohlstand für alle

Mitte 1948 winkte … die große deutsche Chance: … die Währungsreform mit einer entschiedenen Wirtschaftsreform zu koppeln, um der … administrativen Wirtschaftslenkung … das Ende zu bereiten … Tatsächlich wurde die Marktwirtschaft in Deutschland … durch einige wenige Gesetze und durch kompromisslose Entschlossenheit eingeführt … [vor allem durch] das Gesetz über Leitsätze für Bewirtschaftung und Preispolitik nach der Geldreform vom 24. Juni 1948 … Mit diesem Gesetz wurde dem Direktor der Verwaltung für Wirtschaft das Recht eingeräumt, mittel- oder unmittelbar in einem Zuge Hunderte von Bewirtschaftungs- und Preisvorschriften in den Papierkorb zu befördern. Ich wurde beauftragt, im Rahmen der angefügten Leitsätze „die erforderlichen Maßnahmen auf dem Gebiete der Bewirtschaftung zu treffen" und „die Waren und Leistungen im Einzelnen zu bestimmen, die von den Preisvorschriften freigestellt werden sollen", – dies bedeutete für mich, so schnell als möglich … viele Bewirtschaftungs- und Preisvorschriften … zu beseitigen … [Die] Preise … stiegen in jenen ersten Monaten nach der Reform … erheblich an … Es kam … darauf an, sich … nicht beirren zu lassen; auch dann nicht, als die Gewerkschaften für den 12. November 1948 zum Generalstreik aufriefen, um … der Marktwirtschaft ein Ende zu bereiten. Im Wirt-schaftsrat stand das Barometer auf Sturm … Das Amt selbst war … an der Richtigkeit der Thesen seines Chefs irre geworden. Ich erklärte damals …: „Ich bleibe dabei …, dass, wenn jetzt das Pendel der Preise … die Grenzen des Zulässigen … überschritten hat …, über den Wettbewerb die Preise wieder auf das richtige Maß zurückgeführt werden." (33)

Zwischen der Währungsreform 1948 und 1950 war die Arbeitslosigkeit von 0,4 auf rund 1,6 Mio. gestiegen.

T 25 Marktwirtschaft und Zentralverwaltungswirtschaft

Selbstständigkeit	Zentralismus
Privateigentum, Manager in der Geschäftsführung	Staats- bzw. Kollektiveigentum, Führung durch Funktionäre
größtmöglicher Betriebsgewinn, betriebliche Planung	Erfüllung zentraler staatlicher Pläne
Abhängigkeit vom Markt, von Tarifverträgen und ggf. von staatl. Subventionen	Markt fehlt, bürokratische Steuerung durch zentrale Pläne und Behörden, Planung des Arbeitereinkommens
Risiko für Eigentümer, Entlassungsgefahr für Manager	Entlassungsgefahr für staatliche Funktionäre
keine politische Ausrichtung der Betriebe, Wahrnehmung der Interessen durch Verbände	politische Erziehung der Betriebsangehörigen durch Partei und Gewerkschaft

B 24 Wirtschaftssysteme

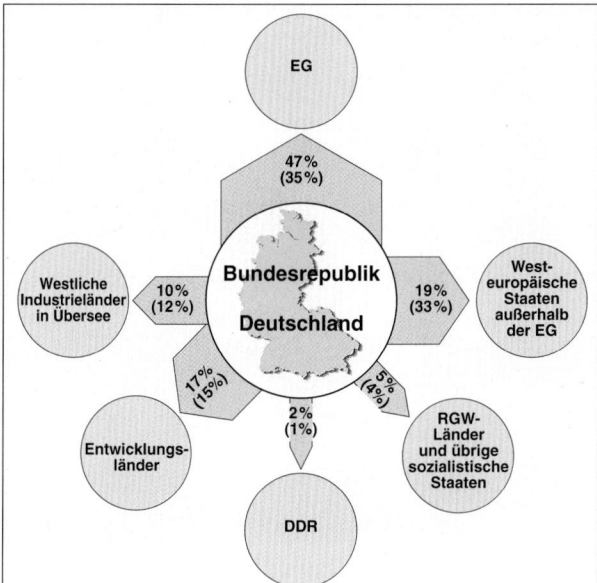

B 25 Der Export der Bundesrepublik Deutschland 1961–1965 und 1981/82. Jährlicher prozentualer Anteil der Länder bzw. Ländergruppen am Export der Bundesrepublik Deutschland 1981/82, in Klammern 1961–1965 (Durchschnittswerte). Die Pfeile geben durch ihre Breite die Bedeutung 1981/82 wieder.

Vergleichen Sie mit B 59.

Q 27 Der Franzose Alfred Grosser über die Wirtschaftspolitik Erhards und der SPD

[Die SPD-Wirtschaftspolitik zielte darauf ab,] die Produktion durch Kredite anzuregen, die Einkommen einander näher zu bringen, vor allem durch eine Neufestsetzung der Besteuerungssätze und durch die Sozialversicherung, und die Arbeitslosigkeit mit allen Mitteln, insbesondere durch große staatliche Subventionen, zu bekämpfen. Diese Politik … [hätte] Preiskontrollen, Rationierung und eine strenge Reglementierung des Außenhandels mit sich [gebracht].

Die [deutsche] Wirtschaftspolitik förderte … die „Unternehmer" … Arbeitslose und Kriegsopfer erhielten nur geringe Unterstützungen, während die Neureichen begannen, einen herausfordernden Luxus zur Schau zu stellen … Wie Erhard gehofft hatte, gelang der Ausbau der Industrie dank einer sehr erheblichen Eigenfinanzierung mit einem Minimum an Krediten … Der Sieg des Außenhandels war vielleicht der spektakulärste und überzeugendste der sozialen Marktwirtschaft. (34)

1. *Fassen Sie zusammen, mit welchen Mitteln und gegen welche Widerstände die soziale Marktwirtschaft durchgesetzt wurde.*
2. *Beurteilen Sie die Entscheidung für die soziale Marktwirtschaft im Rahmen der geschichtlichen Entwicklung der Bundesrepublik Deutschland. Ziehen Sie dazu auch T 5, 6 und 10–14 heran.*

---

b. Die Bundesrepublik Deutschland auf dem Weg zur Souveränität

T 26 Die Bundesrepublik Deutschland entsteht

Nachdem der Parlamentarische Rat das Grundgesetz ausgearbeitet und die Länderparlamente (bis auf Bayern) zugestimmt hatten, trat die neue Verfassung am 23. Mai 1949 in Kraft. Nach den **ersten Bundestagswahlen** am 14. August wählte der Bundestag am 15. September den Präsidenten des Parlamentarischen Rates, Konrad Adenauer (CDU), zum ersten Bundeskanzler. Führer der Opposition war der SPD-Vorsitzende Kurt Schumacher. Zum ersten Bundespräsidenten wählte die Bundesversammlung Theodor Heuss (FDP).

Bereits am 10. April war das Besatzungsstatut in Kraft gesetzt worden, das den Deutschen mehr Selbstverwaltungsbefugnisse einräumte, am 28. April das Ruhrstatut, das die wirtschaftliche Verfügungsgewalt über die Ressourcen der Ruhr einer internationalen Behörde unterstellte. Mit dem Petersberger Abkommen vom 24. November 1949 trat die Bundesrepublik dieser Behörde bei. Als Gegenleistung wurden die Demontagen weitgehend eingestellt, die Errichtung von Konsulaten zugesagt. 1950 erfolgte die Aufnahme der Bundesrepublik Deutschland in den Europarat.

Q 28 Aus der Regierungserklärung Bundeskanzler Adenauers, 20. August 1949

Die Vertriebenen werden gleichmäßiger … auf die verschiedenen Länder verteilt werden müssen … Durchführung … der sozialen Marktwirtschaft … Die … Demontage unserer industriellen Anlagen bewegt das gesamte deutsche Volk … Man versteht … nicht, wie man mit der einen Hand ihm wirtschaftliche Hilfe gibt und mit der anderen Hand wirtschaftliche Werte zerstört … Wir hoffen … [auf] Herabsetzung der Besatzungskosten …, [damit der Wohnungsbau und die Vertriebenen gefördert werden können] … Unsere besondere Fürsorge … gilt der Stadt Berlin … Den erwerbsunfähigen Kriegsbeschädigten und Kriegshinterbliebenen ist ein ausreichender Unterhalt zu gewähren … Die sozial- und gesellschaftspolitische Anerkennung der Arbeitnehmerschaft macht eine Neuordnung der Besitzverhältnisse in den Grundindustrien notwendig … [Wir sorgen uns um Kriegsgefangene und um die Deutschen in den Ostgebieten. Wir fordern Freiheit auch für] unsere deutschen Landsleute in der Ostzone …

Wir wünschen, möglichst bald in [den Europarat] aufgenommen zu werden … [Die] Spannungen … zwischen den Siegermächten … werden übergehen. Wir hoffen, dass dann der Wiedervereinigung mit unseren Brüdern und Schwestern in der Ostzone und in Berlin nichts mehr im Wege steht … Ich glaube nicht, dass jemals in der Geschichte ein siegreiches Land versucht hat, dem besiegten Land in der Weise zu helfen, wie das die Vereinigten Staaten gegenüber Deutschland getan haben und tun. (35)

Vergleichen Sie mit Q 40 und 78.

B 26 Der erste USA-Besuch eines deutschen Regierungschefs: Bundeskanzler Adenauer auf den Stufen zum Kapitol in Washington D. C., April 1953

B 27 Bundeskanzler Adenauer und Präsident de Gaulle beim Gottesdienst in der Kathedrale von Reims, 1962

B 28 Adenauer in Moskau, September 1955
Adenauer erreichte beim ersten Besuch eines westdeutschen Bundeskanzlers von Chruschtschow und Bulganin die Aufnahme diplomatischer Beziehungen und die Entlassung aller deutschen Kriegsgefangenen.

Q 29 Besatzungsstatut, 10. April 1949

Sonderbefugnisse [der drei Besatzungsmächte]:
a) Abrüstung und Entmilitarisierung …
b) Kontrollmaßnahmen hinsichtlich der Ruhr, Rückerstattung, Reparationen …
c) auswärtige Angelegenheiten …
f) Beachtung des Grundgesetzes und der Landesverfassungen,
g) Kontrolle über Außenhandel und Devisenwirtschaft …
Jede Änderung des Grundgesetzes bedarf vor Inkrafttreten der ausdrücklichen Genehmigung der Besatzungsbehörden … Länderverfassungen …, Änderungen dieser Verfassungen … treten 21 Tage nach ihrem amtlichen Eingang bei den Besatzungsbehörden in Kraft, falls sie nicht vorher vorläufig oder endgültig beanstandet worden sind. (36)

Q 30 Ruhrstatut, 28. April 1949

Da die internationale Sicherheit und die allgemeine wirtschaftliche Gesundung erfordern, dass die Hilfsquellen der Ruhr … nicht für Angriffszwecke verwendet werden, sondern im Interesse des Friedens, [errichten Belgien, Frankreich, Luxemburg, die Niederlande, Großbritannien und die USA] eine internationale Behörde für die Ruhr … [zur] Aufteilung der Kohle, des Kokses und des Stahls … Sobald eine deutsche Regierung errichtet worden ist, kann sie dem vorliegenden Abkommen beitreten. (37)

Q 31 Petersberger Abkommen zwischen den drei Hohen Kommissaren der Besatzungsmächte und der Bundesregierung, 24. November 1949

[Da] die ... enge Mitarbeit Deutschlands zu dem Wiederaufbau der westeuropäischen Wirtschaft wünschenswert ist, [tritt] die Bundesregierung ... der internationalen Ruhrbehörde ... bei ... Die Hohe Kommission und die Bundesregierung sind übereingekommen, dass die Bundesregierung ... die schrittweise Wiederaufnahme von konsularischen und Handelsbeziehungen ... in Angriff nehmen wird ... [Sie] hat ... folgenden Änderungen des Demontageplans zugestimmt. [Es folgt eine Liste von Betrieben, die von der Reparationsliste gestrichen werden, darunter Stahlwerke, chemische Betriebe usw.] (38)

Q 32 Aus der Bundestagsdebatte um das Petersberger Abkommen, 25. November 1949, 3 Uhr morgens

Bundeskanzler Dr. Adenauer: Ich stelle fest ..., dass die sozialdemokratische Fraktion bereit ist, eher die ganze Demontage bis zu Ende gehen zu lassen – (Sehr gut! und Hört! Hört! und lebhafter Beifall bei den Regierungsparteien. Zuruf links: Unerhört so was! – Gegenruf rechts: Ihre englischen Freunde versagen! – Zuruf von der SPD: Eine politische Taktlosigkeit! ...) Zu dieser Frage muss die Opposition Stellung nehmen. (Lebhafte Zustimmung bei den Regierungsparteien ...) Das ist die Frage, um die es sich handelt ...: Ist sie bereit, einen Vertreter in die Ruhrbehörde zu schicken, oder nicht? Und wenn sie erklärt „Nein", dann weiß ich aufgrund der Erklärungen, die mir der [britische] General Robertson abgegeben hat, dass die Demontage bis zu Ende durchgeführt wird. (Abg. Dr. Schumacher [SPD]: Das ist nicht wahr!! – ... Gegenrufe bei den Regierungsparteien. – Weitere erregte Zurufe von der SPD und KPD. – Glocke des Präsidenten. – Abg. Renner (KPD): Wo steht denn das? – Zurufe links: Sind Sie noch ein Deutscher? – Sprechen Sie als deutscher Kanzler? – Abg. Dr. Schumacher: Der Bundeskanzler der Alliierten!) ...
(Präsident Dr. Köhler schließt nach der unterbrochenen Sitzung um 6.11 Uhr Dr. Schumacher gemäß der Geschäftsordnung des Bundestages für 20 Sitzungstage von den Verhandlungen des Bundestages aus.) (39)

Q 33 Denkschrift Adenauers über den Beitritt der Bundesrepublik Deutschland zum Europarat, 7. Mai 1950

[Die Bundesrepublik kann dem Europarat nur als „assoziiertes Mitglied" beitreten, da] sie noch nicht die souveränen Befugnisse besitzt ... Dass der Kriegszustand ... noch nicht aufgehoben wurde und dass die Besatzungsmächte ... der Bundesrepublik die ihr zustehenden Rechte nur stückweise zurück ... geben, ist bedauerlich. Nach Ansicht der Besatzungsmächte ist aber gerade der Eintritt in den Europarat ein wesentlicher Schritt auf dem Wege der Befreiung der Bundesrepublik von ihren Bindungen. (40)

– Wiederbewaffnung oder nicht?

Q 34 Konrad Adenauer, Dezember 1946

Wir sind einverstanden, dass wir völlig abgerüstet werden, dass unsere reine Kriegsindustrie zerstört wird ... Ja, ich will noch weiter gehen: Ich glaube, dass die Mehrheit des deutschen Volkes einverstanden wäre, wenn wir wie die Schweiz völkerrechtlich neutralisiert würden. (41)

Q 35 Lucius D. Clay, ehemaliger US-Militärgouverneur, November 1949

Deutschland könnte sich mit beschränkten Streitkräften eines besonderen Typus an [den] gemischten europäischen Streitkräften beteiligen. (42)

Q 36 Bericht der amerikanischen Zeitung „Newsweek" aus Bonn, November 1949

Der Adenauer-Regierung [wäre] es willkommen, wenn die Initiative zur deutschen Aufrüstung von alliierter Seite ausginge. Bonn würde sich dem Vorschlag gegenüber anfänglich kühl verhalten, obwohl es sich ganz für den Plan einsetzt. (43)

Q 37 Adenauer in einem Presseinterview, August 1950

Die Ereignisse in Korea [lassen befürchten], dass die Russen eines Tages die Macht ergreifen werden ... Wir müssen die Notwendigkeit der Schaffung einer starken deutschen Verteidigungskraft erkennen ... [Diese] muss stark genug sein, um jede mögliche, den Vorgängen in Korea ähnelnde Aggression der Sowjetzonen-Volkspolizei abzuwehren. (44)

Q 38 Der französische Hochkommissar François-Poncet, Oktober 1950

Ein deutsches Kontingent, selbst wenn es einer zehnmal stärkeren Europaarmee eingegliedert ist, ist eine schwer zu schluckende Tatsache für diejenigen, für die die Zerschlagung einer deutschen Militärmacht oberstes Ziel war, für das Millionen ihr Leben opferten. (45)

Q 39 Bundesinnenminister Heinemann (CDU) begründet seinen Rücktritt, Oktober 1950

Ist es vertretbar, dass eine Erklärung von solch entscheidungsvoller Tragweite [über die Aufstellung deutscher Truppen] vom Bundeskanzler abgegeben wird, ohne dass das Kabinett an der Willensbildung beteiligt ist? ... Es ist nicht unsere Sache, eine deutsche Beteiligung an militärischen Maßnahmen nachzusuchen oder anzubieten. Wenn die Westmächte unserer Mitwirkung zu bedürfen glauben, so mögen sie an uns herantreten ... Der Bundeskanzler denkt in den Formen autoritärer Willensbildung ... Wir werden [aber] unser Volk nur dann demokratisch machen, wenn wir Demokratie riskieren. Wenn in irgendeiner Frage der Wille des deutschen Volkes eine Rolle spielen soll, dann muss es die Frage der Wiederaufrüstung sein. (46)

Q 40 Vorwort des SPD-Vorsitzenden Kurt Schumacher zum Aktionsprogramm der SPD, 28. September 1952

Die Sozialdemokratie geht von ganz anderen Voraussetzungen [als die Bundesregierung] aus … Für uns ist die deutsche Einheit [in Freiheit und Frieden] kein Fernziel, sondern das Nahziel … [Die SPD] wird jeden Versuch abwehren, die Verschmelzung von Teilen Deutschlands mit anderen Völkern dieser deutschen Einheit vorzuziehen. Wir wollen die Gemeinschaft. Jede Gemeinschaft beginnt für uns aber mit der Gemeinschaft mit der Bevölkerung der sowjetischen Besatzungszone und des Saargebietes. (47)

– Wiederbewaffnung oder Einheit – Was will die Sowjetunion?

T 27 Die beiden deutschen Regierungen zur deutschen Einheit

Nach 1949 forderte die Bundesregierung wiederholt von den vier Besatzungsmächten freie gesamtdeutsche Wahlen zu einer verfassunggebenden Nationalversammlung unter der Kontrolle der Siegermächte oder der UNO. Westdeutsche Parteien hätten in der DDR – ebenso wie die SED in der Bundesrepublik Deutschland – auftreten können. Nach westlichen Vorstellungen sollte ein Parlament eine gesamtdeutsche Regierung wählen, mit der ein Friedensvertrag abzuschließen sei, in dem auch über die Oder-Neiße-Linie entschieden werden müsste. Nach Auffassung der DDR-Regierung sollten ähnlich wie bei der Volkskongressbewegung zunächst Parteien und Massenorganisationen Delegierte in einen gesamtdeutschen Konstituierenden Rat entsenden. Dieser Rat hätte eine provisorische Regierung Gesamtdeutschlands vorzubereiten und ein Wahlgesetz für gesamtdeutsche Wahlen zur Nationalversammlung auszuarbeiten. Die demokratische Wahl sollte die Einheit erst dann bestätigen, wenn Parteien und Massenorganisationen sich bereits einig geworden wären. Die DDR-Regierung ging davon aus, dass die Oder-Neiße-Linie die endgültige deutsche Ostgrenze darstelle, dass sofort zwischen den Regierungen beider Staaten gleichberechtigte Gespräche über die Vorbereitung eines Friedensvertrages stattfinden sollten, mit dem Ziel, die DDR als zweiten deutschen Staat anzuerkennen.

T 28 Umstrittene Verträge

a) Die Europäische Verteidigungsgemeinschaft/EVG, 1952

Mit Unterstützung der USA trat die Bundesregierung gegen den Willen der Opposition von SPD und FDP dem Vertrag über die EVG bei. In ihm verpflichteten sich Frankreich, Italien, die drei Benelux-Staaten und die Bundesrepublik Deutschland am 27. Mai 1952 zur „Verteidigung Westeuropas, gegen jeden Angriff … [ihre] gemeinsamen Verteidigungsstreitkräfte im Rahmen einer überstaatlichen … Organisation völlig zu verschmelzen".

b) Stalin-Note, 10. März 1952

Zur gleichen Zeit bot die UdSSR in einer Note an die drei Westmächte einen Friedensvertrag mit einem wiedervereinigten Deutschland an, das in den Grenzen von 1945 neutralisiert werden und eigene Streitkräfte bekommen sollte.

c) Die Pariser Verträge, 1954

Nachdem der EVG-Vertrag im letzten Moment am französischen Parlament gescheitert war, schlossen die drei westlichen Besatzungsmächte 1953 den Deutschlandvertrag mit der Bundesrepublik Deutschland ab: „Die Bundesrepublik wird … die volle Macht eines souveränen Staates über die inneren und äußeren Angelegenheiten haben … [Die drei Mächte behalten die] Rechte und Verantwortlichkeiten in Bezug auf Berlin und auf Deutschland als Ganzes einschließlich der Wiedervereinigung Deutschlands und einer friedensvertraglichen Regelung." Ziel des Vertrages: „Ein wiedervereinigtes Deutschland, das eine freiheitlich-demokratische Verfassung, ähnlich wie die Bundesrepublik, besitzt …" Die Besatzungstruppen sollten als NATO-Truppen im Land bleiben. Die Bundesrepublik Deutschland trat am 5. Mai 1955 der NATO bei und stellte eine eigene Armee auf: die Bundeswehr.

d) Die DDR im Warschauer Pakt, 1955

Wenige Tage nach Inkrafttreten des NATO-Beitritts der Bundesrepublik gründete die UdSSR den Warschauer Pakt mit Polen, der ČSSR, Ungarn, Rumänien, Bulgarien und Albanien. Am 20. Mai 1955 trat die DDR bei und schloss den „Vertrag über die Beziehungen zwischen der DDR und der UdSSR". Ziele: „Völlige Gleichberechtigung, gegenseitige Achtung der Souveränität …, Nichteinmischung …, Wiederherstellung der Einheit Deutschlands auf friedlicher und demokratischer Grundlage". Die sowjetischen Truppen blieben als Truppen des Warschauer Pakts im Land, die DDR errichtete die „Nationale Volksarmee".

– Diskussion um Stalin-Note und EVG

Q 41 Aus der Note der Sowjetunion an die drei Westmächte („Stalin-Note"), 10. März 1952

– Politische Leitsätze:
1. Deutschland wird als einheitlicher Staat wieder hergestellt … [Es] gewinnt die Möglichkeit, sich als unabhängiger, demokratischer, friedliebender Staat zu entwickeln.
2. [Abzug aller ausländischen Streitkräfte]
3. Dem deutschen Volk müssen die demokratischen Rechte gewährleistet sein …
5. Auf dem Territorium Deutschlands dürfen Organisationen, die

der Demokratie und der Sache der Erhaltung des Friedens feindlich sind, nicht bestehen …
7. Deutschland verpflichtet sich, keinerlei Koalition oder Militärbündnis einzugehen.
– Das Territorium:
Das Territorium Deutschlands ist durch die Grenzen bestimmt, die durch die Beschlüsse der Potsdamer Konferenz der Großmächte festgelegt wurden.
– Militärische Leitsätze:
Es wird Deutschland gestattet sein, eigene nationale Streitkräfte (Land-, Luft- und Seestreitkräfte) zu besitzen, die für die Verteidigung notwendig sind. (48)

Q 42 Aus der Antwortnote der USA, 25. März 1952

Der … Friedensvertrag [erfordert] die Bildung einer gesamtdeutschen Regierung …, die den Willen des deutschen Volkes zum Ausdruck bringt. [Sie] kann nur auf der Grundlage freier Wahlen in [ganz Deutschland] geschaffen werden … Die Vollversammlung der Vereinten Nationen hat zur Prüfung der Frage, ob diese erste wesentliche Voraussetzung gegeben ist, eine Kommission ernannt, die eine gleichzeitige Untersuchung … durchführen soll. (49)
Dieser Kommission wurde die Arbeit nur in Berlin und in der Bundesrepublik ermöglicht; die DDR verweigerte die Einreise.

Q 43 Meinungen in der Bundesrepublik Deutschland

a) Bundeskanzler Adenauer (CDU), 1952: Ziel der deutschen Politik ist nach wie vor, dass der Westen … stark wird, um mit der Sowjetunion zu einem vernünftigen Gespräch zu kommen … Die letzte Note der Sowjetunion ist wieder ein Beweis dafür, dass … der Zeitpunkt [hierfür] nicht mehr allzu fern ist. (50)

b) Carlo Schmid (SPD), berichtet **im Bundestag 1953** von der Meinung eines Abgeordneten des Europarats aus einem nordeuropäischen Land: „Ihr müsst euch eben damit abfinden: Uns ist es lieber, wir haben das halbe Deutschland ganz als das ganze Deutschland halb." Das mag da ein Gesichtspunkt für Dritte sein! … Glaubt man denn wirklich, mit diesen [EVG-]Verträgen die Russen zur politischen Kapitulation zwingen zu können? (51)

c) Karl Georg Pfleiderer, Bundestagsabgeordneter der FDP, 6. Juni 1952: Das Staatensystem der NATO und das der EVG bedeutet …, die Unfreiheit von achtzehn Millionen Deutschen verewigen, oder aber es bedeutet den offenen Kampf. Beides wollen wir nicht, sondern wir wollen die Wiedervereinigung. (52)

Q 44 Die Meinung Walter Ulbrichts, Generalsekretär der SED, 1953

Deutschland muss [nach der Verwirklichung der sowjetischen Vorschläge] ein einheitlicher, friedliebender, demokratischer, unab-

hängiger Staat sein … Im Interesse der Sicherung der friedlichen Entwicklung werden die Bergwerke, die Hüttenwerke und die großen Chemiebetriebe, die im Besitz der Kriegstreiber sind, entschädigungslos in die Hände des Volkes übernommen … Eine gerechte Bodenreform ist durchzuführen … Aus dem Staatsapparat sind die Kriegsverbrecher und früheren Mitglieder der SS zu entfernen. (53)

Q 45 Meinungen im westlichen Ausland

a) Die amerikanische Zeitung „New York Herald Tribune", Mai 1952
Die westlichen Alliierten wollen die deutsche Einheit gar nicht oder doch nicht heute. Sie wollen so schnell und so eng wie möglich den Einbau Westdeutschlands in die westliche Gemeinschaft. Unzweifelhaft will dies auch Dr. Adenauer, aber jedes Mal, wenn er es zu offen zeigt, verliert er die Unterstützung der Öffentlichkeit.

b) Die französische Zeitung „Le Monde", Herbst 1952
Der Augenblick ist noch nicht gekommen, dass man Deutschland volles Vertrauen schenken könnte … Im wohl verstandenen eigenen Interesse sollten sich die Vereinigten Staaten … mehr auf ihre alten Alliierten stützen als auf den unversöhnlichen Feind in zwei Weltkriegen.

Q 46 Urteile über Adenauers Europapolitik

a) Der „Rheinische Merkur", 1953
[Des Kanzlers] entschlossene Europapolitik hat Bonn als weltpolitische Größe wieder ins Spiel gebracht.

b) Der Historiker Ernst Nolte, 1974
Kein anderer deutscher Politiker [als Adenauer] hat mit der gleichen … Unerschütterlichkeit die Reihenfolge der Ziele verfochten, die sich … aus [seiner] Vorstellung vom „aggressiven Weltkommunismus" zwingend ergab: Sicherung („Freiheit"), Gleichberechtigung im Kreis der westlichen Nationen („Frieden"), Wiedervereinigung Deutschlands („Einheit"). Er setzte sich damit dem Vorwurf aus, dass er die Wiedervereinigung „gar nicht wolle" …, und an diesem Vorwurf war so viel richtig, dass er die Wiedervereinigung unter den gegebenen Verhältnissen … des unentschiedenen Kalten Krieges nicht für möglich hielt. (54)

c) Der Historiker Wilfried Loth, 1994
Die Geschichte der deutschen Teilung muss nicht neu geschrieben werden. Mann kann [aufgrund neuerer Untersuchungen] nur noch sicherer als bislang sagen, dass es zur Politik der Weststaatsgründung und Westintegration eine mindestens ebenso gut begründbare Alternative gab. Und man bekommt [jetzt] ein Gespür dafür, wie gering die Chance für diese Alternative gleichwohl war – aufgrund westlicher Sicherheitsneurosen wie infolge kommunistischen Klassenkampfdenkens. (55)

c. Sozialprobleme

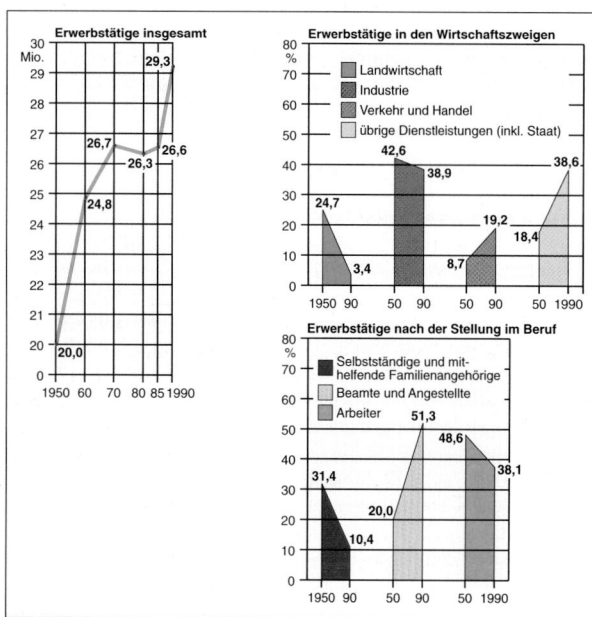

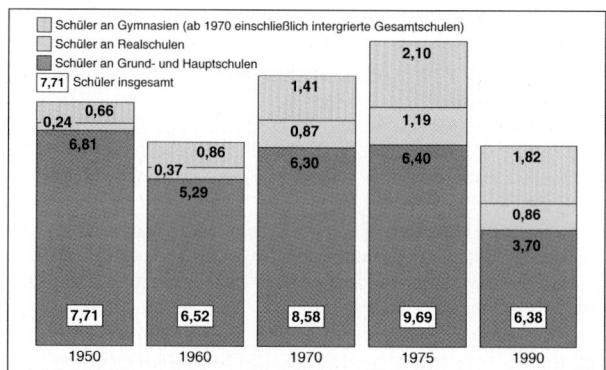

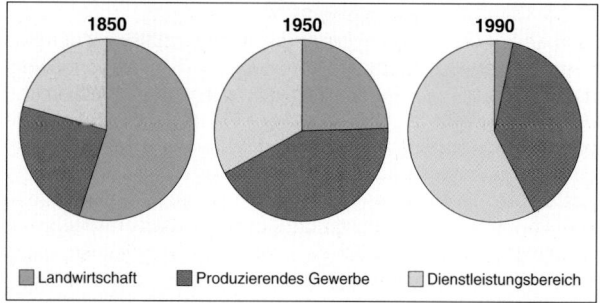

B 29 Erwerbstätige in der Bundesrepublik Deutschland 1950–1990
Im vereinigten Deutschland waren 1995 36 Mio. Menschen erwerbstätig und 4 Mio. arbeitslos. Von den Erwerbstätigen arbeiteten 3,8 Mio. im eigenen Betrieb bzw. in dem ihres Angehörigen; 13 Mio. waren Arbeiter und 19,2 Mio. Angestellte bzw. Beamte.

B 31 Schüler an allgemeinbildenden Schulen (außer Sonderschulen) in der Bundesrepublik Deutschland (in Mio.)
Im vereinigten Deutschland besuchten 1993/94 2,64 Mio. Schüler Gymnasien bzw. integrierte Gesamtschulen, 1,46 Mio. Realschulen und 4,95 Mio. Grund- und Hauptschulen. Insgesamt gab es also 9,05 Mio. Schüler.

B 30 Die Entwicklung der Erwerbstätigkeit in Deutschland
Im vereinigten Deutschland arbeiteten 1995 3 % im primären, 36 % im sekundären und 61 % im tertiären Sektor.
Beschäftigte (in Mio.)

	1850	1950	1972	1982
Landwirtschaft	8,7	5,0	2,0	1,4
produzierendes Gewerbe	3,8	8,7	12,8	11,0
Dienstleistungsbereich	3,3	6,7	11,8	13,3

T 29 Aus Haushaltsplänen von Bund, Ländern und Gemeinden (in Mrd. DM)

	1980	1985	1990
Einnahmen insgesamt (ohne Neuverschuldung):	452,1	565,1	722,9
davon Bund	188,1	234,3	332,1
Länder/Stadtstaaten	186,2	226,2	280,5
Gemeinden (inkl. Kreise)	139,8	163,6	204,7
Ausgaben (Beispiele):			
Bauinvestitionen (bundesweit) für			
Straßen und Brücken	16,5	13,2	13,8
Schulen	5,7	3,0	3,4
Hochschulen (inkl. Kliniken)	1,7	1,5	1,4
Einrichtungen des Gesundheitswesens	1,9	2,2	2,5
Abwasserbeseitigung	6,2	5,0	6,8
Erwerb von Grundvermögen	7,4	6,8	7,9
Finanzhilfen und Steuervergünstigungen („Subventionen"; nur des Bundes)			
Ernährung, Landwirtschaft und Forsten	3,7	4,7	5,8
gewerbliche Wirtschaft	9,2	11,1	14,5
Sparförderung, Vermögensbildung	4,0	3,3	1,8
Summe aller Finanzhilfen und Steuervergünstigungen	24,6	27,6	30,1
Zum Vergleich:			
Sozialbudget (z. B. Leistungen aus der Krankenversicherung, Rentenzahlungen, Kindergeld)	478,3	575,5	715,2

Der Anteil des Sozialbudgets am BSP sank trotz absoluter Steigerung in DM relativ von 32,4 % (1980) über 31,4 % (1985) auf 29,5 % (1990).

T 30 Altershilfe für Landwirte

Bis zum Jahr 1957 galt die gesetzliche Rentenversicherung nur für unselbstständige Arbeitnehmer. Dann wurde durch Gesetz bestimmt, dass auch Handwerker und Landwirte Altersgeld erhalten. Für die Landwirtschaft galt folgende Regelung: Ein Landwirt erhält vom 65. Lebensjahr an eine Rente, wenn er mindestens 180 Monate lang Beiträge an die landwirtschaftliche Alterskasse zahlt und seinen Hof im 50. Lebensjahr abgegeben hat. Die festgesetzte Rente reichte (und reicht auch heute) nicht für den Lebensunterhalt aus. Mehr als 70 % der Kosten für die Altershilfe wurden aus Steuermitteln finanziert; 1990 waren das 4,4 Mrd. DM. 1977 betrug die Altershilfe für verheiratete Landwirte durchschnittlich 362,10 DM monatlich bei einer monatlichen Beitragszahlung von 94 DM. Nach dem Agrarsozialreformgesetz von 1995 ist das Altersruhegeld abhängig von der Anzahl der geleisteten Beitragsmonate. Hat z. B. ein Landwirt 324 Monate lang Beiträge geleistet, erhält er heute 576,22 DM Rente. Neuerdings sind neben den Landwirten auch ihre Ehefrauen beitragspflichtig und erhalten ebenfalls eine Rente. Die aktiven Landwirte müssen heute 311 DM monatlichen Beitrag leisten, in den neuen Bundesländern 265 DM. (56)

T 31 Unternehmer geben auf

In den Jahren 1960 bis 1974 verminderte sich die Anzahl der landwirtschaftlichen Betriebe um 28 %, die der Handelsunternehmen um 27 % und die der Industrie- und Bauunternehmen um 16 %. Dagegen nahm die Anzahl der Betriebe im Dienstleistungssektor um 7 % zu. 1970 wurden in der Bundesrepublik 4 200, 1980 6 300, 1985 13 600, 1990 8 700 Konkurse und Vergleichsverfahren durchgeführt; davon waren Handel, Bauwirtschaft und verarbeitendes Gewerbe besonders stark betroffen. (57)
Zur Umsatzentwicklung von Industrieunternehmen s. T 2, S. 95.

Q 47 Der Lastenausgleich – eine Jahrhundertleistung?

a) Lexikontext

Lastenausgleich, bezweckt einen Ausgleich zw. den durch Zerstörungen des Kriegs u. durch Kriegsfolge-, Vertreibungs- und Währungsschäden bes. hart betroffenen u. den nicht od. nicht in gleichem Ausmaß betroffenen Bev.-Schichten. Im Laufe von 30 Jahren soll eine Umschichtung von 60 Mrd. DM Vermögen vollzogen werden.
… Der dt. Plan, den L. in die Währungsreform … einzubauen, d. h. die Geld- und die Sachvermögen gleichzeitig … zu belasten, wurde von den Besatzungsmächten abgelehnt … Der L. [1952 als Gesetz verabschiedet] wirkt sich als steuerliche Mehrbelastung aus [z. B. zugunsten von Wohnungsbau, Kriegsschädenhilfe …]. Sparerentschädigung …, Landwirtschaft …, Ausbildungshilfe … (58)

b) Aus der Sicht von Wirtschaftswissenschaftlern

Es zeigte sich, dass die 1948 gewählten Wertansätze für Aktien, Grundstücke, Gebäude, Maschinen weit hinter den tatsächlichen Werten zurückgeblieben waren. Statt der erwarteten Belastung von 50 v. H. war sie tatsächlich nur 10 bis 20 v. H. Und je länger die Zahlung hinausgeschoben wurde, umso stärker machte sich die herrschende Inflation bemerkbar. Die Verpflichteten leisteten und die Berechtigten erhielten real immer weniger. (59)

T 32 Ungerechte Vermögensverteilung?

a) Streit um wissenschaftliche Gutachten

Nachdem die Wirtschaftswissenschaftler Krelle und Siebke 1968 festgestellt hatten, dass 1,7 % der Bevölkerung 70 % des Produktivvermögens besäßen und zwischen 1960 und 1966 die Konzentration des Vermögens auf wenige Besitzer weiter zugenommen hätte, entstand eine heftige öffentliche Auseinandersetzung. Die Gewerkschaften sahen sich in ihrer alten Forderung nach gerechter Vermögensverteilung bestätigt und beklagten, dass die bisherigen Gesetze (vor allem 312-DM-Gesetz und Bausparförderung) nicht ausreichten, um die Besitzverhältnisse zu verbessern. Die Unternehmerverbände dagegen kritisierten, die Gewerkschaften hätten übersehen, dass Krelle und Siebke das private gewerbliche Reinvermögen gemeint und nur die großen Vermögen über 300 000 DM untersucht hätten. Sie wiesen darauf hin, dass 1970 ein anderer Wissenschaftler, Prof. Willgerodt, steigende Anteile der Arbeitnehmer an den einzelnen Vermögensformen festgestellt hätte. So seien z. B. 1950 38 % der Wertpapiersparer Arbeitnehmer gewesen, 1967 aber 57 %.

b) Die Meinung der politischen Parteien vor 1990

Alle drei Bundestagsparteien vertraten die Auffassung, dass das Vermögen in der Bundesrepublik Deutschland ungleich verteilt sei. Deshalb wollten sie die Arbeitnehmer am Kapital beteiligen. Nur bei dem Weg zu diesem Ziel waren sie verschiedener Auffassung. Die SPD wollte von gut verdienenden Unternehmen eine Abgabe verlangen, die einem zentralen Fonds zugeführt werden sollte, aus dem nur unter bestimmten Bedingungen die Arbeiter Bargeld erhalten könnten. Die Unternehmer könnten von dort Kapital für Investitionen abrufen. Die FDP-Vorstellungen ähnelten denen der SPD, nur dass nicht an einen zentralen, sondern an regionale Fonds gedacht wurde. CDU und CSU dagegen wollten den Arbeitnehmern einen Beteiligungslohn von 324 DM gesetzlich zufließen lassen, der vermögenswirksam angelegt werden müsste. Fonds lehnten CDU und CSU ab, weil ihrer Meinung nach durch sie die Gewerkschaften noch mehr Macht erhalten und der Einzelne seine Entscheidungsfreiheit verlieren würde. Die CDU/CSU-FDP-Regierung beschloss 1983, dass ab 1984 zusätzlich zum staatlich geförderten 624-DM-Sparen weitere 312 DM im Jahr begünstigt werden, wenn Arbeitnehmer mit ihnen Anteile an Firmen für mehr als sechs Jahre anlegen. Über der starken Zunahme der Arbeitslosigkeit und den Problemen der Einheit sowie der Diskussuion über Umweltfragen verlor in den 80er und 90er Jahren die Thematik Vermögensverteilung ihre Bedeutung, obwohl die Ungleichheit weiter zunahm.

– Vorsorge statt Fürsorge im sozialen Rechtsstaat?

T 33   Marksteine der Sozialgesetzgebung
1949   Tarifvertragsgesetz
1950   Bundesversorgungsgesetz: Versorgung der Kriegsbeschädigten und -hinterbliebenen
1952   Lastenausgleichsgesetz; Wohnungsbauprämiengesetz: Förderung des Bausparens durch staatliche Zulagen
1957   Lohnfortzahlung im Krankheitsfall für Arbeiter; Rentenanpassungsgesetz: „Dynamisierung" der Renten
1959   Sparprämiengesetz: Förderung des Sparens durch staatliche Zulagen; 5-Tage-Woche im Steinkohlebergbau
1961   Vermögensbildungsgesetz (312-DM-Gesetz)
1962   Sozialhilfegesetz; Mindesturlaub von 15 Arbeitstagen
1967   40-Stunden-Woche
1969   Gleichstellung der Arbeiter und Angestellten bei der Lohnfortzahlung
1970   Verdoppelung des Sparbetrages (624-DM-Gesetz)
1975   Zusammenfassung aller wichtigen Sozialgesetze: SGB
1984   Staatlich geförderter Sparbetrag (jetzt 936 DM)
1995   Pflegekostenversicherung im geeinten Deutschland

Q 48   „Öffentliche Fürsorge" oder „Sozialhilfe"?

1953: Die Fürsorge hat die Aufgabe, dem Hilfsbedürftigen den notwendigen Lebensbedarf zu gewähren … Sie soll den Hilfsbedürftigen … [befähigen], sich und seinen unterhaltsberechtigten Angehörigen den Lebensbedarf selbst zu beschaffen. (60)
1961: Aufgabe der Sozialhilfe ist es, dem Empfänger der Hilfe die Führung eines Lebens zu ermöglichen, das der Würde des Menschen entspricht. Die Hilfe soll ihn so weit wie möglich befähigen, unabhängig von ihr zu leben … Auf Sozialhilfe besteht [grundsätzlich] ein [Rechts-]Anspruch. (61)
Sozialhilfe, die die Gemeinden gewähren, erhält nur, wer keinen Anspruch auf Arbeitslosengeld oder -hilfe, die die Arbeitsämter auszahlen, hat. Arbeitslosenhilfe wird geleistet, wenn die Arbeitslosigkeit länger als ein Jahr dauert. Voraussetzung für Sozial- oder Arbeitslosenhilfe ist die Bedürftigkeit. In den 90er Jahren wurden Kürzungen der Leistungen vorgenommen und ein Missbrauch schärfer geahndet.

Q 49   Helfen oder vorbeugen? – Das Krankenversicherungsgesetz von 1970

Versicherte haben … Anspruch auf folgende Maßnahmen: … Frauen vom Beginn des 30. Lebensjahres an einmal jährlich auf eine Untersuchung zur Früherkennung von Krebserkrankungen, Männer vom Beginn des 45. Lebensjahres an. (62)
Die Verschlechterung der Krankenkassenleistungen seit den 80er Jahren betrifft nicht in erster Linie die Vorsorgemaßnahmen, sondern die Zuzahlung zu Arzneien, Brillen und anderen Hilfsmitteln, zahnärztlichen Maßnahmen, Krankenhausaufenthalten und die Genehmigung von Kuren.

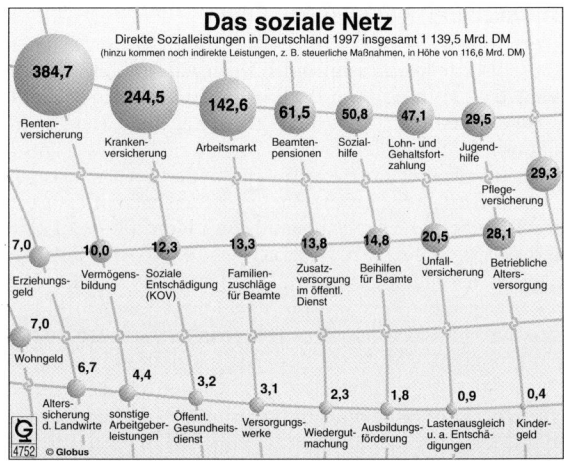

B 32   Das soziale Netz

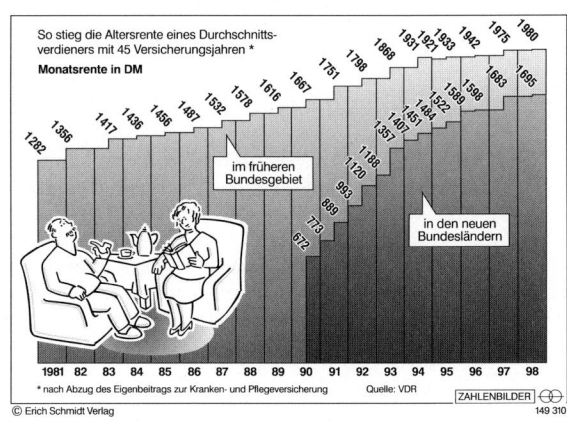

B 33   Die Dynamisierung der Renten

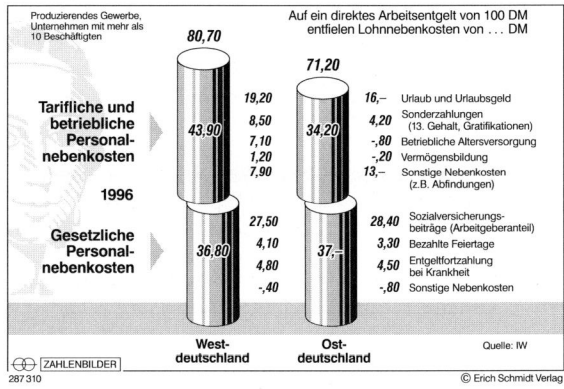

B 34   Personalnebenkosten

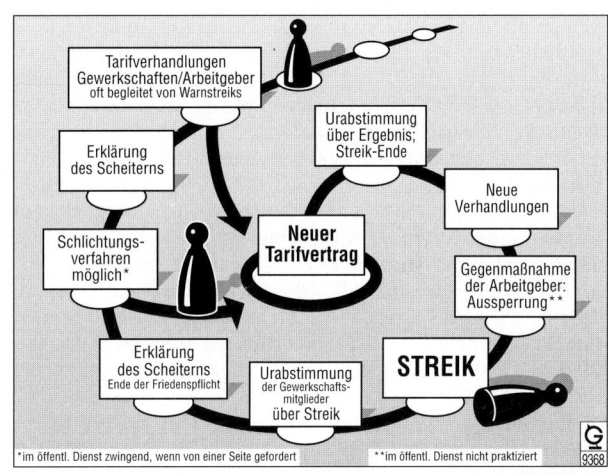

B 35 Streikregelung in Deutschland und ihre Ergebnisse

Mithilfe von Tarifverträgen, die nur z. T. durch Streiks erzwungen werden mussten, sank die durchschnittliche wöchentliche Arbeitszeit von 48,6 Stunden (1955) über 40,3 Stunden (1975) auf 37,7 Stunden (1994 Westdeutschland) bzw. 39,7 Stunden (1994 Ostdeutschland) – bei laufend steigender Urlaubszeit von zwei Wochen (1950) auf sechs Wochen (seit 1982).

Q 50 Wie die großen Sozialreformen zustande kamen – Die Meinung des IG-Metall-Vorsitzenden Otto Brenner

[Es kam nur] zu stückchenweisen Verbesserungen, meist als „Wahlgeschenke", für die Arbeitnehmer, widerwillig und unter Druck der organisierten Arbeitnehmer [bewilligt]. Zu nennen wäre hier …:

1. … die Rentenreform von 1957. Sie ist hauptsächlich durch gewerkschaftlichen Druck zustande gekommen und brachte u. a. die so genannte Dynamisierung der Renten …

2. Im Bereich der Krankenversicherung führte der große Metallarbeiterstreik an der Jahreswende 1956/57 in Schleswig-Holstein zur Verabschiedung des ersten Lohnfortzahlungsgesetzes für Arbeiter … Die endgültige Gleichstellung mit den Angestellten ist, nach jahrelangem Drängen der Gewerkschaften und gegen den hinhaltenden Widerstand der Arbeitgeber, nunmehr durch das Lohnfortzahlungsgesetz vom Juni 1969 erfolgt.

3. Die ebenfalls auf gewerkschaftlichen Druck erfolgte Reform der gesetzlichen Unfallversicherung im Jahre 1963 verbesserte nicht nur die Geldleistungen, sondern rückte … [die] Unfallverhütung in den Vordergrund …

4. Die Arbeitslosenversicherung wurde 1957 den Bedürfnissen der Gegenwart angepasst … 1959 erfolgte die gesetzliche Regelung des Schlechtwettergeldes in der Bauwirtschaft. (63)

Q 51 Planung in der sozialen Marktwirtschaft? – Paragraph 1 des Gesetzes zur Förderung der Stabilität und des Wachstums der Wirtschaft, 8. Juni 1967

Bund und Länder haben bei ihren wirtschafts- und finanzpolitischen Maßnahmen die Erfordernisse des gesamtwirtschaftlichen Gleichgewichts zu beachten. Die Maßnahmen sind so zu treffen, dass sie im Rahmen der marktwirtschaftlichen Ordnung gleichzeitig zur Stabilität des Preisniveaus, zu einem hohen Beschäftigungsstand und außenwirtschaftlichem Gleichgewicht bei stetigem und angemessenem Wirtschaftswachstum beitragen. (64)

B 36 Das magische Viereck

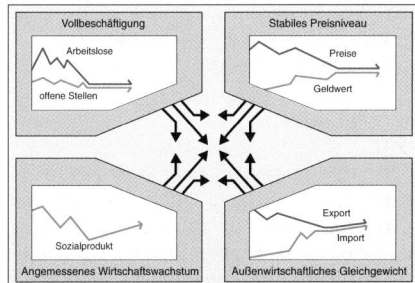

Zielvorstellungen und tatsächlich eingetretene Werte des magischen Vierecks (in Prozent)

	allgemeine Zielvorstellungen	Zielvorstellung 1972 für das Jahr 1976	eingetretene Werte 1976	eingetretene Werte 1990
1. Preisanstieg	1	zwischen 2,5 und 3	4,4	2,7
2. Steigerung des Bruttosozialprodukts (BSP)	4	zwischen 4 und 4,5	5,6	5,5
3. Arbeitslosenquote	0,8	zwischen 0,7 und 1,2	4,6	7,2
4. Ausfuhrüberschuss in % des BSP	1,5	zwischen 1,5 und 2	3,1	4,0

(65)

T 34 Verbände in der Bundesrepublik Deutschland

Arbeitgeber: BDA (Bundesvereinigung der Deutschen Arbeitgeberverbände); BDI (Bundesverband der Deutschen Industrie) mit 39 Industrieverbänden; DIHT (Deutscher Industrie- und Handelstag), der Zusammenschluss der 81 Industrie- und Handelskammern (Mitgliederzahlen unbekannt)

Arbeitnehmer: DGB (Deutscher Gewerkschaftsbund): 9,8 Mio. Mitglieder in 16 Einzelgewerkschaften, z. B. IG (= Industriegewerkschaft) Metall: 2,9 Mio.; GdP (Gewerkschaft der Polizei): 197 000; DBB (Deutscher Beamtenbund): 1,09 Mio.; DAG (Deutsche Angestelltengewerkschaft): 521 000; CGB (Christlicher Gewerkschaftsbund): 306 000 (Stand: 1994)

Übrige: Deutscher Bauernverband mit 15 regionalen und 41 Fachverbänden, in denen ca. 90 % aller in der Landwirtschaft Tätigen Mitglieder sind (600 000 Landwirte mit ihren Familien); Bund der Vertriebenen mit seinen Landsmannschaften: ca. 2 Mio., davon seit 1990 ca. 200 000 in den neuen Bundesländern; VdK (Verband der Kriegs- und Wehrdienstopfer, Behinderten und Sozialrentner): ca. 1,1 Mio.; Bund der Steuerzahler: ca. 392 000; Bund für Umwelt und Naturschutz Deutschland (BUND): 215 000 (66)

In Bonn sind mehrere hundert Verbandsvertretungen registriert, die versuchen, auf die Mitglieder von Bundestag und Bundesregierung Einfluss zu nehmen (s. B 23). Zum Vergleich: Die Parteien zusammen haben etwa 2,5 bis 3 Mio. Mitglieder.

– Wer soll im Betrieb bestimmen: Kapitalbesitzer, Gewerkschaften oder Arbeiter?

T 35 Worum geht es bei der Mitbestimmung?

Die Diskussion um die Mitbestimmung wurde von den Gewerkschaften in Gang gesetzt. Sie versuchen die Rechte der Arbeitnehmer am Arbeitsplatz und im gesamten Unternehmen zu stärken. Dagegen verweisen die Unternehmer und ihre Verbände auf das Recht auf Eigentum und auf ihre Verantwortung für die gesamte Gesellschaft. In der Vergangenheit ging es um die Einrichtung einer Arbeitnehmervertretung in den Betrieben, aber auch um den Einfluss auf die Besetzung der Aufsichtsräte in großen Unternehmen, weil dort die Grundsätze der Produktion beschlossen und der Vorstand, der den Betrieb leitet, gewählt wird.

T 36 Mitbestimmungsregelungen in der deutschen Geschichte

1920 Betriebsrätegesetz: Einrichtung von Betriebsräten in größeren Betrieben

1922 Neufassung des Betriebsrätegesetzes: Vor allem in GmbHs und AGs werden ein bis zwei Betriebsräte mit vollem Stimmrecht in den Aufsichtsrat entsandt.

1946 Wiedererrichtung von Betriebsräten durch das Kontrollratsgesetz Nr. 22; seit 1948 durch Mitbestimmungsregelungen in den Ländern abgelöst

1951 Montan-Mitbestimmungsgesetz: Im Bergbau und in der Stahlindustrie bestimmen im Aufsichtsrat die Arbeitnehmer zur Hälfte neben den Aktionärsvertretern die Unternehmensführung. Den Ausgleich zwischen den gleich starken Gruppen soll ein von beiden Gruppen gemeinsam zugewählter „neutraler Mann" herstellen. Zum Vorstand gehört der Arbeitsdirektor, der unbedingt

das Vertrauen der Arbeitnehmervertreter haben muss. Alle Arbeitnehmervertreter sind vom Vertrauen der Gewerkschaften abhängig.

1952 Betriebsverfassungsgesetz

1955 Personalvertretungsgesetz: In staatlichen Unternehmen und Behörden wählen die Arbeiter, Angestellten und Beamten einen Personalrat, der nur Mitwirkungs-, aber keine Mitbestimmungsrechte hat.

1972 Erweiterung des Betriebsverfassungsgesetzes: Dem Betriebsrat werden mehr Rechte zugestanden.

1976 Mitbestimmungsgesetz: Es löst das Gesetz von 1952 ab.

1977 Verfassungsklage der Unternehmer gegen das Mitbestimmungsgesetz, 1979 vom Bundesverfassungsgericht zurückgewiesen

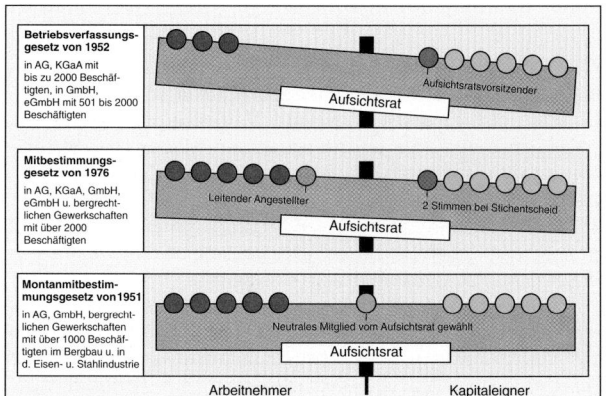

B 37 Mitbestimmung in Unternehmen

Q 52 Argumente und Interessen

a) der Unternehmer

Was wollen die Gewerkschaften? Wenn [sie] von Mitbestimmung reden, meinen sie nicht die Mitbestimmung der Belegschaften ... Sie wollen vor allem ihre Vertreter in die Betriebe entsenden ... [und] mehr Einfluss auf die einzelnen Betriebe und die ganze Wirtschaft. Die Belegschaften werden dabei kaum gefragt. (67)

b) des DGB

[Die Gewerkschaften verfügen über eine] Vertrauensbasis ... bei den Arbeitnehmern ... Wenn ... überhaupt von Machtbildung gesprochen werden kann, so im Sinne von Gegenmacht gegen die bisherige Vorherrschaft des organisierten Kapitals, insbesondere der Banken und der Inhaber großer Kapitalanteile. (68)

d. Gesellschaftlicher Wandel

B 38 Universitätsveranstaltung 1967

B 39 Beatles-Fieber 1966

Oswalt Kolle
Dein
Mann
das
unbekannte
Wesen

B 40 Filmplakat 1968

Fassen Sie die gesellschaftlichen Veränderungen am Ende der 60er Jahre zusammen. S. auch T 40, Q 54.

e. Wohin gehört Berlin?

T 37 Die Rechtsgrundlagen

12. Sept. 1944 Londoner Protokoll der USA, der UdSSR und Großbritanniens (später tritt Frankreich hinzu): Festlegung von Besatzungszonen in Deutschland und Sektorengrenzen in Berlin
14. Nov. 1944 Viermächteabkommen über die Verwaltung Berlins: Errichtung einer gemeinsamen Kommandantur
30. Nov. 1945 Beschluss des Kontrollrates über die **Luftkorridore** nach Hamburg, Hannover und Frankfurt: „Flüge über diese Strecken (Korridore) sollen durch Flugzeuge der Deutschland regierenden Nationen durchgeführt werden, ohne dass vorher eine Benachrichtigung ergeht."
4. Mai 1949 Viermächteverhandlungen in New York bestätigen den Viermächtestatus Berlins und das Recht von **Militärpersonen** auf ungehinderten Zugang zu den Sektoren in Berlin.
23. Mai 1949 Vorbehalte der drei westlichen Besatzungsmächte gegen Art. 23 des Grundgesetzes: Berlin wird „keine abstimmungsberechtigte Mitgliedschaft im Bundestag oder Bundesrat erhalten und auch nicht durch den Bund regiert werden … Es [darf] jedoch eine beschränkte Anzahl Vertreter zur Teilnahme an den Sitzungen dieser gesetzgebenden Körperschaft benennen …" (1949 19, seit 1953 22 Vertreter im Bundestag, 4 Stimmen im Bundesrat).
7. Okt. 1949 und 9. April 1968 Berlin wird in den DDR-Verfassungen als **„Hauptstadt der Deutschen Demokratischen Republik"** bestimmt. Die Stadtverordnetenversammlung entsendet 66 Vertreter mit beratender Stimme in die Volkskammer der DDR. 1979 bestimmte ein Gesetz die Direktwahl der Ostberliner Vertreter durch die Wahlberechtigten.

T 38 Die Entwicklung Berlins seit 1945

Nach dem Einmarsch alliierter Truppen im Mai bzw. Juli 1945 errichteten die vier Siegermächte zur Verwaltung der Stadt eine Alliierte Kommandantur. Unter ihrer Leitung arbeitete der deutsche Magistrat und an seiner Spitze der Oberbürgermeister. Nachdem die Kommandantur eine Verfassung ausgearbeitet hatte, ordnete sie im Oktober 1946 Wahlen zu einer Stadtverordnetenversammlung an. Dabei erhielt die SPD 48,7, die CDU 22,2, die SED 19,8 und die LDP 9,3 % der Stimmen in allen Stadtteilen. Der von den Stadtverordneten gewählte Oberbürgermeister **Ernst Reuter (SPD)** konnte sein Amt nicht antreten, weil der sowjetische Vertreter in der Kommandantur sein Veto einlegte.
Nach dem Beschluss der Westmächte 1948, in den Westzonen einen Staat zu errichten, verließ der sowjetische Vertreter im Juni die Kommandantur. Die **Währungsreform (Juni 1948)** in den Westzonen wurde auch auf die Westsektoren Berlins ausgedehnt. Noch am gleichen Tag erfolgte eine Währungsreform in der Ostzone und im Ostsektor Berlins. Die Reichsbahn der SBZ stellte den Verkehr zwischen den Westsektoren und den Westzonen ein; der Straßenverkehr wurde ebenfalls unterbunden **(Blockade)**. Nur über eine **Luftbrücke** konnten die Westsektoren Berlins ver-

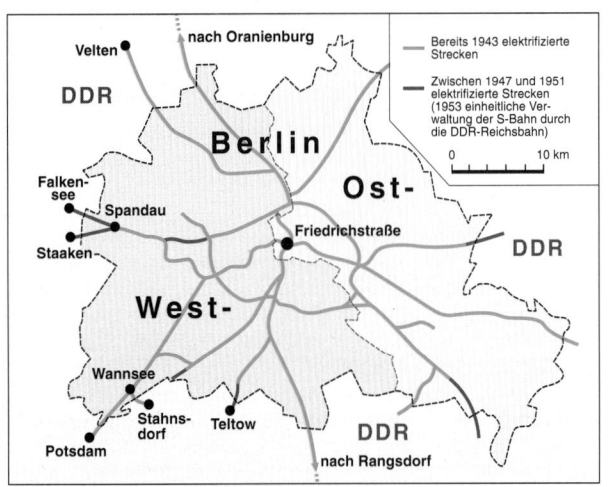

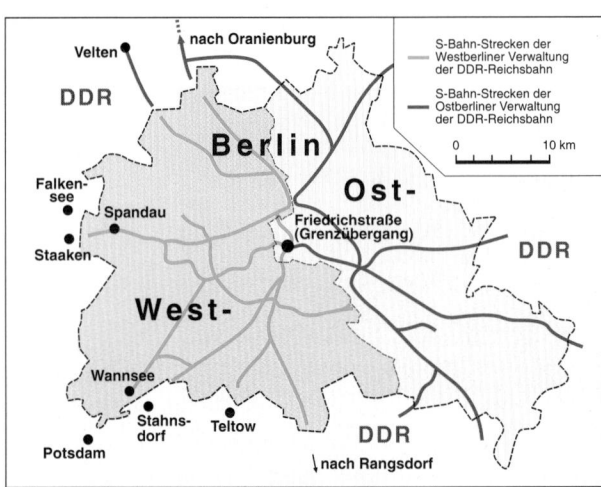

K 2   Berliner S-Bahn 1943 und 1953

K 3   Berliner S-Bahn 1961–1990

Untersuchen Sie die Streckenpläne der S-Bahn, indem Sie an die Bewohner Westberlins, Ostberlins und der SBZ bzw. DDR denken. Erkennen Sie Fluchtwege bis 1961? Beachten Sie auch die geographische Lage Berlins (K 1b).

sorgt werden. Der Magistrat (mit Sitz im „Roten Rathaus" im sowjetischen Sektor) wurde durch Demonstrationen der SED und anderer kommunistischer Verbände so stark in seiner Arbeit behindert, dass er in das Rathaus Schöneberg (im amerikanischen Sektor) umzog. Die sowjetische Besatzungsmacht setzte daraufhin am 30. November 1948 einen eigenen Magistrat ein, der Schöneberger Magistrat arbeitete eine neue Verfassung für Westberlin aus.

B 41   Bau der Berliner Mauer, 1961

Die Verkehrsbehinderungen wurden im Mai 1949 nach Verhandlungen aufgehoben, allerdings durften die Bewohner Westberlins nicht mehr in die DDR einreisen, der Reiseverkehr zwischen der Bundesrepublik und Westberlin war künftig dauernden Behinderungen ausgesetzt. Mit Zustimmung der Westmächte konnten in diesen Jahren Bundespräsidentenwahlen, Bundestagssitzungen usw. in Westberlin stattfinden. Die UdSSR erlaubte, dass die Volkskammer, der Präsident und alle wichtigen staatlichen Organe der DDR in Ostberlin ihren Sitz nahmen.

Im **November 1958** forderte die Sowjetunion **ultimativ** die Umwandlung Westberlins in eine entmilitarisierte Freie Stadt. Die Westmächte lehnten ab. Alle Staaten des Warschauer Paktes behaupteten seitdem, dass Westberlin der dritte Staat auf deutschem Boden sei (**Dreistaatentheorie**). Am **13. August 1961** errichteten Soldaten der Nationalen Volksarmee, Volkspolizisten und Betriebskampfgruppen der DDR mit sowjetischer Unterstützung die **Mauer** („zuverlässige Grenzanlagen"), die Westberlin von Ostberlin abriegelte.

1961–1971 durften die Westberliner Ostberlin nur aufgrund bestimmter **Passierscheinregelungen** zu Feiertagen betreten. Der Verkehr in die Bundesrepublik Deutschland wurde für die Deutschen sehr häufig, nicht aber für das Militär der drei Westmächte, gestört, schließlich durch Pass- und Visumzwang weiter erschwert. Dies änderte sich nach dem Abschluss des Viermächteabkommens 1971, das den Transitverkehr durch die DDR vertraglich regelte.

Die **Öffnung der Mauer** am 9. November 1989 stellte in der Stadt die Freizügigkeit für jedermann wieder her und der **Zwei-plus-vier-Vertrag** beendete mit dem 3. Oktober 1990 den Viermächtestatus der Stadt.

f.   Die Große Koalition 1966 – ein Übergang?

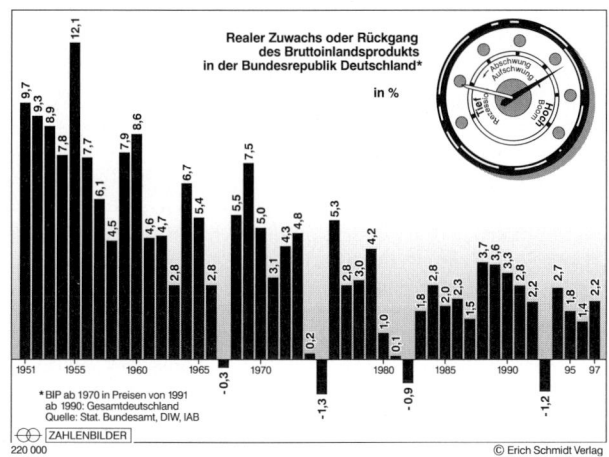

B 42   **Jährliches Wirtschaftswachstum in der Bundesrepublik Deutschland 1951–1997**

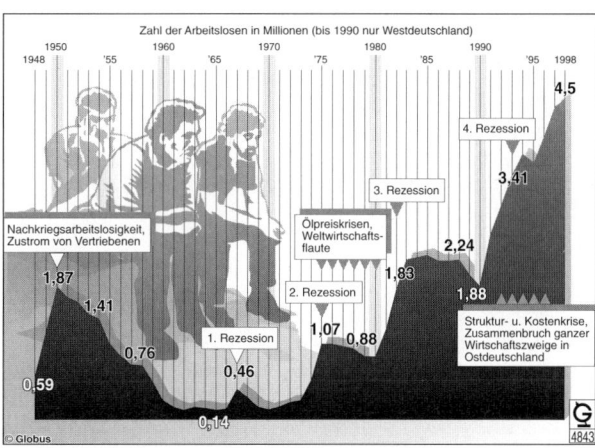

B 43   **Arzbeitslosigkeit 1948–1998**

Q 53   Warum Große Koalition? – Aus der Regierungserklärung von Bundeskanzler Kiesinger, 13. Dezember 1966

Der Bildung dieser Bundesregierung … ist eine lange schwelende Krise vorausgegangen. [Anlass für die Bildung der Großen Koalition war] die Uneinigkeit [der CDU/CSU-FDP-Koalition] über den Ausgleich des Bundeshaushalts 1967 und über die auf lange Sicht notwendigen finanzpolitischen Maßnahmen … Die Sorgen vieler gelten den möglichen Gefahren einer Großen Koalition, der nur eine verhältnismäßig kleine Opposition gegenübersteht … [Es] ist der feste Wille … der Großen Koalition, diese nur … bis zum Ende der Legislaturperiode fortzuführen … Ein neues Wahlrecht [soll] grundgesetzlich verankert werden, das … klare Mehrheiten ermöglicht … In den kommenden Jahren bietet die Finanzlage des Bundes ein noch düstereres Bild [als 1966]. (69)
Es wurde die Einführung des relativen Mehrheitswahlsystems erwogen, was zum Ende der FDP im Bundestag geführt hätte.

T 39   1968 – Warum Notstandsgesetze?

Die drei Westmächte verfügten seit dem Deutschlandvertrag 1954 neben den Rechten über „Deutschland als Ganzes" noch über Sonderrechte im Falle eines Notstandes (z. B. bei Naturkatastrophen oder bei einem militärischen Angriff). Diese konnten nur dann auf die deutsche Regierung übergehen, wenn in das Grundgesetz entsprechende Notstandsbestimmungen aufgenommen wurden. Die CDU/CSU-FDP-Koalitionen hatten vor 1966 dafür nie die notwendige Zweidrittelmehrheit im Bundestag gefunden. Die Große Koalition schlug nun die Neuaufnahme bzw. Änderung von Grundgesetzartikeln vor, z. B. die Einschränkung des Brief-, Post- und Fernmeldegeheimnisses durch deutsche Behörden bei Spionageverdacht. Weitere Bestimmungen, z. B.

ob Streik und Aussperrung auch im Verteidigungsfall garantiert werden sollten, wann die Bundeswehr im Innern eingesetzt werden dürfe, riefen innerhalb und außerhalb des Parlaments einen heftigen Meinungsstreit hervor. An Hochschulen brachen zum ersten Mal Vorlesungsstreiks aus. Gewerkschaftliche Gruppen protestierten unter der Losung „Notstand der Demokratie".

T 40   Warum außerparlamentarische Opposition (APO)?

Mit Bildung der Großen Koalition war die Opposition auf 49 Abgeordnete der FDP zusammengeschrumpft. Viele zogen daraus den Schluss, eine echte Opposition sei nicht mehr möglich, das parlamentarische System habe versagt. Sie gingen auf die Straße – vor allem, nachdem **Rudi Dutschke**, ein führendes Mitglied des Sozialistischen Deutschen Studentenbundes (SDS), auf offener Straße in Berlin angeschossen und schwer verletzt worden war. Die Wut der Demonstranten richtete sich gegen die „Bild"-Zeitung des Hauses Springer, weil ihr vorgeworfen wurde, durch verfälschende Berichterstattung gegen die Studenten zu hetzen. Weitere Demonstrationen galten dem Krieg in Vietnam, der Not der Dritten Welt, den Notstandsgesetzen und dem Bildungsnotstand in der Bundesrepublik Deutschland. Der Versuch zahlreicher APO-Gruppen, die Arbeiterschaft zu gewinnen und eine Massenbewegung zu organisieren, scheiterte, während bei den Bundestagswahlen 1969 die rechtsradikale Nationaldemokratische Partei/NPD 1,4 Mio. Wählerstimmen (= 4,3 %) gewann. Aus der APO gingen zahlreiche marxistische Studentengruppen und Splitterparteien hervor, die für größere Mitbestimmung und Abbau von Autorität und Zwang auf allen Gebieten oder für eine sozialistische Umgestaltung der Staats- und Gesellschaftsordnung in der Bundesrepublik Deutschland eintraten. Viele Politiker brachten anfangs der Kritik der APO Verständnis entgegen. Später wurden die Gegensätze zwischen den demokratischen und den radikalen marxistischen Gruppen unüberbrückbar. Nachdem die APO anfangs neue Methoden gewaltlosen Protests entwickelt hatte, gingen extreme Gruppen zu politischem Terrorismus über. Die Terroraktionen seit den Anschlägen der Baader-Meinhof-Bande 1972 steigerten sich bis zur Entführung des Berliner CDU-Vorsitzenden Lorenz 1975 und der Ermordung des Generalbundesanwalts Buback, des Bankpräsidenten Ponto und des Arbeitgeberpräsidenten Schleyer 1977.

Q 54   Was tun mit der APO?

Das Problem, wie dieser radikalen „Bewegung" begegnet werden könnte, spaltete die Bundesregierung. Während CDU/CSU (und anfangs auch einige „rechte" SPD-Vertreter) für eine notfalls harte Durchsetzung des Rechtsstandpunktes plädierten ..., zeigte als erster Justizminister Heinemann ... Verständnis für die aufbegehrende Jugend. [Heinemann und andere führende Sozialdemokraten] meinten, mit der Parole von der „fruchtbaren Unruhe" der „kritischen Jugend" und mit Hinweisen für einen „langen Marsch" durch die Institutionen (und innerhalb der Parteien) zur legalen Durchsetzung ihrer Anliegen ... einen Weg zur [Wiedereingliederung] der jungen Generation in die Gesellschaft zu weisen. Die ... FDP neigte insgesamt auch stärker dieser Haltung zu. Ausdruck dieser ... Tendenz war die Billigung eines Amnestiegesetzes durch den Bundestag für die bis zum 1. Juni 1968 begangenen „politischen Straftaten". (70)

3.   Die sozialliberale Koalition 1969–1982

Zur Innenpolitik s. B 31, T 29, 32, Q 49, B 33, 37, T 35, 36, B 42, 43

a.   Wachablösung in Bonn 1969

Q 55   Bonn ist nicht Weimar – Aus der Regierungserklärung Bundeskanzler Willy Brandts, 28. Oktober 1969

Die Politik dieser Regierung wird ... im Zeichen der Kontinuität und ... der Erneuerung stehen ... Wir wollen mehr Demokratie wagen ... Mitbestimmung ... wird eine bewegende Kraft der kommenden Jahre sein ... Wir wollen eine Gesellschaft, die mehr Freiheit bietet und mehr Mitverantwortung fordert. Diese Regierung sucht das Gespräch ..., die kritische Partnerschaft ... Aufgabe der praktischen Politik ... ist es, die Einheit der Nation dadurch zu wahren, dass das Verhältnis zwischen den Teilen Deutschlands aus der gegenwärtigen Verkrampfung gelöst wird ... In den letzten Jahren haben manche in diesem Land befürchtet, die zweite deutsche Demokratie werde den Weg der ersten gehen. Ich habe dies nie geglaubt. Ich glaube dies heute weniger denn je. – Nein: Wir stehen nicht am Ende unserer Demokratie, wir fangen erst richtig an.

Wir wollen ein Volk der guten Nachbarn sein und werden, im Inneren und nach außen. (71)

Prüfen Sie, was von dieser Ankündigung realisiert wurde.

T 41   Eine neue Generation? – Willy Brandt

Willy Brandt, ursprünglicher Name Herbert Karl Frahm, geboren in Lübeck 1913, Sohn einer Verkäuferin, Gymnasium, Mitglied der Sozialistischen Arbeiter-Jugend, 1930 der SPD, kaufmännischer Volontär, 1933 nach Norwegen emigriert, Geschichtsstudium, Journalist, Korrespondent im spanischen Bürgerkrieg, 1938 Ausbürgerung aus Deutschland durch die Nationalsozialisten; wird norwegischer Staatsbürger; nach der Besetzung Norwegens durch deutsche Truppen Flucht nach Schweden; 1944 Heirat mit einer Norwegerin, 1945–1947 Korrespondent für skandinavische Zeitungen in Deutschland, 1947 Wiedereinbürgerung unter dem Schriftstellernamen Willy Brandt, 1948 Sekretär des Parteivorstandes der SPD; Scheidung, Heirat mit einer Journalistin und ehemaligen norwegischen Widerstandskämpferin; 1949 Mitglied des Bundestages, 1950 des Berliner Abgeordnetenhauses, 1957 Regierender Bürgermeister von Berlin, 1958 Mitglied des Parteivorstandes. 1961 und 1965 Kanzlerkandidat der SPD, 1964 SPD-Vorsitzender; 1966 Vizekanzler und Außenminister der Großen Koalition aus CDU/CSU und SPD unter Kiesinger, 1969–1974 Bundeskanzler der SPD-FDP-Koalition; 1971 Friedensnobelpreis für seine Entspannungspolitik (Ostverträge); 1976 Präsident der Sozialistischen Internationale, 1977 Vorsitzender der Nord-Süd-Kommission für Entwicklungsfragen, gestorben 1993.

b.   Die neue Ostpolitik (s. T 46)

Q 56   „Worum geht es zwischen DDR und BRD?" – Die Meinung der „Nationalen Front" der DDR, 1970

Seit Beginn des vorigen Jahrhunderts hat es stets Deutsche gegeben, die auf der Seite des Fortschritts, der Arbeiterklasse ..., und andere, die auf der Seite der Reaktion ..., des Kapitalismus, standen. Heute existieren die sozialistische Deutsche Demokratische Republik und die monopolkapitalistische Bundesrepublik, zwei voneinander unabhängige Staaten. Ihre Bürger leben und arbeiten unter völlig gegensätzlichen Bedingungen. Die Bürger der DDR mehren mit ihrer Arbeit den eigenen Wohlstand und den der sozialistischen Gesellschaft. In der Bundesrepublik dagegen profitiert eine kleine Schicht von Millionären von der Arbeit des werktätigen Volkes. Es sind die gleichen Monopolkreise, die an der Rüstung verdienen und mit ihrem expansiven Machtstreben den Frieden bedrohen. Es gibt also einen fundamentalen gesellschaftlichen Unterschied zwischen dem Volk der DDR und dem Volk der Bundesrepublik. (72)

Diskutieren Sie über diesen Vergleich. Ziehen Sie auch B 41, Q 74, B 58, Q 86 und 88 heran.

Q 57 Die Hallstein-Doktrin in der Formulierung von Bundeskanzler Adenauer, 1955

Ich muss … feststellen, dass die Bundesregierung auch künftig die Aufnahme diplomatischer Beziehungen mit der DDR durch dritte Staaten … als einen unfreundlichen Akt ansehen würde, da er geeignet wäre, die Spaltung Deutschlands zu vertiefen. (73)

Die Doktrin war nach dem damaligen Staatssekretär im Auswärtigen Amt, Walter Hallstein, dem späteren Präsidenten der EWG-Kommission, benannt.

Q 58 Die Meinung der Bundestagsparteien und der Bundesregierung, 1969

a) Rainer Barzel, Vorsitzender der CDU/CSU-Bundestagsfraktion

Wir bleiben dem ganzen deutschen Volk vor Geschichte und Gewissen verantwortlich, die Menschenrechte und deren Anerkennung auch für alle Deutschen zu erringen. Das ist die Anerkennung, für die wir arbeiten.

b) Wolfgang Mischnick, Vorsitzender der FDP-Bundestagsfraktion

[Die Bundesregierung ist] zu Verhandlungen mit der DDR auf der Basis der Gleichberechtigung und ohne jede Diskriminierung bereit … Die Klarstellung, dass sich Bundesrepublik und DDR gegenseitig nicht als Ausland betrachten und dass ihre Beziehungen daher nicht völkerrechtlicher, sondern besonderer Art sein können, ist notwendig … Unsere Aufgabe ist es zu verhindern, dass der gefährdete Zusammenhalt der deutschen Nation noch weiter zerstört wird.

c) Egon Franke (SPD), Bundesminister für innerdeutsche Beziehungen

Die Deutschen, die enge Verwandte, Freunde und Bekannte im anderen Teil Deutschlands haben, finden schon lange kein Verständnis für eine Politik, die … Prag und die Küsten des Schwarzen Meeres zu Treffpunkten ganzer Familien macht, die zu Hause oft nur wenige Kilometer voneinander entfernt wohnen. (74)

Q 59 Freiheit und/oder Einheit? – Der Philosoph Karl Jaspers, 1960

Die These „Erst die Freiheit, dann die Einheit" sagt nicht „Statt Einheit die Freiheit", sondern stellt die Rangordnung fest: Die politische Freiheit ist eine absolute, die Wiedervereinigung eine relative Forderung. Wiedervereinigung und Freiheit sind nicht Gegensätze, aber voneinander trennbare Ziele. Eins ist ohne das andere zu erreichen möglich: nach russischem Willen Wiedervereinigung ohne Freiheit zu einem kommunistischen Gesamtdeutschland, nach einem vernünftigen deutschen Vorschlag Freiheit ohne Wiedervereinigung. Die Wiedervereinigung ist nicht sinnlos, vielmehr unter gewissen Bedingungen wünschenswert, aber der Freiheit gegenüber gleichgültig. (75)

B 44 **Bundeskanzler Brandt und der Vorsitzende des DDR-Ministerrats Stoph während des ersten deutsch-deutschen Gipfeltreffens in Erfurt/DDR 1970**

T 42 Regierungssturz wegen der Ostpolitik? – Konstruktives Misstrauensvotum, 27. April 1972

Nachdem bei den Bundestagswahlen 1969 feststand, dass SPD und FDP zusammen genügend Sitze erhalten hatten, um eine Regierung bilden zu können, gingen die Parteiführer sehr schnell eine Koalition ein, mit der nicht alle Fraktionsmitglieder einverstanden waren. Die SPD verfügte über 224, die FDP über 30 und die CDU/CSU über 242 Bundestagsmandate – im April 1972 waren es für die SPD noch 222, für die FDP 28, dagegen für die CDU/CSU 246 Abgeordnete. Die CDU/CSU führte das Anwachsen ihrer Fraktion durch ehemalige SPD- und FDP-Mitglieder vor allem auf deren ablehnende Haltung zu den Ostverträgen zurück und hoffte trotz Demonstrationen in den Großstädten zugunsten der Regierung Brandt/Scheel, die SPD-FDP-Koalition abzulösen. Deshalb versuchte sie zum ersten Male in der Geschichte der Bundesrepublik Deutschland, mit einem konstruktiven Misstrauensvotum Bundeskanzler Brandt zu stürzen, und schlug Rainer Barzel als neuen Bundeskanzler vor. 249 Stimmen wären zu seiner Wahl erforderlich gewesen. Da zwei FDP-Abgeordnete öffentlich erklärten, ihn unterstützen zu wollen, und weil dasselbe von einem weiteren FDP-Mitglied erwartet wurde, galt seine Wahl als sicher. Nach der geheimen Abstimmung am 27. April stellte sich heraus, dass ein oder zwei Abgeordnete der CDU/CSU Barzel die Gefolgschaft verweigert hatten.

Bei folgenden Abstimmungen zeigte sich jedoch eine Patt-Situation, so dass auf dem Umweg über Artikel 68 der Bundestag vorzeitig aufgelöst werden musste.

Q 60 Aus dem „Vertrag über die Grundlagen der Beziehungen zwischen der Bundesrepublik Deutschland und der Deutschen Demokratischen Republik", 21. Dezember 1972

[Die Regierungen schließen den Vertrag] in dem Bestreben, einen Beitrag zur Entspannung und Sicherheit in Europa zu leisten; in dem Bewusstsein, dass die … Souveränität aller Staaten in Europa in ihren gegenwärtigen Grenzen eine grundlegende Bedingung für den Frieden [ist]; in der Erkenntnis, dass sich daher die beiden deutschen Staaten in ihren Beziehungen der Androhung oder Anwendung von Gewalt zu enthalten haben; ausgehend von den historischen Gegebenheiten und unbeschadet der unterschiedlichen Auffassungen [beider Staaten] zu grundsätzlichen Fragen, darunter zur nationalen Frage; geleitet von dem Wunsch, zum Wohle der Menschen in den beiden deutschen Staaten die Voraussetzungen für die Zusammenarbeit zwischen [Bundesrepublik und DDR] zu schaffen …
Art. 3 … [Beide Staaten] bekräftigen die Unverletzlichkeit der zwischen ihnen bestehenden Grenzen jetzt und in der Zukunft …
Art. 8 [Beide Staaten] werden Ständige Vertretungen austauschen. Sie werden am Sitz der jeweiligen Regierung errichtet …
Vorbehalt zu Staatsangehörigkeitsfragen durch die Bundesrepublik Deutschland: Die Bundesrepublik Deutschland erklärt: Staatsangehörigkeitsfragen sind durch den Vertrag nicht geregelt worden.
Die DDR erklärt zu Protokoll: Die [DDR] geht davon aus, dass der Vertrag eine Regelung der Staatsangehörigkeitsfragen erleichtern wird. (76)

Q 61 Erläuterung der Bundesregierung zum Grundvertrag mit der DDR, 1972

Die deutsche Geschichte der Nachkriegszeit ist von der immer tiefer werdenden Spaltung eines Volkes gekennzeichnet, das jetzt in zwei Staaten gegensätzlicher Gesellschaftsordnung lebt, die verschiedenen Bündnissen angehören … [Der Vertrag stellt] formal etwas fest, was seit vielen Jahren eine von allen Parteien unbestrittene Tatsache ist: Die DDR ist kein Teil der Bundesrepublik. Sie ist ein selbstständiger Staat mit eigener Verantwortung für seine inneren und äußeren Angelegenheiten … Ein besonders wichtiges Ergebnis des Vertrages ist die Feststellung, dass die künftige Ständige Vertretung der Bundesrepublik in der DDR die Interessen von Berlin (West) vertritt. (77)

Q 62 Heinz Barche, Direktor der SED-Parteihochschule, Dezember 1972

Wir entlarven das Gerede sozialdemokratischer Führer von der „Einheit der Nation" als Heuchelei. Es soll als Mittel dienen, den Integrationsprozess der DDR in die sozialistische Staatengemeinschaft aufzuhalten und verlorene Positionen wiederzugewinnen … [Wir sagen], dass in der imperialistischen BRD die bürgerliche Nation weiter besteht, dass uns nichts, aber auch nichts mit dem imperialistischen System verbindet … Der Vertrag selbst ist die Abgrenzung von der BRD und hat nichts zu tun mit einer …

illusionären Tendenz zur Annäherung an die BRD oder zur „Wiedervereinigung Deutschlands". (78)

Q 63 Regierungserklärung des baden-württembergischen Ministerpräsidenten Filbinger (CDU) im Landtag, 25. Januar 1973

[Es hätte Anlass] bestanden, vor Vertragsabschluss entschiedener auf mehr Freizügigkeit und auf eine bessere rechtliche Sicherung der menschlichen Erleichterungen zu dringen … Zumindest hätte die Regierung der DDR die Rechtsposition von Berlin anerkennen müssen … Sie entzieht sich vielmehr der Anerkennung des Status quo von Berlin, obwohl die Bundesrepublik im Grundvertrag den Status quo der DDR anerkennt … Die Bemühungen um Verständigung, um Koexistenz und um Zusammenarbeit ändern nichts am prinzipiellen Gegensatz, sie ändern nichts an der Entschlossenheit des Ostens, den Klassenkampf im Weltmaßstab ungeschwächt fortzusetzen und in alle demokratischen Staaten hineinzutragen. (79)

T 43 Veränderungen durch die Verträge

vor 1973	nach 1973
Besuche nur einmal jährlich bis zu 30 Tagen	mehrere Reisen im Jahr bis zu 30 Tagen
Einreisegenehmigung nur für einen Landkreis der DDR	Einreisegenehmigung für die gesamte DDR
Benutzung des Pkw nur bei Geschäftsreisen	Benutzung des Pkw ohne Angabe von Gründen; Zulassung von Journalisten in der DDR
DDR-Flüchtlinge galten nach DDR-Recht weiter als DDR-Bürger	fortgefallen
stundenlanges Warten auf Telefonverbindungen mit der DDR	teilweise telefonische Durchwahl möglich
für Westberliner keine Reisen in die DDR	für Westberliner Reisen in die DDR möglich
häufige Störung des Transitverkehrs nach Westberlin	vereinfachte Abfertigung, Verplombung der Güter im Lkw-Verkehr
Bundestagssitzungen und Bundespräsidentenwahlen bis 1965 in Westberlin	nur noch Fraktions- und Ausschusssitzungen in Westberlin
private Reisen von DDR-Bürgern in die Bundesrepublik Deutschland nur für Rentner	Reisen auch für andere Personen bei „dringenden Familienangelegenheiten" (ein Familienmitglied!); Ständige Vertretungen in Bonn und Ostberlin; DDR-Bürger können sich von der Ständigen Vertretung der Bundesrepublik Deutschland in Ostberlin beraten lassen

Nach einer Meinungsumfrage hatten etwa 38 % der Bevölkerung der Bundesrepublik Verwandte und Bekannte in der DDR.

Q 64 Gibt es zwei deutsche Nationen?

a) Albert Norden, Mitglied des Politbüros des ZK der SED, 20. März 1973

Die Arbeiterklasse der DDR [hat sich] mit der Eroberung der politischen Macht „als Nation konstituiert". Sie hat mit ihren Verbündeten den sozialistischen Nationalstaat DDR geschaffen … Bei uns in der [DDR blüht] die sozialistische Nation auf …, während in der BRD die kapitalistische Nation … fortbesteht … Von … [einer] „Einheit der Nation" kann überhaupt keine Rede sein. (80)

b) Bundeskanzler Willy Brandt (SPD), 14. Januar 1970

Nation umfasst und bedeutet mehr als gemeinsame Sprache und Kultur, als Staat und Gesellschaftsordnung. Die Nation gründet sich auf das fortdauernde Zusammengehörigkeitsgefühl der Menschen eines Volkes. Niemand kann leugnen, dass es in diesem Sinne eine deutsche Nation gibt und geben wird. (81)

Q 65 Verfassungsänderungen in der DDR 1968 und 1974

a) 1968: Getragen von der Verantwortung, der ganzen deutschen Nation den Weg in eine Zukunft des Friedens und des Sozialismus zu weisen, in Ansehung der … Tatsache, dass der Imperialismus unter Führung der USA … [und] des westdeutschen Monopolkapitals Deutschland gespalten hat, um Westdeutschland zu einer Basis … des Kampfes gegen den Sozialismus aufzubauen …, hat sich das Volk der Deutschen Demokratischen Republik, fest gegründet auf den Errungenschaften der antifaschistisch-demokratischen und der sozialistischen Umwälzung der gesellschaftlichen Ordnung … diese sozialistische Verfassung gegeben.
Art. 1: Die [DDR] ist ein sozialistischer Staat deutscher Nation … unter Führung der Arbeiterklasse und ihrer marxistisch-leninistischen Partei.
Art. 8 (2): … Herstellung … normaler Beziehungen und die Zusammenarbeit der beiden deutschen Staaten … [in] Gleichberechtigung sind nationales Anliegen der [DDR. Sie erstrebt] … die Überwindung der … Spaltung Deutschlands, die schrittweise Annäherung … der beiden deutschen Staaten bis zu ihrer Vereinigung auf der Grundlage der Demokratie und des Sozialismus.

b) 1974: In Fortsetzung der revolutionären Tradition der deutschen Arbeiterklasse und gestützt auf die Befreiung vom Faschismus hat das Volk der Deutschen Demokratischen Republik in Übereinstimmung mit den Prozessen der geschichtlichen Entwicklung … sein Recht auf sozial-ökonomische, staatliche und nationale Selbstbestimmung verwirklicht und gestaltet die entwickelte sozialistische Gesellschaft …
Art. 1: Die [DDR] ist ein sozialistischer Staat der Arbeiter und Bauern … unter Führung der Arbeiterklasse und ihrer marxistisch-leninistischen Partei.
Ein dem Artikel 8 (2) in der Verfassung von 1968 entsprechender Artikel fehlt 1974.
Vergleichen Sie mit Q 18b.

B 45   Bundeskanzler Schmidt und der Staatsratsvorsitzende der DDR Honecker während der Konferenz für Sicherheit und Zusammenarbeit in Europa/KSZE in Helsinki, August 1975

Q 66 Gewaltakte in der DDR und Übergriffe an den Grenzen nach Berlin (West) und zur Bundesrepublik Deutschland 1961–1983

Anwendung von Schusswaffen, Selbstschussanlagen und Minen	4 292
Misshandlungen	602
Festnahmen im Grenzgebiet	2 585
Verurteilungen aus politischen Gründen	21 391

Diese Zahlen der „Zentralen Erfassungsstelle der Landesjustizverwaltungen in Salzgitter", die zwischen 1961 und 1990 die Gewaltakte in der DDR erforschte, bedeuten nur, dass der Verdacht einer strafbaren Handlung bestand, dem z. T. schon vor 1990, zumeist aber erst danach strafrechtlich nachgegangen werden konnte.

Q 67 Die Berliner Grenzzwischenfälle in einem DDR-Lesebuch für die 4. Klasse, 1971

Seit dem 13. August 1961 wurden unzählige verbrecherische Anschläge auf unsere Staatsgrenze verübt. Viele Male hat man unsere Grenzposten von Westberlin aus beschossen … Aber all das hat den Verbrechern nichts genutzt. An der überlegenen Ruhe unserer Grenzsoldaten … prallten alle feindlichen Angriffsversuche ab.
Im Geschichtsbuch für die 10. Klasse von 1967 werden Zahlen genannt: Von 1961 bis 1963 sei die DDR von Westberlin aus 376-mal beschossen, von 1961 bis 1967 seien 14 Soldaten Opfer „Bonner Provokationen" geworden. (82)

T 44   Reiseverkehr zwischen Ost und West in Deutschland (ohne Ausländer)

Reisen	1971	1972	1977	1979	1986
Reisende aus der Bundesrepublik Deutschland in die DDR (in Mio.)	1,27	1,54	2,98	2,92	3,79
Reisende aus Berlin (West) nach Berlin (Ost) und in die DDR (in Mio.)	0,09	2,0	3,4	3,1	1,8
Reisende aus der Bundesrepublik Deutschland nach Berlin (Ost) von Berlin (West) aus (geschätzt in Mio.)	2,7	2,0	2,0	1,4	1,1
Reisende aus der DDR nach Berlin (West) und in die Bundesrepublik Deutschland (seit 1964 möglich) (in Mio.)	1,05	1,08	1,32	1,37	1,76
davon: Reisende, die nicht im Rentenalter sind (seit 1972 möglich)	0	11 400	41 600	41 000	244 000

(83)

Reisende aus der Bundesrepublik in die DDR mussten zuletzt pro Person und Tag 25 DM im Verhältnis 1:1 tauschen.

Beurteilen Sie die Ostverträge und ihre praktischen Folgen.

c.   Von der sozialliberalen zur christlich-liberalen Koalition

T 45   Probleme der sozialliberalen Koalition und erneuter Regierungswechsel

1974 trat Willy Brandt als Bundeskanzler zurück, wohl aus Enttäuschung darüber, dass er seinem eigenen innenpolitischen Anspruch, mehr Demokratie und mehr Reformen durchzusetzen, nicht genügen konnte. Anlass seines Rücktritts war die Entdeckung eines Spions im Kanzleramt, den die Stasi der DDR eingeschleust hatte. Die wirtschaftliche Situation war so schlecht geworden wie noch nie seit dem Wirtschaftswunder. Die Verknappung des Rohöls durch die arabischen Staaten, die damit ihre Politik gegen Israel unterstützten, ließ den Preis um 172 % hochschnellen und führte zu einer allgemeinen Krise („Ölkrise"). Brandts Nachfolger **Helmut Schmidt** betrieb eine gezielt antizyklische Konjunkturpolitik und hatte damit Erfolg. Gesellschaftspolitisch wichtig waren Gesetze, die einen Schwangerschaftsabbruch und Ehescheidungen erleichterten sowie die Mitbestimmung der Arbeitnehmer in Wirtschaftsunternehmen verbesserten. Schwierig gestaltete sich der Kampf gegen linksradikale Terroristen, die insbesondere führende Repräsentanten der Wirtschaft ermordeten. Doch auf Dauer belastete eine außenpolitische Maßnahme seine Regierung am meisten: Wegen der Modernisierung der sowjetischen Rüstung (SS 20-Raketen) forderte Schmidt zusammen mit anderen Staatschefs eine **„Nachrüstung"** des Westens (sog. Doppelbeschluss der NATO). Als Folge entstand eine **Friedensbewegung**, die mit neu gegründeten Umweltverbänden eng zusammenarbeitete und durch spektakuläre Demonstrationen (z. B. Menschenketten) auf sich aufmerksam machte.

Doch Schmidt stürzte nicht wegen der Nachrüstung, die die CDU/CSU mittrug, sondern wegen der sich erneut verschlechternden wirtschaftlichen Lage. Wieder war es die FDP, die den Koalitionspartner – diesmal die SPD – verließ und beim zweiten konstruktiven Misstrauensvotum in der Geschichte der Bundesrepublik den CDU-Vorsitzenden **Kohl** unterstützte. Die neue **CDU/CSU-FDP-Regierung** versuchte durch Steuersenkungen und andere Reformen die wirtschaftliche Lage zu beeinflussen, konnte aber die Arbeitslosigkeit nicht eindämmen. Insbesondere der Abbau von Sozialleistungen ließ die Popularität der neuen Regierung bis 1989 sinken.

Die Regierung Kohl setzte die Außenpolitik ihrer Vorgängerinnen fort und subventionierte mit mehreren Kreditzusagen die devisenschwache DDR-Wirtschaft, wofür vor allem Reiseerleichterungen für Ost- und Westdeutsche eingehandelt wurden. Breite Zustimmung in der Öffentlichkeit fand die Regierung Kohl für ihre entschlossene Wiedervereinigungspolitik 1989/90, als deren Architekt **Außenminister Hans-Dietrich Genscher** gilt.

Q 68   Wie soll man den Terrorismus bekämpfen? (1977)

a) Meinung von Bundeskanzler Helmut Schmidt (SPD)
Wir haben … zwei Aufgaben …: Zum Ersten, den Terrorismus ohne Wenn und Aber … zu verfolgen, bis er aufgehört haben wird, ein Problem zu sein. Aber die andere Aufgabe muss es sein, die Meinungsfreiheit kämpferisch und entschlossen zu verteidigen und über jeden Zweifel klarzumachen, dass Kritik an den vielerlei Obrigkeiten … für jeden demokratischen Staat prinzipiell erwünscht ist.

b) Entgegnung des Oppositionsführers Helmut Kohl (CDU)
Wo ist denn eigentlich in diesem Lande die Meinungsfreiheit bedroht? Das ist doch nicht unser Thema. Unser Thema ist doch, dass die Angst umgeht, dass die staatlichen Institutionen mit terroristischer Herausforderung nicht zurechtkommen … Leider müssen wir feststellen, dass bestimmte Kreise innerhalb der Sozialdemokratie immer noch ein gestörtes Verhältnis zur Ausübung rechtsstaatlicher Macht haben … Die Gefahren, die von einzelnen Gruppen ausgehen, die sich verbunden haben, diesen Staat zu zerstören, werden bewusst oder ungewollt unterschätzt. (84)

Q 69   Aus dem Bundesprogramm der Partei „Die Grünen", 1980

Die in Bonn etablierten Parteien verhalten sich, als sei auf dem endlichen Planeten Erde eine unendliche industrielle Produktionssteigerung möglich … Die Zerstörung der Lebens- und Arbeitsgrundlagen und der Abbau der demokratischen Rechte haben ein so bedrohliches Ausmaß erreicht, dass es einer grundlegenden

Alternative für Wirtschaft, Politik und Gesellschaft bedarf … Unsere Politik wird von langfristigen Zukunftsperspektiven geleitet und orientiert sich an vier Grundsätzen: Sie ist ökologisch, sozial, basisdemokratisch und gewaltfrei. (85)

Q 70 Aus den Forderungen der FDP an die Koalitionsregierung aus SPD und FDP (sog. Lambsdorff-Papier), September 1982

1. Die Festlegung einer marktwirtschaftlichen Politik mit einer klaren Absage an die Bürokratisierung
2. Ein Konsolidierungskonzept, das die Erhöhung der Gesamtabgabenbelastung ausschließt …
4. Die Anpassung der sozialen Sicherungssysteme an die [veränderten] Wachstumsmöglichkeiten

Als Maßnahmen waren u. a. vorgesehen: Beschäftigungsförderung beim Umweltschutz und Straßenbau, Einsparungen bei der Beamtenbesoldung, Reduktion von Subventionen und Steuervergünstigungen, Kürzung des Arbeitslosengeldes in den ersten drei Monaten auf 50 % des Nettolohns, Streichung des Schüler-BAFöG, schrittweise Abschaffung der Gewerbesteuer, Erhöhung der Mehrwertsteuer, Beteiligung der Rentner an den Kosten ihrer Krankenversicherung, Erhöhung der Selbstbeteiligung bei Rezepten, geringere Steigerung der Sozialhilfe. (86)

Q 71 Die neue Koalition aus CDU/CSU und FDP, Oktober 1982

a) Aus der Koalitionsvereinbarung, Oktober 1982
2. Erhöhung der Mehrwertsteuer zum 1. Juli 1983 um 1 auf 14 %
5. Weitere Liberalisierung des Mietrechts …
6. Kürzung der Direktsubventionen von 500 Mio. DM, Begrenzung der Erhöhung der Beamtenbezüge auf 2 % …
7. Verschiebung der Rentenanpassung …
8. Minderung des Kindergeldes …
9. … das Studenten-BAFöG wird ab Wintersemester 1983/84 auf Darlehensbasis umgestellt.
12. Bekräftigung des NATO-Bündnisses … (87)

b) Aus der Regierungserklärung des Bundeskanzlers Helmut Kohl, 13. Oktober 1982
Wir wollen neue Arbeitsplätze schaffen, … das soziale Netz sichern, … eine menschliche Ausländerpolitik verwirklichen, … die Grundlagen der deutschen Außen- und Sicherheitspolitik erneuern. [Es folgen Einzelheiten wie in der Koalitionsvereinbarung, eine ausdrückliche Betonung der Bestrebungen zur Einigung Europas und ein Bekenntnis zur Fortsetzung der bisherigen Ostpolitik.] (88)

Untersuchen Sie, welche innenpolitischen Positionen sich in der Bundesrepublik vor der Wende in der DDR 1989/90 gegenüberstanden.

T 46 Die Ostpolitik der Bundesregierung 1955–1990

1955 Besuch von Bundeskanzler Adenauer in Moskau: Rückkehr der letzten Kriegsgefangenen, Aufnahme diplomatischer Beziehungen zwischen UdSSR und Bundesrepublik Deutschland

1957 Abbruch der diplomatischen Beziehungen zu Jugoslawien, weil es Beziehungen zur DDR aufgenommen hatte (Hallstein-Doktrin)

1962/63 Kubakrise und Abkommen über die Einstellung von Atomwaffenversuchen USA – UdSSR

1966 Friedensnoten der Regierung Erhard und der Großen Koalition schlagen Gewaltverzichtsabkommen vor

1967 Diplomatische Beziehungen zwischen der Bundesrepublik und Rumänien trotz rumänischer diplomatischer Beziehungen zur DDR

1968/69 Militärischer Konflikt China – UdSSR am Ussuri und Vertrag über die Nichtweitergabe von Atomwaffen UdSSR – USA

1970 Treffen der Regierungschefs beider deutscher Staaten, Brandt und Stoph, in Erfurt/DDR und Kassel/Bundesrepublik Deutschland. Gewaltverzichtsvertrag mit der UdSSR (**Moskauer Vertrag**). Gewaltverzichtsvertrag mit der Volksrepublik Polen **(Warschauer Vertrag)**

1971 **Viermächteabkommen über Berlin**
Abkommen Bundesrepublik Deutschland – DDR über den zivilen Transitverkehr nach Westberlin
Vereinbarung Westberlin – DDR über Erleichterungen im Reise- und Besucherverkehr

1972 Verkehrsvertrag Bundesrepublik Deutschland – DDR
Vertrag über die Grundlagen der Beziehungen zwischen beiden deutschen Staaten (Gewaltverzichtsvertrag)

1973 Aufnahme beider deutscher Staaten in die UNO
Gewaltverzichtsvertrag mit der ČSSR
In allen Ostverträgen wird erklärt, dass die Vertragschließenden unterschiedliche Auffassungen vertreten, z. B. im Berliner Viermächteabkommen: „ungeachtet der Unterschiede in den Rechtsauffassungen"; im Grundlagenvertrag: „unbeschadet der unterschiedlichen Auffassungen"

1974 ff. Mehrere Abkommen zwischen beiden deutschen Staaten, z. B. über den Postverkehr, die Übergabe der Westberliner S-Bahn von der DDR-Reichsbahn an die Berliner Verkehrsbetriebe usw.

1975 Konferenz für Sicherheit und Zusammenarbeit in Europa (KSZE)

1980 ff. Mehrere Bankenkredite für die DDR, vermittelt von prominenten westlichen Politikern

1983–1987 Stationierung von Mittelstreckenraketen der USA sowie deren Abbau

1987 **Besuch Honeckers in Bonn**

1989 Außenminister **Genscher verhandelt mit der ČSSR** über die freie Durchfahrt der DDR-Flüchtlinge in der westdeutschen Botschaft in Prag in die Bundesrepublik

1990 **Grenzvertrag Deutschland – Polen, Zwei-plus-vier-Vertrag**

Innenpolitik	Äußere Entwicklung

1. Nachkriegszeit 1945–1949

Hungerjahre, Demontagen, Entnazifizierung, Ankunft von Millionen Vertriebener und Kriegsgefangener; erste Gemeinde- und Landtagswahlen; Änderung der US-Besatzungspolitik (Byrnes-Rede, Marshallplan 1947, Bi- und Trizone), 1948 Währungsreform und Aufhebung der Zwangsbewirtschaftung

Besatzungszonen, Potsdamer Abkommen: deutsche Wirtschaftseinheit, Oder-Neiße-Grenze, Aussiedlungen; Ausgliederung des Saarlandes aus der französischen Zone; Marshallplan für Europa unter Einbeziehung der Westzonen; Berliner Blockade durch die UdSSR, Luftbrücke durch die USA

2. CDU-Regierungen unter Adenauer 1949–1963 und Erhard 1963–1966

Grundgesetz, Aufbau der freiheitlich-demokratischen Grundordnung, stabile Mehrheiten für die CDU/CSU (absolute 1957–1961); zumeist CDU/CSU-FDP-Koalitionen, Bundespräsidenten Heuss (FDP) und Lübke (CDU); Verbot extremer Parteien (1952 Sozialistische Reichspartei/SRP, 1956 KPD); Ausbau der sozialen Marktwirtschaft; Diskussion um die Erweiterung der Mitbestimmung der Arbeitnehmer in der Industrie, rascher Wiederaufbau von zerstörten Betrieben und Städten: „Wirtschaftswunder", Lastenausgleichsgesetz; Aufnahme von 2,3 Mio. Flüchtlingen aus der DDR bis zum Bau der Mauer 1961, Arbeitskräftemangel führt zu verstärkter Anwerbung von Gastarbeitern

Einbindung der Bundesrepublik in westliche Organisationen: Montanunion 1951/52; Diskussion um eine europäische Verteidigungsgemeinschaft bis 1954 und um die Stalin-Note 1952, Aufnahme in die NATO 1955, in die EWG 1958; deutsch-amerikanische Freundschaft. Souveränität der Bundesrepublik seit 1954/55 (Deutschlandvertrag); diplomatische Anerkennung im westlichen und neutralen Ausland, 1955 auch durch die Sowjetunion (Adenauer in Moskau); 1957 Saarland Teil der Bundesrepublik; deutsch-französischer Freundschaftsvertrag 1963; Alleinvertretungsanspruch der Bundesrepublik für ganz Deutschland; 1961 Bau der Berliner Mauer, 1963 Präsident Kennedy in Westberlin

3. Große Koalition Kiesinger/Brandt 1966–1969

Erste Wirtschaftskrise der Bundesrepublik Deutschland, 466 von 496 Sitzen im Bundestag für die Regierungsparteien CDU/CSU und SPD, Entstehung einer außerparlamentarischen Opposition (APO), Wiedergründung kommunistischer Parteien und der rechtsextremen NPD; Notstandsgesetze ergänzen das Grundgesetz, Bildungsnotstand

Vorbereitung einer neuen Ostpolitik

4. Sozialliberale Koalitionen Brandt/Scheel 1969–1974 und Schmidt/Genscher 1974–1982

Knappe Mehrheit für die SPD-FDP-Regierung Brandt/Scheel, konstruktives Misstrauensvotum der CDU 1972 scheitert, Neuwahlen bringen Brandt/Scheel bzw. ab 1974 Schmidt/Genscher stabile Mehrheit; Bundespräsidenten Heinemann (SPD), Scheel (FDP) und Carstens (CDU); weiterer Ausbau der sozialen Sicherheit, Bildungsreform; Ölkrise führt zur zweiten Wirtschaftskrise: zeitweilig über 1 Mio. Arbeitslose, gleichzeitig 2 Mio. Gastarbeiter, Zunahme der Inflationsraten; 1976 neues Mitbestimmungsgesetz. Bekämpfung des Terrorismus, u. a. durch Radikalenerlass. Bruch der sozialliberalen Koalition über die zunehmende Staatsverschuldung

Ostpolitik: Treffen der Regierungschefs beider deutscher Staaten in Erfurt/DDR und Kassel/Bundesrepublik Deutschland, Verträge über Gewaltverzicht mit der Sowjetunion, Polen und der ČSSR; Sicherung Westberlins durch Viermächtevereinbarung (1971), Grundvertrag mit der DDR (1972); Beitritt beider deutscher Staaten zur UNO (1973), 1975 Bundeskanzler Schmidt in China; beide deutsche Staaten Mitglieder der KSZE (1975); NATO-Doppelbeschluss: Verhandlungen und evtl. Aufstellung von Mittelstreckenraketen

5. Christlich-liberale Koalition aus CDU/CSU und FDP 1982–1998

Regierung Kohl/Genscher nach dem konstruktiven Misstrauensvotum 1982, in der Wahl 1983 bestätigt; Bundespräsidenten v. Weizsäcker (CDU) und Herzog (CDU); Haushaltssanierung und Zustimmung des Bundestages zur Aufstellung von Mittelstreckenraketen; Erstarken der Friedens- und der ökologischen Bewegung; Abbau sozialer Leistungen zur Finanzierung des Haushaltsdefizits; neue Parteien: die Grünen und die Republikaner (anstelle der NPD)

Stationierung von Mittelstreckenraketen nach dem Scheitern von sowjetisch-amerikanischen Verhandlungen 1983, deren Abbau ab 1987. Fortsetzung der Ostpolitik der sozialliberalen Koalition. Besuch Honeckers in Bonn, Milliardenkredite für die DDR. Nach der „Wende" in der DDR 1989/90 Wirtschafts-, Währungs- und Sozialunion, Zwei-plus-vier-Vertrag und am 3. Oktober 1990 Beitritt der demokratisierten DDR zur Bundesrepublik

C. DIE DDR 1949–1989

1. Blick auf den zweiten deutschen Staat

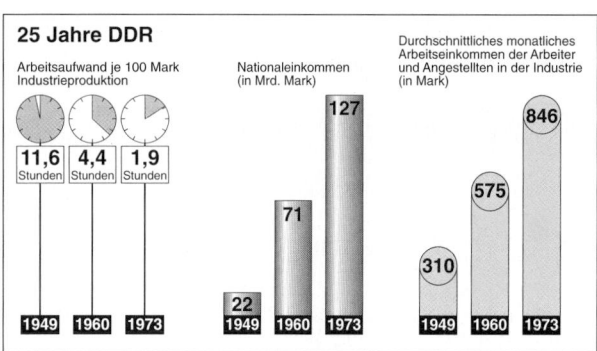

25 Jahre DDR

Arbeitsaufwand je 100 Mark Industrieproduktion			Nationaleinkommen (in Mrd. Mark)			Durchschnittliches monatliches Arbeitseinkommen der Arbeiter und Angestellten in der Industrie (in Mark)		
11,6 Stunden	4,4 Stunden	1,9 Stunden	22	71	127	310	575	846
1949	1960	1973	1949	1960	1973	1949	1960	1973

B 48 „Leistungsbilanz" zum 25. Jahrestag der DDR am 3. Oktober 1974

B 46 „Kampfappell" zum 35-jährigen Bestehen der bewaffneten Arbeiterformationen der DDR, September 1988

NEUES DEUTSCHLAND
ORGAN DES ZENTRALKOMITEES DER SOZIALISTISCHEN EINHEITSPARTEI DEUTSCHLANDS

Proletarier aller Länder, vereinigt euch!

Die DDR ist der moderne sozialistische deutsche Staat, dem die Zukunft gehört

B 47 FDJ-Aufmarsch, 1985

NEUES DEUTSCHLAND
ORGAN DES ZENTRALKOMITEES DER SOZIALISTISCHEN EINHEITSPARTEI DEUTSCHLANDS

Proletarier aller Länder, vereinigt euch!

Erich Honecker und Michail Gorbatschow sprachen auf Festveranstaltung

1949   1989

Die Entwicklung der Deutschen Demokratischen Republik wird auch in Zukunft das Werk des ganzen Volkes sein

B 49 20. und 40. Jahrestag der DDR, 1969 und 1989

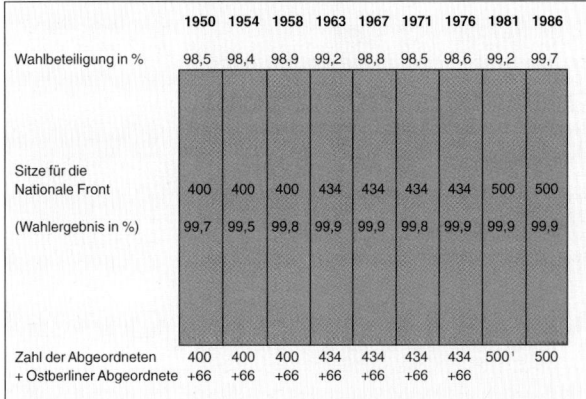

Stimmzettel

für die

Wahl zur Volkskammer der Deutschen Demokratischen Republik

Liste der Nationalen Front des demokratischen Deutschland

Grotewohl, Otto	SED
Ulbricht, Walter	SED
Nuschke, Otto	CDU
Götting, Gerald	CDU
Dieckmann, Dr h c Johannes	LDPD
Loch, Dr Hans	LDPD
Bolz, Dr Lothar	NDPD
Homann, Heinrich	NDPD
Scholz, Paul	DBD
Goldenbaum, Ernst	DBD
Warnke, Herbert	FDGB
Kirchner, Rudi	FDGB
Honecker, Erich	FDJ
Felfe, Werner	FDJ
Thiele, Ilse	DFD
Thalmann, Rosa	DFD
Becher, Dr h c Johannes	KB
Correns, Prof Dr Erich	KB
Lucht, Gerhard	KG
Gutzeit, Grete	KG
Wehmer, Friedrich	VdgB
Zimmermann, Max	VdgB

und die anderen amtlich bekanntgegebenen Kandidaten.

B 50 Stimmzettel zur ersten Volkskammerwahl 1950

	1950	1954	1958	1963	1967	1971	1976	1981	1986
Wahlbeteiligung in %	98,5	98,4	98,9	99,2	98,8	98,5	98,6	99,2	99,7
Sitze für die Nationale Front	400	400	400	434	434	434	434	500	500
(Wahlergebnis in %)	99,7	99,5	99,8	99,9	99,9	99,8	99,9	99,9	99,9
Zahl der Abgeordneten	400	400	400	434	434	434	434	500[1]	500
+ Ostberliner Abgeordnete	+66	+66	+66	+66	+66	+66	+66		

B 51 Volkskammerwahlen
Die in der Nationalen Front zusammengeschlossenen Parteien und Massenorganisationen erhalten immer die gleich bleibende Anzahl von Sitzen, die bereits vor den Wahlen festgelegt und in der Geschichte der DDR nur einmal verändert wurden. Zuletzt erhielten die SED 127, die vier Blockparteien (CDU, LDPD, NDPD und DBD) je 52 Sitze, die „Massenorganisationen" FDGB 61, FDJ 37, DFD 32, KB 21 und VdgB 14 Sitze.
Regierungen: 1949–1989 Allparteienregierungen, geführt von Grotewohl (1949–1964), Stoph (1964–1973), Sindermann (1973–1976), Stoph (1976–1989) und Modrow (1989–1990; alle SED)
Staatsoberhäupter: Staatspräsident Pieck (1949–1960), Vorsitzende des Staatsrats: Ulbricht (1960–1973), Stoph (1973–1976), Honecker (1976–1989), Krenz (1989; alle Bisherigen SED) und Gerlach (1990; LDPD)

1 Ein Gesetz vom 28. Juni 1979 bestimmt die Direktwahl der Ostberliner Vertreter durch die Wahlberechtigten.

Q 72 Wahlen in der DDR

a) Offizielle Darstellung, 1950
Nach klärenden Aussprachen einigten sich die Parteien und Massenorganisationen des Demokratischen Blocks auf ein gemeinsames Wahlprogramm und eine gemeinsame Kandidatenliste der Nationalen Front. In Einwohnerversammlungen stellten sich die von den Parteien und Massenorganisationen vorgeschlagenen Kandidaten den Wählern vor … Hatte der Kandidat die Zustimmung der Öffentlichkeit erhalten, erteilten die Wähler Aufträge für seine zukünftige Arbeit als Abgeordneter. Manchen Kandidaten versagten die Werktätigen ihre Zustimmung. So wurden allein in Sachsen über 400 Kandidaten abgelehnt … Einige reaktionäre Vertreter der CDU und der LDPD, die gegen die Zusammenarbeit der Blockparteien auftraten, fanden weder in ihren Parteien noch bei den anderen Parteien und Massenorganisationen des Blocks Unterstützung … (89)

b) Darstellung eines Journalisten nach dem Ende der DDR
Unter den Augen vieler Beobachter in den Wahllokalen wurde „an der Basis" nicht gefälscht oder verfälscht … Gefälscht wurde jeweils auf der nächst höheren Ebene, in den Bürgermeistereien der Städte und Stadtbezirke, in den Kreis- und Bezirkswahlbüros … Die Strafverfahren in Dresden [wegen Wahlfälschung der letzten Kommunalwahlen in der DDR 1989] ergaben …: Im Auftrag der SED-Bezirksleitung schwärmten Funktionäre in die einzelnen Kreise des Bezirks aus und hatten die örtlichen Amtswalter entweder zu „überzeugen" oder ihnen die „Vorgabe" schlicht anzudienen. Manche versuchten sich zu wehren, die meisten akzeptierten ohne Widerspruch. In der Regel ging es nicht darum, ob überhaupt eine Wahlfälschung erfolgen sollte, sondern nur, in welchem Umfang diese vorgenommen würde. (90)

1. Bestimmen Sie die Aufgaben und die Bedeutung der Wahlen in der DDR.
2. Überlegen Sie, ob sich seit den Wahlen zum Volkskongress 1949 (B 9, Q 21) Veränderungen ergeben haben.

T 48 Walter Ulbricht
1893–1973; geboren in Leipzig, Sohn eines Schneiders, Volksschule, Tischlerlehre. 1908 Mitglied der Arbeiterjugend, 1912 SPD, 1919 KPD. Danach führende Posten in Mitteldeutschland, Jena, Berlin. 1924 Besuch der Leninschule in Moskau, anschließend Funktionär der Komintern in Wien und Prag. 1925 wieder in Berlin, 1926–1928 Mitglied des sächsischen Landtags, 1927 des Zentralkomitees der KPD, 1928–1933 Mitglied des Reichstags, 1929 des Politbüros. Oktober 1933 Emigration nach Frankreich, bis 1937 Auslandsabteilung der KPD in Paris, 1938 Übersiedlung nach Moskau. Tritt während des deutsch-sowjetischen Nichtangriffspaktes 1939/40 in Zeitungsartikeln für diesen Vertrag ein. Ab 1941 in der Politischen Verwaltung der Roten Armee, 1943 Mitbegründer des „Nationalkomitees Freies Deutschland". 29. April 1945 Rückkehr nach Deutschland („Gruppe Ulbricht"); maßgeblich beteiligt am Aufbau der KPD;

organisierte im sowjetischen Auftrag die erste Berliner Stadtverwaltung. April 1946 stellvertretender Vorsitzender der SED, 1950–1971 Generalsekretär bzw. Erster Sekretär des ZK der SED. 1949–1960 stellvertretender Ministerpräsident der DDR, 1960–1971 Vorsitzender des Staatsrates und des Nationalen Verteidigungsrates.

T 49 Erich Honecker

1912–1994; geboren in Wiebelskirchen/Saar als Arbeitersohn; 1926 im kommunistischen Jugendverband, 1929 KPD, von ihr zur Schulung nach Moskau entsandt; ab 1930 hauptamtlicher Funktionär, 1933 im Untergrund. Nach der Verhaftung 1937 zu zehn Jahren Zuchthaus wegen Hochverrats verurteilt. 1946–1955 Vorsitzender der FDJ und Mitglied des ZK der SED. 1956–1958 Parteihochschule in Moskau, danach Mitglied des Politbüros und Sekretär des ZK der SED. 1971 löste er Ulbricht als Ersten Sekretär (seit 1976 „Generalsekretär") ab. 1976–1989 Vorsitzender des Staatsrates und des Nationalen Verteidigungsrates. Seit 1985 Gegner von Gorbatschows Politik, im Oktober 1989 abgelöst von Egon Krenz. Wegen Amtsmissbrauchs und Korruption verhaftet, aus gesundheitlichen Gründen Haftverschonung, 1991 Flucht nach Moskau; Auslieferung nach Deutschland, später Ausreise nach Chile.

Suchen Sie nach Gemeinsamkeiten und Unterschieden im Werdegang von Ulbricht und Honecker.

Q 73 Walter Ulbricht auf der 1. Funktionärskonferenz der KPD von Groß-Berlin, 25. Juni 1945

Unsere Partei ist die Partei des Friedens, denn sie hat ... für die Freundschaft mit dem großen Sowjetvolk [gekämpft], dem wir zu tiefem Dank verpflichtet sind. Unsere Partei ist die Partei des Volkes, denn sie ist die einzige Partei, die von einer fortschrittlichen wissenschaftlichen Theorie geleitet ist. Aufgrund der Theorie des Marxismus-Leninismus war unsere Partei imstande, den Lauf der Ereignisse vorauszusehen, unser Volk rechtzeitig zum Kampf gegen die nazistische Kriegspolitik wachzurufen, und sie ist imstande, den Weg der künftigen Entwicklung zu erkennen. (91)

Q 74 Unterrichtshilfen für Geschichtslehrer der 10. Klassen der DDR, 1971

[Der Unterricht soll zu] klaren, parteilichen Entscheidungen der Schüler beitragen ...
– für den von Lenin begründeten und von der Sowjetunion als Grundmodell verwirklichten Weg des sozialistischen Aufbaus;
– für die DDR, den ersten sozialistischen Staat deutscher Nation;
– für die feste Freundschaft zur Sowjetunion und zu den anderen Staaten der sozialistischen Staatengemeinschaft ...;
– gegen den Imperialismus ...
Die Schüler [sollen] in der Einsicht bestärkt werden: Alles verbindet uns mit unserem sozialistischen deutschen Staat, nichts mit dem der imperialistischen Bundesrepublik. (92)

2. Die DDR 1949–1961: Aufbau einer „sozialistischen" Gesellschaft?

a. Das neue Wirtschaftssystem

	Bundesrepublik Deutschland	DDR	Ostdeutschland Anteile vor dem Krieg
Bevölkerung	62,0	24,1	13,9
Fläche	52,8	22,9	24,3
Sozialprodukt	65,7	24,8	9,5
Landwirtschaft	51,0	26,0	23,0
Industrie	66,6	27,4	6,0

B 52 Die Ausgangslage (in %)

T 50 Reparationen bis 1953

Wert der Reparationen aus der SBZ/DDR an die UdSSR:
– nach sowjetischen Angaben 4,292 Mrd. US-Dollar in Preisen von 1938
– nach westdeutschen Berechnungen 16,5 Mrd. US-Dollar in Preisen von 1938
– dazu: 16 Mrd. DM für Besatzungskosten
= insgesamt mehr als 25 % des BSP bis 1953
Wert der Reparationen aus den Westzonen/Bundesrepublik Deutschland an die Westmächte:
– nach Berechnungen der interalliierten Reparationskommission in Brüssel 0,7 Mrd. US-Dollar in Preisen von 1938 oder 1,5 Mrd. US-Dollar in laufenden Preisen bis 1951
– nach westdeutschen Angaben 5 Mrd. US-Dollar in laufenden Preisen bis 1951
– dazu 50 Mrd. DM für Besatzungskosten
= insgesamt etwa 10–15 % des BSP bis 1953   (93)

T 51 Demontagen der SBZ bis 1948 (ausgewählte Wirtschaftszweige; Index 1936 = 100)

Industriezweige	Kapazitätsminderung um %
Metallurgie	64
davon Eisenhütten u. Walzwerke	80
Maschinenbau	53
Fahrzeugbau	54
Elektroindustrie	60
Feinmechanik u. Optik	63
Gips u. Baumaterial	35
Sperrholz	100
Zellstoff u. Papier	45 (94)

T 52 „Der Sieg der sozialistischen Produktionsverhältnisse" (Anteil der Eigentumsformen am gesellschaftlichen Gesamtprodukt[1] in %)

	Sozialistische Betriebe			Halb-staatl. Betriebe	Privat-betriebe
	ins-gesamt	VEB	Genossen-schaften[2]		
1950	59,6	53,6	5,8	–	40,6
1958	76,8	67,6	9,2	2,5	20,7
1962	85,0	71,0	14,0	6,8	8,2

(95)

1 Gesellschaftliches Produkt = die Gesamtheit der von der Gesellschaft in einem Jahr hervorgebrachten materiellen Güter und produktiven Leistungen
2 Genossenschaften = LPG (Landwirtschaftliche Produktions-Genossenschaften), PGH (Produktionsgenossenschaften des Handwerks)

Q 75 Leistungswettbewerb in der sozialistischen Wirtschaft?

a) Die offizielle Verlautbarung
Auf der 11. Tagung des Parteivorstandes [der SED] wurde … die … Aktivistenbewegung als bedeutendster Schritt zur Steigerung der Arbeitsproduktivität bezeichnet … Am 13. Oktober 1948 förderte der Bergmann Adolf Hennecke … in Oelsnitz 24,4 m³ Steinkohle und erfüllte damit die Tagesnorm mit 387 % … Das Beispiel … fand Nachahmung … Mit Verleumdung und Spott reagierten die Feinde der demokratischen Ordnung … Noch im Dezember 1948 beteiligten sich die Belegschaften mehrerer Großbetriebe am Hennecke-Wettbewerb … Die Zahl der Jungaktivisten stieg … Mehr und mehr Arbeiter bildeten auf Initiative des FDGB nach sowjetischem Vorbild Arbeiterbrigaden … (96)

b) Die Wirklichkeit: Augenzeugenbericht von Wolfgang Leonhard
Rudolf Lindau informiert die Lehrer der SED-Parteihochschule: … Nach längerer Diskussion entschied man sich [für Sachsen] … Ähnlich wie in der Sowjetunion wurde der Bergbau [ausgewählt] … In der Sowjetunion hat man sich für einen Komsomolzen [Angehöriger der kommunistischen Jugendorganisation] entschieden …, [bei uns entschied man sich] für ein SED-Mitglied, um damit die Rolle der Partei in dieser wichtigen Frage deutlich zu unterstreichen … Einige verantwortliche Genossen fuhren ins sächsische Bergbaugebiet und sprachen vertraulich mit den zuständigen Parteisekretären bzw. Betriebsdirektoren, um den geeigneten SED-Arbeiter zu finden … Adolf Hennecke wollte zuerst nicht. Er fürchtete, seine Arbeitskollegen würden ihm diese Rolle übel nehmen. Erst als ihm die politische Bedeutung und auch seine eigenen Aufstiegsmöglichkeiten klar gemacht wurden, erklärte er sich bereit, die Aufgabe zu übernehmen. (97)

Q 76 Der Siebenjahrplan 1959 – Auszug aus dem Gesetz
Im Zeitraum des Siebenjahrplanes ist die grundlegende Aufgabe zu lösen …, Westdeutschland auf dem Gebiet der Arbeitsproduktivität einzuholen und zu überflügeln … [Bis Ende 1961 soll] West-

deutschland im Pro-Kopf-Verbrauch bei den meisten industriellen Konsumgütern und Lebensmitteln [ein- bzw. überholt werden]. (98)

Q 77 Der DDR-Wirtschaftsplaner Erich Apel über die Erfolge 1950–1964
Apel war stellvertretender Vorsitzender des Ministerrates und Vorsitzender der Staatlichen Plankommission.
Von 1950 bis 1964 wurden insgesamt 163 Mrd. Mark investiert … Dabei wurden … Chemie, Elektronik, Werkzeugmaschinenbau … vorrangig entwickelt. Zu den neu errichteten Werken zählen solche wie die Großkokerei Lauchhammer …, das Braunkohlenkombinat „Schwarze Pumpe", in dem vor allem Elektroenergie, Stadtgas und Braunkohlenbriketts gewonnen werden; das Eisenhüttenkombinat „Ost" an der Oder. (99)

Arbeiten Sie die Unterschiede in der wirtschaftlichen Ausgangslage und Entwicklung zwischen beiden deutschen Staaten heraus. Ziehen Sie dazu auch T 14, Q 26, T 25, B 24, 42 und 43 heran.

b. Der SED-Staat

Q 78 Regierungserklärung des Ministerpräsidenten Otto Grotewohl, 12. Oktober 1949
Die befreiende Tat der Sowjetunion, die uns die Bildung einer eigenen deutschen Regierung ermöglichte, verpflichtet uns, in Zukunft noch mehr als bisher für die Freundschaft mit der Sowjetunion einzutreten. Frieden und Freundschaft mit der Sowjetunion sind Voraussetzungen … für die nationale Existenz des deutschen Volkes und Staates. (100)

T 53 Warum Beseitigung der Länder?
1952 beschlossen die SED und die Volkskammer, die fünf Länder der DDR aufzulösen und 14 Bezirke zu bilden. Die Maßnahme wurde als Verwaltungsreform bezeichnet, durch die insbesondere wirtschaftlich zusammengehörige Gebiete in Bezirken zusammengefasst würden. Bei der Verteilung der Posten in den neu geschaffenen Räten der Kreise und Bezirke dominierte eindeutig die SED.

Q 79 Statut der SED
Der Organisationsaufbau der Partei beruht auf dem Prinzip des demokratischen Zentralismus. Dieser Grundsatz besagt:
a) dass alle Parteiorgane von unten bis oben demokratisch gewählt werden;
b) dass die gewählten Parteiorgane zur regelmäßigen Berichterstattung vor den Organisationen verpflichtet sind, durch die sie gewählt wurden;
c) dass alle Beschlüsse der höheren Parteiorgane verbindlich sind, straffe Parteidisziplin zu üben ist und die Minderheit sowie der

B 53   DDR-Zeitungen vom 29. Dezember 1975

Einzelne sich den Beschlüssen der Mehrheit diszipliniert unterordnet. (101)

Q 80   Staatspolitische Schulung – Beschluss des Ministerrates, 12. Januar 1956

In der staatspolitischen Schulung [sind] auf der Grundlage des Marxismus-Leninismus die … Beschlüsse der Partei der Arbeiterklasse, der Volkskammer und der Regierung zu behandeln. Die staatspolitische Schulung muss dazu beitragen, das sozialistische Bewusstsein … zu entwickeln und politisch-ideologische Unklarheiten zu klären. (102)

Zu dieser Schulung war in den späten 50er und in den 60er Jahren, z. T. aber auch danach, fast jeder DDR-Bürger einmal in der Woche verpflichtet. Und trotzdem waren, wie in einer Untersuchung über Montagearbeiter in der DDR 1973 festgestellt wurde, nur 6,7 % der vom Verfasser befragten Arbeiter davon überzeugt, dass sich die SED auf der Baustelle für sie einsetze. (103)

Q 81   Die Kaderabteilungen

„Kader" [bezeichnet] eine planmäßig herangebildete Elite …, die … beauftragt ist, in wichtigen Führungspositionen dem Parteiregime zu dienen … Kaderabteilungen [erfassen] … das gesamte Personal des staatlichen Sektors und kontrollieren [es. Sie] bestehen in allen VEB, Massenorganisationen und staatlichen Institutionen. Sie sind ausschließlich mit linientreuen Genossen besetzt, unterliegen geheimen Bestimmungen und kooperieren eng mit dem Staatssicherheitsdienst (MfS) … Über jede von den Kaderabteilungen registrierte Person wird eine … Akte geführt … Das Nichterscheinen zur Maidemonstration kann dort ebenso aufmerksam notiert werden wie Diskussionsbeiträge oder die Spende für Nordvietnam. (104)

Definieren Sie den Unterschied zwischen einer Personalakte und der Kaderakte in der ehemaligen DDR.

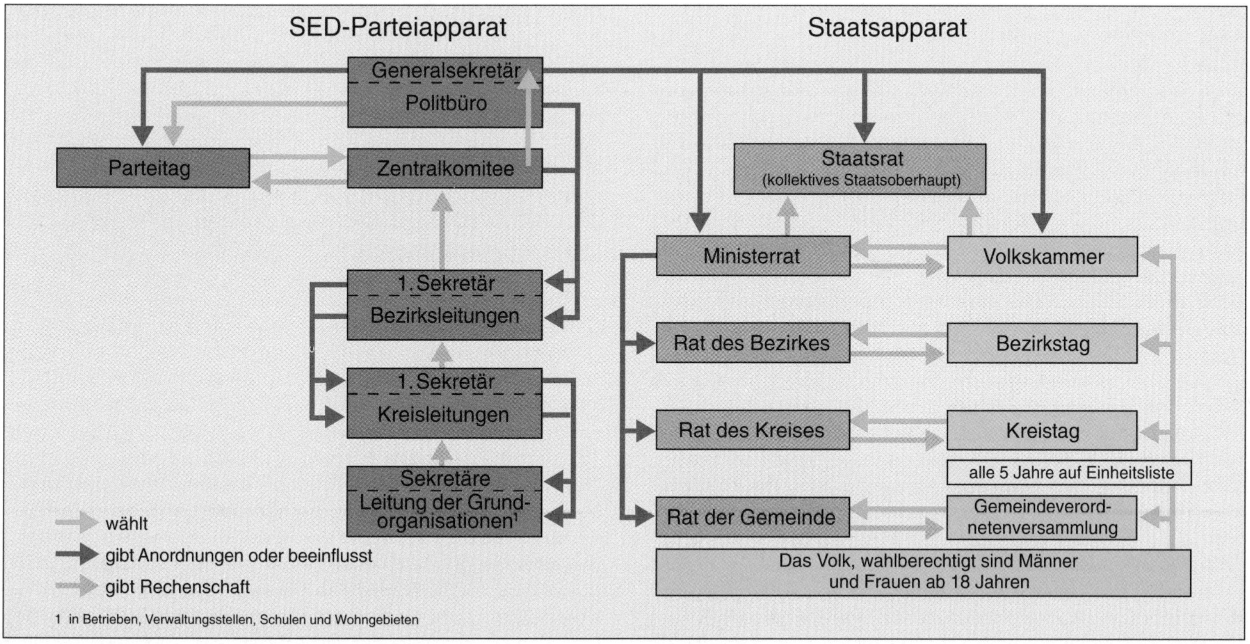

SED-Parteiapparat   **Staatsapparat**

Generalsekretär
Politbüro
Parteitag — Zentralkomitee

1. Sekretär
Bezirksleitungen

1. Sekretär
Kreisleitungen

Sekretäre
Leitung der Grundorganisationen[1]

Staatsrat
(kollektives Staatsoberhaupt)

Ministerrat — Volkskammer

Rat des Bezirkes — Bezirkstag

Rat des Kreises — Kreistag

alle 5 Jahre auf Einheitsliste

Rat der Gemeinde — Gemeindeverordnetenversammlung

Das Volk, wahlberechtigt sind Männer und Frauen ab 18 Jahren

→ wählt
➜ gibt Anordnungen oder beeinflusst
⇒ gibt Rechenschaft

1 in Betrieben, Verwaltungsstellen, Schulen und Wohngebieten

B 54   Der Aufbau von Staat und Partei in der DDR

B 55   Berlin, 17. Juni 1953

c.   Der 17. Juni 1953

T 54   Der Volksaufstand

Nach dem Beschluss der SED 1952 zum Aufbau des Sozialismus setzte eine große Enteignungsaktion auf dem Lande und gegen Privatbetriebe ein. Die Folge war eine Fluchtwelle, Nahrungsmittel wurden knapp. Ministerpräsident Grotewohl bekam von den Sowjets den Rat, den Kurs zu mildern. Dennoch wurde eine Erhöhung der Arbeitsnormen (Bemessungsgrundlage für die Löhne) um ca. 10 % angeordnet. Am 9. Juni 1953 machte die SED unter sowjetischem Druck einige Zwangsmaßnahmen, z. B. die Zwangsenteignungen, rückgängig. Nur die Normenerhöhung blieb. Dieser „Neue Kurs" wurde in der offiziellen DDR-Zeitung „Neues Deutschland" am 15. Juni begrüßt, die Beibehaltung der Normen aber kritisiert. Nach der Zeitungslektüre legten die Bauarbeiter der Stalin-Allee ihre Arbeit nieder und forderten in einer Resolution die sofortige Rücknahme der Normenerhöhung.

Am Morgen des 16. Juni demonstrierten Arbeiter der Stalin-Allee und warben in den Industriebetrieben mit der Losung „Kollegen, reiht euch ein – wir wollen freie Menschen sein!" Im Stadtzentrum riefen die Demonstranten bereits: „Spitzbart, Bauch und Brille [d. h. Ulbricht, Pieck und Grotewohl] sind nicht des Volkes Wille!" Lautsprecherwagen der SED gaben die Herabsetzung der Normen bekannt, wurden aber z. T. umgestürzt. Die Westberliner Rundfunkstationen informierten die Bevölkerung der DDR ausführlich über die Vorgänge. Am folgenden Tag kam es in 270 Orten der DDR zu Streiks, Demonstrationen und Gefangenenbefreiungen. Man forderte auf Plakaten und in Sprechchören die Aufhebung der Normenerhöhung und freie Wahlen. In einigen Städten kam es auch zu Gewaltakten, z. B. brannte am Potsdamer Platz in Berlin ein Kaufhaus. Nun wurden Volkspolizei und sowjetische Panzereinheiten eingesetzt und der Ausnahmezustand verkündet.

Bei der Niederschlagung des Aufstandes gab es nach westlichen Schätzungen ca. 300 Tote. Die Gerichte verhängten rund 100 Todesurteile. Die Normenerhöhung wurde rückgängig gemacht, Löhne und Renten erhöht, Preise gesenkt. Die UdSSR gewährte der DDR dazu Kredite. Im Sommer wurden die restlichen Reparationsforderungen erlassen.

Q 82   Die offizielle DDR-Darstellung zum 17. Juni

Störungen in der Wirtschaft … [führten] zu Unzufriedenheit und Missstimmung unter den kleinbürgerlichen Schichten der Bevölkerung und auch einem Teil der Arbeiter … Die imperialistischen Kräfte fürchteten aber die Festigung der Lage in der DDR … Am 17. Juni 1953 gelang es Agenten … in Berlin und einigen anderen Orten der Republik, einen kleinen Teil der Werktätigen zu zeitweiligen Arbeitsniederlegungen und Demonstrationen zu verleiten … Gruppen von Provokateuren und Kriminellen … legten Brände … und forderten den Sturz der Arbeiter- und Bauernmacht … Durch das entschlossene Handeln der fortgeschrittensten Teile der Arbeiterklasse … und gemeinsam mit sowjetischen Streitkräften und bewaffneten Organen der DDR brach der konterrevolutionäre Putsch innerhalb von 24 Stunden zusammen. (105)

d. Sieg des Sozialismus auf dem Lande?

Q 83 Die „Bauernfibel" 1955

Jeder wird [vom Staat] zur Rechenschaft gezogen und bestraft, der versucht, werktätige Bauern oder Landarbeiter zum Eintritt [in die landwirtschaftliche Produktionsgenossenschaft] ... durch Zwang ... zu veranlassen. (106)

1945 waren die großen Güter vor allem im Norden der SBZ durch die Bodenreform in viele Kleinbauernstellen aufgeteilt worden. Seit 1948 warben staatliche Stellen für den Zusammenschluss zu Genossenschaften.

Q 84 Brief an ein SED-Mitglied in Zwickau, 11. Januar 1960

Lieber Genosse! – ... Parteiauftrag: Du wirst als selbstständiger Agitator bei dem Einzelbauer Degenkolbe, Bruno (13,91 ha) in Niedermülsen Nr. 24 zusammen mit dem Genossen Wagner, Bernhard eingesetzt. Dieser Parteiauftrag hat so lange Gültigkeit, bis du o. a. Bauer für den Eintritt in die LPG Morgenröte Niedermülsen gewonnen hast ... – Mit sozialistischem Gruß – Klinge/Werkdirektor – Wolf/1. Sekretär [der SED Zwickau]. (107)

Q 85 Berichte geflüchteter Bauern

a) Täglich kamen sechs bis acht Mann und verlangten ... den Eintritt in die LPG. Oft kamen sie täglich zwei- bis dreimal oder blieben bis nachts zwei Uhr. Unter den Werbern befanden sich Polizei, SED-Funktionäre ... Mein Sohn studierte an der TH in Dresden und sie äußerten sich dahingehend, dass mein Sohn im Falle einer Weigerung von der TH entlassen würde. (108)

b) Anfang März ... kamen etwa 40 Werber ... mit Omnibussen in den Ort ... Jeder Einwohner ... wurde von mehreren Werbern bearbeitet ... Nachts waren die Ein- und Ausfahrtsstraßen des Dorfes durch Volkspolizei mit aufgepflanztem Seitengewehr bewacht ... Lautsprecher fuhren durch das Dorf und forderten die Einzelbauern namentlich auf. (109)

T 55 Kollektivierung in Zahlen

LPG-Typ	Zahl der Betriebe 1960	Zahl der Betriebe 1969	Anteil der Betriebe a. d. landw. Nutzfl. in % 1960	Anteil der Betriebe a. d. landw. Nutzfl. in % 1969	Durchschnittsgröße je Betrieb in ha 1960	Durchschnittsgröße je Betrieb in ha 1969
1 u. 2	12 923	4 186	31,0	17,1	154,5	257,2
3	6 353	5 650	53,2	68,8	539,1	767,1
z. Vgl. Bundesrep. Dtl.	1 385 400	1 157 000	100,0	100,0	9,3	11,0

(110)

Zwischen 1960 und 1990 nahm der Anteil des LPG-Typs 3 stark zu, die meisten Dörfer wurden zu „Kooperativen" zusammengeschlossen, die sich auf bestimmte pflanzliche oder tierische Produkte spezialisierten.

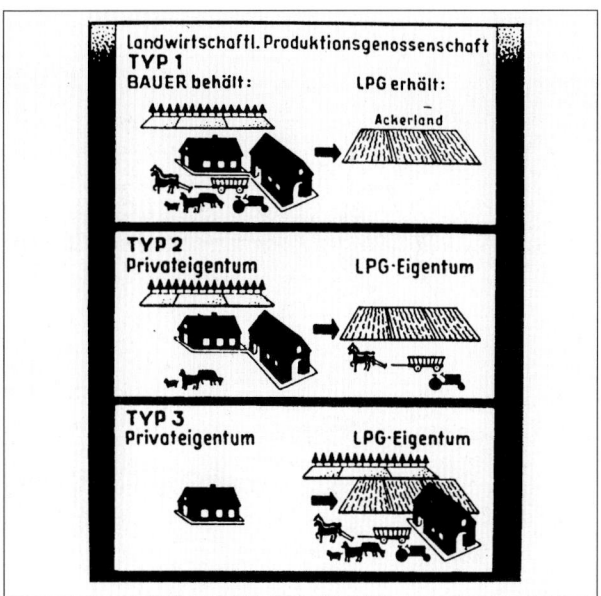

B 56 LPG-Typen (111)

Stellen Sie die Phasen der Sozialisierung der Landwirtschaft in SBZ und DDR zusammen. S. dazu auch T 6, 14 und 54. Vergleichen Sie mit der Entwicklung der westdeutschen und der sowjetischen Landwirtschaft (Q 25, S. 145 f.).

e. Mauer und Stacheldraht oder „Staatsgrenze West"?

Q 86 13. August 1961

a) Eine Darstellung aus der DDR

Am 13. August [übernahmen] Einheiten der [NVA und] der Kampfgruppen ...., im engen Einvernehmen mit den in der DDR stationierten sowjetischen Streitkräften, den militärischen Schutz der Staatsgrenze der DDR. Sie errichteten ... Grenzbefestigungen an der Staatsgrenze zu Westberlin ... Die Sicherheitsmaßnahmen ... schoben der Wühltätigkeit, die von Westberlin gegen die sozialistischen Länder betrieben wurde, einen Riegel vor, durchkreuzten die Aggressionspläne des Imperialismus. (112)

b) Eine Darstellung aus der Bundesrepublik Deutschland

Am 15. Juni 1961 erklärte Ulbricht auf einer Pressekonferenz: „Niemand hat die Absicht, eine Mauer zu bauen." ... [Nach einer Rundfunkansprache des amerikanischen Präsidenten Kennedy gewannen amerikanische Zeitungen den Eindruck], dass es im Interesse der Sowjetunion, aber auch der USA und des allgemeinen Friedens liege, den Flüchtlingsstrom durch eine Absperrung zwischen Ost- und Westberlin zu stoppen. Die tägliche Veröffentlichung von Flüchtlingszahlen [schürte] die Besorgnis, es könnte

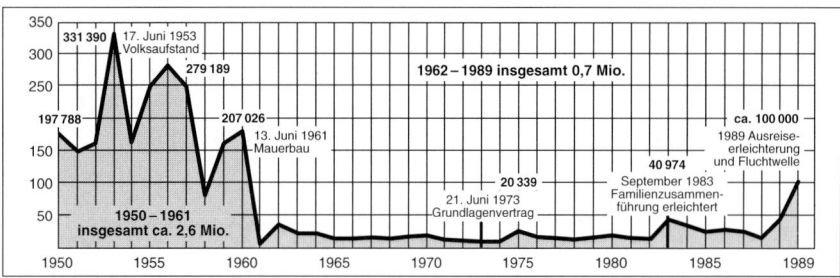

B 57 Flüchtlingszahlen
Zwischen 1952 und 1962 zählte das Bundesministerium für gesamtdeutsche Fragen unter den Flüchtlingen 45 575 Personen, die ein Hochschulstudium absolviert hatten. Außerdem flohen 870 138 nicht berufstätige Personen, darunter 466 074 Kinder und Schüler, zu denen auch die Abiturienten gezählt werden.

Q 87 Beurteilung des Abiturienten Georg K. durch seine Schule, 1957

a) Offenes Urteil
Georg ist Mitglied der FDJ. Seine gesellschaftliche politische Haltung ist noch nicht klar ausgeprägt. Er arbeitete gern bei schulischen Veranstaltungen mit, z. B. bei Schulfeiern, literarischen und musikalischen Abenden und anderem. Für das von ihm gewünschte Studium halten wir Georg K. für geeignet.

b) Geheime Ergänzung
Georg K. stammt aus einer Familie, die weltanschaulich nicht einheitlich ist. Besonders seine Mutter ist … stark religiös gebunden. Dieser Einfluss wird bei G. K. sichtbar; verstärkt wird er noch durch seine Zugehörigkeit zur Jungen Gemeinde. K.'s ältere Brüder dagegen sind Mitglieder der SED … Auch ihr Einfluss auf Georg K. ist spürbar … Seine Haltung [ist] noch nicht klar ausgeprägt … Vorschlag der Vorauswahlkommission: G. K. wird zum Studium nach Ableisten des praktischen Jahres empfohlen. F. – Direktor. (114)
Georg K. erhielt keinen Studienplatz und floh über Westberlin in die Bundesrepublik Deutschland, wo er studierte.

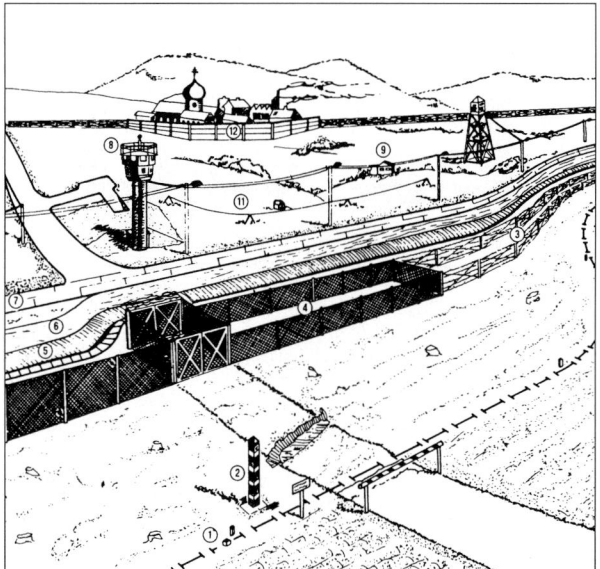

B 58 Die Grenze zwischen den beiden deutschen Staaten während der letzten 20 Jahre der DDR. 1 Eigentlicher Grenzverlauf; 2 DDR-Markierungssäule; 3 Stacheldraht, zweireihig; 4 Metallgitterzaun mit Selbstschussanlage; 5 Spurensicherungsstreifen 6 m; 6 Kolonnenweg; 7 Kfz-Sperrgraben; 8 betonierter Beobachtungsturm; 9 Betonbeobachtungsbunker; 10 Lautsprecher und Lichtanlagen; 11 Hundelaufanlage; 12 Betonsperrmauer/Sichtblende.

Vergleichen Sie mit anderen Grenzen in der Welt, z. B. zwischen USA und Mexiko, in Nahost.

Q 88 Der Schießbefehl – Aussage eines geflüchteten Soldaten der NVA
Der Anfang 1966 geflüchtete 21-jährige Peter Hagens, zuletzt Gefreiter in der 1. Kompanie des 42. Grenzregiments des „Kommandos Grenze" der NVA, bestätigte …, dass Anfang Dezember 1965 dieser erweiterte Schießbefehl [Dienstvorschrift 30/10 der NVA] den Grenzsoldaten … **nur** verlesen wurde. Danach **muss** auf Flüchtlinge ohne Anruf und Warnschuss gezielt geschossen werden, wenn sie sich der Grenze etwa auf 100 Meter genähert haben. (115)
1974 wurde dieser Befehl auf einer „Schießbefehlkonferenz" in Strausberg bei Berlin durch Erich Honecker bestätigt: Nach wie vor muss bei Grenzdurchbruchsversuchen von der Schusswaffe rücksichtslos Gebrauch gemacht werden und es sind die Genossen, die die Schusswaffe erfolgreich angewandt haben, zu belobigen. (116)

Umreißen Sie die Problematik, die sich nach der Vereinigung der beiden deutschen Staaten 1990 aus dem Schießbefehl für die Opfer wie für die Täter ergab.

ein zweiter … „17. Juni" bevorstehen … Wie weit … zwischen den beiden Weltmächten vor der Abriegelung eine … Absprache erzielt werden konnte …, muss vorerst offen bleiben … Die Bundesregierung [stand] in dem Dilemma, ob sie die Mitteldeutschen zur Flucht aufrufen … oder ob sie zum Ausharren auffordern sollte … Der Termin … war geschickt gewählt. Kein westlicher Regierungschef befand sich an seinem Platz; in der Bundesrepublik herrschte Wahlkampf … Die Hilflosigkeit der Westmächte trat daher sofort in … offener Form zutage. (113)

3. Der Weg zur internationalen Anerkennung

T 56 Ausstattung privater Haushalte mit langlebigen Konsumgütern in beiden deutschen Staaten 1969–1978

Erzeugnis	Von 100 Haushalten besaßen			
	in der Bundesrepublik Deutschland		in der DDR	
	1969	1978	1967	1978
Pkws	45	62	11	34
Krafträder	6	9	36	54
Rundfunkgeräte	83	99	89	98
Fernsehgeräte	74	94	60	87
Kühlschränke	85	98	37	99
Waschmaschinen	61	82	38	79 (117)

In den amtlichen Berichten der DDR wurde bis 1989 regelmäßig erwähnt, dass Schwierigkeiten und Ausfälle im Angebot von Obst und Frischgemüse auftraten. In Wirklichkeit gab es fast alle Produkte zu kaufen, allerdings nicht zu jeder Zeit und an jedem Ort.

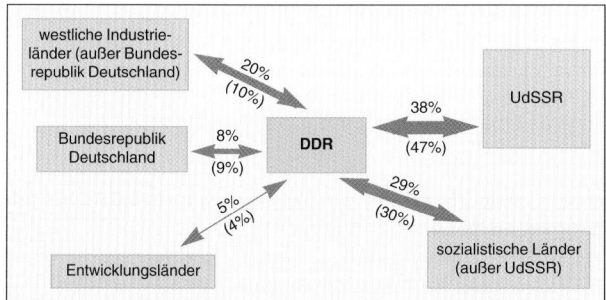

B 59 Der Außenhandel der DDR 1981 (bzw. 1961–1965)
Die Zahlen zeigen den jährlichen prozentualen Anteil einzelner Länder bzw. Ländergruppen.

Nach Feststellungen des Deutschen Industrieinstituts war der Produktionswert der DDR-Wirtschaft mit 7,4 Mrd. Dollar 1966 so hoch, dass sie im internationalen Vergleich an 10. Stelle aller Länder stand. Unter den RGW-Staaten nahm die DDR nach der Sowjetunion den 2. Platz vor Polen und der ČSSR ein.

1. Charakterisieren Sie die wirtschaftliche Rolle der DDR innerhalb der sozialistischen Staatenwelt.
2. Vergleichen Sie mit dem Export der Bundesrepublik Deutschland (B 25).

T 57 Frauen und Rentner im Berufsleben
1978 arbeiteten in der Bundesrepublik 37,1 % aller Frauen, in der DDR 47,8 %. Berufstätigkeit der Frauen zwischen dem 15. und 60. Lebensjahr: Westen 50,5 %, Osten 85,1 %.
1964 arbeiteten in der DDR 16,4 % der Rentner (mit steigender Tendenz), im Westen dagegen nur 13,9 % (mit fallender Tendenz). (118)

T 58 Ausgaben beider deutscher Staaten 1983 im Vergleich[1]

Aufgabenbereich	Bundesrepublik		DDR	
	in Mrd. DM	in % der Gesamtausgaben	in Mrd. Mark	in % der Gesamtausgaben
Soziale Sicherung und Gesundheit	420,3	49,5	36,0	19,5
Verteidigung	48,5	5,7	11,4	6,2
Bildungswesen (ohne Hochschulen)	57,5	6,8	9,9	5,4
Hochschulen und Wissenschaft	31,7	3,7	5,8	3,1
Verkehr, Nachrichtenwesen	27,3	3,2	6,5	3,5
Wohnungswesen	32,0	3,8	11,2	6,1
Sport, Erholung, Jugendeinrichtungen	11,9	1,4	1,6	0,9
Wirtschaftsförderung und -unternehmen	50,3	5,9	78,8	42,6 (119)

1 Erfasst sind alle staatlichen Ebenen, also Bund, Länder, Kommunen bzw. Staat, Bezirke, Kommunen.

T 59 Anzahl der Betriebe in der DDR

	1971	1972	1973
Gesamtzahl der VEB	2 910	13 800	?
in der Industrie halbstaatlich	5 658[1]	0	0
privat	2 976[2]	10	?
in der Bauwirtschaft halbstaatlich	821	3	?
privat	190	8	?
im Handwerk PGH	4 481	2 779	2 782
privat	111 700	105 728	99 418

1 davon 57 % mit 25 bis 100 Beschäftigten
2 davon 72 % mit 10 bis 25 Beschäftigten (120)

Aufgrund der Versorgungsschwierigkeiten beschlossen Partei- und Staatsführung 1976, die Eröffnung privater Handwerksbetriebe wieder zuzulassen.

T 60 Ein Beitrag des Sports
1955 Austritt der DDR aus dem gesamtdeutschen Olympischen Komitee; Gründung eines eigenen Nationalen Olympischen Komitees (NOK)
1960 Gemeinsame Olympiamannschaft wie bisher, aber eigene deutsche olympische Flagge
1965 Selbstständige DDR-Mannschaften bei olympischen Entscheidungen, jedoch gemeinsame deutsche Olympiaflagge
1972 Die DDR-Mannschaft tritt unter der Bezeichnung „DDR" mit der DDR-Flagge und eigener Hymne bei den Olympischen Sommerspielen in München an.

Q 89 Staatssekretär Neumann über die Aufgaben des Sports in der DDR, 1969
Wenn heute die Sportler der DDR zu den Olympischen Spielen in einer selbstständigen Mannschaft starten können, dann ist das

das Ergebnis des wachsenden Ansehens unserer [DDR] in der Welt …, das Ergebnis erfolgreichen Kampfes gegen die friedensgefährdende, aggressive Bonner Politik der Alleinvertretung … [und] das Ergebnis zielstrebigen Bemühens unserer Sportler, durch hohe Leistungen und durch ihr offenes Bekenntnis zu unserem sozialistischen Vaterland von der Kraft und dem Friedenswillen der DDR zu künden. (121)

Q 90 Erklärung des ZK der SED zum Einmarsch in die ČSSR, 21. August 1968

Als 1968 in der ČSSR die Regierung Dubček die Parteidiktatur zu mildern suchte, marschierten die Truppen der Sowjetunion am 21. August 1968 in das Land ein.

Die Delegation der KPČ hatte sich … verpflichtet, unverzüglich die politische Leitung von Presse, Rundfunk und Fernsehen im Geiste des Sozialismus zu sichern …, ein Gesetz zur Unterbindung der Tätigkeit der antisozialistischen Parteien, Klubs und Organisationen zu erlassen … Leider hat eine Gruppe im Präsidium des ZK der KPČ … ihren Rechtskurs verstärkt. Dadurch wurden die antisozialistischen Elemente ermutigt …, den Sturz des Sozialismus [herbeizuführen] unter Errichtung eines auf die imperialistischen Westmächte orientierten staatskapitalistischen Regimes … unter der sozialdemokratischen Losung eines „demokratischen Sozialismus". Im Interesse ihrer Sicherheit, im Interesse der Völker und des Weltfriedens konnten und durften die sozialistischen Bruderländer nicht zulassen, dass die ČSSR aus der Gemeinschaft der sozialistischen Staaten herausgebrochen würde. (122)

T 61 Zwei deutsche Armeen

Bundesrep. Deutschland	DDR
1950 Bereitschaftspolizei, Bundesgrenzschutz (10 000 bis 20 000 Mann)	**1951** Kasernierte Volkspolizei (70 000 Mann – Anfänge 1948)
	1952/53 GST (Gesellschaft für Sport und Technik: vormilitärische Ausbildung)
	1953 Betriebskampfgruppen
1955 Aufnahme in die NATO	**1955** Aufnahme in den Warschauer Pakt
Anzahl der deutschen Bewaffneten in der Bundesrepublik: 85 000 Polizisten, 27 000 Kasernierte	Anzahl der deutschen Bewaffneten in der DDR: 80 000 Polizisten, 168 000 Kasernierte
1956 Bundeswehr, der NATO unterstellt; allgemeine Wehrpflicht, Ersatzdienst	**1956** Nationale Volksarmee (NVA), dem Warschauer Pakt unterstellt
	1962 Allgemeine Wehrpflicht, kein Verweigerungsrecht
1980–1989 495 000 Bundeswehrsoldaten (einschließlich 5 000 Teilnehmern an Wehrübungen)	**1980–1989** 204 000 NVA-Soldaten (einschließlich Grenztruppen), 511 000 Mitglieder halbmilitärischer Organisationen (ohne GST), z. B. Betriebskampfgruppen

Q 91 Das „Feindbild" der DDR – Verteidigungsminister Hoffmann, 1971

[Es gilt,] den Imperialismus nicht [nur] als System abzulehnen und zu hassen, sondern diesen Hass … auch gegen alle jene zu richten, die unter der Befehlsgewalt imperialistischer … Offiziere gegen uns zum Angriff bereitstehen … Die bedingungslose Bereitschaft, den Sozialismus unter Einsatz des eigenen Lebens zu verteidigen, [erfordert] Grundeinstellungen …, die … planvolles erzieherisches Einwirken durch alle Partei- und Staatsfunktionäre, Lehrer …, Vorgesetzte …, Väter und Mütter verlangen … Die ideologische Klassenauseinandersetzung mit dem Imperialismus [wird sich] in den kommenden Jahren verstärken …, der Gegner [wird die] Treue … zum Sozialismus … und die Verteidigungsbereitschaft unserer Jugend zu untergraben [versuchen]. Damit gewinnt die Vermittlung eines klassenmäßigen … Feindbildes besondere Bedeutung … Die große Mehrheit der westdeutschen Bevölkerung [wird sich] für die Durchsetzung imperialistischer Raub- und Expansionskriege missbrauchen [lassen]. (123)

Q 92 Welcher Krieg ist erlaubt?

Entscheidend … [ist]: „Welche Klasse führt den Krieg?" … [Wir verstehen] unter gerechten Kriegen solche, die … mit den Interessen der revolutionären Arbeiterbewegung übereinstimmen. Ungerechte Kriege sind folglich solche, die … den Interessen der revolutionären Arbeiterbewegung widersprechen. (124)

Q 93 Und wofür kämpft die Bundeswehr? – Bundesverteidigungsminister Leber, 21. Februar 1974

Wir wissen, dass drüben die Soldaten gedrillt werden …, diese angeblich „degenerierte kapitalistische westliche Gesellschaft" hassen zu lernen, nämlich uns. Mir genügt es, dass der junge Soldat … davon überzeugt ist, dass diese unsere Verfassung … die freiheitlichste Verfassung ist, die es in unserem Lande je gegeben hat …, dass dieses Land, in dem er lebt, und seine Ordnung etwas wert sind und dass er sich vor sein Land stellt. (125)

Q 94 Fahneneide

a) Bundeswehr

Ich gelobe, der Bundesrepublik Deutschland treu zu dienen und das Recht und die Freiheit des deutschen Volkes tapfer zu verteidigen.

b) Nationale Volksarmee der DDR (Auszug)

Ich schwöre, der [DDR], meinem Vaterland, allzeit treu zu dienen und sie auf Befehl der Arbeiter- und Bauernregierung gegen jeden Feind zu schützen. An der Seite der Sowjetarmee und der Armee der mit uns verbündeten sozialistischen Länder … Sollte ich jemals diesen … Fahneneid verletzen, soll mich die harte Strafe der Gesetze … und die Verachtung des werktätigen Volkes treffen.

4. Die DDR vor der „Wende"

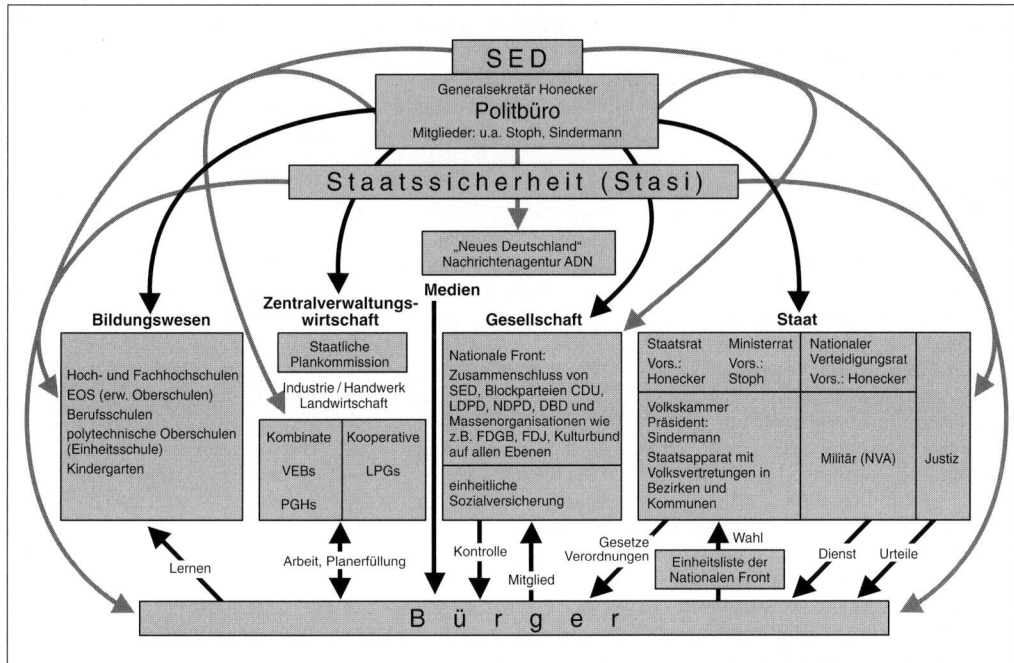

B 60 Das politische und gesellschaftliche System der DDR in den 80er Jahren

Erläutern Sie anhand der Grafik Schwächen und Stärken des DDR-Systems.

Q 95 Bericht über den 9. Parteitag der SED (18.–22. Mai 1976)
Noch nie in der Geschichte der DDR trat der Zusammenhang von wirtschaftlichem und sozialem Fortschritt so unmittelbar spürbar zutage, hatten sich die materiellen und kulturellen Lebensbedingungen von Millionen Werktätigen in solchem Umfang und solchem Tempo verbessert wie seit 1971 … Auch außenpolitisch hatten sich für die DDR neue Bedingungen ergeben. Es war gelungen, die imperialistische diplomatische Blockade gegen die DDR zu brechen … Zur BRD und zu Westberlin konnten auf der Grundlage des Völkerrechts geregelte vertragliche Beziehungen hergestellt werden. Die DDR hatte ihre volle internationale Anerkennung als souveräner sozialistischer Staat und ihre Aufnahme in die UNO erlangt … Einmütig … beschloss der 9. Parteitag: „[Die SED setzt sich das Ziel,] in der DDR weiterhin die entwickelte sozialistische Gesellschaft zu gestalten und so grundlegende Voraussetzungen für den allmählichen Übergang zum Kommunismus zu schaffen." (126)

T 62 Gab es in den 80er Jahren eine Wirtschaftskrise in der DDR?
Der Lebensstandard der Bevölkerung war in den letzten Jahren der DDR hoch: Für viele Kinder gab es einen Krippenplatz und für jedes einen Kindergartenplatz, so dass alle Frauen im arbeitsfähigen Alter berufstätig waren, es sei denn, sie blieben wegen Kleinkindern zuhause, wofür 300 Mark zusätzliche Unterstützung gewährt wurden; ihr Arbeitsplatz musste frei gehalten werden. So kannten auch die Frauen wie die Männer keine Arbeitslosigkeit und jede Familie hatte ihr Auskommen, weil in der Regel mehr als ein Verdienst zur Verfügung stand. Daher konnte man sich auch viele Luxusgüter leisten: 1987 hatten z. B. fast 50 von 100 Haushalten einen Pkw, auf den man freilich lange warten musste, weil die Produktionskapazität den Ansprüchen nicht gerecht wurde. Waschmaschinen und Farbfernseher waren beinahe so weit verbreitet wie im Westen – trotz der hohen Preise. Dafür waren alle Grundnahrungsmittel, Mieten, Strom und öffentlicher Nahverkehr sehr billig; ihr Preis wurde in der Planwirtschaft vom Staat gestützt. Allerdings nahm man damit auch in Kauf, dass die Häuser oft in einem schlechten Zustand waren, ebenso die Straßen und Gleisanlagen. Doch konnten gleichzeitig auch die Löhne deutlich niedriger sein als im Westen.
Im Berufsleben ging es in den meisten Betrieben nicht so hektisch wie im Westen zu. Die Pläne, nach denen sich jeder zu richten hatte, konnten so beeinflusst werden, dass sie stets erfüllt wurden. Und die Zahlen, die das Statistische Amt veröffentlichte, konnten durchaus beeindrucken: So wurde immer mehr Stahl produziert; die Rückgänge zwischen 1985 und 1989 waren minimal – ähnlich im Wohnungsbau; es wurde aber auch im Westen bekannt, dass

sich die Subventionen von 1980 mit 16,7 Mrd. Mark auf 49,8 Mrd. Mark 1988 erhöht hatten und die Verschuldung im Westen zugenommen hatte (1985: 6,7, 1988: 9,4 Mrd. US-Dollar). Die DDR galt trotzdem im internationalen Vergleich als ein Land mit relativ hohem Lebensstandard. Er war doppelt so hoch wie in der UdSSR und wurde gern mit dem Durchschnitt in England und Italien verglichen.

Q 96 Die Bilanz: Aus der „Analyse der ökonomischen Lage der DDR mit Schlussfolgerungen" für das Politbüro der SED, 30. Oktober 1989

Die Sozialpolitik seit dem 8. Parteitag ... [beruht] nicht in vollem Umfang auf eigenen Leistungen ..., sondern [führte] zu einer wachsenden Verschuldung im NSW [nichtsozialistischen Wirtschaftsgebiet]. Hinzu kommt, dass das Tempo der Entwicklung der Geldeinnahmen der Bevölkerung höher war als das des Warenfonds zur Versorgung der Bevölkerung. Das führte trotz eines hohen Niveaus der Versorgung zu Mangelerscheinungen im Angebot und zu einem beträchtlichen Kaufkraftüberhang ...
Der Fünfjahrplan 1986–1990 für das NSW wird in bedeutendem Umfang nicht erfüllt. Bereits in den Jahren 1971–1980 wurden 21 Mrd. Mark mehr importiert als exportiert. Das ist im Zusammenhang mit der dazu erforderlich gewordenen Kreditaufnahme und den Zinsen die Hauptursache des heutigen außergewöhnlich hohen Schuldenberges ... [Es] ergibt sich anstelle des geplanten Exportüberschusses von 23,1 Mrd. Mark ein Importüberschuss im Zeitraum von 1986 bis 1990 von 6 Mrd. Mark. Das bedeutet, dass die fälligen Zahlungen von Tilgungen und Zinsen, d. h. Schulden, mit neuen Schulden bezahlt werden ... Der „Sockel" [der Schulden an das NSW] wird ... auf ca. 57 Mrd. Mark Ende 1990 ansteigen.[1] Die Kosten und Zinsen betragen 1990 insgesamt über 8 Mrd. Mark. Wenn der Anstieg des „Sockels" verhindert werden soll, müsste 1990 ein Inlandsprodukt von 30 Mrd. Mark aufgewendet werden, was dem geplanten Zuwachs des Nationaleinkommens von drei Jahren entspricht und eine Reduzierung der Konsumtion um 20–25 % erfordert. (127)

1 1996 wurde festgestellt, dass die Zahlen zu hoch gegriffen waren. Tatsächlich hatte die DDR 1989 ca. 25 Mrd. Mark, d. h. 13,5 Mrd. Dollar Schulden im NSW.

T 63 Die drei Phasen der Entwicklung des Schulsystems

1. „Antifaschistisch-demokratische Schulreform", 1945 bis 1949 (s. T 6)
2. Aufbau der sozialistischen Schule, 1949 bis 1963
1953 Neuregelung der Lehrerausbildung, Einsatz von Pionier- und FDJ-Leitern in den Schulen
1959 10-jährige Schulpflicht an allgemeinbildenden polytechnischen Oberschulen, Abitur nach zwei weiteren Schuljahren an erweiterten Oberschulen (EOS), Einführung der Berufsausbildung mit Abitur (drei Jahre)
3. „Einheitliches sozialistisches Bildungssystem", ab 1963
1963 9. Parteitag: Neuordnung der Lehrerbildung, Verstärkung der mathematisch-naturwissenschaftlichen Bildung, Verbesserung des polytechnischen Unterrichts

1967 Einführung von Vorbereitungsklassen für die EOS: Schüler, die das Abitur machen wollen und über gute Leistungen verfügen, werden wie 1946–1959 vom 9. Schuljahr an in besonderen Klassen unterrichtet. (128)

T 64 Was man von der Schulorganisation wissen muss

FDJ: Freie Deutsche Jugend, die einzige politische Jugendorganisation in der DDR, der über 85 % aller Schüler angehörten. Die Jungen Pioniere (JP) waren die Kinderorganisation der FDJ für 6–14-jährige Schüler. Nur die Kirchen durften mit der „Jungen Gemeinde" eigene Jugendgruppen unterhalten.
Pionierleiter: Zur Anleitung der Pioniere in den Schulklassen wurde vom Staat ein hauptamtlicher Pionierleiter an den Schulen bezahlt. Oft gab es daneben noch einen FDJ-Sekretär, der sich um die FDJ-Arbeit in den oberen Klassen kümmerte. Beide gehörten zum Lehrerkollegium (Pädagogischer Rat), das jeden Schüler z. B. bei Bewerbungen um Lehr- und Studienstellen beurteilte.
Polytechnischer Unterricht: Klasse 1–4: Werkunterricht, Klasse 5–6: produktionsbezogener Werkunterricht, Klasse 7–12: Unterrichtstag in der sozialistischen Produktion und von der 9. Klasse an ein 14-tägiges Praktikum, Klasse 8 und 9: technisches Zeichnen, Klasse 9–12: Einführung in die sozialistische Produktion in Industrie und Landwirtschaft
Berufsausbildung mit Abitur: Neben der Vorbereitung auf das Abitur wurde in drei Jahren eine Lehre absolviert, die mit dem Facharbeiterbrief abschloss. Die Schulen waren in der Regel Betrieben angeschlossen, zumeist mit Internat.

Q 97 Die pädagogische Wirklichkeit

Die Kluft zwischen den Erfolgsmeldungen und der Realität wuchs auch im Bereich der Bildung. Ausbildung wurde immer mehr ideologisiert, Phrasen und Erfolgsmeldungen waren an der Tagesordnung. Die Zensuren in den Abschlussprüfungen der Klasse 10 wie im Abitur hätten die Prognose gerechtfertigt, dass die Nobelpreise der 80er und 90er Jahre der DDR gehören. Fachliche Qualifikationen ... ließen immer mehr zu wünschen übrig ... Jeder merkte doch – ob Schüler, Student oder Bürger –, dass andere Werte zählten als Allgemeinbildung ... Allgemeinbildung und sozialistische Persönlichkeit, das verkam zur Phrase wie die Redensarten über wirtschaftliche Effektivität. Seit den 70er Jahren ... bestanden immer mehr Abiturienten das Abi mit Auszeichnung oder „Sehr gut". Eine Drei im Abitur verriet fast schon Aufsässigkeit und Kühnheit der Lehrer. Wie sollen Studenten hohe Anforderungen an sich selbst stellen, wenn ihnen zwölf Jahre hindurch Mittelmaß in vorzügliche Leistungen umgemünzt wurde? (129)

1. Fassen Sie die Ziele des Schulunterrichts in der DDR zusammen. Ziehen Sie dazu auch Q 74 heran.
2. Überlegen Sie, welche Bestandteile der DDR-Schule im Westen vor der „Wende" gelobt werden konnten und warum sie heute trotzdem verschwunden sind.

T 65 Der Staatssicherheitsdienst (Stasi)

Das Ministerium für Staatssicherheit (MfS, kurz: Stasi) wurde 1950 gegründet und seit 1957 von Erich Mielke geleitet. Es unterstand offiziell dem Ministerrat, tatsächlich jedoch den Generalsekretären der SED … Schon Besprechungen, Telefonanrufe, Weisungen ohne Briefkopf und Unterschrift der jeweils im Zentralkomitee oder Politbüro für die einzelnen Abteilungen zuständigen Funktionsträger reichten aus um bei besonderen Anlässen entsprechende Aktivitäten des MfS auszulösen. (130)

Die Stasi arbeitete stets eng mit dem sowjetischen Sicherheitsdienst KGB zusammen. Das Ministerium war in zahlreiche Abteilungen untergliedert, so dass alle Bereiche in Staat, Wirtschaft und Gesellschaft überwacht werden konnten. Seine Effektivität bestand vor allem darin, dass die Mitarbeiter weder ihre Kollegen kannten noch den Stellenwert ihrer oft harmlos erscheinenden Informationen erfassten.

So konnte niemand sicher sein, ob nicht der Ehegatte, ein anderes Familienmitglied, die Berufskollegen oder die Nachbarn für die Stasi arbeiteten. In allen öffentlichen Ämtern, Parteien, Schulen, Hochschulen, Betrieben usw. gab es Stasi-Mitarbeiter, ebenso in kirchlichen Ämtern und in oppositionellen Gruppen. Besonders wichtig war die Postüberwachung. Briefe, Telefongespräche ins Ausland, wozu auch die Bundesrepublik zählte, wurden gelesen bzw. abgehört; selbst inländische Post konnte durch die Zensur gehen, ohne dass der Empfänger das bemerkte.

Ca. ein Drittel der DDR-Bevölkerung war mit der Stasi in Kontakt getreten, wobei aus einem Beschuldigten durch Erpressung leicht ein Mitarbeiter werden konnte. Auch über Verwandte im Ausland wurden oftmals Akten angelegt, ebenso über ausländische Reisegruppen – auch von westdeutschen Schülern! Denn jeder Reiseleiter hatte einen ausführlichen Bericht abzugeben, der ausgewertet wurde.

Die Anzahl der Mitarbeiter wurde im Westen für 1952 auf 4 000 Personen geschätzt, für 1969 auf 13 000; Anfang der 80er Jahre glaubte man im Westen, es gebe 20 000 hauptamtliche (und das hieß auch: bewaffnete) Mitarbeiter; tatsächlich waren es über 78 000.

Kurz nach der Machtübernahme Honeckers 1973 hatte die Stasi 52 707 Mitarbeiter, am Ende seiner Regierungszeit waren es nachweisbar 85 000. Neben diesen hauptamtlichen Mitarbeitern gab es 1989 wahrscheinlich bis zu 108 000 Spitzel (IM = inoffizielle Mitarbeiter). Nach Auflösung der Stasi stellte man fest, dass dem MfS 1 262 „Dienstobjekte", ca. 18 000 Wohnungen, 67 „Führungs- und Sendestellen" sowie Gästehäuser, Sportanlagen usw. gehörten.

Q 98 Aus einem Stasi-Maßnahmeplan

Die im [operativen Vorgang] „Verräter" operativ bearbeitete Person Templin, Wolfgang, ist als einer der Hauptinspiratoren und Organisatoren des politischen Untergrundes bei der Initiierung einer staatsfeindlich angelegten Menschenrechtskampagne in der DDR einzuschätzen. Aus diesem Grund besteht Zielstellung in der weiteren operativen Bearbeitung des Templin in der Eindämmung der staatsfeindlichen Wirksamkeit … Es sind alle operativen und sonstigen Möglichkeiten zu nutzen, um Templin weitestgehend mit sich selbst zu beschäftigen, um ihm so viel Zeit als möglich für seine Feindtätigkeit zu nehmen [und um ihn] unglaubwürdig zu machen. Dazu sind folgende Maßnahmen einzuleiten:

– … Templin ist durch das Wehrkreiskommando vorzuladen und einer medizinischen Tauglichkeitsuntersuchung zu unterziehen. Zielstellung dabei ist es, vorhandene (z. B. vorliegende Hautkrankheit) oder fiktive (auch durch Templin selbst vorgegebene) Krankheiten/Beschwerden für die Diskreditierung des Templin unter Personenkreisen des politischen Untergrundes und somit zu seiner Isolierung zu nutzen.

– Organisierung eines fiktiven geheimdienstlichen Interesses an Templin (Einsatz eines IM unter falscher Flagge) auf der Grundlage der über seine Person im Operationsgebiet erfolgten Veröffentlichungen mit der Zielstellung, die staatsfeindlichen Handlungen des Templin mithilfe bzw. unter Anleitung von feindlichen Kräften aus dem Operationsgebiet zu beweisen. (131)

1. Ordnen Sie die Informationen von T 65 in die Skizze B 60 ein und beurteilen Sie die Bedeutung der Stasi in diesem System.
2. Resümieren Sie, wie die Stasi das Lebensgefühl des Einzelnen in der DDR beeinflusste.

T 66 Opposition in der DDR

Die ersten Jahre der DDR sind durch eine Fluchtwelle von insgesamt 2,7 Mio. Menschen geprägt. Die Situation änderte sich erst nach dem Bau der Mauer 1961. Viele suchten sich eine private Nische („Nischengesellschaft"), gingen darüber hinaus in ihrer Karriere auch als Parteimitglied (bis zu 2,2 Mio. Mitglieder) Lippenbekenntnisse zum real existierenden Sozialismus ab.

Doch als 1976 der kommunistische Liedermacher Wolf Biermann, der Aufführungsverbot hatte, aus der DDR ausgebürgert wurde und viele Künstler dagegen protestierten, veränderte sich das politische Klima.

Dennoch waren es nur wenige Menschen, die den Mut hatten, sich in Gruppen zu treffen und ihre oppositionellen Gedanken wenigstens untereinander offen zu diskutieren. (Nach der Wende wurde bekannt, dass in diesen Gruppen unerkannt stets die Stasi mithörte.) Besonders wichtig wurde die Gruppe „Initiative für Frieden und Menschenrechte" in Berlin, aber auch Umwelt- und Friedensgruppen, die unter dem Dach der evangelischen Kirche arbeiteten. Diese hatte nach dem Ende des Kirchenkampfes in den 50er Jahren und der Etablierung der DDR ihr Verhältnis zur Obrigkeit als „Kirche im Sozialismus" festgeschrieben, d. h. sie anerkannte den atheistischen Staat, um für sich Freiräume zu schaffen, von denen die oppositionellen Gruppen profitieren konnten. Insbesondere griffen die Friedensgruppen, die nach der Raketenstationierung in Europa 1982/83 Friedensgebete in kirchlichen Räumen organisierten, die Frage auf, wie die Zunahme von Anträgen auf Ausreise aus der DDR, die seit 1975 durch die Unterschrift der Regierung unter die Schlussakte der KSZE möglich waren, zu beurteilen sei.

B 61 Emblem der DDR-Friedensbewegung. Das Emblem gibt ein von der UdSSR der UNO geschenktes Denkmal wieder, das auf die Worte des biblischen Propheten Micha zurückgeht: Wegen des Tragens dieses Emblems wurden viele DDR-Schüler gemaßregelt, z. T. aus der Erweiterten Oberschule verwiesen.

Q 99 Untergrundzeitschriften

Seit Anfang der 80er Jahre entstanden in der DDR insgesamt 20 unabhängige Zeitschriften im Selbstverlag. Sie wurden mit handwerklichen Mitteln aufgelegt, verbanden Graphik und Text miteinander, hatten eine sehr geringe Auflagenhöhe (weniger als 100 Exemplare) und wurden nicht über den öffentlichen Vertrieb, sondern von Hand zu Hand verbreitet. Auf diesem Wege wurden unzensierte Texte publiziert, ein Ansatz für die Herstellung einer Art von „Gegenöffentlichkeit" in der DDR …

Der Anfang wurde 1982 in Berlin und Dresden gemacht (in Berlin mit dem „Entwerter", in Dresden mit dem „Und") … Der „Anschlag" (in Leipzig) erschien ab 1984; insgesamt gab es zehn Hefte (zwei pro Jahr). Die Texte wurden zunächst als Typoskripte geheftet, die letzten Nummern erschienen als Computerausdrucke …: Enthielten die ersten vier Hefte in den Jahren 1984 bis 1986 vor allem Lyrik, so gab es in den folgenden Heften zunehmend politische Beiträge. (132)

Q 100 Die „Umweltblätter" berichten im Dezember 1988

Das Verbot der sowjetischen Zeitschrift „Sputnik" und von fünf sowjetischen Filmen löste in der DDR allerorten Protest aus.

In Berlin traten in Betrieben ganze Abteilungen geschlossen aus der DSF [Gesellschaft für deutsch-sowjetische Freundschaft] aus. Zahlreiche Genossen traten aus der Partei aus. In Betrieben, Schulen und Jugendklubs wurden an Wandzeitungen Proteste ausgehängt, die nach kurzer Zeit verschwanden und oft wieder erneuert wurden. Aushänge gab es auch in der Humboldt-Universität; u. a. war am Schwarzen Brett einer Sektion zu lesen: „Wer heute den ‚Sputnik' verbietet, verbrennt morgen Bücher." (133)

Außerdem berichten die „Umweltblätter" von Protesten aus Leipzig, dem Leuna-Werk, Jena – durch 60 sowjetische Studenten zusammen mit deutschen Kommilitonen –, Halle und Weimar, wo die Parteimitglieder aufgefordert worden waren, jene Personen der Partei zu melden, die sich für eine Perestroika in der DDR einsetzten.

T 67   Die DDR und Osteuropa unmittelbar vor der „Wende"

Das „Wende"-Jahr 1989 begann wie alle anderen Jahre zuvor mit Neujahrsansprachen der Politiker, in denen das Bekenntnis zum Sozialismus und zur Koexistenz mit dem Kapitalismus zum Ausdruck gebracht wurde. Die wirtschaftlichen Beziehungen zum Westen funktionierten schon lange zufriedenstellend. Zwischen den beiden deutschen Staaten schienen sich die Beziehungen weiter zu normalisieren, da mehrere hohe Politiker aller westdeutschen Parteien die **DDR** besuchten und bei Kreditverhandlungen menschliche Erleichterungen erreichten, insbesondere auch die Möglichkeit für viele DDR-Bürger, unterhalb des Rentenalters bei bestimmten Anlässen in die Bundesrepublik reisen zu dürfen. An der innerdeutschen Grenze aber versuchte immer wieder ein DDR-Bürger, seinen Staat zu verlassen. Das letzte Maueropfer war am 6. Februar zu beklagen.

In der **Sowjetunion** hatte der Prozess der von Gorbatschow ausgearbeiteten Politik der Perestroika begonnen, in **Ungarn** war dank einer liberalen Politik, die der Hauptstadt Budapest ein geradezu westliches Aussehen verlieh, ein politischer Wandel zu bemerken, der Anfang des Jahres zur ausdrücklichen Zusicherung der Grundrechte für die Bürger führte. In **Polen** war das Regime schon seit längerer Zeit in einem Auflösungsprozess. Ein „Runder Tisch" war erforderlich geworden, um die Probleme von Wirtschaft, Gesellschaft und Politik zu lösen. Hier arbeiteten freie politische Gruppen, insbesondere die Gewerkschaft „Solidarität" mit der kommunistischen Regierung unter Vermittlung der katholischen Kirche zusammen. Dagegen herrschte in den übrigen Ländern des Warschauer Pakts, in der **ČSSR, Rumänien und Bulgarien**, noch „Eiszeit", hatten die kommunistischen Parteien noch keine Zugeständnisse an die Opposition gemacht. Am 7. Mai begann auch in der DDR der Erosionsprozess: Oppositionelle Friedens- und Ökologiegruppen wiesen durch eigene Zählungen bei den Kommunalwahlen nach, dass die Ergebnisse gefälscht worden waren. Die Behörden konnten eine Strafanzeige nicht verhindern, weil westliche Medien, die die DDR seit der KSZE in ihrem Land arbeiten lassen musste, darüber berichteten. Im Sommer verschlechterte sich die Stimmung weiter, als die brutale Niederwerfung eines Studentenaufstandes in Peking in den Zeitungen als „Niederschlagung einer Konterrevolution" begrüßt wurde.

Als nun im Juni die Grenzanlagen zwischen Österreich und Ungarn abgebaut wurden, beschlossen viele DDR-Urlauber, über Österreich in die Bundesrepublik auszureisen. Als ein großer Ansturm auf Ungarn einsetzte, sperrten die DDR-Behörden Ungarn als Reiseland; die DDR-Bürger wichen auf die diplomatischen Vertretungen der Bundesrepublik in Prag und Warschau aus. Selbst bei der Stasi wusste man über die „miese" Stimmung, sogar innerhalb der Parteiorganisation; doch man versicherte: „Wir haben die Sache fest in der Hand, sie ist stabil."

1. Nennen Sie die Probleme, mit denen sich unmittelbar vor der „Wende" in der DDR die Herrschenden und die Beherrschten befassen mussten.

2. Erläutern Sie die Reaktionen der Herrschenden in den Ländern des ehemaligen Ostblocks auf die Veränderungen.

D. DIE DEUTSCHE EINIGUNG 1989/90

1. Die „Wende" in der DDR – eine „Revolution"?

a. Das Vorspiel

B 62 Der „Eiserne Vorhang" fällt … Ungarische Soldaten zerschneiden den Stacheldrahtzaun, der 44 Jahre lang die Grenze zwischen Ungarn und Österreich bildete.

B 63 Prag: Flucht in die Botschaft der Bundesrepublik. Ähnliche Szenen spielten sich in Warschau ab. Die Flüchtlinge durften schließlich in die Bundesrepublik ausreisen. Bei der Fahrt durch die DDR versuchten Hunderte auf die Züge aufzuspringen. Dies wollte die Volkspolizei verhindern, was zu Zusammenstößen führte.

b. „Wir sind das Volk": Die DDR im Oktober/November 1989

August:
Reisefreiheit statt Massenflucht

November:
Eure Politik ist zum Davonlaufen
Kein Artenschutz für Wendehälse
Partei-Machtmonopol macht hohl
Lieber eine Wanze im Bett als eine in der Steckdose
Laß Dich nicht BRDigen
Wider-Vereinigung
DEUTSCHLAND EINIG VATERLAND

September:
Aufruf zur Einmischung
WIR WOLLEN RAUS
WIR BLEIBEN HIER

Oktober:
Neues Forum – Neue Hoffnung
Stasi – Statt Knüppel Besen in die Hand
Visafrei bis Hawaii
WIR SIND DAS VOLK

Dezember:
West-Müll-Lkw blockiern statt krepieren

B 64 Slogans aus der „Wende"-Zeit

B 65 Am Rande der Feierlichkeiten zum 40-jährigen Bestehen der DDR, Ostberlin, 7. Oktober 1989

B 67 Berlin, Grenzübergang Bernauer Straße, 12. November 1989. S. auch B 41

B 66 Die größte Demonstration der „Wende"-Zeit auf dem Berliner Alexanderplatz, 4. November 1989

B 68 Berlin, Brandenburger Tor, 9. November 1989

Q 101 Augenzeugen berichten

a) Leipzig

Angst drohte den aufrechten Gang zu lähmen. Die Angst, dass die Montagsdemonstration blutig unterdrückt werden würde, war am 8. und 9. Oktober in Leipzig allgemein … [Pfarrer Führer berichtet:] „… Noch während des [Montags-]Friedensgebetes wurde meine Frau von tränenerstickten Anrufern erreicht, es würde geschossen, wir sollten die Menschen alle warnen und schützen …" [Im Gottesdienst wurde ein Aufruf zur Vernunft verlesen, in dem freier Meinungsaustausch über die Weiterführung des Sozialismus in der DDR verlangt wurde, sog. „Aufruf der Sechs".]

Trotz massiver Warnungen, in die Innenstadt zu gehen, versammelten sich dort etwa 80 000 Menschen. In breiten Reihen bewegte sich der Demonstrationszug nach 18 Uhr vom Karl-Marx-Platz vor der Oper über den Ring, am Hauptbahnhof vorüber … „Brenzlig wurde es kurz vor dem Stasi-Gebäude, als plötzlich der Ruf ‚Umkehren! Umkehren!‘ erklang." Es war aber „glücklicherweise falscher Alarm und mit dem Ruf ‚Keine Gewalt!‘ ging es dann friedlich an der Stasi vorbei." [Bericht des Neuen Forums] … Jeder, der teilnahm, hat Angst überwunden. Diese Überwindung … veränderte das Kräfteverhältnis; es hat am Ende auch die bewaffnete Macht veranlasst, sich gegenüber dem Politbüro zu verweigern, d. h. die Konfrontation mit dem Volk nicht zu suchen, sondern zu verhindern. Sie hätte in einer Tragödie geendet … Leipziger/innen waren beherzt auf die Kampfgruppenmänner zugegangen, hatten zu reden begonnen … Die „Entspannung" setzte, auch unter Kampfgruppen und Polizei, mit dem wiederholt gesendeten „Aufruf der Sechs" ein. (134)

b) Dresden

Ab Freitag [6. Oktober sind] einzelne mit Kerzen in die Demonstration gegangen … Es kam … zum Teil zu brutalem Vorgehen der Sicherheitskräfte … Am Sonnabend ist zum ersten Mal daraus ein Demonstrationszug entstanden. Das war eine wichtige Weichenstellung, dass sie nicht mehr nur am Bahnhof [durch den die Flüchtlingszüge von Prag in Richtung Hof fuhren] standen … Damit war auch die Konfrontation weg. Sonntagabend kam es zur ersten friedlichen Auflösung. Der zweite Prozess dieser Woche war: Am Anfang ging es um das Ausreiseproblem: „Wir wollen raus" und zum Schluss hieß es: „Wir bleiben hier" … Der Abend [8. Oktober] brachte dann die eigentlich großartige Erfahrung. Eine größere Gruppe von Demonstranten zog auf die Prager Straße. Dort war Polizei … Es gelang aber, mit denen zu sprechen … Das führte dazu, dass die Demonstranten eine Gruppe mit Gesprächspartnern auswählten. Das wurde hinterher die Gruppe der Zwanzig für die Gespräche im Rathaus. (135)

Auch hier skandierten die Demonstranten immer wieder: „Keine Gewalt!"

c) Berlin

7.10.1989: „Gefahren warten nur auf jene, die nicht auf das Leben reagieren", schreibt Michail Gorbatschow bei seiner Aufwartung zum [40. DDR-]Staatsjubiläum in Ostberlin der DDR-Führung ins Stammbuch, nachdem Honecker mit zittriger Stimme beim Staatsakt im Palast der Republik erneut bekräftigt hat, Veränderungen seien überflüssig. Die Innenstadt ist weiträumig abgesperrt: Keine oppositionelle Regung soll die zackige Militärparade stören.

Dennoch kommt es [überall in der DDR] … zu Demonstrationen, die gewaltsam … aufgelöst werden. Über tausend Festnahmen und zahlreiche Verletzte sind das Ergebnis. Vielerorts werden Demonstranten brutal misshandelt. (136)

… Ernste Miene zum absurden Spiel machen nur die gedrillten Ordner, die am nächsten Tag [8. Oktober] … am Prenzlauer Berg eingesetzt werden … Am ADN-Haus [DDR-Nachrichtenagentur] kommt es zu den ersten massiven Prügeleien, bei denen sich vor allem die jungen Stasi-Leute hervortun. Eher überfordert … wirken dagegen die Volkspolizisten … Es gelingt ihnen nicht, den Zug zu spalten … Mit 68er Parolen – „Bürger, lasst das Glotzen sein, kommt herunter, reiht euch ein" – versuchen die jungen Dableiber [die, die die DDR nicht verlassen wollen] ihre etwas schwerfälligen Bündnispartner von den Balkonen auf die Straße zu locken. Jede Form der Zustimmung – hupende Taxis, junge Leute, die spontan aus der Straßenbahn aussteigen – werden frenetisch gefeiert … Die Demonstration verläuft sich [nach zwei Stunden], etliche flüchten in die [Gethsemane-]Kirche. (137)

Erläutern Sie, warum es im Oktober 1989 nicht wie am 17. Juni 1953 zur gewaltsamen Niederwerfung des Aufstandes kam.

Q 102 Berlin, 9. November 1989

a) Beschluss des Ministerrates der DDR

Privatreisen nach dem Ausland können ohne Vorliegen von Voraussetzungen – Reiseanlässe und Verwandtschaftsverhältnisse – beantragt werden. Die Genehmigungen werden kurzfristig erteilt … [und können] über alle Grenzübergangsstellen der DDR zur BRD beziehungsweise zu Berlin (West) erfolgen. (138)

b) Bericht eines Journalisten vom Checkpoint Charlie und vom Brandenburger Tor

Knapp 5 000 mögen es sein, die jetzt am Checkpoint versammelt sind. Sektkorken knallen. Bald, heißt es, wird die Grenze geöffnet. Das passiert [hier] kurz nach Mitternacht. Die ersten DDRler kommen zu Fuß, viele sind verwirrt, sagen: „Hoffentlich kann ich auch wieder zurück."

Die große Metalltür ist immer noch zu … Rechts neben dem großen Tor befindet sich ein Gatter … Hier hindurch drängen sie in den Westen, bejubelt von der wartenden Menge. Sie werden umarmt und mit Sekt übergossen … Wir versuchen zum Brandenburger Tor zu kommen … Es ist etwa 3 Uhr. Das Brandenburger Tor ist grell erleuchtet – von den Scheinwerfern der TV-Teams … Auf der Mauerbrüstung stehen die Leute bereits dicht an dicht … „Das Geilste von allem war", schreit jemand im roten Skianorak neben uns, „wie wir vorhin durchs Brandenburger Tor jeloofen sind – ick hab det Ding sogar anjefasst." (139)

c) Die „taz" über den 10. November

Janz Berlin tanzt uff der Mauer. Kundgebung vor dem Rathaus Schöneberg: Ekstatischer Beifall der 20 000 Berliner aus West und Ost für die SPD-Politiker Momper und Brandt [besonders für den Satz: „Jetzt wächst zusammen, was zusammen gehört."], gellende Pfiffe für Bundeskanzler Kohl. Der hat extra seine Polenreise unterbrochen, doch das Volk zeigt sich undankbar. Als die Redner die Nationalhymne zu singen beginnen – Kohl strikt immer einen Ton daneben – zeigen sich die Massen progressiver als die Bonner Grünen: Sie flüchten und pfeifen oder lachen sich scheckig. (140)

c. Innere Auflösung und Zusammenbruch: Die DDR vom Dezember 1989 bis zum Februar 1990

T 68   Vom Zerfall der SED zu den „Runden Tischen"

Schon im September 1989 hatten viele Menschen in der DDR gespürt, dass eine neue Zeit angebrochen war. Die Ausreise von Zehntausenden in den Westen hinterließ Spuren im Alltag. Als erste der vier Blockparteien distanzierte sich die LDPD von der SED-Linie, indem sie forderte, „Neues nicht zu blockieren." Doch selbst Mitglieder des Politbüros der SED begannen offen zu diskutieren. Am 18. Oktober, elf Tage nach den von Gegendemonstrationen begleiteten Feiern zum 40. Jahrestag der DDR, wurde der erste Mann im Staat, Erich Honecker, abgelöst. Er hatte selbst in den Augen von ebenfalls älteren Mitgliedern des Politbüros jeglichen Realitätssinn verloren.

Sein Nachfolger Egon Krenz beauftragte die zuständigen Wirtschaftsplaner, eine Bestandsaufnahme vorzulegen. Sie fiel verheerend aus. Ein Neuanfang musste gemacht werden. Die CDU (wie die anderen Blockparteien) forderte Neuwahlen.

Die neu gegründeten Gruppen, insbesondere Neues Forum, Bündnis '90 und auch SDP (DDR-Sozialdemokraten) strebten bereits nach einer demokratischen Neuordnung in der DDR; sie lehnten zu diesem Zeitpunkt eine Vereinigung mit der Bundesrepublik noch ab.

Der Staat verlor von Tag zu Tag an Ansehen. Auch in den Betrieben und Gemeinden bildeten sich neue Machtstrukturen, da die SED in wenigen Tagen Hunderttausende Mitglieder verlor. Nach polnischem Vorbild wurden überall auf Einladung der großen Kirchen „Runde Tische" gebildet, die dafür sorgten, dass Ruhe und Ordnung sogar bei den Demonstrationen aufrechterhalten blieben und die Versorgung der Bevölkerung weiter funktionierte sowie in den Betrieben gearbeitet werden konnte. Daher war es beinahe logisch, wenn auch unerwartet, dass am 3. Dezember das zentrale Machtzentrum der DDR, das Politbüro, seine Auflösung und die des Zentralkomitees beschloss. Damit existierte als Machtträger neben dem Runden Tisch nur noch die Regierung Modrow und es begann die Diskussion über den dritten Weg, ob es also einen besseren Sozialismus als den soeben untergegangenen für eine selbstständige DDR geben könne.

B 69   Die Teilnehmer am zentralen „Runden Tisch". Ab der 2. Sitzung wurden noch Vertreter der sorbischen Minderheit hinzugezogen.

Q 103 Eine eigenständige DDR?

a) Aus der Präambel des Verfassungsentwurfes des „Runden Tisches"

Ausgehend von den humanistischen Traditionen, zu welchen die besten Frauen und Männer aller Schichten unseres Volkes beigetragen haben,

eingedenk der Verantwortung aller Deutschen für ihre Geschichte und deren Folgen,

gewillt, als friedliche, gleichberechtigte Partner in der Gemeinschaft der Völker zu leben, am Einigungsprozess Europas beteiligt, in dessen Verlauf auch das deutsche Volk seine staatliche Einheit schaffen wird,

überzeugt, dass die Möglichkeit zu selbstbestimmtem, verantwortlichem Handeln höchste Freiheit ist,

gründend auf der revolutionären Erneuerung,

entschlossen, ein demokratisches und solidarisches Gemeinwesen zu entwickeln, das Würde und Freiheit des Einzelnen sichert, gleiches Recht für alle gewährleistet, die Gleichstellung der Geschlechter verbürgt und unsere natürliche Umwelt schützt, geben sich die Bürgerinnen und Bürger der Deutschen Demokratischen Republik diese Verfassung. (141)

b) Aufruf für eine eigenständige DDR („Künstler-Appell")

Entweder können wir auf der Eigenständigkeit der DDR bestehen und versuchen, mit allen unseren Kräften und in Zusammenarbeit mit denjenigen Staaten und Interessengruppen, die dazu bereit sind, in unserem Land eine solidarische Gesellschaft zu entwickeln, in der Frieden und soziale Gerechtigkeit, Freiheit des Einzelnen, Freizügigkeit aller und die Bewahrung der Umwelt gewährleistet wird, oder wir müssen dulden, dass, veranlasst durch starke ökonomische Zwänge und durch unzumutbare Bedingungen, an die einflussreiche Kreise aus Wirtschaft und Politik in der Bundesrepublik ihre Hilfe für die DDR knüpfen, ein Ausverkauf unserer materiellen und moralischen Werte beginnt und über kurz oder lang die Deutsche Demokratische Republik durch die Bundesrepublik vereinnahmt wird. Lasst uns den ersten Weg gehen. (142)

Q 104 Problem Stasi: Kommt es doch noch zu gewaltsamen Auseinandersetzungen?

7.12. [Der Runde Tisch fordert die Regierung einstimmig auf], das Amt für Nationale Sicherheit unter ziviler Kontrolle aufzulösen.

28.12. Am Ehrenmal für die gefallenen sowjetischen Soldaten … werden „antisowjetische und nationalistische Schmierereien" entdeckt.

2.1. [Nach weiteren kleineren rechtsradikalen Aktionen nehmen] an einer Demonstration gegen „Neofaschismus und Antisowjetismus" vor dem „Ehrenmal … in Berlin-Treptow" … laut ADN mehr als 250 000 Menschen teil. Dem Aufruf der SED-PDS … hatten sich die Führungsgremien von DBD, LDPD, NDPD, FDGB … angeschlossen.

4.1. Regierungssprecher Wolfgang Meyer kündigt … Maßnahmen gegen die „Gefahren neonazistischer Umtriebe" an. Wenn die Bildung eines Verfassungsschutzes … bis nach den Wahlen verschoben werde, werde … „nicht wiedergutzumachender Schaden" entstehen.

8.1. [Runder Tisch: Misstrauenserklärung gegen die mit der Auflösung beauftragten Regierungsvertreter.] Mit einem Warnstreik wird in einem Suhler Betrieb gegen Ausgleichszahlungen für ehemalige Angehörige des Staats- und Sicherheitsapparates protestiert.

12.1. [Erklärung Modrows, dass bis zur Wahl] „keine Ämter auf dem Gebiet der staatlichen Sicherheit gebildet" würden.

15.1. [Die Regierung] informiert über den Stand der Auflösung … Die Beratungen werden vorzeitig abgebrochen, als Informationen über die Demonstrationen an der früheren Stasi-Zentrale eingehen.

18.1. Auf der 8. Zusammenkunft des „Runden Tisches" rufen die Teilnehmer alle Bürger in der DDR zu Gewaltlosigkeit auf. Der „Runde Tisch" werde bei der Beseitigung der alten Machtstrukturen keinen Aufschub und keine Inkonsequenz mehr zulassen. (143) Bei allen Stasi-Zentralen in den Bezirken kontrollierten Bürgerkomitees die Auflösung; sie versuchten zu verhindern, dass Stasi-Angehörige Akten verbrannten.

T 69 Die DDR vor den ersten freien Wahlen
Am 7. Dezember hatte der zentrale „Runde Tisch" beschlossen, Wahlen für den 6. Mai 1990 auszuschreiben. Doch die Entwick-

lung, insbesondere in der Frage der Auflösung der Stasi, überschlug sich. Selbst die alte Staatspartei änderte sich von Tag zu Tag: Am 21. Januar wurde sogar der Parteichef Egon Krenz ausgeschlossen. Die alten Blockparteien suchten Verbindung zu den westlichen Parteien und die Montagsdemonstranten forderten immer lauter: „Deutschland – einig Vaterland" (eine Zeile aus der alten DDR-Nationalhymne, deren Text seit etwa 1965 nicht mehr verwendet worden war). Die Regierung musste unter diesen Umständen umgebildet werden; die Oppositionsgruppen stellten nunmehr mehrere Minister. Daher wurde schließlich ein neuer Wahltermin bestimmt, der 18. März.

Im Wahlkampf unterstützten die westdeutschen Parteien ihre Partner im Osten durch einen ungeheuren Werbeaufwand, obwohl der zentrale „Runde Tisch" dies nicht wünschte.

T 70 Das Ergebnis der Volkskammerwahl vom 18. März 1990

		Stimmen (%)	Mandate
CDU	Christlich-Demokratische Union Deutschlands	40,59	163
SPD	Sozialdemokratische Partei Deutschlands	21,76	88
PDS	Partei des Demokratischen Sozialismus	16,32	66
DSU	Deutsche Soziale Union	6,27	25
BFD	Bund Freier Demokraten: Deutsche Forumpartei, Liberaldemokratische Partei, Freie Demokratische Partei	5,28	21
Bündnis 90	Neues Forum, Demokratie Jetzt, Initiative Freiheit und Menschenrechte	2,90	12
DBD	Demokratische Bauernpartei Deutschlands	2,17	9
Grüne-UFV	Grüne Partei + Unabhängiger Frauenverband	1,96	8
DA	Demokratischer Aufbruch – sozial + ökologisch	0,93	4
NDPD	National-Demokratische Partei Deutschlands	0,38	2
DFD	Demokratischer Frauenbund Deutschlands	0,33	1
AVL	Aktionsbündnis Vereinigte Linke, Die Nelken	0,18	1
Sonstige		0,45	–
Wahlbeteiligung		93,39	(144)

Q 105 Aus der Wahlanalyse des Meinungsforschungsinstituts Infas
Alle Befragungsergebnisse verweisen darauf, dass es bei dieser Wahl ein einziges Thema gab …: die rasche Einigung. Die Wähler meinten damit weniger die verfassungsrechtlichen Fragen als die Probleme des alltäglichen Wohlergehens und Lebensstandards. Strittig war das Tempo, das vorgelegt werden sollte. CDU und DSU versprachen glaubwürdiger als alle anderen den zügigsten Fahrplan … Die SPD saß am Ende zwischen den Stühlen … In der Kombination der Programmpunkte „Einheit" und „soziale Abfede-

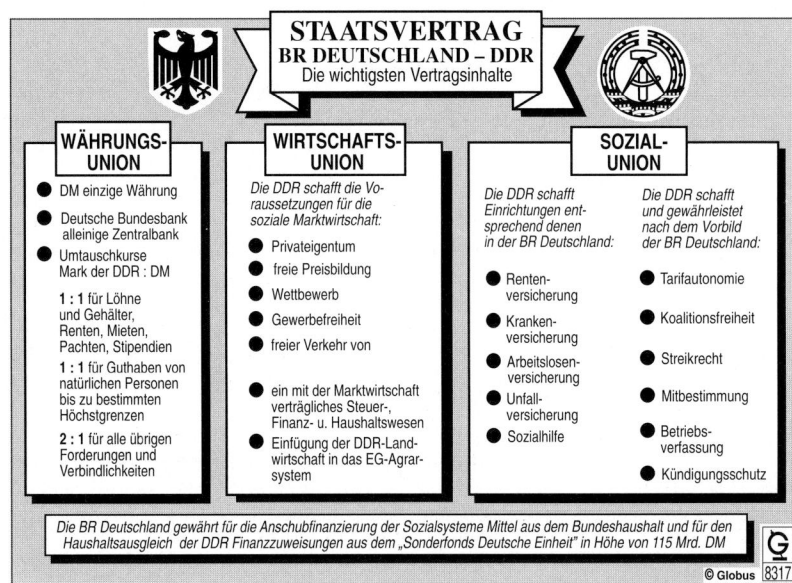

STAATSVERTRAG
BR DEUTSCHLAND – DDR
Die wichtigsten Vertragsinhalte

WÄHRUNGS-UNION
- DM einzige Währung
- Deutsche Bundesbank alleinige Zentralbank
- Umtauschkurse Mark der DDR : DM

1 : 1 für Löhne und Gehälter, Renten, Mieten, Pachten, Stipendien

1 : 1 für Guthaben von natürlichen Personen bis zu bestimmten Höchstgrenzen

2 : 1 für alle übrigen Forderungen und Verbindlichkeiten

WIRTSCHAFTS-UNION
Die DDR schafft die Voraussetzungen für die soziale Marktwirtschaft:
- Privateigentum
- freie Preisbildung
- Wettbewerb
- Gewerbefreiheit
- freier Verkehr von
- ein mit der Marktwirtschaft verträgliches Steuer-, Finanz- u. Haushaltswesen
- Einfügung der DDR-Landwirtschaft in das EG-Agrarsystem

SOZIAL-UNION
Die DDR schafft Einrichtungen entsprechend denen in der BR Deutschland:
- Rentenversicherung
- Krankenversicherung
- Arbeitslosenversicherung
- Unfallversicherung
- Sozialhilfe

Die DDR schafft und gewährleistet nach dem Vorbild der BR Deutschland:
- Tarifautonomie
- Koalitionsfreiheit
- Streikrecht
- Mitbestimmung
- Betriebsverfassung
- Kündigungsschutz

Die BR Deutschland gewährt für die Anschubfinanzierung der Sozialsysteme Mittel aus dem Bundeshaushalt und für den Haushaltsausgleich der DDR Finanzzuweisungen aus dem „Sonderfonds Deutsche Einheit" in Höhe von 115 Mrd. DM

© Globus 8317

B 70 Staatsvertrag zur Wirtschafts-, Währungs- und Sozialunion, 1. Juli 1990

---

rung" schien sie unschlagbar zu sein – und wurde in der einen Frage rasch von der Allianz [= CDU, DSU, DA], in der anderen von der PDS bedrängt. (145)

Q 106 Stichwort aus einem Wörterbuch zur Gemeinschaftskunde
Revolution (lat. „Umwälzung"), gewaltsamer Umsturz zur Beseitigung der bisherigen Staats- und Gesellschaftsordnung. Im Unterschied zum Aufstand, zur Erhebung oder Rebellion (Empörung, Aufbegehren), die nur Auflehnungen gegen Unterdrückung sind, die gegebenen Zustände missbilligen und ihre Verbesserung zum Ziele haben, wird seit der Französischen R. 1789 unter dem Begriff eine radikale Umwälzung verstanden, die den vollständigen Bruch mit der Vergangenheit bedeutet und eine tief greifende Umgestaltung der gesamten politischen, sozialen und wirtschaftlichen Verhältnisse in kurzer Zeit zur Folge hat. (146)

2. „Es wächst zusammen, was zusammen gehört": Der Weg zur Einheit

T 71 Die Umsetzung des Volkswillens in die politische Wirklichkeit
Seit der Maueröffnung am 9. November 1989 dachten die Politiker in Ost und West über eine Vereinigung der beiden Staaten nach. Am aussichtsreichsten schien ein **10-Punkte-Programm** zu sein, das die Regierung **Kohl** entwickelte. Es strebte eine stu-

fenweise Vereinigung an, beginnend mit einer Soforthilfe für die DDR und einer Vertragsgemeinschaft. Im Zusammenhang mit der internationalen Annäherung von Ost und West sah der Plan letztlich eine bundesstaatliche Ordnung für Deutschland vor. Auch die SPD wünschte eine baldige Konföderation, warnte aber aus wirtschaftlichen Gründen vor einer zu raschen Herstellung der Einheit. Selbst Ministerpräsident Modrow (SED) legte einen Stufenplan vor, der westlichen Vorstellungen weitgehend entsprach, jedoch die Selbstständigkeit der DDR nicht beseitigen wollte.
Doch das **Wahlergebnis** vom **18. März 1990** überzeugte jedermann davon, dass die Deutschen der DDR mit überwältigender Mehrheit die Einheit wollten. Daher begannen danach sofort auf den verschiedensten Ebenen Verhandlungen: zum einen zwischen den beiden Regierungen und den Siegermächten des Zweiten Weltkrieges, zum anderen zwischen Wirtschaftsexperten und Juristen in Ost und West. Es mussten die Einwände insbesondere der UdSSR, Frankreichs, Englands und Polens gegen ein vereinigtes Deutschland beseitigt werden. Durch einen Vertrag mit den ehemaligen vier Besatzungsmächten sollte die Einheit hergestellt werden; außerdem mussten die Währungen, die Wirtschafts-, Sozial- und Rechtsordnungen beider Staaten angeglichen werden.
Die Diplomaten arbeiteten zwischen März und Oktober auf Hochtouren. Nachdem beide deutsche Staaten die Oder-Neiße-Grenze als endgültige Ostgrenze Deutschlands akzeptiert hatten und die UdSSR der Zugehörigkeit ganz Deutschlands zur NATO zugestimmt hatte (Verhandlungen zwischen Gorbatschow, Kohl und Genscher im Juli), konnten die Vertragstexte unterzeichnet werden. Am **3. Oktober 1990** trat die DDR dann aufgrund des alten Artikels 23 des GG der Bundesrepublik bei.

238   *Deutschland nach dem Zweiten Weltkrieg*

B 71   Der Zwei-plus-vier-Vertrag (Friedensvertrag), 12. September 1990

© Erich Schmidt Verlag

T 72   31. August 1990: Einigungsvertrag
Er betont die demokratischen, rechtsstaatlichen und sozialen Grundsätze, zollt jenen „dankbaren Respekt …, die auf friedliche Weise der Freiheit zum Durchbruch verholfen haben", bekennt sich zum Aufbau einer europäischen Friedensordnung und bestimmt das Beitrittsdatum 3. Oktober für die neu gebildeten fünf Länder der DDR sowie die östlichen Stadtteile Berlins. Als Hauptstadt wird Berlin festgeschrieben. Außerdem werden die durch die Einheit erforderlichen Veränderungen des Grundgesetzes festgehalten. Ferner wurden viele andere rechtliche Regelungen getroffen, z. B. für den Schwangerschaftsabbruch, der in der DDR wesentlich liberaler gehandhabt worden war als in der Bundesrepublik. Es gab auch Einwände: Der Vertrag bestätige die Enteignungen der UdSSR zwischen 1945 und 1949, er gebe 25 % des deutschen Bodens (der ehemaligen deutschen Ostgebiete in Polen) auf und beseitige viele „sozialistische Errungenschaften" der DDR. Scharfe Kritik kam von den Linken, die in der taz von einem „Staatsliquidations- und Abwicklungsvertrag" sprachen. Dennoch wurde der Vertrag mit den jeweils notwendigen Zweidrittelmehrheiten beschlossen. Nur 47 von 490 Bundestags- und 80 von 299 Volkskammerabgeordneten lehnten ihn ab.

Q 107 Die ehemaligen Staatsführer der vier Großmächte erinnern sich an die Einigung, Herbst 1995
Thatcher (Großbritannien): Im Unterschied zu George Bush war ich von Anfang an gegen die deutsche Wiedervereinigung … Deutschland zu vereinigen hieß, es zur beherrschenden Nation in der Europäischen Gemeinschaft zu machen … Aber in Wirklichkeit wurde die Einigung beschlossen, ohne dass der Rest Europas groß gefragt worden wäre. Eigentlich waren wir verblüfft, dass es geschah … Ich hielt es auch für falsch, dass Ostdeutschland, gegen das wir schließlich gekämpft hatten, sich als erstes der Europäischen Gemeinschaft anschließen sollte, während Polen und die Tschechoslowakei, für die wir in den Krieg gezogen waren, noch warten mussten …

Bush (USA): Um ganz ehrlich zu sein: Wir hatten unsere Differenzen mit Lady Thatcher und François Mitterrand. Vielleicht weil Amerika weit entfernt ist und für sich liegt. Aber ich hatte das Gefühl, die deutsche Wiedervereinigung wäre im fundamentalen Interesse des Westens … Ich war auch überzeugt, dass Helmut Kohl ein vereintes Deutschland nicht aus der NATO herausführen würde. Ich war mir sicher, dass er sich für den Westen und nicht für die Neutralität zwischen NATO und Warschauer Pakt entscheiden würde …

Gorbatschow (UdSSR): Wie Kanzler Kohl nahmen wir ursprünglich an, es werde eine Art Assoziation deutscher Staaten geben, eine Konföderation vielleicht. Dann begann die Geschichte ihre Stimme zu erheben. Plötzlich stellten sich all diese Fragen in einem neuen Rahmen. Wir hatten den Kalten Krieg beendet … Sollte all das aufs Spiel gesetzt werden für den Versuch, das aufzuhalten, was die Deutschen selbst wollten, indem wir Truppen einmarschieren ließen? Nein! Präsident Bush hatte Recht in Bezug auf Deutschland. Die Deutschen hatten demokratische Werte akzeptiert … Sie hatten sich für diese Vergangenheit entschuldigt, und das war sehr wichtig. (147)

1. *Listen Sie die Probleme auf, die die Diplomaten zwischen März und Oktober 1990 zu bewältigen hatten.*
2. *Ordnen Sie den Einigungsprozess in den europa- und weltgeschichtlichen Zusammenhang ein.*

3. Neue deutsche Fragen

B 72 Westliche Morgenröte

B 73 Aschermittwoch

T 73 Die Ernüchterung im Osten seit 1990

1. Die **Treuhandanstalt**, 1990 von der demokratischen, letzten DDR-Regierung gegründet, um die Volkseigenen Betriebe zu verkaufen und eventuelle Gewinne den DDR-Bürgern zukommen zu lassen, fand zwar viele Kunden, doch mancher Verkauf gelang nur zu ungünstigen Konditionen. Insbesondere konnten viele Arbeitsplätze nicht gehalten werden, weil die Handelsverbindungen in die ehemaligen Ostblockstaaten in fast allen Fällen zusammenbrachen und neue Absatzmärkte im Westen nicht gefunden wurden. Bei der Bestandsaufnahme durch die Treuhandanstalt zeigte sich oft genug, dass der Maschinenpark in der DDR so veraltet war, dass sich kein Käufer dafür fand. Nicht zuletzt haben viele westliche Firmen versucht, mögliche östliche Konkurrenten auf dem Markt durch den Aufkauf auszuschalten, so dass auch technisch erhaltenswerte Firmen keine Zukunft mehr hatten. Letztendlich stellte es sich heraus, dass die DDR-Betriebe keinen Gewinn erbrachten, sondern nur Verluste. Die Bilanz der Treuhand, die bis 1994 bestand, weist die Privatisierung von 91 042 Betrieben jeder Art aus. Wurde im Juli 1990 der Besitz auf 600 Mrd. DM geschätzt, so waren es 1994 Schulden von 200 Mrd. DM, die der Bund zu tragen hatte.

2. Obwohl Bundestag und Bundesregierung sowie die Bundesländer, aber auch die westdeutsche Privatwirtschaft die **Umwandlung der Plan- in die soziale Marktwirtschaft** finanziell und ideell unterstützten, traten dennoch sehr viele Probleme für die Menschen in den neuen Bundesländern auf, die auch in den anderen Ostblockländern zu bewältigen waren – und noch sind.

3. Vor allem ergab sich für die Bevölkerung der neuen Bundesländer das Problem der **Arbeitslosigkeit**, das sie zuvor nicht kannte. Insbesondere Frauen und ältere Arbeitnehmer mussten eine deutliche Verschlechterung ihrer sozialen Lage hinnehmen. Dies fällt ihnen besonders schwer, weil sie zu DDR-Zeiten stets gebraucht worden waren. Der Staat hatte immer die Gleichberechtigung der Frauen betont; nun mussten viele erkennen, dass sie auf dem „freien" Arbeitsmarkt kaum noch akzeptiert waren.

4. Viele Menschen wurden auch durch den **Grundsatz „Rückgabe vor Entschädigung"** verunsichert. Denn nicht nur Firmen, sondern auch Häuser und Grundstücke konnten nun von ihren ehemaligen Besitzern wieder zurückverlangt werden. Das führte dazu, dass Tausende von Mietern ihre Häuser und Wohnungen verlassen mussten, obwohl sie z. T. Jahrzehnte in ihnen gewohnt hatten. Wegen großer Rechtsstreitigkeiten konnte der Verkauf des land- und forstwirtschaftlichen Vermögens, das 1945–1949 von den Russen enteignet worden war und das den ehemaligen Besitzern aufgrund der sowjetischen Bedingungen für die Herstellung der Einheit von 1990 nicht zurückgegeben werden durfte, erst 1997 beginnen.

5. Ein besonderes Problem stellte die **Aufarbeitung der Vergangenheit** dar. Die Stasi-Akten, die von einer besonderen Behörde verwaltet werden und die jedermann auf Antrag einsehen kann, verrieten bald, wie schlimm in der DDR-Vergangenheit das Spitzelsystem war. Jetzt erst erfuhr so mancher, dass er jahrelang vom Freund bzw. von der Freundin, z. T. sogar vom Ehepartner ausgehorcht worden war. Gleichzeitig war es für viele ein Ärgernis, wenn „Genossen" bereits nach kurzer Zeit wieder in einer leitenden Position anzutreffen waren.

6. Außerdem stellten nun viele ehemalige DDR-Bürger fest, dass sie auch wirtschaftlich nach der Einigung weiterhin nicht mit den „alten" Bundesbürgern mithalten können. Sie stellten sich die Frage, warum nur sie den Krieg bezahlen sollten, wo doch alle Deutschen gleichermaßen für ihn verantwortlich waren.

7. Nicht zuletzt ärgerte viele Ostdeutsche die angebliche Überheblichkeit der Westdeutschen, die oft genug von ostdeutschen Behörden angefordert wurden, um eine moderne Verwaltung auf-

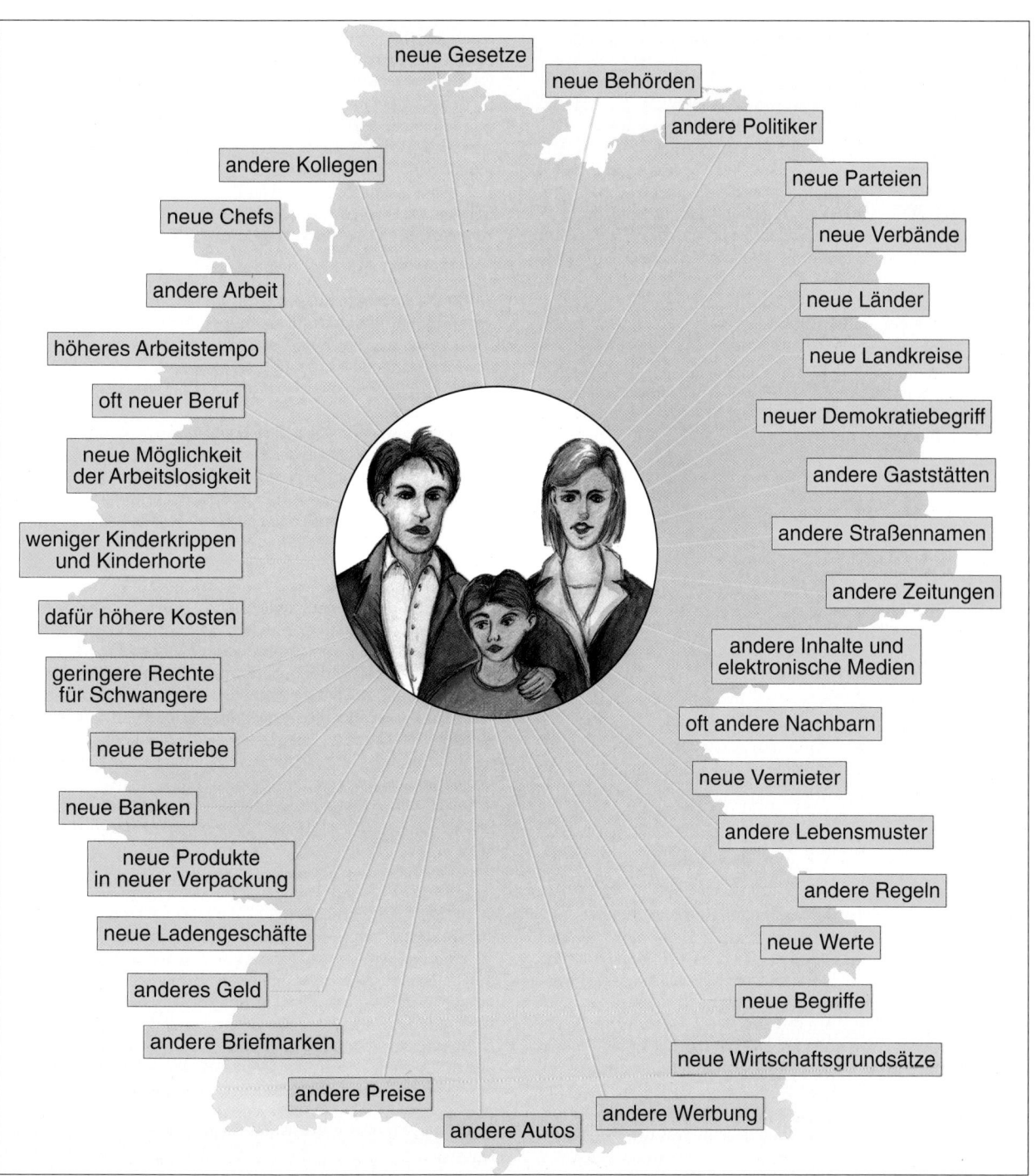

neue Gesetze

neue Behörden

andere Politiker

neue Parteien

andere Kollegen

neue Verbände

neue Chefs

neue Länder

andere Arbeit

neue Landkreise

höheres Arbeitstempo

neuer Demokratiebegriff

oft neuer Beruf

andere Gaststätten

neue Möglichkeit
der Arbeitslosigkeit

andere Straßennamen

weniger Kinderkrippen
und Kinderhorte

andere Zeitungen

dafür höhere Kosten

andere Inhalte und
elektronische Medien

geringere Rechte
für Schwangere

oft andere Nachbarn

neue Betriebe

neue Vermieter

neue Banken

andere Lebensmuster

neue Produkte
in neuer Verpackung

andere Regeln

neue Ladengeschäfte

neue Werte

anderes Geld

neue Begriffe

andere Briefmarken

neue Wirtschaftsgrundsätze

andere Preise

andere Werbung

andere Autos

B 74   Der Ostdeutsche in der neuen Bundesrepublik

zubauen. Umgekehrt bildete sich das Vorurteil, mit den vielen Milliarden Hilfsgeldern lebe der Osten auf Kosten des Westens. Schließlich beklagen sich viele in den östlichen Bundesländern über die Nichtanerkennung jener Leistungen, die man in den 40 Jahren DDR vollbracht hatte, z. B. im sozialen Bereich.
8. Besonders erschreckend war für die Öffentlichkeit im In- und Ausland die Feststellung, dass es im Osten genauso wie im Westen rechtsradikale Gruppierungen gibt, die durch brutale Anschläge z. B. auf Asylantenheime auf sich aufmerksam machen. All diesen Erscheinungen stehen die **positiven Aspekte der Einheit** gegenüber: die rasche Anbindung des Verkehrsnetzes (Straße und Schiene) an den Westen, der schnelle Ausbau des Telefonnetzes, die höheren Renten, die freien Medien, die Reisefreiheit usw. Jahre nach der „Wende" sind die reinere Luft, die besser verputzten Häuser, die Reparatur öffentlicher Gebäude, die Verbesserung von Wohnräumen, das reichliche Angebot in den Läden ohne Engpässe schon so selbstverständlich geworden, dass sie nicht mehr bewusst wahrgenommen werden.

T 74   Bilanz der Treuhandanstalt

Einnahmen (in Mrd. DM)

Erlöse aus dem Verkauf von Unternehmen und Immobilien	68
Verschuldung (Deckung des Finanzbedarfs durch Ausgabe von Anleihen, Obligationen und anderen Finanzpapieren)	275
Summe	343

Ausgaben (in Mrd. DM)

Privatisierungs- und Sanierungskosten	117
Stilllegungskosten	19
Übernahme von Altschulden der Kombinate	80
Zinszahlungen	67
ökologische Altlasten	44
sonstige Ausgaben (Personal, Geschäftsbetrieb, Liegenschaften)	12
gesetzliche Regelungen	4
Summe	343

(148)

Q 108 Zur Finanzierung der deutschen Einheit, 1991
Ökonomisch handelt es sich bei den Kosten der deutschen Einheit um eine Investitionsphase. Ihr wird eine positive Ertragsphase folgen, wenn auch noch nicht vorauszusehen ist, wie lange die Investitionsphase anhält und wann die Ertragsphase einsetzt.
An der Spitze der Ertragslage steht der Wegfall der Kosten für die deutsche Teilung. Rund 400 Mrd. DM hat die Teilung der beiden deutschen Staaten bisher gekostet. Die größte Summe wurde dabei für die Berlinhilfe des Bundes und für die steuerliche Berlinförderung aufgewendet. Weitere Milliardenbeträge wurden für die Zonenrandförderung, den Häftlingsfreikauf oder die Transitpauschale usw. eingesetzt.
Auf der Ertragsseite stehen auch die noch unausgeschöpften Produktivitätspotentiale im Osten. Ihr effektiver Einsatz kann sich in einer gesteigerten Produktion auszahlen, die ihrerseits wiederum eine zusätzliche Nachfrage nach Gütern und Dienstleistungen bewirken wird.
Eine ganz andere Form von Ertrag ist der „Umweltertrag": Die Sanierung der durch die Nachlässigkeit der SED-Herrschaft entstandenen Umweltverschmutzung kommt Bürgern der Bundesrepublik und Europas zugute.
Der höchste Ertrag aber ist die Befreiung der Menschen in der früheren DDR von der 40 Jahre langen Unterdrückung durch das kommunistische Herrschaftssystem. (149)

Q 109 Die doppelte Spaltung Deutschlands: Ergebnisse einer wissenschaftlichen Untersuchung von 1992
Die Menschen in den neuen und alten Bundesländern unterscheiden sich nicht nur in ihren politischen Einstellungen und Wertorientierungen, sondern auch tief greifend im jeweiligen Geschichtsbewusstsein:
– Während im Westen der Nationalsozialismus und die Gründungs- und Aufbauphase der Bundesrepublik die dominanten historischen Epochen im Geschichtsbewusstsein der Menschen darstellen, ist dies im Osten vorrangig die Geschichte der DDR …
– Eine positive Grundeinschätzung der Idee des Sozialismus ist in den neuen Bundesländern noch tief verwurzelt … und führt zu Versuchen, in der untergegangenen DDR verstärkt Positives zu sehen …
[Merkmale im Einzelnen: Im Westen.] … eine positive Grundhaltung zur europäischen Integration, die Lehre „Nie wieder Krieg", die häufige Nennung der deutsch-französischen Freundschaft als wichtige Nachkriegserrungenschaft, die Betonung der Hilfe durch die Amerikaner nach dem Kriegsende und nicht zuletzt das Bewusstsein, dass erst die Demokratie Freiheit und Wohlstand ermöglicht. [Im Osten.] … die mehrheitliche Anerkennung der Erfolge der sozialen Marktwirtschaft als Voraussetzung für die langfristige Identifikation mit der Bundesrepublik, der weit verbreitete Wille, es nun selbst auch zu etwas bringen zu wollen, und das Selbstbewusstsein, die Diktatur aus eigener Kraft mit friedlichen Mitteln gestürzt zu haben. (150)

Q 110 Stimmungsbilder 1996
Die Resultate zahlreicher Meinungsumfragen deuten … auf ein geschärftes Problembewusstsein hin, wobei sich die Einstellungen in Ost und West immer mehr angleichen … Für 81 % der Befragten stellt die Arbeitslosigkeit das größte gesellschaftliche Problem dar und nur 7 % rechnen auf absehbare Zeit mit einer spürbaren Verbesserung der Lage … Der Konjunkturabschwung und die steigenden Erwerbslosenzahlen lösen in weiten Teilen der Bevölkerung Ängste aus, die durch die kontroversen Diskussionen über die soziale Sicherung noch gesteigert werden. Das Vertrauen in die Regelungskompetenz der Politiker sinkt, während das Bewusstsein der eigenen Ohnmacht stärker wird. Ost- und Westdeutsche sind übereinstimmend der Ansicht, dass politische Mitwirkung in der Bundesrepublik Deutschland nur schwer möglich

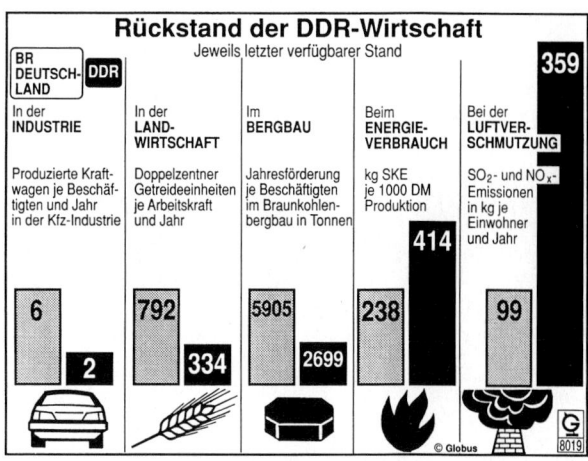

B 75 Bestandsaufnahme 1990

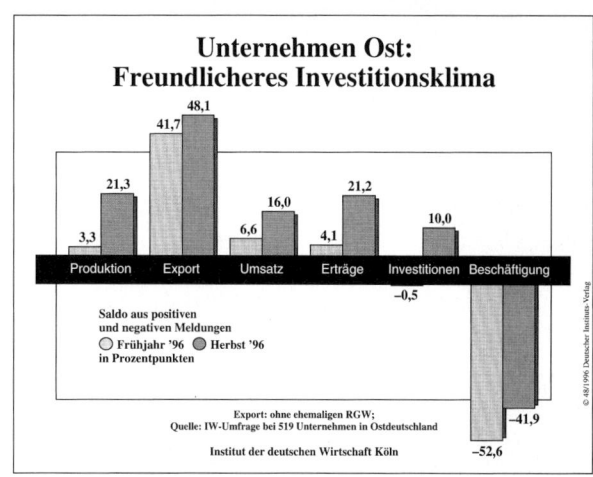

B 76 Konjunkturerwartungen ostdeutscher Unternehmen für 1997

sei … In der Tat ist [im Osten] eine weit verbreitete Skepsis gegenüber dem System der Bundesrepublik unverkennbar. 1990 lag die positive Bewertung bei 51, fünf Jahre später nur noch bei 33 %. Ein weiteres Drittel der [von Infratest] befragten Ostdeutschen meinte 1995, weder das neue noch das alte Staatswesen überzeuge, während mit 22 % genau doppelt so viele wie 1990 in der Rückschau dem System der DDR den Vorzug einräumten. Im Westen dagegen bejahten 86 % prinzipiell die rechtlichen und politischen Grundlagen der Bundesrepublik. (151)

Der politische Alltag wurde 1996/97 immer weniger von Maßnahmen zur Überwindung der Teilung bestimmt. Im Vordergrund standen dagegen die Probleme der Massenarbeitslosigkeit, Steuer- und Rentenreform, Sparmaßnahmen zur Überwindung des Defizits in den öffentlichen Kassen u. a. Dabei wurde vor Sozial- und Personalabbau nicht zurückgeschreckt.

1. Vergleichen Sie die Probleme in Ostdeutschland seit 1990 mit denen in Russland (s. S. 171 ff.).
2. Setzen Sie sich mit den Sorgen der Ostdeutschen (T 73) im Zusammenhang mit Q 108 auseinander. Ziehen Sie dazu auch die Bundestagswahlergebnisse (B 22) heran und beachten Sie insbesondere den Stimmenanteil der PDS.
3. Fassen Sie die Probleme zusammen, vor denen Staat, Wirtschaft und Gesellschaft in der Mitte der 90er Jahre standen, und überlegen Sie, wie sich insbesondere die Pläne für einen europäischen Zusammenschluss auswirkten.
4. Überprüfen Sie die Umfrageergebnisse zum politischen und historischen Bewusstsein der Deutschen von 1992 und 1996 (Q 109 und 110). Sind sie Ihrer Meinung nach heute noch gültig?
5. Bestimmen Sie die neue Rolle Deutschlands nach der „Wende“ in der Weltpolitik. Ziehen Sie dazu folgende Materialien heran: B 31, S. 126; Q 54, S. 127; T 48, S. 174 f.; Q 21, S. 262 ff. und Q 13, S. 332.
6. Bewerten Sie die Einheit und nehmen Sie Stellung zu der Frage, ob sie eine Vereinigung von zwei ungleichen Landesteilen oder ein Anschluss der DDR an die Bundesrepublik war.

1.   Deutschland und Polen

B 77   Abtransport überlebender Juden des Warschauer Gettos in die Vernichtungslager

B 78   Warschau, 1944

B 79   Bundeskanzler Brandt vor dem Mahnmal im ehemaligen Warschauer Getto, 1970

B 80   Treffen Bundeskanzler Kohls mit dem polnischen Ministerpräsidenten Mazowiecki auf Gut Kreisau, November 1989

Ordnen Sie B 77–80 in die Geschichte der deutsch-polnischen Beziehungen zwischen 1939 und 1996 ein und ziehen Sie noch B 1 heran.

T 75 Deutsche und Polen in der Geschichte – ein Überblick

a) Eine lange Vorgeschichte: 1815–1945

Nachdem Polen dreimal (1772, 1793 und 1795) zwischen Preußen, Russland und Österreich aufgeteilt worden war, blieb es auch nach der Neuordnung Europas 1815 geteilt.

Aufstände 1830/31, 1846 und 1848 zur Wiederherstellung der nationalen Einheit entfachten unter den europäischen Liberalen und Demokraten eine Polenbegeisterung; die konservativen Regierungen der Teilungsmächte aber verschärften ihre Unterdrückungsmaßnahmen. Als 1863/64 auch der große Aufstand gegen die Russifizierungspolitik des Zaren gescheitert war, wandte sich die polnische Nationalbewegung dem Kampf um die nationale Selbsterhaltung durch Pflege ihrer Kultur, ihrer Sprache, ihrer katholischen Konfession und der Erhaltung ihres Grundbesitzes zu. In den Provinzen Posen und Westpreußen stieß dieser Kampf mit der preußisch-deutschen Ostmarkenpolitik zusammen: 1873 wurde Deutsch Unterrichtssprache für polnische Schüler, 1876 einzige Behördensprache. Seit 1886 kaufte der preußische Staat polnischen Grundbesitz auf oder er konfiszierte und verteilte ihn seit 1908 an deutsche Siedler.

Nach dem Ersten Weltkrieg entstand der polnische Staat neu. Im **Vertrag von Versailles** 1919 erhielt Polen Galizien, den größten Teil Westpreußens und fast ganz Posen; dadurch war Ostpreußen vom deutschen Reichsgebiet abgetrennt. Danzig kam als Freie Stadt unter die Verwaltung des Völkerbundes. Oberschlesien, wo die Abstimmung 1921 eine deutsche Mehrheit ergab, wurde zwischen Polen und Deutschland geteilt. Die Ostgrenze wurde 1921 nach wechselvollen Kämpfen zwischen Polen und Sowjetrussland festgelegt. Im neuen Polen lebten rund 1,7 Mio. Deutsche, von denen bis 1921/22 etwa ein Drittel, teilweise unter polnischem Druck, nach Deutschland abwanderte. Die deutsch-polnischen Beziehungen litten seitdem unter der polnischen Minderheitenpolitik und der Weigerung der Weimarer Republik, die polnische Westgrenze zu garantieren. Ein Schiedsvertrag 1925 sollte die gewaltsame Veränderung der gemeinsamen Grenze verhindern. 1934 wurde mit Deutschland ein Nichtangriffsabkommen abgeschlossen. **Hitlers Nichtangriffspakt mit der Sowjetunion** sah eine erneute Teilung Polens vor. Am 1. September 1939 begann mit dem **Überfall auf Polen** der Zweite Weltkrieg. Danzig und die bis 1921 von Deutschland abgetrennten Gebiete wurden wieder in das Deutsche Reich eingegliedert, „Restpolen" als „Nebenland des Reiches" zum Generalgouvernement erklärt. Die Sowjetunion nahm die ihr nach dem Hitler-Stalin-Pakt zufallenden Gebiete Polens in Besitz und gliederte sie in die Weißrussische und Ukrainische Sowjetrepublik ein. Sie tötete viele von der dortigen polnischen Führungsschicht; ihre Gräber wurden 1943 bei Katyn gefunden. Ca. 1,5 Mio. Polen wurden zur Zwangsarbeit nach Sibirien verschleppt.

Mit der **Versklavung der Polen** und der Vernichtungspolitik der Deutschen gegen die polnische Intelligenz begann auch die **Ausrottung der Juden**. Der Unterbringung in Gettos und Arbeitslagern folgten Massenverhaftungen, Erschießungen und Verfolgungen. Seit 1942 wurden die Juden in den KZs Auschwitz, Chelmno, Treblinka, Sobibor und Belzec vergast. Verschiedene polnische Untergrundbewegungen bekämpften die deutsche Besatzung. Im **Warschauer Getto**, in dem mehr als 400 000 Menschen zusammengepfercht unter unmenschlichen Bedingungen existieren mussten, begann 1943 ein Aufstand gegen die Transporte in die Vernichtungslager. Alle Aufständischen wurden vernichtet, das Getto niedergebrannt. Am 31. Juli 1944, als die Rote Armee bereits unmittelbar vor Warschau stand, wagte die polnische Heimatarmee in Warschau den **Aufstand** – er wurde aber niedergeschlagen. Die einmal 950 000 Einwohner zählende polnische Hauptstadt wurde dem Erdboden gleichgemacht. Erst Anfang 1945 nahmen sie Sowjettruppen ein.

Während des Zweiten Weltkriegs verloren durch Kriegsereignisse, Deportationen und Vernichtungsmaßnahmen, durch Hunger und Seuchen ca. 6 Mio. Polen – einschließlich polnischer Juden – ihr Leben. Darüber hinaus wurden durch die Zwangsumsiedlungen unter Hitler und Stalin Millionen Polen sozial entwurzelt, Hunderttausende erlitten als Zwangsarbeiter oder in den medizinischen Versuchslabors der Konzentrationslager bleibende gesundheitliche Schäden. Erfahrenes Leid führte bei vielen zu Hass und Rachegefühlen, insbesondere gegen die Deutschen.

b) Von 1945 bis 1970

Seit dem Angriff Hitlers auf die Sowjetunion 1941 hoffte die demokratisch gewählte polnische Exilregierung in London, Stalin werde von den Grenzziehungen des deutsch-sowjetischen Vertrages von 1939 abrücken. Doch Stalin setzte bei den Westmächten seinen Kompensationsplan durch, der 1945 auf der **Konferenz von Potsdam** endgültig beschlossen wurde. Durch „Westverschiebung" verlor Polen seine östlichen Gebiete an die Sowjetunion und bekam dafür die östlich von Oder und Neiße gelegenen deutschen Ostgebiete.

Auf Druck der Sowjetunion wurde Polen zu einer **Volksrepublik** unter Führung der kommunistischen Partei umgestaltet. Die Nationalkommunisten unter Gomulka, die für einen vorsichtigen Gesellschaftsumbau unter Berücksichtigung der traditionell engen Bindung der Polen an die katholische Kirche eintraten, ersetzte man durch harte Stalinisten. Industrie und Banken wurden verstaatlicht. Nach der Bodenreform erfolgte eine Zwangskollektivierung in der Landwirtschaft, die aber nicht produktiv arbeitete. Mit politischen „Säuberungen" und Schauprozessen, z. B. gegen Kirchenleute, wollte man die Massen einschüchtern. Durch Aufnahme in den Rat für gegenseitige Wirtschaftshilfe 1949 und in den **Warschauer Militärpakt** wurde Polen gänzlich in den sowjetisch beherrschten Ostblock eingegliedert.

In der Verfassung der Volksrepublik Polen von 1952 wurden die ehemaligen deutschen Ostgebiete als „wiedergewonnene Länder" bezeichnet, die „auf ewige Zeiten" zu Polen „zurückgekehrt" sind. In ihnen wurden Polen aus dem Innern des Landes und aus den an die UdSSR abgetretenen Territorien angesiedelt. Offiziell wohnten hier keine Deutschen mehr. Der polnische Staatsrat erklärte 1955, dass der Kriegszustand „zwischen der Volksrepublik Polen und Deutschland" beendet sei und dass zu Deutschland „friedliche Beziehungen hergestellt werden sollen".

Polens katholische Kirche bezog einerseits die Ostgebiete in ihre Kirchenorganisation ein und formierte andererseits einen geistig-nationalen Widerstand gegen das Regime. Im Zuge der Entstalinisierung wagten die Polen offen, die Erhöhung der Arbeitsnormen und die Mängel in der Versorgung zu kritisieren. Der Protest eskalierte **1956 in Posen und Warschau zum Aufstand** gegen das kommunistische System und die Sowjetunion, der von der Armee blutig niedergeschlagen wurde. Die Kommunisten mussten Gomulka die Führung der Partei und des Staates übertragen, aber von den Hoffnungen auf einen „polnischen Weg zum Sozialismus" (z. B. mehr Mitbestimmung der Arbeiter, durch materielle Anreize mehr Leistung und bessere Versorgung der Bevölkerung) wurde nur die Abkehr von der Zwangskollektivierung der Landwirtschaft verwirklicht.

Der Einladungsbrief der polnischen Bischöfe zur 1000-Jahrfeier der Christianisierung Polens an ihre deutschen Amtsbrüder führte zum offenen Konflikt mit dem Staat. Die Bischöfe beklagten darin das Leid, „das sich Deutsche und Polen gegenseitig zugefügt haben" und erklärten, dass sie „Vergebung gewähren und um Vergebung bitten". Die Formel des deutschen Außenministers Brandt von der „Anerkennung bzw. Respektierung der Oder-Neiße-Grenze bis zur friedensvertraglichen Regelung" genügte der polnischen Regierung 1968 zunächst nicht. Aber am 7. Dezember 1970 schloss sie mit der Bundesrepublik den **Warschauer Vertrag**.

T 76   Polen von 1919 bis heute (Fläche in 1 000 qkm, Einwohner in Mio.)

	1919 (geschätzt)	1921/22	1939	1945	1993 (geschätzt)
Fläche	209	388	388	312	312
Einwohner	21,0	27,3	36,0	24,0	38,3
Polen		18,5	24,8	18,8	37,3
Ukrainer, Weiß- und Großrussen		5,0	7,0		0,5
Juden		2,4	3,0	0,03	0,003
Deutsche	1,7	1,1	0,9	5,0	0,5
Sonstige		0,3	0,3		0,05

Untersuchen Sie die Zusammenhänge zwischen den territorialen Veränderungen, der Bevölkerungsentwicklung und der Geschichte Polens anhand von K 4, T 75 und 76.

T 77   Bevölkerungsentwicklung und Wirtschaft in den heutigen polnischen Westgebieten

In den westlichen Verwaltungsgebieten lebten 1946 rund 5 Mio., 1970 rund 8,5 Mio. Menschen (96,7 % von 1939). Zwischen 1945 und 1970 sind 4,9 Mio. Menschen hier geboren. 1968 stammten 30 % der polnischen Industrieproduktion, 40 % der Kartoffelernte, 46 % der Getreideernte und 30 % der Milchproduktion aus diesen Gebieten.

K 4   Polen

1. Beschreiben Sie die Veränderungen in der geographischen Lage Polens bis heute und ermitteln Sie die Ursachen hierfür.
2. Zeigen Sie für die Phase 1945–1950 die Auswirkungen der Veränderungen auf die Menschen der verschiedenen Nationalitäten.
3. Stellen Sie die aus diesen Veränderungen resultierenden Probleme aus polnischer und aus deutscher Sicht dar.

Q 111 Umstrittene Oder-Neiße-Linie

a) Görlitzer Vertrag zwischen Polen und der DDR, 6. Juli 1950
[Polen und die DDR anerkennen] ..., dass die [in Potsdam] festgelegte und bestehende Grenze unantastbar ... Staatsgrenze zwischen Polen und Deutschland ... [ist]. (152)

b) Erklärung des Alterspräsidenten Paul Löbe im Namen des Bundestages (außer KPD), 13. Juni 1950
Gemäß dem Potsdamer Abkommen ist das Gebiet östlich von Oder und Neiße ... der Republik Polen nur zur einstweiligen Verwaltung übergeben worden ... Niemand hat das Recht, aus eigener Machtvollkommenheit Land und Leute preiszugeben und eine Politik des Verzichtes zu treiben. Die Regelung ... aller Grenzfragen Deutschlands ... kann nur durch einen Friedensvertrag erfolgen, der von einer demokratisch gewählten deutschen Regierung ... geschlossen werden muss. (153)

Q 112 Charta der Heimatvertriebenen, 5. August 1950
1. Wir Heimatvertriebenen verzichten auf Rache und Vergeltung ... im Gedenken an das unendliche Leid, welches im Besonderen das

B 81 Egerländer Bauernhöfe in Unter-Losau. Zwei Beispiele: Für ein zweigeschossiges Einfamilienhaus auf einem Grundstück von 5 a, das einem Ehepaar gemeinsam gehörte (Wert am 1. Januar 1945: 180 000 tschechische Kronen), wurde ein Ersatzeinheitswert von 9 500 RM errechnet. Mit einem zehnprozentigen Zuschlag und nach Aufrundung erhielt das Ehepaar 10 460 DM als Entschädigung für den Verlust des Hauses zugesprochen.

B 82 Neubausiedlung für Flüchtlinge und Vertriebene im Münchener Norden, um 1952/53. Für einen landwirtschaftlichen Besitz von 13,11 ha + 5 ha Pachtland mit lebendem und totem Inventar, einem Wohnhaus mit Einrichtung und Hausrat errechnete man einen Vertreibungsschaden nach dem Verkehrswert von 1970 in Höhe von 365 325 DM. Dafür wurde eine Entschädigung von insgesamt 16 880 DM gezahlt, also 4,62% des Gesamtschadens. (155)

Vergleichen Sie die Lebensverhältnisse von Flüchtlingen und Vertriebenen in ihrer alten mit denen in ihrer neuen Heimat. S. auch Q 47.

letzte Jahrzehnt über die Menschheit gebracht hat … 3. … Wir haben unsere Heimat verloren. Heimatlose sind Flüchtlinge auf dieser Erde … Daher fühlen wir uns berufen zu verlangen, dass das Recht auf Heimat als eines der von Gott geschenkten Grundrechte der Menschheit anerkannt und verwirklicht wird. (154)

1. Vergleichen Sie die Auslegungen des Potsdamer Abkommens in Polen, in der DDR und in der Bundesrepublik. Stellen Sie diese in den Zusammenhang des damaligen Ost-West-Verhältnisses.
2. Bewerten Sie die Charta der Heimatvertriebenen aus der Situation von 1950.
3. Beurteilen Sie das von den Deutschen reklamierte Grundrechtz auf Heimat aus polnischer Sicht.

Q 113 Der Warschauer Vertrag, 7. Dezember 1970
Die Bundesrepublik Deutschland und die Volksrepublik Polen …, eingedenk dessen, dass in beiden Ländern inzwischen eine neue Generation herangewachsen ist, der eine friedliche Zukunft gesichert werden soll …, in dem Bestreben, den Frieden und die Sicherheit in Europa zu festigen …, sind … übereingekommen:
Artikel I (1) [Beide Staaten] stellen übereinstimmend fest, dass die bestehende Grenzlinie [der] Potsdamer Konferenz … die westliche Staatsgrenze der Volksrepublik Polen bildet.
(2) Sie bekräftigen die Unverletzlichkeit ihrer bestehenden Grenzen … und verpflichten sich gegenseitig zur uneingeschränkten Achtung ihrer territorialen Integrität.
(3) …, dass sie gegeneinander keinerlei Gebietsansprüche haben und … nicht erheben werden.

Artikel II (2) … alle ihre Streitfragen ausschließlich mit friedlichen Mitteln lösen und sich … der … Anwendung von Gewalt enthalten.
Artikel III (1) [Sie] werden weitere Schritte zur vollen Normalisierung und umfassenden Entwicklung ihrer gegenseitigen Beziehungen unternehmen …
Artikel IV Dieser Vertrag berührt nicht die von den Parteien früher geschlossenen oder sie betreffenden zweiseitigen oder mehrseitigen internationalen Vereinbarungen … (156)

1. Bestimmen Sie die Kernpunkte des Vertrages.
2. Wegen Art. I und IV kam es in der Bundesrepublik zu heftigen Auseinandersetzungen; sogar das Bundesverfassungsgericht wurde angerufen. Formulieren Sie die Problematik, indem Sie den Vertrag mit dem Potsdamer Abkommen vergleichen.
3. Diskutieren Sie, wem der Vertrag mehr Vorteile verschafft: der Volksrepublik Polen oder der Bundesrepublik. Für die Beurteilung der polnischen Interessen s. T 75b.

Q 114 Entschließungsantrag der Fraktionen der CDU/CSU, SPD und FDP, 10. Mai 1972
Die Verträge [gehen] … von den heute tatsächlich bestehenden Grenzen aus, deren … einseitige Änderung sie ausschließen. Die Verträge nehmen eine friedensvertragliche Regelung für Deutschland nicht vorweg und schaffen keine Rechtsgrundlage für die heute bestehenden Grenzen. Das … Recht auf Selbstbestimmung wird durch die Verträge nicht berührt … Eine friedliche Wiederherstellung der nationalen Einheit im europäischen Rahmen … steht nicht im Widerspruch zu den Verträgen, die die Lösung der deut-

schen Frage nicht präjudizieren [vorwegnehmen] . Mit der Forderung auf Verwirklichung des Selbstbestimmungsrechts erhebt die Bundesrepublik Deutschland keinen Gebiets- und Grenzänderungsanspruch. (157)

1. Arbeiten Sie die Klarstellungen des Entschließungsantrages im Bezug auf den Warschauer Vertrag heraus.
2. Ordnen Sie den Warschauer Vertrag in die internationale Politik und in die Deutschlandpolitik der damaligen Zeit ein.

T 78   Zum Problem der Deutschen in Polen von 1945 bis 1970

Gemäß der 1945 in Potsdam beschlossenen „Westverschiebung" Polens sollten die „in Polen" zurückgebliebenen Deutschen „in ordnungsgemäßer und humaner Weise" nach Deutschland „überführt" werden. Angesichts der zurückweichenden Front wurden ca. 20 % der deutschen Bevölkerung evakuiert und ungefähr 35 % flohen. Auf Anordnung des polnischen „Ministeriums für die wiedergewonnenen Gebiete" wurden zwischen 1945 und 1950 ca. 3,5 Mio. Deutsche enteignet, geschlossen in Güterwagentransporten ausgesiedelt oder familienweise von ihren Höfen vertrieben. Nach deutschen Schätzungen blieb etwas mehr als eine Million Deutscher in der Heimat zurück oder wurde insbesondere im oberschlesischen Revier wegen ihrer fachlichen Arbeitskraft festgehalten. Die Polen nannten diese „autochthon oder repolonisierungsfähig", weil viele einen polnischen Dialekt sprachen. Manche ließen sich als Polen „verifizieren". 1951 bekamen alle auch ohne Antrag die polnische Staatsangehörigkeit. Im agrarischen Niederschlesien und in Hinterpommern wurden 250 000 als deutsche Minderheit anerkannt und konnten die deutsche Sprache und Kultur in eigenen Schulen und Zeitungen pflegen. In den Jahren 1955–1959 durften durch Vermittlung des Roten Kreuzes rund 300 000 Deutsche wegen „Familienzusammenführung" nach Deutschland ausreisen. Die offizielle Sprachregelung aber lautete, dass es in Polen keine Deutschen mehr gebe.

Q 115 Auswirkungen der deutsch-polnischen Verträge von 1970

Außenminister Genscher und sein polnischer Amtskollege unterzeichnen in Warschau ein Protokoll, das 120 000 bis 125 000 deutschstämmige Polen in den nächsten vier Jahren die Ausreise aus Polen ermöglichen soll. Im Gegenzug gewährt Bonn Warschau einen zinsverbilligten Kredit von 1 Mrd. DM und zahlt … zur pauschalen Abgeltung von Rentenansprüchen polnischer Staatsbürger aus der Kriegszeit 1,3 Mrd. DM … Der Kredit wird … mit 2,5 % verzinst. Die Rückzahlung … erfolgt in 20 gleichen Jahresraten, beginnend im Jahre 1980. (158)
Zwischen 1976 und 1991 kamen ca. 950 000 Aussiedler in die Bundesrepublik. Die Schätzungen über die Größe der verbliebenen deutschen Minderheit schwanken stark: nach polnischen Angaben zwischen 0,3 bis 0,5 Mio., nach deutschen zwischen 0,5 und 1,5 Mio. Die Zahlenangaben divergieren u. a. wegen des unterschiedlichen Verständnisses der Staatszugehörigkeit. Nach Art. 116 GG gelten als Deutsche auch alle „Abkömmlinge" von

Personen, die auf dem Gebiet des Deutschen Reiches nach dem Stand vom 31. Dezember 1937 gelebt haben.

1. Bestimmen Sie die Absichten, die Polen in den verschiedenen Phasen in der Frage der Deutschen in Polen verfolgte.
2. Stellen Sie fest, wie sich die Verträge von 1970 auf die Entwicklung der Aussiedlerzahlen auswirkten. Suchen Sie nach Gründen für das jeweilige Verhalten der Deutschen in Polen.

T 79   Polen 1970–1998

Weil die Produktivität immer mehr sank, verfügte Parteichef Gomulka im **Dezember 1970** die Erhöhung der Preise und Arbeitsnormen. Dagegen brachen landesweit Arbeiterstreiks aus; ein Zentrum lag in der **Danziger Lenin-Werft**, wo der 27-jährige Elektromonteur Lech Wałesa Vorsitzender des Streikkomitees war. Die Unruhen, bei denen auch Parteihäuser gestürmt und angezündet wurden, ließ Gomulka blutig niederschlagen. Sein Nachfolger Gierek versprach, die Politik stärker an den Konsumbedürfnissen der Bevölkerung auszurichten. Um die Produktivität zu steigern, sollten westliche Maschinen und Lizenzen gekauft werden; die dafür notwendigen Devisen lieh man sich im Westen, so dass die Verschuldung bis 1980 auf 25 Mrd. US-Dollar stieg. Die Planbürokratie war mit dem Mitteleinsatz völlig überfordert, beträchtliche Gelder flossen in die Rüstung und Versorgung der Funktionäre mit Westgütern, kaum etwas in die Wirtschaft. Die 1976 aufgrund drastischer Preiserhöhungen (z. B. für Fleisch 60 %) wieder losbrechenden Unruhen beantwortete die Regierung mit Entlassungen und Verhaftungen: Aber die Oppositionellen nahmen die Brutalität der Polizei und die Willkür der Justiz nicht mehr hin. Sie beriefen sich auf die 1975 auch von Polen unterzeichnete KSZE-Schlussakte und gründeten Bürgerrechtsbewegungen, wie das Menschenrechts-„Komitee zur Verteidigung der Arbeiter" (KOR). Sie organisierten sich im Untergrund, d. h. meist unter dem Dach der Kirche, und verbreiteten Nachrichten und Ideen in Druckerzeugnissen geheimer Selbstverlage („Samisdat"). Die Wahl des Krakauer Erzbischofs Wojtyla zum Papst 1978 und seine drei Reisen nach Polen gaben der national-religiösen Opposition einen enormen Auftrieb. Die Streikkomitees schlossen sich unter Führung Wałesas 1980 zu der bald 10 Mio. Mitglieder umfassenden **Gewerkschaft „Solidarnośċ"** (dt. „Solidarität") zusammen. Ihre Forderungen nach politischem Pluralismus, Meinungsfreiheit, freien Wahlen, Arbeiterselbstverwaltung stellten das kommunistische System selbst in Frage. Staats- und Parteichef General Jaruzelski verhängte 1981 das **Kriegsrecht** (bis 1983). Die Armee übernahm die Macht und verbot Solidarnośċ; Wałesa, dem 1983 der Friedensnobelpreis verliehen worden war, kam unter Hausarrest. Jaruzelskis Plan eines nationalen Solidarpakts zur Überwindung der Wirtschaftskrise mit der Aussicht auf eine „tiefere Demokratisierung des politischen Lebens" fand bei der Volksabstimmung keine Mehrheit. Die Polen wollten nicht mehr nur eine Beschränkung der alten Machtstrukturen, sondern deren Abschaffung.
Anfang 1989 war die Wirtschaftslage katastrophal, die Inflation lag bei 240 %, die Auslandsverschuldung bei 45 Mrd. US-Dollar

(das waren 80 % des Bruttoinlandsprodukts). Kostenlose Nahrungshilfe aus dem Westen war erforderlich. Da keine Aussicht auf Änderung der Versorgungslage bestand, lud Jaruzelski im Februar 1989 25 Oppositionelle, wie den Primas der Kirche und Wałesa, an den 57 Teilnehmer umfassenden **„Runden Tisch"**. Dieser schloss einen Gesellschaftsvertrag. Wałesa sorgte für das Ende der Streiks, die KP gestand eine umfassende Verfassungs- und Gesellschaftsreform zu: Ausarbeitung einer Verfassung, freie Wahlen, freiheitliche Grundrechte, wozu freies Eigentum gehörte, und ein starkes Präsidentenamt.

Solidarność errang bei den nach einer Quotenregelung durchgeführten Parlamentswahlen fast alle der 35 % frei zu wählenden Sitze; der kommunistische Ministerpräsident trat zurück. Das Parlament („Sejm") wählte 1989 den Chefredakteur der Solidarność-Zeitung Tadeusz **Mazowiecki** zum **ersten nichtkommunistischen Ministerpräsidenten** einer Mehrparteienregierung in Osteuropa. Die KP behielt aber die Ministerien für Inneres und Verteidigung. Das Parlament erklärte den Kommunismus für gescheitert und strich ihren Führungsanspruch aus der Verfassung. Im Dezember **1990** wurde **Wałesa** zum **polnischen Staatspräsidenten** gewählt.

Polen wurde zum Vorreiter des Übergangs zur freien Marktwirtschaft. Der Finanzminister verordnete eine „Schocktherapie": forcierte Privatisierung, Abbau staatlicher Subventionen, Freigabe der Preise auch für landwirtschaftliche Produkte usw. 1991 schloss Polen das sog. Europaabkommen für eine sukzessive Assoziierung Polens mit der EU und trat dem Europarat bei. Die westlichen Hauptgläubigerstaaten haben ca. 60 % der polnischen Auslandsschulden erlassen.

Bei der wirtschaftlichen Umgestaltung setzt Polen stark auf die Hilfe der Bundesrepublik. Gleichzeitig mahnt es erneut eine baldige „würdige Lösung" der Entschädigungsfrage für polnische Nazi-Opfer an. Seit dem Abzug der russischen Truppen 1993 beansprucht Polen gegenüber Russland die volle Gleichberechtigung, die Aufhebung der für Polen nachteiligen Zahlungsbedingungen im Import/Export und die Aufarbeitung der „weißen Flecken" in der sowjetisch-polnischen Geschichte, wozu auch Schadenersatz für polnische Zwangsarbeiter in der UdSSR gehört. Während mit der Ukrainischen Republik Regelungen für die polnische Minderheit gelangen, steht diese mit Weißrussland und wegen historischer Belastungen vor allem mit Litauen noch aus. Unter dem starken Assimilationsdruck der kommunistischen Regierungen traten die Probleme der nationalen Minderheiten in Polen kaum zu Tage. Jetzt fordern Deutsche z. B. die Aufhebung der Enteignungsgesetze, Juden die Aufarbeitung von antisemitischen Erscheinungen in Polen (z. B. anlässlich des 50. Jahrestages der Öffnung des KZ Auschwitz 1995).

Da sich der Sejm immer noch nicht auf eine Verfassung einigen konnte, nutzte dies Präsident Wałesa aus, als bei den Wahlen von 1993 eine linke Mehrheit im Parlament zustande kam. Er wollte z. B. die vom Sejm gewählte Regierung nicht berufen und beschlossene Gesetze nicht unterzeichnen, da sie seiner Meinung nach Polens Weg in die Marktwirtschaft behinderten. Von den über 8 800 Staatsbetrieben konnten bisher nur 1 300 privatisiert

werden. Trotz massiver Unterstützung durch die katholische Kirche unterlag Wałesa bei der Präsidentenwahl 1995 dem ehemaligen Kommunisten Kwasniewski, der aber wie sein Vorgänger auch zusammen mit anderen Ostblockstaaten eine Mitgliedschaft in der NATO und in der EU anstrebt.

Q 116 Aus dem „Vertrag über gute Nachbarschaft und freundschaftliche Zusammenarbeit" mit Deutschland, 17. Juni 1991

Die Bundesrepublik Deutschland und die Republik Polen, in dem Bestreben, die leidvollen Kapitel der Vergangenheit abzuschließen, und entschlossen, an die guten Traditionen ... in der jahrhundertelangen Geschichte Deutschlands und Polens anzuknüpfen, ... sind ... übereingekommen:

Artikel 8 (2) Mit dem Abschluss eines Assoziierungsabkommens ... [wird die] politische und wirtschaftliche Heranführung der Republik Polen an die Europäische Gemeinschaft ... von der Bundesrepublik Deutschland im Rahmen ihrer Möglichkeiten nach Kräften gefördert.

Artikel 20 (1) Die Angehörigen der deutschen Minderheit in der Republik Polen ... sowie Personen deutscher Staatsangehörigkeit in der Bundesrepublik ..., die polnischer Abstammung sind oder die sich zur polnischen Sprache, Kultur und Tradition bekennen, haben das Recht ..., ihre ethnische, kulturelle, sprachliche und religiöse Identität frei zum Ausdruck zu bringen, zu bewahren und weiterzuentwickeln, frei von jeglichen Versuchen, gegen ihren Willen assimiliert zu werden.

Dem Vertrag angeschlossen sind gleichlautende Briefe der Außenminister beider Länder. Darin heißt es u. a.: Die polnische Regierung sieht sich nicht imstande, offiziell auch die deutschen topographischen Bezeichnungen in den Gebieten der deutschen Minderheit zuzulassen. Beide Seiten erklären, dass der Vertrag sich nicht mit Fragen der Staatsangehörigkeit und des Vermögens befasst. (159)

1. *Vergleichen Sie die Verträge von 1970 und 1991 miteinander unter dem Gesichtspunkt Kontinuität und Wandel. Fassen Sie zusammen, welche innenpolitischen und internationalen Rahmenbedingungen den Abschluss und den Inhalt der Verträge bestimmt haben.*
2. *Nennen Sie die Probleme, die zwischen beiden Staaten weiter existieren, und suchen Sie nach Gründen und Lösungen.*

Q 117 Stimmen zum Stand der deutsch-polnischen Beziehungen

a) Aus der Rede des Außenministers Bartoszewski bei der Gedenkstunde von Bundestag und Bundesrat zur Beendigung des Zweiten Weltkriegs, 28. April 1995

Der Umbruch von 1989 schaffte Möglichkeiten für eine offene politische Diskussion. Da man nun über das Schicksal der Aussiedler aus Wilna und Lemberg sprechen darf, ist es auch leichter, die menschliche Dimension des Dramas der Aussiedlungen aus Breslau und Stettin zu erblicken. Die rechtlich-politische Regelung der Probleme der Vereinigung Deutschlands und seiner Grenzen bewirkte, dass heute ein Gespräch über die „verlorene Heimat" keinerlei Befürchtungen um die Friedensordnung in Europa hervorrufen muss. Der Begriff Europa lässt sich nicht auf den rein geographischen Terminus verengen. Europa, das bedeutet vor allem die Freiheit der Person, die Menschenrechte – politische und ökonomische. Das ist eine demokratische und von Bürgern getragene Ordnung, … Wirtschaft, die sich auf individuelles Unternehmertum und Initiative stützt. Die Zugehörigkeit zu den europäischen Werten, die ebenfalls unsere Kernwerte sind, musste zum Aufbegehren gegen den Sowjetismus führen. Diese Zugehörigkeit leitet uns heute strategisch in Richtung Integration … [in] die NATO, die Europäische Union und die Westeuropäische Union … Die prowestliche Orientierung bedeutet keine Abkehr vom Osten … Beträchtlich mehr zu tun wäre für die Förderung der Kontakte zwischen der Bevölkerung [in Deutschland und Polen]. (160)

b) Aus der Rede von Bundeskanzler Kohl vor Sejm und Senat in Warschau, 6. Juli 1995

Mit dem Vertragswerk haben wir an die guten Traditionen des friedlichen Zusammenlebens unserer Völker, des kulturellen und wirtschaftlichen Austauschs und der Begegnung der Menschen anknüpfen können. Diese Traditionen haben weder chauvinistische Überheblichkeit noch ideologische Verblendung, weder Krieg noch Vertreibung auslöschen können. Denn hinter dieser großen, zutiefst europäischen Tradition stand und steht die verbindende Idee der Freiheit … Das demokratische Polen hat für uns und für mich selbstverständlich seinen natürlichen Platz in Europa … Die Hauptlast auf diesem Weg müssen die Menschen in Polen selbst tragen. Ich rufe Ihnen zu: Reformkurs ist Europakurs. (161)

c) Ein polnischer Journalist, 1995

Der Nachbarschaftsvertrag kann als eine Antwort auf eine historische Herausforderung betrachtet werden. Die europäische Ausrichtung des Vertrags lässt hoffen, dass die strittigen Punkte im sich einigenden Europa geklärt werden können … Trotz aller Erfolge der ökonomischen Zusammenarbeit wird die Oder-Neiße-Grenze Schritt für Schritt zu einer Wohlstandsgrenze. In den neuen Bundesländern werden Jahr für Jahr Hunderte Milliarden DM investiert. Vor allem diese Unterschiedlichkeit … ruft Schwierigkeiten der Zusammenarbeit hervor, welche mentale Barrieren konservieren bzw. entstehen lassen. Viele Polen, die aus der wirtschaftlichen Entwicklung ihres Landes keinen Nutzen ziehen, wünschen sich keine ausländischen Profiteure – was nicht selten politischen Demagogen Argumente liefert. Ob es angesichts der historischen Belastungen sowie kulturellen und ökonomischen Unterschiede tatsächlich gelingen wird, eine freundschaftliche Nachbarschaft aufzubauen, hängt … nicht zuletzt von der Arbeit der politischen und kulturellen Eliten der beiden Länder ab. (162)

1. Arbeiten Sie den Stellenwert des Wandels von 1989 heraus.
2. Fassen Sie zusammen, welche Probleme für Polen formuliert und welche Lösungen angedeutet werden.
3. Überlegen Sie, wovon die Autoren eine positive Entwicklung der deutsch-polnischen Beziehungen abhängig machen.

2. Deutsche und Tschechen

T 80 Bevölkerung der Tschechoslowakei nach den wichtigsten Nationalitäten im Vergleich (in Mio.)

	Tschechen	Deutsche	Slowaken	Sonstige	
1921	6,8	3,1	2,0	1,2	
1930	7,4	3,3	2,3	1,4	(163)

Q 118 Erklärung der provisorischen Regierung des tschechoslowakischen Staates, Oktober 1918

Wir [erklären unsere Unabhängigkeit] aufgrund unseres Glaubens, … dass sich unser Volk in einer habsburgischen Scheinföderation nicht frei entwickeln kann, die nur eine neue Form der entnationalisierenden Bedrückung ist, unter welcher wir in den drei vergangenen Jahrhunderten gelitten haben … Wir sind seit dem 7. Jahrhundert ein unabhängiger Staat gewesen und sind als unabhängiger Staat, bestehend aus Böhmen, Mähren und Schlesien, im Jahre 1526 mit Österreich und Ungarn in ein Abwehrbündnis gegen die Türkei eingetreten. Wir haben in diesem Bündnis niemals freiwillig unsere Rechte als unabhängiger Staat aufgegeben. Die Habsburger brachen ihren Vertrag mit unserem Volke, indem sie ungesetzlicherweise unsere Rechte schmälerten und die Verfassung unseres Staates verletzten, welche aufrechtzuerhalten sie sich verpflichtet hatten …
Die Rechte der Minderheiten sollen durch verhältnismäßige Vertretung gewahrt werden, nationale Minderheiten sollen gleiche Rechte genießen. (164)

T 81 Kurze Geschichte der deutsch-tschechoslowakischen Beziehungen

Nach der Proklamation der ČSR wurde 1920 eine parlamentarisch-demokratische, zentralistische Verfassung ausgearbeitet, ohne die nationalen Minderheiten daran zu beteiligen. Unter dem ersten Präsidenten Masaryk und seinem Außenminister (ab 1935 Nachfolger) Beneš stabilisierte sich das politische Leben; eine Vielzahl von Parteien beeinträchtigte nicht den demokratischen Charakter des Staates, der als einziger der Nachfolgestaaten Österreich-Ungarns bis 1939 nicht in eine Diktatur abglitt. Die nationalen Minderheiten radikalisierten sich während der Weltwirtschaftskrise und seit den Erfolgen Hitlers. 1935 erreichte die Sudetendeutsche Partei unter Konrad Henlein, der Hitlers Anweisungen genauestens befolgte, bei Wahlen 68 % der Stimmen der deutschen Bevölkerung. Von Frankreich und England im Stich gelassen, musste die ČSR 1938 in München die Abtretung der deutschen Siedlungsgebiete an das Deutsche Reich akzeptieren, ohne dies juristisch anzuerkennen. 1939 marschierte die deutsche Wehrmacht in Prag ein.
Nach der Befreiung von deutscher Besatzung wurde die deutsche Bevölkerung vertrieben. Das demokratische Staatswesen existierte bis zum kommunistischen Putsch 1948; seitdem war die

ČSSR Teil des Ostblocks und erlebte nach dem Experiment des „Sozialismus mit menschlichem Antlitz" (1967/68) die Besetzung durch sowjetische Truppen. Erst 1973 wurde ein Gewaltverzichtsabkommen mit der Bundesrepublik geschlossen, die unter der sozialliberalen Koalition eine neue Ostpolitik betrieb. Nach der „samtenen Revolution" im Dezember 1989 und der Teilung des Landes in die tschechische und in die slowakische Republik 1992 gelang 1997 eine Annäherung der gegensätzlichen Standpunkte.
S. auch S. 81–84; Q 59, S. 165; Q 90, B 63.

Q 119 Aus der Denkschrift der Deutschen Sozialdemokratischen Arbeiterpartei (DSAP) in der ČSR, Mai 1923
Wie kann man ein Staatswesen, dessen stärkste Minderheit in Wirklichkeit 3½ Mio. Menschen umfasst und das daneben noch drei andere Minderheiten umschließt, zu einem Nationalstaat machen wollen? …
Am furchtbarsten aber traf die deutsche Arbeiterschaft die Verfolgung der deutschen Schulen durch die tschechoslowakische Regierung. Bis zum Sommer 1922 wurden insgesamt 193 deutsche Schulen und 1 783 deutsche Schulklassen aufgelassen … Tausende Schulkinder … wachsen ohne Unterricht in ihrer Muttersprache auf. (165)

Q 120 Aus dem Aufruf Konrad Henleins, Führer der Sudetendeutschen Partei (SdP), an die sudetendeutsche Bevölkerung, September 1938
1. Im Jahre 1919 wurden wir bei Vorenthaltung des uns feierlich zugesicherten Rechts auf Selbstbestimmung gegen unseren Willen in den tschechischen Staat gezwungen …
3. Alle Bemühungen, das tschechische Volk und seine Verantwortungsträger zu einem ehrlichen und gerechten Ausgleich zu bewegen, sind an ihrem unversöhnlichem Vernichtungswillen gescheitert.
In dieser Stunde der Not trete ich vor euch … und erkläre: Wir wollen als freie deutsche Menschen leben! Wir wollen wieder Friede und Arbeit in unserer Heimat! Wir wollen heim ins Reich! (166)
Zum Münchener Abkommen vom 29. September 1938 s. T 14, S. 82, zu dessen Folgen S. 83 f.

Q 121 Aus der Note der tschechoslowakischen Regierung an die US-Regierung während der Potsdamer Konferenz, Juli 1945
Die Vorschläge [der tschechoslowakischen Regierung zur Entfernung der deutschen und ungarischen Bevölkerung aus dem Land] trafen auf Einverständnis, d. h. es wurden keine besonderen Einwände erhoben. Es wurde lediglich von allen unseren Alliierten darauf hingewiesen, dass die Überführung planmäßig, in organisierter Form und in Übereinstimmung mit den zuständigen alliierten Behörden durchzuführen ist. Da von dieser Überführung 2 bis 2,5 Mio. Deutsche … betroffen sind, … [bereitet] die tschechoslo-

wakische Regierung … einen Plan und eine angemessene Organisation der Überführung vor.
Die tschechische und slowakische Nation betrachten … die Überführung der Deutschen … als unerlässliche Voraussetzung der Zukunft des tschechoslowakischen Staates und der Bewahrung des Friedens in Mitteleuropa. (167)

T 82 Flüchtlinge/Vertriebene aus der ČSR (in Mio.)

Aufnahmegebiete	1945	1946	1950	
SBZ/DDR	0,05	0,8	0,9	
Bundesrepublik	0,2	1,6	1,9	
Österreich	–	–	0,1	(168)

Q 122 Aus der „Detmolder Erklärung" der Sudetendeutschen Landsmannschaft, Januar 1950
Die sudetendeutsche Volksgruppe betrachtet es als ihre Aufgaben, … ihr Heimatbewusstsein und den Rechtsanspruch auf ihre Heimat wachzuhalten … Ihr Ziel ist die Wiedergewinnung der Heimat! Im Kampf um die Erreichung dieses Zieles erwartet sie die Unterstützung des ganzen deutschen Volkes wie auch der anderen Völker, die für Recht und Menschenwürde einzutreten bereit sind. (169)

Q 123 Aus dem Memorandum des „Rates der freien Tschechoslowakei", Juni 1960
[Die Sudetendeutschen] … verstehen unter Selbstbestimmungsrecht ausdrücklich das Recht und die Verfügungsgewalt über jenen Teil des tschechoslowakischen Gebietes, in welchem sie … bis zu ihrem Abschub siedelten. Nach den Erfahrungen aus dem Jahre 1938 bedeutet das in den Augen eines jeden Tschechoslowaken notwendigerweise eine neue Zerschlagung der Tschechoslowakei und die Vernichtung der Republik … Weil eine Revision des Abschubs derartige Folgen hätte, bedeutet dies …, dass Deutschland den Abschub der Sudetendeutschen als eine definitiv geregelte Frage anerkennen sollte. (170)

Q 124 Aus der deutsch-tschechischen Aussöhnungserklärung, Januar 1997
Die deutsche Seite … bedauert das Leid und das Unrecht, das dem tschechischen Volk … von Deutschen angetan worden ist … Die tschechische Seite bedauert, dass … unschuldigen Menschen viel Leid und Unrecht zugefügt wurde, und dies auch angesichts des kollektiven Charakters der Schuldzuweisung.
Beide Seiten stimmen darin überein, dass das begangene Unrecht [Münchener Abkommen 1938, Flucht und Vertreibung von Tschechen aus dem Sudetenland, Besetzung der ČSR 1938/39, nationalsozialistische Verbrechen, Enteignung der Deutschen und Vertreibung aus dem Sudetenland nach 1945] der Vergangenheit angehört, und werden daher ihre Beziehungen auf die Zukunft ausrichten. (171)

	USA und westliches Ausland	Westzonen bzw. Bundesrepublik Deutschland	Sowjetische Zone bzw. DDR	UdSSR und östliches Ausland
1945		8.5.: bedingungslose Kapitulation Deutschlands 5.6.: Vier-Mächte-Erklärungen (Besatzungszonen, Kontrollrat) Juli/August: Potsdamer Konferenz (Entnazifizierung, Entmilitarisierung, deutsche Wirtschaftseinheit, Umsiedlung der Deutschen aus den Ostgebieten)		
1946	6.9.: Stuttgarter Rede des amerikanischen Außenministers Byrnes 2.12.: Errichtung der Bizone		14.7.: Block der antifaschistisch demokratischen Parteien ab 15.9.: Bodenreform, Enteignung der Großbetriebe und ihre Verstaatlichung 19./20.4.: Vereinigung von KPD und SPD zur SED 2.12.: SED-Entwurf einer deutschen Verfassung	russische Truppen bleiben länger als mit den USA vereinbart in Persien Errichtung von Volksrepubliken in Osteuropa Bürgerkrieg in Griechenland (nationale Befreiungsarmee gegen kommunistische Befreiungsarmee)
1947	12.3.: Truman-Doktrin der USA zur Eindämmung des Kommunismus 5.6.: Marshallplan: wirtschaftliches Hilfsprogramm für Europa			Herbst 1947: Gründung des Kommunistischen Informationsbüros (Kominform)
1948	23.2.–3.6.: Londoner Sechs-Mächte-Konferenz (ohne die Sowjetunion) plant nach dem Scheitern vieler Konferenzen mit der Sowjetunion die Errichtung eines westdeutschen Teilstaates 17.3.: Brüsseler Militärvertrag	20.6.: Währungsreform	20.3.: Sowjetunion verlässt den Kontrollrat; Ende der Vier-Mächte-Verwaltung 24.6.: Währungsreform	22.2.: Staatsstreich in Prag: ČSR Volksrepublik
1949	Dez. 1948–25. August 1949 Verhandlungen zwischen den Westmächten zur Gründung der NATO	Berliner Blockade Juni 1948 bis Mai 1949 23.5.: Gründung der Bundesrepublik Deutschland (Grundgesetz)	Aufbau kasernierter Polizeieinheiten (ab 1952 KVP – Kasernierte Volkspolizei) 30.5.: Verfassung der DDR verabschiedet 7.10.: Proklamation der DDR	April: Rat für gegenseitige Wirtschaftshilfe (RGW, auch COMECON) gegründet – wirtschaftliche Zusammenarbeit der osteuropäischen Staaten
1950	9.5.: Schumanplan für wirtschaftliche Zusammenarbeit		September: Aufnahme der DDR in den RGW	
1951	5.6.1950–10.7.1951 Koreakrieg (Waffenstillstand 1953)	Kontrolle durch wirtschaftliche und administrative Integration: 18.4.: Vertrag über die Montanunion zwischen sechs europäischen Staaten einschließlich der Bundesrepublik Dtl. 7.5.: Aufnahme der Bundesrepublik Deutschland in den Europarat		
1952	Oktober: Plevenplan zur Errichtung einer Europäischen Verteidigungsgemeinschaft (EVG)	Diskussion über EVG und Stalin-Noten		ab März: Stalin-Noten; Angebot der Wiedervereinigung Deutschlands unter der Vorbedingung seiner Neutralität
1953			17. Juni: Volksaufstand	
1954	EVG scheitert im französischen Parlament Pariser Verträge: Beschluss, die westdeutsche Bundeswehr im Rahmen der NATO aufzubauen, WEU			

Jahr	USA und westliches Ausland	Westzonen bzw. Bundesrepublik Deutschland	Sowjetische Zone bzw. DDR	UdSSR und östliches Ausland
1955		5.5.: Souveränität der Bundesrepublik Deutschland, Beitritt zur NATO	4.6.: Beitritt zum Warschauer Pakt 6.10.: Souveränität der DDR	14.5.: Gründung des Warschauer Pakts
1956				Februar: XX. Parteitag der KPdSU; Beginn der Entstalinisierung in den osteuropäischen Staaten. Juni: Posener Arbeiteraufstand November: Sowjetische Truppen werfen Ungarn-Aufstand nieder
1957	25.3.: Römische Verträge – Errichtung von EWG und EURATOM ab 1.1.1958 in Kraft			
1958			27.11.: Berlin-Ultimatum der Sowjetunion: Westberlin soll freie Stadt werden (Drei-Staaten-Theorie)	
1961		13.8.: Berliner Mauer: Ende der Massenflucht		
1962	Oktober: Kubakrise			
1963	Beginn der Entspannungspolitik: amerikanisch-sowjetisches Atomtest-stopp-Abkommen			
1968				21.8.: „Prager Frühling" durch Einmarsch von Truppen der Warschauer-Pakt-Staaten, einschließlich der Volksarmee der DDR, beendet
1971		3.9.: Vier-Mächte-Abkommen über Berlin: Garantie der Zufahrtswege		
1972		21.12.: Grundvertrag zwischen der Bundesrepublik Deutschland und der DDR (Gewaltverzichtsabkommen, in Kraft ab 21.6.1973)		
1973		18.9.: Beitritt der Bundesrepublik Deutschland zur UNO	18.9.: Beitritt der DDR zur UNO	
1975	Rückzug der USA aus Südvietnam	Konferenz über Sicherheit und Zusammenarbeit in Europa (KSZE Schlussakte von Helsinki 1.8.1975)		
1979	NATO-Doppelbeschluss		7.10.: Freundschaftsvertrag DDR – Sowjetunion für 25 Jahre	Dezember: Einmarsch sowjetischer Truppen in Afghanistan
1981				13.12.: Kriegsrecht in Polen: Beendigung der Tätigkeit der freien Gewerkschaft „Solidarność"
1985				Gorbatschow: Beginn von Glasnost und Perestroika
1987	Vertrag über den Abbau von Mittelstreckenraketen zwischen der Sowjetunion und den USA (INF)			
1989			Sommer: Massenflucht über Ungarn in die Bundesrepublik. 7. Oktober: 40. Jahrestag, Massendemonstrationen in Berlin, Leipzig usw. „Wende" in der DDR	Mai: Öffnung der ungarisch-österreichischen Grenze August: erste Streiks in der UdSSR; Baltikum fordert Unabhängigkeit Nov./Dez.: „Wende" in der ČSSR Dez.: Sturz Ceaucescus in Rumänien
		9. November: Öffnung der Mauer		
1990			Demokratisierung der DDR 18. März: erste freie Wahlen in der DDR zur Volkskammer	
		1. Juli: Wirtschafts-, Währungs- und Sozialunion 12. September: Zwei-plus-Vier-Vertrag: volle Souveränität für das vereinigte Deutschland Errichtung von fünf Bundesländern 3. Oktober: Tag der deutschen Einheit: Beitritt der DDR zur Bundesrepublik		Beginn der Auflösung der UdSSR
1999	EURO wird gemeinsames Zahlungsmittel in 12 EU-Staaten			Wirtschaftskrise in Russland

VII. EUROPA UND DIE WELT SEIT 1945

A. Die europäische Integration und die atlantische Gemeinschaft

1. Die Grundlagen der europäischen Institutionen

Q 1   Konrad Adenauer, April 1946
Ich verstehe das Verlangen Frankreichs und der übrigen west-lichen Welt nach Sicherheit. Ich bin auch für eine Verständigung zwischen Deutschland und Frankreich … [Eine] konstruktive Lö-sung … erblicke ich allein in der Gründung der Vereinigten Staaten Europas unter Führung von England und Frankreich. [Dazu] muss auch Deutschland gehören … Eine Verflechtung der wirtschaft-lichen Interessen Frankreichs und Englands und Deutschlands [ist] notwendig. (1)

Q 2   Churchills Züricher Rede, 19. September 1946
Dieser edle Kontinent [Europa] ist die Heimat aller Völker der west-lichen Welt …, der Ursprung des christlichen Glaubens …, Wiege der westlichen Zivilisation, der Kunst … und Wissenschaft … Wenn Europa sich … zusammenfinden würde, dann würde das Glück, der Wohlstand und der Ruhm seiner … Menschen unend-lich sein …
Innerhalb der weltumspannenden [UNO] müssen wir die europä-ische Familie in einem regionalen System, den Vereinigten Staa-ten von Europa, wiederherstellen …, einen Europäischen Rat ins Leben rufen [und] lieber sterben als [uns] der Tyrannei … unter-werfen … Frankreich und Deutschland [müssen] die Führung übernehmen. Großbritannien, das Britische Commonwealth, Amerika und auch die Sowjetunion … müssen dem neuen Europa als wohlwollende Freunde gegenüberstehen … So möge denn Europa entstehen! (2)

Q 3   Rede des US-Außenministers Marshall an der Harvard-Universität, 5. Juni 1947
Wenn die Vereinigten Staaten … zum Gesundungsprozess der europäischen Welt beitragen, müssen die Länder Europas unter-einander zu einer Einigung … kommen … und selbst dazu beitra-gen …, eine volle Auswertung der Maßnahmen unserer Regierung zu erzielen … Ein Programm [für] die wirtschaftliche Wiederauf-richtung Europas [zu entwerfen], ist Sache der Europäer selbst. Die Initiative muss von Europa ausgehen … Unsere Rolle sollte darin bestehen, den Entwurf eines europäischen Programms … zu unterstützen … Es sollte ein gemeinsames Programm entworfen werden, hinter dem, wenn nicht alle, so doch eine Anzahl von euro-päischen Nationen stehen. (3)

Q 4   Der sowjetische Außenminister Molotow auf der Pari-ser Konferenz, 2. Juli 1947
Wenn … die entscheidende Rolle im Wiederaufbau des Wirt-schaftslebens der europäischen Länder von den [USA] … über-nommen werden sollte, dann steht eine solche Politik im Gegen-satz zu den Interessen der europäischen Länder, weil dies zur Beseitigung der wirtschaftlichen Unabhängigkeit [und Wahrung der nationalen Souveränität] führen könnte … Die Schaffung einer Spezialorganisation … zur Ausarbeitung eines allumfassenden europäischen Wirtschaftsprogramms … [hätte das Ergebnis], dass Großbritannien, Frankreich und … Länder, die ihnen folgen, sich von den europäischen Staaten isolieren … und Europa in zwei Staatengruppen aufteilen würden … Die amerikanischen Kredite würden nicht dem … wirtschaftlichen Wiederaufbau Europas die-nen, sondern dem Ziel, einige europäische Länder gegen andere auszuspielen, wie es einige starke, die Vorherrschaft anstreben-den Mächte in ihrem Interesse wünschen. (4)

Q 5   Konrad Adenauer über die Lage in Europa, 1950
Eine Union zwischen Frankreich und Deutschland würde … Euro-pa sicherlich retten … Für Sowjetrussland [lohnt sich] jeder Krieg, der Europa in seine Hand spielen könnte … Großbritannien [ist] aufgrund der letzten Wahlen nicht in der Lage …, kühne Entschei-dungen zu treffen … In Italien [bestehen] sehr ernsthafte innere Spannungen. In Frankreich [folgt] ein Streik dem anderen. (5)

1. Fassen Sie die Schwierigkeiten zusammen, die bei den europäischen Zusammenschlüssen zu überwinden wären.
2. Beurteilen Sie diese aus der Sicht aller Beteiligten.

T 1   Der Europarat
Unter dem Eindruck der Katastrophe von 1945 entstand in den westeuropäischen Ländern und in Deutschland eine Europa-bewegung, der Widerstandskämpfer, Parlamentarier und führen-de Politiker angehörten, die den Gedanken eines europäischen Zusammenschlusses förderten und verbreiteten. Auf eine Initia-tive der englischen Regierung wurde 1949 in London der Europa-rat gegründet. 1950 traten zu den zehn Gründungsmitgliedern noch Griechenland, die Türkei und Island hinzu. 1951 wurde die Bundesrepublik Deutschland zum Beitritt eingeladen. Heute um-fasst der Europarat mit 40 Mitgliedern alle Demokratien ein-schließlich Russlands.
In Artikel 1 des Statuts heißt es: „Der Europarat bezweckt einen stärkeren Zusammenschluss seiner Mitglieder zum Schutze und zur Förderung der Ideale und Prinzipien, die ihr gemeinsames Erbe sind, und zum Besten ihres wirtschaftlichen und sozialen Fortschritts."
Die beiden Hauptorgane sind das Ministerkomitee, das nur ein-stimmig Konventionen und Übereinkommen beschließen kann, und die Parlamentarische Versammlung. Die Umwandlung der Parlamentarischen Versammlung in ein Parlament mit Gesetz-gebungsbefugnis war bereits zu Beginn vor allem auf englischen und skandinavischen Widerstand gestoßen. Der Versuch, einen

europäischen Gesamtstaat zu gründen, scheiterte bei einer Abstimmung 1950. Der Europarat tagt zweimal im Jahr in Straßburg. Von den bis 1994 beschlossenen Konventionen, Vereinbarungen usw. (ca. 150) ist die „Konvention zum Schutz der Menschenrechte und Grundfreiheiten" von 1953 am wichtigsten; ihre Anerkennung bildet die Voraussetzung für die Mitgliedschaft im Europarat. Die Europäische Kommission für Menschenrechte und der Europäische Gerichtshof können von jedem Bürger eines der Mitgliedstaaten angerufen werden.

1. Erläutern Sie, warum das Ministerkomitee die entscheidenden Befugnisse besitzt.
2. Erklären Sie, warum jedes Mitglied ein Vetorecht hat.
3. Überlegen Sie, warum es bis heute kein von den Bürgern der Mitgliedstaaten gewähltes Parlament mit gesetzgeberischer Befugnis gibt.

2. Entwicklung und Wandel der europäischen Zusammenschlüsse

T 2   Der militärische Zusammenschluss Westeuropas während des Ost-West-Konflikts: die NATO
Ausgangspunkt für den militärischen Zusammenschluss war der **Brüsseler Vertrag**, ein **1948** von Frankreich, England und den Beneluxstaaten dem Wortlaut nach gegen Deutschland, in Wirklichkeit aber gegen die Sowjetunion geschlossenes Verteidigungsabkommen. Im Zuge der Eindämmungspolitik der USA gegenüber der Sowjetunion entstand nach Verhandlungen zwischen den USA und den Brüsseler-Pakt-Staaten **1949** der zunächst auf 20 Jahre befristete **Nordatlantische Verteidigungspakt**, dem auch Norwegen, Dänemark, Island, Italien, Portugal und Kanada beitraten.
Die Mitglieder der Montanunion beschlossen 1952 einen **Plan zur Gründung einer Europäischen Verteidigungsgemeinschaft** (sog. Pleven-Plan). Vorgesehen waren übernationale Streitkräfte (nationale Divisionen, aber national gemischte Armeekorps) einer späteren politischen Gemeinschaft, deren Außenpolitik der Europäischen Gemeinschaft übertragen werden sollte. 1954 aber lehnte das französische Parlament die EVG ab, weil Frankreich nach der Niederlage im Indochinakrieg keine weiteren nationalen Einbußen erleiden wollte.
Nach dem Scheitern der EVG wurde deshalb der Brüsseler Verteidigungspakt durch den Beitritt der Bundesrepublik Deutschland und Italiens erweitert und die so entstandene **Westeuropäische Union (WEU) in die NATO eingegliedert**. Auf diese Weise entstand nun eine Armee der Bundesrepublik Deutschland unter deutschem Oberbefehl, aber unter internationalem NATO-Kommando unter Einschluss der USA. Nach der Vereinigung Deutschlands (1990) kam es zu einer Reduzierung der Truppen. Seit 1992 erklärte sich die NATO bereit, friedenserhaltende Maßnahmen unter der Autorität der UNO zu unterstützen (z. B. in Bosnien-Herzogowina).

Q 6   NATO – Die Nordatlantische Verteidigungsgemeinschaft
Die NATO (North Atlantic Treaty Organization) wurde am 4. April 1949 in Washington als Verteidigungsbündnis gegründet. Die Bundesrepublik Deutschland trat ihr am 5. Mai 1955 bei, nachdem sie ihre Souveränität erlangt hatte. 1966 entzog sich Frankreich dem militärischen Oberbefehl der NATO.
Aus der Präambel
Die vertragschließenden Staaten … sind entschlossen, die Freiheit …, gegründet auf die Prinzipien der Demokratie, auf die Freiheit des Einzelnen und die Grundsätze des Rechts, sicherzustellen …, die Stabilität und Wohlfahrt im nordatlantischen Gebiet zu fördern …, ihre Bemühungen um eine gemeinsame Verteidigung und um die Erhaltung von Frieden und Sicherheit zu vereinigen …
Aus dem Artikel 5
Ein bewaffneter Angriff gegen einen oder mehrere von ihnen in Europa oder Nordamerika [wird] als Angriff gegen sie alle betrachtet werden … [Sie werden] im Falle eines … Angriffs [das] Recht zur persönlichen oder gemeinsamen Selbstverteidigung [wahrnehmen] …, indem jeder von ihnen für sich und … mit den anderen … diejenigen Maßnahmen unter Einschluss … bewaffneter Kräfte ergreift, die er für notwendig erachtet, um die Sicherheit des nordatlantischen Gebietes wiederherzustellen. (6)

1. Erörtern Sie, ob es einen automatischen Beistand gibt.
2. Wo können NATO-Streitkräfte eingesetzt werden? Diskutieren Sie, wie das Operationsgebiet der NATO zu begrenzen ist.

Q 7   Konrad Adenauer im Gespräch mit Ministerkollegen aus Luxemburg und Belgien auf der Neun-Mächte-Konferenz, 28. September 1954
Ich bin fest überzeugt …, dass die deutsche Nationalarmee, zu der uns [der französische Ministerpräsident] Mendes-France zwingt, eine große Gefahr für Deutschland und Europa werden wird. Wenn ich einmal nicht mehr da bin, weiß ich nicht, was aus Deutschland werden soll … Verlassen Sie sich nicht darauf, [dass Frankreich die Armee unter Kontrolle hält]. Es ist ein großer Irrtum, auf Frankreich zu zählen, wenn das Spiel der europäischen Nationalstaaten wieder beginnt. Die französischen Nationalisten sind ebenso wie die deutschen bereit …, die alte Politik zu wiederholen. Denen ist Deutschland mit einer Nationalarmee lieber als Europa, wenn sie nur ihre eigene Politik mit den Russen machen können. Und die deutschen Nationalisten … sind bereit, mit den Russen zu gehen … Wenn Europa nicht wird und Deutschland eine Nationalarmee hat, dann können Sie eines Tages was erleben … Mein Gott, ich weiß nicht, was meine Nachfolger tun werden. (7)

Q 8   Wie frei sind NATO-Partner? – „Die Zeit" berichtet
Der teuerste Umzug aller Zeiten – Die NATO musste Frankreich verlassen – Am 21. Februar 1966 hatte [General de Gaulle] seinen Verbündeten verkündet, er werde sich im Interesse der Handlungsfreiheit Frankreichs dem militärischen Integrationsnetz der NATO … entziehen, auch wenn er ihr politisch weiterhin verbunden

bleiben wolle. Um im Ernstfall nicht … wider Willen Opfer einer Bündnisautomatik zu werden …, wies er der NATO … die Tür [Abzug bis 1. April 1967] … Eine der kostspieligsten Umzugskosten der Militärgeschichte … Wert aller Investitionen in Frankreich … mehr als 4 Mrd. Mark … [u. a.] 35 000 Soldaten, 46 Flugplätze, 9 Häfen, 3 unterirdische Befehlszentralen …, zahllose Fernmeldeanlagen, Versorgungsdepots … Der NATO-Rat zog nach Brüssel um … Rückzug der französischen Luftflotte aus Deutschland … De Gaulle [will sich] im Kriegsfall für Bündnistreue oder Neutralität [entscheiden]. (8)

Q 9   Bundesaußenminister Gerhard Schröder (CDU), 1963

Die USA können Europa nicht aufgeben, weil es für sie unentbehrlich ist … Wir müssen den USA ebenso unentbehrlich bleiben wie sie uns …: politisch, wirtschaftlich und militärisch … Wir müssen dafür sorgen, dass sich unsere lebenswichtigen Interessen mit denen der USA decken. Diese wechselseitige Abhängigkeit, dieses enge Partnerschaftsverhältnis, diese Zusammenarbeit in den großen weltpolitischen Fragen und diese Identität der entscheidenden politischen Interessen sind gleichzeitig unsere Sicherheit und unser bester Schutz. (9)

Q 10   Das Eurokorps

1993 wurde ein deutsch-französisches Armeekorps in Dienst gestellt. Es könnte die Keimzelle einer kommenden europäischen Streitmacht werden.

Die wieder aufbrechenden nationalen Konflikte in Ostmitteleuropa lassen erahnen, was den Westeuropäern erspart bleibt, wenn sie an ihrer Integration festhalten. Genau dies ist auch das Ziel der Europäischen Union. Die Frage war und ist, ob die Integration im militärischen Bereich auf der Ebene der Gemeinschaft (d. h. der EU) oder der des Bündnisses (d. h. der NATO) vorzuziehen ist. Wenn die europäische Integration sehr viel tiefer und weiter geht als jede mögliche Integration über den Atlantik hinweg, wenn also dieses integrierte Europa Formen einer Staatlichkeit annehmen soll, mit Staatsbürgerschaft, gemeinsamer Währung und Gesetzgebung, dann sind europäische Streitkräfte die logische Folge der europäischen Integration. (10)

Q 11   Partnerschaft für den Frieden

Zu Beginn des Jahres 1994 verabschiedete die NATO eine Einladung an alle europäischen Staaten zu einer „Partnerschaft für den Frieden", die von 26 Staaten, vor allem aus dem ehemaligen Ostblock, unterzeichnet wurde. Sie regelt eine engere Zusammenarbeit in militärischen und sicherheitspolitischen Fragen.

Die Partnerschaft wird die politische und militärische Zusammenarbeit in ganz Europa erweitern und intensivieren, Stabilität festigen, Bedrohungen des Friedens verringern und gestärkte Beziehungen aufbauen durch die Förderung des Gedankens der praktischen Kooperation und das Eintreten für demokratische Grundsätze, die unser Bündnis bestimmen. Die NATO wird mit

jedem aktiven Teilnehmer an der Partnerschaft in Konsultationen eintreten, wenn dieser Partner eine direkte Bedrohung seiner territorialen Integrität, politischen Unabhängigkeit oder Sicherheit sieht. In einem durch Fähigkeit und Wunsch der einzelnen Teilnehmerstaaten bestimmten Zeitmaß und Umfang werden wir konkret hinarbeiten auf Transparenz der Verteidigungshaushalte, die Förderung demokratischer Kontrolle der Verteidigungsministerien, gemeinsame Planungen, gemeinsame militärische Übungen und den Aufbau einer Fähigkeit, mit NATO-Streitkräften zusammenzuwirken, in Bereichen wie Friedenswahrung, Such- und Rettungsdienst sowie humanitären und anderen eventuell zu vereinbarenden Operationen. (11)

1997 beseitigten die USA und die NATO-Mitglieder die Bedenken Russlands gegen eine Osterweiterung der NATO (s. Q 66, S. 175; Q 70, S. 176). Daraufhin wurden Polen, Tschechien und Ungarn aufgefordert, mit der NATO über einen Beitritt zu verhandeln; weitere Staaten Osteuropas sollen später folgen.

Q 12   NATO im Auftrag der UN

Obwohl Jugoslawien bzw. seine Nachfolgestaaten nicht zu ihrem Bündnisgebiet gehören, hat die NATO dort nicht nur mit der Anwendung von Gewalt gedroht, sondern auch in einigen begrenzten Einzelfällen angewandt. Die Berechtigung dazu gab ihr der Sicherheitsrat der UN. Dieser hat in verschiedenen Resolutionen festgelegt, in welchen konkreten Situationen und mit welchen Zielen durch die Vertreter der UN Einsätze der NATO vor Ort angefordert werden können. Verpflichten kann der Sicherheitsrat die NATO allerdings nicht. Sie entscheidet mit der Zustimmung ihrer Mitglieder, ob und inwieweit sie dazu beitragen will, den Resolutionen des Sicherheitsrates mit Gewalt Geltung zu verschaffen. (12)

1. Erläutern Sie die Probleme, die sich für die NATO nach der Auflösung des Ostblocks ergeben.
2. Resümieren Sie die neuen Aufgaben der NATO.

T 3   Der Weg zur Europäischen Union (EU)

Einen entscheidenden Anstoß zur Europäischen Einigung gab der Marshallplan (s. Q 25, S. 110; T 12, S. 185). Zu seiner Durchführung wurde das Europäische Wiederaufbauprogramm (**ERP**) und als Verteilerstelle der amerikanischen Hilfe der Europäische Wirtschaftsrat (**OEEC**) gegründet. Die Idee eines gemeinsamen europäischen Marktes fand seine erste Verwirklichung in dem von Jean Monnet ausgearbeiteten Plan des französischen Außenministers Schuman, der 1952 eine **Montanunion** (Europäische Gemeinschaft für Kohle und Stahl/EGKS) ins Leben rief, mit dem Ziel, das deutsche Industriegebiet an Rhein und Ruhr durch Zusammenschluss mit der Montanindustrie der übrigen Länder einer gemeinsamen Verwaltung zu unterstellen. Organe der neuen Gemeinschaft wurden die Hohe Behörde (neun Mitglieder) als Träger gewisser Souveränitätsrechte den nationalen Montanindustrien und dem Ministerrat gegenüber, die gemeinsame Versammlung (142 Mitglieder) und der internationale Gerichtshof. Nach diesem Vorbild erfolgte 1957 auch der Aufbau der Europä-

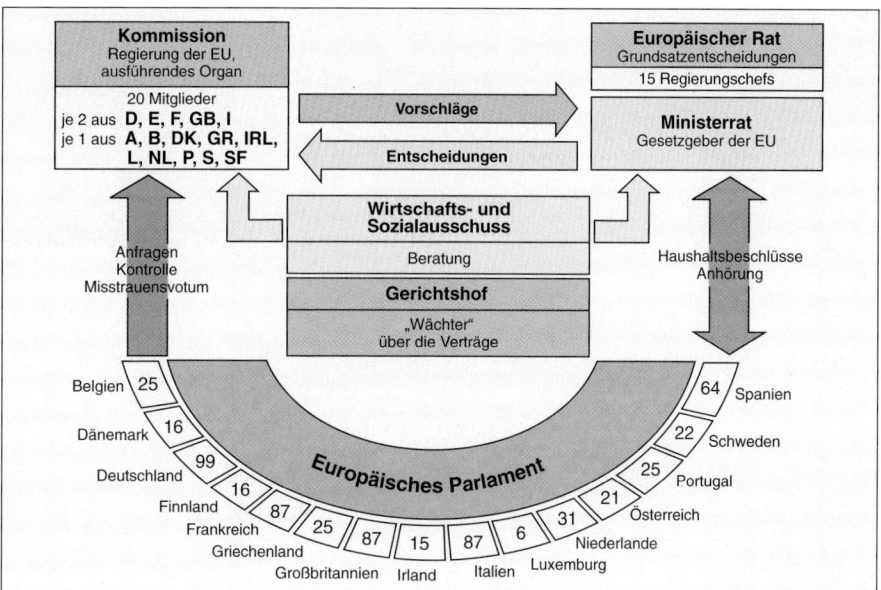

B 1a Die Europäische Union (EU).
Die Europäische Union, die 1993 in Kraft trat, umfasst die EG, EGKS und EURATOM sowie zusätzliche Aufgabenbereiche der Mitgliedstaaten in der Außen- und Sicherheitspolitik und in der Justiz- und Innenpolitik. Die Kommission hat das alleinige Recht, Gesetzentwürfe vorzulegen. Der Europäische Rat erlässt die Gesetze im Zusammenwirken mit dem Parlament.

ischen Atomgemeinschaft (**EURATOM**) zur Entwicklung und Kontrolle der Atomenergie und der Europäischen Wirtschaftsgemeinschaft (**EWG**) zwischen Italien, Frankreich, den Beneluxstaaten und der Bundesrepublik Deutschland. Die EWG der Sechs setzte sich eine Zollunion, einen gemeinsamen Markt zur Annäherung der Volkswirtschaften, zur Hebung des Lebensstandards und zur Wahrung des Friedens zum Ziel. Der EWG-Vertrag wurde 1957 unterzeichnet und zum 1. Januar 1958 in Kraft gesetzt. 1967 erfolgte die Zusammenlegung aller Organe der drei europäischen Gemeinschaften (EGKS, EURATOM und EWG), doch verlangte Frankreich als Preis für seine Zustimmung, dass die zunächst weit reichenden Befugnisse der supranationalen Kommission eingeschränkt und diejenigen des Ministerrats, der die einzelnen staatlichen Belange vertritt, gestärkt würden. Seit 1962 traten Griechenland, die Türkei und 18 afrikanische Staaten des ehemals französischen, belgischen und italienischen Kolonialgebiets als assoziierte Staaten hinzu. Die Errichtung einer großen europäischen Freihandelszone scheiterte an den Vorbehalten Frankreichs und Englands. An ihrer Stelle schlossen sich England und die nordischen Staaten 1960 zu einer kleinen Freihandelszone (EFTA) zusammen. Erst 1973 traten England – nach heftigen inneren Auseinandersetzungen –, Irland und Dänemark der nun erweiterten Europäischen Gemeinschaft bei. **Die EG der Neun** und die Rest- EFTA – Finnland, Island, Norwegen, Österreich, Portugal, Schweden und die Schweiz – bildeten nunmehr eine große europäische Freihandelszone.
1981 trat Griechenland der EG bei, Spanien und Portugal folgten 1986. Seit 1979 wird das Europäische Parlament von den Bürgern direkt gewählt. Im selben Jahr wurden das Europäische Wäh-

rungssystem und die Europäische Währungseinheit, der ECU, geschaffen.
Im Februar 1992 unterzeichneten die zwölf Staaten in der niederländischen Stadt **Maastricht** den „**Vertrag über die Europäische Union**" (**EU-Vertrag**), der im November 1993 in Kraft trat. Damit wurde die Euopäische Union Wirklichkeit. Sie basiert auf drei Pfeilern: 1. der Europäischen Gemeinschaft (Binnenmarkt, Zollunion, gemeinsame Agrarpolitik, Wirtschafts- und Währungsunion); 2. einer gemeinsamen Außen- und Sicherheitspolitik (GASP); 3. einer Zusammenarbeit in der Innen- und Rechtspolitik. Damit treten die Mitgliedstaaten einen Teil ihrer nationalen Souveränität an die EU ab. Dies wird besonders deutlich an den Planungen für die gemeinsame Währung EURO, die ab 1999 stufenweise eingeführt wird.
Durch den Beitritt Finnlands, Österreichs und Schwedens (1995) vergrößerte sich die EU auf 15 Mitglieder. Weitere Staaten in Osteuropa sind mit der EU durch Abkommen assoziiert. Ziel ist es nach wie vor, die wirtschaftliche und politische Zusammenarbeit zu verstärken und damit die Stellung Europas in der Welt zu sichern. Dabei orientiert sich die EU an gemeinsamen Werten, den Grundrechten und der Demokratie. Eine Erweiterung der EU geht auch einher mit einer grundlegenden Reform der Gemeinschaft. Vor allem muss nach dem Beitritt weiterer Länder die Arbeits- und Beschlussfähigkeit der EU gewährleistet sein.

T 4   Das Europäische Parlament (EP)
Seit 1979 wird das Europäische Parlament von den Wahlbürgern der Mitgliedsländer direkt gewählt. Dabei wird die Anzahl der

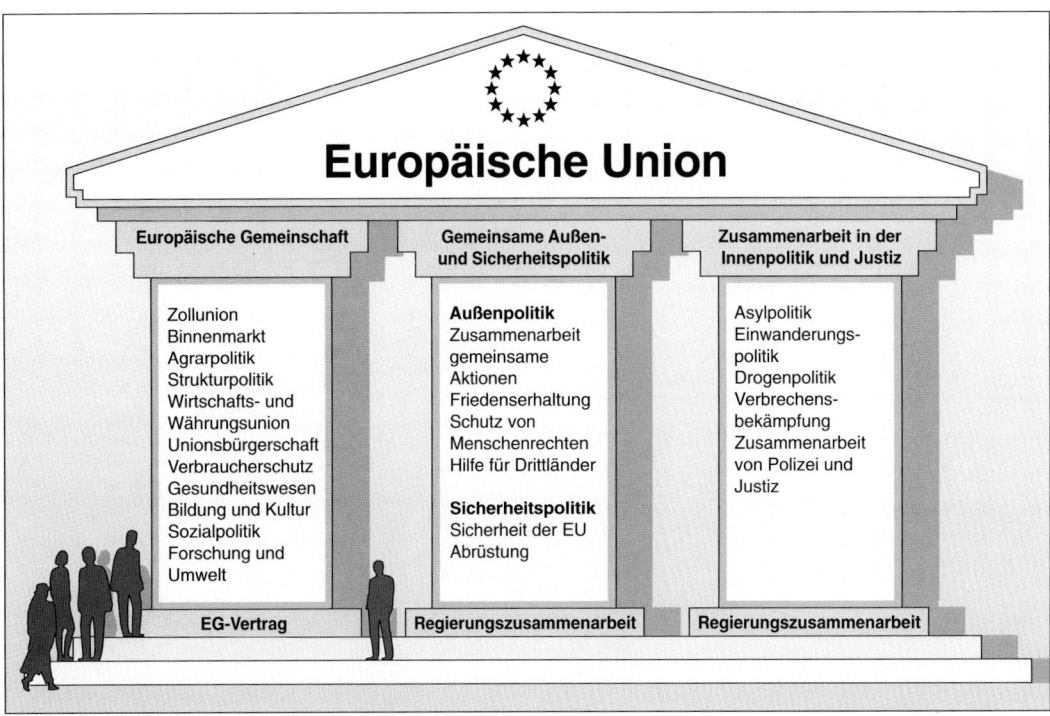

Europäische Union

Europäische Gemeinschaft	Gemeinsame Außen- und Sicherheitspolitik	Zusammenarbeit in der Innenpolitik und Justiz
Zollunion Binnenmarkt Agrarpolitik Strukturpolitik Wirtschafts- und Währungsunion Unionsbürgerschaft Verbraucherschutz Gesundheitswesen Bildung und Kultur Sozialpolitik Forschung und Umwelt	**Außenpolitik** Zusammenarbeit gemeinsame Aktionen Friedenserhaltung Schutz von Menschenrechten Hilfe für Drittländer **Sicherheitspolitik** Sicherheit der EU Abrüstung	Asylpolitik Einwanderungs- politik Drogenpolitik Verbrechens- bekämpfung Zusammenarbeit von Polizei und Justiz
EG-Vertrag	Regierungszusammenarbeit	Regierungszusammenarbeit

B 1b Die Aufgaben der EU seit dem Maastrichter Vertrag 1992

Sitze je nach Bevölkerungsstärke auf die Mitgliedsländer verteilt. Die Kandidaten werden wie bei der Wahl der nationalen Parlamente in der Regel von den politischen Parteien der Einzelstaaten gestellt. Die gewählten Abgeordneten des EP bleiben Mitglieder ihrer nationalen Parteien, bilden jedoch im EP übernationale Fraktionen, die durch Absprachen der nationalen Parteien zustande kommen. So gehörten z. B. von den 626 Abgeordneten des EP 1995 221 zur Fraktion der Sozialdemokratischen Partei Europas; ihre Mitglieder setzten sich aus Sozialdemokraten aller Mitgliedsländer zusammen: Österreich 8, Belgien 6, Deutschland 40, Dänemark 3, Spanien 22, Frankreich 15, Großbritannien 63, Griechenland 25, Italien 18, Irland 1, Luxemburg 2, Niederlande 8, Portugal 10, Schweden 11 und Finnland 4. Auch die 173 Abgeordneten der EVP (Europäische Volkspartei, Zusammenschluss der christlich-demokratisch gesinnten Parteien Europas) kamen aus allen Mitgliedsländern. Weitere Fraktionen: Liberale 52 Sitze, Liberale und Demokratische Partei Europas 31, Forza Italia 29, Sammlungsbewegung der Europäischen Demokraten 26, Die Grünen 25, die Radikale Europäische Allianz 19, die Fraktion „Europa der Nationen" 19. Fraktionslos waren 1995 insgesamt 31 Abgeordnete.

1. *Beurteilen Sie die Befugnisse der Parlamente in den Europainstitutionen. Diskutieren Sie „Mängel an Demokratie".*
2. *Überlegen Sie, welche Probleme sich bei der Zusammenarbeit der europäischen Parteien ergeben.*

Q 13 Der Maastricht-Vertrag zur Schaffung der Europäischen Union, 7. Februar 1992

Artikel A
Durch diesen Vertrag gründen die hohen Vertragsparteien untereinander eine Europäische Union …
Dieser Vertrag stellt eine neue Sufe bei der Verwirklichung einer immer engeren Union der Völker Europas dar, in der die Entscheidungen möglichst bürgernah getroffen werden.
Grundlage der Union sind die Europäischen Gemeinschaften, ergänzt durch die mit diesem Vertrag eingeführten Politiken und Formen der Zusammenarbeit. Aufgabe der Union ist es, die Beziehungen zwischen den Mitgliedstaaten sowie zwischen ihren Völkern kohärent [zusammenhängend] und solidarisch zu gestalten.

Artikel B
Die Union setzt sich folgende Ziele:
– die Förderung eines ausgewogenen und dauerhaften wirtschaftlichen und sozialen Fortschritts, insbesondere durch Schaffung eines Raumes ohne Binnengrenzen, durch Stärkung des wirtschaftlichen und sozialen Zusammenhalts und durch Errichtung einer Wirtschafts- und Währungsunion, die auf längere Sicht auch eine einheitliche Währung nach Maßgabe dieses Vertrags umfasst;

K 1 Partner der Europäischen Union: die AKP-Staaten.

In der „Konvention von Lomé" wurde 1975 zwischen der damaligen EWG und Staaten in Afrika, in der Karibik und im Pazifik (AKP-Staaten) eine finanzielle und technische Zusammenarbeit vereinbart mit dem Ziel, einen Ausgleich zwischen den Industrieländern und den Ländern der „Dritten Welt" zu versuchen. Ein Anschlussabkommen erweiterte 1981 die Abmachungen. Das vierte Abkommen sieht seit 1990 Hilfsleistungen von 12 Mrd. ECU vor. Die AKP-Staaten erhalten für die meisten ihrer Erzeugnisse freien Zugang zu den EU-Märkten. In weiteren Verhandlungen wird versucht, die Zusammenarbeit zu vertiefen, um „Hilfe zur Selbsthilfe" zu leisten und das Ungleichgewicht im Nord-Süd-Gefälle zu mildern.

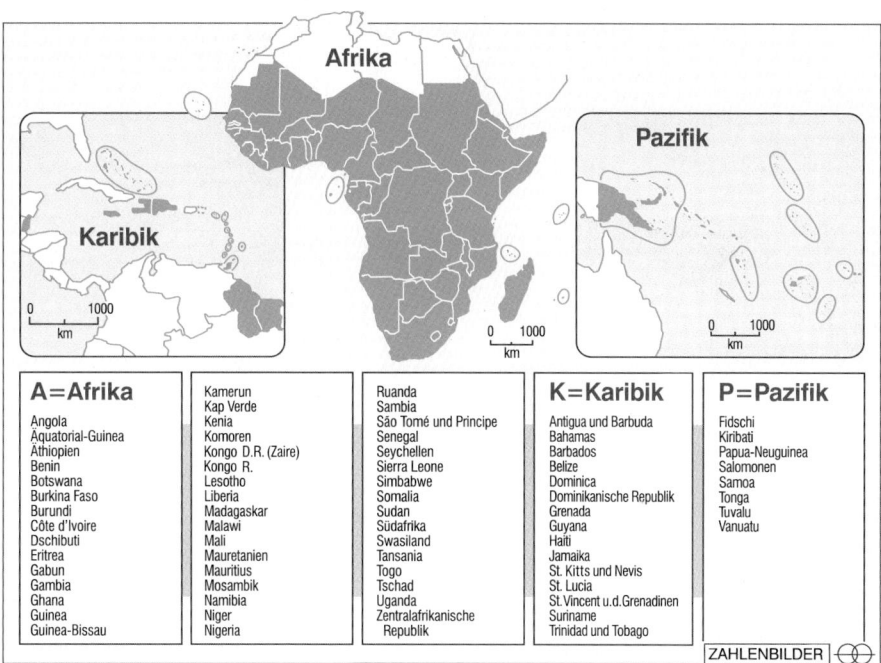

Afrika

Pazifik

Karibik

0 1000 km

0 1000 km

0 1000 km

A=Afrika

Angola
Äquatorial-Guinea
Äthiopien
Benin
Botswana
Burkina Faso
Burundi
Côte d'Ivoire
Dschibuti
Eritrea
Gabun
Gambia
Ghana
Guinea
Guinea-Bissau

Kamerun
Kap Verde
Kenia
Komoren
Kongo D.R. (Zaire)
Kongo R.
Lesotho
Liberia
Madagaskar
Malawi
Mali
Mauretanien
Mauritius
Mosambik
Namibia
Niger
Nigeria

Ruanda
Sambia
São Tomé und Principe
Senegal
Seychellen
Sierra Leone
Simbabwe
Somalia
Sudan
Südafrika
Swasiland
Tansania
Togo
Tschad
Uganda
Zentralafrikanische
Republik

K=Karibik

Antigua und Barbuda
Bahamas
Barbados
Belize
Dominica
Dominikanische Republik
Grenada
Guyana
Haiti
Jamaika
St. Kitts und Nevis
St. Lucia
St. Vincent u.d.Grenadinen
Suriname
Trinidad und Tobago

P=Pazifik

Fidschi
Kiribati
Papua-Neuguinea
Salomonen
Samoa
Tonga
Tuvalu
Vanuatu

ZAHLENBILDER

© Erich Schmidt Verlag

725 601

– die Behauptung ihrer Identität auf internationaler Ebene, insbesondere durch eine gemeinsame Außen- und Sicherheitspolitik, wozu auf längere Sicht auch die Festlegung einer gemeinsamen Verteidigungspolitik gehört, die zu gegebener Zeit zu einer gemeinsamen Verteidigung führen könnte;
– die Stärkung des Schutzes der Rechte und Interessen der Angehörigen ihrer Mitgliedstaaten durch Einführung einer Unionsbürgerschaft;
– die Entwicklung einer engen Zusammenarbeit in den Bereichen Justiz und Inneres;
– die volle Wahrung des gemeinschaftlichen Besitzstandes und seine Weiterentwicklung […].
Die Ziele der Union werden nach Maßgabe dieses Vertrags entsprechend den darin enthaltenen Bedingungen und der darin vorgesehenen Zeitfolge unter Beachtung des Subsidiaritätsprinzips, wie es in Artikel 3b des Vertrags zur Gründung der Europäischen Gemeinschaft bestimmt ist, verwirklicht. (13)
Da Island, Norwegen und Liechtenstein das europäische Recht übernommen haben, bilden sie zusammen mit den 15 EU-Staaten einen Europäischen Wirtschaftsraum, den es schon seit den 50er Jahren gab und dem bis zu ihrem Beitritt auch jetzige Mitglieder der EU angehörten.
1994 wurde ein Europäischer Wirtschaftsraum (EWR) mit binnenmarktähnlichen Strukturen zwischen der EU und der EFTA (die Schweiz verweigerte nach einer Volksabstimmung den Beitritt) vereinbart.

Q 14 Aus dem Memorandum von Jean Monnet, dem Schöpfer des Schumanplans (Montanunion), 3. Mai 1950
Der Grund für die Überlegenheit [der] deutschen [Industrie] ist die deutsche Stahlproduktion zu Preisen, mit denen Frankreich nicht konkurrieren kann … Mit der vorgeschlagenen Lösung wird das Problem der beherrschenden Stellung der deutschen Industrie ausgeräumt, deren Fortbestand in Europa Furcht verbreiten würde, eine Quelle ständiger Unruhe wäre, schließlich die europäische Einigung vereiteln und abermals den Untergang Deutschlands selbst bewirken müsste. Diese Lösung schafft gemeinsame Expansionsbedingungen im Wettbewerb, ohne dass sich beherrschende Stellungen ergeben könnten. (14)

Q 15 Die Römischen Verträge (EWG-Vertrag), 25. März 1957

Artikel 1
Durch diesen Vertrag gründen die hohen Vertragsparteien untereinander eine Europäische Wirtschaftsgemeinschaft.

Artikel 2
Aufgabe der Gemeinschaft ist es, durch die Errichtung eines Gemeinsamen Marktes und die schrittweise Annäherung der Wirtschaftspolitik der Mitgliedstaaten eine harmonische Entwicklung des Wirtschaftslebens innerhalb der Gemeinschaft, eine beständige und ausgewogene Wirtschaftsausweitung, eine größere Sta-

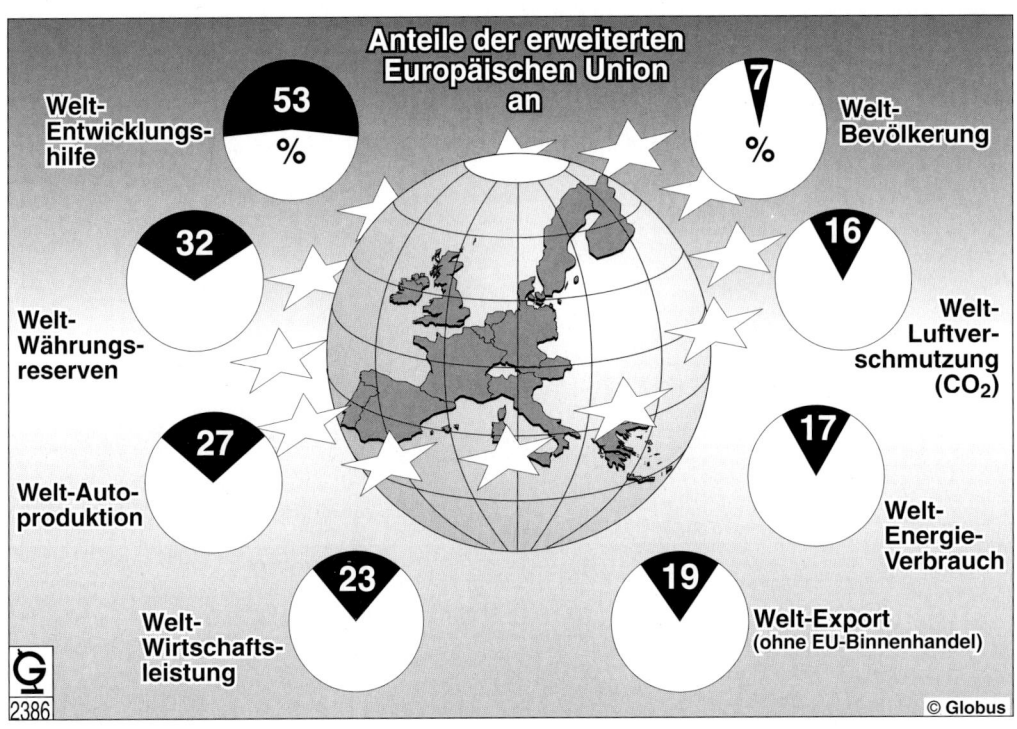

Anteile der erweiterten Europäischen Union an

Welt-Entwicklungs-hilfe **53 %**

Welt-Bevölkerung **7 %**

Welt-Währungs-reserven **32**

Welt-Luftver-schmutzung (CO$_2$) **16**

Welt-Auto-produktion **27**

Welt-Energie-Verbrauch **17**

Welt-Wirtschafts-leistung **23**

Welt-Export (ohne EU-Binnenhandel) **19**

© Globus
G 2386

B 2   Die EU der 15 in der Welt

bilität, eine beschleunigte Hebung der Lebenshaltung und engere Beziehungen zwischen den Staaten zu fördern, die in dieser Gemeinschaft zusammengeschlossen sind.

Artikel 3
Die Tätigkeit der Gemeinschaft ... umfasst ...
a) die Abschaffung der Zölle und mengenmäßigen Beschränkungen bei der Ein- und Ausfuhr von Waren ... zwischen den Mitgliedstaaten;
b) die Einführung eines gemeinsamen Zolltarifs und einer gemeinsamen Handelspolitik gegenüber dritten Ländern;
c) ... freien Personen-, Dienstleistungs- und Kapitalverkehr zwischen den Mitgliedstaaten;
d) ... gemeinsame Politik auf dem Gebiet der Landwirtschaft
e) ... [und] des Verkehrs;
f) die Errichtung eines Systems, das den Wettbewerb ... vor Verfälschungen schützt;
g) ... die Koordinierung der Wirtschaftspolitik der Mitgliedstaaten und die Behebung von Störungen im Gleichgewicht ihrer Zahlungsbilanzen ...;
h) die Angleichung der innerstaatlichen Rechtsvorschriften [zugunsten] des Gemeinsamen Marktes ...;
i) ... einen europäischen Sozialfonds, um die Beschäftigungsmöglichkeiten der Arbeitnehmer zu verbessern und zur Hebung ihrer Lebenshaltung beizutragen. (15)

1. Vergleichen Sie die Grundsätze der europäischen Zusammenarbeit von 1957 mit denen von 1992 und diskutieren Sie, ob man von Fortschritten sprechen kann.
2. Erörtern Sie die Probleme, die nach Maastricht noch geklärt werden müssen.
3. Arbeiten Sie die Interessen der EU und der AKP-Staaten am Lomé-Abkommen heraus und diskutieren Sie Vor- und Nachteile der Verträge.
4. Überlegen Sie, welche historischen Belastungen aus der Kolonialzeit zu berücksichtigen sind. Ziehen Sie dazu vor allem das Beispiel Nigeria (s. S. 279 ff) heran.

T 5   Die Europäische Union im Weltvergleich (1993)

	Fläche in 1 000 qkm	Bevölkerung in Mio.	BIP/Kopf in Tsd. ECU	Export in Mio. ECU	Import in Mio. ECU
EU 15[1]	3 234	368,5	16,2	621,5	583,4
USA	9 373	258,8	19,6	397,1	634,5
Japan	378	125,5	25,5	308,3	205,8 (16)

1 Für Daten vor 1995: 12 EU-Staaten und Finnland, Österreich, Schweden; Export und Import: nur Drittländer, ohne Intra-Handel der Staaten untereinander

1. Vergleichen Sie die Zahlen der EU mit denen der USA und Japans.
2. Diskutieren Sie, ob Europa eine „dritte Kraft" sein kann.

Reich und Arm in der EU

Bruttoinlandsprodukt je Einwohner
nach Regionen

- mehr als 25 % über dem Durchschnitt
- bis 25 % über dem Durchschnitt
- bis 25 % unter dem Durchschnitt
- mehr als 25 % unter dem Durchschnitt

Berechnet mit Kaufkraftparitäten/Stand 1992

© Globus
2588

K 2 Arbeitslosenquote 1982 und 1994 (im Jahresdurchschnitt, in Prozent der Erwerbspersonen)

	1982	1994
Belgien-Luxemburg	13	10
Dänemark	8	9
Deutschland	6	6
neue Bundesländer	0	16
Finnland	6	17
Frankreich	8	12
Griechenland	1	9
Großbritannien	12	9
Irland	12	17
Italien	10	12
Niederlande	10	9
Österreich	3	5
Portugal	7	6
Schweden	3	8
Spanien	15	21

Untersuchen Sie die einkommenstärksten und einkommenschwächsten Regionen der EU. In welchem Raum liegt das wirtschaftliche Schwergewicht der EU? Nennen Sie die Gründe dafür und erläutern Sie die finanziellen und politischen Folgen.

– Das Problem „Landwirtschaft"

Q 16 Richtlinie des Rates der Europäischen Gemeinschaft über die Landwirtschaft, 17. April 1972

Die Agrarstruktur ist in der Gemeinschaft durch eine Vielzahl landwirtschaftlicher Betriebe gekennzeichnet, denen die erforderlichen Strukturbedingungen fehlen, um ein angemessenes Einkommen und Lebensbedingungen, die mit denen der anderen Berufe vergleichbar sind, sicherzustellen … In Zukunft werden sich nur die Betriebe der wirtschaftlichen Entwicklung anpassen kön-

nen, die … bei Anwendung rationeller Produktionsmethoden den in ihnen beschäftigten Personen ein angemessenes Einkommen sowie befriedigende Arbeitsbedingungen gewährleisten. (17)
Zu den Methoden bei der Verringerung der Anzahl der Beschäftigten in der Landwirtschaft s. T 30, S. 205.

Q 17 Die Agrarreform von 1992

Im Mai 1992 einigte sich der Rat der Agrarminister auf die bisher umfangreichste Reform der Agrarpolitik … Der garantierte Abnahmepreis für Getreide wird allmählich um mehr als ein Drittel gesenkt. Die Preise für Ölsaaten und Eiweißpflanzen wurden auf das Preisniveau des Weltmarkts zurückgeführt. Als Ausgleich erhalten die betroffenen Landwirte einen bestimmten Betrag je Hektar, wenn sie 15 % (oder einen je nach Situation festzulegenden anderen Anteil) ihrer Anbaufläche für Getreide, Ölsaaten und Eiweißpflanzen stilllegen. Auch der Garantiepreis für Rindfleisch wird gesenkt, zum Ausgleich wird in bestimmten Grenzen ein fester Betrag je Tier gezahlt.

Zum ersten Mal in der Geschichte der EU erhalten nun viele Bauern einen Ausgleich dafür, dass sie weniger Getreide anbauen. Das könnte endlich dazu führen, dass die Lagerberge und Lagerkosten der EU dauerhaft kleiner werden, dass die Bauern nicht in Existenznot geraten, dass die gegenwärtigen Spannungen im Verhältnis zu anderen großen Agrarstaaten wegen der auf dem Weltmarkt zu Schleuderpreisen verkauften Überschüsse beigelegt werden. (18)

T 6 Selbstversorgungsgrad bei landwirtschaftlichen Erzeugnissen 1965/66, 1977/78 und 1993/94 (in Prozent)

	Bundesrepublik Deutschland			EG 10	EU 12
	1965/66	1977/78	1993/94 [1]	1977/78	1993/94 [1]
Getreide	68	84	112	92	117
Gemüse	67	36	41	94	106 [3]
Frischobst	51	42	20 [2]	77	85 [3]
Zucker	68	129	156	123	135
	1965	1977	1993	1977	1993
Rind-, Kalbfleisch	78	95	105	95	104
Schweinefleisch	95	88	80	99	104
Butter	101	133	87	107	104

1 Bundesrepublik Deutschland nach dem Gebietsstand ab 3. Oktober 1990
2 nur Marktobst
3 1987/88   (19)

1. *Fassen Sie die Probleme, die sich aus der Landwirtschaft für die EU ergeben, zusammen. Diskutieren Sie die Lösungsvorschläge.*
2. *Diskutieren Sie die Vor- und Nachteile der Agrarreform von 1992.*

3. Diskussionen über Europa in den 60er/70er und in den 90er Jahren

Q 18 Der französische Staatspräsident de Gaulle in einer Pressekonferenz, 5. September 1960

Welches sind die Realitäten Europas, auf denen man weiterbauen könnte? [Es sind] … die Staaten …, von denen jeder seine eigene Seele, Geschichte …, Sprache und … Ehrgeiz hat …, Staaten … mit dem Recht, Gesetze zu verabschieden, und mit dem Anspruch auf Gehorsam. Es ist ein [Trugbild] zu glauben, man könne etwas Wirksames schaffen, was außerhalb oder über dem Staat stehen würde … Frankreich hält die … Zusammenarbeit der europäischen Staaten für wünschenswert …, auf dem Gebiet der Politik, der Wirtschaft, der Kultur und der Verteidigung … Das erfordert ein … regelmäßiges Einvernehmen der verantwortlichen Regierungen und [der] den Regierungen unterstellten Spezialorganisationen auf jedem der gemeinsamen Gebiete. (20)

Q 19 US-Präsident John F. Kennedy in der Paulskirche in Frankfurt, 25. Juni 1963

Die atlantische Partnerschaft [beruht] auf einer gemeinsamen politischen Zielsetzung … Die Geschichte lehrt, dass Uneinigkeit und Ermüdung die großen Gefahren sind, die einem Bündnis drohen … Das größte Erfordernis ist … der Fortschritt zu wahrer politischer Gemeinschaft … Wir haben in den Vereinigten Staaten und in Kanada 200 Millionen Menschen und hier, auf der europäischen Seite des atlantischen Bündnisses, kommen noch nahezu 300 Millionen hinzu. Die Stärke und Einigkeit dieser halben Milliarde Menschen sind jetzt und in Zukunft der Anker aller Freiheit für alle Nationen. (21)

Q 20 Bundeskanzler Willy Brandt, 1970

Jenes große Beginnen, das mit den Namen Schuman … und Adenauer verbunden bleibt, wurde in abträglicher Weise zuweilen ideologisiert. Übereifrige Interpreten wollten ihm eine teils karolingische, teils christlich-demokratische Deutung geben. Später hat es dann die Frage gegeben, ob … dem eine sozialdemokratische Europaideologie entgegengesetzt würde … In Wirklichkeit geht es darum, dass die europäische Zusammenarbeit alle demokratischen Kräfte umfasst … Trotz des unbefriedigenden Standes der westeuropäischen Zusammenarbeit halte ich es für unerlässlich, die Überwindung der Schranken zwischen Ost und West ins Auge zu fassen! … Westeuropa darf nicht gegen seine Nachbarn stehen … Es muss offen sein … Wir sollten in der wirtschaftlichen Zusammenarbeit mit den Ländern Osteuropas zielstrebig voranschreiten … Konstruktive Beziehungen zwischen Westeuropa und Osteuropa sind ein Gebot unserer Zeit (s. Q 26). (22)

Erläutern Sie die Vorstellungen von Europa, die hier deutlich werden. Beachten Sie jeweils den Zeitpunkt.

Q 21 Helmut Kohl: Kerneuropa voranbringen, 1992

Nur eine starke Europäische Union kann mit den neuen Risiken und Unwägbarkeiten fertig werden, mit denen die Auflösung staatlicher und gesellschaftlicher Systeme im östlichen und südlichen Teil unseres Kontinents behaftet ist. Dies ist keine Absage an ein größeres Europa, aber wir werden dieses größere Europa nur schaffen können, wenn wir das heutige Kerneuropa unwiderruflich voranbringen …

Darüber hinaus stellt sich auch auf dem Felde der Wirtschaft die Frage nach institutioneller Einbindung Mittel-, Ost- und Südeuropas. Die EG ist auf ökonomischem und zunehmend auch auf politischem Felde das Gravitationszentrum. Die Assoziierung Polens, der ČSFR und Ungarns sind substantielle Schritte, aber auch poli-

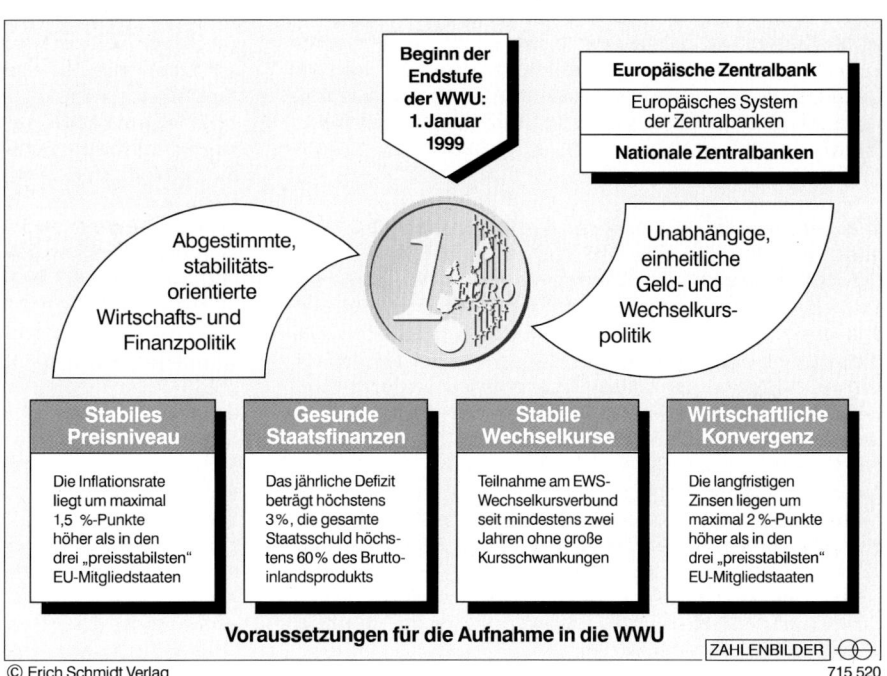

B 3 Auf dem Weg zur Wirtschafts- und Währungsunion

Beginn der Endstufe der WWU: 1. Januar 1999

Europäische Zentralbank
Europäisches System der Zentralbanken
Nationale Zentralbanken

Abgestimmte, stabilitäts-orientierte Wirtschafts- und Finanzpolitik

Unabhängige, einheitliche Geld- und Wechselkurs-politik

Stabiles Preisniveau
Die Inflationsrate liegt um maximal 1,5 %-Punkte höher als in den drei „preisstabilsten" EU-Mitgliedstaaten

Gesunde Staatsfinanzen
Das jährliche Defizit beträgt höchstens 3%, die gesamte Staatsschuld höchstens 60% des Bruttoinlandsprodukts

Stabile Wechselkurse
Teilnahme am EWS-Wechselkursverbund seit mindestens zwei Jahren ohne große Kursschwankungen

Wirtschaftliche Konvergenz
Die langfristigen Zinsen liegen um maximal 2 %-Punkte höher als in den drei „preisstabilsten" EU-Mitgliedstaaten

Voraussetzungen für die Aufnahme in die WWU

ZAHLENBILDER

© Erich Schmidt Verlag

715 520

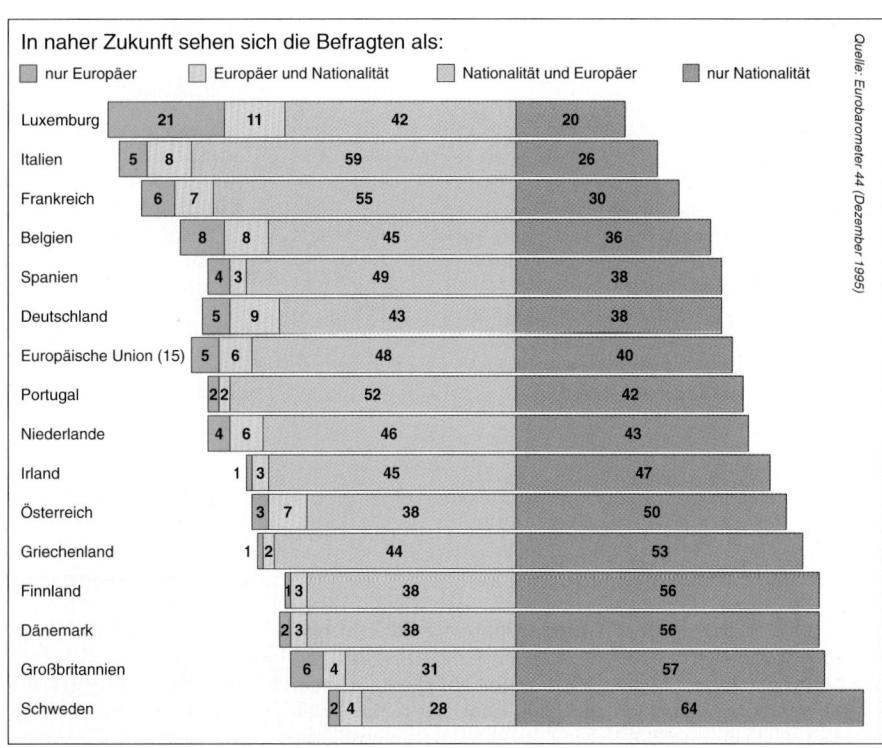

B 4 Nationales und europäisches Zugehörigkeitsgefühl 1997 (Angaben in Prozent der Befragten)

In naher Zukunft sehen sich die Befragten als:

nur Europäer   Europäer und Nationalität   Nationalität und Europäer   nur Nationalität

	nur Europäer	Europäer und Nationalität	Nationalität und Europäer	nur Nationalität
Luxemburg	21	11	42	20
Italien	5	8	59	26
Frankreich	6	7	55	30
Belgien	8	8	45	36
Spanien	4	3	49	38
Deutschland	5	9	43	38
Europäische Union (15)	5	6	48	40
Portugal	2	2	52	42
Niederlande	4	6	46	43
Irland	1	3	45	47
Österreich	3	7	38	50
Griechenland	1	2	44	53
Finnland	1	3	38	56
Dänemark	2	3	38	56
Großbritannien	6	4	31	57
Schweden	2	4	28	64

Quelle: Eurobarometer 44 (Dezember 1995)

tische Zeichen zur Einbeziehung dieser Länder in die künftige Europäische Union. Andere können hinzukommen. Die volle Mitgliedschaft in der Union wird aber erst erfolgen können, wenn die politischen und ökonomischen Voraussetzungen geschaffen sind. (23)

Q 22 Jacques Delors, der ehemalige Präsident der EU-Kommission, 1996
Entweder kriegen wir den Euro oder es droht eine Periode des Zweifels und der Stagnation, wie so oft in der Geschichte Europas. Anders als in früheren Phasen sind die Zeiten aber nicht mehr günstig. Heute ist die Welt in Aufruhr. Neue Giganten tauchen auf, die Asean-Staaten, China, Indien, Lateinamerika. Heute haben wir die dramatische Wahl zwischen Überleben und Niedergang. Doch leider erkennen die Völker ihr Unglück zu spät. Denn der Niedergang kommt nicht über Nacht.
Außerdem: Bleiben wir politische Schwächlinge, ist unser Wohlstand bedroht. Es gibt heute zu viele Politiker, die den Menschen einreden, sie seien Opfer, Opfer der Globalisierung, der europäischen Einigung, der Reichen oder der Armen – je nach Standpunkt. Wir müssen gegen dieses Klima der Erstarrung kämpfen. Wir müssen den Leuten wieder Hoffnung machen und sie wieder zum Mittragen von Verantwortung in der Gesellschaft erziehen. (24)

Q 23 Klaus Hänsch, Präsident des Europäischen Parlaments, 1994
Denn bei allem, was wir tun, kann es uns nicht darum gehen, einen europäischen Superstaat zu schaffen. Die Union kann eine Union der Mitgliedstaaten bleiben und zugleich eine Union der Bürgerinnen und Bürger werden. Auch künftig werden in ihrem Antlitz die Völker und Staaten ihre jeweils eigenen unverwechselbaren Züge wiedererkennen können. Es ist viele Male gesagt und es bleibt richtig: Die Vielfalt der Völker, der Sprachen, der Kulturen, der Traditionen, ihre Eigenständigkeit und manchmal auch Ihre Eigenwilligkeit ist nicht die Schwäche Europas. Sie ist unsere Stärke, wenn es gelingt, unsere Kräfte zu bündeln, unsere Souveränitäten gemeinsam auszuüben und an die Stelle des alten Gegeneinander das neue Miteinander zu setzen. (25)

Arbeiten Sie die unterschiedlichen Positionen der einzelnen Politiker heraus. Welche Sorgen und Hoffnungen werden deutlich?

4. Die Organisation Osteuropas zur Zeit des Ost-West-Konflikts

T 7 Die Eingliederung Osteuropas und der DDR in das „sozialistische Weltsystem"
Mit der Errichtung so genannter Volksdemokratien in den von der UdSSR nach dem Zweiten Weltkrieg besetzten Gebieten wurde die politische Umgestaltung der Länder Osteuropas eingeleitet.

Im Unterschied zur Sowjetunion aber wurden in den Satellitenstaaten mehrere Parteien zugelassen. Man verzichtete zunächst auch auf die Sozialisierung aller Produktionsmittel und es gab zunächst Koalitionsregierungen, vor allem zwischen Kommunisten, Sozialisten und Bauernparteien. Darin besetzten allerdings die Kommunisten die Schlüsselpositionen, u. a. der Innenministerien und der Polizei. Mit der Einführung des „Blocksystems" der Parteien setzte die Verfolgung von Oppositionspolitikern ein und mit der Errichtung des Kommunistischen Informationsbüros (**Kominform**, 1947) begann der Ausbau der Herrschaft der Kommunistischen Partei, der bis 1948 abgeschlossen war. Nur Jugoslawien konnte sich unter Tito der sowjetischen Bevormundung entziehen. Die Aufnahme der Bundesrepublik Deutschland in die NATO beantwortete neun Tage später der Osten mit der Gründung des **Warschauer Pakts (1955)**. Nach Stalins Tod (1953) lockerten sich im gesamten Ostblock die Verhältnisse. Das Kominform wurde aufgelöst. An die Stelle der unverhüllten Diktatur und der Ausbeutung der Satellitenstaaten durch die Sowjetunion traten Beratungen und gemeinsame Beschlüsse zwischen den Kommunistischen Parteien; aber die allgemeine Unzufriedenheit der Bevölkerung in zahlreichen Ostblockstaaten führte zu Unruhen und Aufständen (DDR 1953, Ungarn 1956). Nach der Niederschlagung des „Prager Frühlings" in der Tschechoslowakei (1968) durch die Truppen der Warschauer-Pakt-Staaten wurde das Verhältnis zwischen der sowjetischen Führungsmacht und den Mitgliedern der sozialistischen Gemeinschaft durch die so genannte Breschnew-Doktrin neu bestimmt: Vor den übergeordneten Interessen der Einheit des sozialistischen Lagers und der Verpflichtung zum demokratischen Zentralismus gab es nur eine beschränkte Souveränität der Satellitenstaaten. Die Streiks und Unruhen in Polen führten 1980 zur Bildung unabhängiger Gewerkschaften.
Mit der **Reformpolitik Gorbatschows** setzte ein **Wandel** ein. Die Breschnew-Doktrin wurde aufgegeben. So konnten sich zuerst in Polen, Ungarn, später in der DDR und zuletzt in den anderen osteuropäischen Staaten Reformkräfte durchsetzen, die schließlich mit zur Auflösung des gesamten Ostblocks beitrugen.

T 8 Der Rat für gegenseitige Wirtschaftshilfe (RGW)
Sofort nach der Besetzung der südosteuropäischen Länder hatte die Sowjetunion dort die Zentralverwaltungswirtschaft eingeführt. Die schon vor dem Zweiten Weltkrieg kapitalarmen Staaten Südosteuropas waren von der Ablehnung des Marshallplans durch die Sowjetunion besonders hart getroffen, weil nun der Wiederaufbau ohne Wirtschaftshilfe von außen begonnen werden musste. Als Ersatz für die Marshallplanhilfe rief die Sowjetunion den Rat für gegenseitige Wirtschaftshilfe ins Leben, der die politische Einbindung der Staaten durch die wirtschaftliche Zusammenarbeit festigen sollte.
In der ersten Phase, bis 1953, wurde der Außenhandel der Satellitenstaaten, der bisher am Westen orientiert war, umgeleitet und auf den Güteraustausch mit der Sowjetunion als Hauptpartner und den Ostblockländern untereinander umgestellt. Zugleich

wurden Ansätze einer übernationalen sozialistischen Arbeitsteilung innerhalb des RGW geschaffen. Die seit 1956 anlaufende Bemühung der Sowjetunion um eine zentral geleitete Großraumwirtschaftsplanung stieß z. T. auf den Widerstand einzelner Partner, vor allem Rumäniens. Auch die Tschechoslowakei und Polen versuchten ihre Abhängigkeit von der Sowjetunion innerhalb des RGW zu lockern. Den „Sozialismus mit menschlichem Antlitz" in der Tschechoslowakei 1968 beantwortete die UdSSR mit verstärkter wirtschaftlicher Integration, indem sie nun versuchte, die Fünfjahreswirtschaftspläne der Mitgliedstaaten mithilfe eines „Komplexprogramms für die weitere Vertiefung und Vervollkommnung der Zusammenarbeit und Entwicklung" von 1971 zu koordinieren. Gleichzeitig aber nahm der RGW direkte Kontakte mit internationalen Organisationen, wie den UN und der EG, auf. Anders als in der EU ging es im RGW um eine wirtschaftliche Arbeitsteilung und Koordination der Wirtschaftspläne; dabei wurden die Interessen der UdSSR besonders berücksichtigt. Die wirtschaftliche und politische Lage in den RGW-Ländern verschlechterte sich in den 80er Jahren zunehmend. Der Zusammenbruch des Ostblocks führte zu Beginn des Jahres 1991 zur Auflösung des RGW.

Q 24 Aus dem Statut des Rates für gegenseitige Wirtschaftshilfe, 1959

Artikel I: Ziele und Prinzipien. 1. Der Rat … hat zum Ziel, durch Vereinigung und Koordinierung der Bemühungen der Mitgliedsländer … zur planmäßigen Entwicklung der Volkswirtschaft … beizutragen.
2. Der [RWG] … beruht auf den Grundlagen der souveränen Gleichheit aller Mitgliedsländer …
Artikel III: Funktionen und Vollmachten. 1. [Der RWG] organisiert … die allseitige wirtschaftliche und technisch-wissenschaftliche Zusammenarbeit der Mitgliedsländer … mit dem Ziel der rationellsten Ausnutzung ihrer natürlichen Ressourcen und der Beschleunigung der Entwicklung der Produktivkräfte; [er] unterstützt … die Mitglieder … bei der Vervollkommnung der internationalen Arbeitsteilung im Wege der Koordinierung der Pläne für die Entwicklung der Volkswirtschaft, der Spezialisierung und Kooperation ihrer Produktion. (26)
Vollmitglieder des RGW waren Bulgarien, Rumänien, die ČSSR, Ungarn, Polen, die UdSSR, seit 1950 die DDR, seit 1962 die Mongolische VR, seit 1972 Kuba und seit 1978 Vietnam.

1. Prüfen Sie die Ziele und die „souveräne Gleichheit" aller Mitgliedstaaten.
2. Vergleichen Sie den RGW mit der EU. Stellen Sie die unterschiedliche Zielsetzung fest.
3. Bewerten Sie den RGW.

Q 25 Der Warschauer Pakt

Dieser „Vertrag über Freundschaft, Zusammenarbeit und gegenseitigen Beistand" wurde am 14. Mai 1955 als Gegenstück zur NATO in Warschau gegründet und diente der Sowjetunion vor-

nehmlich dazu, ihren Herrschaftsbereich abzusichern. Im Zuge der Auflösung des Ostblocks wurde der Pakt 1991 beendet.
Die Staaten des Warschauer Pakts griffen beim tschechoslowakischen Aufstand 1968 militärisch ein.
Artikel 3: Die vertragschließenden Parteien werden sich in allen wichtigen internationalen Fragen, die ihre gemeinsamen Interessen berühren, beraten und sich dabei von den Interessen der Festigung des Weltfriedens und der Sicherheit leiten lassen …
Artikel 4: Im Falle eines bewaffneten Überfalls in Europa auf einen oder mehrere Teilnehmerstaaten des Vertrages … wird jeder Teilnehmerstaat … in Verwirklichung des Rechtes auf individuelle oder kollektive Selbstverteidigung … sofortigen Beistand …, einschließlich der Anwendung von militärischer Gewalt, erweisen. Die Teilnehmerstaaten des Vertrages werden sich unverzüglich über gemeinsame Maßnahmen beraten, die zum Zweck der Wiederherstellung und Aufrechterhaltung des Weltfriedens und der Sicherheit zu ergreifen sind. (27)

T 9	Unruhen
1953	Mai–Juni: In der ČSSR Unruhen und Streiks; 17. Juni: in der DDR Generalstreik und Volkserhebung
1956	Juni: Posener Aufstand von Sowjets niedergeschlagen; Oktober: Unruhen in Polen; Aufstand in Ungarn: von sowjetischen Truppen niedergeworfen; Unruhen in Rumänien und Bulgarien
1961	August: Bau der Berliner Mauer
1968	Einmarsch der Truppen des Warschauer Pakts in die Tschechoslowakei; „Breschnew-Doktrin"
1970	Unruhen in Polen
1975/76	erneute Unruhen in Polen
1980	Streiks in Polen; Gründung der unabhängigen Gewerkschaft „Solidarität"
1981/82	Polen: Verhängung des Kriegsrechts; Einsetzung eines Militärrates; Verbot der „Solidarität"
1983	Aufhebung des Kriegsrechts
1988	Aufgabe der „Breschnew-Doktrin".
1989/90	Massendemonstrationen in den Ländern des Ostblocks; Forderungen nach freien Wahlen und Mehrparteiensystem
1991	gescheiterter Putsch der Reformgegner in Moskau

1. Überprüfen Sie, wie der Vertragsfall jeweils interpretiert wurde. S. auch Q 51, S. 161 und Q 90, S.228.
2. Stellen Sie Vermutungen darüber an, warum der Ostblock 1990/91 zusammengebrochen ist.

5. Kooperation zwischen Ost und West seit 1975

Q 26 Die KSZE

Die Konferenz über Sicherheit und Zusammenarbeit in Europa (KSZE), an der neben 32 Vertretern der europäischen Staaten auch Delegierte der USA und Kanadas teilnahmen, schloss nach

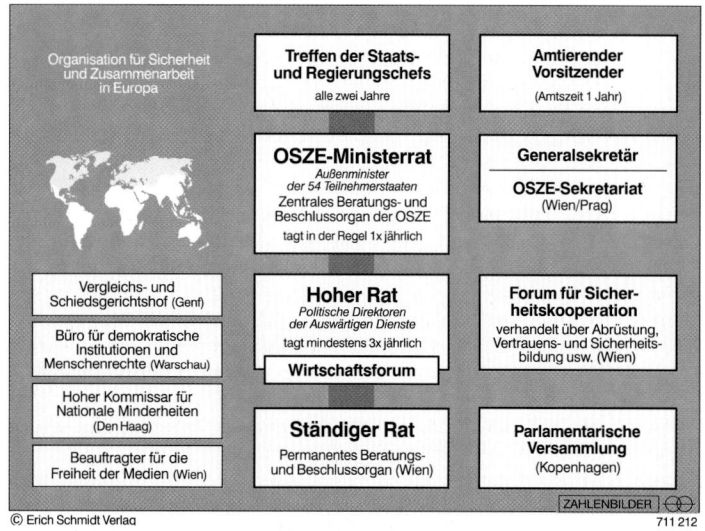

© Erich Schmidt Verlag

711 212

B 5 Die Organisation für Sicherheit und Zusammenarbeit in Europa (OSZE). Nach Schaffung dauerhafter Einrichtungen nannte sich die KSZE ab 1995 Organisation für Sicherheit und Zusammenarbeit in Europa.

1. *Untersuchen Sie Q 26 daraufhin, welche politischen Vorteile sich vor 1990 der Westen, welche der Osten von der KSZE versprach.*
2. *Suchen Sie nach den Grenzen und Möglichkeiten der OSZE in der Gegenwart.*

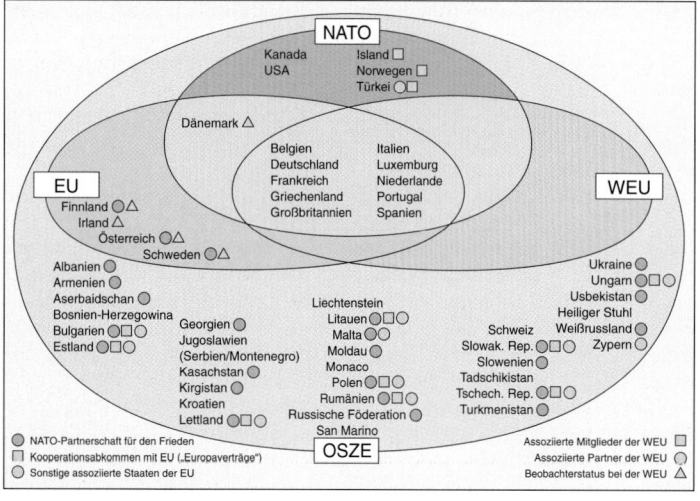

B 6 Die europäisch-atlantische Sicherheitsordnung 1996

Überprüfen Sie, welche Veränderungen seit 1996 eingetreten sind.

zweijährigen Beratungen am 1. August 1975 in Helsinki mit der Unterzeichnung der Schlussakte.

Die Teilnehmerstaaten betrachten gegenseitig alle ihre Grenzen sowie die Grenzen aller Staaten Europas als unverletzlich und werden deshalb jetzt und in der Zukunft keinen Anschlag auf diese Grenzen verüben … [Sie] werden die Menschenrechte und Grundfreiheiten, einschließlich der Gedanken-, Gewissens-, Religions- und Überzeugungsfreiheit für alle ohne Unterschied der Rasse, des Geschlechts, der Sprache oder der Religion achten … [Sie] halten es für notwendig, Organisationen, Unternehmen und Gesellschaften zu ermutigen, Möglichkeiten zur Verwirklichung von Projekten gemeinsamen Interesses im Bereich der Energiequellen, der Nutzbarmachung von Rohstoffen sowie im Bereich des Verkehrs und der Kommunikation zu prüfen. (28)

Die Folgekonferenzen zur Überprüfung der Fortschritte in Belgrad 1978 und Madrid 1980/83 blieben ohne nennenswertes Ergebnis, da die Sowjetunion durch die Bürgerrechtsbewegung und die Besetzung Afghanistans der internationalen Kritik ausgesetzt war.

Die OSZE umfasst alle Staaten Europas sowie Kanada und die USA. Ihr Ziel ist die Stabilität und Sicherheit in Europa. Auf dem OSZE-Sondergipfel in Paris 1990 verpflichteten sich die Staaten u. a. zur parlamentarischen Demokratie und zur Achtung der Menschenwürde sowie zu regelmäßigen Konsultationen und freundschaftlichen Beziehungen.

Zu den Abrüstungsverhandlungen und -maßnahmen zur Zeit des Ost-West-Konflikts s. T 30, S. 128; T 46, S. 217; T 1, S. 321 ff.

B. Osteuropa nach dem Ende des Ost-West-Konflikts

1. Das neue Gesicht Osteuropas

T 1 Der Zusammenbruch des Sowjetsystems in Osteuropa
1989 brach die kommunistische Herrschaft in Osteuropa zusammen. Der frühere „Ostblock" zerfiel bald darauf ebenfalls und die alten „Nationalstaaten" Polen, Tschechoslowakei, Ungarn, Bulgarien und Rumänien suchen seither ihren eigenen Weg; die DDR gab ihre Eigenstaatlichkeit auf. Die Zentralmacht in Jugoslawien und in der Sowjetunion verlor allen Einfluss. In den beiden Vielvölkerstaaten forderte der neu erwachte Nationalismus hohe Kriegsopfer.

Gorbatschow hatte mit seiner Politik des „neuen Denkens" in der Sowjetunion jene Entwicklung ermöglicht, die 1989 zu dem grundlegenden Wandel geführt hat. Was in Polen zehn Jahre, in Ungarn zehn Monate und in der DDR zehn Wochen dauerte, geschah in Prag in zehn Tagen: die Entmachtung der kommunistischen Parteien.

In **Polen** (s. T 79, S. 248 f.) verloren die Kommunisten im Sommer 1989 ihre beherrschende Stellung, die sie schon zuvor zehn Jahre lang gegen die Gewerkschaft „Solidarität" verteidigen mussten. Ein Jahr später begann die Einführung der Marktwirtschaft und die Veränderung des politischen Systems wurde fortgesetzt. Der Gewerkschaftsführer Lech Wałesa war fünf Jahre Präsident, bevor er 1995 von dem Ex-Kommunisten Kwasniewski abgelöst wurde.

Auch **Ungarn** begann 1989 mit dem Übergang zum Mehrparteiensystem. Die Öffnung des „Eisernen Vorhangs", der Grenze nach Österreich, ermöglichte es DDR-Flüchtlingen, in den Westen zu gelangen, und trug entscheidend zum Wandel im gesamten Ostblock bei. Ungarn gab sich eine neue Verfassung auf der Grundlage von Rechtsstaatlichkeit und Marktwirtschaft. 1990 fanden die ersten freien Wahlen statt. Die wirtschaftliche Misere im Land besserte sich freilich nur langsam.

In der **Tschechoslowakei** wurde Ende 1989 nach der so genannten samtenen Revolution der Dichter und Regimekritiker Václav Havel zum ersten nichtkommunistischen Präsidenten seit 1948 gewählt. 1990 folgten die ersten freien Parlamentswahlen. 1992 zerbrach die staatliche Einheit. Die **Tschechische Republik** versuchte mit marktwirtschaftlichen Mechanismen die Wirtschaft zu sanieren; bis 1995 waren Erfolge zu beobachten. Doch die gewählten Mittel bei der Privatisierung erwiesen sich als problematisch. Die tschechische Krone musste Einbußen hinnehmen, die Inflation setzte wieder ein. Das demokratische System hingegen festigte sich. Im zweiten Nachfolgestaat, der **Slowakei**, verlief die Entwicklung ungünstiger. Die demokratischen Strukturen konnten sich nicht frei entfalten, weil die Pressezensur dem entgegenstand; erst 1998 trat eine Besserung ein.

Auch in anderen osteuropäischen Staaten begann 1989 ein allmählicher Wandel. In **Rumänien** wurde der kommunistische Diktator Ceaușescu gestürzt und erschossen. Eine 1991 verabschiedete Verfassung führte das Mehrparteiensystem ein; marktwirtschaftliche Strukturen sollten die marode Wirtschaft sanieren, was immerhin ansatzweise bis 1997 gelang. **Bulgarien** erlebte eine längere Übergangszeit, bis es ab 1996 den demokratischen Weg einschlagen konnte. **Albanien** versank nach Beseitigung der kommunistischen Diktatur in Chaos und Terror. Waffenarsenale von Polizei und Armee wurden geplündert, internationale Truppenkontingente mussten im Auftrag der UNO eingreifen, damit 1997 die ersten freien Wahlen stattfinden konnten. Sicher werden von hier aus wie auch aus anderen Staaten Osteuropas noch viele Menschen ihr Land zu verlassen suchen, um in den mittel- und westeuropäischen Staaten Fuß zu fassen, was angesichts von Massenarbeitslosigkeit wiederum deren innenpolitische Probleme verstärken wird.

Die dramatische Wende der Nachkriegsgeschichte in Osteuropa war gelungen, weil die Sowjetunion das verkündete Prinzip der „Freiheit der Völker und Staaten" einzuhalten bereit war. Damit begann eine Zeitenwende: Mehr als 400 Mio. Menschen wurden aus ihren bisherigen Lebensverhältnissen herausgerissen und in eine Zukunft gestoßen, auf welche die Mehrheit von ihnen nicht vorbereitet war. Der Weg von der Zentralverwaltungswirtschaft in die Marktwirtschaft, die so genannte **Transformation**, ist äußerst schwierig. Viele Betriebe brachen zusammen, weil die Produkte auf dem freien Markt nicht konkurrenzfähig waren; die Arbeitslosigkeit nahm deshalb rasch zu, die Preise galoppierten. Jahrzehntelang hatte man keine Inflation gekannt, und nun mussten viele erleben, dass die erarbeiteten Ersparnisse nichts mehr wert waren. Wie in den GUS-Staaten prägen Armut und Elend das Leben der meisten Menschen in diesen Ländern, während einige wenige in relativ kurzer Zeit großen Reichtum und Einfluss anzuhäufen wussten. Die Korruption ist in Osteuropa stark verbreitet, die organisierte Kriminalität bildet eine feste Größe.

Dieser Wandel beendete auch die alten Bündnisstrukturen. Der **Rat für gegenseitige Wirtschaftshilfe** (RGW) wurde **1991 aufgelöst**, auch der **Warschauer Pakt erlosch** in diesem Jahr. Das dadurch entstandene Sicherheitsvakuum wollen die baltischen Staaten, Polen, Ungarn, Tschechien, die Slowakei und Rumänien durch den Beitritt zur NATO überwinden. Dies führte zu Spannungen zwischen Russland und dem Westen, da Moskau eine Osterweiterung der NATO bis an seine Grenzen zunächst strikt ablehnte. Erst vertragliche Abmachungen 1997 zwischen dem Bündnis und Russland konnten das Sicherheitsbedürfnis der ehemaligen Supermacht befriedigen.

Auch die EU soll um Staaten des ehemaligen Ostblocks erweitert werden. Selbst Russland denkt über ein engeres Verhältnis zur EU nach.

Q 1 Sprachen in der Gemengelage
Ein Nationalstaat in reiner Form setzt voraus, dass Staatsgebiet und Sprachgebiet deckungsgleich sind. Dies ist aber selten der Fall, denn selbst Frankreich und England als Musterbeispiele haben andersprachige Bewohner ...

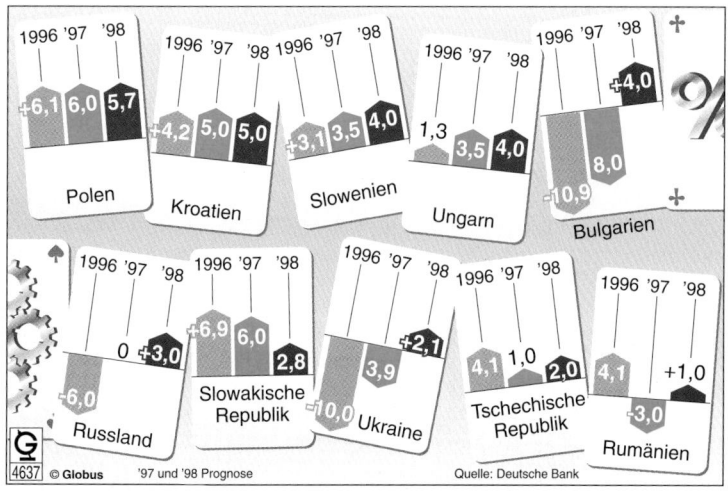

B 1 **Wirtschaftswachstum in den osteuropäischen Reformländern** (Abnahme bzw. Steigerung des BIP in Prozent im Vergleich zu den Vorjahren)

B 2 **Jungfernflug.** „Kapitän Mazowiecki begrüßt Sie zur Reise in die Marktwirtschaft". Mazowiecki war der erste demokratische Ministerpräsident Polens (1989/90).

1. *Stellen Sie die Gründe für den Zusammenbruch des Ostblocks zusammen. Ziehen Sie dazu auch Q 47, S. 160; Q 60, S. 167; T 62, S. 229 f. und T 65, 66, S. 231 heran.*
2. *Nennen Sie die wichtigsten Probleme, vor denen diese Staaten seit 1989/90 stehen.*

Viel komplizierter ist hingegen die Situation in der östlichen Hälfte Mitteleuropas und in Osteuropa. Ein Blick auf die Sprachenkarte vor dem Zweiten Weltkrieg zeigt einen Flickenteppich von verschiedenen geschlossenen Sprachgebieten, die einander durchdringen, ausfransen und alle Staatsgrenzen überwuchern. Und diese Gemengelage auf der Karte zeigt noch nicht, dass in den meisten Städten Menschen aus drei und mehr Sprachgruppen mit drei und mehr Religionen nebeneinander lebten. Dies ist das Ergebnis einer tausendjährigen Geschichte des Miteinanders und auch Gegeneinanders: Kaufleute, die nach Osten gezogen waren und nach einigen Generationen in der lokalen Bevölkerung aufgingen; Bauern, die von örtlichen Herrschern ins Land gerufen worden waren und ganzen Regionen ihre Sprache gaben; Bergleute, die ihr Spezialwissen nutzten und weitergaben und Siedlungsinseln bildeten. Was den deutschen Anteil an solchen Wanderungen betrifft, so wird dieser oft mit dem schiefen Begriff „Ostkolonisation" bezeichnet, was besser als „Landesausbau" zu bezeichnen wäre. Aber ebenso gab es Wanderbewegungen und Überschichtungsvorgänge der Polen in Richtung der Ukrainer und Litauer, der Großrussen in finnisches Gebiet, nach Sibirien und Zentralasien. (1)

S. dazu auch K 3, S. 15.

2. Das Beispiel Jugoslawien: Brandherd auf dem Balkan

a. Die Selbstzerstörung: Sloweniens und Kroatiens Weg in die Unabhängigkeit

K 1 Die Zersplitterung. 1991 hatte Jugoslawien eine Gesamtbevölkerung von ca. 24 Mio. Menschen.

Q 2 Aus der Unabhängigkeitserklärung Kroatiens, 25. Juni 1991

Gemäß Art. 140 Abs. 1 der Verfassung der Republik Kroatien verabschiedete die Versammlung der Republik Kroatien die Erklärung über die Schaffung der souveränen und unabhängigen Republik Kroatien.

In Fortführung der dreizehn Jahrhunderte alten staatsrechtlichen Tradition auf ihrem Territorium zwischen der Adria und den Flüssen Drau und Mur hat die kroatische Nation das Bewusstsein ihrer Identität und ihres Rechts auf Identität und Unabhängigkeit im unabhängigen Staat Kroatien bewahrt.

Aufgrund des Zusammentreffens historischer Umstände und ihrer Position auf der Trennlinie zwischen der östlichen und westlichen Christenheit, zweier ständig entgegengesetzter Zivilisationen und Kulturen mit verschiedenen politischen, wirtschaftlichen und anderen Interessen, war die kroatische Nation über Jahrhunderte hinweg gezwungen, ihren … Staat zu verteidigen …

II. Das zentralistische, totalitäre System, das ihr von der Sozialistischen Föderativen Republik Jugoslawien aufgezwungen wurde, hinderte die Republik Kroatien daran, ihre politischen, kulturellen und anderen Interessen zu fördern und zu schützen, was auf Seiten des kroatischen Volkes den Wunsch wachsen ließ, sich vom jugoslawischen Staat zu lösen. Heute sind wir mit Versuchen konfrontiert, Recht und Gesetz und die Integrität der Republik Kroatien durch von außerhalb der Republik angestiftete organisierte Gesetzlosigkeit und Terrorismus zu zerstören. Dies zielt darauf ab, die Verwirklichung des Willens der kroatischen Nation aller Bürger der Republik Kroatien zu behindern, geäußert bei den Wahlen und sanktioniert durch die Verfassung der Republik Kroatien …

Die kroatische Nation ist zusammen mit allen Bürgern, die die Republik Kroatien als ihr Heimatland ansehen, entschlossen, ihre Unabhängigkeit und territoriale Integrität gegen jede Aggression zu verteidigen, unabhängig davon, woher sie kommt. (2)

B 3 Frau und Kinder in den Ruinen Sarajevos, 1995

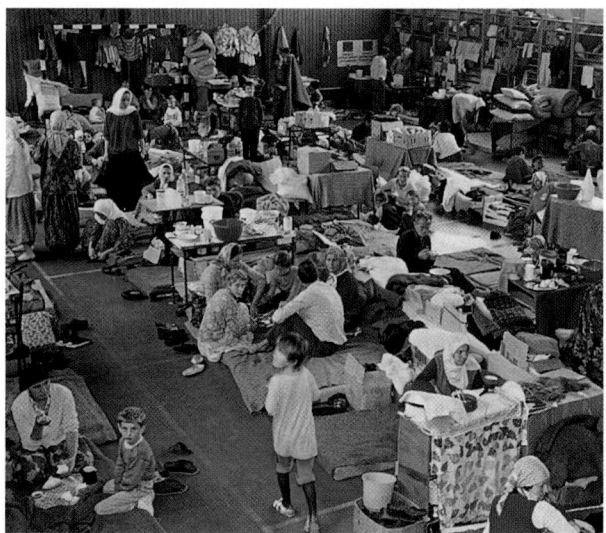

B 4 Flüchtlingslager für Familien aus Srebrenica, 1993

b. Der Krieg in Bosnien-Herzegowina: Krieg gegen die Zivilbevölkerung

T 2 Ethnische Zusammensetzung von Bosnien-Herzegowina 1961–1991 (Anteil an der Gesamtbevölkerung in Prozent)

	1961	1971	1981	1991
Muslime	25,7	39,6	39,5	43,7
Serben	42,9	37,2	32,0	31,4
Kroaten	21,7	20,6	18,4	17,3
Jugoslawen	8,4	1,2	7,9	5,5 (3)

1. *Stellen Sie die Gründe für den Wunsch nach Unabhängigkeit Kroatiens zusammen, die aus den Materialien K 1, Q 2 und T 2 hervorgehen.*
2. *Untersuchen Sie die Veränderung der ethnischen Zusammensetzung in Bosnien-Herzegowina.*
3. *Stellen Sie Vermutungen über die Folgen einer derartigen Veränderung an.*

– Das Gesicht des Krieges

Q 3 Aus dem Tagebuch einer Elfjährigen

Mittwoch, 27. Mai 1992

Dear Mimmy,
ein Blutbad! Ein Massaker! Der Horror! Entsetzen! Blut! Geschrei! Tränen! Verzweiflung!
So sah die Vasa-Miškin-Straße heute aus. Es sind zwei Granaten eingeschlagen und noch eine auf dem Markt. Mama war genau zu der Zeit in der Gegend. Sie hat sich schnell zu Großvater und

Großmutter geflüchtet. Papa und ich sind fast durchgedreht, als Mama nicht heimgekommen ist. Im Fernsehen hab ich Sachen gesehen, ich kann nicht glauben, dass ich sie wirklich gesehen habe. Es ist nicht zu fassen. Ich hatte einen Kloß im Hals und mein Magen tat mir weh. Entsetzen. Die Verletzten wurden ins Krankenhaus gebracht, ein Chaos. Wir standen die ganze Zeit mit der Nase am Fenster, in der Hoffnung, dass Mama auftaucht ... nichts. Die Liste von Opfern und Verletzten wurde durchgegeben. Keine Spur von Mama. Papa und ich waren verzweifelt. War Mama noch am Leben? Um vier Uhr hat Papa beschlossen, ins Krankenhaus zu fahren, um sie zu suchen. Er hat sich angezogen, um loszugehen, und ich wollte zu Bobars gehen, damit ich nicht alleine zu Hause wäre. Ich hab ein letztes Mal aus dem Fenster geguckt und dann ... habe ich Mama gesehen, wie sie über die Brücke rannte! Als sie in der Wohnung war, hat sie angefangen zu zittern und zu weinen. Unter Tränen hat sie erzählt, sie hätte zerfetzte Menschen gesehen. Dann sind alle Nachbarn gekommen, sie hatten sich solche Sorgen um Mama gemacht. Danke, lieber Gott, Mama ist bei uns. Danke, lieber Gott.
Ein grauenvoller Tag. Den werde ich nie vergessen.
Der Horror! Der Horror!
Deine Zlata (4)

Q 4 Methoden der „ethnischen Säuberung" – ein UNO-Bericht

Methoden der „ethnischen Säuberung" umfassen laut UNO-Bericht „Einschüchterung, Diskriminierung, Prügel, Folter, Vergewaltigung, Massenexekutionen, Vertreibungen, Bombardierungen von zivilen Wohngegenden ..., Zwangsumsiedlungen, Konfiska-

B 5   Das Gesicht des Krieges, amerikanische Karikatur

tion von Eigentum und Zerstörung von Häusern sowie religiösen Stätten und kulturellen Einrichtungen". Bevorzugte Ziele der Aggression waren Kirchen, Moscheen, Denkmäler und Bibliotheken, also zivile Gebäude mit Symbolwert für die jeweiligen ethnisch-religiösen Gruppen. Auch Versorgungs- und Dienstleistungseinrichtungen wie Schulen, Krankenhäuser, Rundfunkanstalten galten ihre Angriffe. Die kroatische Armee und später ihre Ableger in Bosnien-Herzegowina gingen dort, wo sie Gebietsgewinne erzielten, ähnlich brutal vor. Später bildeten auch muslimische Truppen keine Ausnahme von der Regel. (5)

Q 5   Morde in der Nacht – ein anonymer Zeugenbericht

Etwa sieben Kilometer von der Gemeinde Omarska entfernt befindet sich das so genannte neue Bergwerk Omarska. Wer die bewachten Tore passiert hat, fährt zunächst ein bis zwei Kilometer durch ein fast idyllisches Gelände, bis er auf die ehemaligen Betriebsbauten des Bergwerks stößt: Verwaltung, Werkzeuglager, Lkw-Garagen und andere Gebäude.

Hier war 1992 das berüchtigte Lager Omarska untergebracht – ein ideales Versteck, da nur Eingeweihte Zutritt hatten. Es war das erste Gefangenenlager im bosnischen Krieg, bewacht von Kriminellen, die zu Kriegsbeginn aus Gefängnissen befreit und in Uniformen der jugoslawischen Armee gesteckt wurden – eine Idee, der sich sowohl Karadžić als auch sein Stellvertreter Nikola Koljević und der Parlamentspräsident Momčilo Krajisnik rühmten.

In das Todeslager Omarska wurden die Moslems aus den Orten Kozarac, Bosanski Novi, Sanski Most, Prijedor und den umliegenden Dörfern verschleppt. Allein Kozarac hatte zu Kriegsbeginn 20 000 Einwohner. Bei der Einnahme der Stadt durch die Serben kamen mehr als 1 000 Menschen ums Leben.

Da Kozarac völlig eingekreist war, konnten nur wenige fliehen. Die

Überlebenden wurden in das etwa 20 Kilometer entfernte Lager Omarska gebracht: Damit begann das Blutbad in Bosnien …
Zahlreiche … Abraumhalden des ehemaligen Bergwerks sind … Massengräber. Seit Ende Mai 1992 wurden zweieinhalb Monate lang jede Nacht zwischen 50 und 150 Gefangene auf Lastwagen gepfercht und etwa sechs Kilometer innerhalb des Bergwerksgeländes zu einer ebenen Stelle gefahren. Hier wurden sie sofort erschossen. Noch in derselben Nacht bedeckten Bagger und Lkw die Leichen mit Geröll aus dem Bergwerk. Die meisten Toten liegen unter neu aufgeschütteten Erdhügeln, auf einer Fläche von insgesamt zwei Quadratkilometern. (6)

1. Beschreiben Sie „das Gesicht des Krieges": seine Täter, Opfer und Methoden.
2. Erörtern Sie die Aussage der amerikanischen Karikatur B 5.

B 6   Gefangene in Omarska

K 2 **Das Friedensabkommen von Dayton für Bosnien-Herzegowina 1995.** Nachdem die europäischen Staaten die Kriegsgegner vergeblich zu Verhandlungen aufgefordert hatten, kamen diese erst auf amerikanischen Druck in Gang. Daher wurde das Abkommen auch in Dayton (USA) abgeschlossen.

1. *Erörtern Sie die Regelungen (Eckpunkte) des Friedensabkommens.*
2. *Stellen Sie Vermutungen an über die Gründe für diesen staatlichen Aufbau.*
3. *Haben sich nach Ihrer Kenntnis die Regelungen bewährt?*

Q 6   Warum dieser Krieg? – Ein Bosnier, ein Serbe und ein Kroate über den Krieg auf dem Balkan

Zulfikarparsic: Sehen Sie, das kommunistische Regime hat in ganz Osteuropa eine politische Wüste hinterlassen. Es gab für den Einzelnen kaum eine Möglichkeit, politische Erfahrungen zu sammeln. Die totalitäre kommunistische Partei hat die Leute dazu erzogen, Erfolg in der Karriere nur davon zu erwarten, dass sie einer zentralen Führung folgten. Diesen Leuten schien ein freies Leben nach westlichem Muster zu kompliziert, es gab dafür in Osteuropa keine Erfahrung. Bei den freien Wahlen sind dann ganz rasch die nationalistischen Elemente mit ihrem militanten Schwarzweißbild – hier Freund, da Feind – zur Stelle gewesen.

Auf dem Balkan ist der Umgang mit Nationalismen aber sehr problematisch, genauso wie der mit Religionen, weil bei uns die Diskussion mit Andersgesinnten keine Kultur hat. Sie konnte sich nicht

wie in einem freiheitlichen System entwickeln. Eine brutale, vereinfachte Form des Denkens, die uns im Kommunismus anerzogen worden war, kombiniert mit nationalistischem Gefühl, hat eine spezielle Form der Militanz ergeben, aus der die heutige Situation erwachsen ist.

Novoselac: Was heute geschieht, ist eine Folge der früheren Diktatur. Am Anfang hatte man gehofft, dass der Kommunismus eine Regierung des Volkes sein werde, und übersehen, dass schon in Lenins Definition die Diktatur des Proletariats etwas ganz anderes bedeutet. Diktaturen sind immer nur mit Druck zu erhalten: Wer nicht folgt, wird verfolgt. Druck erzeugt aber Gegendruck und dieser ist, verstärkt durch die riesigen sozialen Probleme, nun zur Entladung gekommen. Im Tito-Jugoslawien wurde ja etwa das soziale Ost-West-Gefälle ungeheuer verstärkt. Nicht zufällig arbeiten so viele Kosovo-Albaner im Westen. Die sind nicht aus nationalen, sondern lange vor diesem Krieg aus sozialen Gründen ausgewandert. Die freien Wahlen brachten eine regelrechte Explosion. Nicht alle verstehen unter Demokratie das Gleiche.

Malogajski: Kommunismus und Nationalismus sind beide undemokratische Optionen. Dass das eine das andere abgelöst hat, ist unsere ganze Tragik und der Grund, dass Jugoslawien auseinander gefallen ist. Nach den jahrzehntelangen Frustrationen unter dem Kommunismus, der wirtschaftlichen Misere und der ideologischen Ratlosigkeit glaubten die nationalen Führer nun ihre Aufgabe einzig darin zu sehen, das Nationalbewusstsein und damit gleichzeitig den Hass gegen jene zu schüren, die schuld sind, dass es bisher nicht so ging, wie es sollte. Das waren für jeden die jeweils anderen: Für die Kroaten waren das die Serben, die Albaner, die Slowenen usw.; für die Serben waren es die Kroaten, die Albaner, die Slowenen und so fort. (7)

Q 7 Jugoslawien – Von Anbeginn eine Fehlkonstruktion?

Der Ende 1918 ins Leben gerufene jugoslawische Staat verdankte seine Entstehung dem Zusammenbruch zweier multinationaler Großreiche, die über Jahrhunderte den südöstlichen Teil Europas beherrscht hatten: des Osmanischen Reiches und der Habsburger Monarchie. Es entstand, weil seit dem 19. Jahrhundert die Vorstellung verbreitet war, es gebe eine südslawische (jugo = Süd) Nation, die Anspruch auf einen eigenen Nationalstaat habe. Von den im „Königreich der Serben, Kroaten und Slowenen" zusammengeschlossenen Territorien hatten nur Serbien und Montenegro schon zuvor alle politische Souveränität besessen. Abgesehen vom mittelalterlichen Reich der Serben und den frühen Königtümern der Kroaten und Bosnier haben die jugoslawischen Völker den größten Teil ihrer Geschichte unter fremder Herrschaft und voneinander getrennt gelebt. In dieser langen Zeit gab es zwischen ihnen keine nennenswerten Konflikte.

Die Linie, die einst das Römische Reich in eine östliche und eine westliche Hälfte teilte, zieht sich mitten durch Jugoslawien entlang der Flussläufe von Donau und Save. Die Völker südlich dieser Linie gehörten zum Bereich der von Byzanz (Ostrom) ausgehenden orthodoxen Ostkirche und standen vorwiegend unter türkischer Oberherrschaft. In diesen 500 Jahren breitete sich dort nicht nur der Islam aus, es erhielten sich auch alte balkanische Lebensformen. Die Völker nördlich von Save und Donau, die das Christentum von Rom her annahmen, waren dagegen vom Westen beeinflusst und befanden sich unter österreichischer bzw. ungarischer Oberherrschaft.

Diese auch heute noch augenfällige Trennungslinie hatte zur Folge, dass vor allem die beiden südslawischen Hauptvölker, die Serben und Kroaten, völlig verschiedene soziale Wertsysteme und politische Kulturen entwickelten. Die Ursachen des politischen Streits von heute liegen deshalb nicht zuletzt in den ererbten Gegensätzen der Grenzzone zwischen Okzident und Orient, zwischen Katholizismus und Orthodoxie, Christentum und Islam. Nicht zufällig streben Kroaten und Slowenen nach parlamentarischer Demokratie und Marktwirtschaft, während die Serben in ihrer Mehrheit dem orthodoxen Sozialismus verhaftet bleiben.

Kompliziert wurde die Situation dadurch, dass es im jugoslawischen Raum vielerorts keine klaren ethnischen Grenzen gibt, sondern zahlreiche Mischformen vorkommen.

Die durch die jahrhundertelange Zugehörigkeit entweder zur Habsburger Monarchie oder zum Osmanischen Reich entstandene Zweiteilung sowie manche andere von Bevölkerungsverschiebungen und Binnenwanderungen herrührende Grenze durch Angleichung der nationalen Eigenarten und durch Ausgleich der abweichenden Zielvorstellungen zu überwinden, war die große historische Aufgabe des neuen jugoslawischen Staates. Die heterogene [uneinheitliche] Zusammensetzung seiner Bevölkerung, die unterschiedliche Entwicklung der einzelnen Landesteile und das jeweilige geschichtliche Erbe machten Jugoslawien zum kompliziertesten und anfälligsten Vielvölkerstaat Europas. Ihn nach einheitlichen Gesichtspunkten zu gestalten, die zentrifugalen [vom Mittelpunkt wegstrebenden] Kräfte abzuschwächen und die Eigenheiten der Teilgebiete miteinander zu versöhnen, musste eine schwierige, beinahe unlösbare Aufgabe darstellen. (8)

Q 8 Jugoslawien nach 1945

Mit der Befreiung und der Vertreibung der Deutschen überwiegend aus eigener Kraft etablierte sich 1945 Jugoslawien II [bis 1991] unter der Führung von Josip Broz, genannt „Tito" … „Brüderlichkeit und Einheit" … zur Vermeidung des großserbischen Zentralismus war nun die Parole …

Offenbar konnte nur der Kroate Tito im neuen kommunistischen Staat den historischen Kompromiss zusammenzwingen, der Jugoslawien noch einmal einte: Als föderative Volksrepublik erhielt es formal eine föderalistische Struktur – sechs Republiken (Serbien, Montenegro, Kroatien, Slowenien, Bosnien-Herzegowina, Makedonien) und zwei autonome Regionen, die aus Serbien gelöst waren (Kosovo, Vojvodina), jeweils mit unterschiedlich starken nationalen „Minderheiten" (25% Ungarn in der Vojvodina und knapp 70% Albaner im Kosovo) …

Während im neuen kommunistischen Jugoslawien die Nationalitätenfrage in der offiziellen Propaganda immer weniger eine Rolle spielen sollte, blieb der großserbische Nationalismus vor allem in der Armee ungebrochen, deren Generalität und Offizierskorps weitgehend in den Händen von Serben waren …

Der Kalte Krieg spielte dem neuen Jugoslawien, an einer kritischen Nahtstelle zwischen Ost und West, überraschend eine buchstäblich goldene Chance in den Schoß: Mit dem spektakulären Ausscheiden aus dem Sowjetblock 1948 erhielt Jugoslawien westliche Kredithilfe. Der Bruch mit der stalinistischen Sowjetunion, die Arbeiterselbstverwaltung in der Industrie (1950) und neue Verfassungen suggerierten auch eine innere Liberalisierung, die tatsächlich jedoch unterblieb: An die Stelle des Stalinismus trat lediglich der Titoismus.

Die westlichen Finanzhilfen – geschätzte 100 Mrd. Dollar – wurden zum geringsten Teil produktiv investiert. Vielmehr gingen sie vor allem in den Konsum und dienten dem Aufbau eines gigantischen militärisch-industriellen Komplexes: 65% des Staatshaushaltes beanspruchte eine für das relativ kleine und arme Land überdimensionierte Armee mit einer besonderen Konzentration der eigenen Rüstungsindustrie in Bosnien-Herzegowina und Serbien. Unter den bosnischen Bergen wurde ein gewaltiges Waffenpotential aufgehäuft, angeblich für den Fall einer sowjetischen Invasion. [Diese Politik hatte Tito, der 1980 starb, zu verantworten.] In Wirklichkeit wurden Artilleriestellungen, mitten im Frieden, in einer Großstadt wie Sarajevo eingerichtet, nicht, wie allein sinnvoll, am Rande einer Stadt zu ihrem Schutz. Der Zweck solcher urbaner Artilleriepositionen wurde spätestens seit der Belagerung Sarajevos 1992 klar – Terrorisierung widerspenstiger Bevölkerung. (9)

1. *Stellen Sie die Ursachen für den Krieg zusammen.*
2. *Zeigen Sie, warum das alte Jugoslawien der „komplizierteste und anfälligste Vielvölkerstaat" in Europa war.*
3. *Erörtern Sie, welche Auswirkungen das Ende des kommunistischen Systems in der Sowjetunion und der Zerfall des Ostblocks auf Jugoslawien haben mussten.*

T 3   Das alte Jugoslawien zerstört sich selbst

Das Ende des Ost-West-Konflikts bedeutete nicht den Beginn einer Ära des Friedens. Im Gegenteil: Weltweit dauerten regionale Kriege an oder brachen neue aus. Der Zerfall des alten Jugoslawien mit den schrecklichen Folgen von Massenhunger und -flucht, sog. „ethnischen Säuberungen" und Völkermord wurde zu einer neuen Herausforderung für die internationale Gemeinschaft.

Die ehemalige Sozialistische Föderative Republik **Jugoslawien brach 1991/92 auseinander**. Der Weg in den Krieg begann aber schon 1989, als Serbien die regionale Selbstverwaltung im Kosovo und in der Vojvodina einschränkte und schließlich beseitigte. Der serbische Präsident Milošević wandte sich dann gegen die Pläne Sloweniens und Kroatiens zur Bildung eines losen Staatenbundes der jugoslawischen Teilrepubliken – ähnlich wie die GUS auf dem Territorium der ehemaligen Sowjetunion. Beide reagierten daraufhin 1991 mit der Verkündung ihrer Unabhängigkeit. Mazedonien und Bosnien-Herzegowina folgten ihnen wenige Monate später. 1992 schlossen sich die verbliebenen Teilrepubliken Serbien und Montenegro zur Bundesrepublik Jugoslawien zusammen.

In **Slowenien** und **Kroatien** kam es 1991 zu schweren Kämpfen zwischen der jugoslawischen (serbischen) Armee und militärischen Verbänden dieser neuen Staaten, die erst durch die Vermittlung der EG (heute EU) beendet werden konnten. Danach verlagerten die Serben den Krieg nach **Bosnien-Herzegowina**. Er dauerte über drei Jahre; die Grausamkeit und die lange Dauer des Krieges hängen mit der ethnischen Zusammensetzung dieses Landes zusammen. Es gibt keine einheitliche nationale Bevölkerung wie in den anderen Republiken. 1991 bezeichneten sich 43,7 % als Muslime (Bosniaken). Die bosnischen Serben (traditionell griechisch-orthodox) machten 31,4 % aus, die römisch-katholischen Kroaten 17,3 %. 5,3 % betrachteten sich als Jugoslawen und ordneten sich demnach keiner der drei Gruppen zu. Mit dem Zerfall des alten Jugoslawien lebte der serbische Anspruch auf ganz Bosnien wieder auf, so wie auch Kroatien Teile der Republik für sich beanspruchte.

Im April 1992 erkannten die EG und die USA Bosnien-Herzegowina völkerrechtlich an, einen Monat später wurde es in die UNO aufgenommen. Diese verhängte ein Handels- und Ölembargo gegen Serbien. Die internationale humanitäre Hilfe für Bosnien-Herzegowina setzte ein. Dennoch brachten die bosnischen Serben bis August 1992 70 % des Territoriums unter ihre Kontrolle, verschleppten die nichtserbische Bevölkerung in Gefangenenlager oder vertrieben sie (sog. ethnische Säuberungen). Frauen wurden systematisch vergewaltigt, Männer massenweise ermordet. Bis 1995 blieben die Bemühungen internationaler Organisationen um eine politische Lösung des Konflikts erfolglos. Weder Sanktionen noch Friedenskonferenzen konnten den Krieg beenden, Dutzende von vereinbarten Waffenstillständen wurden gebrochen. Die seit 1992 im Land stationierte UNO-Friedenstruppe konnte die Zivilbevölkerung nur selten schützen; ihre Schutzzonen für muslimische Flüchtlinge wurden fast alle von den bosnischen Serben erobert und „ethnisch gesäubert". Den UNO-Soldaten war ein militärisches Eingreifen nicht gestattet; sie waren auch zu schwach und standen fast überall zwischen den Fronten. Die „Blauhelme" konnten daher ebenfalls beschossen, gefangen gesetzt bzw. zu Geiseln gemacht werden. Ihre Transporte wurden oft genug blockiert. Erst mehrere Luftangriffe der NATO im Auftrag der UNO auf serbische Stellungen und diplomatischer Druck der USA erzwangen im Oktober 1995 die Aufnahme von Friedensgesprächen. Das im November in Dayton/USA ausgearbeitete Friedensabkommen trat nach der Unterzeichnung in Paris am 14. Dezember 1995 in Kraft. 60 000 NATO- und russische Soldaten übernahmen im Auftrag der UNO die militärische Absicherung des Friedens.

Die **Bilanz des Krieges** ist entsetzlich. Bosnien-Herzegowina ist ein weithin verwüstetes Land. Zahllose Städte und Dörfer sind zerbombt und unbewohnbar, ganze Landstriche entvölkert. Hunderttausende haben ihr Leben, mehr als zwei Millionen ihre Heimat verloren. Allein in der von der UNO aufgegeben Schutzzone Srebrenica sollen die Serben 7 000 Gefangene erschossen haben, wie die Öffnung von Massengräbern ergab. Grausamkeiten gab es aber auch auf der Seite der ehemals verbündeten Kroaten und Muslime, die dann gegeneinander kämpften. Hauptopfer des Krieges war stets die muslimische Bevölkerung. Der Versuch, beide Bevölkerungsgruppen in der herzegowinischen Hauptstadt Mostar zu versöhnen, ist bisher fehlgeschlagen.

Wie Bosnien entwickelte auch **Kroatien** im und nach dem Krieg gegen Serbien keine demokratischen Strukturen; die Opposition im Land wird massiv unterdrückt. 1996/97 entstand in der Bundesrepublik Jugoslawien **(Serbien)** eine oppositionelle demokratische Allianz, die monatelang gegen den Diktator Milošević demonstrierte, um den Wahlsieg bei den Kommunalwahlen durchzusetzen. Die von Serben unterdrückte albanische Minderheit in der jugoslawischen Provinz Kosovo setzte sich 1998 so massiv zur Wehr, dass serbische Einheiten militärisch eingriffen. Eine internationale Truppe überwacht im benachbarten **Montenegro**, in dem selbst nationale Spannungen existieren, den labilen Waffenstillstand. Am positivsten entwickelte sich im ehemaligen Jugoslawien die neue **slowenische Demokratie**.

C.   Der Nord-Süd-Konflikt und seine Wurzeln

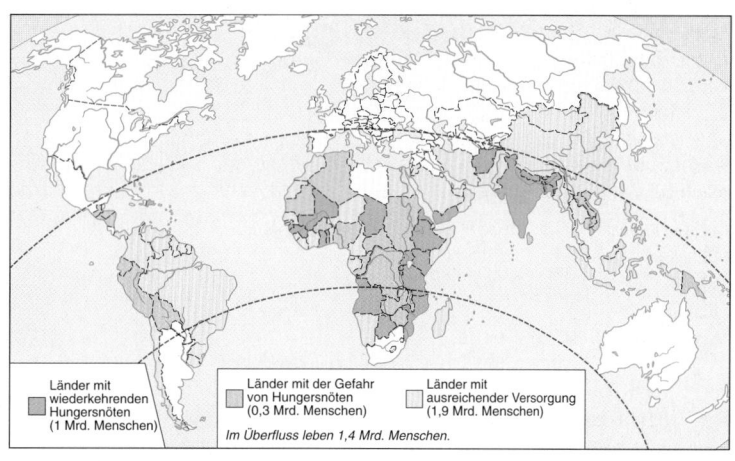

K 1   Hungergürtel der Erde. Nach Angaben der FAO (Food and Agriculture Organization of the United Nations) betrug die Zahl der Unterernährten 1970 941 Mio., 1980 843 Mio. und 1990 781 Mio. Nur in der Subsahara stieg die Zahl von 94 Mio. im Jahr 1970 auf 175 Mio. 1990. 13 Mio. Kinder starben vor ihrem fünften Lebensjahr. „Kinder in der Dritten Welt verhungern weiter, damit ihre Altersgenossen im Westen 20-mal mehr Ressourcen frei konsumieren können." (1)

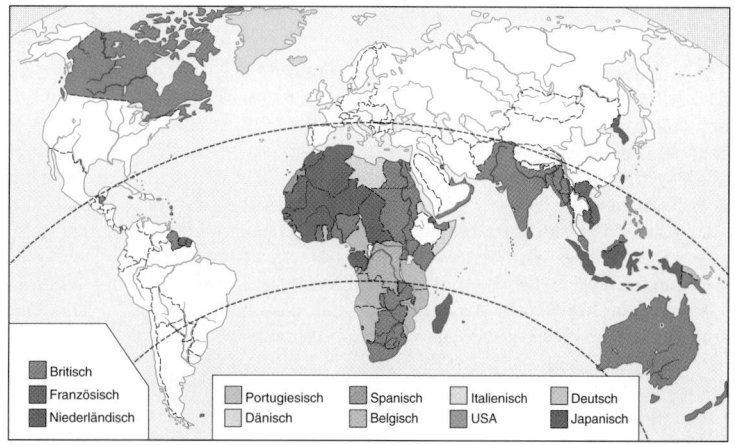

K 2   Gürtel der kolonialen Abhängigkeit 1914

K 3   Gürtel des Analphabetentums. Nach Schätzungen der UNESCO (United Nations Educational, Scientific and Cultural Organization) waren 1970 760 Mio. Erwachsene über 15 Jahre, 1980 814 Mio. und 1990 920 Mio. Analphabeten, d. h. in Entwicklungsländern 35% der erwachsenen Bevölkerung; davon je nach Region 50–65 % Frauen. In vier westafrikanischen Ländern konnten 1990 drei Viertel der Bevölkerung weder lesen noch schreiben. Doch auch in entwickelten Ländern gibt es Analphabetismus: in den USA 40 Mio., in Deutschland 4 Mio. Menschen.

1. Erklären Sie die geographische Einheitlichkeit der drei Gürtel.
2. Bestimmen Sie, evtl. auch mithilfe von Lexika, die folgenden Begriffe: Entwicklungsländer, unterentwickelte Länder, Erste, Zweite, Dritte und Vierte Welt. Suchen Sie nach dem jeweils angelegten Maßstab.

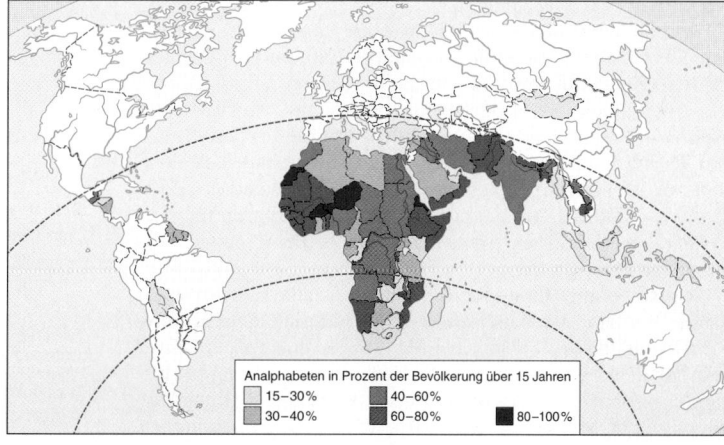

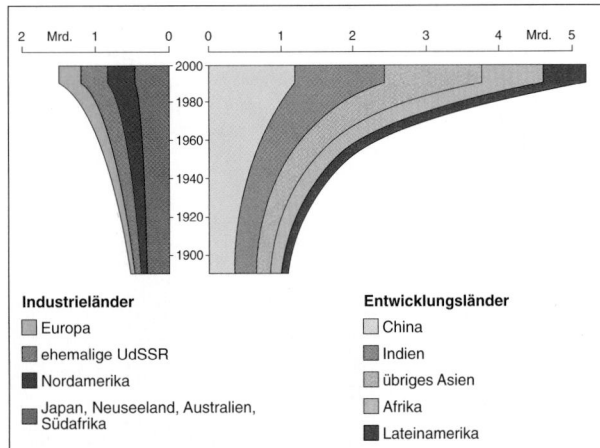

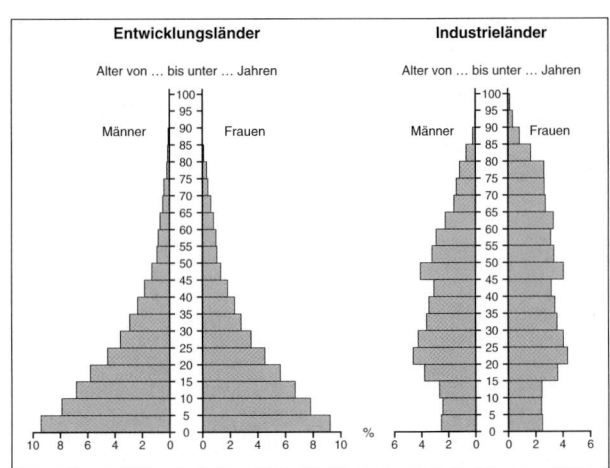

B 1   Bevölkerungsexplosion 1900–2000. Im Jahr 2000 werden 6,4 Mrd. Menschen die Erde bevölkern, 2025 rund 8,6 Mrd. und 2050 rund 10 Mrd.

B 2   Alterspyramiden für Industrie- und Entwicklungsländer um 1985

T 1   Entwicklungsländer und ihre Probleme

a) Obwohl die Begriffe „Dritte Welt" und „Entwicklungsländer" heute sehr umstritten sind, werden sie doch noch allgemein gebraucht. Zur Dritten Welt werden die so genannten Schwellenländer gezählt, von denen sich die fernöstlichen „kleinen Tiger", z. B. Südkorea, Singapur (s. S. 316 ff.), Malaysia, mit überdurchschnittlichen Wachstumsraten dem Niveau der Industrieländer angenähert haben. Als Vierte Welt gelten die agrarischen Entwicklungsländer und als Fünfte Welt die Länder der „Urarmut". Gemeinsame Merkmale: Als ehemalige europäische Kolonien sind sie wirtschaftlich aufgebaut worden und haben sich von diesem Vorbild bis heute nur zum Teil gelöst.

– **Bevölkerungszuwachs:** Wie im Europa des 19. Jahrhunderts beruht die Bevölkerungsexplosion auf dem Rückgang der Sterblichkeit infolge des medizinischen Fortschritts, die Geburtenquote bleibt unverändert hoch.

– **Politisch und wirtschaftlich instabile Lage:** Ein kleiner Teil der Bevölkerung verfügt über ein hohes Einkommen – sie lebt meist an der Peripherie des Landes –, die Mehrheit muss sich mit einem sehr niedrigen Einkommen begnügen. In fast jedem Staat gab es seit der Unabhängigkeit Militärputsche und/oder Revolten. Durch den hohen Anteil an Analphabeten mangelt es einerseits an den nötigen Arbeitskräften für den Aufbau einer modernen Wirtschaft, andererseits können die Regierungen die meist im Ausland ausgebildeten Spitzenkräfte nicht bezahlen, so dass diese dorthin abwandern.

– **Nahrungsmittelknappheit:** Während sich die Entwicklungsländer vor dem Zweiten Weltkrieg mit Nahrungsmitteln selbst versorgten und sogar noch Getreide exportieren konnten, führen nun anhaltende Dürrezeiten und Bodenverschlechterung zu Hungerkatastrophen, so dass man seit den 80er Jahren Nahrungsmittel einführen muss. Um durch Export Devisen zu bekommen, wurden Monokulturen gefördert, ohne die Umweltfolgen zu bedenken.

b) Seit den 60er Jahren vergrößert sich die Kluft zwischen Entwicklungs- und Industrieländern stetig. Die Produktionssteigerung kann mit den wachsenden Bevölkerungszahlen nicht Schritt halten, die Wirtschaftsleistung pro Kopf sinkt. Als die Einnahmen aus den **Agrarprodukten**, die vom Weltmarkt abhängig sind, in den 80er Jahren fielen, versuchte man dies durch vermehrte Produktion auszugleichen. Da aber die Nachfrage nicht stieg, sanken die Preise noch weiter. Aus Mangel an Arbeitsplätzen in der Landwirtschaft wanderten viele Menschen in die Slums wachsender Großstädte ab. Trotz großer Rohstoffvorräte kommt der Aufbau einer **verarbeitenden Industrie** nur langsam voran. Die Nachfrage nach verschiedenen Rohstoffen geht zurück. Da alle Preise von den Industrieländern diktiert werden, hat sich das Preisverhältnis zwischen den Waren der Industrie- und Entwicklungsländer, die so genannten Terms of Trade, für den Süden laufend verschlechtert.

T 2   Selbstversorgung mit Getreide (in Prozent des Bedarfs)

Regionen/Länder	1969/71	1979/81	1988/90
Subsahara – Afrika	97	86	86
Nordafrika/Nahost	87	73	65
Ostasien	98	95	96
– China	98	95	98
Südasien	97	96	102
– Indien	98	96	106
Lateinamerika	105	93	88
Entwicklungsländer	97	91	91
Industrieländer	103	109	108 (2)

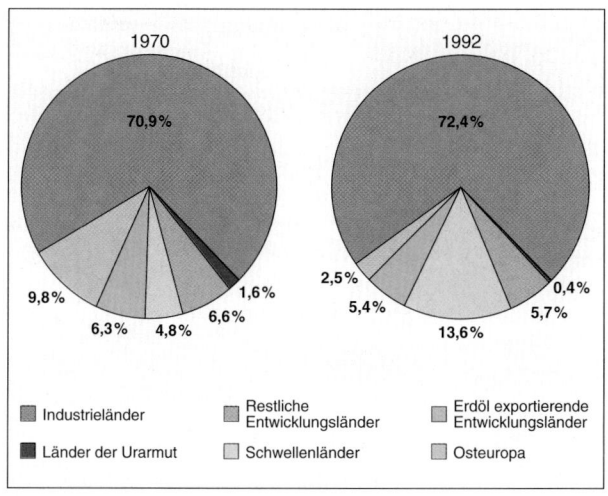

B 3   Anteil am Weltexport 1970 und 1992

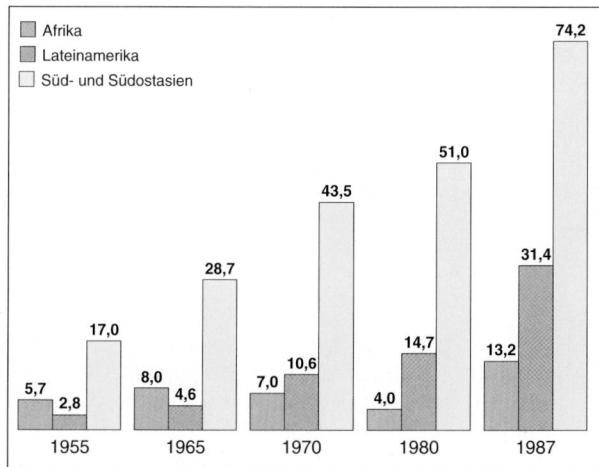

**B 4   Anteil verarbeiteter Industriewaren am Export von Ent-
wicklungsländern 1955–1987** (in Prozent)

T 3   Terms of Trade (Handelsbedingungen)
Dem Wert eines Lkw (6–10 t) entsprachen

	1985	1992
Kaffee	5,6 t	27,5 t
Bananen	44,3 t	79,1 t
Kakao	7,6 t	36,7 t
Teppiche à 6 qm aus Indien	49 St.	133 St.	(3)

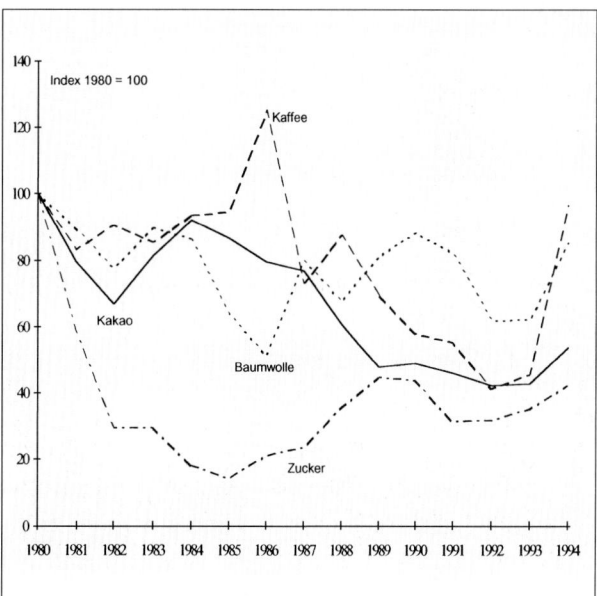

B 5   Preisentwicklung ausgewählter Agrarprodukte

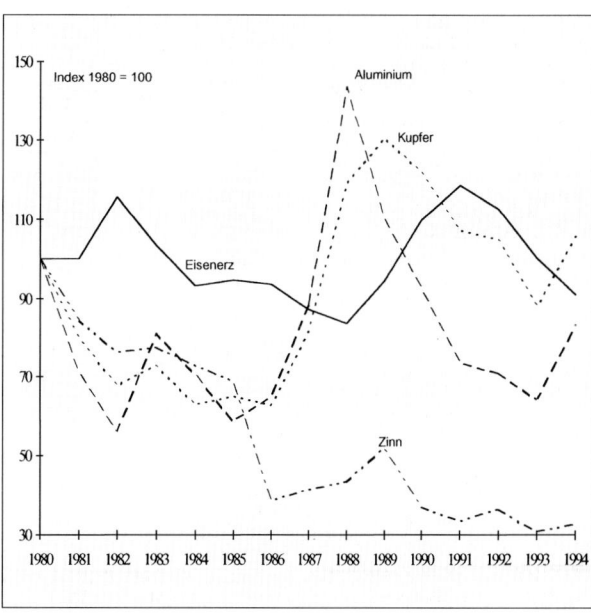

B 6   Preisentwicklung bei mineralischen Rohstoffen

B 7a   Wohnen im Schwellenland Brasilien: Großstadt São Paulo **B 7b   Elendsviertel am Rande Rio de Janeiros**

Um 1950 wohnten 17 % der Bevölkerung der Entwicklungsländer in Großstädten, um 1990 waren es 40 %. In den 70er Jahren gab es 200 Millionenstädte, um 2000 werden es 300 sein; im Jahre 2005 rechnet man mit 100 Städten mit jeweils über fünf Mio. Einwohnern, die meisten in Entwicklungsländern. Dabei ist zu bedenken, welche Infrastruktur benötigt wird, um solche Menschenzusammenballungen nicht im Chaos versinken zu lassen.

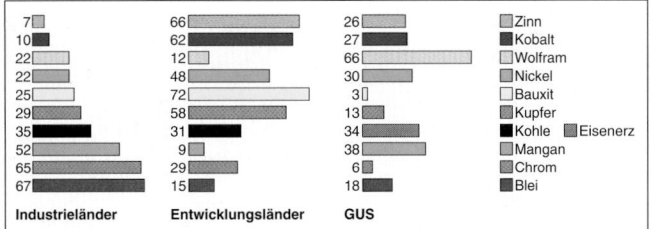

B 8   Vorräte an mineralischen Rohstoffen (in Prozent)
Suchen Sie in einem Atlas, wo die verschiedenen Rohstoffe gefördert werden, und überlegen Sie, wozu man sie braucht.

B 9   Zusammenhang der beiden „Teufelskreise"
Vergleichen Sie die Materialien dieses Abschnitts mit den Kreisen und ordnen Sie sie dem linken bzw. dem rechten Kreis zu.

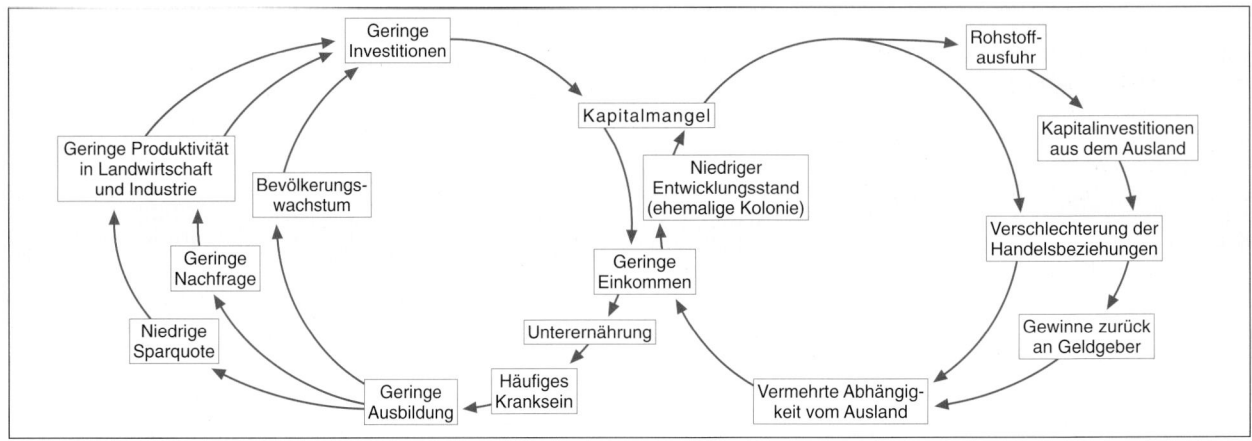

1. Das Beispiel Nigeria

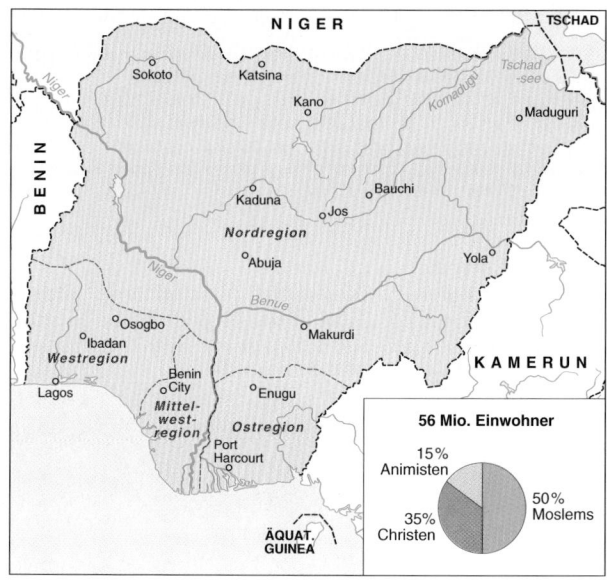

K 4a Nigeria 1963

K 4b Nigeria 1991

Q 1 Gibt es Nigeria? – Die Meinung eines afrikanischen Journalisten, 1968

Nigeria ist ein abstraktes Konzept in den Köpfen einiger … „Nigerianer" und von sehr viel mehr Ausländern … Die Elemente, die heute noch die Grundlagen im Leben der meisten Nigerianer bilden, sind das ausgedehnte Familiensystem, das Dorf und der Clan. Die öffentliche Meinung auf örtlicher Ebene funktioniert bei der Aufrechterhaltung von Recht und Ordnung weitaus besser, als dies der einzelne Polizist vermag, der eine ferne Regierung repräsentiert, von der er selbst nur eine vage Vorstellung hat. (4)

Q 2 Folgen der britischen Kolonialverwaltung?

Britische Beamte waren für die Emire des Nordens als Berater tätig und drangen auf einige wenige Reformen von geringfügigem Ausmaß, aber sie taten nichts, was weit reichende, gesellschaftssprengende Wirkung hatte … Im Süden jedoch errichteten Missionare [denen der Zutritt im Norden verboten war] Schulen, griffen einheimische religiöse Vorstellungen an und brachen so die traditionelle Gesellschaftsstruktur auf … Der wirtschaftliche Anstoß war im Süden viel größer als im Norden … Der Süden rückte schnell in das 19. Jahrhundert, wenn nicht in das 20. Jahrhundert vor, während der Norden in Organisation und Ansichten im Feudalsystem blieb. (5)

Q 3 Staatspräsident Azikiwe am zweiten Jahrestag der Unabhängigkeit, 1962

Wir glauben …, dass diese [vom Volk] gewählten Führer unseren Staat nach den in der Verfassung niedergelegten Regeln regieren sollen … Wir sind der Überzeugung, dass politische Parteien ein wesentlicher Bestandteil der liberalen Demokratie sind, da dadurch die Möglichkeit geschaffen ist, verschiedene Meinungen zu Fragen von allgemeinem Interesse zu äußern. (6)

Q 4 Wer führt die Parteien?

Die Bourgeoisie der Händler und Intellektuellen … folgte der britischen Führung wie Lakaien … Sie machten sich an das Geschäft, regionale Parteien auf der Grundlage der drei größten ethnischen Gruppen, der Haussa, Ibo und Yoruba, aufzubauen. In jeder Region übernahm die Führung entweder die Bourgeoisie der Händler und Bürokraten oder die feudale Aristokratie der drei Volksstämme … Das Proletariat, gering an Zahl, schwach und unorganisiert, war nicht fähig zu irgendeiner Art von Führung noch machte es den Versuch, eine solche zu entwickeln … So hatten die Briten die Modernisierung des Kolonialismus vollendet und um 1960 hatte der britische Kolonialismus eine neue Stufe erreicht – die Stufe des Neukolonialismus. (7)

T 4 Lebenslauf des ersten Staatspräsidenten, Dr. Nnamdi Azikiwe

Azikiwe, ein Ibo, wurde 1904 als Sohn eines Eisenbahnbeamten geboren. Er besuchte verschiedene Missionsschulen und hatte schon früh den Wunsch, in Übersee zu studieren. Neun Jahre verbrachte er in den USA. Um sein Studium finanzieren zu können, arbeitete er als Handlanger, Tellerwäscher, Bergmann, Melker und Berufsboxer. Er erwarb die Master-Titel in Philosophie und Anthropologie, erhielt mehrfach Ehrendoktorate und lehrte Politische Wissenschaften am Lincoln-College. Als er bei den Empire-Sportkämpfen in London aus rassischen Gründen beleidigt wurde, legte er aus Protest seinen christlichen Vornamen Benjamin ab.

Von 1934 an setzte er sich als Publizist in Ghana für den afrikanischen Nationalismus ein. 1937 in sein Heimatland deportiert gründete er dort verschiedene Zeitungen. Die radikalen Nationalisten organisierte er in der ersten politischen Partei Nigerias, wobei er Wert darauf legte, eine national-nigerianische Partei ohne Stammespropaganda aufzubauen und mehr ein nationaler Führer zu sein als ein regionaler Politiker. Ab 1951 Ministerpräsident und Innenminister in der Ostregion, setzte er sich besonders für wirtschaftliche Entwicklungspläne und ein umfangreiches Erziehungsprogramm ein. Alle Erwachsenen erhielten das Wahlrecht. Azikiwes fünf Forderungen lauteten: politische Freiheit, wirtschaftliche Planung, soziale Neuordnung, geistige Emanzipation und religiöse Toleranz.

1963 wurde er zum Staatspräsidenten ernannt, beim Januarputsch 1966 aber abgesetzt. Es war ihm nicht gelungen, die Spannungen zwischen dem Süden und dem Norden abzubauen. Bei der Wahl zum Staatspräsidenten 1979 konnte er sich als Ibo nicht durchsetzen. (8)

T 5 Lebenslauf des ersten Ministerpräsidenten der Nordregion, Alhaji Sir Ahmadu Bello

Ahmadu, 1910 in Nordnigeria geboren, stammte – wie der Sultan von Sokoto, den er später beriet – aus königlichem Hause. Nach dem Besuch einer Provinzschule und eines Lehrerseminars in Nordnigeria wurde er Volksschullehrer, dann Verwaltungsbeamter und Hauptberater des Sultans von Sokoto, des geistlichen Führers aller westafrikanischen Mohammedaner. Mit 39 Jahren kam er zum ersten Mal ins Ausland. Er nahm u. a. dreimal an Pilgerfahrten nach Mekka teil. 1951 wurde er Arbeitsminister, 1953 Ministerpräsident von Nordnigeria. Als Präsident der nordnigerianischen Volkspartei vertrat er im Wesentlichen die Interessen der Feudalherren. Als 1958 die Nordregion die Selbstverwaltung von den Briten erhielt, erklärte er: „56 Jahre waren die Briten unsere Instrukteure und guten Freunde; das Volk wurde von ihnen rechtschaffen, gerecht und voller Verständnis verwaltet." Gegen die Gefahr der Überfremdung aus dem Süden verteidigte er als ein Gebot der Selbsterhaltung das Gesetz der „Northernization", d. h., dass die Bewohner Nordnigerias bei der Ämterbesetzung bevorzugt werden sollten. Falls keine geeigneten Nigerianer vorhanden wären, sollte eher ein Europäer als ein Südnigerianer das Amt bekleiden. Neben der Verwaltung modernen Stils sollten der Sultan, die Emire und Häuptlinge ihre Macht behalten. 1966 wurde Ahmadu bei einem Putsch durch Ibo-Offiziere ermordet. (9)

1. *Stellen Sie die inneren Schwierigkeiten zusammen, denen sich Nigeria seit seiner Unabhängigkeit gegenübergestellt sah.*
2. *Nehmen Sie Stellung zu Q 1, vergleichen Sie damit Q 2–4.*
3. *Vergleichen Sie die beiden Lebensläufe der nigerianischen Politiker. Warum wurde Azikiwe zum ersten Staatspräsidenten ernannt; warum wurde Ahmadu Bello ermordet? Vergleichen Sie damit den Lebenslauf von Nelson Mandela (T 13).*

T 6 Die Kolonie

1914 wurden die britische Kolonie und die Protektorate Südnigeria und Nordnigeria zur „Kolonie und Protektorat von Nigeria" zusammengefasst, ein Gebiet mit vielen unterschiedlichen Stammes- und Sprachgruppen (K 4a).

Der Name Nigeria war von der englischen Frau des Governor-General Lord Lugard vorgeschlagen worden.

– Ein neuer Staat sucht seinen Weg

Q 5 Aufgabe der Erziehung

Erziehung sollte helfen, in unseren Jungen einen Sinn für Einheit, Patriotismus und Liebe zum Land zu entwickeln. (10)

T 7 Schüler und Schulanfänger

Schüler

1965	1990/91
2 912 000	12 820 000

Schulanfänger (in Prozent der Jahrgänge)

1982	1983	1984	1985	1986	1987	
97	98	97	82	81	77	(11)

T 8 Zwei Meinungen zur Rolle des Militärs

a) Das Militär ist ein nationaler „melting pot", denn es ist eine Institution auf gesamtnationaler Ebene. Die Leistung dominiert über die ethnische Herkunft.

b) Die Berufsarmee rekrutiert sich nur aus bestimmten ethnischen Gruppen. Obwohl in Technik und Organisation modern, ist sie hierarchisch gegliedert wie die traditionelle Gesellschaft.

Q 6 Erfahrung beim Übergang zur Demokratie 1990–1993

… Wie wenig sich die angeblich demokratischen Kandidaten wirklich für Demokratie einsetzten, [zeigt Folgendes:] Parteikandidaten gingen an den höchsten Bieter, Wählerstimmen wurden offen gekauft, Schläger angestellt, um unerwünschte Wahlzettel zu zer-

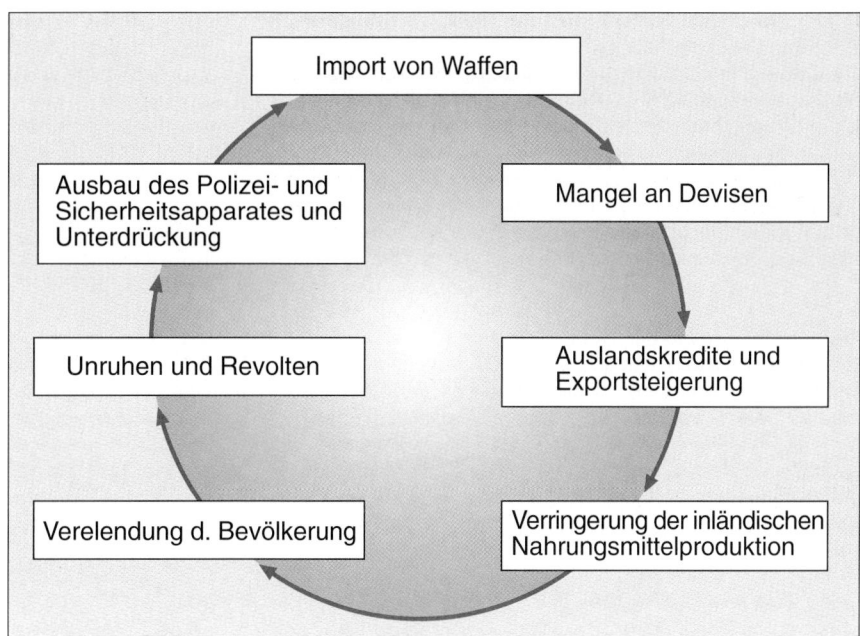

┌─────────────────────────────┐
│   Import von Waffen   │
└─────────────────────────────┘

┌─────────────────────────┐   ┌─────────────────────┐
│ Ausbau des Polizei- und │   │ Mangel an Devisen │
│ Sicherheitsapparates und│   └─────────────────────┘
│ Unterdrückung   │
└─────────────────────────┘

┌─────────────────────────┐   ┌─────────────────────────┐
│ Unruhen und Revolten   │   │ Auslandskredite und   │
└─────────────────────────┘   │ Exportsteigerung   │
                                 └─────────────────────────┘

┌─────────────────────────┐   ┌──────────────────────────────┐
│ Verelendung d. Bevölkerung│   │ Verringerung der inländischen│
└─────────────────────────┘   │ Nahrungsmittelproduktion   │
                                 └──────────────────────────────┘

**B 10 Der Armuts-, Repressions- und
Militarisierungskreis**

stören oder militante Anhänger der Gegenpartei zu entführen, Wähler in die Wählerlisten eingeschrieben, wenn sie für die richtige Partei stimmen würden. Für die politische Elite bedeutet Demokratie nicht ein Mandat, einen Auftrag der Bevölkerung, sondern den Zugang zur Macht um jeden Preis. (12)

T 9 Einheitsstaat oder Föderation der Bundesstaaten? Zivil- oder Militärregierung?

1960   Unabhängigkeit innerhalb des britischen Commonwealth: Bundesregierung mit Staatspräsident und Regierungen der drei Regionen mit Ministerpräsidenten, **„Erste Republik"**

1966   **Putsch** von Ibo-Offizieren; Ausrufung des Einheitsstaates unter einer Militärregierung (Januar). Gegenputsch von Haussa-Offizieren, die sich im Einheitsstaat unterdrückt fühlten (Juli). Damit spaltete sich die Armee, die einzige überregionale Elite; Verbot der Parteien. Viele Ibos im Norden wurden ermordet oder mussten in ihr Stammland fliehen.

1967   Die Ostregion, ein Gebiet mit großen Erdölvorräten, erklärte sich zur unabhängigen **„Republik Biafra"**, von Frankreich, Portugal und Spanien unterstützt, die Zentralregierung von der UdSSR und Großbritannien.

1970   Biafra kapitulierte bedingungslos; neuer Anlauf zum Einheitsstaat.

1975   **Putsch** unter General Muhammed. Einleitung von Staatsreformen; alle Generäle und Militärgouverneure, viele Offiziere, Polizisten und öffentliche Angestellte wurden entlassen.

1976   Bei einem neuen Putschversuch wurde Muhammed ermordet. Sein Stellvertreter setzte die Reformpolitik fort: Das Land wurde in 19 Bundesländer aufgegliedert, Parteien wieder zugelassen, sie mussten aber mindestens in 13 Ländern eine arbeitsfähige Landesorganisation aufweisen, der Kandidat für das Präsidentenamt musste in 12 der 19 Bundesländer 25 % der abgegebenen Stimmen erhalten.

1979   Beim fünften Wahlgang setzte sich der muslimische Fulani Shagari als Präsident durch. Eine neue Hauptstadt Abuja im Zentrum des Landes wurde geplant. **„Zweite Republik"**

1983   **Militärputsch** unter dem Haussa-Fulani General Buhari; sein Stellvertreter wurde ein Joruba. Verbot sämtlicher Parteien

1985   Putsch unter General Babangida aus der Mittelregion (August). Einteilung des Staates in 21 Bundesländer. Gescheiterter Militärputsch (Dezember)

1990   Gescheiterter Militärputsch. Bis 1992 sollte eine Zivilregierung gewählt werden. Den Machthabern seit 1960 wurde das passive Wahlrecht entzogen. Die Regierung bestimmte zwei Parteien, deren Führer beide Multimillionäre waren.

1992   Zivilregierung im Amt. **„Dritte Republik"**

1993   Präsidentenwahl, die aber durch das Militär annulliert wurde (Juni). Streiks und allgemeine Opposition im Volk. Babangida musste abdanken. Sami Abacha übernahm eine erneute **Militärregime** (November). „Das schlimmste Militärregime, das man sich in der modernen Demokratie vorstellen kann." (Niyi Oniorore, Journalist)

Q 7 „Warum wir Biafra anerkannt haben" – Präsident Nyerere von Tansania, 28. April 1968
Die Einheit [Nigerias] kann nur auf der Zustimmung der beteiligten Menschen basieren. Sie müssen das Gefühl haben, dass ... diese Union ihre eigene ist; und sie müssen bereit sein, ihre Konflikte in diesem Zusammenhang auszutragen ... In Nigeria wurde dieses Bewusstsein einer gemeinsamen Bürgerschaft zerstört durch die Ereignisse von 1966 und besonders durch die Pogrome, bei welchen 30 000 Ostnigerianer ermordet ... und rund zwei Mio. zur Flucht aus dem Norden in ihre Heimat gezwungen wurden. (13)

Q 8 Kommuniqué des Beratenden Ausschusses der OAU (Organisation Afrikanischer Einheit), 23. November 1967
Der Ausschuss versicherte ..., dass die Einheit und territoriale Unverletzlichkeit Nigerias erhalten bleiben [müsste] ..., dass als Grundlage für die Rückkehr zum Frieden und zu normalen Verhältnissen in Nigeria die Abtrünnigen ihren Abfall widerrufen und das gegenwärtige Verwaltungssystem des Bundesstaates anerkennen sollten. (14)

Q 9 Zwei afrikanische Stimmen

a) Es gab einen allgemeinen Konsens, dass die Tragödie unserer verratenen Hoffnungen auf schlechtes Regieren, Korruption und unverantwortlichen Gebrauch der materiellen und vor allem menschlichen Ressourcen unseres Kontinents zurückzuführen sind. (15)

b) Nigeria ist, wie das übrige Afrika, noch dabei, seinen Weg zu finden. Wir versuchen innerhalb von Dekaden zu tun, was die westliche Welt in Jahrhunderten machte. Vielleicht machen wir es zur Zeit nicht so gut, aber zumindest machen wir es selbst. (16)

1. Suchen Sie aus den Materialien die Schwierigkeiten heraus, mit denen ehemalige Kolonien als neue unabhängige Staaten zu kämpfen haben.
2. Bestimmen Sie die Funktion des Militärs in diesen Staaten.
3. Untersuchen Sie den Biafrakonflikt: Wie und warum entstand er, welche Rolle spielte das Ausland, warum wurde Biafra von der OAU nicht anerkannt?

2. Afrika – Einheit oder Vielfalt?

T 10 Panafrikanische Bewegungen
Nach dem Zweiten Weltkrieg bildeten sich verschiedene afrikanische Bewegungen mit dem Ziel, die Unabhängigkeit der Kolonien zu erringen und gemeinsam eine neue Ordnung zu schaffen. Auf dem 5. Panafrikanischen Kongress in Manchester (England) 1945 trennten sich die Schwarzafrikaner von den Schwarzamerikanern; Panafrikanismus wurde zur Alternative zu Kommunismus und Tribalismus (Herrschaftssystem nach Stämmen). Doch der „National Congress of Westafrica", der auf Initiative von Nkrumah (aus dem späteren Ghana) gegründet wurde, erbrachte die erhoffte Annäherung zwischen den französischen und britischen Kolonien nicht.
Casablanca-Gruppe: Die 1958 gegründete „All African People's Conference", geführt von Nkrumah/Ghana und Nasser/Ägypten, wollte die „Vereinigten Staaten von Afrika" schaffen mit supranationalen Einrichtungen und einer vereinheitlichten Politik.
Monrovia-Gruppe: Ehemals französische Kolonien plädierten für eine Kooperation als souveräne Staaten ohne politische Integration mit den früheren Kolonialherren.
Organisation der Afrikanischen Einheit (OAU): Um einen Zwiespalt zwischen den zwei Gruppen zu vermeiden, schlossen sich 1963 in Addis Abeba (Äthiopien) alle unabhängigen Staaten, außer den „weißafrikanischen", zusammen und unterzeichneten die Charta der OAU. Sie beschränkten sich darauf, Befreiungsbewegungen und Sanktionen gegen die weißen Minderheitsregierungen im südlichen Afrika zu organisieren.

Q 10 Aus der Charta der Organisation der Afrikanischen Einheit
Art. II: Förderung der Einheit und Solidarität der afrikanischen Staaten. Verstärkung der Zusammenarbeit und Bemühungen um ein besseres Leben für die Völker. Verteidigung ihrer Souveränität, ihrer Unverletzbarkeit und Unabhängigkeit. Ausrottung aller Formen des Kolonialismus.
Art. III: Nichteinmischung in innere Angelegenheiten. Verurteilung von politischem Mord und Umsturz, Blockfreiheit gegenüber allen Blöcken (non-alignment). (17)

T 11 Afrikanische Probleme

a) Zum Beispiel politische Probleme
Die neuen Länder haben ihre staatliche Einheit und ihre Grenzen durch die ehemaligen Kolonialherren erhalten und sich nicht nach Ethnien und Sprachgruppen gebildet. Dadurch waren viele zwischen- und innerstaatlichen Konflikte vorprogrammiert. Während des Kalten Kriegs lagen sie im Interessenfeld zwischen Ost und West und wechselten, je nach Unterstützung, ihre Haltung gegenüber den politischen Systemen. So fanden zwischen 1945 und 1990 ca. 170 Kriege auf der Welt statt, drei Viertel davon waren „Dritte-Welt-Kriege". Nach der „Wende" fiel die Hilfe aus dem Osten weg und das politische und wirtschaftliche Interesse des Westens verlagerte sich vom Süden nach dem Osten.

b) Zum Beispiel Problem der Sprache
Die offizielle Sprache eines Landes ist häufig die Sprache der europäischen Herren von einst und wird von der Mehrzahl der Bevölkerung nur unvollkommen beherrscht und stark vereinfacht, wie z. B. im Pidgin-Englisch. Damit kann man sich wohl

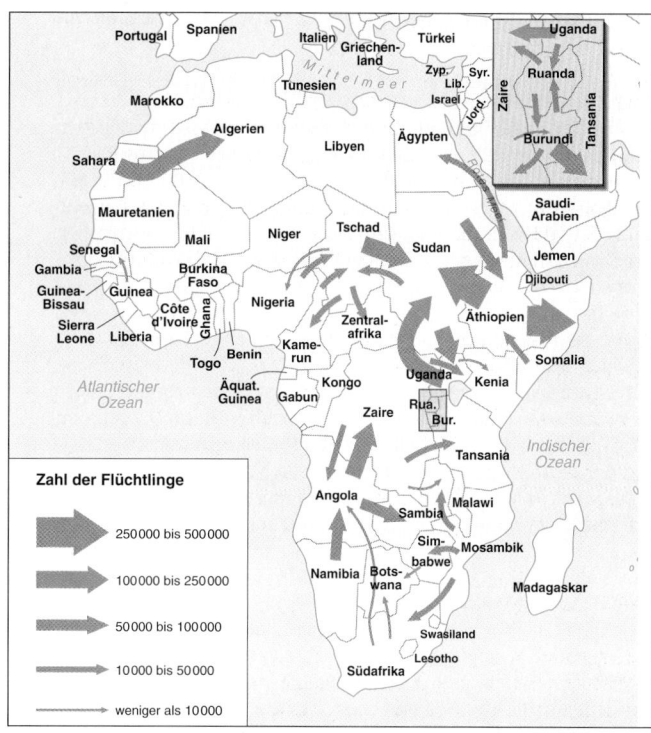

K 5   Flüchtlingsströme in Afrika 1985/86

Zahl der Flüchtlinge

250 000 bis 500 000

100 000 bis 250 000

50 000 bis 100 000

10 000 bis 50 000

weniger als 10 000

im Alltag verständigen, aber kaum kompliziertere Zusammenhänge darlegen. Es ist fraglich, ob sich typisch afrikanische Vorstellungen und Kulturwerte überhaupt in einer europäischen Sprache ausdrücken lassen oder ob Afrika zum „Kulturanhängsel" der einstigen Kolonialmächte wird. Bis jetzt sind nur wenige Anzeichen vorhanden, wie die afrikanischen Sprachen und Kulturen in den Schulunterricht einfließen können.

c) Zum Beispiel Rassismus

Die Vorstellung Nyereres, des ersten langjährigen Präsidenten von Tansania, dass als Afrikaner alle zählen, „die sich diesen Kontinent als Wohnsitz gewählt haben, seien sie schwarz, braun oder weiß", war stets umstritten. So wurden z. B. 1972 40 000 in Uganda lebende Asiaten deportiert und auch Kenia versuchte, die rund 100 000 Asiaten abzuschieben, um seine Wirtschaft zu „afrikanisieren". Am strengsten wurde in Südafrika zur Zeit der Apartheidpolitik ein staatlich sanktionierter Rassismus betrieben.

1. Überlegen Sie, was es bedeutet, wenn Kinder in einer fremden Sprache von Lehrern, die diese auch nur unvollkommen beherrschen, unterrichtet werden?
2. Denken Sie über den Zusammenhang von Rassismus und Sprache nach.
3. Vergleichen Sie die Situation in afrikanischen Staaten mit den sprachlichen Problemen in den USA im 18. und 19. Jahrhundert.

Q 11   Flüchtlinge

Nach Schätzungen gab es 1993 17 Mio. Flüchtlinge und Asylanten. Seit den blutigen Kämpfen zwischen Hutu und Tutsi in Ruanda und Burundi 1994, bei denen wahrscheinlich mehr als eine Million Menschen ums Leben gekommen sind, leben immer noch rund 200 000 burundische Flüchtlinge und 1,7 Mio. Ruander in Lagern in Zaire, Tansania und Burundi. (18)

Sie wurden noch 1996/97 gewaltsam gezwungen, in ihre Heimat zurückzukehren, wobei erneut Tausende von Opfern zu beklagen sind. Im Zusammenhang mit dem Bürgerkrieg in Zaire (jetzt Republik Kongo) kamen nicht nur viele um, sondern sind 1997 Zehntausende, die die Flüchtlingslager verlassen hatten, im dichten Urwald verschwunden. Sie sind zum großen Teil erst nach Monaten wieder aufgetaucht.

1. Informieren Sie sich über die Flüchtlinge in der Welt.
2. Stellen Sie Vermutungen darüber an, aus welchen Gründen Menschen ihre Heimat verlassen.
3. Vergleichen Sie die gegenwärtigen Fluchtbewegungen mit der Massenflucht der Deutschen aus Osteuropa am Ende und nach dem Zweiten Weltkrieg (s. B 1, T 1, Q 4, S. 177 ff.).

3. Das Beispiel Südafrika

T 12 Apartheid

Die Südafrikanische Republik verfolgte mit der Apartheidpolitik das Ziel der gesonderten Entwicklung aller Rassen in allen Bereichen unter Führung der als überlegen angesehenen Weißen. Kein Weißer durfte mit Nicht-Weißen irgendwelche Kontakte pflegen. Viele Berufe waren den Nicht-Weißen verschlossen. Es gab über die Rassenschranken hinweg keine gemeinschaftlichen Einrichtungen wie Schulen, Gewerkschaften oder Gottesdienste.

70 % der Wohnungen der Schwarzen sind auch 1996 noch nicht an Wasser- bzw. Stromversorgung angeschlossen. Von den 271 Townships sind nur sieben voll elektrifiziert, 41 haben überhaupt keine Stromversorgung. In den für Schwarze reservierten Bantu-Gebieten (13,7 % des Staatsgebietes) lebten 1970 6,9 Mio. der 15 Mio. Schwarzen. Ziel war es, drei Viertel der schwarzen Bevölkerung dort anzusiedeln. Diese „Bantustans", verschieden im politischen Status, sollten in Wirtschaft und Technik mit der Südafrikanischen Republik weiter zusammenarbeiten. Wegen der Landknappheit und Arbeitslosigkeit waren stets Transferleistungen, wenn auch unzulänglich, notwendig.

Die **Weißen** begründeten ihre Apartheidpolitik damit, dass sie das Gebiet, bei ihrer Einwanderung in der Mitte des 17. Jahrhunderts fast menschenleer, kultiviert hätten. Tatsächlich trafen sie damals nur Hottentotten und Buschmänner an, während die **Bantus** wohl um die gleiche Zeit über den Limpopo nach Süden drangen. Außerdem, so argumentierten sie weiter, wollten die Bantus keine europäischen Lebensformen, sondern ihre eigene Entwicklung.

Doch immer häufiger brachen Unruhen und Streiks aus. 1960 wurden bei einer friedlichen Demonstration in Sharpeville 69 Schwarze erschossen. Schüler protestierten in **Soweto** und in anderen Townships, als Afrikaans (das Holländisch der weißen Buren) als Unterrichtssprache eingeführt wurde (1976). Die Parteien der Schwarzen wurden verboten und ihre Mitglieder mussten ins Exil oder in den Untergrund.

Da die britische Commonwealth-Konferenz 1961 die Apartheidpolitik missbilligte, trat Südafrika aus dem Commonwealth aus. 1962 musste die reformierte Kirche Südafrikas den Weltkirchenrat verlassen; seit 1968 war das Land von der Teilnahme an den Olympischen Spielen ausgeschlossen. Die UN rief alle Staaten auf, nicht mehr in Südafrika zu investieren, und verlangte ein allgemein verbindliches Lieferverbot von Waffen und jeglichen Ersatzteilen. Mehr als 300 ausländische Firmen zogen sich zurück. Direkte Flugverbindungen wurden eingeschränkt. Die Wirtschaft litt unter den Sanktionen und unruhigen Verhältnissen. So begann 1979 Staatspräsident Botha unter dem Motto „Adapt or die" langsam, die Apartheidpolitik zurückzunehmen. Die schwarzen Gewerkschaften wurden tariffähig, Mischehen, seit 1948 streng verboten, wieder erlaubt, die Passgesetze aufgehoben. 1984 kamen erste Verfassungsreformen in Gang, Mischlinge und Asiaten durften eigene Abgeordnete in eine dritte Kammer des Parlaments wählen. Es gab eine Pattsituation: Die Regierung war militärisch nicht zu besiegen, die Schwarzen nicht politisch. Im Februar 1990 hob Staatspräsident de Klerk das Verbot der schwarzen Parteien auf und Nelson Mandela, der umjubelte Führer des **African National Congress (ANC)**, wurde aus dem Gefängnis entlassen. Die weiße Oppositionspartei sprach de Klerk sein Mandat ab; aber im März 1992 stimmten bei der letzten rein weißen Wahl 68,7 % für die Fortsetzung der Reformpolitik. Bei den ersten Wahlen nach dem Prinzip „one man, one vote" 1994 – von 23 Mio. Wählern waren 18 Mio. Schwarze – erhielt der ANC 62,7 % der Stimmen, die **National Party** der Weißen 20,4 % und die **Inkatha Freedom Party** 10,5 %. Seitdem versuchen Mandela als Staatspräsident und Buthelezi, Führer der Inkatha, als Innenminister das Land zu befrieden. De Klerk, zunächst Mandelas Stellvertreter, trat 1996 zurück. Seit 1994 gibt es keine schwarzen „Homelands" mehr, Südafrika wurde wieder in den Commonwealth, in die OAU und in die UNO aufgenommen.

T 13 Nelson Mandela

Geboren 1918, stammt aus königlichem Haus in der Transkei, die mehrheitlich von Xhosas bewohnt ist. Er studierte Rechtswissenschaft in dem durch Schotten gegründeten Missionscollege Fort Hare, wurde jedoch nach einem Studentenprotest suspendiert. In Johannesburg suchte er zunächst vergeblich eine Arbeit, bis er eine Anstellung in einer jüdischen Anwaltskanzlei fand, die Weiße und Schwarze vertrat. Dabei machte er seinen Abschluss an einer englischsprachigen Universität. So lernte er Menschen verschiedener Stämme und Hautfarben kennen. In der Jugendliga des ANC, der stärksten Freiheitspartei der Schwarzen, spielte er bald eine führende Rolle.

1952 wurde er zum ersten Mal gebannt, d. h. er durfte sich nur in einem Distrikt aufhalten, keine Versammlungen besuchen. Aber er arbeitete weiter für den ANC. Mit einem schwarzen Kollegen versuchte er das einzige schwarzafrikanische Anwaltsbüro aufrechtzuerhalten. Nach einem Prozess 1956 musste er in den Untergrund; dort baute er eine militärische Organisation für den Guerillakampf auf. Auf unerlaubten Reisen ins Ausland warb er um eine positive öffentliche Meinung und um Geld und Waffenhilfe. Nach 17 Monaten wurde er wieder verhaftet und zu lebenslanger Gefängnishaft auf Robben Island verurteilt. Die internationale Presse berichtete darüber, internationale Gewerkschaften und Parlamentarier protestierten, der UN-Sicherheitsrat forderte eine Amnestie. Mandela wurde zum Symbol der Unterdrückung. 1985/86 begann die Regierung geheime Sondierungsgespräche mit ihm. Nach der Freilassung der meisten politischen Gefangenen kam auch er nach 27 Jahren Gefängnis am 11. Februar 1990 frei. Als international anerkannte Autorität setzte er seinen Kampf gegen das Unrechtssystem fort, gegen Nationalismus und für eine nichtrassische Demokratie. Dazu ist ihm die Zusammenarbeit mit den Weißen wichtig. Diese Haltung brachte ihm aber viele Schwierigkeiten mit anderen schwarzen Widerstandsgruppen ein. 1993 erhielt er zusammen mit de Klerk den Friedensnobelpreis; am 10. Mai 1994 wurde er als Staatspräsident vereidigt. (19)

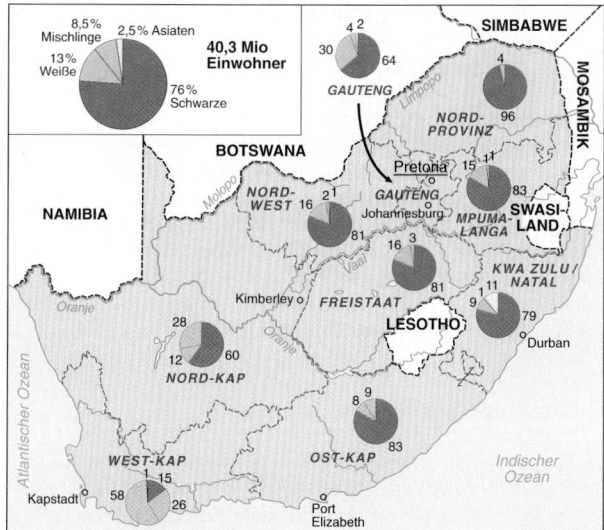

K 6   Verteilung der südafrikanischen Bevölkerung

T 14   Bevölkerung in Zahlen

a) Anteil von Bevölkerungsgruppen in Südafrika an den Einwohnern (in Prozent)

	1946	1970	1981	1985
Weiße	20,8	17,5	18,1	14,7
Mischlinge	8,0	9,4	10,4	8,8
Asiaten (meist Inder)	2,5	2,9	3,2	2,7
Schwarze (verschiedene Stämme)	68,0	70,2	68,3	73,8 (20)

b) Anteil der Bevölkerungsgruppen am Volkseinkommen (in Prozent)

	1960	1970	1980	1988
Weiße	72,5	71,1	64,9	53,9
Asiaten	2,1	2,4	3,0	3,2
Coloureds	5,6	6,7	7,2	6,6
Schwarze	19,9	19,8	24,9	36,3 (21)

c) Anteil der Bevölkerungsgruppen an den Bildungsausgaben (in Prozent)

Jahr	Schwarze	Coloureds	Inder	Weiße
1969/70	16	10	4	70
1979/80	24	10	5	62
1989/90	45	12	5	38
1991/92	48	13	5	33 (22)

T 15   Südafrikas Wirtschaftskraft im Verhältnis zum südlichen Afrika und zum übrigen Afrika (in Prozent)

	südl. Afrika	übriges Afrika
Bevölkerung (1990)	38	6
Bruttosozialprodukt (1986)	78	17
Wert der Exporte (1988)	73	20
Elektrizitätserzeugung (1988)	89	64
Getreideproduktion (1988)	58	12
Kohlebergbau (1985)	99	98
Stahlerzeugung (1987)	96	72 (23)

T 16   Gefahren für das neue Südafrika

Die Spannungen lassen in dem „Regenbogenstaat", wie Mandela Südafrika nannte, nicht nach. Nachdem der Druck der Apartheid aufgehört hat, melden die verschiedenen Parteien ihre jeweiligen Interessen verstärkt an, besonders die Inkatha Freedom Party, die sich in erster Linie aus Zulus rekrutiert. Die weißen Traditionalisten befürchten, von den Schwarzen unterdrückt zu werden.

Auch die Gewalt zwischen den sozialen Gruppen nimmt zu. Es geht um Arbeitsplätze, Land und Wasser. „Warlords" erheben Steuern wie die Mafia in anderen Ländern.

Da immer mehr Farmen Konkurs anmelden, wandern die Landarbeiter in die Städte ab, wo sie das Heer der Arbeits- und Wohnungslosen vergrößern.

T 17   Folgen der Apartheid

Wie sollen die Wahlbezirke zusammengesetzt sein? Je zur Hälfte schwarze und weiße oder rein schwarze, rein weiße und rein gemischte? Es gibt rein schwarze Townships, die Weißen dagegen haben nirgends die Majorität. Wo bleiben die Asiaten? Soll der Staat zentralistisch oder föderalistisch nach Ethnien strukturiert werden? Der ANC befürwortet einen „gemäßigten Föderalismus", doch die Mischlinge haben bereits die Schaffung eines eigenen „homelands" beantragt und eine rechtsextreme Gruppe der Weißen verlangt einen „Afrikaaner Volksstaat". Die Inkatha ließ die Existenz des alten Zulu-Königreiches in der Verfassung festschreiben.

1. Diskutieren Sie die Probleme Südafrikas. Überlegen Sie, inwieweit sie auch auf andere Länder der Dritten Welt zutreffen.
2. Suchen Sie nach Parallelen in Europa.

4.   Entwicklungshilfe oder Entwicklungspolitik?

T 18   Formen der Entwicklungshilfe

„Gib einem Hungernden einen Fisch und er wird einen Tag lang satt. Lehre ihn fischen und er wird nie mehr hungern." (Afrikanisches Sprichwort)

Die wirtschaftliche und soziale Situation in den Entwicklungsländern enthält Gefahrenherde für einzelne Länder und zugleich weltweite Konflikte. Deshalb leisten die Industrieländer seit 1950 staatliche und private Entwicklungshilfe verschiedenster Art, z. B.

– **Kapitalhilfe**, mit und ohne Bindung an Warenkäufe aus dem Geberland, z. B. zum Aufbau neuer Fabriken, zum Bau von Straßen und Bewässerungsanlagen, für Bildungs- und Gesundheitswesen. Dabei ist es für die Entwicklungsländer wichtig, wie hoch die Zinsen sind und in welcher Frist die Kredite zurückgezahlt werden müssen. Der Schuldenberg wird immer höher; die jährliche Rückzahlungssumme verschlingt heute einen großen Teil der Exporterlöse.

– **technische und personelle Hilfe** nach dem Grundsatz „Hilfe zur Selbsthilfe", z. B. in der Ausstattung von Werkstätten, in der Entsendung von Experten, in Ausbildungsprogrammen für Personal aus der Dritten Welt in den Industrieländern.

– **Handelshilfe**, z. B. Abbau von Zoll- und Einfuhrbeschränkungen.

– **Militärhilfe** durch Verkauf von Waffen und Entsendung von militärischen Beratern – eine Hilfe, die sehr umstritten ist.

Nach den Empfehlungen der UN sollte jedes Industrieland 1 % seines Bruttosozialprodukts, davon 0,7 % als öffentliche Entwicklungshilfe geben – eine Empfehlung, die nur von wenigen Ländern realisiert wurde.

a.   Beispiele für Entwicklungshilfe

T 19   Technische Hilfe

In Indien wurde in einer wirtschaftlich schwachen Region südwestlich von Kalkutta um 1955 von den deutschen Firmen Krupp und DEMAG das Stahlwerk Rourkela für eine Belegschaft von 15 000 Personen erbaut. Es ist das modernste Stahl- und Walzwerk Asiens. Zugleich entstand auf dem Gebiet von 36 Dörfern eine Stadt mit rund 150 000 Einwohnern. So entwickelte sich im Umkreis von 500 km im Zusammenhang mit den Werken Bhilai und Rokaro, die die Russen errichteten, und Durgapur, das mit englischer Hilfe erstellt wurde, das „Ruhrgebiet Indiens". Mit den notwendigen Dienstleistungsbetrieben und einer modernen Landwirtschaft zur Versorgung der neuen Großstädte soll sich hier eine „Insel moderner Produktionsgesinnung" bilden. (24)

Q 12   Ausbildungshilfe

a) Eine Ausbildungsstätte für Handwerker [war in Nepal] 1962 mit Mitteln der deutschen Entwicklungshilfe finanziert worden und [stand] dann zehn Jahre lang unter deutscher Leitung. Bis vor kurzem lernten dort, von deutschen Meistern angeleitet, nepalesische Lehrlinge ihr Handwerk nach den in Deutschland herrschenden Methoden ... Die Kurse waren sorgfältig geplant, die Lehrmittel gut und reichlich, die Ausbilder unermüdlich und genau; stets gab es mehr Bewerber als Plätze. – Ein erfolgreiches Projekt also? Leider nicht ... Das Institut war mit Maschinerie und Know-how ausgestattet, die es sonst nirgends im Lande gab ... Die Ausbildung würde die Lehrlinge wohl für eine Tätigkeit in Deutschland qualifizieren; in Nepal sind sie eindeutig überqualifiziert. (25)

b) Der bisherige Weg der personellen Zusammenarbeit ist eine unangemessene und teuere Antwort auf die Situation vieler Länder ... Die Personalfinanzierung einheimischer Fachkräfte, die bessere Nutzung von vor Ort verfügbarem Know-how muss die Antwort der personellen Zusammenarbeit auf die veränderten Rahmenbedingungen sein. Dies würde u. a. auch ein Beitrag dazu sein, künftigen Wanderbewegungen in den Norden vorzubeugen, indem qualifizierten Menschen in ihrer Heimatregion wirtschaftliche und soziale Perspektiven eröffnet werden. (26)

Q 13   Nahrungsmittelhilfe

a) Zehntausende schleppten sich in den letzten Wochen (Beginn 1984) aus Moçambiques hungernder Provinz Tete in das angrenzende Zimbabwe. Das Haar der Kinder hatte sich rot verfärbt – typisch für die Eiweißmangel-Krankheit Kwashiokor. Viele sind erblindet – Folge des Mangels an Vitamin A. (27)

b) Die EU hat ... den Entwicklungsländern mehr Schaden zugefügt als alle ihre Hilfsprogramme wieder gutmachen konnten. Sie unterbot mit ihren Dumpingpreisen Erzeugerpreise in den Entwicklungsländern und machte ihnen Exportmärkte streitig. Sie hat mit ihrer Nahrungsmittelhilfe aus Überschussbeständen tatsächlich „tödlich Hilfe" geleistet, weil sie beispielsweise den Nomaden im Sahelraum die Absatzmärkte in den westafrikanischen Küstenregionen wegnahm. Das bedeutet, dass sie mit der einen Hand Wohltaten vergibt und mit der anderen Hand noch mehr Schaden zufügt. (28)

Erörtern Sie die Arten der Entwicklungshilfe in ihren Auswirkungen. Beachten Sie dabei die Verschiebung der Schwerpunkte anhand von B 11.

Q 14   Internationaler Währungsfond – ein Helfer?

Aus dem Fonds über 7 Mrd. US-Dollar vergibt der Internationale Währungsfonds Kredite an ärmste Schuldnerländer, um die finanzielle Belastung seiner Auflagen bei Strukturanpassungsprogrammen abzufedern. Entsprechend günstig sind die Konditionen: 0,5 % Zinsen und eine Laufzeit von zehn Jahren bei fünf rückzahlungsfreien Jahren. Dennoch sind die Konditionen so einschneidend, dass der IWF Probleme mit dem Mittelabfluss hat, d. h. viele Regierungen der ärmsten Länder erfüllen nicht die Bedingungen. (29)

Q 15   Aus einem Interview mit dem Chef der Weltbank

Vier Fünftel der Welt leben in einem Zustand, den wir unterentwickelt nennen. Wenn wir uns nicht darum kümmern, verlieren wir mögliche Märkte. Wir bekommen eine Völkerwanderung; Gesund-

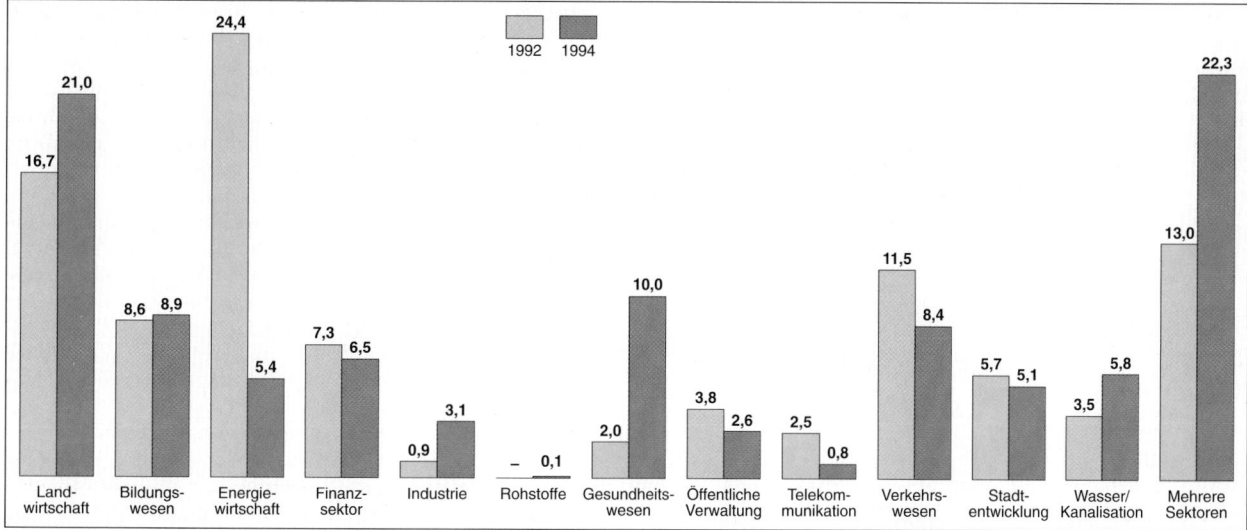

B 11 Förderbereiche der Weltbank (in Prozent)

heitsprobleme und Hungersnöte kennen keine nationalen Grenzen ... Wir sehen Kinder sterben, das belastet das Gewissen des Nordens. Manche Leute wollen dem Süden allein aus moralischen Gründen helfen. Das ist ehrenwert, aber es gibt auch ehrenwerte egoistische Gründe. Für eine wirtschaftlich stabile Welt ohne Krieg brauchen wir die Partnerschaft mit den Entwicklungsländern. (30)

T 20 Verschuldung

Bis Ende 1994 sind die Schulden der Entwicklungsländer auf 1,945 Bill. US-Dollar angewachsen, davon betragen die von Subsahara nur 9%, aber das Verhältnis zwischen BSP und Schulden liegt hier ungünstiger als in den übrigen Ländern und belastet damit ihre Gesamtwirtschaft stärker.

Selbst wenn die Geber alle gewährten Kredite abschreiben, sind die armen Länder weiter auf die Kapitaleinfuhren angewiesen; sie hängen am Tropf von IWF und Weltbank. (31)

b.   Bedingungen des IWF zur Kreditvergabe

Q 16 Menschenrechte

a) Angesichts von Berichten über brutales Vorgehen der kamerunischen Sicherheitskräfte gegenüber der Opposition und zunehmenden Menschenrechtsverletzungen [ist] es derzeit kontraproduktiv, mit der kamerunischen Regierung über Projekte und Programme der Entwicklungszusammenarbeit zu verhandeln. (32)

b) ... Ein Teil [in den nicht-westlichen Ländern] genießt einige der wirtschaftlichen und sozialen Grundrechte nicht, wie das Recht auf angemessene Ernährung, Kleidung, Wohnen, das Recht auf Arbeit, fairen Lohn, Gesundheit und Bildung ... Die Menschenrechte von Hunderten, die gefoltert und ohne Prozess gefangen sind, scheinen in der westlichen liberalen Werteordnung höher zu stehen als die Rechte der Millionen Verhungernden, zu leben. (33)

c) Die Kröte [die von den Industrieländern zu schlucken ist] besteht darin, dass im Zweifelsfalle das Souveränitätsprinzip gegenüber der Wahrung der Menschenrechte nur die zweite Priorität haben kann, die Interventionen des Westens in krassen Fällen einer Missachtung nicht nur legitim, sondern sogar geboten sind. (34)

Q 17 Demokratie

a) ... Scheint es zumindest kurzfristig doch so, als würden die herrschenden Eliten den Demokratieprozess eher behindern als ihn fördern, um an der Macht zu bleiben. (35)
b) Demokratie entwickelt sich nicht auf Befehl von außen, sondern muss sich infolge einer internen „Nachfrage" herausbilden. Demokratie wird nicht von oben nach unten verordnet, sondern muss sich von der Basis aus entwickeln. (36)

Erläutern Sie den Satz Willy Brandts: „Es ist schlimm, wenn der IWF kommt, noch schlimmer, wenn er nicht kommt." Diskutieren Sie, ob der IWF das Recht hat, diese Bedingungen zu stellen und damit in die Innenpolitik eines Landes einzugreifen.

Burundi **Bundesrepublik**

B 12 Überbevölkert unter Umweltgesichtspunkten

Q 18 „Wie im Westen so auf Erden"? – Wo bleibt die Umwelt?

a) Rund 90 % des Artensterbens, der Bodenerosion, der Waldvernichtung und Wüstenbildung finden gegenwärtig in den Entwicklungsländern statt. Die verheerendsten lokalen Luftverschmutzungssituationen findet man heute in Mexiko-Stadt, im chinesischen Wuhan oder in Kairo. Das Ruhrgebiet hat vergleichsweise Kurortqualitäten. (37)

b) „Was kümmert uns das Ozonloch, solange bei uns Menschen an Hunger oder Cholera sterben?", lautet die Gegenfrage der Entwicklungsländer. (38)

Überlegen Sie, ob Entwicklung gleichzusetzen ist mit Wachstum. Welche Gefahren zeigen Q 18 und B 12 auf?

T 21 Entwicklungshilfe oder Entwicklungspolitik?
Die Politik der Industrieländer gegenüber dem Süden hat sich seit den 60er Jahren in Einstellung und Zielrichtung immer wieder verändert. In der ersten Dekade hoffte man, dass sich die Dritte Welt allein durch Unterstützung der Wirtschaft nach dem Muster der Industrieländer entwickeln werde. Aber die Entwicklungshilfe vermochte nicht die Löcher zu stopfen, die unfaire Handels- und Kapitalbedingungen aufrissen. Auch sickerte der wirtschaftliche Erfolg nicht zu den armen Massen durch. Deshalb wurde nun der Schwerpunkt auf die Befriedigung der Grundbedürfnisse verlagert – nach dem Slogan von der 2. Welternährungskonferenz

1974 als Ziel gesetzt: Nach Ablauf eines Jahrzehnts soll kein Kind mehr hungrig zu Bett gehen und keine Familie soll sich um das tägliche Brot sorgen. Doch die Schulden der Entwicklungsländer wuchsen enorm und nach 1982 mussten sie einige Jahre für den Schuldendienst mehr Geld aufbringen als vom Norden in den Süden floss. Das wirtschaftliche Missmanagement von inkompetenten Regierungen machte die externe Hilfe relativ wirkungslos. Man sprach vom „verlorenen Jahrzehnt".
Einen neuen Schub erhoffte man sich durch Strukturanpassungen und „Schuldenmanagement". Umschuldungen wurden durchgeführt, d. h. die Rückzahlungen von Krediten wurden für eine gewisse Zeit gestundet oder Schulden ganz armer Länder zum Teil völlig gestrichen. Dafür stellte der Internationale Währungsfond (IWF), ehe er Kredite vergab, strenge Bedingungen, um eine menschliche und umweltverträgliche Entwicklung zu gewährleisten. Um die Länder besser in den Weltmarkt zu integrieren, forderte er eine Abwertung der Inlandswährung für billigere Exporte und teurere Importe, Inflationsbekämpfung, Kürzung der Staatsausgaben, d. h. Subventionen mussten gestrichen werden. Auf Menschenrechtskonferenzen pochte man auf die Einhaltung der Menschenrechte, Beteiligung der Bevölkerung an der Politik, Schonung der Umwelt und Verringerung der Rüstungsausgaben. Die Bundesrepublik beteiligte sich von Anfang an auch an multilateralen Maßnahmen, indem sie z. B. der Internationalen Bank für Wiederaufbau und Entwicklung, später dem IWF beitrat. Etwa ein Drittel der deutschen öffentlichen Entwicklungshilfe wird von internationalen Institutionen verwaltet. Zur Zeit der Hallstein-Doktrin nach 1956 förderte sie nur nichtkommunistische Staaten, um ihre außenpolitische Stellung im Ost-West-Konflikt zu stärken. Nach der Energiekrise 1973 sollte die Entwicklungshilfe einerseits die eigene Rohstoffversorgung sichern helfen, andererseits die ärmsten Länder unterstützen. Nach 1990 wurde der Schwerpunkt wieder mehr auf die Förderung durch Privatinitiativen von Unternehmen, meist „Multis", und durch **Nichtregierungsorganisationen (NGO – Non-governmental Organizations)** verlagert. Die deutschen NGOs, wie z. B. kirchliche Hilfswerke, terre des Hommes, Welthungerhilfe, politische Stiftungen, arbeiten eng mit dem Bundesministerium für Entwicklung und Zusammenarbeit zusammen. So erhielten sie von 1962 bis 1994 insgesamt 8,4 Mrd. DM; diese Summe ergänzten sie durch gesammelte Spenden. 1991 z. B. konnten sie den Betrag der Regierung von 740,5 Mio. DM um 1,27 Mrd. DM erhöhen. Ihre Förderprogramme, besonders die der Kirchen, sind so angelegt, dass die Einheimischen in die Planung und Durchführung der Vorhaben einbezogen werden. Für das staatliche Engagement hat inzwischen der Aufbau der neuen Bundesländer vor den Entwicklungsländern den Vorrang bekommen.

Q 19 Bringen die NGOs neue Impulse?

a) Nichtstaatliche Einrichtungen der Entwicklungshilfe sind in besonderem Maße in der Lage, den Armen in den Entwicklungsländern zu helfen. (39)

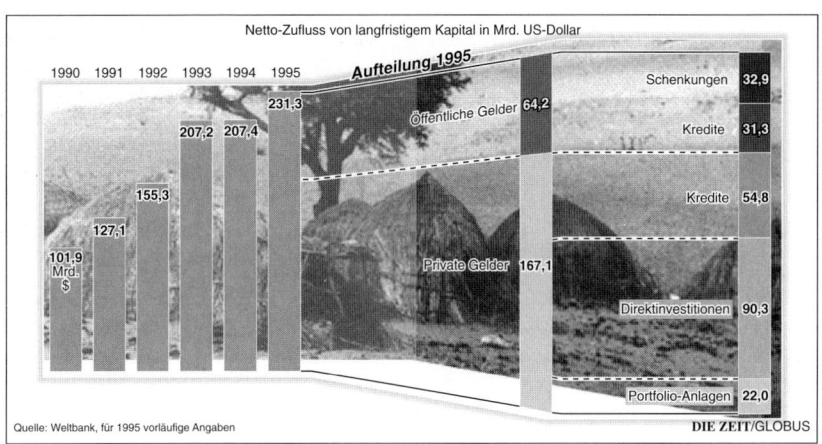

B 13   Kapital für Entwicklungsländer

Quelle: Weltbank, für 1995 vorläufige Angaben

DIE ZEIT/GLOBUS

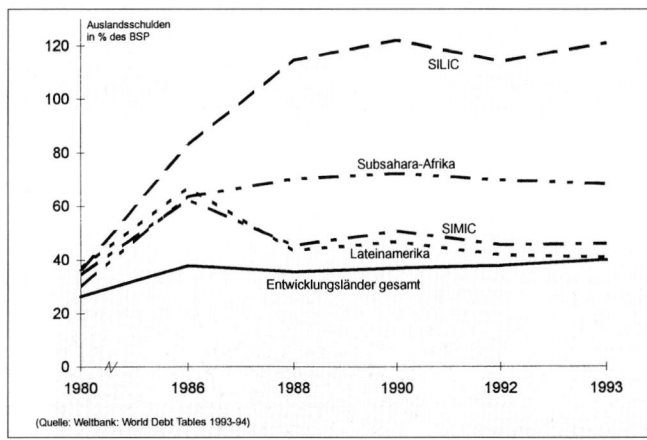

B 14   Auslandsverschuldung der Entwicklungsländer
SILIC = Severly Indebted Low-Income Countries
SIMIC = Severly Indebted Middle-Income Countries

b) Der wahrscheinlich … größere Teil der Dritte-Welt-Bewegten ist angezogen von Exotik, von Revolutionsromantik, von scheinbar einfachen Lösungen für scheinbar einfache Probleme, arbeitet für kurze Zeit in diesem Feld und verlässt das Thema wieder, wenn die vorgängigen Vorstellungen nicht bestätigt oder gar enttäuscht werden. (40)

1. *Stellen Sie die Ziele, die der Westen in der Vergangenheit mit seinen Hilfslieferungen jeweils verfolgt hat, zusammen. Beachten Sie dabei auch die politischen und wirtschaftlichen Veränderungen in den Industrieländern.*
2. *Bewerten Sie die Arbeit der NGOs.*

T 22   „Verschwörung der Habenichtse" oder eine „neue Wirtschaftsordnung"?
1962 konnten sich Vertreter der Entwicklungsländer auf einer Wirtschaftskonferenz in Kairo nicht auf ein gemeinsames Programm einigen. 1964 wurde als Organ der UN die UNCTAD (United Nations Conference of Trade and Development) gebil-

det. Es folgten verschiedene Welthandelskonferenzen, doch ebenfalls ohne greifbare Ergebnisse. Aus Enttäuschung über die Industrieländer schlossen sich 1967 in Algier eine Anzahl Entwicklungsländer unter der Bezeichnung „Gruppe der 77" zusammen. Um höheren Gewinn aus den Rohstoffen zu erzielen, wollte man sich nach dem Vorbild der OPEC-Staaten zusammenschließen und Abkommen über Rohstoffkartelle, wie z. B. für Zinn, Kupfer, Zucker und Kaffee, zustande bringen; doch nur das Ölkartell funktionierte. Deshalb wurde wieder eine neue Wirtschaftsordnung gefordert: bessere Terms of Trade, Stabilisierung der Rohstoffpreise usw. Die UdSSR und die Organisation der Blockfreien unterstützten zunächst die Entwicklungsländer in ihren Forderungen, doch nach Beendigung des Kalten Krieges verlor die Dritte Welt an Bedeutung. Vage Hoffnungen richten sich nun auf das neue Südafrika, dass es als wirtschaftliche Lokomotive wirke. Im Gegensatz zu den „kleinen und großen Tigern" in Asien sieht man die Chance für die übrigen Länder eher in basisorientierter Arbeit, d. h. in lokalen Projekten, und weniger in einer starken Industrialisierung nach westlichem Muster.

D. Der Nahostkonflikt – Kreuzweg der Weltpolitik?

1. Das Problem Nahost

**Q 1 Interview mit Mohsen, dem „Verteidigungsminister"
der PLO, Dezember 1975**
*Würde ein Palästinenserstaat, der auf die ehemals jordanische
West-Bank [westlich des Jordans] und den Gaza-Streifen beschränkt wäre, den Palästinensern genügen?*
Mohsen: Nein, niemals. Wir wollen jedes Feld, jedes Dorf und
jedes Haus, das uns damals gehörte, zurückhaben … Das Natur-
recht ist auf unserer Seite.
*Kann den Israelis dieser nationale Selbstmord zugemutet wer-
den?*
Mohsen: Sie müssen es einsehen, aber sie werden es erst ein-
sehen, wenn sie … vor uns auf den Knien liegen, wenn wir sie mili-
tärisch kurz und klein geschlagen haben.
Also kein Friede in Sicht?
Mohsen: Zur Zeit weder Krieg noch Frieden. Und in Zukunft wieder
Krieg, neue Kriege. Das ist unvermeidlich. (1)

**B 1 Jerusalem: Klagemauer und Omar-Moschee (sog. „Felsen-
dom").** Von 1948 bis 1967 war Jerusalem zwischen Israel und Jordanien geteilt. Die Jordanier untersagten den Übergang von einem Teil
der Stadt in den anderen, so dass die Juden an der Klagemauer nicht
mehr beten konnten. Im Sechs-Tage-Krieg 1967 wurde die Altstadt
Jerusalems von den Truppen Israels erobert und annektiert. Die Juden
erlauben den Arabern, ihre heiligen Stätten zu besuchen.

**Q 2 Ariel Scharon, General im 4. Nahostkrieg und später
Verteidigungsminister, 1976**
Kriegsverhinderung und Frieden sind wichtige, aber nicht national
vorrangige Ziele. Ich will frei leben, den Staat Israel entwickeln und
mit Millionen neuer Juden bevölkern, ohne Einmischung von außen, ohne arabische Maschinengewehre und Kanonen, die unsere Flugzeuge und Städte beschießen können … Dafür bin ich
bereit, weitere zehn Kriege zu führen – um zu gewinnen. (2)

**Q 3 Yehuda Harel, Gründer eines israelischen Wehrdorfes
auf den Golan-Höhen, 1976**
Wer den Golan besitzt, der hat nicht nur Galiläa in der Hand, der
kann auch – wie die Syrer das schon einmal versuchten – das
Wasser des Jordans umleiten und die Lebensader der israelischen
Landwirtschaft abschnüren. Zuallererst müssen wir unser Überleben sichern, erst dann können wir an Frieden denken … Israel ist
ein Land ohne feste Grenzen. Wir ziehen von einer Waffenstill-
standslinie zur anderen … Unser einziger Halt sind die Siedlungen
und die Tatsache, dass Israel in den letzten 80 Jahren noch nie freiwillig eine Siedlung aufgegeben hat. Überall, wo unsere Kibbuzim
und unsere Truppen stehen, da ist auch Israel, da ist die Grenze.
(3)

**Q 4 König Hussein von Jordanien in einem Interview, Janu-
ar 1975**
Mein Problem ist nicht Öl. Mein Problem ist Palästina … Wenn wir
dieses Problem falsch anpacken …, dann explodiert uns die Welt
ins Gesicht …, nicht nur der Nahe Osten. Der nächste Krieg wird
nicht so sein wie die bisherigen; … es wird eine Katastrophe. Was
im Oktober 1973 geschehen ist, war nur … eine Vorwarnung. Aber
nicht für uns allein, sondern für Europa, für die Großmächte. Ich
weiß nicht, ob sie Atomwaffen einsetzen werden, obwohl die Möglichkeit dazu vorhanden ist. Ich weiß nur, dass es auf beiden Seiten furchtbare Waffen gibt … Das Blutvergießen wird so sein, wie
wir es noch nie erlebt haben … Es ist nicht einmal ausgeschlossen,
dass die Großmächte auch, ohne es zu wollen, hereingezogen
werden. (4)

T 1 Kleine Geschichte des Nahen Ostens seit 1945
1945 Gründung der Arabischen Liga: Ägypten, Algerien,
Irak, Jordanien, Nord-Jemen, Kuwait, Libanon, Libyen, Marokko, Oman, Saudi-Arabien, Sudan, Syrien, Tunesien
1948/49 1. Nahostkrieg um Israel
1953/54 Ägypten: Beseitigung der Monarchie durch eine Revolution (Präsident Nasser)
1956 2. Nahostkrieg um den Suezkanal und Israel (England
und Frankreich beteiligt)
1958/61 Vereinigte Arabische Republik: Ägypten und Syrien
1958 Arabische Föderation: Jordanien, Irak; beendet durch
den Sturz der Monarchie im Irak
1964 Gründung der PLO auf Beschluss der Arab. Liga

1967 **3. Nahostkrieg** um Israel (sog. **Sechs-Tage-Krieg**)

1970 Jordanien: Palästinenser-Organisation „Schwarzer September" gewaltsam vertrieben

1971 Föderation der arabischen Republiken: Ägypten, Syrien, Libyen, Sudan; beendet durch Streit zwischen Ägypten und Libyen

1973 **4. Nahostkrieg** um Israel (sog. **Jom-Kippur-Krieg**), arabische Staaten lösen Ölkrise aus

1975–1985 **Bürgerkrieg im Libanon:** Christlich-islamische Kämpfe führen zum Eingreifen Syriens und später auch Israels: Zerfall des libanesischen Staates

1979 Iran: Sturz des Schahs, Khomeini errichtet islamische Republik; **Friedensschluss Israel – Ägypten** (nach dem 4. Krieg gegen Israel); 18 arabische Staaten brechen diplomatische Beziehungen zu Ägypten ab; etappenweise Räumung des Sinai durch Israel und Rückgabe an Ägypten

1980–1988 **Irakisch-iranischer Krieg** v. a. um Ölgebiete

1986 Jordanien: Schließung von PLO-Büros

1988 Jordanien: Ansprüche auf Cisjordanien (auch West-Bank genannt) aufgegeben; PLO als rechtmäßige Vertreterin des palästinensischen Volkes anerkannt

1990/91 Irak annektiert Kuwait; Folge: sog. **Golfkrieg** gegen Irak; irakische Raketen auf Tel Aviv; Kuwait vom Irak geräumt; Irak wird nicht besetzt, erhält aber schwere Auflagen

1991 Syrien – Libanon: Kooperationsvertrag

1993–1996 **Erste israelisch-palästinensische Vereinbarungen**

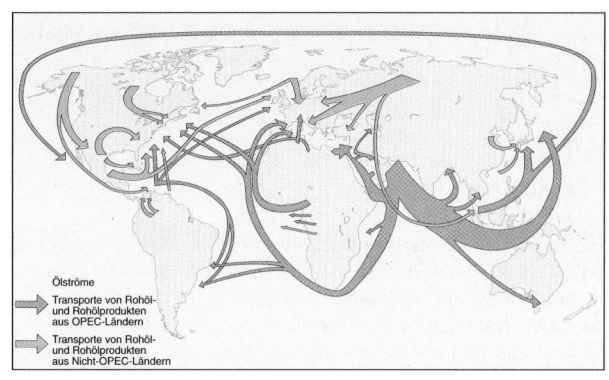

K 1   Ölströme

1994 **Friedensschluss Israel – Jordanien**

1995/96 Erneut terroristische Anschläge auf Israel; israelische Luftangriffe auf Terroristenstützpunkte im Libanon

1997 „Hebron-Abkommen" zwischen Israel und der PLO auf Druck der USA; Beginn des Abzugs israelischer Besatzungstruppen aus dem Westjordanland; Gefährdung des israelisch-palästinensischen Friedensprozesses durch den Bau israelischer Siedlungen in den besetzten Gebieten und Terroranschläge beider Seiten

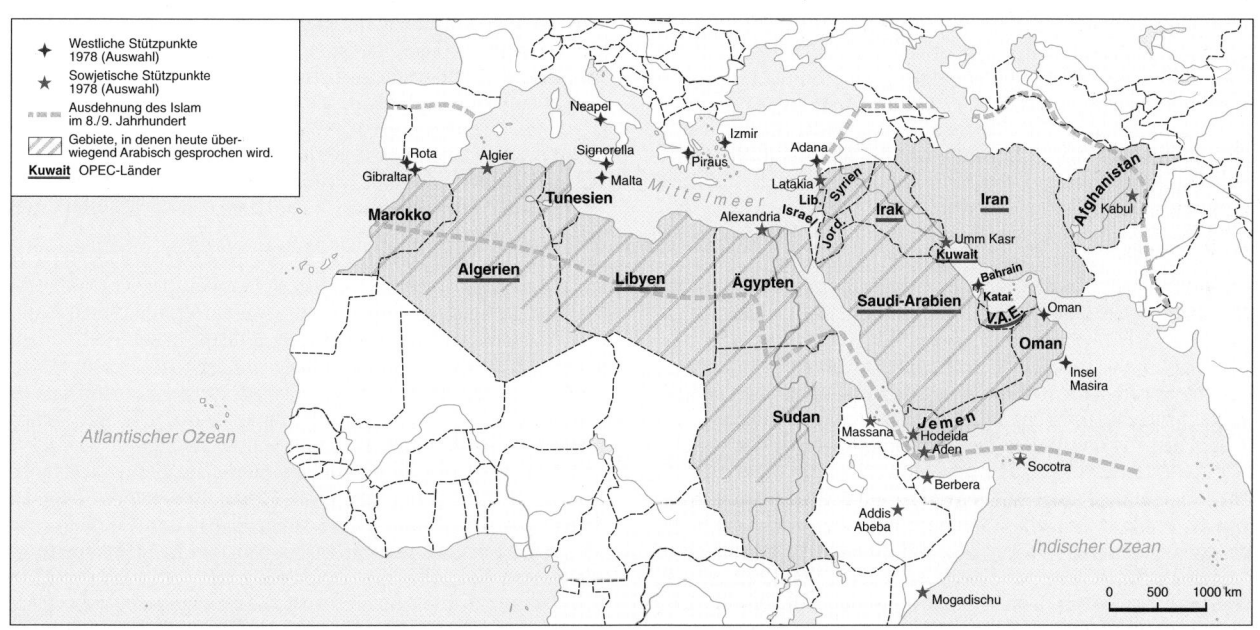

K 2   Die arabische Welt 1978

T 2 Ölreserven und Ölverbrauch der Welt 1979 und 1993 (in Prozent)

	Reserven 1979	Reserven 1993	Verbrauch 1979	Verbrauch 1993
Nordamerika	5,1	2,8	31	27,3
Mittel- und Südamerika	9,1	12,7	6,7	7,9
Westeuropa	3,6	1,8	22,9	19,5
Nahost	56,4	66,4	2,9	?
Afrika	8,7	6,1	1,9	3,2
Australien	3	–	13,4	?
Australien, Ost- und Südasien	–	4,4	?	?
Osteuropa, UdSSR, VR China	14	–	21,2	?
GUS	–	5,7	–	? (5)

1973 war die Bundesrepublik Deutschland zu 55 %, 1979 zu 40,6 % und 1994 (inkl. Ostdeutschland) zu 37,4 % vom arabischen Öl aus dem Nahen Osten abhängig.

Die gesamten Weltvorkommen, im Verhältnis zu Verbrauch und Förderung im Jahr 1989/90 gerechnet, erlauben noch ca. 50 Jahre lang eine Förderung des Öls. Für den Nahen Osten bedeutet dies, bei gleich bleibenden Förderzahlen in den einzelnen Förderländern: Mittlerer Orient: 100 Jahre, Kuwait 175 Jahre, Vereinigte Arabische Emirate 144 Jahre, Saudi-Arabien 142 Jahre, Irak 99 Jahre.

Der amerikanische Präsident Bush äußerte sich 1990: „Eine lang dauernde Unterbrechung der Erdöllieferungen in die USA und in den Westen insgesamt könnte auf lange Sicht gesehen verheerende Auswirkungen für die freie Welt haben." Zusammen mit Kohle und Gas wird das Erdöl bis 2020 die wichtigste Energiequelle bleiben. (6)

2. Die Vorgeschichte

T 3 Die lange Geschichte Israels
Während des 1. Jahrtausends v. Chr. besaßen die Juden in Palästina für längere Zeit einen oder mehrere souveräne Staaten. Nach dem großen Aufstand gegen die römische Besatzung ließ **Titus**, Sohn Kaiser Vespasians, **70 n. Chr. Jerusalem und den Tempel zerstören**. Das jüdische Volk wurde in der folgenden Zeit größtenteils über die Länder der Erde zerstreut. Der Zusammenhalt der Juden in der Diaspora wurde aufrechterhalten durch die strengen Glaubensregeln und die Gewissheit, dass eines Tages der Messias kommen und sie nach Israel zurückführen werde.

Mit der Aufklärung und der Französischen Revolution wurde den Juden in Europa die Gleichberechtigung angeboten. Man erwartete von ihnen dafür vorbehaltlose Assimilation an ihre „Wirtsvölker", außer in der Religion, d. h. man setzte die Trennung von religiösem und nationalem Selbstverständnis der Juden voraus. Die Mehrheit der Juden in Europa ging darauf ein. Aber im Zeichen des Nationalismus und des rassischen Antisemitismus blieben sie für die „Wirtsvölker" dennoch Fremdlinge oder gar Feinde. So wurden viele Juden gegen Ende des 19. Jahrhunderts allmählich für die Idee des **Zionismus** und die Wiedererrichtung eines nationalen jüdischen Staates ansprechbar, vor allem seit um die Jahrhundertwende in Südrussland blutige Verfolgungen (Pogrome) stattfanden.

Q 5 Theodor Herzls Idee eines Judenstaates, 1896
Theodor Herzl, ein jüdischer österreichischer Schriftsteller (1860–1904), wurde als Verfasser der Programmschrift „Der Judenstaat" (1896) und als 1. Vorsitzender der „Zionistischen Vereinigung" zum Vater des Zionismus.

Es ist merkwürdig, dass wir Juden diesen königlichen Traum [einer Wiedererrichtung des Judenstaates] während der langen Nacht unserer Geschichte geträumt haben. Jetzt bricht der Tag an … Ich halte die Judenfrage weder für eine soziale noch für eine religiöse … Sie ist eine nationale Frage, und um sie zu lösen, müssen wir sie vor allem zu einer politischen Weltfrage machen, die im Rate der Kulturvölker zu lösen sein wird. Wir haben ehrlich versucht, in der uns umgebenden Volksgemeinschaft unterzugehen und nur den Glauben unserer Väter zu bewahren. Man lässt es nicht zu … Wir sind ein Volk – der Feind macht uns ohne unseren Willen dazu. In der Bedrängnis stehen wir zusammen und da entdecken wir plötzlich unsere Kraft. Ja, wir haben die Kraft, einen Staat, und zwar einen Musterstaat zu bilden. Man gebe uns die Souveränität eines für unsere gerechten Volksbedürfnisse genügenden Stückes der Erdoberfläche, alles andere werden wir selbst besorgen. (7)

T 4 Die arabische Welt vor dem Ersten Weltkrieg
Seitdem **Mohammed** im 7. Jahrhundert die arabischen Stämme geeint und seine Nachfolger, die Kalifen, ganz Nordafrika, einen Teil Spaniens und den Orient bis nach Vorderindien erobert hatten, war die islamische Welt ein blühendes Großreich. Im Mittelalter zeigten sich die Araber der europäischen Kultur überlegen, da sie über das Wissen der Antike verfügten, das in Europa in Vergessenheit geraten war. Bis heute ist das Arabische die Sprache der islamischen Theologie und des Islam. Alle Völker des Islam haben die arabische Schrift übernommen. Als im 19. Jahrhundert die europäischen Kolonialmächte und die westliche Zivilisation in den Orient eindrangen, war die einst blühende arabische Kultur erlahmt. Die Araber waren in ihrer Freiheit bedroht, ihr Denken und Fühlen wurde in Frage gestellt; doch gegen Ende des 19. Jahrhunderts begannen sich der Islam und der arabische Gemeinsinn zu erneuern.

Heute fühlen sich alle Menschen arabischer Zunge in Sprache und Kultur als „Araber", ob sie Moslems oder Christen sind, vom Maghreb in Nordwestafrika bis ins Zweistromland. Manche sprechen von einer arabischen Nation und haben ein **arabisches Einheitsreich als Ziel**, obgleich es in der arabischen Geschichte zwischen Rabat und Bagdad immer mehrere Zentren gegeben hat. Kurz vor dem Ersten Weltkrieg unterstand der Maghreb den **Kolonialmächten** Frankreich und Spanien (Algerien, Marokko, Tunis). Libyen war italienisch, Ägypten und der Sudan standen unter britischer Herrschaft. Die meisten Araber des Vorderen Orients (Maschrik) waren Untertanen des türkischen Sultans. Sie schwankten damals noch zwischen osmanischem Reichspatriotismus und panarabischem Nationalismus. Seit 1908 ergriff in Konstantinopel die sog. jungtürkische Erneuerungsbewegung die Macht, die eine Umformung der Türkei nach westlichem Muster erstrebte, von einer nationalen Einigung der Turkvölker träumte und in Widerspruch zum erwachenden panarabischen Nationalismus geriet. Damals wurde Hussein, der Scherif von Mekka, die Hoffnung der unzufriedenen Araber.

T 5 Der Erste Weltkrieg als Wende

Die Türkei war im Ersten Weltkrieg mit Deutschland verbündet. Um die Araber, die unter türkischer Herrschaft standen, zum Aufstand zu bewegen, versprachen britische Politiker Hussein, in den arabischen Provinzen des Osmanischen Reiches einen unabhängigen arabischen Staat anzuerkennen. Kernraum sollte (Groß-) Syrien sein. Darauf begann 1916 in einigen Gebieten der arabische Aufstand gegen die Türken. Gleichzeitig nahmen – hinter dem Rücken der Araber – die Briten mit den Franzosen im sog. Sykes-Picot-Geheimabkommen (1916) eine Interessenaufteilung des Türkischen Reiches vor, da seit der Entdeckung der Erdölvorkommen die arabischen Gebiete wirtschaftspolitisch eine neue Bedeutung gewonnen hatten. Frankreich sollte den Nordwesten, England den Süden und Osten der Region als Interessengebiet erhalten. Dagegen versprach **1917 Lord Balfour**, der britische Außenminister, die „Zionisten" bei der Errichtung einer **„nationalen Heimstätte" für das jüdische Volk in Palästina** zu unterstützen.

Als 1918 das Türkische Reich zusammenbrach, eroberten die Briten das Zweistromland und Palästina; die Franzosen besetzten ihre Interessenzone. Die Araber indes pochten auf das Selbstbestimmungsrecht bei der Neuordnung des Nahen Ostens. Doch sahen sie sich nach dem Abzug der USA aus Europa von den Amerikanern im Stich gelassen.

Briten und Franzosen wurden vom Völkerbund nominell beauftragt, vorübergehend bei der Verwaltung der ehemals türkischen Gebiete mitzuwirken; tatsächlich handelte es sich bei diesem Treuhandsystem um eine verdeckte Form von **Neokolonialismus**. Die Grenzen der Mandatsgebiete lehnten sich weder an historisch gewachsene Provinzgrenzen noch an Naturgrenzen an, sondern waren willkürlich. Zwar wurden Ägypten (1922) und der Irak (1932) dem Namen nach selbstständig und Ibn Saud errichtete 1926 das unabhängige Königreich Saudi-Arabien, doch die übrigen arabischen Länder blieben unter westlicher Herrschaft.

T 6 Das englische „Mandatsgebiet" Palästina

Die jüdische Einwanderung in Palästina setzte schon vor dem Ersten Weltkrieg ein. Die meisten Neuankömmlinge stammten aus Russland und waren Zionisten. Sie schufen **Kibbuzim** (Kibbuz = landwirtschaftliche Kollektivsiedlung), gründeten politische Parteien und eine Gewerkschaft und prägten eine neue jüdische Gesellschaft. Nach dem Ersten Weltkrieg verstärkte sich die jüdische Einwanderung. Die arabischen Grundbesitzer verkauften den Juden Land zu einem viel höheren Preis als dem Vorkriegswert. Auch erschien die Idee einer arabisch-jüdischen Koexistenz in einem Zwei-Nationen-Staat nicht von vornherein aussichtslos. Als sich jedoch das Zahlenverhältnis zwischen Juden und Arabern mit der starken jüdischen Einwanderung rasch

veränderte, verschlechterten sich die Beziehungen. Außerdem waren die überwiegend europäischen jüdischen Einwanderer mit ihrem technischen Können den damals noch „unterentwickelten" palästinensischen Fellachen (Kleinbauern) überlegen. Die Zionisten kündigten nach dem Erwerb arabischen Grundbesitzes den arabischen Pächtern und siedelten fast ausschließlich Juden an.

Nach der **nationalsozialistischen Machtergreifung 1933** nahm die Einwanderung mittelständischer europäischer Juden sprunghaft zu. Der arabische Widerstand verstärkte sich, bis 1936 ein langer arabischer Aufstand ausbrach. 1937 schlug eine englische Kommission (Peel-Kommission) eine Teilung Palästinas vor. Doch Juden wie Araber lehnten ab.

Als sich im Frühjahr 1939 ein Krieg zwischen den Westmächten und Deutschland abzuzeichnen begann und die Engländer auf die Sicherung ihres Seeweges nach Indien und auf ihre Ölversorgung aus dem Nahen Osten bedacht sein mussten, gaben sie arabischem Druck nach (**McDonald-Weißbuch, Mai 1939**) und beschränkten die jüdische Einwanderung in Palästina. Die arabische Seite lehnte das Weißbuch ab und forderte sofortige völlige Einstellung der jüdischen Einwanderung. Die Juden reagierten verbittert, denn die einschränkenden Einwanderungsgesetze, mit denen sich die großen westlichen Staaten während der Weltwirtschaftskrise vor unerwünschten ausländischen Arbeitslosen geschützt hatten, wurden auch nach 1933 nicht gelockert. Die verfolgten Juden begannen deshalb mit der **illegalen Einwanderung** in Palästina.

1946 beendigten die Engländer ihr Mandat in Transjordanien, versuchten aber in Palästina einen Kompromiss zwischen Juden und Arabern auszuhandeln. Als diese Bemühungen scheiterten, kündigten sie ihr Mandat in Palästina und übergaben das Problem den UN.

T 7 Die Teilung Palästinas – eine Entscheidung der UN

Die **UN schlugen 1947 die Teilung Palästinas** in einen israelischen und einen arabischen Staat **vor**. Die prominentesten Befürworter dieser Teilung waren die UdSSR und die USA, obgleich in den USA die Zustimmung zur Schaffung eines jüdischen Staates heftig umstritten war.

Die Juden waren zu einem territorialen Kompromiss bereit. Die Araber wollten die Teilung verhindern, da der UN-Plan das Selbstbestimmungsrecht der arabischen Bevölkerungsmehrheit missachtete. Bei der Abstimmung der UN-Vollversammlung 1947 stimmten von 56 Mitgliedstaaten 13 – meist islamische – Staaten gegen, 33 für die Teilung, u. a. die USA, die UdSSR, Frankreich, Polen. Zehn enthielten sich der Stimme, u. a. England.

Als am 15. Mai 1948 die britische Flagge eingeholt wurde, war der Bürgerkrieg bereits voll im Gange. Die **Ausrufung des Staates Israel** durch David Ben Gurion beantworteten Ägypten, Transjordanien, Syrien, Libanon und Irak mit dem Angriff ihrer Armeen auf Israel. Damit begann der **erste Nahostkrieg**.

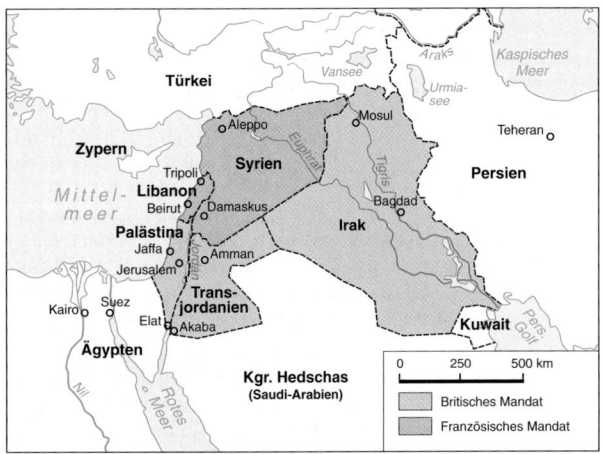

K 3   Die Völkerbundsmandate, 1920

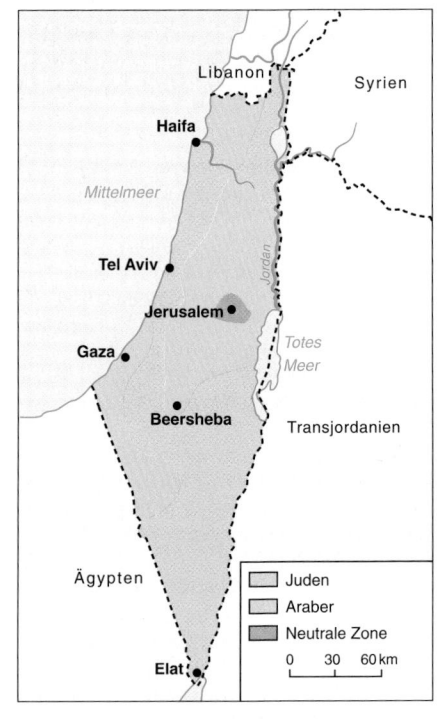

K 4   Der UN-Teilungsplan, 1947

Bewerten Sie den Plan. Ziehen Sie dazu einen Atlas heran.

Juden
Araber
Neutrale Zone

0   30   60 km

K 5   Israels Staatsgebiet 1949 am Ende des 1. Nahostkrieges 1948/49

Der Krieg hatte am Tag der Staatsgründung, 14. Mai 1948, begonnen. 1948 wurde über Israel ein arabischer Wirtschaftsboykott verhängt. Außerdem sperrte Ägypten den Suezkanal und den Eingang zum Golf von Akaba (Elat) für israelische Schiffe. Eilat ist für Israels Importe und Exporte aus bzw. nach Afrika und Asien von größter Bedeutung. Auch später sperrte Ägypten mehrmals – entgegen feierlicher Zusagen – den Zugang nach Eilat. Bis 1979 gab es zwischen Israel und den arabischen Nachbarstaaten nur Waffenstillstandslinien. Erst mit dem ägyptisch-israelischen Friedensvertrag 1979 ist die alte Grenze zwischen Ägypten und Mandatspalästina (1920) zur Staatsgrenze zwischen Ägypten und Israel (abgesehen von der Grenze zum Gaza-Streifen) geworden. Die übrigen Grenzen Israels sind nach wie vor nur Waffenstillstandslinien.

K 6   Israel 1992

Von Israel seit 1967 besetzte Gebiete
Von UN-Truppen kontrolliertes Gebiet (1977)

0   30   60 km

Q 6 Warum Teilung? – Der sowjetische Delegierte Gromyko vor der UN-Vollversammlung, 26. November 1947

Dieser Beschluss ist gegen keine der beiden ethnischen Gruppen, die Palästina bewohnen, gerichtet … [Er] entspricht den Interessen der Araber ebenso wie denen der Juden. Die Vertreter der arabischen Staaten machen geltend, dass die Teilung Palästinas ein historisches Unrecht wäre, doch diese Auffassung des Falles ist unannehmbar, wenn auch nur, weil schließlich das jüdische Volk über einen ansehnlichen Zeitraum der Geschichte eng mit Palästina verbunden gewesen ist. Davon abgesehen dürfen wir … die Stellung nicht übersehen, in der sich das jüdische Volk infolge des jüngst beendeten Weltkrieges befindet … Es könnte … nicht schaden, … nochmals zu erinnern, dass durch den Krieg, den Hitlerdeutschland entfachte, die Juden als Volk mehr gelitten haben als irgendein anderes Volk. (8)

Q 7 Aus dem Bericht des Unterkomitees II der UNSCOP (Sonderausschuss der UN für Palästinafragen), 11. November 1947

Es ergibt sich klar, dass der von der UN-Kommission vorgeschlagene arabische Staat nicht lebensfähig sein kann … Der kultivierbare Boden könnte nicht einmal den Bruchteil des Bedarfs an landwirtschaftlichen Produkten decken. (9)

T 8 Jüdische Einwanderung nach Palästina

Zeitraum	insgesamt	aus Europa u. Amerika	aus Afrika u. Asien
1919–14. Mai 1948	452 158	89,6 %	10,4 %
15. Mai 1948–1951	684 201	50,3 %	49,7 %
1952–1954	51 193	21,9 %	78,1 %
1955–1957	160 960	30,9 %	69,1 %
1958–1960	72 393	64,2 %	35,8 %
1961–1964	220 323	39,4 %	60,6 %
1965–1969	104 955	46,5 %	53,5 %

Nach dem 3. Nahostkrieg kamen

	insgesamt	aus Europa Amerika u. Ozeanien	aus Afrika u. Asien	unbekannt
1969–1971	172 372	123 408	37 674	11 245

Nach dem 4. Nahostkrieg kamen

1973–1987	331 443	271 155	46 287	14 001

1989 wurden in einer Sonderaktion 6 000 Juden aus Äthiopien ausgeflogen. 1990–1995 kamen 500 000 Juden aus der ehemaligen Sowjetunion nach Israel.
Zum Vergleich: Die Bevölkerung Palästinas westlich des Jordans wurde zu türkischen Zeiten 1914 auf 680 000 Einwohner geschätzt, davon 85 000 Juden. (10)

Q 8 Auswanderung aus Israel

Die dem israelischen Selbstverständnis zuwiderlaufenden Tatsachen werden vergessen bleiben, dass [erstens] die Mehrheit der Juden dieser Welt ihren sicheren Hafen in den USA und nicht in Israel gefunden hat (5,9 Mio. gegenüber 3,7 Mio.); dass [zweitens] die Wanderbewegung von Israel nach den USA bisher stets wesentlich höher war als der umgekehrte Prozess und dass [drittens] die Immigration sowjetischer Juden nach Israel erneut auch deswegen so stark ist, weil sich keine anderen ähnlich großzügigen Aufnahmeländer finden. Dies betrifft selbstverständlich in erster Linie die USA, die nachweislich in sehr vielen Fällen das eigentliche Ziel sowjetischer Emigranten jüdischer Herkunft ist. (11)

1. Vergleichen Sie die Herkunft der jüdischen Einwanderer vor und nach der Staatsgründung. Welche Verschiebungen ergaben sich?
2. Stellen Sie die Veränderungen seit dem 4. Nahostkrieg 1973 fest.

T 9 Die Bevölkerung Palästinas und der Teilungsplan

Unmittelbar vor der Teilung lebten in Palästina

$$608\,000 \text{ Juden} = 30{,}8\,\%$$
$$1\,364\,000 \text{ Araber} = 69{,}2\,\%$$

Dem Teilungsplan zufolge sollten von der Gesamtfläche Palästinas bekommen:

jüdischer Staat	56,5 %
arabischer Staat	42,9 %
neutrale Zone (Jerusalem)	0,5 %

Vor der Teilung lebten in dem/der von den UN geplanten

jüdischen Staat	510 000 Araber	499 000 Juden
arabischen Staat	750 000 Araber	9 000 Juden
neutralen Zone	106 000 Araber	100 000 Juden (12)

T 10 Bildung und Einkommen von Juden und Arabern

Im Jahre 1944 verfügten 529 000 Juden über 60 %,
1 200 000 Araber über 40 %
des Nationaleinkommens im Mandatsgebiet Palästina.
Im Jahre 1931 konnten lesen und schreiben: 91,7 % der Juden im Alter von 14 bis 21 Jahren,
18,0 % der Araber im Alter von 14 bis 21 Jahren. (13)

Q 9 Das politische System Israels

Trotz aller äußeren und inneren Belastungen hat Israel seine demokratische Herrschaftsform aufrechterhalten – ohne eine einzige Stunde Notstandsdiktatur und ohne die Sicherung einer geschriebenen Verfassung … [Wichtige Institutionen:] 1. Die Knesset – das aus 120 Abgeordneten bestehende israelische Einkammerparlament, alle vier Jahre Wahlen nach Parteilisten und … Verhältniswahlrecht mit einer einprozentigen Sperrklausel … 2. Der Staatspräsident … rein repräsentativ für fünf Jahre … 3. Die Regierung – vom Staatspräsidenten mit Zustimmung der Knesset berufen … immer Koalitionskabinette … 4. Die Gerichtsbarkeit … [unabhängiges] Oberstes Gericht … aus neun Obersten Richtern. (14)

3. Der Konflikt

Q 10 Aus der Unabhängigkeitserklärung des Staates Israel, 14. Mai 1948

In Erez Israel [„Land Israel"] stand die Wiege des jüdischen Volkes; hier wurde sein geistiges, religiöses und politisches Antlitz geformt; hier lebte es ein Leben staatlicher Selbstständigkeit; hier schuf es seine nationalen und universellen Kulturgüter und schenkte der Welt das unsterbliche „Buch der Bücher".

Mit Gewalt aus seinem Lande vertrieben ... hörte [es] niemals auf, um Rückkehr in sein Land und um Erneuerung seiner politischen Freiheit in ihm zu beten und auf sie zu hoffen.

Aufgrund dieser historischen ... Verbundenheit strebten die Juden in allen Geschlechtern danach, ihre alte Heimat wiederzugewinnen ... Die über das jüdische Volk in der letzten Zeit hereingebrochene Vernichtung, in der in Europa Millionen Juden zur Schlachtbank geschleppt wurden, bewies erneut und eindeutig die Notwendigkeit, die Frage des heimat- und staatenlosen jüdischen Volkes durch Wiedererrichtung des jüdischen Staates in Erez Israel zu lösen ...

Der Staat Israel wird ... volle soziale und politische Gleichberechtigung aller Bürger ohne Unterschied der Religion, der Rasse und des Geschlechtes gewähren; er wird die Freiheit des Glaubens, des Gewissens, der Sprache, der Erziehung und Kultur garantieren; er wird die heiligen Stätten aller Religionen sicherstellen ...

Wir strecken allen Nachbarstaaten und ihren Völkern die Hand zum Frieden und auf gute Nachbarschaft entgegen. (15)

Q 11 Aus dem Palästinensischen Manifest (Grundsatzprogramm der PLO), 1968

1. Palästina ist das Heimatland des arabischen palästinensischen Volkes ... und ... ein ... Bestandteil der arabischen Nation ...

5. Die Palästinenser sind jene Araber, die bis 1947 in Palästina wohnten ... Jeder [nach 1947 geborene] Abkömmling eines palästinensischen Vaters ... ist Palästinenser, ob er nun innerhalb oder außerhalb Palästinas geboren wurde ...

9. Der bewaffnete Kampf ist der einzige Weg zur Befreiung Palästinas ...

20. ... Ansprüche auf historische oder religiöse Bindungen von Juden mit Palästina sind unvereinbar mit historischen Tatsachen ...

21. [Es gibt keine Ersatzlösung] für die völlige Befreiung Palästinas ...

22. Der Zionismus ... ist ... rassistisch ..., aggressiv, expansionistisch und kolonial in seinen Zielen sowie faschistisch in seinen Methoden. (16)

1. Stellen Sie der Rechtfertigung der jüdischen Inbesitznahme Palästinas die Auffassung des Palästinensischen Manifests gegenüber.
2. Beurteilen Sie die gegensätzliche Darstellung.
3. Stellen Sie, ausgehend von beiden Dokumenten, dar, warum der Nahostkonflikt beinahe unlösbar erscheint.

T 11 Das Flüchtlingsproblem

Während des ersten Nahostkrieges floh die Mehrzahl der Araber – bis auf 140 000 – aus dem jüdisch gewordenen Teil Palästinas. Die PLO behauptet, die Palästinenser seien vertrieben worden. Nach Kriegsende erklärten sich die Israelis bereit, mit den arabischen Staaten über die Rückkehr der Flüchtlinge zu verhandeln, aber die Araber fanden sich mit der Existenz Israels nicht ab und weigerten sich, den zionistischen Staat anzuerkennen. So kam es auch zu keinen Verhandlungen über die Flüchtlingsfrage. Die Israelis ihrerseits lehnten eine Rückkehr der Flüchtlinge in ihre Heimat ohne vorherige Anerkennung Israels durch die arabischen Staaten strikt ab. Ein Teil der Flüchtlinge wurde jordanische Staatsbürger; die übrigen arabischen Staaten gliederten bis heute die Flüchtlinge nicht ein. Sie sind daher praktisch staatenlos.

Während des dritten Nahostkrieges setzte erneut eine Fluchtbewegung aus den von Israel besetzten Gebieten ein. Noch immer gibt es Flüchtlinge in Lagern, die von der UNRWA, einer Hilfsorganisation der UN, unterstützt werden.

Aus Furcht um die Sicherheit ihres Landes missachteten die Israelis mehrere UN-Resolutionen, in welchen die Rückkehr der arabischen Flüchtlinge gefordert wurde. Dagegen werfen die Israelis den reichen arabischen Ölstaaten vor, die PLO und die Nachbarstaaten Israels mit modernsten Waffen zu versorgen, zur Unterstützung und Eingliederung der arabischen Flüchtlinge aber nichts beizutragen.

Die Zahl der palästinensischen Flüchtlinge ist stark umstritten. Beide Seiten nennen unterschiedliche Zahlen. Das hängt auch damit zusammen, wie man den Begriff „Palästinenser" bestimmt. Nach der UN-Statistik lebten 1972/73 545 000 palästinensische Flüchtlinge in Flüchtlingslagern, und zwar in Judäa und Samaria, im Gaza-Streifen, in Jordanien, im Libanon und in Syrien. Von den 2 860 000 Palästinensern lebten 1974 israelischen Angaben zufolge in Jordanien (Ostufer) 575 000, Westjordanien (West-Bank) 685 000, Gaza-Streifen 390 000, Syrien 131 000, Libanon 142 000, in anderen arabischen Staaten 442 000, in Israel (Grenzen von 1949) 495 000. (17)

Nach französischen Angaben lebten 1992 in Jordanien knapp 1,2 Mio. Palästinenser, zu denen seit dem Golfkrieg noch 350 000 aus Kuwait hinzukamen, auf der West-Bank wurden 1,1 Mio. gezählt, im Gaza-Streifen 613 000, in Syrien knapp 300 000, im Libanon 590 000, in anderen arabischen Staaten 435 000, in Israel selbst (in den Grenzen von 1949) 750 000. Davon lebten in Flüchtlingslagern (zumeist mit Unterstützung der UNO) auf der West-Bank, im Gaza-Streifen, in Libanon, Syrien und Jordanien ca. 2,7 Mio. Palästinenser. Insgesamt zählt man also etwa 5,3 Mio. Palästinenser in arabischen Staaten und Israel; dazu kommen noch je nach Zählung ca. 180 000 oder 330 000 in den USA und der übrigen Welt. Doch fehlen natürlich genaue statistische Angaben, weil es kein Statistisches Amt für die palästinensische Bevölkerung gibt. Außerdem haben sehr viele Interesse daran, die Zahlen entweder höher anzusetzen oder sie geringer zu machen. (18)

T 12 Die palästinensische Widerstandsorganisation PLO

Nach der Gründung des Staates Israel gerieten die Palästinenser in der Weltöffentlichkeit fast in Vergessenheit. 1964 wurde auf Beschluss der Arabischen Liga die „Palästinensische Befreiungsfront" (PLO) gegründet: „Gewaltsame Befreiung nach algerischem Vorbild" wurde ihre Losung.

Die PLO ist ein Dachverband von zwölf verschiedenen Gruppen, die miteinander um die Macht und um den „richtigen Weg" ringen. Die Radikalen vertreten einen verschärften Untergrundkrieg gegen Israel. Durch Aufsehen erregende Terroraktionen, z. B. Geiselnahme und Ermordung von elf israelischen Sportlern bei den Olympischen Spielen in München (1972), gelang es der PLO, die palästinensische Bevölkerung und die Weltöffentlichkeit wachzurütteln. Auf der arabischen Gipfelkonferenz von Rabat (1974) wurde die PLO von den arabischen Staaten offiziell als Repräsentantin aller Palästinenser anerkannt. Ihr Führer Arafat vertrat im selben Jahr vor der UN-Vollversammlung die Forderungen der PLO; die UN-Mehrheit bekräftigte das Recht der Palästinenser auf Rückkehr in ihre Heimat und verurteilte den Zionismus als Rassismus. Auch westliche Staaten drängten Israel, die Rechte der Palästinenser anzuerkennen.

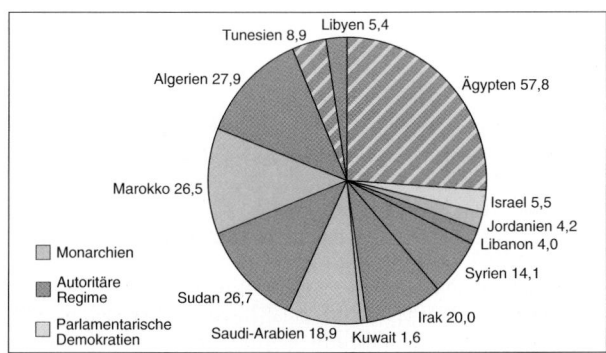

B 2   Araber und Israel, 1995

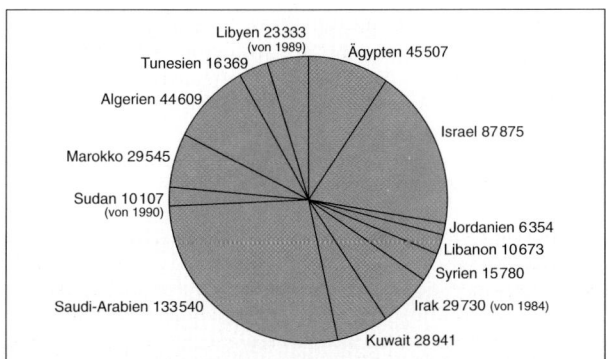

B 3   Wirtschaftsleistungen 1995 (BSP in Mio. US-Dollar)

4.   Der Nahe Osten – Krisenherd der Weltpolitik

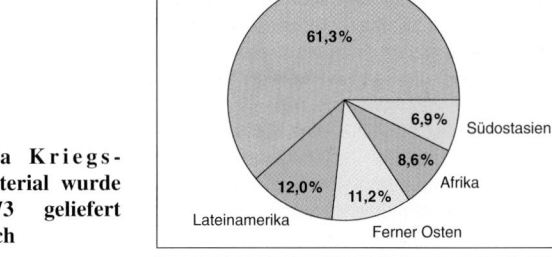

B 4a Kriegsmaterial wurde 1973 geliefert nach

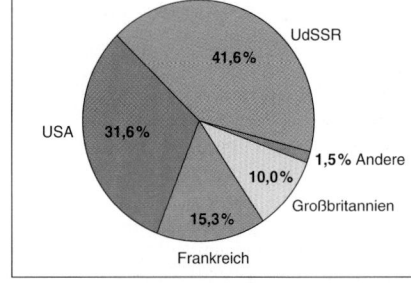

B 4b Kriegsmaterial wurde 1973 geliefert von (19)

T 13 „Stellvertreter-Kriege" oder Krisenbewältigung der Supermächte?

a) Das Beispiel des Sechstagekriegs (3. Nahostkrieg), 1967
Während des erfolgreichen israelischen Vorstoßes warnte der sowjetische Ministerpräsident Kossygin den US-Präsidenten am 10. Juni 1967 über den „heißen Draht" vor der Gefahr einer „ernsten Katastrophe" und drohte mit „ernsten Schritten", falls Israel die Operationen nicht sofort einstelle.

Präsident Johnson beorderte die 6. US-Flotte vor die ägyptische Küste und drängte gleichzeitig die israelische Regierung zum Abschluss eines sofortigen Waffenstillstands.

b) Das Beispiel des Jom-Kippur-Kriegs (4. Nahostkrieg), 1973
Die Sowjetunion lieferte Nachschubmaterial an Ägypten, die USA an Israel. Als die ägyptische Armee eingekreist wurde, forderte der ägyptische Staatspräsident Sadat die Sowjetunion und die USA auf, sofort einen Waffenstillstand zu veranlassen.

Die UdSSR drohte den USA mit militärischem Eingreifen, um den Waffenstillstand zu erzwingen. Die USA ordneten für ihre Streitkräfte rund um den Globus Alarmstufe eins an. – Der Sicherheitsrat der UN entsandte eine neue Friedenstruppe nach Nahost. – Die Israelis ließen die Versorgung der eingeschlossenen ägyptischen Armee zu. Dies war das Ende der Krise; Verhandlungen über das Auseinanderrücken der israelischen und ägyptischen Streitkräfte begannen.

Q 12 Aus der Resolution 242 des UN-Sicherheitsrates, 22. November 1967

Die Resolution fordert u. a.:
Rückzug der israelischen Streitkräfte aus [den] während des letzten Konflikts besetzten Gebieten;
Respektierung und Anerkennung der Souveränität, der territorialen … [Unverletzlichkeit] und der politischen Unabhängigkeit aller Staaten [des Nahen Ostens] und ihres Rechts, in Frieden innerhalb sicherer und anerkannter Grenzen frei von Drohungen und Gewaltakten zu leben;
die Freiheit der Schifffahrt in den internationalen Gewässern;
gerechte Lösung des Flüchtlingsproblems. (20)
Da die Resolution die Palästinenserfrage nur als ein Flüchtlingsproblem behandelt, wurde sie von der PLO scharf abgelehnt.

Q 13 Aus der Resolution 338 des UN-Sicherheitsrates, 21./22. Oktober 1973

Die Resolution fordert
… die [im 4. Nahostkrieg] betroffenen Parteien auf, nach der Feuereinstellung unverzüglich mit der Erfüllung der Resolution des Sicherheitsrats 242 in allen ihren Bestandteilen zu beginnen. (21)

T 14 Aufhebung einer Resolutionsformulierung von 1975

Die UNO erklärte Anfang 1996, die Feststellung der Resolution ihrer Generalversammlung vom 10. Januar 1975 gelte nicht mehr, dass „der Zionismus eine Form des Rassismus und der rassischen Diskriminierung" sei.

T 15 Ausgangspositionen Israels und der PLO nach dem 4. Nahostkrieg 1973

a) Forderungen Israels:

Anerkennung des staatlichen Existenzrechts Israels durch alle Nachbarstaaten; völkerrechtlich verbindliche Anerkennung von sicheren und verteidigungsfähigen Grenzen; Verbleiben des Gaza-Streifens und des größten Teils des Golans bei Israel; israelische Besetzung des Ost-Sinai von Sharm el Sheikh bis Eilat; vereinigtes Jerusalem Hauptstadt Israels; Aufrechterhaltung der Wehrsiedlungen in den besetzten Gebieten; Verweigerung eines souveränen Palästinenserstaates, nur begrenzte Autonomie für die Palästinenser des Westjordanlandes im Rahmen einer Föderation mit Israel oder Jordanien; Ablehnung der PLO als direkter Verhandlungspartner; dagegen können Vertreter der palästinensischen Bevölkerung der betroffenen Gebiete an den Friedensverhandlungen teilnehmen; Garantie freier Schifffahrt.

b) Forderungen der PLO:

Recht der Palästinenser auf einen eigenen Staat; Befreiung von ganz Palästina durch bewaffneten Kampf; Ablehnung jeder Teilstaatslösung (palästinensischer Ministaat) und jeder Ersatzlösung (Autonomie); volle Wiederherstellung der Rechte der Palästinenser; Rückgabe des Eigentums; Anspruch der PLO, die einzige legitime Vertreterin des palästinensischen Volkes zu sein.

1. *Erklären Sie, dass sich die arabischen Guerillas hauptsächlich aus der Jugend der Flüchtlingslager rekrutieren.*
2. *Formulieren Sie die Probleme für die arabischen Staaten, besonders für Jordanien, die sich aus T 11 und 12 ergeben.*
3. *Überlegen Sie, unter welchen Voraussetzungen im Nahen Osten ein dauerhafter Frieden möglich wäre.*

T 16 Camp David – Hoffnung auf Frieden

Gedrängt von den wirtschaftlichen Schwierigkeiten seines Landes entschloss sich der ägyptische Präsident Sadat zu einer Aussöhnung mit Israel. Im März 1979 wurde durch Vermittlung von US-Präsident Carter in Camp David (USA) der **Friedensvertrag zwischen Israel und Ägypten** abgeschlossen. Er bestimmte: 1. Rückzug der israelischen Streitkräfte hinter die internationale Grenze zwischen Ägypten und Mandatspalästina; 2. Anerkennung dieser Grenze als unverletzliche Staatsgrenze. Unberührt bleibt vorläufig die Zugehörigkeit des Gaza-Streifens; 3. gegenseitige Anerkennung, Aufnahme diplomatischer, wirtschaftlicher und kultureller Beziehungen, Ende des ägyptischen Wirtschaftsboykotts. Die Palästinenser, die PLO und die Jordanier lehnten die Vereinbarungen von Camp David ab. Sadat und Begin erhielten 1978 den Friedensnobelpreis.

T 17 Erneute Zuspitzung im Nahen Osten

Seit 1979 ist der isarelisch-arabische Konflikt noch komplizierter geworden. Unter dem Druck der „Islamischen Revolution" musste der Schah von Persien am 16. Januar 1979 sein Land verlassen. Iranische Revolutionäre hielten seit dem 4. November 1979 über ein Jahr lang etwa 50 Angehörige der amerikanischen Botschaft in Teheran als Geiseln. 1979 marschierten sowjetische Truppen in Afghanistan ein – angeblich einem Ruf der afghanischen Regierung folgend; die Sowjetarmee war der Ölroute bis auf 500 km nahe gerückt.
Von 1980 bis 1988 führten Irak und Iran Krieg. 1982/83 kam es zum zweiten Bürgerkrieg im Libanon (zwischen christlichen Falange-Milizen, moslemischen Khomeini-Anhängern und Drusen). Ausländische Truppen (PLO im Süden, Syrien im Osten) mischten sich ein. Im Sommer 1982 drang Israel bis Beirut vor und erzwang den Abzug der PLO aus Südlibanon.

T 18 Der Nahostkonflikt 1947–1980

1. Nahostkrieg, 1948/49

Auf den Teilungsbeschluss der UN, der von den Arabern abgelehnt und von den Juden angenommen worden war, folgte ein Bürgerkrieg zwischen Juden und Arabern, in den die arabischen Staaten eingriffen. Viele Palästinenser flohen. Infolge des israelischen Sieges entstand ein zusammenhängendes israelisches Staatsgebiet (78 % Palästinas gegenüber 57 % nach dem UN-Teilungsplan), aber es kam zu keinem Friedensvertrag. Die arabischen Reste Palästinas bestehen seitdem aus zwei unzusammenhängenden Gebieten, dem Westjordanland (der West-Bank) und dem Gaza-Streifen. Das Westjordanland wurde von Transjordanien annektiert, das sich seither Jordanien nennt. Ägypten sperrte für Israel den Suezkanal und den Seeweg nach Eilat.

2. Nahostkrieg, 1956
Im Juli 1956 verstaatlichte der ägyptische Staatspräsident Nasser den Suezkanal. Daraufhin landeten englisch-französische Streitkräfte in der Kanalzone (November 1956); ihre Operationen mussten aber unter amerikanischem und sowjetischem Druck abgebrochen werden. Fast gleichzeitig mit der englisch-französischen Militäraktion überrannten die Israelis die ägyptischen Stellungen im Sinai, um die Sperrung der Seezugänge zu durchbrechen. Nach Kriegsende räumten die Israelis die eroberten Gebiete gegen Zusicherung freier Zufahrt zum Roten Meer.

3. Nahostkrieg (Sechs-Tage-Krieg), 1967
Erneute Spannungen entstanden um die Jordanquellen und die Golan-Höhen. Die Sperrung des Zugangs nach Eilat am Roten Meer für Israel sowie ägyptische Truppenkonzentrationen auf dem Sinai lösten den israelischen Angriff gegen Ägypten aus. Jordanien und Syrien griffen ein. Israel besetzte Westjordanien, ganz Jerusalem, den Gaza-Streifen, die Sinai-Halbinsel, Teile der Golan-Höhen, annektierte aber nur die Altstadt von Jerusalem. Eine erneute Fluchtwelle der Palästinenser wurde dadurch ausgelöst. Die USA und UdSSR erzwangen einen Waffenstillstand. Der Zugang zum Roten Meer wurde wieder geöffnet. Fast 1 Mio. Araber gerieten zusätzlich unter israelische Verwaltung. Ein palästinensisches Nationalbewusstsein entstand. Die PLO machte die Welt durch Terroraktionen auf das Palästinaproblem aufmerksam.

4. Nahostkrieg (Jom-Kippur-Krieg), 1973 – eine Wende
Am Versöhnungstag (Jom-Kippur) griffen Ägypten und Syrien Israel überraschend an. Nach Anfangserfolgen der Araber drohte aber der eingeschlossenen 3. ägyptischen Armee am Suezkanal die Vernichtung. Die Araber sperrten die Erdöllieferungen (Erdölwaffe). Die USA und die UdSSR veranlassten einen Waffenstillstand und einen Teilrückzug Israels auf dem Sinai und auf den Golan-Höhen. UN-Truppen kontrollierten die Waffenstillstandslinien. Inzwischen wurde deutlich, dass der 4. Nahostkrieg die Machtverhältnisse in der Region verändert hatte. Die Erdölwaffe bedrohte die westlichen Industrieländer immer ernster; die USA und die EG-Staaten begannen unter diesem Druck, den arabischen Forderungen mehr Gehör zu schenken. Israel geriet zunehmend in außenpolitische Isolierung. Der PLO-Führer Arafat sprach vor der UN (1974); die UN-Vollversammlung verurteilte den Zionismus als Rassismus. Die Unruhen der Palästinenser in Westjordanien und Galiläa – vor allem gegen die Errichtung weiterer israelischer Wehrdörfer – nahmen zu. Die arabischen Staaten außer Ägypten weigerten sich noch immer, Israel anzuerkennen. Der Friedensschluss zwischen Ägypten und Israel 1979 brachte zwar eine Entschärfung des Konflikts, doch die Kernprobleme (Errichtung eines Palästinenserstaates, Anerkennung Israels durch die Araber, Garantie der Grenzen, Jerusalem) blieben ungelöst. Unklar war damals, ob die PLO darauf beharren würde, einen Palästinenserstaat anstelle Israels zu fordern, oder ob sie bereit wäre, sich mit einem Palästinenserstaat neben Israel zu begnügen und die Existenz des Staates Israel auf Dauer hinzunehmen.

1. *Beurteilen Sie die „Erdölwaffe" und ihre Auswirkungen.*
2. *Diskutieren Sie, ob das Engagement der Großmächte eine Friedensgarantie bedeutet.*
3. *Resümieren Sie, wie sich die Kräfteverhältnisse im Nahen Osten verändert haben.*

T 19   Israel und die Kriege am Persischen Golf
Der **Krieg zwischen Irak und Iran 1980–1988** erleichterte die Situation für Israel, weil die Kriegsgegner mit sich selbst beschäftigt waren. Jedoch verbesserte sich die Position des Iraks dadurch, dass es in seiner Bedeutung als Stützpunkt der Palästinenser wuchs, nachdem die PLO 1982/83 von den Israelis aus dem Libanon vertrieben worden war. Trotz dieses Erfolges wird bis heute das militärische Eingreifen Israels im Libanon von vielen Israelis verurteilt, kann man es doch nicht wie die bisherigen Nahostkriege als Verteidigungskrieg einstufen.

Der Weltsicherheitsrat wurde zur gleichen Zeit zu einer Verurteilung Israels herausgefordert wegen der Annexion des Ostteils der Stadt Jerusalem, die durch ein Gesetz als fester Bestandteil der „Ewigen Hauptstadt" angesehen wird; ebenso wurde die Einverleibung des Golans 1981 als wirkungslos verurteilt. Beide Annexionen sind daher auf nicht-israelischen Landkarten als besetzte Gebiete gekennzeichnet.

Neue Aufgaben sah man in der **Förderung der Einwanderung**. Doch diese schuf auch Probleme: Der Wohnungsbau und die soziale Integration stellten sich als schwierig heraus. Besonders die Falachen, aber auch die russischen Juden kamen aus kulturell fremden Gebieten; z. B. fehlten den russischen Juden früher in der Regel der Kontakt zu religiösen Traditionen; deren hoher Bildungs- und Ausbildungsstand wurde außerdem von der israelischen Wirtschaft nicht unbedingt immer gebraucht.

Der **Golfkrieg von 1991** gegen den Irak verbreitete in Israel Angst und Schrecken. Schon 1981 hatten israelische Flugzeuge das irakische Nuklearforschungszentrum zerstört, um zu verhindern, dass eine andere Macht außer Israel in der Region Atomwaffen besitzt. Doch jetzt bedrohte der irakische Diktator Saddam Hussein, auf dessen Seite die PLO stand, mit seinen 550 000 Soldaten und 3 600 Panzern nicht nur Kuwait, das von einer westlich-arabischen Allianz verteidigt wurde, sondern auch Israel. Skud-Fernraketen bezogen es direkt in den Krieg mit ein; viele davon konnten aber von US-Anti-Raketen-Raketen abgefangen werden. Dabei stellte man konventionelle Sprengkörper fest, nicht chemische oder bakteriologische, wie zu befürchten war. Die Irakis hatten nämlich schon 1986 gegen den Iran und 1988 gegen aufständische Kurden chemische Kampfstoffe eingesetzt.

5. Die Suche nach Verständigung und Frieden

T 20 Folgt auf den Frieden mit Jordanien Friede mit Syrien?
Parallel zu den militärischen Aktionen liefen diplomatische Verhandlungen: Ein **Grundvertrag zwischen Israel und dem Vatikan** 1993 führte zum Botschafteraustausch. Und 1995 wurde Israel der EU assoziiert, was wirtschaftliche Vorteile für den israelischen Export bringt.
Besonders wichtig aber ist bis heute der **Friedensvertrag mit Jordanien 1994**. Die Folge: Beide Staaten wollen gemeinsam das Jordantal entwickeln, Grenzkorrekturen waren möglich, Zollstellen konnten eingerichtet werden und Abkommen über Tourismus, Luftverkehr und Handelsbeziehungen wurden abgeschlossen. Sogar ein Ständiges Komitee mit Ägypten und der PLO über Flüchtlingsfragen konnte gebildet werden.
Bis 1997 waren allerdings die seit 1994 mit Syrien geführten Friedensverhandlungen nicht erfolgreich. Syrien verlangt einen völligen Rückzug Israels von den Golan-Höhen, von denen man halb Israel überblicken (und bedrohen) kann, weshalb ein Abzug in Israel innenpolitisch noch nicht durchzusetzen war. Neue Komplikationen entstanden durch den gegenseitigen Beschuss der Hisbollah (einer vom Iran unterstützten fundamentalistischen Organisation) auf Nordisrael und der israelischen Luftwaffe auf Stützpunkte dieser radikalen Palästinensergruppe im Libanon 1996.

Q 14 Aus der Fernsehansprache des jordanischen Königs Hussein, 31. Juli 1988
Wir respektieren den Willen der Palästinensischen Befreiungsbewegung, der einzigen legitimen Vertretung des palästinensischen Volkes, auf Lösung des Gebietes [= Westjordanland bzw. West-

B 5 Auf ein Neues …

Bank] von uns, um darauf einen unabhängigen Staat Palästina zu begründen. Wir sagen dies in völliger Übereinstimmung mit den Palästinensern und der PLO. (22)

T 21 Israel und die PLO sprechen miteinander
1990 wurden im Zusammenhang mit den Spannungen um Kuwait und Irak die Auslandskonten beider Länder gesperrt. Die PLO war jedoch von den Zahlungen der palästinensischen Arbeiter aus diesen Ländern abhängig. Saudi-Arabien stellte außerdem seine Hilfsgeldzahlungen ein, weil die PLO den Irak unterstützte. Dies führte zur Gesprächsbereitschaft mit Israel. Deren Regierung war aber froh, sich mit der PLO trotz deren terroristischen Vergangenheit verständigen zu können, weil neu aufkommende, härtere Gruppen unter den Palästinensern sicher viel weniger zu Verhandlungen bereit sein würden. Doch der Verzicht König Husseins auf jordanische Ansprüche auf die West-Bank ließ die israelischen Hoffnungen schwinden, das besetzte Gebiet wieder in den jordanischen Staatsverband (z. B. in Form einer Konföderation) führen zu können.
Dennoch begannen 1993 durch Vermittlung des norwegischen Außenministers Holst **geheime Gespräche zwischen Israel und der PLO in Oslo** – noch getarnt als kleiner wissenschaftlicher Kongress. Als man schon anfing, eine Prinzipienerklärung über palästinensische Autonomie zu formulieren, wurden die inoffiziellen israelischen Teilnehmer durch Regierungsvertreter ersetzt, bis Außenminister Peres schließlich selbst eingeladen wurde. Dieser konnte bei der EU die Zusage finanzieller Unterstützung für eine Autonomieverwaltung einholen, so dass eine wichtige Vorbedingung für konkrete Vereinbarungen – die Anerkennung der Existenzrechte beider – in drei Briefen von Arafat und Rabin erreicht werden konnte. Am 13. September 1993 wurde endlich eine Vereinbarung – **Oslo I** genannt – in Washington in Anwesenheit von US-Präsident Clinton unterzeichnet. Die Weltbank erklärte sich zur Mitfinanzierung der Autonomiegebiete bereit, 38 Regierungen schlossen sich an. Rabin und Arafat erhielten den Friedensnobelpreis.
Der zweite Schritt wurde dann in Taba, später in Kairo ausgehandelt und wird **Oslo II** genannt: Auf über 1 000 Seiten wurden die Bestimmungen des Autonomieabkommens aufgeführt und im September 1995 in Washington unterzeichnet. Dabei anerkannten beide Seiten die Sicherheitsratsresolution Nr. 242 der UNO von 1967 (s. Q 12).
Aufgrund dieser Gespräche und Abkommen konnten 1994 der Gaza-Streifen und Jericho sowie 1997 Gebiete im Westjordanland, auch Teile von Hebron, der palästinensischen Verwaltung unterstellt werden. Jedoch erreichte die palästinensische Verwaltung unter Arafat nicht die Anerkennung als palästinensischer Staat. 1997 wurde der Friedensprozess durch terroristische Aktivitäten beider Seiten sowie den Bau von israelischen Häusern in Ost-Jerusalem gefährdet.

Überlegen Sie, warum sich ein norwegischer Minister in der Nahostpolitik engagiert.

Q 15 Aus einem Briefwechsel 1993

a) Arafat an Rabin
Die PLO anerkennt das Recht des Staates Israel, in Frieden und Sicherheit zu leben. Die PLO akzeptiert die UNO-Sicherheitsratsresolutionen 242 und 338.
… Die PLO verzichtet darauf, sich des Terrorismus zu bedienen und jeglicher anderen Aktion der Gewaltanwendung.
… Die PLO versichert, dass die Artikel und Punkte der Palästinensischen Charta, die das Existenzrecht Israels verneinen, … von nun an nicht gelten und ohne Bedeutung sind.

b) Arafat an den norwegischen Außenminister Holst
Die PLO fordert das palästinensische Volk des Westjordanlandes und des Gaza-Streifens auf, an den Maßnahmen teilzunehmen, die zur Normalisierung führen, indem sie Gewaltanwendung und Terrorismus ablehnen …

c) Rabin an Arafat
Die Regierung Israels hat beschlossen, die PLO als Vertreterin des palästinensischen Volkes anzuerkennen und mit der PLO im Rahmen des Friedensprozesses im Nahen Osten zu verhandeln. (23)

Q 16 Aus dem Abkommen zwischen Israel und der PLO, 13. September 1993
Art. V: Übergangszeit und Verhandlungen über den dauerhaften Status
1. Die fünfjährige Übergangszeit beginnt mit dem Rückzug aus dem Gaza-Streifen und dem Gebiet von Jericho. Verhandlungen zwischen der Regierung Israels und den Vertretern des palästinensischen Volkes über den dauerhaften Status werden so bald wie möglich beginnen, aber nicht später als mit Beginn des dritten Jahres der Übergangszeit. 2. Es ist vereinbart, dass sich diese Verhandlungen auf offene Fragen erstrecken, wie Jerusalem, Flüchtlinge, Siedlungen, Sicherheitsvorkehrungen, Grenzen, Beziehungen und Zusammenarbeit mit anderen Nachbarn. (24)

T 22 Das Abkommen „Oslo II", 28. September 1995
Schon vor der Unterzeichnung des Autonomievertrages, Oslo II genannt, hatte Israel den Gaza-Streifen und die Stadt Jericho auf der West-Bank der PLO übergeben. Die neue palästinensische Verwaltung wurde zuständig für Gesundheits- und Sozialwesen, Tourismus, Jugend und Sport sowie für das Steuerwesen. Zur Jahreswende 1995/96 wurden weitere Gemeinden der West-Bank der PLO unterstellt, darunter Bethlehem. Hebron erhielt wegen der dortigen israelischen Siedlungen einen Sonderstatus. Am 20. Januar 1996 gewann Arafat – trotz Bedenken einiger Oppositioneller – mit 88,1 % die Direktwahlen zum Präsidenten. Der Palästinensische Rat verfügt über 82 Sitze und ist Parlament und Regierung zugleich. Ihm unterstellt ist die palästinensische Polizei (12 000 Mann).
Ein großes Problem bei der Umsetzung der Autonomievereinba-

rungen bilden die auf der West-Bank liegenden israelischen Siedlungen. Daher teilte man das Land in drei Zonen auf; aus der letzten Zone sollten sich die israelischen Soldaten im Oktober 1997 zurückziehen. Die palästinensische Verwaltung hat allerdings nicht das Recht der freien Verfügung über Grund und Boden.
Am 4. Mai 1996 begannen Verhandlungen über den endgültigen Status der Gebiete, noch vor den vorgezogenen Neuwahlen zur Knesset, bei denen erstmals der Ministerpräsident direkt gewählt wurde; dabei gewann der Konservative Benjamin Netanjahu. Nach schwierigen ersten Verhandlungen wurde auf Druck der USA das „Hebron-Abkommen" im Januar 1997 abgeschlossen. Es bestimmt, dass das von den Palästinensern verwaltete Gebiet Gaza-Streifen und Jericho um ländliche Gebiete, aber auch um 80 % der Großstadt Hebron erweitert wurde.

T 23 Wasser – Lebensfrage nicht nur im Nahen Osten
Ein besonders schwieriges Problem ist seit der Staatsgründung Israels 1949 die Frage der Wasserversorgung. Die bedeutendsten Wasserquellen lagen außerhalb des Staatsgebietes. So war es nach vielen, auch militärischen Auseinandersetzungen notwendig, 1964 das Wasser des Tiberias-Sees (bzw. des Sees Genezareth) durch den Bau einer großen Pumpstation (Anhebung 350 m) optimal auszunutzen, von der aus ein Kanal- und Rohrsystem bis zur südlichen Wüste Negev reicht. Außerdem gelang es nach der Besetzung der West-Bank im Sechs-Tage-Krieg 1967, deren Wasservorräte aufzuteilen.
Doch stehen große Probleme bevor, wenn der Lebensstandard auch der arabischen Bevölkerung steigt: Israelis benötigen pro Kopf ca. 90 m^3 Wasser, Palästinenser mit ihrer traditionellen Landwirtschaft und Lebensweise nur 30 m^3. Außenminister Peres bezeichnete 1993 das Wasserproblem als „ein zentrales politisches Thema". Die natürlichen Ressourcen dürfe man nicht überbeanspruchen. Der Wassermangel werde von Jahr zu Jahr spürbarer. Es gehe nicht nur um die Wassermenge, sondern auch um die Wasserqualität. Der übertriebene Verbrauch führe zur Versalzung.

T 24 Palästinensischer und israelischer Widerstand seit 1982
1982 Christliche Milizen ermordeten bis zu 2 000 Palästinenser bei einem Überfall auf Flüchtlingslager im Libanon; israelisches Militär ließ sie gewähren.
1983 Ermordung von drei arabischen Schülern in einer Schule in Hebron durch extremistische jüdische Siedler
1987 **Beginn der „Intifada"** (= Abschüttelung): Kinder und Jugendliche bewarfen israelische Soldaten mit Steinen, diese reagierten mit z. T. brutalen Polizeimaßnahmen. Im ersten Jahr kamen dabei 616 Palästinenser ums Leben, davon 132 Kinder unter 16 Jahren, 19 Israelis verloren im gleichen Zeitraum durch Palästinenser ihr Leben.
1987–1989 Ermordung von ca. 120 arabischen Kollaborateuren durch Araber

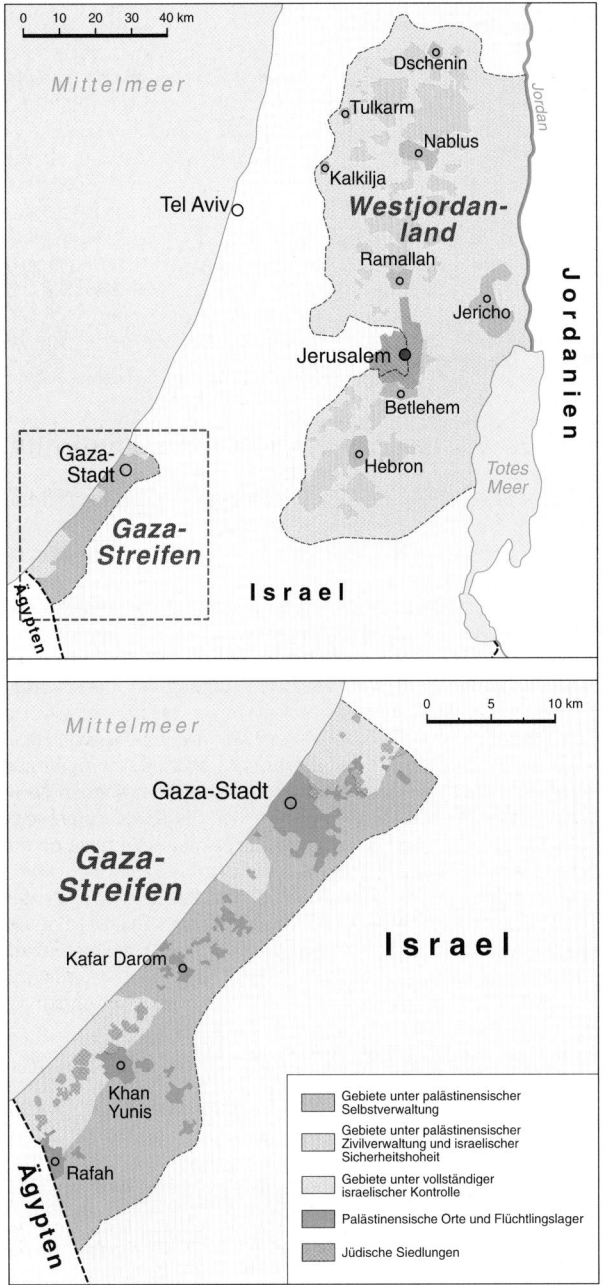

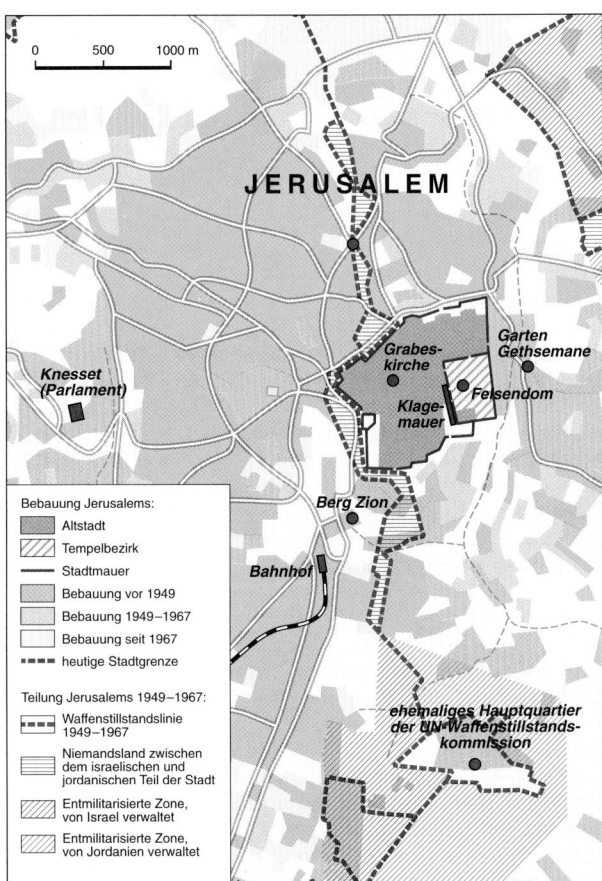

K 8   Jerusalem: Kern des Nahostproblems?

K 7   Das Autonomieabkommen

In der West-Bank lebten 1946 1,3 Mio. Menschen, davon über 100 000 Juden. (Zum Vergleich: 1977 nur 440 israelische Siedler.) In Ost-Jerusalem lebten 158 000 jüdische und 155 000 palästinensische Einwohner.

1990   Araber warfen Steine auf vor der Tempelmauer betende Juden: Tote und Verletzte.

1994   Israelischer Siedler ermordete 29 betende Muslime in einer Moschee in Hebron; der Täter kam ums Leben. Sein Grab wurde zum Wallfahrtsort jüdischer Extremisten. Die islamische Widerstandsbewegung **Hamas**, nicht zur PLO gehörend, begann ihren Terror mit mehreren Selbstmordattentaten. Palästinensische Polizei nahm die Verfolgung von Extremisten unter den Palästinensern auf. Dabei kam es im Herbst vor einer Moschee in Gaza zu 15 Todesopfern.

1995   Neue extremistische palästinensische Organisation „Djihad" (= Heiliger Krieg) verantwortlich für Attentat mit 19 israelischen Toten. **Ermordung des israelischen Ministerpräsidenten Yitzhak Rabin** durch einen israelischen Extremisten

1996   Zunahme der Selbstmordattentate, zu denen sich die Hamas bekannte. Internationale **Anti-Terror-Konferenz in Ägypten** mit Arafat, Peres, Clinton und Jelzin: scharfe Anklage gegen Iran, der hinter dem Terror vermutet wird. Die vom Iran unterstützte fundamentalistische Hisbollah-Organisation beschießt Nordisrael; schwere israelische Luftangriffe auf deren Stützpunkte im Libanon.

1997 Der von der konservativen Regierung Netanjahu erlaubte Bau einer neuen israelischen Siedlung in Ost-Jerusalem führt zu neuem Selbstmordattentat zweier Palästinenser und gefährdet den Friedensprozess.

Q 17 Zweimal: Die Israelis und die Gewalt

a) Yitzhak Rabin (geb. 1922), 1988: In den vergangenen Monaten habe ich gelernt, dass man niemals einhalb Millionen Palästinenser mit [militärischer] Gewalt regieren kann.

b) Yeshayahou Leibowitz (1903–1994), 1994: Das Problem in unserem Staate Israel ist nicht, die Palästinenser zu befreien, sondern dahin zu gelangen, die Israelis von dieser verdammten Herrschaftsausübung zu befreien, die auf Gewalt [als Besatzungsmacht] beruht. (25)

B 6 Nach der Ermordung des israelischen Ministerpräsidenten Rabin, November 1995

Q 18 Meinungen zum Terrorismus und zu israelischen Gegenmaßnahmen seit 1984

a) Repräsentative Umfrage unter Israelis: Im Juni 1984 lehnten 60 % Terror gegen Araber in der West-Bank ab, jedoch befürworteten 1985 57 % eine Amnestie für Israelis, die wegen terroristischer Aktionen rechtskräftig verurteilt worden waren. (26)

b) Meinungen von Angehörigen des israelischen Militärs: Der amtierende Generalstabschef Shomon erklärte Anfang 1989 öffentlich, die Intifada könne nicht militärisch, sondern allein politisch bekämpft werden. Shomons Vorgänger Eytan: Wir befinden uns im Krieg, ohne das anzuerkennen – weil wir gemeint haben, dass es keine militärische Lösung gebe, oder weil wir glauben wollten, Arafat werde an unserer Stelle die Arbeit tun … Wenn die politische Macht eine militärische Lösung will, muss die Armee sie realisieren … Es ist die Stunde gekommen …, den Pioniergeist neu zu beleben, die bestehenden Siedlungen zu stärken und neue zu schaffen. (27)

c) Hanane Achraoui, ehemalige Sprecherin der PLO, 1991: Mit *einer* Stimme müssen wir sagen: „Genug! … Es gilt, in der öffentlichen Meinung ein Klima zu schaffen, das verhindert, dass sich derartige Vorgänge wie die Attentate wiederholen." (28)

d) Hamas, 2. April 1996: Ankündigung der Wiederaufnahme von Selbstmordattentaten gegen Israel sowie „Bestrafung" von Verantwortlichen der Palästinenser, die Hamas unterdrücken. Die Organisation sprach von „Märtyreroperationen" gegen den „unzulässigen Zionistenstaat". (29)

Q 19 Menschenrechte im Nahen Osten – Ein deutscher Experte umreißt 1995 die Problematik

Die Achtung und Respektierung der Menschenrechte ist eine der wichtigsten Voraussetzungen für einen dauerhaften Frieden in der Region. Leider kann von einer solchen nicht gesprochen werden … [Die Palästinenser haben] es jetzt mit zwei repressiven Regimes zu tun … In den autonomen Gebieten herrscht Willkür, Rechtsunsicherheit und Chaos … Die palästinensischen Menschenrechtsorganisationen werden eines Tages die israelische Besatzung gegenüber der eigenen palästinensischen als demokratische empfinden.

Gravierender … sind Menschenrechtsverletzungen durch das israelische Besatzungsregime …, Folterungen durch den [israelischen Geheimdienst] …, Tötungen durch die „verdeckten Einheiten" … Neben diesen … scheinen die fortdauernden Landenteignungen, Häuserzerstörungen, … schlechte Haftbedingungen …, Kollektivstrafen … als nicht „gravierend". (30)

1. Suchen Sie in diesem Lehrgang historische Ursachen für Terrorismus und Gewalt im Nahen Osten.

2. Nehmen Sie Stellung dazu und wägen Sie die jeweiligen Interessen ab.

3. Kann man unter den gegenwärtigen Bedingungen im Nahen Osten Menschenrechte achten und verwirklichen? Diskutieren Sie darüber, indem Sie die Klasse in verschiedene Interessengruppen aufteilen, die den Gruppen in der Region entsprechen. Wiederholen Sie dabei die Geschichte des Konfliktes seit 1947 und die Ursachen, die Sie auch in der Zeit davor suchen müssen.

E. Die asiatische Herausforderung

1. Gehört die Zukunft Asien?

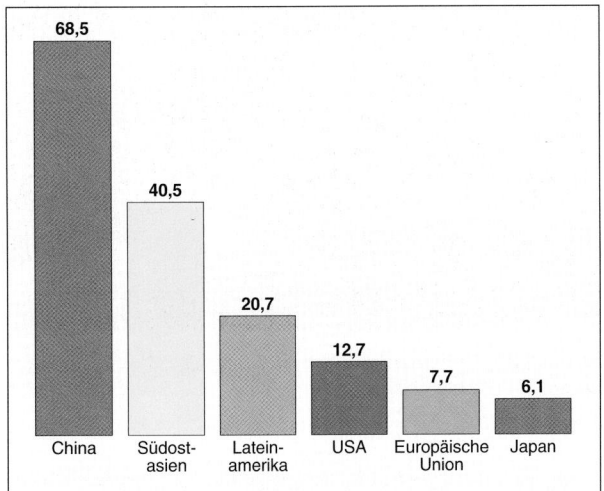

68,5 China
40,5 Südost-asien
20,7 Latein-amerika
12,7 USA
7,7 Europäische Union
6,1 Japan

B 1 Steigerung des Bruttoinlandsprodukts 1991–1995 in wichtigen Regionen der Welt

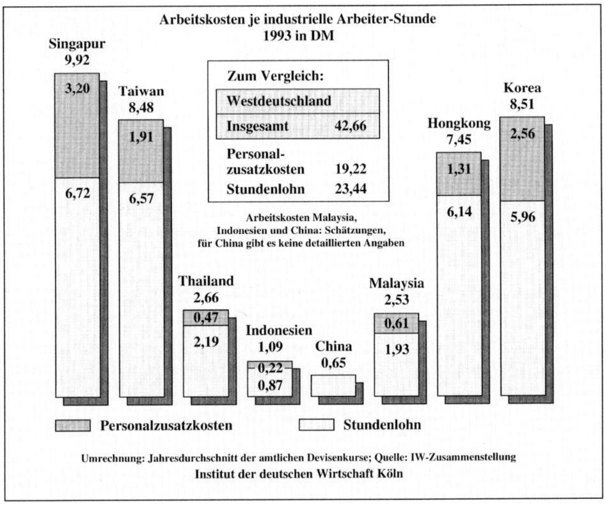

Arbeitskosten je industrielle Arbeiter-Stunde 1993 in DM

Singapur 9,92 — 3,20 / 6,72
Taiwan 8,48 — 1,91 / 6,57

Zum Vergleich:
Westdeutschland	
Insgesamt	42,66
Personal-zusatzkosten	19,22
Stundenlohn	23,44

Arbeitskosten Malaysia, Indonesien und China: Schätzungen, für China gibt es keine detaillierten Angaben

Korea 8,51 — 2,56 / 5,96
Hongkong 7,45 — 1,31 / 6,14

Thailand 2,66 — 0,47 / 2,19
Indonesien 1,09 — 0,22 / 0,87
China 0,65
Malaysia 2,53 — 0,61 / 1,93

▨ Personalzusatzkosten   ☐ Stundenlohn

Umrechnung: Jahresdurchschnitt der amtlichen Devisenkurse; Quelle: IW-Zusammenstellung
Institut der deutschen Wirtschaft Köln

B 2 Arbeitskosten in Südostasien

Ausgewählte Kennzahlen

Wirtschaftswachstum
real, Veränderung in Prozent[2]

Asean	7,9
China	9,9
Japan	0,5
Südkorea	10,0
EU	2,6

Bruttosozialprodukt (BSP)
Milliarden Dollar (1994)

Asean	513,1
China	630,2
Japan	4321,1
Südkorea	366,5
EU	7577,4

Bevölkerung
Millionen Einwohner (1994)

Asean	409,9
China	1190,9
Japan	124,8
Südkorea	44,6
EU	370,2

BSP je Einwohner
Dollar (1994)

Asean[3]	1252
China	530
Japan	34630
Südkorea	8220
EU	20467

Inflationsrate
Prozent (1995)

Asean	6,5
China	17,6
Japan	0,2
Südkorea	5,8
EU	3,2

1) Teilweise Schätzungen. Wirtschaftswachstum und Inflationsrate: Asean ohne Brunei.
2) Bruttoinlandsprodukt 1995.
3) Bandbreite 190 Dollar (Vietnam) bis 23 360 Dollar je Einwohner (Singapur).

Quellen: F.A.Z. GmbH Informationsdienste, Länderberichte Singapur/ASEAN, China/Hongkong, Japan, Südkorea; World Bank, World Bank Atlas 1996, Washington, D.C. 1995

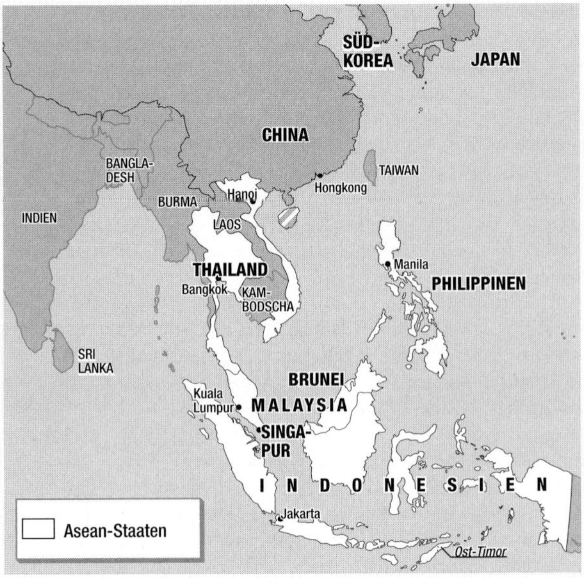

SÜD-KOREA JAPAN
CHINA
BANGLA-DESH
INDIEN BURMA Hanoi Hongkong TAIWAN
LAOS
THAILAND
Bangkok KAM-BODSCHA Manila PHILIPPINEN
SRI LANKA
BRUNEI
Kuala Lumpur MALAYSIA
SINGA-PUR
I N D O N E S I E N
Jakarta
Ost-Timor

☐ Asean-Staaten

F.A.Z.-Grafik Heumann

K 1 Asien und Europa

B 3 Japans Premierminister Hashimoto, Bundeskanzler Kohl und Chinas Regierungschef Li Peng während der Eröffnungszeremonie auf dem asiatisch-europäischen Gipfeltreffen 1996 in Bangkok

1. Vergleichen Sie die Wachstumszahlen in Asien mit denen in anderen Weltregionen.
2. Stellen Sie Vermutungen über einen eventuellen Zusammenhang zwischen Arbeitskosten und Wachstum an.
3. Überlegen Sie, was hinter den Bemühungen europäischer und amerikanischer Wirtschaftsfachleute um China steckt.
4. Interpretieren Sie die Symbolik von B 3.

Q 1   Asiens Bedeutung für die Welt, 1995

a) Muhatir Mohamed, Ministerpräsident von Malaysia
In Kürze werden Ostasien, Südostasien und Südasien eine der wohlhabendsten Regionen der Welt bilden, wenn nicht die wohlhabendste … Europa befindet sich im Niedergang und muss von Asien lernen. (1)

b) George Yeo, Informationsminister von Singapur
Falls Europa so weitermacht, wird es in 50 Jahren für den Rest der Welt irrelevant sein. (2)

c) Wei Jing-sheng, chinesischer Regimekritiker
Die bürgerliche Revolution, die im 19. Jahrhundert Europa veränderte, steht China noch bevor. Ebenso die demokratische Revolution, die 1989 Osteuropa erschütterte. (3)

d) Die Weltbank
Selbst wenn der Boom nur mit der halben Geschwindigkeit der letzten Jahre fortschreitet, ist China noch vor dem Ende 2020 die führende Wirtschaftsmacht der Erde. (4)

e) The Economist
Chinas wirtschaftliche Entwicklung hat in den vergangenen 14 Jahren die größte Verbesserung im Wohlergehen in der Geschichte der Menschheit gebracht. (5)

Q 2   Schule in Asien
Der ersten westlichen Begegnung mit Schule à la Konfuzius folgt in der Regel eine Reaktionsmischung aus einem erschrockenen „Mein Gott, die armen Kinder" und einem „Klar, dass die uns die Butter vom Brot nehmen". Artig und in Reih und Glied marschieren die Schüler in die Klassen. Gesittet warten die Jugendlichen auf ihren Lehrer, gesittet folgen sie dem Unterricht und machen sich Notizen, gesittet verlassen sie nach dem Ende der Stunde den Klassenraum. In der Regel ist nicht eine einzige Frage gestellt worden.
Die Erfolgsstatistik dieses Drills ist beeindruckend. Das japanische Schuljahr dauert, alles zusammen, 243 Tage. Zum Vergleich: Amerikanische Kinder drücken die Schulbank nur 180 Tage. In Europa stehen zwischen 185 Tagen in Frankreich und 192 Tagen in England auf dem Programm. Nicht einberechnet sind da noch die unzähligen Abendstunden, die Asiens Schüler nach dem regulären Unterricht in Paukinstituten verbringen. Schon 1981 lagen japanische Schüler in standardisierten Intelligenztests um 17 Punkte vor ihren amerikanischen Altersgenossen. Seitdem, glauben Experten, hat sich dieser Abstand noch vergrößert …
Seine Erfahrungen aus zahllosen Einstellungsgesprächen beschrieb der Manager eines Schweizer Geldinstituts in Singapur mit dem Satz: „Sie wissen alles. Wer, wann, wie, wo und was. Aber frag sie ‚warum', und sie sind hoffnungslos verloren."
Es ist ein kaum lösbares Dilemma, in das sich die modernen Konfuzianisten manövriert haben. Harsche Regeln mögen in den Anfangsjahren der Nachkriegszeit geholfen haben, die Fundamente für den wirtschaftlichen Erfolg zu legen. Eiserne Disziplin, Respekt vor der Obrigkeit und Bienenfleiß in Verbindung mit der Entscheidung für freies Unternehmertum, freie Märkte und freien Handel erwiesen sich in dieser Phase als sichere Gewinnkombination. Doch diese Anfangsphase ist vorbei. (6)

Q 3   Konfuzianismus
Konfuzius schrieb: „Wenn Eure Hoheit die Regierung ausübt, was bedarf es des Tötens [z. B. bei Gesetzesübertretungen]? Wenn Eure Hoheit das Gute wünscht, so wird das Volk gut. Das Wesen des Herrschers ist wie der Wind. Das Wesen des Geringen ist wie das Gras. Das Gras muss sich beugen, wenn der Wind darüber hinfährt." Schließlich, könnte man hinzufügen, richtet sich wesensgemäß das Gras schon wieder auf.
Selbstverständlich hat sich in den zweieinhalbtausend Jahren seit Konfuzius' Tod dessen „reine Lehre" nicht halten können. Auch hat

sich das politische Gewicht in der Geschichte Chinas vom Mandarinat auf die große Masse der Bauern und Kleinbürger verlagert. Es ist so ein Konfuzianismus des „kleinen Mannes" entstanden, vom Chinaexperten Oskar Weggel (in seinem Buch „Die Asiaten") als „Metakonfuzianismus" bezeichnet, der in China, in Nord- und Südkorea, Japan, Taiwan, Hongkong, Singapur und Vietnam Gemeinsamkeiten aufweist. Sozusagen grenzüberschreitend lassen sich gewisse (meta)konfuzianische Eigenschaften und Tugenden festmachen: Familie, Betrieb und Staat sind Bausteine einer streng geregelten Hierarchie, die durch einen mächtigen bürokratischen Apparat aufrechterhalten wird. Jedes Mitglied hat einen klar umrissenen Platz, die Familienbande haben den Rang von ehernen Gesetzen. Dieses Gesellschaftsgefüge kennt keinen Egalitarismus oder gar Gleichberechtigung und will dies auch nicht kennen. Bildung und Erziehung werden großgeschrieben, eingedenk des Satzes von Konfuzius: „Mach die Menschen wohlhabend und gib ihnen Erziehung." Ordnung, Leistung, Sparsamkeit und Korporativität werden schon den chinesischen Kleinkindern beigebracht.

Gleichzeitig findet man auch den viel beschworenen Fleiß, Anpassungsfähigkeit und Zähigkeit, Vitalität, Neugierde und einen unerschütterlichen Pragmatismus, alles Tugenden, mit denen die „Tiger" [Bezeichnung für die ost- und südostasiatischen Staaten, „auf dem Sprung" in die Zukunft] ihren Weg beschritten haben. In jüngster Zeit können Beispiele für diese Tugenden vor allem in Saigon und Hanoi [größte Städte Vietnams] beobachtet und bewundert werden.

Für den Westen ist irritierend, dass konfuzianische Ethik und Bürokratie sich mit der Moderne so erfolgreich verbinden. Denn scheinbar steht der Konfuzianismus – als starres Ordnungssystem verstanden – jeder Kreativität diametral gegenüber. (7)

Q 4   Ein asiatisches Modell?

Woran hängt die Zustimmung der Völker mehr: an sozialer Sicherheit oder an politischer Freiheit? Und gelten in Asien andere Prioritäten als in der westlichen Welt? In einer Folge seines „Europäischen Tagebuchs" zitiert Ralf Dahrendorf einen britischen Konservativen, der im vergangenen Jahr geschrieben habe: „Wir glauben, dass unsere Prinzipien der Demokratie und der Menschenrechte universelle Geltung haben. Die Asiaten mit ihren eigenen Traditionen prüfen die Ergebnisse des unbegrenzten Primats des Individuums in unseren Gesellschaften und sind kühn genug, Zweifel anzumelden."

Müssen wir vielleicht künftig asiatische Werte übernehmen? Ist Asien ein neues Modell erfolgreicher Verbindung von wirtschaftlichem Fortschritt und sozialer Stabilität bei geringen oder gar fehlenden politischen Freiheiten? Dahrendorf gibt zu bedenken, dass die Sicherung der Konkurrenzfähigkeit auf globalen Märkten in Ländern mit demokratischen Institutionen offenbar einen Verlust sozialer Stabilität mit sich bringe. Die Entstehung einer Unterklasse, Dauerarbeitslosigkeit, die Verwilderung der Innenstädte, Kriminalität und sozialer Ausschluss seien nur einige der heute im Westen sichtbaren Symptome. „Ist da nicht die ,asiatische' Verbindung von Wirtschaftswachstum und sozialer Stabilität auf Kosten

politischer Freiheiten vorzuziehen? Ist also der asiatische Autoritarismus eine echte Alternative zur europäisch-amerikanischen Union von Marktwirtschaft und Demokratie? Was er zum Thema gelesen habe, gesteht Dahrendorf, lasse ihn leider zweifeln, dass es „eine Quadratur des Zirkels gibt: Wohlstand plus Solidarität plus Freiheit".

Umgekehrt sieht Dieter Senghaas in einer Abhandlung „Über asiatische und andere Werte" die Ostasiaten unausweichlich auf einem Wege, der ihre Institutionen den unsrigen annähert. Während die dortigen Repräsentanten „asiatische Werte" verkündeten, um angesichts tief greifender sozioökonomischer Veränderungen den zerbröckelnden politischen Status quo zu bewahren, werde sich „angesichts der machtvollen neuen sozialen und ökonomischen Gruppierungen eine Demokratisierung nicht aufhalten lassen. Ihr Ergebnis wird der demokratische Verfassungsstaat mit asiatischem Lokalkolorit sein." (8)

1. *Charakterisieren Sie das asiatische Schulsystem und stellen Sie es dem europäischen gegenüber.*
2. *Überlegen Sie, ob es Zusammenhänge zwischen Konfuzianismus und Wirtschaftswachstum gibt.*
3. *Stellen Sie die Argumente der Kontrahenten, von denen Q 4 berichtet, gegenüber.*

2.   China: Entwicklung durch Revolution? – Aufstieg zur dritten Weltmacht?

T 1   Das alte China

a) Das chinesische Kaiserreich

Bis zum 19. Jahrhundert blieb das chinesische Kaiserreich ohne nennenswerte Kontakte zu fremden Völkern. Das riesige „Reich der Mitte" stellte einen geographisch geschlossenen Raum dar und verfügte über alle lebensnotwendigen Güter. Die Chinesen hielten alle außerhalb Chinas lebenden Völker für Barbaren. Von **Konfuzius (551–479 v. Chr.)**, dem bedeutendsten chinesischen Gelehrten, stammt der Satz: „Man muss, wenn die Menschen in fernen Gegenden nicht gefügig sind, Kultur und Tempel pflegen, um sie zum Kommen zu bewegen."

Kern der Gesellschaft im alten China war die Großfamilie. Konfuzius lehrte die Ehrfurcht der Kinder vor der väterlichen Autorität. Die Verehrung der Väter und Vorväter durch die Kinder und Nachkommen bildete für die Chinesen eine lange Kette, die auch den Tod überdauert und an deren Ende es ein Wiedersehen gibt. Die Ahnenverehrung war deshalb ein grundlegender Bestandteil des chinesischen Lebens. Der Staat stellte eine Familie im Großen dar, an deren Spitze wie ein Vater der Herrscher stand. Wie der Sohn dem Vater, der Schüler dem Lehrer, die Frau dem Mann, so war der Bürger dem Herrscher Gehorsam schuldig.

Konfuzius lebte in einer Zeit politischer Wirren und Adelskämpfe. Er wandte sich deshalb gegen die Vererbung politischer Macht und legte die Führung des Staates in die Hände unmilitärischer, aber hochgebildeter **Beamter (Mandarine)**, die ihre Fähigkeiten

B 4   Volksgericht und Grundbesitzer, 1953

B 5   Studenten, Arbeiter und Angestellte im freiwilligen Einsatz beim Bau eines Staudamms in der Nähe von Peking

B 6   Sonderwirtschaftszone Shenzhen

durch sehr schwierige literarische Prüfungen beweisen mussten. Theoretisch standen diese Prüfungen allen Schichten offen. Auf die konfuzianische Lehre geht auch die Verachtung der Handarbeit und des Soldatenstandes zurück.

Die Masse der Bauern war arm, sie bebaute zumeist nur gepachtetes Land und wurde von hohen Steuern und Pachtzinsen bedrückt. So kam es in der Geschichte Chinas wiederholt zu Bauernaufständen, die aber an der Lage der Bauern nichts Grundsätzliches änderten. Auf die Europäer machte China den Eindruck, als sei dort die Entwicklung stehen geblieben. In der Tat gliederte sich jede neue Dynastie (Herrscherfamilie) – auch die letzte, aus der Mandschurei kommende „Mandschu-Dynastie" – in die chinesische Tradition ein, so dass China auf einer mehr als zwei Jahrtausende alten, kulturell und sozial kaum veränderten Grundlage lebte.

b) Die Zeit der „ungleichen Verträge"

Im 19. Jahrhundert wird China den europäischen Weltmächten fast schutzlos ausgeliefert. England erreichte im **Opiumkrieg** (1840–1842) die zollfreie Einfuhr des Opiums von Indien nach China. Damit begann eine lange Reihe von Abmachungen, mit denen die europäischen Mächte von der chinesischen Regierung weitgehende Zugeständnisse in den **„ungleichen Verträgen"** erpressten. England, Frankreich, Russland und Deutschland erzwangen von China die Öffnung von Häfen, Konzessionen für Bankniederlassungen, Bergwerke, Flussschifffahrt und sogar exterritoriale Niederlassungen, d. h. in den für Fremde geöffneten Städten lebten die Europäer unter ihrer eigenen Gerichtsbarkeit und Verwaltung. Die europäischen Mächte teilten das Land in Interessengebiete auf und eigneten sich 1897/98 koloniale Stützpunkte an.

Auch Japan, das im Gegensatz zu China den Anschluss an die westliche Technik gefunden hatte, nutzte die Schwäche Chinas. Das übervölkerte Inselreich suchte neues Siedlungsland in Korea. Zum Erstaunen der ganzen Welt unterlagen die Chinesen im **chinesisch-japanischen Krieg 1894/95** und mussten Korea und Taiwan an Japan abtreten.

Die Niederlage gegen Japan und die wirtschaftliche Ausbeutung des Landes durch die Fremden unterhöhlten die Autorität des Kaisertums. Bereits die Taiping-Revolution (1850–1864) hatte die Herrschaft der Mandschu-Dynastie ernsthaft bedroht. Der **Boxeraufstand 1899–1900**, der ursprünglich sozial-revolutionäre Ziele verfolgte, konnte vom kaiserlichen Hof auf die Ausländer abgeleitet werden. Der Geheimbund der Boxer („Faustkämpfer der Rechtlichkeit und Eintracht") ging mit Gewalt gegen die „weißen Teufel" vor; die ausländischen Gesandten in Peking wurden belagert, der deutsche Gesandte ermordet. Die Kolonialmächte einschließlich Deutschland beschlossen daraufhin eine Strafexpedition. China wurde gezwungen, die Schuldigen zu bestrafen und eine beträchtliche Entschädigung zu zahlen.

c) China wird Republik

Chinas Hilflosigkeit und Rückständigkeit angesichts der imperialistischen Eingriffe veranlasste junge Akademiker, die von japanischen und westlichen Ideen beeinflusst waren, auf grundsätzliche Reformen zu drängen. Von dem Arzt **Sun Yat-sen** geführt erstrebten sie die Errichtung einer parlamentarischen Republik und soziale Reformen. 1911 gelang es – mithilfe des mächtigen Armeebefehlshabers Yüan Shih-kai –, die Dynastie zur Abdankung zu bewegen und in China die Republik auszurufen.

Die Studenten drängten auf die Parlamentarisierung und auf kulturelle Erneuerung. Unter dem Druck des Versailler Friedensvertrags, der die Rechte des deutschen Pachtgebiets Shantung Japan übertrug, entlud sich der Unmut in Gewalttätigkeiten an der Pekinger Universität (**sog. 4.-Mai-Bewegung**). Unter den Leitmotiven Vernunft und Fortschritt, Demokratie und Wissenschaft wandte sich die Bewegung gegen das überkommene Familiensystem, den Konfuzianismus, die klassische Bildung und die imperialistischen Großmächte. Von den Studenten ging die Bewegung auf die Kaufleute und Arbeiter über und zwang die Pekinger Regierung, die Unterzeichnung des Versailler Vertrages zu verweigern.

d) Tschiang Kai-schek und der Bürgerkrieg gegen die Kommunisten

1912 wurde die Partei Sun Yat-sens, die Chinesische Nationale Volkspartei (**Kuomintang = KMT**), gegründet, 1921 die chinesische kommunistische Partei (KPCh). Einer der Mitbegründer der KPCh war der Sohn eines wohlhabenden Bauern aus der innerchinesischen Provinz Hunan, **Mao Tse-tung**. Sun Yat-sen, von den Westmächten enttäuscht, schloss sich allmählich an die Sowjetunion an und nahm die kleine chinesische kommunistische Partei in die Kuomintang auf. Sein Nachfolger, der Organisator und Militärfachmann Tschiang Kai-schek, lehnte jedoch die Agrarreform Sun Yat-sens ab. Gestützt auf die reiche Oberschicht in den Küstenstädten bekämpfte er die Kommunisten. Diese zogen sich in den Untergrund zurück und errichteten unter Mao Tse-tung in der Provinzstadt Kiangsi einen Rätestaat auf agrarischer Grundlage. 1934 versuchte Tschiang Kai-schek, diesen „Staat im Staate" militärisch zu besiegen, und Mao Tse-tung musste mit seiner gesamten Streitmacht und aller beweglichen Habe nach Nordchina ausweichen. Dieser über 10 000 km führende **„lange Marsch"** dauerte über ein Jahr. Von 100 000 Menschen überlebten nur 20 000 die Strapazen und Kämpfe mit den Verfolgern. Anders als die zuchtlosen und plündernden Soldaten der Regierungstruppen benahmen sich die Truppen Mao Tse-tungs diszipliniert und machten den „langen Marsch" zu einem einzigartigen Propagandafeldzug. Durch die bewegliche Guerillataktik, die keine festen Fronten kennt, glich Mao Tse-tung die zahlenmäßige und materielle Unterlegenheit aus.

Weitere Vorstöße Tschiang Kai-schecks gegen Mao Tse-tung wurden durch den **Angriff Japans auf China** vereitelt. 1937 drangen die Japaner tief in China ein und Tschiang Kai-scheck war zu einem zweiten Bündnis zwischen KMT und KPCh gezwungen. Die Kommunisten erzielten durch ihre Guerillataktik gegen die Japaner nicht nur beträchtliche Erfolge, sie bauten auch die Vorurteile ihrer Landsleute gegen die Kommunisten ab. In den

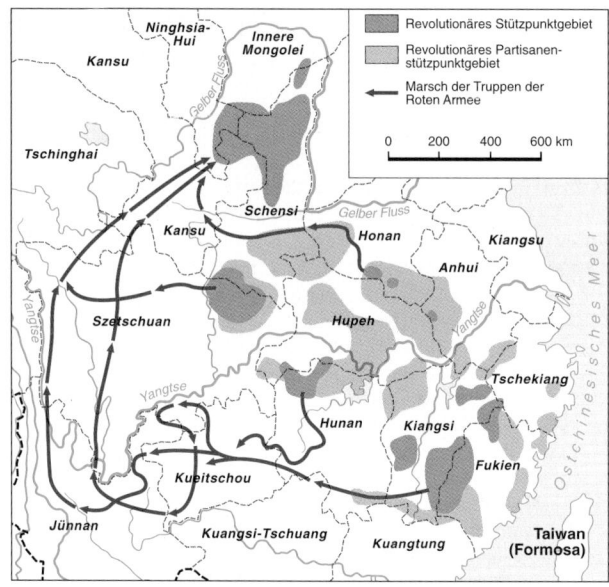

K 2   Der „lange Marsch"

Legend in map:
- Revolutionäres Stützpunktgebiet
- Revolutionäres Partisanen-stützpunktgebiet
- Marsch der Truppen der Roten Armee

0   200   400   600 km

Map labels: Ninghsia-Hui, Innere Mongolei, Kansu, Tschinghai, Schensi, Kansu, Honan, Kiangsu, Anhui, Szetschuan, Hupeh, Tschekiang, Hunan, Kiangsi, Fukien, Kueitschou, Jünnan, Kuangsi-Tschuang, Kuangtung, Taiwan (Formosa), Gelber Fluss, Yangtse, Ostchinesisches Meer

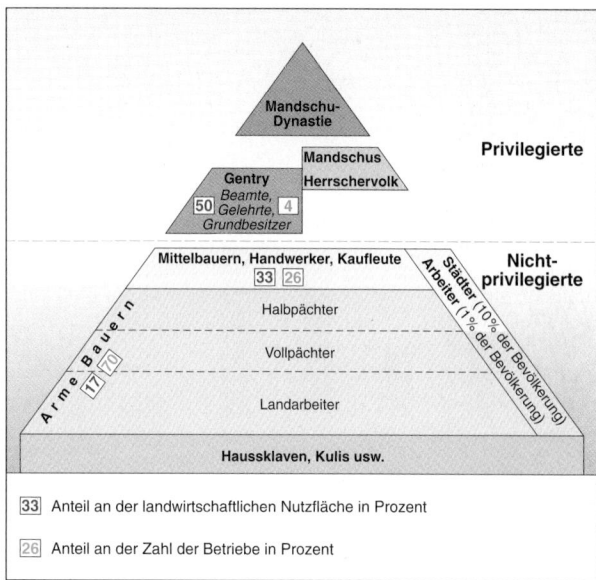

B 7   Der Gesellschaftsaufbau unter der Mandschu-Dynastie

Pyramid labels: Mandschu-Dynastie, Gentry 50 Beamte, Gelehrte, Grundbesitzer, Mandschus 4 Herrschervolk, Privilegierte, Mittelbauern, Handwerker, Kaufleute 33 26, Nicht-privilegierte, Städter (10 % der Bevölkerung), Arbeiter (1 % der Bevölkerung), Halbpächter, Vollpächter, Landarbeiter, Arme Bauern 17 70, Hausklaven, Kulis usw.

33 Anteil an der landwirtschaftlichen Nutzfläche in Prozent

26 Anteil an der Zahl der Betriebe in Prozent

eroberten Gebieten führten sie eine Landreform durch. Die Rote Armee wuchs in den Kriegsjahren durch freiwillige Beitritte von 80 000 auf fast 1 Mio. Mann.

Als sich Japan nach dem Zweiten Weltkrieg aus China zurückziehen musste, hatten die Kommunisten bereits einen großen Teil der Bevölkerung für sich gewonnen und begannen nun im **Bürgerkrieg** gegen die Regierungstruppen den Kampf um die Macht in China. Als Amerika Tschiang Kai-scheck nur noch halbherzig mit Kriegsmaterial unterstützte, konnte sich Mao Tse-tung in ganz China durchsetzen. Tschiang Kai-scheck musste auf die Insel Taiwan fliehen – 1949 wurde die **Chinesische Volksrepublik** ausgerufen.

e) China und die Welt

Nach der Machtergreifung Maos schlossen die chinesischen Führer die Grenzen und unterbanden jeden Kontakt mit dem Ausland; ausgenommen waren die Länder des Ostblocks, allen voran die **Sowjetunion**, mit der China 1950 ein Bündnis schloss. Nach ihrem Vorbild räumten die Chinesen dem Aufbau der Schwerindustrie den absoluten Vorrang ein. Als China jedoch mit dem **„Großen Sprung nach vorn"** einen „eigenen Weg" zum Sozialismus beschritt, zog die Sowjetunion 1960 alle Ingenieure und Techniker aus China ab. Angefangene Projekte, wie die große Brücke über den Jangtse, blieben unfertig liegen und die Chinesen waren gezwungen, aus eigenen Mitteln, aber auch nach eigenen Vorstellungen den Aufbau des Landes fortzuführen. Der chinesisch-russische Gegensatz steigerte sich 1969 bis zu **Schießereien an der chinesischen Nordgrenze**. China beanspruchte von der Sowjetunion Gebiete (z. B. Ussuri) von mehreren

Mio. qkm, die sich das zaristische Russland in den „ungleichen Verträgen" des 19. Jahrhundert angeeignet hatte.

In den folgenden Jahren bemühte sich China mit einer Reihe von blockfreien Staaten, vor allem in Afrika, Beziehungen aufzunehmen und sich ihnen als Entwicklungshelfer anzubieten. Seit 1964 ist China **Atommacht**.

1971 wurde es in die Vereinten Nationen aufgenommen und ständiges Mitglied des Sicherheitsrats. Auch nach dem Tode Mao Tse-tungs 1976 wurde die Politik der vorsichtigen Öffnung fortgeführt. Diplomatische Beziehungen zu den USA konnten aber wegen der Taiwanfrage und des Vietnamkriegs erst 1979 aufgenommen werden, mit einer Reihe anderer Staaten schon früher, u. a. mit der Bundesrepublik Deutschland 1972. 1984 erzielte man mit Großbritannien Einigkeit über den zukünftigen Status der Kronkolonie Hongkong, deren Pachtvertrag 1997 ausgelaufen ist.

Der Zusammenbruch der Sowjetunion 1991 und das Ende des Ost-West-Konflikts brachte eine Machtverschiebung zugunsten Chinas und eine Verschlechterung der Beziehungen zu den USA. China benötigt das Gegengewicht USA gegen die Sowjetunion nicht mehr und die USA können auf Chinas Hilfe bei der Eindämmung sowjetischer Gebietsansprüche in Asien und der Dritten Welt verzichten. Das neue Selbstbewusstsein Chinas zeigt sich in einer **forcierten Aufrüstung**, der militärisch untermauerten Ansprüchen auf Taiwan und der Unterdrückung aller Oppositionsbewegungen – ohne Rücksicht auf weltweite Proteste; diese Proteste wurden bisher kaum durch Sanktionen bzw. einen Investitionsstopp beantwortet: **China** gilt als der **entscheidende Markt in Südostasien** und keine Nation will auf ihn verzichten.

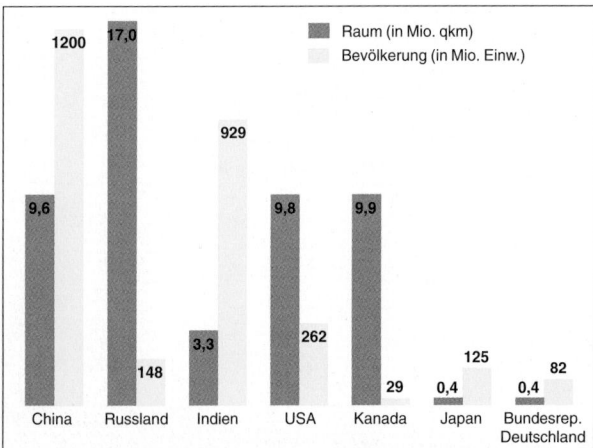

B 8   Das Verhältnis von Raum und Bevölkerung

Vergleichen und benennen Sie die daraus hervorgehenden Entwicklungsprobleme für China.

Q 5   Interview des amerikanischen Journalisten Edgar Snow mit Mao Tse-tung, 1929

1929 besuchte Snow den Nordwesten Chinas, wo infolge einer Dürrekatastrophe zwischen drei und sechs Mio. Menschen verhungerten.

Mao: Haben Sie jemals einen Menschen gesehen …, einen ‚gesetzestreuen' Bürger …, der seit über einem Monat nichts zu essen hatte …? Sein sterbendes Fleisch hängt in runzligen Falten an ihm; jeden Knochen an seinem Körper kann man genau sehen; seine Augen starren, ohne etwas zu sehen; und selbst wenn er ein Jugendlicher von 20 Jahren ist, bewegt er sich wie eine uralte Frau, schleppt sich von Ort zu Ort … Er hat alles verkauft, was er hatte [seine Frau und seine Töchter], das Holz vor seinem Haus und die meisten seiner Kleider … Was [aber am meisten] schockierte, waren die immer noch reichen Leute in vielen dieser Städte. Leute, die Reis und Weizen horteten, Geldverleiher und Grundbesitzer, die sich bewaffnete Schutztruppen zu ihrer Verteidigung hielten, während sie enorme Profite machten. [Mich] schockierte, dass es in den Städten – wo die Beamten tanzten oder mit Sing-song-Mädchen spielten – Getreide und Nahrung gab …; dass es in Peking und Tientsin und an anderen Orten Tausende Tonnen Weizen und Hirse gab, die von der Hungersnotkommission meistens als Spende aus dem Ausland gesammelt worden waren, aber nicht zu den Verhungernden transportiert werden konnten …, weil im Norden einige Militärmachthaber saßen, die alles rollende Material auf ihren Eisenbahnen festhielten und nichts in den Osten durchließen … (9)

Q 6   Mao Tse-tungs Guerillataktik

Die Truppen auflockern, um die Massen aufzurütteln; die Truppen konzentrieren, um dem Feind zu begegnen. Rückt der Feind vor, ziehen wir uns zurück; macht er Halt, umschwärmen wir ihn; ist er ermattet, schlagen wir zu; weicht er, verfolgen wir ihn. (10)

Q 7   Richtlinien Mao Tse-tungs

a) Drei Regeln der Disziplin für die Rote Armee, 1928
1. Gehorche dem Kommando bei dem, was du tust. 2. Nimm Arbeitern und Bauern nichts weg. 3. Liefere alle Strafgelder ab, die du von den örtlichen Despoten genommen hast.

b) Sechs Punkte zur Beachtung
1. Hänge die Türen, die als Bettstellen benutzt wurden, wieder ein. 2. Gib das Lagerstroh zurück. 3. Sprich höflich. 4. Sei ehrlich, wenn du etwas kaufst und verkaufst. 5. Gib zurück, was du entliehen hast. 6. Bezahle für das, was du beschädigt hast. (11)

T 2   Die Volkskommune

1958 wurde die erste Kommune „Sputnik" gegründet, die zum Muster für die nachfolgenden Volkskommunen wurde. In weniger als zwei Monaten wurden alle 127 Millionen Bauernhaushalte zu 26 000 Volkskommunen zusammengefasst.

Die überstürzte Errichtung der Volkskommunen brachte nach anfänglichen Erfolgen schwere Rückschläge. Das Experiment, überall auf dem Lande in kleinen Hochöfen Eisen zu gewinnen, musste aufgegeben werden. Aber grundsätzlich war bis vor kurzem noch die verkleinerte und aufgegliederte Volkskommune (die sog. Brigade) die geltende Verwaltungseinheit und Lebensform auf dem Land.

Die Volkskommune war die neue „Grundeinheit der sozialistischen Gesellschaftsstruktur", sie diente nicht nur land- und forstwirtschaftlicher Produktion, sondern sie war auch Verwaltungseinheit mit eigenen Fabriken, Werkstätten, Kindergärten, Schulen, Krankenhäusern und Altersheimen. Sie umfasste die Bereiche Industrie (Arbeiter), Landwirtschaft (Bauern), Handel (Händler), Militärwesen (Angehörige der Miliz), Kultur und Volksbildung (Lehrer, Studenten).

Durch diese Zusammenfassung der auf dem Land lebenden Bevölkerung sollten die Arbeitskräfte saisonunabhängig genutzt und größere Projekte durchgeführt werden, z. B. der Bau von Bewässerungsanlagen und Verkehrswegen, Erschließung lokaler Bodenschätze, die Errichtung von Kraftwerken. Darüber hinaus sollte der Unterschied zwischen Stadt und Land abgebaut und die Frau auch auf dem Land gleichberechtigt in den Produktionsprozess eingereiht werden. Die Volkskommunen sollten den Übergang vom sozialistischen Prinzip „Jedem nach seiner Leistung" zum kommunistischen Prinzip „Jedem nach seinen Bedürfnissen" bringen. Die Entlohnung erfolgte deshalb zum überwiegenden Teil in Naturalien.

Seit Anfang der 80er Jahre wurde das Kommunemodell wieder zurückentwickelt, die Verwaltungsfunktionen wurden wieder den Gemeinden übertragen, Leistung wurde wieder belohnt. Die landwirtschaftliche Produktion steigt seither steil an.

B 9 Massendemonstration in Peking, 1950

B 10 Soldaten der Volksbefreiungsarmee lesen in der Mao-Fibel

Q 8 Die Kulturrevolution – Programm der Pekinger Roten Garden, 23. August 1966

1. Jeder Arbeiter soll [Hand-]Arbeit verrichten … 3. Überall müssen Zitate Mao Tse-tungs an Stelle der … Neonreklamen angebracht werden. 4. Die alten Gewohnheiten müssen verschwinden. 5. Die Handelsunternehmungen müssen … den Arbeitern, Bauern und Soldaten … dienen. 6. … Opposition muss rücksichtslos beseitigt werden … 12. In allen Straßen sollen Lautsprecher aufgestellt werden, um der Bevölkerung Verhaltensmaßregeln zu vermitteln. 13. Die Lehre Mao Tse-tungs muss schon im Kindergarten verbreitet werden. 14. Die Intellektuellen sollen in Dörfern arbeiten … 16. Die Mahlzeiten sollen gemeinsam eingenommen werden … 17. Auf Parfüms, Schmuckstücke, Kosmetik und nichtproletarische Kleidungsstücke muss verzichtet werden … 23. Bücher, die nicht das Denken Mao Tse-tungs wiedergeben, müssen verbrannt werden. (12)

T 3 Opfer der Kulturrevolution

Die Kulturrevolution hat nach Berechnungen westlicher China-Fachleute das Land nicht nur ökonomisch weit zurückgeworfen und über 200 Mrd. Mark gekostet, sondern es sollen über 18 Mio. Menschen verhungert sein, 10 Mio. kamen bei Unruhen um. 300 Mio. lebten 1978 in absoluter Armut.

Q 9 Ein Weltprogramm

a) Verteidigungsminister Lin Piao zur Feier des 20. Jahrestages der Kapitulation Japans, 1965

Der Widerstandskrieg gegen Japan war im Wesentlichen ein von unserer Partei geführter revolutionärer Bauernkrieg. Durch Aufrüttelung der Bauern und durch ihre Integrierung mit dem Proletariat schuf unsere Partei eine mächtige Streitmacht, die fähig war, den stärksten Feind zu besiegen. Sich auf die Bauern zu stützen, Operationsbasen auf dem Land zu errichten und das Land zu benutzen, um die Städte einzukreisen und schließlich einzunehmen – das war der Sieg in der chinesischen Revolution …

[Diese Theorie] Mao Tse-tungs [ist] von überragender … Bedeutung für die gegenwärtigen revolutionären Kämpfe aller unterdrückten Nationen und Völker …, besonders für die revolutionären Kämpfe der unterdrückten Nationen und Völker in Asien, Afrika und Lateinamerika gegen den Imperialismus und seine Lakaien …

Wenn Nordamerika und Westeuropa „die Städte" genannt werden können, dann stellen Asien, Afrika und Lateinamerika „die Landbezirke der Welt" dar. Seit dem Zweiten Weltkrieg … [sind] die volksrevolutionären Bewegungen in Asien, Afrika und Lateinamerika kräftig gewachsen. Deshalb bietet die gegenwärtige Weltrevolution ebenfalls das Bild der Einkreisung der Städte durch die Landbezirke … (13)

b) Mao Tse-tung, 1938

Die zentrale Aufgabe der Revolution und ihre höchste Form ist die bewaffnete Machtergreifung, die Lösung der Frage durch den Krieg. Dieses revolutionäre Prinzip ist überall richtig, sowohl in China wie im Ausland. (14)

S. dazu Q 48–52, S. 160 f.

Q 10 Kritik des sowjetischen Parteichefs Chruschtschow an China vor dem Obersten Sowjet, 12. Dezember 1962

Die Menschheit in unserer Zeit hat nur eine Wahl: Friedliche Koexistenz oder Vernichtungskrieg … Die … Lösung der strittigen Fragen zwischen den Staaten durch Krieg ist ein Wahnwitz, der den Völkern nur Leid und Unglück bringen kann. Sie hat nichts gemein mit der Lehre von Marx und Lenin … Einige Dogmatiker … [haben] den Glauben verloren, dass der Sieg des Sozialismus ohne Krieg zwischen den Staaten möglich ist … Vielleicht sind sie der Ansicht, dass man nur … durch Vernichtung von Millionen Menschen zum Kommunismus gelangen kann. Aber diese Tollheit kann doch nicht die Völker anderer Länder für die kommunistischen Parteien einnehmen … (15)

Q 11 Die Pekinger Volkszeitung, 31. Dezember 1962

Die sozialistischen Länder müssen entschlossen die nationalen Befreiungskriege und die volksrevolutionären Kriege unterstützen. Indem dieser unser … Standpunkt … als „kriegerisch" gebrandmarkt wird, behaupten [die Kritiker Chinas], dass, wenn unterdrückte … Völker … sich der bewaffneten Unterdrückung durch den Imperialismus und der Reaktionäre entgegenstellen, dies „nicht wieder gutzumachende Folgen" haben würde … Sie sind entweder gegen gerechte Kriege oder weigern sich, diese zu unterstützen; sie sind in die Position des bürgerlichen Pazifismus geraten, der sich gegen alle Kriege wendet … (16)

Q 12 Streit um den richtigen Kurs

Nach dem Scheitern des „Großen Sprungs nach vorn" wurde Liu Shao-chi anstelle Maos offizielles Staatsoberhaupt.

Statt mit den Kräften der Massen zu haushalten, haben wir in den letzten Jahren einen Großteil ihrer Energie verschwendet … Wir haben … unmäßig hohe Planziele in der industriellen Produktion sowie in der Investitionssteuerung angesetzt … Auf dem Land … verletzten [wir] das Prinzip der Entlohnung nach Leistung sowie das Prinzip des Austausches nach dem Wertgesetz … All dies geschah auf wenig fundierter Grundlage … Der „Große Sprung nach vorn" wurde etwas zu früh eingeleitet. Die Dinge [sind] … außer Kontrolle geraten, [es] werden … acht bis zehn Jahre notwendig sein, um Wiederanpassungen vorzunehmen … Die Volkskommunen sind zu früh errichtet worden … Wenn der Vorsitzende sagt, die Situation sei sehr günstig, dann bezieht er sich auf die politische Situation; denn die wirtschaftlichen Verhältnisse können keineswegs als sehr günstig beschrieben werden … Sich dem Vorsitzenden Mao entgegenzustellen, heißt lediglich, sich einer Einzelperson entgegenzustellen. (17)

Q 13 Kritik des stellvertretenden Ministerpräsidenten Deng Hsiao-ping an der Kulturrevolution im Erziehungswesen, 1975

An vielen Schulen ist es so, dass sich die Studenten nicht mehr über die Bücher setzen mögen. Von der Akademie der Wissenschaften hörte ich, dass man sich dort an der Verwirklichung der vier Modernisierungen und den drei großen revolutionären Auseinandersetzungen beteiligt … Wie soll da das fortgeschrittene Weltniveau erreicht werden?

Von … Wissenschaftlern und Kadern wagt niemand, den Raum für Forschungsmaterialien zu betreten. Alle haben Angst, als „weiße Spezialisten" beschimpft zu werden … Deswegen kommt unsere Technik nicht voran. (18)

T 4a Zwei kommunistische Entwicklungsmodelle – Die Wirklichkeit?

Das sowjetische Modell	Das chinesische Modell
Kapitalanhäufung für die Industrialisierung durch Staatskapitalismus, der von der Partei beherrscht wird. Rasche Industrialisierung – unter Vorrang der Schwerindustrie – aus Überschüssen, die den Bauern herausgepresst werden.	Keine einseitige Bevorzugung der Schwerindustrie, alle Gesellschaftsschichten gleichmäßig belasten. Landwirtschaft und Industrie gleichzeitig, dafür langsamer entwickeln.
Übermäßige Belastung der Bauern, ungleiche Entwicklung von Stadt und Land.	Keine Bevorzugung der Städte, auch das Land entfalten.

T 4b Zwei Modelle der Revolution?

Das sowjetische Modell	Das chinesische Modell
Weißes Land, rote Städte, Mobilisierung der Arbeiter	Rotes Land, weiße Städte, Mobilisierung der Bauern (Bodenreform)
Entwicklung der Industrie auf Kosten der Bauern (1 Bein)	Entwicklung der Landwirtschaft und Industrie gleichzeitig (2 Beine)
KP als Transmissionsriemen Parteielite als Führerin	Mobilisierung der Kraft der Massen; sie haben ebenso Recht wie die Partei.
Terror als Erziehungsmittel	diskutieren, die Menschen überzeugen; neben Terror Feinde auch überreden und überzeugen
Rote Armee: Expertenarmee, militärische Spezialisten	Volksbefreiungsarmee mit Guerillastrategie
Herrschaft der Parteifunktionäre Erstarrung der Revolution	permanente Revolution (Kulturrevolution)
Lenin: Anpassung der Lehre Marx' an die russischen Verhältnisse	Mao: Anpassung der Lehre Lenins an die chinesischen Verhältnisse

Untersuchen Sie den sowjetisch-chinesischen Streit: Wo liegen seine Ursachen, wer ist für ihn verantwortlich, mit welchen Mitteln wird er ausgetragen, welche weltpolitische Bedeutung hat er?

T 5 China nach Mao Tse-tung

Im Januar 1976 starb der langjährige Ministerpräsident Tschou En-lai, im September Mao Tse-tung. Da über die Nachfolge keinerlei Regelung bestand, kam es zu einer Auseinandersetzung zwischen zwei Gruppen. Auf der einen Seite standen die so genannten Radikalen, die ideologisch ausgerichtet waren und an den Lehren Maos unter allen Umständen festhalten wollten, an ihrer Spitze die Witwe Maos und drei führende Mitglieder des Politbüros, auf der anderen Seite die so genannten Reformer unter dem stellvertretenden Ministerpräsidenten Deng Hsiao-ping. Sie übten an Maos Politik der Massenbewegungen, vor allem an der Kulturrevolution, scharfe Kritik und befürworteten eine vorsichtige Lockerung des Konsums. Nachfolger wurde zunächst Hua Guo-feng, der keiner Gruppe zuzurechnen war. Die Gruppe um Maos Witwe wurde verhaftet und als **„Viererbande"** vor Gericht gestellt. Anfang 1981 scheinen die Reformer sich endgültig durchgesetzt zu haben. Hua Guo-feng verlor seine Ämter; er wurde u. a. für die Misserfolge der Wirtschaftspolitik in seinen ersten Amtsjahren verantwortlich gemacht.

Das **Programm der vier Modernisierungen** – der Landwirtschaft, der Industrie, der Wissenschaft und Technik und der Landesverteidigung – stammt von Ministerpräsident Tschou En-lai, wurde aber von Mao nie gebilligt und von der kulturrevolutionären Gruppe sogar offen bekämpft. Der Volkskongress 1978/79 hat das Programm ausdrücklich bestätigt und den vorrangigen Ausbau der Leichtindustrie, der Energiegewinnung, der Landwirtschaft und des Verkehrswesens beschlossen. Damit sollten der Lebensstandard der Bevölkerung angehoben, die Deviseneinnahmen verstärkt und eine bessere Infrastruktur geschaffen werden, die später auch den Ausbau der Schwerindustrie erlaubt. Der Personenkult um Mao wurde eingestellt, die Versorgung der Bevölkerung spürbar besser; die Löhne wurden angehoben. Es gab nun Prämien, leistungsorientierte Lohnzuschläge. Die Betriebe dürfen seitdem einen Teil des Gewinns behalten, ihr Rohmaterial selbst einkaufen, die Preise festsetzen und die Produkte selbst bestimmen und verkaufen. Als wichtigste Aufgabe der „Modernisierung" gilt der weitere Ausbau der Selbstverwaltung der Betriebe und das **„Spielenlassen des Marktmechanismus"**, damit die Betriebe nicht an den Bedürfnissen der Gesellschaft vorbeiproduzieren. Der Umfang importierter Technologie soll den Umfang der eigenen Exporte nicht überschreiten. Wirtschaftliche Hauptaufgabe ist nicht die beschleunigte Industrialisierung, sondern die Schaffung zusätzlicher Arbeitsplätze für eine jährlich um fast 15 Mio. wachsende Bevölkerung. In der Landwirtschaft sollen die Bauern mehr Privatland erhalten und ihre Erzeugnisse auf eigene Rechnung verkaufen dürfen.

Erläutern Sie die neuen Anreize, die an die Stelle der „Massenbewegungen" gesetzt worden sind.

T 6 Der Aufstieg Chinas im 20. Jahrhundert

1911 China wird Republik; Abdankung der Mandschu-Dynastie
1919 4.-Mai-Bewegung (Erneuerungsbewegung nach westlich-demokratischem Vorbild)
1920/21 Gründung von KMT und KPCh
1934/35 Der „lange Marsch", Höhepunkt der Kampfes Tschiang Kai-scheks gegen die Kommunisten
1937–1945 Chinesisch-japanischer Krieg. Zusammenarbeit von republikanischer und Roter Armee
1945–1949 Bürgerkrieg
1949 Ausrufung der Volksrepublik China
Die großen revolutionären Kampagnen
1949/50 Kampagne zur Niederwerfung der Gegenrevolutionäre: Massenprozesse gegen Großgrundbesitzer, öffentliche Hinrichtungen (geschätzt werden ein bis fünf Mio.)
Reform der Gedanken: Bewegung gegen die Intellektuellen; ideologische Umerziehung

Bodenreform: Ausdehnung der Agrarreform auf ganz China
1950–1953 Erfolgreiche Unterstützung der nordkoreanischen Kommunisten im Koreakrieg
1955 Kollektivierung der Landwirtschaft. Kampagne zum freiwilligen Zusammenschluss der Bauern (Kooperation), Säuberungen an Schulen, Universitäten, kulturellen Institutionen
1956 **„Lasst 100 Blumen blühen":** Ermunterung zur freien Meinungsäußerung und Kritik. Sie fördert viel Unzufriedenheit zutage und wird abgebrochen. Zahlreiche Bestrafungen
1958 **„Die drei roten Banner":** Sozialistischer Aufbau, **„Großer Sprung nach vorn"**, Gründung der Volkskommunen. Versuch, durch gewaltige Anstrengungen den Rückstand Chinas aufzuholen; dezentralisierte Industrialisierung und gleichzeitige Entwicklung der Landwirtschaft; die Sowjetunion zieht ihre Techniker ab; nach schweren Rückschlägen abgebrochen
1966–1969 **Große proletarische Kulturrevolution:** Teils gelenkte, teils spontane Massenbewegung zum Aufbrechen von Erstarrungen in Partei, Wirtschaft und Bildung und zur „radikalen Umgestaltung des Bewusstseins". Rotgardisten (junge Maoisten) erzwingen durch Anschuldigungen in Wandzeitungen den Rücktritt zahlreicher Funktionäre. Die Gefahr des Chaos wird durch gemeinsames Eingreifen der Roten Garden, der revolutionären Kader und vor allem der Armee verhindert.
1976 Gegen Deng Hsiao-ping: Der Kritiker Mao Tse-tungs wird der Rechtsabweichung beschuldigt und verliert seine Ämter. Tod Mao Tse-tungs. Im Kampf um die Nachfolge wird Maos Witwe ausgeschaltet (Kampf gegen die „Viererbande"), 1980/81 zum Tod verurteilt, die Strafe jedoch ausgesetzt.
1977 Deng Hsiao-ping wird wieder in seine Ämter eingesetzt. Nach dem Tod Mao Tse-tungs wird die Politik der vorsichtigen Öffnung nach Westen fortgesetzt.
1978/79 Der nationale Volkskongress nimmt das **Programm der „vier Modernisierungen"** an.
Erfolglos blieb 1979 eine militärische Strafexpedition gegen Vietnam. Zwischen 1981 und 1997 war **Deng Hsiao-ping** der einflussreichste Mann.
1982 Der Parteitag bestätigt Dengs Reformkurs. Die Volkskommune verliert ihre Bedeutung.
1987 Deng gibt seine politischen Ämter ab, bleibt aber trotzdem der starke Mann Chinas. Auf seine Initiative erfolgt wohl auch am **4. Juni 1989** das **Massaker auf dem Tienanmen-Platz**, wo die Demokratiebewegung mit Panzern niedergewalzt wurde. Der Volkskongress verwirft 1993 die Planwirtschaft und erhebt stattdessen die „sozialistische Marktwirtschaft" zum Prinzip. Offiziell gilt aber trotz aller Reformen der Vorrang des Marxismus-Leninismus, die Diktatur des Proletariats und die führende Rolle der KP.
1997 Die Zeit der britischen Kronkolonie **Hongkong** läuft aus. Die Stadt wurde als Sonderzone der Volksrepublik einverleibt. Das frei gewählte Parlament musste sich auflösen und wurde durch ein von den kommunistischen Machthabern bestimmtes Parlament ersetzt. Bei den Feierlichkeiten betonte die Regierung, auch Taiwan könne sich auf diesem Weg mit dem Mutterland vereinigen.

Q 14 Wirtschaftssonderzonen

Seit 1980 wurden in der Volksrepublik China vier Wirtschaftssonderzonen … errichtet. [Sie] sind gekennzeichnet durch ein besonderes Verwaltungssystem und durch eine folgende, besondere Merkmale aufweisende, Wirtschaftspolitik:
1. … Die Produkte werden vorwiegend exportiert.
2. Die Wirtschaftspolitik richtet sich hauptsächlich nach marktwirtschaftlichen Gesichtspunkten …
3. Investitionen können unter zweckdienlicheren und günstigeren Bedingungen als im übrigen China getätigt werden.
4. Um die Wirtschaft zu beleben, erhalten die Wirtschaftssonderzonen die dafür notwendigen Selbstbestimmungsrechte. (19)

Q 15 Eindrücke von der Sonderzone

Da braucht man überall Geld … Deswegen bestellen wir immer nur das Billigste in den Restaurants, obwohl wir Vorzugsbehandlung kriegen und nur den halben Preis zahlen. Sonst könnten wir von dem, was wir in Kanton verdienen, pro Monat bloß fünfzig Mahlzeiten in Shenzhen bezahlen …
Als ich auf dieser Route anfing, standen neben der Straße jede Menge Bautafeln und Wegweiser, zur Kennzeichnung der Baustellen hier, und jetzt sind schon viele von den Schildern weg – die Hochhäuser sind fertig. … Das ist das Tempo von Shenzhen! … Jedes Mal, wenn ich hierher komme, bin ich ganz aufgeregt. In der Sonderzone, da können sich die Menschen den Mut nehmen zum Denken, zur Verwirklichung ihrer Ideale. All die Wegweiser da, die weisen nicht nur zu Baustellen, die weisen auch zu Idealen.
Wenn die Sonderzonenpolitik die Richtlinie für das ganze Land wäre, dann hätte China die besten Aussichten. (20)

Q 16 Lebensstandard

a) Mein Vater erhält eine Rente in Höhe von 150 Yuan, dies entspricht etwa 50 DM. Meine Mutter hat monatlich ein Gehalt in Höhe von 140 Yuan. Mein Bruder und seine Ehefrau, die bei meinen Eltern wohnen, geben meinen Eltern monatlich für das Essen und das Wohnen 150 Yuan ab. Somit haben meine Eltern monatlich insgesamt 440 Yuan zur Verfügung, mit denen sie in einer mittelgroßen chinesischen Stadt leben müssen.
Ein lebendes Huhn mit einem Gewicht von 3 Kilo kostet etwa 8 Yuan, ein Kilo Rindfleisch kostet 9 Yuan und Schweinefleisch 6 Yuan pro Kilo. Die beliebtesten Fische sind sehr teuer, man kann sie sich heutzutage kaum noch leisten. Normale Fische kosten 7 Yuan pro Kilo. Und der tägliche Reis kostet ca. 0,90 Yuan pro Kilo. Meine Mutter geht täglich zum Einkaufen, um jeden Tag Frisches zu bekommen. Sie sagt, man müsse täglich nur für das normale Essen für eine vierköpfige Familie mit einer durchschnittlichen Ausgabe von 10 Yuan rechnen. Also alleine für das Essen sind schon ca. 300 Yuan (ca. 68 % des verfügbaren Einkommens) pro Monat erforderlich.
Meine Eltern zahlen für das Wohnen nur 10 Yuan/Monat. Die Stromkosten betragen monatlich ca. 12 Yuan. Die Wasserkosten

(nur kaltes Wasser, es gibt kein warmes Wasser aus der Stadtleitung) betragen durchschnittlich ca. 7 Yuan pro Monat, so dass sie insgesamt ca. 6,6 % dafür ausgeben.
Nach Abzug der Fixkosten verbleiben monatlich noch ca. 111 Yuan. Davon sollte man Ausgaben für Kleidung, den öffentlichen Verkehr, den Haushalt, für Geschenke usw. bestreiten. (21)

b) Ich bin 46 Jahre alt und Bauarbeiter in Shenzhen. Ich lebe hier mit meiner Familie seit 1988. Ich verdiene 1 000 Yuan im Monat (= 200 DM). Das ist ein guter Verdienst, umso mehr, als das Unternehmen kostenlose Unterkunft stellt. Bei einem Arbeitsunfall zahlt mein Chef die Krankenhauskosten. Wenn ich nicht mehr arbeiten kann, werde ich wieder in mein Dorf zurückkehren. In der Stadt sind die Wohnungen unbezahlbar, selbst für einen Arbeiter, der gut verdient. (22)

c) Vor zehn Jahren hat der frühere Bauer Shan Guo-xing mit einem Bankkredit Stanzmaschinen für Uhrenarmbänder in den Hof seines Weilers gestellt. Jetzt werken dort 60 Jungarbeiter aus Inlandsprovinzen zehn Stunden täglich. Mit einem Vermögen von 10 Mio. Renminbi (RMB) gehört Shan zur exquisiten, aber längst nicht mehr kleinen Schicht der Millionäre Chinas (mit großen Häusern und amerikanischen Autos). „Ideale? Was ist denn das?", fragt der Sohn und geschäftsführende Manager Shan Zhen-jian, 26, wenn es um das unsozialistische Geschäftsgebaren der Familien geht. „Wir wollen möglichst schnell so viel kaufen können wie ihr im Westen auch, reich werden und genießen." Weiteres Ziel frei nach KP-Patriarch Deng Hsiao-ping: „China soll so stark wie der Westen werden." (23)

a.   Chinas ungewisse Zukunft

Q 17 „Sozialistische Marktwirtschaft"

a) Ausländische Beobachter sind fasziniert von den wirtschaftlichen Erfolgen Chinas. Da diese, so folgert ein amerikanischer Wissenschaftler, ohne umfassende Privatisierung erreicht worden seien, müsse man die Rolle des Privateigentums neu überdenken. Die Wirtschaftsleistung hänge wohl mehr von Markt- und Wettbewerbsbedingungen als von Eigentumsregelungen ab, zumal die Entwicklung in China weit günstiger verlaufe als in den Ländern der ehemaligen Sowjetunion. Die Pekinger Führung habe mit ihrer „sozialistischen Marktwirtschaft" einen „dritten Weg" zwischen Kapitalismus und Sozialismus gefunden. (24)

b) Der Korrespondent der Wochenzeitung „Die Zeit": China befindet sich gegenwärtig in der Etappe der „sozialistischen Marktwirtschaft". So jedenfalls lautet die amtliche Formel. In Wahrheit herrscht vielerorts ein rüder Frühkapitalismus: Fabrikdirektoren heuern und feuern nach Gutdünken. Wo sie dies nicht dürfen, in den großen staatlichen Industriebetrieben, stockt die Reform. Rund die Hälfte der Staatsunternehmen schreibt rote Zahlen; von insgesamt 115 Mio. Beschäftigten wird ein Drittel nicht gebraucht. Aber es gibt kein soziales Netz, das Arbeitslose auffängt. Massenentlassungen, durch die Regierung, könnten leicht Unruhen auslösen – auch wenn ein forscher Beamter im Arbeitsministerium meint, eine „gewisse Arbeitslosigkeit" sei bestimmt ganz „nützlich für die Arbeitsmoral". (25)

c) Prof. Hu An-gang (Berater von Parteichef Jiang Ze-min):
Das Bruttosozialprodukt pro Kopf erreicht in der Sonderwirtschaftszone Zhuhai mittlerweile den 86fachen Wert der Stadt Quinglong in der Armutsprovinz Guithhon. (26)

T 7   China – eine Nation über Grenzen hinweg
Zwischen 1979 und 1993 stammten 80 % aller Investitionen der Volksrepublik China aus Hongkong, Macao und Taiwan. 1993 stellten diese chinesisch-kapitalistischen Länder 58 % der Investitionen, Japan 12,6 %, USA 6,8 % und Deutschland 0,7 %. Die 82 Mio. Auslandschinesen stellen den bedeutendsten Wirtschaftsfaktor Südostasiens dar. Sie kontrollieren auf den Philippinen 67 der 100 großen Firmen, in Thailand 90 % und in Indonesien 75 %. Sie besitzen mehr Devisenreserven als Deutschland und Japan zusammen.

1. Beschreiben Sie das Leben im China der 90er Jahre.
2. Vergleichen Sie es mit dem Alltag zur Zeit Maos.
3. Bewerten Sie den Begriff „sozialistische Marktwirtschaft".

T 8   Taiwan (früher Formosa)
Nach dem chinesisch-japanischen Krieg 1894/95 musste China die Insel Taiwan abtreten; erst 1945 wurde Taiwan wieder chinesisch. Nach der Niederlage der Kuomintang-Regierung unter Tschiang Kai-schek zog dieser sich mit allen militärischen Kräften nach Taiwan zurück und rief 1950 die „Republic China of Taiwan" (= Nationalchina) aus. Gestützt von den USA konnte Nationalchina seine internationale Stellung als Vertretung Chinas behaupten. Mit der Annäherung der USA an China geriet Taiwan in wachsende internationale Isolierung und verlor 1971 seinen Sitz in der UNO. Unter dem Druck der Volksrepublik China unterhalten nur noch ganz wenige Staaten diplomatische Beziehungen zu Taiwan. Die Insel hat sich dank amerikanischer Wirtschaftshilfe und günstiger Standortfaktoren zu einer bedeutenden Wirtschaftsmacht in Asien entwickelt. Sein Bruttoinlandsprodukt pro Kopf liegt höher als das von Spanien oder Großbritannien. Mit der Aufgabe des Alleinvertretungsanspruchs im Präsidentschaftswahlkampf 1996 und stetig wachsender Demokratisierung erhöhte sich der Druck der Volksrepublik China auf Taiwan, das von Peking als unverzichtbarer Bestandteil Chinas beansprucht wird.

B 11 Besuch von Bundeskanzler Kohl bei der chinesischen Volksarmee, November 1995

b.   Menschenrechte?

Q 18   Aus einem Bericht des „Spiegel"
Zu 14 Jahren Haft und anschließenden drei Jahren Entzug der Bürgerrechte verurteilten die als Juristen kostümierten Parteischergen den Kandidaten für den diesjährigen Friedensnobelpreis, weil er versucht habe, „die demokratische Diktatur" des Volkes zu stürzen …
Wei Jing-sheng, 45, einst Elektriker im Pekinger Zoo, hat wie kein anderer Dissident in den letzten beiden Jahrzehnten den „Feudalsozialismus" in Aufsätzen und Reden kritisiert. Als er 1979 während der kurzlebigen Protestbewegung an der „Mauer der Demokratie" Wandzeitungen und die Zeitschrift Tansuo („Erforschungen") herausgab, wurde er ein erstes Mal verurteilt, zu 15 Jahren. „Ich will den Kerl zu meinen Lebzeiten nicht mehr frei sehen", soll damals KP-Pate Deng Hsiao-Ping angeordnet haben, der Wei seitdem mit seinem Hass verfolgt. Wei Jing-sheng verschwand in Einzelhaft. „Bewusst versuchten sie mich verrecken zu lassen", berichtete er im Herbst 1993, als er sechs Monate vor Ablauf seiner Strafe freikam …
Der Entlassene begann sofort, erneut für sein Lebenswerk zu kämpfen – die Demokratisierung Chinas ohne den Unterdrückungs- und Bespitzelungsapparat der KP …
Das Urteil beweist, dass sich der Geist der KP seit Mao Tse-tungs Ein-Mann-Diktatur nicht geändert hat – auch wenn Bundeskanzler Helmut Kohl China unlängst „Fortschritte auf dem Weg zum Rechtsstaat" attestierte …
„Sein Geist ist ungebrochen", berichtet sein Bruder Wei Xiao-tao mit Tränen in den Augen, „doch noch mal 14 Jahre im Lager überlebt er nicht." (27)

1. Schildern Sie das Schicksal von Wei Jing-sheng.
2. Ziehen Sie T 6 für das Jahr 1989 heran und suchen Sie nach Gründen, warum Deng Hsiao-ping die Demokratiebewegung verfolgte.
3. Diskutieren Sie über die Haltung von Bundeskanzler Kohl.

Q 19 Aus einer Informationsbroschüre der deutschen Wirtschaft

In der chinesischen Gesellschaft hinterlässt die Reform unverkennbar Spuren. Parteifunktionäre protzen ungeniert mit ihren Privilegien. Der Beamtenapparat zeigt wieder Gebärden des alten Kaiserreiches. Westliche Investoren beklagen, dass oft nur noch Beziehungen oder Bestechung zu Ergebnissen führen. Vermeintlich abgeschaffte Klassenunterschiede, Reichtum und Armut treten wieder offen zutage. Bei vielen, die am Aufschwung nicht teilhaben können, schafft dies Missgunst und Neid. Eine Welle von Kriminalität überflutet das Land. Drogenhandel, Prostitution und Bandentum greifen um sich und werden trotz immer drastischer Strafen nur unzulänglich unterbunden. Der Ruf nach der Rückkehr zur streng maoistischen Ordnung könnte bald lauter werden.

Noch völlig offen ist die Frage nach den Folgen des Aufschwungs für die Umwelt. Taiwan entledigt sich seiner Umweltbelastungen, indem die Problembranchen aufs Festland verlegt werden. In der Volksrepublik China selbst rangiert Umweltschutz in der Werteskala weit hinter Wirtschaftswachstum. Inwiefern z. B. der Rückgang der Ozonschicht China daran hindern wird, auch in Zukunft in den Kühlschränken FCKW zu verwenden, bleibt fraglich. (28)

Q 20 Das Institut für Asienkunde in Hamburg urteilt über den Umweltschutz

Nach Schätzung chinesischer Fachleute beläuft sich allein der messbare Schaden auf derzeit jährlich knapp 90 Mrd. Yuan. Die Belastung der Luft mit Staub, Schwefeldioxid und Kohlenmonoxid ist in China deutlich höher als in ganz Europa (ohne Sowjetunion), obwohl die chinesische Produktion nur einen Bruchteil der europäischen ausmacht. Darüber hinaus haben sich auch die Bodenverluste in der Landwirtschaft, vor allem durch Bodenerosion, während der letzten Jahre Besorgnis erregend erhöht ... Mehr als drei Viertel aller Abwässer fließen ungereinigt in Bäche und Flüsse ... Ähnlich düster ist es um die Wald- und Grasflächen bestellt: Die jährliche Abholzung übersteigt seit den 50er Jahren bei weitem die Wiederaufforstung – mit dem Ergebnis, dass die Waldflächen unaufhörlich schrumpfen. (29)

3. Das Modell Singapur

T 9 Singapur

Singapur unter seinem selbstherrlich regierenden Ministerpräsidenten Lee Kuan-yew schuf gleich nach der Unabhängigkeit ideale Bedingungen für Investitionen und Wirtschaftswachstum. Politische Ruhe, schwache Gewerkschaften, Steuervorteile, freier Transfer der Gewinne und billige Arbeit machten Singapur für multinationale Konzerne attraktiv. Als einer der ersten – Texas Instruments – sich in Singapur niederließ, vergingen zwischen den ersten Gesprächen und dem Produktionsbeginn gerade drei Monate. Die Wirtschaft wuchs jedes Jahr um 10%, die Arbeits-

losigkeit tendierte gegen null, die Inflationsrate lag zwischen 2 und 3%.

Singapur kennt heute weder Armut noch Obdachlosigkeit, keine Bettler und keine Slums. Luft und Wasser sind sauber, der Flughafen gehört zu den größten und besten der Welt, das Nahverkehrssystem ist vorzüglich. Rassenprobleme wurden durch den enormen Wohlstand zugedeckt. Singapur ist drogen- und malariafrei und verfügt über ein vorbildliches Gesundheitssystem, die öffentliche Verwaltung ist frei von jeder Korruption und Singapur gilt als die sicherste Großstadt der Welt. Der Stadtstaat investiert große Summen in sein Erziehungssystem; schon im Vorschulalter werden begabte Kinder ausgewählt und ein Drittel jedes Jahrgangs schließt erfolgreich eine Hochschule ab.

Der Staat überlässt nichts dem Zufall, unaufhörlich werden die Bürger erzogen und durch Kampagnen beeinflusst, um sie fleißig, ordentlich, sauber, ehrlich und autoritätsgläubig zu machen. Übertretungen werden hart geahndet, Tausende von Verboten und Reglementierungen garantieren die öffentliche Ordnung Es ist verboten, Abfälle wegzuwerfen, in der U-Bahn zu essen, zu spucken oder Vögel zu füttern. Kein Buch, kein Bild, keine Zeitung, kein Film darf ohne Zensur veröffentlicht werden. Satellitenfernsehen ist verboten. Die politische Opposition ist im nach englischem Vorbild eingerichteten Parlament ohne Bedeutung.

T 10 Kurze Geschichte Singapurs

1819   Der Engländer Sir Stamford Raffles gründet einen Handels- und Marinestützpunkt, sichert damit den Seeweg nach China und verhindert ein Handelsmonopol der Holländer entlang der Straße von Malakka.

1824   Der Sultan von Jahor tritt Singapur an die britische East India Company ab. Die Einwohnerzahl beträgt bereits 11 000 (60% Malaien, 31% Chinesen, 7% Inder, 74 Europäer).

1849   Die Einwohnerzahl steigt auf 53 000.

1867   Singapur wird britische Kronkolonie.

1942–1945   Singapur ist von japanischen Truppen besetzt.

1959   Singapur wird als Mitglied des Commonwealth in die Unabhängigkeit entlassen.

1963   Singapur tritt der Föderation Malaysia bei.

1965   Singapur löst sich unter Ministerpräsident Lee Kuan-yew aus dem Bündnis. Grund waren Rassenprobleme zwischen Chinesen und Malaien.

1967   Die „People's Action Party" (PAP) erringt mit großer Mehrheit die Macht. Singapur, Malaysia, Thailand, Indonesien und die Philippinen gründen die Association of Southeast Asian Nations (ASEAN), ein Bündnis zur Förderung politischer, wirtschaftlicher und sozialer Zusammenarbeit.

1990   Lee Kuan-yew gibt nach 31 Jahren Regierungszeit die straff geführten Zügel offiziell an seinen Nachfolger Goh Chok Tong ab.

1992   Die staatstragende PAP erhält 72,9% der Stimmen.

1993   Das Bruttosozialprodukt pro Kopf der Bevölkerung liegt bei 20 000 US-Dollar, das nach Japan zweithöchste Asiens. Singapur hat damit die einstige Kolonialmacht England überholt.

T 11 Lee Kuan-yew

Lee gilt als der Schöpfer des modernen Singapur. Er hat als auto-kratischer Politiker den zurückgebliebenen Stadtstaat zu einem Modell einer asiatischen Erziehungsdiktatur gemacht.

Lees Großeltern waren als arme Taglöhner aus China eingewandert. Mit Fleiß und Genügsamkeit kam die Familie zu Geld und konnte den 1923 geborenen, hochbegabten Sohn in England studieren lassen. Lee kam nach einem glänzenden Jurastudium 1950 als Anwalt nach Singapur zurück. In seinem Kampf um die Unabhängigkeit schreckte er auch vor Verbindungen mit der marxistischen Untergrundbewegung nicht zurück. 1959 gewann Lees „People's Action Party" die Wahlen. Lee wurde Ministerpräsident und führte Singapur 1965 in die nationale Selbstständigkeit. Die Kommunistische Partei wurde verboten, ihre Führer kamen ins Gefängnis. Ebenso wurden die sehr aktiven Geheimbünde und mafiaähnlichen Strukturen zerschlagen. 1990 zog sich Lee als Ministerpräsident zurück, zieht aber als Seniorminister weiter die Fäden im Hintergrund.

Q 21 Aus Interviews mit und Reden von „Mr. Singapur" Lee Kuan-yew

Ich studierte gleich nach dem Krieg in England. London litt damals an den Folgen der Bombenangriffe, aber die Menschen waren sehr diszipliniert. Als ich einmal aus der U-Bahn kam und eine Zeitung kaufen wollte, war da ein Stand, an dem sich jeder selbst bedienen konnte. Es gab keine Verkäufer, jeder nahm sich seine Zeitung und legte das Geld in eine Büchse, und am Abend stimmte die Kasse. Das ist doch fabelhaft. Das hätten wir aber in Singapur nie machen können. Die Leute hätten erst die Zeitungen geklaut, dann das Geld der Ehrlichen und zuletzt den ganzen Stand …

Über allem steht Selbstdisziplin. Die chinesische Geschichte kannte über Jahrtausende Höhen und Tiefen. Aber Sie werden feststellen, dass immer dann sich eine zivilisierte und stabile Gesellschaft herausbildete, wenn Erziehung und Disziplin hochgehalten wurden. Das schlägt sich nieder in allgemeinen Verhaltensregeln, die schon jedes Kind lernt. Die Grundregel lautet: Der Mensch kann und soll verbessert werden. Menschen gleichen rohen Diamanten. Man muss sie schleifen und polieren, wenn sie glänzen sollen …

Das alte Europa gibt es nicht mehr. Der Westen, Europa und Amerika sind verkommen, sind Opfer dieses ganzen Geredes von Freiheit geworden. Man hat Autorität und traditionelle Werte erst in Frage gestellt, dann ausgehöhlt und einstürzen lassen. Was ist denn zum Beispiel aus diesen ganzen aufgeklärten Erziehungstheorien geworden? Heute zahlt der Westen den Preis: Drogen, Kriminalität, Verfall von politischer Führung …

Die Vereinigten Staaten unternahmen ein gewaltiges soziales Experiment. Sie rissen eine soziale Schranke nach der anderen nieder, um den Einzelnen von allen Beschränkungen zu befreien. Die Ergebnisse sind verheerend. Seit 1960 wuchs die US-Bevölkerung um 41 %, während Gewaltverbrechen um 560 % zunahmen, Geburten durch allein stehende Mütter um 419 %, Scheidungen um 300 % stiegen. Dies bezeichnet massiven sozialen Verfall.

B 12a Singapur um 1900

B 12b Singapur in den 50er Jahren

B 12c Singapur in den 80er Jahren

B 13 Das moderne Singapur

In keiner konfuzianischen Gesellschaft Asiens ist es zulässig, einen großen politischen Führer lächerlich zu machen. Wenn er das zulässt, ist er erledigt.
Wenn Drogenabhängigkeit und Kriminalität und die Scheidungs-raten in westlichen Ländern, wenn der Materialismus und Egois-mus im Westen Beispiele für Demokratie sind, dann können wir darauf verzichten. Die Entwicklung eines Landes ist auch ohne westliche Demokratie möglich. (30)

T 12 Die erzwungene Ordnung

Wer sich auf öffentlichen Toiletten gegen die Hygiene vergeht und dabei erwischt wird, muss damit rechnen, dass sein Foto unter der Rubrik „Klo der Schande" in der Zeitung veröffentlicht wird.
In vielen Aufzügen sind Harnstoffsensoren installiert, die im Alarmfall die Aufzugtür blockieren und die nächstgelegene Poli-zeiwache alarmieren, damit der Übeltäter festgenommen werden kann.
Mehr als 3 000 Staatsbürger werden jährlich mit Stockhieben be-straft. Als ein amerikanischer Jugendlicher erwischt wurde, wie er parkende Autos mit Farbe besprühte, konnte ihn auch ein welt-weites Medienecho und die persönliche Intervention des ameri-kanischen Präsidenten nicht vor der Prügelstrafe bewahren. Ein wegen Drogenhandels verurteilter Niederländer wurde trotz ei-nes Gnadengesuchs von Königin Beatrix durch den Strang hin-gerichtet. Die Statistik scheint der harten Politik Singapurs Recht zu geben: Los Angeles, ungefähr gleich groß, hatte 1993 20-mal so viele Morde und 40-mal so viele Raubüberfälle wie Singapur.

1. Beobachten Sie die Veränderung des äußeren Erscheinungsbildes von Singapur.
2. Ermitteln Sie die Gründe dafür mithilfe von T 9 und 10.
3. Stellen Sie die Vorteile für das Modell Singapur nach Lee Kuan-yew zusammen und halten Sie ihnen die europäisch-amerikanische Lebensweise gegenüber.
4. Benennen Sie die geistigen Wurzeln für Lees Einstellung.
5. Diskutieren Sie die Vor- und Nachteile des Lebens in Singapur.

4. Japan

T 13 Japan nach 1945

Nach der totalen Zerstörung der Städte Hiroshima und Nagasaki im August 1945 durch amerikanische Atombomben musste Japan in die **bedingungslose Kapitulation** einwilligen. Japan wurde von amerikanischen Truppen besetzt und vom Oberkomman-dierenden, Mac Arthur, regiert. Viele Städte und Industrieanlagen waren zerstört; sechs Mio. zurückgekehrte Auslandsjapaner und zwei Mio. ehemalige Soldaten mussten ernährt werden. Die für den Krieg Verantwortlichen wurden von den Amerikanern ent-machtet, der Kaiser (Tenno) seiner gottähnlichen Stellung ent-hoben, die großen Konzerne zerschlagen und die Großgrundbe-sitzer mussten ihren Besitz bis auf Reste verkaufen. Japan bekam eine parlamentarische Verfassung nach westlichem Vorbild.
Aber bereits wenige Jahre nach dem Krieg bemühte sich Ameri-ka, den ehemaligen Gegner zum Verbündeten zu machen und ihn in sein gegen den Kommunismus gerichtetes Verteidigungssys-tem einzubinden. Gründe dafür waren der Ausbruch des Kalten

Krieges, der kommunistische Sieg in China und der Koreakrieg. Bereits **1951** erlangte Japan in einem **Friedensvertrag** seine volle Souveränität, amerikanische Truppen räumten Japan bis auf einige kleine Inseln.

Schnell erholte sich die japanische Wirtschaft von den Kriegsfolgen. Bereits **1955 übertraf die Industrieproduktion den Vorkriegsstand**. Japan wies die höchsten Zuwachsraten der Industrieproduktion der Welt auf und heute ist das Land die zweitgrößte Industrienation. Japans Hauptaugenmerk gilt der Wirtschaft, für seine Streitkräfte gibt es nur 1 % des Bruttovolkseinkommens aus. Zur politisch führenden Kraft wurde die liberal-konservative Partei, die Gewerkschaften verhielten sich maßvoll. Die familiär geführten Industriebetriebe sorgen auf Lebenszeit für jeden Arbeiter; dieser ist dafür aufopferungsvolle Arbeit schuldig.

Q 22 Moralkundeunterricht an den japanischen Schulen

Als im 19. Jahrhundert das Kaisertum in Japan als Staatsform wieder stabilisiert werden sollte, wurde auch eine Bildungsreform durchgeführt. Einer möglichst breiten Bevölkerungsschicht sollten die zur Modernisierung notwendigen Kenntnisse, militärische Disziplin und absoluter Gehorsam gegen die Eltern und den Kaiser vermittelt werden. Dazu wurde aus den Überlieferungen des Shinto [der Nationalreligion der Japaner: göttliche Verehrung der Naturkräfte und der Ahnen] und den Lehren des Konfuzianismus eine religionsähnliche Staatsideologie aufgebaut. „Die Strategie der Meiji-Regierung bestand darin, die politische Ideologie des Tenno-Staates als das einzige kulturelle Erbe Japans unter dem Volk zu verbreiten." Nach dem Zweiten Weltkrieg wurden unter dem Einfluss der amerikanischen Besatzung die Leitlinien des Erziehungssystems völlig umgestellt. Die Werte Demokratie, Frieden und Grundrechte für das Individuum sollten von nun an vermittelt werden. Der herkömmliche Moralunterricht an den Schulen wurde zunächst völlig abgeschafft, da er vor dem Krieg zur ideologischen Ausrüstung gebraucht worden war. In den 70er Jahren wurde die Moralerziehung wieder eingeführt, weil man inzwischen glaubte, traditionellen japanischen Werten dadurch wieder mehr Bedeutung zu geben.

„Die konkret benannten Lernziele für die [Schule] sehen wie folgt aus: Bei den Grundschulen: 1. grundlegende Lebensgewohnheiten, 2. Harmonie mit Geschwistern und Freunden und gegenseitige Hilfeleistung, 3. Achtung vor Lehrern und Eltern, 4. Achtung vor der eigenen Klasse. Bei den Mittelschulen: 1. Einhaltung der gesellschaftlichen Normen im Alltag, 2. Vertrauen zu und Achtung vor Freunden, 3. Liebe zur eigenen Schule, zur eigenen Religion und zur eigenen Nation. Bei den Oberschulen: 1. Einhaltung der öffentlichen Tugenden, 2. Dienst an der Gesellschaft, 3. Rücksichtnahme gegenüber den anderen, 4. Achtung vor der japanischen Kultur und Tradition." (31)

T 14 Japanische Exportoffensive

Da Japan kaum über Rohstoffe verfügt, ist es auf einen ausgedehnten Export von Fertigwaren angewiesen. Wegen der relativ

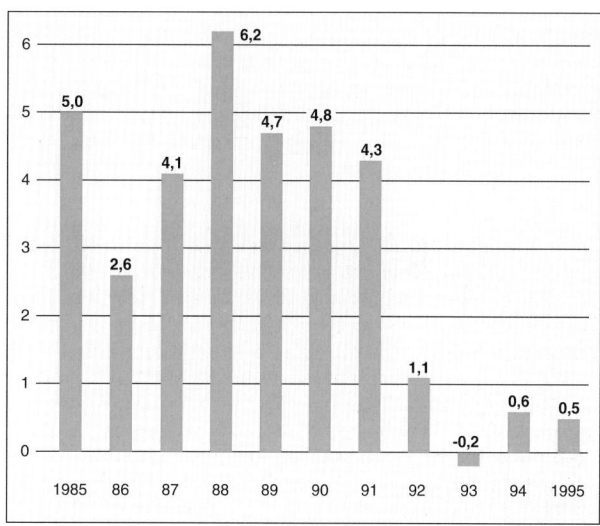

B 14 Wirtschaftswachstum in Japan 1985–1995 (in Prozent)

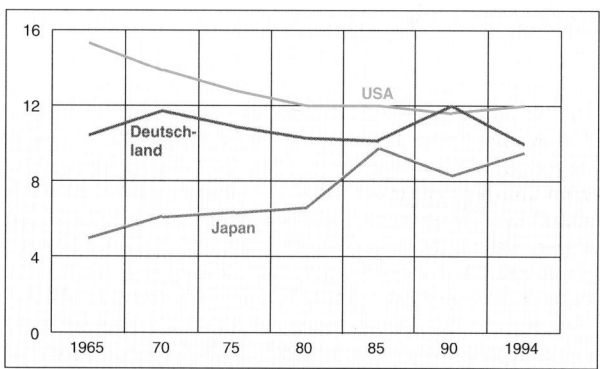

B 15 Anteil Japans am Weltexport 1965–1994 im Vergleich zu den USA und Deutschland (in Prozent)

günstigen Lohnkosten, dem hohen Automatisierungsgrad, den hohen Stückzahlen und dem niedrig bewerteten Yen wurden die japanischen Waren für die europäischen eine wachsende Konkurrenz auf den Absatzmärkten in aller Welt.

In Europa und in den USA fürchtet man, das japanische Modell könne in Südostasien Schule machen: vom Export angetriebenes Wirtschaftswachstum bei gleichzeitiger Abschottung des eigenen Marktes gegen Importe. Japan verhält sich politisch nach außen und innen passiv, außenwirtschaftlich aber ist es aggressiv und risikobereit. Trotz erheblicher Lohnsteigerungen in den letzten Jahren liegen die japanischen Arbeitskosten im internationalen Vergleich immer noch relativ günstig. Außerdem gibt es in Japan eine hohe Arbeitsmoral und eine geringe Streikbereitschaft; doch diese scheint in letzter Zeit zuzunehmen.

Trotzdem macht der anhaltend niedrige Dollarkurs und der inzwischen hohe Yenkurs der japanischen Exportindustrie zu schaffen. Die Industrieproduktion wandert zunehmend in Billiglohnländer Südostasiens ab und Japan lernt das Problem der Arbeitslosigkeit kennen: 1995 waren bereits 3,5 % der arbeitsfähigen Japaner ohne Arbeit.

Q 23 Der Zugang zum japanischen Markt
Mal wird behauptet, amerikanisches Fleisch sei für Japaner ungeeignet, weil ihr Darm zehn Meter (van Wolferen schreibt: ein Meter) länger sei als der amerikanische. Bei anderer Gelegenheit wurde Kamillentee aus Deutschland kurzerhand zum Arzneimittel erklärt, was bedeutet, dass vor dem Verkauf jahrelang medizinische Tests durchgeführt werden müssten. Ein deutscher Hersteller von Waschmaschinen bekam sein Probegerät nach einiger Zeit völlig zerlegt und zersägt von japanischen Prüfern zurück. Im Testbericht stand, die Maschine werde japanischen Normen nicht gerecht. Die Firma erfuhr aber nicht, was die Normen seien, wie geprüft wurde und was zu ändern sei. (32)

Q 24 Vergangenheitsbewältigung in Japan
Das populärste Museum Japans steht in Hiroshima: 1,5 Mio. Menschen jährlich besuchen hier das Friedensmuseum, 500 000 davon sind Schüler. Der Besuch der Atombombenausstellung gehört zum Pflichtprogramm japanischer Schulausflüge … Die japanische Regierung protestierte energisch gegen die französischen und chinesischen Atomversuche. Sie kritisierte auch eine Ausstellung in den Vereinigten Staaten, die ohne Selbstkritik die blank polierte Enola Gay zeigte – das Flugzeug, das vor 50 Jahren die Atombombe auf Hiroshima abwarf …
Das Friedensmuseum in Hiroshima ist eine Horrorausstellung. Wachsfiguren der Atombombenopfer, denen die Haut in Fetzen herunterhängt. Verbrannte Körper, aus denen seltsam verformt neues Fleisch wuchert. Aber Hiroshima war nicht der einzige Ort, in dem Hunderttausende von Zivilisten getötet wurden. „In Nanking sind die Menschen auch grausam ermordet worden", erklärt der Schüler Kenji, „als Japaner schäme ich mich dafür." Kenji ist besser informiert als viele aus der Generation seiner Eltern: Das Massaker von Nanking – das sei doch nur eine chinesische Erfindung, um von Japan weitere Reparationen zu erpressen, meinte vor einem Jahr der japanische Justizminister Shigeto Nagano. Er musste zurücktreten, aber erst, nachdem in den asiatischen Nachbarländern eine Welle des Protests in die japanischen Botschaften geschwappt war. 1937 hatten japanische Soldaten in der chinesischen Stadt Nanking mehr als 100 000 Menschen niedergemetzelt. (33)

1. *Schildern Sie die Entwicklung des japanischen Wirtschaftswachstums und des Exports.*
2. *Stellen Sie Vermutungen über den Verlauf an.*
3. *Vergleichen Sie den Umgang Japans und Deutschlands mit der Schuld am Zweiten Weltkrieg. S. dazu Q 95–99, S. 93 f. und T 2, S. 179.*

5. Wende in Asien?

Q 25 Arbeiterprotest in Südostasien
Marsinah kann die Lieder, die sie als Heldin besingen, nicht mehr hören. Die junge indonesische Arbeiterführerin war im Sommer vergangenen Jahres bei einem Zusammenstoß mit dem indonesischen Militär getötet worden. In Pnom Penh, der Hauptstadt von Kambodscha, wurde im Januar die 27 Jahre alte Arbeiterin Men Peuv zu Grabe getragen. Sie war bei einem Straßenkampf streikender Kollegen mit der Polizei totgeprügelt worden. In Südkorea liefern sich Tausende von Arbeitern ebenfalls Straßenschlachten mit der Polizei. Und in Bangkok zünden Arbeiter einen Fabrikationsbetrieb des japanischen Multis Sanyo an, um gegen niedrige Löhne und erbärmliche Arbeitsbedingungen zu protestieren. Die Arbeiter in den „Tigerstaaten" Asiens erwachen …
„Für Asiens Politiker ist die Arbeiterbewegung derzeit die größte Herausforderung", meint Sam Rainsy [Gründer der kambodschanischen Freien Gewerkschaft], „die Arbeiterschaft hat begriffen, wie das System funktioniert, und sie wird mutiger." Asiens Regierungen stehen vor einer gefährlichen Gratwanderung … (34)

Q 26 Martin Lee, Vorsitzender der Demokratischen Partei Hongkongs, 1998
Wir wollen hoffen, dass [die Finanzkrise der Tigerstaaten 1997] den Mythos der „asiatischen Werte" – Demokratie und Menschenrechte sind „westliche Konzepte", die Asien wie auch wirtschaftlichem Wachstum schaden – ein für alle Mal beerdigt ha[t]. Inzwischen erkennen die Menschen überall in Asien die Vorzüge einer offenen und verantwortlichen Regierung und sie beginnen damit, solche Regierungssysteme zu fordern. Die Länder, die den asiatischen Finanzsturm am besten überstanden haben, sind Demokratien … [bzw. Länder, die] sich ihrer korrupten ehemaligen Regime durch einen demokratischen Prozess entledigt hatten …
Jetzt ist es wichtig, dass der Westen … wirtschaftliche Umstrukturierung … [und] substantielle politische Reformen verlangt. (35)

VIII. DAS ENDE DES OST-WEST-KONFLIKTS UND BEMÜHUNGEN UM DEN WELTFRIEDEN

Q 1 Was ist Frieden?

Nach 20 oder 30 Jahren systematischer Friedensforschung sind wir heute weiter denn je von einer umfassenden Theorie des Friedens entfernt … Die Ursachen [dafür] … liegen unter anderem in der Unschärfe des Begriffes …:

– Frieden bedeutet das Schweigen der Waffen. Aber für welche Zeit? Herrscht Frieden erst, wenn der letzte Krieg geführt worden ist? Hat alles andere als … bloßer Waffenstillstand zu gelten?

– Im Frieden wird das Leben … der Völker vor offener militärischer Gewaltanwendung bewahrt, aber auch vor anderen Formen der Gewalt? Herrscht Friede erst dann, wenn Gerechtigkeit herrscht?

– In Westeuropa scheint der Krieg überwunden. Aber kann der Friede Bestand haben, wenn andernorts Konflikte gewaltsam ausgetragen werden? Ist Frieden teilbar oder kann er nur als Weltfrieden realisiert werden? (1)

Q 2 Wodurch entstehen Kriege? – Unterschiedliche wissenschaftliche Meinungen

a) [Die Aggression, die sich auf Lebewesen derselben Art richtet,] vollbringt eine arterhaltende Leistung … Die Gefahr, dass in einem Teil des zur Verfügung stehenden [Lebensraums] eine allzu dichte Bevölkerung einer Tierart alle Nahrungsquellen erschöpft und Hunger leidet, während ein anderer Teil ungenutzt bleibt, wird am einfachsten dadurch gebannt, dass die Tiere einander abstoßen … Die … Aggression in der gegenwärtigen … technologischen Situation der Menschheit [ist] die schwerste aller Gefahren. (2)

b) Krieg ist staatlich organisierte Gewaltanwendung … Kriege sind entstanden im Prozess der Herausbildung staatlicher Formen gesellschaftlicher Organisation, sie bedingen sich gegenseitig. (3)

c) Die bis heute unabgeschlossene globale Durchsetzung des Kapitalismus, die nun auch die ehemals staatssozialistischen Gesellschaften erfasst, ist … von Anfang an ein von Konflikten und Kriegen begleiteter Prozess. Seit dem 16. Jahrhundert kann das weltweite Kriegsgeschehen entlang der Ausbreitungsmuster kapitalistischer Vergesellschaftung beobachtet werden. (4)

d) Heute gibt es keinen Zweifel darüber …, dass zwischen dem Herrschaftssystem eines Landes und seiner Gewaltneigung eine direkte Beziehung besteht. Diktatorial/autoritär verfasste Herrschaftssysteme bevorzugen die Gewaltanwendung im internationalen System …, demokratisch verfasste Herrschaftssysteme lehnen sie ab, akzeptieren sie nur im Verteidigungsfall … Was das Deutschland Adolf Hitlers von dem Konrad Adenauers unterschied, war weder die Bevölkerung noch das Land selbst, sondern die demokratische Verfassung der Bundesrepublik. (5)

Q 3 Möglichkeiten der Friedenssicherung in der Geschichte – Aus einem Lexikonartikel

Für eine [allgemeine] Friedenssicherung … bieten sich nur wenige Möglichkeiten an. Nach kriegerischen Auseinandersetzungen und Landnahmen sind dies: 1. Ausrottung des Unterworfenen (ohne Friedensschluss); 2. Kolonialismus (d. h. … Rechtsungleichheit der Unterworfenen und Unterminieren [Ausschalten] eventuellen Widerstands durch ständige Mittelberaubung); 3. Partnerschaft durch Friedensvertrag und Rückzug auf die Ausgangsposition (d. h. Anerkennung der Rechtsgleichheit des Besiegten unter Erlegen eines Preises durch diesen); 4. Eingliederung des Besiegten unter Umwandlung der Ausgangspositionen (d. h. Anerkennung und baldige gleichberechtigte Würdigung der Rechtsgleichheit der besiegten Bevölkerung in ihrer Stellung zur siegreichen Bevölkerung).

Auf friedlichem Wege sind es: 1. Zusammenschlüsse (Integration, Föderation, Ein- bzw. Rückgliederung); 2. Protektoratserrichtung aufgrund freien Begehrens von Schwächeren (mit oder ohne Preis für Schutzgewährung); 3. direkte Kooperation (Bündnissysteme); 4. indirekte Kooperation (Internationale Organisationen). Hierbei wird in jedem Fall von der Rechtsgleichheit der Partner ausgegangen. – Die … Friedenssicherung durch Koexistenz und durch Abschreckung (Rüstungswettlauf) sind keine [verbessernd] wirkenden, sondern Status-quo-Friedenssicherungen, d. h., sie sind [Verstärkungen] der Kriegsverhinderung bei … [Vorherrschafts-] Ansprüchen. [Erhaltung des bisherigen Machtgleichgewichts]. (6)

1. Fassen Sie die verschiedenen Definitionsmöglichkeiten von Frieden zusammen, die Q 1 erkennen lässt.
2. Versuchen Sie Belege für die jeweilige Richtigkeit der Thesen in Q 2 zu finden bzw. sie in Zweifel zu ziehen.
3. Nennen Sie je ein historisches Beispiel der in Q 3 aufgeführten Möglichkeiten der Friedenssicherung im 19. oder 20. Jahrhundert.

T 1 Warum wandelt sich der Frieden?

Die Kriege des 19. Jahrhunderts waren noch **„gehegte Kriege“**: Die Zivilbevölkerung blieb außerhalb der Kampfhandlungen, der Krieg wurde durch eine Kriegserklärung eröffnet und durch einen Friedensvertrag nach Verhandlungen mit den Gegnern abgeschlossen. Nach einer vereinbarten Kriegsentschädigung – Gebietsabtretungen oder Geldzahlung – kehrte man zur alten Ordnung zurück. Das Recht zum Krieg war als Ausdruck des souveränen Staates unbestritten und stand den Herrschern zu. Seit der Französischen Revolution konnte für **nationale Befreiungs- oder Einigungskriege** die Begeisterung und Opferbereitschaft der europäischen Völker entfacht werden; nach Zielen und Mitteln war der Krieg beschränkt. Aber unter der Wirkung neuer Waffen wuchsen die Kriegsverluste. Deshalb bestand das Bedürfnis, den Krieg zu „humanisieren“, da man ihn nicht verhindern oder abschaffen konnte. Auf dem Schlachtfeld von Solferino fasste der Schweizer Kaufmann Henry Dunant 1859 den Entschluss zur Gründung des **Roten Kreuzes**, einer bald international anerkannten Organisation zur Pflege der Verwundeten.

In den **Haager Konferenzen (1899, 1907)** wurden Land- und Seekriegsordnungen geschaffen, um das Los der Verwundeten und der Zivilbevölkerung im Krieg zu mildern oder bestimmte Waffen, z. B. Gas, zu verbieten. Ansätze zur Schlichtung von Konflikten durch eine internationale Schiedsgerichtsbarkeit scheiterten am Recht der Staaten, das Mittel des Krieges als Bestandteil staatlicher Souveränität anzuwenden. Auch die internationale Ächtung des Krieges durch den so genannten **Kelloggpakt (1928)**, der zwischen den Vereinigten Staaten und Frankreich durch ihre Außenminister Kellogg und Briand abgeschlossen wurde und dem bis 1929 54 Staaten beitraten, vermochte den Zweiten Weltkrieg nicht zu verhindern.

Im Ersten Weltkrieg wurde erstmals der **totale Krieg** entfesselt. Galt bisher der Krieg als „Fortsetzung der Politik mit anderen Mitteln", so forderte der Chef der deutschen Heeresleitung, General Ludendorff, unter dem Eindruck dieses Krieges, in dem er „die höchste Äußerung des völkischen Lebenswillens" sah, dass alle Politik der Kriegsführung zu dienen habe.

Eine Wende leitete 1918 der amerikanische Präsident Wilson mit seiner Idee der kollektiven Friedenssicherung durch den **Völkerbund** ein, durch Selbstbestimmungsrecht, öffentliche Diplomatie, Demokratie, Abrüstung und Völkerrecht. Unter dem Eindruck der Opfer des Ersten Weltkriegs wurde der Krieg zum Verbrechen an der Menschheit erklärt: In den Versailler Friedensvertrag wurde ein besonderer „Kriegsschuldartikel" eingefügt, der zugleich die Deutschland aufgebürdeten Lasten legitimieren sollte. Das Fernbleiben der USA vom Völkerbund und die mangelnde Solidarität der Großmächte verhinderten jedoch von Anfang an die Verwirklichung dieser Friedensordnung. Der Völkerbund wurde auch zum Instrument der europäischen Sieger, Deutschland niederzuhalten.

Während im Ersten Weltkrieg die Verteidigungsmittel überwogen (Schützengraben, Artillerie, Maschinengewehr), zielte der totale Krieg des Zweiten Weltkriegs auf die totale Vernichtung des Gegners mithilfe überlegener Angriffswaffen (Panzer, Luftwaffe). Im Luftkrieg und durch die Atombombe wurde der Krieg auf die **Vernichtung der Zivilbevölkerung** ausgedehnt. Zugleich entstand im Partisanenkrieg eine international nicht anerkannte Form des verdeckten Kampfes hinter den gegnerischen Linien.

Im Zweiten Weltkrieg nahm US-Präsident Roosevelt die Idee der kollektiven Friedenswahrung durch die Gründung der **Vereinten Nationen** wieder auf. Der Gedanke des Kriegsverbrechens führte zur Verurteilung der Kriegsverbrecher vor einem Gericht der Sieger (Nürnberger Prozesse) und zur Vorstellung der kollektiven Schuld des ganzen deutschen Volkes. Nach der bedingungslosen Kapitulation zeigten sich unter den Siegern jedoch Gegensätze, die einen Friedensvertrag unmöglich machten; der Mangel an Kompromissbereitschaft führte zur Teilung umstrittener Gebiete (Deutschland, Korea) und zu **Massenaustreibungen und -umsiedlungen**.

Mit dem Sieg der Sowjetunion im Zweiten Weltkrieg und ihrem Aufstieg zur Weltmacht trat Lenins Ideologie vom revolutionären Krieg, von der Revolution im Weltmaßstab ihren Siegeszug an. An die Stelle des nationalen Krieges trat der Krieg als sozialer Befreiungskrieg, als **internationaler Klassenkampf** quer zu den Grenzen der Staaten und Nationen, als „Krieg der unterdrückten Klassen und Völker gegen Kapitalisten und Imperialisten". Frieden erscheint nach dieser Auffassung nur im Weltmaßstab und nach Beseitigung jeder Unterdrückung möglich und wirksam (Frieden durch Weltrevolution). In den ehemaligen Kolonien verbanden sich **nationaler und sozialer Befreiungskrieg** gegen den Imperialismus. Der **Guerillakrieg** als revolutionärer Volkskrieg erwies sich als das Mittel, den Befreiungskampf gegen einen überlegenen, technisch hochgerüsteten Gegner zu gewinnen (Mao Tse-tung), wie es im Vietnamkrieg sichtbar wurde.

Der Zweite Weltkrieg ging in den **„Kalten Krieg"** zwischen den Siegermächten, das europäische Mächtesystem in den Ost-West-Konflikt der beiden Machtblöcke über. Die Durchbrechung des amerikanischen Atomwaffenmonopols führte zum Wettrüsten der Supermächte. Der Weltfrieden beruhte im Wesentlichen auf einem **Gleichgewicht des Schreckens** (Theorie der Abschreckung). Vor allem die Erfahrung der Kubakrise 1962 zwang die USA und die Sowjetunion zu Rüstungsvereinbarungen und zur grundsätzlichen Koexistenz, da die atomare Konfrontation in der Selbstvernichtung zu enden drohte. Außerdem begannen die ungeheueren Kosten des Rüstungswettlaufs die Mittel des Staatshaushalte für andere Bedürfnisse aufzuzehren. Seit der Phase der Koexistenz und Entspannung verlagerte sich der Machtkampf auf die Ebene ideologischer, wirtschaftlicher und weltpolitischer Konkurrenz (Ausbreitung ihrer politischen Systeme unter den jungen Staaten der Dritten Welt). An die Stelle der direkten militärischen Konfrontation traten die **„Stellvertreterkriege"** mit konventionellen Waffen unterhalb der Atomschwelle (z. B. Nahostkonflikt), deren Verlauf durch die Supermächte im Sinne der Bewahrung des Gleichgewichts kontrolliert wurde.

Nach einer Phase der amerikanischen Vorherrschaft in der UNO gerieten mit dem Eintritt der jungen afrikanischen und asiatischen Staaten die beiden Großmächte und die Industrieländer in die Minderheit; sie begannen den Ausgleich ihrer Interessen z. T. an der UNO vorbei in zweiseitigen Verhandlungen zu suchen. Mit der Vergrößerung des Entwicklungsgefälles zwischen den Industriestaaten und den Entwicklungsländern wurde der Ost-West-Konflikt zeitweise durch den Nord-Süd-Konflikt überlagert. Dabei versuchten die Rohstoffländer, insbesondere die Ölstaaten (OPEC), ihre Rohstoffe als Waffe im Verteilungskampf einzusetzen, eine Waffe, die bei stärkerer Ölförderung der Industrieländer und ansteigenden Rohstoffvorräten zunehmend stumpf wurde. Parallel dazu rüsteten etliche Staaten in der Dritten Welt jedoch erheblich auf und gewannen auch die (wahrscheinliche) Fähigkeit zur Herstellung von Atomwaffen, so dass mit der Möglichkeit regionaler Atomkriege und (künftig) auch einer militärischen Bedrohung der westlichen Länder gerechnet werden musste. Mit dem Ende des Ost-West-Konflikts konnten – meist unter Einschaltung der Vereinten Nationen – ab dem Ende der 80er Jahre eine Reihe zwischen- und innerstaatlicher Kriege beendet werden, so dass die Hoffnung wuchs, die in Nord und Süd frei werdenden Rüstungsmittel könnten für die Entwicklung eingesetzt werden. Der Optimismus verflog allerdings bald, als sich zeigte, dass das Ende des Ost-West-Konflikts eher noch eine **Vermehrung innerstaatlicher Kriege** brachte, die durch Frieden schaffende Einsätze der Vereinten Nationen nicht oder nur teilweise eingedämmt werden konnten. Zudem wuchsen Befürchtungen hinsichtlich neuer Frieden gefährdender Entwicklungen, etwa der durch Bürgerkriege und die Bevölkerungsexplosion in der Dritten Welt ausgelösten Flüchtlingsströme oder der aus der weltweiten wirtschaftlichen und technischen Entwicklung erwachsenen Gefahren einer globalen Klimaerwärmung, der Vernichtung der Ozonschicht oder des Umsichgreifens international vernetzter terroristischer bzw. krimineller Vereinigungen. Diese globalen Gefahren können nur durch weltweite Zusammenarbeit entschärft werden.

T 2 Prinzipien des humanitären Völkerrechts

Die Verträge des humanitären Völkerrechts zur Begrenzung der Kriegsführung und zum Schutz der Zivilbevölkerung in bewaffneten Konflikten (im Wesentlichen die so genannten **Genfer Konventionen von 1949 ff.**) stellen ein äußerst dichtes Regelwerk dar. Die wichtigsten Bestimmungen sind:
– Personen, die nicht oder nicht mehr an den Feindseligkeiten teilnehmen, haben unterschiedslos Anspruch auf Achtung ihres Lebens, ihrer körperlichen und geistigen Unversehrtheit und auf Schutz;
– Feinde, die die Waffen strecken, dürfen weder verwundet noch getötet werden;
– Verwundete sind zu bergen und zu pflegen. Die Schutzzeichen (z. B. Rotes Kreuz) sind zu respektieren;
– gefangen genommene Kämpfer und Zivilisten haben Anspruch auf Achtung ihres Lebens, ihrer Würde, persönlicher Rechte und Überzeugungen, das Recht des Postverkehrs, Hilfssendungen zu empfangen, das Recht auf angemessene Ernährung, Kleidung und medizinische Versorgung;
– sie dürfen nicht gefoltert und entwürdigend bchandelt werden und dürfen nicht für Handlungen verantwortlich gemacht werden, die sie nicht begangen haben;
– Waffen und Kriegsmethoden, die überflüssige Leiden und Verluste verursachen, sind verboten;
– in Kampfhandlungen muss zwischen Zivilisten und Soldaten unterschieden werden. Die Zivilbevölkerung darf nicht zum Angriffsziel werden. Angriffe sollen ausschließlich gegen militärische Ziele gerichtet sein.

Q 4 Grundsätze des internationalen Militärtribunals in Nürnberg 1946 nach dem amerikanischen Anklagevertreter Dr. Robert Kempner

[Die wichtigsten Rechtssätze lauten:] „Einen Angriffskrieg zu beginnen, ist … das schwerste internationale Verbrechen" … Von größter Bedeutung für alle Kriegshetzer ist …, dass individuelle Personen für das Verbrechen des Angriffskrieges verantwortlich sind. „Jede Einzelperson hat internationale Pflichten, die ihren Gehorsamspflichten gegenüber dem eigenen Staat vorangehen …" [d. h.], dass niemand den Vorwurf eines Verbrechens damit entkräften kann, dass er auf Befehl gehandelt habe …, so dass niemand sich mehr in Zukunft darauf berufen kann, er braucht „ungeschriebene" Rechtssätze nicht zu achten … – Nürnberg, den 1. Oktober 1946 und Landowne, Pennsylvania. (7)

T 3 Der Völkerbund in Genf 1919–1946

Der Völkerbund, der im Wesentlichen durch die Initiative des US-Präsidenten Wilson entstand, wurde auf der Versailler Friedenskonferenz 1919 gegründet. Seine Satzung war Bestandteil des Versailler Vertrages. Mitglieder waren zunächst die 32 alliierten und 13 neutralen Staaten (die USA traten dem Völkerbund nicht bei). Später wurden unter anderem Österreich (1920), Deutschland (1926) und die UdSSR (1934) aufgenommen; ausgeschieden sind Brasilien (1926), Japan und Deutschland (1933) und Italien (1937); die UdSSR wurde im Zusammenhang mit dem finnisch-sowjetischen Winterkrieg ausgeschlossen (1940).

Die **Entscheidungsorgane** waren: die Bundesversammlung (jeder Staat eine Stimme), der Völkerbundsrat mit fünf ständigen (England, Frankreich, Italien, Japan, Deutschland [1926–1933], dann die UdSSR [1934–1940]) und – zuletzt – neun nichtständigen Mitgliedern. Das Ständige Sekretariat hatte seinen Sitz in Genf. Beschlüsse der Bundesversammlung oder des Rates erforderten Einstimmigkeit.

Der Rat trat drei- bis viermal jährlich zusammen. Seit den 30er Jahren verlor der Völkerbund vor allem durch die Aggressionspolitik der faschistischen Staaten jeden Einfluss auf die internationale Politik und konnte so den Ausbruch des Zweiten Weltkriegs nicht verhindern.

Politische Nebenorgane: Ständige Mandatskommission, Hoher Kommissar für Danzig, Regierende Kommission für das Saargebiet, Hochkommissariat für Flüchtlingshilfe u. a.

Technische Nebenorgane für: Verkehr, Gesundheitswesen (Leprastudienzentrale), Wirtschaft und Finanzen, Bekämpfung der Sklaverei, des Opiumhandels und schädlicher Drogen, Schlafkrankheit u. a.

Angegliederte selbstständige Organisationen: Ständiger Internationaler Gerichtshof, Internationale Arbeitsorganisation, Amt für Flüchtlingswesen, Komitee für Luftschifffahrt, Hydrographisches Büro, Büro für Ausländerhilfe, Zentralstelle zur Überwachung des Spirituosenhandels in Afrika.

Q 5 Die wichtigsten Bestimmungen der Völkerbundssatzung

Art. 8: Nationale Abrüstung bis zu einem Minimum, das mit der nationalen Sicherheit … vereinbar ist. – Art. 10: Gegenseitige Anerkennung der territorialen Integrität und der politischen Unabhängigkeit der Mitglieder. – Art. 12: Ein Streit zwischen Mitgliedern, der den Frieden gefährdet, ist einem Schiedsgericht vorzulegen. – Art. 13: Die Mitglieder [haben] die … Entscheidungen [des Schiedsgerichts] anzuerkennen und zu verwirklichen. – Art. 16: Ein Mitglied, das Krieg beginnt, befindet sich automatisch im Krieg mit allen Mitgliedern des Völkerbundes. Diese brechen sogleich alle Handels- und Finanzbeziehungen mit ihm ab (Sanktionen). – Art. 23: Weitere Aufgaben: … Sorge für gute Arbeitsbedingungen, Überwachung des Rauschgift- und Waffenhandels, Garantie des freien Handels, Maßnahmen gegen Krankheiten. – Art. 25: Das Rote Kreuz und ähnliche Organisationen sind zu unterstützen. (8) Über die Bildung einer wirksamen Streitmacht enthielt die Völkerbundssatzung keine Angaben.

T 4 Was der Völkerbund nicht verhindern konnte

Die Besetzung des Ruhrgebiets durch Frankreich 1923; die Eroberung Abessiniens durch Italien 1935/36; das Eingreifen Deutschlands und des faschistischen Italiens in den spanischen Bürgerkrieg 1936; den Angriff der Sowjetunion auf Finnland 1939/40; die Besetzung der Mandschurei durch Japan 1931 und den Angriff auf China 1937; die Besetzung der Tschechoslowakei durch Deutschland 1939; den Ausbruch des Zweiten Weltkrieges.

T 5 Die Vereinten Nationen in New York

Die Vereinten Nationen (United Nations Organization) wurden 1945 unter Führung der Siegermächte des Zweiten Weltkriegs gegründet. Am 26. Juni 1945 unterzeichneten 50 Staaten in San Francisco die „Charta der Vereinten Nationen". (Die Sowjetunion war mit drei Stimmen vertreten: UdSSR, Ukraine, Weißrussland; Polen unterzeichnete als 51. Mitglied später.) Die Organe der Vereinten Nationen sind: die Generalversammlung, der Sicherheitsrat, der Wirtschafts- und Sozialrat, der Treuhandrat, der Internationale Gerichtshof und das Sekretariat.

In der **Generalversammlung**, die mindestens einmal jährlich zusammentritt, hat jedes Mitglied Sitz und Stimme. Ihre Beschlüsse haben den Charakter von „Empfehlungen". Ihre Durchsetzbarkeit hängt von der öffentlichen Weltmeinung und der Haltung der Großmächte ab (z. B. Frage der Apartheid in Südafrika).

Der **Sicherheitsrat** setzt sich aus fünf ständigen Mitgliedern, die jeweils ein Vetorecht besitzen, zusammen – Frankreich, Großbritannien, UdSSR bzw. GUS, USA, die Republik China (seit 1971 die Volksrepublik China) –, und zehn nichtständigen Mitgliedern. Eine Reform, insbesondere die Erhöhung der Anzahl der ständigen Mitglieder, wird diskutiert.

Der **Wirtschafts- und Sozialrat**, der der Generalversammlung verantwortlich ist, befasst sich mit Fragen des wirtschaftlichen und sozialen Fortschritts, gibt Studien in Auftrag und hat weitere Ausschüsse und Hilfsorganisationen zur Verfügung.

Der **Treuhandrat**, zuständig für die seit 1918 unter internationales Mandat gestellten Kolonien, verlor durch Entkolonialisierung stark an Einfluss.

Der **Internationale Gerichtshof in Den Haag** geht auf den Internationalen Gerichtshof des Völkerbundes zurück. An der Spitze des **Sekretariats** steht der auf fünf Jahre von der Generalversammlung gewählte Generalsekretär. Er kann Fälle von Friedensbedrohung vor den Sicherheitsrat bringen.

Die Einrichtungen des Völkerbundes gingen zum großen Teil auf die Vereinten Nationen über. 1997 waren fast alle unabhängigen Staaten der Erde (185) Mitglied der UN. Die Bundesrepublik Deutschland und die DDR traten 1973 als 134. und 133. Staat bei. Die Finanzierung erfolgt nach dem Pro-Kopf-Einkommen der Bevölkerung. So zahlten die USA 1995–1997 25%, Japan 15,65%, Deutschland 9,06% und Russland 4,27%, die weitaus meisten Mitglieder dagegen nur 0,01% des Jahreshaushalts.

Zwei Problemkreise haben die Gewichte der Vereinten Nationen seit 1945 stark bestimmt: Der Ost-West-Gegensatz lähmte die Arbeit der Vereinten Nationen vor allem durch das Veto im Sicherheitsrat. Seit Beginn der 70er Jahre wurde die Generalversammlung zu einer Plattform der zahlenmäßig stärker vertretenen Entwicklungsländer; diese Staaten versuchten ihre Interessen hinsichtlich einer Reform der Weltwirtschaftsordnung gegenüber den Industrieländern durchzusetzen. Außerdem stieg die Bedeutung der Vereinten Nationen im Bereich der Friedenssicherung. Nachdem der ursprüngliche Optimismus über das Entstehen einer neuen Weltordnung verflogen war, zeigten sich bald die Grenzen der UN bei der Friedenswahrung. Parallel dazu haben sich die Aktivitäten der UN auf neue, globale Probleme (Schutz der Umwelt, Menschenrechte, Weltbevölkerung etc.) ausgedehnt.

UNO-Sonderorganisationen: ILO Internationale Arbeiterorganisation – FAO Ernährungs- und Landwirtschaftsorganisation – IFAD Internationaler Fonds für landwirtschaftliche Entwicklung – UNESCO Erziehungs-, Wissenschafts- und Kulturorganisation – WHO Weltgesundheitsorganisation – IMF Internationaler Währungsfonds – IBRD Weltbank – UNIDO Organisation für industrielle Entwicklung – IFC Internationale Finanzgesellschaft – ICAO Internationale Zivilluftfahrt – UPU Weltpostverein – ITU Internationale Fernmeldeunion -- IMCO Zwischenstaatliche Beratende Schifffahrtsorganisation – IAEO Internationale Atomenergie-Organisation – WTO Welthandelsorganisation – OTC Organisation für Handelskooperation – WMO Weltwetterdienst

Weitere UNO-Einrichtungen: UNHCR Hochkommissariat für Flüchtlinge – UNICEF Weltkinderhilfswerk – UNCTAD Konferenz für Handel und Entwicklung – WFP Welternährungsprogramm – UNEP Umweltprogramm – UNDP Entwicklungsprogramm

Q 6 Charta der Vereinten Nationen, 26. Juni 1945

Wir, die Völker der Vereinten Nationen – fest entschlossen, künftige Geschlechter vor der Geißel des Krieges zu bewahren …, unseren Glauben an die Grundrechte des Menschen, an Würde und Wert der menschlichen Persönlichkeit, an die Gleichberechtigung von Mann und Frau sowie von allen Nationen, ob groß oder klein, erneut zu bekräftigen – haben beschlossen …, [für diese] Ziele zusammenzuwirken …

Art. 7: Aus dieser Charta kann eine Befugnis … zum Eingreifen in die inneren Angelegenheiten eines Staates … nicht abgeleitet werden. – Art. 18: Beschlüsse der Generalversammlung über wichtige Fragen bedürfen einer Zweidrittelmehrheit … – Art. 27: Beschlüsse des Sicherheitsrats … bedürfen der Zustimmung von sieben

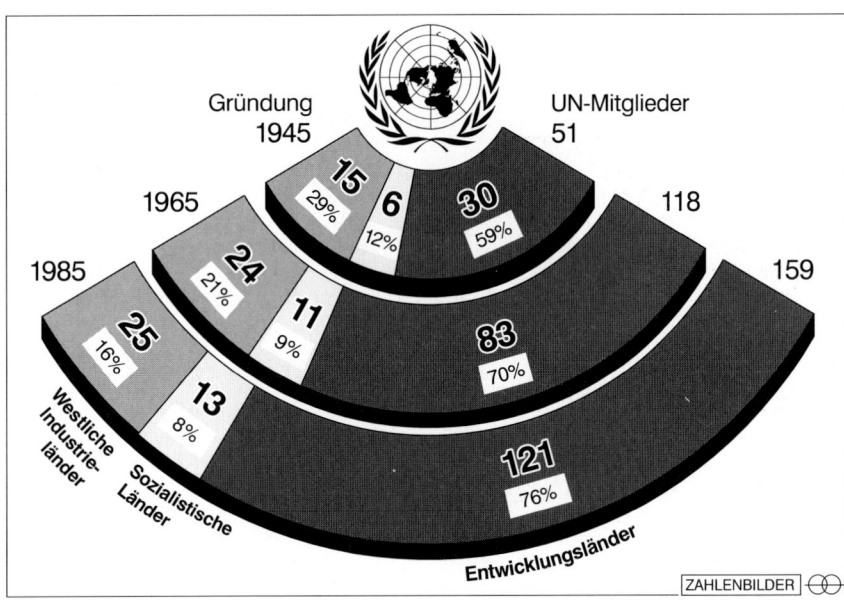

Gründung 1945   UN-Mitglieder 51

1965   118

1985   159

15 29% 6 12% 30 59%

24 21% 11 9% 83 70%

25 16% 13 8% 121 76%

Westliche Industrieländer

Sozialistische Länder

Entwicklungsländer

ZAHLENBILDER

615 650

© Erich Schmidt Verlag

B 1   Die Dritte Welt in den Vereinten Nationen. Jedes Mitglied der Vereinten Nationen hat unabhängig von der Größe des Landes eine Stimme in der Vollversammlung. Dutzende von Kleinstaaten haben weniger als eine Mio. Einwohner, China dagegen über eine Mrd., Indien 890 Mio., die USA 240 Mio.

Mitgliedern einschließlich sämtlicher ständigen Mitglieder … – Art. 41/42: Der Sicherheitsrat kann [als] … Maßnahmen [beschließen:] … die vollständige oder teilweise Unterbrechung der Wirtschaftsbeziehungen …, den Abbruch der diplomatischen Beziehungen … [Er] kann … mit Luft-, See- oder Landstreitkräften die zur Wahrung … des Weltfriedens … erforderlichen Maßnahmen durchführen … [Nähere Bestimmungen über die Aufstellung einer Streitmacht fehlen.] – Art. 55: Um … Stabilität und Wohlstand herbeizuführen …, fördern die Vereinten Nationen a) die Verbesserung des Lebensstandards, die Vollbeschäftigung … b) die Lösung internationaler Probleme wirtschaftlicher, sozialer, gesundheitlicher und verwandter Art … c) die allgemeine Achtung und Verwirklichung der Menschenrechte und Grundfreiheiten. (9)

T 6   Was leisten die UN?

a) Was die UN nicht verhindern konnten
Den Ausbruch des arabisch-israelischen Krieges 1948/49 und alle folgenden Nahostkriege 1956, 1967, 1973; den Angriff Nordkoreas auf Südkorea 1950; die Besetzung Tibets durch die Volksrepublik China 1951, die Verschleppung der Tibetaner 1959/60; die Niederschlagung der Volksaufstände in der DDR 1953, in Ungarn 1956, den Einmarsch der Warschauer-Pakt-Staaten in die ČSSR 1968; den Bürgerkrieg in Algerien 1954–1962; den Krieg in Vietnam 1957–1973; den Krieg in Biafra 1967–1970; den Bürgerkrieg in Bangladesch; das Eingreifen Kubas in Angola 1975; die Besetzung Afghanistans durch die UdSSR 1979; den 1. Golfkrieg zwischen Iran und Irak 1980–1988; den Bürgerkrieg im

ehemaligen Jugoslawien (1990 ff.); den Bruch des Waffenstillstandes in Angola (1992); den Staatszerfall Somalias (1993); den Bürgerkrieg in Albanien (1997); die Auseinandersetzungen zwischen Serben und Albanern im Kosovo (1998).

b) Was die UN unter anderem leisteten
Zurückdrängung der Nordkoreaner aus Südkorea mithilfe amerikanischer Streitkräfte 1950; Waffenstillstände in den Nahostkriegen in Verbindung mit den Supermächten USA und UdSSR; Abbruch der Besetzung des Suezkanals durch Streitkräfte Englands und Frankreichs 1956 im Zusammenwirken mit den USA und der UdSSR; Vermittlung im Kaschmirkonflikt zwischen Indien und Pakistan 1948/49; Vermittlung im Kongo 1960/64; Vermittlung in Zypern 1964; Friedensvermittlung im Krieg zwischen Iran und Irak, in Afghanistan, El Salvador, Angola und Mosambik (1988–1992), Friedensschaffung und Hilfe bei der Wahl einer demokratischen Regierung in Namibia und Kambodscha (1990 bzw. 1991); Entsendung von UN-Truppen in zahlreiche Krisengebiete zur Trennung gegnerischer Streitkräfte und zur Sicherung humanitärer Hilfe; Flüchtlingshilfe in vielen Teilen der Erde.

Q 7   Allgemeine Erklärung der Menschenrechte der UNO, 20. Dezember 1948
Präambel: [Die] Schaffung einer Welt, in der die Menschen frei von Furcht und Not [sind und in der ihnen] Rede- und Glaubensfreiheit … [und] die Menschenrechte durch die Herrschaft des Rechtes [garantiert sind].

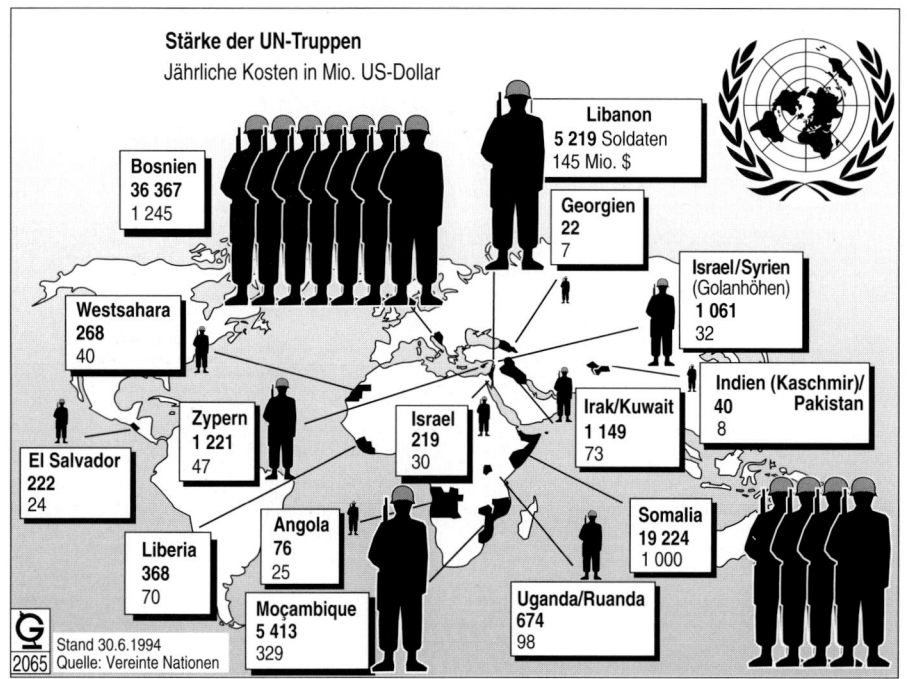

Stärke der UN-Truppen
Jährliche Kosten in Mio. US-Dollar

Libanon
5 219 Soldaten
145 Mio. $

Bosnien
36 367
1 245

Georgien
22
7

Israel/Syrien
(Golanhöhen)
1 061
32

Westsahara
268
40

Indien (Kaschmir)/
40 Pakistan
8

Zypern
1 221
47

Israel
219
30

Irak/Kuwait
1 149
73

El Salvador
222
24

Angola
76
25

Somalia
19 224
1 000

Liberia
368
70

Moçambique
5 413
329

Uganda/Ruanda
674
98

Stand 30.6.1994
2065 Quelle: Vereinte Nationen

K 1 Friedensmissionen der UNO bis 1994

1. Nennen Sie die Regionen der Welt, in denen die UNO besonders aktiv war.
2. Erläutern Sie die Hintergründe der UN-Einsätze.
3. Stellen Sie Vermutungen darüber an, warum bestimmte Zeiträume besonders oft vertreten sind.

Art. 2: Jeder Mensch hat Anspruch auf [diese] … Rechte, ohne … Unterscheidung … nach Rasse, Farbe, Geschlecht, Sprache, Religion, politischer Überzeugung, nationaler oder sozialer Herkunft, Eigentum, Geburt … – Art. 3: Jeder Mensch hat das Recht auf Leben, Freiheit und Sicherheit der Person. – Art. 9: Niemand darf willkürlich festgenommen, in Haft gelassen oder des Landes verwiesen werden. – Art. 13: Jeder … hat das Recht, jedes Land, einschließlich seines eigenen, zu verlassen sowie … zurückzukehren. – Art. 16: Heiratsfähige Männer und Frauen haben ohne Beschränkung durch Rasse, Staatsbürgerschaft oder Religion das Recht, eine Ehe zu schließen. Sie haben … gleiche Rechte. – Art. 19: Jeder … hat das Recht auf freie Meinungsäußerung. (10)

1. Vergleichen Sie diese Artikel mit denen des Völkerbundes (Q 5). Stellen Sie Übereinstimmungen und Unterschiede fest und zeigen Sie, wo die Artikel der Vereinten Nationen über die des Völkerbundes hinausgehen.
2. Beurteilen Sie die Durchsetzbarkeit dieser Menschenrechte in einzelnen Ländern.

Q 8 Die UNO – neuer Hoffnungsträger nach dem Ende des Ost-West-Konflikts?

a) Eigentlich können die Vereinten Nationen mit ihrem ersten halben Jahrhundert sehr zufrieden sein. Im Gegensatz zum Völkerbund haben sie … nicht nur überlebt, sondern sich gefestigt und ausgeweitet. Seit 1985 werden sie auch auf dem wichtigsten Sach-

bereich, dem der Sicherheit, reaktiviert. Hatte der Sicherheitsrat 1987 nur 15 Entschließungen verabschiedet, so waren es 1994 bereits 78. Die Zahl der Friedenssicherungsaktionen stieg im gleichen Zeitraum von fünf auf 17, die der Blauhelme von 10 000 auf 75 000. Für ihren Einsatz beim ersten Golfkrieg erhielten die Blauhelme den Friedensnobelpreis. Es gibt kaum ein innen- und außenpolitisches Krisengebiet der Gegenwart, an dessen Beruhigung die Vereinten Nationen … nicht mitwirken … Nachdem sich die Starre [des Ost-West-Konflikts] zu lösen begonnen hatte, wandten [sie] sich zunehmend allen Problemen globaler Reichweite zu, insbesondere denen der Umwelt, des Drogenhandels, des Terrorismus und des organisierten Verbrechens. (11)

b) Die Party ist vorbei. Die allgemeine Euphorie über eine neue, aktive Rolle der UNO als zentralem Element einer neuen Weltordnung hat einer ebenso breiten Ernüchterung Platz gemacht. Die UNO ist an ihrer neuen Rolle gescheitert … Ihre Hilflosigkeit wird immer wieder drastisch demonstriert. Aber ihr Scheitern liegt nur in geringem Maße an den eigenen Fehlern. Es [rührt vor allem daher], dass die UNO mit der Lösung zunehmend komplexer Probleme betraut wird, … ohne dass man ihr die nötigen Instrumente überließe. Außerdem scheitert sie an überdehnten und unrealistischen Erwartungen. In letzter Instanz haben aber beide Ursachen des Versagens ihren Hintergrund in der Tatsache, dass die UNO heute kaum mehr als ein Instrument einiger Großmächte ist und ihr Spielraum sich an deren nationalen Eigeninteressen orientiert. (12)

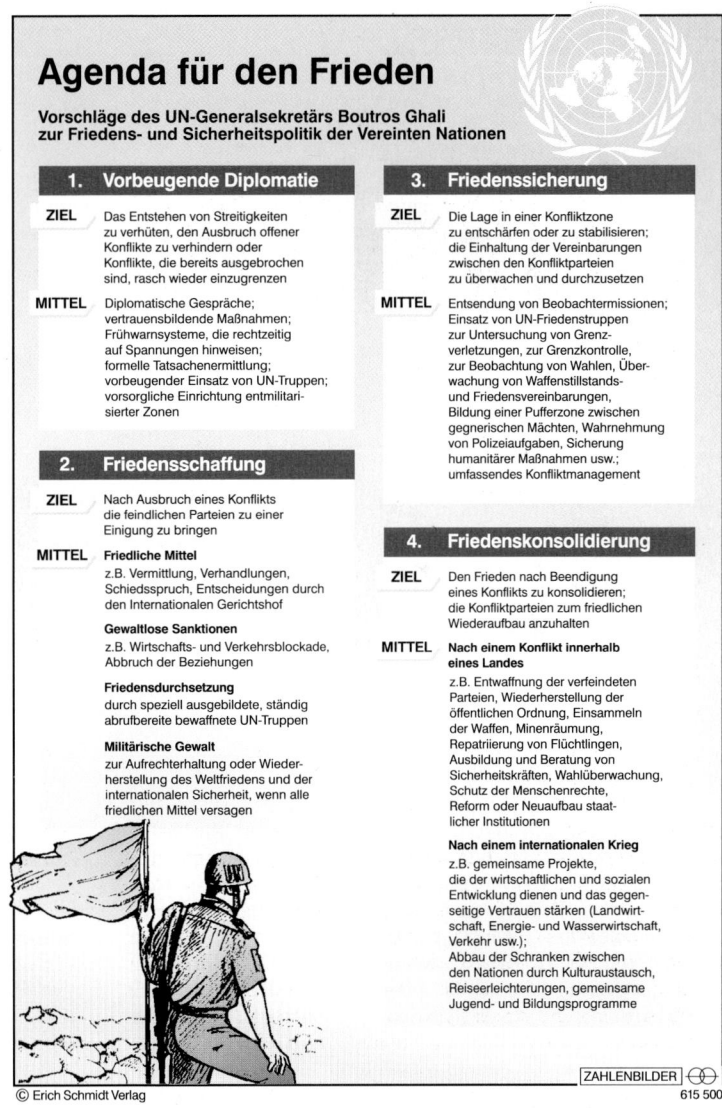

Agenda für den Frieden

Vorschläge des UN-Generalsekretärs Boutros Ghali zur Friedens- und Sicherheitspolitik der Vereinten Nationen

1. Vorbeugende Diplomatie

ZIEL — Das Entstehen von Streitigkeiten zu verhüten, den Ausbruch offener Konflikte zu verhindern oder Konflikte, die bereits ausgebrochen sind, rasch wieder einzugrenzen

MITTEL — Diplomatische Gespräche; vertrauensbildende Maßnahmen; Frühwarnsysteme, die rechtzeitig auf Spannungen hinweisen; formelle Tatsachenermittlung; vorbeugender Einsatz von UN-Truppen; vorsorgliche Einrichtung entmilitarisierter Zonen

2. Friedensschaffung

ZIEL — Nach Ausbruch eines Konflikts die feindlichen Parteien zu einer Einigung zu bringen

MITTEL — **Friedliche Mittel**
z.B. Vermittlung, Verhandlungen, Schiedsspruch, Entscheidungen durch den Internationalen Gerichtshof

Gewaltlose Sanktionen
z.B. Wirtschafts- und Verkehrsblockade, Abbruch der Beziehungen

Friedensdurchsetzung
durch speziell ausgebildete, ständig abrufbereite bewaffnete UN-Truppen

Militärische Gewalt
zur Aufrechterhaltung oder Wiederherstellung des Weltfriedens und der internationalen Sicherheit, wenn alle friedlichen Mittel versagen

3. Friedenssicherung

ZIEL — Die Lage in einer Konfliktzone zu entschärfen oder zu stabilisieren; die Einhaltung der Vereinbarungen zwischen den Konfliktparteien zu überwachen und durchzusetzen

MITTEL — Entsendung von Beobachtermissionen; Einsatz von UN-Friedenstruppen zur Untersuchung von Grenzverletzungen, zur Grenzkontrolle, zur Beobachtung von Wahlen, Überwachung von Waffenstillstands- und Friedensvereinbarungen, Bildung einer Pufferzone zwischen gegnerischen Mächten, Wahrnehmung von Polizeiaufgaben, Sicherung humanitärer Maßnahmen usw.; umfassendes Konfliktmanagement

4. Friedenskonsolidierung

ZIEL — Den Frieden nach Beendigung eines Konflikts zu konsolidieren; die Konfliktparteien zum friedlichen Wiederaufbau anzuhalten

MITTEL — **Nach einem Konflikt innerhalb eines Landes**
z.B. Entwaffnung der verfeindeten Parteien, Wiederherstellung der öffentlichen Ordnung, Einsammeln der Waffen, Minenräumung, Repatriierung von Flüchtlingen, Ausbildung und Beratung von Sicherheitskräften, Wahlüberwachung, Schutz der Menschenrechte, Reform oder Neuaufbau staatlicher Institutionen

Nach einem internationalen Krieg
z.B. gemeinsame Projekte, die der wirtschaftlichen und sozialen Entwicklung dienen und das gegenseitige Vertrauen stärken (Landwirtschaft, Energie- und Wasserwirtschaft, Verkehr usw.); Abbau der Schranken zwischen den Nationen durch Kulturaustausch, Reiseerleichterungen, gemeinsame Jugend- und Bildungsprogramme

ZAHLENBILDER

© Erich Schmidt Verlag   615 500

B 2   Agenda für den Frieden

Q 9   Probleme der UN-Friedenssicherung

a) Kritik an der UNO lässt sich auf sehr unterschiedlichen Ebenen vortragen ... „Organisatorisch" ist sie eine Katastrophe. Wir wollen den Punkt nicht vertiefen, sondern uns darauf beschränken, dass sie aufgebläht und ineffektiv ist. Das mag nicht weiter verwundern; bei so vielen Mitgliedern liegt der Gedanke nahe, dass viele Köche den Brei verderben müssen ... Wichtiger ist, dass die UNO traditionell am Rande des Bankrotts balanciert und dass sich ihre finanzielle Lage nicht entsprechend den zugenommenen Aufgaben verbessert hat, ... selbst die ihr zustehenden Beiträge werden oft nicht bezahlt oder treffen mit jahrelanger Verspätung ein. Der traditionell größte Schuldnerstaat sind die USA ... Es gibt keinerlei Möglichkeit, eine pünktliche Zahlung durchzusetzen ... Dieser Punkt ... hat wichtige politische Auswirkungen: Die Einsätze von UNO-Friedenstruppen werden absichtsvoll und dauerhaft finanziell kurz gehalten, sie bewegen sich meistens am Rande der Pleite. (13)

b) Die UNO soll heute Konfliktparteien zum Frieden zwingen, sie soll Wahlen beaufsichtigen oder gar durchführen, Militär und Guerillas entwaffnen, unter bewaffnetem Schutz humanitäre Hilfe leis-

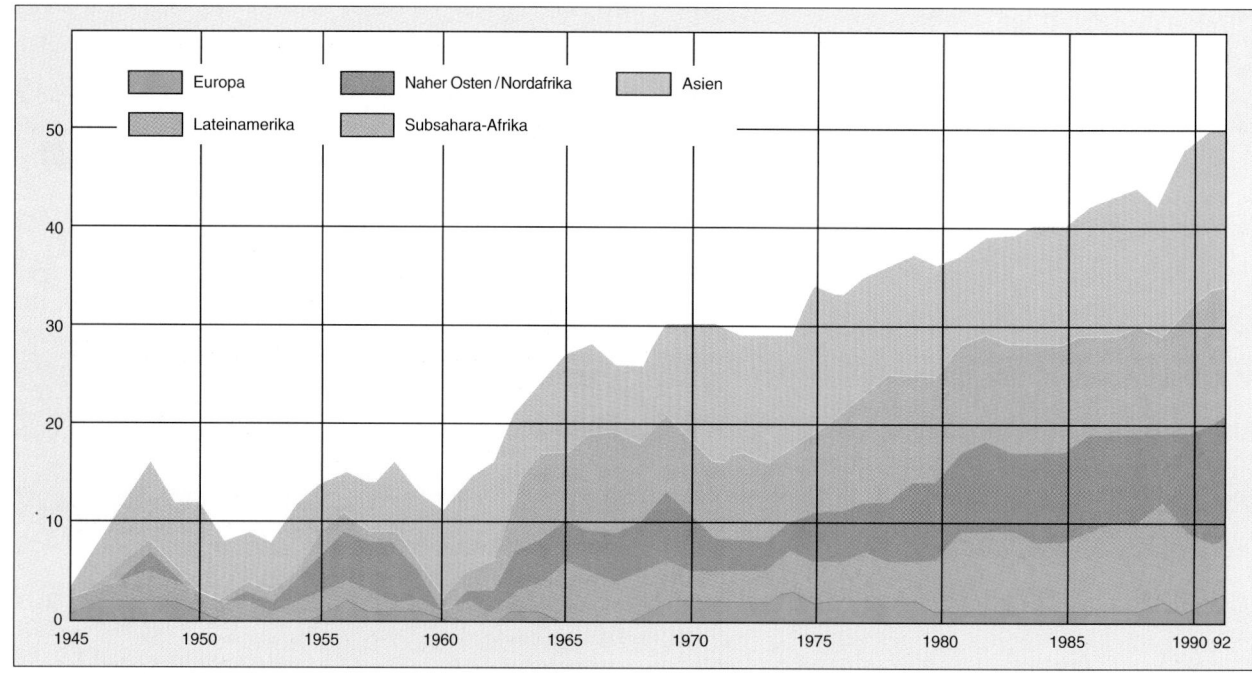

B 3   Zahl der kriegerischen Konflikte 1945–1992 nach Regionen

Kommentieren Sie das Diagramm.

ten oder Massenvernichtungsmittel zerstören helfen. Auf nichts davon ist sie vorbereitet. Was aber viel wichtiger ist: Manche dieser Aufgaben sind nicht oder kaum ... erfüllbar. Nehmen wir die Entwaffnung von Guerillaverbänden. Eine Voraussetzung dafür ist ..., dass diese ihrer Entwaffnung zustimmen. Wenn aber ... die Roten Khmer im kambodschanischen Dschungel ihrer Entwaffnung ausweichen oder sich ihr widersetzen – was soll die UNO tun? Wenn sie sich auf politische Appelle ... beschränkt, dann demonstriert sie nur ihre Impotenz. Die Alternative wäre ein gewaltsames Vorgehen, die Zwangsentwaffnung. Genau das ist aber leichter gefordert als realisiert. Die USA in Indochina, Frankreich in Algerien, die Sowjetunion in Afghanistan, Indien in Sri Lanka – es könnten beliebig viele weitere Beispiele dafür angeführt werden, wie hilflos große Mächte mit überwältigender Feuerkraft dabei gewesen sind, militärisch weit unterlegene Guerillakräfte zu schlagen oder zu entwaffnen ... Die Forderung an die UNO, die Roten Khmer zwangsweise ... zu entwaffnen, bedeutet nichts weniger, als sie mit der Führung eines weiteren Indochinakrieges zu beauftragen – aber diesmal mit nur 22 000 Soldaten, ohne Geld und militärische Schlagkraft ... Auch eine Versöhnung zwischen Konfliktparteien erzwingen zu sollen, die sich gar nicht versöhnen wollen – keine Seltenheit in Regionalkonflikten – ist eine reichlich aussichtslose Unternehmung ... Welche Machtmittel könnten die Vereinten Nationen denn einsetzen, um eine Verständigung zu er-

zwingen ...? Wirtschaftssanktionen, die von den eigenen Mitgliedstaaten gebrochen werden und die Gefahr mit sich bringen, die Zivilbevölkerung stärker als die politisch Verantwortlichen zu treffen? Militärische Einsätze gegen beide ... Konfliktparteien oder besser mit einer Seite gegen eine andere? (14)

Q 10   Wie können die Vereinten Nationen effektiver gemacht werden?

In Bosnien, Somalia, Angola, Kambodscha und der Westsahara sind die traditionellen Blauhelmeinsätze in massive Schwierigkeiten geraten. So genannte Regierungen, Konfliktparteien, regionale [Kriegsführer], ja sogar [streunende] Banden spielten mit den Vereinten Nationen Katz und Maus. Waffenstillstände, gerade vereinbart, werden reihenweise gebrochen, ja die Vereinbarung von Waffenstillständen wird zum Vorspiel für mehr Kämpfe, für mehr Opfer unter der Zivilbevölkerung. Die UN-Präsenz selbst wird zum Problem. Humanitäre Transporte, ebenfalls vereinbart, werden nach Belieben beschossen und zur Umkehr gezwungen ... Am Ende befinden sich die UN in der absurden Lage, dass sie – wie in Bosnien – gedrängt werden, Transporte im Rahmen der „ethnischen Säuberung" zu begleiten ..., damit diese wenigstens friedlich verlaufen, oder – wie in Somalia –, dass sie den Führern Tribut zahlen müssen, deren Bevölkerung sie mit Nahrungsmitteln und

Arzneien versorgen wollen … Die Stimmen, die diesem absurden Spiel ein Ende setzen wollen, werden schon seit einiger Zeit lauter. [Gefordert wird eine] neue Kategorie von UN-Streitkräften. Ihre wichtigste Aufgabe wäre, Waffenstillstände, humanitäre Hilfe und den Verhandlungsprozess insgesamt gegen unkontrollierte Gewaltausübung abzusichern. Diesem Katalog von Aufgaben ließen sich weitere hinzufügen, wie … die Absicherung von Flugplätzen und Häfen für humanitäre Transporte, von lebenswichtigen Versorgungseinrichtungen, von Staudämmen und Atomkraftwerken … sowie die Verhinderung von massenweiser ethnischer Vertreibung, Vergewaltigung und anderer Verbrechen gegen die Menschlichkeit. (15)

T 7 Kriegsliste 1994

Land	Beginn	Kriegstyp	Land	Beginn	Kriegstyp
Naher und Mittlerer Osten			**Asien**		
Afghanistan	1978	A-1/A-1	Myanmar (Birma)	1948	AB-2
Aserbaidschan (Nagorny-Karabach)	1990	B-2	Indien (Kaschmir)	1990	B-2
Georgien (Abchasien)	1992	B-2	Indien (Punjab)	1982	B-2
Irak (Kurdistan)	1976	BA-1	Indonesien (Ost-Timor)	1975	B-2
Irak (Schiiten)	1991	A-2	Kambodscha	1975	C-2/A-1
Israel (Palästina)	1968	B-2	Papua-Neuguinea (Bougainville)	1989	B-2
Jemen	1994	B-2	Philippinen (Moslem-Rebellen)	1970	B-2
Libanon	1975	ABC-1	Philippinen (Volksbefreiungsarmee)	1970	A-2
Russische Föderation (Inguschien)	1992	B-2	Sri Lanka (Tamilen)	1983	B-2/AB-1/B-1
Russische Föderation (Tschetschenien)	1994	B-2			
Tadschikistan	1992	A-1	**Lateinamerika**		
Türkei (Kurdistan)	1984	B-2	Guatemala	1980	A-2
			Kolumbien (linke Opposition)	1964	A-2
Afrika			Kolumbien (weitere linke Opposition)	1965	A-2
Algerien	1992	A-2	Mexiko	1994	B-2
Angola (Unita)	1961	ABC-1/A-2	Peru („leuchtender Pfad")	1980	A-2
Dschibuti	1991	AB-2	Peru (weitere linke Opposition)	1987	A-2
Liberia und Sierra Leone	1989	A-1			
Mali	1990	B-2	**Europa**		
Niger	1990	B-2	Bosnien-Herzegowina	1992	B-1
Ruanda	1990	A-1	Kroatien/Serbien	1991	C-2/B-2
Somalia	1988	AB-1	Nordirland	1969	B-2
Sudan	1983	BA-2			
Südafrika	1976	AB-2			
Tschad	1966	ABC-1			

Für den Kriegstyp werden folgende Abkürzungen verwendet:
A = Anti-Regime-Krieg; B = sonstiger innerstaatlicher Krieg (z. B. Kriege um Autonomie und Sezessionskriege); C = zwischenstaatlicher Krieg
AB, AC, ABC etc. bezeichnen entsprechende Mischtypen.
Die Kampfbeteiligung einer dritten, ausländischen Macht wird folgendermaßen angezeigt:
-1 = mit unmittelbarer Kampfbeteiligung; -2 = ohne unmittelbare Kampfbeteiligung   (16)

1. *Stellen Sie fest, welcher Kriegstyp am häufigsten vertreten ist.*
2. *Benennen Sie besonders friedliche bzw. konfliktträchtige Regionen. Geben Sie hierfür Gründe an.*

Q 11 Ursachen der Kriege nach 1945

a) Seit dem Zweiten Weltkrieg hat die Zahl ethnischer Konflikte stark zugenommen. Da sie im Unterschied zu zwischenstaatlichen Konflikten in der Regel von langer Dauer sind, wächst die Gesamtzahl der pro Jahr geführten Kriege stetig an. Weltweit fallen etwa zwei Drittel aller Kriege in die Kategorie ethnonationaler Konflikte, drei Viertel aller Konflikte haben deutlich identifizierbare ethnische Komponenten. Der Ethnonationalismus ist keineswegs ein neues Phänomen, er ist durch das Ende des Kalten Krieges nur verstärkt ins Blickfeld gerückt … Die Konfliktursachen sind in der Regel sehr komplex [umfassend, vielfältig verflochten]. Kämpfe sozialer Klassen und ethnischer Gruppen z. B. lassen sich nicht sauber trennen … Von den zurzeit bestehenden 190 Staaten sind nur wenige mononational, d. h. die meisten Staaten verfügen nicht über eine ethnisch-national homogene [gleichmäßig zusammengesetzt] Bevölkerung, die sich als ein Volk und eine Nation versteht … Weltweit gibt es innerhalb … der bestehenden 190 Staaten eine Vielfalt von 2 500 bis 5 000 Nationen, Nationalitäten und ethnischer Einheiten unterschiedlichster Größe. (17)

b) Eine genauere Betrachtung der Formen [der Kriege seit 1945, ihrer] Anlässe, Begründungen und Rechtfertigungen … liefern … eine Reihe von Indizien [Anzeichen] für die Vermutung, dass es sich bei der überwiegenden Zahl der Kriege gleichsam um den Prozess der „Verdauung" des europäischen Staatsgedankens in Gestalt des Prinzips „Nationalstaatlichkeit" handelt, der auch in (West-)Europa erst nach schmerzlichen historischen „Lernkosten" in Form von revolutionärer Gewalt, Bürgerkriegen und Kriegen heute einigermaßen ausgereift ist … Für eine solche Annahme spricht zum einen die Tatsache, dass sowohl der Zerfall übernationaler Großreiche in diesem Jahrhundert [Habsburger Doppelmonarchie, Osmanisches Reich] eine Reihe von Kriegen nach sich zog als auch die Liquidierung [Beseitigung] der französischen, britischen und niederländischen Kolonialreiche seit 1945 sowie des portugiesischen Kolonialgebietes Mitte der 70er Jahre und der Zerfall des Sowjetimperiums seit Beginn der 90er Jahre. Zum anderen wird sie durch [den zu beobachtenden statistischen Zusammenhang] zwischen der Entstehung neuer Staaten und der Anzahl der begonnenen Kriege bestätigt … sowie durch den Umstand, dass Staaten mit vielen kolonialen Grenzen besonders häufig in Kriege verwickelt sind. (18)

c) Die realistische Theorie der internationalen Politik charakterisiert die internationalen Beziehungen als eine Staatenwelt, in der eine zentrale Autorität mit Gewaltmonopol fehlt – also eine Art Weltregierung … Infolge dieser anarchischen Struktur des internationalen Systems muss sich jeder Staat letztlich auf sich selbst verlassen; oberstes Ziel der Außenpolitik muss sein, das eigene Überleben in einer … feindseligen internationalen Umwelt zu sichern … Aus realistischer Perspektive handelte es sich bei dem Ost-West-Konflikt in erster Linie um einen Hegemoniekonflikt zwischen den beiden Supermächten USA und Sowjetunion, die miteinander [weltweit] um Macht- und Einflusssphären konkurrierten. Im Vergleich zu den militärischen und ökonomischen Ressourcen dieser beiden Großen waren die Machtpotentiale aller anderen Staaten unerheblich. [Beide] hatten zudem ihre jeweiligen Einflusssphären fest unter Kontrolle … Außerdem sorgte die Existenz der Nuklearwaffen mit ihrer gesicherten Zweitschlagsfähigkeit – wer zuerst schießt, stirbt als zweiter – dafür, dass der große Krieg zwischen den Supermächten ausblieb, weil ihn anzuzetteln irrational gewesen wäre. Der Ost-West-Konflikt ging … zu Ende, weil die UdSSR im Ringen der beiden Großen nicht mithalten konnte. (19)

d) Im Jahre 1961 […] besaß die Sowjetunion ein sehr kleines Arsenal einsatzbereiter Interkontinentalraketen. Aber es standen ihr sehr wohl die technischen … Möglichkeiten zu Gebote, um dieses Arsenal im Verlauf der folgenden Jahre beträchtlich zu vergrößern. Wir hatten keine Beweise, ob die Sowjets beabsichtigten, ihre Kapazität tatsächlich im vollen Ausmaß zu nutzen. Doch man muss sich … bei strategischen Planungen … von konservativen Erwägungen leiten lassen. Das heißt, man muss Vorsorge für den denkbar schlechtesten Fall treffen … Welche Absichten die Sowjets oder wir im Zusammenhang mit dem Aufbau nuklearer Streitkräfte auch haben mögen – seien es tatsächliche oder auch nur

mögliche Aktionen – sie lösen zwangsläufig Reaktionen aus. Es ist gerade dieses Phänomen …, das ein Wettrüsten auf Hochtouren hält. (20)

e) Die „Einbeziehung" der Dritten Welt in den Ost-West-Konflikt wurde vor allem durch zwei Faktoren gefördert: Zum einen durch das atomare Patt, das sich Mitte der 50er Jahre allmählich herauszubilden begann. Da es Washington wie Moskau der Gefahr einer gegenseitigen … Vernichtung im Falle einer direkten militärischen Konfrontation aussetzte, war die Verlagerung ihrer Rivalität in die Regionen der Dritten Welt, wo sie bei vermindertem Risiko in Form von „Stellvertreterkriegen" weitergeführt werden konnte, eine logische Konsequenz. Diese Tendenz wurde … durch eine verstärkte Hinwendung der Nachfolger Stalins zu den Ländern der Dritten Welt verstärkt. Ihr lag die Überzeugung zugrunde, dass die überwiegende Mehrzahl dieser Länder potentielle Verbündete des „sozialistischen Lagers" seien, mit deren Unterstützung man sich gegen den Kapitalismus durchsetzen würde … Die Spirale der Aufrüstung in der Dritten Welt begann sich immer schneller zu drehen. Sie erhielt auch durch die Politik der USA neue Antriebe. Nach dem Desaster in Vietnam hatte die Regierung in Washington die Strategie [direkter Einmischung] aufgegeben und wieder stärker auf die Selbstverteidigung ihrer Verbündeten in der Dritten Welt gesetzt. Die Grundlage dafür sollte eine verstärkte Militärhilfe schaffen. (21)

Fassen Sie die verschiedenen Ursachen für Kriege nach 1945 anhand von Q 11 übersichtsartig zusammen.

– Wie viel Waffen sind genug?

T 8   Regionale Entwicklung der Militärausgaben (in Mrd. US-Dollar[1])

	1983	1985	1987	1989	1991	1992	1993
Afrika	17,4	16,0	15,2	15,5	13,5	13,0	11,5
Ostasien	114,0	120,1	122,1	127,6	131,8	137,8	140,0
Südasien	8,2	9,1	10,9	10,3	10,2	11,5	12,7
Naher Osten	93,1	84,0	69,2	57,9	91,8	80,4	49,0
Ozeanien	6,3	6,9	7,3	6,6	7,2	7,5	8,2
Lateinamerika	21,4	19,8	20,4	20,0	17,5	16,5	15,8
Warschauer Pakt	418,7	428,0	441,4	407,0	290,5	167,9	133,1
Nordamerika	318,6	349,9	368,7	358,4	305,9	323,7	309,6
Europa (NATO)	178,9	181,6	186,0	183,9	185,9	177,5	172,3
andere europ. Länder	13,6	13,9	13,7	13,7	14,0	13,3	13,0
Welt	1 194,6	1 330,8	1 360,0	1 304,8	1 158,9	1 047,5	956,5

1 in Preisen von 1993 bzw. 1995

(22)

T 9 Zahl der weltweit vorhandenen Nuklearwaffen 1945–2003[1] (Nuklearsprengköpfe in 1 000)

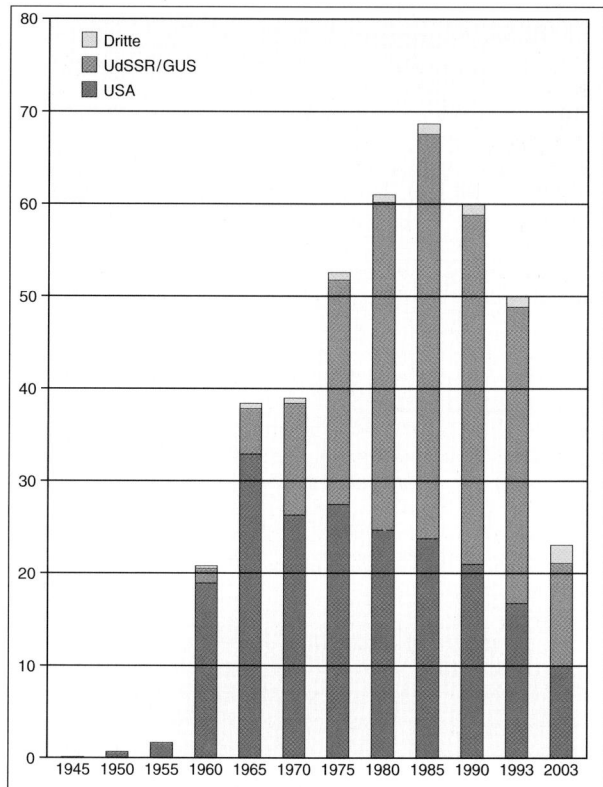

1 Die Zahlen für 2003 zeigen die Anzahl von Nuklearsprengköpfen, die nach den Abrüstungsverträgen (START I 1991 und START II 1993) noch erlaubt sein wird.
(23)

T 10 Reduktionen nach dem KSE-Vertrag[1]

	Panzer	gepanzerte Fahrzeuge	Artil- lerie	Flug- zeuge	Hub- schrauber	gesamt
NATO						
Bestand	24 217	34 481	20 766	5 719	1 594	
KSE-Niveau	20 000	30 000	20 000	6 800	2 000	
Reduktion	4 217	4 481	766	0	0	9 464
frühere WVO						
Bestand	31 988	41 582	25 065	8 462	1 719	
KSE-Niveau	20 000	30 000	20 000	6 800	2 000	
Reduktion	11 988	11 582	5 065	1 662	0	30 297
Gesamtreduktion	16 205	16 063	5 831	1 662	0	39 761

1 Die Tabelle zeigt die zwischen NATO und den Mitgliedern des 1991 aufgelösten Warschauer Pakts (WVO) im Vertrag über konventionelle Streitkräfte (KSE) vereinbarte Verringerung der jeweils vorhandenen Waffensysteme.
(24)

T 11 Die wichtigsten Exporteure und Importeure von Großwaffen 1984–1993 (in Mrd. US-Dollar[1])

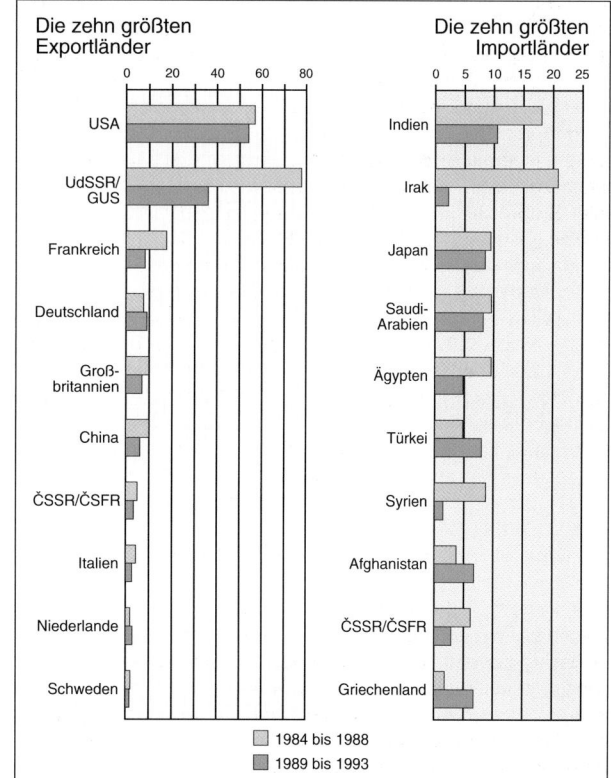

1 in Preisen von 1991
(25)

Q 12 Der Atomwaffensperrvertrag, 1969 (unbefristet verlängert 1995)

Der Atomwaffensperrvertrag ist das zentrale völkerrechtliche Instrument zur Regulierung der internationalen Nuklearbeziehungen. Den Vertrag, der am 1. Juli 1969 … unterzeichnet wurde, gehören heute 165 Staaten an (darunter die Atommächte USA, Großbritannien, Frankreich, Russland und China) … Dem Vertrag ferngeblieben sind bisher Indien, Israel und Pakistan, denen der Besitz von Kernwaffen oder zumindest die Fähigkeit zu ihrer Herstellung zugeschrieben wird, und zwei Dutzend anderer Staaten, darunter die Ukraine, die eine große Zahl ehemals sowjetischer Kernwaffen in ihrem Besitz hält … Zweck des Vertrags ist es, die militärische Nuklearisierung der Staatenwelt einzudämmen … Um diese Gefahr abzuwenden, [verpflichtet er die] Vertragsparteien in drei Bereichen:
– Nichtverbreitung: Kernwaffenstaaten dürfen den Nichtkernwaffenstaaten keine Kernwaffen herstellen; Nichtkernwaffenstaaten dürfen keine Kernwaffen herstellen; … die ausschließlich friedliche

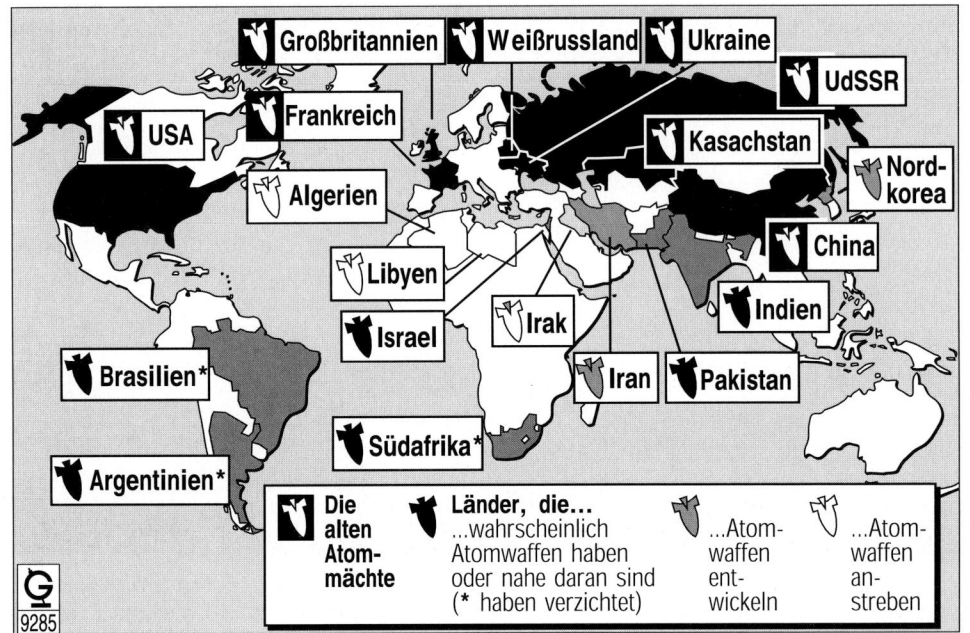

Großbritannien   Weißrussland   Ukraine   UdSSR   USA   Frankreich   Kasachstan   Nord-korea   Algerien   China   Libyen   Indien   Israel   Irak   Brasilien*   Iran   Pakistan   Südafrika*   Argentinien*

Die alten Atom-mächte

Länder, die...
...wahrscheinlich Atomwaffen haben oder nahe daran sind (* haben verzichtet)

...Atom-waffen ent-wickeln

...Atom-waffen an-streben

K 2   Die Verbreitung von Atomwaffen

Zweckbestimmung aller nuklearen Aktivitäten in den Nichtkernwaffenstaaten soll durch Sicherungskontrollen der Internationalen Atomenergie-Organisation überwacht werden …
– Technologietransfer: Alle Vertragsstaaten sollen in der friedlichen Nutzung der Kernenergie zusammenarbeiten; den Nichtkernwaffenstaaten soll die gleichberechtigte Teilnahme an der Verwertung der zivilen Kerntechnik gewährleistet … werden.
– Abrüstung: Alle Vertragsparteien … sollen zur Beendigung des nuklearen Wettrüstens, zur nuklearen Abrüstung und zur Herstellung einer friedlichen Weltordnung beitragen. (26)

1. Untersuchen Sie den Vertrag daraufhin, ob er zu einer gerechten Verteilung von Pflichten und Rechten führt.
2. Welche Kriegsführung kann der Vertrag verhindern, welche nicht?

Q 13   Die Bundesrepublik Deutschland und die internationale Sicherheit

a) Nach dem historischen Umbruch in Mittel- und Osteuropa gehört die politische Ordnung des Kalten Krieges der Vergangenheit an. Durch die Verbindung der deutschen Einheit mit den Fortschritten in der europäischen Einigung und den Erfolgen der Rüstungskontrolle und Abrüstung hat sich die Sicherheitslage besonders in der Mitte Europas grundlegend verbessert … Die Gefahr einer groß angelegten und existenzbedrohenden Aggression ist überwunden. Deutschlands territoriale Integrität und die seiner Verbündeten ist militärisch auf absehbare Zeit nicht existentiell bedroht. (27)

b) Eine ständige Mitgliedschaft [der Bundesrepublik Deutschland] im Sicherheitsrat [der Vereinten Nationen] ist ohne die Beteiligung der Bundeswehr an allen Arten von Maßnahmen des Sicherheitsrats einschließlich der Kampfeinsätze nicht möglich … Längerfristig werden die anderen Demokratien im Sicherheitsrat nicht bereit sein, zur Durchsetzung der Völkerrechtsordnung das Leben ihrer Soldaten zu riskieren, wenn Deutschland sich als eine der größten Demokratien der Welt aus dieser Verantwortung ausklinkt. Eine Verweigerung Deutschlands bei der Beteiligung an „Frieden schaffenden" Maßnahmen stellt deshalb … die Wirksamkeit dieses Instruments in Frage und kann damit zu einer … Schwächung der Vereinten Nationen und der internationalen Sicherheit beitragen. (28)

Q 14   Die Zukunft der NATO

Die Nordatlantische Allianz mag ein Kind des Kalten Krieges sein, ein überflüssiges Relikt ist sie nicht. Sie war und ist in erster Linie politisches Bündnis gleich gesinnter Nationen zur Sicherung ihrer Freiheit. Diese Aufgabe ist nicht überholt. Ihr Kern, [das] gegenseitige Beistandsversprechen im Falle eines Angriffs auf ein Mitgliedsland, steht nicht zur Disposition … Die … Allianz … kann daneben aber neue Aufgaben der Friedenssicherung übernehmen: bei Friedensmissionen der UN … oder im Auftrag der OSZE [= Organisation für Sicherheit und Zusammenarbeit in Europa]. Sie hat ferner die sicherheitspolitische und militärische Zusammenarbeit mit den übrigen Staaten Europas zu einem wesentlichen Teil ihrer Tätigkeit gemacht. (29)

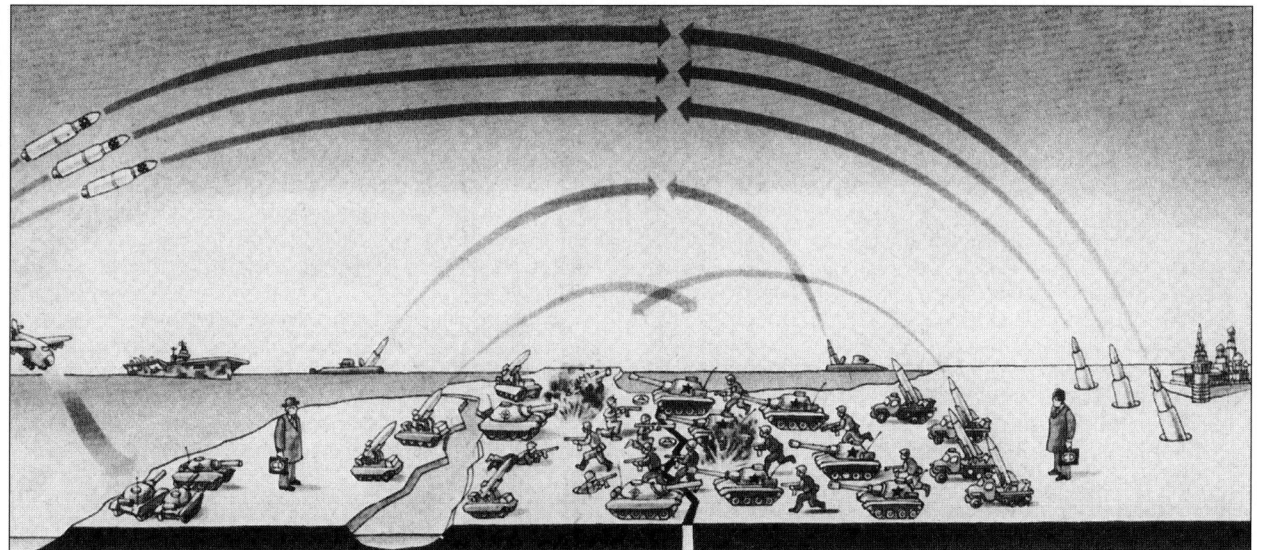

B 4 Verteidigungsplanung z. Zt. des Ost-West-Konflikts: Das NATO-Konzept für die stufenweise angemessene Antwort bei einem Angriff („flexible response"). Im Fall eines Angriffs vom Osten mit konventionellen Waffen sollte zunächst die sog. Vorneverteidigung im Grenzbereich, ebenfalls mit konventionellen Waffen, einsetzen (doch ist je nach Lage auch der Einsatz von Nuklearwaffen nicht ausgeschlossen). Als zweite Stufe folgt die „vorbedachte Eskalation" mit taktischen Atomwaffen (geringer Reichweite und Wirkung). Auf der dritten Stufe erst werden strategische (schwere und weit reichende) Atomwaffen, zunächst auf ausgewählte Einzelziele (selektiver Einsatz), und erst als letzter Ausweg die gesamte atomare Vernichtungsschlagkraft mit Interkontinentalraketen (genereller Atomwaffeneinsatz zur totalen Vernichtung des Gegners) eingesetzt. Da diese militärische Stufe zur gegenseitigen Vernichtung führen würde, müssen sofort mit Beginn des Konflikts und auch während der stufenweisen Eskalation Verhandlungen mit dem Ziel der Entspannung (Deeskalation) geführt werden. Voraussetzung dieser Planung ist das „atomare Gleichgewicht" und die sog. Zweitschlagkapazität, die es dem Angegriffenen ermöglicht, auch bei einem Überraschungsangriff in Form eines Vernichtungsschlags noch mit einem Gegenschlag der noch unversehrt gebliebenen Atomwaffen mit vernichtender Wirkung zu antworten.

Q 15 Künftige Gefahren für den Weltfrieden

An die Stelle der theoretischen Möglichkeit des großen Krieges im Norden ist die grausame Realität einer Vielfalt zwischenstaatlicher und ethnischer Konflikte sowie von Bürgerkriegen getreten …
– Massive Menschenrechtsverletzungen, Unterdrückung und Vernichtung von Minderheiten, „ethnische Säuberungen" und Völkermord haben zugenommen, auch in Europa.
– Das militärische Zerstörungspotential, das in den heutigen Konflikten wirksam werden kann, ist massiv angewachsen, quantitativ wie qualitativ. Moderne konventionelle Waffen aus den Arsenalen des Kalten Krieges sind billig und überall verfügbar. Die verdeckte und offene [Weiterverbreitung] von nuklearen und chemischen Waffen, oft in der Nachbarschaft schwelender Konflikte, [erzeugt] … eine nicht gekannte Brisanz …
– Die Verelendung in großen Teilen der Dritten Welt nimmt zu. In Verbindung mit mannigfachen ungelösten zwischenstaatlichen Problemen, inneren Wirren und leichter Verfügbarkeit von Waffen bilden diese Regionen Herde der Instabilität und von Konflikten, die globale Wirkung haben können.

– In [vielen] Regionen des ehemaligen Sozialismus wie der Dritten Welt findet ein rapider Verfall politischer Autorität mit zunehmender Unregierbarkeit, Kriminalisierung und Ausbreitung anarchischer Zustände statt … Als Partner für internationale Abkommen, etwa über Abrüstung, [wirtschaftliche Zusammenarbeit], Bekämpfung internationaler Kriminalität … fallen derartige Regionen aus, da die Regierungen über die zur Umsetzung notwendige Autorität nicht mehr verfügen …
– Ökologische Krisen … können bei einer weiteren Verschärfung Frieden bedrohende Dimensionen annehmen …
– Die [Wanderung] wird … zu einem [schwerwiegenden] Problem der Weltpolitik. Die Bevölkerungsexplosion in den armen Regionen der Welt drängt in die … reichen Regionen und führt zu Belastungen, die Abschottungseffekte sowie innere Konflikte zur Folge haben. Von politischer Unterdrückung, Katastrophen und Kriegen ausgelöste Flüchtlingswellen verstärken diese Problematik. (30)

Glossar

Achsenmächte, Bezeichnung für die mit dem Deutschen Reich verbündeten Mächte, die sich zum Antikominternpakt zusammenschlossen, den Mussolini 1936 als „Achse Rom – Berlin" bezeichnete; im weiteren Sinne alle Verbündeten Hitlers.

AKP-Staaten, Entwicklungsländer aus Afrika, der Karibik und dem Pazifik, die nach dem Lomé-Abkommen der EU assoziiert sind.

Aktivist, in kommunistischen Staaten Auszeichnung für Arbeiter und Angestellte, die das Soll ihrer Arbeit übererfüllten.

Alliierte, Bezeichnung für die Gegner Deutschlands im Ersten und Zweiten Weltkrieg.

ANC (African National Congress), 1923 gegründete politische Bewegung der Schwarzafrikaner in der Republik Südafrika, 1960–1990 verboten, seit 1994 bestimmende politische Kraft in Südafrika mit Nelson Mandela als Staatspräsident.

ANZUS-Pakt (Australia, New Zealand, United States-Pakt), 1951 geschlossener Sicherheitspakt zwischen den genannten Staaten.

Apartheidpolitik, soziale, wirtschaftliche und politische Diskriminierung der farbigen Bevölkerung zugunsten der führenden Schicht der Weißen.

APO (außerparlamentarische Opposition), vor allem studentische Gruppen, die 1966–1969 durch Demonstrationen, Diskussionen, Sitzstreiks u. ä. Aktionen Einfluss auf die Politik zu nehmen suchten.

Appeasement, Bezeichnung für die britische Politik gegenüber HitlerDeutschland vor dem Zweiten Weltkrieg.

Arabische Liga, 1945 gegründeter lockerer Staatenbund mit dem Ziel der Zusammenarbeit in Politik und Wirtschaft.

Arbeiterräte, s. Sowjets.

Arbeiter- und Soldatenräte, Vereinigung von Arbeitern und Soldaten, die ab dem 9. November 1918 in deutschen Fabriken und Kasernen die politische Macht übernahm. Mit dem Ende der Revolution lösten sich die Arbeiter- und Soldatenräte auf.

Arier, eigentlich Angehöriger der indoeuropäischen Sprachfamilie; seit dem 19. Jahrhundert rassistische Bezeichnung für die sog. germanischen „Lichtmenschen" als überlegene Menschenrasse.

ASEAN (Association of South-East Asian Nations), Vereinigung südostasiatischer Staaten, 1967 von Indonesien, Malaysia, den Philippinen, Singapur und Thailand gegründet. Ziel ist die Erhöhung der Wirtschaftskraft und der politischen Stabilität in der Region.

Atlantikpakt, s. NATO.

Atomschwelle, Schwelle zum Atomkrieg in der Rangfolge der militärischen Stufung der Kampfmittel.

Atomteststopp-Abkommen, Vertrag über das Verbot von Kernwaffenversuchen im Weltraum, in der Atmosphäre und unter Wasser, 1963 von den USA, der Sowjetunion und Großbritannien geschlossen, heute über 100 Staaten unterzeichnet. Unterirdische Versuche bleiben erlaubt.

Atomwaffensperrvertrag, 1968 von der Sowjetunion, den USA, Großbritannien u. a. Staaten geschlossener Vertrag über die Nichtweitergabe, Nichtannahme von Kernwaffen.

Aussperrung, Ausschluss der Arbeitnehmer vom Arbeitsplatz als Gegenmaßnahme der Arbeitgeber im Arbeitskampf.

Balfour-Erklärung, schriftliche Versicherung des britischen Außenministers Balfour (1917), die Errichtung eines „jüdischen Nationalheims" in Palästina zu befürworten.

Bantustan, Wohngebiete der Bantus in der Südafrikanischen Republik mit eingeschränkter Autonomie.

BDM (Bund Deutscher Mädchen), s. HJ.

Bekenntnisschule, Konfessionsschule, katholische bzw. evangelische Schülerinnen und Schüler werden hier von Lehrern desselben Bekenntnisses im Geiste ihres Glaubens erzogen.

Benelux, Wirtschaftsunion zwischen Belgien, den Niederlanden und Luxemburg, gegründet 1958. Die Exilregierungen der drei Länder unterzeichneten bereits 1944 entsprechende Verträge. Die Mitgliedstaaten gehören der EU, der NATO und dem Europarat an.

Berlin-Abkommen, Viermächteabkommen zwischen den USA, der Sowjetunion, Großbritannien und Frankreich zur Normalisierung des Lebens in der geteilten Stadt (1971). Es beinhaltet u. a. einen Gewaltverzicht, die Aufrechterhaltung der Viermächteverantwortung, die Zusicherung unbehinderten Verkehrs zwischen der Bundesrepublik und Westberlin, Bestimmungen über die Rechtsstellung Westberlins. Das Abkommen war Voraussetzung für den Grundlagenvertrag zwischen der Bundesrepublik Deutschland und der DDR 1972.

Berliner Blockade, Sperrung der Zufahrtswege nach Berlin durch die Sowjetunion vom 24. Juni 1948 bis 12. Mai 1949. Ziel war es, im Anschluss an die Währungsreform in der Bundesrepublik Deutschland und in Westberlin die Westmächte zum Abzug aus Berlin zu veranlassen. Der Versuch wurde jedoch durch die Luftbrücke vereitelt.

Berliner Mauer, am 13. August 1961 gebaut. Hierdurch versuchte die DDR, den Flüchtlingsstrom nach Westdeutschland zu stoppen und zugleich die Sektorengrenze zur Staatsgrenze zu erheben.

Besatzungsstatut, Festlegung der Beziehungen zwischen den drei westlichen Alliierten und der Bundesrepublik Deutschland nach der Bildung des westdeutschen Teilstaates 1949. An die Stelle der Militärgouverneure der drei Mächte traten nun drei Hohe Kommissare. Es wurde schrittweise durch das Petersberger Abkommen, den Deutschlandvertrag und die Pariser Verträge (Aufnahme der Bundesrepublik in WEU und NATO) ersetzt.

Betriebsräte, von den Arbeitnehmern eines Betriebs gewählte Interessenvertretung. Betriebsrätegesetz in Deutschland seit 1920 für Betriebe mit mindestens 20 Arbeitnehmern. Für die Bundesrepublik Deutschland ist das Betriebsverfassungsgesetz von 1952 Rechtsgrundlage.

Bizone, ab 1. Juli 1947 gemeinsame Verwaltung der britischen und amerikanischen Besatzungszone in Deutschland.

Bodenreform, Neuverteilung landwirtschaftlicher Fläche, entschädigungslose Enteignung des Großgrundbesitzes. Ihr folgte in den sozialistischen Staaten nach 1945 meist die Kollektivierung.

Bolschewismus, radikaler Flügel der russischen Sozialdemokratischen Arbeiterpartei unter Führung Lenins. So benannt nach einem zufälligen Abstimmungssieg auf dem 2. Parteitag 1903 (s. Menschewiken).

Breschnew-Doktrin, 1968 im Verlauf der Intervention der Sowjetunion in der ČSSR verkündeter Grundsatz, dass kein Land des sozialistischen Lagers aus dem Block ausscheiden könne oder eine Sonderentwicklung einleiten dürfe.

Brüsseler Pakt, 1948 von Großbritannien, Frankreich und den Beneluxstaaten gegründetes Verteidigungsbündnis.

Bundeskanzler, der Regierungschef in der Bundesrepublik Deutschland.

Bundespräsident, das von der Bundesversammlung gewählte Staatsoberhaupt der Bundesrepublik Deutschland.

Bundesrat, 1. im deutschen Kaiserreich 1871–1918 die Vertreter der Bundesstaaten, oberstes Bundesorgan; 2. in der Bundesrepublik Deutschland die Vertreter der Bundesländer, die an der Gesetzgebung mitwirken.

Bundesregierung, in der Bundesrepublik Deutschland das zur Leitung des Bundes bestimmte Verwaltungsorgan.

Bundestag, die Volksvertretung der Bundesrepublik Deutschland.

Bundesverfassungsgericht, oberstes Gericht der Bundesrepublik Deutschland für Verfassungsfragen.

Bundesversammlung, besteht aus den Bundestagsmitgliedern und der gleichen Anzahl von Abgesandten der Länderparlamente, sie wählt den Bundespräsidenten.

Bundeswehr, die 1955 gegründeten Streitkräfte der Bundesrepublik Deutschland.

Bürgerrechtler, in den USA Verfechter der politischen und gesellschaftlichen Gleichstellung der Farbigen.

CDU (Christlich-Demokratische Union), Nachfolgerin christlich konservativer Parteien, regionale Gründungen im Sommer 1945, erste „Reichstagung" im Dezember 1945, erster Zusammenschluss der Regionalverbände 1946 in der britischen Besatzungszone unter Adenauer, sonst noch verboten, Arbeitsgemeinschaft mit der CSU seit 1947, seit 1950 Bundespartei. Stellte als stärkste politische Kraft der Bundesrepublik die Regierungen Adenauer, Erhard, Kiesinger (1949–1969) und Kohl (1982–1998).

CENTO, Zentrale Paktorganisation, auch Nahost-Pakt, Nachfolgerin des Bagdad-Paktes (1955 Türkei – Irak), dem 1955 Großbritannien, Pakistan und der Iran beitraten. Umbenennung in CENTO 1959, als der Irak austrat. Die USA verpflichteten sich 1959 zu wirtschaftlicher und militärischer Hilfe im Angriffsfall.

CIA (Central Intelligence Agency), amerikanischer Geheimdienst.

COMECON (Council for Mutual Economic Assistance), Rat für gegenseitige Wirtschaftshilfe, s. RGW.

ČSR (Tschechoslowakische Republik), offizielle Bezeichnung der Tschechoslowakei 1918–1939 und 1945–1960; ČSSR (Tschechoslowakische Sozialistische Republik) 1960–1990, ČSFR 1990/91.

CSU (Christlich-Soziale Union), 1945 gegründete, konservative, christliche Partei in Bayern. Ihre Ziele decken sich weitgehend mit denen der CDU.

DAF (Deutsche Arbeitsfront), 1933–1945 Einheitsverband der Arbeitnehmer und Arbeitgeber.

DDR (Deutsche Demokratische Republik), 1949 aus der SBZ entstanden, am 3. Oktober 1990 der Bundesrepublik Deutschland beigetreten.

Demokraten, seit 1828 übliche Bezeichnung für eine der zwei großen Parteien der USA (s. Republikaner).

Demontage, Abbau von Industrie- oder Verkehrsanlagen durch Siegerstaaten in besiegten Ländern als Reparationsleistung, z. B. nach dem Ersten und Zweiten Weltkrieg in Deutschland.

Deportation, Zwangsverschleppung z. B. ausländischer Arbeitskräfte, auch politischer Gegner oder feindlicher Bevölkerungsgruppen, z. B. während des Nationalsozialismus.

Deutsche Christen, Bewegung evangelischer Nationalsozialisten, die die „Gleichschaltung" der protestantischen Kirche mit dem Dritten Reich zum Ziel hatte.

Deutsche Ostgebiete, die Teile des ehemaligen Deutschen Reiches jenseits der Oder-Neiße-Linie, die 1945 nach dem Potsdamer Abkommen bis zur endgültigen Festlegung der polnischen Westgrenze durch einen Friedensvertrag unter polnische bzw. russische Verwaltung gestellt wurden.

DGB (Deutscher Gewerkschaftsbund), 1949 gegründete Gesamtorganisation der Einheitsgewerkschaften der Arbeiter, Angestellten und Beamten in der Bundesrepublik Deutschland mit Sitz in Düsseldorf.

Dreiklassenwahlrecht, bes. in Preußen 1849–1918; die Stimmberechtigten sind entsprechend ihrem Steueraufkommen in drei Klassen geteilt, wobei jede dieser Klassen die gleiche Anzahl von Wahlmännern wählt, die wiederum die Abgeordneten wählen. Die zahlenmäßig geringere Schicht der Besitzenden gewinnt so einen gewichtigen Stimmanteil.

Dritte Welt, Sammelbezeichnung für nichtindustrialisierte Staaten in Afrika, Lateinamerika und Asien, meist auch Entwicklungsländer genannt. Bis 1989 bezeichnete man die westlichen Industriestaaten als Erste Welt, die sozialistischen Staaten Osteuropas als Zweite Welt. Seit den 70er Jahren Dritte Welt (rohstoffreiche Entwicklungsländer,

z. B. Saudi-Arabien), Vierte Welt (rohstoffarme Entwicklungsländer, z. B. Indien) und Fünfte Welt (Länder auf besonders niedriger wirtschaftlicher Entwicklungsstufe, z. B. Bangladesch).

Drittes Reich, Bezeichnung des „Reichs" der Nationalsozialisten, die ihre Herrschaft als Vollendung nach dem Heiligen Römischen Reich Deutscher Nation (962–1806) und dem Bismarck-Reich (1871–1914) sahen. Das Mittelalter übernahm den Begriff der christlichen Prophetie und bezeichnete damit eine Welt, in der der Zwiespalt von Idee und Wirklichkeit aufgehoben ist.

Duma, 1905 vom Zaren bewilligte Volksvertretung, die praktisch ohne politische Rechte blieb, seit 1993 wieder Parlament Russlands.

EFTA (European Free Trade Association), Europäische Freihandelszone, gegründet 1959 von den nordischen Ländern und England als Gegenstück zur EWG.

EG (Europäische Gemeinschaft), aus ehemaliger EWG, EURATOM und EGKS (Römische Verträge, 1957/58) entstanden.

EGKS (Europäische Gemeinschaft für Kohle und Stahl), Montanunion, 1952 gegründete Produktionsgemeinschaft, wirtschaftliche Grundlage für die politische Einigung Europas.

Eindämmungspolitik, von George F. Kennan 1947 entworfenes außenpolitisches Konzept der USA mit dem Ziel, das Vordringen des Weltkommunismus mit wirtschaftlich-finanziellen oder militärischen Mitteln einzudämmen.

„Eiserner Vorhang", auf Churchill zurückgehende Bezeichnung für die während des Kalten Krieges durch Europa verlaufende Grenze.

Endlösung der Judenfrage, auf der „Wannsee-Konferenz" (20. Januar 1942) durch hohe SS-Führer und Beamte gefasster Beschluss, alle europäischen Juden zu ermorden. Sie sollten in den Osten verbracht und dort in den eigens dafür angelegten Konzentrationslagern vergast werden.

Entente, Bündnis v. a. Englands und Frankreichs in der zweiten Hälfte des 19. Jahrhunderts, auch Bündnis der Kriegsgegner Deutschlands im Ersten Weltkrieg (s. auch Alliierte).

Entnazifizierung, Versuch der vier Besatzungsmächte nach der deutschen Niederlage 1945, die im Dritten Reich engagierten Personen aufgrund von Fragebögen und Prozessen vor Spruchkammern zu bestrafen und aus verantwortlichen Stellungen fern zu halten.

Entwicklungshilfe, Übertragung von finanziellen Mitteln, Gütern und Leistungen aus den Industrieländern in die Entwicklungsländer als staatliche oder private Zuwendungen.

Entwicklungsländer, s. Dritte Welt.

Ermächtigungsgesetz, am 23. März 1933 von Hitler dem Reichstag vorgelegt, sollte der Regierung für die Dauer von vier Jahren unumschränkte Gesetzgebungsvollmacht geben, blieb bis 1945 gesetzliche Grundlage der NS-Diktatur in Deutschland.

ERP (European Recovery Program), engl. Bezeichnung des Marshallplans (s. dort).

Erste Welt, s. Dritte Welt.

EU, Bezeichnung für den Zusammenschluss der 12 EG-Staaten durch den Vertrag von Maastricht 1992. Als „Säulen" der EU gelten die Europäische Gemeinschaft (EG), eine gemeinsame Außen- und Sicherheitspolitik (GASP) und die Zusammenarbeit in der Innen- und Rechtspolitik. Seit 1995 15 Mitgliedsstaaten (Beitritt von Schweden, Finnland, Österreich).

EURATOM (Europäische Atomgemeinschaft), mit EWG und EGKS einer der Teile der EG, gegründet 1957 von den Staaten der Montanunion zur gemeinsamen friedlichen Erforschung und Auswertung der Kernenergie.

Europäische Konvention der Menschenrechte, vom Europarat 1950 beschlossen, um bei den Mitgliedstaaten der EG die Einhaltung bestimmter Grundrechte des Menschen zu gewährleisten.

Europäische Sicherheitskonferenz, KSZE (Konferenz über Sicherheit und Zusammenarbeit in Europa), Abkommen über Gewaltverzicht, Kooperation und gesellschaftliche Kommunikation in Europa unter Beteiligung der Sowjetunion und der Warschauer-Pakt-Staaten, der USA, Kanadas, der Bundesrepublik Deutschland und anderer europäischer Staaten mit der Schlusskonferenz und Schlussakte von Helsinki 1975. 1995 ging sie in die OSZE über mit ständigen Einrichtungen in Prag, Warschau und Wien.

Europäischer Gerichtshof, vom Europarat in Straßburg ins Leben gerufen zur Ahndung von Verstößen gegen die Europäische Konvention zum Schutz der Menschenrechte; auch der für die EU zuständige Gerichtshof.

Europäischer Wirtschaftsrat, s. OEEC.

Europäisches Parlament, Parlament der EU, ab 1979 direkt gewählt.

Europäisches Wiederaufbauprogramm, s. ERP.

Europarat, 1949 gegründetes Organ der europäischen Einigungsbewegung mit Sitz in Straßburg. Mitglieder sind fast alle nichtkommunistischen Staaten West- und Südeuropas. Er ist ohne übernationale Befugnisse.

EVG (Europäische Verteidigungsgemeinschaft), 1952 zur Integration der bundesdeutschen Streitkräfte in eine Europaarmee gegründet, 1954 am Veto Frankreichs gescheitert und durch Beitritt der Bundesrepublik Deutschland zur NATO ersetzt.

EZU (Europäische Zahlungsunion), regelte den Zahlungsverkehr der Länder des Europäischen Wirtschaftsrates bis 1958.

Falange, 1933 in Spanien gegründete antikommunistische Bewegung (Staatspartei bis zum Tode Francos 1975).

Faschismus, nach 1917 in Italien aufgekommene nationale und sozialrevolutionäre Bewegung, deren Ziel ein straff geführter Einparteienstaat war und die sich bewusst gegen parlamentarisch-demokratische und marxistisch-kommunistische Vorstellungen richtete. Als Sammelbegriff auch auf den Nationalsozialismus und Francos Herrschaftssystem in Spanien angewandt.

FDGB (Freier Deutscher Gewerkschaftsbund), Einheitsgewerkschaft der DDR für alle Arbeiter, Angestellten und die Angehörigen der Intelligenz.

FDJ (Freie deutsche Jugend), einzige erlaubte Jugendorganisation der DDR.

FDP (Freie Demokratische Partei), 1945 als politische Vertretung des liberalen Bürgertums zunächst unter regional verschiedenen Bezeichnungen gegründet.

Februarrevolution, bürgerlich-nationale Revolution in Russland im Februar (nach dem westlichen Kalender März) 1917, durchgeführt von den Sowjets und der Duma.

Führer, Leiter, bes. im politischen und militärischen Bereich. Das Führerprinzip war kennzeichnend für die Diktaturen in Italien (Duce) und Spanien (Caudillo). 1934, nach dem Tode Hindenburgs, übernahm der Reichskanzler Hitler auch das Reichspräsidentenamt und nannte sich „Führer und Reichskanzler" (Führerstaat).

Fünfjahresplan, staatlich festgelegte Produktionsziele, Instrument der Wirtschaftslenkung in der Planwirtschaft, s. Zentralverwaltungswirtschaft.

Fünfte Welt, s. Dritte Welt.

Gauleiter, Führer der NSDAP in einem der (1933) 22 deutschen „Gaue".

Gaza-Streifen, Teil des ehemaligen Mandatsgebietes Palästina an der ägyptischen Grenze entlang der Mittelmeerküste. Seit 1948 umstritten, von palästinensischen Flüchtlingen überfüllt, seit 1967 von Israel besetzt. Seit 1993 Teilautonomie der Palästinenser im Gaza-Streifen und in Jericho (Gaza-Jericho-Abkommen).

Generalfeldmarschall, höchster militärischer Titel, meist nur im Krieg für erfolgreiche Feldzüge verliehen.

Generalgouvernement, das 1939–1944 von den Deutschen besetzte polnische Gebiet (unter dem Generalgouverneur).

Genfer Konventionen, internationale Vereinbarungen zur Humanisierung des Krieges. Zuerst 1864 Rotes Kreuz zur Verbesserung der Verwundetenversorgung, 1906 und 1929 erweitert, 1949 in vier Genfer Konventionen verbessert (bes. im Hinblick auf den Schutz der Zivilpersonen im Krieg) und von allen bedeutenden Nationen anerkannt. Die Genfer Konvention von 1929 ersetzte die Abkommen vor dem Ersten Weltkrieg. Nach dem Zweiten Weltkrieg (1949) traten an die Stelle der früheren Vereinbarungen die vier Genfer Abkommen.

Gestapo (Geheime Staatspolizei), die 1933 von Göring aufgestellte politische Polizei, 1936 unter Himmler reichseinheitlich organisiert und unter Heydrich mit der Kriminalpolizei zur Sicherheitspolizei zusammengefasst.

Getto, ital., abgeschlossenes Judenquartier, im Mittelalter zuerst 1179 in Italien, dann auch in einigen deutschen Städten, in der Zeit der Aufklärung abgeschafft, von den Nationalsozialisten wieder eingeführt, v. a. in den polnischen Gebieten.

Gewaltenteilung, Aufteilung der staatlichen Gewalt in eine gesetzgebende (legislative), ausführende (exekutive) und rechtsprechende (judikative) Gewalt. Sie geht auf die Aufklärung zurück und soll die Konzentration der staatlichen Gewalt in einer Hand verhindern.

Gewerkschaften, freiwilliger Zusammenschluss von Arbeitnehmern, um durch abgestimmtes, gemeinsames Handeln ihre Interessen zu fördern, vor allem durch Lohnverhandlungen (Tarifrecht), Verhandlungen über Arbeitszeitregelungen usw.

Gleichschaltung, Vereinheitlichung allen politischen, wirtschaftlichen, sozialen und kulturellen Lebens nach dem Willen der Nationalsozialisten durch Eingliederung (oder Verbot, z. B. Gewerkschaften, SPD) in NS-Institutionen bzw. -Organisationen, 1933/34.

Golan-Höhen, das umstrittene Hochplateau im israelisch-syrischen Grenzgebiet. Hier liegen die Zuflüsse des für beide Seiten wichtigen Jordan, von hier sind das Jordantal und Galiläa sowie Syrien bis nach Damaskus hin militärisch zu beherrschen.

Groß-Deutschland, das Deutsche Reich nach der Angliederung Österreichs 1938.

Groß-Israel, Vorstellung Israels in seinen historischen Grenzen, das Palästina beidseits des Jordans umschließen soll. Unter den Gruppen, die heute in den von Israel besetzten Gebieten Wehrdörfer anlegen, gibt es viele Vertreter der Groß-Israel-Vorstellung.

Große Koalition, Koalitionsregierung von CDU/CSU und SPD unter Bundeskanzler Kiesinger 1966–1969, aber auch die Koalitionsregierungen von SPD bis DVP 1919/20, 1921, 1923, 1928.

Grundgesetz, GG, die Verfassung der Bundesrepublik Deutschland vom 23. Mai 1949. Die Bezeichnung GG trug bis 1990 dem vorläufigen Charakter der Verfassung Rechnung, wurde aber auch nach 1990 in überarbeiteter Form beibehalten.

Grundvertrag, Grundlagenvertrag, über die Verbesserung der Beziehungen zwischen der Bundesrepublik Deutschland und der DDR 1972. Er enthält Gewaltverzicht, Unverletzlichkeit der Grenzen, Achtung der Selbstständigkeit, Verbesserung des Verkehrs, Austausch ständiger Vertretungen, Verbesserung der kulturellen Beziehungen, der Arbeitsmöglichkeiten für Journalisten u. a. m.

Grüne, (Die Grünen), v. a. aus der Umweltschutzbewegung Anfang 1980 entstandene Partei, 1983 erstmals im Bundestag vertreten.

Guerillakrieg, span., kleiner Krieg, Kampf irregulärer einheimischer Truppen gegen eine Besatzungsmacht, eine feindliche Armee oder im Bürgerkrieg. In den Entwicklungsländern die vorherrschende Kampfform für die nationale und soziale Befreiung (China 1927–1949, Vietnam 1946–1973, Kuba 1956–1959 u. a.).

GUS (Gemeinschaft Unabhängiger Staaten), als lockerer Staatenbund 1991 von den Teilrepubliken der ehemaligen Sowjetunion (außer Georgien und den seitdem souveränen baltischen Staaten) gegründet.

Haager Konventionen, 1899 und 1907 getroffene internationale Abkommen a) zur friedlichen Beilegung internationaler Streitfälle, b) zu den Gebräuchen des Landkrieges, c) zur Anwendung der Grundsätze der Genfer Konventionen

(s. dort) auf den Seekrieg, Regelung bzw. Verbot von bestimmten Kampfmitteln und Kampfformen. Nicht alle Teilnehmer traten allen Abkommen bei.

Hakenkreuz, indogermanisches Heilszeichen, bereits vor dem Ersten Weltkrieg das Symbol völkischer Gruppen in Deutschland und Österreich, seit 1920 Symbol der NSDAP.

Halbmond, fruchtbarer, bogenförmiger nördlicher Randstreifen Arabiens zwischen dem Sinai und dem Persischen Golf, von der Natur besonders begünstigt. Er berührt Teile der Türkei, des Irak, Syriens, des Libanon, Israels und Jordaniens.

Hallstein-Doktrin, benannt nach dem deutschen Staatssekretär, ab 1955 von der Bundesrepublik Deutschland befolgter Grundsatz, die Anerkennung der DDR durch andere Staaten mit dem Abbruch der diplomatischen Beziehungen zu beantworten. Unter der Regierung der Großen Koalition 1966/69 durchbrochen, dann von der SPD-Regierung endgültig aufgegeben.

Harzburger Front, Zusammenschluss von Rechtsparteien (u. a. NSDAP) und nationalen Verbänden in Bad Harzburg 1931. Ziel war der Kampf gegen die Weimarer Republik.

Heißer Draht, direkte Telefonverbindung zwischen dem Kreml in Moskau und dem Weißen Haus in Washington zur Krisenbewältigung, nach der Kubakrise 1962 eingerichtet.

HJ (Hitlerjugend), Jugendorganisation der NSDAP, ab 1936 Staatsjugend (mit Jungvolk, Jungmädel und Bund Deutscher Mädchen).

Hoher Kommissar, Alliierte Hohe Kommission, die drei alliierten Vertreter in der Bundesrepublik Deutschland aufgrund des Besatzungsstatuts vor 1949.

Holocaust, der biblische Begriff für Brandopfer bezeichnet heute weltweit die systematische Vernichtung der Juden durch den NS-Staat.

Imperialismus, Ausdehnung der Herrschaft eines Staates über andere Länder. Seit dem Ende des 19. Jahrhunderts Ausnutzungs- und Abhängigkeitsverhältnis zwischen Industriestaaten und wenig entwickelten Staaten und Regionen. Die Zeit zwischen 1880 und 1918 gilt als Epoche des Imperialismus.

Inflation, lat., Geldentwertung durch starke Vermehrung der umlaufenden Geldmenge gegenüber dem Güterumlauf. Als Folge steigen die Preise, es setzt eine Flucht in Sachwerte ein, z. B. in den Anfangsjahren der Weimarer Republik.

Intelligenzija, Bevölkerungsgruppe im russischen Zarenreich, die keiner bestimmten sozialen Schicht zuzuordnen ist, v. a. Studenten und Gebildete. Sie stand in Opposition zur Gesellschafts- und Herrschaftsordnung.

Intifada, Bezeichnung für die seit 1987 in den von Israel besetzten Gebieten existierende Widerstandsbewegung der Palästinenser.

Isolationismus, Politik eines Staates, sich von Bindungen an andere Staaten fern zu halten, z. B. die USA nach dem Ersten Weltkrieg.

Israel, 1. Bezeichnung für das Volk der alten Hebräer insgesamt, 2. die Selbstbezeichnung der Juden bis heute, 3. der neue Staat Israel.

IWF (Internationaler Währungsfonds), engl. IMF (International Monetary Fund), 1945 in Bretton Woods/USA zur Bewältigung der internationalen Schuldenkrise gegründet (Sitz in Washington).

Jom Kippur, jüdischer Versöhnungstag, strengster Fast- und Bußtag. Beginn des 4. Nahostkrieges 1973.

Judäa und Samaria, traditionelle jüdische Bezeichnungen für Westjordanien, bis 1948 britisches Mandatsgebiet, 1948–1967 von Jordanien verwaltet, 1950 von Jordanien annektiert, seit 1967 von Israel besetzt, heute z. T. unter palästinensischer Selbstverwaltung.

Kalter Krieg, der sich unterhalb der Kriegsschwelle, aber mit ernsten Herausforderungen abspielende Ost-West-Konflikt zwischen den USA und der UdSSR nach dem Zweiten Weltkrieg.

Kapitalismus, Wirtschaftsordnung, deren Träger private Einzelunternehmer, auch Gesellschaften, sind, die Kapital zur Gewinnerzielung einsetzen.

Kapitalist, nach marxistischer Lehre Besitzer von Produktionsmitteln (Maschinen, Fabriken, Boden) im Gegensatz zum Proletarier, der nur seine Arbeitskraft besitzt und vom Kapitalisten in Abhängigkeit gehalten wird.

Klassenkampf, nach marxistischer Auffassung die kämpferische Auseinandersetzung zwischen einer herrschenden und einer ausgebeuteten Klasse, die im Zeitalter der Industrialisierung zum Sieg der unterdrückten Arbeiterklasse und, nach Vernichtung der Kapitalisten, zur klassenlosen Gesellschaft führen werde.

Koalitionsrecht, das den Bürgern garantierte Recht, sich zur Wahrung ihrer Interessen mit anderen zusammenschließen zu können.

Koexistenz, friedliches Nebeneinander von politischen und gesellschaftlichen Systemen und Ordnungen.

Kolchos, durch Kollektivierung Zusammenschluss mehrerer Höfe oder Gemeinden zu gemeinsamer landwirtschaftlicher Bewirtschaftung unter vom Staat bestimmten Bedingungen im Bezug auf Arbeitsleistung, Produktion, Verwaltung usw.

Kollektivierung, Überführung der privaten Produktionsmittel, insbesondere des landwirtschaftlich genutzten Bodens, in genossenschaftlich bewirtschaftetes Gemeineigentum, z. B. in der DDR bis 1960. S. auch LPG.

Kolonialismus, Errichtung von Handelsstützpunkten und Siedlungskolonien in militärisch und politisch schwächeren Ländern (vor allem Asien, Afrika und Amerika) sowie deren Inbesitznahme durch überlegene Staaten (insbes. Europas) seit dem 16. Jahrhundert

Kominform (Kommunistisches Informationsbüro), 1947 von Stalin gegründet (nachdem die 3. Kommunistische. Internationale 1943 wegen des Bündnisses mit den Westmächten aufgelöst worden war), um die Parteien v. a. Südosteuropas wieder stärker an Moskau zu binden.

Komintern (Kommunistische Internationale), 1919–1943 Zusammenschluss aller kommunistischen Parteien unter russischer Führung.

Kommissar, Beauftragter des Staates oder einer Staatspartei zur Durchführung bestimmter Sonderaufgaben.

Kommunismus, von Marx begründete Lehre eines revolutionären Sozialismus, der auf eine kollektive Herrschaft des Proletariats durch Umsturz der bürgerlich-kapitalistischen Gesellschaftsordnung zielt.

Komsomol, kommunistische Jugendorganisation der Sowjetunion.

Konfessionsschule, s. Bekenntnisschule.

Konkordat, Vertrag zwischen der katholischen Kirche und einem Staat, der die gegenseitigen Rechte und Pflichten regelt.

Konstruktives Misstrauen, kann nach Art. 67 GG dem Bundeskanzler nur ausgesprochen werden, wenn der Bundestag zugleich mit Mehrheit einen Nachfolger wählt.

Kontrollrat, oberstes Organ der vier Besatzungsmächte im besetzten Deutschland 1945–1948.

KPD (Kommunistische Partei Deutschlands), in Gegnerschaft zu den Sozialdemokraten aus dem Spartakusbund entstanden, 1919 gegründet.

Kreisauer Kreis, eine Gruppe der Widerstandsbewegung im Dritten Reich, die nach dem Ort ihrer Zusammenkünfte auf dem Gut Kreisau des Grafen von Moltke benannt wurde.

Kreisleiter, Führer der NSDAP auf Kreisebene.

Kriegsschuldartikel, Art. 239 des Versailler Vertrags 1919, der die Schuld Deutschlands am Ersten Weltkrieg feststellt.

KSZE (Konferenz für Sicherheit und Zusammenarbeit in Europa), s. Europäische Sicherheitskonferenz.

Kubakrise, Auseinandersetzung zwischen den USA und dem kommunistischen Kuba 1962, in deren Verlauf sowjetische Raketenabschussbasen auf der Insel entdeckt und nach verhängter Seeblockade von der UdSSR wieder abgebaut wurden.

Kulaken, Bezeichnung für russische Großbauern, die durch die Agrarreform von 1906 gefördert wurden. Diese „Dorfkapitalisten" wurden durch die Kollektivierung ab 1927 ausgeschaltet.

Kulturrevolution, 1966–1969 Massenbewegung in China mit dem Ziel, die Autoritäten und ihre Inhaber in allen Lebensbereichen in Frage zu stellen und auf eine revolutionäre Linie zurückzuführen.

Kuomintang, Nationale Volkspartei Chinas, die 1928–1949 das Land beherrschte und heute noch auf Formosa (Taiwan) die politische Macht vertritt (Nationalchina).

KZ (Konzentrationslager), Internierungslager seit Beginn des Jahrhunderts; im nationalsozialistischen Deutschland zur Ausschaltung politischer Gegner und zur Vernichtung der Juden benützt.

Landkriegsordnung, Seekriegsordnung, s. Haager Konventionen.

Lastenausgleich, Vermögensausgleich zugunsten Geschädigter, in den drei westlichen Besatzungszonen und in der Bundesrepublik Deutschland seit der Währungsreform 1948 getroffene staatliche Maßnahmen zur Abgeltung der durch Vertreibung und Zerstörung während und nach dem Zweiten Weltkrieg entstandenen Verluste. Das Lastenausgleichsgesetz 1952 legt Ausgleichsabgaben fest.

LDPD (Liberaldemokratische Partei Deutschlands), neben der SED, aber unter ihrer Führung stehende politische Blockpartei der DDR.

Legislative, die gesetzgebende Gewalt, meist das Parlament.

Liberalismus, in Ideen der Aufklärung wurzelnde Staats- und Gesellschaftsauffassung, welche die von geistigem, politischem und wirtschaftlichem Zwang freie Entfaltung der Persönlichkeit vertritt und die Interessen des Individuums über die des Staates, der Kirche usw. stellt.

LPG (Landwirtschaftliche Produktionsgenossenschaft), seit 1952 in der DDR eingeleitete, seit 1960 erzwungene Zusammenfassung bäuerlicher Betriebe zu Großgenossenschaften.

Mansholt-Plan, Plan des niederländischen Vizepräsidenten der EWG Mansholt zur Vereinheitlichung des Agrarmarktes: Verbesserung der Agrarstruktur durch Aufhebung unrentabler bäuerlicher Kleinbetriebe mit dem Ziel, durch Rationalisierung und Mechanisierung eine Produktions- und Einkommenssteigerung zu erreichen.

Maoismus, verkürzte Bezeichnung für die Herrschaft der Kommunistischen Partei Chinas nach ihrem Führer Mao Tse-Tung.

Marktwirtschaft, Wirtschaftsordnung mit freiem Wettbewerb, d. h. ohne staatliche Eingriffe (Wirtschaftsdirigismus), mit freier Wahl der Verbrauchsgüter, freier Preisbildung entsprechend Angebot und Nachfrage, mit unbehindertem Gewinnstreben. In der sozialen Marktwirtschaft wird der freie Wettbewerb durch den Staat überwacht, der den wirtschaftlichen Rahmen mitbestimmt und wirtschaftliche Störungen durch marktgerechte Mittel zu beheben sucht, indem er z. B. durch Kredite oder Krediteinschränkungen, Steuerbegünstigungen, Subventionen, Maßnahmen der Sozialpolitik (Umverteilung des Volkseinkommens) den Geldumlauf zu beschleunigen oder zu bremsen versucht.

Marshallplan, auf den US-Außenminister Marshall zurückgehendes amerikanisches Hilfsprogramm für Europa nach dem Zweiten Weltkrieg. Die Marshallplan-Hilfe war die Grundlage für die rasche wirtschaftliche Gesundung Westeuropas (s. ERP).

Marxismus-Leninismus, durch Lenin und teilweise Stalin vorgenommene Auslegung und Erweiterung des Marxismus zur verbindlichen kommunistischen Ideologie. Zentrale Grundlagen sind: die Einschätzung des Imperialismus als letztes Stadium des Kapitalismus, der Bolschewismus und die Diktatur des Proletariats als revolutionäres Übergangsstadium.

Maschrik, Kernraum der Araber östlich Ägyptens ohne Iran.

Massenorganisationen, Arbeiter-, Kultur-, Sport-, Frauen-, Jugendverbände etc., die, im Sinne einer Massenbewegung, alle Gruppeninteressen den gesellschaftspolitischen Tendenzen des Staates, der Staatspartei, unterordnen.

Materialismus, Weltanschauung, die alles Wirkliche auf die Materie und ihre Kräfte zurückführt, auch Seele und Geist. Da es nur zweckbedingte Werte gibt, ist der Materialismus auch Atheismus. Der Lehre von Marx liegt eine materialistische Geschichtsauffassung zugrunde.

MBFR (Mutual Balanced Forces Reductions), Konferenz zur gegenseitigen ausgewogenen Truppen- und Kräfteverminderung in Europa zwischen NATO- und Warschauer-Pakt-Staaten mit dem Ziel der militärischen und politischen Krisen- und Konfliktverminderung.

Menschenrechte, auch Grundrechte, die seit der amerikanischen Unabhängigkeitserklärung 1776 und der Französischen Revolution 1789 jedem Menschen verbürgten, angeborenen, unveräußerlichen Rechte, die die persönliche Freiheit des Einzelnen garantieren. Trotz der Menschenrechtserklärung der UNO 1948 sind diese Rechte bis heute nicht in allen Mitgliedsländern verwirklicht. Konvention der Menschenrechte des Europarats 1950. Als Grundrechte sind sie im Bonner Grundgesetz garantiert.

Menschewiken, zahlenmäßig stärkerer Flügel der russischen Sozialdemokratischen Arbeiterpartei. Nach einer zufälligen Abstimmungsniederlage 1903 so benannt: Minderheitler, im Gegensatz zu den Bolschewiken. Endgültige Spaltung 1912.

Ministerpräsident, Bezeichnung für den Leiter einer Landesregierung.

Ministerrat, meist das Gesamtministerium, in der DDR und auch in anderen sozialistischen Ländern das durch Träger der wirtschaftlichen Macht erweiterte höchste vollziehende Organ.

Mittelmächte, im Ersten Weltkrieg Bezeichnung für die Bündnispartner Deutsches Reich, Österreich-Ungarn sowie deren Verbündete Osmanisches Reich und Bulgarien.

Mittelstand, soziale Gruppen einer Industriegesellschaft, die nicht zu den Kapitaleignern und ihren Führungskräften (Oberschicht) und nicht zur Arbeiterschaft (Unterschicht) gehören.

Montanunion, 1951 gegründeter gemeinsamer Markt für Kohle und Stahl zwischen der Bundesrepublik Deutschland, Frankreich, Italien und den Benelux-Staaten.

Moskauer Vertrag, 1. Souveränitätsvertrag zwischen der Sowjetunion und der DDR 1955, bestätigt die Souveränität der DDR, 2. Gewaltverzichtsvertrag zwischen der Sowjetunion und der Bundesrepublik Deutschland (auch über die Erweiterung und Verbesserung ihrer Beziehungen) 1970, worin u. a. die bestehenden Grenzen zwischen der Bundesrepublik Deutschland und der DDR sowie zwischen der DDR und der Volksrepublik Polen (Oder-Neiße-Linie) anerkannt werden.

Naher Osten, deutsche Bezeichnung für die Gebiete zwischen Europa/Ägypten und Afghanistan/Vorderindien.

Nahostkonflikt, Auseinandersetzung zwischen Israel und den Arabern in vier Nahostkriegen, 1948, 1956, 1967 und 1973.

Nationale Front, die Blockorganisation aller Parteien und Massenorganisationen in sozialistischen Staaten.

Nationalismus, übersteigertes, meist kämpferisches und mit Unduldsamkeit oder Überheblichkeit gegenüber anderen Völkern verbundenes Eintreten für das eigene Volk oder den eigenen Staat. Als Zeitalter des Nationalismus wird das 19. Jahrhundert wegen der Bildung zahlreicher Nationalstaaten bezeichnet.

Nationalitäten, unterschiedliche Volksgruppen, die in einem gemeinsamen Staat zusammenleben, wobei häufig eine staatstragende Gruppe die Macht besitzt und die Minderheiten benachteiligt oder unterdrückt.

Nationalsozialismus, Lehre der 1919 gegründeten politischen Bewegung, die sich als NSDAP organisierte und mit Adolf Hitler an der Spitze (Führer) Deutschland 1933 bis 1945 diktatorisch regierte.

NATO (North Atlantic Treaty Organization), Nordatlantikpakt, 1949 gegründetes westeuropäisches Verteidigungsbündnis unter Einschluss der USA und Kanadas. 1955 Aufnahme der Bundesrepublik Deutschland.

NEP (Nowaja Ekonomitscheskaja Politika), russ. Abkürzung für Neue Ökonomische Politik (NEP), 1921 von Lenin durchgesetzt, gestattete in gewissem Rahmen freie wirtschaftliche Betätigung in Landwirtschaft, Gewerbe und Handel.

Neutronenbombe, zerstört im Gegensatz zur Atombombe nicht die Umwelt durch die Explosionswelle und ausgedehnte, anhaltende Strahlung, sondern tötet bei geringer Zerstörung durch kurzfristig wirkende Strahlung alle Lebewesen.

New Deal, bezeichnet die von Präsident Roosevelt aufgrund besonderer Vollmachten eingeleiteten Reformen zur Überwindung der Wirtschaftskrise in den USA in den 20er Jahren.

Nord-Süd-Konflikt, bezeichnet das Gefälle zwischen den Industriestaaten der Nordhalbkugel und den Entwicklungsländern im Süden, zwischen den Zentren der wirtschaftlichen Macht und den wirtschaftlich von ihnen abhängigen unterentwickelten Ländern.

Notstandsgesetze, staatsrechtliche Ermächtigung der Regierung, bei dringender Gefahr besondere Maßnahmen zu ergreifen. In der Bundesrepublik Deutschland erst seit 1968 eingeführt und von heftigen Protesten begleitet.

Notverordnung, durch die Weimarer Verfassung garantiertes Recht des Reichspräsidenten, ohne Einwilligung des Parlaments Regierungsverordnungen mit Gesetzeskraft zu erlassen, die einzelne Grundrechte vorübergehend außer Kraft setzen können.

NSDAP (Nationalsozialistische Deutsche Arbeiterpartei), 1919 in München für nationalistisch gesinnte, radikale und antidemokratische Bürger gegründet. Unter Führung Hitlers Einzug in den Reichstag, seit 1933 einzige in Deutschland zugelassene Partei, 1945 aufgelöst.

Nürnberger Gesetze, juristische Definition der Rassenlehre der Nationalsozialisten 1935. Die jüdischen Deutschen wurden zu „Staatsangehörigen minderen Rechts" erklärt.

Nürnberger Prozesse, Gerichtsverfahren, die 1945–1949 vor dem Internationalen Militärtribunal in Nürnberg zur Ahndung von nationalsozialistischen Kriegsverbrechen durchgeführt wurden.

NVA (Nationale Volksarmee), Streitkräfte der DDR, 1956 gegründet und nach der Vereinigung Deutschlands 1990 zum Teil in die Bundeswehr übernommen.

Oder-Neiße-Grenze, von Stettin entlang der Oder und der Görlitzer Neiße bis zur böhmischen Grenze verlaufend, auf der Jalta-Konferenz beraten, 1945 in Potsdam bis zur endgültigen Regelung durch einen Friedensvertrag von den Westmächten als vorläufige Westgrenze Polens zugestanden. Sie wurde 1950 von der DDR als endgültige Staatsgrenze anerkannt. 1970 verpflichtete sich die Bundesrepublik Deutschland im deutsch-polnischen Vertrag, sie als unantastbare Grenze zu achten. 1990 als Grenze zu Polen von Deutschland endgültig anerkannt.

OEEC (Organization for European Economic Cooperation), 1948 von 16 europäischen Staaten gegründete Organisation zur Durchführung des Marshallplans, um Fehlleitungen der Mittel zu verhindern und die europäischen Wirtschaften zu verschmelzen. Beitritt Westdeutschlands 1947. Ein Hilfsorgan war die Europäische Zahlungsunion (EZU).

OHL (Oberste Heeresleitung), ihre Chefs, Hindenburg und Ludendorff, waren seit 1916 mit außerordentlichen Vollmachten ausgestattet.

Oktoberrevolution, die von den Bolschewiken unter Führung Lenins und Trotzkis mit Unterstützung der Sowjets durchgeführte Machtübernahme in Petrograd (später Leningrad, heute St. Petersburg) am 24./25. Oktober 1917 (nach westlichem Kalender 6./7. November).

OPEC (Organization of Petroleum Exporting Countries), 1960 gegründeter Zusammenschluss Erdöl exportierender Länder.

Ostverträge, Sammelbezeichnung für den Moskauer Vertrag 1970, den Warschauer Vertrag mit Polen 1970, das Berlinabkommen 1971 und den Grundlagenvertrag mit der DDR 1972.

Ost-West-Konflikt, Gegensatz der beiden Machtblöcke USA (mit NATO-) und Sowjetunion (mit Warschauer Pakt-Staaten) nach der Errichtung der von Russland beherrschten Volksdemokratien in Mittel- und Südosteuropa nach dem Zweiten Weltkrieg. Seit der Kubakrise wurde er durch die Politik der friedlichen Koexistenz gemildert.

OSZE (Organisation für Sicherheit und Zusammenarbeit in Europa), s. KSZE.

Overkill, engl., totale Vernichtung, Bestand an atomaren Vernichtungsmitteln, der ausreicht, den Gegner mehrmals zu vernichten.

Palästina, zuerst bei Herodot: Land der Philister, von den Römern anstelle der historischen Namen Galiläa, Samaria, Judäa benutzt. Seit 1918 Bezeichnung für das Mandatsgebiet. Die Juden nennen ihr Ursprungsland ausschließlich Israel.

Palästinenser, Araber in oder aus Palästina. Sie haben seit 1948 ein spezifisches Nationalbewusstsein entwickelt und die Selbstverwaltung des Gaza-Streifens und einiger Gebiete der Westbank erreicht.

Pan-Arabismus, Bestrebungen zum Zusammenschluss aller Araber. Heute schwanken die Araber zwischen Pan-Arabismus und Landespatriotismus.

Pariser Verträge, 1954, 1. Protokoll über die Beendigung des Regimes der westlichen Besatzungsmächte, 2. Deutschlandvertrag (Beziehungen zwischen der Bundesrepublik Deutschland und den drei ehemaligen Besatzungsmächten), 3. Truppenvertrag (Stationierung westlicher Streitkräfte in der Bundesrepublik Deutschland), 4. Beitritt der Bundesrepublik Deutschland zu WEU und NATO, 5. Berlinerklärung. Sie wurden heftig umstrittene Marksteine der Bundesrepublik Deutschland auf dem Weg zu Souveränität und Anerkennung.

Parlamentarischer Rat, 1948/49 verfassunggebende Versammlung zur Ausarbeitung des Bonner Grundgesetzes im Auftrag der westlichen Militärgouverneure. Die 65 Mitglieder wurden von den Landtagen der Bundesländer delegiert.

Parlamentarisierung, Einführung eines politischen Regierungssystems, in dem das Parlament als Vertretungsorgan des Volkes höchste Entscheidungsbefugnis besitzt.

Patt, frz., zugunfähig, z. B. beim Schachspiel, militärisch vor allem für die Situation des atomaren Gleichgewichts zwischen den führenden Mächten USA und UdSSR gebraucht.

Paulskirchenparlament, benannt nach der Paulskirche in Frankfurt am Main, wo 1848/49 die Versammlung gewählter Volksvertreter aller deutschen Staaten tagte, mit dem Ziel, eine parlamentarische Verfassung und einen deutschen Gesamtstaat zu schaffen.

PDS (Partei des Demokratischen Sozialismus), 1989/90 als Nachfolgerin der SED in Ostdeutschland entstandene marxistisch orientierte Partei.

Petersberger Abkommen, 1949 Revision des Besatzungsstatuts zugunsten der Bundesrepublik Deutschland gegen die Zusage des Beitritts der Bundesrepublik zum Europarat, zur Internationalen Ruhrbehörde u. a.

Planwirtschaft, s. Zentralverwaltungswirtschaft.

PLO (Palestine Liberation Organization), 1964 gegründete Dachorganisation der palästinensischen Befreiungsbewegung, deren Ziel die Errichtung eines palästinensischen Staates ist. Seit 1993 Teilautonomie der Palästinenser im Gaza-Streifen und in der Stadt Jericho.

Pogrom, russ., Hetze, gewaltsame Ausschreitungen gegen Minderheitengruppen (Judenverfolgung).

Politbüro, vom Zentralkomitee der Kommunistischen Partei gewähltes Gremium, neben dem Sekretariat wichtigste politische Instanz.

Potsdamer Abkommen, Abschlussvereinbarung der Potsdamer Konferenz der Großen Drei (Siegermächte des Zweiten Weltkriegs), 17. Juli bis 2. August 1945; regelt Fragen des Alliierten Kontrollrats, der Entmilitarisierung, Entnazifizierung und Demokratisierung Deutschlands, der vorläufigen Unterstellung der deutschen Ostgebiete unter polnische bzw. russische Verwaltung.

Prager Frühling, urspr. bedeutendes Musikfestival, 1968/69 Bezeichnung für den Versuch tschechischer und slowakischer Politiker, einen „Sozialismus mit menschlichem Antlitz" aufzubauen. Von Truppen des Warschauer Pakts gewaltsam beendet.

Prohibition, lat., Verbot der Herstellung und des Verkaufs alkoholischer Getränke, z. B. in den USA 1919–1933.

Proletarier, nach marxistischer Lehre Arbeiter, die nichts als ihre Arbeitskraft besitzen und diese gegen Lohn zur Verfügung stellen müssen (s. Kapitalist).

Provisorische Regierung, 1917 während der Februarrevolution in Russland von der Duma (Volksvertretung) gebildete bürgerliche Regierung unter Kerenskij. Sie sollte die Regierungsgeschäfte bis zur Wahl einer verfassunggebenden Nationalversammlung führen.

RAD (Reichsarbeitsdienst), straff organisierte und uniformierte Einheiten männlicher und weiblicher Jugendlicher zwischen 18 und 25 Jahren, die zu Gemeinschaftsaufgaben (Erntehilfe, Ödlandtrockenlegung, Straßenbau usw.) in Deutschland seit 1935 für ein halbes Jahr verpflichtet waren.

Radikalenerlass, 1972 Beschluss des Bundeskanzlers und der Länderregierungschefs zur einheitlichen Überprüfung von Bewerbern für den öffentlichen Dienst und zur Mitgliedschaft von Beamten in extremistischen Organisationen.

RAF (Rote-Armee-Fraktion), Bezeichnung für eine linksorientierte terroristische Gruppierung in der Bundesrepublik Deutschland in den 70er Jahren.

Rat der Volkskommissare, die nach der Oktoberrevolution 1917 in Russland gebildete bolschewistische Regierung unter Führung Lenins (Vorsitzender). 1946 in Ministerrat (unter dem Ministerpräsidenten) umbenannt.

Rätesystem, Regierungssystem, bei dem die in Fabriken und Kasernen gewählten Vertreter der Arbeiter und Soldaten direkt regieren. Die übrige Bevölkerung ist nicht an der Regierung beteiligt.

Reichskanzler, im Deutschen Reich 1919–1945 der Leiter der Reichsregierung.

Reichskommissar, in der Weimarer Republik Beauftragter der Reichsregierung zur Überwachung einer Länderregierung.

Reichskristallnacht, auch Reichspogromnacht, die von höchster Stelle organisierte Misshandlung der Juden in Deutschland mit Zerstörung ihrer Gotteshäuser, Geschäfte usw. am 9./10. November 1938.

Reichspräsident, 1919–1934 das Staatsoberhaupt des Deutschen Reiches.

Reichsprotektorat, das 1939–1945 von den Deutschen besetzte Böhmen und Mähren.

Reichsrat, 1919–1934 die Vertretung der Länder bei der Reichsgesetzgebung und der Reichsverwaltung im Deutschen Reich.

Reichsregierung, im Deutschen Reich 1919–1945 das zentrale Organ der vollziehenden Gewalt.

Reichsstatthalter, von 1933–1945 die Regierungsvertreter in den deutschen Ländern, die den Landesregierungen gegenüber Weisungsbefugnis hatten und der Gleichschaltung der Länder zum Einheitsstaat mit zentraler Verwaltung dienten. Im Allgemeinen waren es die Gauleiter der NSDAP.

Reichstag, gesetzgebendes Organ im Norddeutschen Bund (gegr. 1866) und im Deutschen Reich (1919–1933).

Reichsverfassung, die Verfassung des Deutschen Kaiserreichs (1871–1918).

Reichsverteidigungskommissar, 1939 zur Organisation der zivilen Verteidigung bestimmte Personen, ab 1942 Gauleiter in Personalunion.

Reichswehr, die Armee des Deutschen Reiches 1919–1935.

Reparationen, lat., Wiedergutmachungsleistungen; die dem Besiegten zum Ausgleich für im Krieg erlittene Schäden der Sieger auferlegten Zahlungen und Warenlieferungen, auch Demontagen.

Republikaner, eine der beiden großen politischen Parteien der USA, gegründet 1854; in Deutschland seit den 1980er Jahren auftretende rechtsorientierte Splitterpartei.

RFB (Rotfrontkämpferbund), Kampforganisation der KPD zur Zeit der Weimarer Republik.

RGW (Rat für gegenseitige Wirtschaftshilfe), Gegengründung der Sowjetunion gegen die OEEC. Seit 1950 war die DDR Mitglied. 1990 Selbstauflösung.

Rote Armee, bis 1946 offizielle Bezeichnung der 1918 vor allem von Trotzki aufgestellten Streitkräfte der UdSSR.

Rote Garden, junge Maoisten in der chinesischen Kulturrevolution.

Rotes Kreuz, internationale Organisation zur Hilfeleistung bei Kriegen und Naturkatastrophen: Betreuung Verwundeter, Gefangener, Obdachloser usw., gegründet 1863 (Henri Dunant) mit den Grundsätzen Menschlichkeit, Unparteilichkeit, Unabhängigkeit, Freiwilligkeit.

RSHA (Reichssicherheitshauptamt), 1939 aus der Vereinigung von Sicherheitspolizei (Gestapo plus Kriminalpolizei) und SD hervorgegangenes Amt unter Himmler (Reichsführer SS und Chef der Deutschen Polizei).

Ruhrkampf, passiver Widerstand gegen die französische Besetzung des Ruhrgebietes 1923.

Ruhrstatut, das im April 1949 geschlossene Abkommen Belgiens, Frankreichs, Großbritanniens, Luxemburgs, der Niederlande und der USA über eine internationale Kontrollbehörde für die Ruhr, das politische und wirtschaftliche Ziele verfolgte. Die wirtschaftliche Verfügungsgewalt über das Ruhrgebiet wurde den deutschen Behörden entzogen, auf Internationalisierung wurde jedoch verzichtet. Mit dem Petersberger Abkommen trat die Bundesrepublik im November 1949 der Ruhrbehörde bei. 1952 wurde das Ruhrstatut durch die Montanunion, die heute Bestandteil der EU ist, abgelöst.

SA (Sturmabteilungen), die politische Kampftruppe der NSDAP, nach der Machtübernahme 1933 auch als Hilfspolizei eingesetzt.

SALT (Strategic Arms Limitation Talks), Beschränkung der strategischen Nuklearwaffen. SALT I-Abkommen zwischen den USA und der Sowjetunion 1972 über Teilbegrenzung nuklearer Abwehrwaffen. Die Gespräche über SALT II zur Begrenzung nuklearer Angriffswaffen haben zu keinem Erfolg geführt.

Satellit, lat., künstlicher Erdmond, meist mit Forschungsgerät ausgestattet. Politisch: verächtlich für Gefolgsmann, Helfershelfer (Satellitenstaat).

Säuberungen, Überprüfungen auf die politische Zuverlässigkeit bestimmter Personen im Sinne der Parteidoktrin, bes. in Diktaturen.

SBZ, Sowjetische Besatzungszone in Deutschland nach 1945.

Schiedsgericht, ein unter Parteien vereinbartes Gericht. Der Internationale Schiedsgerichtshof erledigt Streitigkeiten zwischen Staaten. 1907 wurde der ständige Schiedshof in Den Haag errichtet. Durch die Völkerbundssatzung und die Charta der Vereinten Nationen werden die Staaten zur friedlichen Beilegung von Streitigkeit auf die Schiedsgerichtsbarkeit verwiesen.

Schuman-Plan, 1950 vom französischen Außenminister Schuman zur Gründung der Montanunion eingebracht.

Schutzhaft, in autoritären und totalitären Staaten Internierung von Personen, die als Gefahr für die politische Ordnung betrachtet werden.

SD (Sicherheitsdienst), 1931 als Nachrichtendienst von der SS zur Überwachung der Gegner und möglicher Opposition in den eigenen Reihen der NSDAP unter Heydrich eingerichtet, nach der Machtübernahme 1933 zur Überwachung politischer Gegner, 1939 im RSHA (s. dort) aufgegangen.

SDI (Strategic Defense Initiative), 1983 von der amerikanischen Regierung unter Präsident Reagan initiiertes Rüstungsprogramm zur Schaffung von Weltraumwaffen.

SEATO (South East Asia Treaty Organization), Südostasienpakt, 1954 von Australien, Frankreich, Großbritannien, Neuseeland, Pakistan, den Philippinen, Thailand und den USA als Verteidigungsbündnis gegen die kommunistischen Staaten Ostasiens gegründet, 1977 aufgelöst.

SED (Sozialistische Einheitspartei Deutschlands), führende Staatspartei der DDR, 1946 gegründet, nachdem die KPD der SBZ nicht die erwartete Zustimmung erreicht hatte. Mitglieder waren etwa 15 % der wahlberechtigten DDR-Bürger. 1990/91 umgewandelt in die PDS (s. dort).

Selbstbestimmungsrecht der Völker, das vor allem seit seiner Verkündung durch US-Präsident Wilson (1917) nach dem Ersten Weltkrieg für die Minderheiten in Europa wichtig gewordene Prinzip, dass der Bevölkerung die freie Entscheidung über ihre Staatszugehörigkeit zustehe. Es spielte vor allem in den Friedensverträgen von 1919/20 eine Rolle.

Selbstverwaltung, selbstverantwortliche Regelung aller Angelegenheiten durch die unmittelbar Betroffenen im eigenen, überschaubaren Bereich, z. B. Gemeinde.

Separatismus, separatistisch, lat., Bestreben nach Loslösung eines bestimmten Gebietes aus einem Staat, z. B. der rheinische Separatismus am Beginn der Weimarer Republik.

Sicherheitsrat, s. UN-Sicherheitsrat.

Siebzehnter Juni (1953), Tag des Volksaufstands in Ostberlin und zahlreichen Orten der DDR, durch den Einsatz russischer Panzer niedergeschlagen.

SMAD (Sowjetische Militäradministration), Militärverwaltung in der sowjetischen Besatzungszone nach dem Zweiten Weltkrieg.

Sowchos, Sowjetwirtschaft: Staatsgut, nach der Kollektivierung eingerichtete Spezialbetriebe der Landwirtschaft.

Sowjet, russ., Rat, urspr. spontan gewählte Arbeitervertretungen, deren Ausschüsse die gesetzgebende und vollziehende Gewalt ausübten. Erstmalig in der russischen Revolution von 1905. Arbeiter-, Soldaten- und Bauernräte bildeten den wichtigsten Faktor in den beiden russischen Revolutionen von 1917, sanken dann aber zu Instrumenten der kommunistischen Parteiführung herab. Die staatliche Gewalt auf höchster, d. h. Landesebene wurde in der Sowjetunion offiziell bis zu ihrer Auflösung von dem aus zwei Kammern bestehenden Obersten Sowjet ausgeübt.

Sozialdarwinismus, Übertragung der Lehren Darwins (1809–1892) – nur die stärksten und anpassungsfähigsten Rassen und Arten (Tiere und Pflanzen) setzen sich in der Natur durch – auf den Bereich des menschlichen Zusammenlebens in Gesellschaft und Staatengemeinschaft.

Sozialdemokratie, politische Bewegung der Arbeitnehmer, die in der zweiten Hälfte des 19. Jahrhunderts aus der Arbeiterbewegung hervorging. Die Sozialdemokratie strebt die Verwirklichung einer gerechten und solidarischen Gesellschaft an. In Deutschland werden diese Ziele von der SPD (s. dort) verfolgt.

Sozialisierung, Verstaatlichung, Überführung von Produktionsmitteln aus Privateigentum in das Eigentum des Staates (Vergesellschaftung).

Sozialismus, nach Marx jene Übergangsgesellschaft vom Kapitalismus in den Kommunismus, in der nach der Vergesellschaftung der Produktionsmittel die Diktatur des Proletariats herrscht; allgemein eine Gesellschaft, die durch rechtliche, politische und soziale Gleichheit und das Prinzip der Solidarität geprägt ist.

Sozialprodukt, Wert aller wirtschaftlichen Güter und Dienstleistungen, die eine Volkswirtschaft, zumeist während eines Jahres, erbringt, verbraucht, investiert oder in ausländische Güter umtauscht. Man unterscheidet zwischen Nettosozialprodukt (Abzug aller Abnützungs-, Beschädigungs- und Gebrauchsunkosten), Bruttosozialprodukt (einschließlich Abschreibungen und Abnützungen) und Bruttoinlandsprodukt (Abzug der Zahlungen ins Ausland).

Sozialrevolutionäre, 1901 gegründete und 1922 von den Bolschewiki ausgeschaltete russische Partei, die den Zarismus bekämpfte und für einen bäuerlichen Sozialismus eintrat.

Spartakusbund, 1916 von Liebknecht und Luxemburg gegründete kommunistisch orientierte Gruppe, die sich 1919 nach der Ermordung ihrer Gründer auflöste.

SPD (Sozialdemokratische Partei Deutschlands), gegründet 1863 (s. Sozialdemokratie).

SS (Schutzstaffel), politische Kampftruppe zunächst innerhalb der SA zum persönlichen Schutz Hitlers, dann Verselbstständigung gegenüber der SA unter Himmler, schließlich Übernahme aller Sicherungsaufgaben des NS-Staates und Aufstellung eigener Truppenverbände (Waffen-SS).

Staatsrat, in mehreren osteuropäischen Staaten bis 1989/90 staatliches Führungskollektiv, in der DDR seit 1960 mit z. T. wichtigen legislativen und exekutiven Aufgaben betraut.

Stahlhelm, Bund der Frontsoldaten, im Dezember 1918 gegründet, offiziell überparteilich, aber der DNVP nahe stehend, 1933 teilweise in die SA eingegliedert, 1935 aufgelöst, 1951 wieder gegründet, ohne politische Bedeutung.

Stalinismus, das von Stalin seit Lenins Tod 1924 geprägte Herrschaftssystem der UdSSR, eine Alleinherrschaft, gestützt auf den Partei-, Staats- und militärischen Apparat, abgesichert durch politische Säuberungen (politische Geheimpolizei), dogmatische Ideologie, Personenkult und Terror; auch auf andere sozialistische Staaten übertragen. Nach Stalins Tod 1953 setzte die Auseinandersetzung mit dem Stalinismus ein.

START (Strategic Arms Reduction Talks), Gespräche über die Verringerung strategischer Waffen zwischen den USA und der UdSSR auf Veranlassung von US-Präsident Reagan, die 1991 zur Vertragsunterzeichnung führten. Start I (1991) und Start II (1993).

Stasi, Bezeichnung der DDR-Bevölkerung für die Mitarbeiter des Ministeriums für Staatssicherheit (MfS), die große Teile der Bevölkerung bespitzelten und überwachten.

Stellvertreterkrieg, kriegerischer Konflikt unterhalb der Atomschwelle während des Kalten Krieges, der, von den beiden Supermächten USA und Sowjetunion unter Kontrolle gehalten, zwischen kleinen Mächten aus den jeweiligen Lagern geführt wurde, z. B. in Nahost, in Angola.

Streik, im Arbeitskampf vorübergehende, von Arbeitnehmern gemeinsam durchgeführte Arbeitsniederlegung zur Durchsetzung von Forderungen. Das Streikrecht ist durch einige Länderverfassungen gesichert, jedoch nicht ausdrücklich durch das GG garantiert.

Supermacht, Bezeichnung für die beiden stärksten Atommächte: USA und Sowjetunion während des Ost-West-Konflikts.

supranational, übernational, den nationalen Belangen übergeordnet (z. B. Organe der EU).

Tarifrecht, das Recht von Tarifpartnern (Gewerkschaften, Arbeitgeberverbänden, aber auch einzelnen Arbeitgebern oder Arbeitgebergruppen), Löhne und Arbeitsbedingungen frei zu vereinbaren. Der älteste deutsche Tarifvertrag ist von 1873 (Buchdrucker). Von beiden Tarifpartnern ist das Tarifrecht allgemein anerkannt seit dem Ersten Weltkrieg, gesetzlich abgesichert seit 1918, verbessert 1928.

Tigerstaaten, ost- und südostasiatische Staaten, die sprunghaft ihre Industrie entwickeln, z. B. Südkorea, Taiwan, Singapur, Indonesien.

totaler Krieg, Vernichtungskrieg, der sich auch gegen die Zivilbevölkerung des Feindes richtet.

totaler, totalitärer Staat, versucht auf alle gesellschaftlichen und persönlichen Bereiche im Sinne seiner Ziele durch zentrale Steuerung und Kontrolle einzuwirken.

Transformationsländer, Bezeichnung für Länder, die sich nach der Auflösung des Ostblocks im Prozess der wirtschaftlichen Umgestaltung von der zentralistischen Planwirtschaft zur Marktwirtschaft befinden.

Transjordanien, Land östlich des Jordans, Ostteil des ursprünglich weiträumigen britischen Mandats Palästina, 1923 abgespalten, seit 1946 unabhängig.

Treuhandanstalt, 1990 noch von der demokratisierten DDR gegründete Anstalt des öffentlichen Rechts zur Verwaltung des ehemaligen „volkseigenen" Vermögens der DDR. Sie verkaufte die meisten VEBs an Privatpersonen oder -gesellschaften. 1995 aufgelöst.

Trizone, am 8. August 1949 vollzogener Zusammenschluss der drei westalliierten Besatzungszonen.

UN/UNO (United Nations/Organization), 1945 gegründete Nachfolgeorganisation des Völkerbundes (s. dort). Die UNO wirkt vornehmlich bei der Friedensstiftung zwischen Staaten mit, bei der Unterstützung von Flüchtlingen sowie bei der kulturellen und wirtschaftlichen Entwicklung der Dritten Welt.

UN-Sicherheitsrat, wichtigstes Organ der UNO, mit Entscheidungsbefugnis über konkrete Maßnahmen zur Sicherung des Friedens. Neben fünf ständigen Mitgliedern – USA, UdSSR, Frankreich, Großbritannien, China – gibt es zehn für jeweils zwei Jahre gewählte Mitglieder. Für die Beschlussfassung ist Zweidrittelmehrheit erforderlich, darunter Einstimmigkeit aller ständigen Mitglieder (Vetorecht).

UN-Truppen, Blauhelme, werden zur Schlichtung eingesetzt, z. B. in Korea, auf dem Golan, auf der Sinai-Halbinsel, im ehemaligen Jugoslawien; zwischen den Parteien postiert.

UN-Vollversammlung, alle Mitgliedstaaten tagen einmal jährlich, meist von September bis Dezember; Beschlüsse sind nur für die zustimmenden Mitglieder verbindlich. Die Vollversammlung wählt die nichtständigen Mitglieder des Sicherheitsrates, den Generalsekretär, die Mitglieder aller Räte bzw. des Internationalen Gerichtshofes.

UNCTAD (United Nations Congress of Trade and Development), 1964 mit Sitz in Genf gegründeter Handels- und Entwicklungsrat der UNO.

UNRWA, UN-Hilfs- und Arbeitsagentur für die Palästina-Flüchtlinge.

UNSCOP, Sonderausschuss der UNO für die palästinensische Frage. Er legte einen Mehrheitsplan für die Teilung

Palästinas und einen Minderheitsplan für einen föderativen Staat vor.

VAR (Vereinigte Arabische Republik), zu der sich 1958 Ägypten und Syrien zusammenschlossen. Nach dem Austritt Syriens 1961 bestand sie nur noch nominell. 1963 vereinbarten Ägypten, Syrien und der Irak eine VAR als Föderation, die aber nie Wirklichkeit wurde. Durch eine Volksabstimmung in Ägypten, Libyen und Syrien wurde eine Verfassung gebilligt und 1972 in Kraft gesetzt, die eine Union Arabischer Republiken schaffen sollte. Auch sie blieb ohne Bedeutung.

VEB (Volkseigener, sozialisierter, in Gemeineigentum überführter Betrieb) in der SBZ bzw. DDR.

Vergesellschaftung, privates wirtschaftliches Eigentum wird in Gemeineigentum überführt. In der DDR vorgesehen – entsprechend der marxistischen Lehre – nach Art. 27 der Verfassung; in der Bundesrepublik Deutschland nach Art. 15 GG möglich.

Verhältniswahl, personalisiertes, Mischwahlsystem in der Bundesrepublik Deutschland, bei dem der Wähler einen Wahlkreiskandidaten nach dem relativen Mehrheitswahlsystem wählt und über die Zusammensetzung des Parlaments nach dem Verhältniswahlsystem (mit 5 %-Klausel) entscheidet.

Versailler Vertrag, Friedensvertrag des Deutschen Reiches von 1919 mit den Siegermächten des Ersten Weltkrieges (Hauptbestimmungen: Alleinige Kriegsschuld des Deutschen Reiches, Gebietsabtretungen, Reparationen in unbegrenzter Höhe, 100 000-Mann-Heer, Verlust der Handelsflotte).

Verstaatlichung, ein Wirtschaftszweig oder ein einzelnes Unternehmen wird aus der Privatwirtschaft in Staatsbesitz überführt (Eisenbahnen, Banken usw.). Im Hinblick auf die Bedeutung bestimmter Unternehmen für die Allgemeinheit ist eine solche Überführung – im Unterschied zur Sozialisierung – auch in einer privatwirtschaftlichen Ordnung gegen Vergütung möglich.

Vierjahresplan, 1936 auf Weisung Hitlers verkündet; er sollte Deutschland wirtschaftlich autark und kriegsfähig machen.

Viermächtestatus, Beschluss der Potsdamer Konferenz 1945, Berlin und Deutschland gemeinsam zu verwalten. 1990 durch den Zwei-plus-Vier-Vertrag endültig beendet.

Vierte Welt, s. Dritte Welt.

Vierzehn Punkte, im Januar 1918 von US-Präsident Wilson verkündetes Programm mit dem Ziel, eine Weltfriedensordnung mit u. a. folgenden Grundsätzen zu schaffen: Freiheit der Meere und der Wirtschaft, Selbstbestimmungsrecht der Völker, allgemeine Abrüstung, Völkerbund.

VN (Vereinte Nationen), s. UNO und die genannten UN-Organe.

Völkerbund, erste internationale Organisation zur Sicherung des Weltfriedens, bestand 1920–1946. Vorläuferorganisation der UNO.

Völkerrecht, Gesamtheit der Rechtsgrundsätze, die die Beziehungen der Staaten untereinander regeln. Sie kommen vor allem durch Verträge, Abkommen und Gewohnheitsrecht zustande. Dem Völkerrecht fehlt – trotz UNO – bis heute eine übergeordnete Stelle, die seine Einhaltung erzwingen könnte.

Volksdemokratie, Selbstbezeichnung von Staaten vor allem in Mittel- und Südosteuropa seit 1945, kommunistische Parteidiktaturen, die sich von der sowjetischen vor allem dadurch unterscheiden, dass die revolutionär-demokratische Partei gemeinsam mit bürgerlich-demokratischen Parteien (s. Volksfront) die Macht ausübt.

Volksfront, Bündnis zwischen bürgerlichen Linksparteien, Sozialdemokraten (Sozialisten), Linkssozialisten und Kommunisten.

Volksgerichtshof, Sondergericht der Nationalsozialisten für die Verurteilung politischer Gegner.

Volkskammer, nominell die Volksvertretung in der DDR, gewählt aufgrund der Einheitsliste der Nationalen Front (Volksfront).

Volkskommunen, 1958 in der Volksrepublik China gegründete bäuerliche Großverbände zur Organisation des Masseneinsatzes der Bevölkerung in der Landwirtschaft.

Volkssturm, letztes militärisches Aufgebot des nationalsozialistischen Deutschland gegen Ende des Zweiten Weltkrieges.

Warschauer Pakt, 1955 als Gegenstück zur NATO geschlossenes Militärbündnis ("für Freundschaft, Zusammenarbeit und gegenseitigen Beistand") des Ostblocks unter Einschluss der DDR; für die UdSSR ein Mittel der politischen und militärischen Koordinierung. 1991 Selbstauflösung.

Warschauer Vertrag, Gewaltverzichtsvertrag zwischen der Bundesrepublik Deutschland und Polen (7. Dezember 1970), enthält die Anerkennung der Oder-Neiße-Grenze, ihre Unverletzlichkeit, Bereitschaft zur Normalisierung der gegenseitigen Beziehungen. Ein Zusatz betrifft u. a. die Ausreise von "Personen mit unbestreitbar deutscher Volkszugehörigkeit"; vom deutsch-polnischen Vertrag 1990 abgelöst. S. auch Oder-Neiße-Grenze.

Wehrmacht, 1935–1945 die Streitkräfte des Dritten Reiches.

Weimarer Republik, erste deutsche Republik 1919–1933.

Weimarer Verfassung, die seit 1919 gültige Verfassung der Weimarer Republik, von den Nationalsozialisten 1933 faktisch außer Kraft gesetzt.

Weltbank, 1945 mit Sitz in Washington gegründet, Internationale Bank für Wiederaufbau und Entwicklung, heute mit etwa 100 Mitgliedstaaten, finanziert vor allem Wirtschaftsprojekte der Entwicklungsländer.

Weltrevolution, Lehre des Marxismus vom gemeinsamen Aufstand der Arbeiter in allen Staaten der Erde gegen die bürgerlich-kapitalistische Gesellschaftsordnung.

Wende, Bezeichnung für politischen Wechsel der Herrschaft in demokratischen Systemen. Seit 1989 Bezeichnung für die demokratische Umwälzung in der DDR und in osteuropäischen Staaten.

Westbank, Westufer, die arabischen Gebiete westlich des Jordans.

Westmächte, seit 1945 Bezeichnung für die von den USA geführte Staatengruppe in Europa und Nordamerika.

Wirtschaftswunder, Schlagwort für den rasanten Wiederaufstieg der westdeutschen Wirtschaft in den 1950er und 60er Jahren.

Wohlfahrtsstaat, übernimmt die Mitverantwortung für die materielle Sicherheit seiner Bürger.

Zahlungsabkommen, Vereinbarungen über Art und Verfahren der gegenseitigen Verrechnung im internationalen Handelsverkehr.

Zentralismus, demokratischer, Organisationsprinzip von Partei und Staat, z. B. in der DDR, Grundsatz der kritiklosen Verbindlichkeit von Beschlüssen und Entscheidungen von oben nach unten.

Zentralverwaltungswirtschaft, im Gegensatz zur freien oder sozialen Marktwirtschaft eine gelenkte Staatswirtschaft, die alle Bereiche der Wirtschaft durch genaue Planung festlegt.

Zentrum, Partei des politischen Katholizismus in Deutschland 1871–1933.

Zion, urspr. der Hügel des Jerusalemer Tempels, symbolisch auch für Jerusalem und das Land Israel.

Zionismus, internationale Bewegung im Judentum zur Wiederherstellung der „jüdischen Nationalheimstätte" in Palästina. Zionistische Weltorganisation 1897 von Herzl gegründet.

ZK (Zentralkomitee), oberstes Führungsorgan kommunistischer Staatsparteien, z. B. in der Sowjetunion und der DDR.

Zollunion, Abkommen zwischen zwei oder mehr Staaten, das den Verzicht auf bestimmte Zölle im Warenverkehr zwischen den Teilnehmerstaaten vorsieht.

Zwanzigster Juli (1944), das Attentat auf Hitler durch Offiziere der Wehrmacht.

Zwei-plus-Vier-Vertrag der vier Siegermächte des Zweiten Weltkriegs (Frankreich, Großbritannien, USA, Sowjetunion) und der beiden deutschen Staaten über die Fragen der deutschen Einheit 1990. Er ersetzte den im Potsdamer Abkommen vorgesehenen Friedensvertrag.

Zweite Welt, s. Dritte Welt.

Register

Abgeordnete 52, 77, 196, 258
Abrüstung, Abrüstungskonferenz (s. auch KSZE, Völkerbund) 13, 86, 128
Abschreckung 321 f.
Adenauer, Konrad 125, 184, 195 ff., 199 ff., 203, 213, 218, 254 f.
Analphabetentum (s. auch Bildung, Schule) 275 f.
Antisemitismus (s. auch Juden) 73, 76 f., 94, 119, 292
Apartheid 283 ff.
APO/Außerparlamentarische Opposition 211 f., 218
Arabische Staaten 295 ff.
Arbeiter (s. auch Proletariat) 59, 71 f., 97, 99, 133 f., 141, 143, 148 ff., 156, 204, 206, 208, 224, 320
Arbeiter- und Soldatenräte (oder Soldatendeputierte) 11, 24 f., 27, 139 ff.
Arbeitgeberverbände, Unternehmerverbände (s. auch Verbände) 39, 197, 207
Arbeitnehmerverbände (s. auch Verbände) 197, 208
Arbeitslosenversicherung 39, 43, 207
Arbeitslosigkeit, Arbeitslosenquote 41 ff., 70 ff., 98, 101 f., 116, 118 f., 122, 172, 198, 205 f., 211, 216, 240, 242, 315
Asien 304 ff., 309, 311, 315 f., 318, 320
Astronauten (russische Kosmonauten) 159
Atlantik-Charta 108, 128
Atomares Gleichgewicht, atomares Patt 128, 330, 333
Atombomben, Atomwaffen (s. auch Hiroshima und Kernwaffen) 87, 92, 107 ff., 128, 159, 169, 174 f., 290, 299, 318, 320, 322, 332 f.
Atomkrieg(e) 153, 322
Atomwaffensperrvertrag 331
Aufstand
– der Araber 293
– der Arbeiter 140
– der DDR (s. Siebzehnter Juni) 224
– der dt. Matrosen 11, 24, 27
– der Matrosen in Kronstadt 141 ff.
– der russ. Bauern und Arbeiter 134, 140
– der Tschechen („Prager Frühling") 165
– der Ungarn 109, 165
Auschwitz 75 f., 245, 249

Außenhandel (s. Welthandel)
Aussiedler, Spätaussiedler 174, 248 f.
Autoritärer Staat 66
Azikiwe 279 f.

Baader-Meinhof-Bande (s. auch Terror) 212
Balfour, Arthur Earl of 293
Balkanfeldzug 90
Banken 42, 59, 101 f.
Bauern (s. auch Landwirtschaft) 59, 70, 132, 134, 141, 143 ff., 156 f., 183, 225, 262, 308
Bauernverband (s. auch Verbände) 208
Beamte 195, 204, 306
Beck, Ludwig 92 f.
Bekennende Kirche 70, 73
Bello, Ahmadu 280
Ben Gurion, David 293
Beneš, Edvard 82, 250
Berlin 23 ff., 27, 33, 43, 62, 67, 91 f., 209 f., 215, 224, 234 f.
– Alexanderplatz 234
– Blockade 189, 209, 218
– Mauer 125, 210, 218, 225, 236
– Vertrag 37
– Viermächteabkommen 209, 217
Besatzungsmächte, alliierte 182, 187, 201 f., 209, 238
Besatzungsstatut 199 f.
Besatzungszonen 107, 178, 180 f., 185, 209
Besitzverhältnisse, Vermögensverteilung 199, 205 f.
Bethmann Hollweg, Theobald v. 8, 11
Betriebsrätegesetz 39, 208
Bevölkerungsbewegungen 178
Bevölkerungsexplosion, -lawine 276, 323, 333
Biafra 282
Bildung, Bildungswesen, -system (s. auch Schule) 144, 158, 230
Bizone 185, 189
Blockparteien 183, 189 f., 220, 236 f.
Bodenreform, Dtl. 29, 183, 203, 225
Bolschewiki 8, 11, 134 f., 139 ff., 152, 161
Bombenkrieg (s. auch Atomwaffen, Luftkrieg, Luftschlacht um England) 87 f., 91, 178
Bosnien-Herzegowina 270 ff.

Boxeraufstand 308
Brandenburger Tor 234 f.
Brandt, Willy 92, 125, 195, 212 f., 215 f., 218, 236, 244, 246, 262
Breschnew, Leonid/Breschnew-Doktrin 153, 155 f., 160 f., 169, 264
Brest-Litowsk, Friedensvertrag von 8, 11, 16, 143, 161
Briand, Aristide 35 f., 42
Brüning, Heinrich 26, 30, 42 ff., 48 f., 53
Brüsseler Pakt, Brüsseler Vertrag 255
Buback, Siegfried 212
Bundeskanzler 188, 195
Bundespräsident(en) 187 f., 195, 218
Bundesregierung(en), dt. 188, 195, 201, 208, 213 f., 217
Bundesrepublik Deutschland 122, 125, 174, 181, 187 f., 192, 198 f., 201, 203 f., 207, 214 f., 218, 254 f., 257, 264, 324, 332
Bundestag 188, 195
Bundestagswahl(en) 194, 199
Bundeswehr 202, 211, 228, 332
Bündnis 90/Die Grünen 195, 197, 216, 236 f.
Bündnisse (s. Paktsysteme)
Bürgerkrieg(e) 283, 293, 298, 323 ff., 333
– China 308 f.
– Russland 141, 143 f., 161
– Spanien 18, 21, 162, 324
Bürgerrechte, -rechtler, -rechtsbewegung 116, 118 f., 128, 197, 248
Bürgertum, Bourgeoisie 25, 41, 135, 140, 142, 151
Bush, George 239
Byrnes, James F. 184 f.

Camp David, Abkommen von 298
Carnegie, Andrew 99
Carstens, Karl 195, 218
Castro, Fidel 112
CDU/Christlich Demokratische Union 195
– CDU (Ost) 183 f., 190, 209, 220, 236 ff.
– CDU (West) 182, 184, 195 ff., 205, 212 f., 216 ff.
Chamberlain, A. Neville 21, 42, 82 ff., 86, 88
China 128, 166, 306 ff.

Grotewohl, Otto 184, 190, 220, 222, 224
Grundgesetz der Bundesrepublik
  Deutschland 187 f., 196, 199
Grundrechte (s. auch Menschenrechte)
  26, 196, 232, 247
Grundvertrag 181, 214, 218
Grüne/Bündnis 90 (s. Bündnis 90/Die
  Grünen)
Gruppe der 77 289
Guerillakrieg, -taktik 114, 308, 310, 322
GUS/Gemeinschaft Unabhängiger Staa-
  ten 166, 168 ff., 175 f.

Haager Konferenzen 322
Hacha, Emil 83 f.
Halder, Franz 86, 88
Halifax, Edward W. 81, 92
Hallstein-Doktrin 213
Hamas (palästinensische Terrororganisa-
  tion) 302 f.
Harzburger Front 41 f.
Heimatvertriebene (s. auch Bevölke-
  rungsbewegungen) 197, 246 f.
Heinemann, Gustav 195, 201, 212, 218
Henlein, Konrad 250 f.
Hennecke, Adolf 191, 222
Herriot, Edouard 34
Herrschaftssystem 150, 152
– des Nationalsozialismus 66, 72
– der Sowjetunion 133
– zaristisches 133
Herrschaftstechnik 59 f.
Herzl, Theodor 292
Herzog, Roman 195, 218
Heß, Rudolf 62
Heuss, Theodor 184, 195 ff., 199, 218
Heydrich, Reinhard 65, 74
Hilfspolizei 51, 54
Himmler, Heinrich 65 f., 88
Hindenburg, Paul v. 9 ff., 26, 38 f., 42 ff.,
  49, 51, 62, 64
Hiroshima 87, 91, 107 f., 128, 320
Hisbollah 300, 303
Hitler, Adolf 6, 30, 33, 38 f., 41, 44 ff.,
  162
Hitlerjugend 63
Hitler-Putsch (s. Putsch)
Hitler Stalin Pakt 84, 245
Ho Tschi Minh 114
Holocaust (s. auch Endlösung, Judenver-
  folgung) 77
Honecker, Erich 215, 218, 221, 226, 231,
  235 f.
Hoover, Herbert L. 99

Höß, Rudolf 76
Hoßbach-Protokoll 78 f.
Hunger, -gürtel, Hungersnot 132, 138,
  143, 146, 275 f., 286 ff.
Hussein (König von Jordanien) 290, 300

Imperialismus 128, 166, 215, 225, 228,
  311 f.
Indochina 114
Industrie, -gesellschaft 41, 102, 120, 132,
  143 f., 150, 155
Industrielle 99, 144
Industrieproduktion 98, 132, 144, 148,
  150, 171, 319
Inflation 32 ff.
Intelligenzija 135
Internationaler Gerichtshof 256, 323 f.
Intifada 301 ff.
Invasionen, alliierte 89, 107
Islam 292
Isolationismus 98, 115, 128
Israel (s. auch Nahostkonflikt) 109,
  290 ff., 295 ff., 303
IWF/Internationaler Währungsfond
  286 ff.

Jalta (s. auch Kriegskonferenzen) 91,
  107
Japan 107, 128, 305 f., 308 f., 311, 315,
  318 ff.
Jaruzelski, Wojciech 248 f.
Jaspers, Karl 179, 213
Jelzin, Boris 166, 168, 173 ff.
Jerusalem 290, 292, 298 ff.
Johnson, Lyndon B. 297
Jordanien (s. auch Nahostkonflikt) 290,
  296, 298 ff.
Juden, Judentum (s. auch Antisemitismus,
  Jerusalem, Nahostkonflikt) 28, 45, 73,
  76 f., 290 ff.
Judenverfolgung, -vernichtung (s. auch
  Endlösung, Holocaust) 66, 72 ff., 90,
  244 f.
Jugoslawien 267, 269, 272 ff.
Justiz 31, 179

Kader, -abteilungen 223
Kaiser, Kaisertum 24, 27, 38
Kalter Krieg (s. auch Luftbrücke, Kuba-
  krise) 109, 112, 115, 128, 166, 174 f.,
  186, 203, 322, 330
Kampfverbände der Parteien 40, 42
Kapitalhilfe (s. auch Wirtschaftshilfe,
  Kapitalismus) 286, 289

Kapitalismus, Staatskapitalismus 135,
  140, 145, 148, 153, 161, 164, 167
Kapp, Wolfgang/Kapp-Putsch 31, 33
Kelloggpakt 322
Kennan, George F. 184
Kennedy, John F. 225, 262
Kerenskij, Alexander 136, 139 f., 143
Kernwaffen 128
Keynes, John Maynard 102 f.
KGB (sowjet. Geheimdienst) 231
Kiesinger, Kurt Georg 195, 211, 218
King, Martin Luther 116
Klassen, -kampf 145, 150, 160 f.
Knesset 295
Koalition
– christlich-liberale 216, 218
– Große 42 f., 48, 195, 211, 218
– sozialliberale 195, 212, 216, 218
Koalitionsregierungen 30, 52, 195, 218
Kohl, Helmut 195, 216 ff., 236, 238 f.,
  244, 250, 262
Kolchos(e) 145 ff., 156 f.
Kollektivierung, Zwangskollektivierung
  (s. auch Kolchos) 144 ff., 150, 156,
  160, 164, 172, 225, 245 f.
Kolonialismus 279
Kolonialreiche, Kolonien 12, 78, 88,
  276, 280, 282 f., 292
Kominform 264
Kommunismus 29, 145, 150, 156, 159 f.,
  165, 189, 229, 249
Kommunistisches Prinzip (s. sozialisti-
  sches Prinzip)
Konferenzen (s. auch Kriegskonferenzen)
  34 f., 37, 84, 91, 107, 162, 180, 245,
  251
Kontrollrat, alliierter 179 f., 182
Konzentrationslager 65, 75 ff., 91, 245
– Auschwitz (s. dort)
– Heuberg 55
– Oranienburg 51
Kopelew, Lew 168, 176
KPD/Kommunistische Partei Deutsch-
  lands 27, 29 f., 40 f., 52, 93, 182 ff.,
  190, 196, 221
Kreisauer Kreis (s. auch Graf v. Moltke)
  92 f.
Krenz, Egon 236 f.
Krieg(e)
– Befreiungskriege 322
– Bürgerkrieg(e) (s. dort)
– Dritte-Welt-Kriege 282
– Einigungskriege 321
– Entstehung von Kriegen 321

Öl (s. Erdöl)
- Ölkrise 216, 218
- Ölreserven und Ölverbrauch 292
- Ölströme 291
OPEC 322
Opiumkrieg 308
Opposition (DDR) 231 f.
Oslo, Abkommen von 300 f.
Österreich 13, 16, 18, 21, 80 f., 86
Ostgrenze, dt. (s. auch Oder-Neiße-Linie) 36 f., 85
Ostpolitik (s. auch Ost-West-Konflikt)
- BRD 212 f., 217 f., 251
- NS-Deutschland (s. Lebensraum)
- USA 110, 112
- Weimar 37
Ostpreußen 16, 162, 178, 180 ff., 245
Ost-West-Konflikt 109 f., 128, 309, 321 ff., 326, 330, 333
OSZE 266, 332

Paktsysteme, Bündnisse (s. auch NATO und Warschauer Pakt) 100, 111, 113, 128
Palästina, Palästinenser 290, 292 f., 296 ff.
Panafrikanismus 282
Papen, Franz v. 26 f., 43 ff., 48 ff., 52, 62
Pariser Verträge 109, 202
Parlamentarischer Rat 187, 199
Parlamentarisierung, parlamentarisches System 27
Parteien, Parteiprogramme
- UdSSR 150, 152, 159, 161
- USA (Republikaner) 104
- Weimarer Republik 29 f.
Partisanenkrieg (s. auch Guerillakrieg) 90, 322
PDS/Partei des Demokratischen Sozialismus 237 f.
Pearl Harbor 91, 107, 128
Peel-Kommission 293
Perestroika 167, 232
Personenkult
- Hitler 62 f., 94
- Mao 313
- Stalin 152, 154 f.
Petersberger Abkommen 199, 201
Pieck, Wilhelm 184, 190, 220, 224
Planwirtschaft (s. auch Zentralismus) 171, 184, 198, 229, 240
PLO 290, 296 ff.
Pogrom (s. auch Antisemitismus, Kristallnacht) 77, 282, 292

Polen 16 f., 21, 37, 84 ff., 90, 180 f., 232, 244 ff., 267
Politbüro (SED) 215, 220 f., 230 f., 235 f.
Ponto, Jürgen 212
Potsdam
- Tag von Potsdam 51, 62
- Konferenz von Potsdam 107, 162, 179 f., 203, 245, 251
- Potsdamer Abkommen 179, 246
Präsidentenamt (USA) 103 ff., 124
Proletariat (s. auch Arbeiter) 24 f., 133, 135 f., 140 f.
Propaganda 46
Provisorische Regierung (Russland 1917) 136, 139 ff.
Putsch, Staatsstreich 31, 33, 93, 168, 173, 179
- Hitler-Putsch 33, 63
- Kapp-Putsch 31, 33, 49
- Röhm-Putsch 64 f.

Rabin, Yitzhak 300 ff.
RAD/Reichsarbeitsdienst 63
RAF (s. auch Terror) 196
Rapallo, Vertrag von 37, 161
Rasse, Rassismus
- Afrika 283
- NS-Deutschland 70, 77 f.
- USA 117 ff.
Rassenfrage 104
Rassentrennung, -unruhen 128
Rat der Volksbeauftragten 24, 27, 30, 39
Rätegedanke, -staat, -system 23, 25
Rathenau, Walther 33, 37
Reagan, Ronald 112, 115, 124, 128
Recht, Gericht 103 f., 117 f.
Rechtsstaat 72, 93, 196, 206
Reichsbanner 40
Reichskonkordat 69, 72
Reichskristallnacht (s. Kristallnacht)
Reichsparteitag 62 ff., 73, 77
Reichspräsident 26 f., 39, 41 ff., 48, 51 f., 54, 62, 64
Reichsprotektorat Böhmen u. Mähren 84
Reichsregierungen (1919–1933) 30
Reichsstatthalter 54, 62
Reichstag 8, 10 f., 26, 43 f., 51 f., 62, 66, 73, 92
Reichstagsbrand 62
Reichstagswahl(en) 30, 33, 47, 49, 58, 61 f.
Reichswehr 31, 33, 37, 62, 64 f., 78
Renten 71, 156, 206

Rentenmark 33
Reparationen, Reparationszahlungen (s. auch Demontagen) 10, 33 f., 37, 180, 182, 186, 221
Republikaner 218
Reuter, Ernst 209
Revisionspolitik 37, 78
Revolution 238
- China 305 f., 311 f.
- DDR 233
- internationale sozialistische 6
- nationale (Dtl.) 33, 54 f., 62
- russische 134, 136; russ. Februarrev. 139 ff., russ. Oktoberrev. 139 ff.
- samtene 251, 267
- Weltrev. (s. dort)
Revolutionsmodelle 312
RFB/Rotfrontkämpferbund 40
RGW/Rat für gegenseitige Wirtschaftshilfe 264 f., 267
Rheinlandbesetzung (1936) 78, 86
Ribbentrop, Joachim v. 84 f., 92
Röhm, Ernst (s. auch Röhm-Putsch) 62, 64 f.
Rohstoffversorgung, -vorräte 88, 276 ff., 288 f.
Römische Verträge (s. auch EWG) 260
Rommel, Erwin 93
Roosevelt, Franklin D. 88, 91, 102 f., 107 f., 128
Rote Armee
- China 309 f.
- UdSSR 17, 37, 84, 90 f., 161 ff., 182, 245
Rotes Kreuz (s. auch H. Dunant) 248
Ruhrkampf, -besetzung (1923) 32 f., 42
Ruhrstatut 199 f.
Runder Tisch 232, 236 f., 249
Russlandfeldzug (1941) 90, 162

SA 40 f., 43, 45, 49, 51, 62 ff., 68, 74, 77
Saargebiet, Saarland 13, 78, 86
Sacharow, Andrej 160, 168
SALT 128
Säuberungen (s. auch Terror) 65, 144, 153 f., 328, 333
- ethnische 270, 274, 328, 333
- politische 245
SBZ (s. auch DDR) 178 f., 183 f., 186, 189 f., 221, 225
Scharon, Ariel 290
Scheel, Walter 195, 218
Scheidemann, Philipp 24, 30
Schießbefehl 226

Quellenverzeichnis

1. Textquellen

I. Das Ende des Ersten Weltkrieges

(1) Botschaften der Präsidenten der Vereinigten Staaten von Amerika zur Außenpolitik 1793–1947, bearb. v. H. Strauß. Bern 1957, S. 96–101.

(2) E. Marhefka (Hrsg.), Der Waffenstillstand 1918/19. Das Dokumentenmaterial, Bd. 1. Berlin 1928, S. 3 ff.

(3) Zum vierten Jahrestag der Oktoberrevolution 1921, in: W. I. Lenin, Werke, Bd. 33. Berlin (Ost) 1962, S. 35 f.

(4) Über „linke" Kinderei und Kleinbürgerlichkeit 1918, in: W. I. Lenin, Werke, Bd. 27. Berlin (Ost) 1960, S. 324.

(5) Bericht über die Tätigkeit des Rats der Volkskommissare 1918, in: W. I. Lenin, Werke, Bd. 26. Berlin (Ost) 1961, S. 472.

(6) A. Hitler, Mein Kampf. München 1943, S. 420 ff.

(7) Ebd., S. 69 f.

(8) P. Witkop (Hrsg.), Kriegsbriefe gefallener Studenten. München 1928, S. 139; R. Hoffmann (Hrsg.), Der deutsche Soldat. Briefe aus dem Ersten Weltkrieg. München 1937, S. 232 f.

(9) E. Jünger, In Stahlgewittern – Aus dem Tagebuch eines Stoßtruppführers. Berlin ⁵1924, Vorwort (wurde später nicht mehr abgedruckt).

(10) Deutsches Zentralarchiv Potsdam, Reichskanzlei, Großes Hauptquartier 21, Nr. 2476. Nach: F. Fischer, Griff nach der Weltmacht. Düsseldorf 1961, S. 111.

(11) Verhandlungen des Reichstags. Stenographische Berichte, Bd. 310, S. 3573.

(12) Dokumente aus den russischen Geheimarchiven. Berlin 1918, S. 92 f., in: H. Michaelis/E. Schraepler (Hrsg.), Ursachen und Folgen, Bd. 1. Berlin 1958, S. 371 f.

(13) R. Hofstadter, The American Political Tradition and the Men Who Made It. Vintage Book K 9. New York 1954, S. 263 f., in: E. Angermann, Die Vereinigten Staaten von Amerika, Bd. 2. Stuttgart o. J., S. 2 f.

(14) Amtliche Urkunden zur Vorgeschichte des Waffenstillstandes 1918, hrsg. v. Auswärtigen Amt. Berlin ²1924, S. 61, 73, 263.

(15) Materialien betr. die Friedensverhandlungen, Teil IV, hrsg. v. Auswärtigen Amt. Charlottenburg 1919, S. 77 ff., 555 f.

(16) Nach: K. Ploetz, Auszug aus der Geschichte. Würzburg ²⁶1960, S. 1026.

(17) E. Marhefka (Hrsg.), Der Waffenstillstand 1918/19. Das Dokumentenmaterial, Bd. 1. Berlin 1928, S. 6 ff.

(18) Amtliche Urkunden zur Vorgeschichte des Waffenstillstandes 1918, hrsg. v. Auswärtigen Amt. Berlin ²1924, S. 74, 85, 189 f.

(19) Reichsgesetzblatt 1918, Nr. 144, S.1273 ff.

(20) Die französischen Dokumente zur Sicherheitsfrage 1919–1923. Amtl. Gelbbuch des franz. Ministeriums für Auswärtige Angelegenheiten. Berlin 1924, S. 5 ff.

(21) J. Dos Passos, Wilsons verlorener Friede. Wien 1964, S. 582 ff.

(22) U. Graf Brockdorff-Rantzau, Dokumente. Charlottenburg 1920, S. 113 f.

(23) J. Bainville, Frankreichs Kriegsziel. Hamburg 1939, S. 46 ff.

II. Europa zwischen den beiden Weltkriegen

(1) Der Friedensvertrag zwischen Deutschland und den alliierten und assoziierten Mächten. Amtl. zweisprachige Ausgabe des Auswärtigen Amtes. Charlottenburg 1919, S. 9 ff.

(2) H. Schulze/I. U. Paul (Hrsg.), Europäische Geschichte. Quellen und Materialien. München 1994, S. 590 f.

(3) W. Reich (Hrsg.), Benito Mussolini. Doktrin des Faschismus. Zürich 1934, S. 15, 17, 30.

(4) B. Mussolini, Der Geist des Faschismus. München 1943, S. 45.

(5) B. Nellesen (Hrsg.), J. A. Primo de Rivera – Der Troubadour der spanischen Falange. Stuttgart 1965, S. 55 ff.

(6) J. Piłsudski, Gesetz und Ehre. Jena 1935, S. 199 ff. Zit. nach: H. Günther-Arndt u. a., Geschichtsbuch Oberstufe, Bd. 2. Berlin 1996, S. 114.

(7) E. Beneš, Der Aufstand der Nationen. Der Weltkrieg und die tschechoslowakische Revolution. Berlin 1928, S. 715–718.

(8) H. Michaelis/E. Schraepler (Hrsg.), Ursachen und Folgen, Bd. 11. Berlin 1966, S. 404 f.

(9) G. Niedhart, Friede als nationales Interesse. Großbritannien in der Vorgeschichte des Zweiten Weltkriegs, in: Neue Politische Literatur 4/1972, S. 451. Zit. nach: H. Günther-Arndt u. a., Geschichtsbuch Oberstufe, Bd. 2. Berlin 1996, S. 221.

(10) H. Schulze, Staat und Nation in der europäischen Geschichte. München 1994, S. 289, 292 f.

(11) K. D. Bracher, Europa in der Krise. Innengeschichte und Weltpolitik seit 1917. Frankfurt/M. 1979, S. 138 f.

III. Deutschland zwischen den beiden Weltkriegen

A. Die Weimarer Republik

(1) B. Rausch, Am Springquell der Revolution. Die Kieler Matrosenerhebung. Kiel 1918, S. 12 ff.

(2) E. Barth, Aus der Werkstatt der deutschen Revolution. Berlin 1919, S. 53.

(3) Deutscher Reichsanzeiger, Nr. 267, 9.11.1918.

(4) E. Drahn/E. Friedegg (Hrsg.), Deutscher Revolutionsalmanach für das Jahr 1919 über die Ereignisse des Jahres 1918. Hamburg – Berlin 1919, S. 72.

(5) Vossische Zeitung, 10.11.1918.

(6) Deutscher Reichsanzeiger, Nr. 268, 12.11.1918.

(7) W. Groener, Lebenserinnerungen. Göttingen 1957, S. 167 f.

(8) Deutscher Reichsanzeiger, Nr. 268, 12.11.1918.

(9) F. Ebert, Schriften, Aufzeichnungen, Reden, Bd. 2. Dresden 1926, S. 116 f.

(10) Allgemeiner Kongress der Arbeiter- und Soldatenräte Deutschlands. Stenographische Berichte. Berlin 1919, Sp. 209 f.

(11) E. Däumig, Der Rätegedanke und seine Verwirklichung, in: Die Revolution. Unabhängiges Sozialdemokratisches Jahrbuch für Politik und proletarische Kunst. Berlin 1920, S. 85 ff.

(12) Verhandlungen des Reichstags. Stenographische Berichte, Bd. 427, S. 4728.

(13) Reichsgesetzblatt 1932, Teil 1, S. 441.

(14) H. Rischbieter, in: Arbeit und Leben 1 (1959), hrsg. v. Landesarbeitsgemeinschaft „Arbeit und Leben" Niedersachsen, S. 22.

(15) Nach: K. Demeter, Das deutsche Offizierskorps in Gesellschaft und Staat 1650–1945. Frankfurt/M. 1962, S. 53.

(16) F. v. Rabenau, Seeckt – Aus seinem Leben 1918–1936. Leipzig 1940, S.239 f.

(17) D. Groener-Geyer, General Groener – Soldat und Staatsmann. Frankfurt/M. 1955, S. 276 f.

(18) W. Hoegner, Der politische Radikalismus in Deutschland 1919–1933. München – Wien 1966, S. 114 ff.

(19) Nach: H. Pross, Die Zerstörung der deutschen Politik. Frankfurt/M. 1959, S. 139 f.

(20) H. Hildebrand/W. Kettner (Hrsg.), Stahlhelm-Handbuch 1927. Berlin 1927, S. 50.

(21) E. Müller-Meiningen, Bolschewismus, Faschismus oder Freistaat. München 1931, S. 95.

(22) M. Krell, Das alles gab es einmal. Frankfurt/M. 1961, S. 67.

(23) A. Rosenberg, Geschichte der Weimarer Republik. Frankfurt/M. 1961, S. 128 f.

(24) G. Stresemann, Vermächtnis, Bd. 3. Berlin 1932, S. 463.

(25) Deutsche Allgemeine Zeitung, 26.9.1923.

(26) J. Fest, Das Gesicht des Dritten Reiches. München 1963, S. 54 f.

(27) P. Schmidt, Statist auf diplomatischer Bühne 1923–1945. Bonn 1954, S. 50 ff.

(28) Das Schlussprotokoll von Locarno und seine Anlagen. Frankfurt/M. 1926, S. 7, 13, 14, 41.

(29) Verhandlungen des Reichstags. Stenographische Berichte, Bd. 368, S. 4485–4562.

(30) E. V. d'Abernon, Ein Botschafter der Zeitwende. Memoiren, Bd. 3. Leipzig 1930, S. 234.

(31) P. Schmidt, Statist auf diplomatischer Bühne 1923–1945. Bonn 1954, S. 115 ff.

(32) G. Stresemann, Vermächtnis, Bd. 2. Berlin 1932, S. 553.

(33) Das Briand-Memorandum und die Antwort der europäischen Mächte. Europadokumente 1. Schriftenreihe der Europäischen Revue. Berlin 1930, S. 9 ff.

(34) Ebd., S. 21 f.

(35) Reichsgesetzblatt 1922, S. 677 f.

(36) Die französischen Dokumente zur Sicherheitsfrage 1919–1923. Amtl. Gelbbuch des franz. Ministeriums für Auswärtige Angelegenheiten. Berlin 1924, S. 142.

(37) Der Monat, Nr. 2, 1948/49, S. 44 ff.

(38) Ch. Höltje, Die Weimarer Republik und das Ost-Locarno-Problem 1919–1934. Würzburg 1958, S. 254.

(39) ADAP Ser. B., Bd. 2, S. 403.

(40) K. D. Bracher/W. Sauer/G. Schulz, Die nationalsozialistische Machtergreifung. Köln – Opladen 1960, S. 840.

(41) H. Weber (Hrsg.), Der deutsche Kommunismus. Dokumente 1915–1945. Köln ³1973, S. 185 f.

(42) Statistisches Jahrbuch für das Deutsche Reich, Bd. 57. Berlin 1938, S. 371.

(43) Statistisches Jahrbuch für das Deutsche Reich, Bd. 52. Berlin 1933, S. 307.

(44) Statistisches Jahrbuch für das Deutsche Reich, Bd. 51. Berlin 1932, S. 305 und 1933, S. 309.

(45) Statistisches Jahrbuch für das Deutsche Reich, Bd. 52. Berlin 1933, S. 108 ff.

(46) F. Stampfer, Die ersten 14 Jahre der deutschen Republik. Offenbach 1947, S. 561 ff.

(47) G. Schönbrunn, Weltkriege und Revolutionen 1914–1945. München 1961, S. 243 f.

(48) Ebd.

(49) Verhandlungen des Reichstags. Stenographische Berichte, Bd. 427, S. 4769.

(50) H. Brüning, Memoiren 1918–1934. Stuttgart 1970, S. 194.

(51) Schultheiss' Europäischer Geschichtskalender, Bd. 73. München 1932, S. 96 f.

(52) F. v. Papen, Der Wahrheit eine Gasse. München 1952, S. 243 f.

(53) Geschichte der deutschen Arbeiterbewegung, Bd. 4, hrsg. v. Institut für Marxismus und Leninismus beim ZK der SED. Berlin (Ost) 1966, S. 604 ff.

(54) T. Vogelsang, Reichswehr, Staat und NSDAP. Beiträge zur deutschen Geschichte 1930–1932. Stuttgart 1962, S. 444 f.

(55) Aufstellung der Reichskanzlei. Zit. nach: G. Schulz, Aufstieg des Nationalsozialismus. Krise und Revolution in Deutschland. Berlin 1974, S. 635 f.

(56) W. Schäfer, NSDAP. Entwicklung und Struktur der Staatspartei des Dritten Reiches. Hannover – Frankfurt/M. 1956, S. 17.

(57) H. Meyer, Der deutsche Mensch, Bd. 1: Völkische Weltanschauung. München 1925, S. 5.

(58) H. Konopacki-Konopath, Ist Rasse Schicksal? – Grundgedanken der völkischen Bewegung. München 1926, S. 14 ff.

(59) Schwarzwälder Kreiszeitung, 30.7.1932.

(60) Ebd.

(61) Reutlinger Generalanzeiger, 30.7.1932.

(62) A. E. Günther (Hrsg.), Was wir vom Nationalsozialismus erwarten. Heilbronn 1932, S. 8.

(63) A. Moeller van den Bruck, Das Dritte Reich. Hamburg ³1931, S. 332 ff.

(64) H. v. Gleichen, Staatsführung und Krisis, in: A. Moeller van den Bruck/H. v. Gleichen/M. H. Boehm (Hrsg.), Die neue Front. Berlin 1922, S. 387.

(65) E. Anrich, Drei Stücke über nationalsozialistische Weltan-
      schauung. Stuttgart 1932, S. 2.

(66) A. Moeller van den Bruck, Das Dritte Reich. Hamburg ³1931,
      S. 67.

(67) A. E. Günther (Hrsg.), Was wir vom Nationalsozialismus
      erwarten. Heilbronn 1932, S. 7.

(68) K. D. Bracher, Die Auflösung der Weimarer Republik. Stutt-
      gart – Düsseldorf 1955, S. 731.

(69) H. Herzfeld, Die Weimarer Republik. Frankfurt/M. 1969,
      S. 9 ff.

(70) G. Schulz, Aufstieg des Nationalsozialismus. Krise und
      Revolution in Deutschland. Berlin 1974, S. 619.

(71) H. Schulze, Weimar. Deutschland 1917–1933. Berlin 1982,
      S. 425.

B.   Das nationalsozialistische Deutschland

(1)   L. Graf Schwerin v. Krosigk, Es geschah in Deutschland.
      Tübingen 1951, S. 147; E. v. Kleist-Schmenzin, Die letzte
      Möglichkeit. Zur Ernennung Hitlers zum Reichskanzler am
      30. Januar 1933, in: Politische Studien, Nr. 106, S. 92.

(2)   E. Matthias, Der Untergang der Sozialdemokratie 1933,
      in: VfZG 4/1956, S. 267.

(3)   Reichsgesetzblatt 1933, Teil I, S. 83.

(4)   Völkischer Beobachter, 11./12.2.1933.

(5)   Reichsgesetzblatt 1933, Teil I, S. 141.

(6)   Verhandlungen des Reichstags. Stenographische Berichte,
      Bd. 457, S. 25.

(7)   Ebd., S. 32.

(8)   Ebd., S. 38.

(9)   Frankfurter Zeitung, 24.3.1933.

(10) E. Matthias/R. Morsey, Das Ende der Parteien 1933. Düssel-
      dorf 1960, S. 431.

(11) J. Goebbels, Wesen und Gestalt des Nationalsozialismus. Ber-
      lin 1934, S. 13.

(12) R. Diels, Lucifer ante portas … es spricht der erste Chef der
      Gestapo. Stuttgart 1950, S. 180 f.

(13) A. François-Poncet, Als Botschafter in Berlin 1931–1938.
      Mainz 1947, S. 101, 160.

(14) H. Michaelis/E. Schraepler (Hrsg.), Ursachen und Folgen,
      Bd. 9: Das Dritte Reich. Berlin o. J., S. 632.

(15) F. Arnold (Hrsg.), Anschläge. Politische Plakate in Deutsch-
      land 1900–1970. Ebenhausen 1972. S. 123.

(16) Akten des Bischöflichen Ordinariats Rottenburg, Nr. A 6036.

(17) Zentralverlag der NSDAP, Offizieller Bericht, Parteitag der
      Freiheit. München 1935. S.20, 220.

(18) J. Neuhäusler, Kreuz und Hakenkreuz. Der Kampf des Natio-
      nalsozialismus gegen die katholische Kirche und der kirch-
      liche Widerstand, Teil 1. München ²1946, S. 111 f.

(19) Reichsgesetzblatt 1934, Teil I, S. 529.

(20) G. Rühle (Hrsg.), Das Dritte Reich. Dokumentarische Dar-
      stellung des Aufbaus der Nation. Berlin 1934, S. 245.

(21) H. Krausnick, Der 30. Juni 1934. Bedeutung, Hintergründe,
      Verlauf, in: Das Parlament, B 25/30.6.1954, S. 317.

(22) „Der Deutsche", Zeitung der DAF, 13.8.1933.

(23) K. D. Erdmann, Die Zeit der Weltkriege, in: B. Gebhardt,
      Handbuch der deutschen Geschichte, Bd. 4. Stuttgart ⁹1976,
      S. 383 f.

(24) K. H. Janssen, Eine Welt brach zusammen, in: H. Glaser/
      A. Silenius (Hrsg.), Jugend im Dritten Reich. Frankfurt/M.
      1975, S. 88 f.

(25) M. Maschmann, Fazit. München 1979, S. 8.

(26) I. Scholl, Die Weiße Rose. Frankfurt/M. 1978, S. 16 f.

(27) Handbuch für Lehrer, 1935. Zit. nach H. Focke/U. Reimer,
      Alltag unterm Hakenkreuz. Reinbek 1979, S. 89.

(28) L. Poliakov/J. Wulf, Das Dritte Reich, seine Denker und Do-
      kumente. Berlin 1959, S. 120 ff.

(29) P. O. Rave, Kunstdiktatur im Dritten Reich. Hamburg 1949,
      S. 94.

(30) Völkischer Beobachter, 24.12.1938.

(31) Münchner Neueste Nachrichten, 25.7.1940.

(32) Reichsgesetzblatt 1933, Teil I, S. 679 ff.

(33) Nach: K.-H. Minuth (Hrsg.), Akten der Reichskanzlei. Die
      Regierung Hitler, Bd. 1. Boppard 1938, S. 683.

(34) J. Beckmann (Hrsg.), Kirchliches Jahrbuch für die evangeli-
      sche Kirche 1933–1945. Gütersloh 1948, S. 32 f.

(35) H. Hermelink (Hrsg.), Kirche im Kampf. Berlin 1950, S. 250.

(36) J. Beckmann (Hrsg.), Kirchliches Jahrbuch für die evangeli-
      sche Kirche 1933–1945. Gütersloh 1948, S. 193.

(37) Völkischer Beobachter, 4./5.2.1933.

(38) H. Schacht, Abrechnung mit Hitler. Berlin 1949, S. 39 ff.

(39) Reichsgesetzblatt 1934, Teil I, S. 45.

(40) Deutsche Allgemeine Zeitung, 12.12.1934.

(41) W. Treve, Hitlers Denkschrift über die Aufgaben eines Vier-
      jahresplans, in: VfZG 1955, S. 204 ff.

(42) Bauländer Bote Adelsheim, 1.8.1938.

(43) G. Stolper, Deutsche Wirtschaft seit 1870. Tübingen 1964,
      S. 155.

(44) E. Aleff, Das Dritte Reich. Hannover 1973, S. 119 f.

(45) Bevölkerung und Wirtschaft 1872–1972, hrsg. v. Statistischen
      Bundesamt, Stuttgart 1972, S. 125.

(46) R. Erbe, Die nationalsozialistische Wirtschaftspolitik
      1933–1939 im Lichte der modernen Theorie. Zürich 1958,
      S. 36 ff.

(47) D. Petzina, Sozialgeschichtliches Arbeitsbuch, Bd. 3. Mün-
      chen 1978, S. 98 f.

(48) A. Hitler, Mein Kampf. München ¹³1932, S. 702 f.

(49) L. Poliakov/J. Wulf, Das Dritte Reich und die Juden. Berlin
      1955, S. 217.

(50) Reichsministerialblatt Nr. 27, 19.9.1935.

(51) Reichsgesetzblatt 1935, Teil I, S. 1146.

(52) M. Hauser, Auf dem Heimweg. Bonn 1975, S. 54.

(53) W. Scheffler, Judenverfolgung im Dritten Reich. Berlin 1966,
      S. 73.

(54) Brandenburgisches Landeshauptarchiv Potsdam. Pr. Br. Rep.
      36c, Kreisverwaltung Beeskow-Storkow, Nr. 834.

(55) Ebd.

(56) L. Poliakov/J. Wulf, Das Dritte Reich und die Juden. Berlin
      1955, S. 119 ff.

(57) J. Klepper, Unter den Schatten deiner Flügel. Aus den Tage-
büchern der Jahre 1932–1942. Stuttgart 1956, S. 1091, 1101.

(58) M. Broszat (Hrsg.), R. Höß – Kommandant in Auschwitz.
Autobiographische Aufzeichnungen. Stuttgart 1958, S. 166 f.,
S. 120.

(59) Int. Militärgerichtshof (IMT), Der Prozess gegen die Haupt-
kriegsverbrecher in Nürnberg 1947/49, Bd. 33, S. 275 f.

(60) A. Rückerl (Hrsg.), NS-Vernichtungslager. München 1979,
S. 316 ff.

(61) Bundesgesetzblatt 1953, Teil II, S. 37 ff.

(62) H. Jendges, Israel. Eine politische Landeskunde. Berlin 1970,
S. 130 f.

(63) A. Rosenberg (Hrsg.), Das Parteiprogramm. Wesen,
Grundsätze und Ziele der NSDAP. München 1941, S. 15.

(64) A. Hitler, Mein Kampf. München [13]1932, S. 741 f.

(65) Völkischer Beobachter, 16.3.1935.

(66) M. Domarus (Hrsg.), Hitler. Reden 1932–1945, Bd. 1, 2.
München 1965, S. 596.

(67) Handschriftliche Aufzeichnungen des Generalleutnants Lieb-
mann, in: W. Hofer (Hrsg.), Der Nationalsozialismus. Dokumente 1933–1945. Frankfurt/M. 1957, S. 180 f.

(68) IMT, Bd. 25, S. 402 ff.

(69) K. v. Schuschnigg, Ein Requiem in Rot-Weiß-Rot. Zürich
1946, S. 39 ff.

(70) IMT, Bd. 31, S. 362.

(71) Ebd., S. 366.

(72) W. Hofer (Hrsg.), Der Nationalsozialismus. Dokumente
1933–1945. Frankfurt/M. 1957, S. 204.

(73) M. Freund, Geschichte des Zweiten Weltkrieges in Dokumenten, Bd. 1. Freiburg – München 1953, S. 135 ff.

(74) Ebd., S. 115 f.

(75) Ebd., S. 162.

(76) Völkischer Beobachter, 27.9.1938.

(77) M. Freund, Geschichte des Zweiten Weltkrieges in Dokumenten, Bd. 1. Freiburg – München 1953, S. 216 ff.

(78) Ebd., S. 257.

(79) W. Hofer (Hrsg.), Der Nationalsozialismus. Dokumente
1933–1945. Frankfurt/M. 1957, S. 219.

(80) M. Freund, Geschichte des Zweiten Weltkrieges in Dokumenten, Bd. 1. Freiburg – München 1953, S. 447 ff.

(81) Ebd., Bd. 2, S. 16 ff.

(82) IMT, Bd. 37, S. 546.

(83) H. A. Jacobsen, 1933–1945. Frankfurt/M. 1959, S. 377 ff.

(84) Nach: W. Hofer (Hrsg.), Der Nationalsozialismus. Dokumente 1933–1945. Frankfurt/M. 1957, S. 229 f.

(85) S. Talbott (Hrsg.), N. S. Chruschtschow erinnert sich. Reinbek 1971, S. 141.

(86) P. Schmidt, Statist auf diplomatischer Bühne. Bonn [2]1950,
S. 463 f.

(87) Nach: W. Lautemann/M. Schlenke (Hrsg.), Geschichte in
Quellen, Bd. 5: Weltkriege und Revolutionen 1914–1945,
bearb. v. G. Schönbrunn. München [2]1970, S. 456.

(88) J. Goebbels in seinem Tagebuch, 8. Mai 1943. Tagebücher
aus den Jahren 1942–1943. Zürich 1948, S. 322 f.

(89) R. Coulondre, Von Moskau nach Berlin 1936–1939. Bonn
1950, S. 241 ff.

(90) M. Freund, Geschichte des Zweiten Weltkrieges in Dokumenten, Bd. 1. Freiburg – München 1953, S. 382 f.

(91) K. D. Erdmann, Die Zeit der Weltkriege, in: B. Gebhardt,
Handbuch der deutschen Geschichte, Bd. 4, 2. Stuttgart
[9]1976, S. 487.

(92) Unterrichtswerk für die 10. Klasse. Moskau 1973, S. 16
(Übersetzt v. M. Dörr).

(93) G. L. Weinberg, Der deutsche Entschluss zum Angriff auf die
Sowjetunion, in: VfZG 1953, S. 312 f.

(94) W. S. Churchill, Memoiren, Bd. II, 1: Der Zweite Weltkrieg.
Stuttgart 1954, S. 225.

(95) Dtv-Atlas zur Weltgeschichte, Bd. 2. München [30]1996, S. 478.

(96) H. A. Jacobsen, Der Zweite Weltkrieg. Frankfurt/M. 1965,
S. 169.

(97) H. A. Jacobsen (Hrsg.), Generaloberst Halder. Kriegstagebuch, Bd. 2. Stuttgart 1963, S. 336 f.

(98) IMT, Bd. 29, S. 122 ff.

(99) H. A. Jacobsen (Hrsg.), Generaloberst Halder. Kriegstagebuch, Bd. 3. Stuttgart 1964, S. 170.

(100) A. J. Berndt/H. v. Wedel, Deutschland im Kampf. Berlin
1943, S. 80 ff.

(101) Flugblattpropaganda im Zweiten Weltkrieg. Hannover 1980,
S. 64.

(102) Reichsgesetzblatt 1944, Teil I, S. 253 f.

(103) H. A. Jacobsen, 1939–1945. Frankfurt/M. 1959, S. 377 ff.

(104) IMT, Bd. 41, S. 430 f.

(105) H. A. Jacobsen, 1939–1945. Frankfurt/M. 1959, S. 377 ff.

(106) Letzte Briefe aus Stalingrad. Frankfurt – Heidelberg 1950,
S. 21.

(107) Aus: Stimme und Weg. Eine Zeitschrift für junge Menschen,
Nr. 47/1975, S. 5. (Das Zahlenmaterial stammt aus Unter-
lagen der Deutschen Dienststelle in Berlin, der früheren
Wehrmachtsauskunftsstelle.)

(108) H. Duhnke, Die KPD von 1933 bis 1945. Köln 1972, S. 459.

(109) J. Beckmann (Hrsg.), Kirchliches Jahrbuch für die evangelische Kirche 1933–1945. Gütersloh 1948, S. 412 ff.

(110) A. Leber/Fr. Gräfin v. Moltke, Für und Wider. Entscheidungen in Deutschland 1918–1945. Berlin – Frankfurt/M. 1961,
S. 193f.

(111) E. Kordt, Nicht aus den Akten. Stuttgart 1950, S. 279 ff.

(112) U. v. Hassell, Vom anderen Deutschland. Zürich 1947, S. 92 f.

(113) I. Scholl, Die Weiße Rose. Frankfurt/M. 1953, S. 151 f.

(114) W. Foerster, Generaloberst Ludwig Beck – Sein Kampf gegen
den Krieg. München 1953, S. 118 ff.

(115) G. v. Roon, Neuordnung im Widerstand. Der Kreisauer Kreis
innerhalb der deutschen Widerstandsbewegung. München
1967, S. 561 ff.

(116) W. Brandt, Links und frei. Mein Weg 1930–1950. Hamburg
1982, S. 75.

(117) Informationen zur politischen Bildung, Nr. 10, S. 2.

(118) R. Kühnl, Der deutsche Faschismus in Quellen und Dokumenten. Köln 1975, S. 475 f.

(119) K. D. Bracher, Die deutsche Diktatur. Köln 1969, S. 49 f.
(120) K. Hildebrand, Das Dritte Reich. München 1979, S. 132 f.
(121) J. Fest, Die geschuldete Erinnerung. Zur Kontroverse über die Unvergleichbarkeit der nationalsozialistischen Massenverbrechen, in: Frankfurter Allgemeine Zeitung, 29.8.1986, S. 23 f.
(122) R. v. Weizsäcker, Ansprache am 8.5.1985, hrsg. von der Bundeszentrale für politische Bildung. Bonn 1985, S. 1 f.

IV. Die USA im 20. Jahrhundert

(1) Statistisches Jahrbuch 1995 für das Ausland, hrsg. v. Statistischen Bundesamt. Wiesbaden 1995, S. 243 f.
(2) Fischer Weltalmanach '80. Frankfurt/M. 1979, S. 654; Fischer Weltalmanach '98. Frankfurt/M. 1997, Sp. 1085 f.
(3) Nach: H. Ford, Erfolg im Leben. Mein Leben und Werk. München 1956, S. 112.
(4) Ebd., S. 60, 63, 83.
(5) A. Carnegie, Wealth, in: North American Review, 148/1889, S. 655 f.
(6) R. Hofstadter, Great Issues in American History, Bd. 2. New York 1959, S. 341 f.
(7) H. Ford, Erfolg im Leben. Mein Leben und Werk. München 1956, S. 91.
(8) R. Hofstadter, Great Issues in American History, Bd. 2. New York 1959, S. 111 f.
(9) H. S. Commager, Documents of American History, Bd. 2. New York ⁹1973, S. 233.
(10) R. Hofstadter, Great Issues in American History, Bd. 2. New York 1959, S. 234 f.
(11) L. Filler, The President Speaks. New York 1964, S. 144.
(12) J. K. Galbraith, American Capitalism. 1956, in: F. Freidel/ N. Pollack, American Issues in the Twentieth Century. Chikago 1966, S. 216.
(13) F. L. Allen, Since Yesterday, 1940, in: L. D. Rubin/R. H. W. Dillard, The Experience of America. London 1969, S. 341 ff.
(14) Nach: Historical Statistics of the United States, Bureau of the Census. Washington 1960, S. 128, 416; H. E. Krooss, American Economic Development. Englewood Cliffs ³1974, S. 294, 298.
(15) G. D. Grothers, American History. New York 1964, S. 199 ff.
(16) R. Hofstadter, Great Issues in American History, Bd. 2. New York 1959, S. 349 f.
(17) H. S. Commager, Documents of American History, Bd. 2. New York ⁹1973, S. 241.
(18) D. E. Lilienthal, TVA – Democracy on the March. New York 1945, S. 26 f.
(19) H. S. Commager, Documents of American History, Bd. 2. New York ⁹1973, S. 242.
(20) R. Hofstadter, Great Issues in American History, Bd. 2. New York 1959, S. 371 ff.
(21) H. S. Commager, Documents of American History, Bd. 2. New York ⁹1973, S. 354.
(22) Th. Eschenburg, Staat und Gesellschaft in Deutschland. Stuttgart 1956, S. 288 f.
(23) E. Fraenkel, Das amerikanische Regierungssystem. Köln – Opladen ²1962, S. 257.
(24) Nach: K. Wächtler/W. A. Dreyer, The American Tradition. Frankfurt/M. ²1965, S. 41 ff.
(25) L. Filler, The President Speaks. New York 1964, S. 269 f.
(26) A. Russell Buchanan, The United States and World War II, Bd. 2. New York 1964, S. 583 ff.
(27) J. Hersey, Hiroshima. Zürich 1947, S. 175.
(28) H. S. Truman, Years of Decisions. Memoirs, Bd. 1. New York 1965, S. 462.
(29) H. S. Commager, Documents of American History, Bd. 2. New York ⁹1973, S. 526 f.
(30) Ebd., S. 533.
(31) G. F. Kennan, The Sources of Soviet Conduct. Foreign Affairs, July 1947, in: R. Hofstadter, Great Issues in American History, Bd. 2. New York 1959, S. 422, 426.
(32) H. S. Commager, Documents of American History, Bd. 2. New York ⁹1973, S. 551.
(33) Botschaft an den Kongress, in: L. Filler, The President Speaks. New York 1964, S. 355.
(34) R. F. Smith, What happened in Cuba? New York 1963, S. 340, 342.
(35) H. S. Commager, Documents of American History, Bd. 2. New York ⁹1973, S. 675.
(36) Ebd., S. 676 f.
(37) Zusammengestellt aus: The International Institute for Strategic Studies. The Military Balance 1975–1976. London 1975.
(38) Berichte Juni 1994, hrsg. v. Forschungsinstitut der Internationalen wissenschaftlichen Vereinigung Weltwirtschaft und Weltpolitik (IWVWW), S. 16.
(39) SIPRI: Arms Industry Limited. Oxford 1993, S.30.
(40) G. Raeithel, Geschichte der nordamerikanischen Kultur, Bd. 3. Frankfurt/M. 1995, S. 388 f.
(41) Der Spiegel, Nr. 18/1975, S. 93.
(42) E.-O. Czempiel/C.-Ch. Schweitzer, Weltpolitik der USA nach 1945. Bonn 1989, S. 438 f.
(43) Ch. Schmidt-Häuer, Der Kalte Krieg ist noch lange nicht vorbei, in: Die Zeit, 1.3.1996.
(44) Ch. Ogden, Uncle Sam Hunkers Down, in: Time, 17.4.1995.
(45) Nach: W. Watts/L. A. Free, State of the Nation 1974. Washington D. C. 1974, S. 20 f.; Time, Nr. 5/6.2.1995, S. 42; Der Spiegel, Nr. 14/1994, S. 78 ff.
(46) Ch. Tenbrock, Von Reichen für Reiche, in: Die Zeit, 2.2.1996.
(47) K. Kister, Tempel der Macht, in: Merian, Washington – Virginia – Maryland, 1995, S. 49.
(48) Statistical Abstracts 1974, hrsg. v. U. S.-Bureau of the Census, Washington 1974, S. 34 f.; Länderbericht Vereinigte Staaten 1994, hrsg. v. Statist. Bundesamt. Wiesbaden 1994, S. 35 f.
(49) Statistical Abstracts 1974, hrsg. v. U. S.-Bureau of the Census, Washington 1974, S. 30; Länderbericht Vereinigte Staaten 1994, hrsg. v. Statist. Bundesamt. Wiesbaden 1994, S. 44.
(50) H. S. Commager, Documents of American History, Bd. 2. New York ⁹1973, S. 628.

(51) F. Freidel/N. Pollack, American Issues in the Twentieth Century. Chikago 1966, S. 400 f.

(52) H. S. Commager, Documents of American History, Bd. 2. New York ⁹1973, S. 688.

(53) H. Wasser (Hrsg.), USA. Politik – Gesellschaft – Wirtschaft. Opladen 1993, S. 312.

(54) Ebd., S. 310.

(55) Ebd., S. 257.

(56) G. Raeithel, Geschichte der nordamerikanischen Kultur, Bd. 3. Frankfurt/M. 1995, S. 370 f.

(57) Spiegel special, Nr. 2/1996, S. 36.

(58) Ebd., S. 35 ff.

(59) Stuttgarter Zeitung, 23.12.1995.

(60) Der Spiegel, Nr. 50/1990, S. 211, 216.

(61) Der Spiegel, Nr. 45/1990, S. 180.

(62) Zusammengestellt aus: Statistisches Jahrbuch 1995 für das Ausland, hrsg. v. Statist. Bundesamt. Wiesbaden 1995; Der Spiegel, Dok. 4/1994.

(63) Stuttgarter Zeitung, 12.2.1996.

(64) H. E. Krooss, American Economic Development. Englewood Cliffs ³1974, S. 65.

(65) Stuttgarter Zeitung, 1.4.1996.

(66) Spiegel special, Nr. 2/1996, S. 42.

(67) Der Spiegel, Nr. 46/1973, S. 162.

(68) Time, European Edition, 6.5.1974, S. 34.

(69) J. J. Hesse/A. Benz, „New Federalism" unter Präsident Reagan. Speyer 1987, S. 105.

(70) Der Spiegel, Nr. 2/1995, S. 130 ff.

(71) Stuttgarter Zeitung, 25.1.1996.

(72) I. Fetscher (Hrsg.), Neokonservative und neue Rechte. München 1983, S. 60.

(73) Nach: F.-W. Henning, Das industrialisierte Deutschland 1914 bis 1972. Paderborn 1974, S. 207 ff.

(74) Aus Politik und Zeitgeschichte, B 49/90, 30.11.1990.

(75) Das neue Taschenlexikon, hrsg. vom Bertelsmann Lexikon-Institut, Bd. 11. Gütersloh 1992, S. 126 ff.

(76) Spiegel special, Nr. 2/1996, S. 42.

(77) Le Figaro, 8.2.1996.

(78) Der Spiegel, Nr. 15/1996, S. 90 f.

(79) Die Zeit, 2.2.1996.

(80) Weißbuch zur Sicherheit der Bundesrepublik Deutschland und zur Lage und Zukunft der Bundeswehr, hrsg. v. Bundesministerium für Verteidigung. Bonn 1994, S. 39.

V. Aufstieg und Zerfall der Sowjetunion

(1) UdSSR 1975. Jahrbuch der Presseagentur Nowosti. Moskau 1974, S. 115.

(2) B. Meissner (Hrsg.), Sowjetgesellschaft im Wandel. Stuttgart 1966, S. 24; C. E. Black, The Transformation of Russian Society. Cambridge, Mass. 1960, S. 88; L. Révész, Der Bauer in der Sowjetunion. Bern 1972, S. 16.

(3) Nach: D. Geyer (Hrsg.), Die Russische Revolution. Stuttgart 1968, S. 37 f.

(4) Narodnoe Chozjajstvo SSSR von 1975 g. Moskau 1976, S. 7, 777; B. Meissner (Hrsg.), Sowjetgesellschaft im Wandel. Stuttgart 1966, S. 12 ff; C. Kernig, Sowjetsystem und demokratische Gesellschaft, Bd. 2. Freiburg 1968, S. 278.

(5) Nach: J. Nötzold, Wirtschaftspolitische Alternativen der Entwicklung Russlands in der Ära Witte und Stolypin. Berlin 1966, S. 40 f., 46 f.; D. Geyer (Hrsg.), Die Russische Revolution. Stuttgart 1968, S. 247.

(6) Ebd., S. 24.

(7) 40 Jahre Sowjetmacht in Zahlen, hrsg. v. Deutschen Zentralverlag. Berlin (Ost) 1958, S. 10.

(8) Nach: Geschichte der UdSSR. Lehrbuch für die 9. Klasse. Moskau 1973, S. 16.

(9) Nach: D. Geyer (Hrsg.), Wirtschaft und Gesellschaft im vorrevolutionären Russland. Köln 1975, S. 271.

(10) V. Gitermann, Geschichte Russlands, Bd. 3. Hamburg 1949, S. 317.

(11) Nach: D. Geyer (Hrsg.), Wirtschaft und Gesellschaft im vorrevolutionären Russland. Köln 1975, S. 329 f., 348.

(12) M. Fainsod, Wie Russland regiert wird. Köln – Berlin 1965, S. 16.

(13) W. v. Korostowetz, Graf Witte. Steuermann in der Not. Berlin 1929, S. 16.

(14) P. Scheibert, Die russischen politischen Parteien von 1905 bis 1917. Darmstadt 1972, S. 35, 37 f.

(15) K. Marx, MEW, Bd. 18. Berlin (Ost) 1962, S. 633.

(16) W. I. Lenin, Werke, Bd. 21. Berlin (Ost) 1960, S. 345.

(17) F. Engels, MEW, Bd. 4. Berlin (Ost) 1959, S. 374 f.

(18) W. I. Lenin, Ausgewählte Werke, Bd. 1. Stuttgart 1952, S. 419.

(19) K. Marx/F. Engels, Manifest der Kommunistischen Partei, in: MEW, Bd. 4. Berlin (Ost) 1959, S. 56.

(20) W. I. Lenin, Werke, Bd. 9. Berlin (Ost) 1959, S. 47 f.

(21) K. Marx/F. Engels, Manifest der Kommunistischen Partei, in: MEW, Bd. 4. Berlin (Ost) 1959, S. 474 f.

(22) W. I. Lenin, Werke, Bd. 5. Berlin (Ost) 1959, S. 385 f., 480 f., 482 f.

(23) V. Gitermann, Geschichte Russlands, Bd. 3. Hamburg 1949, S. 506; W. H. Camberlin, Die russische Revolution, Bd. 1. Frankfurt/M. o. J., S. 295; M. Fainsod, Wie Russland regiert wird. Köln – Berlin 1965, S. 100; Istoria SSSR. Moskau 1974, S. 53.

(24) M. Hellmann, Die russische Revolution 1917. München 1964, S. 128.

(25) Ebd., S. 133.

(26) Ebd., S. 154.

(27) W. I. Lenin, Werke, Bd. 20. Berlin (Ost) 1955 ff., S. 114 ff.

(28) W. I. Lenin, Werke, Bd. 26. Berlin (Ost) 1955 ff., S. 1, 3.

(29) Geschichte der UdSSR, hrsg. v. der Akademie der Wissenschaften, Redaktion B. D. Grekov, Moskau 1974, S. 51 f.

(30) G. Stökl, Russische Geschichte. Stuttgart ³1973, S. 649 f.

(31) R. Hingley, Die russische Geheimpolizei. Bayreuth 1972, S. 169.

(32) Ebd., S. 175; M. Fainsod, Wie Russland regiert wird. Köln – Berlin 1965, S. 713.

(33) Die Wahrheit über Kronstadt. Prag 1921, S. 9 f.

(34) Nach: D. Shub, Lenin. Wiesbaden 1957, S. 417.

(35) H. J. Lieber/K. H. Ruffmann, Der Sowjetkommunismus. Dokumente, Bd. 1. Köln – Berlin 1963, S. 187 f.

(36) O. Anweiler, Einleitung, in: F. Kool/E. Oberländer (Hrsg.), Arbeiterdemokratie oder Parteidiktatur. Olten 1967, S. 74.

(37) R. Kühnl (Hrsg.), Geschichte und Ideologie. Reinbek 1973, S. 97.

(38) R. Luxemburg, Politische Schriften, Bd. 3. Frankfurt/M. 1968, S. 134, 136.

(39) W. I. Lenin, Werke, Bd. 29. Berlin (Ost) 1955 ff., S. 377.

(40) H. J. Lieber/K. H. Ruffmann, Der Sowjetkommunismus. Dokumente, Bd. 1. Köln – Berlin 1963, S. 173.

(41) G. v. Rauch, Lenin. Frankfurt/M. 1957, S. 66.

(42) K. Popper, Die offene Gesellschaft und ihre Feinde, Bd. 2. München [4]1975, S. 291 f.

(43) W. I. Lenin, Werke, Bd. 25. Berlin (Ost), 1955 ff., S. 338; Bd. 29, S. 484.

(44) H. J. Lieber/K. H. Ruffmann, Der Sowjetkommunismus. Dokumente, Bd. 1. Köln – Berlin 1963, S. 227.

(45) J. Stalin, Fragen des Leninismus. Berlin (Ost) 1955, S. 512 f.

(46) H. Raupach, Geschichte der Sowjetwirtschaft, Bd. 1. Reinbek 1964, S. 209 f.

(47) A. Wolgin, Hier sprechen die Russen. Mainz 1965, S. 17 f.

(48) Zusammengestellt aus: Das Land der Sowjets nach 50 Jahren. Offizielle Statistik. Moskau 1972; Narodnoe Chozjajstvo SSSR von 1925 g. Moskau 1926; The United Nations Statistical Yearbook. New York 1973 und 1975; Geschichte der UdSSR, hrsg. v. der Akademie der Wissenschaften, Redaktion B. D. Grekov. Moskau 1974, S. 267.

(49) Ebd.

(50) Kurzer Lehrgang. Geschichte der Kommunistischen Partei der SU. Berlin 1945, S. 409.

(51) J. Stalin, Fragen des Leninismus. Moskau 1947, S. 398 f.

(52) R. A. Medwedjew, Die Wahrheit ist unsere Stärke. Frankfurt/M. 1973, S. 619.

(53) W. Laqueur, Mythos der Revolution. Frankfurt/M. 1967, S. 123.

(54) H. Raupach, Geschichte der Sowjetwirtschaft, Bd. 1. Reinbek 1964, S. 73 f., 80.

(55) G. Brunner, Das Parteistatut der KPdSU 1903–1961. Köln 1965, S. 150.

(56) J. W. Stalin, Über den Entwurf der Verfassung der UdSSR, 1936, in: H. J. Lieber/K. H. Ruffmann, Der Sowjetkommunismus. Dokumente, Bd. 1. Köln – Berlin 1963, S. 370 ff.

(57) B. Meissner, Das Parteiprogramm der KPdSU 1903–1961. Köln 1962, S. 214.

(58) Sowjetunion 1980/81, hrsg. v. Bundesinstitut für ostwissenschaftliche und internationale Studien. Köln 1981, S. 35.

(59) Zusammengestellt aus: J. Carmichael, Säuberungen. Frankfurt/M. 1972; R. Hingley, Die russische Geheimpolizei. Bayreuth 1972; M. Fainsod, Wie Russland regiert wird. Köln – Berlin 1965; Amnesty international, Politische Gefangene in der UdSSR. Wien 1965.

(60) J. Carmichael, Säuberungen. Frankfurt/M. 1972, S. 156 f., 210.

(61) R. A. Medwedjew, Die Wahrheit ist unsere Stärke. Frankfurt/M. 1973, S. 310.

(62) J. Carmichael, Säuberungen. Frankfurt/M. 1972, S. 30.

(63) R. A. Medwedjew, Die Wahrheit ist unsere Stärke. Frankfurt/M. 1973, S. 619.

(64) B. Meissner, Russland unter Chruschtschow. München 1960, S. 274 ff.

(65) Zusammengestellt nach: H. Weber, Stalinismus. Aus Politik und Zeitgeschichte, B 4/77.

(66) Narodnoe Chozjajstvo SSSR von 1975 g. Moskau 1976, S. 47.

(67) Prawda, 25.2.1976.

(68) Verfassung der UdSSR, in: Osteuropa, Jan. 1978.

(69) Nach: J. A. Belik, Die Wirtschaft der UdSSR im 5. Planjahrfünft. Berlin (Ost) 1972, S. 84; Sowjetunion 1974/75, hrsg. v. Bundesinstitut für ostwissenschaftliche und internationale Studien. München 1975, S. 43; C. Kernig, Sowjetsystem und demokratische Gesellschaft, Bd. 5. Freiburg 1972, Sp. 966.

(70) L. Wladimirow, Die Russen privat. München 1969, S. 141 ff.

(71) H. E. Salisbury (Hrsg.), Die Sowjetunion. Frankfurt/M. 1968, S. 60 f., 64 ff., 69, 89.

(72) Nach: H. Smith, So leben die Russen, in: Der Spiegel, Nr. 9/1976, S. 118 ff.

(73) Nach: N. Grant, Schule und Erziehung in der Sowjetunion. Bern 1966, S. 80 f.

(74) Politischer Rechenschaftsbericht des ZK an den XIV. Parteikongress der KPdSU, 1925, in: J. Lieber/K. H. Ruffmann, Der Sowjetkommunismus. Dokumente, Bd. 1. Köln – Berlin 1963, S. 65 f.

(75) Nach: W. Leonhard, Am Vorabend einer neuen Revolution? München 1975, S. 71.

(76) Die Zeit, 21.7.1972.

(77) Nach: Amnesty international, Politische Gefangene in der UdSSR. Wien 1975, S. 55.

(78) W. I. Lenin, Werke, Bd. 30. Berlin (Ost) 1955 ff., S. 415, 417.

(79) W. I. Lenin, Werke, Bd. 21. Berlin (Ost) 1955 ff., S. 299.

(80) Aus den Resolutionen des VII. Weltkongresses der Kommunistischen Internationale, 1935. Nach: J. Lieber/K. H. Ruffmann, Der Sowjetkommunismus. Dokumente, Bd. 1. Köln – Berlin 1963, S. 349 f.

(81) Nach: B. Meissner, Russland unter Chruschtschow. München 1960, S. 184.

(82) Prawda, 13.11.1968.

(83) Prawda, 25.2.1976.

(84) Nach: L. Schapiro, Die Geschichte der Kommunistischen Partei der Sowjetunion. Frankfurt/M. 1962, S. 561; R. Hingley, Die russische Geheimpolizei. Bayreuth 1972, S. 253 ff.; B. Meissner/G. Rhode, Grundfragen sowjetischer Außenpolitik. Stuttgart 1970, S. 54.

(85) Nach: W. Ripper/E. Kaier (Hrsg.), Weltgeschichte im Aufriss, Bd. 3, 1. Frankfurt/M. 1976, S. 453 f.

(86) Nach: J. Lieber/K. H. Ruffmann, Der Sowjetkommunismus. Dokumente, Bd. 1. Köln – Berlin 1963, S. 405.

(87) R. A. Medwedjew, Wer kennt die Opfer, nennt die Zahlen?, in: Informationen zur politischen Bildung, Nr. 235. Bonn 1992, S. 43.

(88) G. v. Rauch, Geschichte der Sowjetunion. Stuttgart ⁵1969, S. 399 f.

(89) M. Djilas, Gespräche mit Stalin. Frankfurt/M. 1962, S. 146.

(90) I. Fetscher, Von Marx zur Sowjetideologie. Frankfurt/M. ¹⁷1972, S. 147.

(91) Zusammengestellt aus: Sowjetunion 1982/83, hrsg. v. Bundesinstitut für ostwissenschaftliche und internationale Studien. Köln 1985.

(92) Nach: K. Pritzel, Die Tschechoslowakei und der sozialistische Internationalismus in Aktion, in: Aus Politik und Zeitgeschichte, B 37/68; Europa-Archiv, Nr. 2/1968, S. 296 ff.

(93) M. Gorbatschow, Perestroika und neues Denken für unser Land und die Welt. Moskau 1987, S. 30 ff., 54, 62, 75 ff., 145 f., 149, 200, 204, 265 (Übersetzung: M. Dörr).

(94) L. Kopelew, Russland – eine schwierige Heimat. Göttingen ²1995, S. 55 f.

(95) Stuttgarter Zeitung, 4.1.1992.

(96) Sowjetunion heute/Wostok, Nr. 1/Februar 1992.

(97) Die Sowjetunion im Umbruch, hrsg. v. d. Deutschen Bank. Frankfurt/M. 1990, S. 9.

(98) U. Weissenburger, Der ökologische Notstand – ein Erbe der Planwirtschaft, in: Die Sowjetunion im Umbruch – eine Zwischenbilanz, hrsg. v. Bundeszentrale für politische Bildung. Bonn 1991, S. 113, 116 f.

(99) Focus, 25.3.1996.

(100) Nach: Fischer Weltalmanach '96. Frankfurt/M. 1995, S. 557; Deutsche Bank Research. Osteuropa Themen, 17.12.1993, S. 12 und 29.9.1995, S. 15.

(101) Deutsche Bank Research. Aktuelle Länderinformation. Frankfurt 1995.

(102) Nach: Informationen zur politischen Bildung, Nr. 249, S. 10, 41.

(103) Sonntag aktuell, 31.12.1995; Stuttgarter Zeitung, 9.10.1992.

(104) G. Krone-Schmalz, Russland wird nicht untergehen. Düsseldorf 1993, S. 48, 60.

(105) G. Meyer, Alltag in Russland heute, in: Der Bürger im Staat, Nr. 2/3, Juni/Juli 1995, S. 145.

(106) Europa-Archiv Nachrichten, Nr. 277, 1.9.1995, S. 11.

(107) Die Zeit, 15.12.1995, S.11.

(108) A. Sagorski, Russland und die NATO-Charta der Vernunft, in: Wostok 4/97, S. 8 f.

(109) G. Starowojtowa, Russland als Teil Europas? Vortrag der Robert-Bosch-Stiftung, 5.10.1992, S. 19 f.

(110) K. v. Beyme, Demokratisierung als Mittel des Systemzusammenbruchs?, in: Der Bürger im Staat, Nr. 2/Juni 1992, S. 121.

(111) W. Weidenfeld, Die Verantwortung des Westens für den Wandel in Mittel- und Osteuropa, in: Ders., Demokratie und Marktwirtschaft in Osteuropa. Bonn 1995, S. 22 f., 26.

(112) Der Spiegel, Nr. 22/1997, S. 136.

(113) L. Kopelew, Russland – eine schwierige Heimat. Göttingen ²1995, S. 69 f.

VI.   **Deutschland nach dem Zweiten Weltkrieg**

(1) H. E. Jahn, Pommersche Passion. Praetz/Holstein 1964, S. 12.

(2) Das Kieler Nachrichtenblatt der Militärregierung, 11.6.1945. Zit. nach: Stuttgarter Zeitung, 3.5.1975.

(3) K. Hohlfeld (Hrsg.), Dokumente der deutschen Politik und Geschichte von 1848 bis zur Gegenwart, Bd. 6: Deutschland nach dem Zusammenbruch 1945. Berlin o. J., S. 26 ff.

(4) W. Leonhard, Die Revolution entlässt ihre Kinder. Köln – Berlin 1955, S. 356 f.

(5) E. Gniffke, Jahre mit Ulbricht. Köln 1966, S. 75.

(6) Ebd., S. 153.

(7) H. Bärwald/R. Maerker, Der SED-Staat. Köln 1963, S. 11.

(8) Die Wahlen in der Sowjetzone. Dokumente und Materialien, hrsg. v. Bundesministerium für gesamtdeutsche Fragen. Bonn 1958, S. 16.

(9) G. F. Kennan, Memoiren eines Diplomaten. Stuttgart 1968, S. 262 f.

(10) W. Hillmann (Hrsg.), Mr. President – Harry S. Truman. Freiburg 1952, S. 39 f.

(11) K. Hohlfeld (Hrsg.), Dokumente der deutschen Politik und Geschichte von 1848 bis zur Gegenwart, Bd. 6. Berlin o. J., S. 131 ff.

(12) Europa-Archiv, 1946/47, S. 550.

(13) R. Thilenius, Die Teilung Deutschlands. Reinbek 1957, S. 149.

(14) K. D. Erdmann, Die Zeit der Weltkriege, in: B. Gebhardt, Handbuch der deutschen Geschichte, Bd. 4, 2. Stuttgart ⁹1976, S. 757 f.

(15) G. Giese, Quellen zur deutschen Schulgeschichte seit 1800. Göttingen 1961, S. 293 f.

(16) J. Immisch, in: Europa und die Welt. Zeiten und Menschen. Ausg. B, Bd. 4. Paderborn – Hannover 1966, S. 206.

(17) Geschichtsabteilung des volkseigenen Verlages Volk und Wissen und Deutsches Pädagogisches Zentralinstitut, Lehrbuch für den Geschichtsunterricht, 8. Schuljahr, Berlin (Ost) 1953, S. 321.

(18) K. Hohlfeld (Hrsg.), Dokumente der deutschen Politik und Geschichte von 1848 bis zur Gegenwart, Bd. 8. Berlin o. J., S. 320 ff.

(19) Ebd., S. 323 ff.; T. Stammen (Hrsg.), Einigkeit und Recht und Freiheit. München 1965, S. 181 ff.

(20) H. S. Truman, Memoiren, Bd. 2. Stuttgart 1956, S. 135 f.

(21) Zit. nach: W. Scheel, Deutschland nach 1945. Hannover 1967, S. 87.

(22) J. Hacker, Die Errichtung der DDR war kein „Nachvollzug", in: Das Parlament, 20/1969, S. 12.

(23) W. Leonhard, Die Revolution entlässt ihre Kinder. Frankfurt/M. 1955, S.396 f., 402 f.

(24) W. Loth (Hrsg.), Die deutsche Frage in der Nachkriegszeit. Berlin 1994, S. 227.

(25) P. Schindler, Datenhandbuch zur Geschichte des Deutschen Bundestages. Baden-Baden 1998.

(26) Kürschners Volkshandbuch, Dt. Bundestag, 13. Wahlperiode. Rheinbreitbach 1996, S. 307.

(27) G. Pfeffer/H.-G. Strickert (Hrsg.), KPD-Prozess, Bd. 3. Karlsruhe 1956, S. 642 ff.
(28) Keesing's Archiv der Gegenwart 1972, S. 16858.
(29) Berliner Programm der CDU 1971, Abschnitte 107, 146.
(30) Grundsatzprogramm 1968, S. 3, 4, 8, 18.
(31) Freiburger Thesen der Liberalen. Reinbek 1972, S. 62 ff.
(32) Godesberger Programm der SPD 1959. Broschüre des Vorstandes der SPD. Köln 1959.
(33) H. Dollinger, Deutschland 1949–55. München 1966, S. 299 ff.
(34) A. Grosser, Geschichte Deutschlands seit 1945. München 1970, S. 258 f.
(35) P. Pulte (Hrsg.), Regierungserklärungen 1949–1973. Berlin – New York 1973, S. 7 ff.
(36) H. Hohlfeld (Hrsg.), Dokumente der deutschen Politik und Geschichte von 1848 bis zur Gegenwart, Bd. 6. Berlin o. J., S. 344 f.
(37) Ebd., S. 326 ff.
(38) Ebd., S. 454 ff.
(39) Stenographische Berichte des Deutschen Bundestages, I. Wahlperiode, Bd. 1, S. 524 f.
(40) H. Hohlfeld (Hrsg.), Dokumente der deutschen Politik und Geschichte von 1848 bis zur Gegenwart, Bd. 6. Berlin o. J., S. 513.
(41) Rheinische Post, 30.12.1946.
(42) H. Dollinger, Die Bundesrepublik in der Ära Adenauer 1949–1963. München 1966, S. 72.
(43) Ebd.
(44) H. Hohlfeld (Hrsg.), Dokumente der deutschen Politik und Geschichte von 1848 bis zur Gegenwart, Bd. 6. Berlin o. J., S. 513 f.
(45) H. Dollinger, Die Bundesrepublik in der Ära Adenauer 1949–1963. München 1966, S. 72.
(46) Stuttgarter Zeitung, 18.10.1950.
(47) Programme der deutschen Sozialdemokratie. Hannover 1963, S. 121.
(48) H. v. Siegler, Wiedervereinigung und Sicherheit Deutschlands, Bd. 1: 1944–1963. Bad Godesberg [6]1967, S. 42.
(49) Ebd., S. 43.
(50) P. Sethe, Die sowjetische Note vom 10. März 1952, in: H. A. Jacobsen/O. Stenzl, Deutschland und die Welt. München 1964, S. 124.
(51) Verhandlungen des Deutschen Bundestages, 1. Wahlperiode, 221. Sitzung vom 9.7.1952, Bonn 1952, S. 9815 f.
(52) K. G. Pfleiderer, Für oder wider die Verträge, in: H. A. Jacobsen/O. Stenzl, Deutschland und die Welt. München 1964, S. 106.
(53) Keesing's Archiv der Gegenwart, 1953, S. 4129 B.
(54) E. Nolte, Deutschland und der Kalte Krieg. München 1974, S. 315.
(55) W. Loth, Stalin, die deutsche Frage und die DDR, in: Deutschland-Archiv, Nr. 3/1995, S. 208.
(56) Auskunft des Deutschen Bauernverbandes vom 6.3.1996.
(57) iwd, 13.4.1995.
(58) Der Große Herder, Bd. 5. Freiburg [5]1967, S. 1063.
(59) G. Stolper/K. Häuser/K. Borchardt, Deutsche Wirtschaft seit 1870. Tübingen [2]1966, S. 318.
(60) Reichsgrundsätze 1931 i. d. F. von 1953. Reichsgesetzblatt 1931, Teil I, S. 441.
(61) Bundessozialhilfegesetz 1961. BGBl., Teil I, S. 816.
(62) BGBl. 1970, Teil I, S. 1770.
(63) O. Brenner, Sozial- und Gesellschaftspolitik in einem kapitalistischen Staat, in: K. D. Bracher (Hrsg.), Nach 25 Jahren. Eine Deutschland-Bilanz. München 1970, S. 122 f.
(64) BGBl. 1967, Teil I, S. 582.
(65) Zusammengestellt aus: Gestern – heute – morgen, hrsg. v. Bundesministerium für Wirtschaft und Finanzen. Bonn 1972 und aus den jährlich vom Bundesministerium für Wirtschaft hrsg. Zahlensammlungen „Leistung in Zahlen" zwischen 1972 und 1990.
(66) Selbstauskünfte der Verbände vom März 1996.
(67) Mündige brauchen keinen Vormund, hrsg. v. Aktionsgemeinschaft Sicherheit durch Fortschritt. Krefeld 1967.
(68) Mitbestimmung – eine Forderung unserer Zeit, hrsg. v. DGB. Düsseldorf 1971.
(69) P. Pulte (Hrsg.), Regierungserklärungen 1949–1973. Berlin – New York 1973, S. 204 ff.
(70) A. Hillgruber, Deutsche Geschichte 1945–1972. Berlin 1974, S. 110.
(71) P. Pulte (Hrsg.), Regierungserklärungen 1949–1973. Berlin – New York 1973, S. 227 ff.
(72) Worum geht es zwischen DDR und BRD?, hrsg. v. Nationalrat der Nationalen Front, Berlin (Ost) 1970, S. 16.
(73) Keesing's Archiv der Gegenwart, 1955, S. 5374 A.
(74) Deutschland-Archiv, Nr. 12/1969, S. 1279 ff.
(75) K. Jaspers, Hoffnung und Sorge – Schriften zur deutschen Politik 1945–1965. München 1965, S. 215 f.
(76) Die Welt seit 1945. Geschichte in Quellen, Bd. 7, bearb. v. H. Krause/K. Reif. München 1980, S. 556 ff.
(77) Frankfurter Allgemeine Zeitung, 9.11.1972.
(78) Der Spiegel, Nr. 52/1972, S. 44.
(79) H. Filbinger, Regierungserklärung vom 25.1.1973, hrsg. v. Staatsministerium Baden-Württemberg. Stuttgart 1973, S. 5, 8.
(80) Neues Deutschland, 20.3.1973.
(81) Bericht zur Lage der Nation im geteilten Deutschland, hrsg. v. Presse- und Informationsamt der Bundesregierung. Bonn 1970.
(82) Lesebuch 4. Zit. nach: L. v. Balluseck, Die guten und die bösen Deutschen. Bonn 1972, S. 77; Geschichte 10, Teil 2. Berlin 1967, S. 48.
(83) Zusammengestellt aus: Auskünfte zum Stand der innerdeutschen Beziehungen A–Z, hrsg. v. Bundesministerium für innerdeutsche Beziehungen. Bonn 1975; Kalender '75, hrsg. v. Gesamtdeutschen Institut. Bonn 1974; Deutschland-Archiv, Nr. 2/1976, S. 221. Zahlenspiegel, hrsg. v. Bundesministerium für innerdeutsche Beziehungen. Bonn [2]1982 und [3]1988.

(84) Keesing's Archiv der Gegenwart 1977, S. 968 ff.

(85) H. Heppel u. a., Programme der politischen Parteien in der Bundesrepublik Deutschland. München 1983, S. 157 f.

(86) Keesing's Archiv der Gegenwart 1982, S. 25958 f.

(87) Ebd., S. 26013.

(88) Ebd., S. 26046.

(89) DDR – Wachsen und Werden, hrsg. v. Akademie der Wissenschaften der DDR, Zentralinstitut für Geschichte. Berlin (Ost) 1974, S. 189.

(90) P. J. Lapp, Wahlen und Wahlfälschungen in der DDR, in: Deutschland-Archiv, Nr. 29/1996, S. 95.

(91) Geschichte der deutschen Arbeiterbewegung, Bd. 6, hrsg. v. Institut für Marxismus-Leninismus beim ZK der SED. Berlin (Ost) 1966, S. 354.

(92) Unterrichtshilfen Geschichte 10. Klasse, Teil I, bearb. v. Autorenkollektiv. Berlin (Ost) 1971, S. 11.

(93) J. Fisch, Die deutschen Reparationen und die Teilung Europas, in: W. Loth (Hrsg.), Die deutsche Frage in der Nachkriegszeit. Berlin 1994, S. 86 ff.

(94) F. Rupp, Die Reparationsleistungen der SBZ. Bonn 1953, S. 15.

(95) Quellen und Materialien für den Geschichtsunterricht, 12. Klasse. Berlin (Ost) 1964, S. 245.

(96) DDR – Werden und Wachsen, hrsg. v. Akademie der Wissenschaften der DDR, Zentralinstitut für Geschichte. Berlin (Ost) 1974, S. 134 ff.

(97) W. Leonhard, Die Revolution entlässt ihre Kinder. Köln 1955, S. 525 ff.

(98) Aus dem Gesetz über den Siebenjahresplan 1959–1965, 1.10.1959. Keesing's Archiv der Gegenwart 1959, S. 7984.

(99) Einheit, 1965, S. 73 ff.

(100) DDR – Wachsen und Werden, hrsg. v. Akademie der Wissenschaften der DDR. Berlin (Ost) 1974, S. 158.

(101) R. Thomas, Modell DDR. München ³1973, S. 141 f.

(102) BGBl. 1956, Teil I, S. 61.

(103) D. Voigt, Montagearbeiter in der DDR. Darmstadt – Neuwied 1973, S. 110 f.

(104) D. Voigt, Kaderarbeit in der DDR, in: Deutschland-Archiv, Nr. 2/1972, S. 174 ff.

(105) Geschichte 10. Berlin (Ost) 1971, S. 169 f.

(106) Die Bauernfibel – Wissenswertes über die Landwirtschaft in der DDR, hrsg. v. Ausschuss für deutsche Einheit. Berlin (Ost) 1955, S. 61.

(107) Die Vernichtung des selbstständigen Bauernstandes in der Sowjetzone, hrsg. v. Bundesministerium für gesamtdeutsche Fragen. Bonn – Berlin 1960, S. 37.

(108) Die Zwangskollektivierung des selbstständigen Bauernstandes in Mitteldeutschland, hrsg. v. Bundesministerium für gesamtdeutsche Fragen. Bonn – Berlin 1960, S. 36.

(109) Die Vernichtung des selbstständigen Bauernstandes in der Sowjetzone, hrsg. v. Bundesministerium für gesamtdeutsche Fragen. Bonn – Berlin 1960, S. 13.

(110) Bericht der Bundesregierung und Materialien zur Lage der Nation 1971, S. 327.

(111) Nach: Deutschland drüben, Sonderreihe der Zeitschrift „Berlin-Brandenburger Kurier", Celle o. J.

(112) Klassenkampf – Tradition – Sozialismus, hrsg. v. Akademie der Wissenschaften der DDR. Berlin (Ost) 1974, S. 676.

(113) A. Hillgruber, Deutsche Geschichte 1945–1972. Berlin 1974, S. 83 f.

(114) Dokumente in Privatbesitz.

(115) SBZ-Archiv, Nr. 14/1966, S. 216.

(116) Der Spiegel, Nr. 26/1991, S. 79.

(117) Zusammengestellt aus: Zahlenspiegel, hrsg. v. Bundesministerium für innerdeutsche Beziehungen. Bonn 1982.

(118) Zusammengestellt aus: Zahlenspiegel 1982 und Bericht der Bundesregierung und Materialien zur Lage der Nation 1971.

(119) Materialien zur Lage der Nation im geteilten Deutschland 1987, hrsg. v. Bundesministerium für innerdeutsche Beziehungen. Bonn 1987, S. 561.

(120) Zusammengestellt aus: Statistische Jahrbücher der DDR 1971–1973.

(121) H. Dingel, Sport und nationale Repräsentation, in: Der Bürger im Staat, Nr. 3/1975, S. 200.

(122) Neues Deutschland, 21.8.1968.

(123) R. Günther, Feindbild Bundesrepublik aus der Sicht der DDR. Bonn 1973, S. 131.

(124) Deutsches Militärlexikon. Berlin (Ost) 1971, S. 195. Zit. nach: G. Walpuski, Verteidigung und Entspannung. Bonn 1973, S. 80 f.

(125) Fernsehsendung „Kontraste", 21.2.1974.

(126) Geschichte der SED (Abriss), hrsg. v. Autorenkollektiv aus dem Institut für Marxismus-Leninismus beim ZK der SED. Berlin (Ost) 1978, S. 654 ff.

(127) Schürers Krisenanalyse, in: Deutschland-Archiv, Nr. 25/1992, S. 1112 ff.

(128) K.-H. Günther/G. Uhlig, Geschichte der Schule in der DDR 1945–1971. Berlin (Ost) 1974, S. 5 f.

(129) J. Fuchs/G. Hieke, Dumm geschult? Ein Schüler und sein Lehrer. Berlin 1992, S. 65 f.

(130) D. Gill/U. Schäfer, Das Ministerium für Staatssicherheit. Berlin 1991, S. 20 f., 23.

(131) Zit. nach: Die Zeit, 6.3.1992.

(132) J. Poumet, Die Leipziger Untergrundzeitschriften aus der Sicht der Staatssicherheit. In: Deutschland-Archiv, Nr. 29/1996, S. 67 f.

(133) Zit. nach: W. Rüddenklar, Störenfried DDR-Opposition 1986–1989. Berlin 1992, S. 248 f.

(134) H. Zwahr, Ende einer Selbstzerstörung. Göttingen 1993, S. 81 ff.

(135) Superintendent Zimmer, in: G. Rein, Die Opposition in der DDR. Berlin 1989, S. 188 ff.

(136) taz, DDR-Journal, Berlin o. J., S. 34.

(137) Ebd., S. 35.

(138) G.-R. Stephan, Die letzten Tagungen des ZK der SED 1988/89, in: Deutschland-Archiv, Nr. 26/1993, S. 315.

(139) T. Müller/L. Rauch, Jetzt machen wir das Tor auf, in: Stern, Nr. 41/1989, S. 37 f.

(140) taz, DDR-Journal, Berlin o. J., S. 74.
(141) Arbeitsgruppe „Neue Verfassung der DDR" des Runden Tisches, Entwurf der Verfassung der DDR. Berlin 1990.
(142) Ch. Schüddekopf (Hrsg.), Wir sind das Volk! Reinbek 1990, S. 240.
(143) Deutschland-Archiv, Nr. 1/1990, S. 174; Nr. 2/1990, S. 322 ff.
(144) Das Parlament, Nr. 14/30.3.1990.
(145) Frankfurter Rundschau, 19.3.1990.
(146) E. Bayer/H. D. Schmid, Wörterbuch zur Gemeinschaftskunde. Frankfurt/M. 1966, S. 121.
(147) Die Zeit, 8.3.1996.
(148) Der Spiegel, Nr. 7/1997, S. 120.
(149) Finanzierung der deutschen Einheit, in: W. Weidenfeld/ K.-R. Korte (Hrsg.), Handwörterbuch zur deutschen Einheit. Bonn 1991, S. 317.
(150) W. Weidenfeld/F. Ph. Lutz, Die gespaltene Nation, in: Aus Politik und Zeitgeschichte, B 31–32/1992.
(151) G. Helwig, Stimmungsbilder, in: Deutschland-Archiv, Nr. 1/1996, S. 1 f.
(152) E. Meyer, Deutschland und Polen 1914–1970. Stuttgart 1971, S. 92.
(153) J. Maaß, Dokumentation. Bad Godesberg 1960, S. 42 f.
(154) Jahrbuch für internationales Recht, Bd. 3. Göttingen 1954, S. 181.
(155) Im Schwabenland eine neue Heimat gefunden. Die Eingliederung der Heimatvertriebenen im Altkreis Nürtingen, hrsg. v. der Stadt Nürtingen. Nürtingen 1989, S. 111.
(156) H. Krause/K. Reif (Bearb.), Die Welt seit 1945. Geschichte in Quellen, Bd. 7. München 1980, S. 563 ff.
(157) Bulletin der Bundesregierung, Nr. 72/18.5.1972, S. 104 f.
(158) Südwest-Presse, 10.11.1975.
(159) M. Ludwig, Polen und die deutsche Frage. Bonn ²1991, S. 278 ff.
(160) Das Parlament, 5./12.1.1996, S. 5 f.
(161) Das Parlament, 5.1.1996, S. 4.
(162) J. Maćków, Die Normalisierung der neuen alten Nachbarschaft, in: Aus Politik und Zeitgeschichte, B 39/1995, S. 33 ff.
(163) Nach: F. P. Habel (Hrsg.), Die Sudetendeutschen. München 1992, S. 36.
(164) Ebd., S. 30 f.
(165) Ebd., S. 42 ff.
(166) F. P. Habel (Hrsg.), Dokumente zur Sudetenfrage. München 1984, S. 217.
(167) F. P. Habel (Hrsg.), Die Sudetendeutschen. München 1992, S. 89 f.
(168) Nach: F. P. Habel (Hrsg.), Die Sudetendeutschen. München 1992, S. 104.
(169) Ebd., S. 109.
(170) Ebd., S. 128.
(171) Bulletin der Bundesregierung, 24.1.1997.

VII. Europa und die Welt seit 1945

A. Die europäische Integration und die atlantische Gemeinschaft

(1) Der Spiegel, Nr. 47/1961, S. 61.
(2) R. Jotterand, Europa im Unterricht. Köln 1969, S. 61 f.
(3) Europa-Archiv, August 1947, S. 82.
(4) C. Gasteyger, Einigung und Spaltung Europas. Frankfurt/M. 1965, S. 98 f.
(5) K. Adenauer, Erinnerungen 1945–1953. Stuttgart 1965, S. 300 f.
(6) NATO-Handbuch. hrsg. v. der NATO-Informationsabteilung. Brüssel 1972, S. 56 f.
(7) H. Dollinger, Die Bundesrepublik in der Ära Adenauer 1949–1963. München 1966, S. 113.
(8) Die Zeit, 8.4.1967.
(9) H. v. Siegler, Europäische politische Einigung 1949–1968. Bonn 1968, S. 235.
(10) D. Puhl, Das „Eurokorps": Keimzelle einer kommenden europäischen Streitmacht?, in: Das Parlament, Nr. 37/1992.
(11) Europa-Archiv, Nr. 3/1994, S. D 132 f.
(12) B. v. Plate, Die NATO zwischen Beharrung und Neuorientierung, in: Informationen zur politischen Bildung, Nr. 246, S. 19 ff.
(13) C. Gasteyger, Europa zwischen Spaltung und Einigung 1945 bis 1993. Bonn 1994, S. 474 f.
(14) Europäische Gemeinschaft 1972, hrsg. v. der Kommission der EG. Brüssel 1972, S. 31 f.
(15) EWG-Vertrag. Grundlage der Europäischen Gemeinschaft, bearb. v. Th. Läuffer. Bonn ⁵1990, S. 17 f.
(16) C. D. Grupp, Europa 2000. Die Europäische Union der Fünfzehn. Köln ⁶1995, S. 5.
(17) Amtsblatt der Europäischen Gemeinschaften, 23.4.1972.
(18) Ebd., S. 62 f.
(19) Ebd., S. 61.
(20) H. v. Siegler, Europäische politische Einigung 1949–1968. Bonn 1968, S. 96.
(21) Ebd., S. 203 f.
(22) W. Brandt, Friedenspolitik in Europa. Frankfurt/M. 1970, S. 59 f.
(23) Rheinischer Merkur, 19.6.1992.
(24) Die Zeit, 2.2.1996.
(25) Europa-Archiv, Nr. 22/1994, S. D 665 ff.
(26) C. Gasteyger, Einigung und Spaltung Europas. Frankfurt/M. 1965, S. 326 f.
(27) Ebd., S. 311 f.
(28) Sicherheit und Zusammenarbeit in Europa. KSZE-Dokumentation. Bonn 1975, S. 31 ff.

B. Osteuropa nach dem Ende des Ost-West-Konflikts

(1) Informationen für die Truppe, Nr. 11/1991, S. 4 f.
(2) Europa-Archiv, Nr. 21/1991, S. D 531 f.
(3) M.-J. Celic, Der Krieg in Bosnien-Herzegowina, Frankfurt/M. 1995, S. 77.

(4) Z. Filipovic, Ich bin ein Mädchen aus Sarajevo. Bergisch
     Gladbach 1993, S. 53 ff.
(5) I. Geiss/G. Intemann, Der Jugoslawienkrieg. Frankfurt/M.
     ²1995, S. 57.
(6) Der Spiegel, Nr. 5/1996, S. 118 f.
(7) Neue Zürcher Zeitung-Folio, September 1992, S. 32.
(8) J. Furkes/K.-H. Schlarp, Jugoslawien: Ein Staat zerfällt.
     Reinbek 1991, S. 23 f.
(9) I. Geiss/G. Intemann, Der Jugoslawienkrieg, Frankfurt/M.
     ²1995, S. 48 f.

C. Der Nord-Süd-Konflikt und seine Wurzeln
(1) Evangelischer Pressedienst (epd), Entwicklungspolitik,
     Nr. 14/1993, S. 30
(2) F. Nuscheler, Lern- und Arbeitsbuch Entwicklungspolitik.
     Berlin 1996, S. 227.
(3) epd, Entwicklungspolitik, Nr. 4/1993.
(4) E. Aligwekwe, in: Insight and Opinion. Quarterly for Current
     African Thinking, Bd. 3. Accra 1968, S. 49 f.
(5) Ebd., S. 46.
(6) J. Okapu (Hrsg.), Nigeria. Dilemma of Nationhood. West-
     point/Conn. 1972, S. 266.
(7) Ebd., 271.
(8) Nach: R. Italiaander, Die neuen Männer Afrikas. Düsseldorf
     1960, S. 274 ff.
(9) Nach: J. Smith Hempstone, The New Africa. London 1961,
     S. 601 ff.
(10) Scandinavian Yearbook 1989, Bd. 2, S. 157.
(11) World Tables 1989/90, hrsg. v. International Bank for Recon-
      struction and Development. Washington 1990, S. 426 f.
(12) J. Hippler (Hrsg.), Die Demokratisierung der Machtlosigkeit
      in Afrika. Hamburg 1994, S. 78.
(13) A. Kirk, Crisis and Conflict in Nigeria, Bd. 2. London 1971,
      S. 211 f.
(14) Ebd., S. 173.
(15) Afrika-Spektrum, Nr. 27/1992.
(16) Onyaka Onwenu, Scandinavian Journal of Development
      Alternatives, Nr. 11/1992, S. 5.
(17) Nach: J. Mayall, African Unity and the OAU, in: G. Keeton/
      G. Schwarzenberger (Hrsg.), The Yearbook of World Affairs.
      London 1973, S. 110.
(18) Kreisnachrichten Calw, 21.2.1996.
(19) Nach: N. Mandela, Der lange Weg zur Freiheit. Frankfurt/M.
      1994.
(20) Zusammengestellt aus: Official Yearbook of the Republic of
      South Africa 1983, Johannesburg 1983 und D. Mahnke, Kon-
      flikt in Südafrika. Paderborn 1989.
(21) IMF, Economic Policies for a New South Africa. New York
      1992.
(22) Survey of Race Relations in South Africa, hrsg. v. South-
      African Institute of Race Relations. Jahresbericht Johannes-
      burg 1991/92.
(23) Development Southern Africa, hrsg. v. Development-Bank of
      South-Africa, Mai 1992.

(24) Nach: Geographische Rundschau 1967, S. 241 ff.
(25) Die Zeit, 26.3.1976.
(26) epd-Entwicklungsdienst, Nr. 18/1993, S. 19.
(27) Die Zeit, 2.3.1984.
(28) F. Nuscheler, Lern- und Arbeitsbuch Entwicklungspolitik.
      Berlin 1996, S. 473.
(29) epd-Entwicklungsdienst, Nr. 18–19/1992, S. 7.
(30) Die Zeit, 22.3.1996.
(31) Handelsblatt, 29.9.1995.
(32) SPD-MdB U. Holtz, in: epd-Entwicklungsdienst,
      Nr. 22/1992, S. 5.
(33) B. Shamsul, National University of Malaysia, in: epd-Ent-
      wicklungsdienst, Nr. 7/1993.
(34) U. Menzel, in: epd-Entwicklungsdienst, Nr. 23–24/1992.
(35) J. Hippler (Hrsg.), Die Demokratisierung der Machtlosigkeit
      in Afrika. Hamburg 1994, S. 103.
(36) F. Nuscheler, Lern- und Arbeitsbuch Entwicklungspolitik.
      Berlin 1996, S. 353.
(37) Ebd., S. 250.
(38) Ebd.
(39) Grundlinien der Entwicklungspolitik der Bundesregierung,
      hrsg. v. Bundesministerium für wirtschaftliche Zusammen-
      arbeit und Entwicklung. Bonn 1993, S. 39.
(40) F. Nuscheler, Lern- und Arbeitsbuch Entwicklungspolitik.
      Berlin 1996, S. 501.

D. Der Nahostkonflikt – Kreuzweg der Weltpolitik
(1) Die Zeit, 12.12.1975.
(2) Zeit-Magazin, 30.4.1976, S.10.
(3) Ebd.
(4) Weltwoche Zürich, 8.1.1975.
(5) Fischer Weltalmanach '81. Frankfurt/M. 1980, S. 824 f.;
     Fischer Weltalmanach '96. Frankfurt/M. 1995, S. 1027 f.
(6) A. Gresh/D. Vidal, Golfe-Clefs pour une guerre annoncée.
     Paris 1991, S. 11.
(7) Th. Herzl, Eine Lösung der Judenfrage. Gesammelte zionis-
     tische Werke. Berlin ³1934, S. 523 ff.
(8) W. Kampfmann, Israel – Gesellschaft und Staat. Stuttgart
     1973, S. 13.
(9) W. Hollstein, Kein Frieden um Israel. Frankfurt/M. 1975,
     S. 158.
(10) Information 1973/74, hrsg. v. der Informationsabteilung des
      Außenministeriums. Jerusalem 1974, S. 28, 73; M. Wolff-
      sohn, Israel. Opladen 1991, S. 226 f., 239.
(11) W. Weber, Die USA und Israel. Stuttgart 1991, S. 166 f.
(12) W. Hollstein, Kein Frieden um Israel. Frankfurt/M. 1975,
      S. 157.
(13) Zusammengestellt aus: INSEE, Mémento économique sur la
      Palestine. Paris 1948; Statistical Abstract of Palestine
      1944/45.
(14) H. Jendges, Israel. Berlin 1973, S. 69.
(15) A. Ullmann, Israels Weg zum Staat. München 1964, S. 303 ff.
(16) H. Mejcher, Die arabische Welt. Aufbruch in die Moderne.
      Stuttgart 1976, S. 65 ff.

(17) Informationsblatt Nr. 29, hrsg. von der Informationsabteilung des Außenministeriums. Jerusalem 1975, S. 33.
(18) Le Monde diplomatique, Juli 1992.
(19) Der Bürger im Staat, Nr. 2/1975, S. 145.
(20) H. Jendges, Der israelisch-arabische Konflikt. Bonn 1980, S. 83.
(21) UNO-Resolution 338 vom 21./22.10.1973, in: G. J. Tomeh (Hrsg.), Die UN-Resolutionen zum Nahostkonflikt. Berlin 1978, S. 252.
(22) J.-D. Brandes, Der Wille zum Unrecht. Berlin 1996, S. 109.
(23) M. Halter/E. Laurent, Les Foux de la Paix. Paris 1994, S. 228 ff.
(24) J.-D. Brandes, Der Wille zum Unrecht. Berlin 1996, S.114.
(25) M. Halter/E. Laurent, Les Foux de la Paix. Paris 1994, S. 62, 58.
(26) Nach: M. Wolffsohn, Israel. Opladen 1991, S. 153, 155.
(27) L'Arche, Nr. 461/1996, S. 36 f.
(28) Ebd., S. 47.
(29) Le Monde, 3.4.1996.
(30) L. Watzal, Menschenrechte und Friede im Nahen Osten, in: Vorgänge, Nr. 131/1995, S. 1 ff.

E. Die asiatische Herausforderung
(1) S. Stahl, Guten Morgen, Asien! – Europa, gute Nacht?, in: Ders./U. Mihr (Hrsg.), Die Krallen der Tiger und Drachen. München 1995, S. 17.
(2) Merian, Singapur, S. 113.
(3) Bericht der Weltbank, in: S. Stahl/U. Mihr (Hrsg.), Die Krallen der Tiger und Drachen. München 1995, S. 144.
(4) Ebd., S. 143.
(5) Ebd., S. 154.
(6) J. v. Dohnany, High-Tech-Welt: Untergang des Konfuzianismus?, in: S. Stahl/ U. Mihr (Hrsg.), Die Krallen der Tiger und Drachen. München 1995, S. 126 f.
(7) S. Stahl, Guten Morgen, Asien! – Europa, gute Nacht?, in: Ders./U. Mihr (Hrsg.), Die Krallen der Tiger und Drachen. München 1995, S. 35.
(8) Frankfurter Allgemeine Zeitung, 6.9.1995.
(9) E. Snow, Roter Stern über China. Frankfurt/M. 1970, S. 222.
(10) Mao Tse-tung, Ausgewählte Werke, Bd. 1. Peking 1968, S. 141.
(11) Mao Tse-tung, Ausgewählte Werke, Bd. 4. Peking 1968, S. 160.
(12) Informationen für die Truppe, Nr. 12/1996.
(13) H. Bechthold, Chinas Revolutionsstrategie. München 1969, S. 200 f.
(14) Mao Tse-tung, Ausgewählte Werke, Bd. 2. Peking 1968, S. 255.
(15) Prawda, 13.12.1962. Zit. nach: Ostprobleme 15, H. 3, S. 66.
(16) Pekinger Volkszeitung, 31.12.1962. Zit. nach: Ostprobleme 15, H. 3, S. 66.
(17) Mitteilungen des Instituts für Asienkunde, Nr. 57/1965.
(18) Die Welt, 30.3.1975.

(19) Politik und Unterricht: China, hrsg. v. Landeszentrale für politische Bildung Baden-Württemberg, Nr. 1/1992.
(20) Ebd., S. 44.
(21) Das Parlament, Nr. 34/1992.
(22) L'Express, Nr. 2322 vom 4.1.96 (Übers.: E. Sieber).
(23) J. Kremb, Der Große Drache China – Gigantischer Aufstieg ins Chaos, in: S. Stahl/U. Mihr (Hrsg.), Die Krallen der Tiger und Drachen. München 1995, S. 136 f.
(24) Die Zeit, 24.11.1995.
(25) Ebd.
(26) J. Kremb, Der Große Drache China – Gigantischer Aufstieg ins Chaos, in: S. Stahl/U. Mihr (Hrsg.), Die Krallen der Tiger und Drachen. München 1995, S. 156.
(27) Der Spiegel, Nr. 51/1995.
(28) Informationsdienst Soziale Marktwirtschaft, Baden-Württemberg, hrsg. von J. Sigel, Nr. 2/1993.
(29) Informationen zur politischen Bildung, Nr. 198, S. 15.
(30) C. Richter, Modell Singapur, in: S. Stahl/U. Mihr (Hrsg.), Die Krallen der Tiger und Drachen. München 1995, S. 65, 62, 71 f., 115.
(31) Informationen zur politischen Bildung, Nr. 255, S. 49.
(32) G. Ederer, Das leise Lächeln des Siegers. Was wir von Japan lernen können. Düsseldorf – Wien 1993, zit. nach FAZ, 12.5.1993.
(33) Das Parlament, 5.1.1996.
(34) Stuttgarter Zeitung, 8.2.1997.
(35) Die Zeit, 29.1.1998.

VIII. Das Ende des Ost-West-Konflikts und Bemühungen um Weltfrieden
(1) L. Brock, Frieden. Überlegung zur Theoriebildung, in: PVS, Sonderheft 21/1990, S. 71 f.
(2) K. Lorenz, Das so genannte Böse. Zur Naturgeschichte der Aggression. Wien ²²1968, S. 45.
(3) E. Krippendorf, Staatliche Organisation und Krieg, in: D. Senghaas (Hrsg.), Friedensforschung und Gesellschaftspolitik. München 1970, S. 31.
(4) J. Siegelberg, Kapitalismus und Krieg. Münster – Hamburg 1994, S. 7.
(5) E.-O. Czempiel, Bausteine einer europäischen Friedensordnung, in: Europa-Archiv, Nr. 4/1994, S.93.
(6) Sowjet-Enzyklopädie, Bd. 2: Sowjetsystem und demokratische Gesellschaft. Freiburg 1968, S. 713.
(7) R. Kempner, Das Urteil von Nürnberg. Grundlage eines neuen Völkerrechts. Baden-Baden 1946.
(8) H. Michaelis/E. Schraepler (Hrsg.), Ursachen und Folgen, Bd. 3. Berlin 1959, S. 388 ff.
(9) G. Unser, Die UNO. Aufgaben und Struktur der Vereinten Nationen. München 1973, S. 178 ff.
(10) A. Vandenbosch/W. Hogan, Die Vereinten Nationen. Wien 1955, S. 505 ff.
(11) E.-O. Czempiel, Aktivieren, reformieren, negieren. Zum 50-jährigen Bestehen der Vereinten Nationen, in: Aus Politik und Zeitgeschichte, B 42/1995, S. 36.

(12) J. Hippler, Hoffnungsträger UNO, in: V. Matthies, Frieden durch Einmischung. Bonn 1993, S. 155.

(13) Ebd., S. 157.

(14) Ebd., S. 162 f.

(15) W. Kühne, Ohne Soldaten geht es nicht, in: V. Matthies, Frieden durch Einmischung. Bonn 1993, S. 130 ff.

(16) Arbeitsgemeinschaft Kriegsursachenforschung an der Universität Hamburg, 1995.

(17) Ch. P. Scherrer, Der Dritte Weltkrieg, in: Der Überblick, Nr. 3/1993, S. 29.

(18) M. A. Ferdowski, Kriege der Gegenwart. Nachholprozess nationalstaatlicher Konsolidierung?, in: V. Matthies, Frieden durch Einmischung. Bonn 1993, S. 31 f.

(19) Th. Risse-Kappen, Vom Ost-West-Konflikt zur internationalen Unübersichtlichkeit, in: Der Bürger im Staat, Nr. 1/1995, S. 3 f.

(20) R. S. McNamara, Die Sicherheit des Westens. Wien 1969, S. 69 ff.

(21) P. J. Opitz, Jenseits der Solidarität. Kriege und Konflikte in der Dritten Welt, in: Ders. (Hrsg.), Grundprobleme der Entwicklungsländer. München 1991, S. 297 f.

(22) Arms Control and Disarmament Agency (US-Verteidigungsministerium), Washington D. C. 1994 u. 1997.

(23) Atomic Scientist, Bulletin of the Atomic Scientists (US-Zeitschrift) 1993 mit Schätzung der Stiftung Entwicklung und Frieden. Bonn 1993.

(24) Weißbuch 1992, hrsg. v. Bundesministerium der Verteidigung. Bonn 1992.

(25) Jahrbuch, hrsg. v. Stockholm International Peace Research Institute (SIPRI), Stockholm 1995.

(26) E. Höckel, Die Zukunft des Atomwaffensperrvertrags, in: Europa-Archiv, Nr. 21/1994, S. 611 f.

(27) Weißbuch 1994, hrsg. v. Bundesministerium der Verteidigung. Bonn 1994, S. 23.

(28) K. Kaiser, Die ständige Mitgliedschaft im Sicherheitsrat, in: Europa-Archiv, Nr. 19/1993, S. 550.

(29) K. Kinkel, Die NATO-Erweiterung, in: In internationale Politik, Nr. 4/1995, S. 22.

(30) K. Kaiser, Die ständige Mitgliedschaft im Sicherheitsrat, in: Europa-Archiv, Nr. 19/1993, S. 542 f.

2. Bildquellen

Archivio Sturani, Roma:102 (14)
Baltimore Sun: 123 (28; nach Der Spiegel, 27/1993, S. 16)
Bauer & Lutz, Regensburg: 192 (12)
Bavaria, Gauting: 278 (7a), 317 (12c), 318 (13)
Bildarchiv Preußischer Kulturbesitz, Berlin: 38 (18, 19), 81 (32), 87 (34, 35), 130 (1), 152 (25), 177 (1)
Bundesbildstelle, Bonn: 215 (45), 244 (80)
Cartoonists & Writers Syndicate: 127 (32)
CentrO., Oberhausen: 192 (15)
Cinetext, Frankfurt: 209 (40)
Deutsche Presseagentur, Frankfurt/M.: 121 (25), 131 (3), 168 (30), 178 (3), 194 (20b), 200 (26, 27), 209 (38), 233 (63), 234 (65, 66, 67), 244 (79, 80), 270 (3, 4), 278 (7b), 303 (6), 305 (3), 307 (4), 315 (11)
Dokumentenkabinett, Vlotho: 63 (21)
epd, Frankfurt: 288 (12)
Chr. Gießler, Leipzig: 241 (74)
P. Glaser, Berlin: 234 (68)
Hachette, Paris: 137 (17b)
Hannoversche Presse, 8.10.1949: 191 (11a)
Jürgens Ost- und Europa-Photo, Berlin: 146 (17), 149 (21, 22), 164 (28), 219 (46, 47), 233 (64)
Keystone Pressedienst, Hamburg: 63 (19), 87 (38), 125 (29)
Landesbildstelle, Berlin: 38 (20), 189 (8)
Library of Congress, Washington: 96 (6)
Mauritius, Berlin (Weber): 307 (6)
Missouri Historical Society: 96 (4)
H. Neifeind, Göttingen: 290 (1)
Nowosti, Moskau: 149 (19, 20)
Reuters, Frankfurt: 105 (16)
Rhein-Neckar-Zeitung, Nr. 32/1990 (H. Busse): 240 (72), 28. Febr. 1990 (H. Busse): 240 (73)
G. Schwarzrock: 194 (20a)
Der Spiegel, Hamburg: 112 (17), 121 (24)
Stadtarchiv Reutlingen: 57 (7), 58 (9, 12), 60 (13, 14, 15, 16), 61 (17a, 17b)
Studio X, Limours: 116 (21), 271 (6)
Stuttgarter Zeitung, Nr. 238/1989 (Rolf Henn): 268 (2)

Süddeutscher Verlag, München: 7 (1, 2), 36 (17), 40 (22), 73 (28), 87 (37), 97 (8), 116 (20), 138 (14, 16), 146 (18), 167 (29), 178 (4), 180 (5, 6), 233 (62), 244 (77, 78), 247 (82), 307 (5), 311 (9)
Südwest-Presse, Ulm, 6.4.1994: 300 (5)
Summers – Orlando Sentinel: 271 (5)
Tägliche Rundschau, Berlin, 13. u. 22.9.1949: 191 (11b)
Tretjakow-Galerie, Moskau: 154 (26)
Ullstein Bilderdienst, Berlin: 50 (1), 51 (4, 5, 6), 63 (18), 69 (25), 75 (29), 80 (31), 87 (33, 36), 96 (7), 137 (12), 177 (2), 192 (14), 209 (39), 213 (44), 224 (55), 311 (10), 317 (12a, 12b)
Vario-press, Bonn: 172 (33)
O. Weber, Köln: 40 (21), 63 (20)
Wostok Verlag, Berlin: 137 (13a)
Die Zeit, Hamburg: 126 (30), 169 (31)
Zeitmagazin: 333 (4)
Zentralbild, Berlin: 192 (13), 200 (28)
Übernahmen aus Büchern, Zeitungen und Zeitschriften:
F. Arnold (Hrsg.), Anschläge. Politische Plakate in Deutschland 1900–1970. Ebenhausen 1972: 23 (3), 27 (6), 28 (7, 8, 9, 10, 11), 33 (15), 58 (10), 71 (26), 79 (30)
R. Badstübner, Wachsen und Werden der DDR. Berlin (Ost) 1974, nach S. 80: 191 (10)
F. Nuscheler, Lern- und Arbeitsbuch Entwicklungspolitik. Berlin 1996, S. 279, 282: 277 (5, 6), 289 (14)
G. Platner (Hrsg.), Schule im Dritten Reich – Erziehung zum Tod? München: dtv 1983, S. 264: 90 (39)
Politik und Zeitgeschichte, B 10/1997, S. 33: 263 (4)
W. Rudzio, Die organisierte Demokratie. Stuttgart ²1982, S. 41: 195 (23)
Der Spiegel, Nr. 44/1990: 118 (22, 23)
G. Wilms, Wendlingen am Neckar im Zeichen des Zustroms von Flüchtlingen und Vertriebenen (1945–1949), hrsg. v. der Stadt Wendlingen am Neckar. Wendlingen 1989, S. 89 (A. Rödl): 247 (81)

Nicht in allen Fällen war es möglich, den Rechteinhaber der Abbildungen ausfindig zu machen. Berechtigte Ansprüche werden selbstverständlich im Rahmen der üblichen Vereinbarungen abgegolten.